C0-AQI-299

Friederike Neumann
Schriftgelehrte Hymnen

Beihefte zur Zeitschrift für die alttestamentliche Wissenschaft

Herausgegeben von
John Barton, Reinhard G. Kratz, Nathan MacDonald,
Carol A. Newsom and Markus Witte

Band 491

Friederike Neumann

Schriftgelehrte Hymnen

Gestalt, Theologie und Intention
der Psalmen 145 und 146–150

GRADUATE THEOLOGICAL UNION LIBRARY 1962

DE GRUYTER

BS
1110
Z37
v.491

G

ISBN 978-3-11-045724-7
e-ISBN (PDF) 978-3-11-046057-5
e-ISBN (EPUB) 978-3-11-046007-0
ISSN 0934-2575

Library of Congress Cataloging-in-Publication Data
A CIP catalog record for this book has been applied for at the Library of Congress.

Bibliografische Information der Deutschen Nationalbibliothek
Die Deutsche Nationalbibliothek verzeichnet diese Publikation in der Deutschen National-
bibliografie; detaillierte bibliografische Daten sind im Internet über
http://dnb.dnb.de abrufbar.

© 2016 Walter de Gruyter GmbH, Berlin/Boston
Druck und Bindung: CPI books GmbH, Leck
♾ Gedruckt auf säurefreiem Papier
Printed in Germany

www.degruyter.com

MIX
Papier aus verantwor-
tungsvollen Quellen
FSC
www.fsc.org   FSC® C083411

b15567105

Vorwort

„Halleluja!" – „Lobet Jɐ!" Wer die Psalmen liest, findet viele Gründe Gott zu loben. Wer nach mehreren Jahren eine Doktorarbeit beendet, hat viele Gründe anderen Menschen zu danken, ohne die ein solcher Weg nicht hätte beschritten werden können.

So danke ich zunächst und vor allen Prof. Dr. Reinhard G. Kratz, der in mir die Freude und die Faszination an den alttestamentlichen Texten geweckt und vor allem bleibend gefestigt hat, indem er mich im Anschluss an mein Hebraicum zu seiner studentischen Hilfskraft machte. Die Psalmen entwickelten sich immer mehr zu einem Schwerpunkt in meinem Studium, nicht zuletzt auch durch die Zeit in Jerusalem und das Theologische Studienjahr an der Dormitio.

In den letzten Jahren entstand so eine Untersuchung, die sich mit den Phänomenen Hymnus und Schriftauslegung in den Abschlusstexten des Psalters beschäftigt. Die vorliegende Arbeit wurde im Wintersemester 2014/15 von der Theologischen Fakultät der Georg-August-Universität Göttingen als Dissertation angenommen, im Juli 2015 von mir verteidigt und für den Druck geringfügig überarbeitet.

Für die Begleitung während der Zeit der Promotion danke ich Prof. Dr. R. G. Kratz als meinem Doktorvater ganz herzlich. Er hat die Arbeit kritisch, mit den richtigen Fragen zur richtigen Zeit, fordernd und fördernd, mit großem Interesse, Aufmerksamkeit und mit oft stundenlangen Gesprächen begleitet. Prof. Dr. Dr. h.c. Hermann Spieckermann danke ich für die Übernahme des Zweitgutachtens, aber auch darüber hinaus für die interessierte Begleitung der Arbeit. Zum Kreis der drei offiziellen Mitglieder der Prüfungskommission gehörte auch PD Dr. Alexa F. Wilke, der ich ebenfalls sehr für ihre Anregungen danke. Bei den Herausgebern der Reihe „Beihefte zur Zeitschrift für die alttestamentliche Wissenschaft" (BZAW) bedanke ich mich für die Aufnahme der Studie in ihre Reihe sowie bei Dr. Sophie Wagenhofer vom Verlag De Gruyter für die freundliche verlegerische Betreuung.

Den Großteil meiner Promotionszeit in Göttingen genoss ich ein Stipendium im Rahmen des DFG-Graduiertenkollegs „Götterbilder – Gottesbilder – Weltbilder" und den dadurch entstandenen interdisziplinären Austausch mit den Kollegen und Kolleginnen. Ebenfalls weiterführend waren die fachlichen und freundschaftlichen Diskussionen im Rahmen des alttestamentlichen Doktorandenkolloquiums und weit darüber hinaus. In unterschiedlicher Weise haben neben anderen PD Dr. Anja Klein, Dr. Sonja Ammann, Dr. Franziska Ede, Elisabeth Krause-Vilmar und Martin Wenzel Anteil an dem Wachsen der Arbeit genommen und auch Teile kritisch gelesen. Darüberhinaus wäre die Promotionszeit wohl nicht zu ertragen gewesen, wenn nicht Dr. Damaris Grimmsmann in unzähligen Kaffeepausen und bei vielen anderen Gelegenheiten Mitleidende und Freundin gewesen wäre.

Meinem jetzigen Chef, Prof. Dr. Jakob Wöhrle, der mich als seine wissenschaftliche Mitarbeiterin an der Universität Oldenburg auf dem letzten Weg der Fertigstellung der Arbeit begleitet hat, danke ich ganz herzlich für die ermöglichten Freiräume, für seinen hilfreichen Rat und für die freundschaftliche Unterstützung.

Schließlich kann ein solches Projekt nicht entstehen, wenn es nicht von der Familie mitgetragen wird. So danke ich meiner Schwiegermutter, Marion Sieg-Grabbe, für zahlreiche Babysitterdienste in Göttingen. Meiner ganzen Familie und vor allem meinen Eltern, Andrea und Friedrich Schneider, danke ich für die immerwährende Förderung und Unterstützung, von Anfang an, im Studium und dann während der Promotion. Sie haben großen Verdienst an meiner Freude an der Theologie und haben mich auf vielfältige Weise durch diese Zeit begleitet. Unter anderem haben sie durch interessierte Gespräche und die Lektüre der ersten Gedanken und der letzten Ergebnisse die Arbeit inhaltlich verfolgt. Außerdem haben sie immer wieder als fröhliche Großeltern die Kinder ihrer Tochter gehütet.

Zu allerletzt sei der wichtigste Mensch genannt: Mein Mann, Markus Neumann, war immer der erste, der meine Texte lesen musste. Er hat über all die Jahre die Entstehung der Arbeit freundlich und mit dem nötigen Maß der Kritik begleitet, mir Rückhalt gegeben und sehr viel eigene Zeit investiert, damit ich mich meinen Psalmen widmen konnte. Ihm danke ich über alle Maßen. Ihm und unseren Jungs, Elias und Hanno, sei diese Arbeit gewidmet.

Oldenburg, Ostern 2016   Friederike Neumann

Inhalt

I. Einleitung

1. Einleitung

1. Das Ende des Psalters: Die Psalmen 145 und 146 – 150

„Halleluja! Lobe den Herrn, meine Seele!" (Ps 146,1). „Alles, was Atem hat, lobe den Herrn! Halleluja!" (Ps 150,6). Durch diese beiden prominent gewordenen Lobaufrufe ist das kleine Hallel gerahmt. Der Psalter klingt im hymnischen Lobpreis aus und weiter, denn das Loben soll auch über die Psalmensammlung hinaus weiter gehen. Der Einzelne[1] und alles, was atmet, verstanden als Gesamtheit der Menschheit oder gar der Schöpfung, sollen Gott den Herrn loben. Am Ende des Psalters steht der nie aufhörende Lobpreis.

In der vorliegenden Arbeit wird dieses Ende in den Blick genommen. Warum endet der Psalter im Hymnus? Welcher Art ist dieser Hymnus, welche theologischen Aspekte klingen dabei mit? Diese und weitere Fragen werden bei der Analyse und Interpretation der Psalmen 145 und 146 – 150 zu berücksichtigen sein.

Die Hymnen zeigen, dass Loben und Leben eng zusammengehören. Der Gott JHWH will als Schöpfer und König der Welt gelobt werden. Im Loben drückt sich die Anerkenntnis Gottes als Gott durch den Menschen aus. Das Loben bringt die Erkenntnis des Menschen über seine geschöpfliche Abhängigkeit und zugleich die Freude über den sich ihm zuwendenden Gott in Gnade und Barmherzigkeit zu Gehör. Kurz: Im hymnischen Loben geht es um die Beziehung zwischen Gott und Mensch. Und es geht um die Beziehung zwischen Gott und Welt, denn indem der Hymnus den Anspruch erhebt, etwas Allgemeingültiges und Universales über dieses Verhältnis Gott-Mensch auszudrücken, sagt er zugleich etwas über die Welt. Im Loben bleibt der Mensch nicht bei sich, sondern wendet sich Gott zu – in Betrachtung der Welt und der Geschichte Gottes mit der Menschheit.

Woher hat der lobende Mensch diese Gottes- und Welterkenntnis? Die zu untersuchenden Psalmen lassen eine mögliche Antwort für die Quelle dieser Erkenntnis erkennen: Es ist die Schrift. Aufgrund und mithilfe und im Rekurs auf die Schrift ist Gott zu loben. Darum stehen über dieser Untersuchung der letzten Psalmen des Psalters zwei Stichworte: „Hymnus" und „Schriftauslegung". Beide Phänomene sind wesentlich für die Psalmen 145 – 150 und prägen ihre theologische Konzeption, so dass sie als „schriftgelehrte Hymnen" bezeichnet werden können. Der Psalter endet nicht nur mit diesen hymnischen Texten, sondern verweist damit zum einen über sich hinaus auf das immerwährende Loben und

---

[1] Wegen der besseren Lesbarkeit werden in der vorliegenden Arbeit wenn möglich substantivierte Formulierungen wie „Betende" oder „Lesende" verwendet, womit immer Frauen und Männer gemeint sind. Wenn nur die maskuline Form benutzt wird, ist sie ebenfalls inklusiv zu verstehen.

zum anderen auf eine Größe außerhalb seiner selbst: auf die Schrift. Die Untersuchung des Phänomens „schriftgelehrter Hymnus" stellt somit auch die Frage nach Textentstehung überhaupt, nach der Machart von Texten, wenn diese schon bei ihrer Abfassung im großen Maße auf andere (alttestamentliche) Texte rekurrieren.

2. Forschungsgeschichtliche Voraussetzungen

Die Themen „Hymnus" und „Schriftauslegung" wurden bisher in der alttestamentlichen Forschung verschiedentlich behandelt. Welche forschungsgeschichtlichen Voraussetzung und Erkenntnisse der vorliegenden Arbeit zu Grunde liegen, ist im Folgenden vorzustellen. Zu Beginn ist kurz auf die neuere Psalmenforschung einzugehen, und wichtige Untersuchungen zum Abschluss des Psalters sind zu nennen, bevor dann der Schwerpunkt der forschungsgeschichtlichen Darstellung auf den beiden thematischen Eckpunkten „Hymnus" und „Schriftauslegung" liegt, die den schriftgelehrten Hymnus kennzeichnen.

In den letzten Jahren und Jahrzehnten hat sich die Psalmen- und Psalterforschung auf neue Wege begeben. Lange Zeit war die vor allem durch Hermann Gunkel geprägte Forschung auf die Einzeltexte und auf deren Gattung und „Sitz im Leben" konzentriert. Neue und neueste Arbeiten nehmen nun verstärkt den Gesamtzusammenhang des Psalters in den Blick. Gefragt wird nach der Entstehungsgeschichte der Psalmensammlung, die nicht als zufällig zusammengestellte Ansammlung von Einzeltexten zu verstehen ist, sondern die sich vielmehr als wohlbedachte und theologisch aussagekräftige Komposition präsentiert. Im deutschsprachigen Raum ist vor allem der Name Erich Zenger mit diesem Paradigmenwechsel verbunden. Bei Zenger und seinem Kollegen Frank-Lothar Hossfeld wird die Analyse und Würdigung des Einzeltextes ganz eng mit der Frage nach dem kompositorischen Kontext des Psalms in seiner Teilsammlung wie auch im ganzen Psalter verbunden. Inzwischen haben sich viele andere Exegeten auf ähnliche Wege wie Zenger und Hossfeld begeben.[2]

Wenn anschließend nur in sehr kurzer Form die jüngsten Arbeiten zum kleinen Hallel genannt werden, so geschieht dies mit Verweis auf Kap. III, wo im Rahmen der Darstellung des Hallels als Komposition die aktuellen Forschungspositionen aufgegriffen und von der im Rahmen dieser Untersuchung gewonnenen Auffassung über das kleine Hallel abgegrenzt werden.

Bereits vor über zehn Jahren sind zwei umfangreiche Studien von Egbert Ballhorn und Martin Leuenberger zum 4. und 5. Psalmenbuch und damit auch zum Abschluss des Psalters erschienen. So fragt Ballhorn in seiner Studie nach

---

2 Vgl. zur älteren und neueren Forschungsgeschichte der Psalmen den ausführlichen Überblick bei SÜSSENBACH, Psalter, 1 – 38; aber auch z. B. schon CRÜSEMANN, Studien, 1 – 15; SPIECKERMANN, Psalmen. Für den von Zenger und Hossfeld geprägten Ansatz vgl. ZENGER, Psalmenforschung; DERS., Psalmenexegese; sowie kritisch dazu MILLARD, Psalmenexegese; RENDTORFF, Anfragen; sowie die Erwiderung HOSSFELD / ZENGER, Wege. Einen Einblick in die neuste Forschung zum Psalter bietet auch der von Zenger herausgegebene Sammelband „The Composition of the Book of Psalms" (2010). Vgl. zu Gunkels Gattungsforschung unten Kap. I.2.1.

dem „Telos des Psalters" und damit nach dessen thematischen Zielpunkt.[3] Er bestimmt als dieses Ziel „das gemeinschaftliche, alle Menschen umfassende, universale und eschatologische Lob der Königsherrschaft Gottes" wie es das kleine Hallel repräsentiert, das durch die Halleluja-Rahmung zur Gruppe vereint wird.[4] Insgesamt vertritt Ballhorn eine stark eschatologische Lesart des Psalters: Es geht ihm um das Lob, „das proleptisch ist und von der Zukunft Gottes die Vollendung erwartet".[5]

Leuenberger konzentriert sich auf die konzeptionelle und redaktionsgeschichtliche Untersuchung des 4. und 5. Psalmenbuches, deren vornehmliche Prägung er in der Thematik des Königtum Gottes sieht.[6] Im Blick auf das kleine Hallel ist festzuhalten, dass er dieses als redaktionelle Komposition mit Ringstruktur betrachtet, die an den Psalter angeschlossen wurde.[7] Dabei nimmt er Ps 149 zusammen mit Ps 148,14 als eine nachkompositionelle Einschreibung an. Das „JHWH-Königtum" ist als bleibendes Hauptthema des Schlusshallels anzusehen, das aus Ps 145,21 „im Blick auf die umfassende Gesamtkomposition" des Psalters „herausentwickelt" wurde.[8]

Zenger hat neben der ausführlichen Kommentierung des Psalters auch mehrere kleinere Untersuchungen zum kleinen Hallel vorgelegt.[9] Er geht dabei von einer einheitlichen konzentrischen Komposition aus,[10] die als zusammenhängende Gruppe von der sog. „Halleluja-Redaktion" geschaffen wurde.[11] In seinen Beiträgen betrachtet Zenger darum stets die gesamte Gruppe auf ein und derselben (End-)Textebene[12] und führt deren theologisch-thematischen Linien aus, deren Schwerpunkt er in der schöpfungstheologischen Ausrichtung sieht,[13] die wiederum mit weisheitstheologischen Anklängen[14] verbunden ist. Aber auch an-

---

3 Vgl. zum Folgenden BALLHORN, Telos.
4 BALLHORN, Telos, 382 [Zitat], vgl. a.a.O., 356–360.369.
5 So der Schlusssatz der Arbeit, BALLHORN, Telos, 382, vgl. auch a.a.O., 356.
6 Vgl. LEUENBERGER, Konzeptionen. Zur Bestimmung des Anliegens der Studie a.a.O., bes. 7.
7 Vgl. LEUENBERGER, Konzeptionen, 360–364.
8 Vgl. LEUENBERGER, Konzeptionen, 363 f.
9 Vgl. die Studien „„Daß alles Fleisch den Namen seiner Heiligung segne' (Ps 145,21). Die Komposition Ps 145–150 als Anstoß zu einer christlich-jüdischen Psalmenhermeneutik" (1997); „„Durch den Mund eines Weisen werde das Loblied gesprochen' (Sir 15,10). Weisheitstheologie im Finale des Psalters Ps 146–150" (2003); „„Aller Atem lobe JHWH!' Anthropologische Perspektiven im Hallel Ps 146–150" (2008). Vgl. die Kommentare in den Reihen NEB und HThKAT.
10 Vgl. ZENGER, Fleisch, 15 f.18.
11 Vgl. u. a. ZENGER, Psalmenexegese, 64, sowie unten die Ausführungen in Kap. III.
12 Auch wenn er gewisse redaktionelle Entwicklungsstufen annimmt, vgl. ZENGER, Fleisch, 16 Anm. 43, sowie dazu auch in Kap. III, bes. Anm. 5.
13 Vgl. ZENGER, Fleisch, 19.
14 Vgl. bes. ZENGER, Mund.

thropologische Perspektiven kann Zenger im kleinen Hallel aufzeigen.[15] So wird an den von Zenger gewählten Blickwinkeln auf das Hallel die Themenvielfalt dieser Psalmen deutlich. Vorrangig geht es seiner Meinung nach in dem Hallel als Abschluss des Psalters um den Lobpreis der universalen Königsherrschaft Gottes. Der Psalter dient dabei „als Medium der Vergegenwärtigung und der Annahme *dieser* Königsherrschaft".[16]

Bereits vor Ballhorn, Leuenberger und Zenger hat sich schon Reinhard Kratz mit den Hallel-Psalmen beschäftigt.[17] Er geht vor allem auf die thematische Verbindung der Psalmen Ps 145 – 147 durch die gnadenvolle Brotgabe Gottes sowie auf den Vergleich der masoretischen Version von Ps 145 mit der qumranischen Variante in 11Q5 ein, weniger aber auf die Gesamtkomposition des Hallels.[18]

Der Blick in die neueste Psalmenforschung zeigt, dass das kleine Hallel im Zusammenhang größerer Studien immer wieder als wichtige Abschlussgruppe des Psalters gewürdigt und interpretiert wird.[19] Dabei wurden insbesondere die Themen der Psalmen untersucht, wenig aber ihre formale und kompositorische Machart und ihre damit verbundene theologische Aussageintention. Auch liegt bisher keine Monographie vor, die sich allein dem kleinen Hallel widmet. Diese Lücke zu schließen und zugleich einen neuen Beitrag zur Erforschung der Phänomene Hymnus und Schriftauslegung zu liefern, soll das Ziel der vorliegenden Studie sein. Bevor nun das Anliegen der Untersuchung von Ps 145 und 146 – 150 in Blick auf Hymnus und Schriftauslegung vorgestellt werden kann, sind aber zunächst die beiden Phänomene in ihrer bisherigen Erforschung im Rahmen alttestamentlicher Exegese darzustellen.

2.1 Der Hymnus als Gattung und als theologische Denkform

Was ist eigentlich ein Hymnus? Um diese Frage zu klären werden im Folgenden Ansätze der alttestamentlichen Forschung zum Thema „Hymnus" skizziert (Kap. I.2.1), bevor dann im Rahmen der Vorstellung der Konzeption der Arbeit eine eigene Beschreibung des Hymnus erfolgen kann (vgl. dazu Kap. I.3.1).

---

15 Vgl. ZENGER, Atem.
16 ZENGER, Psalter, 39 [Hervorhebung original].
17 Vgl. bes. die Studie „Die Gnade des täglichen Brots. Späte Psalmen auf dem Weg zum Vaterunser" (1992).
18 Vgl. KRATZ, Gnade, sowie zu Ps 145 DERS., Sch^{e}ma; DERS., Psalm 145; vgl. insgesamt zum Psalter DERS., Tora.
19 Vgl. die Einzelstudien, die in den Kapiteln zu den untersuchten Psalmen genannt werden.

Die Herkunft des griechischen Wortes ὕμνος ist nicht ganz sicher geklärt. In seiner Grundbedeutung meint es ursprünglich einfach „Gesang". Im Laufe der Zeit wird „Hymnus" zum Oberbegriff für das „religiöse Lied", dessen Sprechhaltung ein hymnisches Verharren des Menschen „vor der Gottheit meint, indem er sie beschreibt und preist."[20]

Nach dieser ersten Begriffsdefinition führt die Frage nach dem Hymnus zweifellos in die alttestamentliche Gattungsforschung. Bei Wilhelm M. L. de Wette finden sich bereits erste Klassifizierungen der Psalmen,[21] so dass bei de Wette schon manches vorkam, was Hermann Gunkel erst ein gutes Jahrhundert später ausformulierte.[22] In seiner „Einleitung in die Psalmen" (1933)[23] beschreibt Gunkel die Gattungsforschung als unverzichtbare Grundlegung für die exegetische Psalmenforschung:[24] Diese Art des Zugangs zu den „literarischen Erzeugnissen" Israels sei deshalb notwendig, da „uns eine innere Ordnung unter den einzelnen Psalmen im ganzen nicht überliefert ist"[25]. „Dazu das Fehlen fast jeder glaubwürdigen Überlieferung über die Dichter, die Anlässe, die Zeiten der Entstehung! [...] So aber sind wir von der Überlieferung fast völlig im Stich gelassen und müssen diese Lücke aus eigener Arbeit ergänzen. [...] Es wird demnach die eigentliche Aufgabe der Psalmenforschung sein, die Verbindungen zwischen den einzelnen Liedern wieder aufzufinden."[26] Dabei biete aber die überlieferte Zusammenstellung der Psalmen keinerlei Hilfestellung. Gunkel lehnt jegliche kontextuelle Betrachtung und Interpretation ab.[27] Für ihn ist dagegen die Zusammenstellung in bestimmten Gruppen für das Verständnis des Einzelpsalms notwendig, was er mithilfe der Rekonstruktion verschiedener Gattungen erreicht. Eine Gattung zeichnet sich durch drei Kriterien aus.[28] Zunächst ist ein gemeinsamer „Sitz im Leben" anzunehmen. Für Gunkel bedeutet das, dass alle Psalmen einer Gattung „zu einer bestimmten Gelegenheit im Gottesdienst gehören oder wenigstens davon herkommen". Sodann müssen alle zusammengestellten Lieder

---

20 KÄPPEL, Art. Hymnus I., 1974 f; vgl. ZIEGLER, Art. Hymnos, 1268 f; FURLEY, Art. Hymnos, 788.
21 Vgl. DE WETTE, Psalmen, 2 – 4; vgl. dazu auch z. B. KLATT, Gunkel, 231 Anm. 13; BASSY, Herder, 153 – 159, sowie zu de Wettes Arbeit an den Psalmen schon SMEND, Arbeit, 59 – 64.
22 Vgl. SMEND, Alttestamentler, 45 f; ähnlich auch BASSY, Herder, 152 f. Zum Verhältnis von de Wette und Gunkel vgl. u. a. KRAUS, Geschichte, 181 f; sowie auch KLATT, Gunkel, 228 – 236; REVENTLOW, Epochen, 235 f.
23 Die Arbeit wurde nach dem Tod Gunkels von J. Begrich zu Ende geführt.
24 Vgl. GUNKEL / BEGRICH, Einleitung, 8.
25 GUNKEL / BEGRICH, Einleitung, 3, vgl. a.a.O., 8.
26 GUNKEL / BEGRICH, Einleitung, 3 – 4.
27 Vgl. GUNKEL / BEGRICH, Einleitung, 3 f: „Im fraglichen Falle ist also irgend eine Sicherheit, daß ein Psalm nach dem ihm benachbarten zu verstehen sei, nicht vorhanden.
28 Zum Folgenden GUNKEL / BEGRICH, Einleitung, 22 f.

„natürlicher Weise einen gemeinsamen Schatz von Gedanken und Stimmungen aufweisen". Und schließlich sind die Angehörigen einer Gattung durch „ihre gemeinsame ‚Formensprache' verbunden".

Interessanterweise beginnt Gunkel seine Ausführungen mit der Gattung der Hymnen, also dem auch hier zu untersuchenden Phänomen, da „die am leichtesten zu erkennen ist, und in der zugleich grundlegende Gedanken der frommen Dichtung überhaupt ausgesprochen werden."[29] Unter den Hymnen sind für Gunkel folgende Psalmen die „einfachsten Lieder": Ps 150; 148; 147; 145.[30] Der Hymnus besteht nach Gunkel aus drei Elementen: Zunächst beginnt der Psalm mit einer „Einführung", die eine Gruppe (oder auch einen Einzelnen) zum Lobpreis Gottes aufruft.[31] Sodann folgt das „Hauptstück", das zumeist mit einem כי-Satz eingeleitet wird und „die Aufforderung begründet und also den eigentlichen Inhalt des Lobgesanges angibt".[32] Schließlich trägt der „Schluss" „nicht selten die Formen der Einführung", um den Psalm abzurunden.[33]

Auch nach Aufzählung vieler verschiedener Formen, Unterformen und Abwandlungen der hymnischen Elemente bleibt Gunkel bei der Überzeugung, dass es trotz des „reichen Formenschatz[es]", eine „große Formenstrenge" gibt, die sich auf „wenige Grundformen" beschränken lässt.[34] Liest man allerdings die umfassende Auflistung Gunkels aller hymnischen Formen, so fällt die Sicherheit Gunkels auf, mit der er die Gattung angesichts der Vielfalt an Hymnischem neben den angeblich eindeutigen 25 Hymnen als leicht erkennbar bestimmt.[35] Auch alle

---

29 GUNKEL / BEGRICH, Einleitung, 32.
30 Vgl. GUNKEL / BEGRICH, Einleitung, 27.
31 Vgl. zur „Einführung" und deren Abwandlungen GUNKEL / BEGRICH, Einleitung, 33–42.
32 GUNKEL / BEGRICH, Einleitung, 42. „Diese Erscheinung tritt so häufig auf, daß sie eines der sichersten und am leichtesten zu beobachtenden Kennzeichen des Hymnus abgibt." (ebd). Gunkel verweist dann auf das älteste Beispiel Ex 15,21 („Lied der Miriam"). Vgl. zum vielfältigen Charakter des „Hauptstückes" GUNKEL / BEGRICH, Einleitung, 42–57.
33 GUNKEL / BEGRICH, Einleitung, 57.
34 Vgl. GUNKEL / BEGRICH, Einleitung, 58.
35 Vgl. dazu auch SPIECKERMANN, Hymnen, 100: „Selbst bei vorhandener Gutgläubigkeit ist man geneigt, dem Zweifel Raum zu geben, daß es um die formale und inhaltliche Konsistenz der Hymnen nicht zum besten bestellt sein könne, wenn Hymnisches über die 25 Psalmen hinaus so gut wie im ganzen Psalter anzutreffen ist." Auch CRÜSEMANN, Studien, 4f, findet unter dem von Gunkel bestimmten hymnischen Material „ein recht buntes und uneinheitliches Gebilde. Es sind offenbar Stücke sehr verschiedener Formensprache dabei zusammengeordnet worden." Auch wenn beide, Crüsemann und Spieckermann, Kritik an der Weite der Gattung „Hymnus" üben, kommen beide zu unterschiedlichen Folgerungen, vgl. dazu im Folgenden.

Psalmen des kleinen Hallels (Ps 145.146–150) zählt Gunkel zu den „echten" Hymnen.[36]

Im Anschluss an die kurze Darstellung des Gunkelschen Gattungsbegriffs erheben sich einige Fragen, die in der vorliegenden Untersuchung zu klären sind: Inwieweit ist die Gattung „Hymnus" wirklich so leicht zu erkennen und festzustellen, wie Gunkel meint?[37] Und auf welche Weise können gerade die Psalmen des kleinen Hallels zum Verständnis dieser Gattung beitragen bzw. entsprechen diese Psalmen überhaupt dieser Gattung (wenn es sie denn so gibt, wie Gunkel und viele nach ihm es angenommen haben)?

Die klassische Gattungskritik wurde seit de Wette und Gunkel vielfältig aufgenommen, abgewandelt, weitergeführt und auch kritisiert oder ganz abgelehnt. Für die Gattungsbestimmung des Hymnus sollen zwei ältere Ansätze der kritischen Weiterführung des Gunkelschen Ansatzes (Westermann; Crüsemann) und ein jüngerer Ansatz jenseits der Gattungsforschung (Spieckermann) exemplarisch für die weitere Forschung zum Thema Hymnus vorgestellt werden.

Claus Westermann bescheinigt in seiner Studie „Das Loben Gottes in den Psalmen" (1954)[38] dem Hymnus im Gunkelschen Sinne einen Vorrang vor allen anderen Gattungen, da „,Hymnisches' [...], hymnische Elemente, kleine Hymnen überall in den anderen Gattungen begegnen".[39] Daraufhin führt er die Fülle der von Gunkel aufgestellten Gattungen auf zwei den Psalter beherrschende Gattungen zusammen: den Hymnus (mit dem Dankpsalm) und das Klagelied,[40] die sich an den „beiden Grundweisen des Redens zu Gott: Lob und Bitte"[41] orientieren. Für ihn ist das Danken ursprünglich eine Form des Lobens, so dass er beides, Hymnus und Danklied, als Lobpsalmen bezeichnet, gleichwohl aber in „beschreibendes Lob" und „berichtendes Lob" unterteilt, so dass „der sogenannte Hymnus Gott lobt über seinem Tun und Sein im Ganzen [...], während das sogenannte Danklied Gott über einer bestimmten Tat lobt, von der der Gerettete in seinem Lied erzählt oder berichtet".[42] Demnach unterscheiden sich die beiden

---

36 Weitere Hymnen sind: Ps 8; 19; 29; 33; 65; 67; 68; 96; 98; 100; 103; 104; 105; 111; 113; 114; 117; 135; 136. Wieder Spieckermann, Hymnen, 99 Anm. 7, kritisch dazu: „Schon bei flüchtiger Lektüre kann der Eindruck nicht ausbleiben, daß hier formal und inhaltlich Disparates unter einem Begriff zusammengestellt worden ist. [...] Beispielsweise nenne man einmal den formal und inhaltlich gemeinsamen Nenner von Ps 8; 19; 29; 33, der kein Gemeinplatz ist!"
37 Zweifel äußert z. B. Spieckermann, Hymnen, 99 f.
38 Als Nachdruck erschienen in Westermann, Lob, danach auch im Folgenden zitiert.
39 Westermann, Lob, 12.
40 Vgl. Westermann, Lob, 13. Vgl. auch die ausführliche Auseinandersetzung Westermanns mit Gunkels Trennung von Hymnus und Danklied a.a.O., 13–15 Anm. 5.
41 Westermann, Lob, 28.
42 Westermann, Lob, 25.

Gattungen „nicht in ihrer Grundkonzeption, sondern auf der Ausdrucksseite".[43] Allerdings bleibt der Mehrwert dieser neuen Terminologie offen, sie wurde in der Exegese auch nicht übernommen.[44]

Im Rahmen dieser Untersuchung und der Frage nach der Eigenart des Hymnus ist aber die inhaltliche Beschreibung des hymnischen Lobes festzuhalten, wie Westermann sie formuliert: Dieses Lob „entspricht dem hebräischen hillēl. Es lobt nicht ein einmaliges, eben geschehenes Tun Gottes, sondern faßt es in seiner Fülle zusammen und lobt Gott im Ganzen seines Handelns und seines Seins. Es hat nicht, wie das berichtende, einen bestimmten, einmaligen Anlaß; es ist nicht Bekenntnis des Geretteten, sondern es sieht auf ‚des großen Gottes großes Tun' zu allen Zeiten und an allen Orten und lobt ihn über dem allen."[45] Besonders der universal gültige und allumfassende Anspruch des Hymnus ist zu betonen.[46]

Eine wichtige formgeschichtliche Arbeit in der Zeit nach Gunkel hat Frank Crüsemann mit seinen „Studien zur Formgeschichte von Hymnus und Danklied in Israel" (1969) vorgelegt. Er führt den formgeschichtlichen Weg Gunkels weiter und übernimmt die Beschreibung der Psalmen nach formalen Kriterien. Angesichts der Fülle an hymnischen Formen wie Gunkel sie aufführt, geht es Crüsemann – anders als Westermann, der um eine Zusammenführung bemüht ist – um eine weitere Differenzierung innerhalb der Gattung, also um die Bestimmung von Teilformen und mehreren Grundformen.[47] Infolgedessen bestimmt er die Untergattungen „imperativischer Hymnus" und „partizipialer Hymnus" als zwei getrennte Formen des Hymnus mit unterschiedlichen Ursprüngen: Während Ex 15,21 den ältesten imperativischen Hymnus darstellt, hat der partizipiale Hymnus dagegen seinen Ursprung in der Prophetenliteratur, so dass Crüsemann dort bei den Hymnen Deuterojesajas ansetzt.[48] Diese beiden Grundformen entstammen der vorexilischen Zeit, auch wenn Crüsemann – problematischerweise – für ihre Rekon-

---

43 MATHEUS, Lied, 19.
44 So auch CRÜSEMANN, Studien, 10; MATHEUS, Lied, 19. Vgl. zur Kritik an Westermann auch KOCH, Formgeschichte, 199 Anm. 3: „aber ‚Beschreibung' Gottes ist gerade im Hymnus immer ‚Bericht' von göttlichen Taten."
45 WESTERMANN, Lob, 26.
46 Ähnlich die Bestimmung des Hymnus bei KOCH, Formgeschichte, 200.
47 Vgl. CRÜSEMANN, Studien, 5 f. Vgl. auch MATHEUS, Lied, 21 f: *Gunkels* „Ansatz bei der Formensprache zeigt sogleich, daß es ihm in erster Linie um die Beschreibung der *Vielfalt* der poetischen Gattungen geht, um deren zahlreiche Ausdrucksmöglichkeiten, und weniger um die Gestaltungsmerkmale einzelner Texte. [...] *Crüsemann*, auf der anderen Seite, setzt bei seiner Untersuchung mit dem einzelnen Text ein, bei der ‚Grundform', und mißt fortan alle anderen Erscheinungen an dem hier gewonnenen Bild." [Hervorhebung im Original].
48 Vgl. CRÜSEMANN, Studien, 19 ff.81 ff; dazu auch SPIECKERMANN, Hymnen, 101 f.

struktion nur exilische und nachexilische Texte heranziehen kann.[49] Ab der
Exilszeit finden sich dann auch Mischformen der beiden Typen. Darüber hinaus
gibt es nach Crüsemann noch die dritte Form des sog. Hymnus eines Einzelnen,
der aber nur in uneinheitlichen Resten und demnach nicht in Reinform erhalten
sei.[50]

Der kurze Überblick zeigt: Die lange prägende formgeschichtliche Forschung
zeigt ein großes Interesse an Ordnung und Einteilung der Psalmen nach ihren
formalen, äußeren Merkmalen. Die Suche nach der „Reinform" steht dabei an
oberster Stelle, alle nicht ganz reinen Formen wie „Mischformen" oder Ablei-
tungen der Grundform stehen in ihrer Wertigkeit niedriger.[51] Bei diesem For-
schungsansatz stehen zwei Aspekte der Psalmen im Hintergrund: zum einen der
Text und sein Verständnis selbst und zum anderen der Kontext des Psalms.[52] Beide
Aspekte sind in den vergangenen Jahren (wieder) stärker in den Vordergrund
gerückt worden.[53] Deutlich wird außerdem auch, dass die Suche nach (formalen)
Gattungen zur Zeit – zu Recht – nicht vorrangig im exegetisch-theologischen
Interesse steht. Jenseits der Gattungsforschung ist darum Hermann Spiecker-
manns Ansatz darzustellen, der für die Frage nach dem Hymnus einen wertvollen
Beitrag bietet.

Spieckermann ist über die formgeschichtliche Forschung hinausgegangen,
indem er zunächst dem Hymnus Form und Funktion als Textgattung abspricht und
dann stattdessen von dem Hymnus als einer „theologischen Denkform" spricht.
Diese Neubestimmung des Hymnus führt Spieckermann in zwei Studien aus, in
„Alttestamentliche ‚Hymnen'" (1994) und „Hymnen im Psalter. Ihre Funktion und
ihre Verfasser" (2003).[54]

Spieckermanns These im Rückblick auf die Hymnen-Forschung lautet recht
provokativ: „Den alttestamentlichen ‚Hymnus' im Sinne einer identifizierbaren
Gattung mit erkennbarer Konstanz in Disposition, Formation und Intention gibt es

---

49 Vgl. dazu SPIECKERMANN, Hymnen, 101 f.
50 Vgl. CRÜSEMANN, Studien, 285 ff, bes. 305.
51 Vgl. auch SÜSSENBACH, Psalter, 5.
52 Vgl. dazu z. B. ausführlich die Forschungsdarstellung von ZENGER, Psalmenforschung.
53 Vgl. dazu oben.
54 SPIECKERMANN, Hymnen im Psalter, 137 – 142, benennt in Blick auf den Hymnus drei Pro-
blemkreise, wobei der erste, der sich mit dem Hymnus als Denkform beschäftigt, für diesen Zusammenhang der wichtigste ist und darum in der folgenden Darstellung im Vordergrund steht. Des
Weiteren behandelt Spieckermann die Frage nach einer Literatur- und Theologiegeschichte und
die damit verbundene Datierung von Psalmen und Psalmensammlungen sowie die Verfasser- und
Trägerkreisfrage.

nicht."[55] Es gibt nur Hymnen, in denen sich die Vielfältigkeit des hymnischen Redens im Alten Testament und dessen, was „hymnisch" genannt werden kann, widerspiegelt.[56] Allen diesen Hymnen gemein ist aber die Intention des Gotteslobes, so dass man nicht von „Gattung", sondern lieber von einer „Textgruppe" reden sollte.[57]

Die inhaltliche Grundlage für den Hymnus ist nach Spieckermann die „Gott-Mensch-Welt-Relation", die zum Gotteslob führt. Damit ist das alleinige konstitutive Charakteristikum benannt: Allen Hymnen ist gemeinsam, „daß des Menschen und Israels Rettung, Begnadung und Begabung durch Gott als Anstiftung zum Lob erfahren werden, in dessen Zentrum Gott selbst steht."[58] Daraus folgert er, „daß der Hymnus nicht primär als wie auch immer zu definierende literarische Textform, sondern als theologische Denkform zu verstehen ist."[59] Wenn von dem Hymnus als Denkform gesprochen wird, dann verweist das auf die enge Zusammengehörigkeit von Loben und Leben. Allem Leben liegt das Loben Gottes zugrunde, da die „Bedingung der Möglichkeit menschlichen Lebens [...] in Israel das Gotteslob" ist.[60] Spieckermann betont damit die Inhaltsfrage des Hymnus gegenüber der Formfrage, wie sie die formgeschichtliche Forschung stellte.[61] Die inhaltliche Bestimmung des Hymnus wird durch formale, aber fakultative Charakteristika wie die Begründung durch כי, der Sprechrichtung zu Gott (in 2. oder 3. Person), häufig auch durch einen preisenden Partizipialstil ergänzt. Als einzige, notwendige Bedingung nennt Spieckermann die einleitende Lobaufforderung –

---

55 SPIECKERMANN, Hymnen, 99. Einwände gegen die These Spieckermanns trägt z. B. WAGNER, Lobaufruf, vor. Ähnlich, aber vorsichtiger formuliert ZENGER, Psalmenforschung, 409: „Die überwiegende Mehrheit der biblischen Psalmen läßt sich streng genommen keiner üblichen Gattung zuordnen, außer man erfindet immer neue Gattungen bzw. ‚Untergattungen' oder strukturiert die Gattungen so allgemein, daß sie nur die Geschehens- und Sprachmuster der Grundvollzüge von Bitte und Dank, Anklage und Lobpreis wiedergeben." Vgl. auch SÜSSENBACH, Psalter, 36 f, die sich kritisch gegenüber der „beschreibenden Formgeschichte" Millards (vgl. MILLARD, Komposition) äußert. Problematisch sei es bei der Annahme von Grundtypen, „wenn der Idealtypus in der konkreten Textgestalt so gut wie nie zu finden ist." Die drei Gattungstypen Klage / Bitte, Lob / Dank und Hymnus „sind jedoch vom konkreten Gattungsexemplar weit abstrahierte Größen, die schon bei der Bestimmung des einzelnen Psalms an Grenzen stoßen und dessen inhaltliche bzw. theologische Feinheiten nivellieren."
56 Vgl. auch SPIECKERMANN, Hymnen im Psalter, 137.
57 Vgl. SPIECKERMANN, Hymnen, 103.
58 SPIECKERMANN, Hymnen, 103.
59 SPIECKERMANN, Hymnen im Psalter, 144, vgl. auch 140.
60 SPIECKERMANN, Hymnen im Psalter, 145.
61 Vgl. SPIECKERMANN, Hymnen, 100: „Der Hymnus als Gattung ist nicht primär eine Formfrage, sondern eine Inhaltsfrage mit formalen Aspekten."

wobei es auch Hymnen ohne diese gibt (vgl. Ps 8).[62] Daran wird deutlich: Es gibt so gut wie keine sicheren formalen Anzeichen für einen Hymnus. Es bleiben aber zwei Tendenzen festzustellen, die am Hymnus zu beobachten sind: Zum einen die „Tendenz zur theologischen Programmatik" und zum anderen die „Tendenz zur auffälligen formalen Gestaltung (Akrostichon, Antiphon, imperativische und partizipiale Reihungen, Inklusionen)".[63]

Aufgrund dieses vielfältigen Zusammenspiels aus Form und Inhalt stellen sich Hymnen als „Theologiegeneratoren per excellence" dar, als im höchsten Maße theologisch reflektierte Texte.[64] Bei aller Abgrenzung gegen die Gattungsforschung greift Spieckermann damit die Feststellung Gunkels auf, dass „in den Hymnen ‚grundlegende Gedanken der frommen Dichtung überhaupt ausgesprochen werden'."[65] Daraus folgt für Spieckermann weiter: „Wenn der Hymnus keine Gattung, sondern eine Denkform ist," dann erheben die Hymnen mit ihrem eigenständigen theologischen Profil auch Anspruch auf ihren Kontext im Psalter, indem sie bestimmte theologische Konzeptionen „verstärken, schärfen, modifizieren".[66] Und dann bestehen Ähnlichkeiten zwischen Psalmen nicht aufgrund derselben „Gattung", sondern vielmehr aufgrund ihrer gemeinsamen „Denkform". Das bedeutet, dass die Verbindungen von zwei oder mehr Texten aufgrund von gezielten „literarische[n] Bezugnahmen oder Parallelbildungen" bestehen, welche „als Hinweis auf literarisch absichtlich etablierte Sinnzusammenhänge oder Kompositionsbögen zu deuten sind."[67] Spieckermann deutet hier das Phänomen der Schriftauslegung an, das gerade auch in Hymnen nachgewiesen werden kann und das zugleich der Rede vom Hymnus als einer Gattung widerspricht. Dies sei besonders in Blick auf die vorliegende Untersuchung und die Zusammenschau von Hymnus und Schriftauslegung betont und darauf ist unten in Kap. I.3.1 zurückzukommen.

Neben der Intertextualität von Hymnen besteht eine wesentliche Beobachtung zudem darin, dass „gerade Hymnen häufig eine strategische Bedeutung für Textzusammenhänge [...] wahrnehmen" und dass somit „eine der signifikantesten Funktionen der Hymnen in ihrer maßgeblichen Gestaltung der Buchwerdung des

---

62 Vgl. SPIECKERMANN, Hymnen, 103 f.
63 SPIECKERMANN, Hymnen im Psalter, 139.
64 SPIECKERMANN, Hymnen im Psalter, 140; vgl. DERS., Hymnen, 104: „Die theologische Reflexion in den Hymnen bedenkt die zwielichtige conditio humana im Lichte der von Gott gestifteten Relation zwischen sich und dem Menschen."
65 SPIECKERMANN, Hymnen, 104 mit Verweis auf GUNKEL / BEGRICH, Einleitung, 32.
66 Vgl. SPIECKERMANN, Hymnen im Psalter, 140.
67 SPIECKERMANN, Hymnen im Psalter, 139.

Psalters liegt".[68] Dies zeigt sich insbesondere an hymnischen Schlusstexten, wie Spieckermann an Ps 34 in Blick auf Ps 25 – 33 zeigt.[69] An wichtigen Schaltstellen im Psalter (vor allem im vierten und fünften Psalmenbuch) finden sich oftmals Hymnen, so dass hier die Bedeutung des Hymnus als theologische Aussage deutlich wird, insofern „theologische Verdichtung und theologische Ausstrahlung von den Psalmendichtern gerade dem Hymnus zugetraut werden."[70] Das bedeutet: „Positionierung von Hymnen im Kontext ist (fast) immer Theologie im Dialog."[71] So formuliert Spieckermann die Aufgabe: „Hymnen, will man ihnen annähernd gerecht werden, bedürfen immer der Wahrnehmung ihrer je eigenen Prägung und zugleich ihrer Zusammengehörigkeit. Was sie als Gruppe erkennbar macht, ist indessen keine Form, sondern das gemeinsame inhaltliche Zentrum: die Auslegung der Güte Gottes."[72]

Spieckermann macht deutlich, dass doch vom Hymnus geredet werden kann, sogar muss (gegen Westermann), um das Wesentliche der Psalmen und das Wesentliche des Gotteslobes insgesamt zu beschreiben. Dabei ist aber der Begriff der „Gattung" abzulegen, mindestens aber auszuweiten und durch das Verständnis des Hymnus als theologischer Denkform zu ersetzen. Diese Impulse Spieckermanns zum Hymnus werden in der vorliegenden Studie aufgenommen, weitergeführt und auf die Hymnen des kleinen Hallels am Ende des Psalters angewendet. Inwieweit und auf welche Weise an die Ausführungen Spieckermanns anzuknüpfen ist, wird in Kap. I.3.1 dargestellt. Ausführlicher, als es Spieckermann nur andeutet, wird dabei das Thema der Schriftauslegung in den Hymnen eine Rolle spielen, so dass nun ein kurzer Überblick über dieses Phänomen alttestamentlicher Forschung folgt, bevor dann beides, Hymnus und Schriftauslegung, zusammengeführt werden kann, um die Erscheinung des schriftgelehrten Hymnus zu untersuchen.

---

68 SPIECKERMANN, Hymnen im Psalter, 139.
69 Vgl. SPIECKERMANN, Hymnen im Psalter, 149.
70 SPIECKERMANN, Hymnen im Psalter, 150.
71 SPIECKERMANN, Hymnen im Psalter, 149.
72 SPIECKERMANN, Hymnen im Psalter, 149. In der Neufassung des Aufsatzes, die für den Druck nicht mehr eingearbeitet werden konnte, spricht Spieckermann hier von „Intertextualität" anstelle von „Zusammengehörigkeit", vgl. DERS., Lebenskunst, 260.

2.2 Schriftauslegung in der Schrift

Untersuchungen zur Schriftauslegung in der Schrift haben zur Zeit Konjunktur in der alttestamentlichen Wissenschaft, wie unter anderem Schmid kürzlich aufgezeigt hat.[73] Damit hängt die eigentlich schon ganz alte Erkenntnis zusammen, dass innerhalb des Alten Testaments ein dichtes Netz an Textbezügen zu entdecken ist, die jetzt im Zuge einer Weiterentwicklung von Literarkritik und Redaktionsgeschichte neu betont wird.[74]

Wer die alttestamentlichen Texte genau liest, dem fallen Anklänge an andere Texte auf, ebenso Wiederholungen und Widersprüche, Spannungen und Unterbrechungen des Zusammenhangs. Themen und Motive ziehen sich durch ganze Bücher und über Buchgrenzen hinweg. Diese Beobachtungen und die Fülle der innerbiblischen Textbezüge verweisen auf eine sukzessive Entstehung der Einzeltexte und Bücher, es gibt älteres und jüngeres Textgut. Darüber hinaus lassen sich Dubletten und Zitate erkennen, Texte werden aufgegriffen, umgedeutet, weitergeschrieben.[75] Während in der älteren Forschung mögliche redaktionelle Eingriffe in den Text gegenüber dem Originaltext des Autors oder Erstverfassers abgewertet wurden, setzt sich heute immer mehr die Wahrnehmung der theologischen Leistung der Redaktoren durch.[76] Das Interesse der Exegese ist auf die Komposition der Texte und Textsammlungen gerichtet, die sich selbst auslegen, fortschreiben, ergänzen. Die Auslegung und Rezeption von einzelnen Texten, theologischen Motiven und auch ganzen Erzählzusammenhängen prägen das Alte Testament.[77] Es präsentiert sich somit als Fortschreibungs- und Auslegungsliteratur und gilt „als schriftgelehrte Traditionsliteratur, die in ihren Überliefe-

---

73 Vgl. z.B. den Forschungsüberblick bei SCHMID, Schriftauslegung, bes. 5, sowie KLEIN, Schriftauslegung, 1–6; LEVINSON, Kanon, bes. 107–206. Vgl. auch den älteren Beitrag von HENGEL, Schriftauslegung.

74 Vgl. u.a. SCHMID, Schrift, 277–279, sowie zum Verhältnis von innerbiblischer Exegese und Redaktionsgeschichte grundlegend schon KRATZ, Exegese; DERS., Pescher, bes. 142–145.

75 Zur innerbiblischen Exegese und den Formen der Auslegung in Kommentar, Zitat und Nachschrift, Textüberlieferung und Übersetzung und Redaktion vgl. KRATZ, Exegese.

76 Vgl. dazu z.B. STECK, Prophetenbücher, V–VII; KRATZ, Art. Redaktionsgeschichte, 368–372; SPIECKERMANN, Hymnen, 102f; SCHMID, Schriftauslegung, 8–13; DERS., Schrift, 279; KLEIN, Schriftauslegung, 3.

77 So auch KRATZ, Judentum, 123: „Die biblischen Schriften sind ausgesprochen selbstreferentiell, indem sie sich selbst oder gegenseitig zitieren und auslegen." HENGEL, Schriftauslegung, 2, beschreibt „Auslegung" als nicht eng zu begrenzenden Begriff, er „umfaßt sowohl die Überlieferung dieser Texte wie die Berufung auf sie in der Form der Zitierung, Deutung, Übersetzung, Ergänzung oder auch Fortschreibung." Zu Formen von Intertextualität vgl. auch EDENBURG, Intertextuality, bes. 144–146, zu den für diese Arbeit wichtigen Formen der Anspielung und Zitation.

rungskreisen wohl auf eine mündliche Vorgeschichte zurückgehen mag, in der Substanz aber nunmehr als dichte, reflektierte Literatur anzusprechen ist."[78] Die alttestamentlichen Schriften sind somit „immer schon ausgelegte Schriften".[79]

Wird das Alte Testament auf diese Weise wahrgenommen, dann sagt das auch etwas über die Verfasser der Texte aus. Jemand, der einen solchen rezeptionellen Text geschrieben hat, der „hat dies in weitgreifendem Horizont auf andere Bibeltexte getan, hat Verweise eingebaut, Vorliegendes aufgenommen, modifiziert und ausgelegt."[80] Er hat die ihm bereits bekannte Schrift benutzt und sie weiterverarbeitet. Bei seiner „Schriftbenutzung"[81] müssen ihm die Texte nicht unbedingt in materialer Form vorgelegen haben, er kann sie auch erinnert und aus dem Gedächtnis heraus zitiert haben.[82] Und umgekehrt ist aufgrund der zahlreichen Anspielungen auf andere alttestamentliche Texte zu schließen, dass diese Texte für wiederum ähnlich hoch gebildete Kreise verfasst sind wie es auch die schriftgelehrte Autorenschaft ist. Denn andernfalls würden die Leser der Texte den traditions- und schriftbasierten Hintergrund nicht erkennen können.[83] Pointiert formuliert Schmid: „Das Alte Testament ist Literatur von Schriftgelehrten für Schriftgelehrte".[84]

---

78 SCHMID, Traditionsliteratur, 1, vgl. auch 267.

79 SCHMID, Schrift, 276; so schon LEVIN, Verheißung, 67; DERS., Testament, 21–27.

80 SCHMID, Schrift, 274f.

81 KRATZ, Exegese, 140.

82 Vgl. SCHMID, Arbeit, 54. Zu einer mündlich-schriftlichen Bildung in Israel vgl. ausführlich CARR, Tablet; DERS., Bildung. Carrs These besteht darin, dass er als das Hauptziel für die Textproduktion und Textrezeption das Erinnerung und Einprägen von Inhalten mittels des Memorierens der Texte sieht. Es gab somit kein Nacheinander von „Mündlichkeit" und „Schriftlichkeit", sondern ein Nebeneinander, vgl. CARR, Bildung, 185. EDENBURG, Intertextuality, nimmt die Thesen Carrs auf und führt sie in Blick auf das Phänomen der Intertextualität kritisch weiter.

83 Vgl. dazu insgesamt EDENBURG, Intertextuality. Für Texte mit hoher Intertextualität ist darum anzunehmen: „the target audience of such texts was limited to a readership of elite literati" (a.a.O., 134, vgl. 145.147). Denn nur solche hochgebildeten Leser konnten die zahlreichen Anspielungen wahrnehmen, vgl. a.a.O., 144–146. Umgekehrt weisen die komplexen intertextuellen Bezüge (gespeist durch zumeist mündliches Memorieren) auf eine schriftliche! Grundlage und damit auf eine *Leser*schaft (und nicht *Hörer*schaft), die als Elite-Gruppe von Schreibern zu beschreiben ist. So schlussfolgert EDENBURG. a.a.O., 147: „If so, then such texts were not designed for the purpose of enculturalization, but were created, in part, as pieces of learning and scribal art with the aim of commenting upon or revising other texts."

84 SCHMID, Traditionsliteratur, 2; vgl. DERS., Arbeit, 53f. Ähnlich auch u.a. EDENBURG, Intertextuality, sowie bereits VAN DER TOORN, Culture, 2. Vgl. zur Entstehung von (Schreiber-)Schulen den Exkurs bei HENGEL, Judentum, 143–152, sowie SCHMID, Arbeit, 47–49; zur ganzen Thematik grundlegend VAN DER TOORN, Culture, sowie der Sammelband von PERDUE, Scribes; außerdem schon KNAUF, Umwelt, 190–237, bes. 234–237.

Da für diese Schriftkultur und die Verbreitung der Texte nur kleine, überschaubare Zirkel anzunehmen sind, war eine Fortschreibung und Weiterarbeit an den immer gleichen Texten gut möglich.[85] Die Texte signalisieren in der Regel nicht selbst, dass sie Auslegungsliteratur sind. Es gibt keine expliziten Hinweise auf Intertextualität.[86] Gleichwohl setzt aber das hohe Maß an Intertextualität, das über Stichwortverbindungen und direkte oder indirekte Zitate erreicht wird, ein solches Lesen voraus, wie es Ps 1,2 fordert: ein andauerndes Nachsinnen und Murmeln (הגה) über die Schrift, über ihre Bedeutung und damit auch über ihre Textbezüge. Schmid verweist in diesem Zusammenhang völlig zu Recht auf Ps 1.[87] Das zeigt zugleich, dass dieses intertextuelle Lesen nicht nur in Erzähltexten zum Tragen kommen soll, sondern auch auf die Psalmen zu übertragen ist. Auch und insbesondere die Psalmen sollen immer wieder gelesen, gemurmelt, immer wieder bedacht werden, damit sich auch der hintergründige Sinn, wie er durch die innerbiblischen Bezüge geschaffen wird, entfalten kann. Die Psalmen verweisen auf andere Psalmen und sie verweisen auf das übrige Alte Testament.[88] Daraus folgt: Die alttestamentlichen Texte wollen selbst intertextuell gelesen werden und das kann nur jemand, der die Schrift selbst gut kennt und in dieses intertextuelle Lesen (und Schreiben!) eingeübt ist. Das Publikum fällt also im Wesentlichen mit der Autorenschaft zusammen.[89] Dabei muss die Frage nach dem oder den konkreten Verfasser(n) letztlich ungeklärt bleiben,[90] – denn wir wissen nicht, wer die Texte geschrieben hat,[91] aber es lässt sich so wenigstens anhand der Texte selbst etwas über ihre Entstehung und Intention erahnen.

Nach der Darstellung der alttestamentlichen Texte als schriftgelehrte Literatur ist der Blick zurück auf die Untersuchung des Phänomens der Schriftauslegung in der alttestamentlichen Forschung zu lenken. Eine grundlegende Definition bietet Becker: „Als *innerbiblische Exegese oder Schriftauslegung* bezeichnet man das Gesamtphänomen der Fortschreibungstätigkeit, bei der vorgegebene biblische Texte – aus dem näheren oder weiteren Kontext – ausgelegt und aktualisiert

---

85 Vgl. KRATZ, Judentum, 124 f; SCHMID, Arbeit, 51; DERS., Schrift, 275 f; EDENBURG, Intertextuality, 147 f.

86 Vgl. KRATZ, Exegese, 141 f; SCHMID, Schrift, 275.

87 Vgl. auch SCHMID, Arbeit, 54; DERS., Schrift, 275.

88 Diese intertextuelle, „hymnische Exegese" beschreibt auch KNAUF, Exegese, und betont den theologischen Anspruch des Psalters als Auslegung von Tora und Propheten.

89 Vgl. auch SCHMID, Arbeit.

90 Vgl. aber zum Bemühen die Verfasserfrage wenigstens ein wenig zu erhellen z. B. GILLINGHAM, Singers; DIES., Tradition, die die Leviten als Editoren des Psalters annehmen möchte oder vorsichtiger SPIECKERMANN, Hymnen im Psalter, 158, der den Psalter „als ‚Buch' […] in den Händen von Priestern und Schriftgelehrten" verortet.

91 Vgl. KRATZ, Judentum, 124; sowie insgesamt VAN DER TOORN, Culture, bes. 27 – 49.

werden."[92] Die Untersuchung von Schriftauslegung und Fortschreibung begann zaghaft in der Exegese der Prophetenbücher und bahnte sich von da aus einen Weg in die gesamte alttestamentliche Wissenschaft.[93] Die dann grundlegende Arbeit zur innerbiblischen Exegese hat 1985 Michael Fishbane vorgelegt.[94]

Einen ersten wichtigen Beitrag auf dem Weg der Wahrnehmung der innerbiblischen Bezüge in den Psalmen hat Alfons Deissler mit seiner Untersuchung von Ps 119 (1955) geleistet.[95] Er spricht zwar noch nicht direkt von innerbiblischer Schriftauslegung, aber seine Annahme eines „anthologischen Stils" im Alten Testament insgesamt und im besonderen auch in den Psalmen nimmt genau diese Beobachtung auf, dass es Psalmen gibt, die in Abhängigkeit und vor dem Hintergrund anderer biblischer Texte entstanden sind. Darum formuliert er die Aufgabe „die Psalmen nach ihrer sprachlichen, stilistischen und gedanklichen Verwandtschaft mit anderen alttestamentlichen Schriften neu zu durchforschen."[96] Dabei denkt er bei der Entstehung des Großteils der Psalmen außerdem an ein schriftgelehrtes und weisheitlich geprägtes Milieu der nachexilischen Zeit, dessen Vertreter „mehr und mehr ihre Weisheit aus der ‚Schrift' schöpften."[97] Deissler denkt also schon vorsichtig an Schriftgelehrte, die schriftgelehrte Texte verfassen.

Es gibt einzelne jüngere Arbeiten, die auf die innerbiblische Schriftauslegung in Psalmen hinweisen,[98] darunter auch Studien, die das Phänomen Intertextualität allein auf der Endtextebene betrachten und dabei die redaktions- und kompositionsgeschichtliche Fragestellung eher ausblenden.[99] Umgekehrt spielt

---

92 BECKER, Exegese, 90 f [Hervorhebung original]. Vgl. unten Kap. I.3 zur weiteren Konkretisierung des Begriffs „Schriftauslegung".
93 Vgl. dazu SCHMID, Schriftauslegung, bes. 12 – 21.
94 FISHBANE, Interpretation. Weitere (zuvor) wegweisenden Arbeiten waren z. B. die Kommentare von Zimmerli zu Ezechiel (mit der Begriffsbildung „Fortschreibung", vgl. dazu LEVIN, Verheißung, 162 – 165) sowie die Studien von BARTH, Jesaja-Worte; STECK, Heimkehr; DERS., Prophetenbücher; LEVIN, Verheißung; DERS., Fortschreibungen; vgl. auch den forschungsgeschichtlichen Essay von Levinson, „Schriftauslegung in der Hebräischen Bibel" (2012) in: DERS., Kanon, 107 – 206.
95 Der Titel der Studie Deisslers lautet: „Psalm 119 (118) und seine Theologie. Ein Beitrag zur Erforschung der anthologischen Stilgattung im Alten Testament."
96 DEISSLER, Psalm 119, 30.
97 DEISSLER, Psalm 119, 28. Deissler zeigt insgesamt in Blick auf Theologie, Schriftauslegung und zeitlichen Hintergrund von Ps 119 eine große Nähe zu Jes Sir auf.
98 Vgl. so z. B. insbesondere zu den Hallel-Psalmen KRATZ, Gnade. Vgl. beispielsweise zur Geschichtsrezeption in den Psalmen jüngst KLEIN, Geschichte; GÄRTNER, Geschichtspsalmen. Vgl. insgesamt den Forschungsüberblick von SCHMID, Schriftauslegung, 19. Auch Hossfeld und Zenger weisen in ihrem Psalmenkommentar (HThKAT) auf die intertextuellen Bezüge der Einzelpsalmen hin, ohne sie allerdings wirklich auszuwerten. Vgl. zum Thema auch HOSSFELD / ZENGER, Psalmenauslegung.
99 Vgl. etwa den methodischen Artikel von SEILER, Intertextualität, sowie DERS., Text-Beziehungen.

bei aller Wahrnehmung der redaktionell und konzeptionell untersuchten Psalterentstehung oftmals die Rezeption anderer Psalmen, die schon bei der Abfassung des einzelnen Psalms die grundlegende Intention darstellt, eine untergeordnete Rolle. So ist die Untersuchung innerbiblischer Auslegung in diachroner Perspektive, insbesondere im Psalter, noch ganz am Anfang und bleibt Aufgabe der gegenwärtigen Psalmenforschung, so dass die vorliegende Studie, insbesondere auch für die Zusammenschau von intertextuellen und redaktionsgeschichtlichen Aspekten, einen wichtigen Beitrag liefern möchte.

Ein Blick in das Psalmen-Kapitel in der von Zenger bzw. inzwischen von Frevel herausgegebenen Einleitung in das Alte Testament zeigt z. B. eine Betonung der intendierten Zusammenstellung von vorgegebenen Psalmen durch Redaktion(en).[100] Dagegen kommt das Element der Schriftauslegung oder auch das der Rezeption und Zitation in Psalmen in den „Hinweise[n] auf eine planvolle Buchkomposition"[101] gar nicht vor und auch im Kapitel zur „Entstehung von Einzelpsalmen"[102] nur am Rande und dann nur als Kriterium für eine mögliche Datierung. Insgesamt legen die Arbeiten von Hossfeld und Zenger den Schwerpunkt auf die (redaktionelle) Entstehung von Psalmen(teil)sammlungen, die anhand von verschiedenen Merkmalen und Techniken zusammengestellt worden sind.[103] Stichwortverbindungen zwischen Psalmen werden in der Regel literarkritisch herausgelöst und redaktionell bewertet, was nur selten überzeugt.[104] Die Verbindung von Psalmen untereinander durch Bezugnahmen im Sinne der Schriftrezeption und Schriftauslegung bleibt dabei größtenteils außen vor oder wird kaum ausgewertet.[105]

Dieser Aufgabe will die vorliegende Arbeit zum kleinen Hallel nachgehen, indem die Untersuchung des Phänomens der Schriftauslegung in den Vorder-

---

100 Vgl. dazu ZENGER, Psalmen, 431: „Es sind vor allem die literarischen Techniken der planvollen Anordnung (iuxtapositio) und der gezielten, redaktionellen Stichwort- und Motivverkettung (concatenatio), durch die die Einzelpsalmen in größere Sinnzusammenhänge gebracht werden."

101 Vgl. ZENGER, Psalmen, 431–434.

102 Vgl. ZENGER, Psalmen, 443 f.

103 Vgl. beispielsweise den programmatischen Beitrag ZENGER, Psalmenexegese, sowie oben.

104 Vgl. auch SÜSSENBACH, Psalter, 28 f. Zur weiteren Deutung der Stichwortbezüge vgl. unten Kap. I.3.

105 Auch in ZENGER, Psalmenexegese, 419–422, gibt es keinen Hinweis auf intertextuelle Schriftbezüge, die eine Verbindung zwischen den Psalmen schaffen. Vgl. aber SÜSSENBACH, Psalter, 19, zu Zengers Methodenlehre der kanonischen Psalmenauslegung: „Die innerbiblischen Bezüge und Wiederaufnahmen eines Psalms sind mitzuhören." Auffällig ist auch, dass im Forschungsüberblick von LEVINSON, Kanon, 107–206, die Psalmen so gut wie gar nicht berücksichtigt werden; der Schwerpunkt der Untersuchung der innerbiblischen Exegese liegt nach wie vor auf Pentateuch und Propheten.

grund gestellt wird. Dabei kann es aber nicht bei der bloßen Darstellung der innerbiblischen Bezüge der Psalmen bleiben, sondern es ist zu fragen, inwieweit der Vorgang der Schriftauslegung zum Movens der Abfassung der Psalmen insgesamt wird und damit wesentlich den Abschluss des Psalters prägt. Die Voraussetzung dafür ist die Annahme einer sukzessiven Entstehung der Texte und ihrer Komposition, wie sie literarkritische und redaktionsgeschichtliche Beobachtungen am Text zeigen. So ist zu bedenken, dass gerade die Rezeption anderer Texte Motivation zur Neuabfassung geworden sein könnte.[106] Darüber hinaus ist zu analysieren, wie sich der Vorgang der Schriftauslegung mit der Erscheinung des Hymnus zu einer theologischen Aussage verbindet.

---

106 Vgl. dazu grundlegend KRATZ, Exegese.

3. Zu Konzeption und Struktur der Studie

Wie zeigen sich nun die Phänomene Hymnus und Schriftauslegung in konkreten Psalmen? In welcher Verbindung stehen beide und tragen zu einer gemeinsamen theologischen Konzeption eines schriftgelehrten Hymnus bei? Diese und weitere Überlegungen spielen in der vorliegenden Studie eine Rolle. Als Gegenstand für die Untersuchung sind die Psalmen des kleinen Hallels, Ps 146–150, als Abschluss des Psalters sowie der direkt vorangehende Psalm 145 gewählt. Im Folgenden sind nun die Konsequenzen aus dem oben dargestellten Forschungsstand für die Untersuchung von Ps 145–150 darzulegen.

Alle sechs Psalmen gelten zweifellos als Hymnen. Außerdem weisen sie bei genauer Betrachtung eine Fülle von Textbezügen zu anderen Psalmen und alttestamentlichen Texten auf, so dass an ihnen die These eines schriftgelehrten Hymnus erprobt werden soll.[107] Ps 145 wird mit zu der Gruppe der Psalmen des kleinen Hallels hinzugenommen, da dieser Psalm thematisch eng mit dem Hallel verbunden ist, auch wenn er keine Halleluja-Rahmung aufweist wie Ps 146–150.[108] Außerdem wird sich zeigen lassen, dass sich in Ps 145 eine ähnliche Form der Schriftauslegung wie in den Hallel-Psalmen findet und dass die Psalmen des Hallels eine Fülle von Rückbezügen zu Ps 145 aufweisen.

Es lohnt sich demnach, diese letzten sechs Psalmen des Psalters auf ihren Charakter als schriftgelehrte Hymnen hin zu untersuchen. Doch welche Kriterien sind dafür heranzuziehen? So ist noch einmal die Frage zu stellen: Was ist ein Hymnus? Zunächst gilt: Wenn ein Text als hymnisch beschrieben wird, dann ist immer auf die Form *und* auf den Inhalt zu schauen. Es gibt formale Elemente, die auf die hymnische Form hinweisen wie zum Beispiel ein Lobaufruf und die Ausrichtung auf Gott als Gegenüber, wobei die Sprechrichtung in 2. oder 3. Person gestaltet sein kann. Die Begründung des Lobes durch כי gehört dagegen nicht zum notwendigen Merkmal eines Hymnus – wie insbesondere auch an den Psalmen des kleinen Hallels zu sehen sein wird. Die einzelnen sprachlichen Elemente, die den Eindruck eines Hymnus schaffen, weisen über sich selbst hinaus – auf eine hymnische Denkform als theologisches Phänomen. In Form und Inhalt des Hymnus wird immer ein theologisches Konzept mittransportiert. Dies wird zu zeigen sein.

---

107 Vgl. auch KRATZ, Gnade, 276, der von einem „schriftgelehrten Charakter der Texte" in Blick auf Ps 145–147 spricht.
108 Vgl. zum Zusammenhang von Ps 145 und dem kleinen Hallel auch z. B. RISSE, Gott, 198–203.

In Fortführung von Spieckermanns Thesen sind darum drei charakteristische Ausprägungen des Hymnus als theologisches Phänomen zu benennen. Die ersten beiden Tendenzen sind von Spieckermann schon ins Spiel gebracht worden: Der Text des Hymnus ist durch eine sorgfältige und auffällige sprachliche Gestaltung ausgezeichnet (erstes Merkmal), und der Hymnus weist eine ausgeprägte theologische Reflexion auf (zweites Merkmal). Das dritte, gegenüber Spieckermann zu ergänzende Merkmal besteht in der Tendenz zur innerbiblischen Exegese, die sich in dem hohen Intertextualitätsgrad der Texte zeigt. Dadurch wird der Hymnus zum schriftgelehrten Text. Dies dritte Element dient dabei den anderen beiden Elementen: Die formale Gestaltung geschieht auf Grundlage anderer Texte, so dass sich rein formal Zitate und direkte wie indirekte Anspielungen finden. Zugleich präsentiert sich die Schriftauslegung als Medium der theologischen Reflexion. Denn ein hoher Grad an Intertextualität geht oftmals mit einem hohen Grad an theologischer Reflexion einher.[109] Im Horizont der Schrift kommen die Verfasser zu konzentrierten theologischen Aussagen, die sie in neuen Texten verarbeiten. Damit ist die häufige Verwendung von Hymnen an Schalt- und Schlusspositionen im Psalter verbunden.[110] Am Ende von Einheiten wird das theologisch Zentrale noch einmal gebündelt, im Rekurs auf die überlieferte Schrift neu formuliert und in der formalen und theologischen Gestalt des Hymnus präsentiert – ein Grund, warum der Psalter ein hymnisches Ende hat.[111]

An dieser Stelle ist zu klären, was im Folgenden unter Schriftauslegung zu verstehen ist. Es geht dabei nicht nur um die allgemeine Fortschreibung von Texten, sondern dezidiert um die „Arbeit mit der Schrift" im Sinne der Rezeption. Daraus leiten sich dann zwei Aspekte von Schriftauslegung im Sinne der Arbeit an und mit der Schrift ab, die nicht immer sicher voneinander zu unterscheiden sind: So ist Schriftauslegung zum einen als Fortschreibung im engeren Sinne zu verstehen, indem ein neuer Text(-teil) einen bestehenden fortsetzt, dessen Aussagen ergänzt oder ihn umdeutet. Dabei ist meist der engere Kontext im Blick. Die Fortschreibung geschieht vorwiegend innerhalb desselben Textes oder Textkomplexes, beispielsweise durch die Ergänzung eines Verses. Dieses Phänomen wird in der Literaturwissenschaft auch als *Intra*textualität bezeichnet. Schriftauslegung findet zum anderen in Folge der Rezeption vorgegebener Texte statt, indem ein neuer Text auf Grundlage anderer geschaffen wird. Der Verfasser zitiert direkt oder indirekt andere Texte und verwendet dieses Material für die Komposition eines neuen Textes, der auch in einem ganz anderen Kontext als der rezi-

---

109 Vgl. auch SCHMID, Schrift, 275.
110 Vgl. dazu oben Kap. I.2.1.
111 Vgl. dazu bes. Kap. III.3.

pierte Text zu stehen kommen kann.[112] Dieses Vorgehen beschreibt einen Aspekt der *Inter*textualität in literaturwissenschaftlicher Hinsicht. Schriftauslegung ereignet sich somit als Fortschreibung im engeren Sinne auf der Ebene des direkten Kontextes und als Rezeptionsvorgang auf der Ebene der Textabfassung. Beide Aspekte sind dabei nicht immer klar von einander abzugrenzen, gehen oftmals Hand in Hand und können zugleich in einem Vorgang der Neuabfassung von Texten geschehen.

Wenn im Folgenden die Schriftrezeption der zu untersuchenden Psalmen analysiert wird, dann stellt sich dabei die Frage nach der Richtung der Abhängigkeit – und ob überhaupt Abhängigkeit besteht. Grundlage für die anzunehmende Schriftauslegung sind gemeinsame Lexeme, Wörter und Wortverbindungen in mindestens zwei Texten, andernorts auch als Stichwortverbindung bezeichnet.[113] Dabei liegen zwei mögliche Kriterien zugrunde: Entweder ist das Vorkommen der gemeinsamen Ausdrücke insofern signifikant, als es nur wenige oder gar keine weiteren Belege gibt, so dass eine Abhängigkeit wahrscheinlich ist. Oder aber es ist eine Häufung der Textbezüge zu ein und demselben Text innerhalb eines Textes (oder auch von Nachbartexten) festzustellen, so dass ebenfalls eine Abhängigkeit anzunehmen ist. Für die Klärung der Richtung der Abhängigkeit gibt es ähnliche Kriterien. So ist zum einen wiederum das sogenannte „Bündelargument" heranzuziehen, wie Deissler es formuliert hat: Eine „wachsende Anzahl ähnlich gelagerter Fälle im gleichen Text schließt wachsend den Zufall aus und wird zu einem zuverlässigen Konvergenzkriterium auch für die Prioritätsfrage."[114] Zum anderen ist die Qualität der Rezeption oder Fortschreibung zu prüfen und beispielsweise zu fragen, ob eine inhaltliche und / oder theologische Weiterentwicklung vorliegt, ob sich ein sprachlich sinnvolles Gefälle durch minimale Textveränderung erkennen lässt oder ob sich der eine Ausdruck harmonischer in den Kontext einfügt als der andere. Wie ähnlich in der Textkritik ist so zu klären, ob sich das eine aus dem anderen leichter erklären lässt (A aus B oder B aus A) oder ob sich eine gemeinsame

---

112 Um ein Beispiel zu nennen, das in der Untersuchung ausgeführt wird: Ps 147 rezipiert zwar Ps 33 (intertextueller Bezug), steht aber nach Ps 146 und führt vor allem diesen fort (intratextueller Bezug).
113 Mit der Annahme einer bewussten Schriftrezeption tritt eine vierte Erklärung für Stichwortverbindungen hinzu, die Zenger u. a. sonst nur mit „Zufall", durch Zusammenstellung der Psalmen aus inhaltlichen Gründen oder durch redaktionelle Bearbeitungen erklären, vgl. z. B. ZENGER, Psalmenforschung, 419–422. Kritisch dazu SÜSSENBACH, Psalter, 28, aber auch ohne den Hinweis auf mögliche Schriftrezeption und damit bewusste Fortschreibung (im Gegensatz zur redaktionellen Bearbeitung wie Zenger annimmt). Gleichwohl verweist SÜSSENBACH, Psalter, 19, aber im Referat des Zenger-Hossfeld-Ansatzes auf die notwendige Wahrnehmung von innerbiblischen Bezügen.
114 So DEISSLER, Psalm 119, 30.

Vorlage (C) annehmen lässt, was aber eher selten der Fall ist. Diese Kriterien sind dann im Einzelfall zu prüfen und ggf. durch weitere Textbeobachtungen zu ergänzen.

Aus dem bisher Dargestellten ergibt sich nun folgende Konzeption und Struktur der vorliegenden Arbeit. Noch einmal sei dafür Spieckermann mit einer Forderung zitiert: „Wir brauchen exegetische Forschung zu den Hymnen, die das individuelle Zusammenspiel von Gehalt und Gestalt als Zugang zur Theologie der Texte begreift."[115] Dieser Aufgabe will die Studie zu Ps 145 und 146–150 versuchen nachzukommen. Und dieser Anspruch spiegelt sich auch im Aufbau wider. In Anschluss an die neuere Psalmen- und Psalterforschung wird diese Studie ebenfalls den Schwerpunkt auf den Einzelpsalm legen und zugleich den Psalm in seinem Kontext bedenken, wobei auch Fragen zur Redaktionsgeschichte des Psalters, insbesondere zu seinem Abschlusses, unter der Voraussetzung einer sukzessiven Entstehung des Psalters zu stellen sind. Während in anderen Beiträgen schon gelegentlich Hinweise zur Schriftrezeption in den Psalmen zu finden sind, stellt die folgende Untersuchung dieses Phänomen der Schriftauslegung in den Vordergrund und untersucht dessen Zusammenspiel mit der theologischen Form des Hymnus.

In sechs Kapiteln werden die Psalmen einzeln und in ihrer Individualität ausführlich untersucht (Kap. II.1–6), indem jeder Psalm in Aufnahme der drei Perspektiven des schriftgelehrten Hymnus, der formalen Gestalt, der hohen Intertextualität und der damit verbundenen theologischen Reflexion, analysiert wird: In Blick auf die erste Perspektive wird die literarische Gestalt des Psalms als hymnischer Text beschrieben. Daran schließt sich auf Grundlage der intra- und intertextuellen Bezüge die Darstellung des theologischen Profils des schriftgelehrten Hymnus an, da die Rezeption der Schrift das wesentliche Element für die theologische Reflexion des Psalms und für seine Aussage insgesamt darstellt. Voraussetzung für die Analyse der Schriftbezüge bildet eine ausführliche Konkordanzarbeit im Vorfeld. In den zu untersuchenden Psalmen zeigt sich dabei eine große Fülle an Textbezügen. Diese Schriftbezüge erweisen sich dabei nicht nur als interessant und hilfreich für die Interpretation des Psalms, gelegentlich wird der Psalm in seiner Eigenart durch den Rekurs auf andere Motive und Texte überhaupt erst verständlich und sein theologische Profil wirklich erkennbar. Gerade diese letzten Psalmen des Psalters präsentieren sich so in hohem Maße als Rezeptionstexte, die viele Psalmen und andere Texte voraussetzen: Sie rekapitulieren, zitieren und rufen sie in Erinnerung.

---

115 SPIECKERMANN, Hymnen, 103.

Jedem Psalmenkapitel ist außerdem eine thematische Hinführung vorangestellt, die das Hauptthema des Psalms vorbereitet und in den weiteren Horizont
des Alten Testaments stellt. Diese sechs Themen erweisen sich außerdem als
Ausprägungen des theologischen Profils der Denkform „Hymnus" insgesamt und
werden in den Schlusskapiteln zur Theologie des Hymnus wieder aufgegriffen
(vgl. Kap. III.3 und IV).

Das kleine Hallel als Psalmengruppe kommt in einem weiteren Kapitel in den
Blick (Kap. III), in dem unter anderem solche Fragen gestellt werden: Wie ist das
kleine Hallel als Gruppe in redaktioneller Hinsicht zu verstehen? Sind innerhalb
dieser Halleluja-Gruppe Fortschreibungstendenzen zu erkennen? Welche Bedeutung hat das kleine Hallel als Schlusskomposition des Psalters? In diesem
letzten Hauptkapitel ist auch die qumranische Psalmenüberlieferung berücksichtigt (Kap. III.2). Gerade die Hallel-Psalmen haben in der Psalmenrolle 11Q5
eine interessante Position und Funktion, die wiederum aufschlussreich für die
Intention dieser Psalmen im masoretischen Psalter ist. Abschließend ist anhand
der Texte des kleinen Hallels und ihrer Hymnuskonzeption der Entwurf einer
Theologie des Hymnus in Funktion einer Gebetslehre zu skizzieren (Kap. III.3).

Insgesamt will die Studie durch die ausführliche Analyse und Interpretation
zum einen einen Beitrag zu Gestalt, Theologie und Intention der Psalmen 145–150
leisten. Zum anderen knüpft sie an die gegenwärtige Frage nach der Schriftrezeption an und führt sie auf einem Feld durch, auf dem noch viel Forschungsarbeit
zu leisten ist. Da es sich um Schriftauslegung in Hymnen handelt, wird vorgeschlagen, von Ps 145 und den Psalmen des kleinen Hallels als *schriftgelehrten
Hymnen* zu reden.

II. Analyse und Interpretation der Psalmen 145 und 146 – 150

1. Königtum Gottes: Psalm 145

1.1 Hinführung

Ps 145 wurde in der jüdischen Theologie als das „Sch^ema des Buches der Psalmen"[1] bezeichnet. Dreimal am Tag soll dieser Psalm, wie das Sch^ema Israel, dem babylonischen Talmud zufolge rezitiert werden, denn wer dies tut „kann dessen gewiss sein, daß er ein Kind der künftigen Welt ist" (vgl. bBer 4b).[2] Außerdem kann Ps 145 als „Meisterstück der hymnischen Literatur"[3] charakterisiert werden. Wie beide Aspekte zusammenkommen, die Verbindung des Psalms zum Sch^ema und die besondere hymnische Qualität des Psalms, wird neben anderem im Folgenden ausgeführt.

Ps 145 ist das Präludium zum kleinen Hallel, dem die Untersuchung insgesamt gilt: Der Psalm ist nicht direkt Bestandteil des kleinen Hallels, weil ihm die Halleluja-Rahmung fehlt, aber er bietet viele Themen und Formulierungen, die in den folgenden Psalmen wieder aufgenommen werden.[4] Der Hymnus ist geprägt durch mehrfache Lobaufforderung. Alles zielt auf das immerwährende Lob des ewigen Königs Jhwh. Die Königsherrschaft Jhwhs äußert sich nach Ps 145 in großartigen Machttaten Gottes, die er in der Geschichte sowohl seinem Volk Israel als auch dem einzelnen, von Gott abhängigen Geschöpf erwiesen hat und erweisen wird. Das Königtum Gottes ist durch Gnade und Güte gekennzeichnet und grenzenlos auf alle Welt ausgerichtet. Gleichzeitig formuliert der Psalmist eine theologisch motivierte Einschränkung, indem die Fürsorge und Nähe Jhwhs insbesondere den Frommen zugute kommt. Wie einerseits Universalität und andererseits frömmigkeitstheologische Exklusivität des Reiches Gottes zu verstehen sind, wird die folgende Auslegung zeigen.

Ps 145 nimmt, wie auch die Psalmen des kleinen Hallels, in großem Maße die Schrifttradition auf und lebt von vielfältigen Schriftbezügen, um sein zentrales Thema, das Königtum Gottes, zu entfalten. So bezeichnet Seybold Ps 145 als „theologisches Kompendium", das „manche Zitate, Klischees, Wiederholungen" enthält.[5] Allerdings stellt der Psalmist seine Textanspielungen und Zitate auf eine originale Art und Weise zusammen und schafft seine ganz eigene theologische

---

1 So S. D. Goitein, zitiert nach KIMELMAN, Psalm 145, 58.
2 DELITZSCH, Psalmen, 812f; vgl. PEARL, Theology, 4; BLUMENTHAL, Psalm 145, 15; KRATZ, Sch^ema, 638.
3 Vgl. KRATZ, Psalm 145, 229.
4 Vgl. dazu vereinzelt in den folgenden Ausführungen, vor allem aber bei der Untersuchung der anderen Psalmen. Zum Zusammenhang von Ps 145 und 146–150 vgl. Kap. III.
5 SEYBOLD, Psalmen, 533.

Abhandlung über das Königtum Gottes, die singulär im Alten Testament ist. Als Vorlagetexte und Inspirationsquellen sind vor allem folgende Psalmen zu nennen: Ps 103 und 104 führen in Ps 145 zur Verbindung von Gnade und Versorgung der Geschöpfe durch Jнwн, Ps 34 und 111 stehen nicht nur durch ihre alphabetische Form in Beziehung zu Ps 145, sondern weisen auch mehrfache thematische Übereinstimmungen auf, und unter den Jнwн-König-Psalmen stehen besonders Ps 96 und 97 Ps 145 nahe. Die frömmigkeitstheologische Zuspitzung gründet sich in Ps 145 vor allem auf Dtn 6, dem Sch°ma Israel. Darüber hinaus lassen sich auch Bezüge von Ps 145 zu Ps 37; 71; 78; 86; 105; 106; 107; 136; Dtn 4; Ex 15; 34; Neh 9 sowie eine gewisse Verwandtschaft mit den Doxologien des Psalters (Ps 41,14; 72,18 – 20; 89,53; 106,48) erkennen.

Für Ps 145 lassen sich die drei Perspektiven des *schriftgelehrten Hymnus* nachweisen, wie sie programmatisch in der Einleitung entfaltet worden sind: Das erste Element ist die formale sprachliche Durchgestaltung des Textes, die sich im komplexen Gefüge des Akrostichons sowie in der sorgfältig gestalteten strukturellen und thematischen Mitte des Psalms zeigt, die das Motiv, das ewige Königtum Gottes, formuliert (V. 11–13). Außerdem findet sich eine Fülle von verknüpften Leitbegriffen im Text.[6] Der zweite Aspekt ist die theologische Reflexion, die sich zum einen in der spezifischen Darstellung des Königtums Gottes findet. Zum anderen darin, dass der Psalm Aufruf zum Lob und Lehre zum Lob sein will. Er erweist sich damit als Gebetslehre und ist zugleich immer schon selbst Lob im Vollzug. Schließlich zeigt drittens die große Anzahl an Bezugs- und Referenztexten die Rezeption der Schrift, die der theologischen Entfaltung des Themas dient.

Wie in formaler und inhaltlicher Hinsicht sowie in theologischer und schriftgelehrter Profilierung Ps 145 als Hymnus über das Königtum Gottes gestaltet ist, wird in den folgenden Kapiteln dargestellt. Nach den Abschnitten zur formalen und sprachlichen Gestaltung des Psalms und seiner Gliederung (Kap. II.1.3.1 und II.1.3.2) folgt die Darstellung und Interpretation des theologischen Profils dieses schriftgelehrten Hymnus mithilfe seiner innerbiblischen Textverbindungen (Kap. II.1.4).

Um das zentrale Thema von Ps 145, das Königtum Gottes, thematisch und theologisch einordnen zu können, wird der Untersuchung eine kurze Einführung zum Königtum Gottes im Alten Testament vorangestellt. Unter besonderer Berücksichtigung der Texte, die Ps 145 rezipiert, wird der Horizont beschrieben, vor dem der Hymnus auf das Königtum Gottes formuliert wurde.

---

6 Vgl. dazu vor allem die Ausführungen in Kap. II.1.3.

Das Königtum Gottes im Alten Testament

Der zentrale Begriff, den Ps 145 für das Königtum Gottes verwendet, ist מלכות. Die Abstraktbildung מלכות ist von dem Verb מלך („König sein", „als König herrschen") abgeleitet und gehört mit mehreren anderen Substantivierungen (ממלכות, ממלכה, מלוכה sowie ממשלה von משל, „herrschen") zu einer Begriffsgruppe, die im Zusammenhang mit Gott vor allem in späten Texten des Alten Testaments vorkommt.[7] Der Begriff מלכות kann mit „Königtum" oder „Königsherrschaft" übersetzt werden, aber auch mit „(König-)Reich". Im Hebräischen (מלכות) bzw. Griechischen (βασιλεία) wird in eins gedacht, was unser Sprachgebrauch trennt[8]: Zum einen wird das Sein bzw. Wesen des Königs bezeichnet (vgl. das Verb מלך), das in der Würde und Gewalt des Königs besteht und sich in seiner Funktion und Institution manifestiert, also im Königtum. Zum anderen wird der Raum bzw. die Sphäre beschrieben, in der der König herrscht, nämlich sein Reich.[9]

Die Vorstellung vom Königtum Gottes durchzieht das Alte Testament in vielfältiger Art und Weise: So gibt es das Lob über den Sieg des Gottkönigs über das Chaos in der Vergangenheit mit universaler Gültigkeit (vgl. Ps 29 und 93), wie auch die eschatologische Erwartung eines universalen Reiches Gottes (vgl. Jesaja).[10] Diese Konzeption weist einerseits eine starke Prägung durch altkanaanäische und mesopotamische Vorstellungen auf,[11] andererseits wurde die Konzeption eines Königtums

---

7 Neben dem häufigen Gebrauch von מלך und seinen Derivaten für weltliche Herrscher und ihre Reiche sind Abstraktbildungen in Bezug auf Jhwh selten, wobei die größte Textgruppe die Psalmen ausmachen: מלכות Ps 45,7; 103,19; 145,11–13; 1Chr 17,14; 28,5; Dan 7,27; מלכו (aram.) Dan 3,33; 4,31; 6,27; ממלכה 1Chr 29,11; ממשלה Ps 103,22; 114,2; 145,13; Mi 4,6; מלוכה Ps 22,29; Obd 21. Etwa 30 mal wird Jhwh als מֶלֶךְ bezeichnet, vgl. dazu Zenger, Herrschaft, 176; auch Kratz, Translatio, 164. מלכות und seine verwandten Derivate von מלך werden in der LXX in der Regel mit βασιλ-Äquivalenten übersetzt, vgl. Seybold, Art. מלך, 934.
8 Vgl. Camponovo, Königtum, 443.
9 Vgl. Schmidt, Art. βασιλεία, 579 f. In der vorliegenden Untersuchung werden die Begriffe „Königtum Gottes" und „Reich Gottes" unter der Voraussetzung synonym benutzt, dass kein streng umgrenztes „Königreich" im Sinne eines (geographisch) bestimmbaren Bereiches gemeint ist (dies würde auf ein irdisch-menschliches Königtum zutreffen), sondern vielmehr eine Machtsphäre Gottes, in der sein königliches Walten zur Entfaltung kommt.
10 Vgl. dazu die Ausführungen unten in Kap. II.1.4.5.
11 Die Vorstellung eines Königtums Gottes ist schon in sehr frühen Texten zu finden: Im Baals-Mythos aus Ugarit (14. Jh. v. Chr.) und im Enuma elisch-Epos aus Mesopotamien (1. Jt. v. Chr.) wird die Gottheit als König dargestellt und deren Thronbesteigung im jährlichen Rhythmus gefeiert. Es geht im altorientalischen Mythos nicht um die Entstehung des Königtums, sondern hauptsächlich um die permanente Wirkung dieses Königtums. Das Königsein gehört notwendig zum Gottsein hinzu (zumindest gilt dies für die Hauptgötter in Ugarit). Die Götter müssen um ihr Königtum kämpfen, erleiden Verluste, aber verlieren ihr Königtum nie ganz. Das Königtum wird nicht durch einen erfolgreichen Kampf konstituiert, sondern das vorhandene Königtum ist Voraussetzung für

Gottes im Zusammenhang mit der israelitischen Geschichte und im Zuge der davon abhängigen Theologiebildung transformiert. Im Psalter finden sich Reste der ursprünglichen, hymnisch ausgeprägten Vorstellung vom Königtum Gottes im Kontext der Jerusalemer Kulttradition.[12] Davon abhängig sind andere Belege in der prophetischen Überlieferung, in der Chronik, im Pentateuch und im dtn Geschichtswerk.[13]

Die JHWH-König-Psalmen (Ps 29; 47; 93; 95–99), in denen die Akklamation und Titulierung JHWHs als König zentraler Bestandteil ist, sind für Ps 145 wichtige Rezeptionstexte.[14] Diese Psalmen preisen Gott in seiner Herrlichkeit und Macht (Ps 29,1–2; 93,1; 96,6–9; 99,9), die sich in der Schöpfung und in der Bezwingung des Chaos zeigt (Ps 93,1.3–4; 95,5). JHWH, der König, ist allein Gott und Schöpfer der Welt (Ps 96,4.5.10), ihm gebührt aller Lobpreis aufgrund seiner großen Taten und seiner Hilfe für sein Volk (Ps 29,11; 96,2–3; 98,1–3). Das Königtum Gottes bedeutet zudem die Herrschaft über die anderen Götter und Völker (Ps 47; 95,3; 96,4; 97,6–9, 99,1–3) und ist mit der Erwartung des (endzeitlichen) Gerichtes (Ps 96,10.13; 98,9) verbunden. Auch die spätweisheitliche Scheidung in Gottlose und Gerechte findet sich hier (Ps 97,10–12). Bei diesen Themen zeigen sich verschiedene theologiegeschichtliche Entwicklungsstufen: Die Psalmen enthalten Elemente alter „Reste hebräischen Heidentums"[15] im Sinne des altorientalischen Mythos. Sie führen über die Nationalisierung und Zuspitzung auf Israel hin zu einer Universalisierung und Ausweitung der Herrschaft Gottes auf die ganze Welt und integrieren schließlich weisheitliche Einflüsse mit Tendenzen zur Individualisierung und Verengung auf die individuelle Frömmigkeit.[16]

In der folgenden Untersuchung von Ps 145 wird sich zeigen, dass Ps 145 einige dieser Elemente aus den JHWH-König-Psalmen aufnimmt, aber zugleich einen ganz eigenen Schwerpunkt in der Konzeption einer Vorstellung vom Königtum Gottes bildet.

---

den Kampf. Das göttliche Königtum ist auch im altorientalischen Mythos „unableitbar". Im Mythos fallen einmaliges und wiederholtes Gründungsgeschehen zusammen, so dass Ewigkeit und Geschichte, Anfang und Dauerzustand nicht unterschieden sind, vgl. dazu KRATZ, Mythos, 151 f.

12 Vgl. dazu grundlegend die Untersuchungen von KRATZ, Mythos und DERS., Reste.

13 Vgl. dazu KRATZ, Translatio, 163 f.

14 Vgl. die Formulierung יהוה מלך in Ps 29,10; 93,1; 96,10; 97,1; 99,1 und leicht abgewandelt in Ps 95,3; 98,6 sowie außerdem in Ps 10,16; 24,8.10; Ex 15,18. Vgl. zu den JHWH-König-Psalmen SCHMIDT, Königtum; JEREMIAS, Königtum; SPIECKERMANN, Heilsgegenwart, 165–186 [zu Ps 29 und 93]; JANOWSKI, Königtum; KRATZ, Mythos; DERS., Reste; MÜLLER, Jahwe. Vgl. außerdem die Ausführungen zu Ps 146,10 sowie zu Ps 149, der viele Verbindungen zu den JHWH-König-Psalmen aufweist.

15 Vgl. dazu die gleichnamige Studie von R. G. Kratz: „Reste hebräischen Heidentums am Beispiel der Psalmen".

16 Vgl. dazu insgesamt KRATZ, Reste, bes. 43 f.49.51 f.61.

Neben den Jhwh-König-Psalmen bildet auch Ps 103 eine wichtige Komponente in der Jhwh-Königtum-Konzeption von Ps 145. Dieser Psalm erweist sich erst auf den zweiten Blick als ein Psalm zum Thema Königtum: denn erst am Ende stößt man auf den Begriff מלכות (vgl. Ps 103,19 – 22). Ps 103 verbindet das große Thema der Gnade Gottes mit dem Lobpreis des Königs Jhwh.[17] So finden sich zwischen Ps 103 und Ps 145 mehrfache Verbindungen, die sich insbesondere darin auszeichnen, dass auch Ps 145 seine Königtum-Vorstellung auf die Gnade und Güte Jhwh zuspitzt, wie unten auszuführen ist. In der folgenden Darstellung ist darum zu zeigen, wie Ps 145 die Thematik Königtum Gottes aufnimmt, wie er sie theologisch deutet und in die (Denk-)Form des Hymnus transformiert.

1.2 Text und Übersetzung von Psalm 145

1 Ein Loblied Davids.[18]	1 תְּהִלָּה לְדָוִד
Ich will dich erheben, mein Gott, der König,[19]	אֲרוֹמִמְךָ אֱלוֹהַי הַמֶּלֶךְ
und ich will preisen deinen Namen immer und ewig.	וַאֲבָרְכָה שִׁמְךָ לְעוֹלָם וָעֶד׃
2 Während des ganzen Tages will ich dich preisen	2 בְּכָל־יוֹם אֲבָרְכֶךָּ
und ich will loben deinen Namen immer und ewig.	וַאֲהַלְלָה שִׁמְךָ לְעוֹלָם וָעֶד׃
3 Groß ist Jhwh und sehr zu loben,	3 גָּדוֹל יְהוָה וּמְהֻלָּל מְאֹד
und seine Größe ist unerforschlich.	וְלִגְדֻלָּתוֹ אֵין חֵקֶר׃
4 Generation um Generation soll preisen deine Werke,	4 דּוֹר לְדוֹר יְשַׁבַּח מַעֲשֶׂיךָ
und von deinen Machttaten sollen sie berichten.	וּגְבוּרֹתֶיךָ יַגִּידוּ׃

---

17 Zu Ps 103 vgl. Spieckermann, Barmherzig, bes. 10 – 12; Ders., Lob; Hossfeld, Psalm 103.
18 Anstelle von תהלה לדוד (MT) setzt 11Q5 die kultisch konnotierte Gattungsangabe תפלה לדויד („Gebet Davids") und zerstört damit auch die Inklusion von V. 1 und 21. Dadurch wird der Charakter des Psalms als Gebet im praktizierten, liturgischen Sinne stärker betont (ohne das damit gesagt wäre, dass Ps 145 in Qumran liturgischen Zwecken gedient haben muss, vgl. zur der Frage auch Kratz, Psalm 145, 235 f) und erscheint nicht so deutlich als literarischer Text, wie es für die masoretische Komposition anzunehmen ist. An der Überschrift lässt sich schon der kultisch-liturgische Bedeutungshorizont erkennen, den Ps 145 in 11Q5 erhält. Darüber hinaus ist Ps 145 in 11Q5 nach jedem Vers um einen Refrain erweitert: „Gepriesen sei Jhwh, gepriesen sei sein Name immer und ewig (ברוך יהוה וברוך שמו לעולם ועד)." Vgl. zu Ps 145 in 11Q5 Kap. III.2.
19 LXX liest dagegen ὁ θεός μου ὁ βασιλεύς μου und orientiert sich damit vermutlich an der sonst gängigeren Formulierung der Psalmen, wo „Gott" und „König" parallel gesetzt werden, vgl. für die LXX Ps 5,3; 83,4. Allerdings wird dort die parataktische Anrede durch ein καί verstärkt. Der lateinische Text überliefert dagegen in beiden Varianten (iuxta LXX und iuxta Hebraeos) *deus meus rex* „mein Gott (der) König" und stimmt so mit MT überein.

5 Vom Glanz der Herrlichkeit deiner Hoheit sollen sie reden,[20]
deine Wundertaten[21] will ich verkünden[22].[23]
6 Und von der Stärke deiner zu fürchtenden Taten sollen sie
sprechen, und von deinen Großtaten[24] will ich erzählen[25].
7 Das Gedenken deiner reichen Güte sollen sie sprudeln lassen[26]
und deine Gerechtigkeit sollen sie bejubeln.
8 Gnädig und barmherzig ist JHWH,
lang zum Zorn und groß an Gnade.
9 Gut ist JHWH zu allen,
und sein Erbarmen geht über alle seine Werke.

5 הֲדַר כְּבוֹד הוֹדֶךָ וְדִבְרֵי
נִפְלְאוֹתֶיךָ אָשִׂיחָה׃
6 וֶעֱזוּז נוֹרְאֹתֶיךָ יֹאמֵרוּ
וּגְדוּלָּתְךָ אֲסַפְּרֶנָּה׃
7 זֵכֶר רַב־טוּבְךָ יַבִּיעוּ
וְצִדְקָתְךָ יְרַנֵּנוּ׃
8 חַנּוּן וְרַחוּם יְהוָה
אֶרֶךְ אַפַּיִם וּגְדָל־חָסֶד׃
9 טוֹב־יְהוָה לַכֹּל
וְרַחֲמָיו עַל־כָּל־מַעֲשָׂיו׃

10 Es sollen dich lobpreisen, JHWH, alle deine Werke,
und deine Frommen sollen dich preisen.

10 יוֹדוּךָ יְהוָה כָּל־מַעֲשֶׂיךָ
וַחֲסִידֶיךָ יְבָרֲכוּכָה׃

---

20 MT liest hier ודברי und zieht „Dinge" als *nomen regens* zum zweiten Kolon (beachtet man den Atnach und nicht die von der BHS gesetzte Leerstelle), während 11Q5 und LXX ידברו bzw. λαλήσουσιν bezeugen. Einerseits ist die MT-Lesart (V. 5 als ein einziger Verbalsatz mit dem Beter als Subjekt) in sich verständlich und bietet die *lectio difficilior*, vgl. dazu HOSSFELD, Psalm 145, 791; DAHMEN, Rezeption, 198 f mit Anm. 433. Andererseits ist ein Vertauschen von י/ו beim Abschreiben leicht möglich und oft belegt. Zudem ist die parallele Formulierung zu V. 6a (sowie den anderen Versen mit doppelten Verbalsätzen) in diesem ansonsten durchkomponierten Psalm sehr wahrscheinlich, die ohne große Glättung des Textes erreicht werden kann, sodass die Qumran-Lesart hier übernommen wird, vgl. dazu Kap. III.2 sowie KRATZ, Sch°ma, 626 Anm. 11; LEUENBERGER, Konzeptionen, 334 f Anm. 235, und viele andere wie DUHM, Psalmen, 473; GUNKEL, Psalmen, 610; SCHMIDT, Psalmen, 252; DAHOOD, Psalms, 337; KRAUS, Psalmen, 1127; ALLEN, Psalms, 367.
21 Hier wird gerne ein adversatives ו vorausgesetzt, das auch 11Q5 bietet. In MT steht es nicht und würde eine nachträgliche Glättung bedeuten (vgl. V. 8b ohne ו-Anschluss, dort aber durch das Zitat aus Ps 103,8 bedingt, vgl. die Ausführungen unten zu V. 8 – 9), vgl. dazu auch DAHMEN, Rezeption, 198. Vermutlich steht das zu Beginn von V. 5b fehlende ו auch im Zusammenhang mit der Unregelmäßigkeit in V. 5a, dazu oben Anm. 20.
22 Das Verb שיח bedeutet zunächst „nachsinnen". Aufgrund der Nähe zu Ps 105,2 und der dortigen Kombination mit שיר und זמר ist eher an ein lautwerdendes Loben im Sinne der Verkündigung zu denken als an ein „Nachsinnen". Darum wird שיח hier mit „verkünden" übersetzt. Vgl. dazu auch die Ausführungen unten zu V. 5.
23 LXX gleicht hier in V. 5b und in V. 6b jeweils den Singular an die Pluralformen in V. 5a.6a an und erhält so eine homogene Kette von sieben Verbalsätzen mit pluralischem Subjekt (V. 4b – 7b). Somit erhält der Abschnitt eine in sich parallele Struktur, die aber als sekundäre Glättung durch LXX anzusehen ist, vgl. z. B. HOSSFELD, Psalm 145, 791; KRATZ, Sch°ma, 626 Anm. 12. Dagegen nehmen u. a. GUNKEL, Psalmen, 611; SCHMIDT, Psalmen, 252; KRAUS, Psalmen, 1127, ebenfalls durchgehend Plural-Formen an.
24 Das Ketib (Pl.: וגדולתיך) wird durch 11Q5 unterstützt und ist gegenüber der Glättung des Qere durch die Sg.-Form (וגדולתך) und Anpassung an V. 11b vorzuziehen, so auch DUHM, Psalmen, 473; ALLEN, Psalms, 367; HOSSFELD, Psalm 145, 791.
25 Vgl. zur Verbform oben Anm. 23 zu V. 5b.
26 Vgl. zur Übersetzung HOSSFELD, Psalm 145, 790; SCHOTTROFF, Gedenken, 294.

11 Von der Herrlichkeit deines Königtums sollen sie sprechen und von deiner Macht sollen sie reden,	11 כְּבוֹד מַלְכוּתְךָ יֹאמֵרוּ וּגְבוּרָתְךָ יְדַבֵּרוּ׃
12 um kundzutun den Menschenkindern seine Machttaten und den herrlichen Glanz seines Königtums[27].	12 לְהוֹדִיעַ לִבְנֵי הָאָדָם גְּבוּרֹתָיו וּכְבוֹד הֲדַר מַלְכוּתוֹ׃
13 Dein Königtum ist ein Königtum für alle Ewigkeiten, und deine Königsherrschaft währt in allen Generationen.[28]	13 מַלְכוּתְךָ מַלְכוּת כָּל־עֹלָמִים וּמֶמְשַׁלְתְּךָ בְּכָל־דּוֹר וָדֹר׃
14 Ein Stützender ist JHWH allen Fallenden, und ein Aufrichtender ist er allen Gebeugten.	14 סוֹמֵךְ יְהוָה לְכָל־הַנֹּפְלִים וְזוֹקֵף לְכָל־הַכְּפוּפִים׃
15 Die Augen aller warten auf dich, und du gibst ihnen ihre Speise zu seiner Zeit.	15 עֵינֵי־כֹל אֵלֶיךָ יְשַׂבֵּרוּ וְאַתָּה נוֹתֵן־לָהֶם אֶת־אָכְלָם בְּעִתּוֹ׃
16 Du öffnest deine Hand[29] und du sättigst alles Leben mit Wohlgefallen.	16 פּוֹתֵחַ אֶת־יָדֶךָ וּמַשְׂבִּיעַ לְכָל־חַי רָצוֹן׃
17 Gerecht ist JHWH in allen seinen Wegen und gnädig in allen seinen Werken.	17 צַדִּיק יְהוָה בְּכָל־דְּרָכָיו וְחָסִיד בְּכָל־מַעֲשָׂיו׃
18 Nahe ist JHWH allen, die ihn rufen, allen, die ihn rufen in Treue.[30]	18 קָרוֹב יְהוָה לְכָל־קֹרְאָיו לְכֹל אֲשֶׁר יִקְרָאֻהוּ בֶאֱמֶת׃
19 Das Wohlgefallen derer, die ihn fürchten, tut er und ihren Hilferuf hört er und rettet sie.	19 רְצוֹן־יְרֵאָיו יַעֲשֶׂה וְאֶת־שַׁוְעָתָם יִשְׁמַע וְיוֹשִׁיעֵם׃
20 Ein Bewahrer ist JHWH allen, die ihn lieben,[31] und alle Gottlosen vernichtet er.	20 שׁוֹמֵר יְהוָה אֶת־כָּל־אֹהֲבָיו וְאֵת כָּל־הָרְשָׁעִים יַשְׁמִיד׃

---

27 Der Wechsel von 2. zu 3. Pers. Sg. in den Suffixen in V. 11 – 13 ist auffällig, aber beizubehalten, auch wenn LXX und der syrische Text in V. 12 ein Suffix der 2. Pers. Sg. lesen, zumal LXX auch sonst Tendenzen der Glättung aufweist (vgl. V. 5 – 6). Der LXX folgen in Anpassung an V. 11 und 13 u. a. DUHM, Psalmen, 474; KRAUS, Psalmen, 1127. Möglicherweise hängt der Wechsel der Suffixe mit der besonderen Stellung von V. 12 zusammen, vgl. dazu unten Kap. II.1.3.2 und die Ausführungen zu V. 12.

28 An dieser Stelle fehlt die mit נ beginnende Zeile, vgl. dazu die Diskussion in Kap. II.1.3.1.

29 11Q5 fügt hier noch ein vermutlich verdeutlichendes אתה ein, was aber nicht sprachlich notwendig ist oder inhaltlich entscheidend, so dass eher in MT der ursprüngliche Text zu finden ist, anders DAHMEN, Rezeption, 200.

30 11Q5 liest hier באמונה anstelle von באמת und betont möglicherweise stärker „die eigene innere Haltung und das daraus folgende Verhalten" (JEPSEN, Art. אמן, 341 f) in Bezug auf die Treue gegenüber Gott, so DAHMEN, Rezeption, 200. Allerdings könnte hier auch eine sekundäre Harmonisierung mit V. 13ⁿ (נאמן) vorliegen, so KRATZ, Psalm 145, 235.

31 11Q5 liest hier את כ׳ל יראיו („alle, die ihn fürchten", vgl. V. 19) statt את־כל־אהבה. DAHMEN, Rezeption, 200 f, sieht die Formulierung ירא יהוה tief verankert im Selbstbewusstsein der qumranischen Gemeinde, die auch als Eigenbezeichnung (die „JHWH-Fürchtigen") gebraucht wird. Diese inhaltliche Verschiebung von „JHWH lieben" zu „JHWH fürchten" kann als kultisch motiviert gedeutet werden: Derjenige, der JHWH fürchtet, ist kultfähig. Auch die masoretische Version verwendet ירא (vgl. V. 19). Da „Gott lieben" aber ein vollkommen ungebräuchlicher Ausdruck in Qumran ist, liegt die Vermutung nahe, dass hier eine bewusste Umformulierung vorliegt, vgl. dazu FUHS, Art. ירא, sowie DAHMEN, Rezeption, 200 f. Allerdings könnte hier wiederum eine Harmonisierung (vgl. V. 19) vorliegen, so KRATZ, Psalm 145, 235. Der Unterschied darf darum nicht überinterpretiert werden. „JHWH zu lieben" ist insgesamt ein seltener Ausdruck, während „JHWH zu fürchten" verbreitet ist. Durch die Tilgung von אהב nimmt sich der Text die

21 Ein Loblied Jhwhs soll reden mein Mund,
und preisen soll alles Fleisch seinen heiligen Namen
immer und ewig.[32]

21 תְּהִלַּת יְהוָה יְדַבֶּר־פִּי
וִיבָרֵךְ כָּל־בָּשָׂר שֵׁם קָדְשׁוֹ
לְעוֹלָם וָעֶד:

1.3 Psalm 145 als hymnischer Text und seine literarische Gestalt

Ps 145 stellt den Anspruch umfassenden und zugleich ewigen Lobpreises. Als Akrostichon gestaltet führt er viele Aspekte an, die Grund für den hymnischen Lobpreis des Königtums Gottes sind. In diesem Abschnitt sind zunächst die sprachlichen und formalen Merkmale von Ps 145 darzustellen (Kap. II.1.3.1) sowie sein Gedankengang und Aufbau (Kap. II.1.3.2).

1.3.1 Lobpreis Jhwhs von א bis ת – Zu Sprache und Form

Das auffälligste Charakteristikum von Ps 145 ist seine alphabetische Struktur, bei der jeder Vers mit einem der 22 Buchstaben des hebräischen Alphabetes beginnt. Das Akrostichon als Stilform kommt oft in weisheitlich geprägtem Schulkontext vor.[33] Aber nicht immer muss die Memoriertechnik oder das vereinfachte Aus-

---

deutliche Anspielung auf das Sch[e]ma Israel (Dtn 6), vgl. dazu insgesamt die Ausführungen zu V. 18–20.

32 Der Schluss לְעוֹלָם וָעֶד fehlt in einigen Handschriften. Auch BRIGGS / BRIGGS, Psalms, 529; DUHM, Psalmen, 475; GUNKEL, Psalmen, 611; SCHMIDT, Psalmen, 252; NÖTSCHER, Psalmen, 305; KRAUS, Psalmen, 1127, sehen לְעוֹלָם וָעֶד als sekundär an, was meist mit der übermäßigen Länge des Verses begründet wird. Auch in der Qumran-Version fehlt das Ende (לְעוֹלָם וָעֶד) von Ps 145 und es folgt direkt der Refrain. Diesen Anschluss des Refrains als Grund für das Fehlen von לְעוֹלָם וָעֶד anzunehmen, erscheint aber nicht wahrscheinlich in Blick auf V. 1–2, wo trotz der Refraineinfügung 11Q5 mit dem masoretischen Text inklusive לְעוֹלָם וָעֶד übereinstimmt, vgl. DAHMEN, Rezeption, 201 f. Es gibt gute Gründe für und gegen die Ursprünglichkeit des Schlusses. Da aber לְעוֹלָם וָעֶד ein wichtiges Element für die Rahmung mit V. 1–2 darstellt, hat die MT-Lesart eine größere Wahrscheinlichkeit für sich. Allerdings fügen einige Handschriften der masoretischen Texttradition auch doxologische Zusätze an (vgl. BHS sowie dazu SEYBOLD, Psalmen, 533; DAHMEN, Rezeption, 201), die Ps 115,18 entsprechen: „Aber wir preisen JH, von nun an bis in Ewigkeit. Halleluja (ואנחנו נברך יה מעתה ועד־עולם הללו־יה).“ Durch die doxologische Schlussformel (inklusive Halleluja?) wird einerseits die Zäsur zwischen Ps 145 und dem folgenden kleinen Hallel verdeutlicht, andererseits aber Ps 145 gerade durch das Halleluja sehr eng an das kleine Hallel angebunden. Vgl. dazu auch die Ausführungen in Kap. III.1.

33 Vgl. CRÜSEMANN, Studien, 297. Weitere Akrosticha im Psalter sind Ps 9/10; 25; 34; 37; 111; 112; 119, die im einzelnen aber mit unterschiedlichen Techniken arbeiten und die zum großen Teil als weisheitliche Texte angesehen werden, vgl. für einen Überblick ZENGER, Akrostichie, 217.

wendiglernen die Intention für die Verwendung der alphabetischen Form bilden.[34] Vielmehr setzt die Akrostichie eine Schreib- und Lesekultur voraus, da das Phänomen vor allem graphisch und weniger akustisch zu erfassen ist.[35] Insbesondere Ps 145 zeigt, dass die Form des Akrostichons auch eine theologische Aussage transportieren kann: Sie steht für Vollständigkeit, Kohärenz und Ordnung.[36] Ps 145 ist Lobpreis JHWHs von א bis ת.[37] Berlin beschreibt das Anliegen so: „The entire alphabet, the source of all words, is marshalled in praise of God. One cannot actually use all of the words in a language, but by using the alphabet one uses all potential words. So the form is made to serve the message."[38] Allerdings erhält dieser Anspruch auf Vollkommenheit in Ps 145 eine empfindliche Störung: Die mit נ beginnende Zeile fehlt im masoretischen Text, wird aber von Septuaginta, der Peschitta sowie von der Psalmenhandschrift aus Qumran (11Q5) bezeugt: נאמן אלוהים בדבריו וחסיד בכול מעשיו („Treu ist Gott in seinen Worten. Und gütig in allen seinen Werken."). Bevor die sprachliche Untersuchung von Ps 145 fortgesetzt werden kann, ist darum auf die Frage einzugehen, ob die נ-Zeile ursprünglich dazugehörte oder ob sie später ergänzt wurde.

Viele Forscher plädieren für die Ursprünglichkeit der נ-Zeile und ergänzen den masoretischen Text entweder auf Grundlage von LXX oder 11Q5 meist ohne größere Diskussion des Problems.[39] Die griechische Be-

---

Auch der Text aus Qumran „Apostrophe to Zion" (11Q5 XXII, 1–15) ist ein unregelmäßiges Akrostichon. Das Gestaltungsmerkmal des alphabetischen Akrostichons greift über die überkommenen Gattungen hinaus, es sprengt sie geradezu und schafft etwas Neues (vgl. CRÜSEMANN, Studien, 297). So kann Crüsemann auch von „alphabetischer Akrostichie" als eigener (künstlicher) Gattung sprechen (vgl. a.a.O., 298). Akrostichische Psalmen laufen gewissermaßen außerhalb der Reihe, da hier das Alphabet ein höher geordnetes Strukturmerkmal ist. Crüsemann geht sogar so weit, dass er den ihm willkürlich erscheinenden Wechsel von Du- und Er-Stil in Ps 145 damit erklärt, „daß vorgeprägte hymnische Wendungen von der Form des Akrostichon unausgeglichen aneinandergereiht werden" (a.a.O., 298). Vgl. demgegenüber aber die stilistischen und strukturierenden Gründe für den Personenwechsel in den folgenden Ausführungen und zu V. 4–7. Aufgrund der akrostichischen Form ist auch die literarische Einheitlichkeit des Psalms anzunehmen.

34 Vgl. dazu u.a BERLIN, Rhetoric, 18; SEYBOLD, Poetik, 69.77.
35 So ZENGER, Akrostichie, 217.
36 Zur theologischen Qualität von Akrosticha vgl. auch SPIECKERMANN, Hymnen im Psalter, 146: Die Form des Akrostichons „soll einen Kosmos visualisieren, in manchen Texten auch hörbar machen, der Gottes gute Ordnung in der Form des Gebetes spiegelt und sie gerade angesichts der Bedrohungen affirmiert, die durch das Unwesen der Feinde und Frevler vielfach in diese Texte eingeschrieben worden sind."
37 Vgl. KRATZ, Sch*ma, 625; ZENGER, Akrostichie, 217.
38 BERLIN, Rhetoric, 18.
39 So z.B. BRIGGS / BRIGGS, Psalms, 527; LINDARS, Structure, 24; ALLEN, Psalms, 367; LEUENBERGER, Konzeptionen, 335 Anm. 237.

zeugung[40] könnte zudem die Zugehörigkeit der ɔ-Zeile zum ursprünglichen Text unterstützen, da ja bei der Übersetzung ins Griechische das Stilmittel des Akrostichons wegfällt und eine Unvollständigkeit so weniger auffallen würde.[41] Ist aber die ɔ-Zeile später hinzugefügt worden, ist davon auszugehen, dass das Akrostichon noch vor der Übersetzung ergänzt wurde. Außerdem müssen LXX und 11Q5 auf die gleiche Vorlage zurückgehen, da in beiden Textversionen die ɔ-Zeile nahezu identisch lautet.[42] Dahmen vertritt die These: „Die ɔ-Zeile, die im späteren MT fehlt, gehört [...] im Blick auf Struktur und Gestaltung des Psalms notwendig hinzu. Hier hat 11QPsª ein älteres Textstadium erhalten, das im späteren MT – aus welchen Gründen auch immer – ,dogmatisch' verändert worden ist."[43] Das Fehlen der Zeile ist demnach für Dahmen kein Unfall oder Zufall.[44]

Aber sind die angeführten Argumente für die Ursprünglichkeit wirklich zwingend? So vermag die Begründung der Tilgung aus dogmatischen Gründen nicht einzuleuchten, zumal die ɔ-Zeile mit V. 17 verwandt und im zweiten Kolon sogar identisch ist. Der ergänzte Vers hat eher den Charakter einer Zusammenfassung bzw. Weiterführung der bisherigen Aussagen.[45] Im Psalm ist sonst nicht explizit von den Worten JHWHs oder von seinem Gesetz und seinen Verheißungen die Rede. Eine konkrete Tora-Anspielung könnte demnach gut ein Nachtragsmotiv darstellen, da die Tora-Frömmigkeit sonst nur implizit vorkommt (vgl. bes. V. 18 – 20).[46] Dies wird auch durch die Nähe der Zeile zu Ps 111,7,[47] einem vollständigen Akrostichon, unterstützt.[48] In jedem Fall erscheint eine Tilgung aus „dogmatischen Gründen", wie Dahmen annimmt, wenig wahrscheinlich.[49] Sicher gibt es Textveränderungen, die dogmatisch motiviert sind (z. B. Änderungen beim Gottesnamen[50], vgl. den elohistischen Psalter oder Qumrantexte), aber es ist nicht

---

40 Die „ɔ-Zeile" der Septuaginta lautet: „πιστὸς κύριος ἐν τοῖς λόγοις αὐτοῦ καὶ ὅσιος ἐν πᾶσι τοῖς ἔργοις αὐτοῦ."
41 Vgl. auch BALLHORN, Telos, 290.
42 Vgl. zur ɔ-Zeile von Ps 145 in 11Q5 auch unten Anm. 50 sowie Kap. III.2.
43 DAHMEN, Psalmentext, 117.
44 Vgl. DAHMEN, Psalmentext, 117. Es ist in der Tat schwer vorstellbar, dass eine ganze Zeile aus Unachtsamkeit während des Kopierprozesses abhanden gekommen sein könnte, vgl. BALLHORN, Telos, 290.
45 Vgl. HOSSFELD, Psalm 145, 792.
46 Vgl. zur Tora-Anspielungen unten die Ausführungen zu V. 18 – 20.
47 Ps 111,7: „Die Werke seiner Hände sind Wahrheit und Recht (מעשי ידיו אמת ומשפט). Zuverlässig sind alle seine Gebote (נאמנים כל־פקודיו)."
48 Insgesamt gibt es viele Bezüge von Ps 145 zu Ps 111, vgl. unten bei den Ausführungen zu V. 4 – 7, bes. Anm. 161.
49 So auch HOSSFELD, Psalm 145, 792.
50 Ein weiteres Rätsel gibt die Verwendung der Gottesbezeichnung אלוהים in der qumranischen ɔ-Zeile auf, während sonst das Tetragramm verwendet wird, das in qumranischen Texten auch

nachvollziehbar, warum in diesem Psalm gerade die ב-Zeile aus inhaltlichen Gründen nachträglich ausgelassen werden musste. Alles spricht darum eher für eine angleichende und vervollständigende Hinzufügung.[51]

Abschließend ist zu fragen, welche Gründe es geben könnte, warum ausgerechnet die ב-Zeile in Ps 145 fehlt. Man könnte spekulieren, dass die fehlende ב-Zeile eine Zäsur nach den für den Psalm wichtigen Versen V. 11–13 setzen soll.[52] Ausgerechnet nach dem inhaltlichen Spitzensatz V. 13 zum ewigen Königtum Gottes hat der Psalmist möglicherweise eine Pause oder auch ein Ausrufezeichen setzen wollen, bevor die Ausführungen zu diesem göttlichen Königtum mit V. 14–20 folgen. Durch die Lücke wird der Neueinsatz besonders betont.[53] Die Unvollständigkeit des Akrostichons könnte zudem den Anspruch der Vollkommenheit des Gotteslobes in demütiger Weise relativieren: „As all human praise of God is theologically inadequate, so the psalm is alphabetically imperfect."[54] Auch wenn vieles für ein unvollständiges Akrostichon spricht, ist die Frage nach der fehlenden ב-Zeile im masoretischen Text wohl nicht endgültig zu klären.

Neben der alphabetischen Struktur fällt die weitere formale Gestaltung des Psalms in Blick auf Sorgfältigkeit und künstlerische Elemente aber keineswegs ab.[55] Es gibt viele sprachliche Merkmale, die dem Urteil widersprechen, der Psalm

---

nachträglich korrigiert und eingefügt werden kann, was hier in Ps 145 aber nicht der Fall zu sein scheint. Auch in dem nach jedem Vers eingefügten Refrain steht Jhwh. Man kann den Gebrauch von אלוהים darum als Hinweis auf eine spätere Hinzufügung durch einen qumranischen Schreiber verstehen (so auch Kimelman, Psalm 145, 50; vgl. auch Kratz, Schᵉma, 625 Anm. 4; Ders., Psalm 145, 235), der sich gegen יהוה entschieden hat – aber aus welchem Grund, da der Psalm durchgehend יהוה verwendet? Wenn die ב-Zeile erst nach dem Refrain hinzugefügt wurde, könnte das den אלוהים-Gebrauch erklären, aber nur schwer die Übereinstimmung mit der LXX-Version. Demnach bleibt die ב-Zeile in ihren Variationen rätselhaft. Vgl. zu Ps 145 in 11Q5 Kap. III.2.

51 Kimelman, Psalm 145, 50, sieht auch eine Nähe in der Formulierung von V. 13ᵇ zum Haftarah-Segen, sodass daran ebenfalls der liturgische Gebrauch des Psalms erkannt werden kann: „thus may be a liturgical *topos* interpolated to complete the acrostic." [Hervorhebung original]. Außerdem macht er darauf aufmerksam, dass alle Akrosticha mit einer Davidzuschreibung (Ps 25; 34; 37) unvollständig sind, nur die überschriftlosen Akrosticha sind vollständig (Ps 111; 112; 119), vgl. a.a.O, 49 f. Auch Dahood, Psalms, 335, plädiert für die unvollständige Fassung von MT; ebenso Blumenthal, Psalm 145, 21 f. Zu (unvollständigen) Akrosticha, bes. Ps 34, vgl. auch Spieckermann, Hymnen im Psalter, 146–149.

52 Vgl. dazu die Ausführungen im Folgenden.

53 Vgl. dazu auch die Diskussion in der rabbinischen Lehre, wiedergegeben bei Blumenthal, Psalm 145, 22, wo ebenfalls der Kontext des Psalms und die Preisung des ewigen Königtums den Ausschlag für das Auslassen gegeben haben könnte, interpretiert aber als „Break", der auf die Exilszeit anspielt.

54 Kimelman, Psalm 145, 50.

55 So auch Oesterley, Psalms, 572: „In spite of its being an acrostic psalm [...], there is no sign of mechanical construction". Vgl. Leuenberger, Konzeptionen, 334.

sei nur eine „Künstelei"[56] oder der Psalmist sei „mehr Theologe als Literat ge-wesen"[57]. Wichtig in Blick auf den hymnischen Charakter ist das überaus große Repertoire an Verben des Lobens, Preisens und Verkündigens, das Ps 145 prä-sentiert.[58] In der Überschrift (V. 1) und im Schlussvers (V. 21) steht תהלה („Loblied") als Gattungsbezeichnung.[59] Die häufige Lobvokabel ברך („preisen") begegnet ebenfalls im Rahmen (V. 1.2.21) sowie in V. 10. Darüber hinaus finden sich die Begriffe רום („erheben", V. 1), הלל („loben", V. 2.3), שבח und נגד („preisen" und „berichten", V. 4), דבר („reden", V. 5.11.21), שיח („nachsinnen", V. 5), אמר („spre-chen", V. 6.11), ספר („erzählen", V. 6), נבע und רנן („sprudeln lassen" und „beju-beln", V. 7), ידה („lobpreisen", V. 10), ידע („kundtun", V. 12).[60] Das Lobvokabular häuft sich in solcher Fülle, „daß man den Eindruck bekommt, hier solle jede Form des Sagens und Jubelns verwendet werden."[61] Der Lobpreis soll in vielerlei Formen geschehen und ist nicht an eine bestimmte Art und Weise gebunden, solange er auf Gott ausgerichtet ist.[62] Hier wird wieder der Anspruch der Vollständigkeit des Lobes deutlich wie er bereits anhand der akrostichischen Form festgestellt wurde. Auch die häufige Verwendung des Wörtchens כל unterstützt dieses Anliegen:[63] JHWH ist gut zu allen (טוב־יהוה לכל, V. 9), darum ist er jeden Tag (בכל־יום, V. 2) und von allem Fleisch (כל־בשר, V. 21) zu loben. Zu der betonten Wiederholung von כל kommt der Gleichklang durch sich wiederholende Buchstaben. So treten zum Beispiel die Buchstaben von מלך in V. 13 jeweils sechsmal auf (und nur diese in dieser Fülle).[64] Zur sprachlichen Gestaltung bemerkt Kimelman: „Poetically speaking, the perception of unity is compounded through the acrostic appealing to the eye, the alliterations to the ear, and כל combining both."[65]

Darüber hinaus lässt der Psalm eine Fülle von Leitworten und Wortfeldern erkennen, wie zu den Themen der Größe Gottes und seiner Fürsorge.[66] Häufig sind

56 GUNKEL, Psalmen, 610.
57 SEYBOLD, Psalmen, 533.
58 Ausführlich zum Lobvokabular auch HOSSFELD, Psalm 145, 794 f.
59 Vgl. zu תהלה als Gattungsbeschreibung die Ausführungen bei Ps 147,1.
60 Ein zwar nicht ganz so umfangreiches, aber ebenfalls breites Lobvokabular findet sich auch in Ps 149, vgl. die Ausführungen dort.
61 BALLHORN, Telos, 287.
62 Vgl. dazu BERLIN, Rhetoric, 19.
63 כל findet sich vor allem im zweiten Teil des Psalms in fast jedem Kolon: V. 2a.9a.b. 10a.13b.14a.b.15a.16b.17a.b.18a.b.20a.b.21b.
64 Vgl. KIMELMAN, Psalm 145, 45. Für weitere Beispiele von Alliteration vgl. a.a.O., 51 f.
65 KIMELMAN, Psalm 145, 52.
66 LIEBREICH, Psalms, hat mit seiner Untersuchung eine erste Studie zum Phänomen von Leit-wörtern in Ps 145 vorgelegt und knüpft dabei an Martin Buber an (vgl. a.a.O., 181). Die Existenz solcher thematischen Wiederaufnahmen und die Gestaltung eines Textes anhand von Leitwörtern

auch Variationen zum Begriff „Machttaten" sowie zu Gnade und Gerechtigkeit Gottes. Alle thematischen Ausführungen werden aber durch das zentrale Thema des Königtums Gottes überstrahlt. Bereits in V. 1 klingt es an, wenn der Beter Jнwн als Lobadressaten mit „mein Gott, der König" (אלוהי המלך) anspricht.[67] Das Thema wird im Zentrum des Psalm[68] wieder aufgenommen: In V. 11–13 wird viermal מלכות („Königtum") sowie einmal das verwandte Substantiv ממשלה („Königsherrschaft") genannt. Zugleich erscheint die Wurzel מלך („König") nach Ordnung des Alphabets durch die Buchstabenfolge מ-ל-כ in umgekehrter Leserichtung in genau diesen Versen 11–13.[69] Somit ist es wohl kein Zufall, sondern kompositorisch durchdacht, wenn nach V. 1 erst an dieser Stelle wieder vom Königtum Gottes gesprochen wird.[70] Die akrostichische Form des Psalms führt den Leser zu seiner Mitte und seinem zentralen Thema, dem Königtum Gottes.[71]

Das Königtum Gottes wird in V. 13 als „Königtum für alle Ewigkeiten" (מלכות כל־עלמים) bezeichnet. Damit verweist das Zentrum des Psalms wiederum auf die Rahmenverse, wo das immerwährende Lob des Namens Gottes als (Selbst-)Aufforderung formuliert ist: Die Wendung שמך לעולם ועד kommt in den beiden ersten Versen vor, mit je einem Verb in 1. Pers. Sg. (הלל / ברך), sowie – in erweiterter Form als Lobpreis des heiligen Namens – am Ende des Psalms: שם קדשו לעולם ועד (V. 21). Die Begriffe „Lobpreis" (ברך, V. 1–2.10.21; תהלה, V. 1.21), „Königtum" (מל־, V. 1.11–13) und „Ewigkeit" (עולם, V. 1–2.13.21) verknüpfen somit den Rahmen mit dem Zentrum des Psalms und stellen das Thema des Psalms dar: Dem immerwährenden König gebührt ewiger Lobpreis.[72] In dem Zusammenhang ergibt sich zugleich eine bedeutende Verschiebung: Während

---

und -begriffen ist gar nicht zu bestreiten. Allerdings ist fraglich, ob auf dieser rein inhaltsbezogen Analyse auch eine Gesamtstrukturierung des Psalms in Abschnitte abgeleitet werden kann oder ob dafür nicht auch Satz- und Redeformen sowie die Sprechrichtung beachtet werden müssen, vgl. dazu unten die Gliederung. Ähnlich auch KRATZ, Sch^ema, 626; zur Gestaltung durch Leitbegriffe vgl. auch DERS., Psalm 145, 232.

67 Vgl. zu der singulären Wendung die Ausführungen unten zu V. 1.

68 Vgl. zu der herausgehobenen Stellung von V. 11–13 unten in Kap. II.1.3.2. Von V. 11–13 als „Zentrum des Psalms" sprechen u.a. auch WATSON, Rootplay; BERLIN, Rhetoric, 20. Ähnlich LINDARS, Structure, 26; ZENGER, Fleisch, 9, die allerdings V. 10–13ⁿ als Zentrum betrachten. Vgl. dazu auch HOSSFELD, Psalm 145, 793, sowie KRATZ, Psalm 145, 232.

69 Ausgeführt hat diese Beobachtung WATSON, Rootplay. Allerdings ist die umgekehrte Reihenfolge von מ-ל-כ weniger bemerkenswert, da sie schlicht dem Alphabet entspricht, als die damit kombinierte Häufung des Begriffs מלכות, so auch BERLIN, Rhetoric, 19 Anm. 4.

70 Vgl. KRATZ, Sch^ema, 625.

71 Vgl. DECLAISSE-WALFORD, Psalm 145, 66.

72 Vgl. BERLIN, Rhetoric, 19 f. Sie sieht in עולם ebenfalls eine Art „structural marker" wie LIEBREICH, Psalms, 187, es bereits für ברך festgestellt hat.

in der Überschrift der Psalm als „Loblied Davids" (תהלה לדוד) klassifiziert wird, soll am Ende das „Loblied JHWHs" (תהלת יהוה) im Mund des Beters klingen.[73]

Damit ist die Frage nach Sprecher und Adressaten des Lobaufrufs angesprochen. In V. 1–2 spricht ein Einzelner und formuliert für sich selbst den anspruchsvollen Auftrag, den Namen Gottes „immer und ewig" zu loben. Ab V. 4 werden dann Generationen (דור לדור) zum Lobpreis aufgefordert. Gleichzeitig wird die Aufforderung an das Kollektiv (vgl. die Jussive im Plural) mit Selbstaufforderungen des Sprechers verschränkt. Der Wechsel zwischen 3. Pers. Pl. und 1. Pers. Sg. ist auffällig, da er nur in V. 5 und 6 auftritt, nicht aber in V. 4 und 7.[74] Möglicherweise lässt sich jedoch in dem Wechsel, der in den beiden inneren Versen von V. 4–7 jeweils im zweiten Kolon stattfindet (V. 5b.6b), eine Art Muster erkennen. Eine endgültige Erklärung ist zwar schwierig, aber denkbar ist die Deutung, dass der Lobpreis durch den Beter an das Kollektiv übertragen wird, er selbst dabei aber (An-)Leiter und Repräsentant des Lobpreises der Generationen bleibt.[75] In V. 10 wird die Gruppe der Lobpreisenden noch einmal ausgeweitet, indem nun „alle deine Werke" (כל־מעשׂיך) zum Loben aufgefordert werden. Diese universale Perspektive wird durch das zweite Kolon von V. 10 allerdings eingeschränkt: „Deine Frommen sollen dich preisen (וחסידיך יברכוכה)." Am Ende des Psalms spricht dann der Beter noch einmal von sich selbst („mein Mund", פי) und ruft zugleich „alles Fleisch" (כל־בשׂר, d. h. alle Menschen)[76] zum immerwährenden Lobpreis auf. Damit beschreibt der Psalm einerseits eine Ausweitung und Universalisierung, die bei einem „ich" seinen Ausgang nimmt und über „Generationen" hin zu „allen Schöpfungswerken" bzw. „allem Fleisch" ausgedehnt wird.[77] Anderseits wird der Lobpreis zum Lobpreis der Frommen (vgl. V. 10b sowie V. 18–20), worauf unten weiter einzugehen ist. Anhand dieser Stufen der unterschiedlichen Adressatenkreise des Lobaufrufs, die immer durch Jussiv-Formen gekennzeichnet sind, kann die Struktur des Psalms abgelesen werden, worauf in der Beschreibung der Gliederung zurückzukommen ist.

---

73 Vgl. dazu unten die Ausführungen zu V. 1–2 und 21.

74 Darum findet sich auch in der LXX eine glättende Angleichung, die oftmals auch von Kommentatoren übernommen wird, vgl. oben die Anm. 23.

75 Dazu KRATZ, Schᵉma, 627, der daraus schließt, „daß das Ich des Sängers stellvertretend für die in V. 4 und V. 10 genannten Zeugen steht und deren Aufgabe wahrnimmt (V. 21)." Vgl. auch BALLHORN, Telos, 291.

76 Vgl. zu der Deutung von כל־בשׂר unten die Ausführungen zu V. 21.

77 So schon LIEBREICH, Psalms, 187.

1.3.2 Dreimaliger Lobpreis Jнwнs – Zu Gedankengang und Gliederung

Während die ältere Forschung dem Psalm eine Komposition „ohne erkennbare Disposition"[78] vorwirft, so finden sich in der neueren Literatur vielfältige Vorschläge ausführlicher Strukturanalysen, die aber sehr unterschiedlich ausfallen.[79] Dies könnte angesichts eines so kunstvoll als Akrostichon gestalteten Psalms verwundern, hat aber vielleicht gerade darin seinen Grund, dass sich der Psalm aufgrund seiner komplexen Struktur einer einfachen Gliederung zu entziehen scheint. Im Folgenden ist zu zeigen, dass es durchaus einige signifikante Gliederungselemente in Ps 145 gibt, die eine Ordnung und strukturierte Konzeption erkennen lassen.

Der Psalm vermittelt zuerst den Eindruck einer Zweiteilung: Während die erste Hälfte die Vielfältigkeit des Lobens als menschliche Handlung präsentiert und mit zahlreichen Verben des Lobens beschreibt,[80] nimmt der zweite Teil JHWH selbst und seine Sorge um die Geschöpfe noch stärker in den Blick:[81] JHWHs Sein und Tun wird detailreich und mit Partizipien beschrieben. Bei genauerem Hinsehen zeigt

---

78 DUHM, Psalmen, 475. GUNKEL, Psalmen, 610: „mehr eine Künstelei als ein Kunstwerk"; ähnlich auch CRÜSEMANN, Studien, 298.

79 Neben den Strukturierungsvorschlägen, die im Folgenden genannt und diskutiert werden, sei noch auf einige weitere Gliederungen verwiesen, die sich in je unterschiedlicher Gewichtung an Themen und Stichwortverbindungen sowie Inklusionen und Sprechrichtungen orientieren. Die Vielzahl an Vorschlägen zeigt eine gewisse Subjektivität und Beliebigkeit in der Auswahl der Kriterien. So begnügt sich BALLHORN, Telos, 287, „mit einigen strukturellen Beobachtungen". Konkreter werden z. B. DELITZSCH, Psalmen, 813–816 und BRIGGS / BRIGGS, Psalms, 526–529, mit einer Dreiteilung: V. 1–7; 8–13; 14–21. Vier Teile nimmt VAN DER PLOEG, Psalmen, 479, mit V. 1–2; 3–7; 8–12; 13–21 an; vier Teile ebenso bei ALLEN, Psalms, 371: V. 1–6 (mit Überschrift); 7–9; 10–13; 13^n–21 (mit Abschluss). SEYBOLD, Psalmen, 533, gliedert in dogmatische loci, je zu vier Zeilen: Selbstaufforderung (V. 1–2); Gottes Größe (V. 3–6); Gottes Güte (V. 7–10); Gottes Reich (V. 11–13 + 13^n); Gottes Fürsorge (V. 14–17); Gottes Nähe (V. 18–21), V. 21 ist zugleich doxologischer Schluss. Konzentrisch aufgebaute Gliederungen finden sich bei LINDARS, Structure: V. 1.2; 3–6; 7–9; 10–13^n; 14–16; 17–20. 21; ebenso JANOWSKI, Konfliktgespräche, 370–372; ähnlich auch WEBER, Werkbuch II, 367 f; DERS., Werkbuch III, 198 f: V. 1–2 (R'); 3–6 (A); 7–10 (B); 11–13 (C); 13^n–16 (B'); 17–20 (A'); 21 (R") sowie ZENGER, Angesicht, 171. Die rhetorische Komposition von sich ausweitenden Lobpreis und Königtum Gottes spiegelt die Gliederung von DECLAISSE-WALFORD, Psalm 145, 65, wider: V. 1–2 (A); 3–9 (B); 10 (A'); 11–13 (C); 14–20 (B'); 21 (A"). HOSSFELD, Psalm 145, 796, nimmt sieben Teile an: I: 1; II: 2.3; III: 4.5.6; IV: 7.8–9; V: 10–11.12.13; VI: 14.15–16.17.18–20; VII: 21. GERSTENBERGER, Psalms, 432 f, eine noch kleinteiligere Struktur: V. 1a.1b–2.3.4–7.8–9.10–12.13–14.15–16.17–20.21ab.21c; Grundlage ist der Wechsel von „hymnic affirmations" und „hymnic wishes".

80 Vgl. dazu oben die Ausführungen in Kap. II.1.3.1 sowie die Ausführungen zu V. 4–7.

81 Eine solche Zweiteilung nimmt z. B. BERLIN, Rhetoric, 19 f, an; vgl. ALLEN, Psalms, 368. Vgl. dazu auch HOSSFELD, Psalm 145, 793, der die Varianz über die exakte Mitte des Psalms mit dem Zentrum des Psalms erklärt, das sich mit V. 10.11–13 über die Mitte legt.

sich allerdings, dass sich diese strikte Trennung anhand eines Subjektwechsels in einen „menschlich-lobenden" Teil und einen „göttlich-handelnden" Teil weder inhaltlich noch aufgrund der Satzformen so klar ziehen lässt.[82]

Demgegenüber ist stärkeres Gewicht auf die Redeformen und Sprechrichtungen zu legen. Bereits oben in der formalen Beschreibung des Psalms wurden schon die unterschiedlichen Adressaten des Lobaufrufs genannt. Im Psalm lässt sich demnach ein strukturierender Wechsel von Lobaufforderungen (Verbalsätze mit Lobvokabular), gerichtet an verschiedene Adressaten (den Beter; Generationen; Werke; Fromme, alles Fleisch; V. 1–2.4–7.10–11.21), und Angaben zum Lobinhalt, die als Nominalsätze oder Partizipialkonstruktionen gestaltet sind (V. 3.8–9.13.14–20), erkennen. Fast durchgehend ist mit diesem Satzmoduswechsel auch ein Sprechrichtungswechsel verbunden: In den Aufforderungssätzen wird Jhwh in 2. Pers. direkt angesprochen und über ein Lobsubjekt in 3. Pers. geredet. In den übrigen Versen werden dagegen Aussagen über Jhwh in 3. Pers. gemacht.[83] So ergibt sich folgende Strukturierung, die keine Zweiteilung mit Aussagen über Lobende im ersten und über den zu lobenden Gott im zweiten Teil darstellt, sondern die vielmehr eine Verschränkung von Lobaufforderung und Lobvollzug erkennen lässt. Denn orientiert man sich an dem Wechsel von finiten Verbformen (Kohortativ in V. 1f.5b.6b, Imperativ in V. 4.5a[84].6a.7.10–12) und Nominalsätzen, weist der Psalm eine dreifache Abfolge von Lobaufforderung und Durchführung des Lobes auf: V. 1–2 und 3, V. 4–7 und 8–9, V. 10–12 und 13–20, V. 21 bildet zusammen mit V. 1–2 den Rahmen.[85]

Detailliert ist der Gedankengang folgendermaßen zu beschreiben: Der Psalm beginnt in V. 1–2 mit der Selbstaufforderung des Beters zum immerwährenden Lobpreis, worauf sich V. 3 mit Jhwh-Aussagen zu dessen Größe anschließt. In V. 4–7 setzen wiederum Lobaufforderungen ein, diesmal gerichtet an die Generationenkette und vermischt mit Aufforderungen an das „Ich" des Beters. Thematisch nehmen diese Aufforderungen die Werke und Machttaten Gottes in den Blick

---

82 Vgl. z. B. Blumenthal, Psalm 145, 17 f.21, der aufgrund des Subjektwechsels in V. 1–13 und 14–21 teilt.

83 Einzige Ausnahme bildet hier V. 13.15–16: Du-Anrede an Gott im Nominalsatz bzw. Partizipialkonstruktion, Grund ist das Zitat aus Ps 104 in V. 15–16, vgl. unten, bes. Anm. 222.

84 Vgl. dazu oben Anm. 20.

85 Schon Gunkel, Psalmen, 610, nimmt eine Abfolge von drei Lobaufforderungen als Einführung im Wechsel mit drei Hauptstücken als Durchführung des Lobes an: V. 1–2 und 3; V. 4–7 und 8–9; V. 10–12 und 13–20. Dieser Strukturierung folgen auch Kraus, Psalmen, 1128f; Kratz, Sch^ema, 626; Ders., Psalm 145, 231; Leuenberger, Konzeptionen, 334f mit Anm. 235, wobei Kratz und Leuenberger, anders als hier vorgeschlagen, V. 10–20 in V. 13^n–16 und 17–20 unterteilen, vgl. dazu oben im Text und unten Anm. 88.

und stellen so einen Bezug zur Geschichte Israels dar.[86] Dies wird durch die JHWH-Aussagen in V. 8 – 9 verstärkt, wenn die Gnadenformel aus dem Kontext des Sinai-Geschehens zitiert wird.[87] In V. 10 – 11(.12) beginnt der Sprecher von Neuem mit Lobaufforderungen und richtet diese nun in doppelter Perspektive an die „Werke" Gottes und an „seine Frommen". In V. 13 folgen Nominalsätze zum Königtum Gottes. Dieser Vers fungiert dabei wie eine Überschrift, hinter V. 13b ist im Grunde ein Doppelpunkt zu denken: Der folgende dritte Teil des Lobvollzugs beschreibt in zwei Unterabschnitten die Auswirkungen der Gottesherrschaft, die einerseits in der Sorge Gottes für alle seine Werke besteht (V. 14 – 17) und die sich andererseits in der besonderen Nähe Gottes zu seinen Frommen manifestiert (V. 18 – 20).[88] Während zuvor betont „alle" in die Gottesherrschaft eingeschlossen wurden, werden nun Bedingungen für die Zuwendungen des Gottkönigs gestellt: Diese gelten nur denjenigen, die Gott anrufen, die ihn fürchten und die ihn lieben.[89] Beide Ausrichtungen der Herrschaft Gottes, die universale Ausweitung und die Eingrenzung auf die Frommen, sind bereits in V. 10 zu erkennen, in dem der erste Versteil auf V. 14 – 17 und die zweite Hälfte auf V. 18 – 20 vorausblickt.

Ab V. 13 werden keine Verben des Lobens mehr benutzt, sondern alle Aussagen sind als Nominalsatz bzw. Partizipialausdruck formuliert. Damit erhält dieser Abschnitt den Charakter eines „Hymnus im Hymnus". In hymnischer Form führt der Beter ausgiebig die Machttaten JHWHs als Königsgott aus. Die Verse sind damit schon Lob und zugleich Begründung der mehrmaligen Lobaufrufe im Psalm. Eine ganz ähnliche Funktion weist ein Abschnitt in Ps 146 auf, wo ebenfalls JHWH-Aussagen, die Gott als gnädigen und fürsorglichen König beschreiben (vgl.

---

86 Vgl. in V. 4 – 7 die „Taten Gottes" in der Geschichte mit Bezug zu Ps 105/106 und das Konzept „Geschichtserinnerung" (vgl. Ps 71 und 78), dazu die Ausführungen zu V. 4 – 7.

87 Vgl. dazu die Ausführungen unten zu V. 8 – 9.

88 Vgl. dazu KRATZ, Gnade, 267 mit Anm. 88; DERS., Schᵉma, 628, der aber eine Unterteilung in V. 13ⁿ – 16 und 17 – 20 aufgrund der Hinzunahme der ɔ-Zeile und der dadurch entstandenen parallelen Abschnittsanfänge in V. 13ⁿ und 17 annimmt (ohne ɔ-Zeile inzwischen KRATZ, Psalm 145, 232). Gegen die Einteilung in V. (13ⁿ.)14 – 16 und 17 – 20 spricht aber m. E. die Positionierung des JHWH-Namens (siehe unten) sowie die Wiederaufnahme der „Werke" in V. 17, die auf V. 10a zurückverweisen und damit V. 17 an den ersten Abschnitt anbinden, bevor ab V. 18 die „Frommen" aus V. 10b als JHWH-Anrufende, JHWH-Fürchtende und JHWH-Liebende spezifiziert werden, vgl. dazu schon oben und die weiteren Ausführungen zur Gliederung bzw. unten zu V. 10 und 18 – 20. Somit werden für diese Abgrenzung die inhaltlichen Aspekte, die Positionierung des JHWH-Namens sowie die strukturelle Anlage des Abschnitts V. 14 – 20 stärker gewichtet, als Stil und Satzformen der einzelnen Verse (vgl. V. 17 und 18), anhand derer sie eher eine Aufteilung wie Kratz sie vornimmt, nahe legen würde.

89 Vgl. dazu die Ausführungen unten zu V. 10 – 20.

Ps 146,6b.7–9), zum Hymnus im Hymnus und damit zur Begründung von Lobaufruf und zum Loben selbst werden.[90]

In V. 21 nimmt der Beter die Anfangsverse noch einmal auf und beendet seinen Psalm mit einer an sich selbst und an „alles Fleisch" gerichteten Lobaufforderung: Der „immerwährende Lobpreis" des Königtums Gottes soll weit über diesen einen Psalm hinaus vollzogen werden.

Diese Strukturierung in vornehmlich drei große Abschnitte und in weitere Unterabschnitte wird durch die Positionierung des JHWH-Namens unterstützt. Im ersten und zweiten Teil wird „JHWH" jeweils in den Nominalsätzen von V. 3 bzw. V. 8–9 im ersten Kolon genannt. Im dritten Teil kommt das Tetragramm im eröffnenden V. 10 vor sowie dann jeweils im ersten (V. 14.18) und letzten Vers (V. 17.20) der beiden Unterabschnitte. Auch im Schlussvers 21 steht noch einmal „JHWH" und korrespondiert so mit dem Titel „mein Gott, der König" aus V. 1. Somit lässt sich die Gliederung von Ps 145 im Überblick wie folgt darstellen:

I:	„Ewiger Lobpreis" (Rahmung)			
	1–2	Selbstaufforderung an ein „ich"		אלוהי המלך / אברכה / עולם
	3	Nominalsätze: Größe JHWHs	JHWH	
II:	„Geschichte Israels"			
	4–7	(Selbst-)Aufforderung an „Generationen" / an ein „ich"		
	8–9	Nominalsätze: Gnade JHWHs	JHWH	
III:	„Königtum Gottes"			
	10–11	Aufforderung an „Werke" / an die „Frommen"	JHWH	יברוכה / מלכות
	12	Ziel des Psalms: Kundgabe des Königtums		
	13	Nominalsätze: Königtum für alle Ewigkeiten		עולם
	14–17	JHWHs Sorge für „alle seine Werke" (vgl. V. 10a)	JHWH	
	18–20	JHWHs Nähe zu „seinen Frommen" (vgl. V. 10b)	JHWH	

Rahmung (mit V. 1–2): „Ewiger Lobpreis"
21   (Selbst-)Aufforderung an ein „ich" / an „alles Fleisch"   JHWH   ויברך / עולם

Im Folgenden ist noch auf einige Besonderheiten in der Gestaltung des Psalms näher einzugehen, die die dargestellte Gliederung ergänzen. Es ist zwar etwas einseitig, die ganze Gliederung des Psalms nur auf Leitworten aufzubauen,[91]

---

90 Vgl. die Ausführungen zu Ps 146.

91 So z. B. LIEBREICH, Psalms, 187–190, der aufgrund des dreimal vorkommenden Verbs ברך (V. 1.10.21) zu folgender Gliederung kommt: Prelude: V. 1–2; I: V. 3–6; II: V. 7–9; Interlude: V. 10; III: V. 11–13; IV: V. 14–20; Postlude: V. 21. V. 10 teilt dabei den Psalm in zwei gleichwertige Teile, vgl. a.a.O. 187, ebenso KIMELMAN, Psalm 145, 37 f.40 f.44; DERS., Ashre, 97 f, der Liebreich folgt.

gleichwohl lassen sich auch in dieser hier präsentieren Gliederung manche Rahmungen durch Leitworte und Wortwiederaufnahmen zeigen. Oben wurde bereits gezeigt, wie der Rahmen des Psalms, V. 1–2 und 21, mit dem sogenannten Zentrum des Psalms, V. 10–13, durch Leitworte miteinander verbunden ist.[92] Inwieweit stellt aber nun V. 10–13 das strukturelle und inhaltliche Zentrum des Psalms dar?

Beginnend mit V. 10, der den dritten Durchgang einleitet, werden in V. 11–13 die Handlung des Lobes und der Inhalt des Lobes – die beiden Aspekte des Psalms – über den zentralen Terminus der מלכות direkt miteinander verbunden. Als bedeutungsschwere Begriffe aus den vorangehenden Versen werden כבוד („Herrlichkeit"), הדר („Glanz") und גבורה („Macht") aufgenommen (vgl. insb. V. 4–5) und mit מלכות („Königtum") verknüpft. V. 11–12 weist dabei eine chiastische Wortstellung dieser zentralen Begriffe auf: כב־ – מלכות / גבורה // גבורה / כבוד – מלכות.[93] V. 13 stellt dann nochmals eine Steigerung dar: Das alle Zeiten und Räume (בכל־דור ודור / כל־עלמים) umfassende und überschreitende königliche Wirken Gottes kulminiert in dem Abstraktnomen מלכות und seinem Äquivalent ממשלה.[94] In V. 12 wird zuvor durch die Infinitiv-Konstruktion die Absicht des gesamten Psalms formuliert: Ziel ist es, dass das machtvolle und herrliche Königtum Gottes allen Menschenkindern verkündet wird.[95] Diesem Anliegen sind die Lobaufforderung an das „Ich" und die anderen Adressaten untergeordnet. V. 13 ist dann als eine Art Bekräftigung und Begründung dieses Auftrags zu verstehen, der den Inhalt benennt und damit selbst Lobpreis ist. Hier wird Gott direkt angeredet, im Gegensatz zu den vorherigen Lobdurchführungen (V. 3.8–9). So leitet V. 13 zugleich zum nächsten Teil über, der dann als direkter Lobpreis Gottes verstanden werden kann.

Aus mehreren Gründen stellt demnach V. 10–13 das Zentrum des Psalms dar: Zunächst wird die doppelte Perspektive des Lobaufrufs, einerseits universal verstanden an alle Werke, andererseits exklusiv zugespitzt auf die Frommen Gottes, formuliert (V. 10), die in V. 14–17.18–20 ausgeführt wird. Sodann wird das zentrale Anliegen dieses Lobpreises in V. 11–12 mit der Verkündigung des herrlichen Königtums Gottes benannt. Und schließlich wird die zeitlose Perspektive dieser

---

Allerdings übergeht Liebreich die zweite Nennung von ברך in V. 2, so dass hier eine gewisse Beliebigkeit bei der Orientierung an Leitworten deutlich wird, vgl. auch Ballhorn, Telos, 286 Anm. 738.

92 Vgl. dazu oben in Kap. II.1.3.1.

93 Vgl. Watson, Rootplay, 102.

94 Vgl. dazu unten die Ausführungen zu V. 11–13.

95 Eine ähnliche Formulierung mit Infinitiven, die den Zweck des Hymnus benennt, findet sich auch in Ps 149,7–9a, vgl. die Ausführungen zu Ps 149. Lindars, Structure, 26, betrachtet V. 12 als „hing verse" („Scharniervers"); vgl. auch Zenger, Angesicht, 171; Ders., Fleisch, 10.

göttlichen Königsherrschaft bekräftigt und bekannt als direkte Anrede an Gott (V. 13). Formal wird diese hervorgehobene Stellung durch die kompositorisch ausgefeilte Syntax und die zahlreichen Wortwiederholungen und -verknüpfungen mit dem Rahmen des Psalms sowie durch die Positionierung in der Mitte des Psalms unterstützt, die mit der alphabetischen Reihenfolge in den Anfangsbuchstaben von מ-ל-כ übereinstimmt.[96] Außerdem ist auffällig, dass genau nach dieser kleinen Einheit der folgende Buchstabe נ fehlt und so eine Zäsur entsteht. Möglicherweise sollte hier ein Leser absichtlich „stolpern" und auf der Suche nach der נ-Zeile die Folge כ-ל-מ finden.[97]

Neben der Mitte ist auch der zweite Abschnitt des Psalms (V. 4–9) durch Leitbegriffe geprägt: In V. 4 und 9 werden jeweils die Werke Gottes zunächst als Gegenstand des Lobpreises (מעשיך, V. 4) und dann als Empfänger des Erbarmens Gottes (על־כל־מעשיו, V. 9) genannt und bilden so eine Rahmung. Zugleich leitet V. 8–9 mit dem Stichwort „Gnade" (חסד) zum dritten Teil des Psalms über (vgl. חסידים in V. 10 und חסיד in V. 17). Wiederum kommen hier die Werke, nun als Lobsubjekt (כל־מעשיך, V. 10) und dann wieder als Objekt der Gnade Gottes (לכל־מעשיו, V. 17) vor. Hier zeigt sich die enge Verknüpfung des Psalms über sogenannte Leitbegriffe.[98]

In Blick auf die beschriebene Struktur des Psalms kann zusammenfassend gefolgert werden, dass der Beter in drei Durchgängen zum Lob aufruft. Dabei erfolgt einerseits eine Steigerung bzw. Ausweitung des Adressatenkreises: Der Beter ruft sich selbst und andere – zunächst „Generationen", dann „alle Werke Gottes" – zum Lob Gottes auf, das schließlich im dritten Teil als umfassende Lobpreisung des Reiches Gottes sein Ziel findet. Die Öffnung des Lobpreises endet in der Beauftragung „allen Fleisches" zum Preis des heiligen Namens Gottes (V. 21). Andererseits geht mit dieser Ausweitung eine Einschränkung der Zuwendung Jhwhs auf die Frommen einher, die ihrerseits auf die Nähe Gottes mit Lobpreis antworten sollen.

Beim Durchgang durch den Psalm wird die theologische Anlage des Psalms deutlich. Im ersten Teil wird das Anliegen des Sprechers formuliert, das im immerwährenden Lob besteht. Im zweiten Teil bezieht sich der Psalmist mit den Formulierungen auf die Geschichte Israels zurück, die er als vergegenwärtigte Erinnerung und zugleich als Beschreibung der Gegenwart nutzt. Durch die vielen Verben des Lobens wird betont, dass die Großtaten Jhwhs *jetzt* gelobt werden sollen, weil sie offensichtlich *jetzt* in der Gegenwart ihre Wirkung entfalten. Im

---

96 Vgl. dazu schon oben in Kap. II.1.3.1.
97 Vgl. zu der fehlenden נ-Zeile die Ausführungen oben in Kap. II.1.3.1.
98 Für weitere Stichwortverbindungen vgl. z. B. BALLHORN, Telos, 285 f, sowie schon ausführlich LIEBREICH, Psalms, 187–190.

dritten Teil wird schließlich das Königtum Gottes in zweifacher Konkretion beschrieben: als Sorge JHWHs für die Schöpfungswerke und als Nähe zu den Frommen. Dies gilt für den Beter wiederum als Beschreibung der Gegenwart und zugleich als Erwartung für die Zukunft.[99] Die Zeitperspektiven vom Vergangenen über das Gegenwärtige hin zum Erwarteten werden zusammengefasst im hymnischen Loben, das immer nur im Jetzt stattfinden kann. Zugleich zeigt sich der zeitumfassende, zeitinklusive und damit letztlich ent-zeitlichte[100] Aspekt des Lobens im Rahmen des Psalms, wenn dort und in V. 13 betont wird: immer und ewig soll das Lob der ewigen Königsherrschaft Gottes erklingen.

Für diese hymnische Komposition mit Elementen, die an die Geschichte Israels erinnern, diese vergegenwärtigen und die Konkretionen des Königtums Gottes ausführen, greift der Psalmist auf die schriftliche Tradition des Alten Testaments zurück. Er rezipiert in seinem Psalm über Begriffsaufnahmen, Anspielungen und Zitate alttestamentliche Motive und Texte, wie im Folgenden gezeigt werden soll. So kann Ps 145 als ein schriftgelehrter Hymnus bezeichnet werden. Das folgende Kapitel (1.4) wird die Aussagen des Psalms im Lichte möglicher und wahrscheinlicher Rezeptionstexte interpretieren und das hier angedeutete theologische Profil des Psalms ausführen.

1.4 Psalm 145 als schriftgelehrter Hymnus und sein theologisches Profil

Nach der Untersuchung der formalen Gestalt des Psalms und seiner Gliederung ist nun der Psalm in Blick auf seine Gestaltung als schriftgelehrter Hymnus zu interpretieren. Wie die Psalmen des kleinen Hallels basiert Ps 145 auf einer Fülle von anderen alttestamentlichen Texten und gewinnt aus dieser ausgiebigen Schriftrezeption sein eigenes theologisches Profil. Für die Darstellung der Konzeption von Ps 145 werden im folgenden die einzelnen Aussagen des Psalms semantisch untersucht und in den Horizont möglicher Referenztexte gestellt. Dabei ist immer zu fragen, wie sich die Rezeption eines Textes oder einer Formulierung auf das Ganze des Psalms auswirkt und vor allem wie Ps 145 die Aussage in Blick auf sein Anliegen hin abwandelt. Der Aufbau des Kapitels orientiert sich an der dreiteiligen Grobgliederung des Psalms und der weiteren Unterteilung der Abschnitte wie sie oben in Kap. II.1.3.2 dargestellt wurde.

---

99 Vgl. dazu insgesamt unten Kap. II.1.4.5.
100 Vgl. dazu die Ausführungen bei Ps 147 in Kap. II.3.4.4.

1.4.1 Lobpreis – immer und ewig (V. 1–2.3)

Den ersten Abschnitt des Psalms stellen V. 1–2 und 3 dar. Die Eröffnung benennt Anliegen und zentrales Thema des Psalms: Immerwährender Lobpreis für den König Jhwh. Bereits für V. 1–2.3 lassen sich Textbezüge erkennen, die im Hintergrund der Formulierung gestanden haben dürften, besonders Ps 34 und 96 sowie die Doxologien des Psalters sind hier zu nennen.

V. 1–2 „Mein Gott, der König"

Der Beter beginnt mit einer umfassenden Selbstaufforderung: „Ich will dich erheben, mein Gott, der König, und ich will preisen deinen Namen immer und ewig. Während des ganzen Tages will ich dich preisen und ich will loben deinen Namen immer und ewig." (V. 1–2). Immerwährendes Lob des Namens Gottes ist die Aufgabe, besonders betont durch die wörtliche Wiederholung des zweiten Kolons (V. 1b.2b). Der Beter lebt demnach nur für das Lob Gottes, damit möchte er seinen ganzen Tag ausfüllen.[101]

Ein ganz ähnliches Vorhaben findet sich zu Beginn des ebenfalls alphabetischen Ps 34[102]: „Ich will preisen Jhwh allezeit (אברכה את־יהוה בכל־עת), beständig soll sein Lob in meinem Mund sein (תמיד תהלתו בפי)." (Ps 34,2). Nicht nur die Selbstaufforderung mit ברך zum immerwährenden Jhwh-Lob (בכל־יום / בכל־עת)[103] stimmt mit Ps 145 überein, sondern auch die Wendung mit תהלה („Loblied") in Bezug auf Jhwh (תהלת יהוה / תהלתו), das im Munde des Beters (פי) lokalisiert wird, verbindet Ps 34 mit Ps 145, mit dessen Anfang (V. 1–2) und Ende (V. 21).[104] Somit ist es gut denkbar, dass der Psalmist von Ps 145 auf Ps 34 als Vorlage zurückgreift und neben der akrostichischen Form den ersten Vers als Motto übernimmt und daraus die Rahmenverse seines Psalms ableitet und erweitert wiedergibt.[105] Diese Annahme wird durch weitere wörtliche und inhaltliche Verbindungen von Ps 145 zu

---

101 Diese Vorstellung von dem das ganze Leben bestimmenden Lob findet sich auch in Ps 146 wieder, vgl. Kap. II.2.

102 Ps 34 ist ebenfalls ein Akrostichon, bei dem jeder Vers mit einem Buchstaben des Alphabets beginnt wie Ps 145. Auch Ps 34 ist in seiner Akrostichie unregelmäßig: Es fehlt der ו-Vers, außerdem folgt nach dem ת als letztem Buchstaben eine zusätzliche Zeile, die mit פ beginnt.

103 Die Wendung בכל־יום findet sich nicht noch einmal im Zusammenhang mit „Loben", sondern nur noch in Ps 7,12; 88,10; 90,14 (Est 2,11); ohne ב dagegen öfter, vgl. u. a. Dtn 6,2; 17,19, dort in Verbindung mit dem Gesetz und überhaupt oft in kultisch-gesetzlichem Kontext.

104 Die Verbindung von תהלה und פי findet sich nur noch in Ps 40,4; 51,17; 71,8, vgl. dazu unten die Ausführungen zu V. 21.

105 Durch die Erweiterungen in Ps 145,1–2.21 ist die umgekehrte Abhängigkeit nahezu ausgeschlossen.

Ps 34 unterstützt.[106] Ähnliches gilt für Ps 86: Auch in dem mehrfach in Verbindung mit Ps 145 stehenden Ps 86 findet sich ein ähnliches Vorhaben wie in V. 1–2 (vgl. bes. Ps 86,12).[107]

Eine Besonderheit, die Ps 145 aufgrund seines zentralen Themas gegenüber Ps 34 ergänzt, ist die im Alten Testament singuläre Formulierung, mit der der Psalm eröffnet wird: אלוהי המלך ("mein Gott, der König", V. 1). Es handelt sich um eine Abwandlung der sonst öfter bezeugten Anrede „mein König und mein Gott" (Ps 5,3[108]; 84,4, vgl. auch ähnlich Ps 44,5).[109] Durch die Tilgung des Suffixes in Blick auf den Königstitel betont der Psalmist die Universalität des Königtums Gottes. Gott ist nicht nur *sein* König aufgrund seiner persönlichen Meinung oder Erfahrung, sondern schlicht *der* König überhaupt (vgl. auch Ps 98,6[110]). Darum ist המלך im Satzgefüge auch als Akkusativobjekt zu verstehen (so auch in Ps 34,2) und nicht als weitergeführter Vokativ, wie sonst oft angenommen. Die Formulierung fungiert als Proklamation JHWHs als König, die vielmehr an die Zuhörerschaft gerichtet ist, nicht mehr direkt an Gott. Denn damit weist der Beter schon auf die weitere Entfaltung des universalen und allumfassenden Königtums JHWHs im Psalm voraus: „Dieser ‚Name' (Titel) ist es, den der Psalmist in seinem Hymnus explizieren will."[111] Gleichzeitig wird durch die Beibehaltung des Suffixes an אלהים die Nähe Gottes zu seinen Geschöpfen, also auch zu dem Sprecher von Ps 145, betont, die ebenfalls im weiteren Psalm thematisiert wird.

---

106 Weitere Bezüge zwischen Ps 34 und 145 lassen sich für V. 1–2 zu Ps 34,3–4 (הלל; רום; שם) annehmen, wobei diese Wortübereinstimmungen auch dem allgemeinen hymnischen Sprachgebrauch geschuldet sein können. Signifikanter sind dagegen die Verbindungen von V. 18–19 zu Ps 34: vgl. קרוב in Ps 34,19; קרא in Ps 34,7; ירא in Ps 34,8.10.12; שועה in Ps 34,16; שמע in Ps 34,7.18; ישע in Ps 34,7.19. Darüber hinaus vgl. V. 9 mit Ps 34,9 (טוב) sowie außerdem in inhaltlicher Verbindung V. 15–16 mit Ps 34,9–11 (Versorgung mit Nahrung) und V. 20b mit Ps 34,17.22 (Vernichtung der Gottlosen). Vgl. dazu ebenfalls unten zu V. 18–20. Zur vergleichbaren Struktur und sprachlichen Gestaltung von Ps 34 und 145 vgl. auch LIEBREICH, Psalms; sowie zu Ps 34 insgesamt ZENGER, Psalm 34; SPIECKERMANN, Hymnen im Psalter, 145–149. Auch für Ps 146 und 147 stellt Ps 34 einen wichtigen Referenztext dar, vgl. die Ausführungen bei Ps 146 und 147.
107 Vgl. bes. Ps 86,12b mit V. 1–2: „ich will deinen Namen preisen bis in Ewigkeit (ואכבדה שמך לעולם)"; zu den Bezügen von Ps 145 zu Ps 86 vgl. unten Anm. 233.
108 Ps 5,3: „Höre auf die Stimme meines Schreiens (שוע, vgl. Ps 145,19), mein König und mein Gott (מלכי ואלהי); denn zu dir bete ich."
109 Möglicherweise weist die Formulierung eine Nähe zur Anrede an den regierenden (irdischen) Herrscher auf, vgl. 1Sam 24,9; 2Sam 14,9; 16,4. Dazu GUNKEL, Psalmen, 610; WEISER, Psalmen, 572; KRAUS, Psalmen, 1123.
110 Nur noch in Ps 98,6 wird המלך direkt mit Gott bzw. JHWH identifiziert.
111 SEYBOLD, Psalmen, 573.

Eine vergleichbare Formulierung wie in Ps 145,1–2 findet sich auch in Neh 9,5[112], wo das ewige Loben Gottes als Lob seines Namens gefordert wird.[113] Der Vers fungiert dort ebenfalls als Eröffnung eines langen Lobliedes für JHWH mit schöpfungs- und geschichtstheologischen Ausführungen.

Das ewige Lob des Namens Gottes weist durch die Formulierung mit ברך, שם und עולם außerdem eine Nähe zu den vier sog. Doxologien des Psalters auf (vgl. Ps 41,14; 72,18–20; 89,53; 106,48). In Blick auf Ps 145 wird darum dessen Verbindung mit den anderen Doxologien und seine damit verbundene Funktion im Psalter als mögliche fünfte Doxologie diskutiert.[114] Daher ist ein Vergleich mit Ps 145,1–2 sowie V. 21 und den doxologischen Formeln am Ende der Psalmenbücher I–IV auch bei der vorliegenden Untersuchung der möglichen Schriftbezüge von Ps 145 angebracht.

Der wichtigste Unterschied besteht darin, dass die vier Doxologien außerhalb der Psalmkorpora jeweils am Ende eines Psalms stehen (und dort vermutlich sekundär angefügt worden sind[115]). In Ps 145 sind dagegen V. 1–2 und 21 Bestandteil des Psalms selbst, erkennbar durch die Einbindung in die alphabetische Struktur. Auch wenn keine der vier Doxologien der anderen vollkommen gleicht, weisen sie ein gewisses Formschema auf: Sie beginnen jeweils mit ברוך יהוה ("gepriesen sei JHWH") und enden auf אמן ("Amen!").[116] Weiterer fester Bestandteil ist die Dimension der Ewigkeit (עולם), die aber je etwas verschieden formuliert ist. Die kürzeste Form der Formel findet sich in Ps 89,53: "Gepriesen sei JHWH in Ewigkeit. Amen, ja Amen!" (ברוך יהוה לעולם אמן ואמן), während die anderen Doxologien breiter ausgeführt sind. In Ps 145 fehlt das abschließende "Amen". Vermutlich, weil in Ps 145 die Verse ordentlicher Teil des Psalms sind, sie zum

---

112 Vgl. folgenden Lexeme in beiden Texten: ברך; עולם; שם; רום; תהלה. Neh 9,5: „Und die Leviten [...] sagten: Steht auf, preist JHWH, euren Gott, von Ewigkeit zu Ewigkeit! Und man preise deinen herrlichen Namen (שם כבודך, vgl. Ps 145,21: שם קדשו), der erhaben ist über jedes Preis- und Loblied!" Vgl. auch die Gnadenformel in Ps 145,8, die ebenfalls in Neh 9,17.31 anklingt.
113 Der Lobpreis des Namens Gottes, formuliert mit הלל und שם, kommt auch in einigen anderen Texten vor, die mit Ps 145 in Verbindung stehen, vgl. Ps 22,23; 105,3 (vgl. Ps 145,21!); 135,1(.3); 148,5.13; 149,3; 1Chr 16,10; 29,13; Joel 2,26 sowie noch Ps 44,9; 69,13; 74,21; 113,1.3. Zum Lob des Namens vgl. die Ausführungen zu Ps 148,13; zu הלל in Kap. II.6.
114 Vgl. zur Diskussion auch LEUENBERGER, Konzeptionen, 338f Anm. 252; MILLER, End, 106f; KOCH, Psalter, 248–250; zum Folgenden vgl. vor allem ZENGER, Psalter, 27–31; BALLHORN, Telos, 294–297. Eine große Nähe besteht auch zwischen den Doxologien und dem Refrain, der in der Qumran-Version von Ps 145 in den Psalm eingefügt ist, vgl. dazu Kap. III.2.
115 Vgl. dazu auch KRATZ, Tora, 291.
116 Vgl. zu Form und Funktion der Doxologien ausführlich z. B. KRATZ, Tora, 291–298; DERS., Gnade, 276f; LEVIN, Entstehung.

einen mit V. 1–2 am Anfang des Psalms stehen und zum anderen V. 21 eher einen „offenen Schluss" formuliert, zu dem kein vergleichbares „Amen" gepasst hätte.[117]

Die Doxologien und Ps 145 unterscheiden sich weiterhin in ihrer unterschiedlich ausgerichteten Sprechrichtung: Während in den Doxologien eine Aussage über JHWH in Wunschform oder auch als Zustandsbeschreibung formuliert ist (ברוך als Part. Pass. und Rede über JHWH in 3. Pers. Sg.), so spricht der Beter in Ps 145 JHWH in 2. Pers. Sg. direkt an und ruft sich selbst durch Kohortativ-Formen zum Lob auf. Zudem wird in den doxologischen Formeln immer das Verb ברך („preisen") verwendet, während in Ps 145,2b auch הלל („loben") damit parallel gesetzt wird (vgl. schon רום in V. 1a). Hier zeigt sich der Übergang von der ברך- zur הלל-Terminologie,[118] wie er im folgenden kleinen Hallel vollends umgesetzt wird: ברך wird durch הלל ersetzt, das dann zum dominierenden Verb wird.[119] Schließlich fehlt in Ps 145 der klare Israel-Bezug, wie er in drei der Doxologien durch den Titel „der Gott Israels" (אלהי ישראל) angezeigt ist (vgl. Ps 41,14; 72,18; 106,48). Dafür setzt Ps 145,1 den Königstitel in vergleichbarer Form und Funktion ein: „mein Gott, der König" (אלוהי המלך). Für Ps 145 ist JHWH demnach nicht (mehr) nur exklusiv der Gott Israels, sondern der König der ganzen Welt.[120] Auf diese ausweitende und universalisierende Perspektive des Psalms ist im Weiteren zurückzukommen.

Als Fazit für den Vergleich von Ps 145 mit den psalterstrukturierenden Doxologien ist festzuhalten: Der Psalmist schließt sich in Ps 145 dem Sprachgebrauch der Doxologien an. Aber durch den Wechsel von der allgemeinen Aussage zur Selbstaufforderung werden die doxologischen Formeln zum Auftrag an den Beter selbst. Darüber hinaus sind entscheidende formale und inhaltliche Veränderungen vorgenommen worden, wobei der Anspruch der Doxologien, den ewigen Lobpreis JHWHs zu vollziehen, bestehen bleibt. Damit ist Ps 145 keine Doxologie im Sinne der vier vorangehenden,[121] sondern ist als ihre konkrete Durchführung und Umsetzung durch einen Einzelnen zu verstehen (vgl. im Unterschied den Kol-

---

117 Vgl. dazu ZENGER, Psalter, 30, der außerdem den „offenen Schluss" als Überleitung zum Finale Ps 146–150 versteht, vgl. zum Verhältnis von Ps 145 zum Hallel Kap. III.
118 Vgl. dazu auch BALLHORN, Telos, 296.
119 Vgl. die Ausführungen zu Ps 146,1–2.
120 Vgl. BALLHORN, Telos, 295.
121 So auch BALLHORN, Telos, 294–296: „Gerade das Typische der Doxologien, das Formelhafte, ist in Ps 145 nicht vorhanden." (a.a.O., 294). Es zeigt sich, „daß ברוך-Wendungen sehr wohl eine psalmenabschließende Funktion haben, aber für eine wirkliche Schlußdoxologie, die eine ganze Psalmensammlung, also ein ‚Buch' abschließt, ganz bestimmte Elemente hinzukommen müssen." (a.a.O., 295). ZENGER, Psalter, 29 f, sieht dagegen in Ps 145 den Schlusspsalm des 5. Buches und möchte darum auch Ps 145 „im Horizont dieses doxologischen Systems" lesen, vgl. auch MILLER, End, 106 f. Anders MILLARD, Problem, 77 f Anm. 11; differenziert bereits KRATZ, Tora, bes. 297 f. Zur Funktion von Ps 145 im Psalter vgl. auch Kap. III.1.

lektivaufruf „alles Volk" in Ps 106,48)[122]. Dass aber Ps 145 in sprachlicher Verbindung und in Aufnahme der doxologischen Formeln steht, ist nicht zu übersehen.[123]

Abschließend ist bei der Betrachtung von V. 1–2 noch auf die Überschrift des Psalms einzugehen: „Ein Loblied Davids" (תהלה לדוד) ist die letzte Überschrift des Psalters. Außerdem ist Ps 145 der Schlusspsalm der letzten Davidpsalmsammlung (Ps 138–145).[124] Zwar werden viele Psalmen David zugeschrieben, aber diese Formulierung in Ps 145 ist singulär. Das zentrale Thema des Psalms ist, wie bereits im ersten Vers deutlich wird, die Königsherrschaft Gottes. Dieser Psalm wird nun aber durch die auffällige Überschrift als Gebet eines Königs, *des* Königs von Israel stilisiert. Im Verlauf des Textes wird „Gottes Königsherrschaft" als so „vollkommen umfassend dargestellt", dass darin „weder Raum noch Notwendigkeit für einen irdischen König" bleibt.[125] Dass damit das theologische Konzept des Psalms erfasst ist, wird durch eine bemerkenswerte Bewegung innerhalb des Psalms deutlich: In der literarischen Fiktion leitet der königliche Beter (als das Ich des Beters) aufgrund seiner autoritativen Position Generationen und schließlich „alles Fleisch" zum Lobpreis des einen wahren Königs, Jhwh, an und verzichtet somit selbst auf die eigene Königsherrschaft. Schon im ersten Vers nennt er den Adressaten seines Lobgesangs „König". Davids Funktion ist nicht mehr die des herrschenden Königs, sondern er tritt als vorbildlicher Beter auf. Diese unpolitische Funktion Davids ist vor allem in der Chronik angelegt, wo David zum eigentlichen Initiator des Tempelkultes stilisiert wird, den Tempelbau vorbereitet und den liturgischen Dienst organisiert (1Chr 22; 25). Zudem ist David der vorbildliche Beter und Psalmensänger (1Chr 16; 29). So „gibt David im letzten Davidpsalm sein Königtum ab!"[126] Ihm bleibt nur Gott, den König, zu loben. Sein

---

122 Die Formulierungen כל־העם („alles Volk", Ps 106,48) und כל־בשׂר („alles Fleisch", Ps 145,21) sind nur bedingt vergleichbar, anders dagegen ZENGER, Psalter, 30. Wie Ps 145,1–2 beginnt auch V. 21 zunächst mit einer Selbstaufforderung, um anschließend die Perspektive auf alle Menschen zu öffnen, vgl. dazu die Ausführungen zu V. 21. Dagegen nimmt der Aufruf an „alles Volk" in Ps 106,48 die Bezeichnung „Gott Israels" auf und verbleibt in der nationalen Perspektive wie die anderen Doxologien (bis auf Ps 89,53).
123 Darüber hinaus finden sich noch weitere Bezüge zwischen den Doxologie-Psalmen und Ps 145, vgl. bes. Ps 72,18–19: „Gepriesen sei Gott, Jhwh, der Gott Israels. Er tut Wundertaten (נפלאות, vgl. Ps 145,5), er allein! Und gepriesen sei sein herrlicher Name in Ewigkeit (שם כבודו לעולם, vgl. Ps 145,21 und V. 1–2)! Seine Herrlichkeit (כבודו, vgl. Ps 145,5.12) erfülle die ganze Erde! Amen, ja Amen."
124 Vgl. dazu auch Kap. III.1.
125 BALLHORN, Telos, 289.
126 BALLHORN, Telos, 289.

eigenes Lob hat das Ziel erreicht, indem es zum universalen Lobpreis motiviert und in ihm mitklingt.

Diese Wandlung im Davidbild hin zu einer liturgischen Leitfigur lässt sich exemplarisch in Ps 145 und der Rahmung durch die Bezeichnung תהלה („Loblied")[127] ablesen: Denn lautet die Überschrift in V. 1 noch תהלה לדוד („ein Loblied Davids"), so endet der Psalm mit der „Unterschrift" תהלת יהוה („ein Loblied JHWHs"). Nach Ps 145 hat kein Psalm mehr eine Überschrift. So wird die letzte Überschrift im masoretischen Psalter umgedeutet und transformiert in תהלת יהוה: Alles ist Lob Gottes! Alle Überschriften und somit alle Psalmengebete münden in das Lob des Einen ein. Damit wird noch einmal die zusammenfassende und zugleich offene Formulierung von V. 21 herausgestellt, die den Bogen zum anschließenden Hallel schlägt, das ganz und gar durch הללו־יה („Lobet JH") geprägt ist.[128]

V. 3 „Größe Gottes"

Nach der Eröffnung des Psalms stellt V. 3 die erste hymnische Durchführung des Lobvorhabens dar: „Groß ist JHWH und sehr zu loben, und seine Größe ist unerforschlich." Mit recht allgemeinen und unspezifischen Worten wird die Größe JHWHs als Lobinhalt benannt und zugleich als Bekenntnis formuliert.[129] Die Größe Gottes ist ganz eng mit seinem Königsein verbunden, so dass diese erste grundlegende Charakterisierung Gottes in Ps 145 sich gut in das Lob des Königs JHWH einfügt, auch wenn ein entsprechendes Lexem in V. 3 gar nicht vorkommt. Die enge Verbindung zum Königsein JHWHs zeigen dafür stellvertretend diejenigen Texte, die sich als Referenztexte für V. 3 annehmen lassen: So findet sich V. 3a gleichlautend in dem Zionspsalm Ps 48 (V. 2a) sowie in dem JHWH-König-Psalm Ps 96 (V. 4a).[130] Beide Psalmen beschreiben die Größe und Herrschaft Gottes gegenüber anderen irdischen Königen und Völkern und proklamieren JHWH als alleinigen König. Ps 145 verbindet nun den aus der Königtum-Gottes-Konzeption[131] stammenden Topos der Größe JHWHs (V. 3a),[132] mit dem weisheitlichen Gedanken

---

127 Zum Begriff תהלה („Loblied") vgl. die Ausführungen zu Ps 147,1.
128 Vgl. dazu auch Kratz, Sch°ma, 629.633, sowie die Ausführungen unten zu V. 21.
129 Vgl. Delitzsch, Psalmen, 814.
130 Ps 96 zitiert vermutlich Ps 48, vgl. Hossfeld, Psalm 145, 794. Aufgrund der weiteren Bezüge von Ps 145 zu Ps 96 (vgl. unten die Ausführungen zu V. 4 – 7) ist für Ps 145,3 eine Abhängigkeit von Ps 96,4 eher wahrscheinlich. Vgl. dazu auch Kratz, Sch°ma, 628 mit Anm. 18.
131 Vgl. dazu oben Kap. II 1.1.
132 Ähnlich auch Ps 47,3; 95,3; 99,2; 104,1; 135,5; Jer 10,6; 1Chr 29,11.

der Unerforschlichkeit Gottes in V. 3b. In Ps 48 und 96 ist davon noch nicht die Rede, sondern dort ist gerade die Größe Gottes erkennbares Zeichen seiner Herrschaft über alle Welt. Ps 145,3 steigert die Wahrnehmung und Erfahrung der Größe Gottes durch die Einsicht in die Unerforschlichkeit eben dieser Größe. Der Beter kapituliert angesichts der überwältigenden Größe des Königgottes. Sie übersteigt sein Fassungsvermögen. Auch dieser Gedanke findet sich ähnlich in anderen Texten, so z. B. in Jes 40; Hi 5; 9 und in Ps 147. Die engste Verbindung ergibt sich wohl zu Hi 5,9 und 9,10,[133] da dort ebenfalls die Größe Gottes mit Unerforschlichkeit verbunden wird. Außerdem werden die unzähligen Wundertaten (נפלאות) genannt, die auch im weiteren Verlauf von Ps 145 vorkommen (vgl. V. 5). Somit könnte Ps 145 durch die Hiob-Textstellen inspiriert sein. Ps 147,5[134] erweist sich dagegen als abhängig von Ps 145,3 und nimmt darüber hinaus vor allem Jes 40,28 auf.[135] In Ps 147,5 und Jes 40,28 wird jeweils die Einsicht oder Weisheit Gottes (תבונתו) als unermesslich angesehen, während Ps 145 ganz beim Thema der Größe Gottes (גדלתו) bleibt.[136]

Der erste Lobdurchgang in V. 1–2 und 3 stellt sich demnach wie folgt dar: Nach der Lobaufforderung des Beters an sich selbst und der Themenangabe für seinen Lobpreis („mein Gott, der König") formuliert V. 3 den ersten Topos dieses Lobpreises für den König: Die unerforschliche Größe Gottes. Die Eröffnung des Psalms in V. 1–2 steht im Horizont vieler anderer Texte wie vor allem Ps 34; Neh 9 und den Doxologien des Psalters. Der Beter formuliert im Rückgriff darauf sein Lobvorhaben als Antwort und Bestätigung: Ja, immer und ewig, den ganzen Tag will er den Namen Gottes loben! In Zusammenstellung mit der Überschrift, die den Psalm als Lob Davids charakterisiert, wird das Loben zum „idealen", geradezu zum „idealisierten" Loben, wie es dem David-Bild entspricht. V. 3 verweist auf Psalmen, die ebenfalls das Königtum Gottes thematisieren (vgl. bes. Ps 96), und auf Texte weisheitlichen Ursprungs (vgl. bes. Hi 5; 9) und bekräftigt damit das Thema des Psalms: Es geht um den großen – den unerforschlich großen – König JHWH. Die

---

133 Hi 5,9: „der Großes (גדלות) und Unerforschliches (ואין חקר) tut, Wundertaten, die unermesslich sind (נפלאות עד־אין מספר)." Hi 9,10: „der Großes tut, das unerforschlich ist (גדלות עד־אין חקר), und Wundertaten, die unermesslich sind (ונפלאות עד־אין מספר)."
134 Ps 147,5: „Groß ist unser Herr und reich an Kraft, seine Weisheit ist unermesslich."
135 Vgl. dazu die Ausführungen zu Ps 147,5.
136 Die Wendung אין מספר („unermesslich"), wie sie in Ps 147,5 vorkommt, ist weit verbreitet, während es für אין חקר („unerforschlich", Ps 145,3; Jes 40,28) deutlich weniger Belegstellen gibt und der Ausdruck so oder in ähnlicher Form vor allem in weisheitlichen Texten begegnet (vgl. noch Hi 5,9; 9,10; 11,7; 36,26; Prov 25,3. Ps 139,1.23), vgl. BUYSCH, Davidpsalter, 313. Vgl. dazu die Ausführungen zu Ps 147,5, bes. Anm. 179.191.

Textbezüge und die alphabetische Struktur machen deutlich, dass der Psalm ein literarischer Psalm ist und nicht der kultischen Praxis entstammt. Gleichwohl wurde diese „Literarische Fiktion" des ewigen Lobpreises zu einem sehr wichtigen und zentralen Text der jüdischen Liturgie.[137] Auch die Fassung von Psalm in der qumranischen Psalmenrolle zeigt die liturgische Affinität des Psalms.[138]

1.4.2 Lobpreis der Taten Gottes in der Geschichte Israels (V. 4 – 7.8 – 9)

Mit V. 4 beginnt der zweite große Abschnitt von Ps 145. Nach der auf das Individuum begrenzten Lobaufforderung in V. 1 – 2, folgt nun eine erste Erweiterung der Lobsubjekte, indem die Generationen mit dem Beter zusammen zum Lob aufgerufen werden. Thematisch werden die machtvollen Taten Gottes in der Geschichte als Grund und Gegenstand des Lobens benannt. Besonders an das Exodusgeschehen wird durch mehrere Textbezüge indirekt erinnert. Im Handeln an Israel und seiner Geschichte erweist sich Jhwh als der gnädige und gütige Gott. Dies explizieren die Verse 4 – 7.8 – 9 und stehen damit in Verbindung mit weiteren Psalmen und Texten, die durch Wortverbindungen anklingen und so rezipiert werden (vgl. bes. Ps 71; 78; 96; 103; 104; 105 – 107; 111). Außerdem wird die Gnadenformel, die mehrmals im Alten Testament vorkommt, zitiert.

V. 4 – 7 „Verkündigung der Machttaten Gottes"
Die Verse 4 – 7 sind durch zwei spezifische Wortgruppen geprägt, die den ganzen Abschnitt zusammenbinden: Zum einen begegnet in fast jedem Kolon ein Begriff, der sich dem Wortfeld „Taten Gottes" zuordnen lässt. Zum anderen gehören alle Verben dem großen Wortfeld „Loben" an,[139] das sich für diese Verse aber noch auf den Vorgang des Verkündens zuspitzen lässt. Somit fordern V. 4 – 7 in vielfältiger Formulierung die Verkündigung und das (Weiter-)Erzählen der Machttaten Gottes. Damit sind die beiden Aspekte von V. 4 – 7 benannt, die nun im Weiteren ausgeführt werden.

Zunächst geht es um die Substantive, die den Gegenstand des Lobaufrufs darstellen. Die Bezeichnungen der „Taten Gottes" (נפלאותיך; גבורתיך; מעשׂיך; גדולתך; נוראתיך) in Ps 145 sind keine beliebigen Begriffe, sondern diese „Sam-

---

137 Vgl. dazu z.B. PEARL, Theology; KIMELMAN, Ashre; BLUMENTHAL, Psalm 145; BERLIN, Rhetoric, 21 f; KRATZ, Gnade, 269 – 274.
138 Vgl. zu Ps 145 in Qumran Kap. III.2.
139 Vgl. dazu oben in Kap. II.1.3.1.

melbegriffe" werden vor allem in Kontexten verwendet, die das Handeln Gottes in der Geschichte Israels beschreiben.[140] Somit stehen sie exemplarisch für das rettende und befreiende Wirksamwerden der Macht Gottes. Durch die Aufnahme dieser Begriffe wird die Verbundenheit von Ps 145 mit anderen Psalmen erkennbar.

Besonders nahe stehen Ps 145 die beiden geschichtstheologischen Psalmen 105 und 106. Beide Psalmen verwenden insbesondere in den ersten Versen solche Sammelbegriffe der Taten Gottes, bevor dann im Folgenden das Handeln Jʜᴡʜs, konzentriert auf das Exodusgeschehen, ausgeführt wird: so etwa נפלאות („Wundertaten") in Ps 105,2.5; 106,7.22 (vgl. Ps 145,5) und גבורות („Machttaten") in Ps 106,2 (vgl. Ps 145,4) sowie מעשים („Werke") in Ps 106,13 (vgl. Ps 145,4).[141] Durch die Verwendung dieser Sammelbegriffe verweist der Psalmist von Ps 145 auf das Geschichtshandeln Jʜᴡʜs und damit unter anderem auf dessen exemplarische Ausführungen in Ps 105 und 106. So beginnt der Abschnitt mit V. 4: „Generation um Generation soll preisen deine Werke, und von deinen Machttaten sollen sie berichten." In seinem eigenen Text kann der Psalmist dann aufgrund der indirekten Verweise auf Ps 105 und 106 und andere Texte auf ausführliche Beschreibungen seinerseits verzichten und zugleich das für ihn Zentrale noch stärker betonen: Das Loben dieser in seinem Handeln deutlich werdenden Macht des Königs Jʜᴡʜ.

Dass es auch bei diesen Macht- und Gnadenerweisen um Gott als den König geht, verdeutlicht insbesondere die in V. 5a in die Reihe der Machttaten eingefügte Nennung der typischen Königsinsignien הדר („Glanz"), כבוד („Herrlichkeit") und הוד („Hoheit, Pracht"). Der Gott der großen Taten ist der König schlechthin in seiner überwältigen Erscheinung: „Vom Glanz der Herrlichkeit deiner Hoheit sollen sie reden, deine Wundertaten will ich verkünden." (V. 5). Die Verbindung von הדר, כבוד und הוד findet sich nur noch in Ps 21,6 bei der Beschreibung der Herrlichkeit des irdischen Königs, die ihm durch Gott verliehen wird.[142] Auch wenn die königlichen Attribute dem irdischen König zugute kommen, bleiben sie ein-

---

140 Vgl. dazu im Folgenden sowie auch Zᴇɴɢᴇʀ, Psalm 111, 227; Kʀᴀᴛᴢ, Schᵉma, 629 mit Anm. 19.
141 Außerdem in Ps 106,21–22: „zu fürchtende Taten" (נוראות) und „Großtaten" (גדלות) wie sie in Ps 145,6 aufgenommen werden, vgl. dazu unten zu V. 6. Vgl. darüber hinaus noch Ps 106,7 (רב חסדיך) mit V. 8 und שבח („preisen") in V. 4 und Ps 106,47. Gemeinsam hat Ps 145 mit Ps 105 außerdem einige Verben: Vgl. V. 2b mit Ps 105,3 (הלל); V. 5b mit Ps 105,2 (שיח); V. 7 mit Ps 105,5 (זכר); V. 12 mit Ps 105,1 (ידע hif.).
142 Ps 21,6: „Groß ist seine Herrlichkeit (כבוד) durch deine Hilfe (ישועה); Majestät (הוד) und Pracht (הדר) legtest du [Jʜᴡʜ] auf ihn [den König]."

deutig Gott zugeordnet.[143] In Ps 145,5 ist der irdische König gar nicht (mehr) im Blick. V. 1 betont zu Anfang, dass allein Gott *der* König ist.

Eine Beschreibung des herrlich-königlichen Wesens Jhwhs findet sich auch in Ps 96, der bereits für V. 3 Vorlagetext ist: „Glanz und Hoheit (הוד־והדר) sind vor seinem Angesicht, Stärke und Pracht (עז ותפארת) in seinem Heiligtum." (Ps 96,6). Zuvor in Ps 96,3 wird bereits zur Verkündigung der göttlichen Herrlichkeit (כבודו) und seiner Wundertaten (נפלאותיו) aufgerufen.[144] Damit weist Ps 145 insgesamt eine große Nähe zu Ps 96 auf, gerade durch die Verbindung von gottköniglicher Herrlichkeitsbeschreibung und göttlichen Machttaten, die zu loben und vor allem weiterzuerzählen sind (vgl. ספר in Ps 96,3 und 145,6).[145] Der Begriff כבוד beschreibt zusammen mit den anderen Königsattributen den königlich-göttlichen Wirkbereich. Der Mensch erkennt diese Herrlichkeit im Offenbarwerden der Macht Gottes.[146]

Schließlich ist auch auf den Beginn von Ps 104 hinzuweisen, ein Text, der sich in der weiteren Untersuchung von Ps 145 ebenfalls als wichtiger Referenztext erweisen wird. Dort wird die prachtvolle Machterscheinung Gottes in königlichen Zügen beschrieben und ebenfalls mit der Größe Gottes verbunden, was auch auf V. 3 zurückweist (vgl. Ps 104,1 sowie auch Ps 111,2–3).[147]

Somit ist festzustellen, dass in V. 4–7 das Hauptthema „Königtum Gottes" zwar nicht explizit genannt wird (ähnlich wie in V. 3), aber durch die Bezugstexte, die ebenfalls den König bzw. königlichen Gott preisen (vgl. bes. Ps 21; 96; 104), und vor allem durch die Lexeme in V. 5a scheint das Thema deutlich erkennbar durch. Dies wird auch durch die Wiederaufnahme von כבוד und הדר in V. 11a.12b unterstützt, wo die Herrlichkeitsattribute direkt auf das Königtum Gottes bezogen sind. Außerdem weist V. 12a durch גבורתיו („Machttaten") auf V. 4–7 zurück. Beispielhaft wird hieran die sorgfältige Komposition von Ps 145 und dessen enge Vernetzung

---

143 Vgl. hierzu auch die Ausführungen zu Ps 149,5 sowie den Abschnitt in der Hinführung II.5.1 und die dortige Rezeption von Ps 21 und auch Ps 8.

144 Ps 96,3: „Erzählt unter den Völkern von seiner Herrlichkeit, unter allen Völkerschaften von seinen Wundertaten."

145 Vgl. darüber hinaus auch Ps 96,2 mit Ps 145,1–2: Lobpreis des Namens (ברכו שמו) und dauerhaftes Lob (מיום־ליום).

146 Vgl. dazu insb. die Ausführungen zu Ps 149,5. Vgl. VETTER, Art. הוד, 473: „Gottes *hôd* ist Israel in den Taten des Herrn der Geschichte und der Schöpfung offenbar geworden. Mit der Aussage von seinem *hôd* verherrlicht es Jahwe und anerkennt seine Hoheit. [...] Von Jahwes Weltherrschaft kann Israel nicht anders als im Loben seiner Majestät reden (Ps 96,6; 1Chr 16,27; 29,11)." Sowie auch WESTERMANN, Art. כבוד, 803–806; SPIECKERMANN, Heilsgegenwart, 220–225.

147 Ps 104,1: „Preise, meine Seele, Jhwh! Jhwh, mein Gott, du bist sehr groß, mit Glanz und Hoheit (הוד־והדר) bist du bekleidet."

durch Leitbegriffe erkennbar, die alle dem einen Anliegen und Thema dienen: Das Königtum Gottes soll in seiner Machtentfaltung verkündet und gelobt werden.

Mit V. 5b („deine Wundertaten will ich verkünden") nimmt Ps 145 eine weitere Wendung von Ps 105 auf, da sich die Kombination von פלא („Wunder") und שׂיח („verkünden") nur noch in Ps 105,2 (sowie in Ps 119,27) findet (und in 1Chr 16,9 zitiert wird).[148] Darüber hinaus steht Ps 145,5 durch den Begriff נפלאות („Wundertaten") in Verbindung mit anderen Texten, die auch anderweitig Bezüge zu Ps 145 aufweisen, wie z. B. Ps 71,17; 78,4; 96,3; 105,2.5; 106,7.22; 111,4; Hi 5,9; 9,10. נפלאות kommt außerdem mehrmals in Ps 107 vor, dort an hervorgehobener Stellung in einer Art Refrain (Ps 107,8.15.21.31). Ps 107 thematisiert in der den Psalm prägenden Refrainstruktur den Wechsel von Hilferufen zu JHWH, deren Erhörung und Hilfe aus der Not und dem darauf folgenden Danklied für JHWHs Güte und seine Wundertaten. Diese Elemente finden sich auch in Ps 145: Das Rufen um Hilfe und deren göttliche Erhörung in V. 18–19, das Thema der großen Gnade Gottes in V. 7.8–9.17 und schließlich die Verkündigung der Wunder und Werke Gottes (vgl. auch bes. Ps 107,22).[149] Demnach ist Ps 107 als weiterer Referenztext für Ps 145 anzunehmen. Ps 145 scheint insgesamt auf die geschichtstheologische Psalmengruppe Ps (104) 105–107 mehrfach zurückzugreifen, um von daher Material für seinen schriftgelehrten Hymnus zu gewinnen. Zudem ist es aus Psalter-kompositorischen Gründen bezeichnend, dass gerade der Übergang vom vierten zum fünften Psalmenbuch für Ps 145 als Abschluss des fünften Psalmenbuches relevant ist.[150]

V. 6 fügt zwei weitere Sammelbegriffe hinzu: „Und von der Stärke deiner zu fürchtenden Taten (נוראתיך) sollen sie sprechen, und von deinen Großtaten (גדולותך) will ich erzählen." Der Psalmist verweist damit nochmals auf das geschichtswirksame Handeln Gottes. So finden sich beide Ausdrücke (גדלות und נוראות) auch in Ps 106,21–22 und beziehen sich dort auf das Exodusgeschehen.[151] Und 2Sam 7,23 verweist auf die furchtbaren Taten Gottes um die Einzigartigkeit Israels herauszustellen, wie es ähnlich in Dtn 10 zu finden ist. In Dtn 10,12–13.20– 22 wird außerdem das machtvolle und zu fürchtende Geschichtshandeln mit der Gottesfurcht und dem Halten der Gebote verbunden, was wiederum eine Verbindung zu Ps 145,18–20 herstellt, wo genau denen die Nähe Gottes zugesagt wird,

---

148 Ps 105,2: „Singt ihm, lobsingt ihm, verkündet alle seine Wunder (שׂיחו בכל־נפלאותיו)!"
149 Vgl. darüber hinaus noch Ps 107,9 mit V. 15–16. Zum Bezug von Ps 145 auf Ps 107 vgl. auch ZENGER, Komposition und Theologie, 106 f. Ps 107 ist auch ein wichtiger Referenztext für Ps 147, vgl. die Ausführungen dort.
150 Vgl. zur Psalter-kompositorischen Funktion von Ps 145 Kap. III.1.
151 Ps 106,21–22: „Sie vergaßen Gott, ihren Retter, der Großtaten (גדלות) in Ägypten getan hat, Wundertaten (נפלאות, vgl. V. 5b!) im Lande Hams, zu fürchtende Taten (נוראות) am Schilfmeer."

die Jʜwʜ fürchten (vgl. auch Dan 9,4; Neh 1,5). Die Furcht vor Gott erscheint
demnach in Ps 145 als Furcht aufgrund von Gottes Handeln und führt zugleich in
dessen Nähe und zu seiner Zuwendung. Gott ist zu fürchten, indem ihm aufgrund
seiner Größe Ehrfurcht entgegengebracht wird.[152] Die Verbindung von „groß" und
„zu fürchten" im Blick auf Gott findet sich in allen soeben genannten Textstellen
(in Dtn 10,21; 2Sam 7,23; Ps 106,21–22; vgl. außerdem noch Dtn 7,21; Ps 99,3; Dan
9,4). Auch der oben angesprochene Ps 96 verbindet die Größe Gottes mit seiner
furchtbaren – zu fürchtenden – Erscheinung (vgl. Ps 96,4). Ps 145,6 nimmt diese
Paarung auf. Dabei substantiviert der Psalmist aber die Adjektive und setzt sie in
den Plural, um so das Handeln Gottes mit den abstrakten Kollektivbegriffen zu
benennen wie es Charakteristikum des Psalms ist, und um den Inhalt der Verkündigung in die hymnische Form zu fassen.

In engem Zusammenhang mit den vielen Sammelbezeichnungen für das
Handeln Jʜwʜs steht dessen immer neue Verkündigung und permanente Erinnerung (vgl. V. 7: זכר und נבע). Dies ist am zweiten Aspekt von V. 4–7 zu erkennen,
der durch die verschiedenen Verben der „Versprachlichung" (שׂיח; דבר; נגד; שבח;
אמר; ספר; נבע; רנן) gekennzeichnet ist.[153] Ständiges Verbalisieren und damit Erinnerung und zugleich Vergegenwärtigung der Machttaten Gottes gehen miteinander einher. Es sind die Menschen, die die Erinnerung an die Machttaten Gottes
durch die Zeit hindurch tragen. Die Wendung דור לדור erhält oftmals auch die
Konnotation von Ewigkeit, unbegrenzte Zeit, wie es auch durch die Parallelisierung in V. 13 über das Königtum gesagt wird.[154] Somit entspricht dem ewigen
Königtum Gottes das immerwährende Lob seines Namens (V. 1–2) und das Wei-

---

152 Vgl. zur „Gottesfurcht" die Ausführungen unten zu V. 18–20.
153 Einige der Verben kommen in Ps 105 vor, vgl. oben Anm. 141. שבח („loben", „preisen") ist
selten, kommt aber z. B. auch in Ps 106 (V. 47) vor, der sich bereits als wichtiger Referenztext für Ps
145 erwiesen hat. Sonst nur noch in Ps 63,4; 117,1; Koh 4,2; 8,15 sowie in Ps 147,12 vor, dort
vermutlich ebenfalls abhängig von Ps 106,47, vgl. die Ausführungen zu Ps 147,12, bes. Anm. 254.
154 דור לדור steht oft zusammen mit עולם, vgl. z. B. Ex 3,15; Jes 51,8; Ps 33,11; 45,18; 79,13;
100,5; 102,13; 106,31; 135,13 und im Hallel neben Ps 145,13 noch in 146,10. Damit stellen
die „Generationen" nicht nur ein Lobsubjekt dar, sondern sind auch als Zeitangabe zu verstehen, die das Fortwähren und die Ewigkeit von Lob und göttlicher Königsherrschaft betonen, vgl.
mit besonderer Nähe zu Ps 145 Ps 45,18: „Ich will deinen Namen erinnern in allen Generationen
(אזכירה שמך בכל־דר ודר); darum werden die Völker dich lobpreisen immer und ewig (לעלם ועד)."
Ähnlich Klgl 5,19. Der Begriff der Generationen erinnert außerdem an das theologische Konzept
der „Erinnerung", um die Verbindung zum konstitutiven Ursprungsgeschehen des Gottesvolkes
aufrecht zu erhalten, wie es die Fortführung des Schᵉma in Dtn 6,6 f formuliert: „Und diese Worte,
die ich dir heute gebiete, sollen in deinem Herzen sein. Und du sollst sie deinen Kindern einschärfen und du sollst von ihnen reden, wenn du in deinem Haus sitzt und wenn du auf dem Weg
gehst und wenn du dich hinlegst und wenn du aufstehst." Vgl. zu den Bezügen zu Dtn 6 unten zu V.
18–20.

tererzählen seiner Machttaten von „Generation zu Generation" (V. 4–7). Es ist also keineswegs Zufall, dass gerade im Zusammenhang der verbalisierten Verkündigung (V. 4–7), die mit geradezu sachlich-vernünftigen Verben wie „berichten", „reden" und „erzählen" beschrieben wird, die „Generationen" (V. 4) angesprochen werden.[155] Der Beter spricht zwar zu Gott (vgl. die Anrede in 2. Pers.), aber er beauftragt indirekt die Generationen und sich selbst zur Verkündigung. Es findet sich somit eine doppelte Sprechrichtung: Der Psalmist fordert zum Lob der Gottestaten auf und zugleich ist diese Lobaufforderung schon der Lobpreis selbst, ist schon die erwünschte Verkündigung durch die Zeiten hindurch.[156] Die Geschichte Gottes mit Israel soll lebendig bleiben. Der Generationenbegriff steht für das Bewahren der Erinnerung und der jederzeit stattfindenden Vergegenwärtigung der Wundertaten Gottes (vgl. auch Ri 6,13[157]; Jer 21,2).

Auch in den oben bereits angesprochenen Psalmen 105 und 106 ist die Erinnerung an die Taten Gottes und das damit verbundene „Lernen aus der Geschichte" zentraler Bestandteil (vgl. פלא und שׂיח in V. 5b und Ps 105,2). Ps 107 schließt sogar mit einer weisheitlich gefärbten Ermahnung, die in ähnliche Richtung geht: „Wer ist weise? Der merke sich dies! Und sie sollen sorgsam beachten die Gnaden[taten] Jhwhs (חסדי יהוה)." (Ps 107,43). Insgesamt ist so eine Rezeption der Psalmen 105–107 durch Ps 145 anzunehmen, die alle wie Ps 145 den Aufruf zum Loben mit der Rede von den Wundern Gottes miteinander verbinden.

Mit dieser Konzeption der „Geschichtserinnerung" (vgl. auch Jes 63,7[158]) steht Ps 145 darüber hinaus noch anderen Psalmen, vor allem Ps 71 und 78, nahe, die genau diese unterweisende Erinnerung durch die Zeiten hindurch beschreiben. Dabei vertreten die Texte nicht nur dieselbe Intention wie Ps 145, sondern auffälligerweise finden sich auch sehr viele Wortübereinstimmungen. Somit ist denkbar, dass Ps 71 und 78 mögliche Vorlagen für Ps 145 gebildet haben. Be-

---

155 Bemerkenswerterweise fehlen in dem breiten Lobvokabular von Ps 145 Verben wie שׁיר („singen") und זמר („lobsingen"). Auch dies unterstützt die Betonung der verbalen Verkündigung und deutet auf ein Lob, das vor allem diesem inhaltlichen Verkündigungsaspekt dient.

156 Doppelt ist auch die Sprechrichtung in Blick auf die Lobenden, wie der auffällige Wechsel von 3. Pers. Pl. zur 1. Pers. Sg. in V. 5 und 6 zeigt, vgl. dazu oben in Kap. II.1.3.1.

157 Ri 6,13: „Gideon aber sagte zu ihm: Bitte, mein Herr, wenn Jhwh mit uns ist, warum hat uns denn das alles getroffen? Und wo sind all seine Wundertaten (נפלאות), von denen uns unsere Väter erzählt haben (ספר), wenn sie sagten: Hat Jhwh uns nicht aus Ägypten heraufkommen lassen? Jetzt aber hat uns Jhwh verworfen und uns in die Hand Midians gegeben."

158 Jes 63,7: „Die Gnadenerweise Jhwhs will ich erinnern (זכר), die Ruhmestaten Jhwhs, gemäß allem, was Jhwh uns erwiesen hat, und die große Güte (ורב־טוב) für das Haus Israel, die er ihnen erwiesen hat gemäß seinen Erbarmungen (כרחמיו) und gemäß der Fülle seiner Gnadenerweise (וכרב חסדיו)." Vgl. dazu auch Ps 145,8–9.

sondere Nähe weist Ps 145 zu Ps 71,14 – 18 und 78,1– 7 auf.[159] Dabei fällt auf, dass an diesen Textstellen immer wieder „mein Mund" (פי) als Ort der lobenden Verkündigung genannt wird (vgl. Ps 71,15; 78,1.2). Möglicherweise spielt Ps 145,21 darauf an: Die Weitergabe der Machttaten Gottes, auch als Unterweisung oder Rede bezeichnet (vgl. Ps 78,1– 2: תורה; משל), wird in Ps 145 zur תהלת יהוה, zum Lobe JHWHs im Munde des Beters (פי). Dieser unterweisende Charakter passt wiederum zur weisheitlich verordneten Form des alphabetischen Psalms: Ps 145 ist Lehrgedicht und Hymnus in einem und ohne eines davon zu lassen.

V. 7 fasst die vorangehenden Verse im Blick auf ihr Anliegen noch einmal zusammen: „Das Gedenken deiner reichen Güte sollen sie sprudeln lassen und deine Gerechtigkeit sollen sie bejubeln." Aufgrund der Erinnerung an die Güte und Gerechtigkeit Gottes soll gejubelt werden.[160] Zugleich leitet V. 7 mit dem Lexem טוב („gut"; „Güte") schon zu V. 8 – 9 über. Ein Zusammenhang von V. 7 zu 8 – 9 ergibt sich auch durch eine ganz ähnliche Formulierung in Ps 111,4: „Ein Gedenken (זכר) hat er gewirkt für seine Wundertaten (לנפלאתיו), gnädig und barmherzig ist JHWH (חנון ורחום יהוה, vgl. V. 8a!)." Ps 111 ist ebenfalls ein Akrostichon und weist viele Verbindungen zu Ps 145 auf,[161] so dass der Psalmist von Ps 145 für die Verbindung

---

159 Vgl. bes. Ps 71,15 – 16: „Mein Mund soll erzählen (ספר) deine Gerechtigkeit (צדקה), den ganzen Tag (כל־היום) deine Rettung. Denn ich kenne [ihre] Zahl nicht (vgl. Ps 145,3). Ich will kommen mit den Machttaten (גבורות) des Herrn JHWH. Ich will gedenken (זכר) deiner Gerechtigkeit (צדקה), dir allein." Und Ps 78,3 – 4: „Was wir gehört und erfahren (ידע) und unsere Väter uns erzählt (ספר) haben, wollen wir nicht verhehlen ihren Söhnen und dem künftigen Geschlecht (לדור אחרון) erzählen die Ruhmestaten JHWHs (תהלות יהוה) und seine Macht (עזוז, vgl. Ps 145,6!) und seine Wundertaten (נפלאות, vgl. Ps 78,11.32), die er getan hat." Vgl. außerdem noch Ps 71,17 – 18 (גבורה; דור; נפלאות; נגד) mit V. 4 – 6 und den Anklang an die Gnadenformel in Ps 78,38.
160 Zu רנן („jubeln") vgl. auch Ps 149,5.
161 Im Unterschied zu Ps 145 ist Ps 111 ein sogenanntes Zeilenakrostichon, bei dem jedes Kolon mit einem weiteren Buchstaben des Alphabets beginnt, vgl. dazu ZENGER, Akrostichie, 217; DERS., Psalm 111, 221. Neben dem Bezug von Ps 145,7.8 zu Ps 111,4, lassen sich noch weitere Verbindungen erkennen: Wie in Ps 145 werden auch in Ps 111 die Werke Gottes auf die Ausübung seines Königtums zurückgeführt (vgl. auch ZENGER, Psalm 111, 27), wie es die Königsattribute in Ps 111,3a (הוד־והדר, vgl. Ps 145,5a.12b) verdeutlichen, vgl. auch צדקה in Ps 111,3b und Ps 145,7b. Ebenso wird oft von den Werken und Taten JHWHs gesprochen, vgl. Ps 111,2 (גדלים מעשי) mit Ps 145,3.6b; Ps 111,4 (ל־נפלאתיו) mit Ps 145,5b sowie Ps 111,6 (כ ח מעשיו) mit נגד, vgl. Ps 145,4b) und Ps 111,7 (מעשי ידיו). Auch die Versorgung mit Nahrung, bes. in Blick auf die JHWH-Fürchtigen (Ps 111,5, vgl. auch V. 10), ist mit Ps 145,15 – 16.19 zu vergleichen. Darüber hinaus wird auch in Ps 111 mehrmals der Aspekt der Ewigkeit in Bezug auf Gott und sein Handeln sowie in Bezug auf sein Lob (תהלה, vgl. Ps 145,1.21) betont (vgl. Ps 111,3b.5b.8a.9a.10b). Schließlich greift die in Ps 145 hinzugefügt נ-Zeile vermutlich auf Ps 111,7 zurück, vgl. dazu oben. Vgl. zur Nähe von Ps 111 und 145 auch ALLEN, Psalms, 370. Möglicherweise stammen beide Psalmen von demselben Verfasser (-kreis) wie Allen annimmt, oder aber einer der beiden Psalmen wurde durch den anderen in-

von Wundertaten Gottes, dessen Gedenken und dem nachfolgenden Bekenntnis der Gnade und Barmherzigkeit Gottes vermutlich von dort inspiriert wurde. Während in Ps 111 das Gedenken von Jнwн selbst gesetzt wird, versteht der Beter in Ps 145 das „Gedenken der großen Güte" bereits als gegeben. Das Gedenken (זכר) selbst wird zum fortwährenden hymnischen Lobpreis.[162] In beiden Psalmen wird betont, dass die Taten Jнwнs im Gedenken daran und im Lebendighalten der Erinnerung an seine große Güte fortwirken. Ähnlich ist auch die zur Formel gewordene Wendung in V. 8 zu verstehen, worauf im Folgenden einzugehen ist.

V. 8 – 9 „Gnade Gottes"

Auch für die nächsten beiden Verse zeigt sich, dass Ps 145 von der überlieferten Tradition lebt und diese in seinen Psalm integriert. Nach den Lobaufforderungen an die Generationen und an den Beter selbst (V. 4–7), folgt eine weitere Lobdurchführung in Nominalsätzen mit Aussagen über Jнwн, nun zum Thema „Gnade". V. 8 klingt dabei ganz vertraut: „Gnädig und barmherzig ist Jнwн, lang zum Zorn und groß an Gnade." Es ist die sogenannte Gnadenformel,[163] die der Psalmist hier zitiert. Diese bekannte Wendung findet sich vollständig noch sechs weitere Male im Alten Testament (Ex 34,6; Joel 2,13; Jona 4,2; Ps 86,15; 103,8; Neh 9,17).[164] Darüber hinaus wird noch an vielen Stellen in Kurzform auf sie angespielt.[165]

Ps 145,8 zitiert nun diese Formel mit leichten Abweichungen, wobei ein Unterschied besonders auffällig ist: Während an allen anderen Stellen ורב־חסד („und reich an Gnade") steht, formuliert Ps 145,8 וגדל־חסד („und groß an Gnade").[166] Die Abweichung fügt sich allerdings gut in den Kontext ein: Schon in V. 3 ging es um die Größe Jнwнs, und in V. 6 sind die גדולות („Großtaten") Gegenstand des Lobes.

---

spiriert, wobei eine sichere Entscheidung in die eine oder andere Richtung nur schwer zu treffen ist und darum hier letztlich offen bleiben muss.

162 Vgl. dazu Schottroff, Gedenken, 292–295; vgl. auch schon Delitzsch, Psalmen, 814.

163 Vgl. dazu die Studie von Spieckermann, Barmherzig, der auch die Bezeichnung „Gnadenformel" vorgeschlagen hat (a.a.O., 3).

164 Wahrscheinlich ist, wie Spieckermann, Barmherzig, 5, ausgeführt hat, dass „die Gnadenformel in allen Texten, in denen sie vollständig belegt ist, zwingend eine vorauslaufende Traditionsgeschichte voraussetzt." Ihre überwiegende Bezeugung in der Gebetsliteratur spricht dafür, dass sie dort auch ihren Ursprung hat, vgl. a.a.O., 17. Gleichwohl nimmt Spieckermann für die Rezeptionsgeschichte als wahrscheinlich ältesten Beleg Ex 34,6f an (a.a.O., 5).

165 Vgl. z.B. Ps 78,38; 111,4; 112,4; 116,5; Ex 33,19; Num 14,18; Mi 7,18–19. Dazu auch Spieckermann, Barmherzig, 1 Anm. 4.

166 Insgesamt kommt die direkte Verbindung von גדול und חסד nicht besonders häufig vor, vgl. noch Num 14,19; 1Kön 3,6 (vgl. 2Chr 1,8); Ps 57,11 (= 108,5); 86,13.

Darauf wird mit גדל in V. 8 zurückverwiesen.[167] Jedoch findet sich in V. 7 die Formulierung רב־טובך ("deine reiche Güte"), wo theoretisch ebenfalls גדל möglich gewesen wäre.[168]

Zwar wird die Formel an keinen zwei Stellen vollkommen identisch wiedergegeben, aber zwischen der Form in Ps 103,8 und 145,8 sind die geringsten Abweichungen zu erkennen, die außerdem durch den Kontext in Ps 145 erklärt werden können.[169] Aufgrund der mehrfachen Verbindungen zwischen Ps 103 und 145[170] ist darum auch eine Aufnahme der Gnadenformel durch Ps 145 aus Ps 103 wahrscheinlicher als etwa eine direkte Abhängigkeit von Ex 34,6. Gleichwohl lassen sich aber auch inhaltliche Bezüge zur Sinaiperikope in Ex 34 finden: Ähnlich wie in Ps 145 verbindet sich auch in Ex 34 die eindrucksvolle Machterscheinung JHWHs mit Furcht (vgl. Ex 34,10.29 f mit V. 6a) sowie mit seinen Wundertaten JHWHs (vgl. Ex 34,10 mit V. 5b).

Wie wird nun die Formel in den Psalm integriert und welche Funktion übt sie dort aus? Zunächst führt V. 8 durch die Aufnahme des Lexems גדל ("groß") das Lob

---

167 Ähnlich auch HOSSFELD, Psalm 145, 799.

168 Zwar ist die Wendung וגדל־טוב gar nicht belegt, aber וגדל־חסד kommt auch nur in Ps 145,8 vor. Ein Versehen des Autors oder Schreibers aufgrund des Kontextes kann natürlich nicht ausgeschlossen werden ist allerdings wenig wahrscheinlich, weil ja eine Formulierung mit רב direkt im Vers davor steht.

169 Ps 103,8: „Barmherzig und gnädig ist JHWH (רחום וחנון יהוה), langsam zum Zorn und reich an Gnade (ארך אפים ורב־חסד)." Die Abfolge von רחום und חנון am Anfang der Formel scheint relativ beliebig zu sein und tritt in den vollständigen Belegen der Formel in beiderlei Form auf (רחום וחנון in Ex 34,6; Ps 86,15; 103,8; חנון ורחום in Joel 2,13; Jona 4,2; Neh 9,17). Ps 145 muss sich natürlich an der Alphabetstruktur orientieren und wählt darum חנון ורחום, eine Wendung, die außerdem in Ps 111,4 (Referenztext zu V. 7!, vgl. dazu oben), und Ps 112,4 sowie in Neh 9,31 und 2Chr 30,9 vorkommt. Vgl. zur singulären Verwendung von גדל in Ps 145,8 die Ausführungen oben im Text. Darüber hinaus stehen sich formal noch jeweils Ex 34,6 und Ps 86,15 sowie Joel 2,13 und Jona 4,2 nahe, Neh 9,17 unterscheidet sich durch Zusätze am meisten von den anderen Belegen. Auch LEUENBERGER, Konzeptionen, 336 Anm. 241, nimmt eine Abhängigkeit von Ps 145 von Ps 103 an. HOSSFELD, Psalm 145, 799, sieht dagegen Ps 145,8 abhängig von Ex 34,6.

170 Die wichtigste Verbindung neben der Gnadenformel ist der Lobpreis des Königgottes, vgl. V. 1.11–13 mit Ps 103,19–22. Diese Verbindung ist deswegen besonders signifikant, weil die Abstraktnomen מלכות und ממשלה im Psalter so gut wie nicht belegt sind: מלכות findet sich nur noch in Ps 45,7; ממשלה in Bezug auf die göttliche Herrschaft gar nicht mehr, vgl. zu den Begriffen zum Königtum Gottes die Ausführungen unten bei V. 11–13. Darüber hinaus verbinden beide Psalmen die Themen Sättigung (שבע, vgl. V. 16 mit Ps 103,5) und JHWH-Furcht (ירא, vgl. V. 19 mit Ps 103,11.13.17; auch in Verbindung mit שמר und dem Halten der Gebote, vgl. Ps 103,17–18, vgl. dazu unten bei V. 18–20) sowie der Lobpreis des heiligen Namens (שם קדש) in Verbindung mit ברך (vgl. V. 1–2.21 mit Ps 103,1) und der singuläre Lobaufruf an „alle seine Werke" (כל־מעשיו) in Ps 103,22 (vgl. mit V. 9.10; ähnlich nur noch in Ps 33,4.15). Außerdem findet sich der Aspekt der Ewigkeit in Ps 103,17.

der Größe Gottes (V. 3) auf seine Gnade hin fort: Der große Gott erweist sich als der gnädige und barmherzige Gott. Dies ist das Bekenntnis am Ende des zweiten Abschnitts von Ps 145, das der Beter aufgrund der vielfältigen Macht- und Wundertaten Gottes in der Geschichte, worauf V. 4–7 rekurrieren, formulieren kann. Durch die Wahl der Gnadenformel für dieses hymnische Bekenntnis setzt er zum einen den Geschichtsbezug aus den vorangehenden Versen fort, wenn er auf das Sinaigeschehen (Ex 34) verweist, wo sich Jhwh als der Gott Israels auf außergewöhnliche Weise in der Gabe des Gesetzes offenbart hat. Zum anderen fügt er durch den Kommentar in V. 9 eine universale Geltung der Formel hinzu.[171] So ist bei der Einbindung der Gnadenformel eine bemerkenswerte Neuinterpretation durch Ps 145 zu beobachten: Während das Sinai- und Exodusgeschehen ein zutiefst israelbezogenes, das Volk Gottes konstituierendes und Identifikation stiftendes Ereignis ist, so weitet der Psalm im nächsten Vers die Perspektive aus: „Gut ist Jhwh zu allen, sein Erbarmen geht über alle seine Werke" (V. 9). Das Erbarmen Gottes gilt eben nicht nur für das am Sinai anwesende Volk, betont der Psalmist und unterstreicht dieses entsprechend des allumfassenden Duktus des Psalms durch die zweimalige Verwendung der All-Quantor כל.[172] Alle „seine Werke", hier auf Geschöpfe bzw. Menschen zu beziehen (vgl. auch V. 10),[173] werden überhaupt erst durch die göttliche Gnade ins Werk gesetzt.

Während in Ps 103 und auch in Ex 34 das bestimmende Thema die Sündenvergebung ist,[174] legt Ps 145 darauf kein besonderes Gewicht. Dafür begegnet im Zusammenhang des Themas Gnade die doppelte Perspektive von Universalisierung als Ausweitung auf „alle" und Eingrenzung auf die Frommen. Denn auch für Ps 145 gilt, dass Jhwhs Gnade nicht grenzenlos ist: Der Begriff der Gnade wird in V. 17 wiederaufgenommen, unmittelbar vor den Versen, die von der Jhwh-Anrufung, der Jhwh-Furcht und der Jhwh-Liebe sprechen (V. 18–20). Damit steht Ps 145 wiederum in enger Verbindung mit Ps 103, wo die Jhwh-Furcht zur Bedingung für die Gnade Gottes wird (vgl. Ps 103,11.13.17–18).[175] Die Gnade Gottes gibt es

171 Schon die Formel selbst kommt ohne expliziten Israel-Bezug aus, vgl. WOLFF, Dodekapropheton 3, 141; dazu auch SPIECKERMANN, Barmherzig, 16; BALLHORN, Telos, 292.
172 Vgl. dazu auch BALLHORN, Telos, 291 f.
173 Vgl. HOSSFELD, Psalm 145, 799. Vgl. zum Begriff מעשׂה die Ausführungen unten zu V. 10.
174 Vgl. dazu SPIECKERMANN, Barmherzig, 8–12. Vgl. auch die Infragestellung der Gnade Gottes gegenüber den Umkehrwilligen, mit der sich die Figur des Jona auseinandersetzt. Das ganze Jonabuch ist Niederschlag und Auseinandersetzung mit der Kritik an der umfassend geltenden Gnade Gottes, dazu vgl. a.a.O., 12 f.
175 Ps 103 ist der Gnadenpsalm schlechthin, er wirkt wie eine große Auslegung der Gnadenformel (vgl. allein das häufige Vorkommen von חסד in Ps 103,4.8.11.17). Zu Ps 103 vgl. SPIECKERMANN, Barmherzig, bes. 10–12; DERS., Lob. Zu den Bezügen von Ps 145 zu Ps 103 vgl. oben Anm. 169.170. Auch Ps 136 kann aufgrund des Refrains („denn seine Gnade währet ewig

demnach nicht umsonst. So formuliert es auch Ps 86,5 mit Verweis auf die Anrufung Gottes (V. 18), bevor dann in Ps 86,15 ebenfalls die Gnadenformel zitiert wird.[176] Die universale Gnade ist nicht auf die Zugehörigkeit zu Israel beschränkt, wohl fordert sie aber ihre Anerkennung als Gabe Gottes, mehr noch die Anerkennung ihres Gebers, die in dessen Verehrung und Lobpreis ihren Ausdruck findet.[177] Die Gnade und ihre Auswirkungen, die im Königtum Gottes ihren Grund haben, kommt insbesondere den Frommen zugute, dies führt Ps 145 in seinem letzten langen Teil (V. 10 – 20) aus.

Im Rückblick auf den zweiten Durchgang von Lobaufruf und Lobdurchführung in V. 4 – 7 und 8 – 9 sind auf mehreren Ebenen Erweiterungen gegenüber V. 1 – 2.3 festzustellen: Formal wird für jeden Unterabschnitt die Kolon-Anzahl verdoppelt. Der Beter ruft die Generationen hinzu und stellt sich mit ihnen zusammen die Aufgabe des Lobpreises. Die Art des Lobpreises, in V. 1 – 2 noch mit den klassischen Lobverben רום; ברך und הלל formuliert, wird in V. 4 – 7 um den Verkündigungs- und Erinnerungsaspekt ergänzt und zugespitzt. Die Verse 4 – 9 thematisieren insgesamt die universale Bedeutung des in der Geschichte Israels wirkenden Königgottes für „alle Welt". Bei aller innerisraelitischen Erinnerungsstruktur an die Wundertaten JHWHs (V. 4 – 7), bleibt seine Macht, seine Gnade und Gerechtigkeit nicht auf das Gottesvolk beschränkt. Darauf läuft der ganze Abschnitt mit V. 9 als dem bekenntnisartigen Kommentar zu Gnadenformel (V. 8) zu: Ps 145 stellt somit eine Universalisierung der Gnadenformel dar.

Für diese theologischen Ausführungen, die von der Erinnerungskultur bis zum gegenwärtigen Lobpreis, von der israelspezifischen Geschichtskonstruktion bis hin zum universalen Erbarmen über alle Geschöpfe reichen, greift der Psalmist auf eine Fülle von Psalmtexten zurück und lässt sie in unterschiedlicher Form in seinem Psalm anklingen (vgl. bes. Ps 71; 78; 96; 103; 104; 105 – 107; 111). Diese hier erstmals rezipierten Psalmen werden im weiteren Verlauf von Ps 145 wieder aufgenommen.

[כי לעולם חסדו])", als „Gnadenpsalm" bezeichnet werden, vgl. auch die Nähe von Ps 145,15 zu 136,25. In 11Q5 folgt Ps 145 auf 136 und ist außerdem dort durch den hinzugefügten Refrain eng mit Ps 136 verbunden, so dass auf die „ewige Gnade (Ps 136) der „ewige Lobpreis" (Ps 145) folgt, vgl. zu Ps 145 in 11Q5 Kap. III.2; zu Ps 136 auch bei Ps 146,7a und 147,10 – 11.

176 Ps 86,5: „Denn du, Herr, bist gut (טוב) und gnädig (וסלח) und reich an Gnade gegen alle, die dich anrufen (ורב־חסד לכל־קראיך)."

177 Vgl. auch SPIECKERMANN, Barmherzig, 17: „Sein [Gottes] Interesse gilt aber nicht diesen Ignoranten [der Güte JHWHs], sondern jenen, die seit eh und je den Gnadenempfang lobend und dankend in ihr Gebet hineingenommen haben."

1.4.3 Lobpreis des Königtums Gottes (V. 10.11 – 13.14 – 17.18 – 20)

Mit V. 10 wird der dritte Durchgang des Psalms eröffnet. Nach dem thematischen Zentrum in V. 11–13, das das Königtum Gottes hymnisch preist, folgt in V. 14–20 eine lange Ausführung dessen, worin sich das Königtum Gottes auszeichnet und konkretisiert. Auch für seinen letzten, umfangreichsten Abschnitt verwendet der Psalmist zahlreiche andere Texte des Alten Testaments, lässt sie anklingen, rezipiert und zitiert sie. Neben Ps 103 und 104 sind besonders Ps 34 und 37 sowie Ps 86 und 97 wichtig. Außerdem wird die Tora-Anspielung über die Verbindungen zu Dtn 4 und 6 intensiviert.

V. 10 „Die Werke und die Frommen"
Der dritte Teil des Psalms beginnt wieder mit Lobaufforderungen. Zum Auftakt formuliert V. 10: „Es sollen dich lobpreisen, Jhwh, alle deine Werke, und deine Frommen sollen dich preisen." Hier tritt der Beter selbst nicht mehr in Erscheinung wie noch in V. 1–2 und 5–6. Dies ist erst wieder ganz am Ende des Psalms, in V. 21, der Fall. Angesprochen werden in V. 10 „alle deine Werke" (כל־מעשיך). Während vorher die Werke Gottes bereits Gegenstand des Lobpreises (V. 4) bzw. Empfänger der Gnade Gottes (V. 9) waren, sind sie nun Subjekte und Akteure des Lobens. Zumindest syntaktisch parallel dazu sind „deine Frommen" (חסידיך) zum Lob aufgefordert.

Damit greift der Psalmist die bereits erwähnte, doppelte Perspektive auf: Auf der einen Seite steht Israel als das besondere Volk der „heiligen Geschichte" (V. 4–7.8), auf der anderen Seite gilt die Gnade Gottes allen (V. 9). V. 10 macht deutlich: Alle Schöpfungswerke *und* die Frommen sind zum Lobpreis aufgefordert. Damit ist V. 10 ein gewisser Überschriftcharakter eigen, der nun im Vorgriff auf die folgenden Ausführungen anhand der beiden angesprochen Lobsubjekte, den „Werken" und den „Frommen", kurz dargestellt werden kann.

Der Begriff מעשים nimmt innerhalb des Psalms verschiedene Bedeutungen wahr: Während in V. 4 mit den Werken noch alle großartigen Taten und Handlungen Jhwhs gemeint sind, so ist bereits in V. 9 anzunehmen, dass an die personalen Geschöpfe gedacht ist (Tiere und Menschen),[178] denen das Erbarmen Gottes gilt.[179] In V. 10 wird dann durch die Aufforderung zum verbal artikulierten

---

[178] Dass sich Jhwh auch der Tiere erbarmt und diese versorgt, wird z. B. in Ps 104,10–11.14.21; 147,9; Hi 38,39–41 thematisiert, vgl. dazu die Diskussion bei Ps 147,9.
[179] So auch schon Duhm, Psalmen, 474: „מַעֲשִׂים bedeutet bei diesem Autor bald Gottes Werke, bald seine Geschöpfe."

Lobpreis (vgl. die Verben in V. 11)[180] deutlich, dass mit den Werken nun konkret an die Menschen gedacht ist. V. 17b weitet dagegen diese Eingrenzung wieder allgemein auf das Wirken Gottes aus: „in allen seinen Werken" (בכל־מעשׂיו) wird die Gnade Gottes sichtbar.[181] Denn die Präposition ב ist am ehesten mit „in", parallel zu בכל־דרכיו („in allen seinen Wegen", V. 17a), zu übersetzen. V. 17b bildet somit durch מעשׂים eine Rahmung um V. 14–17 durch den Rückbezug auf V. 10a (und weist zugleich auf V. 4 und 9 zurück, wo מעשׂים ebenfalls rahmende Funktion hat). V. 14–17 führten nach dem zentralen Abschnitt zum Königtum (V. 11–13) die Fürsorge Gottes für „alle seine Werke" aus. So blickt V. 10a aber nicht nur zurück auf V. 4–9, sondern auch voraus auf die folgenden Ausführungen des Psalms in V. 14–17. Der ganze Vers 10 ist darum nicht umsonst als Scharniervers bezeichnet worden.[182]

V. 10b weist gleichfalls sowohl zurück als auch voraus: Die exklusive Gruppe der Frommen klingt in der ebenfalls exklusiv verstandenen Perspektive der Gnade Gottes in den vorangehenden Versen an, wie sie in den Bezugstexten Ps 103 und Ex 34 angelegt ist und durch das Zitat der Gnadenformel angespielt wird (vgl. V. 8). Dort wird das Gnadenhandeln Gottes insbesondere auf Israel bezogen (vgl. die Bezüge zu den Geschichtstaten in V. 4–7). Im dritten Teil des Psalms wird dann die politisch-nationale Zugehörigkeit zum Gnadenbereich Gottes bzw. zu seinem Königtum in die individuelle Frömmigkeit überführt.[183] Die Frommen sind „seine Treuen", die einerseits Gott die Treue halten, und es sind „seine Begnadeten", die andererseits mit der Gnade Gottes beschenkt werden, denn das drückt der Begriff חסיד, abgeleitet von חסד aus.[184] Der als Bündnisbegriff zu verstehende Titel „die Frommen" aus V. 10b wird in V. 18–20 indirekt wiederaufgenommen: Dort wird die Beziehung zwischen Gott und den Seinen als die Nähe Jhwhs zu den ihn Anrufenden, ihn Fürchtenden und ihn Liebenden ausgeführt. Diese gnadenvolle Nähe zwischen Jhwh und denen, die sich ihm zuwenden, spiegelt sich in dem Begriff חסידים wieder und stellt das spezifische Frömmigkeitsverständnis des Psalms dar, worauf unten bei V. 18–20 weiter einzugehen ist.

---

180 So auch Ballhorn, Telos, 292.

181 Vgl. auch Delitzsch, Psalmen, 815: Sie „sind allesamt lautredende Zeugen jener seiner mitgefühlvollen Liebe, die niemanden ausschließt, der sich nicht selbst ausschließt".

182 Ähnlich Kimelman, Psalm 145, 44, der die Funktion von V. 10 als „interlude" bzw. „bridge" zwischen den beiden großen Abschnitten (V. 1–9 und 11–21) versteht.

183 Vgl. dazu die Ausführungen unten zu V. 18–20.

184 Der Terminus חסידים („die Frommen") spielt in Ps 149 eine zentrale Rolle (vgl. חסידים in Ps 149,1.5.9), vgl. dazu die ausführlichen Ausführungen zu Ps 149,1.

Mit V. 10 als Eröffnung des letzten und dritten Teils von Ps 145 ist festzuhalten, dass die doppelte Perspektive bestehen bleiben muss: auf der einen Seite die Frommen, die Herausgehobenen aus der Menge der Geschöpfe, und auf der anderen Seite „alle seine Werke", denen die Gnade Gottes als Auswirkung seiner Königsherrschaft gilt und die damit zum Lobpreis dieses gnadenvollen Königsgottes aufgerufen sind. Damit ist das theologische Spezifikum von Ps 145 umschrieben, das im Folgenden weiter auszuführen ist.

Der universale Lobaufruf an die Schöpfungswerke ist selten im Alten Testament.[185] Eine wirkliche Parallele findet sich nur in Ps 103, der bereits als Referenztext für Ps 145 ausgemacht wurde:[186] „Preist JHWH, alle seine Werke (כל־מעשיו) an allen Orten seiner Herrschaft (ממשלתו)! Preise, meine Seele, JHWH!" (Ps 103,22). Bemerkenswerterweise weist Ps 103 eine ähnlich doppelt ausgerichtete Lobaufforderung wie Ps 145 auf: Denn auch in Ps 103 stellt sich der Beter mit einer Selbstaufforderung (ברכי נפשי) neben die kollektive Gruppe aller Werke (vgl. Ps 145,21!). Damit wird in Ps 103 der Bogen im letzten Vers zurück zum Anfang geschlagen, wo der Beter mit diesem Vorhaben seinen Psalm beginnt: „Lobe, meine Seele, JHWH." (Ps 103,1). Dies wird durch die Wiederholung in Ps 103,2 besonders betont, vergleichbar mit der Wiederholung der Selbstaufforderung in Ps 145,1 und 2. Bei aller (idealisierten) Ausweitung der Lobaufforderung (vgl. Ps 103,20 – 22a) bleibt dann doch zunächst der Beter selbst derjenige Verantwortliche für den aktuellen Lobpreis, auch wenn das Ziel der universale Lobpreis ist, der in Ps 103 sogar bis zu den himmlischen Heerscharen reicht (vgl. dazu auch Ps 148).

Ähnlich ist V. 10 in Ps 145 zu deuten. Demnach sollen beide Gruppen loben: alle Werke *und* die Frommen. Die doppelte Aufforderung in V. 10 ist so zu verstehen, dass zuerst die Frommen den Lobpreis anstimmen sollen als diejenigen, die schon in der Beziehung zu JHWH stehen und vor allem die Kenntnis (vgl. V. 12!) seiner Machttaten und seiner Gnade bereits haben. Der Lobpreis der Schöpfungswerke, also aller Menschen, ist dann das übergeordnete und universale Ziel.[187] Der Lobpreis der Frommen ist als erster Schritt auf dem Weg dahin zu begreifen.[188] So kann auch die Parallelisierung am Ende des Psalms gedeutet

---

185 Ebenso selten ist auch die Lobaufforderung an die Frommen im Psalter, vgl. noch Ps 30,5 (זמר); 132,9.16 (mit רום) sowie im kleinen Hallel Ps 148,14; 149,1.5(.9). Selten ist auch vom Lob der Gerechten (צדיקים, vgl. Ps 145,17) die Rede, vgl. etwa Ps 32,11; 33,1; 97,12; 140,14.

186 Vgl. zu den Beziehungen zwischen Ps 103 und 145 oben, bes. Anm. 169.170.

187 Vgl. auch schon DELITZSCH, Psalmen, 815.

188 Ähnlich auch HOSSFELD, Psalm 145, 799: „V 10a gibt das universale Ziel an: den lobenden Dank aller Geschöpfe / Menschen JHWHs. V 10b beginnt dann mit der Durchführung dieses Projektes."

werden, wenn „mein Mund" als des Beters auf der einen und „alles Fleisch", d.h. alle Menschen, auf der anderen Seite, zum Lobpreis aufgefordert werden.

V. 11–13 „Ewiges Königtum"

Nachdem in V. 10 die allgemeine Lobaufforderung für den dritten Abschnitt formuliert wurde, wird diese in V. 11–12 konkreter fortgesetzt: „Von der Herrlichkeit deines Königtums sollen sie sprechen und von deiner Macht sollen sie reden, um kundzutun den Menschenkindern seine Machttaten und den herrlichen Glanz seines Königtums." Zentraler Gegenstand des Lobpreises ist demnach die Macht und die Herrlichkeit des Königtums Gottes. Dabei ist wieder die zweifache Sprechrichtung erkennbar: Es ist Lobpreis Jhwhs, aber zugleich ist diesem Lobpreis ein wichtiges Moment der Verkündigung eigen. Denn der Lobpreis soll gehört werden von den Menschen, vor ihren Ohren soll Jhwh gepriesen werden. V. 11–12 schließen damit an V. 4–7 an, indem sie einerseits die Verben der Verkündigung aufnehmen (אמר, vgl. V. 6a, und דבר, vgl. V. 5a) und andererseits die Machttaten Gottes (גבורתך, V. 11 / גבו־תיו, V. 12; vgl. V. 4b) erwähnen und eng mit dem Königtum verbinden, das jetzt direkt benannt wird, aber schon durch die Königsattribute in V. 4–7 anklang (vgl. כבוד und הדר in V. 5a).[189]

Die Verbindung von ידע und גבורה in V. 12 weist zurück auf einen bereits rezipierten Psalm, auf den Geschichtspsalm Ps 106. Auch in Ps 106,8 wird ידע als Infinitiv hif. (להודיע) zur Bestimmung einer Absicht verwendet: Die Rettung als Erweis der Macht Gottes.[190] Die Machttaten Jhwhs haben ein Element der Verkündigung in sich. Sie sollen nicht für sich oder bei den ihnen zugute Kommenden bleiben, sondern sie sind auf „Außenwirkung" angelegt und damit auf Verbreitung der Machtfülle Gottes.

Der Begriff מלכות („Königtum") kommt noch zweimal im Psalter vor und nur in Ps 103,19 in Bezug auf Gott.[191] Damit legt sich die Annahme sehr nahe, dass Ps 145 den Begriff aus Ps 103 übernommen hat, da Ps 103 sich bereits als Vorlagetext für Ps 145 erwiesen hat.[192] Während aber in Ps 103,19 מלכות ohne besondere Betonung genannt wird, wird מלכות in Ps 145 zum zentralen Leit- und Themenbegriff

---

189 Vgl. die Ausführungen oben zu V. 5.
190 Ps 106,8: „Aber er rettete sie um seines Namens willen, um seine Macht kundzutun (להודיע תא־גבורתו)." Zur Verbindung von ידע und גבורה vgl. sonst nur noch Jes 33,13; Jer 16,21.
191 Ps 103,19: „Jhwh hat im Himmel aufgerichtet seinen Thron, und sein Königtum (מלכותו) herrscht (משלה) über alles." Der Kontext von Ps 45,7, dem zweiten Beleg von מלכות, ist das Königtum des irdischen Königs.
192 Eine Aufnahme des Begriffs nehmen auch KRATZ, Gnade, 267; LEUENBERGER, Konzeptionen, 336 Anm. 241 an. Zu den Bezügen von Ps 145 zu Ps 103 vgl. oben Anm. 169.170.

schlechthin: Dies wird zum einen durch die viermalige (!) Verwendung innerhalb von nur drei Versen (V. 11–13) erreicht, unterstützt noch durch den Parallelbegriff ממשלה („Herrschaft", vgl. wiederum Ps 103!, nun V. 22), und zum anderen durch die Kombination und Parallelisierung mit den bedeutungsschweren Begriffen כבוד („Herrlichkeit") und גבורה („Macht") in V. 11 sowie גבורות („Machttaten") und כבוד הדר („herrlichen Glanz") in V. 12, die so auch inhaltlich die Besonderheit von מלכות betonen.[193] Schließlich spricht V. 13 von der Ewigkeit (כל־לעמים) des Königtums als Höhepunkt der Einheit (V. 11–13).

Darüber hinaus lassen sich Anklänge zum Moselied in Ex 15 erkennen: Wie in Ps 145 beginnt dort der Beter mit einer Selbstaufforderung (vgl. das Verb רום in Ex 15,2 und Ps 145,1), bevor die Ausführungen der herrlichen Taten Gottes folgen. Der Text schließt mit der Proklamation des ewigen Königtums JHWHs (Ex 15,18[194]), was wiederum Bezüge zum ewigen Lobpreis JHWHs als König in Ps 145,1 (לעולם ועד, vgl. V. 21) und zu V. 13 aufweist.

Solch eine vergleichbare konzentrierte Thematisierung des Königtums JHWHs wie in V. 11–13 findet sich im Alten Testament nicht noch einmal. Der Terminus מלכות wird dabei nicht nur genannt, sondern als zentrale Bezeichnung in der Mitte des Psalms fasst er die vorangehenden und die nachfolgenden Verse zusammen, die den abstrakten Begriff inhaltlich füllen.[195] Das Königtum Gottes bleibt nicht als transzendente Herrlichkeitserscheinung ungreifbar und der Welt enthoben, sondern es wird für den Beter als Barmherzigkeit und Gnade Gottes spürbar. JHWHs besungenes Handeln in Schöpfung und Geschichte kulminiert in dem zentralen Begriff des Reiches Gottes. Seine Konkretion ist in der Versorgung und Nähe JHWHs zu seinen Geschöpfen erfahrbar. In dem Begriff מלכות „verdichtet sich gewissermaßen die gesamte, in Gattung und Topik aufgenommene hymnische Tradition des Psalters"[196]. Und: „Was sich Großes und Überschwengliches [sic.!] von Jahwe denken läßt, ist im Begriff seines Königtums zusammengefasst."[197]

Nach der Zielbestimmung von Lob und Verkündigung in V. 12,[198] fungiert V. 13 wie Überschrift, Doppelpunkt und Motto für das Folgende:[199] „Dein Königtum ist ein Königtum für alle Ewigkeiten, und deine Königsherrschaft währt in allen

---

193 Vgl. auch die besondere chiastische Struktur der Verse, die den Abschnitt zusätzlich sprachlich-formal hervorheben, vgl. dazu oben in Kap. II.1.3.2.

194 Ex 15,18: „JHWH ist König auf immer und ewig (יהוה ימלך לעלם ועד)!" Vgl. hierzu auch Ps 146,10 und Jer 10,10.

195 Vgl. zur Bestimmung von V. 10.11–13 als Mitte des Psalms oben Kap. II.1.3.1 und II.1.3.2.

196 KRATZ, Schᵉma, 629.

197 NÖTSCHER, Psalmen, 304 f.

198 Vgl. dazu oben in Kap. II.1.3.2.

199 Vgl. auch KRATZ, Schᵉma, 627.

Generationen." Mit der Aufnahme des Begriffs עולם steht V. 13 in enger Verbindung mit V. 1–2 und 21.[200] Dem ewigen Königtum entspricht das ewige Loben. Durch die Wiederaufnahme der „Generationen" (בכל־דור ודור) aus V. 4 wird der Aspekt der Erinnerung und die Dauer des Königtums durch die Geschichte hindurch nochmals betont.[201] Zugleich schließt der Begriff der Ewigkeit auch eine Zukunftsperspektive mit ein. Zeitlos und immerwährend ist das Königtum Gottes, aber eben auch örtlich und räumlich unbegrenzt, entschränkt,[202] weil es im Kontext von Ps 145 nicht auf Israel eingeführt ist. Mehr noch: Diese Königsherrschaft Jhwhs stellt „*alle* anderen Herrschaftsansprüche in Frage. Und dieses Königtum steht ‚allen Menschenkindern' (V. 12) offen."[203]

Auch wenn die Übernahme der Lexeme zum Königtum (מלכות und ממשלה) aus Ps 103 wahrscheinlich ist, so ist es doch sehr bezeichnend, dass Ps 145 gerade in seinem Zentrum kaum Schriftbezüge aufweist, geschweige denn Formulierung aus anderen Texten aufnimmt. Das Proprium des Psalms ist somit eigenständig und singulär innerhalb des Psalters und des Alten Testaments überhaupt. Der Psalmist greift aber sofort nach diesen spezifischen Versen auf die Schrifttradition zurück (vgl. nur das Zitat aus Ps 104 in V. 15 und weitere Schriftbezüge in V. 14–20). Das schriftgelehrte Anliegen des Psalms kann demnach so formuliert werden: Auf Grundlage der Tradition und vor allem im Rückbezug auf andere Psalmen formuliert der Verfasser seine theologische Ausführung und Ausgestaltung des für ihn zentralen Begriffs und Topos „Königtum Gottes". Er führt die hymnische Tradition des Psalters in der Bezeichnung מלכות zusammen und gestaltet damit einen ganz neuen Hymnus über das Königtum Gottes.[204]

Während V. 13 selbst kein direktes Zitat darstellt, wird der Vers aber seinerseits rezipiert und in den hymnischen Stücken von Dan 1–6 in teilweise wörtlicher Entsprechung aufgenommen (vgl. bes. Dan 3,33; 4,31; 6,27)[205] und als Bekenntnis heidnischer Könige zitiert.[206] Das Besondere hierbei ist, dass nicht nur der fromme

---

200 Vgl. dazu oben in Kap. II.1.3.1.
201 Vgl. dazu oben die Ausführungen zu V. 4.
202 Vgl. auch BRIGGS / BRIGGS, Psalms, 527: „The kingdom is her conceives as universal, not only in time but as extending over all men and all creatures."
203 ZENGER, Angesicht, 174 [Hervorhebung original].
204 Vgl. ähnlich schon GUNKEL, Psalmen, 610.
205 Vgl. Ps 145,13 mit Dan 3,33b „Sein Reich ist ein ewiges Reich (מלכותה מלכות עלם), und seine Herrschaft [währt] von Geschlecht zu Geschlecht (ושלטנה עם־דר ודר)!"
206 Die Abhängigkeit auf Seiten Daniels sehen auch HOSSFELD, Psalm 145, 800; ZENGER, Fleisch, 7; LEUENBERGER, Konzeptionen, 336f Anm. 241; BRIGGS / BRIGGS, Psalms, 527; GUNKEL, Psalmen, 611; NÖTSCHER, Psalmen, 305. KRATZ, Sch\u{e}ma, 636, lässt dagegen die Richtung der Abhängigkeit offen, vgl. auch ausführlich DERS., Translatio, 161–169, sowie DERS., Gnade, 267f mit Anm. 89.

Daniel den Lobpreis anstimmt (Dan 2,20 – 23), sondern dass auch der babyloni-
sche Fremdherrscher, ebenso wie der medische Großkönig Darius (Dan 6,27– 28),
sich zu Gott bekennt, dessen Zeichen er groß und dessen Reich er ein ewiges Reich
nennt (Dan 3,31– 33; 4,31– 34). Wie Ps 145 versteht auch Daniel das Bekenntnis zum
universalen Gott als Zutritt zum ewigen Reich Gottes (vgl. bes. Ps 145,18 – 20).[207]
Wie im Psalm geht es aber nicht nur um das individuelle Bekenntnis, sondern der
nicht-israelitische König gibt darüber hinaus Befehl, dass das ewige Reich Gottes
im ganzen Königreich bekanntgemacht werden soll (vgl. Ps 145,12).[208] Es folgt der
Aufruf zur Gottesfurcht, gerichtet an das ganze Volk, „denn er ist der lebendige
Gott, der ewig bleibt, und sein Reich ist unvergänglich, und seine Herrschaft hat
kein Ende." (Dan 6,27b).

Gleichwohl gibt es Unterschiede zwischen Dan 1– 6* und Ps 145: Während im
Psalm die gesamte Menschheit zum Lobpreis aufgerufen wird (V. 21), bekennen
sich im Danielbuch einzelne politische und geschichtlich identifizierbare Gestalten zum Reich Gottes. Die kultisch-hymnische Ausprägung ist auf historisch-
politische Vorgänge übertragen.[209] Somit greift zwar die Vorstellung vom Reich
Gottes im Danielbuch weiter als in der Chronik[210], aber sie bleibt politisch konnotiert und verhaftet. Die Fremdherrscher treten an die Stelle des Davididen und
werden Statthalter in der irdischen מלכו / מלכות.[211] Im Psalm dagegen ist das Reich
Gottes völlig losgelöst von jedweder politischer wie kultischer Vorstellung, denn
z. B. auch der Bezug auf einen (Jerusalemer) Tempel fehlt.[212] Vielmehr erhält das
Königtum Gottes sowohl eine schöpfungstheologische Bestimmung durch die
Einbeziehung aller Werke als auch eine frömmigkeitstheologische Konnotation,
die sich in der Konzentration auf die Frommen darstellt, was bei Daniel und auch
in der Chronik so nicht zu erkennen ist.[213] Beide Aspekte werden in den folgenden
Versen (V. 14 – 17 und 18 – 20) weiter ausgeführt.

V. 14 – 17 „Jhwhs Sorge für alle seine Werke"

V. 14 – 17 stellt den ersten Abschnitt der Konkretion dessen dar, was die Königsherrschaft Gottes für den Einzelnen bedeutet. Während in V. 4 – 9 stärker das

---

207 Vgl. dazu auch die Ausführungen zu V. 18 – 20.
208 So auch KRATZ, Sch[e]ma, 636.
209 Vgl. KRATZ, Translatio, 168.
210 Zum Königtum in der Chronik vgl. unten Kap. II.1.4.5.
211 Vgl. KRATZ, Translatio, 168.
212 Vgl. dazu auch KRATZ, Gnade, 265, dort zu Ps 136, was aber ähnlich auch für Ps 145 gilt.
Ähnlich auch BALLHORN, Telos, 288.
213 Zum Verhältnis zur Chronik vgl. unten Kap. II.1.4.5.

Kollektiv, insbesondere Israel im Horizont der Geschichte im Fokus stand, führen die nächsten beiden Einheiten, V. 14–17 und 18–20, die Auswirkungen für das Individuum aus. Die hymnischen, universal gedachten Aussagen konzentrieren sich auf den Einzelnen „als Teil eines Ganzen", das sich „von den Segnungen des göttlichen (Welt-)Reiches umgeben weiß".[214] Gleichzeitig betonen aber besonders V. 14–17, dass die Fürsorge JHWHs *allen* gilt (vgl. das sechsmalige כל). Eine frömmigkeitstheologische Einschränkung wird erst in V. 18–20 nachgeliefert.

V. 14 setzt nach dem Lobpreis des Königtums JHWHs neu ein und eröffnet den „Hymnus im Hymnus" (V. 14–17.18–20),[215] der die Heilstaten des Königgottes JHWH mit konkreten Elementen ausgestaltet. Der Neueinsatz wird vor allem durch den Wechsel in Satzart (Partizipien) und Sprechrichtung (JHWH in dritter Person) gekennzeichnet, unterstützt durch die fehlende נ-Zeile, die der Leser an dieser Stelle vermisst.[216] „Ein Stützender ist JHWH allen Fallenden, und ein Aufrichtender ist er allen Gebeugten." (V. 14). Diese zuerst genannte Aufgabe des Königs JHWH würde einem (irdischen) König vermutlich nicht zugeordnet.[217] Auch sonst ist die Formulierung recht selten im Alten Testament. Der Psalmist legt aber offenbar besonderen Wert darauf, dass der ewige König sich gerade den Schwachen, die fallen oder gebeugt sind, helfend zuwendet, zumal er dies an den Anfang der Reihe stellt.[218]

Bei der Suche nach Referenztexten ist ein Anklang an Ps 37, einem weisheitlichen Psalm über das Schicksal der Gerechten und der Gottlosen (vgl. auch Ps 145,20: רשעים), wahrscheinlich,[219] da in Ps 37,24 ebenfalls die Verben סמך („stützen") und נפל („fallen") wie in V. 14a vorkommen (sonst nur noch in Ez 30,6 in anderem Kontext).[220] V. 14b wird seinerseits in Ps 146,8aβ zitiert, dem einzigen weiteren Beleg für זקף („aufrichten") neben Esr 6,11, wo außerdem auch die zweite Wurzel (כפף) vorkommt.[221]

---

214 KRATZ, Translatio, 166.

215 Vgl. dazu oben in der Gliederung.

216 Nach dem Zentrum des Psalms, markiert durch die Abfolge der Buchstaben מ-ל-כ setzt V. 14 mit ס neu ein, vgl. dazu oben in Kap. II.1.3.2.

217 Vgl. zu den Zuständigkeiten des weltlichen Königs auch die Ausführungen bei Ps 146.

218 Dazu auch KIMELMAN, Psalm 145, 46: „The cosmic ruler is also the daily nourisher [...], regal power is mobilized in care of the downtrodden."

219 Vgl. auch HOSSFELD, Psalm 145, 800. Ps 146 weist ebenfalls eine Nähe zu Ps 37 auf, vgl. die Ausführungen bei Ps 146,8b–9.

220 Vgl. außerdem Ps 37,38: שמד („vernichten") im Zusammenhang mit רשעים („Gottlose") wie in V. 20, so dass eine Rahmung des Abschnitts V. 14–20 durch Anklänge an Ps 37 wahrscheinlich ist, vgl. dazu die Ausführungen zu V. 20.

221 Ps 146,8aβ: „JHWH hilft auf den Gebeugten (יהוה זקף כפופים)." Vgl. dazu die Ausführungen zu Ps 146,7b–8a.

Der zweite Aspekt der königlichen Fürsorge JHWHs besteht in der Nahrungsversorgung allen Lebens (V. 15 – 16): „Die Augen aller warten auf dich, und du gibst
ihnen ihre Speise zu seiner Zeit. Du öffnest deine Hand, und du sättigst alles Leben mit
Wohlgefallen." Nach der seltenen Formulierung in V. 14 ist die Quelle für V. 15 – 16
dagegen eindeutig zu bestimmen. In abgewandelter Form wird hier Ps 104,27 – 28
zitiert: „Alle warten auf dich (כלם אליך ישברון), dass du ihnen ihre Speise gibst zu seiner
Zeit (לתת אכלם בעתו). Du gibst ihnen, sie sammeln ein (תתן להם ילקטון). Du tust deine
Hand auf, sie werden gesättigt mit Gutem (תפתח ידך ישבעון טוב)."[222] Auffällig ist besonders רצון in V. 16 anstelle von טוב in Ps 104,28. Aufgrund der entsprechenden
Parallele in Ps 104,28 ist auch in Ps 145,16 רצון als „Gabe" („mit Wohlgefallen")[223] zu
interpretieren,[224] was einen weiteren Horizont umfasst als allein den Sinn von Nahrung wie טוב in Ps 104.[225]

Die Brotgabe steht in Ps 145 nicht für sich wie in Ps 104, der die Schöpfung in
Blick auf ihre göttliche Erhaltung besingt. Für Ps 145 ist die Lebenserhaltung in
Form der Sättigung vielmehr theologisch gedeutet und damit Zeichen der Gnade
Gottes wie die Einbindung in den Kontext zeigt.[226] Daran wird die Abhängigkeit
der Geschöpfe von ihrem Schöpfer deutlich, wie schon V. 8 – 9 betont hat und
worauf V. 17 wieder Bezug nimmt: „Gerecht ist JHWH in allen seinen Wegen und
gnädig in allen seinen Werken." Gerechtigkeit und Gnade Gottes ziehen sich durch
und sind in allem, was JHWH tut, beständig da. Sie sind sowohl in der Geschichte
als auch in der Nähe zum Einzelnen gegenwärtig. Verschiedene Begriffe drücken in
Ps 145 dieses eine aus: Die Sorge und die fortbestehende Versorgung des Lebens
durch JHWH. Dabei geht diese Sorge über die reine Nahrungsversorgung hinaus.

---

222 Aufgrund des Zitats ist auch der Sprechrichtungswechsel innerhalb des Abschnitts V. 14 – 17
zu erklären, wenn V. 15 – 16 unregelmäßig in die Du-Anrede fällt, während in den entsprechend
anderen Lobdurchführungen des Psalms (vgl. V. 3.8 – 9.14.17.18 – 20) jeweils von JHWH in der 3.
Pers. die Rede ist, vgl. auch KRATZ, Gnade, 267 Anm. 87.

223 רצון („Wohlgefallen") findet sich auch in Ps 147,10.11 und 149,4, vgl. die Ausführungen in
den entsprechenden Kapiteln. Das Verb שבע findet sich außerdem in einigen Texten, die bereits
durch andere Bezüge mit Ps 145 in Verbindung stehen: vgl. u. a. Ps 22,27; 37,19; 78,29; 103,5;
104,13.16.28; 105,40; 107,9; 147,14; Dtn 6,11; Joel 2,19.26; Neh 9,25; in Verbindung mit רצון
kommt es allerdings nur hier vor. Vgl. dazu auch Anm. 225.

224 Theoretisch denkbar wäre auch die Deutung von לכל־חי רצון als „alles Leben, das wohlgefällig
ist", was aber nicht sehr wahrscheinlich ist, vgl. dazu insgesamt auch KRATZ, Gnade, 266 Anm. 86.

225 Vgl. zu טוב und שבע in ähnlicher Deutung noch Jer 31,14; Ps 103,5; 107,9; Prov 12,14.
Ebenso bemerkenswert ist, dass ähnliche Formulierungen in Ps 103 und 107 vorkommen, zwei
Psalmen, die Ps 145 sonst ebenfalls rezipiert. Aber gerade in der Formulierung von V. 16 weicht Ps
145 von seinen Vorlagen (Ps 104 und auch von Ps 103 und 107) ab, so dass ein besonderes
Gewicht auf der Wahl des Begriffs רצון liegen muss.

226 Vgl. dazu auch KRATZ, Gnade, 260.

Neben der direkt benannten „Speise" (אכל, V. 15), versorgt Jнwн den Menschen gerade in seiner Schwachheit und Niedergeschlagenheit (V. 14). Aus Gottes Hand wird der Mensch mit „Wohlgefallen" (רצון, V. 16.19) gesättigt und mit „Gutem" und „Güte" (טוב, V. 7.9, vgl. Ps 104,28) beschenkt. Jнwн begegnet dem Menschen mit „Gerechtigkeit" (צדקה, V. 7.17) und „Gnade" (חסד, V. 8.17). Somit wird „die Zusicherung der Versorgung mit Nahrung zur Gnadenaussage"[227] wie es auch in dem großen Lied auf die Gnade Gottes, in Ps 136,25, deutlich wird: „Der Nahrung gibt allem Fleisch. Denn seine Gnade ist ewig!" Auch in den auf Ps 145 folgenden Psalmen, Ps 146 und 147, wird die Brotgabe wieder aufgenommen (vgl. Ps 146,7; 147,9.14).[228]

Somit führt Ps 145 die Aussage über die Versorgung mit Speise aus Ps 104 weiter, indem er sie in sein „Gnadenkonzept" integriert und theologisch deutet. Noch weiter zugespitzt wird dies durch die Bedingungen der Frömmigkeit, die die nächsten Verse ausführen, wenn die Gnadengaben Gottes insbesondere den Frommen zugute kommen (V. 18–20). Gnade Gottes und Frömmigkeit als Zuwendung des Menschen zu Gott werden in Ps 145 ganz eng miteinander verbunden. Und sie gelten sowohl für das Kollektiv (vgl. bes. V. 4–9) als auch für das Individuum (V. 14–20).

V. 18–20 „Jнwнs Nähe für alle seine Frommen"

Nachdem in V. 14–17 der erste Versteil von V. 10 ausgeführt wurde, die Sorge Jнwнs für alle seine Werke, korrespondiert der letzte Abschnitt vor dem Schlussvers mit V. 10b: Wer die preisenden Frommen nach dem Verständnis von Ps 145 sind, führen die V. 18–20 aus, indem sie die Nähe Jнwнs beschreiben, die denen zuteil wird, die Jнwн anrufen, die ihn fürchten und die ihn lieben. Obwohl der Psalm die Allgültigkeit und die Allwirksamkeit des Reiches Gottes für alle Werke betont, wird doch der Kreis derer, die daran partizipieren, damit eindeutig eingegrenzt, wenn V. 18–20 lautet: „Nahe ist Jнwн allen, die ihn rufen, allen, die ihn rufen in Treue. Das Wohlgefallen derer, die ihn fürchten, tut er und ihren Hilferuf hört er und rettet sie. Ein Bewahrer ist Jнwн allen, die ihn lieben, und alle Gottlosen vernichtet er." Die bereits oben in V. 10 beobachtete Spannung bleibt bestehen: Einerseits preisen Jнwн alle seine Werke (כל־מעשיך), andererseits loben ihn nur die Frommen (חסידיך), andere werden ausgeschlossen, ja sogar vernichtet.[229] Die in V. 8–9

---

227 Kratz, Gnade, 259.
228 Vgl. die Ausführungen zu Ps 146 bzw. zu Ps 147 sowie auch insgesamt Kratz, Gnade.
229 Diese Tendenz der Individualisierung im Zusammenhang der spätweisheitlichen Tradition hat Parallelen in den Jнwн-König-Psalmen, namentlich in Ps 97, der auch in einem späteren

universalisierte Gnade Gottes wird demnach in V. 18–20 an Bedingungen ge-
knüpft, dessen Steigerung in der Kontrastaussage über diejenigen besteht, die sich
selbst ausschließen: die Gottlosen (כל־הרשעים, V. 20).[230]

Um die Bedingungen für die Zuwendung Gottes aufzustellen, greift der
Psalmist für seine Konzeption wiederum auf die Schrifttradition zurück. Er verweist insbesondere auf das Schᵉma Israel, so das gerade hier seine Schriftver-
bundenheit als solche und damit sein Toraverständnis erkennbar wird. Aber auch
andere, zumeist späte Psalmen und Texte stehen im Hintergrund, die eine ähnliche Konzeption wie Ps 145 aufweisen. Durch die Verbindung von Frömmigkeit,
Toragehorsam und Schriftbezug weist sich der Psalmist als Schriftgelehrter aus
und seinen Psalm als schriftgelehrten Hymnus. Dies ist im Folgenden zu zeigen,
indem die Trias von JHWH-Anrufung, JHWH-Furcht und JHWH-Liebe in V. 18–20
unter besonderer Berücksichtigung ihrer Schriftbezüge interpretiert wird.

Die Bedingung der Anrufung JHWHs (V. 18) verweist auf das immerwährende
Gebet, das der Psalmbeter sich vornimmt: „Den ganzen Tag will ich dich loben.
Und ich will deinen Namen preisen immer und ewig." (V. 2). Die Anrufung JHWHs
bedeutet seinen Namen anzurufen. „Der ‚Name' ist das Unterpfand der *praesentia
Dei*"[231]. Gott verheißt seine Nähe, seine Gegenwart (V. 18).[232] Indem der Beter JHWH
anruft, ihn bedrängt, zeigt er seine Erwartung, dass JHWH sich ihm auch wirklich
zuwenden wird. Er erweist damit gegenüber Gott seine Treue (אמת).

Die erwartete und zugesagte Nähe Gottes ist wiederum Gnadengabe, die
demjenigen gewährt wird, der danach ruft. So formuliert es auch schon Ps 86, der
ebenfalls die Gnadenformel zitiert und sich als Referenztext für Ps 145 nahelegt:[233]
„Denn du, Herr, bist gut (טוב) und gnädig (וסלח) und reich an Gnade gegen alle, die
dich anrufen (ורב־חסד לכל־קראיך)." (Ps 86,5). In Ps 86 fleht der Beter in seiner Not zu

---

Zusatz die Gruppierung in Gerechte und Frevler kennt. Vgl. dazu auch KRATZ, Reste, 50f, sowie
oben Kap. II.1.1 und unten bei V. 20.
230 Vgl. dazu schon oben Anm. 181 den Verweis auf DELITZSCH, Psalmen, 815. Vgl. dazu unten
die Ausführungen zu V. 20.
231 KRAUS, Psalmen, 1129 [Hervorhebung original].
232 Auch das Vaterunser beginnt die Anrufung Gottes mit der Heiligung seines Namens, erhofft
und erwartet die Gegenwart Gottes, des Vaters im Himmel. Vgl. zur Verbindung von „Name" und
„Reich" in Ps 145 und als Weiterwirkung im Vaterunser insgesamt KRATZ, Gnade, bes. 269–274.
233 Neben der Gnadenformel, die in Ps 86,15 zitiert wird (vgl. Ps 145,8) und der Nähe von Ps
86,5 zu V. 8–9 und 18, lassen sich folgende Stichwortverbindungen von Ps 86 zu Ps 145 zeigen:
Ps 86,3 klingt in V. 2.8.18 (חנן; קרא; כל־היום) an; Ps 86,10 in V. 3.5 (נפלאות; גדול); Ps 86,11 in V.
17.18.19 sowie evtl. in V. 1–2.21 (דרך; באמתך; ליראה שמך) ; Ps 86,12 in V. 1–2 (ואכבדה שמך לעולם)
und schließlich Ps 86,13 in V. 8 (גדול und חסד). Ps 86 weist selbst eine breite Intertextualität auf
und ist auch als David-Psalm konzipiert wie Ps 145, vgl. zum Profil von Ps 86 ZENGER, Psalm 86,
bes. 536–539.

Gott um Hilfe. In Ps 145 wird eine solche oder ähnliche Notsituation nicht weiter expliziert. Außerdem hat der Psalmist die persönliche Anrufung des Leidenden wie sie in Ps 86 gestaltet ist (vgl. Ps 86,1–7) in eine hymnisch-lobende Aussage umformuliert. Er stellt fest, dass sich JHWH als der Nahe, als der auf Anrufung Reagierende bereits erwiesen hat und sich weiterhin als dieser erweisen wird. Dies ist Teil seiner göttlich-königlichen Gegenwart, die dem Einzelnen zugute kommt. Diese Transformation bestimmt Ps 145. Die Nähe Gottes wird damit zum Lobinhalt – und zugleich zum Appell an den Leser von Ps 145, JHWH als einen solchen nahen Gott zu verstehen. Und er soll in ein Gebet einstimmen wie der Beter aus Ps 86, der ein „Vorbild der Tora-Treue und des Vertrauens auf die rettende Zuwendung JHWHs ist".[234]

Im Hintergrund von Ps 145,18 klingt damit auch deuteronomistische Theologie an, die auch in den nächsten beiden Versen aufgenommen wird. Ausgehend von V. 18 ergibt sich ein besonderer Bezug zu Dtn 4,7–9. Auch dort wird die Anrufung Gottes (קרא) mit seiner Nähe (קרוב) eng verbunden.[235] Als Zeichen dieser Nähe Gottes wird auf die Tora verwiesen, die exklusiv Israel gegeben ist (Dtn 4,8). Und wie auch in Ps 145,4–7.12 wird in Dtn 4,9 auf die beiden Aspekte sowohl der Er-innerung an die (vergangenen) Taten Gottes und als auch auf dessen Weitergabe und Kundgabe an die nächsten Generationen verwiesen (vgl. ידע hif in V. 12 und in Dtn 4,9). Die Tora-Gabe führt damit zum Vertrauen auf die Nähe JHWHs und seiner Anrufung. Auch wenn in Ps 145 „Tora" nicht explizit genannt wird, lassen sich diverse Anklänge und Bezüge zur Tora-Gabe und zu spezifischer Tora-Frömmig-keit im Psalm feststellen (vgl. so z. B. schon das Zitat der Gnadenformel, die in Ex 34 im Kontext der Tora-Offenbarung lokalisiert ist), wie im Folgenden weiter auszuführen ist.

V. 19 führt das zweite Charakteristikum der Frommen aus: die JHWH-Furcht.[236] Den ihn Fürchtenden begegnet JHWH mit Wohlgefallen (vgl. V. 16b), ja, sogar *ihr* Wohlgefallen tut er, so sehr geht er auf ihr Befinden und ihre Bedürfnisse ein. Die Verbindung von Wohlgefallen und JHWH-Furcht wird in Ps 147,11 aufgenommen und wiederum mit der Gnade, auf die die JHWH-Fürchtigen harren, verbunden (vgl.

---

234 ZENGER, Psalm 86, 539.
235 Dtn 4,7: „Denn wo gibt es ein großes Volk, welches Götter hätte, die ihm so nahe wären wie JHWH, unser Gott, in allem, worin wir zu ihm rufen?" Vgl. zu קרא und קרוב sonst nur noch Jes 55,6 in ähnlichem Kontext. Die beiden Lexeme kommen außerdem in Ps 34 vor, der bereits als Re-ferenztext für Ps 145 bestimmt wurde: vgl. קרא in Ps 34,7 und קרוב in Ps 34,19; zu den Bezügen von Ps 145 zu 34 vgl. oben die Ausführungen zu V. 1–2, bes. Anm. 106, und unten zu V. 19b.
236 Die JHWH-Furcht ist ein zentraler Begriff innerhalb der Weisheitstradition: „Die Furcht JHWHs ist der Anfang der Erkenntnis. Die Toren verachten Weisheit und Zucht." (Prov 1,7; Ps 111,10; vgl. 19,10; Hi 28,28). Ps 111 hat sich bereits als Vorlagetext für Ps 145 erwiesen, vgl. dazu oben Anm. 161.

auch Ps 103,11–13.17–18).[237] Damit wird deutlich, was unter JHWH-Furcht zu verstehen ist: Zur Furcht vor Gott gehört eine gewisse Ehrfurcht, ein Erstaunen und Erschauern wie schon V. 6 (עזוז נוראתיך) formuliert hat. Zugleich kann diese Gottesfurcht zum Gottvertrauen werden.[238] Denn nur einem Gott, der gewaltig und machtvoll erscheint, kann die Herrschaft über die Welt – und die gnadenvolle Nähe zum Einzelnen zugetraut werden.[239]

Die JHWH-Furcht ist damit die Haltung des Frommen, der ganz auf Gott ausgerichtet ist und Weisung von ihm erwartet. Dies formuliert auch Ps 86, der bereits für V. 18 wichtig ist: „Lehre mich, JHWH, deinen Weg, ich will wandeln in deiner Wahrheit (באמתך). Fasse mein Herz zusammen zur Furcht deines Namens (ליראה שמך)." (Ps 86,11). Damit klingt wieder deuteronomistische Theologie an und bildet die Verbindung zur Tora-Frömmigkeit, wie sie z. B. in Dtn 6,2 zu finden ist: „damit du JHWH, deinen Gott, fürchtest, um zu bewahren alle seine Ordnungen und seine Gebote" (vgl. auch Ps 103,17–18), bevor dann in Dtn 6,5 das Sch°ma Israel folgt, worauf bei V. 20 zurückzukommen ist.

Mit V. 19b wird zunächst auf V. 18 Bezug genommen: JHWH hört das Rufen und Schreien der ihn Fürchtenden und ihm Treuen. Das hier verwendete Wort für „Hilfeschrei" (שועה) ist selten und findet sich in Verbindung mit שמע („hören") in Kontexten der essentiellen Not.[240] Gott bleibt nicht regungslos, sondern wendet sich den Hilfsbedürftigen mit Gnade und Rettung zu. Die beiden Verben, שמע („hören") und ישע („retten"), die die Reaktion Gottes beschreiben, finden sich nur noch einmal zusammen im Psalter: auffälligerweise ist hier wieder Ps 34 zu nennen (vgl. Ps 34,7[241], auch 2Chr 20,9). Voraussetzung für die Hilfe JHWHs nach Ps

---

237 Vgl. dazu die Ausführungen zu Ps 147,10–11. Zu den Bezügen von Ps 145 zu Ps 103 vgl. oben, bes. Anm. 170.

238 Weisheitliche Gottesfurcht „ist eigentlich Gottvertrauen, nämlich das Vertrauen auf Gott als den, der allen Störungen und Gefährdungen zum Trotz das Ganze durchwaltet und den Lebensweg der Menschen gelingen lässt, die die Lebensordnungen suchen, ihnen entsprechend handeln und sie weitergeben. Gottesfurcht als Vertrauen in die lebensförderliche Mächtigkeit eines guten Gottes ist dann in der Tat das Prinzip, das zur Weisheit führt und zum Tun des weisheitlichen Lebenswissens motiviert." ZENGER, Eigenart, 407.

239 Dieser Gedanke begegnet immer wieder, beginnend in der altorientalischen Vorstellung des Gottkönigs im Baalmythos, der im Gewitter die lebensnotwendige Energie für die Erde bringt, bis hin zum neuzeitlichen Werk Rudolf Ottos über das Heilige: *Mysterium fascinosum* und *mysterium tremendum* sind nicht voneinander zu trennen.

240 Vgl. für שועה und שמע Ps 18,7 (= 2Sam 22,7); 39,13; 40,2; 102,2; Klgl 3,56. Nur שועה findet sich wiederum auch in Ps 34,16.

241 Ps 34,7: „Dieser Elende rief, und JHWH hörte, und aus allen seinen Bedrängnissen rettete er ihn." Vgl. auch Ps 34,16; zu den Bezügen von Ps 145 zu 34 vgl. bereits oben sowie Anm. 106.

145 ist die Erwartung, die treue Hoffnung auf eben diese Rettung[242], die sich in der JHWH-Furcht ausdrückt (vgl. auch Ps 34,8.10).

Mit der JHWH-Furcht ist schließlich die JHWH-Liebe eng verbunden, wie sie V. 20 als dritte Bedingung der Zuwendung JHWHs formuliert: Den JHWH-Liebenden (אהב) ist die göttliche Bewahrung (שמר) verheißen, den Gottlosen (רשעים) dagegen die Vernichtung. Auch bei diesem Vers greift Ps 145 Formulierungen aus anderen Texten auf wie z. B. aus Ps 97: „Die ihr JHWH liebt (אהבי), hasst das Böse! Ein Bewahrender (שמר) der Seelen seiner Frommen (חסידיו) ist er, aus der Hand der Gottlosen (רשעים) errettet er sie." (Ps 97,10) sowie aus dem bereits angesprochenen Ps 37: „Denn JHWH liebt (אהב) das Recht und wird seine Frommen (חסידיו) nicht verlassen; ewig werden sie bewahrt (לעולם נשמרו), und die Nachkommenschaft der Gottlosen (רשעים) wird ausgerottet." (Ps 37,28).[243] In beiden Versen findet sich eine Fülle der Lexeme aus Ps 145,20, die der Reihe nach nun analysiert und auf weitere Textbezüge hin untersucht werden sollen.

Die Bewahrung durch JHWH ist an die ihm entgegen gebrachte Liebe gebunden, so V. 20a. Ps 145 bedient sich dabei der besonderen Doppelverwendung von שמר.[244] An den weiteren Stellen, wo die Verben אהב („lieben") und שמר („bewahren") aus V. 20a zusammen vorkommen, wird שמר in Bezug auf das Gesetz und den Bund ver-wendet: Das Halten und das Bewahren des Gesetzes wird mit der JHWH-Liebe identifiziert, wie z. B. in Dtn 5,10 über JHWH gesagt wird: „der aber Gnade erweist Tausenden, die mich lieben (אהב) und meine Gebote halten (ולשמרי מצותו)."[245] Diese hier geforderte JHWH-Liebe konkretisiert sich im Halten der Gesetze. So ist auch in der JHWH-Liebe als dritte Bedingung in Ps 145 ein indirekter Tora-Bezug enthalten. JHWH reagiert auf das Bewahren seiner Anweisungen durch die Frommen gleichfalls mit Bewahrung derer, die ihn lieben.

Nachdem schon der Topos der JHWH-Furcht deuteronomistische Theologie aufgenommen hat, gilt dies, wie bereits gezeigt, um so mehr für die JHWH-Liebe. So ruft die indirekte Aufforderung zur JHWH-Liebe in V. 20 insbesondere das Sch^ema Israel aus Dtn 6,4–5 in Erinnerung: „Höre, Israel, JHWH ist unser Gott, JHWH allein. Und du sollst JHWH, deinen Gott lieben (ואהבת) mit deinem ganzen Herzen, mit deiner ganzen Seele und mit deiner ganzen Kraft." Die Gottesliebe als das un-bedingte Vertrauen auf den zu fürchtenden Gott ist das höchste Gebot. Es gilt, keinen anderen Gott als den einen zu haben und „Gott über alle Ding [zu] fürchten,

---

242 Vgl. zu ישע im Hallel Ps 146,3 (תשועה); 149,4 (ישועה) und die Ausführungen dort.
243 Vgl. zu Ps 37 oben bei V. 14.
244 Vgl. z. B. Dtn 7,12. Das Verb שמר kommt auch in Ps 146,6.9 in wichtiger Funktion vor, vgl. die entsprechenden Ausführungen dort.
245 Vgl. sonst noch Dtn 7,9; 11,1.22; 30,16 sowie Jos 22,5; Dan 9,4; Neh 1,5.

[zu] lieben und [ihm zu] vertrauen".[246] Wer dies mitsprechen und mitbeten kann, wer Jhwh liebt und das Gesetz hält, der gehört zum Wirkbereich des Reiches Gottes. Von der politisch-nationalen Zugehörigkeit zum Königtum Gottes wird der „Mitgliedsgedanke" im Reich Gottes transformiert im Blick auf die individuelle Frömmigkeit. Es sind die Frommen, die loben, und diejenigen sind es, die die Zuwendung Jhwhs erfahren. Nicht mehr das vorbildliche Handeln ist der Maßstab der göttlichen Zuwendung,[247] sondern das Gottvertrauen an sich.[248] Die Lebenserhaltung durch Gott wird zur reinen Gnadensache.[249] Aber: „Der gnädige und barmherzige Gott ist zugleich der fordernde und gerechte. Der liebende Gott kennt die Liebe als Gebot, gegen welche man sich verfehlen kann – auch das gehört zur Botschaft der Gnadenrede von Ex 34,6 f."[250] Somit gilt allein das Bekenntnis als Maßstab, der das Reich Gottes nicht auf Israel begrenzt, sondern offen hält für alle Menschen, wenn sie denn diesen einen Gott als ihren Gott „haben", „ihm von Herzen trauen und gläuben"[251] – und nach Ps 145: sich an das Gesetz halten.

Jhwh-Anrufung, Jhwh-Furcht und Jhwh-Liebe kennzeichnen den Frommen.[252] Neben dem Tora-Gehorsam konkretisiert sich diese Frömmigkeit im Loben. Der Hymnus ist die Ausdrucksform von Anrufen, Fürchten und Lieben Jhwhs, weil es hier allein um Gott geht – in seiner Zuwendung zu seinen Geschöpfen. Er wird als der königliche Herr und Gott in seiner Macht angesprochen und anerkannt. Im Loben drückt sich die Erwartungshaltung des Geschöpfes gegenüber seinem Schöpfer aus: unter Absehung seiner eigenen Möglichkeiten wird mit der Möglichkeit Gottes gerechnet. Somit läuft die in V. 18 – 20 beschriebene Trias im Lobpreis zusammen. Der hymnische Lobpreis ist die Klammer um die fromme

---

246 Luther, Kleiner Katechismus, 507.
247 Vgl. dazu das Konzept des Tun-Ergehens-Zusammenhangs der älteren Weisheit. Aufgrund dessen Infragestellung (vgl. Hiob) und der Krise der Weisheit kommt es zu einer theologischen Neuorientierung, die „die Gotteserfahrung in die Lebenserfahrung integriert und Gott als Vorzeichen des Lebens definiert", so Kratz, Gnade, 259.
248 Dahinter steht ein geistiges Klima, „in dem die weisheitliche Lebenslehre in ‚persönliche Frömmigkeit' umschlägt und zur Herzenssache, zu einer Sache des persönlichen Gottvertrauens und des frommen Wandels wird." Kratz, Tora, 285.
249 Vgl. Kratz, Gnade, 259.
250 Hossfeld, Psalm 145, 801.
251 Luther, Großer Katechismus, 560.
252 Dies zeigen auch die oben zitierten Verse aus Ps 97 und 37: Die Frommen werden als die Jhwh-Liebenden definiert. Somit bestätigt sich noch einmal der Bezug von V. 10b zu V. 18 – 20. In diesen Versen wird demnach ausgeführt, wodurch sich die Frommen auszeichnen. Auch in Dtn 6 wird neben der Gottesliebe auch von der Gottesfurcht gesprochen, vgl. Dtn 6,13.24. In direkter Verbindungen kommen אהב und ירא in Dtn 10,12; Dan 9,4; Neh 1,5 vor.

Haltung, wie auch Ps 145 selbst durch den „Lobpreis" (תהלה) in V. 1 und 21 gerahmt ist. Die immerwährende Ausrichtung auf Gott durch Lobpreis und Tora (vgl. die Toraanspielungen in Ps 145 sowie z. B. auch Ps 1) ist Konstitutivum für die funktionierende Gottesbeziehung.

Das Gegenteil einer gottgefälligen Gottesbeziehung stellt nun V. 20b dar, wenn über diejenigen, die sich der Hinwendung zum Königsgott verweigern, nämlich „alle Gottlosen" (כל־הרשעים), gesagt wird, dass JHWH sie vernichtet (ישמיד). Damit wird die Einschränkung und Spezifizierung der universalen Gnade Gottes fortgeführt: Während auf der einen Seite die Frommen als die besonders Begnadeten stehen, haben die Gottlosen keinen Bestand.[253] Vielmehr erfahren sie die Kehrseite der Gnade, die schon in der Gnadenformel formuliert ist: Denn auch wenn JHWH langsam zum Zorn ist (V. 8), heißt dies nicht, dass Zorn und Vernichtung kein göttliches Handeln sein können (vgl. zu שמד und אף Dtn 6,15!; 7,4; 9,19; Jes 13,9). Die Verbindung von רשעים und שמד kommt auffälligerweise nur noch in zwei Psalmen vor, darunter auch wieder in Ps 37, der bereits mehrfach für Ps 145 als Vorlagetext bestimmt wurde (vgl. neben Ps 37,38 nur noch Ps 92,8; Prov 14,11).[254]

Die Zuspitzung von Ps 145 auf den Gegensatz der Frommen bzw. JHWH-Anhänger gegenüber den Gottlosen, die ein vernichtendes Urteil erhalten, zieht sich in den Psalmen des Hallels weiter durch und wird geradezu zum Charakteristikum dieser Texte: Auf der einen Seite geht es um die universale, ja sogar kosmische Ausweitung des Lobpreises (vgl. V. 10a.21 sowie Ps 148 und 150,6), auf der anderen Seite um die Frage, wer denn nun wirklich zum Kreis der Lobenden und der von JHWH Begnadeten gehört (vgl. V. 10b.18–20 sowie Ps 146; 147; 149), denen gegenüber die Gottlosen stehen (Ps 146,9; 147,6; vgl. auch Ps 149,7–9).[255]

Ps 145 hat diesen weisheitlichen Gegensatz von Frommen und Gottlosen (vgl. prominent Ps 1) möglicherweise aus Ps 97 gewonnen, der ebenfalls an seinem Ende diesen Kontrast aufstellt (vgl. Ps 97,10–12).[256] Auch dort zielt der Psalm auf den Lobpreis des heiligen Namens durch die JHWH-Anhänger, hier צדיקים („Gerechte") genannt, ab: Denn, so könnte man meinen, die Frage nach gerecht bzw. fromm oder gottlos entscheidet sich im Loben: Der Lobende ist immer der Fromme. Der Hymnus als höchste und edelste Aufgabe des Frommen ist das Thema, das Ps 145 vorgibt und das die folgenden Psalmen des kleinen Hallels weiter ausführen

---

253 Vgl. auch die Rahmung von V. 20 mit den semantisch so gegensätzlichen und doch im Konsonantenbestand fast identischen Verben שמר („bewahren") und שמד („vernichten"). Vgl. zur Kombination der Verben nur noch Dtn 28,45 (und 12,30).
254 Vgl. dazu oben bei V. 14–17.
255 Vgl. zu den jeweiligen Stellen die entsprechenden Ausführungen in den anderen Kapiteln.
256 Vgl. darüber hinaus besonders Ps 37 (mehrfach) sowie Ps 34,22; 104,35; 106,6.18 als wichtige Referenztexte für Ps 145, die ebenfalls den Gegensatz zu den Gottlosen betonen.

(vgl. insbesondere Ps 149). So soll am Ende von Ps 145 „alles Fleisch" in das Loblied des Frommen, der JHWH anruft, ihn fürchtet und liebt, einstimmen.[257]

Die Ausführungen haben gezeigt, dass V. 18–20 in besonderer Weise ein Konzept einer frömmigkeitstheologischen Trias aus JHWH-Anrufung, JHWH-Furcht und JHWH-Liebe darstellt, das die Voraussetzung für den Lobpreis der Frommen bildet. Dafür greift der Psalmist einige Psalmen auf, die auch in anderer Hinsicht Beziehungen zu Ps 145 aufweisen, nämlich Ps 34; 37; 86 und 97. Außerdem lässt sich deuteronomistische Theologie durch die Rezeption von Dtn 4 und 6 erkennen, die auf die Konkretion der Trias im Halten der Gebote und überhaupt den Toragehorsam hinweisen.[258] Der Psalmist versteht seine Toraobservanz auch gerade dahingehend, dass er seinen Psalm auf der Schrift aufbaut und immer wieder Psalmen und andere Texte in seiner Komposition anklingen lässt. So wird die Schrift und ihre Auslegung zum hymnischen Lobpreis auf den gnädigen Königgott, und der Hymnus zur Aufgabe des (schriftgelehrten) Frommen.

Die Tendenz zur Individualisierung und Betonung der Frömmigkeit und wohlgefallenden Gottesbeziehung ist somit gerade in Bezugnahme und bei gleichzeitiger Abgrenzung von der universal verstandenen Gnade im Reiche Gottes das Spezifikum des Psalms. Das Reich Gottes ist für alle offen, aber zugleich nicht für jeden.[259] Neben den Erfahrungen der Manifestation der Königsherrschaft JHWHs in der gnädigen Zuwendung thematisiert der Psalm zugleich die Frage nach der Zugehörigkeit zum Reich Gottes.[260]

Am Ende der Untersuchung des dritten Teils von Ps 145 ist festzustellen, dass auch hier zahlreiche innerbiblische Textbezüge zu finden sind. Dabei stellt sich dieser letzte Abschnitt als Klimax des ganzen Psalms dar, indem die Aussagen aus den bereits vorangehenden Versen aufgenommen und zugespitzt werden: Das Königtum Gottes wird als das alles bestimmende Thema des Psalms konkret benannt und durch anschauliche Preisungen der Taten JHWHs ausgeführt. Auch die doppelte Perspektive von Universalität und Zuspitzung auf die Frommen wird anhand von Textbezügen zum Deuteronomium und zu theologisch ähnlich ausgerichteten Psalmen weitergeführt, indem die Frommen als die JHWH-Anrufenden, die JHWH-Fürchtigen und die JHWH-Liebenden definiert werden. Außerdem treten als wichtige Referenztexte vor allem Ps 103 (Rezeption des Lexems מלכות) und 104

---

257 Vgl. auch KRATZ, Sch°ma, 628.
258 Durch die eng miteinander verbundenen Textbezüge von V. 18–20 wird auch noch einmal deren strukturelle Zusammengehörigkeit innerhalb des Psalms deutlich, die zugleich eine Abgrenzung gegenüber den anderen Teilen begründet. Somit ist V. 17 nach wie vor zum vorhergehenden Abschnitt zu rechnen. Vgl. dazu auch oben die Gliederung.
259 Ähnlich HOSSFELD, Psalm 145, 796.
260 Vgl. dazu unten Kap. II.1.4.5.

(Zitat der universalen Nahrungsversorgung) erneut in Erscheinung sowie Ps 34 und 86 und darüber hinaus noch Ps 37 und 97.

1.4.4 Lobpreis – immer und ewig (V. 21)

Mit V. 21 kommt der Psalm zu seinem Ende. Der letzte Vers blickt noch einmal auf den Psalm zurück und bildet zusammen mit V. 1–2 den Rahmen, angezeigt durch die Wiederaufnahme derselben Lexeme und Wendungen.[261] Noch einmal klingen Ps 34 und 71 an. V. 21 verdeutlicht abschließend, worum es dem Psalmisten geht: Das Lob JHWHs soll immer und ewig erklingen.

V. 21 „Loblied JHWHs"

Mit einer letzten Lobaufforderung endet Ps 145: „Ein Loblied JHWHs soll reden mein Mund, und preisen soll alles Fleisch seinen heiligen Namen immer und ewig." Der einzelne Sprecher des Psalms kommt am Ende noch einmal zu Wort („mein Mund") und stellt sich mit dieser Formulierung in den großen Kreis „allen Fleisches", das er zum Lob auffordert. Was als direkte Anrede an Gott begann „ich will deinen Namen loben" (V. 2) endet mit einer indirekten Aussage über Gott und über die Lobenden „alles Fleisch soll preisen seinen heiligen Namen" (V. 21). Daran wird noch einmal das Anliegen des Psalms deutlich: Der Psalm selbst ist schon Lobpreis und will zugleich andere dazu bringen, in diesen Lobpreis mit einzustimmen. In seinem Lobvollzug ist der Psalm so gleichzeitig eine Gebetslehre und formuliert wie JHWH gelobt werden soll und kann.[262]

Aber auch für den letzten Vers des Psalms gilt, was schon für die große Mehrheit der Formulierungen gezeigt wurde, nämlich, dass auch für V. 21 Bezüge zu anderen Texten festzustellen sind. Eine große Nähe besteht zu den bereits mehrfach als Vorlagetexte herangezogenen Psalmen 34 und 71, da dort ebenfalls die Verbindung von תהלה („Loblied") und פי („mein Mund") aus V. 21a vorkommt. Außerdem ist dort vom beständigen Lob die Rede (vgl. Ps 34,2 und 71,8)[263], wie es auch der Anspruch in Ps 145 ist. Zwei andere Belege für diese Kombination lassen einen weiteren Aspekt aus Ps 145 erkennen: Ps 40,4 und 51,17 thematisieren nicht nur das Lob für JHWH, sondern auch die Dimension der Verkündigung und wei-

---

261 Vgl. dazu die Ausführungen in Kap. II.1.3 und zu V. 1–2.
262 Vgl. dazu BERLIN, Rhetoric, 21.
263 Ps 34,2: „Ich will JHWH preisen (אברכה) allezeit, beständig soll sein Loblied (תהלתו) in meinem Munde (בפי) sein." Ps 71,8: „Mein Mund (פי) ist gefüllt von deinem Loblied (תהלתך), den ganzen Tag (כל־היום) von deinem Ruhm."

teren Wirkung des Lobpreises für andere. Das Loblied des Beters wird zum Verkündigungsmedium (Ps 51,17) und führt andere zur JHWH-Furcht (Ps 40,4).

In V. 21a ist es JHWHs Loblied im Munde des Beters, das zum Ausdruck
kommen soll. Zum einen ist mit דבר ein kognitives, artikuliertes Loben gemeint:
das Loblied, das aufgrund der Wundertaten JHWHs erfolgt.[264] Zum anderen ist es
JHWHs Lob, d. h. es ist ganz auf JHWH ausgerichtet und von ihm bestimmt. Es ist
das Lob eines Menschen, der sein ganzes Leben auf das Loben hingeordnet hat,
weil er JHWH anruft, fürchtet und liebt. Nur der Fromme kann das JHWH-angemessene Lob darbringen. Darum auch: Was noch mit תהלה לדוד („Loblied Davids"), ein Lob eines einzelnen Menschen, überschrieben ist, ist nun mehr allein
zum תהלת יהוה (Loblied JHWHs) geworden. Wer auf die Machttaten des Königs
JHWH blickt, sieht von sich selber ab und wird zum Resonanzkörper des göttlichen
Lobpreises. Unter dieser Prämisse kann dann das menschliche Lob zum ewigen
Lob Gottes werden, weil es Teil an der ewigen Herrschaft Gottes hat (vgl. V. 13).[265]

V. 21b weist gegenüber V. 1–2 eine Erweiterung auf: Im Rückblick auf den
Psalm und die zahlreichen Bekundungen der Machttaten JHWHs für Israel und für
das bedürftige und von Gott abhängige Individuum ist der Lobpreis nun zum
Lobpreis des *heiligen* Namens Gottes geworden. In seiner Nähe und Fürsorge, in
seiner Wirkmacht in Schöpfung und Geschichte erweist sich JHWH als der Heilige,
er zeigt sich in seiner Heiligkeit (קדש) den Menschen.[266] Mit der Wahl dieser
Formulierung knüpft der Psalmist wiederum an andere bereits rezipierte Psalmen
an wie Ps 103,1; 105,3 und 106,47, die ebenfalls zum Lob des heiligen Namens
aufrufen.

Der letzte Versabschnitt weist außerdem auf das Zentrum des Psalms, V. 12,
zurück und benennt das Resultat der Absicht des Psalms: Indem und nachdem
den „Menschenkindern" (לבני האדם) die Machttaten JHWHs bekannt gemacht
worden sind, kann „alles Fleisch" (כל־בשׂר)[267] in den Lobpreis des heiligen Namens
einstimmen. Beide Begriffe, לבני האדם und כל־בשׂר, bezeichnen demnach die

---

264 Vgl. auch Ps 40,6, ebenfalls mit דבר sowie auch Jes 63,7; Ps 78,4, dazu oben bei V. 4–7.
265 Vgl. dazu den Unterschied zwischen Ps 145,1–2.21 und Ps 146,1–2 sowie die Ausführungen zu Ps 146,1–2.
266 Vgl. dazu auch Ps 150,1: „Lobet Gott in (Ansehung) seiner Heiligkeit (בקדשׁו)." sowie die
entsprechenden Ausführungen zu Ps 150,1.
267 Der Ausdruck כל־בשׂר entstammt vermutlich der Priesterschrift und findet sich mehrfach in
Gen 6–9 sowie u. a. in Num 16,22; Dtn 5,26; Jes 40,5; 49,26; 66,16.23; Jer 32,27; Sach 2,17; Ps
65,3; 136,25; Hi 12,10. Vgl. auch Ps 150,6, wo כל הנשׁמה („alles, was Atem hat") als Parallelbegriff
vorkommt, der zugleich wichtige Unterschiede aufweist. Zum Ganzen vgl. die Ausführungen zu Ps
150,6.

gleiche Größe, nämlich alle Menschen aller Zeiten („immer und ewig"), folglich die ganze Menschheit.[258]

V. 21 nimmt so noch einmal vieles aus dem Psalm auf: Ausgehend von dem einzelnen frommen Beter („mein Mund"), der zunächst sich selbst zum immerwährenden Lobpreis aufruft (V. 1–2), soll das Loblied JHWHs Raum gewinnen und sich über die Generationen (V. 4) hin bis auf alle Menschen („alles Fleisch") ausweiten und ausbreiten. Auf dem Weg zum Loben ist dabei für Ps 145 vorausgesetzt, dass alle Menschen gleichsam zu Frommen (V. 10) geworden sind, denn nur derjenige der Gott in Treue fürchtet und liebt, ruft ihn auch im Lobpreis an (vgl. V. 18–20) und preist damit seinen heiligen Namen.[269] Die Spannung, die bereits in V. 8–9 und vor allem in V. 10 („alle deine Werke" – „deine Frommen") deutlich ist, wird auch am Ende von Ps 145 nicht aufgelöst. Aber sie beschreibt eine Bewegung vom Einzelnen ins Universale, die so noch nicht vollendet ist. Sie ist die Perspektive und Hoffnung des Psalms. Darum bleibt der Schluss von Ps 145 auch offen: Das Loblied JHWHs klingt weiter, es hat mit dem Psalm noch nicht sein Ziel erreicht, wohl aber formuliert: „alles Fleisch soll seinen heiligen Namen preisen". Die Dimension der Anbetung Gottes durch „alles Fleisch" findet sich als zukünftige Perspektive auch in Jes 66,23–24 (vgl. auch Ps 65,3), vor „allen Fleisches" wird sich die Herrlichkeit Gottes offenbaren (Jes 40,5) und „alles Fleisch" wird so JHWH erkennen (vgl. Jes 49,26).

1.4.5 Hymnus und Königtum Gottes: Gegenwart und Erwartung

Ps 145 ist ein Loblied zur Erhebung Gottes, des Königs. In drei Schritten ruft Ps 145 zum Lobpreis JHWHs auf. Der Beter beginnt bei sich selbst und zieht dann die Kreise der Adressaten, die er in sein Lob integrieren will, immer weiter, bis dass „alle Werke" und „alles Fleisch" in den Lobpreis Gottes einstimmen. Alles Lobenswerte lässt sich nach Ps 145 in dem Terminus der Königsherrschaft Gottes (מלכות) zusammenfassen: Größeres und Gnadenvolleres lässt sich von JHWH nicht denken.[270] Der hymnische Lobpreis wird damit zum Ausdruck der persönlichen Annahme der Königsherrschaft Gottes. Im Loben anerkennt der Beter JHWH als „seinen Gott, den König".

Ps 145 entfaltet das König-Sein JHWHs in doppelter Weise[271]: Die eine Perspektive gehört dem fernen Gottkönig in seiner unfassbaren Größe (V. 3), dem

---

268 Vgl. auch WOLFF, Anthropologie, 54.
269 Ähnlich auch KRATZ, Gnade, 268.
270 Vgl. dazu oben die Ausführungen zu V. 11–13 und das Zitat von Nötscher, oben Anm. 198.
271 Vgl. zum Folgenden PEARL, Theology, 6 f.

Schöpfer und Herrscher der Welt, der mit Macht und Herrlichkeit umgegeben ist (V. 5–6). Der Psalm bleibt aber nicht bei der Beschreibung des unnahbaren Gottes stehen, sondern fügt die andere Perspektive hinzu: JHWH ist zugleich präsent in der Geschichte und in der menschlich-geschöpflichen Welt. Er ist der Nahe, der Fürsorger und Helfer (V. 14–20) und der Herr der Geschichte (V. 4.7.8–9). Darin wird die Größe Gottes gegenwärtig und konkret erfahrbar für das Individuum.

Das universale Königtum Gottes realisiert sich in der Erhaltung des Lebens, indem die nötigen elementaren Lebens-Mittel bereitgestellt werden: Gott sorgt in individueller (Versorgung mit Nahrung), gesellschaftlicher (Erfahrung von Gerechtigkeit) und religiöser Hinsicht (Ermöglichung der Gottesbeziehung) für das Wohl des Menschen.[272] Die enge Zusammenbindung der Sorge des Schöpfers mit der barmherzigen Zuwendung Gottes wird durch die Zusammenstellung von Ps 103 und 104 deutlich, die beide von Ps 145 zitiert werden: Der Gnadenbund Gottes ist nicht ohne die gnadenvolle Hinwendung zum Einzelnen und zu seinen individuellen menschlichen Bedürfnissen zu denken, und der sorgende Gott kann nicht verstanden werden ohne sein barmherziges Offenbarwerden in der Geschichte als der Gott Israels vor aller Welt. Als der Schöpfer der Welt und Versorger allen Lebens erweist sich JHWH als *der* König schlechthin. Bereits beide Psalmen, Ps 103 und 104 verweisen auf die Königsmacht Gottes (vgl. bes. Ps 103,19–22 und 104,1), die dann in Ps 145 zum zentralen Thema wird, konkretisiert durch barmherzige Gnade (Ps 103) und versorgende Schöpfermacht (Ps 104).

Diese Sicht des einzelnen Beters von Ps 145 wird übertragen auf alle Welt. Derjenige Mensch, der sich innerhalb dieser Sphäre von Angewiesenheit und wohltuender Abhängigkeit von Gott sieht, erkennt in JHWH den Gott, der als der Schöpfer und Erhalter allen Lebens auch alle anderen Menschen versorgt, bewahrt und in sein Königtum einbezieht. Der Einzelne schließt aufgrund seines persönlichen Erlebens und Bekennens auf die gesamte Schöpfung. Darum muss er auch aller Schöpfung die Faktizität dieses machtvollen Reiches Gottes kundtun (V. 12). Das Anliegen des Psalms ist kein geringeres, als dass der ganze Kosmos und „alles Fleisch" in diesen universalen Lobpreis JHWHs, des Königs, einstimmen kann. Von der Innenperspektive her kann der Beter von Universalität sprechen, für ihn ist JHWH Gott der ganzen Welt. Gerade an solche, die sich schon innerhalb des

---

272 Während in den JHWH-König-Psalmen die Proklamation „*JHWH* ist König" gegenüber den Völkern vorherrscht, so betonen Ps 145 und andere späte Texte mit ihm (vgl. z. B. Ps 146) „JHWH ist *König*". „Sein Königtum wird in der Regel nicht im nominalen Zustandssatz, sondern im Verbalsatz entfaltet, der eine Handlung, ein Wirken aussagt. Gottes Königsherrschaft wird als Ereignis verstanden", so SCHMIDT, Königtum, 96. Damit liegt der Schwerpunkt auf der Konkretion der Königsherrschaft (vgl. מלכות), nicht mehr allein auf dem Titel König.

Gottesreiches befinden, an die vielen Generationen und die Frommen, richtet sich daher auch seine Lobaufforderung. In der Außenperspektive stellt es sich dagegen anders dar: Dort werden die JHWH-Fürchtigen als Sondergröße wahrgenommen gegenüber denen die JHWH-Furchtlosen abzugrenzen sind (V. 20).[273] Somit verbindet sich in Ps 145 eine schöpfungstheologische Konzeption durch die Einbeziehung „aller Werke" mit einer frömmigkeitstheologischen Perspektive, die sich in der Konzentration auf die Frommen darstellt (vgl. V. 10).

Das Motiv des Hereinholens der ganzen Welt in den Herrschaftsbereich Gottes – an dem aus der Perspektive des Frommen alle Völker schon längst teilhaben – durchzieht die späteren Texte des Alten Testaments. So beschreibt z. B. Ps 97 die Verkündigung der Gerechtigkeit Gottes vor allen Völkern, die immer noch den Nichtsen anhängen.[274]

Auch Jesaja hofft auf die Hinwendung vieler Völker zum Zion als dem Ort der Weisung Gottes (Jes 2). Bei Jesaja wird aber die Königsherrschaft Gottes als zukünftig und noch ausstehend verstanden. Nach dem Ende des irdischen Königtums in Israel kam es zu einer Wende im Verständnis des Königtums Gottes: „Jahwe wurde nun primär zum ,König Israels' und zwar in der Gestalt eines Königs, der ein neues Volk zusammenführt und dessen eigentliche Herrschaft erst noch offenbar werden wird."[275] Diese neue „Königs-Theologie"[276] ist vor allem in Deuterojesaja zu greifen, wo die Erwartung eines zukünftigen Königreiches ausgebaut wird. Jes 40 beginnt mit der Ankündigung der Rückkehr JHWHs als König und der Inbesitznahme seines Thrones auf dem Zion (vgl. auch Jes 52,7–8). Mit dieser Herrschaft des Gottkönigs ist die kommende Heilszeit in eins gedacht.[277] Aber die Heilszeit steht noch aus. Es gilt die Hoffnung, dass sich die Herrschaft Gottes in der Geschichte durchsetzen wird. Die prophetische Überlieferung beruht auf der Jerusalemer Kultkonzeption des Königtums Gottes, der Mythos wird dabei eschatologisiert.[278]

Während aber bei Jesaja die eschatologische Perspektive des Königtums Gottes vorherrscht, so ist Ps 145 ganz gegenwartsorientiert.[279] Die eschatologische

---

273 Das Königtum Gottes ist noch nicht überall als solches erkannt und muss deshalb verkündigt werden, überall und alle Zeit (V. 12, vgl. auch Ps 103,22), so dass es „schon gegenwärtige Größe ist, aber nur in äußerster Verborgenheit", vgl. JEREMIAS, Königtum, 141 f [Zitat 141].

274 Vgl. zum Bezug zu Ps 97 oben die Ausführungen zu V. 18–20.

275 ZENGER, Herrschaft, 182 [Hervorhebung original].

276 ZENGER, Herrschaft, 182.

277 Vgl. zum Prolog von Deuterojesaja z. B. KRATZ, Anfang, bes. 203 f, sowie VAN OORSCHOT, Babel, 106–127.

278 Vgl. KRATZ, Translatio, 169, und auch schon SCHMIDT, Königtum, 96.

279 So z. B. schon GUNKEL, Psalmen, 611, zu V. 13–20: „Die folgende Schilderung der gnadenvollen Herrschaft Jahves bezieht sich, wie sehr häufig in solchen hymnischen Schilderungen

Hoffnung auf das Reich Gottes wird durch den Hymnus in die Jetzt-Zeit transformiert.[280] Das hymnische Lob ist immer auf die Gegenwart ausgerichtet und besingt diese. So ist für den Beter von Ps 145 in den (erinnerten) Machterweisen JHWHs bereits seine Königsherrschaft zu erkennen und in den helfenden Gnadenzuwendungen präsent. Was bei ihm aber noch als zukünftig aussteht, ist das universale Lob allen Fleisches, wie es am Ende des Psalms deutlich wird. Diese Erwartung, die sich aus der Gegenwart ableitet, aber zugleich Zukunft ist, formuliert V. 21: Der gegenwärtig vollzogene Lobpreis „meines Mundes", des Beters, korrespondiert mit dem gewünschten, erhofften Lobpreis durch „alles Fleisch". Darin wird die Gegenwart zur Zukunftserwartung, zu einer Erwartung, die möglicherweise auch erst in fernster Zeit – im Eschaton – erfüllt sein wird.

Das Königtum Gottes selbst ist in Ps 145 demnach nicht eschatologisch zu verstehen – und ebenso wenig politisch. Dies ist anders im Danielbuch[281] und auch in der Chronik. Die Vorstellung einer universalen Gottesherrschaft ist bei der Eröffnung des Dankliedes Davids erkennbar, das stark an Ps 145 erinnert: „Gepriesen seist du, JHWH, Gott unseres Vaters Israels, von Ewigkeit zu Ewigkeit! Dein, JHWH, ist die Größe (הגדלה) und die Macht (והגבורה), die Schönheit (והתפארת), der Glanz (והנצח) und die Hoheit (וההוד). Denn alles, im Himmel und auf Erden ist dein. Dein, JHWH, ist das Königtum (הממלכה), und du bist erhaben über alles zum Haupt." (1Chr 29,10 f).[282] Dabei bleibt aber der Blick auf das Gottesvolk beschränkt, geht es doch um den Gott Israels, der sich seinem Volk zugewandt hat (vgl. 1Chr

---

[...], auf die Gegenwart und ist nicht eschatologisch zu fassen". Und auch JEREMIAS, Königtum, 146: „Aber es geht ihm [dem Psalmisten von Ps 145] nicht um Originalität, sondern um die Vergewisserung der Gemeinde, daß ihr Herr, der König der Welt für alle Zeiten (V. 13), zu ihr steht, auch in der Not. Das gegenwärtige Wirken Jahwes ist Trost genug, eines Blickes in die Zukunft bedarf es hier ebensowenig wie in den zuvor genannten Psalmen 103 und 146." Vgl. auch a.a.O., 155. Ähnlich KRATZ, Gnade, 266.268.271.273; LEUENBERGER, Konzeptionen, 336 Anm. 238.

280 Vgl. dazu ausführlich die Ausführungen bei Ps 147, bes. Kap. II.3.4.4, der stark an der prophetischen Heilsperspektive orientiert ist, diese aber hymnisch vergegenwärtigt und aktualisiert.

281 Zum Königtum Gottes in Dan vgl. z.B. KRATZ, Reich, sowie oben zu V. 11 – 13.

282 Allerdings wird hier nicht der Begriff der מלכות verwendet, wie Ps 145 es tut, sondern ממלכה und משל. Zu weiteren Unterschieden vgl. KRATZ, Translatio, 171 – 175. Auch 1Chr 16 weist eine Nähe zu Ps 145 auf, was vor allem aber daran liegt, dass das Danklied Davids mit den Ps 105; 96; 106 gestaltet wird, die auch in Ps 145 rezipiert werden. Gemeinsame Themen sind demnach die Erinnerung an die Machttaten Gottes, Lobpreis des heiligen Namens. In 1Chr 16 findet sich darüber hinaus ein starker Israel-Bezug. Es fehlt dort aber die frömmigkeitstheologische Zuspitzung und die Universalisierung wie es für Ps 145 charakteristisch ist. So ist es nicht wahrscheinlich, dass Ps 145 direkt von 1Chr 16 abhängt, aber offensichtlich dieselben Psalmen wie der Chronik-Text verarbeitet. Einen stärkeren Bezug von Ps 145 zu 1Chr 16 nimmt BOOIJ, Psalm cxlv, an.

29,14 f.18). Die Reichweite des Reiches Gottes umfasst nur den Jerusalemer Tempelstaat und hält somit die Verbindung zum irdischen Königtum.[283] Auch nach der Chronik ist das Königtum an sich Gott zugehörig.[284] Jhwh setzt sich seinen König in seinem Reich ein, so dass Gott selbst zum Geber der מלכות und der davidisch-salomonische König zum irdischen Repräsentanten und Statthalter der göttlichen מלכות wird.[285] Für den Chronisten stellt es daher auch kein Problem dar, einen Fremdherrscher (Kyros) als König im Reich Gottes anzunehmen, denn Gottes Königtum ist dem irdischen – auch dem nicht-israelitischen – Reich übergeordnet (vgl. 2Chr 36,22 f.). Somit kommt es auf politischer Ebene zur Verknüpfung von irdischer und göttlicher Herrschaft.

Diesem Verständnis des judäischen Königtums, das in den persischen Machtverhältnissen aufgeht, stellt Ps 145 ein „theologisches Gegenstück" entgegen, indem er die מלכות ganz auf göttlicher Seite verortet und völlig unpolitisch versteht.[286] Neben der rein theologischen Motivation, an die alleinige Herrschaft Gottes zu erinnern, ist auch das Scheitern der theokratischen Theologie in der Perserzeit, spätestens im Zusammenhang mit dem Machtgewinn der hellenistischen Herrscher, als Grund für eine Neubesinnung in der Reich-Gottes-Vorstellung denkbar.[287] Gegen die Verherrlichung der Perserherrschaft bietet nun Ps 145 ein Bild der „räumlichen wie zeitlichen Entgrenzung"[288] der Königsherrschaft Jhwhs auf. Diese kosmologische und universale Perspektive verbindet sich mit einer Konzentration auf das Individuum: Der einzelne Beter bezieht diese Gottesherrschaft in sein persönliches Leben mit ein. Der König fungiert für ihn nicht mehr als stellvertretendes Bindeglied zwischen Volk und Gott, sondern der Einzelne kann in der Klage die Wahrnehmung der Verantwortung des Königgottes für seine Untertanen einfordern.[289] Die königliche Appellationsinstanz wird nach dem Untergang des politischen Reiches direkt auf Gott übertragen.[290] Die Königs-

---

283 Vgl. Kratz, Translatio, 175.
284 Im Unterschied zur dtn Vorlage (2Sam 7,16) wird in der sog. Nathansweissagung in 1Chr 17,14 der ewige Bestand nicht der davidischen Dynastie als solcher verliehen, sondern der Königsthron des Jerusalemer Herrschers wird an die ewige Königsherrschaft Jhwhs gebunden: Gott spricht von *seinem* eigenen Haus (ביתי) und von *seinem* Reich (מלכותי).
285 Vgl. Kratz, Translatio, 172 f.
286 Vgl. Kratz, Translatio, 176; Ballhorn, Telos, 288. Vgl. dazu auch oben den Vergleich mit Dan bei V. 11–13.
287 Vgl. dazu Kratz, Gnade, 268.
288 Kratz, Translatio, 166, vgl. dazu oben zu V. 11–13 und auch Schmidt, Königtum, 95 f.
289 Vgl. auch die Klagepsalmen des Einzelnen (z. B. Ps 10; 22) sowie Ps 146 als Hymnus auf die gottkönigliche Fürsorge.
290 Diese Tendenz beginnt spätestens mit dem Untergang Judas und setzt sich in nachexilischer Zeit fort.

herrschaft Gottes kommt nach Ps 145 vollkommen ohne irdischen Herrscher aus, die alleinige Herrschaft Gottes setzt geradezu jede Form anderer Herrschaft und Machtverhältnisse außer Kraft.[291] Diese Thematik wird auch in den Psalmen des kleinen Hallels weiter fortgesetzt, wenn zum alleinigen Vertrauen auf JHWH aufgerufen wird und alle anderen Herrscher negativ bewertet werden (vgl. bes. Ps 146; 147; 149). JHWH ist nicht mehr nur Schöpfer und Erhalter der Erde, sondern wird zum Fürsorger des konkreten Individuums (vgl. bes. auch Ps 146).[292] Das „Vertrauen auf den inmitten seiner Gemeinde königlich-fürsorglich präsenten Gott [wird] zu einem Grundzug nachexilischer Frömmigkeit."[293] Mit der Individualisierung geht der nationale Gedanke nicht völlig verloren, aber er tritt in den Hintergrund.

Diese individualisierte Frömmigkeit findet ihren besonderen Ausdruck im Lobpreis. Darum ist das große Thema des Königtums Gottes in einen Hymnus gefasst: Denn nur im Lobpreis kann diesem Königsgott JHWH angemessen begegnet werden, im Hymnus wird JHWH als immerwährender König geehrt. Zugleich bietet die Form des Hymnus dem Psalmisten die Möglichkeit zur theologischen Reflexion. Das Königtum Gottes als Gegenstand theologischer Meditation, offen für alle Welt und besonders erfahrbar für die Frommen, wird mit Hilfe der Schrift in Ps 145 entfaltet. Die schriftgelehrte Reflexion führt den Beter zu der frommen Erkenntnis, dass JHWH als „seinem Gott, dem König" immer und ewig Lob gebührt. Dies macht der Fromme sich zur Aufgabe, ohne dabei die Welt aus den Augen zu verlieren, denn „am Ende" soll „alles Fleisch" in diesen Hymnus des heiligen Namen Gottes einstimmen.

Diese hier zu greifende Konzeption eines Psalms als theologisch reflektierter Hymnus wird in den folgenden Psalmen des kleinen Hallels aufgenommen und weitergeführt. Damit ist durch Ps 145 die Spur gelegt, in Folge derer die Hallel-Psalmen ebenfalls auf ihre Konzeption als schriftgelehrte Hymnen hin untersucht werden können. Es wird zu sehen sein, dass die Psalmen 146–150 viele Themen und sogar Formulierungen aus Ps 145 aufnehmen, dabei jedoch ganz eigene Kompositionen mit individuellen formalen Kennzeichen und theologischen Profilen darstellen. Als „Sch^{e}ma des Buches der Psalmen" mit spezifisch frömmigkeitstheologischer Ausprägung wird so Ps 145 im Kontext des Psalters zum Präludium des kleinen Hallels, indem er das Königtum Gottes als großen, universalen Horizont über alles Loben der Frommen stellt.

---

291 Vgl. dazu oben zu V. 11–13.
292 Vgl. dazu SCHMIDT, Königtum, 96: „Jahwe wurde vom König über die Erde zum König über die Welt und alle Zeit, vom König über die Götter zum König Israel und den einzelnen."
293 ZENGER, Herrschaft, 186.

1.5 Zusammenfassung: Die Konzeption von Psalm 145

Ps 145 ist ganz und gar auf das Loben Gottes ausgerichtet, das immer und ewig dem Gott JHWH, dem König, entgegengebracht werden soll. JHWH ist der universale große Herrscher der Welt und zugleich der Fürsorger, der sich um seine Geschöpfe kümmert und ihnen mit Gnade und Nähe begegnet. Das Loblied, das der Beter von Ps 145 sich selbst und aller Welt als Aufgabe stellt, besingt die schon gegenwärtige Königsherrschaft Gottes und antizipiert sie zugleich für die Situationen, in denen sie noch nicht vollkommen ist. Der Lobpreis des Königtums Gottes geschieht einerseits im Rückgriff auf Geschichte (vgl. bes. V. 4 – 9) und andererseits in Ansehung der Gegenwart (vgl. bes. V. 14 – 20). Damit gilt: Wer lobt, der hat schon Anteil am Königreich Gottes, der ist schon Teil des Reiches Gottes. Diese Gnadengabe kommt den Frommen zugute, die für den Psalmisten JHWH bereits anrufen, fürchten und lieben (V. 18 – 20) und damit die wahrhaft Lobenden sind: Denn sie erkennen die Herrschaft Gottes an und loben seinen heiligen Namen. Das Reich Gottes ist eine universale Größe, aber es ist noch nicht universal in Geltung. Darum gibt es die Unterscheidung in zugehörig und nicht-zugehörig zum Königtum Gottes.

Damit stellt der Psalm ein spezifisch hymnisch-theologisches Konzept dar: Das hymnische Loben führt zum Reich Gottes und zeugt zugleich von der Anteilgabe Gottes an seiner Herrschaft. Und: Zu diesem Lobpreis gelangt der Fromme durch das Studium der Schrift. Denn für den Psalmisten von Ps 145 entscheidet sich die Zugehörigkeit zum Reich Gottes an der JHWH-Anrufung, der JHWH-Furcht und der JHWH-Liebe. Im weisheitlichen Kontext heißt dies: An der Gesetzesobservanz, am konsequenten Studium der Tora zeigt sich die Zugehörigkeit zum Heil und daran kann die Heilsgewissheit abgelesen werden. Dort, wo der Wille Gottes erfüllt wird, dort wird das Reich Gottes Wirklichkeit. Darum ist Ps 145 getränkt von Schriftbezügen, die das Königtum Gottes von der Schrift her belegen. Denn damit macht der Beter deutlich: Der immerwährende Lobpreis des Königtums Gottes und dessen Charakterisierung ist nichts anderes als was die Schrift über JHWH sagt. Diese Konzeption eines schriftgelehrten Lobes fasst der Psalmist in die besondere Form des Akrostichons und gestaltet seinen Psalm durch weitere rhetorisch-sprachliche Elemente. Somit lässt sich für Ps 145 die Charakterisierung als *schriftgelehrter Hymnus* feststellen, die sich durch die drei Elemente auszeichnet: durch die formale Durchgestaltung, durch das hymnisch-theologische Profil und durch die hohe Zahl an Schriftbezügen (vgl. bes. Ps 103 und 104; Ps 34 und 111 als weitere Akrostichons; die JHWH-König-Psalmen Ps 96 und 97 sowie das Sch^{e}ma Israel in Dtn 6 und außerdem noch Ps 37; 71; 78; 86; 105; 106; 107; 136; Dtn 4; Ex 15; 34; Neh 9). Besonders der Rekurs auf die Psalmen 103 – 107 und damit auf den Übergang vom vierten zum fünften Psalmenbuch ist für die psalter-kompositorische Funktion von Ps 145 als (vorläufigem) Abschluss des fünften Psalmenbuches bemerkenswert.[294]

Das hymnische Loben steigert sich nach Ps 145 in drei Schritten von dem einzelnen Beter über die Folge der Generationen und den Frommen hin zu „allem Fleisch" (V. 21). Noch stimmt nicht „alles Fleisch" mit ein, aber dies ist die große Perspektive des Psalms, dass alle Welt erkennt, anerkennt und im Lobpreis singt, dass JHWH der ewige König ist. Denn am Ende kulminiert alles Loben und Preisen, alle konkreten Ausführungen der königlichen Taten Gottes in der Geschichte und für die Erhaltung des Einzelnen, auch alle Frömmigkeit und Schriftauslegung in dem Lob des heiligen Namens immer und ewig.

---

294 Vgl. dazu die Ausführungen in Kap. III.1.

2. Der Hymnus als JHWH-Lehre: Psalm 146

2.1 Hinführung

Ps 146 ist ein vielfach interpretierter und rezipierter Psalm, wie es beispielsweise Paul Gerhards Lied „Du meine Seele singe" belegt, das auf Ps 146 basiert. Auch aufgrund seiner Position als Eröffnungspsalm des kleinen Hallels hat er Beachtung erfahren und vielfältige Urteile erhalten, die zeigen, dass Ps 146 „als recht sperriges Material" empfunden wird, „das sich nur schwer in eine vorbereitete Verpackung unterbringen läßt"[1], wie Reindl feststellt. Die Kategorien reichen von schlicht[2] bis reichhaltig[3], von „tausendmal wiederholt"[4] bis hin zur Würdigung als einer theologischen Zusammenfassung[5]. Während Gunkel Ps 146 als „eine Musterkarte der grundlegenden hymnischen Formen"[6] versteht, betont Reindl die „paränetische, vielleicht sogar erzieherische Absicht"[7] des Psalms. In jedem Fall ist Ps 146 ein vielseitiger Psalm, der in kein festes Schema passt. Trotzdem lassen sich einige Merkmale dieses Hymnus beschreiben und deuten, was im Folgenden geschehen soll. Es ist ein Text zwischen Loben und Lehren, ein Psalm, der sowohl Hymnus als auch Lehrtext ist. Diese Doppelfunktion von Ps 146 wird sich in den folgenden Ausführungen als das theologische Konzept des Psalmisten erweisen, der beides miteinander verbunden hat: Ps 146 als ein „schlichtes und gerade in seiner Einfachheit eindrücklich starkes Lied des Gottvertrauens"[8] und zugleich zugehörig „zu den formal wie inhaltlich reichhaltigsten Psalmen des Alten Testaments. [...] Fast gewinnt man den Eindruck, er bilde eine Zusammenfassung der jungen Psalmtheologie, ein Kondensat von Kondensaten."[9] Das theologisch Zentrale wird am Ende des Psalters noch einmal auf den Punkt gebracht. So präsentiert Ps 146 wie schon Ps 145 eine „Gebetslehre". Dabei erhalten sowohl Gotteslob als auch Lehre ihre besondere Funktion und Bedeutung: Der Hymnus erweist sich nicht nur als formale Kategorie, sondern sein Wesen als theologische Denkform tritt in den Mittelpunkt.

---

1 REINDL, Gotteslob, 116.
2 Vgl. WEISER, Psalmen, 573.
3 Vgl. MATHYS, Dichter, 266.
4 Vgl. GUNKEL, Psalmen, 613.
5 Vgl. MATHYS, Dichter, 266.
6 GUNKEL, Psalmen, 612.
7 REINDL, Gotteslob, 134.
8 WEISER, Psalmen, 573.
9 MATHYS, Dichter, 266.

In Ps 146 werden lehrhafte und schriftgelehrte Elemente mit hymnisch geprägten schöpfungs- und königtumstheologischen Aussagen verbunden. Dabei
entsteht ein „didaktischer Hymnus", dessen Intention darin besteht, andere zu
einer bestimmten religiösen Haltung zu bewegen.[10] Es geht um nicht weniger als
um eine hymnische Lebenshaltung. Wie diese Intention im Psalm deutlich wird
und welche Funktion der Hymnus dabei als Sprach- und als Denkform hat, wird in
diesem Kapitel zu untersuchen sein. Zu dem kommt der schriftgelehrte Charakter
des Hymnus: Ps 146 greift auf Texte des Alten Testaments zurück, zitiert sie mit
leichter Abwandlung und steht in inhaltlicher Verbindung mit ihnen. Als wichtige
Spendertexte sind Ps 62; 103 / 104; 118; 121; 136 und immer wieder Ps 145 als direkter
Vorgängerpsalm zu nennen. Darüber hinaus gibt es intertextuelle Beziehungen zu
prophetischen Texten, in erster Linie zu den späten Heilsverheißungen bei Jesaja
(Jes 35; 42; 49), sowie zu Gen 3, Ex 15 und Dtn 10.

Der Aufbau des Kapitels orientiert sich an den drei Elementen, die den
Hymnus als theologisches Phänomen beschreiben: die theologische Programm-
matik, die formale Durchgestaltung des Textes sowie die zahlreichen innerbiblischen Bezüge.[11] Somit ergibt sich folgendes Vorgehen: Nach der Darstellung der
literarischen Gestaltung des hymnischen Textes und seiner Gliederung (Kap.
II.2.3), wird das Profil des Psalms in Blick auf seine theologische Konzeption und
aufgrund der zu beobachtenden innerbiblischen Exegese als Schriftauslegung
nachgezeichnet (Kap. II.2.4).

Zur thematischen Kontextualisierung von Ps 146 und seiner Konzeption von
hymnischer Lehre bzw. unterweisendem Hymnus ist dieser Form von Lehre in
Texten des Alten Testaments, die zum Teil auch von Ps 146 rezipiert werden,
nachzugehen. An ausgewählten Psalmen lässt sich die Verschränkung von
Hymnus und Lehre in unterschiedlichen Stadien und Formen beobachten. Sie
zeigen den Horizont auf, vor dem Ps 146 formuliert wird, und vor dem er sein
eigenes Konzept von „Hymnus als Lehre" generiert.

Lehre in den Psalmen des Alten Testament

Bei der Lektüre des Psalters fällt auf, dass etliche Psalmen nicht oder nicht nur als
Rede an Gott formuliert sind. Damit kommt der Aspekt der Lehre in den Blick. Viele
Psalmen setzen eine erweiterte Redesituation voraus, indem sie zwar in der Form des
Gebets, d. h. als Rede zu Gott, erscheinen, aber gleichzeitig andere Mit-Beter zum Teil

---

10 Vgl. REINDL, Gotteslob, 134, der von „didaktischen Psalmen" spricht. Als Verfasser sieht
Reindl einen vorbildlichen Weisen, der ganz in das Bild passt, das Jesus Sirach von einem Weisen
zeichnet (Sir 38,24 – 39,11). CRÜSEMANN, Studien, 299, spricht von „didaktischer Abzweckung".
11 Vgl. zu den drei Perspektiven des Hymnus Kap. I.

ganz explizit ansprechen und in ihren Ausführungen im Blick haben.[12] Dies gilt über kollektive Lobaufforderungen hinaus. Diese Psalmen werden zu Texten der Unterweisung, weil sie anderen eine Botschaft, einen Rat oder auch eine Ermahnung mitgeben wollen.[13] Der Psalm erhält so neben seiner vertikalen Ausrichtung auf Gott auch eine horizontale Sprechrichtung, indem er zur Anrede an andere wird.

Im Folgenden werden nun einige Beispiele für Lehrpsalmen bzw. Psalmen mit unterweisenden Elementen genannt, nämlich Ps 1; 34; 37; 62; 94; 145, anhand derer signifikante Charakteristika dieses Phänomens „Lehre in den Psalmen" aufgezeigt werden können. Dafür wurden Psalmen ausgewählt, die auch im Weiteren als Spendertexte für die Auslegung von Ps 146 wichtig sind.

Natürlich ist der Anfang mit Ps 1 zu machen, wenn man weisheitliche Lehre im Psalter betrachtet. Ps 1 wurde nachträglich als Proömium dem Psalter vorgeschaltet und entstammt weisheitlich-schriftgelehrtem Milieu.[14] Der Psalm beginnt mit der oftmals weisheitlich verorteten Form der Seligpreisung und hat die Ausrichtung des Gerechten auf die Tora JHWHs zum Thema, während vor der Gemeinschaft mit den Gottlosen gewarnt wird. Dem Nachbeter dieses Psalms wird der Gerechte als Vorbild vor Augen gehalten, dessen Weg er folgen soll. Ps 1 ist kein „Psalm im eigentlichen Sinn"[15], sondern „ein Stück weisheitlicher Lehrdichtung"[16] auf hoher theologischer Reflexionsebene. Trotzdem und offensichtlich gerade deswegen steht er am Eingang der Sammlung der Psalmen und gibt ihr so eine ganz spezielle Perspektive mit. Mit diesem Psalm am Anfang kann der Psalter nicht mehr als Sammlung von Kultgesängen verstanden werden. Die Verbindung von Ps 146 zu Ps 1 besteht insbesondere durch die Opposition von Gerechten und Gottlosen in V. 8–9.

Ähnlich wie Ps 1 hat auch Ps 37 die Gegenüberstellung von Gerechten und Gottlosen zum zentralen Thema, das nach allen Seiten hin ausgeleuchtet wird.[17] Dabei geht es dem Psalmisten um die Ermutigung seiner Adressaten zum Hoffen

---

12 Ähnlich auch WEBER, Werkbuch III, 186: „Eine strikte Scheidung zwischen ‚Kult' und ‚Weisheit' [d. h. Lehre] liegt [...] nicht vor, vielmehr finden wir öfters in *ein und demselben* Psalm eine Integration unterschiedlicher Sprechakte und Kommunikationssettings." [Hervorhebung original].
13 In diese Richtung geht auch REINDL, Bearbeitung, 341, vgl. dazu Kap. III.3, bes. Anm. 159.
14 Vgl. zu Ps 1 z. B. LEVIN, Gebetbuch; KRATZ, Tora, 281–291; REINDL, Bearbeitung, 338–341; LORETZ, Psalm 1.
15 KITTEL, Psalmen, 1.
16 REINDL, Bearbeitung, 333.
17 Zu Ps 37 vgl. unten die Ausführungen zu V. 8b–9. An dieser Stelle sei darauf hingewiesen, dass für den Überblick von der literarischen Endgestalt von Ps 37 und 34 ausgegangen wird, auch wenn eine literarkritische Untersuchung sicherlich aufschlussreich wäre, vgl. auch unten Anm. 240.

auf Jhwh allein. „Befiehl dem Herrn deine Wege und hoffe auf ihn, er wird's wohlmachen." (Ps 37,5). Dieser in der Übersetzung Luthers bekannte Vers zeigt deutlich die Intention des Sprechers. Er wendet sich an einen Einzelnen, um ihn zum Gottvertrauen und zur Gotteshoffnung zu ermutigen (vgl. Ps 37,3.7.34.37). Dabei ist der Psalm durchaus auch Gebet, weil er (indirekt) Gott lobt als denjenigen, der den Gerechten bewahrt. Vielmehr ist der Psalm aber eine Abhandlung über das Schicksal des Gerechten, der auf Gott vertraut, und dem des Gottlosen, der seinen Mitmenschen nachsetzt und von Gott vernichtet wird. Der Psalmist gibt seine eigene Erfahrung an seine Zuhörer weiter und nimmt die Rolle eines Lehrers wahr. Dieser Psalm ist somit zweifellos als Lehrpsalm zu bezeichnen.[18] Mit seiner Intention berührt sich Ps 37 eng mit Ps 146.

Für Ps 34 gilt Ähnliches, wo sich eine noch stärkere Verzahnung von Loben und Lehre findet.[19] Der Psalm beginnt mit einer Lobaufforderung (Ps 34,2 – 4) und führt dann die Vorzüge für denjenigen aus, der auf Gott vertraut und Jhwh-fürchtig ist (Ps 34,8 – 11). Insbesondere im zweiten Teil geht der Psalm in lehrhafte Sprache über, die mit V. 12 eröffnet wird: „Kommet her, ihr Kinder, höret mir zu! Ich will Euch die Furcht Jhwhs lehren." Dies klingt verdächtig nach den Weisheitssprüchen des Proverbienbuches[20] und findet sich doch inmitten eines Hymnus wieder. Denn ab V. 16 bedient sich dieser Lehrpsalm hymnischer Prädikationen Jhwhs um dessen Hilfe und Verlässlichkeit aufzuzeigen, die den Anfang des Psalms mit der Lobaufforderung aufgreifen und ausführen. So wird Ps 34 zum Lehr-Lobpsalm, der das Eingreifen Gottes zugunsten des Gerechten rühmt und zugleich die Zuhörer dazu auffordert, selbst zu Gottesfürchtigen zu werden.

Auch in Ps 94 geht es um die Opposition von Gerechten und Gottlosen, wobei es den Anschein hat, dass diese Trennung hier innerhalb Israels verläuft und eine Diskussion um die rechte Frömmigkeit widerspiegelt.[21] Hier werden die Narren innerhalb des Volkes zur Einsicht gerufen (Ps 94,8) und demgegenüber derjenige glücklich gepriesen, der von Gott selbst gelehrt wird (Ps 94,12). Es geht um die Vergewisserung der eigenen frommen Identität derer, die sich zum wahren Israel zählen. Der Psalm vereint Elemente von Klage und Bitte und fügt sie, ergänzt um die Unterweisung, in einem Lehrpsalm zusammen. Zudem werden wieder hymnische Gottesprädikationen aufgenommen und in rhetorische Fragen gebettet (V. 9 – 10.16). Ps 94 endet schließlich in dem Vertrauensbekenntnis zu Jhwh, der dem Gerechten Schutz bietet und den Ungerechten vertilgen wird (V. 22 – 23). Ps 94

---

18 Dazu Stolz, Psalmen, 63: „Die Unterweisung ist also der Elementarvorgang dieses Textes."
19 Zu Ps 34 vgl. unten die Ausführungen zu V. 8b – 9.
20 Vgl. Prov 2,1 – 5; 4,1 – 4.10 – 11.20 – 22; 5,1 – 2.7 und öfter.
21 Vgl. zu Ps 94 und den folgenden Ausführungen Stolz, Psalmen, 42 – 46, sowie unten zu V. 8b – 9.

bietet neben der engen thematischen Verwandtschaft mit Ps 146 auch die Vorlage für die Trias der *personae miserae* in V. 9.

Ps 62 thematisiert zwar nicht explizit den Gegensatz zwischen Gerechten und Gottlosen (vgl. aber Ps 62,4–5, wo gottloses Handeln beschrieben wird), aber die Ermutigung zum Festhalten am Vertrauen zu JHWH durchzieht den ganzen Psalm.[22] Dabei wechselt der Psalmist die Perspektive: Während er zunächst von Gott als seiner Zuversicht spricht (Ps 62,2–3.6–7, bes. V. 8), wendet er sich dann direkt an seine Adressaten: „Vertraut auf ihn allezeit, Leute, schüttet euer Herz vor ihm aus" und nennt Gott „unsere Zuversicht" (Ps 62,9). Daraufhin folgen weisheitlich geprägte Aussagen über die Vergänglichkeit des Menschen. Der Psalm endet mit einem Zahlenspruch wie sie auch in der Weisheitsliteratur zu finden sind.[23] In Ps 62 wird der Vertrauenspsalm zum Lehrtext, das Vertrauen des Psalmisten wird zum Vorbild für andere.

An letzter Stelle dieses kurzen Überblicks zu lehrhaften Psalmen soll Ps 145 stehen, der direkte Vorgängerpsalm von Ps 146.[24] Formal wird der weisheitlich-lehrhafte Charakter dieses Psalms durch seine akrostichische Form erreicht, wie sie in vielen weisheitlichen Lehrtexten verwendet wird. Die mehrmaligen Lobaufrufe wechseln sich mit hymnischen Elementen ab, die den Lobaufruf begründen. Durch die Eingrenzung des universalen Handeln Gottes auf die, die JHWH anrufen, ihn fürchten und lieben (Ps 145,18–20) transportiert der Psalm die Botschaft, durch ein solch gottgefälliges Verhalten dem Schicksal der Gottlosen zu entgehen (V. 20b). Auch wenn der Psalm den Begriff Tora nicht verwendet, steht doch eine ausgeprägte Tora-Frömmigkeit hinter den hymnischen Formulierungen, die das Lob des Königtum Gottes reflektierend betrachten. Somit reiht sich auch Ps 145 in die Gruppe der weisheitlich geprägten und lehrhaft ausgerichteten Psalmen ein. Ps 146 nimmt nun Motive, insbesondere das Königtum Gottes, von Ps 145 auf und führt diese weiter, wie im Folgenden zu sehen sein wird.

In den beschriebenen Psalmen lassen sich bei aller Unterschiedlichkeit der Kompositionen einige Charakteristika erkennen, die die Verbindung von Lehre und Psalm deutlich machen: So sind verschiedene sprachliche Merkmale wie die Warnung und Ermahnung (z. B. Ps 34,14–15; 37,7–8; 62,11) sowie die Form der Seligpreisung (z. B. Ps 1,1; 34,9; 94,12) festzustellen, die allgemein weisheitlich verortet werden. Thematisch ist die Frage nach dem guten oder rechten Leben wichtig, die anhand der Opposition von Gerechten und Gottlosen entfaltet wird. Wer gehört zu Gott? Woran kann dies erkannt werden? Und vor allem: Wie gestaltet

---

22 Vgl. zu Ps 62 unten die Ausführungen zu V. 3–4.
23 Vgl. ZENGER, Psalm 62, 180–181.
24 Vgl. zu Ps 145 Kap. II.1.

sich das Verhältnis Gottes zu den Gerechten und zu den Gottlosen? Darüber meditieren und reflektieren diese Psalmen und kommen zu dem Schluss, dass allein das Vertrauen auf JHWH und die Gottesfurcht das gute Leben ermöglichen können.

Die oben genannten Psalmen weisen Elemente der klassischen Gattungen wie Klage, Dank und Lob auf, die ursprünglich einen kultischen Hintergrund hatten. Hier handelt es sich aber nun um zumeist nach-kultische Psalmen, denen kein „Sitz im Kultus" mehr nachgewiesen werden kann.[25] Diese Psalmen zeichnen sich durch die Kombination dieser klassischen Sprechweisen mit unterweisenden Teilen aus, sei es, dass Adressaten direkt benannt werden oder weisheitliches Gedankengut verwendet wird oder auch die Gottesfurcht betont wird. Grund für diese Mischungen können redaktionelle Nachträge in einzelnen Psalmen sein[26] oder, was häufiger der Fall sein dürfte, weil alle Teil organisch miteinander verbunden sind, die Psalmen wurden von vornherein mit der Intention der Unterweisung konzipiert (vgl. Ps 1; 37 und auch Ps 146). In der folgenden Untersuchung ist darum zu zeigen, wie Ps 146 eine Verbindung von Lehre und Lob im Hymnus darstellt, die größtenteils durch Rezeption anderer Psalmen und Texte gewonnen wird.

2.2 Text und Übersetzung von Psalm 146

1 Halleluja![27]
Lobe, meine Seele, JHWH!
2 Ich will loben JHWH mit meinem Leben,
ich will lobsingen[28] meinem Gott solange ich bin[29].

1 הַלְלוּ־יָהּ
הַלְלִי נַפְשִׁי אֶת־יְהוָה :
2 אֲהַלְלָה יְהוָה בְּחַיָּי
אֲזַמְּרָה לֵאלֹהַי בְּעוֹדִי :

3 Vertraut nicht auf Fürsten,
auf einen Menschen(sohn),[30] bei dem keine Rettung ist.

3 אַל־תִּבְטְחוּ בִנְדִיבִים
בְּבֶן־אָדָם שֶׁאֵין לוֹ תְשׁוּעָה :

---

25 Vgl. hierzu Kap. III.3.
26 Vgl. etwa LEVIN, Gebetbuch, 371, der die Zusätze als „‚Gebrauchsspuren' einer aktiven Aneignung des Psalters als eines gegebenen geistlichen Besitzes", interpretiert und eine umfangreiche Bearbeitung des Psalters im Sinne des Themas „Gerechte und Frevler" annimmt (a.a.O. 374).
27 Das Halleluja fehlt in einigen Handschriften. Bei allen anderen Psalmen des Hallels ist das Halleluja in MT durchgängig erhalten. Zur Halleluja-Rahmung vgl. auch Kap. III.1.
28 Vgl. zu זמר und der Übersetzung mit „lobsingen" die Ausführungen zu Ps 147,7.
29 Wörtlich etwa „in meinem Nochsein", so DELITZSCH, Psalmen, 817.
30 LXX und Syr lesen hier eine copula (καί); allerdings ist der asyndetische Anschluss mit MT beizubehalten, vgl. dazu KSELMAN, Psalm 146, 588, sowie unten die Ausführungen zu V. 3 – 4.

4 Schwindet sein Atem, kehrt er zurück zu seinem Erdboden,   תֵּצֵא רוּחוֹ יָשֻׁב לְאַדְמָתוֹ 4
am selben Tag vergehen seine Gedanken.[31]   בַּיּוֹם הַהוּא אָבְדוּ עֶשְׁתֹּנֹתָיו׃
5 Glücklich der, der den Gott Jakobs als seine Hilfe[32] hat,   אַשְׁרֵי שֶׁאֵל יַעֲקֹב בְּעֶזְרוֹ 5
der seine Hoffnung auf JHWH, seinen Gott [setzt],   שִׂבְרוֹ עַל־יְהוָה אֱלֹהָיו׃
6 der schafft Himmel und Erde,[33]   עֹשֶׂה שָׁמַיִם וָאָרֶץ 6
das Meer und alles, was in ihnen ist.[34]   אֶת־הַיָּם וְאֶת־כָּל־אֲשֶׁר־בָּם

Er ist der Bewahrer[35] von Treue bis in Ewigkeit,   הַשֹּׁמֵר אֱמֶת לְעוֹלָם׃
7 der Recht schafft den Unterdrückten,   עֹשֶׂה מִשְׁפָּט לָעֲשׁוּקִים 7
der Brot gibt den Hungrigen.   נֹתֵן לֶחֶם לָרְעֵבִים
JHWH löst die Gefangenen los.   יְהוָה מַתִּיר אֲסוּרִים׃
8 JHWH öffnet die [Augen der] Blinden.   יְהוָה פֹּקֵחַ עִוְרִים 8
JHWH richtet die Gebeugten auf.   יְהוָה זֹקֵף כְּפוּפִים
JHWH liebt die Gerechten.[36]   יְהוָה אֹהֵב צַדִּיקִים׃
9 JHWH bewahrt die Fremden,   יְהוָה שֹׁמֵר אֶת־גֵּרִים 9
Waise und Witwe richtet er wieder auf,   יָתוֹם וְאַלְמָנָה יְעוֹדֵד
aber den Weg der Gottlosen krümmt er.[37]   וְדֶרֶךְ רְשָׁעִים יְעַוֵּת׃

---

31 LXX fügt hier noch παντες ein, vermutlich zur Betonung des völligen Verschwindens aller Gedanken. Wenn es keine selbstständige Ergänzung war, wäre es auch möglich, dass in der hebräischen Vorlage der LXX ein כל gestanden hat.
32 Die Präposition ב ist ungewöhnlich, evtl. handelt es sich um eine Dittographie, vgl. schon DUHM, Psalmen, 475; GUNKEL, Psalmen, 613; KRAUS, Psalmen, 1131. Dagegen versteht REINDL, Gotteslob, 118, (vgl. auch ALLEN, Psalms, 375; ZENGER, Psalm 146, 812) das ב eher als Beï essentiae und hält eine Streichung nicht für notwendig. In allen Fällen ändert sich nichts an der Bedeutung, vgl. dazu auch KSELMAN, Psalm 146, 588.
33 Das Partizip schließt relativisch an, vgl. die Parallelstellen Ps 115,15; 121,2; 124,8; 134,3 und dazu REINDL, Gotteslob, 118 f, sowie unten die Ausführungen zu V. 5–6a.
34 Das Plural-Suffix בם bezieht sich auf alle drei Bereiche: auf Himmel, Erde und Meer. JHWH ist „Erschaffer aller sie füllenden Wesen", so DELITZSCH, Psalmen, 818.
35 Vgl. GESENIUS, Grammatik, 422 f, der feststellt, dass „der Artikel [...] eine neue Aussage über ein vorangehendes Nomen anknüpft. Obschon derartige Participia etc. zunächst wohl immer als Apposition zu einem vorhergeh. Subst. gedacht sind, so hat doch der Art. in einem Teile dieser Beispiele nahezu die Kraft eines הוא [...] als des Subjekts eines Nominalsatzes."
36 BHS schlägt hier eine Umstellung vor: V. 8b soll erst nach V. 9a gelesen werden, um eine Parallelität mit Ps 1,6 zu erreichen. Dies hat aber keinen Anhalt am Text, vgl. dazu unten V. 8b–9.
37 11Q5 bietet zwischen V. 9 und 10 einen Zusatz, dessen erster Teil sich recht sicher mithilfe von Ps 33,8 rekonstruieren lässt (vgl. SANDERS, Psalms Scroll, 23; DAHMEN, Rezeption, 127): גבורותיו / [ ] מיהוה כל הארץ ממנ[ו יגורו כול יושבי תבל] / בהודעו לכול מעשיו ברא / [ויראו]" [Es fürchte] JHWH alle Welt, vor [ihm scheuen sich alle Bewohner des Erdkreises, vgl. Ps 33,8]. In seinem Kundtun allen seinen Werken hat er geschaffen [...] seine Machttaten." Die Rekonstruktion des zweiten Teils ist schwieriger. SANDERS, Psalms Scroll, 23, erwägt eine Inspiration durch Ps 145,10.12. Allerdings besteht die Verbindung nur durch einzelne Worte, nicht durch die inhaltliche Aussage, was die Rekonstruktion erschwert, vgl. dazu auch DAHMEN, Rezeption, 127 f. Der Zusatz trägt das Thema der Gottesfurcht über das Zitat von Ps 33,8 in den Psalm ein. Die Ermahnung zur „Gottesfurcht wird im folgenden, nicht sicher zu rekonstruierenden Vers wohl

10 König sei JHWH bis in Ewigkeit,
dein Gott, (o) Zion, von Generation zu Generation.
Halleluja![38]

10 יִמְלֹךְ יְהוָה לְעוֹלָם
אֱלֹהַיִךְ צִיּוֹן לְדֹר וָדֹר
הַלְלוּ־יָהּ :

2.3 Psalm 146 als hymnischer Text und seine literarische Gestalt

Ps 146 ist ein hymnischer Text, der ganz verschiedene Sprachelemente und Redeformen in sich vereinigt. Es wird gelobt und gepriesen – sowohl Gott als auch der Mensch – es wird gewarnt und ermutigt. Lob und Lehre verbinden sich in diesem Psalm auf eigentümliche Weise miteinander und stellen das besondere sprachliche und inhaltliche Profil des Psalms dar. Dabei entzieht sich der Psalm einer klassischen Gliederung in Form von Strophen und folgt stattdessen seinem ganz eigenen Gefüge (vgl. die Gliederung in Kap. II.2.3.2).

In Ps 146 finden sich unterschiedliche Textstücke wie Lobaufforderung, Mahnrede, Seligpreisung und hymnisches Preisen, die miteinander verbunden und in den Dienst der Lehre gestellt werden. Immer wieder wurden die verschiedenen Elemente von Ps 146 bestimmten Gattungen und Formen zugeordnet, allerdings oft mit einem unzureichenden Ergebnis bzw. nur unter der Annahme von Mischformen[39] und Untergattungen.[40] Schon Crüsemann musste zugeben, dass die Form- und Gattungsbestimmung für Ps 146 im Grunde scheitert und „daß fast nirgends ein strenges, traditionelles Formschema diese Hymnen prägt. Man muß annehmen, daß die freie Verwendung der alten Formen unter z.T. didakti-

---

schöpfungstheologisch begründet, insofern Gott selbst in einem Schöpfungsakt die Möglichkeitsbedingung zur Erkenntnis seiner Machttaten bereitstellt, die dem Gottvertrauen vorausgehen muß", so Dahmen, Rezeption, 128f. Mit dieser Erweiterung in 11Q5 wird die bereits in der masoretischen Fassung von Ps 146 zu erkennende inhaltliche Zuspitzung verstärkt, indem der Zusatz auf V. 5.6a zurückweist und eine Rahmung um die hymnische Partizipienreihe schafft. Die göttliche Erkenntnis stellt dagegen einen neuen Aspekt dar, der sich aber ähnlich z. B. in Ps 147,5 findet sowie in Ps 154,5–7 (11Q5 XVIII, 3–5) und in Hymn to the Creator (11Q5 XXVI, 13–14), vgl. die Ausführungen zu Ps 147,5. In jedem Fall ist der Zusatz aufgrund der Textzeugen für MT als sekundär zu betrachten (vgl. Dahmen, Rezeption, 129), weil er die bereits intendierte Thematik des Psalms verdeutlicht und die Rezeption anderer Psalmen, wie Ps 33 und Ps 145, die sich durch weitere Bezüge von Ps 146 als sichere Spendertexte erweisen, fortführt. Vgl. Kap. III.2.
38 Die Halleluja-Unterschrift fehlt in der LXX wie bei allen Psalmen des kleinen Hallels bis auf Ps 150.
39 Vgl. zur Schwierigkeit von Mischgattungen Stolz, Psalmen, 23f, sowie Kap. III.3.
40 Vgl. Reindl, Gotteslob, 116.125; Karasszon, Bemerkungen, 125, spricht von „mehrfacher Stilmischung", die auch „Zeichen für die spätere Verfassungszeit des Psalms" ist. Westermann, Lob, 91–93, ordnet Ps 146 in die sehr heterogene Gruppe der „beschreibenden Lobpsalmen" ein.

scher Abzweckung an einem Ort geschieht, der sich von dem für die Formensprache anzunehmenden kultischen Ausgangspunkt unterscheidet."[41]

Auf Grundlage der vorläufigen Charakterisierung von Ps 146 als hymnischem Text kann im Folgenden die sprachliche Analyse (Kap. II.2.3.1) und die Beschreibung der einzelnen Elemente im Blick auf eine Gliederung (Kap. II.2.3.2) vorgenommen werden. Bemerkenswert ist bei allen formkritischen Schwierigkeiten die unterschiedliche Sprachprägung der einzelnen Abschnitte des Textes, die sich vor allem durch die Auseinandersetzung mit anderen Texten und Traditionen ergibt und die sich darum auch von daher erklären lässt. Eine Interpretation dieser verschiedenen Textbezüge und Motivaufnahmen in Ps 146 im Sinne eines schriftgelehrten Hymnus und im Kontext seines theologischen Profils folgt dann in Kap. II.2.4.

2.3.1 „Ich will loben!" – Zu Sprache und Form

Zunächst sind Beobachtungen zur sprachlichen Gestalt von Ps 146 anzuführen. Der Hymnus ist durch den Halleluja-Ruf gerahmt. Dies verbindet diesen Psalm schon rein äußerlich mit den folgenden Psalmen 147–150, die in der masoretischen Fassung alle die Halleluja-Rahmung aufweisen.[42] Neben den Hallel-Psalmen sind nur noch Ps 106; 113 und 135 durch Halleluja umrahmt.[43]

Das Psalmkorpus beginnt mit einer dreifachen Lobaufforderung des Beters an sich selbst (V. 1–2). Der Anfang des Psalms ist sprachlich besonders gestaltet, insofern die Gleichförmigkeit hervorsticht, die in diesen ersten beiden Versen begegnet: Der dominierende Begriff in V. 1–2 ist das „Ich" des Beters, das durch das dreimalige Suffix der ersten Person angezeigt ist. Der Begriff נפשי („meine Seele", d. h. „ich selbst als Person")[44] wird durch zwei parallele Formulierungen ergänzt: In V. 2a durch בחיי („mit meinem Leben" oder „durch meine Lebendigkeit") und in V. 2b durch בעודי („in meinem Nochsein"[45], d. h. „während mei-

---

41 Crüsemann, Studien, 300 f; vgl. a.a.O., 306. Ähnlich Reindl, Gotteslob, 132, der zu dem Schluss kommt, dass der Psalm zwar hauptsächlich Hymnisches enthält, aber in seiner Vielfältigkeit keiner bestimmten Gattung zuzuordnen ist. Ähnlich auch Nötscher, Psalmen, 306.
42 Vgl. zur Halleluja-Rahmung in der LXX die Ausführungen in Kap. III.
43 Vgl. dazu die Ausführungen in Kap. III.
44 Vgl. neben den einschlägigen Wörterbüchern Krüger, Lob, 27 f: „נֶפֶשׁ umschreibt hier, wie auch im Akkadischen gebräuchlich, das Reflexiv: *Ich selbst* will JHWH loben. Auch hier schwingt die ganze Bedeutungsbreite von נֶפֶשׁ, die Kehle als Organ des Atems, Vitalität, Begehren – im Grunde die Person als Ganze – mit." [Hervorhebung original].
45 Vgl. Delitzsch, Psalmen, 817.

ner Lebensdauer").[46] Dem personalen Ausdruck werden je ein Verb des Lobens (2x זמר; הלל) und eine Gottesbezeichnung (2x אלהי; יהוה) zur Seite gestellt. V. 2 bietet mit der doppelten Lobaufforderung (אהללה יהוה בחיי – אזמרה לאלהי בעודי) ein Musterbeispiel für den *parallelismus membrorum* und ist hier als ein sog. „Längsparallelismus" zu bezeichnen, da Wortwahl, Syntax und Semantik vollkommen parallel gestaltet sind.[47] V. 2a knüpft zudem an V. 1 an, indem die dortige Lobaufforderung im Imperativ (את־יהוה [...] הללי) als Kohortativ wieder aufgenommen wird (אהללה יהוה). Außerdem findet sich hier eine ausgeprägte א-Alliteration, die sich bis V. 5 hinzieht.[48]

Die lehrhafte Sentenz in V. 3–4 wird durch die morphologisch verwandten Begriffe אדם („Mensch", V. 3) und אדמה („Erdboden", V. 4) dominiert, die die Geschöpflichkeit und Vergänglichkeit des Menschen sprachlich hervorheben. Lautliche Ähnlichkeit weisen auch die beiden jeweils letzten Begriffe in V. 3 und 4 auf: תשועה („Rettung") und עשתנות („Gedanken"), die beide in diesem Kontext ebenfalls als vergänglich und unbeständig verstanden werden.

Den in V. 3–4 verneinten Ausdrücken בטח (hier: אל־תבטחו, „vertraut nicht"), תשועה (hier: לו תשועה, „keine Rettung") und עשתנות (hier: אבדו עשתנותיו „verloren gehen seine Gedanken")[49] stehen in V. 5 zwei positive Begriffe aus dem gleichen semantischen Wortfeld gegenüber: עזר („Hilfe") und שבר („Hoffnung")[50]. Diese Attribute sind mit je einer Gottesbezeichnung verbunden, so dass sich eine chiastische Satzstellung ergibt (אל יעקב בעזרו / שברו על־יהוה), die vom satzeinleitenden אשרי abhängig ist. V. 5 als Seligpreisung desjenigen, der sein Vertrauen auf JHWH setzt, bildet so das Gegengewicht zu V. 3–4 und der Warnung vor dem Vertrauen auf Obrigkeit und Mensch.

Mit V. 6 beginnt die lange, neunfache Partizipienreihe, die bis V. 9aα reicht. Durch das Partizip עשה (V. 6a), das relativisch an V. 5 angeschlossen ist, wird eine enge Verbindung hergestellt. So bildet V. 6a die erste umfassendere Explikation des zu vertrauenden Gottes als Schöpfer von Himmel, Erde und Meer und ist damit als weiteres Attribut zu JHWH zu verstehen, das außerdem geprägten Sprachgebrauch aufnimmt.[51]

---

46 Der erste Ausdruck betont stärker die instrumentale Perspektive und der zweite die temporale Ausdehnung, ähnlich auch ZENGER, Psalm 146, 817.

47 Vgl. SEYBOLD, Poetik, 99.

48 Vgl. SEYBOLD, Psalmen, 536.

49 עשתון ist ein Hapaxlegomenon im Alten Testament.

50 שבר als Substantiv kommt nur noch einmal vor: in Ps 119,11, ebenfalls mit Suffix (משברי). Laut GUNKEL, Psalmen, 613, handelt es sich bei שברו um eine aramaisierende Form.

51 Normalerweise wird die Formel עשה שמים וארץ mit dem Partizip im st. cstr. direkt an die Gottesbezeichnung angeschlossen wie in Ps 115,15; 121,2; 124,8; 134,3 (vgl. dazu auch unten

Das einzige mit Artikel versehene Partizip (השמר) in V. 6b fällt auf und hebt die Aussage über JHWH als treuen Bewahrer seiner Schöpfung hervor, die zugleich das Bezugssubjekt für die folgenden Partizipien in V. 7a darstellt. So fungiert V. 6b wie eine Überschrift, setzt sich von den folgenden Aussagen ab und leitet sie zugleich ein.[52] Eine Streichung des Artikels in Anlehnung an die folgende Partizipienreihe ist keine überzeugende Lösung und würde die sprachliche Besonderheit des Versteils nivellieren.[53] Durch den Begriff לעולם am Ende von V. 6b, der auf die anderen Zeitangaben in V. 2 (בחיי / בעודי) und 10 (לעולם) verweist,[54] und ebenso durch die Wiederaufnahme von עשה zu Beginn von V. 7 in Parallele zu V. 6a wird die Sonderstellung des Versteils unterstützt. Aufgrund von syntaktischen und semantischen Merkmalen ist somit eine Zäsur zwischen V. 6a und 6b.7–9 zu sehen.[55]

Nach der schöpfungstheologischen Bestimmung (V. 6a) und der einleitenden Überschrift in V. 6b beginnt mit V. 7 die eigentlich hymnische Partizipienreihe. Die beiden an V. 6b relativisch anschließenden und syntaktisch parallelen Kola in V. 7a bestehen aus Partizip und zwei Objekten (ein direktes und ein durch die Präposition ל angezeigtes indirektes Objekt), in denen JHWH bzw. der „Bewahrer von Treue" aus V. 6b jeweils zwar nicht genanntes, aber logisches Subjekt ist.[56] Dann folgen fünf dreigliedrige Elemente, die jeweils aus Subjekt (immer JHWH), Partizip

---

die Ausführungen zu V. 5–6a mit Anm. 141). REINDL, Gotteslob, 118f.129, vermutet, dass hier die masoretische Punktierung des st. abs. durch die nachfolgenden Partizipien begünstigt worden sein könnte und so die ursprüngliche Verbindung von V. 5 und 6a aufgelöst hat. Eine Abhängigkeit für V. 6a von 5 nimmt auch KRATZ, Gnade, 258 Anm. 56, an.
52 So schon DUHM, Psalmen, 475; ähnlich ALLEN, Psalms, 379; vgl. REINDL, Gotteslob, 130, und MATHYS, Dichter, 268–269.
53 GUNKEL, Psalmen, 613, tilgt den Artikel, um die Analogie zu den übrigen Partizipien beizubehalten, und liest שֹׁמֵר. Ebenso KRAUS, Psalmen, 1131. REINDL, Gotteslob, 119, betont dagegen den Signalcharakter des Artikels und behält den überlieferten Text bei (wie auch ALLEN, Psalms, 377). Auch KRATZ, Gnade, 260f Anm. 62, nimmt aufgrund des Artikels die Markierung eines Einschnittes an, vgl. die Häufung von Partizipien mit Artikel in Ps 147,3a.8a.b.c.14a.15a.16a.
54 Vgl. dazu unten.
55 Vgl. KRATZ, Gnade, 258 Anm. 56. Anders ZENGER, Psalm 146, 813, der die Zäsur erst nach V. 6b setzt. V. 6 wird insgesamt durch den Gleichklang von הים ... בם ... לעולם (Homoioteleuton) zusammengehalten, vgl. dazu RAVASI, Salmi III, 934.
56 Aufgrund der gleichen syntaktischen Struktur von V. 6b und 7a werden diese Versteile oft eng zusammengebunden (so z. B. KSELMAN, Psalm 146, 593). Dabei ist zu beachten, dass sich durch לעולם (V. 6b) als temporale Bestimmung und לעשוקים bzw. לרעבים (V. 7) als Empfänger der Gaben von Recht bzw. Brot semantische Unterschiede ergeben. Außerdem, wie oben erläutert, sind das mit Artikel versehene Partizip wie auch die Zeitangabe לעולם, die auf die Rahmenteile des Psalms verweist, zu starke formale Marker, als dass V. 6b vollkommen gleichwertig in die Partizipienfolge eingereiht werden könnte. Auch REINDL, Gotteslob, 121 mit Anm. 24, betont die Unterschiede zwischen V. 6b und 7a.

und direktem Objekt bestehen (V. 7b – 9aα). Ihre Abfolge ist dabei streng parallel gesetzt (bis auf die *nota accusativi* in V. 9aα[57]). Diese formale Geschlossenheit ist im Psalter selten[58] und stellt die besondere Gewichtung der Aussagen für den Psalm heraus. Um diese Gleichförmigkeit zu erhalten, wurden die Aussagen in V. 7b und 8aα poetisch verkürzt.[59] In V. 8aα fehlt das zu erwartende direkte Objekt („die Augen"), eine ähnlich knappe Formulierung mit dem Akkusativ der Person liegt in V. 7b vor.[60] Auch die Aussage von V. 8b hat in ihrer Kürze keine Parallele.[61] In V. 6b.7–9 findet sich somit ein „Hymnus im Hymnus", der die hymnische Sprachform bis zum Äußersten ausreizt.

In der langen Partizipienreihe werden zwei Verben doppelt verwendet: עשה („schaffen") in V. 6a und 7a, jeweils zur Eröffnung des Verses, und שמר („bewahren") in V. 6b und 9aα. Bemerkenswert ist der durchgehende Schlussklang auf das Pluralmorphen ‏ים‎- am Ende jeden Kolons, der den ganzen Abschnitt V. 7–9aα auch lautmalerisch zusammenbindet (vgl. auch ‏ם‎- am Ende von V. 6a.b und 10a).

Die Kolonstruktur von V. 6b – 9 lässt sich als zwei Trikola in V. 6b – 7a[62] und 7b – 8a und als ein doppeltes Bikolon in V. 8b.9aα und 9aβ.b beschreiben, die jeweils sowohl syntaktisch als auch inhaltlich miteinander verbunden sind.[63] In V. 9 endet die partizipiale Lobpreisung JHWHs und seiner Heilshandlungen, indem der Partizipienstil in finite Verbformen übergeht.[64] Der Übergang wird semantisch durch die Trias (‏גר‎ [„Fremder"] – ‏יתום‎ [„Waise"] – ‏אלמנה‎ [„Witwe"]) verbunden, die

---

57 Zwar setzt V. 9aα die Reihe fort, allerdings wird hier das Objekt durch eine ‏את‎-Konstruktion angezeigt, was die vorherige strenge Parallelführung etwas aufbricht und schon als Vorbereitung der Überleitung zu den Verbalsätzen gedeutet werden kann.

58 Vgl. REINDL, Gotteslob, 130 mit Anm. 53, der allerdings die gleichmäßige Reihenbildung in V. 7b – 9a als singulär ansieht. Eine ähnlich geschlossene hymnische Lobpreisung (über die Torah JHWHs) findet sich aber z. B. in dem weisheitlichen Gedicht Ps 19,8 – 10: Auch dieser Abschnitt zeichnet sich durch vollkommene Gleichförmigkeit (je ein semantisch verwandtes Subjekt mit JHWH-Attribut; Adjektiv; Partizip; direktes Objekt) aus. Die lange Partizipienreihe wird, wie in Ps 146,9, in Ps 19,10b in einem das Vorherige zusammenfassenden Verbalsatz aufgelöst.

59 Betrachtet man das Metrum des Psalms, dann findet sich auch hier bis auf V. 4 und 5 völlige Gleichförmigkeit, da immer Dreier zu zählen sind, vgl. REINDL, Gotteslob, 121.

60 Vgl. GUNKEL, Psalmen, 613, sowie unten die Ausführungen zu V. 7b – 8a.

61 Vgl. zur Singularität der Aussage „Liebe für den Gerechten" die Ausführungen zu V. 8b – 9.

62 Beachte dabei die Einschränkung (bei V. 6b – 7a), die oben in Anm. 56 benannt ist.

63 Ähnlich auch ALLEN, Psalms, 377, vgl. dazu unten Kap. II.2.3.2.

64 Dieser Übergang von Partizipien in einen Verbalsatz wie in V. 9a ist häufig belegt, vgl. REINDL, Gotteslob, 131. Allerdings verwundert REINDL, Gotteslob, 119 f.131, die Fortführung des ersten Verbalsatzes durch einen zweiten und er scheidet deswegen V. 9b als sekundäre Erweiterung aus, vgl. unten die Ausführungen zu V. 8b – 9. Auch im folgenden Ps 147 wird mehrmals die begonnene Partizipialkonstruktion durch ein finites Verb fortgeführt (V. 2.4.14.15.16.17), vgl. Kap. II.3.3. Vgl. zum Phänomen insgesamt GESENIUS, Grammatik, 377.

zugleich den Gegensatz zum letzten Versteil, dem Ergehen der Frevler (רשעים),
bildet. Somit ergibt sich in V. 8b – 9 eine besondere chiastische Struktur: V. 8b
bildet mit V. 9b durch die antithetische Gegenüberstellung von Gerechten und
Frevlern einen Rahmen um die Gruppe der *personae miserae* in V. 9a. Dabei wird je
ein Nominalsatz durch einen entsprechenden Verbalsatz komplementiert (V.
8b.9b; 9aα.9aβ). Auf syntaktischer Ebene bilden dagegen jeweils die Folgesätze ein
Paar aufgrund ihrer parallelen Satzstruktur (V. 8b.9aα; 9aβ.9b).[65]

In V. 10 beginnt die Akklamation des Königtums JHWHs mit der Jussiv-Form
ימלך,[66] von der die weiteren Elemente des Verses abhängig sind: Jeweils eine
Gottesbezeichnung (אלהיך / יהוה) ist mit einer temporalen Bestimmung (לעולם / לדר
ודר) zusammengestellt, im zweiten Glied ergänzt durch einen Vokativ in der 2. Pers.
Sg. (ציון). Die finite Verbalform (ימלך) führt die einzigen weiteren Imperfekta des
Psalms aus den direkt vorangehenden Versen weiter (יעודד; יעות, V. 9aβ.b),[67] indem
die Endstellung aufgegeben wird und – ungewöhnlicherweise – das Verb an die
erste Stelle gesetzt wird.

Die Zeitangaben aus V. 10 korrespondieren mit den übrigen im Psalm: Während der Beter den Psalm mit Blick auf seine eigene Lebenszeit beginnt (בעודי / בחיי,
V. 2), rühmt er zunächst in V. 6 die ewige Treue JHWHs (לעולם). Am Ende des Psalms
wird die ewige Ausdehnung des Königtums JHWHs durch die doppelte temporale
Bestimmung ausgedrückt (לעולם / לדר ודר, V. 10). Somit wird dem menschlichen,
begrenzten Lob die göttliche Ewigkeit gegenübergesetzt, da in V. 2 und 10 jeweils
zwei temporale Präpositionsverbindungen am Ende eines Kolons positioniert
sind. Dem konträr gegenüber steht die Wendung in V. 4 (ביום ההוא, „am selben
Tag"), die alles andere als Dauer ausdrückt und die Vergänglichkeit der Pläne des
gewöhnlichen Menschen betont.

2.3.2 Loben und Lehren – Zu Gedankengang und Gliederung

Ps 146 beginnt mit einer dreifachen Aufforderung zum Lobpreis JHWHs (V. 1– 2),
sieht man von dem rahmenden Halleluja-Ruf einmal ab. Ähnlich wie schon in Ps
145 lässt sich eine Bewegung erkennen, die bei dem einzelnen Beter ihren Ausgang

---

65 Ähnlich auch KSELMAN, Psalm 146, 594 f, der die Struktur in V. 8b – 9 (bei Kselman V. 8c – 9c)
eine „envelope constuction" nennt. Diese Beobachtungen sprechen gegen die von einigen Aus-
legern vorgenommene Umstellung in V. 8 – 9 bzw. gegen eine Ausscheidung von V. 9b als sekundär, vgl. dazu unten die Ausführungen zu V. 8b – 9. Vgl. zu Einheitlichkeit des Psalms und
chiastischer Struktur von V. 8b – 9 auch ZENGER, Psalm 146, 815 f.821.
66 Vgl. zur Problematik ZENGER, Psalm 146, 812; DERS., Mund, 143, sowie unten zu V. 10.
67 Vgl. RAVASI, Salmi III, 534.

nimmt (vgl. die Selbstaufforderung in V. 1–2) und sich dann immer weiter öffnet. So wendet sich der Sprecher in V. 3 an eine nicht näher definierte Gruppe (vgl. die Mahnrede in 2. Pers. Pl.) und bezieht so andere in seine Lobrede mit ein (vgl. die Seligpreisung in V. 5). Schließlich öffnet er den Kreis der Angesprochenen noch weiter, indem er mit der personalisierten Anrufung Zions als großer Lobgemeinschaft endet (vgl. die Akklamation in V. 10), die durch die zeitübergreifenden Ausdrücke (לעולם / לדר ודר) auch eine ewige Perspektive erhält.[68] Im Blick auf die sich ausweitende Personenkonstellation ist die dreimalige Nennung von אלהים, jeweils mit Suffix zu bemerken: Was der Beter über „meinen Gott" (אלהי, V. 2) zu sagen hat, gilt jedem Menschen, der seine Hilfe (wie der Beter) bei „seinem Gott" (אלהיו, V. 5) sucht, und es ist dieser helfende Gott kein anderer als der Königsgott vom Zion: „dein Gott, Zion" (אלהיך ציון, V. 10).

Die schon oben erwähnten einander gegenübergestellten Zeitangaben – das menschliche Leben (V. 2) und die göttliche Ewigkeit (V. 10, vgl. V. 6b) – verstärken die Rahmenstruktur, die V. 1–2 und V. 10 um die Ausführungen des Psalm zur Frage nach dem rechten Vertrauen bilden. Das thematische Zentrum liegt dabei in V. 5[69], ergänzt durch die schöpfungstheologische Qualifizierung in V. 6a: JHWH ist der universale Schöpfergott von Himmel, Erde und Meer. Zugleich stehen die Rahmenstücke durch die zeitliche Perspektive in Verbindung zum Beginn des hymnischen Abschnitts, wo ebenfalls die Ewigkeit Gottes im Eröffnungsvers gepriesen wird (V. 6b).

In dieses Grundgerüst von V. 1–2.5–6a.10 sind zwei Stücke eingebunden, die einander im Verhältnis negativ-positiv entsprechen. V. 3–4 stellt die Hinführung zum eigentlichen Thema durch den prophetisch-weisheitlichen Warnspruch vor falschem Vertrauen dar, das auf Herrscher bzw. den vergänglichen Menschen ausgerichtet ist. Auf Grundlage dieser Negativ-Beschreibung kann im Folgenden das rechte Vertrauen auf JHWH noch deutlicher dem Hörer oder Leser des Psalms vor Augen geführt werden. Dies geschieht in der hymnischen Ausführung über die königlichen Heilshandlungen JHWHs an denen, die seiner Hilfe bedürfen (V. 6b.7–9). V. 6b eröffnet das Bekenntnis zu JHWH als dem ewig Treue haltenden Gott. Damit wird nicht nur die Machtvollkommenheit Gottes, die sich in der Schöpfungstätigkeit zeigt, sondern auch dessen Beständigkeit in eben dieser Machtfülle ausgesagt.[70] Nach dieser grundlegenden Bestimmung führt V. 7–9 detaillierter aus, worin sich die Schöpfermacht JHWHs konkretisiert und dem Einzelnen zugute

---

68 Vgl. zur Frage der Adressaten auch GERSTENBERGER, Psalms, 440; REINDL, Gotteslob, 133, sowie dazu unten die Ausführungen zu V. 10.
69 So schon GUNKEL, Psalmen, 613: „Demnach ist der Segensspruch 5 der eigentliche Mittelpunkt des Psalms: das Vorhergehende gibt den Gegensatz dazu, das Folgende die Begründung."
70 Vgl. KRAUS, Psalmen, 1133.

kommen kann. V. 7a nennt zwei zentrale Gaben Gottes: Nahrung und Rechtsset-
zung als Konkretisierungen der Treue JHWHs (V. 6b); V. 7b – 8a thematisiert die
Befreiung aus dem Dunkel der Blindheit und Gefangenschaft.[71] V. 8b – 9 stellt der
Liebe JHWHs das Ergehen der Gottlosen gegenüber, konstruiert als Rahmen um die
Trias von Fremden, Waise und Witwe und zugleich als sprachliche Überführung
der Partizipienreihe in Verbalsätze. Insgesamt wird dadurch der Gegensatz der
göttlichen Zuwendung zu den Hilfsbedürftigen (V. 7–9a) und dem Ergehen der
Frevler (V. 9b) zum Zielpunkt des Psalms.

Der Psalm wird schließlich in dem Ausruf des ewigen Königtums JHWHs zusammengefasst (V. 10), indem auf die aufgezählten Taten JHWHs zurückgeblickt
und zugleich die Hoffnung geäußert wird, dass sich das heilvolle Handeln des
Königgottes JHWH weiterhin bis in Ewigkeit fortsetzt. Die Proklamation des ewigen
Königs JHWH verweist noch einmal zurück auf die Warnung vor vergänglichen
Herrschern und begründet die Forderung nach dem immerwährenden Lob (V.
1–2), das dem ewigen König entspricht. Die Gliederung von Ps 146 lässt sich darum
wie folgt darstellen:[72]

---

71 Diese Gliederung der einzelnen Kola wird auch durch das Zitat von V. 7b – 8a in 4Q521 unterstützt, vgl. dazu unten Anm. 199.
72 Eine ähnliche Gliederung schlägt ALLEN, Psalms, 377, vor. Anders strukturiert ZENGER, Psalm
146, 816, der in Rahmen (V. 1–2.10) und Hauptteil (V. 3–9) teilt und sich an der Gegenüberstellung von Abwendung von menschlichen Herrschern (V. 3–4) und Hinwendung zu JHWH (V.
5–9) orientiert (so schon LOHFINK, Lobgesänge, 109). Zenger plädiert für den Zusammenhang
von V. 6 und begründet dies u. a. mit dem Bezug auf Gen 1; 9,12.16. V. 6 sei „insgesamt eine
‚Kurzfassung' der biblischen Schöpfungstheologie" (813). Mit anderer Schwerpunktsetzung geht
KSELMAN, Psalm 146, bes. 591f, vor. Er nimmt die seiner Meinung nach eindeutig zu identifi-
zierenden weisheitlichen und hymnischen Stücke zu Orientierung und kommt zu folgender
Gliederung: Opening (V. 1–2); Wisdom (V. 3–4); God Creator and Redeemer (V. 5–8a); Wisdom
(V. 8b–9); Conclusion (V. 10). Gegen diese Struktur Kselmans ist einzuwenden, dass vor allem
seine weisheitlichen Teile sich als nicht so klar weisheitlich definieren lassen wie er postuliert: Die
Mahnung (V. 3) kommt primär in prophetischen Texten vor und in dieser Form nicht in weisheitlichen Texten. Auch die Trias von Fremdem, Waise und Witwe ist vor allem im Dtn belegt, vgl.
dazu unten die Ausführungen zu V. 8b–9. Insgesamt überzeugt die Gliederung im Blick auf die
Textstruktur nicht. Unklar bliebt auch, warum Kselman V. 8 aufteilt. Er argumentiert hier rein
semantisch und fasst so syntaktisch und strukturell verschiedene Phrasen zusammen. Vgl. zu
Kritik an Kselman auch LOHFINK, Lobgesänge, 109 Anm. 2. Andernorts wird der Einschnitt nach V.
7a betont und darauf verwiesen, dass ab V. 7b JHWH genanntes Subjekt ist. So z.B. SCHMIDT,
Psalmen, 253, der Ps 146 als einen Wechselgesang zwischen drei Einzelstimmen bzw. Chören (V.
1.2–4; 5–7a; 7b–9) und V. 10 als dessen liturgischen Abschluss versteht. Ähnlich strukturiert
auch SEYBOLD, Psalmen, 535: Vorspruch (V. 1); Gelübde (V. 2); Memento (V. 3–4); Makarismus (V.
5); Hymnisches Credo (V. 6–7a); Credo-Litanei (V. 7b–9); Segenswunsch (V. 10). Drei Strophen
mit je sechs Zeilen (V. 2–4; 5–7a*; 7b–9*) postulieren BRIGGS / BRIGGS, Psalms, 530–532,

Rahmung: Halleluja

I: Lebenslanges Lob für JHWH

    1 – 2   Eröffnung: Lobaufforderung   בעודי / בחיי   אלהי

II: Hilfe und Rettung bei JHWH und nicht bei Menschen

    3   Mahnrede: Vertrauen auf Fürsten / Menschen

    4   Sentenz: Vergänglichkeit des Menschen   ביום ההוא

    5   Seligpreisung: Hoffnung auf JHWH   אלהיו

    6a   Überleitung zum Hymnus: JHWH als Schöpfer

III: JHWH, der Hüter des Leben („Hymnus im Hymnus")

    6b   Eröffnung: JHWH, Bewahrer ewiger Treue   לעולם

    7a   Recht und Brot

    7b – 8a   Befreiung aus dem Dunkel

    8b – 9   JHWHs Liebe und die Gottlosen

IV: JHWH, der ewige König vom Zion

    10   Schluss: Akklamation des Königtum JHWHs   לדר ודר / לעולם   אלהיך

Rahmung: Halleluja

2.4 Psalm 146 als schriftgelehrter Hymnus und sein theologisches Profil

Im Anschluss an die im vorangehenden Kapitel II.2.3 erfolgte Vorstellung der sprachlichen Gestaltung steht nun der Psalm als schriftgelehrter Hymnus im Blickpunkt. Ziel ist die Erhebung des theologischen Profils, die der Psalm in Aufnahme und Rezeption anderer Psalmen und weiterer alttestamentlicher Texte gewinnt. Der Aufbau des Kapitels orientiert sich an den bereits oben genannten Untereinheiten von Ps 146.

Drei Aspekte prägen das Profil von Ps 146, die sich zudem durch bestimmte sprachliche Formen erkennen lassen. Erstens sind dies Elemente hymnischer Rede, die vor allem in V. 6.7– 9 vorkommen und die sich durch den partizipialen Stil und durch die JHWH als Schöpfer und königlichen Helfer preisenden Aussagen als solche ausweisen. Außerdem entspricht die Einleitung (V. 1–2) anderen Psalmen (vgl. Ps 103 / 104) und kennzeichnet den Text als Gebetstext. Zweitens lassen sich auf sprachlicher und inhaltlich-semantischer Ebene Elemente er-kennen, die aus weisheitlicher Literatur bekannt sind: die lehrhafte Redeweise in V. 3– 4 und der Verweis auf die Vergänglichkeit des Menschen, ebenso die Form

---

allerdings unter Ausscheidung von V. 1.6aα.9b.10. Ähnlich, aber ohne Zusätze, auch DELITZSCH, Psalmen, 816– 818, der folgende Aufteilung vornimmt: V. 1–4; 5–7a; 7b–10.

der Seligpreisung (vgl. z. B. Ps 1; 119)[73] wie auch die Gegenüberstellung von Gerechten und Frevlern.[74] Zudem sind mehrere Wörter und Begriffe des Psalms selten bzw. spät zu datieren oder kommen vor allem in weisheitlichen Kontexten vor.[75] Drittens lassen die Formulierung der Warnung mit אל (vgl. Jer 7,4; 9,3; Mi 7,5) und die Beschreibung der helfenden Taten Jhwhs (vgl. Jes 35; 42; 49; 52; 58; 61) prophetische Einflüsse vermuten. Darüber hinaus gibt es weitere signifikante Textbezüge wie z. B. zu Dtn 10 und Ex 15.

2.4.1 Lebenslanges Lob für Jhwh (V. 1–2)

Ps 146 beginnt mit dem großen Vorhaben: „Lobe, meine Seele, Jhwh! Ich will loben Jhwh mit meinem Leben, ich will lobsingen meinem Gott solange ich bin." (V. 1–2). Das Anliegen des Beters ist das lebenslange Lob seines Gottes mit allem, was er hat und ist. Dies wird durch die dreimalige Wiederholung der Aussage, deren kunstvolle Komposition oben bereits beschrieben wurde, besonders hervorgehoben und macht zu Beginn des Psalms deutlich, worum es in diesem Psalm geht: Das „Fortleben" des Beters ist zugleich sein „stetiges Fortloben",[76] so Delitzsch in seinem Psalmenkommentar. Des Beters Leben ist nur denkbar in Beziehung zu Jhwh, die ganz und gar aus Loben besteht. Und umgekehrt: Im Loben Gottes hat der Psalmist seine Lebensaufgabe gefunden. Das Jhwh-Lob wird so zum Ausdruck der Lebendigkeit und des erfüllten Lebens schlechthin, denn die Toten können Gott nicht mehr loben.[77] Alles Vertrauen wird auf den einen lebenschenkenden Gott gesetzt.[78] Dieses Bekenntnis zu Jhwh, der sich dem Beter als

---

73 Vgl. auch Prov 16,20: „Wer auf das Wort achtet, findet Gutes, und glücklich der, der Jhwh vertraut."
74 Vgl. z. B. Ps 1,5.6; 11,5 sowie in Ps 37 mehrmals; Prov 3,33 und häufig in Prov 10–15; 28.
75 Vgl. zur Wortschatz-Untersuchung von Ps 146 ausführlich Karasszon, Bemerkungen, sowie oben die Ausführungen in Kap. II.2.3.1.
76 Vgl. Delitzsch, Psalmen, 817; ähnlich Kraus, Psalmen, 1133: „Das Lob Gottes erfüllt das ganze Leben (2). Es ist geradezu die Sinnerfüllung menschlicher Existenz, Gott zu loben."
77 Vgl. Jes 38,18; Ps 115,17; jeweils mit הלל pi., vgl. dazu auch Westermann, Lob, 120–123, sowie Zenger, Atem, 572.575, und schon von Rad, Theologie I, 381: „Loben ist die dem Menschen eigentümlichste Form des Existierens. Loben und nicht mehr Loben stehen einander gegenüber wie Leben und Tod. Der Lobpreis wird zum elementarsten ‚Merkmal der Lebendigkeit' schlechthin."
78 So auch in Ps 104, der als Referenztext für Ps 146 im Hintergrund steht. Die Schöpfertätigkeit Gottes und die damit verbundene Abhängigkeit aller Geschöpfe von ihm mindert nicht das Lob, sondern fordert es geradezu heraus und bildet die Grundlage für den Willen zum lebenslangen Lob und für das Bekenntnis des uneingeschränkten Vertrauens zum Schöpfer und Herrn über Tod und Leben, vgl. dazu Spieckermann, Heilsgegenwart, 46.

persönlicher Gott erweist, wird im weiteren Psalm ausgelegt und dem Leser oder Hörer zum Nachvollzug nahegelegt, wie noch zu zeigen ist.[79]

Diese Thematik von Loben und Leben wird dadurch unterstrichen, dass der Lobaufruf aus V. 1 הללי נפשי את־יהוה („Lobe, meine Seele, JHWH") ein Zitat aus Ps 103 / 104 darstellt. In Ps 103, wo die Wendung ihren Ursprung hat, sowie in Ps 104, steht die Lobformel jeweils am Anfang und Ende (Ps 103,1.2.22; 104,1.35) und somit an hervorgehobener Stelle.[80] Insbesondere Ps 104 ist als Hymnus auf das von JHWH geschenkte, garantierte und bewahrte Leben zu verstehen. So hat Steck deutlich gemacht, „daß ‚Leben' nicht nur eine, sondern die wesentliche Sach- und Erfahrungsperspektive für das Psalmganze [von Ps 104, F.N.] ist, die dem Sänger die natürliche Welt als Schöpfungswirken Jahwes erschließt."[81] Ps 146 nimmt diese Aufforderung aus Ps 104 auf und lässt so den großen Hymnus auf das Leben und das Lebendigsein von Mensch und Tier, die sich dem schöpferischen Wirken

---

79 Ähnlich auch REINDL, Gotteslob, 116.

80 Vgl. Ps 103,1 – 2: „Lobe, meine Seele, JHWH (ברכי נפשי את־יהוה), und all mein Inneres den Namen seiner Heiligkeit (וכל־קרבי את־שם קדשו). Lobe, meine Seele, JHWH (ברכי נפשי את־יהוה), und vergiss nicht alle seine Wohltaten (ואל־תשכחי כל־גמוליו)." Ps 103 und 104 wurden durch die Rahmung הללי נפשי את־יהוה sekundär zusammengebunden. Der Aufruf zum Lob ist nur in Ps 103,1 aufgrund der stärkeren Einbindung in den Kontext authentisch (s. u.) und wurde in Ps 104,1 zur engeren Verknüpfung der beiden Psalmen redaktionell ergänzt. Auch die Halleluja-Unterschrift hat Ps 104 vermutlich ebenfalls sekundär erhalten, die Ps 104 mit Ps 105 – 106 zusammenstellt und so auch einen Bezug zum kleinen Hallel schafft, vgl. dazu SPIECKERMANN, Heilsgegenwart, 26 f; DERS., Hymnen im Psalter, 143; KÖCKERT, Beobachtungen, 277 – 279; HOSSFELD, Psalm 104, 71. Es ist kaum zu entscheiden, ob Ps 103,1(.2.22) oder 104,1(.35) zur Vorlage für Ps 146,1 diente. Möglich wäre auch ein bewusster Rekurs auf beide Texte, da Ps 146 über V. 1 hinaus Bezüge zu beiden Psalmen aufweist, vgl. dazu unten Anm. 82. „Obwohl die beiden Hymnen [Ps 103 und 104] inhaltlich sehr unterschiedlich geprägt sind, wollen beide mit Gewicht vom Gottesverhältnis des Menschen sprechen, indem sie seine Stellung zum Schöpfungswerk im Himmel wie auf Erden bedenken und darin Gott die Ehre geben." (SPIECKERMANN, Lob, 14). In Ps 146 wird dieses Anliegen aufgegriffen und in der Verbindung von Ps 103 und 104 weitergeführt. REINDL, Gotteslob, 126 – 128, sieht in Ps 146,1 einen „formelhaften Gebetsruf" (a.a.O. 126), der wie das Halleluja für die Formbestimmung ungeeignet erscheine und keine den Psalm einleitende Funktion habe. Dagegen ist aber einzuwenden, dass die Formel in ihren Vergleichsstellen am Psalmenbeginn (Ps 103,1.2; 104,1) gerade nicht „*neben* anderen Eingangs- bzw. Schlußformeln" steht (gegen CRÜSEMANN, Studien, 290 Anm. 1 [Hervorhebung original], vgl. a.a.O., 301 – 302), sondern zwingend als zum Psalm hinzugehörende Eröffnung zu lesen ist. Dies ist auch daran zu erkennen, dass die Formel in Ps 103 zweimal mit je erweitertem Text erscheint (V. 1 – 2), außerdem in V. 3 durch Partizip mit Artikel relativisch weitergeführt wird und so vollkommen in das Psalmkorpus eingebunden ist (s.o.). Vgl. zu Ps 104 die Ausführungen in Kap. II.3, bes. Anm. 216.

81 STECK, Wein, 250. Der Beter sieht „die natürliche Welt unter vollem Einschluß des Menschen als ein Geschehen stetiger Zukehr Jahwes, des Schöpfers, das allem Dasein immer schon vorgegeben ist und Leben, Lebensraum, Lebensversorgung und Lebensfrist für alles Lebendige darreicht." (a.a.O., 258). Somit ist „Welterfahrung Gotteserfahrung" (ebd).

Gottes verdanken, anklingen. Der Psalmist tauscht in seinem Zitat allerdings die Verben aus: Statt mit ברך („loben"; „segnen") wird die Formulierung in Ps 146,1 mit הלל („loben") gebildet.

V. 2 ist ebenfalls ein Zitat, diesmal von Ps 104,33.[82] Bis auf den erneuten Wechsel des Verbs von שיר in Ps 104,33 wieder hin zu הלל in Ps 146,2 sind die beiden Verse vollständig identisch, so dass eine literarische Abhängigkeit kaum zu bestreiten ist. Zugleich wandelt Ps 146 das Zitat seinen Bedürfnissen nach um, wenn die häufige Kombination von שיר („singen") und זמר („lobsingen") aufgegeben wird.[83] Stattdessen wird die in der Endgestalt des Hallels dominierende Präsenz des Lexems הלל durch die Umwandlung verstärkt wie schon in V. 1.[84] So stellt schon die Eröffnung des Psalms ein erstes Beispiel für die Verknüpfung mit anderen Texten dar. Ps 146 lässt durch die Zitate aus Ps 103 bzw. 104 zu Beginn zwei große Psalmen anklingen, die die gnädige Fürsorge Gottes gegenüber seiner Schöpfung besingen und deren thematische Ausrichtung auch im weiteren Verlauf von Ps 146 vorkommt.[85] Das Loben wird in diesen Psalmen zum Ausdruck der Freude am und der Dankbarkeit für das Leben gegenüber Gott.

Auch aus Ps 145 ist die Durchdringung des Lebens mit Loben bereits bekannt. Wie Ps 146 beginnt ebenfalls Ps 145 mit einem vollmundigen Vorhaben, das der Beter an sich selbst stellt (Ps 145,1–2). Gelegentlich wird die in Ps 146 doppelt erscheinende Psalmeröffnung als störend empfunden.[86] Aufgrund des ähnlichen

---

82 Ps 104,33: „Ich will singen JHWH mit meinem Leben (אשירה ליהוה בחיי), ich will lobsingen meinem Gott solange ich bin (אזמרה לאלהי בעודי)." SPIECKERMANN, Heilsgegenwart, 42, nimmt an, dass der ursprüngliche Abschluss von Ps 104 beim Lobgelübde in V. 33 lag. Offen bleibt die Frage, ob Ps 146,2 dezidiert an das vormalige Ende von Ps 104 (mit V. 33) anknüpft und den Vers darum in der Eröffnung aufnimmt oder ob der Psalm bereits in der jetzigen Gestalt vorlag. Letzteres ist aufgrund der Zusammenstellung der Verse aus Ps (103,1.22.)104,1.35 und V. 33 in 146,1–2 wahrscheinlicher. Vgl. auch KRÜGER, Lob, 27 f.60, die Ps 104 allerdings als einheitlich ansieht (vgl. bes. a.a.O., 62–64). Eine ausführliche literargeschichtliche Studie zu Ps 104 hat KÖCKERT, Beobachtungen, vorgelegt.

83 Zur Kombination von שיר und זמר vgl. Ri 5,3; Ps 21,14; 27,6; 57,8; 68,5.33; 101,1; 104,33; 105,2; 108,2; 144,9; 1Chr 16,9; vgl. ferner Ps 33,2.3; 59,17.18; 149,1.3.

84 Das Lexem הלל nimmt insgesamt zum Ende des Psalters in den Psalmen des kleinen Hallels durch die Halleluja-Rahmungen und die häufige Verwendung in den Korpusteilen der Psalmen (bes. Ps 148; 150) eine hervorragende Stellung ein, ähnlich auch BALLHORN, Telos, 304. Vgl. zu הלל die Ausführung in der Einführung zu Ps 150, Kap. II.6.

85 Vgl. neben den Bezügen zu den Rahmenversen außerdem das Thema der Vergänglichkeit des Menschen in V. 4 mit Ps 103,14–16 und 104,29; die schöpfungstheologischen Aussagen in V. 6 insgesamt mit Ps 104 (bes. V. 2b.3.5); das Rechtschaffen Gottes in V. 7a mit Ps 103,6 und in V. 7b die Brotgabe mit Ps 104,14–15.27 sowie das Verderben der Gottlosen in V. 9b mit Ps 104,35. Ps 103 / 104 sind außerdem wichtige Referenztexte für Ps 145, vgl. die Ausführungen dort.

86 Vgl. CRÜSEMANN, Studien, 301; dazu auch REINDL, Gotteslob, 126 f.

Beginns in Ps 145, dessen akrostichische Form wenig Spielraum weder für literarkritische noch für formkritische Überlegungen lässt, muss diese doppelte Eröffnung aber als möglich betrachtet werden. Eine Verbindung zwischen den
beiden Psalmanfängen kann zudem in der gemeinsamen Verwendung von הלל im
Kohortativ (Ps 145,2; 146,2) gesehen werden, das darüber hinaus nur noch in Ps
69,31 vorkommt.[87] Somit lässt sich schon zu Beginn der Untersuchung von Ps 146
die große Nähe zu dessen Vorgängerpsalm 145 feststellen, die in den folgenden
Abschnitten des Psalms immer wieder von Bedeutung sein wird und die auch für
die literarische Integrität von Ps 146 spricht.[88]

Dass sich dabei Ps 146 an Ps 145 nicht nur abschreibend bedient, sondern
eigene Akzente setzt, ist ebenfalls schon an den ersten Versen zu erkennen.
Während Ps 145 die Selbstaufforderung des Beters unter den Anspruch des „immerwährenden und ewigen" (לעולם ועד) Lobpreis stellt, formuliert Ps 146 zurückhaltender und mit anderer Schwerpunktsetzung. Der Psalmist von Ps 145
formuliert seinen Hymnus im Blick auf die ewige Königsherrschaft Gottes und
beschreibt ausführlich dessen Größe und Wirksamkeit. Als Beter erhält er durch
das Loben selbst Anteil an den Auswirkungen des Reiches Gottes und kann somit
auch für sich den ewigen Lobpreis in Anspruch nehmen.[89] In Ps 146 ist dagegen die
Ewigkeit allein Gott vorbehalten (לעולם, V. 6 und 10). Der Beter „begnügt" sich mit
dem Horizont des eigenen Lebens (בעודי / בחיי, V. 2) ohne davon gering zu denken.
Vielmehr sieht er JHWH als den königlichen Geber und Bewahrer des Lebens an

---

87 Ps 69 steht auch in wichtiger Verbindung mit Ps 148, vgl. die Ausführungen in Kap. II.4.4.1
und zu Ps 148,7 – 12 sowie auch die Hinführung zu Ps 150, Kap. II.6.1.
88 Insgesamt lassen sich folgende (wörtliche) Bezüge von Ps 146 zu 145 feststellen: vgl. Ps
146,1 – 2 mit 145,1 – 2 (doppelte Lobaufforderung, 1. Pers. Sg. mit הלל im Kohortativ und לאלהי);
Ps 146,7aβ mit 145,15 (Brotgabe, לחם + נתן); Ps 146,8aβ mit 145,14b (Aufrichten der Gebeugten,
כפופים + זקף); Ps 146,9b mit 145,20b (Vernichtung der Gottlosen als kontrastreiche Zuspitzung am
Ende); Ps 146,10 mit 145,1b.11 – 13 (ewiges Königtum JHWHs; לעולם + לדור דור, vgl. 145,4). Des
Weiteren bestehen noch Verbindungen über einzelne Lexeme: vgl. Ps 146,3b und 145,19b (תשועה
/ ישע); Ps 146,5b und 145,15a (שבר); Ps 146,8b und 145,20a (אהב); Ps 146,6b.9aα und 145,20b
(שמר), die auch deswegen signifikant sind, da sie selten oder nicht noch einmal im Psalter vorkommen, vgl. dazu die Ausführungen zu den jeweiligen Versen. Diese enge Verbindung mit dem
Vorgängerpsalm Ps 145, die sich insbesondere in denjenigen Versen zeigt, die von anderen
Exegeten als sekundär erwogen werden, spricht so auch für die Einheitlichkeit von Ps 146 und die
redaktionell-schriftinterpretierende Abfassung des ganzen Psalms. So sei vor allem auf Ps 145,20
hingewiesen, der die Begriffe שמר („bewahren"); אהב („lieben"); רשעים („Gottlosen") nennt, die
wiederum in den fraglichen (sekundären?) Versteilen von Ps 146 (שמר: V. 6b.9aα; אהב: V. 8b;
רשעים: V. 9b) vorkommen. Somit lassen sich diese auf einer Entstehungsebene verorten. Für V. 10
und die ewige Königsherrschaft sei auf Ps 145,1.13 verwiesen.
89 Vgl. dazu die Ausführungen zu Ps 145, bes. zu V. 21.

und stellt darum auch sein Leben und Loben ganz Gott anheim.[90] Möglicherweise bedingt auch die betonte Trennung zwischen Gott und Mensch, die sich darüber hinaus in Ps 146 findet,[91] diese Abänderung des Lobaufrufs in Ps 146,1–2 gegenüber 145,1–2. Während Ps 145,1 das zentrale Thema des Psalms benennt, indem Gott als König angerufen wird, kommt der Königstitel in Ps 146 erst im letzten Vers vor und zudem in anderer Funktion. Damit wird auf den eigenen Text zurückverwiesen, der die königlichen Taten Jhwh beschrieben hat (bes. V. 7–9) ohne den Titel schon zu nennen. Ps 146 knüpft mit V. 10 so noch einmal zusammenfassend an Ps 145 an.[92]

Diese knappen Vorgriffe auf die weitere Auslegung von Ps 146 waren nötig, um die Konzeption, die in den ersten beiden Versen bereits anklingt, und die sowohl in Verbindung als auch in Abgrenzung zu Ps 145 zu sehen ist, andeuten zu können. In den ersten Versen präsentiert sich Ps 146 vor dem intertextuellen Horizont von Ps 103, 104 und 145 als ein Lobpsalm eines Einzelnen, dessen Anliegen das lebenumfassende Loben ist und dessen Grund und Begründung in dem Gott des Lebens liegt.

2.4.2 Hilfe und Rettung bei Jhwh und nicht bei Menschen (V. 3–4.5–6a)

Nach der oben beschriebenen umfassenden Aufforderung zum Lob in V. 1–2 folgt nun nicht das Lob selbst, wie es nach dem auffordernden Beginn zu erwarten wäre.[93] Stattdessen schließt sich eine lehrhafte Unterweisung in V. 3–4 an. Um es schon vorwegzunehmen: Bevor die Sprache überhaupt auf denjenigen kommt, der gelobt werden soll, nämlich Jhwh, preist der Beter einen Menschen selig bzw. glücklich, der auf den zu lobenden Gott vertraut (V. 5–6a). Ps 146 fügt sich so in kein gattungstypisches Schema, sondern verfolgt sein eigenes Konzept. Wenn in den nächsten Ausführungen nun V. 3–4 und 5–6 genauer betrachtet werden, wird zu erkennen sein, dass auch hier Verbindungen zu Motiven und Formulierungen aus anderen Psalmen und Texten bestehen (vgl. Ps 62; 103; 118; 121; Gen 3; Ex 20; Jer

---

90 Dazu Hossfeld, Schöpfungsfrömmigkeit, 137: „Das Lobversprechen Ps 104,33 [und entsprechend 146,1–2, F.N.] verspricht nicht einfach eine übliche ewige Dauer des Lobes im Sinnes eines ‚ich bin dir auf ewig dankbar', sondern es gibt die Zeitstrecke konkreter an mit ‚in meinem Leben' und mit ‚solange ich da bin'. Hier klingt die anthropologische Überzeugung an, dass Schöpfungslob und eigenes Leben koextensiv sind. Oder mit Sir 17,27 f. ausgedrückt, dass der Lebende und Gesunde den Herrn preist, während beim Toten der Lobgesang verstummt." Vgl. dazu oben sowie Kap. II.2.4.5.
91 Vgl. dazu die Ausführungen unten, bes. zu V. 3–4 und 5–6.
92 Vgl. unten die Ausführungen zu V. 10.
93 Vgl. Crüsemann, Studien, 32 f; Karasszon, Bemerkungen, 124 f.

7; 9; Mi 7), die der Psalmist in den Dienst seiner eigenen theologischen Aussagen stellt. Dass er einen Abschnitt mit lehrhaften Charakter dem eigentlichen Lobpreis voranstellt, liegt in der besonderen Funktion des Hymnus begründet, der immer Gotteslob ist, aber zugleich in diesem Kontext eine unterweisende Funktion gegenüber den Hörern und Lesern von Ps 146 wahrnimmt, wie zu zeigen sein wird.

V. 3 – 4 „Keine Rettung bei Menschen"

Während zuvor der Psalmist noch vollmundig sein Leben in den Dienst des Gotteslobes stellt (V. 1– 2), thematisiert er in V. 3 – 4 die Begrenztheit des Lebens und damit die Vergänglichkeit des Menschen. Mehr noch: Diese Unbeständigkeit des Menschen veranlasst ihn zu einer vehementen Warnung seiner Zuhörer und Leser vor jeglichem Vertrauen in menschliche Macht: „Vertraut nicht auf Fürsten, auf einen Menschen(sohn), bei dem keine Rettung ist. Schwindet sein Atem, kehrt er zurück zu seinem Erdboden, am selben Tag vergehen seine Gedanken." (V. 3–4).

Der in der Warnung verwendete Begriff נדיב („Fürst"; „Edelmann") bezeichnet die politisch und sozial oben stehende Elite des Volkes.[94] Diejenigen, die als נדיב beschrieben werden, sind allgemein anerkannt in der Volksgemeinschaft und gehören zumeist der Obrigkeit an. Neben einem König oder einem anders institutionalisierten Herrscher erscheint der נדיב als die denkbar höchste und mächtigste menschliche Person innerhalb der Sozialstruktur eines Volkes.[95] Es scheint in V. 3 aber nicht um eine grundsätzliche Kritik an der Obrigkeit zu gehen, da diese beispielsweise nicht mit konkreten Vorwürfen ungerechter Herrschaft belastet wird. Der unbestimmt belassene Ausdruck נדיב hält zudem offen, ob es sich um die „eigenen" Edlen bzw. Fürsten oder die einer Fremdmacht handelt.[96] Vielmehr

---

94 Zu נדיב als Bezeichnung einer sozialen Kategorie, vgl. u.a. CONRAD, Art. נדב, 242 – 244.

95 Vgl. hierzu die alttestamentlichen Belege für נדיב: נדיב parallel zu Herrschaftsbezeichnungen: שׂר („Oberster"): Num 21,18; Prov 8,16; נסיך („Fürst"): Ps 83,12; מלך („König"): Hi 34,18; vgl. נדיבי עמים („Edlen der (Fremd-)Völker"): Ps 47,10. נדיב in sozial-ethischem Kontext: als Gegenbegriff zu אביון („bedürftig"): 1Sam 2,8; Ps 107,40f; 113,7f; als Gegenbegriff zu נבל („töricht"): Jes 32,5; Prov 17,7; parallel zu אפיק („stark"): Hi 12,21; parallel zu צדיק („gerecht"): Prov 17,26; parallel zu רשע („gottlos"): Hi 21,28. Theologisch qualifiziert und mit vergleichbarer Aussage wie Ps 146,3: Ps 118,9 (Vertrauen auf יהוה im Gegensatz zum Vertrauen auf נדיבים), vgl. dazu unten.

96 Man mag hier einen Verweis auf konkrete geschichtliche Umstände sehen. Solche standen vermutlich auch im Hintergrund einer solchen Formulierung, sie sind aber nicht mehr greifbar. Meines Erachtens scheint eine Warnung vor konkreten Herrschern auch nicht das Anliegen des Psalms zu sein. Allerdings wurden V. 3 – 4 in ihrer Nachgeschichte herrschaftskritisch verstanden, wie man an der Wiederaufnahme von V. 4 in 1Makk 2,63 und dem vermutlichen Bezug auf

erscheint die Warnung vor den Edlen als exemplarische Warnung vor aller menschlichen Macht und der an sie gebundenen Hoffnung.[97] Die Edlen können als die (hier stellvertretend genannten) weltlich höchsten Mächte keine wirkliche Garantie auf Rettung geben, und zwar aufgrund ihrer Menschlichkeit und damit ihrer Geschöpflichkeit, und das heißt hier vor allem: Vergänglichkeit und Nichtigkeit, wie V. 4 aufzeigt.[98] Der asyndetische Anschluss von בבן־אדם an נדיבים macht das deutlich:[99] Die Fürsten gehören zur Gattung „Mensch".[100]

Diese Interpretation einer Parallelisierung der beiden Bezeichnungen נדיבים und בבן־אדם wird durch Ps 118 unterstützt, wo die Warnung von Ps 146 als allgemein gültiger Lehrsatz in sequenzartiger Form dargebracht wird:[101] „Es ist besser, sich bei JHWH zu bergen, als auf Menschen zu vertrauen (טוב לחסות ביהוה מבטח באדם). Es ist besser, sich bei JHWH zu bergen, als auf Fürsten zu vertrauen (טוב לחסות ביהוה מבטח בנדיבים)." (Ps 118,8 – 9). Die beiden Verse sind bis auf die JHWH gegenübergestellten Größen „Menschen" (אדם) bzw. „Fürsten" (נדיבים) identisch formuliert. Somit wird die oben beschriebene Lesart von Ps 146,3 durch Ps 118,8 – 9 noch einmal bestätigt. Weder die Menschen allgemein, noch die herausgehobene Gruppe der Fürsten ist vertrauenswürdig zu nennen. Mit großer Wahrscheinlichkeit ist Ps 118,8 – 9 als inspirierender Referenztext für Ps 146 anzusehen.[102] Dafür spricht auch die geschlossene sprachliche Formulierung in Ps

---

Antiochus IV. sehen kann. Aber diese zeitgenössisch-politische Perspektive ist in Ps 146 noch nicht angelegt, vgl. dazu auch BALLHORN, Telos, 305 mit Anm. 794.

97 So auch WEISER, Psalmen, 574.

98 Eine ähnliche Argumentation begegnet in Hi 34,16 – 20: Herrscher und Mächtige sind ebenso Geschöpfe Gottes und der Vergänglichkeit unterworfen. Gott kann ihr Leben und Walten beenden, wann er will. Vgl. Jes 40,21 – 31: Der Schöpfer JHWH ist mächtiger als alle Herrscher, ihr Ergehen ist in seiner Hand. Kraft für die Unvermögenden kommt von ihm allein, wenn sie ihm vertrauen. Hier werden zwar andere Begriffe verwendet, die inhaltliche Aussage ist aber mit der in Ps 146 zu vergleichen.

99 Vgl. REINDL, Gotteslob, 118.

100 Zur Bezeichnung und zur weiteren Erläuterung von בן־אדם vgl. u. a. WESTERMANN, Art. אדם, 41 – 57; KOCH, Reich, 157 f. Im Alten Testament zielt der Begriff בן־אדם in der Regel auf das Geschaffensein des Mensch ab. Mit בן־אדם ist der Mensch „in seinem *bloßen* Menschsein gemeint" (WESTERMANN, Art. אדם, 45 [Hervorhebung original]), nicht in seinen sozialen oder politischen Bezügen. So ist z. B. in Ps 8,6; 53,3; 115,16 der Mensch als בן־אדם in seinem Gegenübersein zu Gott und damit in seinem Abstand zu ihm bezeichnet. Zu בן־אדם in Verbindung mit Vergänglichkeit vgl. Ps 8,5; 62,10; 89,48; 90,3; Jes 51,12; Hi 25,6. Etwas anders verhält es sich im Ezechiel-Buch, wo der Ausdruck בן־אדם als besondere Anrede Gottes an den Propheten verwendet wird und so fast den Klang eines Ehrentitels erhält.

101 Vgl. dazu auch ZENGER, Psalm 118, 323 f; REINDL, Gotteslob, 118.

102 Das Thema von Ps 118 ist der Dank für die Errettung durch JHWH. Der Psalm geht in einen Siegesruf über den Tag JHWHs über und ist durch liturgisch anmutende Stücke ergänzt. Die Verse

118, während Ps 146 die parallel gestaltete Vorlage bis in wörtliche Übereinstimmungen hinein aufnimmt, sie aber zugleich umformuliert, die Parallelität der Sentenz aufbricht und sie in einen neuen Kontext stellt. Das Thema des alleinigen Vertrauens (בטח) auf JHWH wird in Ps 118 ausführlich ausgeführt, besonders unter dem Aspekt der Feindbedrohung (vgl. Ps 118,5–13), der dagegen in Ps 146 nicht vorkommt. Überhaupt fehlt in Ps 146 ein direkter Bezug auf Gefahrensituationen, die durch andere Menschen bedingt sind.[103] Vor allem integriert Ps 146 die Aussage in einen Hymnus und verbindet somit (weisheitliche) Lehrsentenz mit hymnischer Lobpreisung, während in Ps 118 die hymnische Form noch nicht ausgeprägt vorliegt.

Die bedeutendste Änderung der Aussagen in Ps 146 gegenüber Ps 118 liegt im Wechsel des Sprechmodus und der damit verbundenen Aussageintention. Während sich in Ps 118 strenger, typisch weisheitlicher Formulierungsstil findet, der vor allem positiv vom Vertrauen spricht und ein Gefälle zwischen Gott- und Menschenvertrauen formuliert (vgl. die weisheitlichen Spruchform mit טוב... מן...), so negiert Ps 146 das Vertrauen zu Menschen in Form der Warnung vollkommen und verstärkt so den Gegensatz zwischen Gott- und Menschenvertrauen noch einmal. Zudem erfolgt die Gegenüberstellung in umgekehrter Reihenfolge: Es beginnt mit der Warnung vor falschen Vertrauen (V. 3–4). Erst in V. 5 wird der positiv konnotierte Adressat des Vertrauens, nämlich JHWH, in Gestalt der Seligpreisung des auf JHWH-Vertrauenden den hilflosen Menschen gegenübergehalten.

Demnach könnte Ps 118,8–9 eine inhaltliche Vorlage für Ps 146 gebildet haben, die sprachliche Form der Warnung stammt aber aus einer anderen Texttradition. Auch wenn die Mahnrede in weisheitlichen Texten vorkommt, so ist

---

8–9 fallen stilistisch auf, da sie den Ich-Stil der Schilderung der Verfolgung durch Feinde durchbrechen, der den Zusammenhang von V. 5–13 herstellt. Entsprechend würde V. 10 gut an V. 7 anschließen. Es ist anzunehmen, dass in Ps 118 verschiedene Traditionsstücke eingebunden worden sind. Vgl. dazu ausführlicher KRAUS, Psalmen, 978f. Es ist denkbar, dass die weisheitliche Sequenz V. 8–9 ein Traditionsstück darstellt, das sekundär in das Gefüge von Ps 118 eingebracht wurde. Es gäbe demnach auch die Möglichkeit, dass Ps 146 nicht direkt von diesem Lehrsatz aus Ps 118 abhängig ist, sondern diesen aus einem anderen Zusammenhang kennt, vielleicht sogar der gleichen Quelle wie Ps 118 entnommen hat. Die umgekehrte Abhängigkeit, bei der Ps 146,3 die Spenderstelle für Ps 118,8–9 gebildet habe, ist aufgrund der sentenzartigen, geschlossenen Formulierung in Ps 118, für die es in Ps 146 keinen Anhalt gibt, wenig wahrscheinlich. Eine Verbindung zwischen Ps 146 und 118 sahen vermutlich auch die Komponisten von 11Q5, die Ps 118 und 146 in relative Nähe zueinander gebracht haben, vgl. dazu die Ausführungen zu 11Q5 in Kap. III.2.

103 Vgl. aber die in V. 7–9 genannten Hilfsbedürftigen, deren Leiden durchaus durch andere Menschen hervorgerufen sein könnte. Dies wird aber anders als z. B. in den sog. Feindpsalmen (vgl. Ps 62; 118 u. a.) nicht direkt benannt.

diese warnende Formulierung, wie sie hier in Ps 146 begegnet, dort nicht belegt,[104] sondern weist vielmehr Verbindungen zur prophetischen Literatur auf: Der Beginn der lehrhaften Sentenz אל־תבטחו („vertraut nicht") findet sich an vier weiteren alttestamentlichen Stellen: in Ps 62,11; Jer 7,4; 9,3; Mi 7,5. Traditionsgeschichtlich dürfte Ps 62 der jüngste Beleg sein, der zugleich am engsten mit Ps 146 verwandt ist.[105] Zunächst werden aber die Belege in den Prophetenbüchern kurz vorgestellt.

Die Warnung אל־תבטחו begegnet innerhalb der sog. Tempelrede Jeremias (Jer 7).[106] Die Rede ist ein großer Anklagekatalog Gottes gegen sein Volk, das sich vieler Vergehen innerhalb der Volksgemeinschaft (V. 5–6.9) und der Abkehr von Gott durch Verehrung anderer Götter (V. 6.9.18) schuldig gemacht hat. Der Vorwurf des Nicht-Hörens auf Gottes Wort ist die zentrale, mehrmals wiederholte Formulierung (V. 13.24.26–28). Zugleich stützt sich das Volk auf eine Illusion der Sicherheit, die es meint im Tempel zu finden (V. 10.14, vgl. V. 4). Durch die vermeintliche Absicherung am Heiligtum Gottes verliert das Volk Gott selbst aus dem Blick. Die ganze Beziehung zu Gott wird gefährdet, da das Volk, statt auf ihn zu hören, den „Worten des Trugs" (דברי השקר) vertraut (V. 4), die sich als (ent-)täuschende „Sicherheitsslogans" erweisen.[107] „Die legitimen Formen der Frömmigkeit (Tempel und Kult, V 1–15.21–28) versagen, weil ihre *Voraussetzungen*, nämlich rechtes ethisches Verhalten und Hören auf Gott, *nicht erfüllt* werden."[108] Dabei wird nicht der Tempel als solcher kritisiert, sondern die Einstellung des Volkes zu ihm, hier als Sicherheitsgarantie bei gleichzeitigem massiven ethischen Fehlverhalten. Falsch ausgerichtetes Vertrauen bleibt auch dann falsch, wenn das Objekt des Vertrauens selbst nicht verwerflich ist.

In Ps 146 wird dagegen nicht die Schuld des Volkes bzw. der Hörer oder Leser des Psalms direkt thematisiert, wohl aber wird davor indirekt gewarnt, durch das mangelnde Vertrauen zu Jhwh schuldig zu werden. Auch der ethische Anspruch des gerechten Handelns, der in der Tempelrede des Jeremia betont wird (Jer 7,3.5–6.9), scheint auf den ersten Blick in Ps 146 nicht vorzukommen – hier ist die Hilfe gegenüber den Benachteiligten und Armen auf Gott übertragen. Ebenso wird

---

104 Vgl. auch Reindl, Gotteslob, 128. Zur Mahnrede als Fremdkörper in einem Hymnus vgl. Gunkel, Psalmen, 612; Dees. / Begrich, Einleitung, 56; Mathys, Dichter, 267.

105 Folgende literargeschichtliche Abfolge der Belege legt sich nahe: ursprüngliche Verwendung der Warnung in der Prophetie: Jer 7,4; 9,3; Verbindung von Warnung und Psalmensprache: Mi 7,5; Anwendung innerhalb des Psalters: Ps 62,11; und schließlich in Rekurs auf die vorangehenden Texte (oder evtl. auch nur auf Ps 62): Ps 146; vgl. dazu jeweils im Folgenden.

106 Neben der Warnung finden sich weitere Bezüge zwischen Jer 7 und Ps 146: vgl. Jer 7,5 („[wenn] ihr Recht schafft [תעשו משפט]") mit Ps 146,7 und Jer 7,6 („[wenn] ihr Fremde, Waise und Witwe nicht bedrückt [גר יתום ואלמנה לא תעשקו]") mit Ps 146,7.9, vgl. dazu unten.

107 Vgl. Fischer, Jeremia, 297.324.

108 Fischer, Jeremia, 324 [Hervorhebungen original].

die Verehrung fremder Götter nicht eigens thematisiert. Allerdings sind in der Opposition von Gerechten und Frevlern (V. 8 – 9) diese Perspektiven im Blick auf das Gottesverhältnis enthalten, so dass Ps 146 diese Gedanken aus Jer 7 hier aufgenommen haben könnte: Die Bezeichnung der Gerechten ist in Ps 146 als religiös-spirituelle Charakterisierung zu verstehen,[109] die das ethisch-korrekte Verhalten gegenüber Gottes Geboten voraussetzt. Umgekehrt beschreibt der Terminus רשעים diejenigen, die alle Arten von Gräueltaten tun (vgl. Jer 7,10) und darunter kann auch die Verehrung anderer Götter verstanden werden.

Auch der zweite Beleg der Formulierung bei Jeremia (Jer 9,3) verweist auf die extreme sozial-ethische Zerrissenheit des Volkes als Folge der Treulosigkeit gegenüber Gott: „Lüge (שקר), nicht Wahrhaftigkeit (לאמונה)", herrscht im Land, und keiner soll darum seinem Bruder trauen (ועל־כל־אח אל־תבטהו) (Jer 9,2 – 3). Auch hier bedingen sich gestörte Gottesbeziehung und Probleme des rechten Vertrauens gegenseitig, was jetzt sogar auf die engsten Vertrauten übergegriffen hat.

Der zweiten Jeremia-Stelle verwandt ist der Beleg in Mi 7,5.[110] Aufgrund der großen sozialen Missverhältnisse, die der Text thematisiert, zerfallen auch die persönlichsten Beziehungen: Weder dem engsten Freund (אל־תבטחו באלוף), noch der Ehefrau ist mehr zu trauen.[111] Bemerkenswert ist nun die Wende, die der Textabschnitt in V. 7 nimmt: Der Prophet richtet seine Hoffnung auf den, von dem allein Hilfe zu erhoffen ist: „Ich aber, ich will auf JHWH spähen, harren (יחל, vgl. Ps 147,11) auf den Gott meines Heils (לאלהי ישעי). Es wird mich hören, mein Gott (אלהי, vgl. Ps 146,2)." (Mi 7,7). Der ganze Vers ist durch Psalmensprache geprägt und hält der schwindenden innerfamiliären Vertrauensbasis das allein würdige Vertrauen zu JHWH entgegen, jede andere Verlässlichkeit wird negiert.

Zusammenfassend kann anhand der prophetischen Belege für die Warnung vor falschem Vertrauen, wie sie auch in Ps 146,3 erscheint, gesagt werden, dass die normalerweise tragende Vertrauensbasis (Kult als Form der Beziehung zu Gott und zwischenmenschliche Beziehungen) aufgrund von ethischem Fehlverhalten zerstört ist. Die innergesellschaftlichen Missverhältnisse sind in diesen Texten auf das Gottesverhältnis rückgebunden. Dabei ist immer das Volk auf seine Beziehung zu JHWH angesprochen und zum rechten Vertrauen aufgefordert; in Ps 146 ist es „Zion" (V. 10). Entscheidend ist außerdem, dass das unwürdige Objekt des Vertrauens nicht *per se* negativ qualifiziert wird, sondern dass es als tragende Vertrauensbasis seinen Dienst verfehlt, weil damit ein mangelndes Vertrauen zu JHWH selbst einhergeht. Denn wenn diese Texte warnen, dann halten sie im weiteren

---

109 Vgl. dazu unten die Ausführungen zu V. 8b – 9.
110 KESSLER, Micha, 287, geht davon aus, dass der Verfasser von Mi 7,1 – 7 die Jeremia-Überlieferung kennt; vgl. zur Abgrenzung der Einheit V. 1 – 7 KESSLER, Micha, 286 f.
111 Vgl. dazu ausführlich KESSLER, Micha, 291.

Kontext der Formulierung אל־תבטחו immer die mögliche Alternative bereit: das „richtige" Vertrauen zu JHWH allein! In Ps 146 wird diese Gegenüberstellung zum zentralen Thema gemacht. Diese Alternative in Form des Gottvertrauens wird durch die hymnisch-preisende JHWH-Beschreibung ausgeführt und begründet.

Die Verbindung zu den Psalmen wurde bereits durch Mi 7,5.7 und den Anklang an Psalmensprache vorbereitet und wird durch die letzte Belegstelle für אל־תבטחו vollständig vollzogen: Ps 62 ist der einzige Psalm, neben Ps 146, in dem die Formulierung verwendet wird. Ps 62 mündet, geprägt von der Sprache sogenannter Vertrauenslieder, nach der Schilderung der individuellen Lebenserfahrung (V. 2–8) in eine allgemeine Lebensunterweisung (V. 9–13),[112] deren Ziel es ist, das Vertrauensbekenntnis des Beters auch zur Lebensperspektive der Hörer und Leser des Psalms werden zu lassen.[113]

Die Warnung in Ps 62,11 zielt darauf ab, sich nicht dem Lebensstil der Mächtigen und Rücksichtslosen anzuschließen, die ihre Existenz und Lebensgrundlage auf Unterdrückung (עשק, vgl. Ps 146,7!) und Raub (גזל) oder auch rechtmäßigem Reichtum (חיל) aufbauen. Wieder ist der Warnung die positive Ermahnung zur Seite gestellt sich ganz auf Gott zu verlassen,[114] wie es der Beter in den vorangehenden Versen schon fast litaneiartig in mehrfacher Wiederholung zur Stärkung seines eigenen Festhaltens an der Hoffnung auf Rettung durch JHWH geäußert hat (Ps 62,2.3.6.7.8, darunter dreimal ישועתי!, vgl. Ps 146,3). Die Warnung ist in einen stark durch weisheitliche Sprachformen geprägten Abschnitt eingebunden,[115] der in einem als weisheitlicher Zahlenspruch formulierten Ausspruch mündet und so das Anliegen des Psalms zusammenfasst: „Die Macht ist bei Gott allein (כי עז לאלהים)." (Ps 62,12).[116]

In den unterweisenden Teil von Ps 62 (V. 9–13) ist außerdem eine anthropologische Sentenz (V. 10) eingebunden.[117] Sie formuliert in allgemeingültiger

---

112 Vgl. zu Aufbau und Intention von Ps 62 ZENGER, Psalm 62, 178–182.

113 Vgl. in Ps 62 die Verknüpfung der individuellen Aussage und der Lehre für das Kollektiv durch die Wiederaufnahme und Umwandlung des Bekenntnisses des Einzelnen מחסי באלהים („meine Zuflucht ist Gott", V. 8) in die pluralische Aussage אלהים מחסה־לנו („Gott ist unser Zuflucht", V. 9).

114 Ps 62,9: „Vertraut auf ihn alle Zeit, Volk / Leute (עם) (בטחו בו בכל־עת עם)!" Der Aufruf zum Vertrauen ist immer an das Volk gerichtet, hier in Ps 62 wird es ganz explizit, vgl. dazu schon oben. Vgl. dazu auch Ps 33,20–22 und die Ausführungen unten sowie in Kap. II.3 zu Ps 147.

115 Ausführlicher dazu ZENGER, Psalm 62, 180–182.

116 Bezeichnenderweise wechselt der Psalm an seinem Ende in direkte Gebetssprache (Du-Anrede Gottes, V. 13), während es vorher „Rede von und über Gott" ist, vgl. ZENGER, Psalm 62, 180.187.

117 Ps 62,10: „Nur ein Windhauch sind die Menschensöhne, Lüge die Söhne des Mannes. Auf der Waagschale steigen sie empor, sie sind zusammen leichter als ein Windhauch."

Form die Nichtigkeit und Unbedeutendheit (הבל) des Menschen (בני־אדם, vgl. Ps 146,3!) und alles, was ihn ausmacht (also auch die Güter dieser Welt wie Reichtum und Macht, vgl. V. 11), warnt somit vor dem Vertrauen auf „Menschliches" und stellt dies der Festigkeit und Geborgenheit bei Gott (vgl. V. 3.7.8.9), die der Beter erfahren hat und fortwährend erhofft, gegenüber. Der Psalm rühmt den Gott des Beters als die wahre Zuflucht, die allein Rettung[118] bieten kann. Die ursprünglich prophetische Redeweise der Warnung, die oben Ausgangspunkt der Untersuchung war, ist in Ps 62 aufgenommen, aber bereits ganz und gar in weisheitliche Lebenslehre eingebettet und als Aufforderung zum Gottvertrauen an ein Kollektiv, d. h. an die JHWH-Gemeinschaft (vgl. die pluralische Anrede), formuliert.

In der kurzen Darstellung von Ps 62 ließen sich die Verbindungen zu Ps 146 bereits erkennen: Das Hauptthema von Ps 62 ist das alleinige Vertrauen und Hoffen auf Gott und seine Rettung, das sich auch in dem Kehrvers ausdrückt (Ps 62,2 – 3.6 – 7, vgl. V. 8.9), und das in Ps 146,3 negativ und in V. 5 positiv anklingt.[119] Außerdem entspricht das intentionale Gefälle von Ps 62 dem von Ps 146. Dort wie hier ist der Ausgangspunkt die eigene Erfahrung des Beters,[120] die er dann – mit Hilfe von weisheitlicher Sentenzenlehre – verallgemeinert und damit als Einladung an die Hörer und Leser des Psalms formuliert, diesem Lebensweg zu folgen.

Eine vergleichbare Botschaft findet sich auch in Ps 33. Dort kommt in dem abschließenden Bekenntnis eine Wir-Gruppe zu Wort (Ps 33,20 – 22).[121] Ganz ähnlich wie in Ps 62 und 146 wird die Thematik des völligen Vertrauens und Hoffens auf JHWH entfaltet. Zuvor in Ps 33,16 – 17 wird ebenfalls die menschlich-herrschaftliche Macht abgewertet und dessen Möglichkeit zur Rettung verneint.[122]

---

118 Zur Bedeutung von ישועה vgl. die Ausführungen zu Ps 149,4.

119 Zudem ergeben sich wörtliche Verbindungen zwischen Ps 62 und 146 durch folgende Lexeme: vgl. נפשי in Ps 62,2.6 und 146,1; ישועתי in Ps 62,2.3.6.7.8 und 146,3, בטח in Ps 62,9.11 und Ps 146,3; Abwertung von בני־אדם in Ps 62,10 (Pl.) und Ps 146,3 (Sg.).

120 Die persönliche Erfahrung des Beters wird in Ps 146 nicht direkt genannt (wie z. B. in Ps 62 und anderen sogenannten Dankliedern), aber durch den Beginn in der 1. Pers. Sg. und die werbende Haltung des Sprechers ist davon auszugehen, dass die persönliche Überzeugung des Verfassers darin liegt, dass er das „richtige" Vertrauensobjekt, JHWH, gefunden hat und dass sich dies seiner Meinung nach auch bereits bewährt hat.

121 Ps 33,20 – 22: „Unsere Seele (נפש, vgl. Ps 146,1) wartet auf JHWH, unsere Hilfe (עזר, vgl. Ps 146,5) und unser Schild ist er. Denn in ihm wird sich unser Herz freuen, denn auf seinen heiligen Namen vertrauen wir (בטח, vgl. Ps 146,3). Es sei deine Gnade, JHWH, über uns, wie wir auf dich harren."

122 Vgl. besonders in Ps 33,16 אין־המלך נושע („nicht hilft ein König") und in Ps 33,17 ... שקר לתשועה („Täuschung in Bezug auf Rettung"). Für weitere Bezüge von Ps 146 zu Ps 33 vgl. Anm. 121; außerdem V. 6 mit Ps 33,4 (אמת); V. 8 mit Ps 33,1.5 (אהב צדקה / צדיקים). Inhaltlich verbunden ist das Vergehen der Gedanken in V. 4 mit Ps 33,10 – 11. Ps 33 ist ein wichtiger

Auch Ps 147 nimmt in großer Nähe zu Ps 33 das Thema auf und stellt der militärischen Macht Gottesfurcht und Hoffen auf Gottes Güte gegenüber.[123] Ps 147 führt damit auf seine Weise die Warnung aus Ps 146 fort und ergänzt sie um den Aspekt der göttlichen Entscheidung: Denn Jhwh gefällt die vermeintlich menschliche Stärke nicht, sondern sein Wohlgefallen hat derjenige, der sich ganz auf ihn in Gottesfurcht und Erwartung seiner Gnade hin ausrichtet (Ps 147,10 – 11).

In Ps 146 wird die Warnung, wie auch in Ps 62, anthropologisch begründet und in V. 4 durch die Anspielung auf Gen 3,19 weitergeführt, worauf nun einzugehen ist. An dieser Stelle wird die charakteristische Schriftauslegung von Ps 146 besonders gut greifbar, denn nicht die ganze Aussage aus Gen 3 wird wörtlich zitiert, sondern die Verbindung nur durch zwei identische Lexeme (שוב, „zurückkehren"; אדמה, „Erdboden") aufgezeigt. So wird den mit der Tradition vertrauten Hörenden oder Lesenden die gesamte Schöpfungsthematik inklusive der Umkehrung der Schöpfung, nämlich dem Tod in Gen 3,19, vor Augen gestellt.[124] Ps 146,4 weist zugleich Verbindungen zu dem bereits in V. 1– 2 zentralen Referenzpsalm 104 auf. Ebenfalls in Aufnahme von Gen 3 wird in Ps 104,29 die totale Abhängigkeit des Geschöpfs von Gott formuliert.[125] Der Rückkehr zum Erdboden geht das Aushauchen des lebensspendenden Atems voraus[126] und zieht das endgültige Verlorengehen aller (gedanklichen) Planungen des Menschen mit sich (Ps 146,4).[127]

Spendertext für die Psalmen des Hallels, insbesondere für Ps 147 und 149, vgl. die Ausführungen dort.

123 Vgl. dazu die Ausführungen bei Ps 147.

124 Gen 3,19: „Im Schweiße deines Angesichts wirst du [dein] Brot essen, bis du zurückkehrst zum Erdboden (עד שׁ׳בך אל־האדמה), denn von ihm bist du genommen. Denn Staub bist du, und zum Staub wirst du zurückkehren (ואל־עפר תשוב)!"

125 Ps 104,29: „Verbirgst du dein Angesicht, sind sie verstört; zieht du ihren Geist (רוחם) zurück, schwinden sie dahin; zu ihrem Staub kehren sie zurück (ואל־עפרם ישובון)." Vgl. zu Ps 104 und der Abhängigkeit des Geschöpfes auch die Hinführung zu Ps 147 Kap. II.3.1 sowie zu Ps 104 insgesamt Kap. II.3, bes. Anm. 216.

126 Vgl. Gen 2,7 „Da machte der Gott Jhwh den Menschen aus Erde vom Acker (את־האדם עפר מן־האדמה) und blies ihm den Odem des Lebens (נשמת חיים) in seine Nase. Und so ward der Mensch ein lebendiges Wesen (האדם לנפש חיה)." Die von Gott geschenkte Lebendigkeit drückt sich im lebenslanges Loben Gottes durch den Menschen aus, vgl. Ps 146,1 – 2 (bes. נפשי und בחיי) und außerdem Ps 150,6, vgl. dazu auch die Ausführungen zu Ps 150.

127 Das Verb אבד („vergehen", V. 4b) kommt auch in Ps 1,6 vor: ודרך רשעים תאבד („der Weg der Gottlosen vergeht"). Somit könnte eine Verbindung zwischen den weltlichen Herrschern (V. 3) sowie dem Vergehen der (menschlichen) Planungen und der Vernichtung der Gottlosen durch Jhwh (V. 9b) gezogen werden, so dass die in V. 3 – 4 angesprochenen Personen – weil sie Jhwh nicht vertrauen – als Gottlose ihren Weg verlieren und keinen Bestand haben. עשתנ ist sonst nur noch in Sir 3,24 belegt und bezeichnet dort eine menschliche Überlegung, vgl. Lange, Endgestalt, 115 Anm. 81.

Nichts bleibt vom Menschen, nicht einmal seine intellektuellen Errungenschaften. „Noch grundsätzlicher, radikaler könnte die Mahnung von V. 3 nicht begründet werden; theologisch hat der Psalmist das Thema ausgereizt", so meint Mathys.[128] Denn nichts bleibt, woran der Rettung-Suchende sich orientieren könnte. Alles Menschliche, sei es von noch so Mächtigen, muss enttäuschen. Aufgrund der Unbeständigkeit des Menschen ist auch jede Hilfe seinerseits unbeständig.[129]

Gerade aufgrund dieser menschlichen Unbeständigkeit ist für den Beter die Hilfe nur bei Gott selbst zu finden, von dem sich der Mensch als abhängig erlebt. Diese eigene Begrenztheit führt ihn direkt ins Gotteslob hinein, wie zu Beginn des Psalms deutlich wird (Ps 146,1–2, vgl. Ps 104,1.33). Für Ps 146 und auch schon für Ps 104, wie Spieckermann treffend formuliert hat, „liegt der tiefste Grund zum Gotteslob darin, das eigene Geworfensein in die Zeit in den Händen des Herrn der Zeit zu wissen, den man vertrauensvoll ,Jahwe, mein Gott' nennen darf."[130] In Ps 103 als Partnerpsalm zu Ps 104, beide wichtige Referenztexte für Ps 146,[131] wird die Vergänglichkeit des Menschen ebenfalls thematisiert (Ps 103,14–16). Gleichwohl weiß sich der Beter bei Gott und in seiner ewigen Gnade geborgen, weil er sich zu denen rechnen kann, die Jнwн fürchten und seine Gebote tun (Ps 103,17–18). Ps 103 klingt in einer vierfachen Lobaufforderung aus (Ps 103,20–22), die den Beter und alle seine Werke auf den gnädigen und ewigen Gott hin ausrichtet.

So finden sich in Ps 146,3–4 neben den Anklängen an prophetische Redeweise in Form der Warnung auch Verbindungen zu den bereits bekannten Spendertexten Ps 103 und 104 sowie wichtige Aufnahmen anderer Psalmen wie Ps 118 und 62. V. 3–4 präsentiert sich als ein Konglomerat verschiedenster Texte und stellt zugleich eine ganz selbstständige Konzeption des Themas „Keine Rettung bei Menschen" dar. Aufgrund der stilistisch anders gestalteten Verse ist darum zu überlegen, ob V. 3–4, evtl. zusammen mit V. 5–6a, einen späteren Einschub darstellt.[132] Vor allem der Anschluss von V. 6b an V. 2 wäre syntaktisch und inhaltlich möglich. Allerdings bleibt zu fragen, warum eine solche Grundfassung des Psalms um die mahnende Sentenz mit der Gegenüberstellung von hilflosen

128 MATHYS, Dichter, 268.
129 Man könnte עשתנת in diesem Kontext als hilfreiche Gedanken und Planungen mit guter Absicht, die auf Rettung zielen, verstehen, aber selbst diese sind dem Vergehen ausgeliefert. D. h. selbst wenn der Mächtige vorhätte zu retten, würde dies doch nicht helfen.
130 SPIECKERMANN, Heilsgegenwart, 44.
131 Vgl. die Übersicht der Bezüge von Ps 146 zu Ps 103 und 104 oben in den Ausführungen zu V. 1–2, bes. Anm. 85.
132 So ist z. B. für LEVIN, Gebetbuch, 362 f, der Wechsel in die Mahnrede Grund V. 3–6a als eine Erweiterung zu erkennen. Ähnlich auch NOMMIK, Gerechtigkeitsbearbeitungen, 460–470, bes. 467.469 f.

Fürsten und der Hilfe Gottes nachträglich erweitert sein sollte. Denn auch wenn der Abschnitt V. 3–6a mit dem Kontext nicht allzu fest verbunden ist, was seine Abgrenzung ermöglicht, so lässt sich umgekehrt kein sicheres Indiz wie beispielsweise eine thematische Fortführung erkennen, das eine Fortschreibung motiviert hätte. Eher sollte daher angenommen werden, dass gerade die Einbindung der lehrhaften Unterweisung, die völlig zu recht als im Hymnus auffallend wahrgenommen wird, zur Intention des Verfasser hinzugehört.[133] Zudem wurde der Psalm für das Ende des Psalters und im rekapitulierenden Blick auf ihn hin abgefasst,[134] so dass es durchaus möglich ist, dass durch Rezeption verschiedene Elemente zu einem neuen Text zusammengefügt worden sind, die sich in den vorangehenden Psalmen bereits finden. So rezipieren sowohl V. 1–2 als auch V. 3–4 die beiden Psalmen 103 und 104 in sprachlicher und inhaltlicher Perspektive, was für dieselbe literarische Ebene von V. 1–2 und V. 3–4 spricht,[135] auch wenn es zwei ganz unterschiedlich gestaltete Abschnitte sind. Ein Beispiel für die Integration von unterweisender Sprachform ist auch Ps 34, der insgesamt viele Beziehungen zu Ps 146 aufweist.[136] Für beide Psalmen gilt, dass „der Beter sich aus den selbst in Not und Rettung gemachten Erfahrungen heraus an seine Zuhörer und Mitfeiernden wendet, um ihnen seine Erfahrungen in allgemeinen, lehrhaften Aussagen oder direkter Warnung mitzuteilen.“[137] Der Hymnus selbst ist damit Bestandteil der Lehre, so dass entsprechend die Lehre ihren Platz im Hymnus hat, hier in Form der Warnung (V. 3–4) und Seligpreisung (V. 5–6a), die damit zu Ps 146 grundlegend dazugehören.

V. 3–4 bereiten in ihrer negativen Ausrichtung das positive Gegenstück vor, das sich theologisch zwingend ergibt und das sich bereits in den Vorlagetexten (vgl. Jer 7; 9; Mi 7; Ps 33; 62) findet: Wahre Hilfe gibt es nur bei Gott, wie V. 5–6a postuliert und in V. 6b–9 hymnisch ausgeführt wird.

V. 5–6a „Hilfe bei JHWH“

Auf die Warnung vor dem falschen Vertrauen folgt in Ps 146, wie schon in Mi 7 und Ps 62 und vor allem in Anlehnung an Ps 118,8–9 (in Umkehrung der Aussagenfolge), die Nennung des rechten Hoffens und Vertrauens: „Glücklich der, der den Gott Jakobs als seine Hilfe hat, der seine Hoffnung auf JHWH, seinen Gott [setzt],

---

133 Vgl. unten, bes. Kap. II.2.4.5.
134 Vgl. zur Komposition des Hallels insgesamt Kap. III.
135 Möglich wäre prinzipiell auch, dass die Rezeption auf Ebene der Fortschreibung fortgeführt wird. Allerdings ist die Häufung der Bezüge besonders zu Ps 103 doch auffällig.
136 Vgl. dazu unten, insb. die Ausführungen zu V. 8b–9.
137 REINDL, Gotteslob, 128.

der schafft Himmel und Erde, das Meer und alles, was in ihnen ist." (Ps 146,5 – 6a).
Wie schon in V. 2 („mein Gott", אלהי) wird die enge Bindung des Menschen, hier die
des glücklich Vertrauenden zu JHWH, durch Suffixe betont: Er hat den Gott Jakobs
als „seine Hilfe" (בעזרו) erwählt, er setzt „seine Hoffnung" (שברו) auf „seinen Gott"
(אלהיו). Derjenige, dem dieses Vertrauen gilt, wird als der Schöpfer von Himmel
und Erde näher vorgestellt, der zugleich ein ewig Treuer ist (V. 6b). Nach dieser
grundlegenden Charakterisierung JHWHs als Schöpfer, wird in den folgenden
Versen weiter ausgeführt, worin sich die Schöpferqualität auszeichnet (V. 6b – 9).

Mit der oftmals weisheitlich verorteten Form des Makarismus in V. 5 wird der
Gegentyp zu V. 3 – 4 stilisiert:[138] Statt auf menschliche Mächtige und ihre Macht zu
vertrauen, liefert sich der Glückliche ganz der Hilfe JHWHs aus.[139] Zur Begründung
dieser Aussage über die Macht JHWHs wird auf die Schöpferkraft Gottes verwiesen.
Während beim Menschen seine Geschöpflichkeit als Argument für die Abwertung
des Vertrauens dient, ist entsprechend umgekehrt bei Gott seine Schöpfermacht
als Wirkmächtigkeit gerade der Grund seiner Vertrauenswürdigkeit. Der fundamentale Unterschied zwischen Geschöpf und Schöpfer dient als Ausweis von
Ohnmacht und Allmacht. Der, der die Erde und den Himmel schafft, sollte der
nicht auch die Macht haben, dem einzelnen Menschen in seiner konkreten Hilflosigkeit zu helfen?[140] In V. 6a klingt die bereits formelhaft gewordene Prädikation
עֹשֶׂה שָׁמַיִם וָאָרֶץ aus Ex 20,11 an.[141] Der Verfasser von Ps 146 verwendet aber statt der
finiten Verbform עָשָׂה das Partizip עֹשֶׂה und betont dadurch das ständige Wirk-
samsein Gottes in der Schöpfung.[142] So wird hier nicht in erster Linie an die *prima
creatio* erinnert, sondern dem Vertrauen-Suchenden wird „das gegenwärtige Geschehen, die in Kosmos und Kreatur erkennbare und im Tempel erfahrbare

---

138 Vgl. dazu auch REINDL, Gotteslob, 128 f. Seligpreisungen mit ähnlich inhaltlicher Ausrichtung sind Ps 1,1; 2,12; 33,12; 34,9; 40,5; 84,13; 144,15; Prov 8,32; 16,20. Vgl. auch Jer 17,5 – 8
mit dem Gegenüber Verfluchung – Seligpreisung im Zusammenhang der Thematik des Menschen-
bzw. Gottvertrauens, vgl. dazu unten.

139 In ähnlicher Form, aber in kollektiver Ausrichtung auf das Volk, verwendet auch Ps 33, der
bereits als Referenztext für V. 3 – 4 herangezogen wurde, eine Seligpreisung: „Glücklich das Volk,
das JHWH als seinen Gott hat, das Volk, das er sich zum Erbteil erwählt hat." (Ps 33,12). Zu
weiteren Bezügen zwischen Ps 146 und 33 vgl. oben Anm. 121.122.

140 Diese Frage wird dann in den folgenden Versen 6b.7 – 9 mit konkreten Beispielen der Hilfe
beantwortet, vgl. unten Kap. II.2.4.3. Vgl. dazu auch KRAUS, Psalmen, 1133: „Das Thema
‚Schöpfung' weist hin auf die unbegrenzte Machtvollkommenheit Gottes."

141 Ex 20,11a: „Denn in sechs Tagen hat JHWH den Himmel und die Erde gemacht, das Meer und
alles, was in ihnen ist (עָשָׂה יהוה אֶת־הַשָּׁמַיִם וְאֶת־הָאָרֶץ אֶת־הַיָּם וְאֶת־כָּל־אֲשֶׁר־בָּם), und er ruhte am siebten
Tag." Die geprägte Form kommt noch in Ps 115,15; 121,2 (hier mit עֹזֵר, vgl. Ps 146,5!); 124,8;
134,3 vor, jeweils auch mit Partizip, allerdings im st. cstr. Vgl. zu den Belegstellen der Formel auch
ZENGER, Psalm 121, 437; BARTELMUS, Himmel, 103 – 108.

142 Vgl. BALLHORN, Telos, 305.

heilvolle Zuwendung Gottes"[143] vor Augen gehalten, schon im Vorausblick auf V. 7–9. Diese Wirkmächtigkeit Gottes, in der es immer um Leben und Tod geht, spiegelt sich insbesondere in der typisierten Gegenüberstellung von Gerechten und Gottlosen wider (V. 8b–9).

Die Schöpfungsformel mit der Betonung auf dem präsenten Wirken Gottes in seiner Schöpfung (*creatio continua*) begegnet auch in Ps 121.[144] Wie Ps 146 verbindet auch der weisheitlich geprägte Vertrauenspsalm Ps 121[145] die Suche nach Hilfe (עזר, Ps 121,1.2; 146,5) mit der durch die Formel (Ps 121,2; 146,6) belegten Schöpfermacht Gottes und formuliert sein eindringliches Bekenntnis: „Ich erhebe meine Augen zu den Bergen. Von wo kommt meine Hilfe (עזרי)? Meine Hilfe (עזרי) [kommt] von JHWH, dem Schöpfer von Himmel und Erde." (Ps 121,1–2). Das Vertrauensbekenntnis auf die Hilfe Gottes wird in den weiteren Versen von Ps 121 ausgelegt. Dabei ist das Schlüsselwort שמר („bewahren") zentral,[146] das in dem kurzen Psalm gleich sechsmal vorkommt (V. 3.4.5.7.8).[147] Ps 121 stellt außerdem das „Behüten" des Einzelnen („dein Hüter", V. 3.5) in den Horizont der Geschichte Israels („Hüter Israels", V. 4).[148]

Auch in Ps 146 fehlt der Bezug auf die Geschichte Israels nicht, wie durch die Verwendung von אל יעקב („Gott Jakobs", V. 5) als Bezeichnung für den „Hüter" (V. 6b) deutlich wird.[149] Der Titel אל יעקב ist in dieser Form singulär im Alten Testament. Es ist nicht irgendein Gott, dessen Hilfe hier gepriesen wird, sondern es ist der Gott Jakob-Israels.[150] Diese Rückbindung an die tradierte Geschichte Israels wirft wiederum ein Licht auf das Selbstverständnis des Verfassers: Er versteht sich und sein Leben ganz im Horizont der (bereits verschriftlichten) Tradition des

---

143 SPIECKERMANN, Heilsgegenwart, 84.

144 Dazu ZENGER, Psalm 121, 437: „JHWH ist der Schöpfergott, der der von ihm erschaffenen Welt zugewandt bleibt und sie gewissermaßen fortwährend ‚schafft', d. h. am Leben erhält und schützt."

145 Vgl. dazu ZENGER, Psalm 121, 431.

146 Vgl. ZENGER, Psalm 121, 433.438.

147 Auch in Ps 146 ist die immerhin zweimalige Verwendung von שמר sowie dessen Position zu Beginn der Partizipienreihe (V. 6) und an ihrem Ende (V. 9) auffällig.

148 Die enge Verknüpfung von Individual- und Kollektivperspektive in Ps 121 betont auch BALLHORN, Telos, 226 f. Auch in Ps 146 ist beides enthalten und aufeinander bezogen: In V. 5 ist der Einzelne im Blick, der sein Vertrauen auf JHWH setzt, in V. 10 wird der Zion angesprochen. Hinter dieser Personifikation dürfte die Gruppe stehen, die vorher schon in V. 3 angeredet wurde, vgl. dazu unten die Ausführungen zu V. 10 sowie auch zu Ps 147,12.

149 Vorsichtig formuliert diese Annahme schon MATHYS, Dichter, 270.

150 Vgl. hierzu auch ZOBEL, Art. יעקב(ו)ב, 768 f, der darauf hinweist, dass es bei der Verwendung des Namens „Gott Jakobs" in den Psalmen inhaltlich „um den Ausdruck von Stärke und Hilfe, Schutz und Beistand" geht. Vgl. zum Terminus „Jakob-Israel" insgesamt KRATZ, Israel im Jesajabuch, 165–171, sowie die Ausführungen zu Ps 147,19–20.

beginnenden jüdischen Glaubens des Volkes Israels.[151] Dies nimmt er auch für seine Rezipienten in Anspruch, die offensichtlich seinen vielen Assoziationen folgen können.[152] Zugleich dient der Rückverweis auf den Gott Jakobs und damit auf die Erfahrung, die die Väter gemacht haben: JHWH zu vertrauen bedeutet von ihm Hilfe zu erhalten.[153] Der Gott Jakobs hat sich bereits als Hilfe erwiesen und wird sich weiter als solche zeigen.

Dafür steht auch das Motiv der Bewahrung, das zentral in der Jakobüberlieferung ist. Dort wird das Vertrauen auf den behütenden JHWH zur Grundlage der verheißungsvollen Beziehung zwischen JHWH und Jakob.[154] „Diese ‚Behütung' Israels durch JHWH schließt alle fürsorgliche und rettende Zuwendung JHWHs ein: Schutz vor Feinden, Führung auf dem Weg, Versorgung mit Nahrung und Wasser, Vermittlung von Kraft bei drohender Schwäche oder Mutlosigkeit."[155] Was Zenger für Ps 121 formuliert hat, gilt auch für Ps 146. So ist es gut denkbar, dass Ps 146 auf diesen Vertrauenspsalm zurückverweist, indem er ihn in V. 5 – 6 anklingen lässt. Vor allem in V. 6b (לעולם אמת השמר), vgl. עד־עולם am Ende von Ps 121) präsentiert der Psalmist seine ganz eigene Zusammenfassung des allzeit präsenten Schutzes JHWHs für das bedrängte Menschenleben,[156] bevor dann in V. 7– 9.10 die Ausle-

---

151 Vgl. dazu auch ZOBEL, Art. יעקׂ(ו)ב, 773: Jakob ist „Inbegriff der Treue Gottes zu seinem Volk." (vgl. Ps 146,6b!). Der Name Jakob wird außerdem als Volksbezeichnung verwendet: „Wenn das Volk [...] auf seine geistliche Existenz angesprochen werden soll, kann es Jakob genannt werden." (ebd.) Es geht bei Jakob demnach immer um die Gottesbeziehung, individuell und im Blick auf das ganze Volk. Somit wird in Ps 146,5 der Einzelne im Horizont des frommen Volkes Gottes gesehen.
152 Vgl. dazu MATHYS, Dichter, 270: „wie stark die Psalmdichter in spätalttestamentlicher Zeit mit Assoziationen arbeiten, wurde schon verschiedentlich aufgewiesen. Ps 146 zeigt, daß bisweilen auch der Psalmleser assoziieren muß." Vgl. dazu auch Kap. III.3.
153 Vgl. das ähnliche Verweissystem auf das Vertrauen der Väter in Ps 22, dazu STOLZ, Psalmen, 37.
154 Zentrale Texte der Jakobtradition, die jeweils שמר verwenden, sind die Zusage Gottes (Gen 28,15: „Und siehe, ich bin mit dir, und ich will dich behüten [שמר] überall, wohin du gehst, und dich in dieses Land zurückbringen; denn ich werde dich nicht verlassen, bis ich getan, was ich zu dir geredet habe.") sowie das Bekenntnis und Gelübde Jakobs mit Heiligtumsgründung (Gen 28,20 – 22: „[...] Wenn Gott mit mir ist und mich behütet [שמר] auf diesem Weg, den ich gehe, und mir Brot zu essen und Kleidung anzuziehen gibt und ich in Frieden zurückkehre zum Haus meines Vaters, dann soll JHWH mein Gott sein. Und dieser Stein, den ich als Gedenkstein aufgestellt habe, soll ein Haus Gottes werden; und alles, was du mir geben wirst, werde ich dir treu verzehnten."). So überwindet JHWHs Treue gegenüber Jakob dessen Schuld, die in der Erschleichung des väterlichen Segens besteht (Gen 27). Hier ist Jakob rechtmäßiger Empfänger des Segens Gottes. Vgl. für weitere Belege von שמר als wichtigem Attribut für den Gott der Geschichte Israels ZENGER, Psalm 121, 438. Besonders zu verweisen ist auf den Zusammenhang von „Behüten" und „Segnen" im aaronitischen Segen (Num 6,24), vgl. dazu Ps 147,13 – 14 und die entsprechenden Ausführungen.
155 ZENGER, Psalm 121, 438.
156 Vgl. ZENGER, Psalm 121, 433.

gung der hilfreichen Schöpfermacht aus Sicht des Verfassers von Ps 146 folgt (vgl. in Ps 121 die Konkretisierung des „Behütens" insbesondere in V. 5b.6 – 8).

Auch wenn V. 6 in der oben vorgestellten Gliederung aus formalen und inhaltlichen Gründen geteilt und je ein Kolon den beiden Abschnitten von Ps 146 zugeordnet wurde, zeigen die gerade gemachten Ausführungen zur Verbindungen von Ps 146 mit Ps 121, dass die beiden Teile von Ps 146 zwingend zusammengehören und keinesfalls zwei separate Strophen oder dergleichen bilden. In V. 5 – 6 findet sich die Überleitung in den hymnischen Abschnitt des Psalms, der zwar einen stilistischen Wechsel markiert, gleichwohl aus dem Vorangehenden organisch hervorgeht.[157] Dies zeigt nicht zuletzt die Aufnahme der Bewahrungs-Thematik in V. 6b, die aufgrund von V. 5 und der Vorlage in Ps 121 bereits in diesem Unterkapitel behandelt werden musste.

In Aufnahme prophetischer Sprachweise thematisiert Ps 146,3 – 4.5 – 6a das Problem des rechten Vertrauens (vgl. Ps 62 sowie Jer 7; 9 und Mi 7). Mit dem Vertrauen auf menschliche Macht geht die Abwendung von Gott einher und wer umgekehrt Jhwh als seinen Schutz hat, der bedarf anderer Menschen nicht (vgl. Ps 118,8 – 9). Vertrauen (בטח) wird dabei zum Schlüsselwort für das, was Ps 146, ähnlich auch der folgende Psalm 147, lehren möchte, nämlich „das Leben nicht auf die eigene Kraft und Vorsorge (147,10 f) noch auf Menschen überhaupt (146,3 f) zu bauen, sondern allein und bedingungslos auf Gott."[158]

Noch radikaler formuliert es Jer 17,5 – 8[159], wo der Seligpreisung eine Verfluchung des Menschen gegenübersteht, der sich mit seinem Vertrauen von Gott abwendet. Ps 146 steht mit seiner Frage nach Hilfe im und zum Leben und dem damit verbundenen Gottvertrauen im Horizont anderer Texte des Alten Testaments, die zumindest eine gedankliche Verbindung wahrscheinlich machen, eher aber eine beabsichtigte textliche Abhängigkeit bezeugen, die durch lockere Zitation bzw. Anspielung sichtbar gemacht wird. Alle diese mit Ps 146 verwandten Textabschnitte lassen sich als Texte aus „weisheitlichem Kontext" charakterisieren und behandeln das theologische Thema des Gottvertrauens auf hoher Reflexionsebene.[160] Die dabei verwendeten schöpfungstheologischen Aussagen dienen zum einen als Begründungsgrundlage der Vertrauenswürdigkeit Jhwhs und zeichnen zum anderen den Menschen in seiner Vergänglichkeit und Unbeständigkeit aus. Somit muss die hier vollkommen unbestimmt gebliebene und damit exemplarische Gruppe namenloser

---

157 Dies spricht auch wiederum für die literarische Einheitlichkeit von Ps 146.

158 So fasst Kratz, Gnade, 258, das Anliegen von Ps 146 und 147 zusammen.

159 Jer 17,5.7: „So spricht Jhwh: Verflucht ist der Mann, der auf Menschen vertraut und Fleisch zu seinem Arm macht und dessen Herz von Jhwh weicht! [...] Gesegnet ist der Mann, der auf Jhwh vertraut und dessen Vertrauen Jhwh ist!"

160 Vgl. neben den ausführlicher besprochenen Texten auch die Nähe von Jer 17,5 – 8 zu Ps 1.

Fürsten oder edler Herrscher, charakterisiert durch die menschliche Vergänglichkeit, immer gegenüber dem persönlichen und in die Geschichte eingreifenden, zugleich ewigem Gott Jakobs mit Namen Jhwh im Blick auf die Vertrauens- und Hilfsperspektive des Beters versagen.

2.4.3 Jhwh, der Hüter des Lebens (V. 6b–9)

Mit V. 6b.7–9 folgt nun der eigentlich hymnische Abschnitt des Psalms, der sich insbesondere durch die strukturelle Homogenität der Verse und Versteile in ihrer Dreigliedrigkeit auszeichnet.[161] Der Psalmist bietet eine kunstvolle und sorgfältig komponierte Aufzählung der Taten Jhwhs, die sich unter der Thematik der Lebensermöglichung und Lebenserhaltung zusammenfassen lassen: Jhwh, der Hüter des Lebens, in Treue und bis in Ewigkeit. „Die Zusammenstellung der Motive in Ps 146 ist […] repräsentativ,“ als habe es der Verfasser „auf (relative) Vollständigkeit abgesehen – wie sich dies für einen stark theologisch bestimmten Psalm gehört“.[162] In drei Abschnitten wird dieses Handeln Gottes konkret gemacht: zunächst in der Rechtsetzung und in der Brotgabe (V. 7a), sodann in der Befreiungstat Jhwhs aus dem Dunkel (V. 7b – 8a) und schließlich in der liebevollen Zuwendung und Bewahrung der Gerechten und sozial Benachteiligten, deren Gegenbild die Vernichtung der Gottlosen ist (V. 8b – 9). Bei dieser eindrucksvollen Beschreibung des Wirken Jhwhs übernimmt dieser immer wieder die Rolle des Königs. Am Ende der Preisung wird in V. 10 dies durch die explizite Akklamation Jhwhs als König noch einmal bestätigt, worauf im folgenden Kapitel einzugehen ist (Kap. II.2.4.4).

Inwieweit in diesem zweiten großen Teil des Psalms die Intention des Psalmisten einen hymnischen Lehrpsalm zu gestalten zu erkennen ist und wie das Thema Leben als Lob Gottes entfaltet wird, ist nun in den folgenden Ausführungen zu zeigen. Wieder soll nach einer kurzen Betrachtung der einzelnen Aussage das theologische Profil mit Hilfe der intertextuellen Bezüge dargestellt werden. Im Unterschied zu den oben besprochenen Versen zeigen sich in diesem Abschnitt viele Bezüge zu späten Jesaja-Texten (vgl. Jes 35; 42; 49) und zum Deuteronomium (vgl. Dtn 10). Zudem findet sich wieder die Rezeption anderer Psalmen (vgl. Ps 94; 103; 136; 145). Auf Grundlage anderer Texte werden Neuformulierungen sowie neue Kombinationen von Ausdrücken geschaffen, denen eine besondere (poetische) Kürze und Prägnanz eigen ist, die aber die Bezugstexte immer noch erahnen lassen.

---

161 Vgl. dazu oben Kap. II.2.3.1.
162 MATHYS, Dichter, 269.

V. 6b „JHWH, Bewahrer ewiger Treue"

V. 6b fungiert als Überschrift für den hymnischen Abschnitt im zweiten Teil des Psalms. JHWH ist der „Bewahrer / Hüter von Treue bis in Ewigkeit" (V. 6b). Diese abstrakte Charakterisierung Gottes fasst vorwegnehmend zusammen, was in den folgenden Versen über das lebenserhaltene Handeln JHWHs gesagt wird und umgekehrt bilden die aufgezählten Handlungen die Konkretisierungen seiner אמת („Treue").[163] Die Funktion einer Überschrift wird formal durch das mit Artikel versehene Partizip angezeigt und strukturell durch die Korrespondenz mit dem Ende des Abschnitts betont. Dort wird der „Bewahrer der Treue" mit dem „König vom Zion" identifiziert, denen beide die Perspektive „bis in Ewigkeit" (לעולם, V. 6b.10a) gilt.[164] Die Formulierung von V. 6b hat keine direkten Parallelen im Alten Testament.[165] Gleichwohl weist die Aussage in den psaltertheologischen Kontext hinein, wie durch die schon oben benannten Bezüge zu Ps 121 deutlich wurde.[166] JHWH als Hüter der Treue bis in Ewigkeit ist der sich seinem Geschöpf beständig zuwendende Schöpfer und Gott (vgl. V. 6a). So formuliert es auch z. B. Ps 119, wo ähnliche Aussagen von V. 6a und 6b zusammen stehen (vgl. Ps 119,89 – 91[167]).

Im Kontext von Ps 146 ist anzunehmen, dass die Bewahrung Gottes vornehmlich denen gilt, die sich ihm gleichfalls zuwenden, d. h. denen, die auf seine Hilfe hoffen (V. 5) und die in Gottes Sinne Gerechte sind (vgl. V. 8b und die Wiederaufnahme von שמר in V. 9aα). Dass V. 6b eng mit den weiteren Aussagen von Ps 146 verbunden ist, zeigt auch eine thematisch verwandte Formulierung in Ps 37[168]: „Denn JHWH liebt Recht und wird seine Frommen nicht verlassen; bis in Ewigkeit werden sie bewahrt, und die Nachkommenschaft der Gottlosen wird ausgerottet." (Ps 37,28). Für Ps 37 ist die ewig gültige Bewahrung der Seinen durch JHWH in der Rechtsetzung (vgl. Ps 146,7aα) und Hilfe für diejenigen, die verlassen sind (vgl. Ps 146,7 – 9a), erkennbar. Demgegenüber trifft die Gottlosen die Vernichtung (vgl. Ps 146,9b).

---

163 Vgl. MATHYS, Dichter, 269; außerdem REINDL, Gotteslob, 130; BALLHORN, Telos, 305 Anm. 796.

164 Vgl. dazu oben Kap. II.2 3.1 und II.2.3.2.

165 Das Verb שמר hat nur hier אמת als Akkusativ, vgl. dazu REINDL, Gotteslob, 124. Vgl. zu שמר und עולם Ps 12,8; 37,28; 121,8 sowie ähnlich Ps 117,2.

166 Vgl. dazu oben die Ausführungen zu V. 5 – 6a.

167 Ps 119,89 – 91: „In Ewigkeit, JHWH, steht dein Wort fest in den Himmeln. Von Geschlecht zu Geschlecht [währt] deine Treue. Du hast die Erde gegründet, und sie steht. Nach deinen Ordnungen bestehen sie bis heute, denn alles ist dir dienstbar."

168 Vgl. zu Ps 37 die Ausführungen unten bei V. 8b – 9.

V. 7a „Recht und Brot"

Mit V. 7a beginnen nun die inhaltlichen Ausführungen des Treue-Haltens JHWHs, die syntaktisch ganz eng an V. 6b angeschlossen sind, indem sie von dort das Subjekt übernehmen und es relativisch weiterführen:[169] JHWH, der Bewahrer von Treue, ist der, „der Recht schafft den Unterdrückten, der Brot gibt den Hungrigen" (V. 7a). Im ersten Kolon (V. 7aα) klingen zwei für das soziale Miteinander wichtige Anweisungen an, die hier als *ein* Handeln JHWHs zusammengefasst sind: Recht zu schaffen (עשׂה משׁפט) und keine Mitmenschen zu unterdrücken (עשׁק).[170] JHWH, dessen Wesen Recht und Gerechtigkeit ist, hebt die unrechtmäßige Unterdrückung durch sein Handeln auf.[171] Vermutlich entspricht die Gesellschaft im Erfahrungshorizont des Beters samt seinen Führern nicht der Erwartung Gottes (und der Unrecht Leidenden), so dass die Hoffnung auf Be-Rechtigung auf JHWH hin verlagert wird.[172] Durch das wiederholte Verb עשׂה, das in V. 6a bereits das Schöpfungswirken JHWHs bezeichnet hat, wird die Bedeutung des „Recht-Schaffens" als schöpferisches Ermöglichen von Leben erkennbar.[173] Die Unterdrückten erhalten neuen Lebensraum, umgrenzt durch Recht, nicht durch Unrecht. Da an vielen verwandten Stellen von V. 7aα auch die Trias der *personae miserae* auftritt, wird am Anfang der Partizipienreihe indirekt schon auf sein Ende (V. 9a) verwiesen.[174]

Dem Schaffen des Rechts für Rechtlose ist die Gabe von Brot für Hungernde zur Seite gestellt (V. 7aβ). Gott, der Geber von Brot als dem wichtigsten Grundnahrungsmittel, ist häufiges Motiv im Alten Testament.[175] In den beiden ersten,

---

169 Vgl. dazu oben Kap. II.2.3.1.

170 Die Verbindung von עשׂה משׁפט und עשׁק findet sich nur noch in Ps 103,6 (vgl. dazu unten) sowie in Ps 119,121 und Jer 22,3. Vgl. zu עשׂה משׁפט u. a. 1 Kön 10,9; Jer 7,5; Ez 18; 33; Mi 6,8 und zu עשׁק u. a. Lev 19,13; Dtn 24,14; Ez 22,29; Am 4,1.

171 Vgl. dazu bes. Ps 103,6.

172 So z. B. auch in Dtn 10,18; Jer 23,5; 33,15.

173 Ähnlich auch BALLHORN, Telos, 305, sowie KSELMAN, Psalm 146, 592 f: „In the repetition of ʿōśeh, the poet asserts the identity of the creator God ‚making heaven and earth' with the redeemer God ‚bringing about (making) justice for the oppressed.'" Jes 40–55 kennt ebenfalls diese Verbindung im Gottesbild von Schöpfer und Erlöser, ähnlich auch in Ps 82, vgl. KSELMAN, Psalm 146, 593 Anm. 24.

174 Vgl. etwa Dtn 10,18; Jer 7,5–6; 22,3; Ez 22,7; Sach 7,10; Mal 3,5; vgl. nur mit גר Ez 22,29. Daraus muss aber nicht zwingend eine Identifikation der Unterdrückten mit dem Fremden, mit Waise und Witwe geschlossen werden, wie aber KSELMAN, Psalm 146, 594, meint: „The oppressed to whom God provides justice in Ps 146:7a are the alien, the fatherless, and the widow of 9ab" und dies als einen „distant parallelism" charakterisiert. Die Zusammenstellung könnte auch der freien Umgestaltung überkommener Texttraditionen geschuldet sein, indem Elemente neu angeordnet werden und so in einem neuen Korrespondenzzusammenhang stehen.

175 Vgl. z. B. die Manna-Tradition mit „Brot vom Himmel" (Ex 16,8.15 vgl. Neh 9,15); Nahrungsversorgung als Element im Bundesschluss Jakobs mit JHWH (Gen 28,20; zur Verbindung mit

parallel strukturierten Kola von V. 7 bildet sich so das Werk JHWHs als Schöpfer und Erhalter des Lebens in der individuellen Lebenswelt des (notleidenden) Menschen ab: Durch die Rechtsetzung wird Lebensraum überhaupt erst geschaffen und die Nahrungsversorgung sichert Fortbestand und Erhaltung der Lebewesen. Damit sind zentrale Aufgaben des Königs angesprochen, der für Recht und Ernährung seines Volkes zuständig ist.[176] Wie oft zu beobachten ist, werden diese Zuständigkeiten bei JHWH als dem König über alle Welt verortet (vgl. V. 10).[177]

Für die Formulierung in V. 7aα („der Recht schafft den Unterdrückten") ist eine enge Parallele in Ps 103,6[178] nachzuweisen. Ps 103 wurde bereits in der Loberöffnung von Ps 146 (vgl. V. 1–2 mit Ps 103,1.22) zitiert und weist ebenfalls eine Nähe zum Vergänglichkeitsmotiv in V. 4 auf (vgl. Ps 103,14–16).[179] Die Vorlage aus Ps 103,6 hat bei der Einbindung in Ps 146 eine sprachliche Verkürzung erfahren, die sich in den weiteren Versen bis hin zu V. 9 beobachten lässt. Der Psalmist hat die Aussage auf drei Wörter (עשׂה משׁפט לעשׁוקים) hin zusammengefasst und so in sein durch Dreigliedrigkeit gestaltetes Aussagengefüge eingepasst.

Auch für den zweiten Verteil ist die Rezeption anderer Psalmen anzunehmen: Die Brotgabe (נתן לחם, V. 7aβ) kommt in Psalmen vor, die mit Ps 146 auch anderweitig in Beziehung stehen. Die größte Nähe weist Ps 136,25 mit der Formulierung נתן לחם לכל־בשׂר („der Brot gibt allem Fleisch") auf. Die Brotgabe wird durch den Refrain כי לעולם חסדו („denn ewig währt seine Gnade") als Gnadengabe Gottes identifiziert. Ähnlich kann es für die Rechtssetzung in Ps 103 beobachtet werden (vgl. Ps 103,6 mit dem Kontext Ps 103,4.5.8). Nur in Ps 136,25 und 146,7 findet sich נתן לחם mit Gott als Subjekt formuliert, so dass eine Verwandtschaft der beiden Belege große Wahrscheinlichkeit hat.[180]

Die göttliche Versorgung mit Nahrung wird außerdem mehrfach in Ps 104 (vgl. V. 14–15.27–28) thematisiert, was wiederum in Ps 145,15–16 (Zitat aus Ps 104,27–

V. 5 siehe oben die Ausführungen zu V. 5); ebenso noch Ps 136,25; 147,9 und auch Ps 145,15, zu den letztgenannten Stellen vgl. unten.
176 Vgl. dazu z. B. MALCHOW, God, 1168 f: „As the highest in the land, the king was responsible to protect the lowest."
177 Vgl. dazu vor allem Ps 145 und die Ausführungen dort.
178 Ps 103,6: „Es schafft Gerechtigkeit, JHWH (עשׂה צדקות יהוה), und Recht(e) allen, die unterdrückt werden (ומשׁפטים לכל־עשׁוקים)."
179 Vgl. dazu jeweils oben die Ausführungen.
180 Vgl. ähnlich noch Neh 9,15. Auch im Blick auf die psalterkompositorische Funktion von Ps 146 scheint es nicht unwichtig zu sein, wenn auf Ps 136 zurückverwiesen wird, der möglicherweise einmal einen früheren Abschluss des Psalters gebildet hat, vgl. dazu und zur psalterkompositorischen Funktion von Ps 136 KLEIN, Geschichte, 327.

28) und sodann auch in Ps 147,8 – 9.14 (vgl. dazu Ps 104,14.21) aufgenommen wird.[181]

Die Zusammenstellung von Recht und Brot als Lebensgrundlage findet sich in einer Reihe von Texten, die eine Nähe zu Ps 146 aufweisen und den motivgeschichtlichen Hintergrund erkennen lassen. Ez 18,7.16 kennt „Recht schaffen" und „Hungernden Brot geben" (לחמו לרעב יתן) als Handlungen, die den Menschen als vorbildlich Gerechten ausweisen (vgl. Ez 18,5 mit Ps 146,8b). Demnach gehört die Speisung der Hungernden zu den ethischen Verpflichtungen des Frommen (vgl. Jes 58,7; Jer 22,3; Hi 22,7; Ps 119,121), die in Ps 146 aber explizit als JHWHs Aufgabe gekennzeichnet ist.[182] Wie Ps 146,7 so rühmt auch Dtn 10,17 – 18 JHWH als Recht-Schaffenden (für Waisen, Witwen, Fremde, vgl. Ps 146,9!) und Brot-Gebenden Gott.[183] Dem Psalmisten geht es nach V. 3 – 4.5 – 6 gerade nicht um das Vertrauen in den Nächsten, sondern um das alleinige Gottvertrauen. So wird die Brotgabe zur exklusiven Aufgabe Gottes als Zeichen für die Abhängigkeit allen Lebens von ihm.

Die Gaben von Recht und Brot stehen am Anfang der Treueerweise Gottes (vgl. V. 6b). Derjenige, der JHWH als seinen Gott hat, weil er ihm Vertrauen schenkt, erhält das lebenschützende Recht und das lebenerhaltene Brot als Gnadengabe Gottes.[184] Dies expliziert Ps 146 nicht ausdrücklich, es ergibt sich aber aus dem Hintergrund der Psalmen, die zitiert werden: für V. 7aα ist es Ps 103, der große Psalm der Gnade und Barmherzigkeit Gottes (vgl. Ps 103,8),[185] für V. 7aβ ist es Ps 136, der die ewige Gnade unaufhörlich als Kehrvers besingt. Somit sind auch für Ps 146 Recht und Brot Gnadengaben Gottes.

V. 7b – 8a „Befreiung aus dem Dunkel"

Der zweite Abschnitt innerhalb der hymnischen Preisung JHWHs als „Bewahrer der Treue" führt die Zuwendung Gottes zu den Notleidenden weiter: „JHWH löst die Gefangenen los. JHWH öffnet die [Augen der] Blinden. JHWH richtet die Gebeugten auf." (V. 7b – 8a). Die dreigliedrige Struktur aus V. 7a wird fortgesetzt, nun mit JHWH als direkt benanntem Subjekt. Durch die Nennung JHWHs am Anfang des

---

181 Vgl. zum Verhältnis der Stellen untereinander und zur Thematik insgesamt KRATZ, Gnade, sowie die Ausführungen zu Ps 145 bzw. 147. Auch in Ps 145 und 147 wird im Kontext der Nahrungsversorgung auf den חסד JHWHs verwiesen: vgl. Ps 145,15 – 16 und 17 sowie Ps 147,9 und 11.

182 Vgl. LOHFINK, Lobgesänge, 112.

183 Zur Verbindung von Dtn 10,(17 –)18 mit Ps 146,8b – 9 vgl. unten zu V. 8b – 9.

184 Zu Brot als Gnadengabe vgl. KRATZ, Gnade, 259.

185 In Ps 103 ist die Gnadenformel das zentrale Thema, um die der Psalm kreist, vgl. SPIE-CKERMANN, Lob; DERS., Barmherzig, bes. 10 – 12; DERS., Hymnen, 105 – 107. Vgl. zu Ps 103 auch Kap. II.1, u. a. Anm. 175.

Kolons wird betont, dass allein JHWH der Handelnde ist. Nur Gott kann die Erwartungen an einen „König" wirklich erfüllen (vgl. V. 10).[186] Zudem wird der Bezug des hilfreichen Handelns Gottes auf den einzelnen Menschen durch das direkte Objekt und die Nennung des Gottesnamens unterstrichen.[187]

Aufschlussreich für das Verständnis dieser Aussagen sind auch hier wieder die möglichen Spendertexte. So basiert der Abschnitt V. 7b – 8a vor allem auf deuterojesajanischem Traditionsgut und nimmt dortige eschatologische Heilsverheißungen auf.[188] Dabei fällt die poetische Verkürzung besonders auf: Das Lösen der Fesseln und das Öffnen der Augen werden auf die Gefangenen bzw. die Blinden selbst übertragen,[189] die Aussagen werden regelrecht „personalisiert".

Die engste Parallele für V. 7b und 8aα findet sich in Jes 42 innerhalb des ersten sog. Gottesknechtslieds,[190] wo der JHWH-Knecht mit dem Öffnen der blinden Augen (לִפְקֹחַ עֵינַיִם עִוְרוֹת) und dem Herausführen von Gefangenen (לְהוֹצִיא מִמַּסְגֵּר אַסִּיר) beauftragt wird (Jes 42,6 – 7).[191] Das Öffnen von dezidiert blinden Augen findet sich neben Jes 42,7 nur noch in Jes 35,5.[192] Aufgrund der wenigen Belege für die Zusammenstellung von עור („blind") und פקח („öffnen") ist darum eine Abhängigkeit von Jes 35,5; 42,7 für Ps 146,8aα sehr wahrscheinlich. Jes 35, eine eschatologische Heilsversion, beschreibt die Herrlichkeit und die neue Lebendigkeit, die entstehen wird, wenn JHWH kommt. Zu dem neuen Leben gehört auch die Heilung von Blinden und Tauben (Jes 35,5), die in der Vision der harmonischen und heilvollen Zukunft zunächst als physische Heilung von Blindheit erhofft wird.[193] In der Zusammenstellung mit dem Motiv der Befreiung von Fesseln wird

---

186 Vgl. MALCHOW, God, 1168, sowie unten die Ausführungen zu V. 10.

187 Vgl. dazu unten.

188 Für V. 7b.8aα vgl. Jes 35,5; 42,7; 49,9; 58,6; 61,1. Die Formulierung זָקוּף כְּפוּפִים (V. 8aβ) kommt nur noch fast identisch in Ps 145,14 vor, vgl. dazu unten. Vgl. zu den Bezügen von Ps 146 zu Deuterojesaja auch z. B. KRAUS, Psalmen, 1133; ZENGER, Psalm 146, 820.

189 Vgl. DELITZSCH, Psalmen, 818. Es ist bemerkenswert, dass nur hier פקח ohne Sinnesorgane vorkommt, an allen anderen Stellen ist dies der Fall (immer „Augen", nur in Jes 42,20 „offene Ohren").

190 Vgl. zu Jes 42 KRATZ, Kyros, 128 – 140.

191 Jes 42,6 – 7: „Ich, JHWH, habe dich in Gerechtigkeit gerufen und ergreife dich bei der Hand. Und ich behüte dich und mache dich zum Bund des Volkes, zum Licht der Nationen, um zu öffnen die blinden Augen, um herauszuführen aus dem Gefängnis die Gefangenen, aus dem Kerkerhaus, die die in der Finsternis sitzen." Für die Verbindung von נתר und אסר gibt es keine weitere Stelle, vgl. aber Jes 58,6: „Zu öffnen die Fesseln des Unrechts (פַּתֵּחַ הַרְצֻבּוֹת רֶשַׁע), zu lösen die Knoten des Jochs (הַתֵּר אֲגֻדּוֹת מוֹטָה)." Die Fortsetzung in Jes 58,7 weist enge Parallelen zu Ps 146,7aβ auf, vgl. dazu oben zu V. 7a, ebenso Jes 58,5 zu Ps 146,8aβ, vgl. dazu unten Anm. 203.

192 Jes 35,5: „blinde Augen werden aufgetan (תִּפָּקַחְנָה עֵינֵי עִוְרִים)".

193 Einen Zusammenhang von körperlicher und geistiger Heilung nimmt auch WILDBERGER, Jesaja 28 – 39, 1362f, an: „Im Grunde ist die Frage ‚wörtlich oder bildlich' dem Text kaum an-

aber eine stärker metaphorische Deutung wahrscheinlich, so dass es um „die Herausführung aus dem Dunkel der Versklavung in das Licht des freien Lebens"[194] geht (vgl. Jes 42,7). In Jes 42–43 symbolisiert die Öffnung blinder Augen die Befreiung aus Gefangenschaft in Dunkelheit, denn Jakob / Israel ist blind und will die erneute Heilsgegenwart JHWHs nicht anerkennen.[195] Zur Beendigung dieser Blindheit wird der Knecht JHWHs geschickt, um dem Gottesvolk die nahende Befreiung als neue Lebensperspektive vor Augen zu führen.

Der Psalmist verwendet diese Motive vom Ende der Blindheit und Gefangenschaft in seinem Psalm über das wahre Vertrauen zu JHWH und legt ihr eine spirituelle Bedeutung bei.[196] Wie JHWH zu seinem Knecht spricht, so scheint der Beter „den Gefangenen zu sagen: Geht heraus! und zu denen in der Finsternis: Zeigt euch!" (Jes 49,9). Denn mit seinem Lehrpsalm soll derjenige zum Vertrauen zu JHWH ermutigt werden, der noch in der Dunkelheit der Hoffnung auf Menschen sitzt und der noch mit Blindheit geschlagen ist im Blick auf die allein zählende Hilfe JHWHs. Es geht um die (Wieder-)Herstellung des lebensspendenden Vertrauens zu JHWH und damit der gelingenden Gottesbeziehung, wie es auch das Anliegen des Prophetentextes ist: Mit den Bildern von Blindheit und Taubheit, Gefangenschaft und Demütigung beschreibt er die Lage eines Volkes, zu dessen Befreiung sich der Gott JHWH auf den Weg macht, um nach der gerechten Strafe wieder Gott dieses Volkes zu sein (Jes 42).[197] Wie auch in Ps 146 ist die Schöpfermacht JHWHs die Garantie für das Eintreten dieses verheißenen neuen Lebens (vgl. Jes 42,5 mit Ps 146,6).

Diese späten, heilsprophetischen Texte bei Jesaja scheinen als Vorlage für Ps 146,7b–8a gedient zu haben.[198] Durch die Transformation der prophetischen Heilsverheißungen in den Hymnus werden zwei neue Aspekte im Blick auf die Taten JHWHs gewonnen: zum einen eine Personalisierung und zum anderen eine Vergegenwärtigung des Geschehens.

---

gemessen: Schwindet die körperliche Behinderung, dann die geistige erst recht, und ist die geistige Beschränkung überwunden, dann bleibt auch für die leibliche kein Raum mehr." Zu Jes 35 vgl. insgesamt STECK, Heimkehr. Die Heilung der Blinden, Tauben und Lahmen kann auch als Wiederherstellung der Kultfähigkeit (und damit der Reinheit) der Heimkehrenden verstanden werden, die sich auf die Ankunft am Zion vorbereiten, vgl. dazu STECK, Heimkehr, 31 f.
194 ZENGER, Psalm 146, 820.
195 Vgl. BERGES, Jesaja 40–48, 238, sowie schon KRATZ, Kyros, 133 f.
196 Vgl. zu den Motiven Blindheit und Taubheit und deren Deutung in Jes 35 auch WILDBERGER, Jesaja 28–39, 1362.
197 Ganz ähnlich findet sich diese Perspektive auch in Ps 107, vgl. dazu unten.
198 Jes 42 ist ein wichtiger Spendertext für die Psalmen des kleinen Hallels; für Bezüge von Ps 147 und 149 zu Jes 42 vgl. die entsprechenden Ausführungen.

Die Personalisierung wird mit Hilfe der Verkürzung der Ausdrücke erreicht: יהוה פקה עורים / יהוה מתיר אסורים. Bei der Aufnahme verstärkt der Psalmist die bildliche Deutung der Heilsankündigung, indem das Öffnen den Blinden direkt zugute kommt und indem die Gefangenen direkt losgebunden werden und nicht nur ihre Fesseln. Blindheit und Gefangenschaft erhalten so eine den ganzen Menschen betreffenden Bedeutung, deren Beendigung ebenfalls den ganzen Menschen in seiner Grundverfasstheit betrifft. Die Hilfe Gottes in Dunkelheit und Gefangenschaft bringt nichts weniger als die ganzheitliche Befreiung zum Leben mit sich.[199]

Dabei ist auch die Frage nach dem Akteur dieser Heilstaten wichtig. Während im Hymnus selbstverständlich davon ausgegangen wird, dass JHWH der Handelnde ist, ist es in den Jesaja-Texten der JHWH-Knecht als Mittlergestalt.[200] Ihm wird die Aufgabe der Befreiung übergeben, auch wenn JHWH immer souveräner Auftraggeber bleibt. Damit zeigt sich eine entscheidende Veränderung im Psalm gegenüber dem Prophetentext. Im Psalm ist es JHWH selbst, der die Hilfe und Befreiung umsetzt – in konsequenter Folge der grundsätzlichen Ablehnung aller menschlichen Herrschaft und Macht, wie Ps 146,3–4 es aufgrund der Hilflosigkeit der Menschen deutlich macht.[201] JHWH allein ist König und er selbst ist Helfer und Befreier, so betont und bekennt es der Psalmist. Dies wird durch die Positionierung des Gottesnamens am Anfang besonders akzentuiert und führt so zu einer direkten Beziehung zwischen JHWH und den Blinden bzw. Gefangenen.

Während sich die Personalisierung besonders gut an Ps 146,7b.8aα erkennen lässt, ist das Phänomen der Vergegenwärtigung umfassender und lässt sich mehrfach im kleinen Hallel bei der Rezeption von Jesaja-Texten erkennen (vgl. insbesondere Ps 147). Für Ps 146 eignet sich besonders V. 7–8 zur Verdeutlichung

---

199 In Qumran findet sich ein eschatologischer Text (4Q521) aus dem 2. Jh. v.Chr., der diese Gedanken aus Ps 146,7b–8a seinerseits zitiert: Die Frommen und die auf den Herrn Hoffenden erwarten, dass sich Gott erweist als „loslösend die Gebundenen, öffnend die Blinden, aufrichtend die Gebeugten (מתיר אסורים פוקח עורים זוקף כ]פופים)" (4Q521, 8). Der Abschnitt endet mit einem Vertrauensbekenntnis, das ebenfalls zur Intention von Ps 146 passt: „Bis in Ewigkeit will ich festhalten an Gott, dem Höchsten, und auf seine Güte vertrauen." (vgl. auch Ps 13,6; 52,10). Insgesamt kennt dieser schriftgelehrte Text, der auf viele Texte anspielt (vgl. BERGMEIER, Beobachtungen, 39–41), die Psalmen des kleinen Hallels und rezipiert sie, vgl. jeweils an entsprechender Stelle. Die engsten Bezüge bestehen aber wohl zu Ps 146 und den hymnischen Prädikationen JHWHs, die auch für 4Q521 zur Grundlage des Vertrauens und der Hoffnung werden. Als Ziel aller Gottessuche wird die Verherrlichung der Frommen (vgl. Ps 149) im ewigen Königreich Gottes (vgl. auch Ps 145) erhofft. Vgl. zu 4Q521 außerdem die Ausführungen zu Ps 149,5 in Kap. II.5 Anm. 200.

200 Vgl. zur Vielschichtigkeit und Funktion des Knechtes und der Kyros-Figur KRATZ, Kyros.

201 Ähnlich auch ZENGER, Psalm 146, 820.

des Geschehens: Was beim Prophetentext noch ganz im Modus der Ankündigung und der ermutigenden Vorausschau formuliert ist, wird im Psalm schon als zu erfahrende Gegenwart gepriesen. Das Heilshandeln JHWHs ist bereits in Kraft getreten. Der Psalmist verwendet diese Taten JHWHs im Hymnusteil, der den vertrauenswürdigen Gott rühmt: Nun aber nicht mehr als hoffnungsvolle Erwartung, sondern als Begründung und Legitimation für das weitere Vertrauen in diesen Gott. Während der Prophet noch vorausblickt, schaut der Psalmist zurück bzw. in die Gegenwart hinein und gewinnt daraus seine Lehre für seine Zuhörer und Leser. Für den Beter ist das Angekündigte schon gegenwärtig und dient damit zur Stärkung des Vertrauens. Nicht aus der Zukunft wie für den Propheten, sondern aus der Gegenwart heraus erwächst dem Beter neues Zutrauen in Gegenwart und Zukunft. Aus seinem Blickwinkel ist das prophetisch Angekündigte bereits Gegenwart bzw. sogar Vergangenheit. Dieser Perspektivwechsel wird durch den Wechsel im Sprachmodus von prophetischer Verheißung hin zum Hymnus anschaulich. Dabei tritt die real greifbare Wirklichkeit in den Hintergrund, entscheidend ist die Sprechhaltung des hymnisch Lobenden, denn für diesen wird der Hymnus zur Realität, der Hymnus kann nur gegenwärtig sein. Er betrifft die Gegenwart unmittelbar und ver-gegenwärtigt so das Heilshandeln Gottes, indem er alle Zeitperspektiven umgreift und dabei miteinander verschränkt.[202]

Der dritte Versteil dieser Einheit („JHWH richtet die Gebeugten auf", V. 8aβ) ist nicht bei Jesaja belegt. Dafür ist dieses Kolon ein Zitat aus dem direkt vorangehendem Psalm, denn nur noch in Ps 145 findet sich eine parallele Formulierung: „Und ein Aufrichtender ist er [JHWH] allen Gebeugten (וזקף לכל־הכפופים)" (Ps 145,14b).[203] Ps 145 kam bereits mehrfach als Referenztext für Ps 146 in Frage und dies ist auch hier wieder der Fall.[204] Dabei wurde die Formulierung in das in Ps 146,6b – 9 vorherrschende dreigliedrige Schema eingepasst und auch inhaltlich fügt sich das Aufrichten der Gebeugten (זקף כפופים) in die dargestellte Konzeption von Ps 146 problemlos ein: JHWH verhilft auch denen zum Leben, die unter der Last des enttäuschenden Vertrauens zu menschlichen Herrschen niedergedrückt werden, und befreit sie zu neuem Leben. Damit führt Ps 146 das treue und gnädige Handeln des ewigen Königs JHWH, wie es in Ps 145 gepriesen wird, fort.

Schließlich ist noch auf Ps 107 einzugehen, der als Eröffnungstext des fünften Psalmbuches ähnliche Themen verhandelt, wie sie in Ps 146,7 – 8 vorkommen (vgl. bes. Ps 107,9 – 16). Möglicherweise stellt Ps 146 als vorläufiges Ende des Psalters durch die Aufnahme der Thematik eine Verbindung zum Anfang des fünften

---

202 Vgl. dazu auch die Ausführungen zu Ps 147, bes. Kap. II.3.4.4.
203 Das Verb זקף kommt überhaupt nur in Ps 145,14 und 146,8 vor und auch כפף findet sich darüber hinaus nur noch in Jes 58,5 (vgl. zu Jes 58,6 schon oben Anm. 191), Mi 6,6 und Ps 57,7.
204 Vgl. zu einer Übersicht der Bezüge von Ps 146 auf 145 oben Anm. 88.

Psalmbuches her.[205] In beiden Psalmen wird die Hilfe JHWHs für die Hungrigen (Ps 146,7aβ) und Gefangenen in Form von Sättigung und Befreiung geschildert (Ps 107,5.9 – 10.14.16).[206] Jeweils ist die Hinwendung zu Gott die Bedingung der Hilfe (Ps 107,6.13). In Ps 146 wird nun aber nicht mehr die Schuld des Volkes und das Strafhandeln Gottes beschrieben (vgl. Ps 107,11 – 12.17 – 18), sondern der Psalm ist ein einziger Aufruf zu erneutem und erneuerten Gottvertrauen. Gleichwohl drückt sich ja gerade im verzweifelten Rufen, das in Ps 107 als Kehrvers formuliert wird (V. 6.13.19.28), das bestehende Gottvertrauen aus, dem das Gnadenhandeln Gottes entspricht (vgl. den zweiten Kehrvers in V. 1.8.15.21.31). Ps 107 beinhaltet zudem eine pädagogisch-didaktische Absicht, wenn er am Ende ermahnt, die Wohltaten Gottes zu erinnern und sich damit insbesondere an die Frommen und Weisen richtet. In dieser Hinsicht lässt sich Ps 146 gut als eine Respons auf die Eröffnung des fünften Psalmbuches lesen, wie ebenfalls das Ende des vierten Buches (bes. Ps 103 – 104) rezipiert wird. Mit Ps 107 erscheint nach Recht und Brot (Ps 146,7a) auch die Befreiung von Blindheit, aus Gefangenschaft und Unterdrückung als Gnadentaten des ewigen Gottkönigs, der sich den Bedürftigen zuwendet und sie zu neuem Leben befreit.

V. 8b – 9 „JHWHs Liebe und die Gottlosen"

V. 8b – 9 ist die letzte Kolongruppe von Ps 146. In vier Teilversen wird die Beschreibung der hilfreichen Taten JHWHs fortgeführt und schließlich mit einer Umkehrung der lebenerhaltenden Maßnahmen abgeschlossen: Die Gerechten und Fremden, Waise und Witwe erfahren den Beistand Gottes, die Gottlosen fallen dagegen aus dem Hilfsprogramm Gottes heraus und ihr Lebensweg wird von JHWH gekrümmt.

Der Beginn dieser dritten Partizipienreihe ist ungewöhnlich: „JHWH liebt die Gerechten" (V. 8b). Auffällig ist diese Aussage aus drei Gründen: Zunächst überrascht die Nennung der Gerechten innerhalb der Reihe des heilvollen Handelns Gottes an den Leidenden und Bedürftigen. Sodann ist diese Formulierung singulär im Alten Testament. Schließlich verwundert die enge Verbindung mit der sog. Trias der *personae miserae* (V. 9a), die die Gerechte-Frevler-Opposition umrahmt (V. 8b.9b). Aufgrund dieser Auffälligkeiten haben viele Ausleger V. 8b oder V. 9b (oder beide zusammen) als sekundären Nachtrag ausgeschieden oder zumindest eine

---

205 Vgl. zur psalterkompositorischen Funktion des Hallels Kap. III.
206 Vgl. רעב in Ps 107,5.9.36 und 146,7aβ; אסר in Ps 107,10 und 146,7b; vgl. darüber hinaus noch נדיב („Fürst") in Ps 107,40 und 146,3.

Umstellung der Verse vorgenommen.[207] Bevor darauf eingegangen wird, stellt sich zunächst die Frage, wie V. 8b für sich zu verstehen ist.

Anders als die anderen Gruppenbezeichnungen, die in Ps 146 bereits vorkamen, zeichnet die „Gerechten" (צדיקים) keinen Mangel aus. Sie sind nicht bedürftig, leiden weder körperlich noch sozial-gesellschaftlich. Sondern im Gegenteil: Sie können vielmehr ihre Gerechtigkeit als etwas Positives vorweisen, die bei Jhwh Gefallen findet (vgl. Ps 147,11). Das Jhwh entgegengebrachte Vertrauen ist das Kennzeichen des Gerechten.[208] Der Gerechte steht bereits in der Gemeinschaft mit Jhwh, weil er ihm, dem ewig Treuen (V. 6), die Treue hält und so Gottes Liebe erfährt. Der Gerechte ist somit zugleich derjenige, der in V. 5 seliggepriesen wurde, denn er hat seine Hilfe und Hoffnung bei Gott. Der Gerechte, eingegliedert in die Reihe der Hilfe-Erfahrenden, ist im besonderen Maße das Vorbild, das der Psalmist seinen Lesern und Hörern vor Augen stellt.[209]

Von der Liebe Jhwhs ist im Alten Testament nur sehr selten die Rede, insbesondere im Bezug auf Einzelpersonen.[210] Der hier vorliegende direkte Bezug der Liebe Jhwhs auf den Gerechten ist singulär. Die Bekundung, dass Jhwh Recht (משפט) und Gerechtigkeit (צדקה) und dann denjenigen, der dies tut, liebt, findet sich im Alten Testament dagegen etwas öfter.[211] Wie schon zuvor in V. 7b.8aα, findet sich auch in V. 8b eine sprachliche Verkürzung des Ausdrucks im Vergleich zu den verwandten Textstellen.[212] Damit ist wiederum eine „Personalisierung" der Aussage entstanden: Die Liebe Jhwhs gilt den Gerechten direkt.

---

207 Vgl. dazu unten, bes. Anm. 220.

208 Vgl. dazu RUPPERT, Gerechte, 18: „Gerechtigkeit" (צדק / צדקה) ist ein „Verhältnisbegriff". „Jahwes heilbringende ‚Gerechtigkeit' fordert auf seiten des Menschen nicht notwendig Sündenlosigkeit, sondern nur ‚Vertrauen zu Jahwe', das ‚der letzte Grund der Gemeinschaftstreue ist; ‚ist es vorhanden, so kann Jahwe trotz einiger Verfehlungen dennoch sein Heil übereignen'." Umgekehrt gilt: Hat der Mensch „Jahwe die Gemeinschaftstreue aufgekündigt und gemeinschaftsgemäßes Verhalten dem Nächsten gegenüber grundsätzlich aufgegeben, dann ist er ein רשע" (ebd.).

209 Vgl. dazu unten.

210 Jhwh liebt sein Volk Israel, vgl. z. B. Hos 11,1; Liebe zu konkreten Einzelpersonen: Jakob (Mal 1,2); Salomo (2.Sam 12,24; Neh 13,26); Kyros (Jes 48,14); den Stolz Jakobs (Ps 47,5) sowie „Abraham, mein Geliebter" (Jes 41,8, אברהם אהבי, vgl. LXX: Αβρααμ ὃν ἠγάπησα). Vgl. dazu insgesamt JENNI, Art. אהב, 69 f; VEIJOLA, Deuteronomium, 257 Anm. 729.

211 Vgl. etwa Jes 61,8; Ps 11,7; 33,5; 37,28; 45,8; 99,4 sowie Prov 15,9: „Ein Greuel für Jhwh ist der Weg des Gottlosen (תועבת יהוה דרך רשע); und wer der Gerechtigkeit nachjagt, den liebt er (ומרדף צדקה יאהב)." Besondere Nähe von Prov 15,9 entsteht zu Ps 146 durch die Zusammenstellung mit den Gottlosen (vgl. V. 9b).

212 Vgl. dazu oben die Ausführungen zu V. 7b – 8a.

Durch V. 8b wird nun unerwarteterweise das Handeln JHWHs an Vorausset-zungen seitens der Menschen geknüpft.²¹³ Allerdings ergibt sich diese frömmig-keitsspezifische Deutung der Hilfe Gottes aus der Gesamtkonzeption des Psalms: Nur derjenige, der sich überhaupt Gott zuwendet, kann seine Hilfe erfahren.²¹⁴ Entsprechend müssen alle diejenigen Bedürftigen, die auf individuelle Art und Weise JHWHs helfendes und heilendes Tun erleben, Gerechte sein. Vielleicht liegt es dem Notleidenden eher nahe, überhaupt nach Hilfe zu suchen. Denn derjenige, der keiner Hilfe mehr bedarf, weil er sich selbst genug ist oder seine Hilfe in anderen Menschen (scheinbar) gefunden hat, ist nicht mehr auf die Hilfe Gottes angewiesen. Eine gewisse Bedürftigkeit des Menschen ist demnach die Voraus-setzung für die Möglichkeit der Erfahrung der Hilfe Gottes. Auch hier gibt der Psalm selbst Antwort durch den Hinweis auf die Geschöpflichkeit und Vergäng-lichkeit alles Menschlichen (V. 3 – 4). Die genannten Not- und Leidenssituationen spiegeln dies in allen Facetten wider: Der Mensch als Mensch erleidet Rechtlo-sigkeit und bedarf der Nahrung, er gerät in Gefangenschaft, leidet unter körper-lichen und sozialen Benachteiligungen. Erkennt der Mensch sich so als Geschöpf Gottes, dann erkennt er seine eigene Bedürftigkeit, in der er nur von Gott selbst wirkliche Hilfe erfahren kann.²¹⁵ „Ihnen allen [den Heilshandlungen JHWHs] ist das Eine gemeinsam, daß die Kraft und Güte Gottes gerade da ihre Macht erweist, wo Menschenmacht versagt."²¹⁶

Nach dem frömmigkeitstheologischen Zwischenspiel durch die Nennung der Gerechten kommt der Psalm auf typische Vertreter der sozial Benachteiligten und damit besonders Hilfsbedürftigen zurück: „JHWH bewahrt die Fremden. Waise und Witwe richtet er wieder auf." (V. 9a). Dies zeigt noch einmal exemplarisch, dass JHWH derjenige ist, der sich um diejenigen kümmert, um die sich sonst keiner kümmert. Diese Gruppen haben innerhalb der altorientalischen Gesellschaft keine andere Hoffnung als Gott allein und stehen unter seinem besonderen Schutz.²¹⁷ Immer wieder wird im Alten Testament am Verhalten gegenüber den rechtlosen Menschen das Gottesverhältnis des Volkes abgelesen.²¹⁸ Und umge-

---

213 Es ist aber zu beachten, dass (sprachlich) kein direkter Kausalzusammenhang zwischen dem Gerecht-Sein des Menschen und der Liebe JHWHs hergestellt wird.

214 Vgl. z. B. Ps 37,39 – 40; zu Ps 37 auch unten.

215 Die Geschöpflichkeit und Bedürftigkeit des Menschen wird auch durch die Wahl des Begriffs נפש in V. 1 deutlich: Es lobt die bedürftige Seele. Vgl. hierzu WOLFF, Anthropologie, 48: „So erkennt der Mensch des Alten Testaments sich nicht nur vor Jahwe als *nӕpӕš* in seiner Bedürftigkeit, sondern er führt auch sein Selbst zum Hoffen und Loben weiter."

216 WEISER, Psalmen, 575.

217 Vgl. zu der Thematik ausführlich neuerdings SCHELLENBERG, Hilfe.

218 Vgl. z. B. Mal 3,5: „Und ich werde an euch herantreten zum Gericht und werde ein schneller Zeuge sein [...] gegen solche, die den Lohn des Tagelöhners [drücken], die Witwe und die Waise

kehrt stellt die Rücksicht auf Fremde, Waisen und Witwen und ihre Versorgung eine zentrale Forderung des (deuteronomistischen) Gesetzes dar.[219]

In der Anordnung des Psalms unterbricht die Nennung der Trias die Gegenüberstellung von Gerechten und Gottlosen, was oftmals als Störung bewertet wird.[220] Levin sieht in V. 8b und 9b darum die Gerechte-Frevler-Redaktion am Werk,[221] die in Anlehnung an Ps 1,6 den antithetischen Parallelismus Gerechte – Frevler nachgetragen habe.[222] Aber schon innerhalb des Kontextes sind V. 8b und 9b literarisch eingebunden. Nach vorne hin ist V. 8b durch die verkürzte Ausdrucksform, wie sie sich bereits in V. 7b und 8a findet, auf sprachlicher Ebene eingebunden. Auch für V. 9b ergibt sich eine enge sprachliche Verbundenheit mit dem Kontext, denkt man an das lautmalerische Wortspiel der hebräischen Wurzeln עוד ("aufrichten") und עות ("krümmen").[223]

Wenn das Gegensatzpaar sekundär ergänzt worden wäre, dann wäre dies auf recht elegante Weise geschehen: Denn es lassen sich innerhalb von V. 8b – 9 mehrere signifikante Verbindungen zwischen den beiden stereotypen Gruppen (Gerechte – Frevler bzw. Fremde – Waise – Witwe) auf sprachlich-syntaktischer sowie inhaltlicher Ebene erkennen, die eine wohlüberlegte Kombination und somit die literarische Einheitlichkeit eher wahrscheinlich machen. So sind die Aussagen über Gerechte und Fremde syntaktisch miteinander aufgrund der parallelen Partizipstruktur verbunden (V. 8b.9aα). Ebenso sind die Verseinheiten zu Waise und Witwe und den Gottlosen syntaktisch identisch formuliert, die jeweils Verbalsätze mit finitem Verb in letzter Position darstellen (V. 9aβ.9b). Zugleich entsteht auf der Inhaltsebene eine chiastische Struktur durch die rahmende Opposition von Gerechten und Frevlern (V. 8b.9b) um die Gruppe der *personae miserae* (V. 9aα.9aβ).[224] Theoretisch wäre natürlich auch die Schaffung des Chi-

---

unterdrücken und den Fremden wegdrängen und die mich nicht fürchten, spricht JHWH Zebaoth." Vgl. ebenso Jer 7 (bes. V. 6, vgl. oben zu V. 3 – 4, bes. Anm. 106); 22 (bes. V. 3); Ez 22.

219 Vgl. Dtn 10,18 f; 14,29; (16,11.14;) 24,17.19 – 21; 26,12 f; 27,19.

220 So schlägt BHS eine Umstellung vor: V. 8b soll erst nach V. 9a gelesen werden, um eine Parallelität mit Ps 1,6 zu erreichen. Auch bei früheren Kommentatoren war diese Maßnahme üblich, vgl. z.B. DUHM, Psalmen, 476; GUNKEL, Psalmen, 612 f. Die erstmals von Bickell vorgeschlagene Textumstellung ist aber im Blick auf Textüberlieferung und Textkritik nicht zu rechtfertigen, vgl. dazu auch REINDL, Gotteslob, 119 f, der sich gegen eine Umstellung ausspricht (stattdessen aber für eine sekundäre Erweiterung in V. 9b). ZENGER, Psalm 146, 812, sieht für die Textumstellung ebenfalls keine Notwendigkeit und geht von der Einheitlichkeit des redaktionellen Psalms aus, vgl. DERS., Provokation, 192 Anm. 22.

221 Vgl. dazu LEVIN, Gebetbuch, bes. 362 f zu Ps 146.

222 Vgl. zum Rückbezug von Ps 146 auf Ps 1 unten.

223 Vgl. dazu unten.

224 Vgl. dazu auch oben die Ausführungen in Kap. II.2.3.1.

asmus durch eine nachträgliche Ergänzung möglich.[225] Allerdings stellt diese syntaktische Zuspitzung der Partizipienreihe in ihrer auffälligen Komposition einen passenden Abschluss des hymnischen Teils dar, bevor der Psalm durch die Königsakklamation beendet wird (V. 10).

Der inhaltliche und damit auch literarische Zusammenhang der vier Kola (V. 8b – 9) wird durch mehrere Bezugstexte unterstützt. Diese transportieren ähnliche Gedanken und können damit gut die Vorlagen für den Psalm gebildet haben (vgl. vor allem Dtn 10 und Ps 94), wie im Folgenden zu zeigen ist. Der Psalmist greift auf vorhandene Traditionen zurück und fügt die besonders in deuteronomistischen Gesetzestexten vorkommende Trias der *personae miserae*, die Fremden, Waisen und Witwen,[226] als Objekte des heilvollen Handelns Jhwhs in seinen Psalm ein und verbindet diese mit der frömmigkeitstheologischen Opposition der Gerechten und Frevler.

Dtn 10 steht in mehrfacher Verbindung zu Ps 146: Das Rechtschaffen und die Brotgabe (vgl. Ps 146,7) kommt in Dtn 10,18 f den Waisen, Witwen und Fremden zugute.[227] Was dort über den Fremden gesagt wird – dass Jhwh ihn liebt[228] – wird in Ps 146 von dem Gerechten ausgesagt, so dass eine Verbindung zwischen V. 8b und 9aα hergestellt wird. In der Zusammenschau von Dtn 10 und Ps 146 werden Fremde und Gerechte von Jhwh geliebt, es sind demnach miteinander vergleichbare Gruppen.[229]

Die literarische Einheitlichkeit des Psalms wird durch die einzige weitere Belegstelle der (vollständigen) Dreiergruppe innerhalb der Psalmen unterstützt, die sich als entsprechende Vorlage für Ps 146 erweist: In Ps 94,6 wird eine direkte

---

225 Allerdings müsste dann erklärt werden, warum (aus formalen Gründen?) die Ergänzung in zwei Teilen (Glosse je in V. 8b und 9b) eingefügt worden sein sollte, wenn das Gegensatzpaar gerade auch sonst aufgrund seiner antithetischen Struktur eine Einheit bildet, vgl. REINDL, Gotteslob, 131; DERS., Bearbeitung, 347 mit Anm. 43.

226 Bemerkenswert ist, dass nur in Ps 146,9 גרים vorkommt, an allen anderen Textstellen der Trias (Dtn 10,18; 14,29; 16,11.14; 24,17.19.20.21; 26,12.13; 27,19; Jer 7,6; 22,3; Ez 22,7; Sach 7,10; Mal 3,5; Ps 94,6) steht wie יתום ("Waise") und אלמנה ("Witwe") der Singular גר. Grund für die Pluralform ist vermutlich die Parallelität zu den übrigen Gruppennennungen in Ps 146, die allesamt im Plural stehen. Da in V. 9aβ eh die parallele Struktur aufgehoben wurde, konnte hier die überkommene Form des Singular bei Waise und Witwe beibehalten werden. Vgl. zur Trias allgemein und insbesondere zum Verständnis von גר, SPIECKERMANN, Stimme, bes. 85 – 89; MARTIN-ACHARD, Art. גור, 409 – 412, sowie außerdem SCHELLENBERG, Hilfe.

227 Jhwh ist derjenige, "der Recht schafft der Waise und der Witwe und den Fremden liebt, so dass er ihm Brot und Kleidung gibt. Auch ihr sollt den Fremden lieben; denn Fremde seid ihr im Land Ägypten gewesen." (Dtn 10,18 f), vgl. dazu auch oben die Ausführungen zu V. 7a. Vgl. außerdem noch die Schöpfungsformel in Dtn 10,14 mit Ps 146,6.

228 Vgl. zur Besonderheit dieser Liebe Jhwhs zum Fremden VEIJOLA, Deuteronomium, 257.

229 Vgl. zur Nähe zwischen Fremden und Gerechten unten.

Verbindung zwischen der Trias und dem gottlosen Handeln der Frevler (רשעים, Ps 94,3) gezogen.[230] In ihrem gewalttätigen Tun treten diese sogar als Mörder (הרג; רצח) der Witwen, Fremden und Waisen auf und meinen, den Gott Jakobs (אלהי יעקב, vgl. Ps 146,5!) dabei ignorieren zu können (Ps 94,7). So spricht Ps 94 für genau diese Zusammenstellung von Witwe, Fremdling und Waise einerseits und den Frevlern andererseits, die Levin als analogielos und darum sekundär ansieht.[231]

Über Ps 94 ist somit der Bogen von der Trias hin zu den Gottlosen geschlagen, deren Zugrundegehen den negativen Zielpunkt der langen Partizipienreihe in Ps 146 bildet: „aber den Weg der Gottlosen krümmt er." (V. 9b). Die Heilsaussagen laufen in Ps 146 auf diesen Gegensatz zwischen dem Ergehen der Gerechten und dem der Gottlosen hinaus. Durch die unerwartete Einschaltung der Trias wird diese Zuspitzung noch hinausgezögert und so verstärkt. Den Gerechten und zugleich allen, die der Hilfe JHWHs bedürfen, stehen die Frevler (רשעים) gegenüber, deren Weg von Gott selbst gekrümmt wird (עות, V. 9b). Im Gegensatz zum lebensspendenden Handeln an den anderen erwähnten Gruppen wirkt JHWH hier lebenshinderlich. Im Unterschied zu den vorherigen Schilderungen erreicht das Handeln JHWHs die Gottlosen nur indirekt,[232] ist aber deswegen nicht weniger wirksam und vernichtend. Die Gottlosen stehen zu JHWH von vornherein in Distanz, ihr schiefer Lebensweg führt weiter unaufhaltsam von ihm weg.

Die „plötzliche Wendung" gegen die Frevler ist nicht so überraschend, wie Reindl meint,[233] denn durch die Nennung der Gerechten ist das Gegenüber, die Frevler, schon mitgedacht. Denn wenn צדיקים als Gruppenbezeichnung vorkommt,

---

230 Ps 94,6: „Witwe und Fremden bringen sie [die Gottlosen, V. 3] um (אלמנה וגר יהרגו) und die Waisen morden sie (ויתומים ירצחו)." Die eindringliche Frage, in der die Gottlosen gleich zweimal genannt werden, stellt das Subjekt für V. 6 bereit: „Wie lange werden die Gottlosen, JHWH (עד־מתי רשעים יהוה), wie lange werden die Gottlosen frohlocken (עד־מתי רשעים יעלזו)?" (Ps 94,3). Der Gottlose steht demjenigen gegenüber, der sich von JHWH belehren lässt (vgl. die Seligpreisung in Ps 94,12 mit Ps 146,5), denn vor Gott sind alle menschlichen Gedanken nichts (Ps 94,11, vgl. Ps 146,4). Wie Ps 146 so ist auch Ps 94 ein Lehrpsalm, in dem hymnische Prädikationen JHWHs in die Argumentation eingebaut sind, vgl. dazu STOLZ, Psalmen, 44.
231 Vgl. LEVIN, Gebetbuch, 363.
232 Vgl. die constructus-Verbindung דרך רשעים („Weg der Gottlosen") bes. mit V. 7b und 8aα.
233 REINDL, Gotteslob, 131, löst die Opposition auf und scheidet nur V. 9b als sekundäre Ergänzung aus. Seiner Meinung nach sind V. 9aβ und 9b „inhaltlich nur schwer in einen Zusammenhang zu bringen" (a.a.O., 119) – vgl. allerdings Ps 94,6! Er wundert sich zudem über die „plötzliche Wendung gegen die rᵉšāⁱim, die sich aus der bisherigen Gedankenführung kaum erklären lässt" (a.a.O., 120). So habe es Ps 146 nicht wie die vergleichbaren Texte, Ps 1 oder 1Sam 2, mit dem Gegensatz zwischen Gerechten und Frevlern zu tun, sondern mit „Jahwes helfenden Tun an denen, die der Hilfe entbehren [...] wie Ps 113,6–9" (ebd.). Vgl. zum Ganzen REINDL, Gotteslob, 119–121.130f; DERS., Bearbeitung, 346–348.

dann ist fast immer auch von den רשעים die Rede[234] oder zumindest von einer vergleichbaren negativ konnotierten Gruppe.[235] Allein in Ps 33,1 ist das Gegenüber zu den Gerechten nicht so leicht zu fassen (vgl. aber גוים / עמים in V. 10). Somit ist festzustellen, dass für Ps 146, der im Horizont der ihm vorangehenden Psalmen abgefasst wurde, die Gegenüberstellung von Gerechten und Frevlern durchaus vorgegeben war und gerade das Fehlen der negativen Größe auffällig gewesen wäre (vgl. auch Ps 145 und 147, s. u.).[236]

Der göttlichen Bewahrung, die in der Überschrift in V. 6b wie ein Motto über der ganzen Kette an Heilshandlungen steht und die durch שמר in V. 9aα noch einmal aufgenommen wird, steht das Vergehen der Gottlosen gegenüber. Während die Bewahrung durch JHWH über die nationalen Grenzen Israels hinausgehen kann (שמר גרים, V. 9aα), sind diejenigen, die sich von Gott abwenden und auf falschen Wegen gehen, aus dem heilvollen Wirkbereich Gottes ausgeschlossen. Diese Aussage findet sich ebenfalls in dem schon mehrfach zitierten Ps 145: „JHWH bewahrt (שמר) alle, die ihn lieben, aber alle Gottlosen vertilgt er." (Ps 145,20). Auch von Ps 145 her ist dem Verfasser von Ps 146 die Negativ-Gruppe der רשעים vorgegeben. Statt der Gerechten, wie in Ps 146,8b, sind in Ps 145 die JHWH-Liebenden Objekte der Bewahrung. In beiden Psalmen steht die Negativ-Aussage über die Gottlosen am Ende einer langen Aufzählung der hymnisch gepriesenen Taten Gottes. Bei aller universalen Reichweite der Gnade Gottes – in der konkreten

---

234 Vgl. die Gegenüberstellung von צדיקים und רשעים im selben Vers: Ps 1,5.6; 7,10; 11,5; 34,22; 37,12; 58,11; 75,11 und im weiteren Kontext eines Psalms: Ps 31,18 – 19; 32,10 – 11; 55,4.23 – 24; 68,3 – 4; 92,8.13; 94,3.21; 97,10 – 12; 125,3 – 5; 140,5.14. Durch diese letztgenannten Stellen wird auch deutlich, dass das Oppositionspaar nicht zwangsläufig eng (in einem Vers) zusammenstehen muss. Sicherlich wären die einzelnen Stellen literarkritisch und die Gesamttexte genauer auf ihre Thematik und Intention zu untersuchen und mit Ps 146 zu vergleichen. Aber auch in einem ersten Überblick ist ersichtlich, dass in ihrer Unterschiedlichkeit alle Psalmen das gegensätzliche Paar der Gerechten und Gottlosen verwenden, und dies somit als überliefertes Traditionsgut zu charakterisieren ist.

235 Den צדיקים gegenübergestellten Feindgruppen finden sich in Ps 5,5 – 7.9 – 11; 14,1.3 – 4; 52,3 – 7.9; 64,1 – 9; 69,5.19,23 – 29, oftmals verbunden mit der Bitte oder Feststellung, dass Gott die Bösen verderben wird – wie in Ps 146,9.

236 MATHYS, Dichter, 269, gibt zu bedenken, dass, selbst wenn die Aussage über die Gottlosen nachträglich in den Psalm angefügt worden wäre, sie zusammen mit V. 8b eine indirekte Auslegung von V. 5 darstelle: „Wer seine Hoffnung auf den Herrn setzt, also gerecht handelt, den liebt er; wer sein Heil anderswo sucht, ist ein Frevler, den Jahwe in die Irre führt." Daraus ist zweierlei zu folgern: Zum einen hätte V. 9b (und evtl. V. 8b) „die Aussage des Psalms nicht stark umgebogen oder gar verfälscht" (ebd.), zum anderen würde die hinzugefügte Opposition eine Auslegung im Psalm selbst darstellen, trägt aber gleichzeitig keinen wirklich neuen Gedanken ein, wie es für den Nachweis einer Fortschreibung zu erwarten wäre.

Zuwendung Gottes halten die Psalmisten am Unterschied zwischen dem Gerechten bzw. Jнwн-Liebenden und dem Gottlosen fest.

Dieser Kontrast wird in Ps 146 durch das Wortspiel der hebräischen Wurzeln עוד („wiederaufrichten", „erhalten", V. 9aβ) und עות („krümmen", V. 9b) bei lautmalerischem Gleichklang und gegensätzlicher Bedeutung verstärkt. Das Verb עוד pil. kommt dabei nur noch einmal im Alten Testament vor, bezeichnenderweise in Ps 147,6, wo ganz ähnlich Jнwнs hilfreichem Handeln sein vernichtendes Tun gegenübergestellt wird.[237] Dies lässt sich sogar als strukturierendes Moment in Ps 147 feststellen, in dem jeder Abschnitt auf eine Oppositionsaussage zuläuft, die Jнwнs hilfreiches Handeln eingrenzt und abgrenzt.[238] Die Kontrastaussagen des Handelns Gottes in Ps 146 stehen demnach in enger Verbindung zu seinen Nachbarpsalmen, was unter anderem auch für die literarische Kohärenz von Ps 146 spricht.[239]

Anhand der Abgrenzung von den Gottlosen lässt sich die Intention von Ps 146 gut fassen: Es geht um die Frage, wer in den Wirkbereich Gottes hineingehört und wer nicht. Der Psalm gibt darauf eine klare Antwort: Derjenige, der Jнwн vertraut und Hilfe bei ihm sucht, ist glücklich zu preisen. Derjenige, der meint, ohne Gott leben zu können und damit gottlos zu sein und stattdessen auf Menschenkraft vertraut, dessen Weg führt ins Verderben. Dies ist die Lehre des Psalmisten, die er seinen Hörern und Lesern weitergeben möchte. Ein ähnliches Anliegen ist auch für Ps 34 und 37 anzunehmen, die ebenfalls weisheitlich gefärbte Lehrpsalmen sind. In Ps 37,39–40 ist die Lebenslehre des Psalms zusammengefasst, die auffallend viele Bezüge zu Ps 146 erkennen lässt: „Doch die Rettung der Gerechten (תשועת צדיקים, Ps 146,3) [kommt] von Jнwн, der ihre Zuflucht ist zur Zeit der Not; und Jнwн wird ihnen beistehen (ויעזרם, vgl. Ps 146,5a) und sie retten; er wird sie erretten von den Gottlosen und ihnen helfen (ויושיעם), denn sie haben sich bei ihm geborgen."

---

237 Da die Aussage in Ps 146,9 stärker in den Kontext eingebunden ist (vgl. das Wortspiel und die gesamte Komposition von V. 8b–9), erscheint die Abhängigkeit auf Seiten Ps 147,6 wahrscheinlicher, vgl. dazu die Ausführungen bei Ps 147,2.6.

238 Dreimal wird in Ps 147 ein Vergleich bzw. eine Gegenüberstellung zwischen zwei Menschengruppen formuliert, deren eine Gruppe von Jнwнs Handeln profitiert (V. 6a.11.19), während die andere Gruppe von ihm benachteiligt wird und die negativen Folgen seines machtvollen Handelns erfahren muss (V. 6b.10.20), vgl. dazu die Ausführungen bei Ps 147.

239 Somit ist gegen Levin, Reindl und andere an der Einheitlichkeit und Kohärenz von Ps 146 trotz mancher sprachlicher Auffälligkeiten festzuhalten, deren Begründung vor allem in der thematischen Konzeption des Psalms und der Prägung als schriftgelehrter und schriftauslegender Redaktionspsalm insbesondere in Rezeption von Ps 145 zu finden ist. Für die Einheitlichkeit von Ps 146 plädieren ebenfalls BALLHORN, Telos, 306 f; LEUENBERGER, Konzeptionen, 347; ZENGER, Mund, 143.152; DERS., Psalm 146, 815 f, sowie auch KRATZ, Gnade, 257–260 und SEYBOLD, Psalmen, 535–537. Zur Komposition des Hallels insgesamt vgl. Kap. III.

Beide Psalmen, Ps 34 und 37, thematisieren das Verhalten des Gerechten gegenüber dem des Gottlosen und empfehlen ersteres den Lesenden bzw. Hörenden zur Nachahmung, wie es auch für Ps 146 festzustellen ist.[240] Vermutlich stehen Ausführungen wie diese in Ps 34 und 37 über den Kontrast zwischen Gerechten und Gottlosen im Hintergrund von Ps 146, vielleicht bezieht sich Ps 146 auch direkt auf diese Texte und führt die Ermutigung zum alleinigen Gottvertrauen (Ps 37,3.5, vgl. auch 37,28.34 sowie 34,10) in den eigenen Psalm über. So entsteht eine theologische Reflexion über Gottvertrauen und Menschenvertrauen in hymnischer Form. Während Ps 34 und 37 noch stark in dem beschreibenden, unterweisenden Sprachduktus zu verorten sind, ist Ps 146, besonders mit den Aussagen über die Gerechten und Gottlosen, vom Hymnus beherrscht, so dass Loben und Lehren miteinander verschmelzen und beides eins sind.[241]

Ps 146 als Eröffnung der Schlussgruppe der Psalmen schlägt mit dieser Thematik auch den Bogen zum Anfang des Psalters und korrespondiert mit Ps 1. Der Lebensweg der Gottlosen neigt sich (Ps 146,9b), was nichts anderes bedeutet als das, was auch in Ps 1,6 ausgesagt wird: Der Weg der Gottlosen vergeht, hat keinen Bestand und bedeutet darum den Tod.[242] Im Unterschied zu Ps 1,6 ist JHWH in Ps 146,9 aber Urheber der Krümmung des Weges, tritt so auch gegenüber den Gottlosen als mächtiger und handelnder Gott auf und überlässt sie nicht nur ihrem Schicksal.

Beide Psalmen, Ps 1 und 146, arbeiten mit denselben typologischen Gegenüberstellungen: Es wird gewarnt vor gottlosen Menschen, vor Sündern und Spöttern, die unbeständig sind und deren Weg vergeht. Aber derjenige, der sich in der Tora JHWHs vertieft bzw. der seine Hilfe bei JHWH sucht, wird gepriesen, dieser

---

240 Vgl. dazu ZENGER, Psalm 34 und DERS., Psalm 37; SPIECKERMANN, Hymnen im Psalter, 146–149; KRATZ, Gnade, 258–260; STOLZ, Psalmen, 60–64 (zu Ps 37). Inhaltliche Verbindungen zwischen Ps 34 und 146 bestehen im Anfang: der Beter nimmt sich jeweils in einer Selbstaufforderung immerwährendes Lob JHWHs vor; sodann in der Seligpreisung des JHWH-Vertrauenden (vgl. Ps 34,9b mit Ps 146,5); und schließlich thematisch in der Abgrenzung des helfenden Handeln JHWH für die Gerechten von dem Vergehen der Gottlosen. Dabei wird bes. in Ps 34,12 eine Lehrintention deutlich (vgl. auch die engen Verbindungen zwischen Ps 34 und 145 sowie Ps 34 und 147, siehe dazu die Ausführungen bei Ps 145 bzw. 147). Ausführlich führt auch Ps 37 die Gegenüberstellung von Gerechtem, der JHWH vertraut, und den unbeständigen Gottlosen aus, vgl. mit Ps 146 bes. Ps 37,28.38–40.

241 Vgl. auch Ps 33 als Lobpreis der Gerechten und die Verbindungen zum kleinen Hallel, vor allem zu Ps 147, vgl. dazu bei die Ausführungen Ps 147.

242 Ps 1,6: „Denn JHWH kennt den Weg der Gerechten; aber der Gottlosen Weg vergeht." Vgl. außerdem noch Ez 18,23: „Sollte ich wirklich Gefallen haben am Tod des Gottlosen, spricht der Herr, JHWH, nicht [vielmehr] daran, dass er von seinen Wegen umkehrt und lebt?" sowie 2Sam 22,22 (= Ps 18,22); Jes 55,7; Ez 3,18f (vgl. 33,8f); Prov 4,19; 11,5; 12,26; 15,9.

gilt als Vorbild. Während Ps 1 wie eine Leseanweisung das Buch der Lobprei-
sungen eröffnet, aber selbst eigentlich kein typischer Psalm im Sinne von Lob und
Dank ist, sondern eher ein Lehrgedicht, so korrespondiert in Ps 146 beides:
Weisheitliche Lehre geht über in das Loben Gottes.[243] Alle Weisheit endet im
hymnischen Lobpreis angesichts der Größe Gottes. Erst im Lobpreis kann der Gott
JHWH, dem vertraut werden soll – oder wie Ps 1 es sagt: dessen Weisung Tag und
Nacht erforscht werden soll – wirklich kennengelernt und erkannt werden. Ps 146
präsentiert sich so als hymnische Tora-Auslegung – als schriftgelehrter Hymnus –
und löst damit das Anliegen aus Ps 1 ein.

Am Ende der Auslegung von V. 7–9 ist festzustellen, dass die Gerechten mehr
mit den anderen Gruppen der Bedürftigen gemeinsam haben, als meist angenommen wird, da der Gerechte sich selbst als Bedürftiger erlebt: Er versteht sich
als vollkommen angewiesen auf Gott.[244] Gut lässt sich dies an dem Fremden erkennen, der dem Gerechten zur Seite gestellt wird (vgl. die parallele Syntax in V. 8b
und 9aα). Das Bild des Fremden hat sich im Laufe der Zeit gewandelt und eine
spirituelle Bedeutung hinzugewonnen.[245] So kann der Beter von Ps 119 sagen: „Ein
Fremder (גר) bin ich auf Erden; verbirg nicht vor mir deine Gebote" (V. 19) und
meint dies nicht im politisch-sozialen Sinne, sondern theologisch. Der Mensch als
Mensch ist ein Fremder in der Welt und als Pilger unterwegs, dabei aber behütet
von Gott und durch sein Wort begleitet (Ps 119,105).[246] Nähe zu Gott und Ferne zur
Welt werden hier zusammen gesehen und charakterisieren das Bild eines Menschen, der als Geschöpf Gottes in diese Welt gestellt ist, um in seiner Unzulänglichkeit immer ausgerichtet und abhängig zu bleiben von Gott und seiner Hilfe.[247]
Für Ps 146 ist das der Gerechte, der sich vertrauensvoll an Gott wendet (V. 5).

---

243 Eine ähnliche Vorstellung findet sich in Sir 38 – 39, wo Lehren und Loben als die Aufgabe des
Weisen beschrieben wird, vgl. auch MARBÖCK, Weise, 38. Zum Zusammenhang von Lob und Lehre
im Hymnus vgl. auch SPIECKERMANN, Hymnen im Psalter, 149.

244 Auch für BALLHORN, Telos, 307, passen die Gerechten in den Psalm: „Die Frommen werden
bewußt unter die *personae miserae* gezählt, denn sie treten deren theologisches Erbe an. Die
Armen, Unterdrückten, Bedürftigen, die Fremden, Waisen und Witwen sind die klassischen
Gruppen derer, die allein aufgrund ihrer Bedürftigkeit zu den vom Gott Israels bevorzugten
Gruppen gehörten und das Recht auf seine besondere Nähe hatten."

245 Vgl. hierzu und zum Folgenden SPIECKERMANN, Stimme, 86f.98f.

246 Vgl. auch Ps 119,54: „Lieder (זמרות) werden mir deine Ordnungen (חקיך) im Haus meiner
Fremdlingschaft (מגורי)."

247 Neben Ps 119 setzt sich Ps 39 intensiv mit der Frage der Abhängigkeit des Menschen von Gott
und seiner helfenden Zuwendung bzw. schweren Züchtigung auseinander. Mit dem Verweis auf
Vergänglichkeit und Nichtigkeit des Menschen wird auch seine Fremdlingsschaft als Grund der
Angewiesenheit auf Gott angesehen, so dass dem Menschen nichts anderes bleibt als in JHWH
seine Rettung zu suchen und zu ihm im Gebet um Hilfe zu schreien (Ps 39,13). Num 25,13 begründet die Fremdlingsschaft des Volkes gegenüber Gott mit der Leihgabe des Landes, das als

Ps 146 stellt sich die Hilfe JHWHs als Hilfe bei leiblichen und sozialen Leiden vor, aber nicht nur und vermutlich auch nicht in erster Linie: Sondern dem Verfasser des Psalms geht es um die den ganzen Menschen umfassende Hilfe, die sich dabei besonders auf das religiöse Wohl, auf das Gottesverhältnis bezieht.[248] JHWH greift in die Unzulänglichkeiten des Lebens ein und verhilft zum freien Leben in seiner Nähe. Dem, der auf diese Wirkmächtigkeit Gottes vertraut, dem wird sie auch zuteil. Dies ist die Botschaft des Psalms: ein Aufruf zum lebensrettenden Vertrauen auf Gott. Somit erscheinen die Gerechten innerhalb der Aufzählung der Bedürftigen auch nicht mehr fremd, sondern eröffnen eine weitere Dimension des Psalms, die ihm als weisheitliches Lehrstück über das Gottvertrauen immer schon eigen ist.

2.4.4 JHWH, der ewige König vom Zion (V. 10)

Der Psalm endet in V. 10 mit einer Akklamation JHWHs als König: „König sei JHWH bis in Ewigkeit, dein Gott, (o) Zion, von Generation zu Generation." Alle zuvor beschriebenen Taten JHWHs münden in das Königsein Gottes ein und sind Teil seiner Königsherrschaft. Dadurch erweist sich V. 10 als ursprünglicher Bestandteil des Psalms, auch wenn das Königtum Gottes vorher nicht eigens erwähnt wird.[249] Auch für den letzten Vers lassen sich mehrere Bezüge zu anderen Texten feststellen, die der Psalmist aufnimmt und seinem Anliegen entsprechend umformuliert (vgl. bes. Ex 15; Jes 52 und Ps 145).[250]

Der Beter knüpft mit der Formulierung יהוה ימלך an Ex 15 an, dem Schilfmeerlied, das an seinem Ende JHWH als König preist.[251] Während in Ps 146 zuvor

---

Symbol der Angewiesenheit auf Gott verstanden werden kann. Die Menschen sind nur Gäste auf dem Landgut ihres Gastgebers JHWH. Aufgenommen wurde das (Selbst-)Verständnis des Frommen als Fremden vor Gott und in der Welt im Neuen Testament, vgl. bes. Hebr 11,13 – 16, ferner 1Petr 2,11.

248 Vgl. dazu oben bes. die Ausführungen zu V. 7b – 8a.

249 Anders, mit V. 10 als sekundären Zusatz u. a. BRIGGS / BRIGGS, Psalms, 530.532; LORETZ, Psalmen, 386; LEVIN, Gebetbuch, 362, sowie RISSE, Gott, 228, der V. 10 als sekundären und damit redaktionellen Verbindungsvers von Ps 146 mit Ps 147 versteht. Zur Frage der Einheitlichkeit von Ps 146 vgl. oben die Ausführungen zu V. 8b – 9, bes. Anm. 239, sowie Anm. 88.

250 Vgl. dazu auch BALLHORN, Telos, 307.

251 So auch schon REINDL, Gotteslob, 121.132, der allerdings ימלך יהוה als geprägte Formel identifizieren und so auf einen liturgischen Gebrauch von Ps 146 schließen möchte (a.a.O., 121) bei gleichzeitiger Absprechung einer kultischen Verwendung (a.a.O., 132). Unklar ist der Unterschied zwischen „liturgisch" und „kultisch". Der „nicht-kultischen" Verwendung ist sicherlich

JHWH dezidiert als Handlungsträger in erster Position genannt wird (fünfmal in V. 7b – 9aα), übernimmt der Verfasser hier gerade nicht die Betonung durch den invertierten Verbalsatz wie in Ex 15,18.[252] Sondern er zieht die Verbalform an den Anfang (יִמְלֹךְ), dem dann die beiden Gottesbezeichnungen (אֱלֹהַיִךְ / יהוה) angeschlossen werden. Normalerweise erfolgt die Proklamation des göttlichen Königs mit dem Akzent auf JHWH: Kein anderer als JHWH übt die Königsherrschaft aus.[253] In Ps 146 liegt der Akzent dagegen auf dem Königsein, das als übergeordnete Handlung, ja als Wesenzug JHWHs, alles Tun an den Bedürftigen zusammenfasst.[254] In den Partizipialaussagen wurde bereits betont, dass es JHWH ist, der dies tut. Jetzt ist die Königsakklamation die Konklusion all dessen, worauf der Beter vertraut. Es ist sein Bekenntnis zu dem helfenden Gott, den er im Psalm hymnisch vorgestellt hat und dessen Königsherrschaft er in Ansätzen selbst erfahren hat und die er für die Zukunft weiterhin erwartet. Weil Gott mächtigster König ist und damit keiner über oder neben ihm in Erscheinung treten kann (vor allem kein menschlicher Herrscher, vgl. V. 3), ist er allein würdig, das volle Vertrauen und alle Hoffnung auf Rettung entgegen gebracht zu bekommen. „Hofft auf ihn, den König in Ewigkeit, und er wird euch geben, was ihr braucht"[255], so kann mit Kratz die Anweisung des Psalms zusammengefasst werden. Denn JHWHs Königtum artikuliert sich in der Erschaffung und Erhaltung der Welt, und das bedeutet insbesondere die Zuwendung zu den Bedürftigen. Gerade dann, wenn die weltlichen Herrscher ihren eigentlichen Aufgaben nicht (mehr) nachkommen (können), übernimmt JHWH selbst Sorge und Fürsorge.

Dies ist als Tendenz in der alttestamentlichen Theologiegeschichte zu greifen. Auch in Ps 146 findet sich die Übertragung der Verantwortlichkeiten des irdisch-menschlichen Königtums auf das göttliche Königtum. Die Taten, die in V. 7 – 9 JHWH zugeschrieben werden, sind eigentlich Aufgaben des irdischen Königs.[256]

---

zuzustimmen, eine Wendung als feste Formel zu identifizieren ohne weitere Belege zu haben, bleibt spekulativ. Zu Ex 15 vgl. auch die Ausführungen zu Ps 149,2 – 3.

252 Ex 15,18: „JHWH ist / sei König für immer und ewig (יהוה יִמְלֹךְ לְעֹלָם וָעֶד)". Sonst formuliert als inversiver Nominalsatz (יהוה מֶלֶךְ) in Ps 10,16; 29,10; vgl. die übrigen JHWH-Königs-Psalmen: Ps 93,1; 96,10; 97,1; 99,1; dazu KRATZ, Mythos, 147 f; BALLHORN, Telos, 87.307 f.

253 Vgl. dazu auch BALLHORN, Telos, 307 f mit Anm. 802, und Verweis auf MICHEL, Studien, 68.

254 Ähnlich verbindet auch Ps 10 die Sorge JHWHs um die Gerechten in Auseinandersetzung mit den Frevlern mit der Königsherrschaft Gottes (Ps 10,16: יהוה מֶלֶךְ עוֹלָם וָעֶד).

255 KRATZ, Gnade, 260.

256 Als der oberste Richter hat der König in Gerechtigkeit zu richten, als der oberste Herr des Landes hat er sich um die Geringen und Schwachen, die sozial Benachteiligten zu kümmern (vgl. Ps 72,1 – 4). Wenn er dies in Gerechtigkeit tut, dann hat sein Königtum Bestand (vgl. Prov 29,14), vgl. MALCHOW, God, 1168 f. Dazu auch BALLHORN, Telos, 306: „Die Anspielung auf Gottes Königtum kommt ebenfalls darin zum Ausdruck, daß das Eintreten für die *personae miserae* im

Mit der Fokussierung auf das königliche Handeln Gottes führt Ps 146 das Thema des vorangehenden Psalms, Ps 145, weiter, der sich bereits mehrfach als Vorlage für Ps 146 erwiesen hat.[257] Die Ausrufung des ewigen Königtums JHWHs ist auch in Ps 146 der Fluchtpunkt allen Lobes. Gerade durch die zusammenfassende Positionierung am Ende macht Ps 146 deutlich, dass das zuvor Gesagte im Rückblick auf Ps 145 und in dessen Horizont zu verstehen ist, zugleich aber weitergeführt wird.[258] Denn im Lesegefälle von Ps 145 zu 146 betont Ps 146: „der Weltkönig JHWH von Ps 145 ist nun zuallererst der König Zions".[259] In Ps 145,1 beginnt der Beter mit der im Psalter singulären Bezeichnung „mein Gott, der König" (אלוהי המלך) und fügt dem Lobpreis eine universale Perspektive hinzu, wenn schließlich alles Fleisch zum Loben aufgerufen wird (Ps 145,21).[260] Ps 146 dagegen führt die universale Macht Gottes auf Zion hin: „dein Gott, Zion" (אלהיך ציון). Auch diese Formulierung ist auffällig, findet sie sich doch nur noch einmal in Ps 147,12, wohl in Abhängigkeit von Ps 146,10.[261]

Zion wird in V. 10 als personale Größe angesprochen. Gedacht ist dabei vermutlich an die auf dem Zion versammelte Lobgemeinschaft bzw. an die Lobgemeinschaft, die sich dem Zion und seiner religiösen Tradition als Heiligtum Israels zugehörig fühlt, aber nicht zwingend deswegen körperlich bzw. lokal anwesend sein muss.[262] Das bereits in V. 3 angesprochene Kollektiv kann darum mit „Zion" bzw. der versammelten Gemeinde gleichgesetzt werden, die nun direkt angesprochen wird.[263] Mit dem Bekenntnis zum König vom Zion klingt auch die Heilsverheißung aus Jes 52[264] an: In der Rede an die Person „Zion" wird die Be-

---

Rahmen der altorientalischen Königsideologie Aufgabe des Herrschers ist. Sie wird in der Bibel auf Gott übertragen (cf. Dtn 10,18)." Vgl. dazu auch oben die Ausführungen zu V. 6b – 9.

257 Vgl. dazu oben und zur Übersicht der Bezüge von Ps 146 zu 145 Anm. 88.

258 Zum ausführlichen Vergleich der beiden Psalmen und der thematischen Weiterführung von Ps 145 in Ps 146 vgl. Kap. III.1.

259 ZENGER, Psalm 146, 822.

260 Vgl. dazu die entsprechenden Ausführungen zu Ps 145.

261 Insgesamt ist Ps 147 gegenüber Ps 146 als abhängig anzunehmen, vgl. die Ausführungen bei Ps 147.

262 Ähnlich auch BALLHORN, Telos, 308 Anm. 804: „Mit Ps 145,10 [sic!, gemeint ist sicher Ps 146,10] wird die ganze Gemeinde – im Gefolge jesajanischer Theologie – mit Zion in Verbindung gebracht und als solche angeredet." Anders REINDL, Gotteslob, 133, der keine Verbindung zwischen „Zion" und den Angesprochen sieht. Zur Personalisierung Zions vgl. auch zu Ps 147,12.

263 Vgl. auch die anderen Zion-Nennungen im kleinen Hallel: Sie stehen alle im Kontext einer Lobaufforderung: Ps 147,12; 149,2. Die Gemeinschaft vom Zion ist darum dezidiert als Lobgemeinschaft zu verstehen.

264 Die ganz ähnliche Formulierung in Jes 52,7 lautet: „der zu Zion sagt: König ist dein Gott (אמר לציון מלך אלהיך)!". Vgl. zu der Verbindung von מלך und ציון sonst noch Ps 149,2; Jes 24,23; Mi 4,7; Sach 9,9.

freiung und Reinigung Jerusalems angekündigt. Frohe Botschaft und Rettung wird der in Schutt und Asche liegenden Stadt verheißen. Grund ist der Einzug des Königgottes JHWH (vgl. auch Jes 40,1–9). Denn der Antritt der Königsherrschaft JHWHs und sein direktes Heilshandeln sind eine unlösbare Wirkeinheit.

In Aufnahme der Freudenbotschaft des Propheten ergeht die Botschaft des Psalmisten an Zion und den dazugehörenden Menschen: Vertraut JHWH und werdet so zu Gerechten, die von JHWH geliebt werden! Denn „mein Gott" (V. 1), ist der Gott des Gerechten („sein Gott", V. 5), ist „dein Gott" (V. 10), der König vom Zion.[265] Das Bekenntnis des Beters wird im Laufe des Psalms zum Wunsch für und zugleich zur Verheißung an die Gemeinschaft vom Zion. Darum legt sich auch die Deutung eines Jussivs für ימלך nahe.[266] Denn natürlich wird von dem Bestand des Königtums Gottes ausgegangen (wie auch in den JHWH-König-Psalmen), aber im Modus der Lehre wird die Botschaft vom ewigen König zu einem Wunsch des Psalmisten für die Hörenden und Lesenden: Sie sollen für sich JHWH als König anerkennen, auch für sie *sei* JHWH König bis in Ewigkeit. Alle Sehnsucht nach Heil und Rettung wird durch die Königsherrschaft JHWHs gestillt und ins Werk gesetzt. Durch die personalisierte Gottesbezeichnung „dein Gott, Zion" (אלהיך ציון, V. 10) wird JHWH auch zum Helfer der Hörer und Leser von Ps 146, wenn sie ihm ihr Vertrauen schenken. So bleibt selbst im letzten Wort des Psalms der Doppelmodus von Lob und Lehre miteinander verbunden und ist immer beides zugleich: Wort an Gott und Wort an die anderen Mit-Beter.

Nach der Aufzählung der vielfältigen Taten JHWHs weist das Schlusswort in V. 10 über die individuellen menschlichen Unzulänglichkeiten in der Zeit hinaus, indem zum einen die Gemeinde vom Zion als Kollektiv in den Blick kommt, die selbst schon die Zeiten überdauert (לדר ודר) und zum anderen alles in den Horizont der Ewigkeit Gottes gestellt wird (so auch schon in Ps 145,4.13).[267] Die Unverbrüchlichkeit der Macht Gottes wird durch die ewige Ausdehnung bekräftigt (vgl. השמר אמת לעולם, V. 6), der auf menschlicher Seite der lebenslange Lobpreis entspricht (V. 2). Beide Zeitangaben in V. 2 und 10 bezeichnen eine andauernde, erfüllte Zeit: Zeit des Lobpreises bzw. die göttliche, alle Zeit überdauernde Zeit

---

265 Auch diese sprachliche Einbindung von V. 10 in den übrigen Psalm spricht für die literarische Einheitlichkeit, vgl. dazu oben die Ausführungen.

266 ZENGER, Psalm 146, 812.821, spricht sich in Abgrenzung von Ex 15,18 für eine jussivische Bedeutung der Präfixkonjugation ימלך aus und folgt damit MICHEL, Studien, 68; ebenso BALL-HORN, Telos, 307 f.

267 Auch in Ps 145 sind die Zeitperspektiven wichtig. Während aber Ps 146 klar unterscheidet zwischen dem (begrenzten) Leben des Beters und der Ewigkeit Gottes, fasst Ps 145 beides zusammen und bezieht den lobpreisenden Menschen in die göttliche Ewigkeit mit ein: vgl. V. 1.2 (לעולם ועד); V. 4 (דור לדור); V. 13 (בכל־דור לדור / כל־עלמים); V. 21 (לעולם ועד), vgl. dazu auch oben die Ausführungen zu V. 1–2 sowie zu Ps 145.

selbst. Das von Gott geschaffene und fortwährend erhaltene Leben soll zum Lobpreis seiner königlichen Größe werden.

2.4.5 Leben im Horizont von JHWH-Lehre und JHWH-Lob

Ps 146 ist ein Lobpsalm, der zugleich Lebenslehre ist: Der Psalmist ruft zu erneutem und erneuerten Gottvertrauen auf. Indem das Handeln JHWHs im Hymnus preisend besungen wird und das Loben so eine Gott dienende Funktion erhält, erfolgt zugleich eine lehrhafte Unterweisung des Menschen, der diesen Hymnus hört oder liest. Denn der Hymnus beschreibt exemplarisch die Beziehung verschiedener Gruppen zu JHWH – positiv wie negativ. Im Blick des Beters sind zum einen die Hilfsbedürftigen,[268] die die Hilfe JHWHs auf vielerlei Weise erfahren. Zum anderen sind es diejenigen, die aus dem heilvollen Bereich Gottes ausgegrenzt werden: Die Gottlosen, deren Vernichtung direkt benannt wird (V. 9b), die negativ qualifizierte Gruppe der Fürsten und Mächtigen (V. 3), und darüber hinaus jeder, der sein Vertrauen nicht auf JHWH setzt. Denn in der Glücklich-Preisung des auf JHWH Vertrauendem wird automatisch auch der Gegentyp mitgedacht. Diese Abgrenzung von denen, die zu diesen „Outsidern" gehören, ist zentral für das Verständnis des Psalms. Mit dieser Unterscheidung wird der Einzelne der angesprochenen Gruppe zu einer Positionsbestimmung aufgerufen – zugespitzt kann formuliert werden: Lebst du schon oder vertraust du noch den Falschen?

In der theologischen Reflexion, die der Hymnus über das wahre und falsche Vertrauen bietet, wird durch die Nennung der verschiedenen Personengruppen und Konstellationen ein Raum eröffnet, in dem der einzelne sich selbst positionieren soll. Über die Frage nach dem Vertrauen ist so die ganze Gottesbeziehung angesprochen. Der Hymnus dient der Identitätsbekräftigung: Denn natürlich haben der Beter und auch die Angesprochenen die Antwort schon parat und vollziehen sie nach, indem sie mit einstimmen in den Lobgesang für JHWH und den ewigen König vom Zion bekennen (V. 10). Der Hymnus als theologischer Reflexionstext über die Gott-Mensch-Welt-Beziehung[269] dient insbesondere in seiner literarischen Form der Identitätssicherung und Identitätsstärkung der frommen Gruppen, die vermutlich auch die Trägerschaft solcher Texte darstellen.[270]

---

268 Es sind die Unterdrückten, die Hungrigen, die Gefangenen, die Blinden, die Fremden, Waise und Witwe. Nicht zwingend müssen diese Genannten mit denen übereinstimmen, die zum Lobpreis aufgerufen werden. Es ist aber denkbar.

269 Vgl. dazu SPIECKERMANN, Hymnen, 103 f, der von Gott-Mensch-Welt-Relation spricht. Zum Thema Hymnus vgl. Kap. I.

270 Vgl. dazu auch Kap. II.3.

Durch seine lehrhafte Intention reiht sich der Psalm in die Gruppe von weisheitlichen Texten ein, die als Ziel gelingendes Leben unter der Perspektive des Gottvertrauens und der Gottesfurcht haben.[271] Zwar weist der Psalm nur vage Bezüge auf sprachlicher Ebene zu explizit weisheitlichen alttestamentlichen Büchern auf. Aber die Form oder besser: die Vorgehensweise des Psalms lassen an weisheitlich geprägten Rückraum denken, in dem die Gottsuche und das Gottvertrauen (meist auch Gottesfurcht), verbunden mit Schöpfungstheologie und göttlicher Weltordnung, eine wichtige Rolle spielen. Dabei dient die überkommene Tradition als Interpretationsfolie für die theologischen Aussagen von Ps 146. Zentrale Bedeutung hat hierbei Ps 145 als direkter Vorläufer. Ps 146 mit seiner prophetisch-weisheitlichen Prägung ergänzt dabei den Aspekt von Lehre und Unterweisung gegenüber dem universalen Lobaufruf in Ps 145.[272] Auch andere Psalmen wie Ps 103 / 104 sowie Ps 1; 62; 94 und 118 werden zitiert und dem Anliegen des Textes entsprechend umformuliert. Ebenso integriert Ps 146 (späte) Texte von Jesaja (vgl. vor allem Jes 42; 49), indem die zukünftig ausgerichteten Heilsaussichten auf die hymnisch gepriesene Gegenwart bezogen werden, auch wenn sie gleichwohl noch ausstehen und erst im Werden sind. Daran erinnert auch die schon innerhalb der Propheten angelegte Aktualisierung des Wortes Gottes. Durch den Bezug auf die je eigene Gegenwart erhält die Botschaft einen neuen Aspekt hinzu. Diese Form der Textrezeption und Textauslegung lässt sich demnach auch in diesen späten Psalmen am Ende des Psalters erkennen.

Der Verfasser von Ps 146 bedient sich der hymnischen Gebetsform des JHWH-Lobs, aber nicht um in erster Linie an Gott selbst gerichtetes Lob darzubringen, sondern um vielmehr die Hörer und Leser in der wahren Gottesbeziehung, die auf dem alleinigen Vertrauen zu JHWH beruht, zu unterweisen und diese aus der Schrift her zu begründen.[273] Der Hymnus ist zunächst JHWH-Lehre, aber dabei noch viel mehr Lebens-Lehre in hymnischer Form, die jedoch aus der Sicht des Psalmisten niemals losgelöst von JHWH, dem Lebensspender und -erhalter, gedacht werden kann. Indem der Beter seine eigene Lebensüberzeugung an seine Adressaten weitergibt, stimmt er in das vielstimmige Lob Gottes mit ein und bekennt sich selbst dazu, wie er auch zu Beginn seines Psalms ankündigt: „Ich will loben JHWH mit meinem Leben, ich will lobsingen meinem Gott solange ich bin!" (V. 2). JHWH-Lob und JHWH-Lehre sind unlösbar miteinander verschränkt und finden ihre Erfüllung

---

271 Vgl. z. B. Ps 34; 37; 62 und 94, vgl. dazu oben die Hinführung Kap. II.2.1.

272 Vgl. zum Verhältnis der beiden Psalmen auch Kap. III.1.

273 Die Verbindung von Hymnus und Lehre hat auch schon NÖTSCHER, Psalmen, 306, beschrieben: „Der Psalm ist nur der Form nach 1 f 6 – 10 ein Hymnus, dem Inhalte nach ist er ein Lehrgedicht, das zum Gottvertrauen ermuntert, also die Folgerung aus Gottes Macht und Güte zieht." Vgl. zum Zusammenhang von Loben und Lehren auch KRATZ, Gnade, 275.

im Leben für und von JHWH. Der Psalm feiert JHWH als Geber des Lebens und das Leben als Gottesgabe.[274] „Wer deshalb sein Leben als gottverdanktes Leben lebt, ist gewissermaßen gelebtes Lob JHWHs – und darin ein lebendiges Gegenbild zu jenen Menschen, die ihr Leben auf sterbliche Menschen gründen."[275] Dies vollzieht der Beter von Ps 146 in seinem Hymnus und empfiehlt eine solche Lebenshaltung weiter, auf dass sich JHWHs Königtum vom Zion aus weiter verbreitet.

2.5 Zusammenfassung: Die Konzeption von Psalm 146

Ps 146 lässt sich als Lehrpsalm charakterisieren, der dazu einlädt, das ganze Vertrauen auf den Gott JHWH zu setzen. In doppelter Weise werden Argumente für die lebensstiftende und lebensbewahrende Hilfe JHWHs angeführt: Negativ in Abgrenzung zu den vergänglichen, weltlichen Machthabern in Form der Mahnrede (V. 3 – 4) und positiv im hymnischen Lobgesang auf die rettenden Taten JHWHs des Schöpfers (V. 6 – 9). Durch die Verschränkung der verschiedenen Sprachformen entsteht ein umfassendes Bild, das einen sowohl in die universale Schöpfung als auch in das persönliche Leben des einzelnen Gerechten oder besser: „JHWH-Vertrauenden" (V. 5) eingreifenden Gott darstellt. Die Partizipienreihe erzeugt bei der Begründung des empfohlenen JHWH-Vertrauens durch ihre von Gleichklang und „Gleichbau wuchtigen hymnischen Aussagen über Gott"[276] besonderes Gewicht. Damit ist auch die Funktion der Partizipialsätze (V. 6b – 9) im Kontext des Psalm benannt: Sie zeigen auf, „was es heißt, ‚den Gott Jakobs als Hilfe' zu haben und auf ihn seine Hoffnung zu bauen"[277] und bilden so das positive Gegenstück zu der Mahnung in V. 3 – 4.

Ps 146 lässt die drei Charakteristika eines *schriftgelehrten Hymnus* erkennen: Eine formale sprachliche Durchgestaltung, eine spezifische theologische Reflexion und die umfangreiche Rezeption anderer Texte.[278] Bei der sprachlichen Untersuchung des Textes fällt auf, dass verschiedene Redeelemente miteinander kombiniert werden: Lobaufforderung, Warnung, Seligpreisung, hymnische Prädikation und die Akklamation des ewigen Königtums JHWHs. Besonders der hymnische Abschnitt sticht aufgrund seiner homogenen dreigliedrigen Struktur und auch seiner Länge hervor. Es findet sich hier ein „Hymnus im Hymnus", der eine doppelte Funktion ausübt: Zum einen erfüllt er die Aufforderung zum Lob, die

---

274 Vgl. ZENGER, Psalm 146, 823.
275 ZENGER, Psalm 146, 323.
276 WEISER, Psalmen, 574.
277 REINDL, Gotteslob, 133.
278 Vgl. zur Bestimmung des Hymnus Kap. I.

der Beter sich zu Beginn selbst stellt, und zum anderen dient er als Begründung der Vertrauenswürdigkeit Jʜᴡʜs.

Damit wurde auch schon die theologische Reflexion, die im besonderen Maße vorliegt, angesprochen. Der Psalmist konzentriert seine rühmenden Aussagen sprachlich und theologisch auf sein Anliegen: Für das Vertrauen allein auf Gott zu werben, der Hilfe und Hoffnung ist. Demgegenüber wird Jʜᴡʜ von aller weltlichen Macht, die nicht helfen kann, distanziert.

Die theologischen Aussagen des Psalms stammen aus anderen Psalmen und Texten des Alten Testaments. Der Psalm lebt aus der Schrifttradition und nimmt Gedanken auf, stellt sie aber neu zusammen. Enge Verbindungen lassen sich zu Ps 34; 37; 62; 94; 103; 104; 107; 118; 121; 145 und zu Ps 1 und 119 erkennen sowie zu heilstheologischen Texten in Jesaja (Jes 35; 42; 49) und schließlich zu Dtn 10. Der Psalmist tritt als schriftgelehrter Theologe und Lehrer auf, der seine Botschaft an seine Hörer und Leser weitergibt, indem er Lob und Lehre miteinander verbindet. Das wahre Gottvertrauen drückt sich für ihn im lebenslangen Lobpreis aus. Diese Verbindung von Loben und Lehren findet sich schon in anderen Psalmen (vgl. z. B. Ps 33; 34; 145), aber in Ps 146 ist beides besonders eng miteinander verwoben. Das Lob wird zur Lehre, indem es demjenigen, der Jʜᴡʜ vertrauen soll vor Augen gehalten wird (vgl. V. 6b – 9). Die Lehre wird zum Lob, wenn Jʜᴡʜ als derjenige gelobt wird, der hilft und den Bedürftigen beisteht, im Gegensatz zu menschlichen Machthabern.

Das hymnische Singen ist durch Gott-Vertrauen gekennzeichnet, durch die vollkommene Ausrichtung auf Gott als Geber des Lebens. Damit ist eine „hymnische Lebenshaltung" beschrieben: Alles wird von Gott her erwartet. Dies drückt sich im hymnischen Loben „mit dem ganzen Leben" aus (Ps 146,2). Das hier beschriebene hymnische Singen ist zugleich durch die Einsicht in die eigene Vergänglichkeit geprägt und ermöglicht von daher die Annahme der Zuwendung und Hilfe Gottes. Die Absehung von der eigenen bzw. menschlichen mutmaßlichen Herrlichkeit führt zur Hoffnung auf Gott. Denn dann tritt Jʜᴡʜ als der einzige auf den Plan, der wirklich helfen kann. Die Ermutigung zu solch einer Lebenshaltung ist das Anliegen, das der Beter für sich selbst in Anspruch nimmt und das er als Lehre weitergeben will – vor dem Horizont einer nachkultischen Frömmigkeit als literarischen und schriftgelehrten Psalm.

3. Schöpfung und Geschichte: Psalm 147

3.1 Hinführung

„Harmlose doxologische Komposition, aus der Lektüre Tritojesajas entstanden"[1], so urteilt Bernhard Duhm über Ps 147 und hebt den kompilatorischen Charakter des Psalms hervor. Das zentrale Thema von Ps 147 besteht in der Verbindung von Schöpfung und Geschichte, deren Auswirkung in der Neuschöpfung und Restitution Zion-Jerusalems erkennbar wird. Dabei lebt der Psalm unverkennbar von der prophetischen Tradition, insbesondere der späten Jesajatexte. Dies haben bereits die früheren Kommentatoren erkannt und so resümiert Duhm weiter: „Der Psalm hält sich besonders an Deuterojesaja und Ps 104."[2] Ähnlich auch das Fazit Gunkels: „Die Zusammenstellung des kosmologischen Stoffes mit Jahves Taten an Israel hat der Hymnus wohl von den Propheten, insbesondere von Deuterojesaja, gelernt."[3] Gunkel deutet damit auf das Anliegen des Psalms: Dies ist die Transformation der prophetischen Verkündigung vom Wirken Gottes in Schöpfung und Geschichte in das theologische Konzept des Hymnus hinein. Neben dieser Thematik prägt Ps 147 eine weitere wichtige Perspektive: Der Psalm vollzieht eine Einschränkung des heilvollen Handelns Jhwhs auf einen Teil des wahren Israel (vgl. Zion-Jerusalem), namentlich auf die Demütigen und Jhwh-Fürchtigen, und erreicht damit zugleich die Abgrenzung von „den Anderen", von denen, die nicht dazu gehören, nämlich den Gottlosen und Völkern.

Diese zentralen Elemente, die Verschränkung von Schöpfung und Geschichte sowie die Abgrenzungstendenz, prägen auch die formale Struktur des Psalms. Durch beide Aspekte ist der Psalm zudem mit anderen alttestamentlichen Texten verbunden. Eine Abhängigkeit für Ps 147 ist vor allem von Ps 33; 102; 104; 106; 107; 119; 135; 145 und 146 anzunehmen. Darüberhinaus werden verschiedene Jesajatexte (vgl. bes. Jes 40; 55; 60), die Esra-Nehemia-Tradition (Esr 3; Neh 3; 12) sowie Num 6 und das Deuteronomium (vgl. bes. Dtn 4; 8; 33) rezipiert. Auch Ps 147 kann darum als *schriftgelehrter Hymnus* bezeichnet werden wie schon Ps 145 und 146 vor ihm.

Im Rahmen dieser Untersuchung des Hymnus als theologisches Phänomen in den Psalmen des kleinen Hallels lassen sich demnach auch für Ps 147 die drei

---

1 DUHM, Psalmen, 477.
2 DUHM, Psalmen, 478, vgl. ebenso 480.
3 GUNKEL, Psalmen, 615. Allerdings wurde in der älteren Exegese der kompilatorische Charakter von Psalmen eher abwertend beurteilt, vgl. u.a. DUHM, Psalmen, 480; ähnlich auch GUNKEL, Psalmen, 615.

Perspektiven des schriftgelehrten Hymnus postulieren: eine auffällige formale Gestaltung, eine ausgefeilte theologische Programmatik sowie eine hohe Dichte an Rezeption anderer Texte.[4] Zunächst erfolgt die Untersuchung des hebräischen Textes und der sprachlichen Gestalt des Psalms, die auch die literarkritische Frage mitberücksichtigt, ob es ein, zwei oder drei Psalmen sind bzw. ursprünglich waren (Kap. II.3.2. und II.3.3). Daran schließt sich die Ausführung des theologischen Profils des schriftgelehrten Hymnus unter besonderer Berücksichtigung der vielfältigen Textbezüge an (Kap. II.3.4).

Der eigentlichen Darstellung von Ps 147 und zur Einordnung des Psalms in sein theologisches Umfeld ist ein kurzer Überblick über die Korrespondenz von Schöpfung und Geschichte im Alten Testament vorangestellt. Die dafür ausgewählten Texte sind grundlegend für die Themen Schöpfung und Geschichte innerhalb der alttestamentlichen Theologie. Vor allem sind sie aber zentral für die weitere Auslegung von Ps 147, weil sie dem Verfasser als Rezeptionstexte dienen und in Ps 147 zitiert werden oder zumindest bei der Konzeption im Hintergrund gestanden haben dürften.

Schöpfung und Geschichte im Alten Testament

Schon der Anfang des Alten Testamentes ist programmatisch im Blick auf Schöpfung und Geschichte gestaltet: Mit der Schöpfung beginnt alles. Und: Schöpfung ist von Beginn an geschichtlich, auch wenn sie in einem mythischen „Uranfang" beginnt. Gen 1 als Element der priesterschriftlichen Konzeption stellt die Geschichte Gottes mit seinem Volk dar, beginnend mit der Schöpfung der ganzen Welt. Die Weltschöpfung ist hier nicht um ihrer selbst willen erzählt, sondern dient dem (heils-)geschichtlichen Interesse.[5] So folgert von Rad: Wer „Israel und sein Gottesverhältnis recht verstehen will, der muß mit seinem Geschichtsdenken schon bei der Weltschöpfung einsetzen"[6].

In den alttestamentlichen Schöpfungsvorstellungen stellt diese *prima creatio*, die Erschaffung der Welt, wie sie in Gen 1 beschrieben wird, allerdings nicht den Kern dar, wie vor allem in den Psalmen zu erkennen ist. Dies wird deutlich, wenn man die wenigen sog. Schöpfungspsalmen (vgl. Ps 8; 19; 104; 148) näher betrachtet.[7] Ps 104 als ein Hauptvertreter dieser Gruppe wird in Ps 147 aufgenommen, dessen Thema der Lobpreis der gnädigen Erhaltung der Schöpfung ist: das im-

---

4 Vgl. zu den drei Perspektiven des schriftgelehrten Hymnus Kap. I.
5 Vgl. VON RAD, Aspekte, 66; DERS., Problem, 143.
6 VON RAD, Aspekte, 66.
7 Vgl. SPIECKERMANN, Heilsgegenwart, 17.

merwährende Wirken Gottes in ihr als *creatio continua* und *conservatio*.[8] Aspekte der Gründung und Erschaffung der Welt sind vermutlich erst in einem Fortschreibungsprozess durch Aufnahme von Gen 1 in diesen Psalm eingetragen worden.[9] Ps 104 verdeutlicht die Abhängigkeit aller Schöpfung und insbesondere der Menschen von Gott, der ihnen das Leben nach seinem Willen schenken oder entziehen kann (Ps 104,29 – 30).[10] In des Menschen Geworfenseins in die Welt, in seinem Angewiesensein auf Gott, liegt die Hinwendung zu Gott dem Herrn der Schöpfung und somit dem Herrn von Leben und Tod begründet.[11] Dem Menschen bleibt in seiner „schlechthinnigen Abhängigkeit" nichts anderes übrig als Gott zu loben, dies aber nun nicht aus Zwang, sondern aus Dankbarkeit für die göttliche Gnade, der er sein Dasein verdankt (vgl. Ps 8!).[12] Ps 147 schließt daran in V. 10 – 11 an und zitiert außerdem Ps 104 in V. 8 – 9.[13]

Das theologisch verschränkte Ineinander von schöpfungstheologischer und (heils-)geschichtlicher Perspektive wird auch in dem späten Ps 33 erkennbar, der mehrmals in Ps 147 aufgenommen wurde und somit höchstwahrscheinlich die direkte Vorlage für Ps 147 gebildet hat.[14] Wie in Ps 147 hat die Vorstellung vom wirkmächtigen Wort Gottes in Ps 33 eine hervorgehobene Bedeutung, da „es Wirklichkeit schafft, die als eine Einheit von Schöpfung und Rettung wahrgenommen wird"[15]. In dem Wirken des Wortes verbinden sich Schöpfung und Geschichte (vgl. Ps 147!), denn beides wird durch das Wort bewirkt: „Durch das Wort JHWHs sind die Himmel gemacht, und mit dem Hauch seines Mundes ihr ganzes

---

8 Ähnlich ist auch der Befund in der ugaritischen Mythologie, insbesondere im Baals-Mythos aus Ugarit, 14.Jh. v. Chr., und im Enuma elisch-Epos aus Mesopotamien, 1.Jt. v. Chr., zu bewerten, vgl. dazu KRATZ / SPIECKERMANN, Art. Schöpfer, 264 – 266; KRATZ, Reste; DERS., Mythos.
9 Vgl. dazu ausführlich SPIECKERMANN, Heilsgegenwart, 21 – 49, bes. 49; KÖCKERT, Beobachtungen, 261 – 262.271.276; sowie KRATZ / SPIECKERMANN, Art. Schöpfer, 258 f, die betonen, dass das Theologumenon „Schöpfung" erst eine nachexilische Erscheinung ist, die aufgrund der Krisenerfahrungen intensiv reflektiert und theologisch fruchtbar gemacht wurde.
10 Dazu FELDMEIER / SPIECKERMANN, Gott, 210 f, bei ihrer Auslegung von Ps 104,29 f: „Bewahrung aber ist nicht allein *conservatio*, sondern stetige *renovatio sive recreatio*. Kosmologisch und anthropologisch steht der Geist pointiert für von Gott gewährte Partizipation an seinem eigenen Leben gegen den Tod. Die immer wieder neu Geschaffenen sind die von Gott immer wieder neu lebendig Gemachten." [Zitat 211, Hervorhebung original].
11 Ähnlich auch SPIECKERMANN, Heilsgegenwart, 44.46, sowie DELITZSCH, Psalmen, 822: „Alle Kreatur ist bedingt, fühlt sich bedingt, ist sich bewusst ihrer Bedingtheit durch den Allesbedingenden. Das unbewußte oder bewußte Ziel aller Kreatur ist Gott."
12 Vgl. zu Ps 8 VON RAD, Problem, 146.
13 Vgl. die entsprechenden Ausführungen zu V. 8 – 9 bzw. 10 – 11.
14 Zum Bezug von Ps 147 auf Ps 33 vgl. immer wieder die weiteren Ausführungen, für den Überblick vgl. Anm. 83.
15 FELDMEIER / SPIECKERMANN, Gott, 261.

Heer. Er sammelt wie in einen Wall die Wasser des Meeres, er füllt die Urfluten in Kammern." (Ps 33,6 – 7). Die Schöpfung durch das Wort wird direkt mit der heilsgeschichtlichen Tat Jhwhs am Schilfmeer verbunden, beides ist *ein* Handeln des Schöpfers und Erlösers.[16] Die kosmologisch-universale Perspektive wird in Ps 33 zunächst eingegrenzt auf das Volk Israel, das aufgrund der göttlichen Erwählung glücklich gepriesen wird (Ps 33,12), und dann noch einmal auf die Jhwh-Fürchtigen, denen insbesondere die vom Tode rettende Gnade Gottes zuteil wird (Ps 33,18 – 19, vgl. V. 1.22).

In der theologisch aufgeladenen und häufig rezipierten Rettung Israels durch Jhwh am Schilfmeer (Ex 14 – 15) ist die schöpferische Macht Gottes sichtbar, die das Chaos bezwingt, wie sie auch zu Anfang allen Lebens in der Eingliederung der Urwasser in die geordnete Schöpfung wirksam war (Gen 1).[17] „Du ließest deinen Wind wehen (נשפת ברוחך), das Meer bedeckte sie [die Ägypter], sie sanken unter wie Blei im mächtigen Wasser." (Ex 15,10). So wie Gottes schöpferisch- und zugleich heilwirkende Macht im gebändigten Chaos sichtbar wird, beendet er auch das geschichtliche Chaos, das für Israel im Verlust von Königtum und Staat besteht (vgl. die Aufnahme von Ex 14 – 15 in Jes 43,14 – 21). Der Sieg über das Chaos ist in Ps 147 in der Thematik der Restitution Jerusalems (V. 2), in dem Stichwort „Frieden" (V. 14) sowie in V. 18 (רוח ;ים) zu fassen.

In den Texten Deuterojesajas wird deutlich, dass „in der Schöpfung der Welt wie in der Erlösung Israels ein und dasselbe Handeln Gottes"[18] vorliegt (z. B. Jes 44,24 – 28; 45,7). Schöpfung und Heil fallen zusammen.[19] Bei Deuterojesaja ist der Schöpfungsglaube zur Grundlage des theologischen Denkens geworden, bleibt dabei aber nicht isoliert, er hat keinen Selbstzweck.[20] Sondern der Bezug auf die Schöpfungsmacht Jhwhs dient als Garant für die verheißene Neuwerdung zunächst von Israel in der Restitution des Gottesvolkes, dann aber auch in Bezug auf die ganze Welt. Die Kraft und Energie, die Jhwh zu Anfang der Welt gezeigt hat, wird im Geschehen des neuen Exodus und im Wiederaufbau Jerusalems wieder sichtbar (Jes 40).[21] Die Texte Deuterojesajas leisten eine Aktualisierung des

---

16 Vgl. dazu Witte, Lied, 526 f; Feldmeier / Spieckermann, Gott, 261 f.

17 Zu Gen 1 und der Bezwingung der Chaoswasser durch den „Geist Gottes" vgl. Feldmeier / Spieckermann, Gott, 206 – 208, vgl. auch unten die Ausführungen zu V. 15 – 18.

18 Von Rad, Problem, 140. Ähnlich auch Kratz / Spieckermann, Art. Schöpfer, 268. Zu den Schöpfungsaussagen bei DtJes vgl. auch Kratz, Kyros, 72 – 84.108 – 113, sowie schon Rendtorff, Stellung.

19 Vgl. Kratz / Spieckermann, Art. Schöpfer, 268; vgl. auch Rendtorff, Stellung, 216.219.

20 Vgl. Kratz / Spieckermann, Art. Schöpfer, 267; von Rad, Problem, 139.

21 So auch Kratz / Spieckermann, Art. Schöpfer, 267: „Gottes welterhaltendes und anfängliches Schöpferwirken geht von Ewigkeit zu Ewigkeit, d. h. es hält auch unabhängig von Israels gescheiterter Geschichte an."

Schöpfungsglaubens, indem das Heilshandeln als Schöpfungshandeln Gottes gedeutet wird und so Einzug in die Verkündigung gegenwärtigen und neuen Heils hält.[22] JHWH ist Schöpfer und zugleich Erlöser (vgl. Jes 43,1), er bezwingt das Chaos und überwindet das Scheitern Israels. Er erweist sich somit als Herr der Schöpfung, der auch Herr der Geschichte seines Volkes ist und bleibt. Dies wird zum Anknüpfungspunkt in Ps 147, wenn der Psalm, wie schon Jesaja, die Restitution Jerusalems als Schöpfungswirken Gottes deutet.

Von der (mythischen) Vergangenheit her wird in der Gegenwart (des Propheten) das hoffnungsvolle Bild der Zukunft gewonnen, indem die erste Schöpfung als „Vorbild" für die neue Schöpfung gedeutet wird.[23] „Schöpfung als Gottes protologisches Handeln ist auf Gottes eschatologisches Handeln angewiesen und ausgerichtet. Ohne die erste Schöpfung könnte es keine Geschichte Gottes mit der Welt und seinem Volk als seine Liebes- und Leidensgeschichte im Horizont der neuen Schöpfung geben."[24] Diese eschatologische Perspektive wird im Jesajabuch greifbar, das mit der Beschreibung eines neuen Himmels und einer neuen Erde endet (Jes 65,17–25). Dabei geht es bei Jesaja um die Neuschöpfung, die Jerusalem und das Volk Israel betrifft. Die universale Perspektive der Schöpfung wird transformiert auf die Neuschöpfung des Gottesvolkes und erhält damit eine entscheidende Eingrenzung und Partikularisierung (vgl. Ps 147!). Es sind die Erwählten, die zu JHWH Gehörenden und seine Frommen, denen die Hoffnungsperspektive vor Augen gemalt wird.[25] Somit kommt die universale (Neu-)Schöpfung zu ihrem (heils-)geschichtlichen Ziel, das sich für die späten Jesaja-Texte exklusiv an Israel konkretisiert. Diese der Prophetie entstammende Konzeption wird von Ps 147 aufgenommen und in die Form des Hymnus transformiert.

Mit Jesaja verbindet Ps 147 auch die Betonung des Wortes Gottes. Das ins Wort gebrachte Wirken JHWHs ist vor allem ein Wirken, das auf Ordnung hinzielt. Schon im Uranfang, vor aller Zeit, ordnete JHWH durch sein Wort das Chaos (Gen 1). Der Mensch braucht das Wort Gottes, um zu leben (vgl. Ps 28,1; 119; Dtn 8,3).[26] Auch die Geschichte wird dann zur Geschichte Gottes, zur *historia sacra*, wenn sie durch JHWHs Wort geordnet wird. Somit ist das Wort Gottes als die Präsenz Gottes auf Erden zu verstehen, die überhaupt erst dem Menschen Leben ermöglicht – und dies in jeglicher Hinsicht: Das Wort Gottes ist in der allerersten Schöpfung als auch in der fortwährenden Erhaltung präsent, in der Anrede an den Menschen in Taten und Worten, insbesondere in dem schriftlich gefassten Wort als Tora, und auch

---

22 Vgl. auch RENDTORFF, Stellung, 216.218f.
23 Vgl. FELDMEIER / SPIECKERMANN, Gott, 262f.
24 SPIECKERMANN, Schöpfung, 417.
25 Vgl. zum Ganzen SPIECKERMANN, Schöpfung, 417f.
26 Vgl. VON RAD, Geheimnis, 95.103; vgl. dazu unten die Ausführungen zu V. 13–14.

durch andere Menschen (vgl. das Wort Gottes bei den Propheten).[27] Das Wort zeigt sich in der Gestaltung der Geschichte überhaupt, indem es zur Erde kommt, zunächst ohne konkreten Adressaten, und wirkt und ordnet und damit Gottes Willen tut (Ps 147,15; vgl. Jes 9,7; 55,10 – 11; Ps 33,9; 148,8).[28] Die Wort-Gottes-Thematik (V. 15 – 18.19 – 20) verbindet Ps 147 vor allem mit Ps 119 auf interessante Weise, wie unten gezeigt wird.

Insbesondere in den jüngeren Texten der Weisheit wird die Schöpfung als durch das Wort JHWHs wohlgeordnete Werk verstanden (vgl. Sir 42 – 43, bes. Sir 42,15; 43,10.26). Bei Jesus Sirach kann erstmals von einer „expliziten Schöpfungstheologie" gesprochen werden.[29] Hier findet sich die Schöpfung als ein der suchenden Erkenntnis gegenübergestellter „Gegenstand". Zwar bleibt die Schöpfung als Werk Gottes unerforschlich (Sir 43,28 – 32), aber trotzdem beschreibt Sirach ausführlich die Schöpfung und das schöpferische Wirken Gottes. Somit führt die unvollkommene Erkenntnis nicht zur Resignation wie bei Kohelet oder bei Hiob, sondern Sirach nimmt auf, was schon ähnlich in Ps 8 und Ps 104 anklingt. Angesichts der Größe Gottes in Schöpfung und Geschichte stimmt der weise Lehrer den ehrfürchtigen Lobpreis Gottes an.[30] Alle seine theologischen Ausführungen laufen darauf zu und werden zu Begründungen des Lobpreises. JHWH-Furcht und JHWH-Lobpreis sind die Merkmale des frommen Weisen, der sich aufgehoben fühlt in der von Gott durchwirken Schöpfung und Geschichte, und finden sich entsprechend in seiner Lehre wieder. Auch Ps 147 zeigt weisheitlich geprägte Elemente und wird zu einem, nicht zuletzt aufgrund seines schriftgelehrten Charakters, lehrhaften Loblied über Schöpfung und Geschichte, das die JHWH-Furcht gebietet und zugleich engagiert zum JHWH-Lobpreis aufruft.

Vor dem Hintergrund des hier skizzierten Themas „Schöpfung und Geschichte" folgt nun die Analyse und Interpretation von Ps 147. Inwieweit Ps 147 als

---

27 VON RAD, Geheimnis, 98, ist zuzustimmen, wenn er von Israel als dem Volk spricht, „das unablässig beschäftigt ist mit dem Wort. Gewiß nicht immer zum eigenen Ruhm, auch sich dagegen auflehnend, aber eben doch beschäftigt und von diesem Gespräch mit Gott in Beschlag genommen, einfach nicht daraus entlassen."

28 Vgl. VON RAD, Geheimnis, 98.

29 Vgl. KRATZ / SPIECKERMANN, Art. Schöpfer, 277.

30 Sir 43,28 – 33: „Wir können (ihn) nur loben, aber nie erfassen, ist er doch größer als alle seine Werke. Überaus zu fürchten ist der Herr, unbegreiflich ist seine Stärke. Ihr, die ihr den Herrn lobt, singt laut, so viel ihr könnt; denn nie wird es genügen. Ihr, die ihr ihn preist, schöpft neue Kraft, werdet nicht müde; denn fassen könnt ihr es nie. Wer hat ihn gesehen, dass er erzählen könnte, und wer kann ihn loben, wie es ihm entspricht? Die Menge des Verborgenen ist größer als das Genannte, nur wenige von seinen Werken habe ich gesehen. Alles hat der Herr gemacht und den Frommen hat er Weisheit verliehen." Vgl. das auf den großen Schöpfungshymnus folgende Lob der Väter als Preisung der Geschichte in Sir 44 – 50.

späterer Psalm auf diese Texte und Traditionen zurückgreift, sie rezipiert und in seine ganz eigene theologische Konzeption integriert, ist im Folgenden zu untersuchen. Dabei wird insbesondere auf das Phänomen des Hymnus zu achten sein, das zu einer Transformation der prophetischen Heilsaussagen für Zion-Jerusalem im Horizont von Schöpfung und Geschichte führt.

3.2 Text und Übersetzung von Psalm 147

1 (Halleluja) Lobet JH,[31]	1 הַלְלוּ יָהּ
denn gut ist ein Lobsingen[32] für unserem Gott,	כִּי־טוֹב זַמְּרָה אֱלֹהֵינוּ
denn angenehm ist schöner Lobgesang.[33]	כִּי־נָעִים נָאוָה תְהִלָּה׃

---

31 Der unmittelbare Beginn mit כי nach dem Halleluja-Ruf ist ungewöhnlich und singulär. Der Ausdruck כי־טוב setzt eine imperativische Aufforderung voraus und ist darum als direkter Psalmbeginn auszuschließen, vgl. GUNKEL, Psalmen, 615; SEDLMEIER, Jerusalem, 19 f.29; CRÜSEMANN, Studien, 131 f Anm. 5. Als Vorlage diente wohl Ps 135,3, wo הללו יה ebenfalls als Bestandteil der Lobaufforderung fungiert und sich wie in Ps 147,1 ein כי־Satz anschließt. Sonst folgt dem eröffnenden הללו יה immer ein weiterer Imperativ und das Halleluja ist eindeutig (sekundäre) Überschrift, vgl. Ps 106,1; 111,1; 112,1; 113,1; 135,1; 146,1; 148,1; 149,1; 150,1. So spricht einiges dafür in Ps 147,1 das הללו יה als originären Teil des Korpus und nicht als Überschrift zu interpretieren, vgl. auch die Verbindung von Imperativ und Gottesbezeichnung in Ps 150,1.6: הללו־אל bzw. תהלל יה und die Parallelisierung von הללו את־יהוה und שבחוהו in Ps 117,1. Vgl. dazu insgesamt u. a. SEDLMEIER, Jerusalem, 19 f.29; auch schon GUNKEL, Psalmen, 615; BRIGGS / BRIGGS, Psalms, 534; CRÜSEMANN, Studien, 131 f Anm. 5; ebenso VOSBERG, Studien, 91 Anm. 89; BALLHORN, Telos, 310. Anders ZENGER, Psalm 147, 825, der das כי als deiktische Partikel deutet (so auch RISSE, Gott, 19 f.22) und von vornherein eine Rahmenfunktion des Hallelujas annimmt. Die Integration des Hallelujas in das Textkorpus legt auch die LXX nahe, die das hebräische הללו יה doppelt wiedergibt: Sowohl als Überschrift in Transkription „αλληλουια" wie auch als Lobaufforderung und Einleitung in das Psalmkorpus in Übersetzung „αἰνεῖτε τὸν κύριον". LXX fügt wahrscheinlich in Angleichung an die anderen Hallel-Psalmen ein Halleluja als Überschrift hinzu, während das ursprüngliche in Übersetzung wiedergegeben ist. Entsprechend ist die „Halleluja-Überschrift" durch Αγγαιου καὶ Ζαχαριου ergänzt, (vgl. Ps 145 – 148 LXX). Vgl. zum Halleluja in Kap. III.
32 Zur Übersetzung von זמר mit „lobsingen" vgl. unten Anm. 35 zur Übersetzung von V. 7.
33 V. 1 ist kaum wörtlich zu übersetzen und schwierig zu verstehen, wie die Forschungsdiskussion zeigt. Bei aller Schwierigkeit scheint die im Folgenden präferierte Deutung die meisten Argumente für sich zu haben, vgl. dazu auch unten zu V. 1. Die beiden dem Lobaufruf folgenden כי־Konstruktionen sind vom eröffnenden הלל־Imperativ abhängig (wie auch in Ps 135,3, vgl. oben Anm. 31). Die Versteile (זמרה אלהינו / נאוה תהלה) sind dabei nur scheinbar parallel formuliert (gegen Blau u. a.), bilden aber jeweils als Subjekt-Einheit mit dem einleitenden כי parallele Nominalsätze. Die Parallelität der כי־Ausdrücke, die auf das Singen für JHWH und nicht direkt auf JHWH bezogen sind, hat schon DELITZSCH, Psalmen, 821, mit Verweis auf Ps 92,2 betont. זמרה אלהינו ist als Infinitiv mit Akkusativ-Objekt zu bestimmen, so GESENIUS, Grammatik, 150; RISSE, Gott, 20 f. Die

2 Der, der Jerusalem aufbaut, ist Jʜᴡʜ,[34]   2 בּוֹנֵה יְרוּשָׁלַ͏ִם יְהוָה
die Vertriebenen Israels sammelt er.   נִדְחֵי יִשְׂרָאֵל יְכַנֵּס׃
3 Er heilt, die zerbrochenen Herzens sind,   3 הָרֹפֵא לִשְׁבוּרֵי לֵב
und er verbindet ihre Wunden.   וּמְחַבֵּשׁ לְעַצְּבוֹתָם׃
4 Er bestimmt die Zahl der Sterne,   4 מוֹנֶה מִסְפָּר לַכּוֹכָבִים

Form זמרה inf. piel f. ist ungewöhnlich. Dies reicht aber nicht als Begründung aus, hier einen zweiten Imperativ (זמרו) parallel zu V. 7 zu lesen (wie BHS), vgl. Zᴇɴɢᴇʀ, Psalm 147, 825, und schon Dᴇʟɪᴛᴢsᴄʜ, Psalmen, 820 f. Eine Textänderung befürworten dagegen u. a. Cʀüsᴇᴍᴀɴɴ, Studien, 131 f Anm. 5; Sᴇᴅʟᴍᴇɪᴇʀ, Jerusalem, 29. Ähnlich Sᴇʏʙᴏʟᴅ, Psalmen, 537 f, der das doppelte כי zwar als Begründung versteht, aber eine Aufforderung in 2. Pers. Sg. liest und übersetzt: „Lobet JH, denn er ist gut! Spiele unserem Gott, denn er ist freundlich! Ihm gebührt ein Loblied." נאוה תהלה ist Substantiv mit vorangestelltem Adjektiv. Bʟᴀᴜ, Lobpreisen, 410 f, orientiert sich dagegen an dem (nicht vorhandenen) Parallelismus von זמרה אלהינו / נאוה תהלה und bestimmt נאוה in V. 1b ebenfalls als inf. piel f. Blau übersetzt entsprechend: „Hallelujah. Ja köstlich ist's unserem Gott zu singen, ja lieblich zu lobpreisen." Ihm folgen viele Exegeten: u. a. Kʀᴀᴜs, Psalmen, 1135; Dᴀʜᴏᴏᴅ, Psalms, 344; Sᴇᴅʟᴍᴇɪᴇʀ, Jerusalem, 21; Aʟʟᴇɴ, Psalms, 382; Rɪssᴇ, Gott, 20 f.100; Zᴇɴɢᴇʀ, Psalm 147, 825 f. LXX bietet eine verkürzte Variante des Verses mit nur einem ὅτι-Satz, und die schwierige Formulierung in V. 1b wird nur durch ein Verbaladjektiv wiedergegeben: Ἀλληλουια· Αγγαιου καὶ Ζαχαριου. αἰνεῖτε τὸν κύριον ὅτι ἀγαθὸν ψαλμός· τῷ θεῷ ἡμῶν ἡδυνθείη αἴνεσις. („Lobet den Herrn, denn gut ist ein Psalm, unseren Gott erfreut Lobpreis."). Außerdem wird die Satzabtrennung verändert. Auch LXX hat versucht, den komplexen Vers zu vereinfachen, ebenfalls nicht im Sinne einer echten Parallelität, was darauf hindeuten könnte, dass auch im hebräischen Text die später hineininterpretierte Parallelität von זמרה אלהינו / נאוה תהלה nicht ursprünglich intendiert war. Darüber hinaus bietet die fragmentarisch erhaltenden Handschrift 4Q86 (4QPsᵈ) eine von MT und LXX abweichende längere Textform für V. 1: חללו]יה כי טוב זמרה אלהינו נא[וה זמרה] [אל]ה[י]נו נאוה נעים נעים תהלה . Möglicherweise liegt hier eine Dittographie des MT vor, das zweite כי fehlt und die Reihenfolge von נאוה und נעים ist gegenüber MT vertauscht. In jedem Fall lobt auch der Qumrantext das Loben selbst und nicht Jʜᴡʜ. Vgl. dazu auch Bʀᴏᴅᴇʀsᴇɴ, Bedeutung, 20, die unter Annahme der Dittographie des MT übersetzt: „Lobt Jʜ! Ja, gut [ist es] zu spielen unserem Gott; angemessen, lieblich [ist] Lobgesang." Damit wird die obige Übersetzung und Deutung von V. 1 überstützt. Für die Deutung von נאוה als Adjektiv von נָאוֶה („schön") spricht außerdem Ps 33,1: רַנְּנוּ צַדִּיקִים בַּיהוָה לַיְשָׁרִים נָאוָה תְהִלָּה, dem einzigen weiteren Beleg für die Formulierung נאוה תהלה. Insgesamt ist eine Abhängigkeit von Ps 33 für Ps 147 anzunehmen, vgl. dazu unten u. a. Anm. 83. Bʟᴀᴜ, Lobpreisen, 410 f spricht sich gegen einen Vergleich mit Ps 33,1 (trotz identischer Form!) aus. Aber auch Ps 93,5 unterstützt die Deutung einer Adjektivform von נָאוֶה (nach Änderung der Punktierung), die dort ebenfalls Teil eines Nominalsatzes ist, wie Sᴘɪᴇᴄᴋᴇʀᴍᴀɴɴ, Heilsgegenwart, 181 (vgl. auch Bᴇʏsᴇ, Art. נאה, 118 f), überzeugend zeigt. Aufgrund der Beziehung zu Ps 33,1 und des ungewöhnlichen Satzbaus wird נאוה תהלה in Ps 147,1 auch oft als Glosse ausgeschieden, so z. B. Bʀɪɢɢs / Bʀɪɢɢs, Psalms, 534; Cʀüsᴇᴍᴀɴɴ, Studien, 131 f Anm. 5. Dies ist aber mit Blick auf die Gesamtanlage des Verses und des ganzen Psalms auszuschließen.

34 Der hebräische Text verwendet zahlreiche partizipiale Formen für die Gottesprädikationen (V. 2 – 4.6.8 – 9.11.14 – 17.19), zum Teil mit Artikel (V. 3a.8a.b.14a.15a.16a), die in der Übersetzung nur schwer nachzustellen sind. Es wurde darum ein Kompromiss gewählt, indem der hebräischen Wortstellung größtenteils gefolgt wird und zugleich ein einigermaßen lesbarer Text geboten wird.

ihnen allen ruft er Namen zu.	לְכֻלָּם שֵׁמוֹת יִקְרָא׃
5 Groß ist unser Herr und reich an Kraft,	5 גָּדוֹל אֲדוֹנֵינוּ וְרַב־כֹּחַ
seine Weisheit ist unermesslich.	לִתְבוּנָתוֹ אֵין מִסְפָּר׃
6 Der, der die Demütigen aufrichtet, ist Jhwh,	6 מְעוֹדֵד עֲנָוִים יְהוָה
er erniedrigt die Gottlosen bis zur Erde.	מַשְׁפִּיל רְשָׁעִים עֲדֵי־אָרֶץ׃

7 Singt Jhwh mit Lob,	7 עֱנוּ לַיהוָה בְּתוֹדָה
lobsingt unserem Gott zur Leier(begleitung)![35]	זַמְּרוּ לֵאלֹהֵינוּ בְכִנּוֹר׃
8 Er bedeckt den Himmel mit Wolken,	8 הַמְכַסֶּה שָׁמַיִם בְּעָבִים
er bereitet der Erde Regen,	הַמֵּכִין לָאָרֶץ מָטָר
er lässt wachsen auf den Bergen Gras.[36]	הַמַּצְמִיחַ הָרִים חָצִיר׃
9 Er gibt dem Vieh seine Nahrung,	9 נוֹתֵן לִבְהֵמָה לַחְמָהּ
den jungen Raben das, wonach sie rufen.[37]	לִבְנֵי עֹרֵב אֲשֶׁר יִקְרָאוּ׃
10 Nicht an der Stärke des Pferdes hat er Gefallen,	10 לֹא בִגְבוּרַת הַסּוּס יֶחְפָּץ
nicht an den Schenkeln des Mannes hat er Wohlgefallen.	לֹא־בְשׁוֹקֵי הָאִישׁ יִרְצֶה׃
11 Wohlgefallen hat Jhwh an denen, die ihn fürchten,	11 רוֹצֶה יְהוָה אֶת־יְרֵאָיו
an denen, die harren auf seine Gnade.	אֶת־הַמְיַחֲלִים לְחַסְדּוֹ׃

---

35 Vgl. zur Übersetzung Duhm, Psalmen, 477. Nach Barth, Art. זמר, umfasst זמר sowohl das instrumentale Spielen (mit Saiteninstrumenten) als auch das Singen selbst. Die Formulierung mit ב verweist nicht notwendig auf ein ב *instrumenti* im engeren Sinne, vgl. dazu Barth, Art. זמר, 611: „Der strukturelle Zusammenhang zwischen der Aufforderung zum Lobpreis und deren Durchführung in *kî*-Sätzen und Partizipien macht noch einmal [...] deutlich, daß mit *zmr* unter allen Umständen ein artikuliertes, verständliche Worte äußerndes Singen und Musizieren gemeint ist." Und: „In keinem Fall bezeichnet *zamāru* instrumentale ‚Musik' ohne artikuliertes Singen." (a.a.O., 605). Damit wird der Umstand beschrieben, unter dem der Gesang ggf. mit musikalischer Begleitung vollzogen wird. Somit wird hier die Übersetzung „lobsingen ... zur" gewählt. זמר steht häufig parallel mit שיר („singen"); ידה („loben") und הלל („loben", vgl. hier bes. Ps 146,2 und 149,3); vgl. dazu a.a.O., 607 f. זמר kann sowohl mit Präposition, als auch ohne verwendet werden. Gelegentlich zeigen die Textvarianten ein meist sekundäres ל zum Zwecke der Angleichung, so hier in Ps 147,1, vgl. Ps 47,7; 68,5.

36 V. 8 als Trikolon ist formal auffällig. Darum ergänzen u. a. Duhm, Psalmen, 478; Gunkel, Psalmen, 616; Kraus, Psalmen, 1135, mit LXX (καὶ χλόην τῇ δουλείᾳ τῶν ανθρώπων) in Übernahme von Ps 104,14aβ eine weitere Zeile („und Saat für den Dienst des Menschen [ועשב לעבדת האדם]"), so dass V. 8 aus vier Kola besteht. Allerdings passt Ps 104,14aα nicht ganz zu Ps 147,8b und ist außerdem innerhalb von LXX als Nachtrag anzusehen, so dass MT der Vorzug zu geben ist, vgl. Sedlmeier, Jerusalem, 22 f. Ebenso auch Kratz, Gnade, 256 f, überzeugend: „Die Menschen und speziell die ‚Feldarbeit' sind in dem entsprechend umformulierten Zitat (besonders 147,8b.9a) offenbar ganz bewußt ausgespart und dürfen nicht einfach der Vollständigkeit halber nach Ps 104,14aβ und LXX ergänzt werden."

37 Die אשר-Phrase bildet parallel zu לחמה in V. 9a das Objekt, vgl. Sedlmeier, Jerusalem, 273. Anders übersetzt Zenger, Psalm 147, 825, vermutlich in Anlehnung an LXX, die hier αυτον ergänzt: „den jungen Raben, die (zu ihm) rufen", vgl. auch Risse, Raben, 387 f, sowie unten zu V. 9.

12 Preise, Jerusalem, Jʜwʜ,   12 שַׁבְּחִי יְרוּשָׁלַם אֶת־יְהוָה

lobe deinen Gott, Zion!³⁸   הַלְלִי אֱלֹהַיִךְ צִיּוֹן:

13 Denn stark gemacht hat er die Riegel deiner Tore,   13 כִּי־חִזַּק בְּרִיחֵי שְׁעָרָיִךְ

gesegnet hat er deine Kinder in deiner Mitte.   בֵּרַךְ בָּנַיִךְ בְּקִרְבֵּךְ:

14 Er gibt deinem Gebiet Frieden,   14 הַשָּׂם־גְּבוּלֵךְ שָׁלוֹם

mit fettem Weizen sättigt er dich.   חֵלֶב חִטִּים יַשְׂבִּיעֵךְ:

15 Er sendet seinen Spruch zur Erde,   15 הַשֹּׁלֵחַ אִמְרָתוֹ אָרֶץ

in Eile läuft sein Wort.   עַד־מְהֵרָה יָרוּץ דְּבָרוֹ:

16 Er gibt Schnee wie Wolle,   16 הַנֹּתֵן שֶׁלֶג כַּצֶּמֶר

Reif wie Staub zerstreut er.   כְּפוֹר כָּאֵפֶר יְפַזֵּר:

17 Er wirft sein Eis wie Brocken,   17 מַשְׁלִיךְ קַרְחוֹ כְפִתִּים

vor seiner Kälte – wer kann bestehen?³⁹   לִפְנֵי קָרָתוֹ מִי יַעֲמֹד:

18 Er sendet sein Wort und lässt sie schmelzen,⁴⁰   18 יִשְׁלַח דְּבָרוֹ וְיַמְסֵם

er lässt wehen seinen Geist, es fließen die Wasser.   יַשֵּׁב רוּחוֹ יִזְּלוּ־מָיִם:

19 Er verkündigt sein Wort⁴¹ Jakob,   19 מַגִּיד דְּבָרָו לְיַעֲקֹב

seine Rechtsordnungen und seine Gesetze Israel.   חֻקָּיו וּמִשְׁפָּטָיו לְיִשְׂרָאֵל:

20 Nicht hat er so an allen Völkern gehandelt,   20 לֹא עָשָׂה כֵן לְכָל־גּוֹי

und Gesetze haben sie nicht gekannt.⁴²   וּמִשְׁפָּטִים בַּל־יְדָעוּם

Halleluja!   הַלְלוּ־יָהּ:

---

38 LXX fängt in V. 12 mit entsprechender Überschrift einen neuen Psalm an: Αλληλουια· Αγγαιου καὶ Ζαχαριου.

39 Viele Kommentatoren setzten hier eine Konjektur (z. B. „es erstarren / stehen die Wasser"), wie auch BHS vorschlägt (מים יעמדו), vgl. z. B. Gunkel, Psalmen, 614; Deissler, Psalmen, 563. Aber aus der Textüberlieferung und vom Inhalt her ergibt sich keinerlei Notwendigkeit für die Textveränderung, vgl. Sedlmeier, Jerusalem, 24 f; Zenger, Psalm 147, 826.

40 Das Plural-Suffix von וימסם („er lässt sie schmelzen") ist wohl auf die zuvor genannten Wintererscheinungen (Schnee, Eis und Reif) im gefrorenen Zustand zu beziehen.

41 Qere bietet eine pluralische Lesart (דבריו), vermutlich eine nachträgliche Harmonisierung mit V. 19b. Darum ist hier mit einigen textkritischen Zeugnissen der Lesart von Ketiv zu folgen (vgl. die Parallele in V. 18a), so auch Sedlmeier, Jerusalem, 25.

42 In Übernahme von LXX, dem syrischen Text und Hieronymus, nehmen u. a. Duhm, Psalmen, 480; Gunkel, Psalmen, 616 f; Deissler, Psalmen, 563; Kraus, Psalmen, 1135; Zenger, Psalm 147, 825, für משפטים ein Suffix der 3. Pers. Sg. an, um die Parallelität von V. 19b fortzuführen (חקיו). Aber V. 20 kommt als Schlussvers des Psalms besondere Bedeutung zu, darum ist gerade eine Unterscheidung von V. 19 sinnvoll (und keine Angleichung), vgl. Sedlmeier, Jerusalem, 26, der sich gegen eine Textänderung ausspricht. Dem Verfasser von Ps 147 scheint die Unterscheidung von Gottesgesetz und überhaupt keinem Gesetz wichtig gewesen zu sein, darum fehlt in V. 20 das Suffix und eine Ergänzung dessen entspräche einer sekundären Harmonisierung. Der Subjektwechsel in V. 20b (ידעום) ist auffällig, aber beizubehalten. Sowohl LXX (ἐδήλωσεν αὐτοῖς) als auch 11Q5 (הודיעם) bieten in V. 20b eine Lesart mit Jʜwʜ als Subjekt, analog zu den vorangehenden Versen. Dem folgend übersetzt Kraus, Psalmen, 1135: „lehrte er sie nicht". Dies erscheint aber als Harmonisierung der MT-Variante, vgl. Dahmen, Rezeption, 120.

3.3 Psalm 147 als hymnischer Text und seine literarische Gestalt

Ps 147 ist ein Hymnus auf das Handeln Gottes in Schöpfung und Geschichte. Im Wechsel werden JHWHs Taten im Bereich von Wetter, Vegetation und Nahrungsversorgung sowie sein Wirken in der Geschichte beschrieben. Diese Taten konkretisieren sich im Wiederaufbau Jerusalems, der die Neukonstitution Israels beinhaltet und segensreichen Frieden für Zion mit sich bringt. In diesem Kapitel sind nun die formale Gestaltung und die Gliederung zu bedenken, die den Psalm als kunstvolle, hymnische Komposition auszeichnen.

Der Sprecher des Psalms wendet sich in drei Lobaufforderungen an ein Kollektiv (V. 1.7.12). Der hymnische Charakter des Psalms entsteht auf sprachlicher Ebene vor allem durch die hohe Anzahl an Partizipien, die meist durch Verbalsätze fortgeführt werden (vgl. V. 2.4.14–17).[43] Der Gebrauch der Partizipien im Kontext von Schöpfungsaussagen, die die andauernde und fortdauernde Erhaltung der Kreatur beschreiben, überträgt sich auf die Aussage der Imperfekt-Formen, die den Partizipien in der Satzstellung folgen. Somit werden die Vorgänge, die die Imperfekt-Formen beschreiben, als noch nicht abgeschlossene, aber schon in Gang befindliche bzw. als sich regelmäßig wiederholende Aktionen verstanden, was ursprünglich den Partizipien eigen war.[44] Schöpfung und Erhaltung, d. h. die heilvolle Versorgung eben dieser hervorgebrachten Schöpfung in der Geschichte, sind ein fortdauernder Vorgang, der Schöpfung und Geschichte miteinander verschmelzen lässt.

3.3.1 „Lobet JH, unseren Gott!" – Zu Sprache und Form

Im Folgenden sind die sprachlichen und formalen Merkmale des Psalms wie syntaktisch auffällige Strukturen, sich wiederholende Begriffe sowie Wortfelder, die Verbindungen innerhalb des Psalms herstellen, genauer zu betrachten.

Schon der Beginn von Ps 147 ist ungewöhnlich, da der sonst als rahmende Überschrift bekannte Halleluja-Ruf hier als direkte Lobaufforderung und damit als Teil des Psalmkorpus zu verstehen ist.[45] Der Imperativ הללו יה ("Lobet JH!") in V. 1 eröffnet den Psalm und wird durch zwei nominale כי-Sätze fortgeführt: Die

---

43 Vgl. die Partizipialformen in V. 2a.3 – 4a.6.8 – 9.11.13 – 14a.15a.16a.17a.19, zum Wechsel von Partizip und finiten Verbformen vgl. auch die Ausführungen zu Ps 146,8b – 9.

44 Vgl. KRATZ, Gnade, 260 f Anm. 62.

45 Vgl. dazu oben die Anm. 31 sowie zur Halleluja-Rahmung auch den Exkurs in Kap. III.1.

Schönheit des Lobpreises an sich wird zur Begründung der Lobaufforderung.[46] In V. 2a beginnt der Vollzug dieses schönen Lobpreises mit einer partizipialen JHWH-Prädikation als Erbauer Jerusalems, die, wie häufig in diesem Psalm, durch einen Verbalsatz fortgeführt wird (V. 2b). V. 2a entspricht dabei syntaktisch V. 6a (Partizip; Objekt; JHWH als Subjekt).[47] Während beide Kola in V. 2 in eine inhaltlich ähnliche Richtung weisen (Aufbau Jerusalems / Sammlung Israels), sind sie syntaktisch unterschiedlich konstruiert: zunächst eine Formulierung mit Partizip, dann ein Verbalsatz mit Imperfekt in Schlussstellung. Die Aussagen innerhalb von V. 6 sind dagegen als zwei partizipiale Ausdrücke (מעודד ענוים / משפיל רשעים) parallel formuliert, die aber inhaltlich ein völlig gegensätzliches Handeln JHWHs beschreiben: „JHWH richtet die Demütigen auf, erniedrigt die Gottlosen bis zur Erde." Die beiden Teilverse V. 2a.6a stellen somit eine Rahmenstruktur um V. 2–6 dar, die gleichzeitig eine inhaltliche Parallele bezeichnet: Der, der Jerusalem aufbaut, ist zugleich derjenige, der die Demütigen aufrichtet: JHWH.[48]

Wie schon in Ps 146 ruft auch der Sprecher von Ps 147 zum Lob auf, spricht aber JHWH nicht direkt an, sondern das lobende Kollektiv. Von JHWH wird durchgehend in der 3. Pers. Sg. gesprochen, seine Taten in Geschichte und Schöpfung werden gerühmt.[49] Zu Beginn des Psalms ist die Gruppe, die zum Lob eingeladen wird, unbestimmt. Der Sprecher ist mit dem angesprochenen Kollektiv durch den explizit gemachten Bezug auf den gleichen Gott (אלהינו, „unser Gott", V. 1, vgl. אדונינו, „unser Herr", V. 5) eng verbunden. Ähnlich ist die zweite Aufforderung in V. 7 formuliert (לאלהינו, „unseren Gott", vgl. זמר in V. 1a.7b). Erst die dritte Aufforderung (V. 12) nennt Namen: Jerusalem bzw. Zion werden als personifizierte Größen direkt angesprochen (אלהיך, „dein Gott")[50] und zum Lobpreis für „unseren" Gott aufgerufen, der mit JHWH identifiziert wird (V. 7.12). Insgesamt ist der Sprecher stärker in die Gruppe der Lobpreisenden eingebunden als das in Ps 146 der Fall gewesen ist, wo der Psalmist gleichsam als „Lehrer" einem Kollektiv gegenübertritt.[51] Zudem wird in Ps 147 das Handeln Gottes durch die häufige Verwendung des Pronominalsuffixes enger mit der Adressatengruppe verbunden.

---

46 Vgl. die Diskussion oben in Anm. 33 sowie unten die Ausführungen zu V. 1.

47 Anders als z. B. in der langen Partizipienreihe in Ps 146,7b–9a steht JHWH in V. 2a.6a an letzter Position des Kolons.

48 Vgl. dazu die Ausführungen unten zu V. 2.6.

49 Zur Redesituation vor und über Gott vgl. die Ausführungen zu Ps 146.

50 Die Aufforderung in V. 12 weist im Unterschied zu V. 7 eine chiastische Wortstellung von angeredetem Subjekt (ציון / ירושלם) und Adressaten des Lobes (את־יהוה / אלהיך) auf. Formal stehen die Imperative im Singular (הללי / שבחי), es ist aber an die in Jerusalem bzw. auf dem Zion versammelte Gemeinde zu denken. Vgl. auch in Ps 146,10 die personalisierte Anrufung Zions als Lobgemeinschaft, dazu BALLHORN, Telos, 311, sowie die Ausführungen zu Ps 146,10.

51 Vgl. die Selbstaufforderung zum Lob in Ps 146,1 sowie die lehrhafte Mahnung in V. 3–4.

Sechsmal kommt das Suffix der 2. Pers. Sg. f. als betonte Anrede an Zion / Jerusalem in V. 12–14 vor und dominiert dadurch diesen Abschnitt, der das heilvolle Handeln an Zion / Jerusalem preist. In Ergänzung dazu findet sich in V. 15–19 eine Häufung des Suffixes der 3. Pers. Sg. m. (neunmal!), das sich auf Jнwн und seine Sendungen von Wetter und Wort bezieht. Nicht nur auf grammatisch-inhaltlicher Ebene verbinden die Suffixe die entsprechenden Verseinheiten, sondern die Endungen auf ך bzw. ו haben auch lautmalerische Bedeutung. Außerdem rahmt die lexikalische Verbindung von „Jerusalem" und „Frieden" (vgl. die Wurzel שלם) die Verse 12–14 und entfaltet die Bedeutung Jerusalems als Stadt des Friedens („Schalom").

Der Abschnitt V. 15–19 wird durch den Terminus דבר („Wort"), der dreimal in suffigierter Form vorkommt (דברו, V. 15b.18a.19a), sowie durch die ebenfalls mit Suffix versehenen Begriffe aus demselben Wortfeld אמרתו („sein Spruch", V. 15) und die Wortkombination חקיו ומשפטי („seine Rechtsordnungen und seine Gesetze", V. 19, vgl. V. 20) geprägt.

Das zweite bestimmende Wortfeld in V. 16–17 ist „Kälte" (קרה, zusammenfassend in V. 17b): In drei Vergleichsaussagen (angezeigt durch כ) werden verschiedene Begriffe (שלג, Schnee; כפור, Reif; קרח, Eis) genannt, die alle sehr selten innerhalb des Alten Testaments sind.[52] V. 16a und 17a sind als partizipiale Wendungen mit dem Vergleichselement in Endstellung fast parallel formuliert (bis auf das artikellose Partizip in V. 17a) und bilden einen Rahmen um den Verbalsatz in V. 16b, dessen Vergleich am Satzanfang steht und ein sprachliches Gegengewicht in chiastischer Stellung zu seinen Rahmenversen ergibt. Der Zielpunkt dieser drei Kola (V. 16–17a) findet sich in der rhetorischen Frage, die auf eine Wettertheophanie anspielt: „Vor seiner Kälte – wer kann bestehen?" (V. 17b). Mit dieser unerwarteten Frage wird die Reihe des regelmäßigen Wechsels von Partizip und finiter Verbform mit Jнwн als Subjekt (V. 14–17) aufgebrochen.[53] Dem gegenüber steht die Aussage von V. 18, die auf Grund des das gefrorene Wasser schmelzen lassenden Geistes Gottes an eine Feuertheophanie denken lässt[54] und durch die Wiederaufnahme von שלח („senden") und דברו („sein Wort") an V. 15 anknüpft und einen inneren Rahmen um die „Kälte-Verse" 16–17 bildet.

Darüber hinaus sind noch weitere parallele und zum Teil rahmende Strukturen sowie syntaktische Wiederaufnahmen zu erkennen, die weiterhin auf die kunstvolle Komposition des Psalms hindeuten: So weisen die Verse 7–11 mehrere

---

52 Vgl. unten die Ausführungen zu V. 15–18, bes. Anm. 323.
53 Diese Unregelmäßigkeit hat einige Ausleger dazu geführt hier eine Textverderbnis anzunehmen, so dass sie die Wendung in einen schlichten Verbalsatz umgeformt haben, was textkritisch aber nicht zu begründen ist, vgl. oben Anm. 39.
54 Vgl. dazu unten die Ausführungen zu V. 15–18.

parallele Satzstrukturen innerhalb der einzelnen Verse auf. V. 7 besteht aus zwei Verbalsätzen im *parallelismus membrorum*, die aus Imperativ, Gottesbezeichnung als Objekt (mit ל) und Ergänzung (mit ב) gebildet sind. Es folgt dann ein homogenes Trikolon (V. 8) mit Partizipien (determiniert durch Artikel), die in paralleler Anordnung Gottes schöpferisches Handeln für die Trias von Himmel, Erde und Bergen benennen.[55] In dem vierten Partizipialsatz (V. 9) sind beide Objektsätze vom Partizip נותן („gebend") abhängig: לבהמה („dem Vieh") entspricht dabei לבני ערב („den jungen Raben"), und לחמה („seine Nahrung") ist als paralleles Objekt zu der אשר-Phrase (אשר יקראו, „das, wonach sie rufen") zu verstehen.[56] In V. 10 wird in zwei sich entsprechenden und durch לא verneinten Verbalsätzen das Missfallen Gottes an Stärke von Pferd bzw. Mensch ausgesagt. Dem gegenüber steht V. 11, welcher positiv das Wohlgefallen JHWHs beschreibt. Dabei werden die beiden Einheiten durch die Wiederaufnahme der finiten Verbform am Ende von V. 10 (ירצה) als Partizip zu Beginn von V. 11 (רוצה) eng miteinander verbunden und ins (gegensätzliche) Verhältnis gesetzt. Wie schon in V. 9 sind in V. 11 zwei Objekteinheiten (את־יראיו bzw. את־המיחלים לחסדו)[57](את־המיחלים לחסדו) von der am Anfang des Verses stehenden Partizipkonstruktion (רוצה יהוה) abhängig. Insgesamt lässt sich ein chiastischer Aufbau von V. 9 – 11 beschreiben, bei dem die Tiere eine besondere Bedeutung erhalten. Den Rahmen bilden jeweils zwei positive Aussagen von Tier (bzw. Rabe, V. 9) und Mensch (Gottesfürchtiger; Harrender, V. 11). Dazwischen steht zunächst eine negative Wertung (Nicht-Gefallen JHWHs) des Tieres als Streitross (V. 10a) und dann eine ebenfalls negative Wertung des Menschen als Krieger (V. 10b). Je drei Aussagen über Tiere (V. 9 – 10a) stehen drei Aussagen über Menschen (V. 10b – 11) gegenüber. Im Negativen wie im Positiven dienen somit Beispiele aus der Tierwelt als Bild, an dem deutlich wird, „worauf es beim Menschen ankommt".[58] Durch die Nennung des Gottesnamens JHWH verweist V. 11 auf V. 7a zurück und stellt eine Rahmung um V. 7 – 11 her.

Die Verwendung des Perfekts verbindet V. 13 (Begründung der Lobaufforderung mit כי, vgl. V. 1) mit V. 20a, wo ebenfalls eine Perfektform vorkommt und somit eine äußere Rahmung um V. 13 – 20 entstehen lässt.

V. 19 besteht wie schon V. 9 und 11 aus einer Partizipialkonstruktion, von der zwei parallele Objektstrukturen (חקיו ומשפטיו לישראל / דברו ליעקב) abhängig sind. Dieser Vers führt die beiden bestimmenden Themen aus den vorangehenden Versen zusammen, indem über JHWH ausgesagt wird, dass er „sein Wort" (als zentrales Offenbarungsgut,

---

55 Ausführlicher zur Struktur von V. 8 vgl. SEDLMEIER, Jerusalem, 262.

56 So auch schon SEDLMEIER, Jerusalem, 273.

57 Wie auch in V. 9 ist dabei die zwei Einheit (V. 9b.11b) aufgrund der „Platzeinsparung" durch das fehlende Partizip länger, um eine gewisse Kolon-Länge zu erreichen.

58 SEDLMEIER, Jerusalem, 261; dort ist auch der chiastische Aufbau von V. 9 – 11 aufgeführt.

V. 15–18) Jakob / Israel (als zuvor angesprochene Lob- und Heilsgemeinschaft, V. 12–14) verkündigt. Der letzte Vers 20 bietet wieder eine antithetische Aussage zum vorangehenden Vers (vgl. V. 6a.b und V. 10.11), sodass das Handeln Jhwhs an seinem Volk Jakob-Israel gegenüber der Nichtoffenbarung vor den Völkern abgegrenzt wird. Der Psalm endet mit dem Negativ-Verweis auf die Völker etwas abrupt (vgl. im Unterschied dazu die resümierenden Enden von Ps 145 und 146), was auch durch die Halleluja-Unterschrift nur unzureichend aufgefangen wird.[59]

3.3.2 Schöpfung und Geschichte – Zu Gedankengang und Gliederung

Dreimal setzt der Psalmist an, um zum Lob Jhwhs aufzufordern: V. 1 eröffnet den Psalm mit einer Lobaufforderung (הללו) und lässt eine doppelte Begründung folgen, die das Loben selbst gutheißt. Die erneuten, zweifachen Aufforderungen in V. 7 und V. 12 (ענו / זמרו; שבחי / הללי) dienen als Einleitungen zu je neuen Abschnitten.[60] Auch die Positionierung des Gottesnamens Jhwh unterstützt die dreiteilige Struktur: „Jhwh" steht im ersten und zweiten Teil jeweils am Anfang und Ende (V. 2a.6a, vgl. die Kurzform „Jh" in V. 1; und V. 7a.11a) und im dritten Teil zumindest am Anfang (V. 12a). Somit ergeben sich drei Abschnitte: V. 1–6.7–11.12–20.

Neben den deutlich gekennzeichneten Einschnitten zu Beginn eines Teils strukturieren auch die Verse jeweils am Ende einer Einheit den Psalm: Dreimal wird ein Vergleich bzw. eine Gegenüberstellung zwischen zwei Menschengruppen formuliert, wobei eine Gruppe von Jhwhs Handeln profitiert (V. 6a.11.19), und die andere Gruppe von ihm benachteiligt wird und die negativen Folgen seines machtvollen Handelns erfährt (V. 6b.10.20). Der Kontrast zwischen den Gruppen wird jeweils durch sprachliche Verknüpfungen betont, so dass die antithetische Verbindung hervorgehoben wird.[61] In V. 6 stehen sich die Demütigen (ענוים) und die Gottlosen (רשעים) gegenüber.[62] Verbunden werden beide Aussagen durch die parallele, partizipiale Satzstruktur bei gleichzeitig gegensätzlicher Aussage (עוד, „aufrichten" – שפל, „erniedrigen"). In V. 10–11 wird die Stärke von Pferd und Mann

---

59 Zur Halleluja-Rahmung vgl. den Exkurs in Kap. III.1.

60 Nur in V. 13a (neben V. 1) folgt die typische כי-Begründung auf den Lobaufruf. Die direkte Anrede an Jerusalem / Zion wird in der Aufzählung der den Angesprochenen zugute kommenden Taten Jhwhs fortgeführt (V. 13–14, vgl. die Häufung der Suffixe der 2. Pers. Sg.), die den inhaltlichen Grund für den Lobpreis darstellen.

61 Vgl. dazu auch oben Kap. II.3.3.1.

62 V. 6 bediene sich hier eines „typischen Abschlussphänomens" (vgl. Ps 1,6; 146,8–9) um den ersten Abschnitt des Psalms zu beenden, so Zenger, Psalm 147, 829. Allerdings wird in Ps 1,6 und 146,8–9 je statt ענוים („Demütige") צדיקים („Gerechte") als Gegenüber zu רשעים („Gottlose") verwendet, was auch die viel häufigere Kombination ist, vgl. unten die Ausführungen zu V. 2.6.

mit der Hoffnung der JHWH-Fürchtigen auf JHWH verglichen. Die Verknüpfung wird dabei durch den Begriff des Wohlgefallens (רצה) JHWHs geschaffen, der in V. 11 positiv gedeutet und in V. 10 negiert wird. Die Reihenfolge der verneinenden Abgrenzung und bejahenden Zuwendung JHWHs ist in V. 10 – 11 (zugleich die Mitte des Psalms!) im Vergleich zu V. 6 und 19 – 20 umgekehrt, so dass die Aussage über das Wohlgefallen JHWHs an den ihn Fürchtenden besonders herausgestellt und betont wird. Am Ende des Psalms (V. 19 – 20) wird Jakob bzw. Israel durch die besondere Gabe der göttlichen Ordnung und des Rechtes (חקיו ומשפטיו) ausgezeichnet. Die Partikel כן („so") in V. 20 verweist auf das direkt zuvor geschilderte Verkündigungshandeln JHWHs an Israel (V. 19) und schließt es für die Völker aus. Außerdem wird der Terminus משפטים aus V. 19 in V. 20 wiederaufgenommen.

Thematisch steht im ersten Teil (V. 1 – 6) das heilvolle Handeln JHWHs im Vordergrund, das sich in der Restitution Jerusalems und der Sammlung der Verstreuten Israels konkretisiert sowie die Heilung der Verwundeten und die Aufrichtung der Elenden beinhaltet. Verknüpft wird dieses (heils-)geschichtliche Wirken mit der schöpferischen Macht über die Sterne und dem Bekenntnis zu Gottes Größe und Einsicht. Im zweiten Teil (V. 7 – 11) tritt das lebenserhaltende Wirken Gottes hervor, das sich vor allem im Naturablauf von Niederschlag und Fruchtbarkeit und in der Nahrungsversorgung der Tiere widerspiegelt. Im dritten Teil (V. 12 – 20) wird wieder auf die von JHWH befestigte Stadt Jerusalem Bezug genommen, die Sicherheit und Frieden in Form von Segen und überreicher Nahrung ausstrahlt. JHWH ist nicht nur Spender von gesichertem Lebensraum in der Stadt, er schenkt gleichsam als Krönung aller Zuwendung seinem Volk sein Wort. In Bildern einer Wettertheophanie wird das Wort Gottes als Bote beschrieben, das wie Eis und Schnee gesendet wird und diese wiederum zum Schmelzen bringt, bevor es sich schließlich in Israel als Wort des Rechts niederschlägt.

Die jeweils positive Teilaussage der Gegenüberstellung am Ende jeden Abschnitts stellt eine Zusammenfassung des zuvor gerühmten Handeln Gottes bei gleichzeitiger Einschränkung und Abgrenzung dar: JHWH richtet das Niedergeworfene auf – aber nur unter der Voraussetzung der Demut (V. 6a); JHWH versorgt und erhält alles Leben – aber nur, wenn allein auf JHWH vertraut und gewartet wird (V. 11); JHWH offenbart sein schöpferisches Wort – aber nur Israel (V. 19). So tritt neben das umfassende Wirken Gottes in Schöpfung und Geschichte eine Dimension von Separation und Gericht, die eine Grenze zieht und damit die Gottlosen (V. 6b), die Eigenmächtigen (V. 10) und sogar alle Völker außer dem Gottesvolk Israel (V. 20) aus dem heilvollen Machtbereich Gottes ausschließt.

Der erste und letzte Teil entsprechen sich in ihrer Abfolge von Aussagen über das Wirken Gottes in der Geschichte (V. 2 – 3.13 – 14) und in der Schöpfung (V. 4 – 5.15 – 18). Dagegen fehlt auf den ersten Blick im Mittelteil der Bezug auf das Geschichtswirken

Gottes sowie die Jerusalem-Thematik,[63] so dass der mittlere, kürzere Teil von den beiden äußeren Abschnitten in struktureller und kompositorischer Hinsicht gerahmt wird (vgl. auch die Umstellung der Opposition in V. 10 – 11). Somit lässt sich die Gliederung von Ps 147 im Überblick folgendermaßen darstellen[64]:

I:	Das Jerusalem der עניים („Demütigen")	
	[Rahmung: Halleluja]	
1	Lobaufforderung: Lobet JH! (הללו יה)	JH
2 – 3	Geschichtliches Wirken:	JHWH
	Restitution Jerusalems und Heilung	
4 – 5	Schöpferisches Wirken:	
	Sterne, Namen und Macht Gottes	
6	Zusammenfassung und Abgrenzung:	JHWH
	Aufrichten der Demütigen < > Erniedrigen der Gottlosen	
II:	Der Lobgesang der JHWH-Fürchtigen	
7	Lobaufforderung: Singt! (ענו) / Lobsingt! (זמרו)	JHWH
8 – 9	Schöpferisches Wirken:	
	Erhaltung des Lebens durch Fruchtbarkeit und Nahrung	
10 – 11	Abgrenzung und Zusammenfassung:	JHWH
	Missfallen den Eigenmächtigen < > Gnade den JHWH-Fürchtigen	
III:	Das Wort Gottes als Segen für Jakob-Israel	
12	Lobaufforderung: Preise, Jerusalem! (שבחי) / Lobe, Zion! (הללי)	JHWH
13 – 14	Geschichtliches Wirken:	
	Segen und Frieden für Zion	
15 – 18	Schöpferisches Wirken:	
	Sendung von Gottes Wort / Winterwetter als Theophanie	
19 – 20	Zusammenfassung und Abgrenzung:	
	Exklusive Wortverkündigung für Jakob-Israel < > nicht für Völker	
	Rahmung: Halleluja	

---

63 Vgl. aber die Ausführungen zu V. 7 – 11 (Kap. II.3.4.2).

64 Zu einer ähnlichen Gliederung, wie der hier vorgestellten, kommt RISSE, Gott, 26 – 32. Eine Dreiteilung mit je etwas anders bestimmten Elementen findet sich z. B. bei RAVASI, Salmi 101 – 150, 948, ALLEN, Psalms, 383 – 385; ZENGER, Psalm 147, 829 f. LEUENBERGER, Konzeptionen, 348, nimmt auch eine Dreiteilung anhand der Imperative in V. 1.7.12 an, wobei er aber grundsätzlich von einer literarkritischen Schichtung mit dem Primärpsalm in V. 12 – 20 ausgeht, vgl. dazu unten. Diese drei Abschnitte haben auch schon GUNKEL, Psalmen, 615; CRÜSEMANN, Studien, 131 f; KRAUS, Psalmen, 1135, angenommen. Eine Zweiteilung findet sich bei LOHFINK, Lobgesänge, 117; SEDLMEIER, Jerusalem, 39 – 42. LORETZ, Psalmen, 394, votiert für eine Zweiteilung im Sinne von Vorhersage und Erfüllung: V. 1 – 11 „Hymnische Vorhersage des Wiederaufbaus Jerusalems" und V. 12 – 20 „Hymnus über den vollendeten Mauerbau unter Nehemia". WEBER, Werkbuch II, 375, nimmt sogar sieben Strophen an: V. 1 – 3.4 – 6.7 – 8.9 – 11.12 – 14.15 – 17.18 – 20.

Die Analyse des Aufbaus von Ps 147 hat gezeigt, dass der Psalm aus drei relativ gleichwertigen Abschnitten besteht. Daran schließt sich die Frage an, ob und wenn ja, inwiefern, diese drei Teile in einem literarischen Wachstums- bzw. Fortschreibungsprozess stehen: Handelt es sich bei Ps 147 um ursprünglich ein, zwei oder sogar drei Psalmen?[65] Somit ist die Einheitlichkeit von Ps 147 literarkritisch zu untersuchen und zu klären, welche Indizien für oder gegen die literarische Kohärenz des Psalms sprechen könnten. In diesem Zusammenhang wird auch die umfangreiche Rezeption anderer Psalmen und Texte durch Ps 147 zur Klärung beitragen.

In der Forschung hat sich die Diskussion auf ein zweistufiges Wachstum mit den Einheiten V. 1–11 und 12–20 konzentriert. Dies ist hauptsächlich durch die griechische Tradition motiviert, da die Septuaginta Ps 147 als zwei selbstständige Psalmen inklusive eigener Überschrift überliefert: Ps 147,1–11 MT = Ps 146 LXX; Ps 147,12–20 MT = Ps 147 LXX.[66] Häufig wird deshalb angenommen, dass sich in der (sekundären) Trennung durch die Septuaginta die Vorgeschichte des Psalms widerspiegelt.[67] Diese textgeschichtliche Frage ist kaum endgültig zu beantworten,[68] wohl ist aber zu fragen, welche Anzeichen sich für eine Fortschreibung im Text selbst erkennen lassen.

Im Folgenden sind nun weitere Argumente für eine mehrstufige Entstehung des vorliegenden Psalms vorzustellen. Zunächst einmal ist der Wechsel der angeredeten und der sprechenden Personen auffällig: In V. 12–20 fehlt die Wir-Perspektive aus den ersten beiden Teilen (V. 1.5.7), während ab V. 12 die Anrede in 2. Pers. Sg. vorherrscht (V. 12.13.14), die zuvor noch nicht vorkam. Sodann lässt sich insgesamt eine „sprachlich abweichende Gestaltung im zweiten Teil des Psalms (direkte Anrede Jerusalems, Wortspiele, Assonanzen, Alliterationen)" beobachten.[69] Die andersartige Anrede in V. 12 (Jerusalem / Zion) wird dabei als Markierung eines Neuansatzes verstanden und dient oftmals als Kriterium zur literarkritischen

---

65 So hat z. B. DUHM, Psalmen, 476–480, drei einzelne Psalmen angenommen: V. 1–3.6; 7.4–5.8–11 und 12–20, die für ihn aber denselben Verfasser hatten.
66 Überschrieben sind beide Psalmen mit αλληλουια Αγγαιου και Ζαχαριου. Zu der speziellen Überschrift in der LXX vgl. den Exkurs zur Halleluja-Rahmung in Kap. III.1
67 So z. B. LOHFINK, Lobgesänge, 115.
68 Vgl. LORETZ, Psalmen, 394. Möglicherweise steht hinter der Teilung des Psalm das Anliegen der LXX eine Anzahl von 150 Psalmen zu erhalten, so dass eher aus pragmatischen (denn textgeschichtlichen) Gründen einer der längsten Psalmen am Ende der ganzen Sammlung an einer Stelle geteilt, die strukturell aufgrund des mehrstufigen Imperativgefüges nahelag und die günstigerweise zwei fast gleichlange Texte ergab. Ps 145 schied z. B. wegen seiner alphabetischen Struktur für eine Teilung aus; die anderen Psalmen am Ende der Psalmensammlung sind alle weitaus kürzer als Ps 147 mit 20 Versen.
69 So SEDLMEIER, Jerusalem, 28; vgl. LEUENBERGER, Konzeptionen, 349; vgl. Kap. II.3.3.1.

Zweiteilung des Psalms, die durch inhaltliche Unterschiede unterstützt wird.[70] In V. 12–20 tritt mit der ausführlichen Beschreibung des Wirkens Gottes durch sein Wort ein neues Thema gegenüber V. 1–11 auf, so dass verschiedentlich die thematische Diskrepanz als Indiz für eine gestufte Entstehung aufgefasst wurde.[71] Entsprechend nehmen Lohfink und im Anschluss an ihn Sedlmeier ein zweiteiliges Wachstum an, bei dem V. 12–20 eine „Erweiterung des vorausgehenden Textes […] und nicht etwa einen ursprünglich selbständigen Psalm darstellt".[72] Sedlmeier zufolge dominiert das Thema „Jahwe und die Armen" den ersten Teil (d. h. V. 1–11),[73] während im zweiten Teil (d. h. V. 12–20) „Jahwe und sein Wort" als neues Thema eingeführt wird, das die Armentheologie sekundär ergänzt und theologisch erweitert.[74]

Auch Leuenberger und Zenger[75] nehmen ein zweiteiliges Wachstum an, allerdings in umgekehrter Abfolge: Leuenberger sieht in V. 12–20 den ursprünglichen Grundpsalm, der über den redaktionellen Brückentext V. 1–11 an den vorangehenden Ps 146 angeschlossen wurde.[76] Er begründet dieses literarkritische Gefälle mit der seiner Meinung nach viel höheren intertextuellen Verflechtung des

---

70 Vgl. LEUENBERGER, Konzeptionen, 349.

71 Gelegentlich wird auch mit einem „divergenten historischen Hintergrund" in den Abschnitten argumentiert, vgl. LEUENBERGER, Konzeptionen, 349.

72 LOHFINK, Lobgesänge, 115.

73 Dagegen ist einzuwenden, dass die Überschrift „Jahwe und die Armen" nur zum Teil auf V. 1–11 zu beziehen ist, da „die Armen" nur in V. 6 genannt werden und sich nicht eindeutig in V. 7–11 (und demgegenüber nicht weniger in V. 12–20) finden lassen.

74 So SEDLMEIER, Jerusalem, 28; vgl. dazu auch LOHFINK, Lobgesänge, 117–120. Ausführlicher beschreibt RISSE, Gott, 192f, die thematische Erweiterung durch die Fortschreibung.

75 Zenger, der früher der von Lohfink geprägten These folgte (vgl. ZENGER, Mund, 144 Anm. 13), hat sich im Herder-Kommentar Leuenberger angeschlossen. Zenger versteht die beiden Teile von Ps 147 als „Zwillingspsalmen", die nicht als getrennte Psalmen, sondern als Doppelhymnus (aufgrund ihrer internen Bezüge) gelesen werden wollen, die gleichwohl aber nicht von derselben Hand stammen können, vgl. ZENGER, Psalm 147, 826–828.

76 Vgl. LEUENBERGER, Konzeptionen, 348–351, sowie die Aufnahme bei ZENGER, Psalm 147, 827f. Neben den oben genannten Vorschlägen vgl. die literarkritische Analyse von SEYBOLD, Psalmen, 538f, der einen dreiteiligen Hymnus annimmt, der sekundär von LXX und Hieronymus geteilt wurde. Er stellt sich die Wachstums- und Redaktionsgeschichte von Ps 147 sehr viel komplizierter vor: Der Ursprung soll in einem Schöpfungspsalm (V. 4.5.8.9.[14b.]15–19) liegen, in den Partien eines Gemeindegesangs (V. 3.6.10.11[.19.20]) eingelegt worden seien. Hinzu kamen noch weitere Erweiterungen (Fragmente eines Zionspsalms [V. 2.12–14a] und weitere Redaktionsstücke). Allerdings lassen sich für diese vielschichtigen Erweiterungsstufen keine Notwendigkeiten im Text selbst wie z. B. inhaltliche Brüche oder sonstige Inkohärenzen erkennen. Seybold sortiert die angeblichen Teilpsalmen rein thematisch, dabei verweist er auch auf mögliche verwandte Texte für manche Abschnitte (vgl. die Bezüge zu Ps 104). Die vielen Textbezüge sprechen aber eher für die Einheitlichkeit des Psalms, vgl. dazu unten.

vorderen Teils in den direkten Kontext der anderen Hallel-Psalmen hinein sowie mit mehr Bezügen zu anderen Texten.

Die literarkritischen Befunde sind folgendermaßen zu bewerten: Der Beobachtung, dass das „Wort Jнwнs" in V. 12–20 einen neuen Schwerpunkt bildet, der im Psalm zuvor noch nicht direkt angelegt war, ist zweifelsohne zuzustimmen. Allerdings zeigen schon die beiden gegensätzlichen Annahmen eines Grundtextes in V. 1–11 oder in V. 12–20, dass sich die Fortschreibung des einen aus dem anderen Teil nicht sicher bestimmen lässt. Dem entspricht auch, dass sich ein Anknüpfungspunkt einer Fortschreibungstätigkeit (im Sinne einer Wort-Gottes-Thematik) nicht sicher ausmachen lässt, wie z. B. die Aufnahme eines bestimmten Begriffs und dann dessen Ausführung oder ein Fortgang der Gedankenführung im Sinne einer Eingrenzung, Gegenüberstellung oder Ausweitung.[77]

Ebenso ist evident, dass alle Abschnitte des Psalms durch Motivaufnahmen und Wortverknüpfungen eng miteinander verbunden sind. Die Verbindungen, die durch direkte Wortaufnahmen und -wiederholungen entstehen, sind allerdings komplex und lassen sich nicht auf die zwei Teile (V. 1–11 und 12–20) je für sich beschränken, sondern liegen quer zu postulierten literarkritischen Schichtungen.[78] Neben den wörtlichen Aufnahmen erstrecken sich zahlreiche thematische Verbindungen über den ganzen Psalm: Je eine Lobaufforderung zu Beginn eines Abschnitts, wenn auch sprachlich variierend gestaltet (V. 1.7.12); Restitution und bleibender Schutz für Jerusalem (V. 2.3.13–14); Thematisierung des Gottesverhältnisses durch zentrale Begriffe (ענוים / רשעים, V. 6; ירא, V. 11); Nahrungsversorgung von Tier und Mensch (V. 8–9.14); Wetterphänomene als Machtbeweise Jнwнs (V. 8.16–18; vgl. auch die Sterne in V. 4); wirkmächtiges Schöpfungswort Jнwнs (V. 4.15.18). Diese Verbindungen könnten literarisch gewachsen und in einem entsprechenden Ergänzungstext der Vorlage nachempfunden sein, müssen aber gleichwohl nicht zwingend auf einen Fortschreibungsprozess hinweisen.[79] Ebenso gut lässt sich an diesem Netzwerk von Bezügen die „Komplexität des Gedankengangs"[80] von Ps 147 und dessen zusammenhängende, durchdachte Komposition aufzeigen, die für einen Text aus einem Guss sprechen würde.

---

77 Wird aber allein die Wort-Gottes-Thematik als ein Fremdkörper empfunden, wäre auch eine nachträgliche Eintragung von V. 15–18 mit Wort- und Wettersendung grundsätzlich denkbar. Allerdings fehlt auch dafür der Anknüpfungspunkt, warum dieses Element sekundär eingefügt worden sein sollte (oder handelt es sich um eine vorgeschaltete Ausdeutung von דברו in V. 19?).
78 Vgl. הלל („loben") in V. 1.12; זמר („lobsingen") in V. 1.7; אלהים mit Suffix in V. 1.7.12; Jerusalem in V. 2.12; Israel in V. 2.19; קרא („rufen") in V. 4.9; ארץ („Erde") in V. 6.8.15; נתן („geben") in V. 9.16.
79 Zumal nicht in den zwei Stufen von V. 1–11 und 12–20 (oder umgekehrt), da auch V. 7–11 gegenüber V. 1–6 und 12–20 ebenso eigenständig ist.
80 Kratz, Gnade, 256 Anm. 46, der ebenfalls von einem einheitlichen Psalm ausgeht.

Es lassen sich wohl einige Indizien für einen Fortschreibungsprozess innerhalb von Ps 147 finden. Diese sind allerdings nicht eindeutig, so dass die Wahrscheinlichkeit für die Einheitlichkeit des Psalms und die Annahme, dass die drei Teile auf *einer* literarischen Ebene zu verorten sind, größer ist. Neben den Bezügen innerhalb des Psalms, die sich in und über alle drei Abschnitte hinweg finden, lassen sich auch für alle Teile Beziehungen zu anderen Psalmen- und Prophetentexten finden. Damit ist wohl das stärkste Argument für eine literarische Einheitlichkeit benannt, wenn auch Leuenberger gerade hier den Ansatzpunkt für eine Fortschreibungstätigkeit sieht, indem er die literarischen Bezüge anders wertet.[81] Die vorliegende Untersuchung zeigt vielmehr, dass mehrmals dieselben wichtigen Referenztexte auftreten und somit eine Verbindung zwischen den einzelnen Abschnitten von Ps 147 herstellen, für die Leuenberger jeweils eine unterschiedliche Intertextualität annehmen möchte.[82] Wie in den folgenden Ausführungen zu sehen sein wird, weist vor allem die wichtige Vorlage Ps 33 in alle drei Teile von Ps 147 Verbindungen auf.[83] Ebenso wird in allen drei Teilen Ps 135[84] und der vorangehende Ps 146 aufgegriffen[85] sowie ferner auch Ps 145.[86] Ähnliches ist für die Rezeption von Ps 1 festzuhalten, auf den vor allem im ersten und dritten Abschnitt angespielt wird. Abschnittsübergreifende Vorlagen bieten schließlich

---

81 Vgl. dazu insgesamt LEUENBERGER, Konzeptionen, 349 f. Für die formgeschichtliche und kompositionelle Eigenständigkeit von V. 12 – 20 dient nach Leuenberger die angeblich größere Intertextualität von V. 1 – 11. Besonders die Verbindungen zu den übrigen Psalmen des kleinen Hallels seien im ersten Teil des Psalms viel stärker als in V. 12 – 20 gegeben, dessen Verknüpfungen traditionsgeschichtlich zu erklären seien (vgl. auch ZENGER, Psalm 147, 827 f). Ps 147,12 – 20 würde demnach sowohl als Quelle für V. 1 – 11 fungieren als auch für Ps 146 und 148, die Leuenberger auf der gleichen redaktionellen Ebene wie Ps 147,1 – 11 einordnet. Entsprechend versteht er Ps 146; 147,1 – 11; 148 und 150 als Redaktionspsalmen und Ps 149 als nachkompositionellen Zusatz. Vgl. zu redaktionsgeschichtlichen Fragen zum Hallel Kap. III.
82 Die literarische Einheit des Psalms aufgrund der Struktur und der auf alle Psalmenteile verteilten intertextuellen Bezüge vertritt z. B. auch ALLEN, Psalms, 384.
83 Vgl. neben allgemein inhaltlich-konzeptionellen Bezügen von Ps 147 zu Ps 33 besonders: V. 1 mit Ps 33,1; V. 2 mit Ps 33,7; V. 4 mit Ps 33,6; V. 7 mit Ps 33,2; V. 10 mit Ps 33,16 – 17; V. 11 mit Ps 33,18.22; V. 15.18 mit Ps 33,6; vgl. jeweils die entsprechenden Ausführungen.
84 Vgl. neben allgemeinen inhaltlich-konzeptionellen Bezügen von Ps 147 zu 135 und dem engen Bezug von V. 1 zu Ps 135,3 weitere Verbindungen unten in Anm. 93.
85 Von Ps 147 bestehen Verbindungen zu geradezu jedem Vers von Ps 146: vgl. V. 1 mit Ps 146,2; V. 6 mit Ps 146,8 – 9; V. 7 mit Ps 146,2; V. 10 – 11 mit Ps 146,3 – 5; V. 12 mit Ps 146,1.10; V. 19 mit Ps 146,5 sowie außerdem noch ferner V. 8 mit Ps 146,6 und V. 14 mit Ps 146,7, vgl. unten Anm. 103 und jeweils die entsprechenden Ausführungen.
86 Folgende Bezüge von Ps 147 zu Ps 145 sind zu nennen: vgl. V. 1 mit Ps 145,7.9 (טוב) sowie mit Ps 145,1.21 (התלה); V. 5 mit Ps 145,3; V. 11 mit Ps 145,19; V. 12 und 19 mit Ps 145,4 (נגד / שבח); V. 14 mit Ps 145,16, vgl. jeweils die entsprechenden Ausführungen.

auch Ps 34, der vor allem in Teil I und II wichtig ist, sowie Texte aus Neh (und Esra) für Abschnitt II und III. Außerdem werden Texte aus Deuterojesaja zitiert bzw. bilden den konzeptionellen Hintergrund für die Formulierungen in Ps 147. Besonders auffällig ist dabei, dass die beiden Rahmenkapitel Jes 40 und 55 in den Abschnitten I und III von Ps 147 ausdrücklich zitiert werden und weitere Texte aus den späteren Jesajatexten über den ganzen Psalm verteilt vorkommen.[87] Dabei weisen die Jesaja-Texte die thematische Verbindung von Schöpfung, Wort Gottes und Heil für Jerusalem / Israel (als Restitution) auf, die dort schon vorgebildet ist und von Ps 147 übernommen wird, um dies als zentrale Thematik des Psalms zu entfalten. Gerade diese einheitliche Konzeption spricht insbesondere für einen Zusammenhang der einzelnen Abschnitte in Ps 147! Denn umgekehrt lassen sich vor dem jesajanischen Hintergrund gerade keine konzeptuellen Differenzen erkennen, die eine literarkritische Schichtung nötig machen.

Diese Bezüge auf andere Texte und die Verschmelzung verschiedener Texte sind darum gerade nicht literar- und redaktionskritisch, also entstehungsgeschichtlich als Wachstumsprozess zu erklären, sondern als theologische Konzeption eines kohärenten Stückes, das auf andere Texte und Motive anspielt und sie zu einem neuen Text formiert. Insgesamt ist der Psalm darum aufgrund seiner intertextuellen Bezüge als schriftgelehrter Hymnus zu verstehen, der unterschiedliche Themen miteinander verbindet und sich durch seinen kompilatorischen Charakter auszeichnet. Auch darum ist von einem einheitlichen Psalm auszugehen, da dieser prägende Stil sich durch alle Abschnitte gleichermaßen zieht. Die weiteren Ausführungen, die wesentlich die innerbiblischen Bezüge von Ps 147 aufzeigen, können diese Annahme eines literarisch einheitlichen und für seinen Kontext als schriftgelehrten Hymnus verfassten Text im Rückgriff auf bereits vorliegende Psalmen und Jesajatexte bekräftigen.

3.4 Psalm 147 als schriftgelehrter Hymnus und sein theologisches Profil

Nach der Analyse der sprachlichen Gestaltung und des Aufbaus von Ps 147 im vorangehenden Kapitel (Kap. II.3.3), geht es nun um den Psalm als schriftgelehrten Hymnus. Im Zentrum stehen seine theologischen Aussagen, die der Text oftmals durch die Rezeption anderer Psalmen und prophetischer Texte, insbesondere Jesaja, gewinnt und gleichwohl gegenüber seinen Textvorlagen zum einen

---

[87] Vgl. Ps 147,4–5 mit Jes 40,26.28 und Ps 147,15 mit Jes 55,10–11 sowie weitere Bezüge im Verlauf der Ausführungen unten.

sprachlich, aber zum anderen auch inhaltlich weiterentwickelt. Dabei bleibt zumeist der jeweilige Bezugstext erkennbar. Der Psalm wird entsprechend der obigen Gliederung in drei Abschnitten (V. 1–6.7–11.12–20) behandelt. Die jeweils zu besprechenden Verse bzw. Versgruppen sind so zusammengefasst, dass sie jeweils eine kleine semantisch zusammengehörende Einheit bilden.

3.4.1 Das Jerusalem der עַנָוִים („Demütigen") (V. 1–6)

V. 1–6 bildet den ersten Abschnitt von Ps 147. V. 1 stellt die Einleitung in den gesamten Psalm dar und fungiert ähnlich einer Überschrift, mit der das Loben selbst gelobt wird. Thematisch wird dann die Restitution Jerusalems in den Blick genommen (V. 2–3) und mit der Schöpfungsmacht Gottes und seiner Größe (V. 4–5) verbunden. V. 2 und 6 sind formal und inhaltlich aufeinander bezogen, so dass beide Verse auch gemeinsam untersucht werden. Aufgrund ihrer rahmenden Funktion kann anhand von V. 2 und 6 das Thema des ersten Teils des Psalms bestimmt werden: Die Restitution Jerusalems als Stadt der Demütigen. Wichtige Bezugstexte für den ersten Abschnitt von Ps 147 sind u. a. Ps 33; 34; 102; 107; 135; 146 sowie Jes 40 und 61.

V. 1 „Das Loben loben"

Wie oben bereits bei der Übersetzung deutlich wurde, bietet V. 1 einige, vor allem syntaktisch gelagerte Schwierigkeiten. Entsprechend der obigen Analyse ist davon auszugehen, dass die Lobaufforderung: „Lobet Jah!" (הַלְלוּ יָהּ) zum Korpus des Psalms zu rechnen ist und keine sekundäre Halleluja-Überschrift darstellt.[88] Darauf folgen zwei Nominalsätze, die jeweils mit כִּי eingeleitet werden. Die Doppelung des כִּי („denn" / „ja")[89] fällt dabei besonders ins Auge und unterstützt die Überschwänglichkeit des Anfangs von Ps 147: „Lobet JH, denn gut ist ein Lobsingen für unseren Gott, denn angenehm ist schöner Lobgesang."[90] Die Syntax

---

88 Vgl. zur ausführlichen Diskussion zu V. 1 oben die Anm. 31.33.

89 Trotz der großen Anzahl der Belege von כִּי in den Psalmen (über 400!) ist ein doppeltes כִּי innerhalb eines Verses bzw. eines (Bi-)Kolons äußerst selten, zumal im Kontext des Lobens und der Lobbegründung: vgl. Ps 52,11 und vor allem die Psalmeneröffnungen in Ps 106,1; 107,1; 118,1 (.29); Ps 135,3; 136,1. Vgl. auch unten Anm. 91.

90 Das Bikolon von Ps 147,1 ist nicht exakt parallel gestaltet, aber die jeweiligen Subjekte entsprechen sich auf inhaltlicher Ebene: „Singen für unseren Gott" (זמרה אלהינו) und „schöner Lobgesang" (נאוה תהלה), der natürlich ebenso für JHWH gedacht ist. Nur noch einmal stehen זמר und תהלה eng beieinander, in Ps 66,2: „Lobsingt (זמרו) von der Herrlichkeit seines Namens, schafft Herrlichkeit seinem Lobpreis (תהלתו)!"

von V. 1 zielt dabei nicht auf das Gutsein JHWHs als Grund für das Loben ab,[91] sondern auf das schöne Loben an sich. In V. 1 ist somit das Anliegen des Psalms zu erkennen: Im Fortgang soll ein schönes und angenehmes Loblied vorgestellt werden, das sich lohnt, vor und für JHWH gesungen zu werden. Die Freude am Loben und die Schönheit dessen sind schon Grund genug, dies zu tun! Der Psalmist sprudelt geradezu über vor Begeisterung: „ja, gut!" (כי־טוב) und „ja, angenehm!" (כי־נעים) ist das Loben.

Die etwas sperrige Syntax des Verses lässt sich vermutlich damit begründen, dass in V. 1 mehrere andere Psalmentexte anklingen, die der Psalmist miteinander kombiniert hat. Die Aussage von Ps 147,1 findet sich fast identisch in Ps 135,3.[92] Da es noch weitere wörtliche Aufnahmen und inhaltliche Bezüge zwischen Ps 135 und 147 gibt, ist davon auszugehen, dass Ps 135 eine Vorlage für Ps 147 dargestellt hat.[93] So leitet sich auch von Ps 135,3 die Deutung der Aufforderung הללו־יה als Bestandteil des Korpus in Ps 147,1 ab, da der Imperativ הללו־יה („lobet JH") dort parallel zu זמרו לשמו („lobsinget seinem Namen") steht und somit in den Vers vollkommen integriert wird. Diese doppelte Imperativstruktur aus Ps 135,3 wird in Ps 147,1 allerdings aufgelöst, auch wenn זמר inf. beibehalten wird.[94] Die beiden Adjektive טוב („gut") und נעים („angenehm") sind ebenfalls in Ps 135,3 in einer doppelte כי-Formulierung nebeneinander gestellt. Während aber in Ps 135,3 die Bestimmungen טוב und נעים direkt auf JHWH bzw. auf seinen Namen bezogen sind, werden in Ps 147,1 die beiden Adjektive zu Charakteristika des Lobpreises. Die Bestimmung JHWHs als gut und angenehm ist auf den Lobpreis verschoben, was

---

91 Vgl. die liturgische Eingangsformel in Ps 106,1: „Lobet JHWH, denn er ist gut (הודו ליהוה כי־טוב), denn für immer währt seine Gnade (כי לעולם חסדו)!". Ähnlich in Jer 33,11; Ps 100,5; 106,1; 107,1; 118,1; 136,1; Esr 3,11; 1Chr 16,34; 2Chr 5,13; 7,3 und Sir 51,12 sowie außerdem Ps 34,9; 52,11; 54,8; 135,3; 145,7.9.

92 Ps 135,3: „Lobet JH, denn gut ist JHWH (הללו־יה כי־טוב יהוה), singt seinem Namen, denn lieblich [ist er] (זמרו לשמו כי נעים)." Der durch zwei parallele Kola gestaltete Vers ist gut in die Halleluja-Eröffnung von Ps 135 in V. 1–4 eingebettet und bereitet im Gegensatz zu Ps 147,1 keine syntaktischen Schwierigkeiten, vgl. dazu auch KLEIN, Geschichte, 312–313.

93 Für weitere (wörtliche) Bezüge zwischen Ps 135 und 147 vgl. V. 5 mit 135,5 (גדול יהוה); V. 8 (sowie V. 18, Wetterphänomene) mit 135,6–7; V. 11 mit 135,20 (יראי יהוה); V. 12 mit Ps 135,21 (ציון / ירושלם); V. 19 mit Ps 135,4 (יעקב / ישראל). Gegen eine Abhängigkeit von Ps 147,1 gegenüber Ps 135,3 spricht sich ZENGER, Psalm 147, 825, aus. Insgesamt ist Ps 135 als „Ergebnis einer literarischen Psalmenkreation [zu werten], die in psalmenbuchredaktioneller Absicht entstanden ist" (ZENGER, Psalm 135, 663f), da Ps 135 zahlreiche Verbindungen zu den Palmen des direkten Umfelds aufweist und offensichtlich für den jetzigen Kontext geschaffen wurde, vgl. dazu KLEIN, Geschichte, 307; zur kompositionellen Einbettung von Ps 135 auch KRATZ, Tora, 302f.

94 Auch wenn ein Infinitiv grundsätzlich als Imperativ gedeutet werden kann, so spricht die Änderung der gesamten Satzstruktur in Ps 147,1 gegenüber 135,3 dagegen, vgl. oben Anm. 33.

eine eher ungewöhnlichere Aussage ist, sich aber gut in die Konzeption von Ps 147 einfügt.

Solch ein „Lob des Lobens" findet sich auch in Ps 92, so dass hier eine weitere Vorlage für Ps 147,1 vermutet werden kann. In Ps 92,2 wird das Loben selbst (ידה) und das Lobsingen (זמר) für JHWHs Namen gutgeheißen (טוב!).[95] Auch wenn טוב („gut") zwar ein häufiges Wort im Alten Testament ist, findet sich der direkte Bezug von טוב auf das Loben nur in Ps 92,2 und 147,1. Das seltene Adjektiv נעים („ange-nehm", „lieblich", „schön")[96] wird dagegen auch anderswo als Charakterisierung im Kontext von Musik verwendet (Ps 81,3) sowie als Titel für David, „den Liebling / lieblichen Sänger der Lieder Israels" (ונעים זמרות ישראל, 2Sam 23,1).[97] Demnach liegt hier eine Verbindung zwischen נעים und Musik / Liedern (זמר!) vor,[98] die wahrscheinlich, auch wenn für Ps 147 keine direkte Abhängigkeit von Ps 81 und 2Sam 23 zu erkennen ist, gemeinsam mit Ps 92,2 den Hintergrund für die Verän-derung der aus Ps 135,3 stammenden Lobaufforderung in Ps 147,1 gebildet haben könnte.[99] Die Euphorie, die sich in den doppelten כי-Ausdrücken widerspiegelt

---

95 Ps 92,2: „Es ist gut, zu loben [ידה hif. inf.] JHWH, und zu singen [זמר pi. inf.] deinem Namen, Höchster."

96 Vgl. für eine ausführliche semantische Analyse von נעים z. B. LIESS, Weg, 272–278, sowie KRONHOLM, Art. נעם, 500–506, bes. 503f.

97 Möglich wäre auch der Titel „Sänger", da נעם „im Syropalästinischen die Bedeutung ‚ange-nehm singen' angenommen" hat, worauf MATHYS, Dichter, 158 Anm. 112, hinweist. Somit be-deutet ונעים זמרות ישראל entweder, dass David der „geliebte" Gegenstand der Psalmen Israels ist oder dass er als Psalmdichter und Autor dieser Lieder zu verstehen ist, so MATHYS, Dichter, 159.

98 In Sir 47,9–10 wird die Einsetzung von Musik und Lobliedern durch David beschrieben. An dieser Stelle findet sich außerdem, durch eine hebräische Handschrift bezeugt (vgl. SAUER, Sirach, 320 Anm. 79), der Zusatz קול מזמור הנעיב („Klang eines lieblichen Liedes"). Diese zusätzliche Randnotiz belegt die Charakterisierung der (Psalmen-)Gesänge (Davids!) als lieblich-schön.

99 Die Kombination der Adjektive טוב und נעים ist noch ein drittes Mal im Psalter neben Ps 135,3 und 147,1 ebenfalls als Eröffnung eines Psalms belegt, und zwar in dem Lehrgedicht Ps 133, das eine weitere Vorlage für Ps 147 gebildet haben könnte: „Siehe, wie gut (מה־טוב) und wie angenehm (ומה־נעים) es ist, wenn Brüder einträchtig beieinander wohnen." (Ps 133,1). Das Lexem נעם ent-stammt der Liebessprache (vgl. KRONHOLM, Art. נעם, 502; LIESS, Weg, 272f), so dass mit נעים nicht nur das objektiv Gute und Schöne beschrieben, sondern viel mehr ein liebevolles Verhältnis bezeichnet ist (vgl. 2Sam 1,23.26). Die Gemeinschaft der Brüder auf dem Zion wird als „gut und schön" gepriesen (Ps 133,1), deren „Ertrag" Segen und ewiges Leben ist (Ps 133,3, vgl. auch den Segen für Zion in Ps 147,12–14!). Diese gute und lebensförderliche Gemeinschaft (vgl. Ps 16 und Ps 133) konkretisiert sich für Ps 147 in der zum Lob versammelten Gemeinde (vgl. V. 7.12 und auch Ps 149,1). Im gemeinschaftlichen, „guten" Loben der Frommen findet die Freude über die „Güte" JHWHs ihren Ausdruck und ermöglicht so zugleich eine „Partizipation an JHWHs ‚Gutsein' und ‚Lieblichkeit'", so ZENGER, Psalm 133, 643. Vgl. für die Kombination von טוב und נעם / נעים au-ßerdem noch Gen 49,15, wo die Ruhe gut (מנחה כי טוב) und das Land lieblich (ואת־הארץ כי ענמה) genannt werden (vgl. Ps 16), im Sinne von fruchtbar, lebensdienlich und -förderlich. Sonst nur

und Lebensfreude und vollkommen Gutes beschreibt, wird nicht auf den göttlichen Spender dieser Güter bezogen, sondern das Singen von Lobliedern selbst wird zum Gegenstand des Rühmens und der überschwänglichen Freude.[100]

Für die Deutung von נעים ist auch Prov 22 interessant, wo die Formulierung כי־נעים ("denn angenehm") ebenfalls vorkommt: In Prov 22,18 wird das Behalten der Lehre als "angenehm, lieblich" gepriesen.[101] Vergleichbar mit Ps 147 und dem Loben des Lobens wird auch hier über ein abstraktes Geschehen reflektiert: über die Erinnerung an weisheitliche Lehre. Wichtig ist dabei, dass die Worte nicht nur still erinnert werden, sondern laut wiederholt und damit weitergeben werden sollen. Das Rühmen des zunächst innerlichen Behaltens intendiert also ein konkretes Handeln, das nach außen hin sichtbar bzw. vor allem hörbar wird. Hier lässt sich eine Verbindung zu Ps 147 erkennen, wenn zum Lob Gottes aufgerufen wird, das erklingen und damit hörbar werden soll. Auch dies geschieht aufgrund der Erinnerung, da in Ps 147 immer wieder auf die vergangenen und gegenwärtigen Taten JHWHs in Schöpfung und Geschichte angespielt wird, derer sich der Psalmist mithilfe der Schrift erinnert (vgl. die zahlreichen innerbiblischen Textbezüge). So fällt in Ps 147 beides zusammen: die liebliche Erinnerung an die "Lehre" des Weisen ("die Schrift") und das daraus hervorgehende angenehme Loben Gottes. Auf beides wird im weiteren Verlauf der Auslegung von Ps 147 zurückzukommen sein.

Auch die beiden Satzelemente, welche "gut und angenehm" gepriesen werden, weisen für sich vielfältige Textbezüge auf. Im ersten Nominalsatz (V. 1a) ist "Lobsingen für unseren Gott" (זמרה אלהינו) das Subjekt, das gut geheißen wird. זמרה ist dabei als Infinitiv von זמר zu bestimmen.[102] In Ps 146,2 nimmt sich der Beter in einer Selbstaufforderung lebenslanges Lobsingen für JHWH vor (אזמרה לאלהי). Der Psalmist von Ps 147 betrachtet dieses das ganze Leben umfassende Singen für Gott als "gut" (V. 1), und formuliert dann in V. 7 eine direkte Aufforderung zu solchem Lobsingen. Dadurch ist eine Abhängigkeit von Ps 147 gegenüber Ps 146 anzunehmen, die noch durch viele weitere Bezüge unterstützt wird,

---

noch Hi 36,11; Prov 24,25, anhand dessen die Wortverbindung "gut und lieblich" auch als "eine Charakterisierung des glücklichen, gelingenden Lebens der Gerechten" bestimmt werden kann, vgl. ZENGER, Psalm 133, 643.

100 Vgl. zur großen Freude, die sich im Lobpreis ausdrückt, auch Ps 92,2–5 und Ps 149,1–3.
101 Prov 22,18: "Denn lieblich ist's, wenn du sie [die Worte von Weisen] in deinem Innern bewahrst (כי־נעים כי־תשמרם בבטנך); lass sie miteinander auf deinen Lippen bleiben."
102 Vgl. oben, bes. Anm. 33. זמר und אלהים verbunden als "Lobsingen für Gott" begegnet nur noch in Ps 47,7; 75,10; 104,33; 146,2 sowie in Ps 147,7, vgl. zu זמר oben Anm. 35.

wie in den weiteren Ausführungen zu sehen ist.[103] Während in Ps 146 ein Einzelner lobend vor Gott tritt, ist die Aufforderung in Ps 147,1 an eine Gruppe gerichtet (vgl. אלהינו). Das Loben Gottes ist für Ps 147 demnach ein gemeinschaftlicher Akt, der in einer Versammlung geschieht und der zugleich identitätsstiftend für diese Gruppe ist (vgl. auch Ps 149,1).[104]

Im zweiten Nominalsatz (V. 1b) wird „schöner Lobgesang" (נאוה תהלה) als angenehm bezeichnet. Damit verweist Ps 147 das erste Mal auf seine wohl wichtigste Textvorlage: auf Ps 33.[105] Dieser ist ein später, weisheitlicher Hymnus,[106] der das schöpferische Wirken JHWHs im Blick auf die ganze Welt und die Völker sowie auf das erwählte Gottesvolk und die einzelnen Frommen besingt.[107]

---

103 In Ps 147 lassen sich folgende wörtliche Wiederaufnahmen aus Ps 146 finden: זמר und אלהים mit Suffix in V. 1.7 und Ps 146,2; עוד und רשעים in V. 6 und Ps 146,9; יהוה und ציון אלהיך in V. 12 und Ps 146,10. Diese signifikanten Bezüge sind mangels weiterer Belege in anderen Texten als intendierte Rezeption in Form von (Teil-)Zitaten durch Ps 147 zu verstehen, vgl. je zur Stelle unten. Darüber hinaus lassen sich weitere Verbindungen erkennen, die aber auch allgemeinem Sprachgebrauch geschuldet sein könnten: שמים und ארץ in V. 8 und Ps 146,6; נתן und לחם in V. 9 und Ps 146,7; besonders die Speisungsthematik ist ein wichtiges Verbindungsglied zwischen Ps 145 – 147, vgl. dazu auch KRATZ, Gnade. Außerdem lassen sich thematische Aufnahmen: die Gegenüberstellung von menschlicher und göttlicher Macht in V. 10 – 11 und Ps 146,3 – 5 sowie evtl. eine Steigerung der Gabe von „Recht und Brot" in Ps 146,7 hin zu der Gabe von „Frieden und fetten Weizen" in Ps 147,14.
104 Vgl. zum gemeinschaftlichen Loben auch oben Anm. 99.
105 Zu den Bezügen von Ps 147 zu Ps 33 vgl. oben Anm. 83.
106 Ps 33 wird in der Regel als späte, weisheitliche Dichtung angesehen, vgl. ZENGER, Psalm 33, 206; SEDLMEIER, Jerusalem, 221f, sowie BECKER, Gottesfurcht, 148ff. MATHYS, Dichter, 254f, beschreibt den Psalms als „theologisches Traktat". Ps 33 ist wahrscheinlich später in die Gruppe Ps 25 – 34 hineingekommen ist, vgl. ZENGER, Liebe, 359; so auch schon z. B. KRAUS, Psalmen, 408. Mit DEISSLER, Psalmen, 131f; WITTE, Lied, 536, ist eine Datierung in hellenistischer Zeit anzunehmen (3. Jh.). Damit ist auch ein Anhaltspunkt für die Datierung von Ps 147 gegeben, der diesen Psalm voraussetzt. Für die späte Ansetzung von Ps 33 sprechen die engen Bezüge des Psalms zu Ps 9/10 (ebenfalls aus hellen. Zeit), zum Schlusshallel, aber auch zu Ps 90,17 (Anfang 4. Buch) und Ps 107,41 – 43 (Anfang 5. Buch). Somit könnte Ps 33 Teil der „Makroredaktion des Psalmenbuchs" sein, so HOSSFELD / ZENGER, Thronsitz, 387f. Außerdem zeigt der Psalm eine Nähe zu Sir (v. a. Sir 39; 42 – 43; vgl. dazu WITTE, Lied, 538 – 540). Für die Psalmen 33 und 145.146 – 150 ist demnach ein ähnlicher zeit- und frömmigkeitsgeschichtlicher Hintergrund anzunehmen, vgl. dazu Kap. III.3.
107 Vgl. zu Ps 33 auch unten die Ausführungen zu V. 10 – 11. Die Struktur von Ps 33: V. 1 – 3: Aufforderung zum Lob: Jubel der „Gerechten" und „Aufrichtigen"; V. 4 – 19: zweiteiliger Korpus: V. 4 – 11: *JHWH redend* in Beziehung zur Welt und den Völkern (Himmel – Erde – Opposition: Völker) und V. 12 – 19: *JHWH sehend* in Beziehung zum Gottesvolk (Israel) und den JHWH-Fürchtigen (Himmel – Erde – Opposition: Könige); V. 20 – 22: Bekenntnis und Zielaussage: „Wir harren auf die Gnade JHWHs". Eine Diskussion neuerer Strukturvorschläge sowie ein eigener Vorschlag findet sich bei ZENGER, Liebe, 350 – 355.360f.

Nur noch in Ps 33 findet sich der Ausdruck נאוה תהלה und dort ebenfalls an letzter und damit an hervorgehobener Position des Eingangsverses: „Jubelt, ihr Gerechten, über JHWH (רננו צדיקים ביהוה); von den Aufrichtigen kommt schöner Lobgesang her (לישרים נאוה תהלה)." (Ps 33,1). Hier ist נאוה תהלה wie auch in Ps 147,1 Bestandteil eines Nominalsatzes (dies spricht ebenfalls für die oben angenommene syntaktische Deutung von Ps 147,1) und beschreibt einen Lobgesang der Gerechten und Aufrichtigen für JHWH. Dieser ist darin und deswegen schön, weil er JHWH entsprechend ist.[108] Diese Gott-Gemäßheit und Schönheit des Lobpreises liegt nach Ps 33,1 in der Frömmigkeit der Lobsingenden begründet.[109] In Ps 147 wird diese frömmigkeitsorientierte Bedingung des schönen Lobpreises in V. 1 noch nicht direkt thematisiert, legt sich aber im weiteren Verlauf nahe, wenn JHWH sich insbesondere um die Demütigen (V. 6) sowie um die JHWH-Fürchtigen (V. 11) kümmert. Dabei weist vor allem auch V. 10 – 11 eine besondere Nähe zu Ps 33 auf.[110]

Die an den Anfang von Ps 147 gestellte Grundsatzbestimmung über das Loben hat ihren Zielpunkt in der Bezeichnung תהלה, die aufgrund ihrer Position am Ende des Verses und ihrer klassifizierender Bedeutung als eine Art „Gattungsbeschreibung" fungiert. Der Begriff תהלה ist dabei zunächst auf den entsprechenden Psalm selbst zu beziehen. Gleichzeitig wird eine Verbindung mit anderen Psalmen mit derselben Bezeichnung hergestellt, die im Folgenden kurz vorgestellt werden sollen.[111] Unter den anderen Belegstellen für תהלה[112] ist die engste Parallele zu V. 1 sicherlich der gerade schon erwähnte Ps 33, wo נאוה תהלה ebenfalls als kategorisierende Überschrift erscheint. Aber auch in den Ps 33 folgenden Psalmen ist der

---

108 Vgl. dazu das Adjektiv נאוה mit Grundbedeutung „geziemend, passend, zukommend" (vgl. Prov 17,7; 19,10; 26,1), wovon die Bedeutungen des Schönen und Angenehmen abgeleitet werden (vgl. Hld 1,5; 2,14; 4,3; 6,4), vgl. BEYSE, Art. נאה, 118 – 119. So kann das Lexem נאוה in Verbindung mit Gott oder Göttlichem als das vollkommen Schöne verstanden werden, welchem nur Gott entsprechen kann und was ihm allein gemäß und passend ist. Ein Beispiel ist נאוה־קדש in Ps 93,5: Es bezeichnet das, was Gott angemessen ist in Bezug auf seine Heiligkeit und damit vollkommen schön ist, und kann mit „schön-heilig" übersetzt werden, vgl. dazu SPIECKERMANN, Heilsgegenwart, 181 mit Anm. 4, der auch in Ps 93,5 ein Adjektiv statt einer Verbalform liest (נָאֲוָה־קֹּדֶשׁ statt נַאֲוָה־קֹּדֶשׁ), vgl. oben Anm. 33.
109 Gegen das hier vorgestellte Verständnis sind die Deutungen von RINGGREN, Art. הלל, 438; BEYSE, Art. נאה, 119, abzugrenzen, die das Loben als „religiöse Verpflichtung des Frommen" in Ps 33,1 und 147,1 deuten. Dies widerspricht m. E. dem Anliegen der Konzeption des Gotteslobs in diesen Psalmen, vgl. dazu WESTERMANN, Lob, 22; DERS., Art. הלל, 497.
110 Vgl. dazu unten bei den Ausführungen zu V. 10 – 11.
111 An einigen Stellen (vgl. z. B. Ps 9,15; 22,4; 48,11; 51,17; 66,8; 71,14; 79,13; 102,22) scheint ein Verständnis von תהלה vorliegen, dass das Lob Gottes als eine „existierende Größe" beschreibt, „der man nur Ausdruck" verleihen muss, vgl. RINGGREN, Art. הלל, 440.
112 Neben den im Folgenden genannten vgl. noch Ps 40,4; 51,17; 66,8; 71,6.8; 100,4; 119,171.

„Lobgesang" jeweils an kategorisierender Stelle positioniert: Am Anfang von Ps 34 (V. 2) und am Ende von Ps 35 (V. 28).[113]

Ps 106 gehört ebenfalls in diese Gruppe, da der Psalm gleichsam von dem Begriff תהלה lebt, indem dieser am Anfang (V. 2), im weiteren Verlauf (V. 12, vgl. הלל in V. 5) und vor allem am Schluss (V. 47) als letztes Wort in der abschließenden Rettungsbitte steht, die das Loblied zum Ziel hat.[114] Damit endet nicht nur Ps 106, sondern das ganze vierte Psalmbuch mit תהלה (es folgt noch die Doxologie in V. 48).[115]

Auch im kleinen Hallel selbst kommt תהלה mehrmals vor. In Ps 145 hat der Titel „Loblied" rahmende und damit zugleich den ganzen Psalm charakterisierende Funktion. Bemerkenswert ist hier die Verschiebung von תהלה לדוד („Loblied Davids") hin zu תהלה יהוה („Loblied JHWHs").[116] Auch in Ps 148 kommt der Begriff an markanter Position vor und zwar in der sekundär nachgetragenen Unterschrift (V. 14), die das Loblied der Frommen als Machtinstrument Israels wertet (vgl. Ps 149).[117] In Ps 149,1 liegt ein ähnlicher kategorisierender Gebrauch von תהלה vor wie in Ps 147, parallel zu dem Ausdruck שיר חדש („neues Lied"), wenn das Loblied JHWHs in der Versammlung der Frommen eingefordert wird.[118] Wie eine Überschrift steht es am Anfang des Psalms und bestimmt das folgende Loben Gottes als ein solches תהלה.

Ps 147 knüpft durch diese Gattungsbestimmung an andere wichtige und späte, den Psalter strukturierende Psalmen an (vgl. bes. Ps 106; 145) und bietet zugleich für Ps 148 und 149 mögliche Anknüpfungspunkte seinerseits.[119] Gleichzeitig findet in Ps 147 eine Betrachtung des Phänomens Lobpreis auf einer Metaebene statt, ähnlich wie in den anderen genannten Psalmen, aber zugleich verstärkt: Das Lob-Geschehen als solches wird reflektiert, kategorisiert und charakterisiert. In dem Fall von Ps 147 wird es selbst zum Gegenstand des Lobens. Damit ist das theo-

---

113 Zu den Bezügen zwischen Ps 34 und 147 vgl. Anm. 246.

114 Ps 106,47: „Rette uns (ישע), JHWH, unser Gott, und sammle (קבץ, vgl. כנס in Ps 147,2) uns von den Völkern, damit wir deinen heiligen Namen loben, damit wir uns rühmen (שבח, vgl. Ps 147,12) deines Lobgesangs (בתהלתך)." Besondere Beziehungen bestehen zwischen Ps 106 und dem kleinen Hallel auch aufgrund der Halleluja-Rahmung von Ps 104 – 106, vgl. den Exkurs in Kap. III.1.

115 Auch Ps 135 weist auf Ps 106 zurück, (vgl. dazu auch KLEIN, Geschichte, 349), so dass sich eine Linie von Ps 106 über Ps 135 zu Ps 147 ergibt – jeweils Psalmen mit Abschlusscharakter und Halleluja-Rahmung, vgl. dazu Kap. III.1.

116 Vgl. dazu die Ausführungen zu Ps 145,1 – 2 und 21.

117 Vgl. dazu die Ausführungen zu Ps 148,14.

118 שיר חדש („neues Lied") bezeichnet ebenfalls eine Art Gattung (vgl. auch Ps 40,4), vgl. dazu WITTE, Lied, 536. Vgl. auch die Ausführungen bei Ps 149,1.

119 Zum sukzessiven Wachstums des kleinen Hallels vgl. Kap. III.

logische Anliegen des ersten Verses von Ps 147 beschrieben: Das Lob des Lobens. Um diese Aussage zu erreichen, greift der Psalmist auf die ihm bekannte Tradition zurück, indem er andere Psalmen zitiert bzw. anklingen lässt. Dabei ist vermutlich auch die etwas schwierig zu deutende Syntax in V. 1 entstanden. Kompositorisch beachtenswert ist, dass schon in diesem ersten Vers alle wichtigen Referenzpsalmen bereits vorkommen: Dies ist vor allem Ps 33, der viele Impulse für das frömmigkeits-theologische Konzept von Ps 147 liefert; sodann Ps 135 als Teil des letzten Hallels vor dem Schlusshallel und zugleich ein prominenter Vertreter der Doppelthematik von Schöpfung und Geschichte sowie der Eröffnungspsalm des kleinen Hallels und direkte Nachbartext Ps 146.

Ps 147 geht es um eine zu lobende Schönheit des Lobpreises, die sicherlich am Adressaten (JHWH, der verherrlicht wird) und am Inhalt (die heilvollen Taten Gottes in Schöpfung und Geschichte) zu erkennen ist, die aber bei demjenigen letztlich entschieden wird, der diesen Lobpreis vor Gott bringt, nämlich dem Beter selbst.[120] So spricht Sirach aus, was schon in Ps 147 (und auch in Ps 33,1) angedeutet ist: Bei Sirach ist es der Weise – im Gegensatz zum Frevler –, der loben und, wenn er befähigt ist, dazu sogar anleiten soll (Sir 15,9 – 10).[121] In Ps 147 liegt genau dies vor: Der Sprecher, der sich selbst vermutlich als eine Art schriftgelehrten Weisen sieht, ruft zum Loben auf – und zwar die Demütigen (V. 6), die Gottesfürchtigen und die auf Gottes Gnade Wartenden (V. 11) oder zusammengefasst: die Frommen Israels. Dabei wird diese fromme Haltung gegenüber Gott zur Bedingung des Gotteslobs. Der Lobpreis ist nicht mühselige Pflicht, sondern entspringt geradezu selbstverständlich der Frömmigkeit (vgl. Ps 33,1). So wie es gott-entsprechender Lobpreis ist, wenn er von einem Gottesfürchtigen dargebracht wird, entspricht es diesem Menschen selbst (und ist damit für ihn „schön"), wenn er Gott lobt – er kann gar nicht anders. Der ganze Psalm weist sich in seinem ersten Vers schon als schriftgelehrt geprägter Hymnus aus, der über das Loben Gottes re-

---

120 Der Beter selbst ist in Ps 92,2 noch nicht im Blick, auch wenn da schon das Loben an sich gut geheißen wird, vgl. oben.

121 Sir 15,9 – 10: „Nicht schön (לא־נאתה) ist das Loblied (תהלה) im Mund des Frevlers (בפי רשע), es ist ihm von Gott nicht zugeteilt. Durch den Mund des Weisen (בפה חכם) erklinge das Loblied (תהלה) und wer dazu Vollmacht hat, unterrichte darin." Der Mund als Ort des rechten Lobpreises kommt auch in Ps 145,21a vor: „den Lobpreis JHWHs soll mein Mund sprechen (תהלת יהוה ידבר־פי)", vgl. auch Ps 19,15; dazu die Ausführungen zu Ps 145,21. Auch wenn in Ps 147 und in den anderen Psalmen des kleinen Hallels solch eine prägnante Aussage wie in Sir 15,9 – 10 nicht formuliert wird, ist die Tendenz festzustellen, Rechtschaffenheit, d. h. konkret weisheitliche Frömmigkeit als Gottesfurcht, mit dem wahren Gotteslob zu korrelieren. Es ist das Gotteslob des Frommen und Gottesfürchtigen, das das kleine Hallel im Sinn hat – und damit findet sich hier mindestens eine Vorstufe der Konzeption Sirachs. Anders MARBÖCK, Ansätze, 171, der den Unterschied zwischen Sirach und den Psalm-Aufforderungen stärker betont.

flektiert – und zwar über ein solches Loben, das gut, angenehm und schön ist und damit in allem Gott entsprechend, weil der Mensch als (frommer) Mensch Gott als Gott lobt.

V. 2.6 „Restitution Jerusalems und der Demütigen"

Nachdem V. 1 das Geschehen des Lobens an sich thematisiert hat, geht V. 2 zum Inhalt des Lobgesangs über: „Der, der Jerusalem aufbaut, ist JHWH, die Vertriebenen Israels sammelt er." Die Prädikation JHWHs als Erbauer Jerusalems (V. 2a) erhält eine wichtige Interpretationsperspektive durch das Ende der ersten Strophe (V. 6a), wo JHWH als Aufrichter der Demütigen gepriesen wird: „Der, der die Demütigen aufrichtet, ist JHWH, er erniedrigt die Gottlosen bis zur Erde." Beide Aussagen sind sowohl syntaktisch als auch inhaltlich so eng aufeinander bezogen, dass sich eine gemeinsame Behandlung der Verse 2 und 6 als Rahmen der ersten Strophe nahelegt.[122] Bei V. 2 steht vor allem spätjesajanisches Gedankengut, aber auch die wichtige Schaltstelle zwischen 4. und 5. Psalmenbuch (Ps 102.106 – 107) im Hintergrund. V. 6 greift zum einen auf Ps 146 zurück und führt dessen Aussagen weiter. Zum anderen verweist der Terminus עֲנָוִים auf einen frömmigkeitstheologischen Kontext, der auch prophetisch schon vorgeprägt ist (vgl. besonders die Nähe zu Zef). Somit lässt sich an Vers 2 und 6 die Verschränkung und doppelte Aufnahme von psalmistischem Hintergrund und prophetischer Theologie besonders gut zeigen.

Das Wiederaufbauen Jerusalems wird mit dem Wiederaufrichten der Demütigen gleichgesetzt, beides sind Taten JHWHs. Dies deutet darauf hin, dass es weniger um den realen Wiederaufbau Jerusalems geht als vielmehr um eine spirituell-religiöse Neukonstituierung des Gottesvolkes. Jerusalem ist in doppeltem Sinne, materiell und spirituell, die gebeugte Stadt und wird als solche wieder aufgerichtet. Dabei weist die substantivisch-partizipiale Ausdrucksform in Kombination mit Imperfekten (vgl. V. 2b) auf ein fortwährendes Geschehen hin, das schon in Gang gebracht, aber noch nicht abgeschlossen ist.[123] Es geht nicht um ein einmaliges oder historisches Ereignis,[124] sondern um die andauernde, in der

---

122 Vgl. dazu vor allem die syntaktische Abfolge des jeweils ersten Kolons von V. 2 bzw. 6: Partizip, Objekt, JHWH-Name.
123 Vgl. KRATZ, Gnade, 260f Anm. 62; ZENGER, Psalm 147, 830.
124 Vgl. SEDLMEIER, Jerusalem, 50 – 51. Der reale Wiederaufbau der Stadt, der zum Zeitpunkt der Abfassung dieses Psalms bereits erfolgt sein dürfte (vgl. zur Datierung Kap. III.3), steht zwar im Hintergrund der JHWH als Erbauer Jerusalems lobenden Aussage in V. 2, ist aber nicht dessen Hauptanliegen. Für einen historischen Bezug plädiert dagegen z. B. SEYBOLD, Psalmen, 539. Eine mit V. 2a vergleichbare Aussage des Wiederaufbaus Jerusalem nach der Zerstörung von 587 durch

Gegenwart einsetzende und auf die Zukunft hin offene Sammlung des Volkes Israel als theologische Größe.[125] Die Aussicht des Psalms ist keine politische Restitution, sondern die religiöse Rehabilitation derer, die unter dem zerbrochenen Gottesverhältnis leiden. Der Untergang Jerusalems und das Exil werden als Folge der gestörten Beziehung zu JHWH verstanden und als sein Strafhandeln gedeutet (vgl. Jes 40,1–2). Mit dem Ende des Exils und der Rückführung der Israeliten wird die theologische Neubegründung des Volkes und damit der Gemeinde von Jerusalem / Zion verbunden.

Die „Verstreuten Israels" (נדחי ישראל) werden von JHWH gesammelt. So drückt der Psalmist das in Gang gebrachte Heilsgeschehen aus (V. 2) und nimmt damit jesajanischen Sprachgebrauch auf, da sich die seltene Bezeichnung נדחי ישראל nur noch zweimal bei Jesaja findet: Im Kontext der eschatologischen Vision in Jes 11 werden die Angehörigen Judas und Israels (נדחי ישראל ונפצות יהודה) von allen Enden der Erde aus den Völkern gesammelt (Jes 11,12), damit sie ihr Land durch Siege über die Nachbarvölker (wieder) einnehmen können. In Jes 56 ist dagegen die Perspektive viel friedlicher und vor allem universal ausgerichtet. Neben der Sammlung der Verstreuten Israels (נדחי ישראל [pt.] מקבץ), sollen auch alle JHWH-Verehrer aus fremden Völkern in das Gottesvolk integriert werden (Jes 56,8).[126] Als Kriterium gilt dabei die kultische Reinheit und das Halten des Bundes, welches nicht nur den Israeliten möglich ist. Der Tempel JHWHs steht auch den Betenden und Opfernden anderer Völker offen (Jes 56,7). Somit werden die individuelle Frömmigkeit und die Beziehung des Einzelnen zu JHWH, die sich in der kultisch-

---

JHWH selbst, findet sich in Ps 69,36; 102,17. Vgl. ausführlich zu „göttlichen Baumaßnahmen" SEDLMEIER, Jerusalem, 81–175. Verheißungen zum Wiederaufbau Jerusalems finden sich vor allem bei Jesaja, vgl. z. B. Jes 44,26.28; 61,4, zu den Bauaussagen bei Jesaja und dessen Datierung vgl. auch KRATZ, Kyros, 86–91.

125 Dazu BALLHORN, Telos, 314: Jerusalem „meint nicht die Stadt selbst", sondern steht „für das Kollektiv Israel". Er folgert, dass es „gerade nicht um die reale Ädifikation der Stadt Jerusalem geht, sondern um die Sammlung der Gemeinde, der Kinder Zions" (ebd.). GUNKEL, Psalmen, 615, meint dagegen, dass der Wiederaufbau Jerusalems allein von der Zukunft her zu verstehen ist, also als Ankündigung des noch Ausstehenden. Dies begründet er damit, dass hier Jes 60 (.62) im Hintergrund steht, wo ebenfalls Weissagungen über die zukünftige Herrlichkeit Jerusalems formuliert sind. KRATZ, Gnade, 260f Anm. 62, kommt anhand der Imperfekt-Formen, die einen „noch nicht abgeschlossenen, aber schon in Gang befindlichen und / oder regelmäßig sich wiederholenden Vorgang" beschreiben, zu einem gegenteiligen Ergebnis: „Die sprachlichen Anleihen aus den Propheten in Ps 147 sind damit ihrer eschatologischen Perspektive beraubt." (ebd.). Es ist also festzuhalten, dass das im Psalm Beschriebene ganz auf die Gegenwart bezogen ist, auch wenn das Geschehen noch nicht abgeschlossen sein muss, vgl. dazu unten Kap. II.3.4.4.

126 Jes 56,8: „Spruch des Herrn JHWH, der die Vertriebenen Israels sammelt: Noch mehr als ich schon von ihnen gesammelt habe, will ich dort versammeln" Vgl. zur Übersetzung und der Ausweitung der Sammlung auch auf Nicht-Israeliten, ZAPFF, Jesaja 56–66, 358.

religiösen Praxis gemäß Jʜᴡʜs Willen konkretisieren, zum Kriterium des „Gesammelt-Werdens" und nicht die nationale Herkunft. Diese Perspektive entsteht in Ps 147 durch die Zusammenschau von V. 2 (Sammlung) und 6 (Frömmigkeit).

Auch das große Loblied der „Erlösten Jʜᴡʜs"[127] (Ps 107) sieht einen engen Zusammenhang zwischen Rettung bzw. Sammlung (hier mit קבץ) und dem Gottesverhältnis, das sich in der Anrufung Gottes zeigt, die eben jene Rettung erfleht (vgl. den Refrain in Ps 107,6.13.19.28 und außerdem ענוים in Ps 107,41). Wie Ps 107,1–3 scheint auch Ps 147 auf die Rettungsbitte aus Ps 106,47 zu antworten, die ein Lobversprechen enthält. Ps 147 ist mit Ps 106 wiederum durch den Terminus תהלה eng verbunden, wie oben die Ausführungen zu V. 1 gezeigt haben.[128] So hat Ps 147 eine psalterkompositorische Funktion, indem der Bogen zurück zum Anfang des fünften Psalmenbuches (Ps 107) geschlagen und der Dank für die Rettung aufgenommen wird.

Ps 147 greift außerdem auf Ps 102 zurück (vgl. V. 14–22).[129] In Ps 102 klagt der Beter über das zerstörte Jerusalem und hofft zugleich auf die gnädige Zuwendung Gottes zum Zion, die sich in seinem Wiederaufbau zeigen wird.[130] Nach der Neuschaffung des Zions und dem dort versammelten Volk wird diesem der Lobpreis in den Mund gelegt: „und das Volk, das er schafft (ועם נברא), wird Jʜᴡʜ loben (יהלל־יה)" (Ps 102,19b).[131] Somit ist Ps 147 nicht nur als Einlösung des Lobaufrufs aus Ps 107, sondern von Ps 102 herkommend auch als das Loblied des „neugeschaffenen Volkes" zu lesen.

Die Sammlung Israels und die damit verbundene Restitution Zion / Jerusalems als Voraussetzung zum Lobpreis Gottes ist zur konkreten Perspektive des Verfassers von Ps 147 geworden (wie auch schon in Ps 107). Der Ort der Jʜᴡʜ-Gemeinde ist wiederhergestellt. Es kann nun zum Vollzug des Lobpreises aufgerufen werden (vgl. Ps 147,1.7.12). In Ps 147 sind somit beide Perspektiven miteinander verbunden: Jerusalem bleibt der symbolische Ort für das Heilshandeln Gottes, also quasi nationaler Bezugspunkt, aber zugleich gilt nicht allein die nationale Zugehörigkeit, sondern die individuelle Frömmigkeit ist entscheidend

127 Der Ausdruck „Erlöste Jʜᴡʜs" (גאולי יהוה) kann als Gegenbegriff zu der constructus-Verbindung „Verstreute Israels" (נדחי ישראל) gelesen werden.
128 Vgl. dazu oben zu V. 1 mit Anm. 114.115 und auch unten zu V. 12.
129 Vgl. zu Ps 102–103 / 104–106 als Ende des vierten Psalmenbuches die Ausführungen in Kap. III.1.
130 Vgl. zu Ps 102 insgesamt Kʟᴇɪɴ, Geschichte, 272–276, die die Thematisierung der Restitution Zions als Fortschreibung eines Klageliedes eines Einzelnen annimmt. Vgl. zur Beziehung von Ps 102 und 147 auch Sᴛᴇᴄᴋ, Abschluss, 159, sowie insgesamt zu Ps 102 Sᴛᴇᴄᴋ, Eigenart.
131 Zum möglichen Ursprung des Halleluja-Rufs in Ps 102,19 vgl. den Exkurs in Kap. III.1.

(V. 6.11, vgl. auch Ps 102,17–18). Die Bezeichnung „Jerusalem" ist hier bereits auf dem Weg zur theologisch gedeuteten und spiritualisierten Chiffre.

Während V. 2a und 6a parallel konstruiert sind, unterscheiden sich die Fortführungen sowohl syntaktisch als auch inhaltlich: In V. 2b folgt eine konkretisierende Explikation des Aufbaus Jerusalems in Gestalt der Sammlung Israels, formuliert im Verbalsatz. Dagegen ist in V. 6b dem Aufrichten der Demütigen durch JHWH die Erniedrigung der Gottlosen antithetisch gegenübergestellt bei gleichzeitiger Beibehaltung der partizipialen Satzstruktur. Diese Kombination von demütig (עני) und gottlos (רשע) ist im Alten Testament selten vertreten.[132] Viel häufiger werden den Gottlosen die Gerechten (צדיקים) gegenübergestellt.[133] Sedlmeier und Zenger wollen in diesem Austausch der Termini einen Hinweis darauf sehen, dass hier die Gottlosen als die Feinde der Armen[134] zu verstehen sind, wie z. B. in Ps 10,2 und 37,14 formuliert.[135] An diesen Stellen wird die Feindschaft der Gottlosen und dessen Unterdrückung der Armen allerdings ausdrücklich genannt, was hier nicht der Fall ist. Vielmehr sind in Ps 147 beide Größen nicht aufeinander, sondern auf JHWH bezogen. Das Verhältnis zu ihm ist das entscheidende, da JHWH der Handelnde gegenüber beiden Gruppen ist.[136] Durch die eher untypische Gegenüberstellung der Demütigen und Gottlosen zeigt sich ebenfalls, dass es um das Gottesverhältnis geht und bestätigt damit das zu V. 2 Gesagte: Das Kriterium der Zuwendung Gottes ist die Haltung gegenüber JHWH. Die Gottlosen wenden sich von Gott ab und werden bestraft, die Demütigen erwarten die Hilfe JHWHs und diese wird ihnen gewährt (vgl. V. 9.11). Unterstützt durch den so erzeugten Kontrast von Gottlosen und Demütigen verweist der Begriff עניים hier nicht in den sozial-politisch-gesellschaftlichen Kontext, auf die Bedrohung durch Feinde oder auf das Verhältnis Israel – Völker (vgl. aber V. 19–20).[137] Es ist anzunehmen, dass hier

---

132 Neben Ps 147,6 nur noch Jes 11,4; Ps 10,2; 37,14; Hi 36,6.
133 Vgl. Ps 146,8–9 und die Ausführungen dazu, sonst noch z. B. Gen 18,23.25; Mal 3,18; Ps 1,5.6; 7,10; 11,5; Prov 3,33 und mehrmals in Ps 37; Prov 10–12.
134 Vgl. SEDLMEIER, Jerusalem, 18; ZENGER, Psalm 147, 824, die beide נעוים mit „die Armen" anstatt mit „die Demütigen" übersetzen.
135 Vgl. ZENGER, Psalm 147, 832; SEDLMEIER, Jerusalem, 178: „Die Armen sind vor allem Opfer ihrer Feinde." Die problematische Situation derer, denen von JHWH aufgeholfen wird, ist ihrer Meinung nach „primär ökonomisch, gesellschaftlich und politisch konnotiert" (ZENGER, Psalm 147, 832). Allerdings lassen sich im Psalm selbst keine Hinweise auf ein feindliches Handeln oder eine (soziale oder politisch motivierte) Verfolgungssituation finden.
136 So auch in Hi 36,6: „Den Gottlosen erhält er nicht am Leben (לא־יחיה רשע) und Recht gibt er den Demütigen (ומשפט עניים יתן)."
137 Anders ZENGER, Psalm 147, 832, und auch schon SEDLMEIER, Jerusalem, 206–208, der selbst ein Gegenargument für die Interpretation des Gegensatzes auf die Opposition von Israel und Fremdvölker bietet: nämlich die Nähe zu Ps 146,8–9 und Ps 1, die überhaupt nicht auf eine

bereits ein anfänglich spirituell ausgerichtetes Verständnis von „Armut" zu erkennen ist.[138] Die „Armut", die Ps 147 im Sinn hat, ist die demütige Sehnsucht
derer, die sich nach einer heilvollen Zuwendung JHWHs sehnen, welche im
schöpferischen Schaffen von Lebensraum und Lebenserhaltung (vgl. V. 8 – 9.14)
besteht. Entsprechendes Hoffnungszeichen ist die Errichtung der Gottesstadt Jerusalem / Zion, die zugleich der Ort des Lobpreises über ebensolchem Handeln
Gottes ist (vgl. V. 12). JHWH schafft durch die Neukonstitution Jerusalems bzw. der
Gemeinde Israels die Möglichkeit zum Lobpreis (vgl. die Bitte in Ps 106,47 sowie Ps
102, bes. V. 17.19.22).

Die verwendeten Verben in V. 6 betonen die gegenläufigen Handlungen JHWH:
Die Demütigen werden aufgerichtet (עוד), die Frevler bis zur Erde erniedrigt (שפל).
Damit gelangen die Frevler in die Position der Niedergedrückten, die die Demütigen zuvor innehatten. Im Zusammenhang mit V. 2 liest es sich so: Die Gottlosen
erfahren das frühere Schicksal Jerusalems, welches die Stadt in Begriff ist zu
überwinden bzw. bereits überwunden hat. Wie die Stadt dem Erdboden gleich-
gemacht wurde,[139] so werden die Frevler nun auf den Erdboden niedergeworfen.

Das hier präsentierte Verständnis von Ps 147,6 verweist zurück auf Ps 146,8 – 9
und die Deutung der Gegenüberstellung von JHWHs Liebe zu den Gerechten und
der Krümmung des Weges der Frevler.[140] Die Aussagen sind durch das seltene Verb
עוד („aufrichten", vgl. Ps 146,9aβ) miteinander verbunden,[141] was eine direkte
Abhängigkeit wahrscheinlich macht.[142] Während in Ps 146 die „Witwen und
Waisen" wieder aufgerichtet werden, die mit den Fremden zusammen die typi-
sierte Gruppe der *personae miserae* bilden, fasst Ps 147 diese Einzelgruppen in dem
Terminus עניים zusammen. Die schon in Ps 146 angelegte Spiritualisierung der
bedürftigen Gruppen wird so durch die verallgemeinernde Formulierung fortgeführt. In Ps 146,9 steht das Verb עוד am Ende einer langen Kette von helfenden

---

völkische Zugehörigkeit aus sind, sondern auf das JHWH-gemäße Leben abzielen, vgl. SEDLMEIER,
Jerusalem, 209 mit Anm. 107; dazu auch unten sowie die Ausführungen zu Ps 146.
138 Dieses theologisch-spirituelle Verständnis lässt sich auch in Texten aus Qumran wiederfinden. Die Kennzeichnung ענו / עני („arm") ist dort zur Selbstbezeichnung der Gemeinde geworden. Armut als Demut wird mit Tora-Gehorsam und Rechtschaffenheit verbunden und somit
vollständig zu einer theologischen Qualifikation ausgebaut. Dabei spielt dann Armut im materiellen Sinne keine große Rolle mehr. Vgl. dazu die Studie von FABRY, Armenfrömmigkeit, bes. 149.
139 Vgl. zu שפל („erniedrigen") im Kontext von Jerusalem / einer Stadt Jes 25,12; 26,5; 29,4;
32,19.
140 Vgl. zum Folgenden die Ausführungen zu Ps 146,8b – 9.
141 Das Verb עוד pol. findet sich nur an diesen beiden Stellen; vgl. auch sonst nur noch Ps 20,9
(hier hitpol.). Ein ähnlich seltenes und außerdem semantisch identisches Verb verbindet Ps 145
und 146: זקף „aufrichten" ist alttestamentlich nur in Ps 145,14 und 146,8 belegt.
142 Vgl. zu den Textbezügen zwischen Ps 147 und 146 oben Anm. 85.103.

Taten Jhwhs. In Ps 147,6a bildet die Aussage das direkte Spiegelbild zum vernichtenden Handeln an den Frevlern (gesteigert durch die syntaktische Parallelität) und ist eine Folge der Größe Gottes (V. 4–5). Aufgrund der zusammenfassenden Tendenz in Ps 147,6 und der stärker in den Kontext eingebundenen Aussage in Ps 146,9 ist ein Abhängigkeitsgefälle, bei dem Ps 146 der Spendertext ist, wahrscheinlich.[143] Insgesamt klingt durch die Oppositionsaussagen in Ps 146 und 147 Ps 1 an, dessen Anliegen ebenfalls nicht sozialpolitisch, ökonomisch oder gar national ausgerichtet, sondern stark theologisch reflektierend an Tora-Gehorsam und Jhwh-Frömmigkeit orientiert ist.[144] Dass auch eine ähnliche Perspektive in Ps 147 festzustellen ist, wird weiterhin zu zeigen sein und ist besonders an der Dominanz des Terminus „Wort Gottes" im dritten Teil (V. 12–20) zu erkennen.

Ps 147 nimmt Gedanken aus Ps 146 auf und führt sie theologisch weiter, indem die Spiritualisierungstendenz verstärkt wird. Insbesondere wird die Zions-Perspektive (vgl. Ps 146,10) durch die Konzentration auf Jerusalem intensiviert, indem die Hilfe für die Demütigen mit dem Wiederaufbau Jerusalems und der Neukonstitution Israels identifiziert wird. Der Rückverweis von V. 6 auf den Anfang der Strophe nimmt nicht nur eine syntaktische und inhaltliche Gleichsetzung, sondern auch eine entscheidende Einschränkung des Heilshandeln Jhwhs vor: Durch die Nennung der zwei theologisierten Gruppen der Demütigen und Frevler und der Thematisierung ihres Gottesverhältnisses wird dieses zugleich zur Voraussetzung der Hilfe Jhwhs. Nur den Demütigen hilft Jhwh auf. Es ist nicht sicher zu entscheiden, wo hier die Grenze zu verorten ist: Zielt das Verständnis des Psalmisten auf eine Trennung Israels gegenüber den anderen (heidnischen) Völkern ab oder ist eher an eine Scheidung innerhalb des Volkes zu denken? Letzteres legt sich aus dem Gesamtduktus des Psalms nahe:[145] Jede der drei Strophen endet mit einer Gegenüberstellung, die das heilvolle Handeln Jhwhs auf eine bestimmte Gruppe einschränkt.[146] Am Ende der ersten Strophe wird so deren Anfang relativiert: Jhwh

---

143 So auch Zenger, Psalm 147, 832. Umgekehrt bestimmt Sedlmeier, Jerusalem, 209, die Abhängigkeit und nimmt Ps 146,9 als sekundäre Formulierung in Abhängigkeit von Ps 147,6 an.
144 So schon Sedlmeier, Jerusalem, 209 Anm. 107, einräumend, vgl. auch oben Anm. 134. Vgl. besonders die Gleichsetzung von רשעים („Gottloser") und חטאים („Sünder") in Ps 1,1.5, die auf eine theologische (Ab-)Qualifikation hindeutet und nicht sozialpolitisch oder desgleichen verstanden werden kann. Ps 1 geht es allein um das rechte Gottesverhältnis.
145 Anders Ballhorn, Telos, 312.314, der hier ganz Israel mit den „Armen" identifiziert und keinen Hinweis darauf findet, dass eine Abspaltung innerhalb des Volkes intendiert sein könnte.
146 Auch wenn in V. 19–20 die Perspektive „Israel gegen die Völker" eingenommen wird, spricht dies nicht gegen die Auffassung, dass unter dem wahren Volk Israel die Demütigen und Gottesfürchtigen zu verstehen sind. Dies wird durch die Positionierung der Aussagen am Ende der ersten beiden Strophen (V. 6.11) stark betont. Gerade die explizite Thematisierung der Opposition Israel

ist der Erbauer Jerusalems, er sammelt dazu die Verstreuten Israels. Aber diejenigen, die sich zum Bau seiner neuen Stadt eignen, sind die עֲנָוִים. Es ist das Jerusalem der Demütigen, das zur neuen, idealisierten Stadt JHWHs wird und bereits geworden ist.

Am Ende der Ausführungen zu V. 2 und 6 ist noch einmal auf die Verbindung der Aussagen mit prophetischem Gedankengut hinzuweisen. Eine ähnliche Verknüpfung von spiritualisierter Demut und Restitution Jerusalems mit den Ziel des Lobpreises ist auch in späten Texten des Propheten Zefanja zu erkennen. Zef muss nicht notwendiger Weise eine literarische Vorlage für Ps 147 gebildet haben, gleichwohl weist dessen theologische Perspektive große Ähnlichkeiten mit dem Konzept von Ps 147 auf. Auch in Zef 2–3 geht es um die theologische Qualifizierung der Demut (עֲנָוָה).[147] Die „Demütigen des Landes" (כָּל־עַנְוֵי הָאָרֶץ, Zef 3,3) sind diejenigen, „die Gottes Nähe suchen und seine Hilfe erfahren".[148] Entsprechend wird die neu zu konstituierende „Gemeinde"[149], die inmitten des Volkes übrig bleibt, als „demütig und niedrig" (עַם עָנִי וָדָל, Zef 3,12) charakterisiert.[150] Der „Rest Israel" (Zef 3,13) wird zum Erben des wahren Israels. Das Buch Zefanja endet mit der großen Verheißung eines Lobpreises, der in Zion / Jerusalem erklingen wird (Zef 3,14–20). Wie auch in Ps 147,12 wird in Zef 3,14.16 Zion / Jerusalem personifiziert und in direkter Anrede zum Lobpreis aufgerufen.[151] Die Verstreuten und Bekümmerten werden zusammengesammelt und entgegen aller Erwartung und

---

– Völker erst in V. 19–20 spricht dafür anzunehmen, dass in V. 6.11 ein anderer Aspekt betont werden soll.

147 Nach den wuchtigen Unheilsankündigungen und Warnungen vor dem „Tag JHWHs" (Zef 1), folgt die Mahnung zu Demut (עֲנָוָה) und Gerechtigkeit, um dem Gericht JHWHs zu entgehen (Zef 2,3). Zum Verständnis des Begriffs עֲנָוָה stellt PERLITT, Nahum, 119, überzeugend fest: Der Ausdruck „meint nicht ‚Armut', denn es wäre es nur eine Provokation der Armen, wenn sie hier auch noch zum Suchen der Armut aufgerufen würden."

148 PERLITT, Nahum, 119.

149 Zum Gemeindebegriff vgl. PERLITT, Nahum, 142.

150 Da dies im Gegensatz zum früheren Hochmut gegenüber JHWH (Zef 3,11) zu verstehen ist, wird deutlich, dass עָנִי und דָל hier keine sozial, sondern religiös-theologisch zu verstehenden Begriffe sind. RUDOLPH, Micha, 297, deutet den subjektiven Sinn der Beschreibung als „sich gering fühlend, von sich gering denkend" und beschreibt das Verhalten des demütigen Volkes so: „Eben weil sie nicht auf ihre eigene Kraft stolz sind, ‚bergen sie sich im Namen Jahwes' (12b), d. h. sie verlassen sich ganz auf ihn und rufen allein seinen Namen an".

151 Dazu PERLITT, Nahum, 144: „Die neue Gemeinde trägt die entsprechenden Ehrennamen: Tochter Zion, Tochter Jerusalem." Das Zeitverhältnis der Lobpreisaufforderung sowie deren Akteure ist dabei mehrdeutig: Während in Zef 3,14–15 der Jubel Zions / Jerusalems bereits erklingen soll, weil die Heilszeit schon angefangen hat, ist sie in V. 16 noch zukünftig und JHWH wird derjenige sein, der über sein Volk jubeln wird.

vor aller Welt verschafft Jhwh ihnen „Lobpreis und Namen"[152] (לתהלה ולשם, Zef
3,19.20). Für den Verfasser von Ps 147 ist diese neue Heilszeit bereits angebrochen,
er kann die Sammlung Israels in Jerusalem schon erkennen und ruft darum den
personifizierten Zion zum Lobpreis auf (vgl. auch תהלה in Zef, 3,19 und in Ps 147,1).
Wie für den Propheten gilt für den Psalmisten: „Das Exil ist lange vergessen; im
Blick ist die ‚Heimholung' der Diasporajuden und die restitutio von Volk und
Land."[153] Ein ähnliches Fazit zieht auch Vosberg: „Mit Ps 147 ist der Schritt von der
Erwartung zur gültigen Erfüllung getan. Die Notsituation wird nicht mehr mit-
vergegenwärtigt."[154]

V. 3 „Heilung der Herzen"

V. 3 stellt das Ende der Leidenszeit fest: Diejenigen, die unter zerbrochenen Herzen
(לשבורי לב) leiden, werden von Jhwh geheilt. Er selbst verbindet die Wunden (עצבת)
der Vertriebenen Israels.[155] Neben der äußeren Erneuerung Jerusalems (V. 2) geht
es vor allem um eine innere, geistliche Erneuerung. Darauf deutet die Metapher
des „zerbrochenen Herzens" hin, die dem Psalmisten vermutlich vorgegeben ist
und die er in seinen Psalm integriert. Für dieses Bild von Umkehr und Neubeginn
finden sich drei Texte, Ps 34 und 51 sowie Jes 61, die jeweils auch darüber hinaus
(konzeptuelle) Verbindungen zu Ps 147 aufweisen und darum näher betrachtet
werden. Welcher dieser drei Texte in welcher Form oder ob alle drei die Vorlage für
Ps 147 gebildet haben lässt sich dabei kaum entscheiden. V. 3 lässt außerdem noch
Anspielungen auf Ps 16,4 („Wunden") und Jes 6,10 (Verhinderung der Heilung)
erkennen. All diese Textbezüge sind im Folgenden im Blick auf die Aussage von Ps
147,3 zu bedenken.

Die größte sprachliche Nähe zu Ps 147,3 hat eine Formulierung in Ps 34, da hier
ebenfalls in einer doppelten Aussage Hilfe durch Jhwh denen zugesagt wird, die
„zerbrochenen Herzens" sind. In Ps 34,19 steht das „zerbrochene Herz" (לנשברי־לב)
für das Leiden der Gerechten, denen Jhwh besonders nahe ist und seine Hilfe
erweist.[156] Ps 147 verweist mehrfach auf Ps 34,[157] der durch das Gegenüber von

---

152 PERLITT, Nahum, 146, übersetzt „Ruhm und Ansehen".

153 PERLITT, Nahum, 148, als Fazit zum Ende des Buches Zefanja.

154 VOSBERG, Studien, 121.

155 Zum Bezug das Suffixes von לעצבותם auf נדחי ישראל vgl. SEDLMEIER, Jerusalem, 66.

156 Die Partizipialform in Ps 147,3 ist singulär, in Ps 34,19 liegt ein Nominalsatz mit nif. pt. (vgl.
auch Ps 51,19; Jes 61,1) und ein Verbalsatz mit Imperfekt vor. Ps 34,19: „Nahe (קרוב) ist Jhwh
denen, die zerbrochenen Herzens sind (לנשברי־לב), und die zerschlagenen Geistes sind, rettet er
(יושיע)."

157 Zu den Bezügen zwischen Ps 34 und 147 vgl. unten Anm. 246.

Gerechten und Gottlosen geprägt ist, das auch in Ps 147,6 aufgenommen wird. Der weisheitliche Psalm vertritt eine Lebenslehre, die zur Gottesfurcht führt (Ps 34,12, vgl. Ps 147,11),[158] und die wiederum mit der großen Rettungsmacht JHWHs begründet wird.[159] Das Heilshandeln JHWHs gilt dabei allein den Gerechten und Demütigen (עֲנָוִים), die die vorbildlich JHWH-Fürchtigen sind. Sie rufen in ihrer Not zu Gott (Ps 34,7.10.16.18), weil sie über sich selbst verzweifelt und in ihrem „Zentrum", dem Herzen, zerbrochen sind.[160]

Etwas anders ist das Verständnis der „zerbrochenen Herzen" in Ps 51,19 gelagert: Hier werden sie zu Opfern für Gott (זִבְחֵי אֱלֹהִים) und gleichsam als Schuldeingeständnis gegenüber Gott verstanden.[161] Die angekündigten „Opfer der Gerechtigkeit" (זִבְחֵי־צֶדֶק, Ps 51,21)[162] verweisen auf das neue, ungestörte und allein durch die Gerechtigkeit Gottes (vgl. V. 16) geprägte Verhältnis zwischen Opfer-Darbringenden und Opfer-Empfänger.[163] In Ps 147 wird die Opferthematik nicht aufgenommen und auch die eschatologische Perspektive erscheint nicht so ausgeprägt,

---

158 Vgl. die einschlägigen Kommentare z. B. KRAUS, Psalmen, 417 f; ZENGER, Psalm 34, 210: „Aus dem Gotteslob, das als Dank für erfahrene Rettung verkündet wird [...], erwächst eine Lebenslehre, die ein ‚Lebensmeister' seinen (armen und leidenden) Schülern nahebringen will."
159 Vgl. die ganz ähnliche Konzeption in Ps 146, der ebenfalls in Beziehung zu Ps 34 steht, und die entsprechenden Ausführungen in Kap. II.2.
160 Vgl. zu der Bestimmung der „Herzgebrochenen" auch KRAUS, Theologie, 192 f.
161 Ps 51,19: „Opfer für Gott sind ein zerbrochener Geist (רוּחַ נִשְׁבָּרָה), ein zerbrochenes und zerschlagenes Herz (לֵב־נִשְׁבָּר וְנִדְכֶּה), Gott, wirst du nicht verachten." Ps 51 ist ein Bußgebet und Schuldbekenntnis eines Einzelnen, der zugleich für ein Kollektiv spricht: für sein ganzes Volk (vgl. Ps 51,20). Sünde und Schuld werden als Untreue gegenüber JHWH verstanden (vgl. die Beziehung von Ps 51 zu Jes 1), die der Beter in der metaphorischen Sprache des Ehebruchs (vgl. Ps 51,7 – 8) veranschaulicht. Die zur Hure gewordene Stadt (vgl. Jes 1,21), d. h. Zion, muss durch Gericht erlöst werden (vgl. Jes 1,27). Auf dieses Gericht und Strafhandeln Gottes blickt der Beter in Ps 51 zurück und bittet nun um Heilung der geschundenen Menschen und um die Restitution der zerstörten Stadt (Ps 51,19.20, vgl. Ps 147,2 – 3!). Dabei sind „geängstigter Geist" und „zerbrochenes Herz" wie auch die wiederaufzubauenden Mauern (חוֹמוֹת) Metaphern und zugleich Erkennungszeichen für die zerbrochene Beziehung zwischen Gott und Volk. Der Beter bittet um die Restitution des einstmaligen Treuebundes zwischen JHWH und Israel, der durch Untreue zerstört ist und der vor allem nur durch JHWH selbst wieder hergestellt werden kann. Darum ist JHWH auch Subjekt des Wiederaufbaus: „Tu wohl an Zion nach deiner Gnade, baue die Mauern zu Jerusalem." (Ps 51,20) Die Stadtmauern stehen „*pars pro toto* [für] die von Gott selbst zu errichtende, zukünftige und neue Gestalt Jerusalems überhaupt", so MOSIS, Mauern, 214. Mosis plädiert dafür, die letzten beiden Verse des späten Psalms entgegen weit verbreiteter Meinung zum Grundbestand zu rechnen. Vgl. zu Ps 51 auch KLEIN, Spirit.
162 Vgl. z. B. 1QS IX,5: „Das Hebopfer der Lippen nach dem Gesetz ist wie wohltuender Geruch der Gerechtigkeit und vollkommener Wandel wie ein freiwilliges Opfer des Wohlgefallens." Zum Verhältnis von Ps 51 und 1QS vgl. KLEIN, Spirit.
163 Vgl. MOSIS, Mauern, 214. Vgl. zur Opfer-Thematik unten zu V. 7 mit Anm. 199.

wie es für Ps 51 festzustellen ist.[164] Aber gerade die Verbindung von kollektivierender Perspektive[165] der Restitution des Zions mit seiner frommen Volksgemeinschaft und der individuellen Wiederherstellung der heilvollen Lebenssituation, deren Grundlage das bereinigte Gottesverhältnis ist, verweist auf Ps 51 als mögliche Inspirationsquelle für Ps 147.

Auch zu Jes 61 ergeben sich Verbindungen: So wird denjenigen, die zerbrochene Herzen (לנשברי־לב) haben, das Verbinden (חבש, vgl. Ps 147,3b) durch den Boten Jhwhs in Aussicht gestellt und die Elenden (ענוים, vgl. Ps 147,6) werden als Adressaten des neuen Heils genannt (Jes 61,1 f).[166] Außerdem findet sich in Jes 61 nach der Verheißung der Heilung und Freiheit für den Einzelnen auch die Ankündigung des Wiederaufbaus der zerstörten und verwüsteten Städte (V. 4). Der abgegoltenen Strafe wird nun eine neue Heilszeit folgen (V. 7; vgl. Jes 57,14 – 19). Wie schon Ps 51 sieht der prophetische Text eine fundamentale Wende heraufziehen. Statt Trauerkleid und betrübtem Geist (vgl. Ps 34,19; 51,19) wird ein Gewand des Lobes zur Verherrlichung Gottes angezogen (V. 3, תהלה, vgl. Ps 147,1). Möglicherweise versteht sich Ps 147 als einen solchen Lobgesang des neuen Heils (vgl. V. 1), wie er auch in Jes 61,10 – 11 angestimmt wird.[167] Der Psalmist nimmt die prophetischen Ankündigung auf und transformiert sie in seinen Hymnus. Dabei sorgt er durch wörtliche Aufnahmen dafür, dass die Verbindung zwischen Prophetentext und Hymnus erkennbar bleiben. Der Verfasser von Ps 147 blickt nicht nur auf eine Wende zum Heil voraus, sondern er sieht sie bereits vor sich. Zumindest in

---

164 Mosis betont insgesamt die eschatologische Perspektive in Ps 51, die er durch die adverbiale Bestimmung עד in V. 21 verstärkt sieht: „Das zweimalige *ʾāz* kennzeichnet den Mauerbau durch Gott als Wende von einer dann vergangenen und abgetanen alten zu einer neuen Zeit, es charakterisiert den göttlichen Mauerbau als eine radikale Zeitenwende." (Mosis, Mauern, 211, vgl. insgesamt 211 – 215). Diese radikale Zeitenwende lässt sich in Ps 147 so nicht beobachten: Es fehlen die sprachlichen Marker (wie das עד in Ps 51), und die partizipiale Satzstruktur konstruiert außerdem ein etwas anders gelagertes Zeitgefüge, vgl. dazu unten Kap. II.3.4.4.

165 Auch für Ps 34 könnten Anzeichen einer kollektiven Perspektive angenommen werden, die eine Gruppe von Frommen, evtl. auch innerhalb Israels, im Blick hat: vgl. die pluralischen (indirekten) Anreden in V. 3 (ישמעו ענוים וישמחו); V. 4 (גדלו); V. 9 (טעמו וראו); V. 10 (יראו את־יהוה קדשיו); V. 12 (לכו־בנים שמעו־לי יראת יהוה אלמדכם).

166 Jes 61,1 – 2: „Der Geist des Herrn, Jhwh, ist auf mir; denn gesalbt hat Jhwh mich. Dass ich frohe Botschaft bringe den Elenden (ענוים), dazu hat er mich gesandt, zu verbinden (חבש), die gebrochenen Herzens sind (לנשברי־בל), auszurufen den Gefangenen Freiheit und den Gebundenen die Öffnung des Kerkers, zu verkündigen das Jahr der Gnade Jhwhs und den Tag der Rache unseres Gottes, zu trösten alle Trauernden." Zur Einordnung in den Kontext von Jes 61 und zur Frage des Sprechers Kratz, Tritojesaja, 237 f. Vgl. auch Jes 66,2: „Meine Hand hat alles gemacht, was da ist, spricht Jhwh. Ich sehe aber auf den Elenden und auf den, der zerbrochenen Geistes (ונשה־רוח) ist und der erzittert vor meinem Wort."

167 Vgl. hier auch die Beziehungen von Ps 146 und 149 zu Jes 61, je an entsprechender Stelle.

seinem Loblied, das er Zion / Jerusalem in den Mund legt, versetzt er das göttliche Restitutions- und Heilshandeln antizipierend in die Jetztzeit und erreicht damit ein gegenwärtiges Erleben des prophetisch Angekündigten. Während in der prophetischen Ankündigung die Heilstaten durch die Infinitiv-Formen als Absicht und Aussicht formuliert werden, verwendet der Psalmist partizipiale Ausdrücke, die stärker präsentisch zu verstehen sind. Was dort noch im Modus der Verheißung über die Sendung des Gesalbten gesagt wird, ist hier schon zur gegenwärtigen Erfahrung geworden. Der Psalmist sieht die Heilung schon in Gang gesetzt, wenngleich sie noch nicht abgeschlossen ist. Bei dieser „Ver-Gegenwärtigung" ist es für den Beter von Ps 147 ganz entscheidend – anders als in Jes 61[168] –, dass das Heil von Jhwh ausgeht (wie schon in Ps 34,19), was durch die vielen Partizipien und die Positionierung des Gottesnamens in V. 2 und 6 deutlich wird. Auch hier kann er sich auf weiteres jesajanisches Gedankengut stützen (z. B. Jes 57,14 – 21), das immer wieder betont, dass das neue Heil für das untreue und völlig verloren geglaubte Volk von Jhwh allein ausgeht und ausgehen muss.

Diese drei Stellen, die ebenfalls die Metapher „zerbrochene Herzen" thematisieren, zeigen: In Ps 147,3a geht es nicht (in erster Linie) um äußerliche Wunden, sondern die essentielle Gottesbeziehung steht auf dem Spiel, die durch die Untreue Israels gefährdet ist.[169] Dieses Verständnis wird in V. 3b weitergeführt. Das seltene Wort עצבות („Wunden") kommt innerhalb des Psalters nur noch in Ps 16 vor.[170] In Ps 16,4 sind die Wunden Folge der Verehrung anderer Götter. Der leidende und geschädigte Mensch, wie er in Ps 147,3 dargestellt wird, hat unter den Folgen seiner eigenen Untreue gegenüber Jhwh zu leiden (Fremdgötter werden hier allerdings nicht zum Thema). Diese Schuld kann nur von Jhwh selbst hinweggenommen und geheilt werden (vgl. Ps 34,23). Die Verben des Heilens (רפא) und Verbindens (חבש) in V. 3 deuten auf den Schuld-Sühne-Zusammenhang hin (vgl. Jes 30,26; Hos 6,1). Dagegen kommen die Lexeme לב („Herz") und רפא

---

168 Jes 61 setzt dagegen einen Boten voraus, der für die Heilsvermittlung an die Leidenden zuständig ist (V. 1 – 3). Ebenfalls erfolgt der Wiederaufbau nicht direkt durch Jhwh, sondern die ehemals zu Zion Trauernden werden befähigt die Trümmerstätten zu erneuern (V. 4). Vgl. dazu auch Sedlmeier, Jerusalem, 204, der allerdings in seiner Arbeit die Qualität Jhwhs als Bauherrn sehr stark betont und alle anderen Aussagen des Psalms dieser Bestimmung unterordnet.

169 Vgl. auch Lohfink, Arzt, 127: „Der Kern dieser umfassenden Krankheit Israels [...] ist die zerbrochene Gottesbeziehung." Vgl. dazu insgesamt Lohfink, Arzt, 121 – 129.

170 Ps 16,4a: „Zahlreich sind die Wunden derer (עצבותם), die einem anderen [Gott] nachlaufen." Wie in Ps 147,3 auch hier mit pluralischen Suffix. Der Begriff עצבות („Wunden") findet sich sonst nur noch in Hi 9,28 und Prov 10,10; 15,13. Ps 16,3 – 4 wird meist als spätere Einfügung betrachtet (vgl. Zenger, Psalm 16) bzw. es wird in V. 3 – 4 sogar eine Textverderbnis angenommen (so z. B. Kraus, Psalmen, 261).

(„heilen") zusammen nur noch einmal vor: in Jes 6,10. Diese prominente Aussage innerhalb des Berufungsberichts des Jesaja formuliert allerdings das genaue Gegenteil: Während in Ps 147 und anderswo die Heilung verheißen bzw. festgestellt wird, äußert Jes 6,10 die radikale Verhinderung des Heilwerdens der Herzen (vgl. auch Ps 81,13).[171] Auch hier wird die (metaphorische) Heilung mit der Umkehr des Volkes verbunden. Dieses scharfe Wort von der Verstockung der Herzen und der Unmöglichkeit der Umkehr wurde in der literarischen Nachgeschichte schon innerhalb des Alten Testaments verschiedentlich entschärft und positiv gewendet (vgl. z. B. Jes 30,26; 61,1). In Ps 147 kann ebenfalls die Aufnahme dieses Motivs in Umwandlung zum Positiven festgestellt werden: Die Verben רפא („heilen") und חבש („verbinden") stehen für die umfassende Wende in der Beziehung zwischen Jhwh und Volk. Für Ps 147 manifestiert sich diese Wende zum Heil in der Neukonstitution des Gottesvolkes in doppelter Perspektive: äußerlich-kollektives Heilwerden als Wiederaufbau der Stadt und Sammlung des Volkes, innerlich-individuelles Heilwerden als Wiederherstellung der Integrität des Einzelnen im Blick auf Gott. Zugleich bedeutet das Ende des Leidens den Beginn der erneuerten Gottesbeziehung. Die Heilung der Herzen ist die Wiederherstellung der menschlichen Integrität durch die erneute und erneuerte Fokussierung auf Jhwh: durch Jhwh-Furcht und das Vertrauen auf ihn, wie es den Gerechten und Demütigen eigen ist. Darum sind es die Demütigen, denen Gott das Herz heilt (vgl. Ps 34), sie richtet er wieder auf (Ps 147,6).

V. 4 – 5 „Sterne, Namen und Macht Gottes"

Während Jhwh selbst die Zahl der Sterne bestimmt, sie benennt und dadurch ins Sein ruft, ist seine eigene Weisheit und Einsicht (תבונה) ohne Zahl und nicht zu ermessen. Vor diesem Horizont der strukturierenden und maß-gebenden Macht Jhwhs einerseits und seiner zugleich alle menschlich erfassbaren Strukturen übersteigenden Größe andererseits bewegen sich die Aussagen von V. 4 – 5: „Er bestimmt die Zahl der Sterne, ihnen allen ruft er Namen zu. Groß ist unser Herr und reich an Kraft, seine Weisheit ist unermesslich." Dabei kommt dem Lexem ספר („Zahl" / „zählen", V. 4a.5b) besondere Bedeutung zu, da es durch seine Position am Anfang und Ende von V. 4 – 5 den Gegensatz zwischen kontrollierter Begrenztheit und unverfügbarer Größe betont, der letztlich auf den fundamentalen Unterschied zwischen göttlicher Schöpfung und Gott als Schöpfer hinweist.

---

171 Jes 6,10: „Mache fett das Herz dieses Volkes und seine Ohren schwer und seine Augen verklebe, damit es nicht mit seinen Augen sieht und mit seinen Ohren hört und in seinem Herzen versteht und umkehrt und geheilt wird." Zu Ps 81 vgl. unten die Ausführungen zu V. 13 – 14.

Beide Verse sind auf vielfältige Weise mit den anderen Aussagen von Ps 147 verknüpft. Der syntaktische Aufbau von V. 4 erinnert an V. 2 (Partizip / Imperfekt)[172] und stellt auch eine inhaltliche Verknüpfung her: Das machtvolle Handeln des Schöpfergottes ermöglicht nicht nur die Restitution Jerusalems, sondern umfasst auch die Herrschaft über die Gestirne. Durch das schöpferische und dabei vor allem „verbale" Handeln JHWHs, das sich im Bestimmen (מנה) und Rufen (קרא) äußert (V. 4), wird bereits auf das „Wortgeschehen" im hinteren Abschnitt des Psalms (V. 15 – 20) vorausverwiesen. V. 5 ist ein Bekenntnis der Größe und Unergründlichkeit JHWHs, dessen immerwährender und unerschütterlicher Bestand durch die Formulierung als Nominalsatz betont wird.[173] Der stilistisch anders gestaltete Vers ist gleichwohl in den Kontext eingebunden, indem durch die determinierte Form „unser Herr" (אדונינו)[174] auf die Beziehung Gottes zu seinem Volk, dessen Vertreter hier sprechen (vgl. אלהינו, V. 1.7), verwiesen wird.[175] Die Größe, Macht und gleichzeitig nicht erfassbare Weisheit als Übersicht über all das, was ist, sind unverrückbare und zuverlässige Konstanten im Blick auf JHWH (auch in Abgrenzung zu menschlicher Stärke, vgl. V. 10). Diese Beobachtung ist für den Beter einerseits Ausgangspunkt und Grundlage für alle anderen genannten heilvollen Taten JHWHs und andererseits Zielpunkt, Begründung und Garantie der restituierenden Hilfe JHWH. Es ist Selbstvergewisserung des Beters und Lobpreis JHWHs in einem.

Auch V. 4 – 5 weist Bezüge zu überlieferten Texten auf, allen voran zu Jes 40,26.28 sowie insgesamt zum Eingangskapitel von Deuterojesaja.[176] Darüber hinaus zeigt V. 4 Verbindungen zu dem für Ps 147 zentralen Ps 33 und V. 5 weist auf Ps 145 zurück. Dieser Rückverweis wird durch die sehr ähnlichen Formulierungen in Ps 145,3 und 147,5 erreicht,[177] so dass hier sehr wahrscheinlich eine direkte Aufnahme von Ps 145,3 in Ps 147,5 vorliegt und / oder auf einen geprägten Sprachgebrauch geschlossen werden kann.[178] Im Blick auf weitere verwandte

---

172 Vgl. zu der Entsprechung von V. 2 und 4 auch SEDLMEIER, Jerusalem, 245 f, mit Bezug auf VOSBERG, Studien, 93.

173 Die Nominalsatzkonstruktion hat in dieser Form nur Ähnlichkeiten mit V. 1.

174 Die Wendung גדול אדונינו („groß ist unser Herr") ist singulär im Psalter (vgl. Dan 9,4), eine vergleichbare Aussage, formuliert mit יהוה, findet sich in Ps 48,2; 95,3; 96,4 (= 1Chr 16,25); 135,5; vgl. Ps 150,2; Sir 43,31.

175 Vgl. zur Betonung der Gott-Israel-Beziehung durch viele Suffixe FELDMEIER / SPIECKERMANN, Gott, 33 – 35.

176 Vgl. zu den Bezügen unten Anm. 195.

177 Ps 145,3: „Groß ist JHWH und sehr zu loben (גדול יהוה ומהלל מאד), und für seine Größe ist kein Erforschen (ולגדלתו אין חקר)."

178 Ein solch geprägter Sprachgebrauch könnte in Ps 145,3a vorliegen, da die Formulierung identisch in Ps 48,2; 96,4 vorkommt, jeweils aber unterschiedlich fortgeführt wird. HOSSFELD,

Stellen fällt allerdings auf, dass es für אין מספר („unermesslich", Ps 147,5) recht viele Parallelen gibt, für אין חקר („unerforschlich", Ps 145,3) deutlich weniger.[179] Ps 147 folgt demnach der häufigeren Formulierungsweise und zieht diese der selteneren Form aus Ps 145 vor. Auch dient in Ps 145 die Größe JHWHs unmittelbarer als in Ps 147 der Lobbegründung (Ps 145,3), indem der Vers direkt auf die Selbstaufforderung zum Lob (V. 1–2) folgt und das Loben in der Aussage noch einmal thematisiert wird. Zudem bleibt Ps 145,3 auf die Größe JHWHs konzentriert und nimmt nicht die „Weisheit" hinzu, wie Ps 147,5 (und auch Jes 40,28). Somit lassen sich bei aller Ähnlichkeit doch Unterschiede zwischen den beiden Psalmen erkennen, die ihren Grund vermutlich in einer weiteren Vorlage für Ps 147,4–5 haben, nämlich Jes 40.

Wie schon die vorangehenden Verse steht auch V. 4–5 in enger Verbindung zu deuterojesajanischen Formulierungen, insbesondere zu Jes 40,26.28.[180] Die rhetorische Frage „Wer hat diese geschaffen?" (Jes 40,26) zielt auf den einzig denkbaren Schöpfer der Sterne und himmlischen Wesen ab, wie das Verb ברא deutlich macht, das alttestamentlich nur mit JHWH als Subjekt verbunden ist.[181] Der Vollzug der Schöpfertätigkeit JHWHs an den Sternen besteht nach Jes 40,26 im Bemessen ihrer Zahl und im Rufen ihrer Namen, was letztlich die Herrschaft Gottes über sie

---

Psalm 145, 797 f, versteht Ps 145,3a als Zitat aus Ps 48,2 („Bekenntnis der Zionstradition"), das ebenfalls in Ps 96,4 zitiert wird. Vgl. dazu die Ausführungen zu Ps 145,3.

179 Für אין מספר vgl. neben Ps 147,5 noch Gen 41,49; Ri 6,5; 7,12; Jer 2,32; Joel 1,6; Ps 40,13; 104,25; 105,34; Hi 5,9; 9,10; 21,33; Hld 6,8; 1Chr 22,4.16; 2Chr 12,3. Für אין חקר vgl. neben Ps 145,3 noch Jes 40,28; Hi 5,9; 9,10; 36,26; Prov 25,3. Während אין מספר breit gestreut in den alttestamentlichen Schriften zu finden ist, wird mit אין חקר ein weisheitlicher Topos aufgenommen (vgl. noch Ps 139,1.23; Hi 11,7; 36,26), so BUYSCH, Davidpsalter, 313. Beide Formulierungen, אין חקר und אין מספר, werden im Zusammenhang mit der Unerforschlichkeit Gottes in Hi 5,9; 9,10 parallel gebraucht und damit synonym verstanden: עשה גדלות חקר עד-אין ונפלאות עד-אין מספר. Die Kapitulation vor Gottes Größe bei Hiob steht zusammenfassend am Ende von Schöpfungsaussagen (bes. über den Himmel) durch Gott, deren letztes Element sich ebenfalls (wie Ps 147,4) auf die Erschaffung der Sterne (bzw. Sternbilder) bezieht.

180 Die literarische Abhängigkeit wird weitläufig anerkannt, vgl. z. B. GUNKEL, Psalmen, 615 f; BRIGGS / BRIGGS, Psalms, 535; SCHOORS, God, 256; ZENGER, Psalm 147, 831. Jes 40,26.28: „Hebt in die Höhe eure Augen und seht: Wer hat diese geschaffen? Er lässt ihr Heer hervortreten nach der Zahl (במספר), ruft sie alle mit Namen (לכלם בשם יקרא). Vor [ihm], reich an Macht und stark an Kraft (מרב אונים ואמיץ כח), fehlt kein einziger. [...] Hast du nicht erkannt, oder hast du nicht gehört? Ein ewiger Gott ist JHWH, der Schöpfer der Enden der Erde. Er ermüdet nicht und ermattet nicht, unerforschlich ist seine Einsicht (אין חקר לתבונתו)."

181 Vgl. ELLIGER, Deuterojesaja 40,1–45,7, 88 f: „Das Auftreten des Wortes [ברא] schließt also die Antwort auf die Frage von 26aα bereits ein: wer? niemand anders als Jahwe!"

und ihrerseits die Verpflichtung zum Gehorsam bedeutet.[182] Diese Aussage aus Jes 40,26 entstammt weisheitlichem Hintergrund wie es beispielsweise die Nähe zu einem Spruch aus der südsyrischen Weisheit erkennen lässt: „Viel sind die Sterne des Himmels, und ihre Namen weiß kein *Mensch*" (XII [11/55] 6 = C116).[183] Kottsieper kommentiert dazu: „Die Verbindung zwischen der Zahl der Sterne und ihren Namen erweist sich als weisheitlich vorgeprägt, und die Aussage, daß *Gott* die Namen kennt, bekommt vor dem Hintergrund eines solchen Spruchs dezidiert die Konnotation, daß Gott alle menschlichen Möglichkeiten überschreitet."[184]

Die unergründliche Weisheit Gottes wird als Grund für die menschlich nicht zu erfassende Schöpfungsordnung angeführt, die in weisheitlichen Texten immer wieder ausführlich beschrieben wird (vgl. z. B. Sir 43).[185] Dabei dienen die Sterne als *pars pro toto* für die ganze Himmelsordnung von Sonne, Mond und Sternen.[186] Sie können sogar als Sinnbild für die gesamte Schöpfung stehen, indem sie die festgelegte Schöpfungsordnung durch ihren regelmäßigen Auf- und Abgang am Himmel bezeugen (vgl. Sir 43,9 – 11; Bar 3,34).[187] Somit sind die Sterne in Ps 147,4

---

182 Vgl. ELLIGER, Deuterojesaja 40,1 – 45,7, 89 f: „Deutlich ist die Sprache von 26 darauf abgestellt, nicht nur die Geschöpflichkeit der Gestirne, sondern fast mehr noch ihre absolute Unterworfenheit unter den Willen des machtvollen Gebieters Jahwe zu demonstrieren." Vgl. auch KRAUS, Psalmen, 1136: „Dieses Rufen ist zugleich schöpferischer Akt und Bekundung des Herrenrechtes (vgl. Jes 40,26)." Dies macht auch das verwendete Verb מנה („zählen") deutlich, das ein „zielgerichtetes Zählen im Sinne von ‚abrechnen, verfügen'" meint, vgl. dazu und zum Folgenden CONRAD, Art. מנה, 977 – 979; SEDLMEIER, Jerusalem, 249. So wird durch das Zählen der Sterne JHWHs unbegrenzte Souveränität zum Ausdruck gebracht. Das Vermögen zu zählen bedeutet eine gewisse Macht über und zugleich Unabhängigkeit von dem Gezählten. Richtiges Zählen vermag darum auch nur der von Gott unterwiesene Weise (vgl. Ps 90,12). Auch in Ps 147,4 – 5 wird das Zählen der Sterne auf die Weisheit JHWHs zurückgeführt.

183 Zitiert nach KOTTSIEPER, Weisheit, 144 [Hervorhebung original].

184 KOTTSIEPER, Weisheit, 144 [Hervorhebung original].

185 Das Substantiv תבונה ist Derivat der Wurzel בין („verstehen") und trägt weisheitliche Konnotationen, nicht zuletzt auch deswegen, weil es sehr oft mit חכמה („Weisheit") synonym verwendet wird, vgl. für diesem Zusammenhang Prov 3,19 und Jer 10,12 – 13 (= 51,15 – 16), wo die Weltschöpfung ebenfalls auf die Weisheit Gottes und dessen Ordnungsmacht zurückgeführt wird, vgl. sonst noch Ps 136,5; Jes 40,(14.)28. Möglicherweise findet sich in der weisheitlich geprägten Hymn to the Creator (11Q5) eine ältere Variante des Materials, das in Jer 10,12 – 13 verarbeitet wurde (vgl. SANDERS, Psalms Scroll, 89; SEYBOLD, Hymnusfragment, 205). Damit umfasst der Begriff תבונה die weisheitliche und außerdem übermenschliche Geschicklichkeit Gottes bei Erschaffung der Welt sowie die alles überblickende Einsicht und ordnende Weitsicht. Dies verweist ebenfalls auf חכמה („Weisheit"), die insbesondere in Prov 8 und Sir 24 als personifizierte Gestalt zur Schöpfungsmittlerin und -teilhaberin wird.

186 Die Trias „Sonne, Mond und Sterne" findet sich einige Male im Alten Testament: Gen 37,9; Dtn 4,19; Jes 13,10; 31,35; Ez 32,7; Joel 2,10; 4,15; Ps 148,3; Koh 12,2.

187 Vgl. dazu CLEMENTS, Art. כוכב, 81.85 f.

ein Hinweis auf das göttliche Heil, das sich in der (weisheitlich) geordneten Schöpfung manifestiert und das nach dem Gericht auch in der Restitution Jerusalems zu erkennen ist.[188]

Auch in Ps 33 kommen die Sterne als „das Heer des Himmels" vor (V. 6b), die zusammen mit dem Himmel als Geschöpfe geschaffen werden. Ps 33 hat ebenfalls ein großes Interesse an der ordnenden Schöpfungsmacht Gottes, die mit dem Sehen und Sprechen Gottes verbunden wird (vgl. Ps 33,6.9.11.13 – 14.18). Ähnlich wie die Sterne in Ps 33,6 durch die schöpferische Wortmacht JHWHs (ברוח פיו) geschaffen werden, ist auch in Ps 147,4 die Herrschaft über die Sterne Ausdruck von Gottes „Wort" in Form von Bestimmen und Rufens JHWHs (vgl. auch Jes 40,26).[189]

Die Betonung der unbegrenzten Möglichkeiten Gottes lässt sich auch an der Kombination von מספר („Zahl") und שם („Name") erkennen, die vor allem in den Genealogien in Numeri beheimatet (bes. Num 1) und sonst sehr selten ist.[190] Sie kommt aber bezeichnenderweise sowohl in Ps 147,4 als auch in Jes 40,26 vor. Jeweils im Anschluss folgen Aussagen über die Größe und Macht JHWHs (vgl. כח in Jes 40,26 und Ps 147,5). Schließlich findet sich in Jes 40,28 ebenfalls die Charakterisierung „seiner Weisheit" (לתבונתו) als „unerforschlich" (אין חקר, vgl. Ps 145,3[191]) wie in Ps 147,5 (אין מספר). Dies alles spricht dafür, dass Ps 147,4 – 5 eine komprimierte und hymnisch transformierte Zusammenstellung der Aussagen in Abhängigkeit von Jes 40,26.28 bietet.

Der Fokus des ganzen Abschnitts Jes 40,12 – 31 ist der Erweis der Stärke und damit der Überlegenheit JHWHs gegenüber anderen Völkern und ihren Göttern, vermutlich babylonischen Astralgottheiten.[192] Während der Jesajatext auf apologetische Weise und mit vielen rhetorischen Fragen die Größe JHWHs gegen eine nicht weiter charakterisierte Gruppe von Skeptikern und Gegnern verteidigt, steht

---

188 Jer 31,35 – 36 beschreibt den Zusammenhang von kosmischer Ordnung, die sich an der Trias von Sonne, Mond und Sternen erkennen lässt, und der heilvollen Zuwendung Gottes zu seinem Volk; vgl. SEDLMEIER, Jerusalem, 247.

189 Vgl. mit Ps 33,6 auch Ps 147,18: Jeweils stehen דבר und רוח parallel und beschreiben die schöpferische Wortmacht JHWHs, vgl. dazu unten zu V. 15 – 18 sowie auch KRAUS, Psalmen, 410.

190 Außerhalb von Num nur noch 1Kön 18,31; 1Chr 23,24.

191 Dass die seltenere Form in Jes 40,28 und Ps 145,3 vorkommt, vgl. Anm. 179, könnte evtl. dafür sprechen, dass auch Ps 145,3 die Jesaja-Stelle aufnimmt, vgl. dazu die Ausführungen zu Ps 145,3 in Kap. II.1.4, bes. Anm. 136.

192 Dazu ALBANI, Gott, 125: „Nirgendwo sonst in DtJes findet man in einer unmittelbaren Wortfolge eine solche ungefügte Ballung der Begriffe für ‚Macht' bzw. ‚Kraft' im Hinblick auf Gott wie hier [....] Offenbar gab es für DtJes' Zeitgenossen keinen größeren göttlichen Machterweis als die Herrschaft über die Gestirne." Vgl. auch SCHOORS, God, 256, sowie zum Abschnitt Jes 40,12 – 31 insgesamt KRATZ, Kyros, 43 – 47.52.

im Psalm eine polemische Auseinandersetzung nicht im Vordergrund, sondern vielmehr das Lob Gottes und damit der Jubel über die erfahrene Größe, die zumindest vom Beter und seinen Mitbetenden nicht weiter in Frage gestellt wird. Oder anders ausgedrückt: Während bei Jesaja noch diskutiert wird (freilich schon zugunsten Jhwhs entschieden), präsentiert der Psalm bereits das Ergebnis der theologischen Ausführung gleichsam als Bekenntnis zu dem einen mächtigen Gott. Dabei wird z. B. die Schöpfungstätigkeit selbst, die in Jes 40 durch das Signalverb ברא stark hervorgehoben wird, in Ps 147 nicht explizit aufgenommen, gleichwohl ist das Thema Schöpfung sehr präsent. Ebenso ist die Gesamtperspektive von Jes 40, die Verheißung eines Neuanfangs für Jerusalem, in Ps 147 zu finden.

Diese prophetische Heilsverheißung für das Volk Israel in Jes 40 lässt sich in drei Aspekten beschreiben: Am Anfang steht die große Heilsouvertüre (V. 1–11). Die Strafe des Volkes hat ein Ende, Jhwh wendet sich seiner Stadt erneut zu und übernimmt wieder die Herrschaft. Die Rückkehr des göttlichen Königs zum Zion bringt die Sammlung der Verstreuten mit sich (vgl. das Bild des Hirten in Jes 40,11 mit Ps 147,2). Es folgt eine theologische Argumentation in mehreren Durchgängen über die unbestreitbare Größe und Macht Jhwhs gegenüber anderen vermeintlichen Göttern (Jes 40,12–25). Der Text endet mit der Zusage der Verleihung eben dieser göttlichen Macht und Stärke an das schwache und geschundene Volk (Jes 40,26–31). Dabei ist das mächtige Wirken Jhwhs als Schöpfer durchgehendes Motiv und gleichzeitig die Garantie für die Neu-Be-Kräftigung und damit Neu-Schöpfung des Volkes nach überstandenem Leid.[193] Neben den wörtlichen Übereinstimmungen zwischen den beiden Texten lassen sich diese drei Aspekte aus Jes 40 auch in Ps 147 finden. Jetzt aber nicht mehr im Modus der prophetischen Ankündigung als Trostwort, sondern als lobpreisende Beschreibung der Gegenwart, deren Sprecher den neuschaffenden Gott und sein Heil bereits erlebt. Der Psalm beginnt mit der Restitution Jerusalems und dem Heilwerden des Volkes[194] (V. 2–3). Er bekennt die Größe Jhwhs, veranschaulicht durch die Herrschaft über die Sterne, die in der unerforschlichen Einsicht Gottes begründet liegt (V. 4–5), und formuliert ebenfalls die Ermächtigung der Schwachen durch den starken Gott (V. 6, vgl. auch V. 10–11). Somit ist aufgrund der konzeptionellen Nähe und der lexikalischen Bezüge eine Abhängigkeit von Jes 40 seitens Ps 147 anzunehmen.[195]

---

193 Zu Schöpfung (und Erwählung) als Argumente für neue Hoffnung vgl. auch Kratz, Kyros, 161–163.

194 Vgl. auch die Verknüpfung über den Begriff לב, wenn auch unterschiedlich gebraucht: In Jes 40,1 ist das „Herz Jerusalems" (לב ירושלם) Adressat der Heilsbotschaft, in Ps 147,3 sind die „zerbrochenen Herzen" (לשׁבורי לב) das Objekt der Heilung durch Gott.

195 Vgl. dazu noch einmal zusammenfassend die Aspekte und Begriffe von Jes 40, die sich ebenfalls in Ps 147 finden: Vgl. Jes 40,8 mit V. 15–19 („Wort Gottes"); Jes 40,9 mit V. 12 (Per-

Der theologische Gehalt des ersten Teil des Psalms stellt sich somit wie folgt dar: Schon mit der Eröffnung des Psalms wird die Korrespondenz von Ps 147 mit anderen Psalmen erkennbar, wenn das Loben selbst gelobt wird und zu einem gottgemäßen, weil guten Lobpreis aufgerufen wird (V. 1, vgl. bes. Ps 33; 92; 135). Der Psalmist lässt das Ende des Exils als Trennung von Gott thematisch anklingen und rühmt JHWH für die Neuschöpfung von Volk und Stadt besonders im Rekurs auf jesajanische Formulierungen (V. 2, vgl. bes. Jes 11; 56). Nur durch JHWH selbst kann diese gescheiterte Beziehung zwischen ihm und seinem Volk wiederhergestellt werden. Er allein kann heilen und diese Wunden verbinden (V. 3, vgl. bes. Ps 34; Jes 61). Dies ist in seiner Schöpfungsmacht und zugleich bleibenden Herrschaft über die Schöpfung begründet (V. 4–5, vgl. bes. Jes 40) und wirkt sich in der Aufrichtung der Demütigen Jerusalems sowie in der Vernichtung der Gottlosen aus (V. 6, vgl. bes. Ps 146). Schöpfungstheologische Aussagen werden mit heilsgeschichtlichen Taten Gottes parallel gesetzt und beide für gleich „realistisch" erachtet.[196] Dies wird in Ps 147 anhand der Neu-Schöpfung Jerusalems konkretisiert. Die Schöpfungsmacht JHWHs wird in der Geschichte erfahrbar und umgekehrt lässt sich an dem gegenwärtig Heil wirkenden Gott dessen Schöpferidentität erkennen. Beide „Wirkbereiche" Gottes, Schöpfung und Geschichte, sind darum nicht voneinander isoliert zu denken.[197] Sie garantieren sich gegenseitig die Wirkmächtigkeit Gottes und liefern damit die Grundlage für den Hymnus, der vor dem Horizont der vergangenen Taten JHWHs die heilvolle Gegenwart preist und hoffnungsvoll in die Zukunft blickt.

3.4.2 Der Lobgesang der JHWH-Fürchtigen (V. 7–11)

Dieses Kapitel beschäftigt sich mit dem mittleren Abschnitt von Ps 147, dessen zentrales Thema die Erhaltung der Schöpfung durch JHWH ist. Die Lobaufforderung zu Beginn (V. 7) und die Eingrenzung am Ende, hier auf die JHWH-Fürchtigen (V. 10–11), entsprechen den für Ps 147 charakteristischen Elementen. Dagegen fehlt auf den ersten Blick ein Abschnitt zum geschichtlichen Wirken JHWHs, während das schöpferische Wirken thematisiert wird (V. 8–9). Wie aber die Analyse der Verse 7–11 zeigen wird, gibt es mehr Anklänge an das Geschichts-

---

sonifikation Zion-Jerusalems); Jes 40,12 mit V. 8 (הרים – ארץ – שמים); Jes 40,13 mit V. 18 („Geist Gottes"); Jes 40,14 mit V. 5 (תבונה); Jes 40,24 mit V. 18 (Vernichtung durch Wind Gottes); Jes 40,26.29 mit V. 4–5 (Namen der Sterne; Macht; unermessliche Einsicht); Jes 40,27 mit V. 19 („Jakob-Israel"); Jes 40,29–31 mit V. 10–11 (menschliche Stärke vs. Harren [חיל] auf Gott).
196 Vgl. ANDERSON, Psalms, 56.
197 Vgl. oben Kap. II.3.1.

wirken JHWHs als die formale Gliederung vermuten lässt. Auch für diesen Teil finden sich zahlreiche Anspielungen auf andere Texte wie Esra 3 und Neh 12, Ps 104 und Hi 38 – 39 sowie Ps 33 und Ps 145 / 146.

V. 7 „Singt mit Lob!"

„Singt JHWH mit Lob, lobsingt unserem Gott zur Leier!" (V. 7). Mit dieser direkten Lobaufforderung wird der zweite Teil des Psalms eröffnet. Während in V. 1 noch eine Charakterisierung des Lobens an sich im Zentrum stand und das Lobsingen (זמר) für Gott als „gut" und der Lobgesang (תהלה) als „angenehm" definiert wurde, haben die syntaktisch parallel formulierten Kola von V. 7 stärker den Vollzug des Lobens (vgl. die Imperative ענו und זמרו) mit Lied und Instrument im Sinn. Das Verb ענה („singen", V. 7a)[198] macht deutlich, dass hier תודה als Lob-Lied und nicht als Lob-Opfer im realen kultischen Vollzug zu verstehen ist. Insgesamt legt es sich in Ps 147 nicht nahe, an ein materielles Opfer zu denken.[199] Die Gottesbezeichnung „unser Gott" (vgl. V. 1a.7b) sowie die Imperative im Plural setzen einen gemeinschaftlichen Lobgesang voraus:[200] Die ganze Gemeinschaft vom Zion (vgl. V. 12)[201] soll JHWH mit Musikbegleitung (vgl. כנור)[202] für sein heilvolles Handeln preisen und ihm ein תודה-Lied, also einen Hymnus, singen. Die Begründung des Lob-

---

198 Nach STENDEBACH, Art. ענה I, 233 – 234.243, stammt ענה IV („singen") von ענה I („antworten") ab. Ist diese Annahme richtig, wird durch die Verwendung von ענה betont, dass hier das Loben JHWHs als dankbare Antwort des Menschen auf die göttlichen Heilstaten (vgl. V. 1 – 6 und V. 12 – 20) verstanden wird. Vgl. hierzu auch WESTERMANN, Lob, 23: Mit der Formulierung „ich will den Herrn loben" sagt der Psalmbeter „ich will ihm auf sein Tun an mir antworten". Vgl. außerdem die Ausführungen zum Lobpreis als Antwort Israels bei VON RAD, Theologie I, 367 – 382.

199 So auch schon HERMISSON, Sprache, 38; ZENGER, Psalm 147, 832. Vgl. zum Nebeneinander von תודה als Lobopfer und Loblied HERMISSON, Sprache, 29 – 64; RADEBACH-HUONKER, Opferterminologie, 34 – 37.175 f. Zu „Spiritualisierung" bzw. „Metaphorisierung" der kultischen Opfer vgl. LIESS, Weg, 156 – 164; RADEBACH-HUONKER, Opferterminologie, 179 – 188 und schon grundlegend HERMISSON, Sprache.

200 Loben setzt dabei immer ein Forum voraus (selbst wenn es nur auf literarischer Ebene existiert), vor dem das Handeln Gottes gepriesen wird, vgl. dazu WESTERMANN, Lob, 20 – 24, bes. 22. Im Anschluss an Westermann und auch HERMISSON, Sprache, 32, wird hier die Bezeichnung „Lob(lied)" verwendet und nicht „Dank" oder „Danklied" (so z. B. die einschlägigen deutschen Bibelübersetzungen und auch ZENGER, Psalm 147, 824).

201 Durch אלהים, jeweils mit Suffix in V. 1a.7b.12b, werden die Aufforderungen parallelisiert und auf ein und dieselbe Gruppe bezogen: Die Gruppe, die zu Anfang angesprochen wurde, ist demnach in V. 7 weiterhin im Blick und kann entsprechend auch für V. 12 angenommen werden: Zion / Jerusalem wird zum Loben seines Gottes JHWH aufgerufen, vgl. dazu auch unten zu V. 12.

202 Unter כנור ist ein Seiteninstrument (ähnlich einer „Leier", vgl. auch Ps 149,3 und 150,3) zu verstehen, das oftmals im Kontext des Lobens genannt wird (vgl. z. B. Ps 33,2; 71,22; 98,5).

aufrufs (allerdings ohne כי) wird in den folgenden Versen ausgeführt: JHWH ist der Versorger aller Lebewesen und alles Leben ist von ihm abhängig.

Auch für V. 7 ergibt der Konkordanzbefund interessante Verbindungen: Während schon Ps 147,1 mit seiner ersten (indirekten) Lobaufforderung auf Ps 33,1 verweist,[203] knüpft die zweite Lobaufforderung in V. 7 nun an Ps 33,2 an, angezeigt durch die Lexeme זמר („singen"), כנור („Leier")[204] und ידה („loben").[205]

V. 7 weist in seiner auf den ersten Blick schlichten Formulierung auch Bezüge zu Texten außerhalb des Psalters auf: Zwei für die Esra-Nehemia-Überlieferung zentrale und dort in liturgischer Ausschmückung wiedergegebene Ereignisse klingen in der Lobaufforderung von V. 7 an. Der Ausdruck ענו ליהוה („singt für JHWH", mit ל) kommt nur noch einmal vor und zwar im Kontext des Dank- und Lobgesang zur Grundsteinlegung des Tempels (Esra 3,11). Unter den wenigen Belegstellen[206] für die Konstruktion תודה mit ב („mit Lob") fällt besonders Neh 12,27[207] auf: die liturgische Dankesfeier zur Einweihung der Jerusalemer Stadtmauer. Nur hier wird das Preisen mit Lobliedern und mit Instrumentenbegleitung (auch כנור wird erwähnt!) in einer parallelen Reihung aufgezählt.

Bei Esra bzw. Nehemia geht es um die Inszenierung einer großen Dankesfeier für JHWH, der den Bau von Tempel bzw. Mauer ermöglicht hat. Für die theologisierte Darstellung der Esra-Nehemia-Bücher wird im Wiederaufbau von Tempel und Stadtmauer der Neuanfang für das Volk Israel nach dem Exil sichtbar.[208] Die bauliche Wiederherstellung Jerusalems steht für die Wende zum Heil und die Gewinnung von neuer Identität für das Gottesvolk, die vor allem durch den Rückgriff auf die alten Traditionen und die Selbstverpflichtung auf die Tora als geistliche und rechtliche Grundlage möglich wird. So erhalten Gottes Wort als Tora und das Lob des Volkes für den Tempel, Mauer und Tora schenkenden Gott eine herausragende Stellung in der Esra-Nehemia-Darstellung der persischen Zeit, die aber vermutlich erst in hellenistischer Zeit (etwa 3. Jh.) entstanden ist. Damit rückt

---

203 Zu der Beziehung von Ps 147,1 zu Ps 33,1 vgl. oben die Ausführungen zu V. 1.

204 Für die Verbindung von זמר („singen") und כנור („Leier") vgl. sonst noch Ps 71,22; 98,5; 149,3; vgl. zu זמר mit ב oben Anm. 35.

205 Ps 33,2: „Lobt (הודו) JHWH mit der Leier (בכנור), zur zehnseitigen Harfe singt ihm (זמרו)."
206 Vgl. außerdem noch Ps 69,31; 95,2; 100,4.

207 Neh 12,27: „Und bei der Einweihung der Mauer Jerusalems forderten sie die Leviten von allen ihren Orten auf, nach Jerusalem zu kommen, um die Einweihung zu feiern (לעשת חנכה), mit Freude und mit Lobliedern (בתודות) und mit Gesang, Zimbeln, Harfen und mit Leiern (בכנרות)." Vgl. dazu auch bei Ps 150,3–5.

208 Vgl. zum Folgenden und zu Komposition und Theologie der Esra-Nehemia-Bücher KRATZ, Komposition, 53–92, bes. 54.90f; STEINS, Esra, 332–349, bes. 347. Vgl. zu der Beziehung zwischen Ps 147 und der Buchkomposition Esra-Nehemia auch ZENGER, Mund, 144.

diese Konzeption, geprägt von Toratreue und Schriftgelehrsamkeit auch zeitlich in die Nähe der Psalmen des kleinen Hallels.[209]

Es wäre demnach denkbar, dass der Psalmist von Ps 147 durch die Verwendung ähnlicher Formulierungen in V. 7 auf die für die Esra-Nehemia-Darstellung wichtigen Ereignissen anspielt, die auch für seinen Lobpreis Grundlage sind: Die Neukonstitution von Jerusalem als Lebensraum durch den Schöpfergott JHWH (V. 1–6), die Festigung der Mauer (in Ps 147 durch die Torriegel wiedergegeben) durch den friedenbringenden Gott (V. 12–15) und schließlich das Wirken durch das göttliche Wort (V. 16–20).[210] Ebenso wie die idealisierte Figur des Schriftgelehrten Esra[211] orientiert sich auch der Psalmist an der überlieferten Tradition. Dies ist an den zahlreichen Textanspielungen wahrzunehmen, die er in seinen Text einbindet.

Somit gewinnt der mittlere Teil von Ps 147 durch seine unauffällige Aufforderung in V. 7 eine (heils-)geschichtliche Komponente, auch wenn sie in diesem Abschnitt sonst nicht eigens thematisiert wird. Dabei ist besonders auffällig, dass es ausgerechnet Ereignisse im Zusammenhang der Restitution Jerusalems sind, auf die durch die Formulierung in V. 7 verwiesen wird, die auch in den beiden anderen Teilen des Psalms vorkommen. So wird über diese hintergründige Anspielung auf Esra-Nehemia der Kontext des ganzen Psalms in den Blick genommen.[212] Aufgrund der Verwendung von nur in diesen beiden Textbereichen (Esra 3,11 / Neh 12,27 und Ps 147,7) vorkommenden Ausdrücken kann V. 7 demnach als Indikator für die Rezeption der Esra-Nehemia-Tradition bzw. vor allem ihrer Jerusalem-Thematik (wohlgemerkt in liturgischem Kontext) verstanden werden, deren Konzeption durch die Einbindung in einen Hymnus weitergeführt wird. Damit scheint auch in V. 7 die zentrale Thematik des Psalms durch: die Restitution Jerusalems.

V. 8–9 „Erhaltung des Lebens"

V. 8–11 thematisiert das Wirken JHWHs in der Natur und führt nach der Lobaufforderung in V. 7 aus, warum und wofür JHWH gepriesen werden soll. In einem Dreierschritt verdeutlichen die hymnischen Aussagen, dass die Natur mit den

---

209 Vgl. zur Datierung des kleinen Hallels Kap. III.3.
210 Vgl. die Auslegung der entsprechenden Abschnitte und bes. den Bezug von V. 13–14 zu Neh 3. Die Nähe zur Esra-Nehemia-Tradition hat schon DELITZSCH, Psalmen, 819–820, gesehen.
211 Vgl. zur Person des Esra als „Identifikationsfigur für das toratreue, schriftgelehrte Judentum" KRATZ, Komposition, 330; DERS., Statthalter, 111–118; DERS., Ezra. Zu Esra als „Schrift- oder Buchkundigem" vgl. auch WILLI, Tora, 45 f; DERS., Juda, 106–109.
212 Dies unterstützt die Annahme der literarischen Einheit von Ps 147, vgl. oben Kap. II.3.3.2.

Pflanzen (V. 8) sowie die Tiere (V. 9) vollkommen abhängig sind von JHWHs Wirken und Versorgen. Ziel und Höhepunkt bildet dabei die Zuwendung JHWHs zu den gottesfürchtigen und auf ihn wartenden Menschen (V. 11). In allen Bereichen der naturhaften Zusammenhänge und an allen Lebewesen wirkt JHWH als der Souverän. Besonders in V. 8 wird dies durch die am Satzanfang stehenden und durch den Artikel hervorgehobenen Partizipien (המכסה – המכין – המצמיה) deutlich: „Er bedeckt den Himmel mit Wolken, er bereitet der Erde den Regen, er lässt wachsen auf den Bergen Gras." JHWH ist für die fruchtbare Vegetation zuständig und garantiert deren Fortbestand, indem er dauerhaft (vgl. den durativen Charakter der Partizipialaussagen) derjenige ist, der „bedeckt", der „bereitet" und der „wachsen lässt".[213] Damit wird das in sich stabile kosmische Zusammenwirken der Naturvorgänge von Wetter und Vegetation auf JHWH als dem zentralen Gestalter und Initiator hingeordnet und als von ihm abhängig erklärt (vgl. schon V. 4 und die Ordnung der Sterne durch JHWH).[214] Nichts passiert von sich aus, sondern alles ist Teil des ordnenden und geordneten Wirkens Gottes.[215] V. 8 – 9 zeigt mit seinem Bezug zur Schöpfungsordnung besondere, zum Teil wörtliche Verbindungen vor allem zu Ps 104 sowie zu Hi 38 auf, so dass beide Texte anzunehmende Referenztexte für Ps 147 darstellen.

Der große Schöpfungspsalm 104 ist der Inbegriff des Lobes auf das struktur- und ordnungsschaffende Tun JHWHs.[216] Ps 147 zitiert in V. 8 Ps 104,13 – 14.[217]

---

213 Vgl. zu den Wetterphänomen SEDLMEIER, Jerusalem, 262 – 267.

214 Ähnlich auch SEDLMEIER, Jerusalem, 265.

215 Diese Vorstellung ist vor allem in weisheitlichen Texten zu finden wie z. B. in dem großen Loblied auf die Schöpfungsordnung Gottes (Sir 39,12 – 35), vgl. dazu SPIECKERMANN, Gott und das Ganze, sowie auch den Überblick bei KRATZ / SPIECKERMANN, Art. Schöpfer, 274 – 277. Auch in Jer 10,12 f (= 51,15 f) wird die Weltschöpfung auf die Weisheit Gottes und dessen Ordnungsmacht zurückgeführt: „Er hat die Erde gemacht durch seine Kraft (בכחו), er hat den Erdkreis gegründet durch seine Weisheit (בחכמתו) und durch seine Einsicht (ובתבונתו, vgl. Ps 147,5!) hat er die Himmel ausgespannt. Ertönt seine Stimme, dann ergießen sich die Wasser am Himmel. Und er lässt Wolken aufsteigen vom Ende der Erde, Blitze macht er für den Regen und er lässt den Wind aus seinen Kammern herausgehen." Vgl. dazu auch oben zu V. 4 – 5.

216 Vgl. dazu SPIECKERMANN, Heilsgegenwart, 21 – 49, bes. 46.49. Zu Ps 104 vgl. die Ausführungen in Kap. II.1 sowie STECK, Wein; KÖCKERT, Beobachtungen; KRATZ, Reste, 56 f; DERS., Gnade, bes. 2 – 7; KRÜGER, Lob; zu der Nachwirkung von Ps 104 in Sir vgl. HOSSFELD, Schöpfungsfrömmigkeit.

217 Insgesamt sind folgende Bezüge zwischen Ps 147 und 104 festzustellen: vgl. V. 7 mit Ps 104,33 (זמר / ענה); V. 8 mit Ps 104,13 – 14 (Vegetation); V. 9 mit Ps 104,21 (Verlangen der Tiere nach Nahrung); V. 14 mit Ps 104,27 – 28 (Sättigung des Menschen); V. 18 mit Ps 104,4.30 (רוח im Zusammenhang mit Theophanie bzw. als schöpferische Kraft), vgl. an den jeweiligen Stellen. Außerdem gibt es enge Bezüge von Ps 145 und 146 zu 104, vgl. die entsprechenden Kapitel. Auffälligerweise hat die Psalmenrolle 11Q5 aus Qumran, die eine völlig andere Reihenfolge der

Anders als in Ps 104,14[218] erfüllt das Gras in Ps 147,8 aber nicht den Zweck des Futters für das Vieh,[219] sondern wächst um seiner selbst willen. Das Vieh (בהמה) wird anschließend ebenfalls erwähnt, steht aber nicht in direkter Beziehung zum Gras, sondern erhält seine eigene Nahrung (לחמה, V. 9). Auch dient die gottgewirkte Vegetation nicht direkt dem Menschen (wie in Ps 104,14). Zwar kommt der Mensch in Ps 147,10 – 11 ausführlich in den Blick, aber die Nahrung des Menschen thematisiert der Psalmist erst in V. 14b gesondert, so dass hier eine Ergänzung in Anlehnung an Ps 104,14aβ (vgl. die LXX) weder notwendig ist noch der ursprünglichen Konzeption von Ps 147 entsprechen würde.[220]

Die Aussagen von Ps 104,10 – 14 werden in Ps 147,8 aufgenommen, aber zugleich stark verkürzt und in eine syntaktische Form gefügt, deren hymnische Gleichförmigkeit gegenüber den Formulierungen in Ps 104 noch gesteigert ist und die sich als Trikolon von den anderen Versen in Ps 147 abhebt.[221] Somit ist eine konzentrierte Struktur von drei mal drei Elementen entstanden, die neben Ps 104 auch ganz enge Verbindungen zu Deuterojesaja hat: Die dort mehrmals vorkommende Trias von Himmel, Erde und Bergen steht *pars pro toto* für die ganze Schöpfung Gottes (vgl. z. B. Jes 40,12). Dabei erhält die Erlösungstat an Jakob-Israel[222] eine universale Perspektive, indem Himmel, Erde und Berge als Zeugen angerufen und zum Jubel über JHWHs Handeln aufgefordert werden (Jes 44,23).[223] Eine ganz ähnliche Formulierung begegnet auch im Kontext der Restitution Jerusalems (Jes 49): Die Wiederherstellung der Gottesstadt hat universal-kosmische Bedeutung, so dass die ganze Welt davon profitiert und darum in den Jubel Gottes einstimmen soll (Jes 49,13). Es ist bemerkenswert, wie eine anscheinend rein schöpfungstheologische Aussage in Ps 147 über ihre Bezugstexte eine heilsgeschichtliche Perspektive hinzugewinnt – und dies immer im Bezug auf die Restitution Jerusalems, die in den beiden anderen Teilen des Psalms das zentrale Thema bildet (vgl. schon V. 7). Der Psalm spielt bis in die kleinsten Formulierungen und die zum Teil nur schwer wahrnehmbaren innerbiblischen Bezüge die Korrespondenz von Schöpfung und Geschichte durch und webt beide Aspekte des

---

Texte bietet, aber gerade Ps 104 und 147 hintereinander gestellt. Gut möglich, dass dabei intertextuelle Bezüge eine Rolle gespielt haben, vgl. dazu Kap. III.2.

218 Ps 104,14: „Der Gras hervorsprossen läßt für das Vieh (מצמיח חציר לבהמה) und Pflanzen zum Dienst des Menschen, damit er Brot (לחם) hervorbringe aus der Erde."

219 So aber SEDLMEIER, Jerusalem, 269; anders KRATZ, Gnade, 255 f.

220 Vgl. dazu oben Anm. 36.

221 Vgl. oben Kap. II.3.3.1. Ein ähnliches Phänomen der hymnischen Verkürzung ist auch in Ps 146,7 – 8 festzustellen, vgl. dazu die Ausführungen zu Ps 146,7b – 8a.

222 Zu der konzeptionell wichtigen Bezeichnung Jakob-Israel in Jesaja vgl. unten zu V. 19 – 20.

223 Vgl. auch den Lobaufruf in Ps 148, bes. V. 4.9, wo der ganze Kosmos in seinen Elementen als Schöpfung Gottes angesprochen wird, vgl. dazu die Ausführungen zu Ps 148.

Heilshandelns Jʜᴡʜs unlösbar ineinander. In Ps 147 sind Himmel, Erde und Berge zwar nicht in den Lobgesang einstimmende Zeugen des Heilswirken Jʜᴡʜs, aber als Objekte, denen das Wirken Jʜᴡʜs zum Heil wird und durch die Gott Gutes hervorbringt, dienen sie gleichsam indirekt als Zeugen für das göttliche Schaffen im Horizont von Schöpfung und Geschichte.[224]

V. 9 rühmt die göttliche Versorgung der Tiere: „Er gibt dem Vieh seine Nahrung, den jungen Raben das, wonach sie rufen." Die eher allgemeine Formulierung לבהמה לחמה (V. 9a) wird durch das konkrete Beispiel der schreienden Rabenjungen (V. 9b) ergänzt. Gerade die krächzenden Raben, die als unrein gelten (vgl. Dtn 14,11–19) und wenig geschätzte Tiere sind, dienen als Beleg für die großzügige und gnädige Fürsorge Gottes.[225] Die sprachliche Vorlage für die nach Futter schreienden Raben entstammt vermutlich Hi 38,41 (vgl. aber auch Ps 104,21).[226] In diesen Referenzstellen adressieren die Tiere ihren Hungerschrei direkt an Gott (אל) und treten damit gleichsam als vertrauensvoll Betende auf.[227] Der Aspekt der (bewussten) Ausrichtung auf Gott wird so betont. In Ps 147,9 dagegen wird kein Adressat für das Rufen der hungrigen Raben genannt.[228] Gleichwohl ist nur Jʜᴡʜ derjenige, der ihnen Nahrung geben kann, wie durch das V. 9 einleitende Partizip נותן („er gibt") mit Jʜᴡʜ als logischem Subjekt deutlich wird. Die fromme Orientierung auf Gott als Versorger bleibt allein dem Menschen vorbehalten, wie dann V. 11 formuliert und wie es auch in Ps 145 beschrieben ist, wo ebenfalls Ps 104 zitiert wird.[229]

---

224 Das an Himmel, Erde und Bergen offenbar werdende Schöpfungswirken Jʜᴡʜs wird auch in der „Hymn to the Creator" (11Q5) besungen und beschreibt den Jubel der Engel (Z. 12) über die am Wirken an Bergen, Erde, Himmel (Z. 13–15, in umgekehrter Reihenfolge gegenüber Ps 147,8–9) zu erkennende göttliche Macht und Weisheit. Auch hier dient die Trias als Ort des Zeugnisses für das Handeln Gottes, das zum Lobpreis animiert. Vgl. zur „Hymn to the Creator" insgesamt Sᴇʏ-ʙᴏʟᴅ, Hymnusfragment.
225 Vgl. Zᴇɴɢᴇʀ, Psalm 147, 833; vgl. auch schon Rɪssᴇ, Raben, bes. 385 f.388.
226 Hi 38,41: „Wer bereitet dem Raben (ערב) sein Futter (צידו), wenn seine Jungen zu Gott schreien, umherirren ohne Nahrung (לבלי־אכל)?" Ps 104,21: „Die Junglöwen (הכפירים) brüllen nach Raub, fordern von Gott ihre Speise (אכלם)."
227 Hi 38,41: אל־אל ישועו („zu Gott schreien sie"); Ps 104,21: לבקש מאל („fordern von Gott"). Vgl. Aʟʟᴇɴ, Psalms, 47 [zu Ps 104].386; vgl. auch ähnlich Joel 1,20.
228 Deshalb ist der Vorschlag von Rɪssᴇ, Raben, 385.388 (diesem folgt Zᴇɴɢᴇʀ, Psalm 147, 833), unscharf und verkennt die bewusste Veränderung in Ps 147 im Gegensatz zu seinen Bezugstexten, wenn er V. 9b auf die betenden Menschen deutet und als Metapher für die „Armen" im Sinne der sog. Armenfrömmigkeit sieht. Rɪssᴇ, Raben, 388, kommt zu dem Fazit: So „können auch die Beter heute sagen: ‚Wir sind die jungen Raben!'" und orientiert sich dabei an der deutenden Übersetzung von Septuaginta und Vulgata, die jeweils Gott als Adressaten des Rufens ergänzen – in Anlehnung an die verwandten Stellen Hi 38,41 und Ps 104,21.
229 Vgl. Ps 145,15–19 mit 104,27–28, dazu die Ausführungen zu Ps 145,14–17. Vgl. zu den verschiedenen Bezügen zwischen Ps 104 und 145 bzw. 147 auch Kʀᴀᴛᴢ, Gnade, bes. 255 f.266 f.

Ps 147 setzt gegenüber seinen Bezugstexten bewusst neue Akzente: Der Psalmist greift gerade nicht auf die nach Beute schreienden und jagenden starken Löwen zurück (wie Ps 104,21; Hi 38,39), sondern nennt die hilfsbedürftigen Rabenjungen, die eindringlicher „die notwendige, existentielle Verwiesenheit des Geschöpfs auf den Schöpfer zum Ausdruck" bringen.[230] Die Tiere werden *per se* als abhängig von Gott erklärt und können nicht anders, als (orientierungslos) zu rufen. Das Bild der hilflos schreienden Raben veranschaulicht die Angewiesenheit des Menschen. Diese anthropologische Aussage wird aber erst in Verbindung mit V. 11b.14b deutlich.[231]

Schon im ersten Teil des Psalms (V. 1–6) hat die Erwartung der göttlichen Hilfe für die Demütigen ihre Begründung im heilsgeschichtlichen und schöpfungswirksamen Handeln Gottes. Der Charakterisierung JHWHs als Erhalter der Schöpfung im zweiten Abschnitt folgt ebenfalls eine Engführung auf den einzelnen Menschen: Derjenige, der die Bereiche von Himmel, Erde und Bergen unter seiner Kontrolle hat und Nahrung für die Tiere bereithält, ist auch derjenige, der sich erst recht um die Menschen kümmert, die sich ihm erwartungsvoll in Furcht und Vertrauen zuwenden.[232] Diese Eingrenzung beschreiben die Verse 10–11, die im nächsten Abschnitt anzusehen sind.

V. 10–11 „Wohlgefallen Gottes und JHWH-Furcht"

In V. 10 wird dem Vertrauen auf die menschlich geschaffene Macht in Form von militärischer Stärke eine Absage erteilt: „Nicht an der Stärke des Pferdes hat er Gefallen, nicht an den Schenkeln des Mannes hat er Wohlgefallen." Demgegenüber nennt V. 11 das, was Gottes Anerkennung erhält: „Wohlgefallen hat JHWH an denen, die ihn fürchten, an denen, die harren auf seine Gnade." V. 10–11 liest sich als Anfrage an die angemessene Verhältnisbestimmung von Gott und Mensch: Der Mensch hat sich nicht als Geschöpf über das zu erheben, was der Schöpfer geschaffen hat.[233] Ihm bleibt nur das anerkennende Fürchten Gottes und das Einsehen in seine Abhängigkeit von JHWH als seinem Schöpfer, indem er auf dessen Gnade hinlebt. Wieder lassen sich auch für diese Formulierung und Konzeption Verbindungen zu anderen Texten aufzeigen: Ganz zentral steht hier abermals Ps 33 im Hintergrund. Darüber hinaus weist Ps 147,10–11 auch konzeptionelle Beziehungen zu den vorangehenden Psalmen 145 und 146 auf, und es lassen sich Anklänge an Hi 39 und Ps 111 sowie wieder an Ps 104 und 34 finden.

---

230 SEDLMEIER, Jerusalem, 275, ähnlich auch DELITZSCH, Psalmen, 822.

231 Vgl. oben Anm. 228 sowie auch KRATZ, Gnade, 256.

232 Vgl. hierzu auch die Aufnahme und Weiterführung der Thematik in Mt 6,25–34.

233 Ähnlich auch VOSBERG, Studien, 95.

An den Anfang der Untersuchung der innerbiblischen Anknüpfungen von V. 10 – 11 ist Ps 33 zu stellen, der sich aufgrund der bisher aufgezeigten Bezüge bereits mehrfach als Vorlage für Ps 147 erweisen hat. Diese These wird insbesondere durch die Aufnahme von Formulierung und Gedankengang von Ps 33,16 – 22 in Ps 147,10 – 11 unterstützt, die wohl die engste und darum deutlichste Verbindung zwischen beiden Texten darstellt. Sowohl in Ps 33 als auch in Ps 147 dienen die Aussagen über die nicht-rettende Macht der Könige und der militärischen Potenz (Ps 33,16 – 17 / Ps 147,10; jeweils גבור / גבורה „Stärke"; סוס, „Pferd") als vorgeschaltete Kontrastfolie für die Rettungsmacht Gottes, die den JHWH-Fürchtigen zugute kommt (Ps 33,18 – 19 / Ps 147,11 zitiert dabei Ps 33,18).[234] So wie schon die kleinen unansehnlichen Vögel abhängig sind von JHWH, dem Ernährer (V. 9), so wenig kann sich der Mensch über der Stärke von Pferden (d. h. seiner Kriegspotenz) rühmen, als wäre sie von ihm geschaffen. Stattdessen wird dem Menschen die JHWH-Furcht als Ausdruck des Eingeständnisses in die Abhängigkeit des Menschen von Gott anempfohlen. Mit dieser Aussage zitiert V. 11 Ps 33,18 und greift damit auch die Gesamtkonzeption des weisheitlichen Psalms auf.[235] Was in Ps 33

---

234 Ähnlich wie in Ps 147 ist auch schon in Ps 33 die Aussage über die vermeintlich Mächtigen nicht besonders stark in den Kontext eingebunden. Allerdings lässt sich daraus weder für Ps 33 noch für Ps 147 eine literarische Schichtung ableiten. Zur literarischen Einheitlichkeit von Ps 33 vgl. WITTE, Lied, 524; zu Ps 147 oben Kap. II.3.3.2. Neben Ps 33,16 – 17 und Ps 147,10 – 11 ist eine ähnliche (weisheitliche) Gegenüberstellung von menschlicher (militärischer) Macht und göttlicher Hilfe in Prov 21,31; Ps 20,8; 44,7 – 8; 60,13; 108,13; 146,3; Hos 1,7; 14,4; Jes 30,15 – 16; 31,1 – 3 zu finden, vgl. auch WITTE, Lied, 531 mit Anm. 42. Besonders Jes 30 – 31 mit der Frage des Gottvertrauens steht dabei in engem thematischen Zusammenhang mit Ps 147,10 – 11 (und auch Ps 146,3). Die Kombination גבורה und סוס findet sich neben Ps 33,16 – 17 noch in den Gottesreden bei Hiob (Hi 39,19: „Gibst Du dem Pferd Stärke [לסוס גבורה]?"), die schon bei den Rabenjungen zitiert worden sind. Was bei Hiob als rhetorische Fragen Gottes an Hiob formuliert wird (vgl. auch Hi 38,41), gibt Ps 147 als feststehende Aussagen des Beters über den Charakter JHWHs wieder.
235 Das Thema von Ps 33 (vgl. zu Ps 33 insgesamt, dessen Struktur und Bezügen zu Ps 147 oben Anm. 83.106.107) ist die in die Welt kommende Gnade Gottes (Ps 33,5), indem JHWH Himmel, Erde und Menschen erschafft und erhält (V. 6.9.15.19), die Feindmächte (Chaoswasser, Völker und Könige, V. 7.10.16 f) kontrolliert und sich den ihn fürchtenden Menschen heilvoll zuwendet (V. 18 f). Die alle Zeiten übergreifende und transzendierende Gnade Gottes ist einerseits Ausgangspunkt des göttlichen Handelns (V. 5) und andererseits Zielpunkt der menschlichen Hoffnung (V. 18.22). Vgl. dazu WITTE, Lied, 532: Durch die „Zusammenschau von Jahwes Rettungshandeln in Vergangenheit, Gegenwart und Zukunft" (vgl. V. 18 – 19) wird „die das Psalmkorpus eröffnende These von Jahwes durch die Zeiten hindurch identisch bleibendem Wort und von Jahwes Zeit und Raum transzendierender Huld" (V. 4 – 5) konkretisiert. Vgl. dazu unten Kap. II.3.4.4. Die JHWH-Furcht äußert sich im Warten auf die Gnade Gottes (vgl. Ps 147,11). JHWH-Furcht beschreibt das ganzheitliche Ausgerichtetsein des Menschen auf Gott, so wie es auch das Schᵉma Israels fordert (Dtn 6,5). Das Schᵉma spricht zwar nicht direkt vom Fürchten, aber z. B. Dtn 10,12 nimmt die

als frommes Bekenntnis der Gemeinde, die zum Lob aufgefordert wird (vgl. V. 1– 3), in den Mund gelegt wird [vgl. „wir" in V. 20 – 22), bleibt in Ps 147 (zunächst) im Modus der weisheitlichen Unterweisung, wenn V. 18 in Ps 147,11 zitiert wird: „Siehe, das Auge JHWHs ist auf denen, die ihn fürchten, bei denen, die auf seine Gnade harren (למיהלים לחסדו)." (Ps 33,18). Ps 147 zitiert somit nicht das Bekenntnis (V. 22), sondern die weisheitliche Sentenz (V. 18) und platziert die Spitzenaussage von Ps 33 nicht am Ende, sondern als zentrale Aussage in der Mitte des Psalms (und damit am Ende des zweiten Teils).[236] Die Formulierung wurde in ihrer Satzstruktur vollständig und zudem fast wörtlich in Ps 147,11 übernommen (vgl. die Änderung des Anfangs von V. 18a sowie der Präposition in V. 18b). Der Ausdruck „die Augen JHWHs" (Ps 33,18a) als Ort, wo entschieden wird, was recht bzw. unrecht ist und damit Gefallen vor Gott findet oder nicht,[237] wurde durch den abstrakten Begriff des Wohlgefallens (חפץ / רצה) ersetzt.[238] Möglicherweise sollte so die bildhaft-anthropomorphe Redeweise über JHWH in Ps 147 vermieden werden. Dadurch wird außerdem stärker das positive Urteil JHWHs betont, während in Ps 33,18 theoretisch auch ein negativer Befund möglich wäre (was aber aufgrund der eindeutig positiven Konnotation des JHWH-Fürchtens im Kontext nicht zu er-

---

Forderung der JHWH-Liebe aus Dtn 6,5 auf und setzt sie in eins mit der JHWH-Furcht (vgl. auch Ps 145,19 – 20 und die Ausführungen dazu). Ps 147 ist durch die JHWH-Furcht auch mit dem weisheitlichen Verständnis der Gottesbeziehung verbunden. Indem der Mensch seine eigene Unzulänglichkeit einsieht und ihm Gottes Unermesslichkeit vor Augen steht, kann er nur noch loben – anstatt zu versuchen, Gott ganz erfassen und völlig ergründen zu wollen, vgl. z. B. WELKER, Gottesfurcht, 160. So formuliert es auch Ben Sira am Ende seiner Schrift, wenn auch er als großer Weisheitslehrer geradezu „kapituliert" und „nur noch" loben kann (Sir 43,27 – 33). Diese Erwartung der Gnade Gottes wird nochmals in dem den Psalm abschließenden Bekenntnis der lobenden Gemeinschaft der Gerechten (Ps 33,20 – 22, vgl. V. 1) bestätigend als Wunsch formuliert und drückt damit die Ambivalenz der göttlichen Gnade aus, die im bereits erfahrbaren Erleben und in der noch zu erwartenden Vollendung besteht (vgl. dazu ZENGER, Liebe, 361): „Es sei deine Gnade, JHWH, über uns, gleichwie wir auf dich harren (יחלנו)." (Ps 33,22).

236 Vgl. zu V. 11 als inhaltliche und strukturelle Mitte des Psalms oben Kap. II.3.3.1 und II.3.3.2.

237 Vgl. z. B. Gen 6,8; Dtn 6,18; 12,28; Prov 15,3 und auch die dtn Formel in Ri und 1 – 2Kön, die das Handeln der Söhne Israels bzw. der Könige bewerten.

238 Vgl. Jes 65,12; 66,4; Mal 2,17: Parallelisierung von Gefallen (חפץ) und Gottes Augen (עין). An diesen Stellen ist חפץ ebenfalls negiert wie auch in Ps 147,10. Der aus dem kultischen Kontext stammende Begriff des Wohlgefallens (רצה, V. 10b, vgl. חפץ in V. 10a) meint in seiner Grundbedeutung „annehmen", vgl. z. B. Lev 1,4; 7,18 u.ö.; Jes 56,7; 58,5 u.ö, dazu GERLEMAN, Art. רצה, 810; vgl. zur unterschiedlichen Ausrichtung von רצה und חפץ GERLEMAN, Art. חפץ, 624 f. Über die Bejahung oder Verneinung des Wohlgefallens Gottes wird die Annahme oder Ablehnung des Opfers ausgedrückt, vgl. dazu VON RAD, Theologie I, 274; GERLEMAN, Art. רצה, 812. רצה wird durch die positiv gewendete Wiederholung am Anfang von V. 11 besonders betont. In Ps 147 geht es dabei nicht (mehr) um (reale) Opfer (vgl. תודה, V. 7), sondern an deren Stelle ist die rechte Haltung gegenüber JHWH getreten.

warten ist). In beiden Ausdrücken ist in jedem Fall das richtende Moment enthalten. Jhwh begegnet dem Menschen nicht nur als Schöpfer und Erhalter, sondern auch als Richter. Diese Eigenschaft ist in Ps 33 besonders betont, wenn mehrmals vom Schauen Gottes vom Himmel herab auf die Menschen die Rede ist (V. 13–15). Jhwh wirkt „redend" und „sehend" auf die Welt ein, „Mund" (V. 6) und „Augen" (V. 18) symbolisieren sein schöpferisches und richtenden Handeln.[239] Dabei stellt sich das Wort Gottes als herausragendes Medium der schöpferischen Wirkweise dar (V. 4.6, vgl. V. 9), ähnlich wie im dritten Teil von Ps 147.

So wie für Ps 33 in der Zusammenschau von Anfang und Ende anzunehmen ist, dass es die Gerechten, Aufrichtigen und Jhwh-Fürchtigen sind, die über Jhwh jubeln, ihm Loblieder (נאוה תהלה, Ps 33,1; 147,1!) singen und auf seine Gnade harren, sind es in Ps 147 ebenfalls die Jhwh-Fürchtigen, die in V. 7 zum Loben aufgerufen werden. In beiden Psalmen wird die universal ausgerichtete Zuwendung Jhwhs zur Schöpfung auf die Hinwendung Gottes zu den Gottesfürchtigen eingeschränkt.[240] Vor dem weiten Horizont von Welt- und Menschenschöpfung geht es um die (individuelle) Beziehung zwischen Jhwh und den Frommen. Israel kommt dabei in Ps 33 nur indirekt vor (vgl. das erwählte Gottesvolk in V. 12), für Ps 147 ist es die restituierte Gemeinde von Jerusalem / Zion, die den Hymnus zur Ehre Gottes anstimmt – wenn sie sich denn durch Gottesfurcht und Hoffnung auf Gnade als wohlgefällig vor Gott erweist. Für beide Texte, Ps 33 und 147, kann demnach das Anliegen bestimmt werden, was in V. 1 beider Psalmen benannt wird, nämlich aufzuzeigen, worin „schöner Lobgesang" für Jhwh besteht: Im hymnischen Hörbarwerden der Hoffnung der Jhwh-Fürchtigen auf Gottes Gnade – die für Ps 33 in ein Bekenntnis mündet und in Ps 147 im Modus der unterweisenden Aufforderung verbleibt.

Ein solch „schöner" Lobgesang, in dem die Gnade Gottes auf unvergleichliche Weise ins Zentrum gestellt ist, liegt in Ps 136 vor. Durch den litaneiartigen Refrain „denn seine Gnade währet ewig" (כי לעולם חסדו) spricht sich die lobpreisende Gemeinde dieses Vertrauen auf die göttliche Gnade gleichsam zu. In nahezu unendlicher Wiederholung (der Psalm ist mit 25 Versen relativ lang) wird die Gnade Gottes als jedes Geschehen – im Kontext von Schöpfung und Geschichte – bestimmende Grundlage und Grundwahrheit repetiert. Ps 147 und mit ihm Ps 33 könnte als eine inter-psalterische Bezugnahme auf diese Litanei von Ps 136 gestaltet sein, die nun aber über diesen Hymnus hinaus das Wesen des Hymnus

---

239 Vgl. dazu auch oben die aufgeführte Struktur von Ps 33 in Anm. 107.
240 In beiden Psalmen tragen Gegenüberstellungen am Ende der einzelnen Abschnitte strukturierende Funktion: Der erste Teil von Ps 33 endet mit der Opposition Jhwh – Völker (V. 10–11, vgl. in Ps 147,19–20 die Opposition Israel – Völker); der zweite Teil endet mit der Opposition königlich-militärische Macht – Jhwhs Rettungsmacht (V. 16–19, vgl. Ps 147,10–11).

selbst reflektiert und diesen dahingehend ausdeutet, dass der „Gnadengesang"
nur von den wahren Frommen gesungen werden kann, die von der Gnade Gottes
herkommen, sie gegenwärtig erfahren und auf sie hinleben.[241]

Damit fügt sich Ps 147 in den Gedankengang ein, den schon die beiden vorangehenden Psalmen thematisiert haben: Die Unterweisung des Betenden in die
rechte Gottesbeziehung ist bereits in Ps 146 begegnet. Auch in Ps 146,3 – 5 wird mit
der Gegenüberstellung von menschlicher „Nicht-Rettung" und allein vertrau-
enswürdiger Macht JHWHs argumentiert und dieses Vertrauen in den Kontext einer
frömmigkeitstheologischen Konzeption gestellt (vgl. die Gegenüberstellung von
צדיקים und רשעים in Ps 146,8 – 9).[242]

Ps 147 weist ebenso auf Ps 145 zurück, wo es heißt: „Du öffnest deine Hand.
Und du sättigst alles Leben mit Wohlgefallen (רצון). [...] Das Wohlgefallen derer, die
ihn fürchten (רצון־יראיו), tut er. Und ihren Hilferuf hört er und rettet sie." (Ps
145,16.19). Auch hier werden insbesondere die JHWH-Fürchtigen mit dem Wohlgefallen JHWHs bedacht, das geradezu das Sinnbild für die überfreundliche Zuwendung JHWHs ist: Das Wohlgefallen JHWHs ist zugleich das der ihn Fürchtenden
und konkretisiert sich in lebensdienlicher Versorgung mit Nahrung und Errettung
aus Not. Ähnlich wie in Ps 147 wird die universale Perspektive des Psalms (vgl. Ps
145,10.12) auf die Frommen, die JHWH in Treue anrufen, ihn fürchten und lieben (Ps
145,18 – 20), eingeschränkt.[243]

Dass die Gottesfurcht zum Kriterium der Speisung als Inbegriff für die gnädige
Zuwendung JHWHs insgesamt wird, findet sich in einer Reihe weiterer Psalmen.[244]
So formuliert schon Ps 111: „Er hat Speise denen gegeben, die ihn fürchten." (V. 5a)
und endet mit dem Postulat „Der Anfang der Weisheit ist die Furcht JHWHs." (Ps
111,10a) als weisheitlichem Spitzensatz zur JHWH-Furcht.[245] In diesem Zusammenhang dürfte Ps 104 die Grundlage der Aussagen gebildet haben. Die Aufnahme
von Ps 104,21.27 wurde vor allem in Abgrenzung zu den brüllenden Tieren und um
die Betonung der JHWH-Furcht vollzogen. Der in mehrfacher Beziehung zu Ps 147
stehende Ps 34[246] formuliert in Interpretation von Ps 104: „Fürchtet JHWH, ihr seine

---

241 Vgl. zu der Bezugnahme von Ps 147 auf Ps 136 auch V. 25: „Der Nahrung gibt allem Fleisch.
Denn seine Gnade währet ewig!" sowie das Verb שפל in Ps 136,23 und 147,6 und vor allem der
oben schon angeführte Rückbezug von Ps 147 auf Ps 135 – 136 als Halleluja-Psalmen, vgl. dazu
oben die Ausführungen zu V. 1 sowie zur Halleluja-Rahmung den Exkurs in Kap. III.1.
242 Vgl. dazu die Ausführungen zu Ps 146.
243 Vgl. dazu die Ausführungen zu Ps 145,18 – 20.
244 Vgl. zum Folgenden auch KRATZ, Gnade, 256 f.
245 Vgl. noch Hi 28,28; Prov 1,7; 9,10; 15,33; Sir 1,14; 19,20.
246 Für wörtliche Bezüge zwischen Ps 147 und Ps 34 vgl. תהלה in V. 1 mit Ps 34,2; ענוים in V. 6 mit
Ps 34,3; ירא in V. 11 mit Ps 34,8.10.12; für inhaltliche Bezüge vgl. V. 3 mit Ps 34,19; V. 6 mit Ps

Heiligen! Denn keinen Mangel haben die, die ihn fürchten. Junglöwen darben und hungern, aber die Jhwh suchen, mangelt es an keinem Gut." (Ps 34,11, vgl. Sir 40,27).[247] Diese Aussage spitzt noch einmal mehr zu, was schon in Ps 147,9 durch die Umwandlung von Hi 38,41 und Ps 104,21 angelegt ist und V. 10 – 11 in Aufnahme von Ps 33,16 – 19[248] ausdrückt: Keine menschliche Kraft und Stärke kann dauerhaft tragen, allein Jhwh steht die Macht und Hilfe zu, wie es auch schon Ps 146 thematisiert hat. Die einzige Möglichkeit, das Wohlgefallen Gottes zu erlangen, ist Jhwh zu fürchten und auf seine Gnade zu harren.

Somit wird die Jhwh-Furcht zur direkten Bedingung für das Wohlgefallen Gottes,[249] und die zunächst im universalen Horizont von Ps 147,7 – 9 gepriesene Zuwendung Jhwhs wird ganz erheblich eingeschränkt. Vom Ende in V. 11 her liest sich dann das Mittelstück (parallel zu den anderen Teilen von Ps 147) als Lobaufruf (nur) an die Jhwh-Fürchtigen, die in V. 7 zum Loben und Lobsingen ermuntert werden. Denn der Gottesfürchtige erlangt das göttliche Wohlgefallen und bedarf darum nicht der Stärke anderer – er wird von Gott am Leben erhalten durch Nahrung aus der Schöpfung (vgl. V. 14).

Dieses weisheitlich-lehrhafte Anliegen wird mit Form und Thema des Hymnus verschränkt. Es wird über das Loben reflektiert, indem der von Gott abhängige Mensch dazu aufgerufen wird, und es wird zugleich insbesondere durch die partizipiale Struktur schon ausgeführt und schließlich in der weisheitlichen Sentenz in V. 10 – 11 dem Jhwh-Fürchtigen als Ausdruck seiner Haltung gegenüber Gott anempfohlen. Ps 147 führt mit dieser Konzeption der Korrespondenz von Lehre und Hymnus Ps 146 und auch Ps 145 weiter, dergestalt, dass er zwar nicht das Bekenntnis aus Ps 33 aufnimmt, wohl aber dessen „Wort-Gottes-Theologie" und damit den lehrhaften Charakter des Psalms verstärkt. Auch Ps 147 präsentiert auf diese Weise eine Gebetslehre. Zwar fällt, wie schon in Ps 33, der Begriff „Tora" auch in Ps 147 nicht, aber der Bezug auf die Tora als Wort Gottes ist in Ps 147 z. B. durch das Begriffspaar „Gesetze und Rechte" (חקים ומשפטים, V. 19) deutlicher als in Ps 33 gegeben. Wie der Lobgesang der Jhwh-Fürchtigen das „Wort Gottes" preist, wird nun in der folgenden Auslegung des letzten Teils von Ps 147 zu untersuchen sein.

34,17.22. Auch für Ps 145 lassen sich Bezüge zu Ps 34 annehmen, vgl. dazu die Ausführungen zu Ps 145,1 – 2.

247 Vgl. zum Hunger der Löwen auch Hi 4,10 f im Gegensatz zu Hi 38,39; dazu auch Kratz, Gnade, 256 Anm. 48.

248 Auch die Versorgung mit Nahrung kommt in Ps 33 direkt in dem hier angesprochenen Kontext vor, sogar als Extremfall der Hungersnot, vgl. Ps 33,18 – 19.

249 Ähnlich auch Ps 149,4, wo die Demütigen (ענוים) die Gott Wohlgefälligen (רצה) sind, vgl. dazu die Ausführungen zu Ps 149,4.

3.4.3 Das Wort Gottes als Segen für Jakob-Israel (V. 12–20)

Der dritte Teil des Psalms beschäftigt sich nach der Lobaufforderung (V. 12) zum einen erneut mit der Sicherung und Segnung der wiederhergestellten Stadt (V. 13–14), zum anderen stellt er eine theologische Abhandlung über das Wort Gottes dar (V. 15–20). Geschichtliches und schöpferisches Handeln Jhwhs werden durch das Wort als besondere Wirkweise Gottes eng miteinander verbunden, die Natur wie Geschichte gleichermaßen durchdingt und bestimmt. In der abgrenzenden Schlussaussage wird das Wort Jakob-Israel exklusiv verkündigt. Für V. 12–20 ist ebenfalls eine umfangreiche Rezeption anderer Texte anzunehmen: Ps 1; 33; 81; 106; 119 und 146 sowie weitere Texte wie Gen 1; Num 6, Dtn 4; 8; 33; Neh 3; Jes 54; 55; 60; Hi 37–38 werden rezipiert.

V. 12 „Lobe, Jerusalem!"
Mit einer erneuten Lobaufforderung wird der Beginn des dritten Abschnitts des Psalms eingeleitet: „Preise, Jerusalem, Jhwh, lobe deinen Gott, Zion!" (V. 12). Nachdem in V. 1.7 ein nicht weiter bestimmtes Kollektiv angesprochen wurde, wendet sich der Sprecher in V. 12 direkt an Jerusalem / Zion.[250] Es ist anzunehmen, dass das unbenannte Kollektiv mit der Gemeinde vom Zion übereinstimmt, die nun namentlich genannt wird. Dabei sind die beiden Größen „Jerusalem" und „Zion" synonym zu verstehen.[251] Die Formulierungen von V. 12 weisen auf zwei charakteristische Psalmen zurück: auf Ps 106 am Ende des vierten Psalmenbuches und auf Ps 146 als direkt vorangehenden Psalm.

Mit dem Ruf des ersten Kolons „Preise, Jerusalem, Jhwh!" (V. 12a) knüpft der Beter an die Restitution Jerusalem an, die in V. 2 genannt ist und verbindet den dritten mit dem ersten Teil des Psalms.[252] Das wieder aufgebaute, gesammelte und geheilte Jerusalem als reale und zugleich abstrakte Größe (vgl. auch die Personalisierung in V. 12!) wird hier explizit zum Lob eben dieses Heil wirkenden Gottes

---

250 Die Kombination von ירושלם und ציון findet sich nur noch in wenigen Psalmen, die aber alle auf unterschiedliche Art und Weise Verbindungen zu Ps 147 aufweisen: Ps 51,20 (Bitte um das Bauen der Mauern Jerusalems); 102,22 (mit תהלה, vgl. Ps 147,1); 128,5f (Segen [ברך] und Glück [טוב], das sich in Kindern [בנים כבניך] und Frieden [שלום] konkretisiert, vgl. Ps 147,13f!); 135,21 (ein Halleluja-Psalm, der Schöpfung und Geschichte miteinander verbindet!); vgl. zu Ps 51 oben die Ausführungen zu V. 3; zu Ps 135 oben Anm. 93.
251 Vgl. SEDLMEIER, Jerusalem, 285, sowie STOLZ, Art. ציון, 545; TSEVAT, Art. ירושלם, 931f.
252 Die eher ungewöhnliche Reihenfolge „Jerusalem" – „Zion" (V. 12) ist vermutlich stilistisch mit der Rahmung „Jerusalem" – „Israel" um V. 12–19 zu begründen. Zugleich wird der dritte Teil so an den ersten Teil angeschlossen, wenn „Jerusalem" – „Israel" aus V. 2 in V. 12a bzw. 19b wiederaufgenommen wird. Vgl. dazu auch SEDLMEIER, Jerusalem, 285 Anm. 11 und 287f.

aufgerufen. Die Aufforderung zum hymnischen Preisen setzt eine Präsenz des Heils voraus, auch wenn es noch nicht vollkommen sein muss.[253]

Der Rückverweis von Ps 147 auf Ps 106 ist bereits durch das prägende Wort תהלה angezeigt (vgl. Ps 106,2.12.47 und 147,1) und wird durch das seltene Verb שבח ("preisen") in V. 12a und Ps 106,47 unterstützt.[254] Ps 147 lässt sich als lobende Antwort auf Ps 106 am Ende des vierten Psalmenbuches lesen, der (vor der redaktionellen Doxologie) mit einer umfassenden Rettungsbitte schließt (Ps 106,47).[255] Die erneuerte Einheit der Verstreuten spiegelt sich in der Realisierung des gemeinsamen Bekenntnisses zum heiligen Namen „JHWH" und der gemeinsamen Freude am Lobpreis wider.[256] Ps 147 versteht sich demnach als ein solches Loblied der Freude (vgl. V. 1), das als Dank und zum Lobe Gottes nach Rettung und Sammlung gesungen werden soll. Die Bitte ist aus Sicht des Beters erfüllt und das Lobgelübde soll nun eingelöst werden.[257] „So erscheint Jerusalem / Zion als die Jahwe auf sein Heilshandeln hin antwortende Person."[258]

Das zweite Kolon, „Lobe deinen Gott, Zion!" (V. 12b), nimmt durch das Verb הלל („loben") den Beginn des Psalms auf (vgl. הללו / תהלה) und verweist außerdem in zweifacher Weise auf den vorangehenden Psalm 146 zurück: Zum einen durch die Form von הלל, da der einzige, weitere Beleg für הלל imp. sing. in Ps 146,1 zu finden ist, zum anderen durch die Verbindung von הלל mit ציון als direkter Anrede, die nur noch in Ps 146,10 vorkommt. Somit klingt in der Formulierung von V. 12b noch Ps 146 nach, auf dessen Anfang und Ende verwiesen wird und der als Vorlage für Ps 147 anzunehmen ist.[259] Sowohl in Ps 146,10 als auch in Ps 147,12 wird die Ansprache des personifizierten Zions auf seinen persönlichen Gott hin durch die Wendung אלהיך ציון („dein Gott, Zion") ausgedrückt: In Ps 146 in Form der Akklamation des ewigen Königgottes vom Zion, in Ps 147 als Aufforderung zum

---

253 Vgl. z. B. SEYBOLD, Psalmen, 540.

254 Das aramaisierende Verb שבח („loben", „preisen") findet sich sonst noch in Ps 63,4; 117,1 (par. zu הלל); 145,4; 1Chr 16,35 (= Ps 106,47) sowie in Pred 4,2; 8,15, vgl. die Stellen im aramäischen Danielbuch: Dan 2,23; 4,31.34. Vgl. dazu SEDLMEIER, Jerusalem, 288 – 291, der auch auf die auffällige Verbindung von חסד („Gnade") und שבח („loben") in den genannten Stellen hinweist, die in Ps 147 den Übergang vom zweiten zum dritten Teil markiert: vgl. V. 11b mit לחסדו als letztem Wort und V. 12 mit שבחי als Eröffnung! Es sind die auf JHWHs Gnade Harrenden (V. 11b), die dann zum Lobpreis aufgerufen werden (V. 12a).

255 Vgl. oben Anm. 114.

256 Vgl. SEYBOLD, Psalmen, 424.

257 Vgl. zum Bezug von Ps 147 auf Ps 106/107 die Ausführungen oben zu V. 1 und V. 2.6. Ps 106 ist auch Bezugstext für Ps 145, vgl. die Ausführungen zu Ps 145,4 – 7.

258 So SEDLMEIER, Jerusalem, 292.

259 Zur Abhängigkeit vgl. die weiteren Beziehungen zwischen Ps 146 und 147, dazu oben Anm. 85.103 sowie die Ausführungen in Kap. II.2.

Lobpreis eben dieses Gottes vom Zion.[260] Gegenüber Ps 146 ergänzt Ps 147 aber die konzentrierte Perspektive auf Jerusalem als wiederhergestellte Stadt (V. 12a!, vgl. schon V. 2).

V. 13–14 „Segen und Frieden in Zion"

Nach der Aufforderung an Jerusalem / Zion (V. 12) folgt die Begründung des Lobpreises: „Denn stark gemacht hat er die Riegel deiner Tore, gesegnet hat er deine Kinder in deiner Mitte. Er gibt deinem Gebiet Frieden, mit fettem Weizen sättigt er dich." (V. 13–14). Diese Lobbegründung wird durch das כי in V. 13 sowie durch die vielen sich bis V. 14 fortsetzenden Suffixe der 2. Pers. Sg. f., die sich auf Zion als feminine Gestalt[261] zurückbeziehen, eng an den Lobaufruf angeschlossen. Es sind demnach *Zions* Tore, die stark gemacht, und *Zions* Kinder, die gesegnet worden sind (vgl. die Perfektformen von חזק und ברך). *Zion* erhält Frieden und überreiche Nahrungsversorgung. *Zion* wird als Mutter (der Kinder Jerusalems, V. 13; vgl. auch Ps 149,2) angesprochen. Dies Bild von Zion ist mit Nahrungsversorgung, Schutz und Geborgenheit verbunden und lässt sich gut auf eine gesicherte Stadt übertragen.[262] Gleichwohl ist es gerade nicht Zion als Stadt, von wo diese Güter ausgehen, sondern JHWH selbst sorgt für Nahrung und Schutz innerhalb der Stadt. Bei allem Glück wird Zion gleichsam eine Ermahnung mitgegeben: JHWH ist es, der an dir wirkt, Zion, – nicht du selbst. Zion kann sich auf seine eigene Macht und Stärke nichts einbilden (vgl. V. 10–11), sondern von V. 2f her muss mitgelesen werden: Die Zerstreuung des Gottesvolkes und die Zerstörung der Gottesstadt führen zu der Überzeugung, „einzig von Jahwe her heil werden und heil sein zu können" und bestimmen so das Wesen der Gestalt Jerusalem / Zion.[263]

Was in V. 13–14 über Zion gesagt wird, gilt aber auch für den einzelnen Menschen, der Anteil an dem Heilsort Zion hat.[264] Zion als hervorgehobener Ort

---

260 Auch wenn es hier starke Verbindungen zwischen Ps 146 und 147 gibt – der Königstitel und sonstige explizite Königsterminologie kommen in Ps 147 nicht vor, vgl. ZENGER, Mund, 144. Darum gilt Zurückhaltung bei der Identifizierung von Ps 147 als einem Lied über das Königtum Gottes, anders dagegen LOHFINK, Lobgesänge, 116.118, und auch ZENGER, Psalm 147, 832f.835.
261 Vgl. dazu ZENGER, Psalm 147, 834. Die Gestalt Zions als Frau und Mutter ist besonders in Jesaja zu greifen, vgl. z. B. MAIER, Daughter; allgemein auch STECK, Zion. Im Kontext des Lobaufrufs in Ps 147 erhält die Bezeichnung Zion auch kollektivierenden Charakter im Sinne einer Metapher für die auf dem Zion versammelte bzw. zum Zion hin orientierte JHWH-Gemeinschaft.
262 Vgl. dazu MAIER, Daughter, 215.
263 Vgl. SEDLMEIER, Jerusalem, 286f; Zitat 287.
264 Vgl. dazu KÖRTING, Zion, 223, über die Bedeutung Zions: „Wie Jhwh sich Zion heilvoll zuwenden wird, so wendet sich auch dem Beter zu. Darauf darf dieser vertrauen. Zion wird zum Paradigma des Handelns Gottes am einzelnen und an seinem Volk."

der göttlichen Gegenwart und des Heils steht einerseits in Beziehung mit dem aktiven Geber dieser Gaben, Gott selbst, und anderseits mit den bedürftigen Empfängern, den frommen Menschen in Zion / Jerusalem.[265] Zion wird in Ps 147 zu einer doppelten Mittlergestalt: Von Gott her ist es der konzentrierte Ort der Zuwendung JHWHs, zu Gott hin ist es Inbegriff und Symbol für die lobende Gemeinde, die in V. 12 zum JHWH verherrlichenden Lobpreis aufgefordert wird. Zion empfängt paradigmatisch Gnade und zugleich geht von Zion das exemplarische Lob- und Hymnusgeschehen aus. Beides greift in eins und bildet sich in der vielschichtigen Metapher Zion ab.

Zion wird in V. 13 – 14 sicher und friedvoll, als das „gelobte Land" beschrieben, indem auf mehrere zentrale Heilsaussagen angespielt wird. Wieder wird hier der große Text- und Traditionsfundus sichtbar, den der Verfasser von Ps 147 zur Verfügung hat. Als zentrale rezipierte Texte sind für V. 13 Neh 3 und für V. 14 Num 6; Jes 54 und 60 sowie Ps 81; Dtn 8 und Ps 63 zu nennen.

Die Lobbegründung in V. 13a „Denn stark gemacht hat er die Riegel deiner Tore." stellt sich durch die Verwendung der Lexeme חזק; בריח und עשר wie eine zusammenfassende Rezeption der Auflistung der Ausbesserungsarbeiten an Mauer und Toren Jerusalems in Neh 3 dar.[266] V. 13 ruft damit das Thema der Restitution Jerusalems auf als das Thema des Psalms insgesamt, das schon in V. 2f und indirekt in V. 7 benannt wurde.[267] In V. 13 ist es aber JHWH selbst, der die Torriegel ausgebessert und verstärkt hat – im Unterschied zur Arbeiterliste in Neh 3. Weil JHWH selbst die Sicherung der Stadt verantwortet, ist dies Grund, ihn zu loben und zu preisen.[268]

---

265 Ähnlich auch MAIER, Daughter, 216: „The female personification of the city offers a powerful metaphor that creates a tripartite relationship between God, the populace of Jerusalem, and a sacred space."

266 Vgl. besonders Neh 3,6.13 – 15; für die Zusammenstellung dieser Lexeme in Ps 147,13a gibt es keinen weiteren Beleg.

267 Wie schon für V. 1 und 7 angenommen, ist kein historisches Ereignis im Hintergrund zu identifizieren (auch trotz der zwei Verben im Perfekt: חזק und ברך), sondern es wird die Betonung auf den Ist-Zustand der Sicherung und Restitution Jerusalems gelegt (vgl. SEDLMEIER, Jerusalem, 293 f.299), bzw. vor allem auf JHWH als den Urheber dieses (erneuten) Heilszustandes.

268 Das Gegenbild dazu findet sich in Klgl 2, wo Gott eigenhändig für die Zerstörung von Toren und Riegeln gesorgt hat, vgl. bes. Klgl 2,8 – 10. In Ps 107,16, dem „Loblied der Erlösten", wird dagegen das Zerbrechen von Türen und Zerschlagen von Riegeln durch JHWH als Befreiungshandeln (von Fremdmacht) verstanden, vgl. zum Bezug von Ps 147 auf Ps 107 oben die Ausführungen zu V. 2.6. Intakte Stadttore bieten zum einen Schutz vor ungebetenen Gästen, zum anderen sind sie wichtige Orte des öffentlichen und gesellschaftlichen Lebens: Hier wird Recht gesprochen (vgl. Ps 147,19b!) und das Gottesrecht umgesetzt (vgl. z. B. Dtn 16,18), vgl. auch SEDLMEIER, Jerusalem, 297 – 299. Außerdem sind die Tore Orte der Gottesbegegnung und damit des Lobens Gottes (vgl. Ps 9,15; 24; 100,4; 118,19 – 20). Eventuell ist hier auch an die Tore des

Während die Tore in V. 13a gleichsam einer Schwelle Abgrenzung nach außen darstellen, wendet sich V. 13b dem Inneren (vgl. בקרבך) der Stadt zu und damit den Menschen selbst: „Gesegnet hat er deine Kinder in deiner Mitte." Der Segen Gottes kommt insbesondere den Kindern der Stadt zu (vgl. oben das Bild der Mutter Zion).[269] Durch die Perfektform von ברך wird betont, dass der Segen bereits Wirklichkeit geworden ist (vgl. חזק perf., V. 13a).[270] Für V. 13b kann keine bestimmte Textverbindung aufgezeigt werden, aber der Segen der Kinder – bzw. überhaupt Kinder, in denen der Segen Gottes sichtbar wird – ist ein wichtiges Motiv im Alten Testament (vgl. z. B. die Verheißungen an die Erzeltern). In Deuterojesaja wird der Zusammenhang zwischen der kinderlos daniederliegenden Mutter Zion und der Heimführung der Kinder Zions deutlich (vgl. Ps 147,2!).[271] Dieser Gedanke mag auch im Hintergrund von Ps 147,13 stehen. Schwerpunkt ist in jedem Fall die Beschreibung der vollkommenen Heilszeit, die sich auch an dem Kinderreichtum ablesen lässt, der eine neue, segensreiche Zukunft eröffnet. Die bisher beschriebenen Segensgaben Gottes münden in den umfassenden Begriff des שלום,[272] der in V. 14 genannt wird.

Die Aussage in Ps 147,14a, „er gibt deinem Gebiet Frieden", legt eine Rezeption des aaronitischen Segenswunsches aus Num 6 nahe.[273] Denn an diesen beiden Stellen wird שלום mit der Wurzel שים[274] verbunden und in beiden Fällen als heilvolle

---

Tempels zu denken, vgl. dazu ZENGER, Zion, 125 f. Somit erhält die Festigung der Tore nicht nur baulich-politische Bedeutung, sondern auch theologisch-kultische Konnotation.

269 Der Ausdruck בניך בקרבך findet sich identisch im Text „Apostrophe to Zion". Die „Kinder Zions" sind hier Subjekt, ihnen wird der Jubel verheißen (יגילו, 11Q5 22,7). Auch Z. 2 steht in Verbindung zu Ps 147: „Groß ist deine Hoffnung, Zion. Und Friede und dein ersehntes Heil soll kommen."
270 Vgl. SEDLMEIER, Jerusalem, 299, und dazu auch unten Kap. II.3.4.4.
271 Vgl. dazu STECK, Zion, 140: Man „beachte, wie Zion hier wieder zu ihren Kindern kommt: indem Jahwe die Heimführung durch die Völker initiiert ([Jes] 49,22 f.), indem er mit seiner Hand zur Befreiung handelt (50,2 vgl. Mi 4,10), indem er selbst die Kinder heimführt (52,11 f. vor 54,1) und so Zion ‚sammelt' (54,7)." Vgl. auch SEDLMEIER, Jerusalem, 301 f.
272 שלום („Frieden") meint nicht nur die Abwesenheit von Krieg, sondern vielmehr zum einen das persönliche Heil und Glück, das Gesundheit, Reichtum und gesellschaftliche Integrität umfasst, aber auch zum anderen die intakten Beziehungen zwischen Menschen sowie zu Gott. Vgl. dazu STENDEBACH, Art. שלום, 19; zur Schwierigkeit der Übersetzung von שלום insgesamt SCHMID, šalôm, 45 – 47. Alles ist auf Lebensförderung und Lebenserhaltung gerichtet, es ist der „Zustand des allseitigen, umfassenden Wohlergehens", so STECK, Friedensvorstellungen, 27. Zusammenfassend ist שלום „als die lebensfördernde Geordnetheit der Welt in all den Bezügen im großen und kleinen, die für Wohlergehen unerlässlich ist" zu verstehen, vgl. a.a.O., 27 – 29; Zitat 29. Darum kann auch nur Gott selbst diesen wahren und umfassenden Frieden geben.
273 Ähnlich sonst nur noch in Jes 60,17, vgl. dazu unten. Damit ist SEYBOLD, Segen, 40, zu widersprechen, der keine weitere Belegstelle für שים שלום kennt.
274 Die Wurzel שים bedeutet normalerweise „setzen, stellen, legen". In Num 6,26 und Ps 147,13 klingen die Aspekte von „verleihen" und „bestimmen" mit. Die geläufige Übersetzung „geben" stammt aus der LXX, wo Num 6,26b δώη σοι εἰρήνην lautet.

Zusage an ein „Du" formuliert: in Num 6,26b im Jussiv: „und er gebe / setze dir Frieden" (שָׂלוֹם לְךָ וְיָשֵׂם),[275] in Ps 147,14a durch das Partizip stärker als Feststellung und Beschreibung der Gegenwart: „er gibt / setzt deinem Gebiet Frieden" (שָׂלוֹם גְּבוּלֵךְ-הַשָּׂם).[276] In dem Begriff גְּבוּל, der sowohl „Grenze" als auch „Gebiet" bezeichnen kann,[277] klingt die Bezwingung des Chaos nach, wie es z. B. Ps 104,9 formuliert.[278] Die Chaoswasser sind ein für alle mal zur Ordnung gerufen. Auch die Grenzen Zions sind als ein gesicherter Bereich zu verstehen, vor allem Ansturm von außen und aller lebensfeindlichen Macht abgeschirmt, für die das chaotische Urwasser das Bild schlechthin ist.[279] Stattdessen herrscht hier שָׂלוֹם. Durch den Terminus גְּבוּל wird in V. 14a auch der lokale Bezug aus V. 2 und 12 wieder aufgenommen. Es ist exklusiv Zion / Jerusalem – die Stadt des Friedens,[280] die den Inbegriff der Zuwendung JHWHS erfährt: umfassenden Frieden. Was in anderen Texten universaler gedacht werden kann, wenn der Friede von Zion auf alle Welt ausstrahlt (vgl. insb. Jes 2 sowie Jes 60 und Ps 48), wird hier auf Jerusalem und damit auf die JHWH-Verehrer, die sich zu Zion / Jerusalem halten, eingeschränkt. Auch wenn diese Sichtweise von Ps 147 nicht singulär ist, sondern weit verbreitet,[281] fügt sie sich gut in die Gesamtanlage des Psalms, betrachtet man die einschränkenden Aussagen in V. 6, 10 – 11 und 19 – 20. Das ganze Heilswirken JHWHS in Schöpfung und Geschichte konzentriert sich auf Zion / Jerusalem und damit auf die Frommen, d. h. die Demütigen und JHWH-Fürchtigen, so formuliert es Ps 147 und schränkt auch die Gabe von Schalom gegenüber Num 6 frömmigkeitstheologisch ein.[282]

---

275 Vgl. dazu SEYBOLD, Segen, 22 f.

276 Vgl. dazu unten Kap. II.3.4.4.

277 Vgl. OTTOSON, Art. גבול, 896 f.900 f; SEDLMEIER, Jerusalem, 303 – 307.

278 Ps 104,9: „Du hast eine Grenze gesetzt (גבול-שׂמת), die überschreiten sie [die Wasser] nicht. Sie werden nicht zurückkehren, die Erde zu bedecken." Vgl. zu Ps 104,9 auch die Ausführungen zu Ps 148,6 in Kap. II.4.4.2.

279 Vgl. zu Chaos / Chaoswasser die Ausführungen zu Ps 148 sowie oben in Kap. II.3.1. Die Verbindung von Sieg über die chaotischen Wasser und die Restitution Jerusalems zieht auch VON RAD, Problem, 140, in Aufnahme von Jes 44,24 – 28: „Jahwe, der Schöpfer, der die Welt aus dem Chaos herausgehoben hat, läßt auch Jerusalem nicht chaotisch; er, der die Urwasser versiegen ließ, wird auch Jerusalem neu erstehen lassen."

280 Vgl. zu dem Bezug von Jerusalem und שׁלום z. B. STECK, Friedensvorstellungen, 26.

281 Vgl. zu der Frage der Reichweite des Friedens und der gleichzeitigen Konzentration auf Jerusalem, STECK, Friedensvorstellungen, 30 f.

282 Vgl. auch z. B. Jes 26,3. In Sir 1,18 wird der Zusammenhang zwischen Frömmigkeit und שׁלום weitergeführt: Die Gottesfurcht (φόβος κυρίου) ist hier die Voraussetzung für das „Hervorsprießen" von Frieden (εἰρήνη). Bei Sir wird das hebräische Verständnis von שׁלום als „ganze Existenz des Menschen in dem Zustand des Heil-seins" vorauszusetzen sein, so SAUER, Sirach, 50. Demgegenüber gibt es die Aussage, dass die Frevler keinen Frieden haben (vgl. Jes 48,22; 57,21).

Wieder begegnet hier das Phänomen, dass der Psalmist eine Verheißung oder Ankündigung (meist im Imperfekt formuliert) in eine Aussage überführt, die durch das Partizip eine stärkere präsentische Qualität erhält, indem es die Gegenwart beschreibt und mehr als nur Ausblick auf die (nahe) Zukunft ist. Der Verfasser von Ps 147 sieht den Frieden Gottes vor sich,[283] dieser ist schon greifbar – zumindest drückt dies die hymnische Formulierung aus. Im Hymnus vergegenwärtigt sich alle Ankündigung, jeder fromme Wunsch und jede Verheißung. Der Hymnus verliert den Modus der Ankündigung, der besonders den prophetischen Texten innewohnt, und preist das Gegenwärtige und damit das präsentische Heilshandeln Gottes – was nicht bedeutet, dass Gott nicht weiterhin noch Frieden geben muss und wird. Diesen Frieden als andauernden Zustand muss JHWH „beständig neu und kontinuierlich" gewähren.[284] Es geht im Hymnus nicht notwendig um das abgeschlossene Handeln Gottes, aber um das in Gang gesetzte und damit um das vorangehende, das in der Gegenwart bereits begonnene.[285]

Diese hier aufgezeigte Tendenz der „Hymnisierung" von prophetischen Weissagungen in Ps 147 soll an der Rezeption von zwei Jesaja-Texten, Jes 54 und 60, verdeutlicht werden: Jes 54 verheißt der Stadt Zion und ihren Einwohnern eine neue Heilszeit.[286] Besonders Jes 54,11–13 weist dabei mehrere wörtliche Bezüge zu Ps 147 auf, die eine Rezeption seitens des Psalms nahelegen.[287] Zwar beschreibt der

---

283 Ähnlich beschreibt STECK, Friedensvorstellungen, 27, das Verständnis des Friedens in der Jerusalemer Kulttradition, die auch – allerdings noch ohne Konzentration auf „die Frommen" – im Hintergrund von Ps 147 anzunehmen ist: Die Sicht der eigenen Welt „als eines geordnet und lebensfördernd eingerichteten Weltganzen ist qualitativ die Sicht einer befriedeten Welt im Blick auf ihre Entstehung und Erhaltung." Sie „wird weder gegen den Augenschein einfach behauptet – sie ist vielmehr die Tiefe von entsprechenden Erfahrungen und getragen vom Wissen um elementare Gegebenheiten für die Förderlichkeit menschlichen Lebensraums –, noch bildet sie sich als Wunsch, Notwendigkeit, Ziel einer Welterfahrung [...]; diese Sicht prädiziert vielmehr die Jerusalemer Welt von vornherein hinsichtlich dessen, was sie im Grunde, gemäß ihrer Einrichtung wesenhaft ist. Das heißt: die Jerusalemer Kulttradition geht also nicht von einer zu befriedenden, sondern von einer befriedeten Welt aus."

284 Vgl. SEDLMEIER, Jerusalem, 307 Anm. 88, mit Bezug auf GERLEMAN, Art. שלם, 929.

285 Vgl. dazu unten Kap. II.3.4.4.

286 Die personifizierte Gestalt Zion wird als einsame Frau ohne Kinder angesprochen (Jes 54,1, vgl. V. 4.11), die nach einer Zeit des Spotts und der Verachtung zu neuem Ruhm kommen soll (V. 4). In der eschatologischen Verheißung gehen die Bilder der (Ehe-)Frau und Mutter (V. 1.3 – 6) für Zion in eine Beschreibung der neuen, uneinnehmbaren (V. 14 – 17) und glanzvollen Stadt über, die mit Edelsteinen und Saphiren gebaut ist (V. 11 – 12) und deren Söhne großen Frieden haben werden (V. 13). Zur literarischen Analyse von Jes 54 vgl. STECK, Beobachtungen, bes. 103 – 112.124.

287 Jes 54,11 – 13: „Du Elende (עניה, vgl. Ps 147,6a), Sturmbewegte, Ungetröstete! Siehe, ich lege in Hartmörtel deine Steine und deine Grundmauern mit Saphiren. Ich mache (ושמתי, vgl. Ps 147,14a) aus Rubinen deine Zinnen und deine Tore (ושעריך, vgl. Ps 147,13a) aus Karfunkeln und deine ganze Begrenzung (וכל־גבולך, vgl. Ps 147,14) aus Edelsteinen. Und alle deine Kinder

Psalmist keine Zinnen und Mauern aus Rubinen oder Karfunkeln (Jes 54,12), aber aus seiner Sicht hat sich die Ankündigung des Propheten bereits in der Stärkung der Tore durch JHWH erfüllt (vgl. perf. von חזק in Ps 147,13). In der prophetischen Vision sind besonders die Kinder Zions (בניך, „deine Kinder" in Jes 54,13 gleich zweimal!) als Sinnbild für eine neue, aussichtsreiche Zukunft im Blick. Sie sind außerdem Empfänger des Segens Gottes, der sich im שלום erweist[288] sowie in der Weisung, die direkt von JHWH kommt (למודי יהוה in Jes 54,13, vgl. die Sendung des JHWH-Wortes in Ps 147,15 – 20). Diese Heilsweissagung, die ihrerseits von anderen Jesaja-Texten abhängig sein dürfte,[289] nimmt der Verfasser von Ps 147 in V. 13 – 14 hymnisch auf, indem er sie als für ihn präsent formuliert und damit zum Gegenstand des Lobens macht.

Ähnliches gilt für Jes 60: Hier bestehen die engsten Verbindungen von Ps 147 zu Jes 60,17b – 18.[290] Auch in dieser Verheißung geht es um die neue und erneuerte prachtvolle Herrlichkeit der Stadt Zions, die von JHWH selbst geschaffen wird (Jes 60,15 – 16). Frieden und Gerechtigkeit werden in ihr herrschen (Jes 60,17) anstelle von Gewalt. Die erneuerten Mauern der Stadt werden „Rettung" (ישועה) und die Tore „Loblied" (ושעריך תהלה) bringen (Jes 60,18b).[291] D. h. in der durch Frieden und Gerechtigkeit sowie durch Mauern und Tore gesicherten Stadt finden die Menschen (wieder) Rettung, und vor allem erklingt wieder das Lob Gottes. Hier setzt der Psalmist ein, indem er die eschatologische Ankündigung Jesajas rezipiert und dahingehend interpretiert, dass diese wieder intakten Tore und die „Herrschaft" des Friedens zur Begründung seines Lobpreis werden.[292] Für Ps 147 ist Zion wieder

---

(וכל־בניך, vgl. Ps 147,13b) werden Schüler JHWHs, und groß wird sein der Friede deiner Kinder (שלום בניך, vgl. Ps 147,13b.14a)." Vgl. dazu auch SEDLMEIER, Jerusalem, 304f.

288 Vgl. auch die korrespondierende Rahmung von Num 6,24 – 26 durch ברך (יברכך) und שלום, dazu SEYBOLD, Segen, 23: „Was mit dem ‚Segen' in Gang kommt, endet im ‚Frieden'."

289 Vgl. dazu STECK, Beobachtungen, 108 – 111. Die redaktionelle Einbindung von Jes 54,11 – 17 in seinen Kontext spricht auch eher für die Annahme, dass das Stück dort seinen originären Ort hat und von Ps 147 aufgenommen wurde und nicht umgekehrt.

290 Jes 60,17b – 18: „Als deine Wache setze ich Frieden ein (ושמתי ... שלום) und als deine Obrigkeit Gerechtigkeit. Man wird nicht mehr hören von Gewalttat in deinem Land, von Verwüstung und Zusammenbruch in deinen Grenzen (בגבוליך); sondern deine Mauern wirst du ‚Rettung' nennen und deine Tore ‚Loblied' (ושעריך תהלה)." Zu שים und שלום vgl. oben.

291 In diese Richtung deutet etwa WESTERMANN, Jesaja 40 – 66, 289, das etwas schwierige Bild: „In V. 18b ist nicht gemeint, daß ‚Heil' und ‚Ruhm' an die Stelle von Mauern und Toren treten sollen [...]. sondern die erneuerten Mauern und Tore bedeuten Heil und Ruhm für Zion."

292 Vgl. die Lexeme aus Jes 60,17 – 18: שים mit שלום; גבול sowie die Formulierung שעריך תהלה. Nicht ganz ausgeschlossen werden kann bei diesen späten Jesaja-Texten (vgl. zur Datierung z. B. STECK, Abschluss, 197) auch eine umgekehrte Abhängigkeit aufgrund der zeitlichen und sprachlich-theologischen Nähe, bei der dann der Psalm Inspirationstext wäre. Auch SEDLMEIER, Jerusalem, 305 f Anm. 82, nimmt hier sowohl Jes 54 als auch Jes 60 als Spendertexte für Ps 147 an.

Stadt des Schutzes und des Ruhmes, somit ist auch der zu loben, der dafür verantwortlich ist: JHWH, der Gott vom Zion. Ps 147 wandelt die imperfektischen
Aussagen aus Jes 60 in determinierte Partizipien um und bezieht die zukünftige
Ankündigung auf das Handeln JHWHs in seiner Gegenwart. Bei der Transformation
hat die formale wie theologische Gestalt des Hymnus maßgeblichen Anteil: Im
hymnischen Vergegenwärtigen des Heils erhält der Beter gleichsam schon Anteil
am zukünftigen Heil – aber genau durch dieses Geschehen erhält die Zukunft
schon gegenwärtige Bedeutung, wird gleichsam schon Heils-Gegenwart, weil sie
die Jetzt-Zeit nicht unverändert lässt.[293]

Für Ps 147 konkretisiert sich die Friedenszeit auch in der Sicherung der
Nahrungsversorgung, sogar gesteigert als überreiche Sättigung: „mit fettem
Weizen sättigt er dich" (V. 14b). Dieser Aspekt ist in Jes 54 und 60 noch nicht im
Blick (vgl. aber z. B. Jes 61,8 – 9), gleichwohl entstammt auch V. 14b der Tradition,
nämlich als Zitat aus Ps 81.[294] In Ps 81,17 findet sich der einzige weitere Beleg für
den Ausdruck „Fett des Weizens" (חלב חטה) sowie das Verb שבע („sättigen"). Durch
das Zitat vollzieht Ps 147 eine Interpretation von Ps 81: Denn der Geschichtspsalm
ist ab V. 7 als leidenschaftliche Klage Gottes über sein untreues Volk gestaltet (Ps
81,12), die mit dem wehmütigen Wunsch endet, dass Gott seinem Volk so gerne
helfen würde, wenn es sich denn helfen ließe, d. h. wenn es Gott wieder gehorsam
wäre (Ps 81,14), und die mit der Ankündigung schließt: „Ich würde es speisen mit
dem Fett des Weizens (מחלב חטה), und mit Honig aus dem Felsen würde ich es
sättigen (שבע)." (Ps 81,17). Für Ps 147 ist die Bedingung auf Seiten des Volkes, das
(erneute) Hören auf Gott,[295] eingetreten und darum hat auch Gott sein Versprechen
der luxuriösen Speisung eingelöst, so dass dies als präsentes Geschehen Einzug
erhält in den Hymnus. Während Ps 81 die zerbrochene Beziehung zwischen Gott
und Volk aufgrund der Schuld Israels beklagt, schildert Ps 147 die geheilte Verbindung anhand der Restitution von Zion-Jerusalem.[296] Somit verhalten sich Ps 81
und 147 wie Ankündigung und Erfüllung: Es ist die Ankündigung des Möglichen
aus der Sicht JHWHs (vgl. die Gottesrede in Ps 81,7– 17) und die Erfüllung des
Unmöglichen aus der Sicht des Volkes Gottes (vgl. die Lobaufforderungen in Ps
147). Denn JHWH allein hat das neue Heil für Zion bewirkt, dafür lobt und preist ihn
das Volk. So kann Ps 147 psalterkompositorisch, verbunden mit dem Schuldeingeständnis und der Rettungsbitte aus Ps 106,[297] als Antwort auf Ps 81 gelesen

---

293 Vgl. dazu unten Kap. II.3.4.4.
294 Vgl. neben V. 14 folgende Bezüge von Ps 147 zu Ps 81: V. 7 mit Ps 81,3; V. 19 mit Ps 81,5.
295 Ps 81 ist eine poetische Variation auf die Hör- und Gehorsamsforderung, die das Deuteronomium, insbesondere im Sch^{e}ma Israel (Dtn 6) stellt, vgl. bes. Ps 81,9 – 11.
296 Ähnlich auch KRATZ, Gnade, 261.
297 Vgl. zu Ps 106 oben die Ausführungen zu V. 1; 2; 12.

werden: Obwohl Israel ungehorsam war, führt Jʜwʜ die Geschichte Israels weiter und baut Jerusalem wieder auf – weil sich Israel, zu Jʜwʜs Wohlgefallen, als demütig und gottesfürchtig erweist (vgl. Ps 147,6.11). Aufgrund dieses bereits in Gang gesetzten, gnadenvollen Handelns in Natur und Geschichte ruft der Psalmist weiterhin zu dem geforderten Vertrauen zu Jʜwʜ auf. Er zeigt den Jʜwʜ-Fürchtigen eine Hoffnungsperspektive auf: Denjenigen, die sich an das Wort Jʜwʜs halten und dessen Leben von der gnädiger Zuwendung Gottes abhängig verstanden wird, wie es ähnlich in Ps 145,16 und 146,7 formuliert ist und wie es Ps 104 preist (vgl. Ps 104,28).[298]

Ähnlich beschreibt auch Dtn 8 die Versorgung durch Gott und die Abhängigkeit des Menschen und abstrahiert zugleich von der reinen Nahrung (vgl. bes. Dtn 8,3). Ähnliches lässt sich für Ps 147 feststellen, der sich möglicherweise an der spiritualisierten Interpretation der Nahrung von Dtn 8 orientiert hat. Der Mensch lebt davon, was aus Jʜwʜs Mund hervorgeht: nach Ps 147 ist das das Gottes Wort (vgl. V. 15 – 20). Durch die Rezeption von Dtn 8,3[299] wird eine Verbindung innerhalb von Ps 147 zwischen „Segen und Nahrung" (V. 13 – 14) und „Wort Jʜwʜs" (V. 15 – 18) hergestellt. Durch Ps 147,14b und seine verwandten Textstellen wird deutlich, „daß sich die Schöpfertätigkeit Gottes nicht auf die Einrichtung der Welt und ihrer Ordnungen beschränkt, sondern bis in die Gegenwart fortdauert. [...] Bei dem täglichen unabdingbaren Bedarf an Lebensmitteln wird die Abhängigkeit des Menschen von Gott am sinnfälligsten."[300]

Theologisch weitergeführt wird der Gedanke der göttlichen Sättigung, wenn allein die Sehnsucht nach Gott als Durst und Hunger bezeichnet wird (Ps 63,2) und die Zuwendung Gottes dann als Sättigung erfahren wird, die sich im Geschehen des Lobens vollzieht, in der Gegenwart Gottes im Tempel und darüber hinaus (Ps 63,3.7). Die hymnische Sphäre, in die sich der Beter begibt, kommt demnach einer Sättigung gleich, weil er im Loben Gott selbst erfährt. Der Mund ist dann nicht (nur) zur Nahrungsaufnahme gedacht, sondern wird zum Ort des Lobens: „Wie von Mark und Fett (כמו חלב ודשן) wird meine Seele gesättigt werden (תשבע נפשי), und mit jubelnden Lippen (ושפתי רננות) wird mein Mund loben (יהלל־פי)." (Ps 63,6; vgl. Ps 19,15). In der Versorgung mit Nahrung zeigt sich paradigmatisch die Gnade Gottes (vgl. auch Ps 36,8 – 10). Das Bild von der Gabe des Brotes und der Sättigung

---

298 Ps 104,28: „Du gibst ihnen: Sie sammeln ein. Du tust deine Hand auf: Sie werden gesättigt (ישביעם) mit Gutem." Vgl. jeweils die Ausführungen zur Stelle bei Ps 145 und 146.

299 Dtn 8,3b: „um dich erkennen zu lassen, dass der Mensch nicht von Brot allein lebt. Sondern von allem, was aus dem Mund Jʜwʜs hervorgeht, lebt der Mensch."

300 Bʀᴜɴɴᴇʀ, Munde, 392.

durch Gott wird in diesen späten Texten spiritualisiert.[301] Ähnlich formuliert es auch Ps 90,14: Die Gnade Gottes allein sättigt schon und hat wiederum das Loben zum Ziel (vgl. auch Ps 22,27).[302] Ps 147 hat diese weitreichende Wirkung des Lobens schon zu Anfang angezeigt, als das Loben selbst gelobt wurde (V. 1). Weil sich im Lobpreis Freude und Lebendigkeit ausdrücken, wird er selbst zur Nahrung, geradezu zum „Lebensmittel". Denn er ist Ausdruck der lebendigen Gottesbeziehung des Frommen: In Folge dessen ergießen sich Segen, Frieden und auch materielle Nahrung über den lobenden Menschen (vgl. z. B. Ps 34,9 – 11). Der ganze Psalm 147 wird als kunstvolle Verschränkung von schöpfungs- und geschichtstheologischen Aussagen darstellt, und diese Zusammenhörigkeit wird mit V. 14 erneut besonders deutlich:[303] Anfängliches Schöpfungswirken Gottes erweist sich im fortwährenden Erhalten und Versorgen des Menschen in der geschichtlichen Zeit durch Nahrung und vor allem durch segensreiche Gottesnähe (als Frieden). Diese Gottesnähe konkretisiert sich für Ps 147 im Wort Gottes als Rechtsordnungen und Gesetze (חקים ומשפטים, V. 19 – 20), die zum Lebensbrot werden, von dem Israel lebt (vgl. Dtn 4,1; 8,3). Somit erweist sich Ps 147 auch in seinem inhaltlichen Gefälle (Restitution von Stadt und Mensch – Gottesfurcht – Wortoffenbarung) als positiver Gegentext zu Ps 81 (Wortoffenbarung – Abfall – Verwerfung).[304] Die Bezüge zu Ps 81 und Dtn 8 bereiten schon das Thema der nächsten Verse von Ps 147 vor, die nun im Folgenden näher in den Blick kommen.

V. 15 – 18 „Das wirkmächtige Wort"

V. 15 – 18 und 19 – 20 stellen eine theologische Abhandlung über das Wort Gottes dar, die ihr ganz eigenes Gepräge trotz vieler intertextueller Anspielungen aufweist und die zugleich mit dem gesamten Psalm verwoben ist.[305] Durch die determinierten Partizipien in V. 15 f (השלח; הנתן) wird an die vorausgehenden Aussagen (vgl. V. 14: השם) angeknüpft. In syntaktisch parallel aufgebauten Versen wird je

---

301 So auch KRATZ, Gnade, 259. Das Motiv der göttlichen Sättigung wird vom Neuen Testament aufgenommen und ist besonders in der Brotbitte des Vaterunsers (Mt 6,11) zu fassen. In der Brotrede des Johannesevangeliums bezeichnet sich Jesus sogar selbst als das sättigende Brot. Hier wird der göttliche Geber selbst zur Gabe aus Gnade, vgl. KRATZ, Gnade, bes. 259 f.

302 Ps 90,14: „Sättige uns am Morgen mit deiner Gnade (שבענו בבקר חסדך), so werden wir jubeln und uns freuen in allen unseren Tagen."

303 Vgl. auch SEDLMEIER, Jerusalem, 282.

304 Dass diese Handlungen von JHWH und Israel nicht linear verlaufen, sondern dynamisch ineinander greifen, versteht sich von selbst. Gleichwohl ist aber die gegenläufige Abfolge in den beiden Psalmen wahrzunehmen.

305 V. 15 – 20 stellt einen für den Psalm relativ langen sprachlich und thematisch zusammenhängenden Abschnitt dar, vgl. oben Kap. II.3.3 sowie SEDLMEIER, Jerusalem, 281 f.317 f.

eine partizipiale Bestimmung Jʜᴡʜs durch einen Verbalsatz (in V. 15b mit Subjektwechsel) fortgeführt. Aussagen über Gottes Wirken in der Geschichte Israels (bzw. Zions) werden vom Wirken Gottes in der Natur abgelöst und miteinander verschränkt. Schon im ersten Teil des Psalms fand sich diese Zusammenstellung von Restitution und Heilung Jerusalems (V. 2–3) und der Herrschaft des Schöpfers über die Sterne (V. 4), wobei die als sprachlicher Akt Jʜᴡʜs gestalteten Aussagen in V. 4 schon auf das in V. 15.18–19 beschriebene Senden des Wortes Gottes vorbereiten.

Die dem Wortfeld „Wort" zugehörigen Nomina erscheinen in Ps 147 immer suffigiert mit Bezug auf Jʜᴡʜ, so dass von dem „Wort" nur als von dem „göttlichen Wort" die Rede ist. דבר (allein dreimal in Ps 147!) ist der zentrale Ausdruck für das Wort Gottes[306] und wird in V. 15 synonym zu אמרה („Wort", „Spruch") verwendet.[307] Das Wort (דבר / אמרה) wird von Jʜᴡʜ auf die Erde gesandt (שלח)[308] und erscheint dabei als eigene Größe, die von Gott ausgeht: „Er sendet seinen Spruch zur Erde, in Eile läuft sein Wort." (V. 15). Es wird in der Funktion und Rolle eines von Gott ausgesandten Boten beschrieben (vgl. Jer 51,31), es rennt schnell (עד־מהרה ירוץ, V. 15) und wird außerdem mitgeteilt und verkündigt (נגד, V. 19).[309] Ps 147 verweist mit

---

306 Vgl. Gᴇʀʟᴇᴍᴀɴ, Art. דבר, 439. Vgl. zum theologischen Konzept des Wortes Gottes und seinem prophetischen Ursprung Lᴇᴠɪɴ, Wort.
307 Zur Parallele von אמרה und דבר vgl. evtl. noch Ps 105,19; in Jes 5,24 steht אמרה parallel mit תורה. Insgesamt kann für das abgeleitete Nomina von אמר die Bedeutung von „Gesetz", „Weisung", „Unterweisung" und „Anweisung" angenommen werden, da es überwiegend in späteren, poetisch-weisheitlichen Texten verwendet wird (so Wᴀɢɴᴇʀ, Art. אמר, 371f, bei aller Schwierigkeit der zeitlichen Festlegung des Gebrauchs von אמרה), was gerade im Blick auf Ps 147 und seine Fokussierung auf die Gabe des Gesetzes an Israel (V. 19) aufschlussreich ist. Die Verbindung von אמרה und שלח („senden") kommt nicht noch einmal vor. In Ps 119 ist אמרה als Bezeichnung des Wortes Gottes allerdings neben דבר und תורה ein ausgesprochenes Vorzugswort. Während das Nomen דבר zu den 10 häufigsten Wörtern des biblischen Hebräisch zählt (vgl. Gᴇʀʟᴇᴍᴀɴ, Art. דבר, 434, sind die Belege für אמרה viel weniger. Aber gerade in dem weisheitlichen Psalm 119 kommt אמרה 19 mal (vgl. דבר 22 mal und תורה 25 mal, vgl. dazu und zur Beziehung zw. Ps 119 und 147 unten die Ausführungen zu V. 19–20) in der Bedeutung „Wort Gottes" als eigene theologische Größe vor, so Sᴄʜᴍɪᴅ, Art. אמר, 214. Vgl. zum Gebrauch der Gesetzestermini in Ps 119 u.a. Mᴀᴛʜʏs, Dichter, 282f.285–287 und Zᴇɴɢᴇʀ, Torafrömmigkeit, 386–389. In Ps 147,18 werden דברו („sein Wort") und רוחו („sein Geist") parallel verwendet und in V. 19 steht דברו synonym zu חקיו ומשפטיו („seine Rechtsordnungen und seine Gesetze").
308 Das Verb שלח („senden") bezeichnet einen Vorgang, in dem „ein Objekt in einer vom Handelnden wegführenden Richtung in Bewegung gesetzt erscheint", so Dᴇʟᴄᴏʀ / Jᴇɴɴɪ, Art. שלח, 911.
309 Zu נגד („mitteilen", „verkünden") hält Wᴇsᴛᴇʀᴍᴀɴɴ, Art. נגד, 33, fest: „daß *ngd* hi. meist ein Mitteilen über einen räumlichen Abstand hinweg ist; in sehr vielen Fällen ist der, der etwas kündet, ein von anderswoher Kommender. [...] Damit hängt eine zweite Besonderheit nahe zusammen: die Bewegung, die dem *ngd* hi. vorausgeht, vor allem, wenn es das rasche Laufen des

dieser Formulierung auf wenige, aber zentrale Textstellen, unter denen Jes 55 und wieder Ps 33 besonders hervorzuheben sind.[310]

In Jes 55 wird JHWHs Wort mit den vom Himmel ausgehenden Wetterphänomenen wie Regen und Schnee verglichen, die in der Vegetation ihre Auswirkungen zeigen (Jes 55,10 – 11).[311] Das Wort geht von Gott aus und führt aus, wozu es gesandt ist. Wie das Wetter ist Gottes Wort eine Wirkmacht, dessen „Früchte" Freude (שׂמחה) und Frieden (שׁלום, vgl. Ps 147,14) und schließlich der ganze Lobpreis der Schöpfung zur Ehre Gottes sind (Jes 55,12 – 13). Neben der Wirkmächtigkeit ist der Vorgang des Herabkommens auf die Erde (von Niederschlägen oder dem Wort) der Kern des Vergleichs.[312] In Jes 55,10 – 11 zeigen sich Ansätze einer Personifikation des Wortes Gottes, indem das Wort als eigene wirkmächtige Gestalt beschrieben wird.

Ähnlich beschreibt auch Ps 33 die Schöpfung durch das Wort.[313] Dort erscheint דבר zusammen mit רוח („Geist") sowie צדקה („Gerechtigkeit"), משׁפט („Recht") und חסד („Gnade") als „Wirkungsgröße" Gottes (Ps 33,5 – 6).[314] In Ps 33,9 folgert der

---

Melders ist, zeigt an, daß das Mitgeteilte etwas für den Adressaten Notwendiges, oft Lebenswichtiges ist." (vgl Jer 51,31; Ri 13,10). Vgl. auch die Ausführung bei DELCOR / JENNI, Art. שׁלח, bes. 914; sowie GUNKEL, Psalmen, 616; KRAUS, Psalmen, 1138.

310 Vgl. noch Jes 9,7, bes. auch zu V. 19, sowie Sach 7,12 und Ps 107,20: „Er sendet aus sein Wort und er heilt sie (יֹשׁלח דברו וירפאם), er rettete [sie] aus ihren Gruben." Ps 147,18a ist identisch mit Ps 107,20aα; vgl. zu den Bezügen zw. Ps 107 und 147 oben die Ausführungen zu V. 2.6.

311 Jes 55,10 – 11: „Denn wie der Regen fällt und der Schnee vom Himmel und dorthin nicht zurückkehrt, sondern die Erde tränkt, sie befruchtet und sie sprießen läßt, daß sie Samen dem Sämann gibt und Brot dem Essenden, so wird mein Wort sein, das aus meinem Mund hervorgeht. Es wird nicht leer zu mir zurückkehren, sondern es wird bewirken, was mir gefällt, und ausführen, wozu ich es gesandt habe."

312 Vgl. auch LAEAHN, Wort, 89.

313 Ps 33 wurde schon mehrfach als Spendertext für Ps 147 identifiziert, vgl. u. a. Anm. 83.

314 Die obengenannten Begriffe sind „für die Psalmisten keine Abstrakta, sondern dingähnliche, raumhafte Sphären, die sich gewöhnlich im Himmel befinden ([Ps] 85,8.12; 36,7)", so KOCH, Wort, 274. Die Vorstellung vom wirkmächtigen Gottes Wort, das sich in überreicher Vegetation und Nahrung veräußert, findet sich verschiedenartig in altorientalischen Hymnen. So spricht z. B. der Mondgott Sin sein Wort und auf der Erde wächst und gedeiht es. Das Wort bewirkt außerdem Recht und Gerechtigkeit. Vgl. dazu und zu weiteren Texten LUTZMANN, Art. דבר, 99 f; GRETHER, Name, 138 – 144; DÜRR, Wertung, bes. 6.16 – 19; KRAUS, Psalmen, 1138. Auch FELDMEIER / SPIECKERMANN, Gott, 254 mit Anm. 5, verweisen auf die ägyptische Herkunft von Gottes Sprechen in Verbindung mit seinem schöpferisches Handeln. Koch stellt im Vergleich mit ägyptischen Vorstellungen des göttlichen Wortes und ausgehend von Ps 33 dar, dass das Wort Gottes und mit ihm die anderen genannten Erscheinungsformen als „gestalthaft, raumhaft" zu verstehen sind, vgl. KOCH, Wort, 275. Diese Größen sind sowohl Beteiligte an der Schöpfung (vgl. Ps 33,4 – 6) als auch Garant der Präsenz Gottes bei den Menschen (vgl. Ps 33,5.18.22). Diese Wirkungsgrößen gehen demnach von Gott aus, nehmen Gestalt und Wohnung auf der Erde und bleiben dennoch

Psalmist in Aufnahme des priesterschriftlichen Schöpfungsberichts (Gen 1) sowie von Jes 48,13[315] (vgl. auch Ps 148,5): „Denn er sprach (אמר) und es war da (היה), er gebot (צוה) und es stand da (עמד)." JHWH verbirgt sich nicht hinter seinem Wort und den andern Größen, sondern ist in ihnen offenbar. „Durch das gestalthafte Wort hindurch wird der Sprecher spürbar, dessen Wille sich mittels des Wortes ‚materialisiert'."[316]

In Jes 55,10–11 und Ps 33,6 sind Ansätze einer Verselbstständigung des göttlichen Wortes erkennbar. Das Wort Gottes ist „als jene lebendige machtvolle göttliche Substanz [oder Wirkweise] zu betrachten, die vom Munde der Gottheit ausgeht und in der Welt wirkt, sozusagen sichtbar und spürbar ist".[317] Wenn JHWH sein Wort sendet und mitteilt, dann gibt er Anteil an sich selbst. In Rezeption dieser Vorstellungen aus Jes 55 und Ps 33 kommt ein neuer Aspekt in Ps 147 hinzu: Zuvor wurde das Handeln JHWHs an der Welt und den Menschen, insbesondere an Jerusalem / Zion und den JHWH-Fürchtigen beschrieben. Gott hat „an ihnen" gehandelt, indem er ihnen das gegeben hat, was sie brauchen. Das göttliche Handeln ist dabei ganz im innerweltlichen Zusammenhang geblieben. JHWH heilt die Herzen, *ihre* Wunden (V. 3); er bewirkt Wetter und Vegetation, gibt dem Vieh *sein* Futter (V. 8–9) und schließlich wendet er sich Zion zu, *seinen* Toren, *seinen* Söhnen in *seiner* Mitte und *seinem* Gebiet. Die Häufung der Suffixe betont den menschlich-irdischen Lebensbereich, in den zwar Gottes heilvolles Handeln hineinbricht, aber es ist die Sphäre der Menschen, die Schöpfung als von Gott

---

verbunden mit ihrem Geber und Sender. In Wort, Geist, Gerechtigkeit, Recht und Gnade wird JHWH selbst erfahrbar und diese Gestaltformen weisen wiederum auf ihn zurück (vgl. Ps 33,8: Die Furcht der Erdenbewohner gilt nicht den Wirkweisen Gottes, sondern JHWH selbst). Vgl. dazu auch die kritische Diskussion von Kochs Aufsatz bei KRAUS, Psalmen, 412 f.415.

315 Jes 48,13: „Ja, meine Hand hat die Grundmauern der Erde gelegt und meine Rechte die Himmel ausgespannt; ich rufe ihnen zu: allesamt stehen sie da (יעמדו)." Vgl. auch DEISSLER, Charakter, 228.

316 KOCH, Wort, 277.

317 DÜRR, Wertung, 127. Damit ist die anfängliche Entwicklung hin zur Hypostasierung des Wortes Gottes festzustellen. Während sich KOCH, Wort, 275.277, ausdrücklich gegen eine hier bereits vorliegende Hypostasierung des Wortes ausspricht, sehen andere diese bereits angelegt, so z. B. KRAUS, Psalmen, 1138: „In Ps 147 sind alle Aussagen über den ausgesandten, schöpferischen דבר noch ganz in die souveräne Majestät des Subjekts Jahwe integriert. Die Entwicklung zur Hypostasierung ist aber unschwer zu erkennen." Dagegen zeigt DÜRR, Wertung, bes. 122–128, die Entwicklung des Wortes Gottes hin zu Hypostase anhand der hier ebenfalls erwähnten Textstellen überzeugend auf. Auch GRETHER, Name, 153–158, nimmt eine Hypostasierung von Wort und Geist an. FELDMEIER / SPIECKERMANN, Gott, 207, sprechen von „Manifestationen". Das Verständnis des Wortes Gottes als Wirkweise wird vor allem in der Hypostasierung der Weisheit (vgl. u. a. Sir 24) fortgeführt und ist im Neuen Testament in der johanneischen Logos-Theologie zu greifen.

geschaffener Lebensraum und dabei zugleich getrennt von ihm (vgl. auch Jes 55,8 – 9). Mit der Sendung des Wortes Gottes wird diese Begrenzung aufgebrochen. Das Wort wird *zur Erde* gesandt (V. 15). Mit dem Wort Gottes kommt etwas völlig Anderes und Neues, etwas Transzendentes in die Welt hinein (vgl. Jes 55,10 – 11).[318] Dies wird wiederum durch die Suffixe deutlich: Es ist *Gottes* Wort (דברו / אמרתו) und *Gottes* Geist (רוחו), es sind *seine* Gesetze und Ordnungen, die nun Einzug halten in die Welt (vgl. aber auch קרתו / קרחו, V. 17). Gott selbst sendet sie aus der göttlichen Sphäre, „von anderswoher"[319], in die irdisch-menschliche Lebenswelt hinein. Dabei wird insbesondere Jakob / Israel zu seinem Adressaten und Botschaftsempfänger. Während in Ps 33 das Wort vorrangig als das schöpfungsmächtige Wort in Erscheinung getreten ist, das als Schöpfungsmittler und -medium seine Bedeutung erhält (vgl. Ps 33,6.9), wird in Ps 147 stärker der Charakter des Wortes als Gabe betont (vgl. aber V. 18), das sich insbesondere in den göttlichen Gesetzen manifestiert. Auch anders als in Ps 19 und 119 wird nicht die Qualität des Wortes Gottes (der Tora) gerühmt, sondern in Ps 147 ist das Niederkommen des Wortes Gottes auf die Erde überhaupt Gegenstand des Lobens.[320] Der „himmlische" Gott lässt sich in und mit seinem Wort herab auf die Erde.[321] Die Anspielung auf die Tora als Wort der Offenbarung Gottes liegt in Ps 147 auf der Hand. Bevor aber darauf eingegangen werden kann, ist zunächst die Verschränkung der Sendung des Wortes mit den winterlichen Wetterphänomenen in den Blick zu nehmen.

Die Aussagen über das wirkmächtige Wort in Gestalt eines Boten in V. 15 und 18 (vgl. das zweimalige שלח!) umrahmen die Phänomenbeschreibungen von Kälte und Eis: „Er gibt Schnee wie Wolle, Reif wie Staub zerstreut er. Er wirft sein Eis wie Brocken." (V. 16 – 17a). Während eine der Hauptverwendungen für „Schnee" (שלג) im Alten Testament die des Vergleichs im Blick auf die besonders weiße Farbe ist, werden dem Schnee und den anderen Kältephänomenen wie Reif (כפור) und Eis (קרח) in Ps 147 nun seinerseits Objekte zum Vergleich zur Seite gestellt: Schnee wie Wolle, Reif wie Staub und Eis wie Brocken. Diese Formulierungen sind ohne

---

318 Ähnlich beschreibt dies auch LABAHN, Wort, 89: „Aus der Distanz heraus, die zwischen Jahwe und den Menschen herrscht, wendet sich der transzendente Gott den Menschen in seinem Wort zu, das seinen Willen übermittelt und dadurch seine Verborgenheit im Himmel zugleich bewahrt und überwindet. Dem *Wort Jahwes* wird damit eine Art ‚Brückenfunktion' zugewiesen." [Hervorhebung original].
319 Vgl. dazu die Bestimmung von נגד: „in sehr vielen Fällen ist der, der etwas kündet, ein von anderswoher Kommender", so WESTERMANN, Art. נגד, 33; vgl. außerdem zu שלח oben.
320 Vgl. GERSTENBERGER, Psalms, 445.
321 Diese Vorstellung wird dann in Joh 1 weitergeführt.

Parallele im Alten Testament.[322] Die Kältephänomene sind insgesamt selten belegt und haben ihre wichtigsten Parallelen in Hi 37 und 38.[323]

JHWH als Urheber aller Wettererscheinungen zu beschreiben ist das Anliegen der Verse 16–17, die auf die rhetorische Frage „Vor seiner Kälte – wer kann bestehen?" (V. 17b) zulaufen. Diese Frage erscheint sehr ähnlich in Nah 1,6[324] im Kontext von göttlichem Gericht und Naturereignissen, die JHWHs Zorn verdeutlichen. Damit klingt in Ps 147,17b Gerichtsmetaphorik an, die auch mit dem wirkmächtigen Wort Gottes verbunden sein kann, wie Jer 23,29 formuliert: „Ist mein Wort nicht wie Feuer (דברי כאש), spricht JHWH, und wie ein Hammer, der Felsen zerschmeißt?" Das Senden des Wortes bringt somit auch ein richtendes Moment mit sich, es ist offenbarendes Wort und zugleich unterscheidendes Wort (vgl. Ps 147,19–20).

In V. 18 werden nun mit Rückbezug auf V. 15 (wieder שלח)[325] in zwei syntaktisch parallelen Sätzen (jeweils mit Subjektwechsel) das wirkmächtige Wort und der

---

322 Vgl. aber Sir 43,17–19.

323 Für die wenigen alttestamentlichen Belege der Kältephänomene vgl. für שלג („Schnee") u. a. Jes 55,10; Ps 148,8; Hi 37,6; 38,22; vgl. Sir 43,17. Schnee kommt v. a. als Vergleichsgröße vor („weiß wie Schnee"), selten ist von ihm direkt die Rede: vgl. 2Sam 23,20 (= 1Chr 11,22); Jes 55,10; Jer 18,14; Ps 68,15; 24,19; 37,6; 38,22; Prov 31,21; für כפור („Reif") nur noch Hi 38,29 (und Ex 16,14); vgl. Sir 34,19; für קרח („Eis") u. a. Hi 37,10; 38,29; für קרה („Kälte") u. a. Hi 37,9. In den Naturerscheinungen demonstriert Gott seine Größe und Macht, die die Menschen lehrt JHWH zu fürchten (Hi 37,24), vgl. dazu auch Ps 33,6–8 und die Ausführungen oben. Was zunächst Elihu (Hi 37) und dann Gott selbst (Hi 38) in den Mund gelegt wird, sind Aussagen, die der Argumentation und Bekräftigung der Wirkmächtigkeit Gottes dienen (vgl. insb. die Form der rhetorischen Fragen). Solche ausführlichen Naturbeschreibungen, die typisch sind für die späte Weisheit (vgl. Hi 37; 38–39; Prov 8; Sir 42–43), verdeutlichen das Anliegen der weisheitlich geprägten Theologie: Durch die intensive Naturbeobachtung kann die hinter diesen Phänomenen stehende Ordnungsmacht Gottes erkannt werden. Vgl. dazu KRATZ / SPIECKERMANN, Art. Schöpfer, 274: Die weisheitliche Schöpfungstheologie folgt der Voraussetzung, „daß Gott der Welt Ordnungen [...] eingestiftet hat, deren Erkenntnis Gott selbst transparent werden läßt." Diese weisheitlich-hymnischen Lehrtexte haben die Theophanieschilderung weiterentwickelt (vgl. dazu STRAUSS, Hiob 19,1–42,17, 317; VON RAD, Theologie II, 95 f.), so dass nicht mehr Gott direkt in diesen Erscheinungen zu erkennen ist, sondern sein ordnungsschaffendes Tun. „Genau besehen finden diese Weisen ihren Gott nicht ,in der Natur', sondern ,hinter' den Naturvorgängen, als Himmel und Erde durchwirkenden und den Menschen erhaltenden Schöpfer", so STRAUSS, Hiob 19,1–42,17, 326. Diese feststehende Ordnung wird geschaffen durch das Wort Gottes, das gleichzeitig ihr Fortbestehen garantiert: „Durch das Wort Gottes steht fest die Ordnung, er / es wird nicht matt in seinem Wächteramt." (Sir 43,10a), die Übersetzung folgt SAUER, Sirach, 295.

324 Nah 1,5–6: „Die Berge erbeben vor ihm, und die Hügel zerfließen. Vor seinem Angesicht hebt sich die Erde, das Festland und alle, die darauf wohnen. Wer kann vor seinem Groll bestehen (לפני זעמו מי יעמוד), wer standhalten bei der Glut seines Zorns? Sein Grimm ergießt sich wie Feuer, die Felsen bersten durch ihn." Vgl. noch Ps 76,8; 130,3.

325 Während in V. 15a שלח als Partizip vorkommt, wird in V. 18 Imperfekt verwendet. Vermutlich ist der „Stilbruch" nicht so hoch zu bewerten wie VOSBERG, Studien, 98, es vornimmt und meint,

Geist Gottes mit den Wetterphänomenen verbunden: „Er sendet sein Wort und lässt sie schmelzen, er lässt wehen seinen Geist, es fließen die Wasser." (V. 18).[326] Der Übergang von V. 17 zu 18 deutet darauf hin, dass auch die göttliche Kälte keinen Bestand hat, wenn Gott selbst sie in V. 18 vergehen lässt.[327] Damit wird in V. 18 verdeutlicht, dass JHWH Herr des Geschehens bleibt, er gibt und er nimmt auch wieder weg, er bleibt der Handelnde auch in und an dem von ihm Gesandten und Geschaffenen. Für die enge Zusammenstellung von רבד und רוח mit Bezug auf JHWH gibt es nur wenige Belege.[328] Wieder bietet Ps 33 eine mögliche Vorlage für Ps 147, da in Ps 33,6 beide Größen als explizite Schöpfungsmittler genannt werden. „Durch das Wort JHWHs (בדבר יהוה) sind die Himmel gemacht und mit dem Hauch

---

dass „die Vorstellung vom Schöpferwort mit V. 18 verlassen und etwas Neues von diesem Wort gesagt wird". Denn schon im nächsten Vers wird wieder das Partizip verwendet (V. 19) und auch in V. 14b.15b.16b.17b finden sich Imperfektformen. Dies ist eher der Verschränkung von Partizip- und Imperfektformen geschuldet, die sich durch den ganzen Psalm zieht, vgl. dazu KRATZ, Gnade, 260 f mit Anm. 62, sowie mehrfach hier in den Ausführungen zu Ps 147.

326 Die Aussage in V. 18 könnte auch in der Hinsicht gedeutet werden, dass JHWH ebenfalls im Feuer erscheinen kann bzw. sich dessen bemächtigt. Darauf könnte die Bedeutung von רוח im Zusammenhang von Theophanien hindeuten, vgl. Ps 104,4: „Der Winde zu seinen Boten macht, Feuer und Lohe zu seinen Dienern." sowie z. B. Ps 11,6; Ez 1,4. Theophanien in Form von Naturgeschehnissen sind meist nicht durch Eis, sondern durch Feuer charakterisiert, vgl. z. B. Gen 15,17; 19,24. In Ex 9,23 f werden Hagel (ברד) und Feuer (אש) zusammen von Gott gesandt; vgl. auch Ps 148,8 sowie Ex 3,2; 19,18; Lev 9,24. In Dtn 4 wird die Erscheinung JHWHs im Feuer am Berg Horeb geschildert und endet mit der Charakterisierung JHWHs selbst als Feuer: „Denn JHWH, dein Gott, ist ein verzehrendes Feuer, ein eifersüchtiger Gott." (Dtn 4,24). Vgl. außerdem das Gottesurteil auf dem Karmel (1 Kön 18,24.38), das Vergleichswort in Jer 23,29 sowie in Ps 148,8 die Zusammenstellung von feurigen und eisigen Elementen in Verbindung mit dem „Wort JHWHs" (wie in Ps 147,18). Außerdem am Ende des Jesajabuches Jes 66,15 – 16: „Denn siehe, JHWH kommt im Feuer, und wie der Sturmwind sind seine Wagen, um seinen Zorn auszulassen in Glut und sein Drohen in Feuerflammen. Denn mit Feuer hält JHWH Gericht, mit seinem Schwert [vollzieht er es] an allem Fleisch, und die Erschlagenen JHWHs werden zahlreich sein." So folgt in Ps 147,17 – 18 nach der Kälte das Gegenteil, der „warme" Atem Gottes, der zudem auch vernichtende Wirkung haben kann (vgl. Jes 40,7). Das seltene Wort נשב („wehen") kommt neben Gen 15,11 nur noch in Jes 40,7 vor, bezeichnenderweise in Verbindung mit רוח: „Das Gras ist verdorrt, die Blume ist verwelkt, denn der Wind JHWHs hat sie angeweht (כי רוח יהוה נשבה בו). Fürwahr, das Volk ist Gras." Außerdem in Sir 43,20, wiederum zusammen mit רוח: „den kalten Nordwind lässt er wehen" (צינת צפן רוח ישיב). Darauf folgen noch weitere Kältephänomene sowie vernichtendes Wirken mit Feuer (V. 21). Sir 43 weist mehrere Verbindungen zu Ps 147,16 – 18 auf; zu Sir 43 vgl. Kap. II.3.1.

327 Nicht überzeugend ist die Deutung einiger Exegeten, das Winterwetter als Bild für die Exilszeit in V. 16 f und dann V. 18 als dessen entsprechendem Ende zu verstehen, vgl. u. a. VOSBERG, Studien, 98 Anm. 106; SEDLMEIER, 321 f mit Anm. 136; RISSE, Gott, 163 mit Anm. 27; ZENGER, Psalm 147, 835.

328 Vgl. etwa noch Jes 59,21; Hag 2,5 und ähnlich noch Ps 148,8.

seines Mundes (ורוח פיו) ihr ganzes Heer." Es ist der „Hauch des Mundes", der beim Sprechen des Wortes ausgeht,[329] so dass beide Größen synonym zu verstehen sind. „Doch bedeutet רוח an dieser Stelle ganz fraglos mehr als ‚Wind'. [... Es bezeichnet] die schöpferische Wortmacht. Jahwes Atem ist schöpferische Lebenskraft. Das schöpferische Wort Jahwes hat die gewaltige himmlische Welt errichtet."[330]

In Ps 147,18b findet sich zudem ein Anklang an die chaosbesiegende Macht Gottes, die sich im Geist Gottes manifestiert (vgl. Gen 1,1–5!).[331] Der Geist bewirkt, dass die Wasser geordnet fließen. Aufgrund einiger gemeinsamer Belege von רוח und מים ist zu erwägen, dass es speziell der Geist Gottes ist, der Macht über die Wasser hat, wie es auch die Nennung von רוח direkt vor der Bändigung des Wassers in Ps 33,6–7 nahelegt sowie insbesondere Gen 1,2; Ex 15,8.10 und Ps 18,16.[332] Auf dem Hintergrund von Gen 1,2 kann auch für die Formulierung in Ps 147,18 mit Feldmeier und Spieckermann gefolgert werden: Die „Chaosflut verliert Macht und wird zu Wasser, wenn Gott durch die Präsenz seines Geistes seinen Herrschaftsanspruch anmeldet. [...] Gottes Geistesgegenwart und das ihm sachlich zugehörige schöpferische Wort sind Manifestationen des Herrschaftsanspruchs über das Chaos, welches begrenzt, aber nicht vernichtet, vielmehr partiell in die Schöpfung integriert wird."[333] Dies zeigt Ps 148,7 anschaulich, da hier die Chaoswasser in die geordnete Schöpfung integriert werden, infolgedessen sie zum Lobpreis aufgerufen und Bestandteil der JHWH-lobenden Weltgemeinschaft werden.[334]

Dadurch, dass der Psalmist in Ps 147 die Aussagen über Schnee und Kälte neben die über das Wort stellt, betont er die Mächtigkeit Gottes, die sich sowohl in den winterlichen Wettererscheinungen äußert als auch im Senden seines Wor-

---

329 So KRAUS, Psalmen, 410.

330 KRAUS, Psalmen, 410; ähnlich auch FELDMEIER / SPIECKERMANN, Gott, 207 Anm. 17.

331 Vgl. dazu JEREMIAS, Theophanie, 156: „Schon relativ früh wird die Tradition von Jahwes Kampf mit dem Chaos, seinem Erzfeind, mit Theophanieschilderungen verbunden worden sein." Auch die Erinnerung an die Heilstat vom Schilfmeer wird als Chaoskampf geschildert und in die Theophanietexte integriert wie in Ps 77,17–21; 114,3–8, vgl. a.a.O., 157, sowie auch Anm. 332.

332 Vgl. dazu auch FELDMEIER / SPIECKERMANN, Gott, 206f. Ex 15,8.10: „Beim Atem deiner Nase türmten sich die Wasser, die Strömungen standen wie ein Damm, die Fluten gerannen im Herzen des Meeres. [...] Du bliesest mit deinem Atem, das Meer bedeckte sie (נשפת ברוחך כדמו ים); sie versanken wie Blei in gewaltigen Wassern." Besonders Ex 15,10a weist syntaktische Ähnlichkeiten zu Ps 147,18b auf, was dann eine Anspielung an das Schilfmeerwunder, dem Paradebeispiel für die Macht Gottes, in Ps 147 bedeuten könnte. Außerdem findet sich in Ex 15 eine eindrückliche Verbindung von geschichtlichem Wirken und Wirken in der Schöpfung (vgl. auch Ps 77; 114), vgl. dazu auch Anm. 331.

333 FELDMEIER / SPIECKERMANN, Gott, 207. Anklänge zur Begrenzung und Ausgrenzung des Chaos finden sich auch schon in V. 14, wenn JHWH Frieden für Zions גבול setzt, vgl. oben die Ausführungen zu V. 14.

334 Vgl. die Ausführungen zu Ps 148,7–12.

tes.[335] Beides hat seinen Ausgang bei Gott und kommt auf die Erde. Vielleicht ähnlich wie der seltene Schnee in Palästina, so unverfügbar ist das göttliche Wort.[336] Das Thema dieser Verse ist die „Dynamik Gottes, sein Am-Werke-Sein"[337] und dieses dynamische Wirken JHWHs konkretisiert sich in seinem Wort, in seinem Schöpfungs-דבר, das zugleich sein Offenbarungs-דבר ist[338] und das exklusiv Israel bekannt geworden ist und immer wieder neu verkündigt wird. Dies wird nun in der Auslegung der V. 19 – 20 zu bedenken sein.

V. 19 – 20 „Wort für Jakob-Israel"

Das bereits in der Schöpfung aktiv wirkende Wort wird exklusiv an Jakob-Israel verkündigt. Durch die erneute Verwendung des Begriffs דבר knüpft V. 19 eng an die vorausgegangenen Aussagen an (vgl. V. 15.18): „Er verkündigt sein Wort Jakob, seine Rechtsordnungen und seine Gesetze Israel." V. 19 identifiziert das Wort, das veranlasst von JHWH als schöpfungswirksames Wort die Natur durchwaltet, mit dem Wort, das als Gesetz an Jakob-Israel und damit als eine geschichtlich zu identifizierende Größe verkündigt wird. JHWHs Wort ist nicht nur in der Schöpfung präsent, nicht nur in der mythischen Vorzeit vor aller Zeit, sondern es erweist sich in der Geschichte, es ist geschichtliche Wirklichkeit.[339] JHWHs Wort tritt in die Geschichte ein und wird dadurch persönliche Anrede an das von ihm erwählte Gegenüber.

Die Schrifttradition spielt auch in den letzten Versen von Ps 147 eine wichtige Rolle. Über den Namen Jakob lassen sich Bezüge zu Ps 14 und zu Dtn 33 aufzeigen sowie zu Jakob-Israel in Jesaja. Der zweite, wichtige Textbezug entsteht durch die Nichtnennung (!) des Begriffs „Tora" und somit zu den Tora-Psalmen 1 und 119 sowie zu Dtn 4.

Mit der Erwähnung Jakobs wird der ganze Horizont der Geschichte Gottes mit Israel assoziiert, die mit der Vätergeschichte ihren Anfang nimmt. Die Figur des

---

335 Zu göttlicher Rede und Wetterphänomenen vgl. noch Dtn 32,1 – 2: „Horcht auf, ihr Himmel, ich will reden (ואדברה), und die Erde höre die Worte meines Mundes (אמרי־פי)! Wie Regen (מטר) träufle meine Lehre (לקחי), wie Tau riesele meine Rede (אמרתי), wie Regenschauer auf frisches Grün und wie Regengüsse auf [welkes] Kraut!" sowie Jes 55,10 – 11; Ps 104,4 und Sir 43.

336 Das Bild des Winterwetters „unterstreicht, gerade weil es ein seltenes Bild ist, die Gewalt, die wirkmächtige Kraft des Schöpferwortes." VOSBERG, Studien, 98.

337 VOSBERG, Studien, 98.

338 So auch KRAUS, Psalmen, 1139: „Doch liegt gewiß kein in sich zwiespältiger, zweifacher דבר-Begriff in Ps 147 vor. Vielmehr wird man erklären dürfen, daß der die Natur durchwaltende דבר Israel in der Offenbarung der דברים (חקים und משפטים) bekannt geworden ist."

339 Vgl. KRAUS, Psalmen, 415.

Jakob steht als Vater der zwölf Stämme für die Einheit Israels.[340] Der Doppelname Jakob-Israel spielt auf die Umbenennung Jakobs in Israel an (Gen 32,29; 35,10). Zwar sind die beiden Namen ursprünglich nicht synonym zu verstehen, aber der Gebrauch insbesondere in der prophetischen Literatur zeigt eine parallele Verwendung, wobei sowohl „Jakob" als auch „Israel" für das ganze Volk oder für Teile des Gottesvolkes stehen können.[341] Die Bezeichnung „Jakob" verkörpert „so etwas wie die Idee Israels in der Geschichte"[342] und verweist auf die besondere Beziehung zwischen Mensch bzw. Volk und Gott, die auf Fürsorge, Treue und Vertrauen gegründet ist, wie auch schon in der Auslegung zu Ps 146,5 (אל יעקב, „Gott Jakobs") ausgeführt wurde.[343]

Die Bezeichnung Jakob-Israel steht im zweiten Jesaja für die Neugründung des Gottesvolkes im Horizont der Verheißung an die Erzväter (vgl. z.B. Jes 14,1; 41,8; 44,1).[344] Dass dieser theologisch bedeutsame Name in Ps 147 verwendet wird, dessen Thema die Restitution und die neu begonnene Heilszeit ist, verdient Beachtung. Somit wird mit nur einem Namen die gesamte Vätergeschichte auf den Plan gerufen und zugleich die Heilsankündigung des Propheten Jesaja zusammengefasst. Denn gerade diesem Jakob, d.h. dem von den Vätern herkommenden und mit prophetischen Heilsweissagungen bedachtem Gottesvolk, verkündet JHWH sein Wort, hat es bereits verkündet und wird es weiterhin tun (vgl. נגד pt.).[345] Damit ist dann zugleich gesagt: Das göttliche Wort als das die Schöpfung durchwaltende ist auch das die Geschichte Israels gestaltende Wort.

In V. 19 kommt zusammen, was in den Versen zuvor schon nacheinander benannt wurde: JHWH verkündet *sein* Wort (vgl. die anderen oben besprochenen

---

340 Vgl. ZOBEL, Art. יעק(ו)ב, 763.
341 Vgl. ZOBEL, Art. יעק(ו)ב, 770–772; ausführlich dazu auch KRATZ, Israel im Jesajabuch, 165–169.
342 So das Fazit von ZOBEL, Art. יעק(ו)ב, 777.
343 Vgl. auch ZOBEL, Art. יעק(ו)ב, 773: Jakob „ist Inbegriff der Treue Gottes zu seinem Volk."
344 Zur theologischen Bedeutung des Namens vgl. KRATZ, Israel im Jesajabuch, 166f: „Jakob-Israel, der Vater der zwölf Stämme Israels (Gen 29–30), ist als der erwählte Knecht gezeichnet, der im Heilsorakel wie ein König berufen und dem unter Rückgriff auch auf die Schöpfungs- und die Exodustradition der Beistand Gottes zugesagt wird. Der Rekurs auf den königlich berufenen Erzvater ist ein theologisches Programm. Es stellt die Gründung und Neugründung Israels als Gottesvolk in den Mittelpunkt. Nach der Katastrophe von 587 v.Chr., in der das Königtum und der Tempel untergegangen und die auf beidem beruhende Beziehung zu JHWH als dem Gott Israels und Judas zerbrochen sind, setzt Jakob einen Neuanfang. Die verheißene Zukunft stellt sich auf diese Weise als Wiederholung des heilvollen Anfangs unter neuen Bedingungen dar, und zwar so, daß der Bruch stets vorausgesetzt und theologisch reflektiert ist."
345 So auch BALLHORN, Telos, 313 Anm. 819: Bei der Gabe des Wortes „geht es nicht um den Rekurs auf ein einmaliges historisches Ereignis, sondern um den bleibenden Kontakt Gottes zu seinem Volk."

suffigierten Begriffe in V. 15–18). Er gibt damit „etwas von sich", etwas, das materialiter zu ihm gehört, einem personalisierten Gegenüber, das in V. 12–14, gekennzeichnet ebenfalls durch die zahlreichen Suffixe, als Jerusalem-Zion angesprochen wurde und nun mit Jakob-Israel bezeichnet wird. Somit stellt V. 19 eine weitere Stufe im heilvollen Handeln Gottes an seinem Volk dar, insofern es sich in der Gabe des göttlichen Wortes konkretisiert. Das „Dass" der Wort-Sendung Gottes ist die Botschaft, auf die es Ps 147 ankommt. Dabei ist es zunächst einmal unerheblich, worin dieses Wort genau besteht und wie es sonst zu charakterisieren ist. In Ps 147 wird auch nicht ausdrücklich von dem Schöpfungswort in seiner Mittlerfunktion gesprochen wie in Ps 33.[346] Das Wort ist weniger die Botschaft, die ein Bote bringt, sondern es selbst wird zum Boten (vgl. V. 15, dazu oben), zu dem Boten, der von der Zuwendung JHWHs zu seinem Volk kündet, wie es die Kombination von Jakob und Israel ausdrückt.[347]

Während in Ps 147 die Doppelnennung von Jakob-Israel zum letzten Mal im Psalter vorkommt, findet sich dafür der erste Beleg in kanonischer Lesart in Ps 14.[348] Der Psalm endet in V. 7 mit dem hoffnungsvollen Wunsch in Frageform: „Wer gibt aus Zion Hilfe für Israel?" Die Hilfe wird entsprechend von JHWH erwartet: „Wenn JHWH die Gefangenschaft seines Volkes wendet, dann wird Jakob jubeln und Israel sich freuen." (Ps 14,7). Wieder liest sich Ps 147 wie eine Antwort und Erfüllung einer Hoffnungsperspektive, die diesmal nun auf Ps 14 mit Blick auf die Bedrohung durch gottlose Übertäter reagiert. Ps 147 ist das angekündigte Jubellied, das Jakob-Israel anstimmt, denn Hilfe ist für Zion gekommen (V. 12–14), die Gefangenschaft hat ein Ende (vgl. V. 2–3) und die Gottlosen gehen zugrunde (V. 6). Wieder erweist sich Ps 147 als ein Text, der nicht mehr klagen muss, sondern der den fröhlichen Jubel erklingen lässt. Es gilt nur noch Lobpreis, nur noch hymnisches Loben für JHWH, den Helfer und Abwender der Not.

Auch im hymnischen Schlussstück des Mosesegens (Dtn 33) begegnet der Doppelname, nun mit der Aussage, dass Israel sicher wohnt und der Brunnquell Jakobs unbehelligt ist (Dtn 33,28). Segen in Form von Fruchtbarkeit und Feuchtigkeit vom Himmel erinnern stark an die Psalmenverse (Ps 147,8.16–17, vgl. auch die Himmelstheophanie in Dtn 33,26) und an die Beschreibung des friedvollen Zion (Ps 147,13–14). Wie der Psalm mit einer Abgrenzung Israels von den anderen Völkern endet (V. 20), so hebt auch der Mosesegen die Erwählung und Einzigartigkeit Israels hervor, eingeleitet mit der Formulierung der Seligpreisung (Dtn

---

346 Vgl. dazu oben die Ausführungen zu V. 15–18.
347 Vgl. hier auch das Wort Gottes als Gerichtswortes in Jes 9,7: „Ein Wort hat gesendet der Herr gegen Jakob (דבר שלח אדני ביעקב), und niedergefallen ist es in Israel (ונפל בישראל)."
348 Vgl. zu der Verbindung von Ps 147 mit Ps 14 auch SEDLMEIER, Jerusalem, 335f.

33,29), die wiederum in Ps 33,12 und 146,5 begegnet. So ist auch hier eine Bezugnahme von Ps 147 wahrscheinlich, da in Ps 147 sowohl die Segensthematik aus Dtn 33,6–25 als auch die hymnischen Preisung JHWHs über Jakob-Israels Wohlergehen (vgl. Dtn 33,26–29) miteinander kombiniert sind.[349]

In Ps 147,19 werden die Empfängerbezeichnungen der Wortgabe Gottes („Jakob"; „Israel") synonym verwendet und erscheinen auch im Satzgefüge parallel. Dies gilt ebenso für die Bezeichnungen dieser Gabe selbst: דברו („sein Wort") und חקיו ומשפטיו („seine Rechtsordnungen und seine Gesetze"). Neben dieser Begriffskombination von משפט und חק (insbesondere im Plural), die häufig in Gesetzestexten belegt ist, kommen zahlreiche andere vor, und dies besonders oft im Deuteronomium. Dabei lässt sich kaum noch zwischen den verschiedenen Ausdrücken wie מצום; (ות-)חקים; משפטים; דברים und משמרת משמרת unterscheiden, die je *pars pro toto* das Gesetz als Ganzes bezeichnen.[350] Das Deuteronomium fasst diese Begriffe unter der Bezeichnung תורה („Tora") zusammen,[351] ein Vorgehen, das wiederum in Dtn 33 beispielhaft erkannt werden kann: „Denn sie haben dein Wort (אמרה) beachtet, und deinen Bund bewahren sie. Sie lehren Jakob deine Rechtsbestimmungen (משפט) und Israel dein Gesetz (תורה)." (Dtn 33,9b–10a). Dtn 33 steht nicht allein wegen der Jakob-Israel-Bezeichnung mit Ps 147 in Beziehung, sondern auch wegen der damit verbundenen Gesetzesauslegung. Außerdem wird תורה als „Besitz der Versammlung Jakobs" (מורשה קהלת יעקב) bestimmt (Dtn 33,4). Hier wird also insbesondere unter der Bezeichnung Jakob, aber auch unter dem Doppelnamen Jakob-Israel, eine Gemeinschaft der Tora verstanden. Damit ist Jakob(-Israel) zu einer religiösen Bezeichnung geworden.[352] Dieser doppelte Bezug verstärkt die Annahme einer Rezeption von Dtn 33 seitens Ps 147.

Die besondere Verbindung von Jakob(-Israel) und den Begriffen für Wort / Gesetz aus Ps 147 lässt sich auch an den weiteren Belegstellen erkennen, die möglicherweise für die Aussage in Ps 147,19 prägend waren: vgl. v. a. Jes 2,3; Ps 81,5;

---

349 Vermutlich sind die hymnischen Anteile in Dtn 33 als ältere JHWH-Königtums-Tradition anzusehen, vgl. dazu LEUENBERGER, Segen, 351, so dass Ps 147 auf die Kombination von Segen und Hymnus bereits zurückgreifen kann.

350 Vgl. dazu HENTSCHKE, Satzung, 91; RINGGREN, Art. חקק, 154.

351 So werden z. B. in Dtn 4, was enge Bezüge zu Ps 147 aufweist (vgl. dazu unten), alle Bezeichnungen miteinander verbunden: חקים ומשפטים (V. 1.8), תורה (V. 8) und דבר (V. 10). Vgl. auch WILLI, Juda, 99: Die einzelnen מצות, חקים, משפטים und דברים „sind dabei nur Niederschlag und Ergebnis der dahinterliegenden תּוֹרָה. תּוֹרָה selbst ist und bleibt der aktuelle, letzten Endes immer Gottes Willen und Zuwendung entspringende Lehrvorgang gegenüber und in Israel."

352 Vgl. KRATZ, Israel im Jesajabuch, 168; ähnlich ZOBEL, Art. יעקב(ו)ב, 773: „Wenn das Volk also in seiner Geschlossenheit auf seine geistliche Existenz angesprochen werden soll, kann es Jakob genannt werden."

105,10.[353] Auch vermutlich darum wurde in V. 19 der Inbegriff der religiös-völkischen Gemeinschaft Jakob-Israel verwendet und nicht die Bezeichnung Zion / Jerusalem (V. 12ff). Bei aller theologischen Konnotation bezeichnet sie doch eher eine geographische Größe, wenn diese auch als Metapher im übertragenen Sinne verwendet wird. Mit Jakob-Israel ist Israel als „Glaubens-Gemeinschaft" angesprochen und diese gründet sich auf die Rechtsordnungen und Gesetze, also auf die Tora JHWHs.

Aber: Der Begriff תורה kommt in Ps 147 nicht vor! Auch wenn man ihn aufgrund der bereits genannten Anspielungen, die zu dem Bedeutungsfeld Tora gezählt werden, erwarten würde. Die Tora-Assoziation wird durch das Verb נגד („verkündigen") unterstützt, von dem die Satzstruktur in V. 19 abhängig ist. Das Verkündigungsgeschehen als solches, das mit נגד als „ein personaler Wortvorgang"[354] beschrieben werden kann, weist auf das Wesen der Tora hin, das überhaupt kein starres Gesetz, sondern dynamisches Geschehen ist.[355] Mit der Wortverkündigung tritt JHWH in die persönliche Kommunikation mit seinem Volk Jakob-Israel ein.[356] Darin wird das heilvolle und offenbarende, Schöpfung und Geschichte zugleich umfassende Handeln Gottes deutlich.[357]

Gleichzeitig wird die Tora zum Unterscheidungskriterium zwischen Gottesvolk und anderen Völkern,[358] wie der letzte Vers von Ps 147 deutlich macht: „Nicht

---

353 Jes 2,3: „Und viele Völker werden hingehen und sagen: Kommt, lasst uns hinaufziehen zum Berg JHWHs, zum Haus des Gottes Jakobs, dass er uns über seine Wege belehre und wir auf seinen Pfaden gehen! Denn von Zion wird Weisung ausgehen und das Wort JHWHs von Jerusalem." Ps 81,5: „Denn eine Ordnung für Israel (חק לישראל) ist dies, eine Verordnung des Gottes Jakobs (משפט לאלהי יעקב)." Hierzu auch KRATZ, Gnade, 261 Anm. 64. Vgl. für Jakob(-Israel) und דבר: Jes 2,3 (= Mi 4,2); 9,7; Jer 2,4; für Jakob(-Israel) und חק: Ps 81,5; 105,10 (= 1Chr 16,17); für Jakob(-Israel) und משפט: Dtn 33,10; 2Kön 17,34; Mi 3,1; Ps 81,5; 99,4. Für תורה lässt sich ähnliches aufzeigen, was die Verbindung mit Jakob(-Israel) angeht: Dtn 33,4.10; 2Kön 17,34; Jes 2,3 (= Mi 4,2); 42,24; Ps 78,5.
354 Vgl. WESTERMANN, Art. נגד, 33.
355 Vgl. dazu WILLI, Juda, 92.98: Tora ist „im Ansatz und von Haus aus ein *kommunikatives Geschehen* [...], ein *mündlicher Vorgang*. [...] Bei תּוֹרָה handelt es sich um eine *Mitteilung*, die das angesprochene Objekt [...] zum Handeln und Aktivwerden veranlaßt." [Hervorhebungen original]
356 JHWH als Subjekt von נגד ist innerhalb des Psalters und im Alten Testament insgesamt auffällig. Die einzige weitere Belegstelle für Gottes Verkündigung im Psalter ist Ps 111 (V. 6), der sich bereits als Vorlage für Ps 147 erwiesen hat (vgl. die Ausführungen zu V. 10–11). Die Verkündigung (innerhalb der Psalmen) ist sonst Aufgabe von Menschen (z.B. Ps 9,12; 64,10; 71,17) oder der Schöpfung (vgl. z.B. Ps 19,2), die Gottes großartige Wunder, seine Gerechtigkeit und Werke verkündigen, vgl. Ps 145,4.
357 Vgl. מעשה im Kontext der Verkündigung in Ps 19,2; 64,10; 145,4.
358 Die Bedeutung der Tora als Unterscheidungsmerkmal schlechthin ist in der Weiterentwicklung auch bei Sirach zu erkennen, für den die spezifisch jüdisch-israelitische Tradition in

hat er so an allen Völker gehandelt, und Gesetze haben sie nicht gekannt." (V. 20). Das Perfekt verweist auf die Endgültigkeit des „Nicht-Tuns" (לא עשׂה) Gottes. Denn wie JHWH an seinem Volk handelt (עשׂה!), so handelt er gerade nicht an den anderen Völkern. Das Heilshandeln JHWHs kommt, so Ps 147, in der Wortverkündigung zu seinem Höhepunkt und ist dessen Zielpunkt. Das zuvor hymnisch gepriesene Wirken Gottes in Schöpfung und Geschichte ist in seinem Wort gegründet und erweist sich exemplarisch in den schriftlich niedergelegten Weisungen in Form von חקים ומשפטם. Mit diesem exklusiven Verständnis der Gesetzesgabe an das Volk Gottes knüpft Ps 147 an Dtn 4 an: „Und wer ist ein so großes Volk, das [so] gerechte Ordnungen und Rechtsbestimmungen (חקים ומשפטם) hätte wie diese ganze Tora, das ich euch heute vorlege?" (Dtn 4,8). Hier ist die Tora-Gabe Ausdruck der besonderen Nähe Gottes zu seinem Volk (vgl. Dtn 4,7). Somit erscheint die Gabe der Tora auf gleicher Ebene wie die lebensnotwendige Zuwendung Gottes in seinem Wohlgefallen gegenüber den JHWH-Fürchtigen (V. 11) und das Aufrichten der Demütigen (V. 6). Wie schon die anderen Verse am Ende eines Abschnittes grenzt auch V. 20 das Heilshandeln JHWHs deutlich gegenüber denen ab, die nicht dazugehören: Die Gabe des Wortes ist exklusives Geschehen, auch wenn das Wort Gottes die ganze Schöpfung durchwirkt. Die besondere Nähe Gottes in seinem Wort erfährt nur Jakob-Israel, die Völker kennen überhaupt keine Rechte (משׁפטם).[359]

Ps 147 schließt demnach an die deuteronomistische Toratheologie an, aber ohne den zentralen Begriff „Tora" zu nennen, der im Deuteronomium flächendeckend den anderen Begriffen zur Seite gestellt ist. Welche Gründe könnten für diese Vermeidung der expliziten Rede von תורה bei dem Verfasser von Ps 147 eine Rolle gespielt haben?[360] Auch wenn dies nicht endgültig zu beantworten ist, sollen einige Überlegungen angeführt werden.

Aufgrund der Belege für תורה im Psalter ergibt sich folgendes Bild: Ganz prägnant begegnet der Begriff in Ps 1: „Glücklich der Mann, der [...] seine Lust hat an der Weisung JHWHs (בתורת יהוה) und über seiner Weisung (ובתורתו) sinnt Tag und Nacht!" (Ps 1,1–2). Nur noch in acht weiteren Psalmen kommt der Begriff überhaupt vor (Ps 19,8; 37,31; 40,9; 78,1.5.10; 89,31; 94,12; 105,45), dafür finden sich

---

Form der Tora (als Weisheit und Gesetz) den Unterschied ausmacht in einer sonst die jüdische Identität bedrohenden Umwelt, vgl. SAUER, Weisheit, 116.

359 Hier fehlt mit Absicht das Suffix, da es auf die Unterscheidung von Gottesgesetz und überhaupt keinem Gesetz ankommt, vgl. SEDLMEIER, Jerusalem, 327, sowie oben Anm. 42.

360 Oftmals wird in der Literatur zu Ps 147 die Frage, warum der Tora-Begriff nicht vorkommt, übergangen. Stattdessen wird schlicht davon ausgegangen, dass hier „Tora" gemeint ist, und infolgedessen werden (דבר(ים und תורה gleichgesetzt, so z. B. RISSE, Gott, 179 f; BALLHORN, Telos, 313; ZENGER, Psalm 147, 835.

25 Belege (von insgesamt 36) in Ps 119. Hier kommt תורה außerdem zum letzten Mal im Psalter vor.[361]

Es wäre nur möglich anzunehmen, dass Ps 147 sich von Ps 1 und 119 (und auch Ps 19, auf den Ps 119 aufbaut[362]) abgrenzen möchte und deshalb deren zentralen Begriff תורה nicht erwähnt. Vielleicht hatte auch schon für den Psalmisten die Bezeichnung תו־ה als Begriff – nicht als Phänomen der Weisung Gottes insgesamt – bereits eine zu enge Bedeutung dergestalt, dass er mit dem schriftlich fixierten Willen Gottes identifiziert wurde.[363] Womöglich sollte in Ps 147 eine breitere Auffassung der Zuwendung JHWHs deutlich werden, als „nur" in seiner ver- schriftlichten Tora. Der Psalm hätte durch den konkreten Tora-Begriff auf einen Text außerhalb seiner selbst verwiesen, ähnlich wie es Ps 1 am Anfang des Psalters tut.[364] Stattdessen spricht aber der Psalmist von Ps 147 vom Wort Gottes, der Schöpfung und Geschichte durchwaltenden und sie erhaltenden Wirkungsgröße Gottes. Im Wort liegt die Macht und von dem Wort ist alles abhängig, ob nun die Sendung von winterlichen Wetterphänomenen (V. 16 – 17) oder deren Schmelze (V. 18), ob die Bestimmung der Sterne (V. 4) oder die Offenbarung der Gesetze (V. 19) – die Welt und mit ihr der Mensch und sein gottwohlgefälliges Leben sind voll- kommen angewiesen auf Gott und sein wirkmächtiges Wort. Diese Einsicht in die geschöpflich bedingte Abhängigkeit prägt den ganzen Psalm und konzentriert sich in den Oppositionsaussagen von V. 6 und 11.[365] Dem Menschen bleibt in seiner schlechthinnigen Abhängigkeit nur das Harren auf die Gnade Gottes. Damit kommt wieder Ps 119 in den Blick. Mathys hat in Aufnahme der Arbeit von Deissler[366] überzeugend gezeigt, dass Ps 119 weniger ein Psalm über „Tora", ge- schweige denn über „Gesetz" ist, sondern ein „ausgesprochener Gnadenpsalm".[367] Mit Mathys ist die Gnadentheologie von Ps 119 folgendermaßen zu bestimmen: „Ps 119 zeichnet den Beter und damit jeden Menschen als schwaches, bedrängtes, hilfsbedürftiges, ganz von Gottes Gnade abhängiges Geschöpf".[368] Die Intention von Ps 119 liegt demnach nicht so stark in dem Begriff תורה und dem damit ver-

---

361 Vgl. dazu auch KRATZ, Tora, 284 – 291.

362 Vgl. dazu z.E. MATHYS, Dichter, 286.

363 Vgl. dazu KRATZ, Komposition, 99, der Tora als den „schriftlich niedergelegte[n] Wille[n] Gottes, den zu halten das Leben, den zu missachten den Tod bringt" bestimmt.

364 Dies nimmt BALLHORN, Telos, 313, für Ps 147 an.

365 Vgl. besonders die Ausführungen zu V. 10 – 11.

366 DEISSLER, Psalm 119.

367 MATHYS, Dichter, 290.

368 MATHYS, Dichter, 291. Dazu auch DEISSLER, Psalm 119, 306, den MATHYS, Dichter, 289, ebenfalls zitiert: Der Beter von Ps 119 „fühlt sich in allem so abhängig von der göttlichen Gnade, daß er beständig um die gratia adjuvans fleht, um den Gotteswillen auch nur erkennen zu kön- nen."

bundenen Verständnis begründet, wie allgemein angenommen. Zwar kann תורה die meisten Belegstellen (25 mal) für sich in Anspruch nehmen und lässt die „Freude an der Tora" zu einem ganz zentralen Thema des Psalms werden.[369] Aber fast so oft wie תורה kommt דבר in Ps 119 (22 mal) vor[370] – und betont damit den immer wieder neu in Gang und Wirkung gebrachten Geschehenscharakter des Wortes Gottes.[371] Auf dieses immer wieder neu sich ereignende Wort wartet der Beter von Ps 119 und formuliert in V. 81: „Meine Seele verzehrt sich nach deinem Heil. Ich warte auf dein Wort (לדברך יחלתי)"[372] sowie in V. 107: „Ich bin über die Maßen gebeugt (נעניתי). JHWH, belebe mich nach deinem Wort (כדברך)!" Diese beiden Verse erinnern unübersehbar an die Demütigen (ענוים, V. 6) und an die auf Gnade Harrenden (המיחלים, V. 11) in Ps 147. Darum fasst Ps 147 das heilvolle Handeln JHWHs an den ihm zugewandten und von ihm abhängigen Menschen in dem gnadenvollen Geschehen des Wortes Gottes zusammen.[373] Nicht in Abgrenzung von Ps 119 formuliert er seinen Hymnus auf das *Wort* Gottes, sondern gerade in Aufnahme und Rezeption dessen – nur wartet und hofft er nicht (nur), sondern wie schon mehrfach beobachtet besingt er auch hier wieder seine gegenwärtige Erfahrung, da das Wort bereits das verkündigte Wort ist.

Ps 119 und seine Auffassung vom abhängig wartenden Menschen, der sich entsprechend durch seine Tora-Frömmigkeit auszeichnet, wird in dem Hymnus Ps 147 vergegenwärtigt. Als Antwort auf die oben gestellte Frage, warum Ps 147 denn nicht den zentralen Begriff תורה verwendet, wenn er doch Tora meint, ist zu vermuten, dass die Frage falsch gestellt ist. Vielmehr ist zu fragen, was der דבר-Begriff leisten kann. Der Psalmist setzt sich reflektierend mit dem Wort-Gottes-Begriff auseinander (und gerade nicht mit dem Tora-Begriff), denn nur hier ist der dynamische Charakter des immer wieder neu Leben schaffenden Wortes Gottes zu greifen, das Schöpfung und Geschichte gleichermaßen umfasst.[374] Dass sich dann

---

369 Vgl. MATHYS, Dichter, 285 – 287.

370 Zur Höherwertung von דבר gegenüber תורה vgl. MATHYS, Dichter, 285 – 289. ZENGER, Torafrömmigkeit, 387, übernimmt diese Einschätzung nicht, wenn er von דבר als „Kommentarwort" zu תורה spricht. Vgl. dazu auch oben die Ausführungen zu V. 15 – 18, bes. Anm. 307.

371 Vgl. MATHYS, Dichter, 287, der den Gegensatz von דבר und תורה wie folgt auf den Punkt bringt: „Die Gegenüberstellung ‚ergehendes – ergangenes, vorliegendes Wort' ist gewiß zu plakativ, vereinfacht den Tatbestand, aber nicht unzuläßig."

372 Allein die direkte Verbindung von יחל („harren") und דבר („Wort") kommt fünfmal in Ps 119 vor: V. 49.74.81.114.147 (vgl. V. 43); sowie in Ps 130,5 als einzig weiterem Beleg im Psalter, vgl. dazu auch ZENGER, Torafrömmigkeit, 388.

373 Vgl. dazu DEISSLER, Psalm 119, 307: „Gottes Wort ist wesenhaft Gnade".

374 Ähnlich auch MATHYS, Dichter, 313 f: „Indem der Psalmist *dbr* als Leitwort verwendet, stellt er eine enge Verbindung (nicht Identifizierung) zwischen diesen beiden Bereichen her. *Einer* ist Gott – auch in der Art seines Handelns; Israel nimmt es in Natur und Geschichte wahr."

diese Kraft, die im Schöpfungswort aktiv und sichtbar wird, dieselbe ist, die in der Tora wirksam ist und die als Gottes Wortoffenbarung in Gesetz und Rechtsordnung Jakob-Israel exklusiv zuteil wird, bringt V. 19–20 zum Ausdruck. Damit wird das Wort Gottes als Gesetz und Ordnung zur Richtschnur für das Zusammenleben in der wieder aufgebauten und lebensfähigen Stadt Zion-Jerusalem. Ganz praktisch regelt es im Sinne Gottes den persönlichen und kultischen Alltag in der Gemeinschaft der Bewohner. Das Gesetz gehört (wie Nahrung, Frieden und Niederschlag) zu den „lebenspendenden Gaben Gottes. Oder anders ausgedrückt: Die Tora ist Ausfluß der göttlichen Gnade, greifbar, zur Hand; sie zu meditieren und zu erfüllen bedeutet des Beters Glück. Zum anderen will er sie gnädig erfüllen (aus Dankbarkeit), weil sich Jahwe ihm gnädig zugewandt hat."[375] Was Mathys hier über den Beter von Ps 119 sagt, lässt sich auch für Ps 147 annehmen. Wenn der Psalm mit dem in den Rechtsordnungen sich „vergegenständlichenden" Wort Gottes endet, dann ist das trotz aller Vermeidung des Begriffs תורה eine Anspielung auf die Tora-Frömmigkeit und Gottesfurcht, die in weisheitliche Kreise weist. Gottes Weisung ist Lebenshilfe für Israel: Indem die Menschen seine Tora befolgen, werden sie zu Gottesfürchtigen (V. 11). Diese Fokussierung auf die Tora wird besonders stark in den Weisheitsschriften greifbar: Denn Weisung und Lehre zum gottwohlgefälligen Leben sind in dem (dynamischen) Wort Gottes zu finden. Dabei zeichnet sich eine doppelte Funktion der Tora ab: Sie ist einerseits Lebensweisung und Orientierung für das gemeinschaftliche und solidarische Zusammenleben im Land Israel. Andererseits ist sie Ausdruck der Gottesbeziehung und besonderen Nähe JHWHs zu seinem Volk, welche durch das respektvolle Halten der Tora von Seiten des Menschen bekräftigt wird.[376]

3.4.4 Hymnus und Geschichte – Psalm 147 als eschatologischer Hymnus?

Die Rezeption prophetischer Heilsweissagungen aus Jesaja führt immer wieder zu der Frage, ob Ps 147 eine eschatologische Perspektive beinhaltet bzw. ob der ganze Psalm als „eschatologischer Psalm" zu bezeichnen ist. Duhm und Gunkel gehen aufgrund der Aufnahme der jesajanischen Weissagungen in Ps 147 davon aus, dass die Zukunftserwartung auch im Psalm beibehalten wird. Duhm sieht in V. 2 eine rein (utopische) Zukunftshoffnung: „Die Sammlung der Versprengten Israels ist

---

375 MATHYS, Dichter, 292.
376 Vgl. zum Ganzen HARDMEIER, Weisheit, 236: „Darin besteht die performative Weisheit der Tora, die Israel im Urteil der anderen Völker auszeichnen soll."

nie erfolgt."[377] Er versteht dies im Anschluss an Jes 60 als nach wie vor gültige eschatologische Erwartung. Ihm schließt sich Gunkel an und meint, dass der Wiederaufbau Jerusalems von der Zukunft her zu verstehen ist, als Ankündigung des noch Ausstehenden. „Die Stadt muß also zur Zeit des Psalmisten noch Trümmerfelder enthalten haben."[378] Gunkel hat auch die Gattungsbezeichnung „eschatologischer Hymnus" eingeführt, deren Besonderheit in der Abhängigkeit und Aufnahme von prophetischen Weissagungen besteht.[379] „Das Herz des Frommen jauchzt, wenn es der kommenden Zeit gedenkt, da sich der Herr in seiner wahren Größe zeigt und den Weltenthron besteigt. Die Gedichte erinnern zuweilen an diese wundervollen Hoffnungen".[380] Demnach bliebe der Psalm wie die eschatologischen Weissagungen der Propheten bei dem Blick in die heilvolle Zukunft stehen. Trotz mancher Kritik an der Gunkelschen These[381] nimmt Deissler ebenfalls eine eschatologische Erwartung in den Psalmen an.[382] Im Glauben Israels werde die Zukunft aufgrund des Vergangenen und des Gegenwärtigen gedeutet und in hymnischen Texten bei Jesaja die Heilszukunft bereits im Voraus gefeiert.[383] Auch Zenger spricht sich für eine eschatologische Ausrichtung von Ps 147 aus.[384] Im Gegensatz dazu stellt Koch fest, „daß es im gesamten Psalter keinen einzigen eindeutigen eschatologischen Satz gibt."[385] Dabei kann er aber die Möglichkeit eschatologischer Aspekte einzelner Ausbaustufen oder auch der Endgestalt des Psalters nicht vollständig ausschließen.[386]

Was hat es nun mit einer eschatologischen Perspektive in Ps 147 und überhaupt in den späten Hymnen des kleinen Hallels auf sich? Die Diskussion über die Eschatologie in Ps 147 orientiert sich vorrangig an der Aufnahme heilsprophetischer Verkündigung. Somit scheint im Verhältnis von Prophetie und Hymnus auch

---

377 DUHM, Psalmen, 477. Da Duhm den Psalm in drei Teilen kommentiert, bezieht sich diese Einschätzung auf V. 1–3.6.
378 GUNKEL, Psalmen, 615; vgl. GUNKEL / BEGRICH, Einleitung, 346. Zur Datierung der Hallel-Psalmen vgl. Kap. III.3.
379 Vgl. GUNKEL / BEGRICH, Einleitung, 79–80, wo Ps 68; 98; 149; ferner Ps 9,6–13.16.17; 75,2.5–11 zu den „eschatologischen Hymnen" gezählt werden; Ps 147, insbesondere durch V. 2, ist mit diesen verwandt, vgl. GUNKEL / BEGRICH, Einleitung, 52.79.346.
380 GUNKEL / BEGRICH, Einleitung, 79; vgl. Ps 69,36f; 86,9; 96,10–13; 102,14–23; 147,2; Jer 16,19.
381 Vgl. z.B. KOCH, Formgeschichte, 201f Anm. 7.
382 Vgl. DEISSLER, Ende, 77–81.
383 Vgl. DEISSLER, Ende, 77.
384 Vgl. ZENGER, Mund, 144. Vgl. zu weiteren „eschatologischen Spuren" in den Psalmen den Überblick bei SEDLMEIER, Jerusalem, 38 Anm. 73.
385 KOCH, Psalter, 244 [im Original kursiv].
386 Vgl. KOCH, Formgeschichte, 201f Anm. 7; DERS., Psalter, 244.

der entscheidende Punkt für die Möglichkeit einer eschatologischen Perspektive zu liegen.

Der prophetischen Ankündigung ist etwas Zukünftiges eigen, während der Hymnus Ereignisse und Handlungen der Vergangenheit und Gegenwart preist. Schon Gunkel hat dies treffend formuliert: „Die Propheten reden von der Zukunft, die Psalmisten von der Gegenwart."[387] Im Gattungswechsel ereignet sich die eigentliche Transformation der Perspektive: Während beim Propheten der Wiederaufbau Jerusalems und die Sammlung Israels im Modus der Ankündigung formuliert werden (vgl. Jes 44,26; 61,4),[388] blickt der Psalm bereits auf die Restitution zurück bzw. beschreibt diese als einen Dauerzustand (Ps 147,2.13). Für den Beter von Ps 147 ist die prophetische Ankündigung bereits Wirklichkeit geworden. Er sieht die wieder aufgebaute Stadt und ihre schützenden Mauern vor sich. Die Schöpfungsmacht Gottes, die das fortwährende Wirken zum Heil begründet, steht nicht mehr aus, sondern hat sich in seiner Zeit bewahrheitet. Dem Beter geht es um die von JHWH heilsam und fürsorglich gestaltete Gegenwart.[389] Die Schöpfungstätigkeit wird ganz eng mit der konkreten Erfahrung Gottes im Leben der Frommen und Gottesfürchtigen und ihrer Versorgung in der (neuaufgebauten) Stadt verbunden.[390] Auch fehlt in Ps 147 gegenüber den prophetischen Texten die Schilderung der Notsituation.[391] Das bedeutet, dass der Psalm nicht auf eine noch kommende Zeit vertrösten muss oder möchte. Der Psalmbeter befindet sich offensichtlich in einer anderen Zeit bzw. verfasst seinen Text unter anderen Bedingungen und theologischen Vorzeichen als es bei den jesajanischen Texten der Fall gewesen sein mag. Eine durchweg optimistische Haltung durchzieht den ganzen Psalm.

Die Transformation von Zukunftsverheißung hin zur Gegenwartsbeschreibung wird formal vor allem durch die Umwandlung der finiten Verbformen (Imperfekt in den prophetischen Stücken, vgl. z. B. Jes 44,26; 61,4) in die hymnische Partizipform unterstützt. Beide, Schöpfungstat und Heilstat in der Geschichte werden in hymnischen Partizipien gerühmt, die ein immerwährendes und zugleich und vor allem gegenwärtiges Handeln Gottes beschreiben. Der Psalm rezipiert heilspro-

---

387 GUNKEL / BEGRICH, Einleitung, 36.
388 Dies ist unabhängig davon, ob die Texte aus einer Zeit stammen, in der in Jerusalem längst schon wieder normales Leben eingekehrt war.
389 Vgl. dazu auch die Königs- und Reich-Gottes-Vorstellungen, die insbesondere in Ps 145 und 146 zum Ausdruck kommen, vgl. dazu die entsprechenden Ausführungen zu Ps 145 und 146. Es finden sich außerdem Ähnlichkeiten mit dem bei Josephus beschriebenen Theokratie-Konzept, vgl. dazu ausführlicher KRATZ, Judentum, 184; DERS., Sch^ema, 623 f.
390 Vgl. dazu die Gesamtanlage des Psalms, insb. V. 2.6.10–11.13–14; dazu auch KRATZ, Gnade, 257 Anm. 50.
391 Vgl. VOSBERG, Studien, 121; vgl. dazu auch oben die Ausführungen zu V. 2.

phetische Ankündigungen, nimmt ihnen aber ihre futurische Perspektive,[392] indem er sie hymnisch aktualisiert und konkret auf seine Gegenwart bezieht und sie darin als erfüllt betrachtet.

Ausgehend von Ps 147 kann das Zeitverständnis des Hymnus insgesamt so umschrieben werden: Die Vergangenheit aufgreifend, die in geschichtstheologischer Erinnerung eingefügt wird, und in der Rezeption prophetischer Ankündigung für die Zukunft, die für den Psalmisten schon (teilweise) Realität geworden ist, deutet der Beter seine eigene gegenwärtige Situation.[393] Damit übergreift der Beter alle Zeitperspektiven, mit Witte kann hier von einer „zeitinklusiven" Perspektive gesprochen werden.[394] „Jahwe ist Hilfe und Schild der Frommen in Vergangenheit, Gegenwart und Zukunft [...]. Im Bezogensein des Frommen auf Jahwe verschwimmen die Zeitebenen."[395] Zugleich wird damit die heilvolle Geschichte „entzeitlicht", wie Spieckermann formuliert hat, da die Geschichte als Konkretion der Gegenwart Gottes jederzeit und immer möglich wird. Die Heilsgeschichte wird, wie die (Ur-)Schöpfung, „durch Mythisierung ihrer geschichtlichen Kontingenz der Vergangenheit" entrissen und „in eine zeitlose Gegenwart" gehoben. Jede Zeit wird damit zur Gottes-Zeit, also „zur stets möglichen Heils,zeit', wann und wo immer Gott seine Gegenwart gewährt".[396]

Diese Verschränkung der Zeitperspektiven wird explizit im Geschehen des Hymnus möglich. Denn im Hymnus wird die Zeit zu Gottes Zeit, die gegenwärtige Situation des Beters zu Gottes Gegenwart. Bei allem Rückbesinnen auf die Vergangenheit und Hoffen auf die Zukunft ist dem Hymnus ein zutiefst gegenwärtiges Moment eigen. Im Vollzug des Hymnus kommt es zur Berührung von menschlicher und göttlicher Sphäre und damit zur Heilszeit.[397] Im Hymnus geht die Zeit ein in die göttliche Ewigkeit. Vergangenheit, Gegenwart und Zukunft werden eins. Denn

---

392 KRATZ, Gnade, 260 f Anm. 62, formuliert noch stärker, wenn er davon spricht, dass sie „ihrer eschatologischen Perspektive beraubt" sind. Inwieweit doch eine eschatologische Perspektive im Psalm vorhanden bleibt, dazu siehe die folgenden Ausführungen.

393 Vgl. WITTE, Lied, 532.

394 Was WITTE, Lied, 533 f, für Ps 33 formuliert, kann auch auf Ps 147 übertragen werden: Der Psalm weist „mittels seines Tempusgebrauchs und seiner motivischen und terminologischen Anspielungen auf geschichtliche Überlieferungen des Pentateuchs [in Ps 147 auch Esr / Neh] und auf endzeitliche Vorstellungen der Prophetie eine eigentümliche Verschränkung von Vergangenheit, Gegenwart und Zukunft auf. Aus dieser Verschränkung der Zeitebenen spricht ein inklusives Zeitverständnis, das den Leser des Psalms herausfordert, geschichtliche Erfahrungen Israels mit Gegenwartserfahrungen und Zukunftshoffnungen zu verbinden."

395 WITTE, Lied, 533.

396 SPIECKERMANN, Heilsgegenwart, 159.

397 Vgl. zur Berührung der menschlichen und göttlichen Sphäre sowie die Teilhabe des Lobenden an der Herrlichkeit Gottes auch die Ausführungen zu Ps 149.

im Loben ist der Mensch ganz bei Gott. Dies wird zum Bekenntnis, das der Beter im hymnischen Loben formuliert, wenn er sich in seiner geschöpflichen Angewiesenheit ganz auf seinen Schöpfer ausrichtet, auf das Wirken Gottes, der derselbe ist – gestern, heute und in Ewigkeit.

Im Vollzug des Hymnus wird die Gegenwart gestaltet, da der Hymnus wesenhaft „Ver-Gegenwärtigung" ist. Das vergangene wie das zu erwartende Wirken Gottes in Schöpfung und Geschichte kommt dem Lobenden nahe. Der Gegenwartsbezug des Hymnus wird sprachlich auch durch die Lobaufforderung realisiert: Der Sprecher ruft sich selbst (Ps 146) oder ein Kollektiv (Ps 147) zum Lobpreis JHWHs auf: *Jetzt* soll dieser Lobpreis erklingen, *jetzt* ist die Zeit des Lobens. Als dann folgende Begründung des Lobpreises kann nur etwas dienen, das bereits gegenwärtig und erfahrbar ist, das sich zumindest in der Gegenwart des Beters auswirkt.[398]

Dies kann exemplarisch an der Friedensaussage in V. 14 verdeutlicht werden.[399] Das umfassenden Heilswort שלום ist insbesondere in Deuterojesaja zu einen eschatologischen Begriff geworden. Dort verweist שלום auf ein „neues, grundlegendes Heilsgeschehen, das in Kategorien des Schöpfungsglaubens beschrieben wird".[400] Der göttliche Frieden transzendiert somit „alles, was die Geschichte in ihrem gewohnten Ablauf bringen kann".[401] Auffälligerweise werden nun gerade in diesem Umfeld der Aussagen von Segens- und Friedensgabe in Ps 147 Perfektformen verwendet (ברך perf, V. 13, vgl. nur noch V. 20), die die Präsenz des Segens Gottes unterstreichen: Der Segen wurde bereits gegeben, der Frieden ist da.[402] Damit wird aber nicht die noch bestehende friedlose Gegenwart ausgeblendet oder gar verneint. Aber anders als manche Schriften der Weisheit (Kohelet und in gewisser Weise auch Hiob), die in hoffnungsloser Resignation enden, überwindet hier der Beter die noch unvollkommene eigene Situation und kommt zum Lobpreis des schon als gegenwärtig gepriesenen Wirkens JHWHs.[403]

Die Zukunft wird nicht später einmal kommen, sondern sie ist bereits im Kommen gegenwärtig. Damit ist die hymnische Beschreibung des Heils als „ein

---

398 Ähnlich auch schon WESTERMANN, Lob, 184. Vgl. auch SPIECKERMANN, Hymnen im Psalter, 156, der die Funktion der Hymnen als „heilsgeschichtliche Erinnerung in ihrer dezidiert soteriologischen Dimension" beschreibt.
399 Vgl. zum Folgenden auch oben die Ausführungen zu V. 14.
400 STENDEBACH, Art. שלום, 33; vgl. SCHMID, šalôm, 85.
401 SCHMID, šalôm, 85.
402 Vgl. auch SEDLMEIER, Jerusalem, 299.
403 Dies lässt sich auch bei Sirach erkennen, dessen Werk als Gegenentwurf zur „Krise der Weisheit" zu verstehen ist und dem das Gotteslob als Perspektive und Zielpunkt eigen ist, vgl. dazu u. a. ZENGER, Mund, bes. 139–141.

fast schon neutestamentliches ,schon und noch nicht'" zu begreifen.[404] Auf der einen Seite wird die zukünftige Heilsperspektive des Propheten auf gewisse Weise „ent-eschatologisiert" und darum kann Ps 147 auch nicht in dem Sinne als „eschatologischer Hymnus" bezeichnet werden, wie Gunkel und andere nach ihm meinten. Auf der anderen Seite bleibt aber ein eschatologisches Moment vorhanden. Somit ist der Psalm und mit ihm der Hymnus offen für die Gegenwart und die Zukunft: In Ps 147 werden die prophetischen Verheißungen aufgenommen, das Heilvoll-Künftige wird antizipiert und erhält damit Bedeutung für die Gegenwart.[405] Zugleich blieben die Verheißungen offen für die Zukunft, da ihre Vollendung nicht notwendig vorausgesetzt werden muss, sondern vielmehr nach wie vor erwartet wird. Die einst nur auf die Zukunft ausgerichtete Heilsperspektive des Propheten wird im Übertritt in den hymnischen Vollzug Vergangenheit, Gegenwart und Zukunft zugleich und wird damit zeitumfassend und „zeitinklusiv". In demselben Geschehen wird sie dadurch ihrer Zeitlichkeit im Sinne einer Geschichtlichkeit beraubt und damit „entzeitlicht". Auch Schöpfung und Geschichte sind dann nicht mehr zu trennen, beides greift Raum als Vergangenes, Gegenwärtiges und Zukünftiges.[406]

An dieser Stelle ist auf die Bestimmung des Hymnus als Phänomen und Denkform zurückzukommen, wie sie hier anhand des kleinen Hallels vorgenommen wird.[407] Neben der formalen Gestaltung und der theologischen Reflexion, die im Vorangehenden ausführlich im Blick auf Zeit und Geschichte dargestellt wurde, ist der dritte Aspekt der Charakterisierung des späten Hymnus zu betonen: Die Tendenz zur ausgeprägten Schriftauslegung wird so zum Ausdruck gebracht, dass die Präsenz des eschatologischen Heils im Hymnus zugleich mit schriftgelehrter Frömmigkeit verbunden wird, in deren Hintergrund weisheitliche Glaubens- und Lebenslehre steht.[408] Auch dies ist als Ver-Gegenwärtigung zu

---

404 BALLHORN, Telos, 312.

405 Die Heilsvergegenwärtigung geht von der Existenzbegründung (nämlich das Geschöpf des Schöpfers zu sein) aus, während die Heilsverkündigung auf sie zuläuft. Im Reden vom Schöpfer „wird die Geschichte immer als sich von Gott her in Zukunft ereignend begriffen. So verkündigt auch die Heilsvergegenwärtigung Heil, nicht kommendes, sondern von der Vergangenheit her bleibendes", so VOSBERG, Studien, 120.

406 Schon KRAUS, Psalmen, 414f, hat dies beschrieben: Diese „,Eschatologie' ist innergeschichtlich, d. h., sie reißt mitten im bewegten, geschichtlichen Leben visionär das Geheimnis und Wunder der allzeit gültigen und letztbestimmenden Wirklichkeit in Schöpfung und Geschichte auf. Dem Hymnus ist die uneingeschränkte, ,letzte' Herrschaft Gottes ein gegenwärtiges Ereignis, das die vordergründige Weltbetrachtung wandelt und neue Realitäten in den Blick bringt."

407 Vgl. dazu Kap. I.

408 Vgl. dazu Kap. III. Vgl. KRATZ, Gnade, 266; DERS., Tora, 310: „Im Unterschied [...] zu anderen eschatologischen Richtungen des 2. Jahrhunderts v. Chr. gehört das Tora-Konzept des Psalters auf

beschreiben, die durch die „Erinnerung" an die Taten Gottes mithilfe der Schriften geschieht. Die schriftgewordene Tradition wird zur Orientierung durch die Zeiten hindurch. Denn: „Im Erinnern spiegelt sich die Handlungsfähigkeit Gottes wider. Erinnerung hat nur Substanz, wenn das, woran erinnert wird, die Gegenwart noch bestimmt."[409], so formuliert es Vosberg. Die Schrift ist zwar das Dokument der Taten Gottes in der Geschichte mit seinem Volk, sie ist aber zugleich ihrer zeitlich (-gebundenen) Perspektive beraubt, sie ist „zeitinklusiv" und dabei immer schon „entzeitlicht". Das Geheimnis der immerwährenden Gültigkeit der Schrift liegt in ihrer Selbst-Ver-Gegenwärtigung. Dieser Prozess ist schon in den alttestamentlichen Texten selbst zu entdecken: Die Texte sind immer wieder in sich selbst und in ihrem Werdeprozess aktualisiert und damit für die neue Gegenwart angepasst worden, indem sie fortgeschrieben und ergänzt worden sind. Diese aktualisierende Auslegung findet sich auch in Ps 147, wenn die Taten JHWHs erinnert und damit zugleich auf die gegenwärtige Situation bezogen werden. Aus der Tradition schöpfend wird der Psalm selbst zur Tradition innerhalb der Psalmenüberlieferung. Er verweist dabei auf die Schrift als Wort Gottes, in dessen Gabe das schöpferische und geschichtstheologische Wirken JHWHs an Israel zu einem unvergleichlichen Ausdruck kommt (vgl. דבר in V. 15–20). Für den JHWH-Fürchtigen und Schrift-Treuen vergegenwärtigt sich schon jetzt in Anfängen das eschatologische Heil. Schon jetzt ist derjenige, der sich an dem Wort Gottes orientiert und sich lobend und preisend JHWH nährt, in die Heilsperspektive aufgenommen – bei aller weltlichen Unvollkommenheit. Im Hymnus wird dieses Heil bereits erlebbar, weil es durch den Lobenden wahrgenommen und angenommen und als Wirklichkeit und Gegenwart Gottes gepriesen wird. Dadurch wird der Hymnus zur Lebenseinstellung und zur Lebenshaltung.[410] Das Loben selbst und das Bekenntnis zu diesem zu lobenden Gott steht über allem.

3.5 Zusammenfassung: Die Konzeption von Psalm 147

Ps 147 lobt und reflektiert das Loben Gottes. Im Lobgesang, der an sich schon gut ist (V. 1), preist der Beter das Heilswirken JHWHs. Dessen Wirken und Wesen entfaltet sich im Horizont von Schöpfung und Geschichte. JHWH durchwirkt in seiner Macht und durch sein Wort den Lebensraum von Mensch und Tier. Die

---

eine Linie mit dem kultisch-weisheitlichen Typ einer zwar ebenfalls eschatologisch orientierten, insgesamt aber mehr gegenwartsbezogenen, individualisierten und lebenspraktischen Frömmigkeit".
409 VOSBERG, Studien, 120.
410 Vgl. dazu auch die Ausführungen zu Ps 146.

gnädige Zuwendung J$_{HWHS}$ konkretisiert sich für den Psalmisten in der Restitution Jerusalems als neuem Lebensort für die Demütigen (V. 2–6.12–14) und in der Wortoffenbarung an Jakob-Israel (V. 15–20). Bei aller universalen Perspektive des göttlichen Tuns stehen die Demütigen (V. 6a) und die J$_{HWH}$-Fürchtenden (V. 11) besonders in der Fürsorge Gottes. Die Nähe Gottes zu den Menschen verdinglicht sich schließlich im göttlichen Wort, dass Jakob-Israel exklusiv verkündigt wird (V. 19). Diesen drei positiv besetzten Empfängern der Gnade Gottes stehen drei „Outsider" gegenüber, die aus dem Heilshandeln Gottes ausgegrenzt werden: die Gottlosen (V. 6b), die allein auf menschliche Macht Vertrauende (V. 10) und die rechtlosen Völker (V. 20).

Der Psalm ist durch diese dreifache Struktur der Opposition am Ende jeden Abschnitts und durch die Verschränkung von Schöpfung und Geschichte charakterisiert. Dabei rezipiert Ps 147 in großem Maße andere alttestamentliche Texte und gewinnt aus ihnen sein theologisches Profil. Besondere Bezüge weist Ps 147 zu den Psalmen Ps 1; 33; 34; 81; 102; 104; 106; 107; 119; 135; 145; 146 auf sowie zu den weiteren Texten Gen 1; Num 6; Dtn 4; 8; 33; Jes 40; 54; 55; 60; 61; 65; Esra 3; Neh 3; 12; Hi 37–39. Der Blick auf die rezipierten Texte zeigt die enge Verschränkung des Handelns Gottes in der Schöpfung und in der Geschichte wie sie auch Ps 147 präsentiert. Beides ist durchwirkt von der göttlichen Gnade. Wie sich J$_{HWH}$ in der Schöpfung und in der Geschichte Israels bereits gezeigt hat, so handelt er auch weiterhin schöpferisch und „geschichtsbestimmend". Dies spitzt Ps 147 auf die Zionsthematik hin zu, indem die Restitution Jerusalems schöpfungs- und geschichtstheologisch ausgedeutet wird. Dabei findet eine Ver-Gegenwärtigung der prophetischen Weissagungen Jesajas statt, die im Psalm hymnisch gepriesen und damit zugleich zeitlos – entzeitlicht – werden.

Mit diesem Profil erweist der Psalm sich als reflektierender Text über das Loben und das Leben in Gottes Gegenwart. Ps 147, der literarkritisch eine Einheit darstellt, kann somit als *schriftgelehrter Hymnus* beschrieben werden, der auf Grundlage der Schrift sein eigenes Konzept von „angenehmen Lobpreis" vorstellt und zugleich in den Vollzug bringt, weil das reflektierende Nachdenken selbst schon hymnisches Lob ist. Der Psalm ist demnach durchaus eine „doxologische Komposition", die aber aufgrund ihrer besonderen Gestaltung, der theologischen Konzeption und ihrem schriftgelehrten Hintergrund nicht unbedingt „harmlos" zu nennen ist, wie Duhm urteilte.[411]

---

411 Vgl. dazu oben Anm. 1.

4. Himmel und Erde: Psalm 148

4.1 Hinführung

„Lobet JHWH von den Himmeln her… Lobet JHWH von der Erde her!" Ps 148 ist ein
großer Lobaufruf an die ganze Schöpfung und in seiner Form und Ausgestaltung
einzigartig. Ohne Unterschied ergeht der Aufruf an belebte und unbelebte Wesen.
Auch diejenigen Elemente werde in das Lob integriert, die eigentlich gar keine
Stimme haben. Himmlische Phänomene, Engel, Sonne, Mond und Sterne werden
mit irdischen Elementen wie Bergen, Hügeln und Bäumen, aber auch Wettererscheinungen und verschiedenen Tieren, nicht zuletzt mit den Menschen in ihren
sozialen Verfasstheiten, zusammengestellt und unter dem Auftrag des gemeinsamen Lobes für JHWH als Schöpfer und Herrn der Welt vereinigt. Einen vergleichbaren Text, der in solcher Dichte die ganze Schöpfung zum Loben aufruft,
findet sich nicht noch einmal im Alten Testament. Nur Ps 150 weist eine ähnliche
Struktur auf und steht in Verbindung mit Ps 148. Der Aufruf zum Lob bildet das
Zentrum von Ps 148 und ist das Gegenstück zu den vorangehenden Psalmen 146
und 147, die in langer Reihung Taten aufzählen, für die Gott gelobt werden soll. Ps
146 und 147 thematisieren das Gotteshandeln in der Schöpfung und am Volk
Gottes und leiten daraus resultativ das Lob Gottes ab.[1] Ps 148 setzt dagegen direkt
beim Lobaufruf an und reduziert die Lobbegründung auf das Nötigste (V. 5.6 und
13.14) und sagt dort zugleich Entscheidendes: Die Geschöpflichkeit und Abhängigkeit der Geschöpfe zieht deren Antwort im Lob des Schöpfers nach sich, für den
Gott, dessen Größe und Macht über Erde und Himmel erhaben ist.

Ps 148 ist zwar formal anders gestaltet als die anderen Psalmen des kleinen
Hallels und sticht zusammen mit Ps 150 aus dem Psalmenkorpus hervor. Aber auch
dieser Psalm kann als *schriftgelehrter Hymnus* beschrieben werden, da sich in Ps 148
ebenfalls die im Rahmen dieser Untersuchung erwiesenen Elemente eines solchen
Hymnus erkennen lassen:[2] Der Psalm zeugt von einer hohen und unvergleichlichen
formalen Durchgestaltung. Er stellt sich als theologischer Reflexionstext dar, der
insbesondere das Loben bedenkt, worin sich sein spezifisch hymnisch-theologisches
Profil entfaltet. Wiederum finden sich viele Aufnahmen von Traditionen sowie intertextuelle Bezüge wie zum Beispiel zu Gen 1; Ps 8; 33; 103; 104 und besonders zu den
JHWH-König-Psalmen 96 und 98 und abermals Verbindungen zum jesajanischen
Gedanken- und Formulierungsgut (Jes 2; 12; 44; 49). Wie bereits an den anderen
Psalmen des kleinen Hallels gezeigt wurde, steht auch Ps 148 in unmittelbarer Kor-

---

1 Vgl. BALLHORN, Telos, 314; ALLEN, Psalms, 390.
2 Vgl. zu den drei Perspektiven des schriftgelehrten Hymnus Kap. I.

respondenz mit seinen Nachbarpsalmen, mit Ps 146; 147 und 149. Auch wenn Duhm durch sein Urteil Ps 148 in seiner Einzigartigkeit abwertet, indem er sagt: „Solche Psalmen zu verfassen war für jeden Schriftkundigen ein Leichtes",[3] beschreibt dies doch den Charakter von Ps 148. Der Psalm lebt von der Tradition und nimmt sie auf. Dabei transformiert er sie und gestaltet in seiner ganz eigenen Form einen großen Hymnus, der zum Loben aufruft und dabei immer schon selbst Lob ist.

In den folgenden Teilkapiteln wird Ps 148 zunächst auf seine formale und sprachliche Gestaltung und Gliederung hin untersucht (Kap. II.4.3). Im Anschluss wird das theologische Profil des schriftgelehrten Hymnus unter Rückgriff auf innerbiblische Textverbindungen dargestellt und interpretiert (Kap. II.4.4). Im Blick auf Ps 148 ist die Frage nach der literarischen Einheitlichkeit besonders relevant, die schon im Kontext der Gliederung anzusprechen ist und dann in der theologischen Profilierung des Textes wieder aufgenommen wird, indem die als sekundär anzusehenden Verse getrennt interpretiert und in Hinsicht auf den Grundpsalm betrachtet werden.

Zur thematischen Kontextualisierung von Ps 148 und seiner Konzeption vom himmlischen und irdischen Hymnus ist der Untersuchung eine kurze Einführung vorangestellt. Sie stellt anhand einiger Texte, die für Ps 148 und seine Schriftrezeption zentral sind, die Rede von und vor allem die Anrede an Himmel und Erde im Alten Testament vor. Damit wird der Horizont beschrieben, vor dem Ps 148 seinen Lobaufruf an Himmel und Erde formuliert und den Hymnus als kosmisches Geschehen reflektiert.

Himmel und Erde als Lobende im Alten Testament

Das Alte Testament beginnt mit dem Satz: „Am Anfang schuf Gott Himmel und Erde (בראשית ברא אלהים את השמים ואת הארץ)." (Gen 1,1). Die priesterschriftliche Theologie stellt sich die Welt als aus Himmel und Erde bestehend vor, in deren Raum die Weltgeschichte und besonders die Geschichte Israels ihren Lauf nehmen kann. Gott steht in unaufhebbarer Beziehung zur dieser Welt als ihr Schöpfer und Urheber. Der erste Schöpfungsbericht schildert detailliert die Gestaltung und Bevölkerung dieses Lebensraums von Himmel und Erde mit Natur und Lebewesen (Gen 1,1–2,4a) um resümierend zu schließen: „So sind Himmel und Erde geworden, als sie geschaffen wurden." (Gen 2,4a). Hier erscheinen Himmel und Erde als Objekte des schöpferischen Handelns Gottes an ihnen. In vielen Texten wird in formelhafter Kürze darauf Bezug genommen, wenn JHWH als der charakterisiert wird, der Himmel und Erde

---

3 DUHM, Psalmen, 482.

geschaffen hat (vgl. Ps 146,6a).[4] In der folgenden Untersuchung wird deutlich werden, wie stark auch Ps 148 Gen 1 rezipiert und aufnimmt.

Darüber hinaus werden Himmel und Erde aber auch als Subjekte eigenen Handelns angesprochen, insbesondere wenn es um Handlungen des Sprechens, Verkündigens und Preisens geht. Im Alten Testament erscheinen Himmel und Erde als personifizierte Wesen, die aktiv werden können und auch sollen.[5] Da diese Vorstellung mit Ps 148 und seinem ausführlichen Lobaufruf, der an Himmel und Erde gerichtet ist, eng verbunden ist, sollen im Folgenden einige Belegstellen aufgeführt werden, die diese (An-)Redeweise von Himmel und / oder Erde verwenden.

Die Vorstellung eines sich äußernden Himmels und einer solchen Erde findet sich vor allem bei Jesaja und in den Psalmen. In Jes 44 und 49 werden Himmel und Erde zusammen mit weiteren Naturelementen direkt angesprochen: „Jubelt, ihr Himmel, denn getan hat es JHWH! Ruft laut, ihr Tiefen der Erde! Brecht in Jubel aus, ihr Berge, du Wald und all ihr Bäume darin! Denn erlöst hat JHWH Jakob, und an Israel verherrlicht er sich." (Jes 44,23, vgl. Jes 49,13 sowie noch Jer 51,48). Die Anrede an Himmel und Erde hat dabei den ganzen Kosmos als Weltbühne vor Augen, ein größerer und weiterer Wirkungs- und Handlungsbereich ist kaum vorstellbar. Wenn Himmel und Erde jubeln, dann erfasst das die ganze Welt.

In ähnlich weltumfassender und darum bedeutender Funktion werden zu Beginn des Jesajabuches Himmel und Erde angesprochen, nun aber nicht um frohe Kunde zu verbreiten, sondern als Forum für das Gericht Gottes: „Hört, ihr Himmel, und horch auf, du Erde! Denn JHWH hat geredet: Kinder habe ich großgezogen und aufgezogen, sie aber haben sich gegen mich aufgelehnt." (Jes 1,2). Auch in Dtn 30,19 und 31,28 werden Himmel und Erde als Zeugen für das Reden Gottes mit seinem Volk herangezogen und bedeuten so die größtmögliche Öffentlichkeit für die Weisung JHWHs.

Durch diese wenigen Stellen wird deutlich, dass die Nennung und Anrufung von Himmel und Erde als Stellvertreter für die ganze Welt verdeutlichen soll, dass das Gesagte und Getane kein Geschehen im kleinen Kämmerlein ist. Sondern wenn JHWH an Israel als Erlöser und Richter handelt, dann dient ihm die ganze Welt als Zeuge und Auditorium. Die Welt nimmt Anteil am Wirken und Reden Gottes, und umgekehrt bezeugt dieses weltweite Forum Gottes Zuverlässigkeit und Glaubwürdigkeit. In dieser Hinsicht ist JHWH ein öffentlicher Gott. Entsprechend wird in Ps 148 nicht weniger als der ganze Kosmos zum Lob aufgerufen.

---

4 Außerdem vgl. noch Ex 20,11; 31,17; 2Kön 19,15; Ps 115,15; 121,2; 124,8; 134,3 sowie Jes 37,16; 45,18; Jer 10,12, 32,17; Neh 9,6; 2Chr 2,11, vgl. dazu auch BARTELMUS, Himmel, 103 – 108, sowie die Ausführungen zu Ps 146,6a.

5 Vgl. dazu u. a. SALS, Himmel, 44 f; BARTELMUS, Himmel, 108 f.

Dieser weite Horizont findet sich ebenfalls im Moselied, wenn Mose zur Eröffnung an Himmel und Erde als Zuhörer und Zeugen appelliert und diese zugleich dazu auffordert, Gott zu ehren (Dtn 32,1–3) und damit selbst lobend aktiv zu werden (vgl. auch Jes 44,23; 49,13). Diese doppelte Aufgabe lässt sich auch für die weiteren Belege annehmen, wo Himmel und Erde direkt zum Lobpreis aufgerufen werden: Sie sollen JHWHs Wirken (oder Wirkabsicht) bezeugen, indem sie ihn loben (vgl. Ps 69 und 96[6]). Besonders in den JHWH-Königs-Psalmen 96–98 ist der Aufruf zum universalen Lob zu greifen. Nicht nur das Königtum Gottes und das damit verbundene Gerichtshandeln betrifft alle Welt, sondern auch der darauf gründende Lobpreis soll in ebensolcher kosmosumfassender Dimension erfolgen (vgl. bes. Ps 96,1.11; 97,1.6; 98,4).

Neben dem direkten Lob übernehmen insbesondere die Himmel Verkündigungsfunktion, wie es in Ps 19,2 formuliert ist: „Die Himmel erzählen die Herrlichkeit Gottes, und vom Werk seiner Hände kündet das Himmelsgewölbe." Die Schöpfung trägt wesentlich zur Verkündigung der Größe Gottes bei. Dabei ist es unerheblich, ob sie verbal oder non-verbal erzählt, verkündigt, lobt.[7] Sie wird zur Botschafterin Gottes und „hat somit eine doxologische Dimension. Sie weist hin auf den, dem sie sich verdankt. Dieses Zeugnis hat ein deutliches Ziel, die Menschen nämlich, die in ihr leben."[8] Dadurch wird die angeredete Schöpfung selbst zur bezeugenden (Wieder-)Rede an die Welt und zugleich zur lobenden Preisrede an und für ihren Schöpfer.[9] Im Befolgen der Aufforderung zum Lobpreis kommen Himmel und Erde ihrem ureigensten Wesen nach, das in Gen 1 programmatisch formuliert ist: als von Gott Geschaffene preisen sie den göttlichen Schöpfer. Dieser Gedanke ist besonders in Ps 148,5 zu fassen.

Auch wenn in Ps 103 Himmel und Erde nicht direkt zum Lobpreis aufgerufen werden, sind dort die himmlischen Wesen mit dem Lob beauftragt (vgl. Ps 148,2). Die Lobenden werden als „Werke Gottes an allen Orten" angesprochen, die JHWH in seiner Herrschaft als Gott und König der ganzen Welt preisen sollen (Ps 103,19–22).

In diesen kosmischen Wohlklang der Werke Gottes des Himmels und der Erde reiht sich Ps 148 mit seiner Gestaltung und Vorstellung des Lobpreises für JHWH von Himmel und Erde ein. Dabei wird an die gerade genannten Texte angeknüpft,

---

6 Ps 69,35–36: „Loben sollen ihn Himmel und Erde, die Meere und alles, was darin wimmelt. Denn Gott wird Zion retten und er wird die Städte Judas bauen; und sie werden dort wohnen und es besitzen." Ps 96,11–12: „Es freuen sich die Himmel, und es frohlocke die Erde! Es brause das Meer und seine Fülle! Es jauchze das Feld und alles, was darauf ist! Da jubeln alle Bäume im Wald (vor JHWH)!"
7 Vgl. neben den bisher genannten Stellen noch Ps 50,6; 89,6.
8 RIEDE, Himmel, 121 f.
9 Vgl. dazu RIEDE, Himmel, der die Konzeption „Schöpfung als Anrede" in den beiden Aspekten als „Rede der Kreatur an die Kreatur" als „Rede der Kreatur an den Kreator" ausführt.

aber zugleich schafft der Psalmist durch die besondere Form und Gestaltung mit Ps 148 ein ganz eigenes Konzept von kosmischem Lobpreis, wie nun im Folgenden dargestellt wird.

4.2 Text und Übersetzung von Psalm 148

1 Halleluja!	הַלְלוּ יָהּ 1
Lobet JHWH vom Himmel her![10]	הַלְלוּ אֶת־יְהוָה מִן־הַשָּׁמַיִם
Lobet ihn in den Höhen![11]	הַלְלוּהוּ בַּמְּרוֹמִים׃
2 Lobet ihn, alle seine Engel!	הַלְלוּהוּ כָל־מַלְאָכָיו 2
Lobet ihn, alle seine Heerscharen[12]!	הַלְלוּהוּ כָּל־צְבָאָו׃
3 Lobet ihn, Sonne und Mond!	הַלְלוּהוּ שֶׁמֶשׁ וְיָרֵחַ 3
Lobet ihn, alle leuchtenden Sterne!	הַלְלוּהוּ כָּל־כּוֹכְבֵי אוֹר׃
4 Lobet ihn, Himmel der Himmel,	הַלְלוּהוּ שְׁמֵי הַשָּׁמָיִם 4
und die Wasser, die über den Himmeln sind![13]	וְהַמַּיִם אֲשֶׁר מֵעַל הַשָּׁמָיִם׃
5 Loben sollen sie den Namen JHWHs,[14]	יְהַלְלוּ אֶת־שֵׁם יְהוָה 5
denn er befahl und sie wurden geschaffen.[15]	כִּי הוּא צִוָּה וְנִבְרָאוּ׃

---

10 Zur Schwierigkeit der Deutung des hebräischen Plural vgl. BARTELMUS, Himmel; SALS, Himmel, sowie unten die Ausführungen zu V. 4.

11 In 11Q5 fehlt das eröffnende Halleluja in V. 1. Das Schlusshalleluja war vermutlich vorhanden, ist aber im Textbestand nicht erhalten, da der Text in V. 12 abbricht. Darüber hinaus weist V. 1 noch kleinere Varianten auf, die aber nur stilistischer Art sind (die Akk-Partikel את fehlt, die Präposition מן ist mit dem Substantiv verbunden: משמים), vgl. auch DAHMEN, Rezeption, 129 f. LXX hat wie in Ps 145–148 LXX die „Halleluja-Überschrift" mit αλληλουια Αγγαιου καὶ Ζαχαριου ergänzt, vgl. den Exkurs zur Halleluja-Rahmung in Kap. III.1.

12 Wahrscheinlich ist mit Qere und den Textversionen sowie in Parallele zu Ps 103,21 Plural zu lesen (צבאיו), da der Fehler leicht durch Haplographie entstanden sein könnte, vgl. SPIECKERMANN, Heilsgegenwart, 50 Anm. 1; ZENGER, Psalm 148, 839.

13 11Q5 liest hier אשר מעל לשמים. Die Änderung könnte auf Dittographie beruhen oder auch bewusst intendiert sein, um durch die Formulierung מעל ל den Bezug zum priesterschriftlichen Schöpfungsbericht (Gen 1,7) noch stärker zu betonen, vgl. DAHMEN, Rezeption, 130.

14 11Q5 ändert den Jussiv in Imperativ (הללו) und passt so V. 5 den Aufrufen in V. 1–4.7–12 an. Da V. 13 im Textbestand fehlt, kann über eine mögliche Änderung dort keine Aussage gemacht werden. Wenn in V. 5 nicht ein Abschreibefehler aufgrund der sonst immer gleichen Imperativform in V. 1–4 anzunehmen ist, dann könnte sich hier als Anliegen von 11Q5 zeigen, aus dem ganzen Psalm einen einzigen Lobaufruf zu machen und dafür auch die zweiteilige Struktur aufzuweichen. Vgl. zum Ganzen ähnlich DAHMEN, Rezeption, 130.

15 LXX verdoppelt die Wortschöpfungsformel, indem aus Ps 32,9 LXX (Ps 33,9 MT) beide Kola wörtlich zitiert werden und so der Bezug zu Ps 33 (vgl. dazu unten bei V. 5) verstärkt wird: αἰνεσάτωσαν τὸ ὄνομα κυρίου ὅτι αὐτὸς εἶπεν καὶ ἐγενήθησαν αὐτὸς ἐνετείλατο καὶ ἐκτίσθησαν. Dabei ist auffällig, dass LXX (Ps 32,9) gegenüber MT (Ps 33,9) die Verben im Plural bietet – wie auch in Ps 148,5bβ MT. Allerdings stört das so entstandene Trikolon die in V. 1–13a vorherrschende bikolare Struktur (V. 13b wird als Abschlusskolon verstanden, vgl. dazu unten die

6 Und er lässt sie bestehen auf immer, auf ewig,[16]
eine Ordnung hat er gegeben und sie vergeht nicht.[17]

6 וַיַּעֲמִידֵם לָעַד לְעוֹלָם
חָק־נָתַן וְלֹא יַעֲבוֹר׃

7 Lobet JHWH von der Erde her:
Seeungeheuer und alle Urfluten,
8 Feuer und Hagel, Schnee und Rauch,
Sturmwind, der sein Wort tut,
9 die Berge und alle Hügel,
Fruchtbäume und alle Zedern,
10 die Tiere und alles Vieh,
Kriechtiere und geflügelte Vögel,
11 Könige der Erde und alle Völkerschaften,
Fürsten und alle Richter der Erde,
12 junge Männer und auch junge Frauen,
Alte mit Jungen.
13 Loben sollen sie den Namen JHWHs,
denn erhaben ist sein Name allein,
seine Hoheit ist über Erde und Himmel.[18]
14 Und er hat erhöht das Horn für sein Volk.[19]
Ein Loblied für alle seine Frommen,
für die Söhne Israels, das Volk seiner Nähe.[20]
Halleluja!

7 הַלְלוּ אֶת־יְהוָה מִן־הָאָרֶץ
תַּנִּינִים וְכָל־תְּהֹמוֹת׃
8 אֵשׁ וּבָרָד שֶׁלֶג וְקִיטוֹר
רוּחַ סְעָרָה עֹשָׂה דְבָרוֹ׃
9 הֶהָרִים וְכָל־גְּבָעוֹת
עֵץ פְּרִי וְכָל־אֲרָזִים׃
10 הַחַיָּה וְכָל־בְּהֵמָה
רֶמֶשׂ וְצִפּוֹר כָּנָף׃
11 מַלְכֵי־אֶרֶץ וְכָל־לְאֻמִּים
שָׂרִים וְכָל־שֹׁפְטֵי אָרֶץ׃
12 בַּחוּרִים וְגַם־בְּתוּלוֹת
זְקֵנִים עִם־נְעָרִים׃
13 יְהַלְלוּ אֶת־שֵׁם יְהוָה
כִּי־נִשְׂגָּב שְׁמוֹ לְבַדּוֹ
הוֹדוֹ עַל־אֶרֶץ וְשָׁמָיִם׃
14 וַיָּרֶם קֶרֶן לְעַמּוֹ
תְּהִלָּה לְכָל־חֲסִידָיו
לִבְנֵי יִשְׂרָאֵל עַם־קְרֹבוֹ
הַלְלוּ־יָהּ׃

Gliederung). HILLERS, Study, 324 f, nimmt dagegen das Trikolon aus LXX mit Verweis auf die Trikola in V. 13 und 14 als ursprünglich an.

16 Die Formulierung לְעַד לְעוֹלָם mit doppeltem ל ist sehr ungewöhnlich (vgl. nur noch Ps 111,8). Die Übersetzung von לְעַד לְעוֹלָם mit „auf immer, auf ewig" stammt von DELITZSCH, Psalmen, 823.

17 Auch wenn BHS eine Plural-Form (יעברו) vorschlägt, und sich viele Exegeten dieser Konjektur anschließen (vgl. z. B. DELITZSCH, Psalmen, 826; KRAUS, Psalmen, 1140), gibt es gute Gründe an der Lesart von MT festzuhalten und die Singularform, die sich auf חק als Subjekt zurück bezieht, beizubehalten. So auch BALLHORN, Telos, 318 Anm. 834; ZENGER, Psalm 148, 839; vgl. dazu die Ausführungen unten bei V. 6.

18 LXX interpretiert הודו („seine Hoheit") als Loblied (von ידה, „loben" abgeleitet) und übersetzt V. 13b entsprechend mit ἡ ἐξομολόγησις αὐτοῦ ἐπὶ γῆς καὶ οὐρανοῦ. Damit wird zum einen der Abschlusscharakter von V. 13b unterstützt (vgl. auch ZENGER, Psalm 148, 852), zum anderen wird V. 13 mit V. 14 parallel verstanden, wenn in V. 14aβ noch einmal ein Nominalsatz mit dem kategorisierenden Substantiv „Loblied" folgt (ὕμνος πᾶσι τοῖς ὁσίοις αὐτοῦ).

19 HILLERS, Study, 327, interpretiert וירם als Jussiv-Form mit der Begründung, dass ein Wunsch oder eine Bitte ein typisches Element am Ende eines Hymnus sei. Anders RUPPERT, Aufforderung, 276, der hier eindeutig einen Narrativ bzw. das Tempus der punktuellen Vergangenheit sieht, vgl. auch ALLEN, Psalms, 389, sowie ZENGER, Psalm 148, 839. LXX (vgl. Peschitta) übersetzt καὶ ὑψώσει in Parallele mit 1 Sam 2,10 („er wird das Horn seines Gesalbten erhöhen") und versteht es futurisch bzw. vermutlich messianisch, vgl. dazu RUPPERT, Aufforderung, 276 Anm. 4.

20 BHS schlägt hier die Pluralform קרביו vor. Diese würde zwar besser zu den anderen Plural-Substantiven in V. 14 passen (vgl. GUNKEL, Psalmen, 619). Wird der Singular beibehalten (vgl.

4.3 Psalm 148 als hymnischer Text und seine literarische Gestalt

Ps 148 ist durch zahlreiche Lobaufforderungen sowie durch lange Aufzählungen von Wesen und Elementen des Himmels und der Erde geprägt, die ebendiesen Lobgesang vollziehen sollen. Diese als Aufforderung formulierte Reihung von Schöpfungselementen ist das Charakteristikum des Psalms. Die besondere literarische Gestaltung des Hymnus ist im Folgenden anhand von Sprache und Form (Kap. II.4.3.1) und im Blick auf die Gliederung des Textes (Kap. II.4.3.2) zu befragen. Dazu gehören auch die Frage nach der literarischen Einheitlichkeit des Textes sowie die Überlegung nach einer möglichen Nähe zu anderen schöpfungstheologischen Listentexten anhand von nachweisbaren Schriftbezügen.

4.3.1 „Lobet Jhwh..." – Zu Sprache und Form

Zunächst sind die sprachlichen und formalen Merkmale des Psalms sowie das besondere syntaktische Gefüge zu analysieren. Wie die anderen Psalmen des kleinen Hallels, ist Ps 148 durch Halleluja gerahmt. Das Verb הלל prägt darüber hinaus den ganzen Psalm und kommt im Psalmkorpus zehnmal vor, in V. 1–5 in fast jedem Kolon. Im Gegensatz zu Ps 145; 147 und 149 verzichtet Ps 148 auf die Variation mit anderen Lobvokabeln und formuliert jede Aufforderung mit einer Form von הלל (in V. 1–4.7 Imperativ Pl. mit Jhwh bzw. mit dem Suffix der 3. Pers. Sg. kombiniert; in V. 5.13 stehen Jussiv-Formen der 3. Pers. Pl.). Somit erscheint der ganze Psalm als eine Ausführung des Halleluja-Rufs. Dies spricht auch für die ursprüngliche Zugehörigkeit des Halleluja-Rufes in V. 1aα und 14bβ (הללו יה) zum Psalm.[21] Gut denkbar ist, dass der in dem vorangehenden Ps 147 bereits bestehende Halleluja-Ruf dabei der Anstoß für eine ausführliche Ausgestaltung dieser Lobaufforderung war wie es nun Ps 148 darstellt.[22]

Besonders in den ersten Versen (V. 1–4) entsteht durch die ständig wiederholte gleiche Imperativ-Form (הללוהו) eine litaneiartige Eintönigkeit. Variation bringen nur die Adressaten des Lobaufrufs. Ab V. 7 fehlt dann die wiederholte

---

ALLEN, Psalms, 390), bezeichnet קרבו die exklusive Beziehung von עם zu JHWH, vgl. die Ausführungen unten zu V. 14.

21 BALLHORN, Telos, 315, deutet in diese Richtung: „Die Wurzel הלל bildet den semantischen Angelpunkt des gesamten Psalms; in das הלל-Grundgerüst wird die ganze übrige Aussage eingehängt, so daß auch hier das Halleluja nicht nur zum Rahmen des Psalms gehört, sondern in die semantische Gestalt eingebunden ist."

22 Vgl. zur Halleluja-Rahmung den Exkurs in Kap. III.1 sowie die Ausführungen zu Ps 147,1.

Lobaufforderung mit הלל und die Adressaten werden direkt nacheinander genannt.[23] Somit verschiebt sich hier der Schwerpunkt von der Lobaufforderung noch stärker zu den Lobdurchführenden.[24]

In langer Reihe werden in Ps 148 auf umfängliche Weise Wesen und Elemente des Himmels und der Erde in Paaren bzw. Gruppen zusammengefasst und zum Lobpreis für JHWH aufgerufen.[25] Dabei werden die aufgeforderten Elemente durch die direkte Anrede personifiziert, wie z. B. Sonne, Mond und Sterne (V. 3), ebenso Berge, Hügel und Bäume (V. 9). In der Anordnung der Aufzählung kann zudem ein bestimmtes Muster beobachtet werden, worauf unten bei der Gliederung einzugehen ist.

Sprachlich auffällig ist bei der Gestaltung der Adressaten die häufige Verwendung des Wörtchens כל (insgesamt zehnmal in V. 2.3.7.9.10.11.14). Ähnlich wie schon in Ps 145 drückt das Wort für „Ganzheit" Vollständigkeit und in diesem Kontext dann umfassenden Lobpreis aus.[26] Alle angesprochenen Elemente und Wesen sind zum Lobpreis aufgefordert: nicht nur einige Engel, sondern *alle* Engel sollen loben (V. 2a). Dabei steht כל nicht zwanghaft in jeder Einheit und doch ist seine alles vereinnahmende Bedeutung auf den ganzen Psalm und auf alle darin genannten Lobakteure zu übertragen.[27]

Den Charakter der Vollständigkeit haben einige Ausleger von Ps 148 auch in der Erhebung der Zahlensymbolik des Textes gefunden, die zum Nachweis der ausgefeilten Komposition des Psalm herangezogen werden kann.[28] Insbesondere Zahlen, die die Vollständigkeit und Vollkommenheit repräsentieren finden sich demnach in Ps 148. So werden im ersten Teil sieben Elemente gegenüber 23 im zweiten Teil zum Lob aufgefordert,[29] deren Gesamtzahl 30 wiederum in die Zahlen

---

23 SEYBOLD, Psalmen, 542 f, nimmt an, dass die litaneiartige Wiederholung des הללוהו im zweiten Teil nachträglich weggefallen ist: zur besseren Verwendung in der Liturgie und wegen der größeren Zahl der Adressaten. Diese Hypothese ist aber nur schwer am Text selbst zu überprüfen. Eher ist an der unterschiedlichen Gestaltung der beiden Teile die Unterschiedlichkeit von Himmel und Erde trotz des Zusammenklangs im Lob abzulesen, vgl. dazu die Ausführungen unten (u. a. zu V. 7 – 12).
24 Vgl. BALLHORN, Telos, 317.
25 Vgl. zur möglichen Nähe zur Listenwissenschaft unten in Kap. II.4.3.2.
26 Vgl. die Ausführung dazu bei Ps 145.
27 Ähnlich auch PRINSLOO, Structure, 48.50. Vgl. beispielsweise V. 11: Während „alle Völker" und „alle Richter" zum Lobpreis aufgerufen sind, ist bei den „Königen" und „Fürsten" wohl kaum wegen des fehlenden כל an eine Auswahl zu denken.
28 Vgl. z. B. ausführlich RUPPERT, Aufforderung, 279 – 281; ZENGER, Psalm 148, 841 f, zu den im Folgenden genannten Zahlen sowie zu weiterer Zahlensymbolik außerdem auch BRÜNING, Psalm 148, 6 – 11.
29 RUPPERT, Aufforderung, 280: „Für sich betrachtet, übertrifft zwar der ‚irdische' Lobpreis (23) den himmlischen (7), erreicht aber nicht dessen Vollendung. Klingt aber das Gotteslob des

3x10 zerlegt werden kann und ebenfalls Totalität und Vollkommenheit symbolisiert. Ebenso wird die Anzahl der Lobaufforderung im Textkorpus (10 mal הלל) als Anspielung auf die Zehn Gebote interpretiert.[30]

Der Psalm weist darüber hinaus noch weitere poetische Stilmittel auf. So findet sich in V. 3 – 4 eine ש-מ-Alliteration (השמים – שמי – שמש), evtl. auch noch אשר (והמים) und in V. 11 – 12 eine Häufung des ים-Endlautes (בחורים – שרים – לאמים – זקנים – עם – נערים). V. 11 ist außerdem so aufgebaut, dass sich eine constructus-Verbindung mit ארץ und eine Pluralform mit ים chiastisch gegenüberstehen: שרים וכל־שפטי ארץ – מלכי־ארץ וכל־לאמים.[31]

Der Schwerpunkt liegt auch in diesem Psalm auf den angesprochenen Personen, auch wenn der Text vor allem durch die redundante Verwendung von הלל anders gestaltet ist als die anderen Hallel-Psalmen (bis auf Ps 150). In Ps 148 wird von Jhwh ebenfalls nur in der 3. Pers. gesprochen. Zudem erscheinen die sonst für einen Hymnus typischen Beschreibungen der lobenswerten Taten Jhwhs als Nebensache (vgl. demgegenüber ganz anders Ps 145; 146; 147). Die Betonung liegt auf dem Aufruf und der großen Zahl der Angesprochenen. Nur in V. 5.6.13.14 werden Aussagen direkt über Jhwh gemacht. Während V. 5 und 13 sich aufgrund der Weiterführung mit הלל und dem Begründungsduktus (כי) dabei noch organisch in das Psalmgefüge eingliedern, bringt V. 6 als weitere Jhwh-Aussage das Aufforderungs-Gefüge aus dem Gleichgewicht, so dass mit der Verschiebung des Sprechaktes und der Rederichtung ein erster Grund dafür vorliegt, V. 6 als sekundär anzusehen.[32] Ein Sprecher-Ich oder eine andere Identifikation des Auffordernden fehlt in Ps 148, alles ist auf den kosmischen Lobpreis von Himmel und Erde ausgerichtet. Erst in V. 14 wird gegenüber dieser universalen Perspektive das Volk Israel bzw. die Frommen Gottes in den Blick genommen, für die das Loblied

---

himmlischen und irdischen Bereichs zusammen (7+23), so ergibt dies eine wunderbare Harmonie der Gesamtschöpfung im Lob Gottes."

30 Nach Ruppert, Aufforderung, 281, wird demnach der zehnfache Lobpreis geradezu zur „Pflicht" der Schöpfung. „Israels Pflicht wäre es dann, den ganzen Kosmos an diese seine ‚Schuldigkeit' zu erinnern." Möglicherweise erscheint diese Deutung aber etwas überreizt, zumal sie einerseits den höchstwahrscheinlich sekundären V. 14 berücksichtigt, aber die Halleluja-Rahmung, die zwei weitere Formen von הלל liefert, außen vor lässt. Allerdings findet sich auch für die Anzahl von 12 mal הלל eine Symbolik, die auf die zwölf Stämme Israel verweist, „die diesen Psalm rezitieren sollen und zwar als einen die zwölf Monate, d.h. das ganze Jahr, ausfüllenden Lobpreis des Schöpfergottes Jhwh." (Zenger, Psalm 148, 840). Insgesamt ist festzuhalten, dass die Zahlensymbolik zu einem gewissen Grade sicherlich intendiert ist, dass aber auch nicht zu viel darauf gebaut werden sollte.

31 Vgl. zum Ganzen Prinsloo, Structure, 49.51. Vgl. noch Zieba, Devices, der eine detaillierte Aufstellung verschiedener poetischer und literarischer Stilmittel in Ps 148 bietet.

32 Vgl. zu weiteren Aspekten unten Kap. II.4.3.2 sowie die Ausführungen zu V. 6.

bestimmt ist.[33] Dadurch ergibt sich eine gewisse Spannung, die es neben anderen Gründen wahrscheinlich macht, V. 14 wie V. 6 als späteren Nachtrag zu verstehen.

Die Eröffnung des Korpus in V. 1 erscheint wie eine Überschrift, wenn zum Lobpreis für JHWH von den Himmeln her aufgefordert wird. Die identische Formulierung – nur diesmal in Ausrichtung auf die Erde – findet sich in V. 7a. Auch in V. 5a und 13a findet sich eine wörtliche Übereinstimmung, die den Lobpreis des Namens JHWHs einfordert mit anschließender Begründung. Diese identischen Versteile sind entscheidende Hinweise auf die Struktur des Psalms, die im folgenden Kapitel zu untersuchen ist.

4.3.2 „…von Himmel und Erde her" – Zu Gedankengang und Gliederung

Aufgrund der parallelen Lobaufforderung in V. 1 und 7 lässt sich Ps 148 in zwei Teile einteilen. Der erste Abschnitt ruft zum Lob vom Himmel her auf (הללו את־יהוה מן־השמים) und der zweite entsprechend zum Lobgesang von der Erde her (הללו את־יהוה מן־הארץ). Nach dieser Ortsangabe, von wo das Lob erklingen soll, werden in den je nachfolgenden Versen Elemente und Wesen genannt (V. 2 – 4; 7b – 12), die im Himmel bzw. auf der Erde das Lob vollziehen sollen. Die Zweiteilung wird durch die teilweise identischen Schlussverse der beiden Abschnitte unterstützt (V. 5.13): Jeweils eingeleitet durch den Aufruf zum Lob des Namens JHWHs (יהללו את־שם יהוה, V. 5a.13aα) folgt eine Begründung, die mit כי angeschlossen wird (V. 5b.13aβ) und jeweils eine Gottesaussage formuliert. Der erste Aufruf an die himmlischen Elemente wird mit der Geschöpflichkeit dieser Werke Gottes begründet: „denn er befahl und sie wurden geschaffen" (V. 5b). Die zweite Aufforderungskette an die irdischen Wesen mündet in die Proklamation der Größe Gottes: „denn erhaben ist sein Name allein" (V. 13aβ). Ähnlich wie es in Ps 149,1 – 4 zu sehen ist,[34] nimmt in Ps 148 die Aufforderung zum Lob sehr großen Raum gegenüber der Lobbegründung ein. V. 5 und 13 haben neben der lobbegründenden auch eine zusammenfassende, abschließende Funktion,[35] da sie durch die Jussivform in der 3. Pers. Pl. die Adressaten nicht mehr direkt anreden, sondern vielmehr eine Feststellung über diese ausdrücken. Auch der Name Gottes steht jeweils an den exponierten Stellen der beiden Teile (V. 1.7 את־יהוה; V. 5.13 את־שם יהוה) und verstärkt so den Eindruck

---

33 Vgl. dazu Kap. II.4.3.2 sowie die Ausführungen zu V. 14.
34 Vgl. die Ausführungen zu Ps 149.
35 Ähnlich auch DUHM, Psalmen, 481, und CRÜSEMANN, Studien, 72, der allerdings in V. 5 – 6 und 13 – 14 die „Durchführung" des Lobes sieht (ohne dass die Angesprochenen diese vollziehen würden). Diese Deutung erscheint stilistisch seltsam, da der Sprecher derselbe wie zuvor ist, vgl. dazu RUPPERT, Aufforderung, 279 Anm. 11.

eines Rahmens um die beiden Teile und einer abgerundeten, sorgfältig komponierten Form des Psalms.

Bisher wurden V. 6 und 14 aus dieser Struktur ausgeklammert, denn insbesondere dieses korrespondierende Gefüge von himmlischem und irdischem Abschnitt spricht für eine spätere Ergänzung von V. 6 und 14, da diese den aufgezeigten Zusammenhang stören. Somit wird deutlich, dass die Darstellung des Gedankenganges und der Gliederung nicht erfolgen kann, ohne auf die Frage nach der literarischen Einheitlichkeit des Psalms einzugehen. Dies soll nun geschehen, bevor die Struktur des Psalms weiter analysiert wird. Im Folgenden sind darum Gründe für mögliche Fortschreibungen anzuführen. Die Motive dafür sind sowohl in stilistischer als auch in inhaltlicher Perspektive zu suchen, außerdem müssen Anknüpfungspunkte zu erkennen sein, die eine Fortschreibungstätigkeit motiviert haben könnten.[36]

Aus Sicht der formal-stilistischen Gestaltung des Psalms spricht die bereits beschriebene durchkomponierte Form des Psalms für eine Ausscheidung von V. 6 und 14. Denn ohne diese Verse stellt sich Ps 148 als fulminanter Lobaufruf dar, der sich insbesondere durch seine parallelen Anfänge und Schlüsse in beiden Teilen auszeichnet. V. 6 und 14 erscheinen im Blick auf diese Gliederung überschüssig. Die einleitenden wayyiqtol-Formen, die innerhalb des Psalms nur hier vorkommen, stellen nur scheinbar einen stimmigen Anschluss an V. 5 bzw. 13 dar und wirken eher unvorbereitet.[37] Zudem verschieben die weiteren Verbalsätze den Schwerpunkt des Psalms, der in Lobaufforderungen besteht, hin zur Lobbegründung, die ursprünglich recht knapp gehalten ist (nur V. 5.13a). Schließlich wird mit V. 13b ein passender Abschluss des Psalms erreicht, der auf die besondere Struktur des Lobpreises vom Himmel und von der Erde her zusammenfassend zurückblickt und die beiden Bereiche aus den zwei Abschnitten noch einmal in umgekehrter Reihenfolge nennt: Erde und Himmel – Gottes Hoheit geht noch darüber hinaus (הודו על־ארץ ושמים).[38] Erde und Himmel stellen damit einen Me-

---

36 Im Folgenden werden insbesondere die Gründe für die hier vertretende Annahme von Nachträgen in V. 6 und 14 erläutert. Vgl. zu weiteren bzw. anderen literarkritischen Vorschlägen die Ausführungen in den folgenden Anmerkungen.

37 BALLHORN, Telos, 317 f, beschreibt die Formen treffend als „ungewöhnlich genug und daher Aufmerksamkeit heischend", aber ohne die nötigen Konsequenzen zu ziehen.

38 Vgl. auch HILLERS, Study, 328: „the reversal of the normal order forms a chiasm to the structure and marks its ends; thus AB(ba)." Ebenso LEUENBERGER, Konzeptionen, 352; ZENGER, Mund, 147 mit Anm. 19; DERS., Psalm 148, 840f.844–846. RUPPERT, Aufforderung, 276–278, sieht dagegen das ursprüngliche Ende von Ps 148 erst in V. 14aα erreicht und versteht V. 13b und 14a als ein metrisch und syntaktisch zusammengehörendes Bikolon (in Aufnahme von DAHOOD, Psalms, 351.354 f). Allerdings bleibt der Sinn dieser Kombination insbesondere in der Übersetzung Rupperts doch unverständlich: „Obwohl seine Hoheit über Erde und Himmel ist, hat er

rismus für die gesamte kosmische Schöpfung dar, die Akteur des Lobpreises für JHWH sein soll.

Auch aus inhaltlicher Perspektive sprechen Gründe gegen die Zugehörigkeit von V. 6 und 14 zum Grundpsalm, die hier nur kurz genannt und unten ausgeführt werden.[39] In V. 6 kommen Begriffe vor, die gegenüber dem restlichen Psalm fremd wirken: Die ewige Bewahrung der Schöpfung (V. 6a) war zuvor noch nicht Thema, sondern vielmehr die Existenz der Schöpfung und ihre Geschöpflichkeit, und dies ganz ohne zeitliche Perspektive.[40] Auch der Ordnungsgedanke und die Bestän-

---

seinem Volk ein Horn aufgerichtet." (RUPPERT, Aufforderung, 277). Die konzessive Bedeutung legt sich m. E. in keiner Weise nahe. Außerdem bleibt die Spannung zwischen kosmischer Dimension und Einschränkung auf das Gottesvolk bestehen (vgl. dazu unten zu V. 14), da sie sich bereits in V. 14a findet, auch wenn Ruppert sie durch die Ausgliederung von V. 14bc meint dem Ergänzer zuordnen zu können (V. 14bc ist seiner Meinung nach eine israelspezifische Ergänzung zur Erläuterung von לעמו). SPIECKERMANN, Heilsgegenwart, 57, bestimmt dagegen schon V. 13a als ursprünglichen Abschluss von Ps 148. Für ihn findet sich in V. 13b eine später hinzugesetzte vermeintliche Quintessenz des Psalms, die aber dessen „Intention überhaupt nicht" treffe, da es um die „Gottesherrlichkeit in Kosmos und Kreatur" ginge und nicht um die „Hoheit *über* Erde und Himmel". Demgegenüber ist aber einzuwenden, dass zum einen der inhaltliche Unterschied zwischen V. 13aβ und b m. E. zu stark betont wird (vgl. die semantische Verbindung von שגב und הוד) und dass zum anderen die Abgrenzung Gottes gegenüber seiner Schöpfung in Form von Himmel und Erde auch bereits in V. 5b.13a deutlich wird. In dem Psalm geht es nicht primär um die Nähe oder Versorgung durch Gott (anders SPIECKERMANN, Heilsgegenwart, 58), vielmehr ist JHWH als der Schöpfer der ganz andere und darum der zu lobende Gott. Dieser Aspekt der Bewahrung und Nähe wird ja gerade erst in den Nachträgen (in V. 6 und 14) ergänzt, vgl. dazu unten zu V. 6 und 14. Vgl. zu der weiteren Deutung von V. 13b und dessen Einbindung in die Intention des Psalms unten zu V. 13. Vgl. gegen Spieckermanns These bereits in V. 13b einen Nachtrag zu sehen, auch LEUENBERGER, Konzeptionen, 352 Anm. 299. Vgl. zur Diskussion über V. 14 auch den Überblick bei PRINSLOO, Structure, 51 – 53, der selbst aber an der Endfassung des Psalms interessiert ist (vgl. den Abstract a.a.O., 46).

39 Vgl. die Ausführungen unten zu V. 6 und V. 14.

40 SPIECKERMANN, Heilsgegenwart, 52 – 54, scheidet dagegen V. 4 – 6 aus. Seiner Meinung nach stören V. 4 – 6 den Zusammenhang von V. 1 – 3 und die Fortsetzung der Lobaufforderung in V. 7 ff: V. 4 – 6 lässt „die erneute Lobaufforderung deplaciert erscheinen". Zudem erscheint ihm die ungewöhnliche Wendung „Himmel der Himmel" in V. 4a unpassend, wenn der Himmel bereits in V. 1 genannt ist (vgl. aber die vergleichbare Wiederholung von „Erde" in V. 11 gegenüber V. 7, dazu unten in der Gliederung sowie Anm. 46 zum Zusammenhang von V. 1 – 4). Außerdem bleibt fraglich, warum die Formulierung zum Lob des Namens in V. 13a bestehen bleiben kann, während Spieckermann sie in V. 5 als unpassend ausscheidet. Aufgrund des gleichgestalteten Aufbaus von V. 1 – 5 und 7 – 13 ist dagegen an der Zugehörigkeit von V. 4 – 5 unbedingt festzuhalten, andererseits ließe sich der plötzliche Abbruch der Lobaufforderung nach V. 7a auch kaum erklären, der aber in V. 4b bereits vorbereitet wird und sich aus dem grundsätzlichen Gegenüber von V. 1 – 5 und 7 – 13 erklären lässt, vgl. dazu im Folgenden; zu Spieckermanns Gliederungsvorschlag vgl. Anm. 47. Auch LEUENBERGER, Konzeptionen, 352 f Anm. 301, hält an der Zugehörigkeit von V. 4 – 5 fest und zählt aber ebenfalls V. 6 zum Grundpsalm.

digkeitszusage können zwar aus der Aufzählung der einzelnen Elemente geschlossen werden, aber gerade die explizite Nennung bringt eine andere Reflexionsebene in den Psalm hinein. Zudem wird gelegentlich für V. 6b eine Tora-Konnotation angenommen,[41] die im restlichen Psalm nicht intendiert ist.[42] Noch stärker ist die inhaltliche Spannung zwischen V. 14 und dem Grundpsalm zu erkennen. Denn die Israelperspektive, die in V. 14 zum Ausdruck kommt, steht im Widerspruch zu dem sonst vollkommen universal-kosmologisch ausgerichteten Lobaufruf in V. 1–13. V. 14 grenzt demgegenüber das die ganze Schöpfung umfassende Lobgeschehen auf die Frommen als das Gottesvolk ein.[43]

Zusammenfassend ist darum festzustellen, dass das Anliegen der durch Konjunktion bzw. Narrativ-Formen angeschlossenen Verbalsätze (V. 6.14) darin besteht, das zuvor abstrakt und allgemein beschriebene Handeln und Wesen Gottes (V. 5b.13aβ) zu explizieren. Dies geschieht durch die Nennung konkreter Taten Jhwhs, die zum einen die Schöpfertätigkeit näher bestimmen (ewige Bewahrung; Setzen von Ordnung, V. 6) und zum anderen die Auswirkung der Hoheit Gottes in den geschichtlichen Horizont stellen und als Zuwendung und Stärkung des Gottesvolkes verstehen, so dass das kosmische Lob zum expliziten Lobgesang der Frommen wird (Erhöhen des Horns; Israel-Perspektive, V. 14).[44] Anhand dieser Konkretisierungen lässt sich eine Motivation zur Fortschreibung gut erkennen.[45]

Nach der literarkritischen Zwischenbetrachtung ist nun auf den Gedankengang des Psalms zurückzukommen. Beide Abschnitte (V. 1–5 und 7–13) halten sich streng an die eingangs benannte Vorgabe nur Himmlisches bzw. nur Irdisches zu nennen, was durch die erneute Nennung der Begriffe שמים und ארץ betont wird

---

[41] Vgl. dazu unten die Ausführungen zu V. 6.
[42] ZENGER, Psalm 148, 846.848, erwägt wegen der Tora-Konnotation, ob evtl. nur V. 6b sekundär ist, so dass auch der erste Teil mit einem Trikolon (V. 5 – 6a) abgeschlossen habe. Allerdings spricht viel dafür V. 6 vollständig als sekundär anzunehmen (s.o.), zudem V. 13b durch den Rückbezug „Erde und Himmel" den Abschluss des gesamten Psalms darstellt und darum auf anderer Ebene als ein mögliches Trikolon in V. 5 – 6a liegt und damit nicht zu vergleichen ist.
[43] Außerdem steht V. 14 in enger Beziehung zu Ps 149, vgl. dazu zu V. 14. MACKENZIE, Ps 148,14bc, vertritt die These, dass V. 14aβ.b der ursprüngliche Titel für Ps 149 gewesen sei, vgl. dazu auch die Diskussion bei Ps 149,9b. Darüber hinaus gibt es Exegeten, die V. 14 nur teilweise als Ergänzung sehen, vgl. z. B. BRIGGS / BRIGGS, Psalms, 538 f, die neben V. 11 – 12 auch 14aα.b als Glosse ansehen. Ähnlich DUHM, Psalmen, 482, der annimmt, dass V. 14aα fälschlicherweise eingedrungen ist und eigentlich hinter Ps 149,6 gehört. Mit V. 14aβ habe dann Ps 148 ursprünglich geschlossen.
[44] Ähnlich BALLHORN, Telos, 318, der hier aber gerade keine Fortschreibung sieht, sondern V. 6 und 14 zum originären Bestand von Ps 148 zählt.
[45] Vgl. dazu unten die Ausführungen zu V. 6 und 14. Die Einheitlichkeit des Psalms nehmen u. a. BALLHORN, Telos, 318; BRÜNING, Psalm 148, 3, an.

(vgl. V. 4 bzw. V. 11).[46] Während die erste Reihung durch den in jedem Kolon wiederholten Imperativ (הללוהו, V. 2–4a) unterbrochen wird, findet sich im zweiten Abschnitt ein durchgehendes syntaktisches Gefüge, das alle Elemente in V. 7b–12 von der Lobaufforderung in V. 7a abhängig sein lässt. Auch die innere Abfolge der zum Lob aufgezählten Elemente weist eine besondere Struktur auf. Der erste Teil beginnt in V. 1 nach der doppelten Ortsbestimmung des Lobes (במרומים / מן־השמים) die Aufzählung mit den himmlischen Wesen: die Engel und das göttliche Heer sollen Jhwh loben (V. 2). Es folgen die Lichtkörper Sonne, Mond und Sterne, d. h. das, was den Himmel füllt (V. 3). Beschlossen wird die Reihe mit der Aufforderung an die himmlischen Wasser (V. 4). Der zweite Abschnitt weist die gleichen Elemente nur in umgekehrter Reihenfolge auf. Nach der diesmal nur einfachen Ortsbestimmung des Lobes (V. 7a: מן־הארץ) gilt die erste Nennung in V. 7b den irdischen Wassern („Urfluten") bzw. deren etwas unheimlichen Repräsentanten („Seeungeheuern"). Darauf folgt all das, was auf der Erde zu finden ist: Wetterphänomene; Berge und Bäume und vielerlei Tiere (V. 8–10). Die Reihe wird beschlossen durch die eigentlichen Erdenbewohner: institutionalisierte Machthaber und deren Völker, Menschen als Männer und Frauen, als alt und jung (V. 11–12). So lässt sich in dieser Reihung eine Ordnung des Kosmos in seinen beiden sich entsprechenden Bereichen Himmel und Erde erkennen, nach der alle diese verschiedenen Elemente aufgezählt werden und die zugleich die Gliederung des Psalms bestimmen: Während der erste Teil die Abfolge angefangen mit den „Himmelsbewohnern" über die „Fülle des Himmels" hin zum „himmlischen Wasser" bietet, geht der zweite Abschnitt spiegelbildlich vor und beginnt mit den „irdischen Wassern" und kommt über die „Fülle der Erde" hin zu den „Erdenbewohnern". Dieser Gedankengang wird noch einmal im ursprünglichen Abschlusskolon V. 13b aufgenommen, wenn in zurückblickender Entsprechung der beiden Teile „Erde und Himmel" genannt werden. Somit lässt sich die zweiteilige Gliederung[47] von Ps 148 im Überblick wie folgt darstellen:

---

46 Dabei ist insbesondere V. 1–4 durch die Inklusion von השמים in V. 1a und zweimal in V. 4 jeweils am Ende des Kolons eng verbunden, verstärkt noch durch die Präposition מן in V. 1a und 4b. Vgl. ähnlich Prinsloo, Structure, 48.
47 Die Teilung des Psalms in zwei Abschnitte ist weitestgehend Konsens: vgl. u. a. Delitzsch, Psalmen, 823–828; Gunkel, Psalmen, 617; Crüsemann, Studien, 72; Kraus, Psalmen, 1141; Vosberg, Studien, 110; Hillers, Study, 327 f; Prinsloo, Structure, 47 f; Seybold, Psalmen, 542 f; Gerstenberger, Psalms, 447; Ballhorn, Telos, 315; Leuenberger, Konzeptionen, 351. Ruppert, Aufforderung, 278 f, strukturiert die zwei Teile in sieben Strophen (3+4), indem er je zwei Langverse zu einer Strophe zusammenfasst. Allerdings überzeugt diese Einteilung weder für den ersten noch für den zweiten Teil: V. 1 und 7a heben sich jeweils vom Folgenden ab, V. 2–4a sind durch die Imperative allesamt parallel, so dass sich hier keine Unterteilung nahelegt bzw. jedes Kolon eine Strophe bilden könnte. Noch enger verbunden ist der Abschnitt V. 7–12, der eine syntaktische Einheit bildet und

Rahmung: Halleluja
I: Aufruf zum Lobpreis vom Himmel her: הללו את־יהוה מן־השמים
   1 – 2   Himmelswesen   ("Himmelsbewohner")
   3   Lichtkörper   ("das, was den Himmel füllt")
   4   Himmel / Wasser über Himmeln   (Wasser der Höhe / des Himmels)
   5   Grund: Göttl. Schöpfermacht / Geschöpflichkeit   יהללו את־שם יהוה כי ...

   6   *Ewige Bewahrung und unvergängliche Ordnung*

II: Aufruf zum Lobpreis von der Erde her: הללו את־יהוה מן־הארץ
   7   Seeungeheuer / Urflut   (Wasser der Tiefe / der Erde)
   8 – 10   Wetter – Landschaft / Pflanzen – Tiere   ("das, was die Erde füllt")
   11 – 12 Institutionalisierte Gruppen – Menschen   ("Erdenbewohner")
   13a   Grund: Erhabenheit des Namens Gottes   יהללו את־שם יהוה כי ...

Schluss: 13b: Gottes Hoheit über Erde und Himmel   הודו על־ארץ ושמים

   14   *Erhöhung des Horns; Loblied für seine Frommen / für Israel*
Rahmung: Halleluja

Nachdem die Gliederung des Psalms dargestellt wurde, ist noch einmal auf die Form der ausführlichen Auflistung von verschiedenen Schöpfungselementen in Ps

---

darum keine drei einzelnen Strophen darstellen kann. Rupperts Anliegen besteht darin, dass er im ersten dreiteiligen Abschnitt einen Anklang an das Trishagion und im zweiten vierteiligen Abschnitt eine Erinnerung an die vier „irdischen Himmelsrichtung" finden möchte. Auch wenn die Zahlensymbolik in Ps 148 zum Teil wirklich auffällig ist (vgl. dazu oben Kap. II.4.3.1), ist es schwierig, mit ihr eine kleinteilige Gliederung zu begründen. Auch ZENGER, Psalm 148, 841 f.846, schließt sich sowohl der Einteilung in sieben Strophen (in zwei Hauptteilen) wie auch der starken Berücksichtung der Zahlensymbolik Rupperts an. Zu einer anderen Struktur kommt SPIECKERMANN, Heilsgegenwart, 54 f mit Anm. 10, der unter Ausscheidung von V. 4 – 6.13b – 14 (vgl. dazu oben Anm. 38.40) eine Dreiteilung in V. 1 – 3, 7 – 10 und 11 – 13a annimmt. Er trennt dafür den seiner Meinung nach gegenüber V. 1 – 3 zu langen Teil V. 7 – 13a in zwei Abschnitte und geht davon aus, dass sich die für V. 11 – 12 syntaktisch notwendige Verbalform in V. 13a als nachgestellte Jussivform findet. Mit der Dreiteilung erhält Spieckermann drei auf verschiedenen inhaltlichen Ebenen zu verortende Teile: Während Himmel und Erde miteinander korrespondieren, fällt der dritte Teil („die Königreiche", vgl. SPIECKERMANN, Heilsgegenwart, 58) aus dem thematischen Rahmen und bildet kein vergleichbares Element zu Himmel und Erde. Vielmehr gehören die Königreiche zur irdischen Sphäre. Zudem übergeht Spieckermann die eindeutige Ausrichtung des Lobpreises, die der Psalm selbst vorgibt: nämlich das Lob von Himmel und Erde (V. 1.7); für die Königreiche gibt es keine vergleichbare Aufforderung (selbst wenn man die Aufforderung in V. 13a als rückbezügliche annimmt, liegen die Lobaufforderung auf sprachlich ungleichen Ebenen). BRÜNING, Psalm 148, 2 – 3, rechnet V. 14 zum ursprünglichen Bestand und erhält so drei (recht unterschiedlich lange) Hauptteile: V. 1 – 6.7 – 13.14. Ähnlich auch schon DAHOOD, Psalms, 352, der in V. 1 – 6.7 – 13aβ.13b – 14 teilt. BRIGGS / BRIGGS, Psalms, 538 – 541, nehmen dagegen vier Strophen an: V. 1 – 3; 4 – 6; 7 – 9; 10.13.14b und scheiden dabei V. 11 – 12.14ac als Glossen aus.

148 einzugehen und mögliche traditions- und religionsgeschichtliche Verbindungen kurz zu nennen. Denn diese Gestaltung anhand von Aufzählungen in Ps 148 wird oftmals mit ähnlichen Reihungen wie sie in ägyptischen Weisheitstexten zu finden sind, verglichen. Vor allem von Rad war prägend in dieser Hinsicht und zeigte Verbindungen zwischen dem Onomastikum des Amenope und Hiob 38, Sir 43 und Ps 148 sowie dem Lobgesang der drei Männer (Dan 3 LXX) auf.[48] Allerdings weisen alle diese Texte recht unterschiedliche Sprachformen auf. Denn während das Onomastikum des Amenope vor allem an der enzyklopädischen Aufzählung an sich, die dem Schüler vorgeführt werden soll, interessiert ist, und der Hiobtext in Frageform gestaltet ist, ist der Charakter von Ps 148 wesentlich durch die gleichlautende Lobaufforderung geprägt. In den Texten finden sich zwar jeweils Reihungen von Schöpfungselementen, aber der Kontext, wofür diese verwendet werden, ist doch sehr unterschiedlich, ebenso die Länge und Detailreiche der Listen. Darüber hinaus wurden aus weiteren Gründen von Rads Überlegungen der Nähe zur altägyptischen Weisheit in nachfolgender Zeit etwas kritischer gesehen, da z. B. enge Bezüge aufgrund von zu vielen Abweichungen innerhalb der Reihung nicht festgestellt werden können und darum eine direkte literarische Abhängigkeit ausgeschlossen werden kann.[49] Auch die strenge und syntaktisch parallele Gestaltung von Ps 148 hat in dieser Prägung kein Äquivalent in den anderen Texten. Somit sind die formalen Berührungen zwischen Ps 148 und den altorientalischen schöpfungstheologischen Listentexten als eher gering einzustufen.

Gleichwohl lässt sich ein vergleichbares Anliegen auf inhaltlicher Ebene sowohl in den Texten der altorientalischen Listenwissenschaft als auch in Ps 148 aufzuspüren: Die altägyptische Listenwissenschaft diente dazu „die Welt ‚durchschaubar' bzw. beherrschbar" zu machen.[50] In Form der Auflistung sollte das Ganze der Welt erfasst werden, der Drang nach Ordnung und auch nach Integration insbesondere der naturhaften Elemente in die menschliche Lebenswelt spiegeln sich hier wider. Ps 148 verbindet dieses Anliegen nun mit dem Loben Gottes.[51] Damit wird die vielfältige Welt nicht nur unter das menschliche Erfassen und Erforschen gestellt, sondern vor allem unter die Herrschaft Gottes. Mit seinem

---

48 Vgl. VON RAD, Hiob 38. Ihm schließt sich z. B. KRAUS, Psalmen, 1142, an. Der Lobgesang der drei Männer im Feuerofen (Dan 3 LXX) wird allgemein als eine Nachbildung von Ps 148 gesehen, so dass der Text in diesem Kontext bei der Frage nach den möglichen Vorlagetexten für Ps 148 nicht weiter zu berücksichtigen ist. Vgl. dazu u. a. DELITZSCH, Psalmen 824; MARTTILA, Reinterpretation, 165; RUPPERT, Aufforderung, 295 f.
49 Vgl. vor allem HILLERS, Study, 323.329–331.
50 ZENGER, Psalm 148, 842.
51 So auch KRAUS, Psalmen, 1142: „Die Eigenart des 148. Psalms besteht darin, daß hier der gesamte Bestand der geschaffenen Welt in das Gotteslob hineingerufen wird."

Text mag der Psalmist auf entfernte, traditionsgeschichtliche Vorgaben wie sie in den ägyptischen Texten und Gebeten, aber auch in Hymnen aus dem babylonisch-assyrischen Bereich zu finden sind, aufbauen.[52] Möglicherweise gehörten solche listenartigen Strukturen bereits in ähnlicher Form zum überlieferten Standard-material, ohne dass auf konkrete Texte verwiesen werden kann, wie sie auch Hi 38 möglicherweise verwendet hat. Viel stärker bedient sich der Verfasser von Ps 148, wie sich an dem vorherrschenden Thema des Lobens erkennen lässt, aber an alttestamentlichen Vorlagen wie Jesaja und den JHWH-Königs-Psalmen, die direkt das Loben von Himmel und Erde und was sie füllt thematisieren.[53]

Darüber hinaus weist Ps 148 eine gewisse Nähe zu Sir 42–43 auf,[54] einem großen Lobtext auf die Größe und Wunderbarkeit der Schöpfung Gottes, die letztlich aber dem Menschen unerforschlich bleibt. Angesichts dieser überwälti-gen Schöpfung münden Sirachs Ausführungen in eine Aufforderung zum Lob, wenn auch dieses Loben niemals der Größe Gottes angemessen ist.[55] Gleichwohl ist auch hier der unterschiedliche Sprachmodus zu beachten: Während Sirach die Schöpfung beschreibt und dann die Menschen, insbesondere den Weisen und deren Schüler zum Lob aufruft, so gilt der Lobaufruf in Ps 148 von Anfang an der ganzen Schöpfung und der Lobaufruf stellt zugleich das Lob der Größe der Schöpfung dar. Beiden gleich ist aber das Bemühen um die vollständige Erfassung der Schöpfungswerke Gottes.

Ähnliche, aufzählende Schöpfungstexte sind auch Ps 8 und 104, die ebenfalls in Verbindung zu Ps 148 stehen. Wie diese und andere Textbezüge nun im ein-zelnen in Ps 148 zu verstehen sind, ist in dem folgenden Kapitel zum theologischen Profil des Psalms näher auszuführen.

4.4 Psalm 148 als schriftgelehrter Hymnus und sein theologisches Profil

Nach der formalen und sprachlichen Untersuchung von Ps 148, die bereits ver-schiedene Textbezüge von Ps 148 angedeutet hat, wird in diesem Kapitel dieser besondere Psalm als schriftgelehrter Hymnus untersucht. Es wird gezeigt, in welcher Weise auch Ps 148 von anderen Texten und alttestamentlichen Tradi-tionen abhängig ist und diese in seinen Text integriert. Unter Berücksichtigung der

---

52 Vgl. dazu RUPPERT, Aufforderung, 288 f; ZENGER, Psalm 148, 842–844.
53 So auch SPIECKERMANN, Heilsgegenwart, 51 Anm. 3.
54 Bereits für Ps 147 lässt sich eine Nähe zu Sir 43 annehmen, vgl. die Hinführung bei Ps 147.
55 Zu beachten ist hier besonders die Folgerung, dass Gott höher als seine Schöpfung ist, die sowohl in Sir 43,28–33 als auch in Ps 148,13 den Skopus bildet, vgl. dazu unten zu V. 13.

Schriftrezeption wird der Psalm interpretiert und das theologische Profil von Ps 148 als schriftgelehrtem Hymnus beschrieben.

Die Darstellung wird durch einen zusammenfassenden Blick auf „Lobpreis vom Himmel und von der Erde her" in V. 1 und 7 eröffnet. Im Anschluss werden entsprechend der oben dargestellten Gliederung und auf Grundlage der literarkritischen Ergebnisse in beiden Abschnitten, V. 1– 6 und 7– 14, zunächst die durch die Lobaufforderung geprägten Abschnitte V. 1– 4 bzw. im zweiten Teil V. 7– 12 untersucht. Es folgen jeweils die Begründungsverse für das Lob (V. 5 bzw. 13) und schließlich die nachgetragenen Verse V. 6 bzw. 14, die insbesondere unter der Berücksichtigung möglicher Anknüpfungspunkte und Motivationen für die Fortschreibung sowie des Beitrages des Neuen in Hinsicht auf den Grundpsalm interpretiert werden.

4.4.1 Lobpreis vom Himmel und von der Erde her

In der Textanalyse des Psalms wurde bereits auf die besondere Zweiteilung durch die identische Lobaufforderung in einen himmlischen und in einen irdischen Abschnitt hingewiesen (V. 1 und 7). Bevor auf die einzelnen Abschnitte und ihre Aufzählungen der Lobakteure eingegangen werden kann, soll zunächst diese doppelte Aufforderung zum Lobpreis an Himmel und Erde, genauer: vom Himmel und von der Erde her, gesondert untersucht und auf verwandte Texte und Formulierungen im Alten Testament hin befragt werden (vgl. Ps 19; 69; 96 – 98; Jes 44; 49), die einen ersten Anhalt dafür liefern, dass auch Ps 148 von der Schrifttradition geprägt ist und diese unter Schaffung von Neuem in den Psalm aufgenommen wird. Auf Himmel und Erde als lobende Subjekte wurde bereits in der Hinführung zum Kapitel vorbereitet, und dies wird jetzt im Blick auf die konkreten Formulierungen in Ps 148 weitergeführt.

Nach dem Halleluja folgt der erste Lobaufruf in V. 1: „Lobet Jhwh von den Himmeln her! Lobet ihn in den Höhen!" In zwei parallelen Kola, wobei das zweite wesentlich kürzer ausfällt, wendet sich ein anonymer Sprecher an die himmlischen Sphären. Dabei geht der Aufruf nicht direkt an die Himmel selbst (dies ist erst in V. 4 der Fall), sondern zunächst wird der Ort des Lobpreises benannt: er soll „von den Himmel her" (מִן־הַשָּׁמַיִם) und „in den Höhen" (בַּמְּרוֹמִים) erklingen. Dieser doppelten Lokalisation entspricht die einfache Ortsangabe in V. 7: „von der Erde her" (מִן־הָאָרֶץ). In V. 13b schließt der Psalm mit einer dritten vergleichbaren Ortsangabe, denn Jhwhs Hoheit ist „über" oder „jenseits" von Erde und Himmel (עַל־אֶרֶץ וְשָׁמָיִם). Diese Elemente, die jeweils aus Präposition und Substantiv (Himmel und / oder Erde) bestehen, gestalten den Rahmen des Psalms und geben zugleich den Klangraum des Lobpreises vor. Der ganze Kosmos, begrenzt von

Himmel und Erde, wird zum Raum des Lobpreises, wenn der Himmel bis zur Erde singt und die Erde bis zum Himmel.[56] So lautet dann das Thema von Ps 148: Universaler Lobpreis, von Himmel und Erde herkommend für den Gott, der selbst jenseits davon ist. Dieser Gott ist aber zugleich durch die Tatsache, dass er der Schöpfer von Himmel und Erde und allem, was darinnen ist, mit diesem Himmel und mit dieser Erde untrennbar verbunden.

Eine Anrede an die sich im Himmel und auf Erden befindlichen, nicht weiter benannten Lobakteure in Gestalt einer solchen Ortsangabe wie in V. 1 und 7 findet sich in dieser Form nicht noch einmal im Alten Testament.[57] Es ergeben sich aber formale und inhaltliche Bezüge zu anderen Psalmen, die kurz vorzustellen sind.

Im Blick auf die Formulierung weisen V. 1 und 7 Verbindungen zu Ps 69 auf. Was in Ps 148 in getrennten Abschnitten an Himmel und Erde gerichtet formuliert wird, richtet Ps 69,35 dem Kosmos insgesamt aus: „Loben sollen ihn Himmel und Erde, die Meere und alles, was darin wimmelt (יהללוהו שמים וארץ ימים וכל־רמש בם)." Es ist die einzige weitere Stelle, wo הלל in Verbindung mit Himmel bzw. Erde steht.[58] Somit könnte Ps 148 eine Ausformulierung dieses knappen Lobaufrufs aus Ps 69 darstellen, einem Psalm, der sonst gar nicht den großen universalen Lobpreis im Sinn hat, sondern die essentielle Notsituation eines einzelnen Beters thematisiert. Erst zum Ende hin wendet sich das Bittgebet in einen Lobpreis (vgl. Ps 69,31). Auch dieser Vers zeigt ähnliche Formulierungen wie Ps 148 und ist diesmal mit dem vorläufigen Ende beider Teile, V. 5a und 13aα, zu vergleichen: „Ich will loben den Namen Gottes mit einem Lied (אהללה שם־אלהים בשיר)." (Ps 69,31a). Ob diese Verbindung zu Ps 69 wirklich literarischer Art ist oder ob sie gemeinsamen Sprachgebrauch zu verdanken ist, ist schwer zu entscheiden. Einerseits weist Ps 69 über die beiden Verse 31 und 35 hinaus keinerlei thematischen Bezüge zu Ps 148 auf, andererseits gibt es keine anderen Formulierungen, die denen von Ps 148,1.7 und 69,35 ähneln, was unterstützt wird durch die Übereinstimmungen von Ps 148,5a.13aα und 69,31. Denkbar wäre auch die umgekehrte Abhängigkeit dergestalt, dass Ps 69 in komprimierter Form die Verse aus Ps 148 aufnimmt. Dann

---

56 Vgl. HOUTMAN, Himmel, 167 Anm. 14.

57 Vgl. aber Tob 8,7, dort allerdings als Anrede an Gott mit der Aussage formuliert, dass Himmel, Erde, Meer, Quellen, Flüsse und alle Geschöpfe, die darin leben, Gott loben sollen. Außerdem natürlich den Zusatz zu Dan 3 der LXX, den Hymnus der drei Männer (Dan 3,27 – 66), vgl. dazu Anm. 48. Weitere Schöpfungstexte finden sich auch unter den in Qumran gefundenen Texten: Der Schöpfungshymnus aus 11Q5, Hymn to the Creator, beschreibt im Rahmen der Schöpfungsherrlichkeit Gottes und seiner machtvoll-königlichen Erscheinung den Jubel der Engel, die von Gott auf die Werke seiner Schöpfung aufmerksam gemacht werden. Aber hier ist der Jubel der Engel eine Reaktion auf die Schönheit der Schöpfung, die Schöpfung selbst lobt nicht. Vgl. außerdem noch z. B. 4Q381 Frg. 1 und Frg. 15,4f.

58 Vgl. zu Ps 69 und zu הלל insgesamt auch Kap. II.6.1.

müsste der Lobabschluss in Ps 69 allerdings ein sehr später Zusatz sein, wenn er Ps 148 bereits voraussetzt.[59]

Darüber hinaus steht der Aufruf an Himmel und Erde im thematischen Zusammenhang mit den JHWH-König-Psalmen, bes. Ps 96 – 98, die ebenfalls Himmel und Erde als Verkündigungsmedium von Gottes Größe und Herrschaft ansprechen (Ps 96,1 – 2.11 – 12; 97,1.6; 98,4 – 8).[60] An diesen Stellen wird nicht das Verb הלל verwendet, sondern andere Verben des Preisens und Verkündigens.[61] Die Nähe zu Ps 96 – 98 ist auch deswegen bemerkenswert, da diese Psalmen auch bei anderen Hallel-Psalmen zur Rezeption herangezogen werden (vgl. z. B. Ps 146,10 und vor allem Ps 149).[62] Ein himmlischer Jubel- und Lobgesang findet sich zudem in ähnlicher Gestalt in Ps 19,2 – 5, der bei aller Sprach-Losigkeit der Schöpfungselemente die Herrlichkeit Gottes kundtut und bezeugt.[63] Was demnach in diesen Psalmen noch verhalten und zurückhaltend formuliert wird, kann Ps 148 direkt fordern: Die eigentlich sprachlosen Elemente der Schöpfung werden in den Halleluja-Ruf mit hinein genommen und auf eine Ebene mit den sprachbegabten Wesen (Menschen und Engeln) gestellt. Alles im Himmel und auf der Erde soll loben (immer nur הלל): Belebtes und Unbelebt, Schweigendes und Sprechendes.[64]

Die Anrede an Himmel und Erde als Aufforderung zum Lob findet sich nicht nur in den Psalmen, sondern auch bei Deuterojesaja in den hymnischen Stücken

---

59 Der Abschluss von Ps 69 in V. 35 – 37 ist als Fortschreibung anzusehen, die den Lobpreis universalisiert und kollektiviert, vgl. ZENGER, Psalm 69, 266 f, mit Verweis auf TILLMANN, Wasser, 135 (zur Diskussion von Einheitlichkeit und Fortschreibung in Ps 69 vgl. den Überblick bei ZENGER, Psalm 69, bes. 265 – 269). Anstelle der Leidenden als ursprüngliche Sprecher von Ps 69 wird nun der ganze Kosmos in Gestalt von Himmel und Erde zum Lobpreis für JHWHs Handeln an Israel aufgefordert (Ps 69,35).

60 Darüber hinaus gibt es noch weitere Bezüge, wörtlicher und thematischer Art, zwischen Ps 96 – 98 und Ps 148: vgl. V. 1.4 mit Ps 97,6 (Aufruf an den Himmel); V. 5a.13a mit Ps 96,2.8 (Lobpreis des Namens); V. 7a mit Ps 96,1; 97,1; 98,4 (Aufruf an die Erde); V. 7b mit Ps 96,11; 98,7 (Aufruf ans Meer); V. 8 mit Ps 97,2 – 4 (Feuer / Wetterphänomene); V. 9 mit Ps 98,8 (Aufruf an Berge); V. 11 mit Ps 96,7 (Aufruf an Völker); V. 13 mit Ps 97,9 (Erhabenheit Gottes); V. 13b mit Ps 96,6 (הוד). Vgl. zu den Bezügen die Ausführungen zu den einzelnen Versen im Folgenden.

61 Vgl. z. B. Ps 96,11 – 12: „Es freuen (שמח) sich die Himmel, und es frohlocke (גיל) die Erde! Es brause (רעם) das Meer und seine Fülle! Es jauchze (עלז) das Feld und alles, was darauf ist! Da jubeln (רנן) alle Bäume im Wald (vor JHWH)!"

62 Vgl. die Ausführungen an den entsprechenden Stellen.

63 Ps 19,2 – 5a: „Die Himmel erzählen (ספר) die Herrlichkeit Gottes, und vom Werk seiner Hände kündet (נגד) das Himmelsgewölbe. Von Tag zu Tag fließt (נבע) die Kunde, und eine Nacht meldet (חוה) der anderen Nacht Kenntnis, ohne Rede und ohne Worte, ohne hörbare Stimme. Über die ganze Erde geht ihre Stimme und bis an das Ende des Erdkreises ihre Sprache."

64 Interessanterweise grenzt der verwandte Psalm 150 diese vollkommen umfassende Perspektive wieder ein, wenn er „alles, was Odem hat", also alle belebten (und sprachfähigen?) Wesen zum Loben aufruft (vgl. Ps 150,6), vgl. dazu die Ausführungen bei Ps 150.

(Jes 44; 49).[65] Auch dort wird in direkter Ansprache Himmel und Erde zum Jubel aufgerufen. Anders als in den Psalmentexten, wo die Begründung für den Lobgesang erst im weiteren Verlauf des Psalms nachgeholt wird, ist hier bei den zwei einzigen Belegen für diesen Aufruf in Jesaja diese gleich mitgeliefert. Der Grund für den Jubel wird heilsgeschichtlich verortet und mit der Erlösung und Verherrlichung Jakob-Israels angegeben (Jes 44,23; 49,13).[66] So soll der ganze Kosmos in die Freude Israels mit einstimmen, und umgekehrt zeigen sich in der Erlösungstat an dem Gottesvolk die positiven Auswirkungen für die ganze Welt. Dieser Israel-spezifische Gedanke findet sich in Ps 148 erst im nachgetragenen Vers 14, während der Grundpsalm noch ohne die geschichtlich zugespitzte Perspektive den kosmischen Lobpreis fordert.

Somit zeigt sich, dass Ps 148 den Gedanken des himmlisch-irdischen Lobpreises aus anderen Texten kennt und aufnimmt. Dabei unterscheiden aber drei zentrale Charakteristika Ps 148 von diesen Texten: Zunächst verwendet der Psalmist mit der Form der Ortsbestimmungen in V. 1 und 7a eine ganz eigene Formulierung. Sodann ist die auf der einen Seite strikte Trennung von Himmel und Erde in zwei Abschnitte auffällig (gegenüber den anderen Texten wie Ps 69,35; 96,11; Jes 44,23; 49,13), die aber auf der anderen Seite formal und konzeptionell ganz eng aufeinander bezogen sind.[67] Und schließlich zeichnet den Psalm die durchgehende und damit alles dominierende Verwendung von הלל für alle Lobakteure aus.[68]

4.4.2 Himmlischer Lobgesang (V. 1–6)

Der erste Teil von Ps 148 richtet sich an die himmlische Sphäre und ruft dort alle belebten und unbelebten Elemente zum Lobpreis auf. Der Abschnitt ist nach dem Halleluja-Ruf durch die achtmalige Aufforderung zum Lob geprägt (V. 1–5a), der in eine Begründung des Lobes mündet (V. 5b.6). Im Folgenden sind die Verse einzeln bzw. in Gruppen zu betrachten und dabei deren intertextuelle Bezüge in Form von motivischen und literarisch-abhängigen Verbindungen zu analysieren und zu

---

65 Vgl. oben Kap. II.4.1. Auch Ps 149,4 steht in Verbindung mit Jes 44 und 49 sowie Ps 147,8–9 mit Jes 44 und Ps 146,7–8 mit Jes 49; vgl. die Ausführungen zu Ps 146,7–8; 147,8–9 und 149,4.
66 Jes 44,23: „Jubelt, ihr Himmel, denn getan hat es Jʜwʜ! Ruft laut, ihr Tiefen der Erde! Brecht in Jubel aus, ihr Berge, du Wald und all ihr Bäume darin! Denn erlöst hat Jʜwʜ Jakob, und an Israel verherrlicht er sich." Vgl. Jes 49,13.
67 Vgl. dazu Kap. II.4.3.2 sowie die weiteren Ausführungen.
68 Vgl. BALLHORN, Telos, 317.

interpretieren. Für V. 1–6 lassen sich demnach Ps 29; 33; 103; 104; 105; 119; 146; 147 sowie Neh 9 und Gen 1 als Bezugstexte unterschiedlicher Intensität aufzeigen.

V. 1–4 „Die Fülle des Himmels"

Mit der Loberöffnung in V. 1 wird der Ort für den Lobpreis bestimmt: Von den Himmeln her und in den Höhen soll Jhwh gelobt werden. Neben den bereits oben ausgeführten Beobachtungen zu V. 1 ist bei aller Nähe zu anderen Lobaufforderungen darauf zu verweisen, dass die Kombination von „Himmeln" (שמים) und „Höhen" (מרומים) nur noch zweimal vorkommt: In Hi 16,19, aber nicht im Lobkontext, und in Ps 102,20, wo „Himmel" und „Höhe" den Ort Jhwhs (im Gegensatz zu Ps 148,13) und nicht den des Lobpreises beschreiben. In jeder Hinsicht zeigt sich die Einmaligkeit der Formulierung von V. 1.[69]

Entsprechend der Ortsbestimmung in V. 1 werden in V. 2 die dazugehörenden himmlischen Wesen zum Loben aufgerufen und damit die ersten Lobpreisenden konkret benannt, die den himmlischen Lobpreis vollziehen sollen: „Lobet ihn, alle seine Engel! Lobet ihn, alle seine Heerscharen[70]!" (V. 2). In erster Reihe der Lobenden stehen somit die Angehörigen des göttlichen Hofstaates. Dass der Lobgesang vorrangig die Aufgabe der himmlischen Wesen ist, formuliert beispielsweise der zu den Jhwh-König-Psalmen zu rechnende Ps 29, indem dort die Göttersöhne (בני אלים) angesprochen werden.[71] Die Vorstellung eines himmlischen Lobpreises, wie Ps 29,1–2 ihn abbildet, weist auf altkanaanäische Theologie zurück und wird in der Endfassung von Ps 29 als israelitische Tempeltheologie wiedergegeben (vgl. auch Jes 6).[72]

Neben der konzeptionellen Nähe zu Ps 29 weist Ps 148 in der Wortwahl noch engere Bezüge zu Ps 103 auf.[73] Wie in Ps 148 werden in Ps 103,20–21 „seine Engel"

---

69 Auch die Formulierung שמים mit מן findet sich sonst nur in Zusammenhängen, wo es darum geht das z. B. Wasser oder Feuer vom Himmel kommen oder das Jhwh selbst vom Himmel her sieht oder hört (vgl. Ps 102,20).

70 Vgl. zur Pluralform oben die Anm. 12.

71 Ps 29,1–2: „Gebt Jhwh, ihr Göttersöhne, gebt Jhwh Herrlichkeit und Macht. Gebt Jhwh die Herrlichkeit seines Namens, fallt nieder vor Jhwh in heiliger Pracht."

72 Zu Tempeltheologie in Ps 29 vgl. Spieckermann, Heilsgegenwart, 167; vgl. auch Ruppert, Aufforderung, 290f. Vgl. zu Ps 29 insgesamt neben Spieckermann, Heilsgegenwart, 165–179, auch Kratz, Reste, 37–41; Ders., Mythos, 156–161; Müller, Wettergott, 103–132. Einen himmlischen Lobgesang stellt auch das Trishagion der Seraphen in Jes 6 dar. Vgl. dazu in Kap. II.5.1 zur Herrlichkeit Gottes.

73 Vgl. Leuenberger, Konzeptionen, 351f Anm. 298; Spieckermann, Heilsgegenwart, 52 Anm. 6. Für Beziehungen zwischen Ps 148 und 103 vgl. insgesamt: V. 2 mit Ps 103,20–21 (מלאך

(מלאכיו) und „alle seine Heerscharen" (כל־צבאיו) zum Lob aufgerufen, wozu sich keine weitere vergleichbare Stelle findet. Was aber Ps 103 in einer dreifachen Lobaufforderung formuliert (V. 20 – 22: ברכו יהוה ...),[74] fasst Ps 148 in einem Vers zusammen, um das himmlische Heer in den Lobpreis einzubinden (statt ברך verwendet Ps 148 das entsprechende הלל[75]). Somit ist eine Aufnahme von Ps 103,20 – 21 in dem komprimierten V. 2 von Ps 148 gut denkbar.[76] Ruppert überlegt darum sogar, ob sich der Psalmist von Ps 148 „überhaupt erst durch den Schluß von Ps 103 zu seinem Hymnus hat anregen lassen."[77] Gleichwohl sind gewisse theologische Unterschiede zwischen beiden Psalmen festzustellen. In Ps 103,19 – 22 wird vorausgesetzt, dass JHWH ebenfalls im Himmel thront (V. 19, vgl. Ps 29) und vor ihm der Lobgesang vollzogen wird.[78] Diese Vorstellung des im Himmel thronenden Gottes nimmt Ps 148 nicht auf (vgl. schon oben zu Ps 102,20). Sie wird geradezu vermieden, indem die himmlische (und auch die irdische) Sphäre allein den Lobpreisenden vorbehalten bleibt und JHWH selbst jenseits von Himmel und Erde verortet wird (vgl. Ps 148,13b). Eine solche vergleichbare Vorstellung findet sich auch in Neh 9[79]: JHWH wird als Schöpfer des Himmels und allem was dazu gehört verstanden (vgl. auch Ps 146,6), gleichwohl gilt er nicht als dessen Bewohner, sondern „bevölkert" diesen Bereich mit den himmlischen Wesen, deren Reaktion daraufhin Anbetung ist.[80]

---

und צבא); V. 8 mit Ps 103,20 (עשה דברו nur noch hier) sowie V. 14 mit Ps 103,7 (בני ישראל nur noch hier).

74 Ps 103,20 – 22: „Preist JHWH, ihr seine Engel (מלאכיו), ihr starken Helden, die sein Wort tun (עשי דברו, vgl. Ps 148,8b), dass man höre auf die Stimme seines Wortes! Preist JHWH, alle seine Heerscharen (כל־צבאיו), seine Diener, die sein Wohlgefallen tun. Preist JHWH, alle seine Werke ar. allen Orten seiner Herrschaft! Preise meine Seele, JHWH!"

75 Die Verbindung von הלל mit מלאך bzw. צבא findet sich nur hier in Ps 148,2.

76 V. 19 – 22 wird innerhalb von Ps 103 allgemein als Zusatz in Aufnahme der JHWH-Königs-Psalmen gewertet, vgl. u. a. HOSSFELD, Psalm 103, 57.61 f; LEUENBERGER, Konzeptionen, 185 f. Anders SPIECKERMANN, Lob, 13 Anm. 9; 24, der nur in V. 17c und 20c Fortschreibungen annimmt und V. 19 – 22* zum Grundpsalm zählt.

77 RUPPERT, Aufforderung, 294; so schon DUHM, Psalmen, 482.

78 Ps 103,19: „JHWH hat in den Himmeln aufgerichtet seinen Thron (יהוה בשמים הכין כסאו), und sein Königtum herrscht über alles." Vgl. auch Ps 33,13 – 14. Ps 103 ist auch ein wichtiger Referenztext für Ps 145, vgl. die entsprechenden Ausführungen dort.

79 Vgl. auch ZENGER, Psalm 148, 847. Vgl. zu Neh 9 insgesamt MATHYS, Denker, 4 – 21.

80 Neh 9,6: „Du bist JHWH allein. Du, du hast die Himmel gemacht, die Himmel der Himmel und all ihr Heer (שמי השמים וכל־צבאם), die Erde und alles, was darauf ist, die Meere und alles, was in ihnen ist. Und du belebst dies alles, und das Heer des Himmels (וצבא השמים) fällt nieder vor dir." Vgl. auch schon Neh 9,5, wo JHWH als „erhaben über allen Preis und Ruhm" (ומרומם על־כל־ברכה ותהלה) verstanden wird, ähnlich Ps 148,13, vgl. dazu unten bei V. 13 Anm. 194.

Durch die mit Ps 148 verbundenen Texte (vgl. Ps 29; 103 sowie auch Ps 96; 98) wird deutlich, dass im Zusammenhang mit himmlischen Lobgesang auch die Vorstellung JHWHs als eines Gottkönigs einhergeht. Dieser Aspekt wird in Ps 148 nicht explizit gemacht, aber durch zahlreiche Anspielungen und insbesondere die Verbindung mit den JHWH-Königs-Psalmen bzw. Psalmen, in denen eindeutig vom Königtum die Rede ist, muss auch für Ps 148 das Thema der königlichen Herrschaft Gottes im Hintergrund angenommen werden, wie im Weiteren noch zu zeigen sein wird.[81]

In den Sabbatopferliedern aus Qumran (*Shirot 'Olat ha-Shabbat*) wird ebenfalls ein himmlischer Lobgesang der Engelswesen für den königlichen Gott in seiner Herrlichkeit beschrieben.[82] Vermutlich ist keine direkte Abhängigkeit zwischen Ps 148 und den Sabbatopferliedern aus Qumran anzunehmen, da diese jünger als der Psalm sind,[83] gleichwohl lassen sich aber Ähnlichkeiten zwischen beiden Texten feststellen. So wird in der Sammlung der Sabbatopferlieder ebenfalls vorrangig das Verb הלל für die Lobaufforderungen verwendet. Außerdem werden die Lobgesänge der Engel beschrieben und deren Inhalt angedeutet, aber nicht direkt zitiert.[84] Ähnlich bleibt Ps 148 bei der Aufforderung zum Lob stehen. Trotzdem sind sowohl die Sabbatopferlieder als auch Ps 148 schon Hymnen und Gebete, die auch als solche verstanden wurden.[85] Die Texte, die im Grunde eine gewisse Form von Liturgie beschreiben, sind selbst schon Bestandteil einer solchen – mindestens auf literarischer Ebene. Während Ps 148 den ganzen himmlischen Hofstaat noch zum Lob aufruft, ist er schon Lobgesang. Die Sabbatopferlieder präsentieren den außergewöhnlichen Lobpreis der Engelswesen für den noch außergewöhnlicheren Gott, indem sie seine herrliche Königsherrschaft preisen. Ohne dass dies in den Texten expliziert würde, könnte man folgern, dass der irdische Lobpreis als ein Abglanz dieser himmlischen Liturgie verstanden wird und die menschlichen Lobenden sich in den himmlischen Lobpreis mit einfügen. Ps 148 bindet zwar den himmlischen und den irdischen Lobpreis aus den zwei Teilen zusammen, aber möglicherweise lässt sich an der unterschiedlichen Gestaltung der beiden Abschnitte ein ähnliches Verständnis ablesen: Während sich die Lobaufforderungen verstärkt im ersten Teil finden (V. 1–5), gehen sie im

---

81 Vgl. BALLHORN, Telos, 316, sowie auch unten.

82 Für einen Überblick über die Sabbatopferlieder vgl. NEWSOM, Art. Songs, sowie DIES., Songs; SCHWEMER, Gott; XERAVITS / PORZIG, Einführung, 195–200.

83 Die Sabbatopferlieder sind vermutlich zwischen 150–50 v. Chr. entstanden, vgl. SCHWEMER, Gott, 60.

84 Vgl. REYMOND, Poetry, 369.

85 Vgl. SCHWEMER, Gott, 47 f. 115, die die Sabbatopferlieder als „Hymnen aus dem ‚himmlischen' Gottesdienst" bezeichnet [Zitat 115].

zweiten Teil zurück, so dass die Lobaufforderung an den Himmel auch auf die irdischen Wesen abstrahlt, diese von daher mit in den himmlischen Lobpreis hineingenommen sind.[86] In Ps 148 singt der Himmel zuerst, dann soll die Erde miteinstimmen, bis dass der ganze Kosmos klingt. Umgekehrt stellt der Lobgesang der Erde einen Abglanz und Widerschein des himmlischen Lobgesangs dar.[87] Beides zusammen bildet erst den vollkommenen Lobgesang.

Nach dem himmlischen Hofstaat werden in V. 3 die Himmelskörper zum Loben aufgerufen: „Lobet ihn, Sonne und Mond! Lobet ihn, alle leuchtenden Sterne!" Eine solche direkte Lobaufforderung an die Himmelskörper ist singulär im Alten Testament, während die Trias von Sonne, Mond und Sterne einige Male belegt ist.[88] Durch die Eingliederung in den Lobgesang für JHWH erscheinen die Himmelslichter als Diener Gottes und werden ihm unterstellt.[89] Somit steht hinter der Lobaufforderung zugleich der Lobvollzug: Lob für den Gott, der der Herr auch über Sonne, Mond und Sterne ist, wie es bereits Ps 8,4 und 147,4 ausdrücken. Es kann darum schon jetzt festgestellt werden, dass der Psalm nur

---

86 Diese Vorstellung ist auch für die Sabbatopferlieder und ebenso schon für die Jerusalemer Kulttheologie anzunehmen. vgl. dazu SCHWEMER, Gott, 76.92.117.
87 Ähnlich DELITZSCH, Psalmen, 825, vgl. auch BRIGGS / BRIGGS, Psalms, 536: „the praise from the earth ascending to meet the praise coming down from heaven".
88 Gelegentlich werden neben den Engeln auch Sonne, Mond und besonders die Sterne als „Heer des Himmels" verstanden (vgl. Dtn 4,19; 17,3; Dan 8,10), so auch DELITZSCH, Psalmen, 825. Allerdings ist hier mit dem Himmelsheer eher die Schar der Engel gemeint wie durch die Parallelisierung in V 2 mit Blick auf Ps 103,20–21 deutlich wird, vgl. auch GUNKEL, Psalmen, 618. Gleichwohl zeigt dies die enge Verbindung von V. 2–3, die nicht nur durch den syntaktisch gleichen Aufbau sichtbar ist. Die Dreiergruppe von Sonne, Mond und Sternen ist oftmals in negativem Kontext verwendet, dergestalt dass Himmelslichter ihr Licht verlieren oder Gott sie (als Strafe) verdunkelt (vgl. Jes 13,10; Ez 32,7; Joel 2,10; 4,15; Koh 12,2). Im Dtn 4,19; 17,3 wird außerdem ein Verbot formuliert, welches bestimmt, dass Sonne, Mond und Sterne nicht angebetet und als Götter verehrt werden dürfen wie es in der Umgebung Israels verbreitet war, vgl. dazu insgesamt BARTELMUS, Himmel, 92. Dem entspricht die mehrmalige Betonung des Verständnisses von Sonne, Mond und Sternen als Geschöpfen Gottes und deren Degradierung zu Lichtkörpern (vgl. Gen 1,14–18; Jer 31,35; Ps 8,4; 136,7–9 sowie ähnlich Ps 104,19; 147,4), wie es auch Ps 148,5b im Rückblick auf die zuvor genannten himmlischen Elemente nahelegt. Mit Ps 8,4; 136,9; 147,4 sind auch die einzigen weiteren Belege für Sterne (כוכב) im Psalter benannt. Wieder einmal ist auffällig, dass sich die (wenn auch lockeren) Bezüge auf diejenigen Psalmen beschränken, die auch in anderer Form in Beziehung zu Ps 148 und zu anderen Psalmen des kleinen Hallels stehen (vgl. z. B. Ps 136,25 mit 146,7). Ähnliches gilt für „Sonne" (שמש) und „Mond" (ירח): vgl. Ps 104,19 und 121,6 (darüber hinaus nur noch Ps 72,5 belegt). Jer 31,35: ‚So spricht JHWH, der die Sonne gesetzt hat zum Licht für den Tag, die Ordnungen des Mondes und der Sterne zum Licht für die Nacht, der das Meer erregt, dass seine Wogen brausen, JHWH Zebaoth ist sein Name." Vgl. darüber hinaus auch Jes 40,26, dazu die Ausführungen zu Ps 147,4.
89 Vgl. auch ZENGER, Psalm 148, 847 f.

scheinbar bei der Aufforderung zum Lob stehen bleibt. In der langen Aufzählung ist zugleich immer schon das Lob auf die Schöpfung und deren Ordnung als großartiges Gotteswerk, deren alleiniger und machtvoller Herr JHWH ist, mitgedacht und vollzogen.

Mit V. 4 folgt die dritte Lobaufforderung: „Lobet ihn, Himmel der Himmel, und Wasser, die über den Himmeln sind!" Im Unterschied zu V. 2–3 steht hier nur am Anfang eine Imperativform. Möglicherweise ist wegen des längeren Elements in V. 4b (והמים אשר מעל השמים) der zweite Imperativ ausgelassen und stattdessen das zweite Kolon durch ו angehängt worden.[90]

Die Formulierung „Himmel der Himmel" (שמי השמים) findet sich auch in Neh 9,6, worauf oben bei V. 2 schon Bezug genommen wurde.[91] Oftmals wird zusammen mit Neh 9,6 angenommen, dass hier ein Himmel in mehreren Schichten vorzustellen sei.[92] Eher ist aber mit der Wendung „Himmel der Himmel" der „Himmel in seiner ganzen ungeheuren Ausdehnung" gemeint und der Ausdruck als Superlativ zu verstehen.[93] Somit wird am Ende der ersten Imperativ-Reihe noch einmal betont, dass nicht nur „vom Himmel her" das Lob erschallen soll, sondern das der ganze, unendliche Raum des Himmels selbst mit einstimmen soll in den Lobgesang für JHWH.[94] Denn wie V. 5b deutlich macht, verdanken sich auch die Himmel der Himmel dem Schöpfungswillen Gottes.[95]

---

[90] SPIECKERMANN, Heilsgegenwart, 52 f, sieht dagegen einen Widerspruch zwischen der ersten Lobaufforderung in Richtung Himmel in V. 1 und der erneuten in V. 4 und scheidet darum V. 4(–6) als sekundär aus, auch mit der Bestimmung von „Himmel der Himmel" als „merkwürdigen Adressaten", vgl. auch oben Anm. 40. Allerdings muss weder die Wendung שמי השמים auffallen noch die erneute Aufforderung, die gleichwohl eine andere Zielrichtung als V. 1 hat, deren Funktion vor allem in der Ortsbestimmung liegt, vgl. dazu oben im Text. Auch die Rezeption von Gen 1 in Ps 148,4 (s.u.) ist für ihn Grund für die Annahme einer Erweiterung, da Spieckermann von einer vordeuteronomistischen Grundfassung des Psalms ausgeht, die dann unter Einfluss von Gen 1 erweitert wurde (vgl. a.a.O., 58 f). Dagegen wird in dieser Untersuchung eine insgesamt späte Entstehungszeit von Ps 148 und seiner Nachbarpsalmen gerade aufgrund der vielen aufgenommenen alttestamentlichen Texttraditionen befürwortet, so dass verschiedene Textrezeptionen kein Indiz für eine Ergänzung darstellen können.

[91] Vgl. oben Anm. 80.

[92] So ZENGER, Psalm 148, 847 f.

[93] BARTELMUS, Himmel, 89.

[94] Dass der Himmel selbst als handelndes Subjekt auftritt bzw. dazu aufgerufen wird, findet sich vor allem in den Psalmen und bei Deuterojesaja, vgl. neben Ps 148,4 noch Ps 19,2; 50,6; 69,35; 89,6; 96,11 (= 1Chr 16,31); 97,6; Jes 44,23; 45,8; 49,13; Jer 51,48, vgl. dazu auch BARTELMUS, Himmel, 109 mit Anm. 88, dazu oben Kap. II.4.1 sowie Kap. II.4.4.1. Vgl. zu alttestamentlichen Himmelsvorstellungen auch SALS, Himmel, bes. 44 f.

[95] Vgl. z.B. Gen 2,4; Ex 20,11; Jes 45,18; Jer 32,17; Ps 33,6; 96,5; 115,15; 121,2; 136,5; 146,6; Neh 9,6.

Dieser Gedanke findet sich auch im zweiten Kolon von V. 4, wo durch den Bezug zu Gen 1 die ganze Himmelskonstruktion auf Gott zurückgeführt wird. So verweist die Wendung „Wasser, die über den Himmeln sind" in V. 4b auf Gen 1,7,[96] wo zwar das im priesterschriftlichen Schöpfungsbericht vorherrschende Wort רקיע („Feste", „Wölbung")[97] verwendet wird, aber ansonsten eine ähnliche Schichtung von Wasser- und Himmelsebene, wie sie Ps 148,4 vorauszusetzen scheint, beschrieben ist. Durch die Lesart von 11Q5[98] wird der Bezug zu Gen 1,7 noch verdeutlicht, so dass bereits für Ps 148,4b MT eine Rezeption von Gen 1,7 angenommen werden kann. Außerdem findet sich keine weitere vergleichbare Stelle, die das Verhältnis von מיכ und שמים bzw. רקיע thematisiert. Zudem weist Ps 148 noch weitere Bezüge zu Gen 1,1–2,4a auf, die in den weiteren Ausführungen zum Psalm aufgegriffen werden.[99]

Demnach scheint Ps 148 die Weltschöpfungskonzeption der Priesterschrift aufzunehmen. Die ganze himmlische Sphäre samt den Angehörigen des Hofstaates und den Himmelskörpern sind als Geschöpfe Gottes zu verstehen, deren Aufgabe und Auftrag das Gotteslob vom Himmel her ist.

V. 5 „Schöpfermacht und Geschöpfe"

In V. 5 wird die bereits in V. 1–4 festgestellte „Weltsicht" mit dem Himmel als Element der Schöpfung Gottes noch einmal unterstrichen, wenn resümierend die Aufforderung im Jussiv wieder aufgegriffen und zugleich eine schöpfungstheologische Begründung gegeben wird: „Loben sollen sie den Namen JHWHs, denn er befahl und sie wurden geschaffen." (V. 5). Der Vers weist zurück auf die zuvor genannten Lobakteure, mindestens auf die letztgenannten himmlischen Wasser, eher aber auf alle in V. 2–4 aufgerufenen Elemente der himmlischen Sphäre.[100]

---

96 Gen 1,7: „Und es machte Gott die Feste (הרקיע) und schied die Wasser, die unterhalb der Feste waren von den Wassern, die oberhalb der Feste waren (המים אשר מעל לרקיע). Und es geschah so."
97 Vgl. für רקיע als Parallelbegriff zu שמים (bes. in Gen 1,6–20, dort z. B. auch ברקיע השמים, V. 14) im Psalter auffälligerweise nur Ps 19,2 und 150,1 (vgl. unten Kap. II.6.4.1)! Vgl. zur „Himmel"-Terminologie BARTELMUS, Himmel, 92.
98 Vgl. אשר מעל לשמים (Ps 148,4 in 11Q5) mit אשר מעל לרקיע (Gen 1,7), vgl. oben Anm. 13.
99 Für die Verbindung von Ps 148 mit Gen 1,1–2,4 vgl. V. 3 mit Gen 1,16 (Lichter; כוכב); V. 4 mit Gen 1,6.7 (מים); V. 5 mit Gen 1,1.21.27; 2,3.4 (ברא), auch als Wortschöpfung verstanden; V. 7 mit Gen 1,2 (תהום) und mit Gen 1,21 (תנין); V. 9 mit Gen 1,11.12.29 (עץ פרי); V. 10 mit Gen 1,21.24.25 (חיה; בהמה; רמש; כנף); sowie evtl. noch V. 8 mit Gen 1,2 (רוח). Vgl. auch RUPPERT, Aufforderung, 293; MARTTILA, Reinterpretation, 166 mit Anm. 230; PRINSLOO, Structure, 55 f.
100 Vgl. GERSTENBERGER, Psalms, 448; ZENGER, Mund, 154; DERS., Psalm 148, 848. Dies wird durch die parallele Formulierung in V. 13aα endgültig bestätigt, die sich nicht nur auf die „Alten

Denn nicht nur die himmlischen Wasser verdanken ihr Sein dem Befehl Gottes, sondern alle geschaffenen Wesen des Himmels (vgl. z. B. auch Ps 147,4 und 33,6). Sie alle sollen als Geschöpfe in das Lob seines Namens mit einstimmen, oder mit den Worten Seybolds ausgedrückt: „sie sollen von der Schöpfung singen, durch die sie zur Existenz gekommen" sind.[101] Durch die jeweils abschließende Formulierung in V. 5 und 13, die weniger Aufforderung als Aussage über die Lobenden ist, wird noch einmal klar gestellt, was Inhalt und Objekt des Lobens ist: Nicht die Schöpfung selbst in ihrer Vielfältigkeit soll gelobt werden, sondern der dahinter stehende Schöpfer, sein Name (שם יהוה).[102] Auf den Lobpreis des Namens Gottes ist unten bei V. 13 noch einmal zurückzukommen.

Wie bei den vorangehenden Versen steht auch in V. 5b der priesterschriftliche Schöpfungsbericht im Hintergrund, wenn zum einen *das* Wort für Schöpfung aus Gen 1: ברא („schaffen")[103] aufgegriffen, und zum anderen die Schöpfung als Werden durch das göttliche Wort verstanden wird.[104] Mit der Formulierung lehnt sich V. 5b allerdings an Ps 33,9 an: „Denn er sprach und es war da (כי הוא אמר ויהי), er befahl und es stand da (הוא־צוה ויעמד)." Während auch für Ps 33 Gen 1 als Bezugstext angenommen werden muss, mit besonderer Betonung der Schöpfung durch das Wort Gottes (vgl. Ps 33,6.9),[105] verstärkt Ps 148 den Bezug zu Gen 1 noch

---

101 SEYBOLD, Psalmen, 543.

und Jungen" (V. 12b) zurück bezieht, sondern auf alle genannten menschlichen Lobpreisenden und damit auf alle zuvor genannten Elemente in V. 7 – 12, vgl. dazu auch unten zu V. 13.

102 Vgl. zum Lob des Namens JHWHs neben Ps 148,5.13 noch Ps 69,31; 105,3 (= 1Chr 16,10); 113,1.3; 135,1; 145,2; 149,3; 1Chr 29,13 und Joel 2,26. Bei dieser Auflistung entsteht der Eindruck, dass die Aufforderung zum Loben des göttlichen Namens vor allem in späteren Psalmen vorkommt, vgl. dazu auch KRATZ, Gnade, bes. 268.269 – 274. Allein viermal kommt die Wendung in Ps 145 bzw. den Hallel-Psalmen vor und verbindet diese miteinander. Alle anderen Texte stehen ebenfalls zum Teil in mehrfacher Beziehung zu den Psalmen des kleinen Hallels (vgl. Ps 69 mit 148; Ps 105 mit 147; Ps 135 mit 147; 1Chr 29 mit Ps 145; Joel 2 mit Ps 149, dazu jeweils die entsprechenden Psalm-Kapitel; darüber hinaus sind Ps 105 und 113 ebenfalls Halleluja-Psalmen).

103 Gen 1,1: „Am Anfang schuf Gott den Himmel und die Erde (בראשית ברא אלהים את השמים ואת הארץ)." ברא dann noch in Gen 1,21.27; 2,3.4. Zur Verbindung von Ps 148 mit Gen 1 vgl. oben Anm. 99. Die Bedeutung von ברא beschreibt WELLHAUSEN, Prolegomena, 304: „Das Wichtigste ist, daß es hier ein eigenes Wort gibt, um lediglich die göttliche Schöpfertätigkeit zu bezeichnen und sie dadurch aus der Ähnlichkeit menschlichen Tuns und Bildens herauszuheben, ein Wort, das in so enger Bedeutung weder im Griechischen, noch im Lateinischen oder im Deutschen wiederzugeben ist." Vgl. außerdem auch SCHMIDT, Art. ברא.

104 Vgl. die wiederkehrende Formel „und Gott sprach" (ויאמר אלהים) ... „und es wurde" (ויהי) in Gen 1. Vgl. zur Schöpfung durch das Wort z. B. KOCH, Wort, sowie zu Gen 1 auch KRATZ / SPIECKERMANN, Art. Schöpfung, 269 – 271.

105 Vgl. die Wortschöpfungsformel in Ps 33,9a (כי הוא אמר ויהי).

durch das Signalwort ב־א.[106] Auch an dieser Stelle (vgl. schon V. 4a) ist in einer anderen Textversion von Ps 148, diesmal in der Septuaginta, der Zitatcharakter des Kolons verdeutlicht. Der griechische Text erweitert den Vers, indem Ps 33,9 vollständig und wörtlich zitiert wird.[107] Ps 33 stellt einen wichtigen Vorlagepsalm für das kleine Hallel, insbesondere für Ps 147 und Ps 149 dar,[108] so dass auch deswegen für Ps 148 eine Rezeption dieses späten Psalms wahrscheinlich ist.[109]

Neben Ps 33 lassen sich auch Verbindungen von V. 5b zu Ps 104 erkennen, wo sich eine ähnliche schöpfungstheologische Aussage findet: „Du sendest deinen Geist aus, sie werden geschaffen (תשלח רוחך יבראון)." (Ps 104,30a). Möglicherweise stützt sich die Verwendung von ברא in Ps 148,5 auch auf diese Textstelle,[110] da es darüber hinaus einige Berührungen mit Ps 104 gibt:[111] Thematisch behandeln beide Psalmen die Schöpfung von Himmel und Erde und allem, was dazugehört. Auch in der aufzählenden, listenartigen Struktur der einzelnen Elemente und Erscheinungen in der Schöpfung stehen sich beide Texte nahe. Der grundsätzliche Unterschied besteht wiederum im Spezifischen von Ps 148: Während in Ps 104 die Aufzählung der Schöpfungsphänomene Inhalt und Vollzug des Lobes ist, sollen in Ps 148 dagegen die genannten Elemente das Lob selbst vollziehen.

---

106 Das Verb ברא findet sich außerdem oft in DtJes: u. a. Jes 40,26.28 (vgl. Ps 147,4 – 5); 41,20; 42,5; 43,1.7.15; 45,7.8.12.18; 48,7 sowie 65,17.18. Das Verb צוה kommt dagegen nicht im Schöpfungsbericht der Priesterschrift vor. Aber ברא und צוה stehen gemeinsam in einem schöpfungstheologischen Zusammenhang in Jes 45,12. Vgl. zum schöpfungsmächtigen Wort Gottes auch Ps 147,15 – 18 und die Ausführungen dort.

107 Ps 148,5 LXX: αἰνεσάτωσαν τὸ ὄνομα κυρίου ὅτι αὐτὸς εἶπεν καὶ ἐγενήθησαν αὐτὸς ἐνετείλατο καὶ ἐκτίσθησαν. Vgl. dazu auch oben Anm. 15.

108 Vgl. zu Ps 33 die Ausführungen zu Ps 147,1.

109 Neben der engen Beziehung zwischen Ps 148,5 und 33,9, sind noch weitere, lockerere Verbindungen zu nennen: vgl. V. 2 mit Ps 33,6 (כל + צבא); V. 7 mit Ps 33,7 (תהמות); V. 6a mit Ps 33,11 (עמד + לעולם). Darüber hinaus sind in beiden Psalmen eine Weltkonzeption bestehend aus von JHWH geschaffenem Himmel und Erde zentral, wobei in Ps 33 der Himmel sowohl als Objekt der Schöpfung (vgl. Ps 33,6) vorkommt als auch als Thronsitz JHWHs (vgl. Ps 33,13 – 14). BARTELMUS, Himmel, 97 – 108, betont die (ursprüngliche) Trennung dieser beiden Himmelsvorstellungen.

110 Dagegen ist die Verbindungen von Ps 104 zu Gen 1 über das Stichwort ברא eher unwahrscheinlich, da sich in beiden Texten verschiedene Schöpfungsvorstellungen finden, vgl. dazu SPIECKERMANN, Heilsgegenwart, 45 Anm. 61.

111 Neben dem möglichen Bezug von V. 5 zu Ps 104,30, vgl. noch V. 3a mit Ps 104,19 (Sonne und Mond) und V. 8 mit Ps 104,4 (Wind + Feuer als Boten). Darüber hinaus besteht eine lockere Beziehung zwischen V. 6 und Ps 104,5.9, die sich aber nur aufgrund einzelner Lexeme (לעד לעולם / עד ועד; עולם; עבר), nicht durch die inhaltliche Aussage ergibt. Vgl. zu den Bezügen jeweils die Ausführungen zu den einzelnen Versen, und zu Ps 104 insgesamt vgl. die Ausführungen bei Ps 147 (bes. Anm. 216) sowie bei Ps 146 (bes. Anm. 80.82).

Somit ist das Wort-Geschehen in Ps 148 in doppelter Hinsicht zu deuten: Zum einen wird auf das schöpfungsmächtige Wort Gottes verwiesen (V. 5b), zum anderen auf die Ant-Wort dieser so geschaffenen Geschöpfe Gottes:[112] Unabhängig von ihrer realen Sprachfähigkeit sollen sie den Namen Gottes loben (V. 5a) und damit ihrem Schöpfer das Wort zurückgegeben.[113] Um diese schöpfungstheologische Konzeption der lobenden Geschöpfe im Himmel darzustellen, bedient sich der Psalmist von Ps 148 in seinem ersten Teil besonders der priesterschriftlichen Schöpfungsvorstellung wie sie Gen 1 darstellt, steht mit weiteren Psalmen und Texten (vgl. Ps 29 und 103; Neh 9,6; Ps 147 und 33; Ps 104) in Verbindung und schafft durch die Fokussierung auf den Lobaufruf mit Hilfe des Verbs הלל eine ganz eigene Form des Lobpreises.

V. 6 „Ewige Bewahrung und feststehende Ordnung"

Der nachgetragene V. 6 führt die Lobbegründung aus V. 5 mit weiteren Aussagen über JHWH fort: „Und er lässt sie [die himmlischen Elemente] bestehen auf immer, auf ewig, eine Ordnung hat er gegeben und sie [die Ordnung] vergeht nicht."[114] Die auf Ewigkeit hin angelegte Existenz der himmlischen Sphären und die unvergängliche Ordnung stellen gegenüber dem Grundpsalm neue Aspekte dar. Bevor auf dieses Neue und die damit verbundene Intention für die Fortschreibung noch einmal gesondert eingegangen werden kann, muss zunächst die Aussage des Verses selbst und damit zusammenhängend auch dessen Textbestand geklärt werden, was unter Zuhilfenahme anderer (verwandter) Textstellen erfolgt.

Das erste Kolon bereitet keine besonderen Schwierigkeiten, auch wenn die Formulierung לעד לעולם mit doppeltem ל recht ungewöhnlich ist und sich nur noch einmal in Ps 111,8 findet. Das Pluralsuffix der Verbform ויעמידם („er lässt sie bestehen" oder „er bewahrt sie", vgl. auch Ps 33,9b) bezieht sich wie schon für V. 5b (ונבראו) festgestellt, auf die zuvor genannten Elemente, die zum Loben aufgerufen werden, und nicht nur auf die himmlischen Wasser.[115] Somit gilt der gesamten himmlischen Sphäre die Bestandsgarantie ihres Schöpfers.

---

112 Vgl. DEISSLER, Psalmen, 568: „Alles, was durch ein bloßes Wort Jahwes geworden ist (V. 5b, vgl. Ps 33,9; 147,18; Is 48,13), soll dem Schöpfer gewissermaßen ‚Ant-Wort' geben, und dies auf Ewigkeit hin."

113 Eine ähnliche Doppeldeutigkeit im Blick auf Empfangen und Geben lässt sich auch an dem Gottesattribut כבוד („Herrlichkeit") zeigen, vgl. dazu die Ausführungen zu Ps 149.

114 Die Ergänzungen in den Klammern verdeutlichen die hier angenommene und im Folgenden zu begründende Interpretation des Verses.

115 Gegen RUPPERT, Aufforderung, 294.

Diese Beständigkeit der Schöpfung wird im zweiten Kolon durch die von Jhwh gegebene, unvergängliche Ordnung unterstützt. Während für den ersten Teil von V. 6b Jhwh als Subjekt weithin anerkannt ist, aber die Deutung von חק diskutiert wird, worauf sogleich zurückzukommen ist, ist für den zweiten Teil die Subjektfrage umstrittener. Die BHS und mit ihr viele Ausleger ändern יעבור gern in die Pluralform יעברו, und beziehen das Verb dann auf die Wasser oder auch auf das Chaos, dem eine Grenze (חק) gesetzt ist, welche sie nicht überschreiten dürfen. Diese Deutung wird mit der Kombination חק und עבר begründet, die an einigen Stellen (vgl. Jer 5,22; Hi 14,5; Prov 8,29) die Bedeutung von „Grenze oder Ordnung nicht übertreten" trägt. Zudem wird Ps 104,5–9 als Beleg herangezogen und eine „komprimierte Interpretation" dieser Verse in V. 6b angenommen.[116]

Dagegen sprechen verschiedene Beobachtungen: Zunächst ist festzustellen, dass der Bezug zu Ps 104,5–9 nicht so eindeutig ist, wie gelegentlich angenommen wird, auch wenn Ps 148 sonst in enger Beziehung zu Ps 104 steht.[117] Der wichtigste Unterschied besteht darin, dass in Ps 104,5–9 eindeutig die irdischen Wasser und die Urflut im Blick sind, die von Gott eine Grenze (גבול־שׂמת בל־יעברון, Ps 104,9a) erhalten (wie auch in Jer 5,22 und Prov 8,29![118]). In Ps 148 kommen diese aber erst in V. 7b als erstes Element der irdischen Sphäre vor, während V. 6 noch zum himmlischen Abschnitt gehört.[119] Zudem wurde festgestellt, dass eine Einschränkung auf die Wasser in V. 6b auch syntaktisch nur mit Textänderung und unter Ausklammerung der zusammenfassenden Perspektive auf alle Elemente in V. 5 erreicht werden kann. Somit steht hier eher nicht die Grenzziehung und Bezwingung des Chaos aus Ps 104 im Hintergrund. Möglicherweise liegt hier sogar eine bewusste Uminterpretation von Ps 148 gegenüber Ps 104 vor. Die Deutung von

---

116 So Vosberg, Studien, 111, der zwar keine Textänderung vornimmt, aber das „Chaos" als Subjekt für יעבור bestimmt, was problematisch ist, da dieser Begriff zuvor gar nicht genannt ist und somit aus dem Kontext nicht eindeutig hergeleitet werden kann. Vgl. Ruppert, Aufforderung, 294, der die Lesart יעברו befürwortet und darum „die Wasser" als Subjekt annimmt, so auch Gunkel, Psalmen, 618f; Schmidt, Psalmen, 255; Weiser, Psalmen, 579; Kraus, Psalmen, 1140.

117 Vgl. dazu oben bes. Anm. 111.

118 Jer 5,22: „Solltet ihr nicht mich fürchten, spricht Jhwh, und vor mir nicht zittern, der ich den Sand als Grenze (גבול) für das Meer gesetzt habe, eine ewige Schranke und nicht wird es sie überschreiten (חק־עולם ולא יעברנהו)? Branden auch [seine Wogen], sie vermögen doch nichts, und ob die Wellen brausen, sie überschreiten sie nicht." Prov 8,29: „als er dem Meer seine Schranke setzte (בשׂומו לים חקו), damit die Wasser seinen Befehl nicht übertraten (ומים לא יעברו־פיו), als er die Grundfesten der Erde abmaß."

119 Auch wenn גבול und חק parallel stehen können (so aber nur in Jer 5,22), ist doch die unterschiedliche Verwendung in Ps 104,9 und 148,6 auffällig. Außerdem wird in Ps 104,9 die Verneinung mit בל gebildet und in Ps 148,6 mit לא. Außerdem wird das Verbot der Grenzüberschreitung in Ps 104,9b mit dem Schutz der Erde(!) (בל־ישׁובון לכסות הארץ) vor den irdischen Wassern verbunden wird, die in Ps 148,6 überhaupt noch nicht thematisiert ist.

חק als „Grenze" erscheint darum nicht als zwingend,[120] so dass sich Verbindungen zu anderen Texten wahrscheinlicher machen lassen.

Nimmt man חק als allgemeine Bezeichnung für „Ordnung" oder „Gesetz",[121] so findet sich auch für diese Deutung eine Kombination mit עבר, das dann die Bedeutung von „vergehen" trägt[122] (vgl. Est 1,19; 9,27 sowie Dan 6,9.13).[123] Insgesamt liegt darum die Lesart von חק mit „Ordnung" näher, auch da der Vers eine reflektierende und zusammenfassende Aussage der vorangehenden Verse formuliert: „Das Ganze hat eine Ordnung, die *als solche* nicht zerstört werden kann und nicht vergeht."[124] Folglich wird in V. 6bβ die masoretische Lesart beibehalten und חק („Ordnung") als das Subjekt von יעבור („sie vergeht nicht") bestimmt.[125] Dies wird durch Ps 119 unterstützt, wo sich eine ganz ähnliche schöpfungstheologische Aussage wie in V. 6 findet, die die Beständigkeit von Himmel (und Erde) mit ihrer ihr von Gott eingestifteten Schöpfungsordnung begründet: „In Ewigkeit, JHWH, steht dein Wort fest in den Himmeln. Von Geschlecht zu Geschlecht [währt] deine Treue. Du hast die Erde gegründet, und sie steht (ותעמד). Nach deinen Ordnungen bestehen sie bis heute (למשפטיך עמדו היום), denn alles dient dir." (Ps 119,89–91, vgl. auch Sir 43,10[126]). Ähnliche Gedanken zur Unvergänglichkeit des Wortes und Gesetzes Gottes finden sich auch in dem bereits angesprochen Ps 33 (dort in V. 11) und in Ps 111,7–8, dem einzigen weiteren Beleg für לעד לעולם aus V. 6a.

Schon V. 5 hat auf das wirkmächtige Wort Gottes verwiesen, dem sich das Geschaffene verdankt, so dass der Gedanke an eine Schöpfungsordnung, und evtl. sogar eine Tora-Konnotation für V. 6 nahelegt wie sie auch in Ps 119 angelegt ist. Auch der direkte Nachbarpsalm Ps 147 spricht für eine solche Deutung, in dessen Folge Ps 148 formuliert wurde[127] und damit einen Psalm vor Augen hat, der beides miteinander verbindet: schöpfungstheologische und worttheologische Aussagen.

---

120 Auch wenn das besiegte Chaos in Ps 148 durchaus eine Rolle spielt, vgl. dazu bei V. 7–12.

121 Vgl. ZENGER, Psalm 148, 839; RINGGREN, Art. חקק, 152.

122 Zur Doppeldeutigkeit von עבר („vergehen" und „übertreten"), die auch in der LXX beibehalten wird, wenn diese עבר mit παρέρχομαι übersetzt, vgl. ZENGER, Psalm 148, 839.853.

123 Vgl. u. a. HILLERS, Study, 326. Est 1,19a: „Wenn es dem König recht ist, gehe ein königlicher Erlaß von ihm aus, und er werde geschrieben in die Gesetze der Perser und Meder, und [zwar] unwiderruflich (ולא יעבור)."

124 ZENGER, Psalm 148, 848 [Hervorhebung original].

125 So auch BRIGGS / BRIGGS, Psalms, 539; DAHOOD, Psalms, 351.353; HILLERS, Study, 324.326; DEISSLER, Psalmen, 566; SEYBOLD, Psalmen, 541; ALLEN Psalms, 389; BALLHORN, Telos, 318 mit Anm. 834; ZENGER, Psalm 148, 838f.

126 Im hebräischen Text (H[B] vgl. H[M]) von Sir 43,10 werden dieselben Lexeme verwendet: בדבר אל יעמד חק („durch das Wort Gottes steht fest die Ordnung").

127 Vgl. dazu Kap. III.1.

Im dritten Teil von Ps 147 läuft das gesamte Schöpfungswirken Gottes auf die Wort-bzw. Gesetzesmitteilung an das Volk Israel zu (V. 19–20). Darum könnte ein Er-gänzer diese dort präsente Perspektive in Ps 148 vermisst und in direkter Auf-nahme des Begriffs חק in V. 6b nachgetragen haben. Dafür eignet sich der Begriff חק besonders gut, da er eine Doppelperspektive beinhaltet: חק kann die Schöp-fungsordnung bezeichnen, die für das geordnete Funktionieren des Kosmos steht (vgl. Jer 31,35–37; 33,25; Hi 28,26), aber steht oft auch für die besondere Geset-zesoffenbarung an das Gottesvolk, insbesondere dann, wenn חק parallel zu תורה oder משפט verwendet wird.[128]

Schließlich spricht auch eine gewisse Nähe zu Ps 105,10[129], wo drei der Begriffe aus Ps 148,6 vorkommen (עמד hif. + חק + עולם),[130] für die Deutung von חק als „Ordnung", die auch Tora-Konnotationen integriert.[131] חק ist dagegen in diesem Zusammenhang eher nicht als chaosbeschränkende Grenze[132] zu verstehen, auch wenn dieser Aspekt in der gottgegeben Schöpfungsordnung mitgedacht ist.

V. 6 bringt mit den Gedanken zu ewiger Beständigkeit und der gottgegebenen und unvergänglichen (Schöpfungs-)Ordnung eine neue und qualitativ andere Reflexionsebene in den Psalm ein, die in der bisherigen Aufzählung der Schöp-fungselemente so noch nicht gegeben war. V. 6 steht damit zwar nicht konträr zum Vorangehenden, aber allein durch die abstrakten Begriffe wie עולם und חק sowie durch die Verbformen, die nicht auf הלל zurückgehen, entsteht sprachlich ein neuer Denkhorizont. Für die Erweiterung von V. 6 gegenüber V. 1–5 spricht wei-terhin, dass der Gedanke von V. 6 „bestehen lassen" und „Ewigkeit" kein aus Gen 1 gewonnener Gedanke ist, worauf ja die vorangehenden Verse größtenteils beru-hen.[133] Somit ist eine Fortschreibungstätigkeit in V. 6 als recht wahrscheinlich anzunehmen. Ein Motiv für diese Ergänzung lässt sich relativ leicht finden: Für die Verwendung von חק wurde bereits auf Ps 147 verwiesen. Der dort angedeutete, aber implizit belassene Tora-Gedanke wird auf ganz ähnliche Weise in Ps 148

---

128 Vgl. zu חק und תורה u. a. Ex 18,16.20; Lev 26,46; Dtn 4,8; Neh 9,13.14; Jes 24,5; Ps 105,45; zu חק und משפט u.a. Lev 26,46; Dtn 4,1.5.8; 5,1; 6,1.20; Ps 81,5; 147,19; Esr 7,10. Vgl. BALL-HORN, Telos, 318; RINGGREN, Art. חקק, 151.152. Zu möglicher Tora-Konnotation von חק vgl. die Ausführungen zu Ps 147,19.

129 Ps 105,10: „Er richtete ihn [den Eid] auf (ויעמידה) für Jakob zur Ordnung (חק), Israel zum ewigen Bund (ברית עולם)."

130 Zudem dürfte Ps 105,10 im Hintergrund von Ps 147,19 gestanden haben, vgl. die Ausfüh-rungen bei Ps 147,19–20 (bes. Anm. 353).

131 Auch die Zusammenstellung von himmlischen Lobgesang und Lob des Gesetzes in Ps 19 unterstützt diese Deutung von Ps 148, vgl. dazu schon oben in Kap. II.4.4.1 sowie auch ZENGER, Psalm 148, 848.

132 So z.B. KRAUS, Psalmen, 1143.

133 Vgl. dazu SPIECKERMANN, Heilsgegenwart, 53 f Anm. 8.

nachgetragen, um ebenfalls Schöpfungs- und Toratheologie miteinander zusammenzubringen. Beides, Schöpfung und Gesetz, hat seinen Ausgang bei JHWH. Auch Ps 146 bietet für einen Ergänzer einen Gedanken, der im Grundpsalm von Ps 148 so noch nicht expliziert wurde: JHWH ist nicht nur der Schöpfer von Himmel und Erde, sondern er ist auch derjenige, der ewige Treue gegenüber seiner Schöpfung hält (Ps 146,6) wie es nun ebenfalls Ps 148,6a formuliert. Aufgrund dieser Verbindungen zu den vorangehenden Psalmen wäre es denkbar, das ein späterer Ergänzer den bereits von Anfang an für den Kontext verfassten Ps 148 noch stärker an Ps 146 und 147 angleichen wollte und dies unter Zuhilfenahme noch weiterer Textstellen in V. 6 durchgeführt hat und zugleich damit innerhalb Ps 148 eine weitere theologische Reflexionsebene zur ewigen Bewahrung und unvergänglichen Ordnung explizit gemacht hat, die zuvor zwar angelegt, aber noch nicht ausformuliert war. Damit liefert V. 6 zugleich Material für die aus Sicht des oder der Ergänzer eventuell als zu wenig thematisierten Lobdurchführung bzw. Lobbegründung, also den Inhalt für das kosmische Loben, nach.

4.4.3 Irdischer Lobgesang (V. 7–14)

Der zweite Abschnitt entspricht dem ersten Teil von Ps 148 in Gestaltung und Anliegen. In Korrespondenz zur himmlischen Sphäre wird nun der irdische Bereich zum Lob aufgefordert. Wieder werden sowohl unbelebte als auch belebte Elemente angesprochen, die nun der irdischen Sphäre zugeordnet werden. Auch wenn der Abschnitt V. 7–12 allein aus aufgezählten Substantiven besteht, können doch aufgrund der Kombination der Nennungen Verbindungen zu anderen Texten aufgezeigt werden, die eine Rezeption wahrscheinlich machen. Dabei begegnen bei V. 7–13.14 zum Teil bekannte Texte wieder, die von Ps 148 oder von anderen Psalmen des Hallels bereits aufgenommen wurden: Erneut stehen die JHWH-König-Psalmen (Ps 96–98) im Hintergrund und außerdem lassen sich Verbindungen zu Ps 2; 8; 33; 103; 104, zu Gen 1 und Jes 2; 12 sowie zu den anderen Hallelpsalmen Ps 146; 147; 149 erkennen. Auch für diesen Teil des Psalms bietet es sich an, zunächst die aufgeforderten Elemente in V. 7–12 zu interpretieren und deren Textbezüge aufzuzeigen, bevor dann der abschließende V. 13 und in einem weiteren Schritt der ergänzte zweite Abschluss in V. 14 untersucht werden.

V. 7–12 „Die Fülle der Erde"

Der zweite Teil beginnt wie der erste mit einer Lokalisierung des Lobes und ruft damit die zunächst unbenannt bleibenden Wesen der Erde zum Loben JHWHs auf: „Lobet JHWH von der Erde her!" (V. 7a).[134] Der Aufruf an die Erde in V. 7 ff wirkt nach V. 1–6 wie der zweite Teil der Ausführung von Ps 69,35, der einzigen Stelle, wo Himmel und Erde zusammen mit הלל genannt werden.[135] Darüber hinaus findet sich die Aufforderung, dass die Erde JHWH loben oder auf ähnliche Weise ihn ehren soll einige wenige Male im Psalter. Besonders auffällig ist dabei die Nähe zu den JHWH-König-Psalmen, die bereits oben mehrmals erwähnt wurde (vgl. Ps 96,1.9.11; 97,1; 98,4).[136] Auch Ps 66,1–4 formuliert die Aufforderung umfassend an die ganze Erde: „Jauchzt Gott, alle Erde!" (Ps 66,1; vgl. Ps 100,1). Wie in Ps 148,7a werden die Lobakteure nicht weiter benannt, sondern nur auf der Erde lokalisiert und dabei zum Lobgesang des Namens Gottes aufgerufen (Ps 66,4[137]; vgl. Ps 96,1–2 und 148,5a.13aα). Ps 148 kann also auch mit seiner zweiten, strukturierenden Aufforderung in V. 7a an andere Psalmen anknüpfen und wählt zugleich eine ganz eigene Formulierung durch die Verwendung von הלל und dem präpositionalen Ausdruck מן־הארץ („von der Erde her").[138]

Während der erste Abschnitt mit den Wassern geschlossen hat (V. 4b), beginnt der zweite Teil die Aufzählung spiegelbildlich mit dem irdischen Bereich des Meeres, indem „Seeungeheuer und alle Urfluten" zum Lob für JHWH aufgerufen werden (V. 7b).[139] Was an anderen Stellen von JHWH noch besiegt wird oder werden muss (vgl. Jes 27,1; 51,9–10; Ps 74,12–14; 77,17), ist hier schon wie selbstverständlich in die Aufforderung zum Lob eingegliedert: Seeungeheuer (תנינים) und Urfluten (תהמות). Diese beiden mythischen Erscheinungen[140] gelten als gefährlich

---

134 Für V. 7a ist auf die Ausführungen zu den parallelen Versen V. 1 und 7a oben in Kap. II.4.4.1 zu verweisen.

135 Vgl. dazu oben Kap. II.4.4.1.

136 Vgl. dazu oben Anm. 60.

137 Ps 66,4: „Alle Erde! Sie sollen dich anbeten (ישתחוו) und dir singen (ויזמרו); sie sollen singen (יזמרו) deinem Namen." Ganz wörtlich ist כל־הארץ als eine Art Vokativ zu verstehen, auf den dann Pluralimperative folgen, die aber das Subjekt nicht weiter verdeutlichen (die Trennung ist in der BHS auch durch den senkrechten Strich angezeigt). Damit hat aber Ps 66,4 eine große Nähe zu Ps 148,7a, wo ebenfalls ein undefiniertes, irdisches Kollektiv zum Loblied aufgerufen wird.

138 Vgl. auch dazu schon oben Kap. II.4.4.1.

139 Vgl. dazu oben Kap. II.4.3.2.

140 Mit SPIECKERMANN, Heilsgegenwart, 55 Anm. 11, sind Seeungeheuer (תנינים) und Urfluten (תהמות) als mythische Wesen zu verstehen, wie auch schon der „himmlische Hofstaat und überhaupt die Vorstellung von lobsingenden Bergen, Bäumen und Tieren" mythischen Ursprungs sind. „Dieser Psalm hat wie viele andere keine Scheu vor Mythologoumena, wenn sie der Vorführung von Gottes Herrschermacht [...] zu dienen geeignet sind." (ebd.).

und unberechenbar, sie stehen für das naturhafte und bedrohliche Chaos schlecht-hin.[141] In Ps 148,7b dagegen sind sie domestiziert, so dass sie und weil sie wie alle anderen Geschöpfe Jhwh als Herrscher über die Schöpfung loben sollen. Die Integration in das Loben kommt einer Fügung unter die Herrschaft Gottes gleich. Seeungeheuer und Urfluten verlieren damit ihre Gefährlichkeit für die kosmische Ordnung und werden, verstanden als Geschöpfe, zu dienenden Lobsängern Got-tes.[142]

An dieser Stelle ist es nun passend, auf Ps 104,5–9 zu verweisen (und nicht bereits bei V. 6, wie oben ausgeführt). Denn auch dort wird die von Jhwh bezähmte Urflut beschrieben, die die Erde bedeckte und die unter Gottes Befehl ihre Ge-fährlichkeit einbüßen muss und zur Spenderin lebensermöglichem Wasser wird (vgl. Ps 104,10 ff). Das Seeungeheuer („Leviathan") wird zum „Spielgefährten" Jhwhs (vgl. Ps 104,26). Auch in Ps 33, der bereits mehrfach als Inspirationstext identifiziert wurde,[143] findet sich die Bändigung der Wasserfluten, die von Jhwh gesammelt und geordnet werden (Ps 33,7).[144] In Ps 148 wird dieser Gedanke durch die nahezu beiläufige Integration in den universalen Lobpreis weitergeführt und somit noch gesteigert.

Ganz ähnlich ist V. 8 zu verstehen, wenn „Feuer und Hagel, Schnee und Rauch, Sturmwind, der sein Wort tut," zum Lob aufgerufen werden. In V. 8a stehen die Naturerscheinungen in chiastischer Zuordnung zueinander,[145] in V. 8b ist dagegen nur der Sturmwind als Element des Lobens genannt und dafür mit einem Parti-zipialausdruck (עשׂה דברו) fortgeführt. Oftmals kommen diese Wetterphänomene im Kontext von göttlichem Gerichts- und Strafhandeln vor oder auch als Be-gleiterscheinung von Theophaniegeschehen (vgl. z. B. Ex 9,23 f; Jes 30,30; Ez 13,13;

---

141 Vgl. dazu auch Zenger, Psalm 148, 849. In den Jhwh-König-Psalmen wird das Chaos in Form des gewaltigen Wasser ebenfalls thematisiert: vgl. Ps 29,10; 93,3 – 4. Der Kampf mit und gegen das Wasser stammt aus altorientalischen Überlieferungen (vgl. den Baals-Hymnus aus Ugarit), vgl. dazu Kratz, Mythos; Ders., Reste. Gleichwohl aber gelten die Seeungeheuer (תנין) als von Gott geschaffene Wesen (Gen 1,21).
142 Vgl. auch Prinsloo, Structure, 56. Die Urflut hat hier keinen eigenen Bereich (als Unterwelt oder ähnliches), sondern wird zur Erde gerechnet, vgl. Krüger, Himmel, bes. 77.
143 Vgl. dazu oben, bes. Anm. 109.
144 Ps 33,7: „Er sammelt wie in einen Wall die Wasser des Meeres, er füllt in Kammern die Urfluten (תהומות)."
145 Vgl. auch z.B. Delitzsch, Psalmen, 826; Spieckermann, Heilsgegenwart, 55 Anm. 12. Zenger, Psalm 148, 841.849, ordnet dagegen diese Wetterphänomene dem auf die Erde nie-derkommenden Wasser zu und deutet Feuer als Blitz und Gewitter und den „Sturmwind als Bringer von Regen". Allerdings ist die Aufgabe des Windes eindeutig anders bestimmt (nämlich im Tun des Wortes) und auch die Beziehung zu Ps 147 besteht nicht nur darin, dass dort ebenfalls Niederschlagsphänomene genannt werden (so a.a.O., 849), sondern vielmehr durch die theolo-gische Verbindung durch das Lexem דבר, vgl. die weiteren Ausführungen oben im Text.

Ps 18,13 f).[146] Ihnen eignet damit ebenfalls eine gewisse Gefährlichkeit und Unberechenbarkeit an, die in Ps 148,8 gleichfalls gar nicht mehr thematisiert wird.[147] Hier sind die Wetterphänomene Lobende unter vielen. Auch hier ist wieder die Unterordnung unter Gottes Herrschaft und Schöpfermacht die entscheidende Aussage, ähnlich wie es z. B. auch Ps 135,6 – 7 formuliert.[148]

Die Einordnung in das Herrschaftskonzept Gottes wird in V. 8b durch die Funktion des Sturms als Diener am Wort Gottes weiter betont. Der Sturmwind erscheint als Verkündiger und Vollzieher des Wortes Gottes. Auch wenn diese Näherbestimmung sprachlich mit רוח סערה („Sturmwind") verbunden ist, kann dies „Handeln" auf die anderen angesprochenen Elemente übertragen werden.[149] Dies wird durch Ps 104 unterstützt, wo diese Indienstnahme von Feuer und Wind, dem erst- und dem letztgenannten Phänomen aus Ps 148,8, ausformuliert ist: Denn von Gott wird gesagt, dass er „Winde zu seinen Boten macht (עשׂה מלאכיו רוחות), zu seinen Dienern Feuer und Brennendes (משׁרתיו אשׁ להט)." (Ps 104,4).

Die Formulierung עשׂה דברו findet sich bezeichnenderweise nur noch einmal in Ps 103 in ganz ähnlichem Zusammenhang. Ps 103,19 – 22 steht in mehrfacher Beziehung zu Ps 148 und bildet damit einen wichtigen Vorlagetext, wie oben schon gezeigt wurde.[150] In Ps 103,20 werden die Engel JHWHs als „Täter des Wortes" (עשׂי דברו) zum Lobpreis aufgerufen.[151] Zudem wird ein Ziel dafür angegeben: die Stimme des göttlichen Wortes soll gehört werden. Somit werden die Engel samt seinem ihm dienenden Hofstaat mit der Verkündigung des Wortes und Willens Gottes beauftragt (Ps 103,20 – 21).[152] In Anlehnung an Ps 103 kann damit die Bestimmung „Täter des

---

146 Die Elemente aus V. 8 werden sonst oft dem Himmel zugeordnet, vgl. z. B. Gen 19,24; 2Kön 1,12; Ps 18,14; Jes 55,10 sowie BARTELMUS, Himmel, 93. Möglicherweise werden die Phänomene hier der irdischen Sphäre zugezählt, weil sie zum einen direkte Auswirkungen auf die Erde und das Geschehen dort haben und weil zum anderen im ersten Teil das mythische Bild des Himmels mit himmlischen Heer und Himmelskörpern vorherrscht, wozu Wetterphänomene nicht eigentlich gezählt werden.

147 Vgl. dazu DELITZSCH, Psalmen, 826: „Wenn der D. wünscht, daß sie alle mit den übrigen Wesen zum Lobe Gottes konzertieren mögen, so sieht er davon ab, daß sie häufig zu strafrichterlichen Verderbensmächten werden und faßt nur ihre Großartigkeit und ihre Zugehörigkeit zu dem Schöpfungsganzen ins Auge, welches Gott zu verherrlichen und selbst verherrlicht zu werden bestimmt ist."

148 Ps 135,7: „Der Wolken aufsteigen lässt vom Ende der Erde, der Blitze zum Regen macht, der den Wind herausführt aus seinen Kammern." Vgl. Jer 10,13; 51,16.

149 So auch DELITZSCH, Psalmen, 826: „alle diese Naturerscheinungen sind Boten und Diener Gottes".

150 Vgl. dazu oben die Ausführungen zu V. 1 – 4, bes. Anm. 73.

151 Ps 103,20: „Preist JHWH, ihr seine Engel (מלאכיו), ihr starken Helden, die sein Wort tun (עשׂי דברו), vgl. Ps 148,8b), dass man höre auf die Stimme seines Wortes!"

152 Hieran wird auch die enge Bezogenheit des ersten und zweiten Teils von Ps 148 deutlich, wenn sowohl mit V. 2 als auch mit V. 8b auf Ps 103 referiert wird.

Wortes" (עשׂה דברו) für Ps 148 als das entscheidende Kriterium für die Aufnahme in den Chor von Himmel und Erde angesehen werden.[153] So wie alles durch das Wort Gottes wurde (V. 5), geben ihm die Geschöpfe im Lobpreis Antwort.[154]

Auffällig ist, dass dies „Wort-Tun" in Ps 148 gerade im Zusammenhang mit den eigentlich stummen Lobenden genannt wird, die zwar eindrucksvolle Laute von sich geben können (vgl. etwa das gewaltige Dröhnen der Wasser in Ps 29 oder das Getöse von Unwettern), nur sind dies keine Worte (דברים) im eigentlichen Sinne. Diese Verbindung von naturhaften (Wetter-)Geschehen und Mitteilung des (göttlichen) Wortes erinnert aber unmittelbar an Ps 147,15–18. Auch dort ist die Botschaft Gottes in Kälte, Feuer und Wind zu vernehmen bzw. diese Phänomene ergehen an die Erde aufgrund des Wortes Gottes (auch hier findet sich insbesondere die Verbindung von דבר und רוח in V. 18).[155] Herkommend von Ps 103 und 147 beinhaltet das Attribut „Täter des Wortes" damit eine Doppelperspektive: Zum einen „tun" die Elemente das Wort Gottes, indem sie ihn loben und von diesem wirkmächtigen Wort berichtend im Hymnus singen, zum anderen wird damit ihre Unterordnung unter das Wort Gottes deutlich. Sie stehen unter dem Befehl und der Herrschaft Gottes, weil sie auf sein Wort hören und entsprechend handeln.

In V. 9–10 werden weitere Lobakteure der kosmischen Lobgemeinschaft zugeführt: „die Berge und alle Hügel, Fruchtbäume und alle Zedern, die Tiere und alles Vieh, Kriechtiere und geflügelte Vögel." Die paarweisen Nennungen stehen für die Totalität ihres Bereichs: Die gesamte Lebenswelt auf Erden, die sich aus der Landschaftsbeschaffenheit und den verschiedenen Bäumen und Tieren zusammensetzt, soll Jhwh loben. Für die Aufzählung in ihrer Gänze finden sich keine vergleichbaren Stellen. Allerdings verwenden sowohl Gen 1 als auch Ps 148 ähnliche Kategorisierungen der Lebenswelt für Bäume mit und ohne Frucht und für verschiedene Tiere und Vögel.[156] So sei darauf hingewiesen, dass der Ausdruck עץ פרי („Fruchtbaum") in dieser Form nur noch ein weiteres Mal in Gen 1,11 vorkommt, wie ebenso die Kombination von רמשׂ („Kriechtiere") und צפור („Vögel") nur noch in Gen 7,14. Auch die Kategorisierung in חיה ([wilde] „Tiere") und בהמה („Vieh") ist in Gen 1,24 f belegt. Das Lexem רמשׂ kommt außerdem in dem bereits mehrfach genannten V. 35 aus Ps 69 vor, der Himmel, Erde und Meer samt allem, was darin wimmelt, zum Lobpreis aufruft.[157] Auch wenn im Schöpfungsbericht fast alle diese Pflanzen und Tiere vorkommen, ist die Reihenfolge der Genannten in Gen 1 und Ps 148 sehr verschieden. Aber aus den bereits genannten Bezügen der

---

153 So SPIECKERMANN, Heilsgegenwart, 55.
154 Vgl. dazu oben zu V. 5.
155 Vgl. dazu die Ausführungen zu Ps 147,15–18.
156 Vgl. ZENGER, Psalm 148, 850.
157 Vgl. dazu oben v. a. in Kap. II.4.4.1.

vorhergehenden Verse zu Gen 1 kann geschlossen werden,[158] dass der Psalmist Gen 1 kannte und vermutlich auch daher seine Kategorisierungen der Pflanzen- und Tierwelt entnahm, aber offensichtlich kein gesteigertes Interesses an der Darstellung der Reihenfolge des Schöpfungsprozesses hatte, wie sie Gen 1 verfolgt. In dem Psalm geht es vielmehr darum, zum einen die Vielfältigkeit der Schöpfung zu zeigen, die als von JHWH gegeben vorausgesetzt wird, und zum anderen die Eingliederung aller Schöpfungselemente unter die Herrschaft Gottes darzustellen, die im gemeinsamen Lobpreis ihre Umsetzung findet.

Nach Natur und Tieren beschreiben die nächsten beiden Verse (V. 11–12) mit ihren Wortpaaren die Gesamtheit aller Menschen und bildet damit einen vergleichbaren Abschluss wie in Gen 1 die Menschenerschaffung: „Könige der Erde und alle Völkerschaften, Fürsten und alle Richter der Erde, junge Männer und auch junge Frauen, Alte mit Jungen." Während die Tiere mit zwei mal zwei Kategorien auskommen, werden die Menschen in ihrer Vielfältigkeit mit doppelt so vielen, insgesamt acht Bezeichnungen umschrieben. Dem Psalmisten war offensichtlich diese Vielschichtigkeit im menschlichen Miteinander wichtig. Wie in den anderen Wortpaaren steht die Vollständigkeit im Blickpunkt (vgl. den vierfachen Merismus in V. 11–12) und wird durch die häufige Verwendung von כל unterstützt.[159] Somit gilt auch hier: Alle Menschen, ohne Ausnahme, sind in den Lobpreis eingebunden. Es wird in verschiedene Gruppen differenziert, obwohl beispielsweise auch אָדָם („Mensch") möglich gewesen wäre. Stattdessen werden die lobenden Personen in zwei Bereichen genannt: zunächst politisch-institutionell verfasste Gruppen (V. 11)[160] und dann gesellschaftlich-familiäre Gruppen verschiedenen Geschlechts und Alters (V. 12). Bei aller Differenzierung erscheinen die Nennungen eher stereotyp und traditionell. So fehlen beispielsweise kultische Gruppen wie Priester und Propheten, Schreiber und Sänger der nachexilischen Zeit, die man in einem Lob- oder Kultkontext erwarten könnte.[161] Hieraus kann gefolgert werden, dass auch dieser Psalm, gleichsam seinen Nachbarspalmen, offensichtlich nicht für den (institutionalisierten) Kult oder eine Liturgie ge-

---

158 Vgl. zu den Bezügen von Ps 148 zu Gen 1 oben, bes. Anm. 99.
159 Ähnlich auch SEYBOLD, Psalmen, 543; vgl. zu כל schon oben in Kap. II.4.3.1.
160 Dafür werden drei Synonyme für Herrscher (Könige, Fürsten, Richter) verwendet, während Völker ohne direkte Parallele auskommen muss. Darum schlagen einige vor כל־שבטי ארץ („alle Stämme der Erde") anstelle von כל־שפטי zu interpretieren, um einen Parallelismus zu kreieren, vgl. DAHOOD, Psalms, 354. Allerdings gibt es dafür keine Notwendigkeit, vgl. auch HILLERS, Study, 326f.
161 Vgl. zu diesen Überlegungen GERSTENBERGER, Psalms, 450.

schaffen wurde.[162] Gleichwohl ist der Psalm durch und durch Hymnus und der kosmische Lobgesang ist sein einziges Thema.[163]

Solche Aufzählungen, die durch konträre Bezeichnungen wie jung und alt, Mann und Frau den Anspruch erheben die Gesamtheit an Personen deutlich zu machen, finden sich mehrmals im Alten Testament, ohne dass eindeutige literarische Beziehungen zu diesen Stellen auszumachen sind (vgl. Jer 31,13; 51,22; Ez 9,6; 2Chr 36,17; Klgd 2,21).[164] Die Verbindung von Lobaufruf und solchen Merismusformen findet sich allerdings für diese gesellschaftlichen Bezeichnungen nicht noch einmal.

Anders sieht es dagegen für die Aufforderung an Könige und Völker aus. Eine vergleichbare universale Perspektive, die auch die Fremdvölker mit in das JHWH-Lob einbindet, weisen die JHWH-König-Psalmen auf. Zum einen sind dort die Völker Adressaten der Verkündigung (Ps 96,3.10; 97,6; 98,2), zum anderen sollen sie selbst in die Anbetung JHWHs mit einstimmen (Ps 47,2; 96,7–9). Nicht nur Himmel und Erde werden als Lobakteure angerufen, sondern auch die Völker.[165] Das Lob der Könige der Erde (מלכי־ארץ) findet sich darüber hinaus mit denselben Begriffen wie in Ps 148 ähnlich in Ps 138,4–5 sowie als Jubel der Völker (לאמים) in Ps 67,4–6.[166] Wie diese beiden Psalmen setzt Ps 148 Lob und Dank der Könige und Völker selbstverständlich voraus. Aufgrund der Herrlichkeitserscheinung JHWHs bleibt den Königen und Völkern nur, wie sonst Israel, in den Lobgesang einzustimmen.[167]

---

162 Vgl. dazu Kap. III.3. Anders sehen das z. B. GUNKEL, Psalmen, 617 („ein Hymnus, offenbar für den Gottesdienst bestimmt"); SEYBOLD, Psalmen, 542 f. Eine „kultische", zumindest liturgische Funktion ist wohl auch für die Sabbatopferlieder anzunehmen. Diese stehen mit ihrer himmlischen „Priesterengel-Liturgie" vermutlich im Zusammenhang mit der Legitimation der qumranischen Priester, die aufgrund der Trennung vom Jerusalemer Tempel nötig wurde, vgl. SCHWEMER, Gott, bes. 64 f.
163 Zu der Frage inwieweit in Ps 148 doch „Kultisches" zu finden ist vgl. unten in Kap. II.4.4.4.
164 Vgl. auch GERSTENBERGER, Psalms, 449 f. Oftmals kommen solchen Aufzählungen im Kontext von Krieg oder Klage vor. Demgegenüber bildet Ps 148 einen starken Kontrast mit dem harmonisch-kosmischen Lobaufruf.
165 Vgl. zu den mehrfachen Verbindungen zu den Psalmen 96–98 bereits oben, bes. Anm. 60.
166 Ps 138,4–5: „Es sollen dich preisen (יודוך), JHWH, alle Könige der Erde (כל־מלכי־ארץ), denn sie hören die Worte deines Mundes. Sie sollen singen (וישירו) von den Wegen JHWHs, denn groß ist die Herrlichkeit JHWHs." Ps 67,4–6: „Es sollen dich preisen die Völker (יודוך עמים), Gott; es sollen dich preisen die Völker alle. Es sollen sich freuen und jubeln die Völkerschaften (לאמים); denn du wirst die Völker richten in Geradheit, und die Völkerschaften auf der Erde (לאמים בארץ), du wirst sie leiten. Es sollen dich preisen die Völker, Gott; es sollen dich preisen die Völker alle."
167 Eine literarische Abhängigkeit von Ps 148,11 von Ps 67 und 138 ist denkbar, aber kaum nachzuweisen. Festzuhalten ist, dass es nicht viele weitere Stellen gibt, an denen Könige bzw.

Diese problemlose Selbstverständlichkeit der Integration von Fremdherr-
schern und Fremdvölkern in das oftmals sonst ganz exklusiv verstandene Lobgeschehen zwischen Israel und Jhwh fällt gleichwohl auf – besonders im Vergleich zu den Nachbarpsalmen von Ps 148. In Ps 146,3 und auch in Ps 147,20 ist an
einen gemeinsamen Lobpreis mit Herrschern und Völkern keineswegs zu denken,
vielmehr sind die Verfasser dieser Psalmen darauf bedacht, die notwendige Abgrenzung zu diesen beiden Gruppen zu betonen. Der Kontext ist dort jeweils nicht
die Frage nach einem gemeinsamen Lobpreis, sondern bevor diese Möglichkeit
überhaupt erwogen werden könnte, wird den weltlichen Herrschern ihre Unzu-
verlässigkeit und den Völkern ihre Gesetzlosigkeit attestiert und damit insgesamt
ein negatives Herrscher- und Völkerbild übermittelt. Ziel ist die größtmögliche
Distanzierung von anderen Herrschern und Völkern zugunsten der Wahrung von
Israels Identität und Exklusivität, die eben gerade in der Beziehung zu Jhwh
besteht und explizit im Loben ihren Ausdruck findet.[168] Noch drastischer formuliert dann der folgende Psalm 149 die Unmöglichkeit des fremdvölkischen
Lobpreises. Stattdessen dienen die Könige samt ihren Völkern als Demonstrati-
onsobjekt der Macht der Lobpreisenden, die diese durch Jhwh erhalten (Ps
149,7–8). Gerade die Lobgemeinschaft der Frommen mit Jhwh führt zu der Ausgrenzung der Völker.[169] Damit kann das Verhältnis zu den Völkern zwischen Ps 148
und seinen benachbarten Psalmen kaum unterschiedlicher sein.

Gleichwohl fügt sich diese alle Völker umfassende Perspektive gut in den
Gesamtduktus von Ps 148 und seinem kosmischen Lobpreis ein. Ohne Völker ist
der Kosmos nicht vollständig. Somit steht nicht nur V. 11 im Kontrast zu den anderen Psalmen, sondern der ganze Psalm bildet mit seiner universalen Perspektive
ein Unikum im Zusammenklang des kleinen Hallels. Zugleich wird damit auch die
Annahme von V. 14 als sekundär gegenüber dem restlichen Psalm unterstützt,
wenn nicht geradezu notwendig gemacht.[170]

Daraus kann geschlossen werden, dass im Entstehungsprozess des kleinen
Hallels dieses Charakteristikum des Grundpsalms von Ps 148 Grund und Intention
für seine Abfassung gewesen sein könnte. Oder anders formuliert: Dem Fortschreiber, der Ps 148 als wahrscheinlich vorläufigen Abschluss des Psalters angefügt hat, war diese universale Perspektive grundlegendes Anliegen, gerade im
Gegenüber zu Ps 146 und 147.[171] Ebenso wurde durch Ps 149 diese umfassende

---

Völker so selbstverständlich in den Lobpreis eingebunden sind wie in diesen Psalmen. Vgl. darüber hinaus ähnlich noch Ps 102,16.22–23.
168 Vgl. dazu die Ausführungen zu Ps 146 und 147.
169 Vgl. dazu die Ausführungen zu Ps 149.
170 Vgl. dazu unten bei den Ausführungen zu V. 14.
171 Vgl. zur Entstehung des kleinen Hallels und möglichen Abschlussstufen Kap. III.

Einbindung des ganzen Kosmos durch die Opposition von Israel und Völkern wieder aufgehoben bzw. zurückgenommen und dadurch der Lobpreis explizit den Frommen zugeschrieben – wie es auch der spätere Zusatz in V. 14 in Ps 148 direkt erreicht.[172]

Auf einen weiteren Psalm, zu dem Ps 148 im Kontrast steht, ist noch zu sprechen zu kommen: Ps 2.[173] Denn die in Ps 148 lobenden Völkerschaften und Könige der Erde erscheinen in Ps 2 alles andere als JHWH-Verehrende, vielmehr proben sie den Aufstand gegen JHWH. Auffällig ist dabei die Verwendung derselben Lexeme und gleichen Formulierungen wie in Ps 148,11: So ist auch in Ps 2,1 von den Völkern (לאמים) die Rede sowie in Ps 2,2 von den Königen der Erde (מלכי־ארץ). In Ps 2,10 werden noch einmal abschließend die Könige (מלכים) und Richter der Erde (שפטי־ארץ)[174] gewarnt und zur Einsicht gemahnt.[175] In Ps 148 ist dagegen nichts mehr von der Revolte der Könige zu spüren. Der Endgestalt des Psalters entsprechend muss diese in Ps 148 beendet sein, so dass die Könige und Völker nun in den Lobpreis mit einstimmen können. Eine gewaltvolle Niederschlagung der Aufständischen, wie sie Ps 149 formuliert,[176] ist hier (noch) nicht im Blick. In Ps 148 nivelliert die Aufforderung zum Lobpreis alle Unterschiede und Gegensätze zwischen Gottesvolk und Völkern, zwischen Königen und dem davidischen König vom Zion. Was zu Beginn des Psalters (Ps 2) als spannungsvoller Konflikt thematisiert wird, ist am Ende des Psalters (Ps 148) im harmonischen Zusammenklang des gemeinsames Lobpreises überwunden. Bemerkenswerterweise finden sich in Ps 148 keine Bezüge zu Ps 1. Gleichwohl dürfte Ps 1 schon das Proömium zum Psalters gebildet haben, wenn Ps 148 ergänzt wird, da Ps 1 von Ps 146 und 147 bereits vorausgesetzt wird. Ps 148 greift also ganz dezidiert die Frage nach dem Verhältnis zu den Völkern aus Ps 2 auf und überführt diese in die Vorstellung eines universalen und kosmischen Lobpreis.

Zusammenfassend ist festzustellen, dass die lange Reihe in V. 7–12 demnach in umgekehrter Reihenfolge die JHWH-Lobenden nennt und in Aufnahme des letzten Elements aus V. 1–4 mit dem Wasser beginnt, dann über die unbelebte Natur hin zu den Tieren geht, um schließlich bei der ausführlichen Nennung der

---

172 Vgl. zum Verhältnis V. 14 und Ps 149 unten zu V. 14 sowie die Ausführungen bei Ps 149.
173 Vgl. insgesamt zu Ps 2 die Ausführungen zu Ps 149.
174 Der einzige, weitere Beleg für שפטי־ארץ findet sich in Jes 40,23 im Kontext von Schöpfungsaussagen, die die Unvergleichlichkeit JHWHs bezeugen: „der die Fürsten (רוזנים, vgl. Ps 2,2) dem Nichts übergibt, die Richter der Erde (שפטי ארץ) der Nichtigkeit gleichmacht." Diese Aussage passt eher zu Ps 2 und auch zu Ps 146 wie auch die Verachtung der Völker in Jes 40,15–17, weniger aber zu Ps 148.
175 Vgl. zur Verbindung von Ps 2 mit 148 u. a. LEUENBERGER, Konzeptionen, 351f Anm. 298.
176 Vgl. zum Verhältnis von Ps 2 zu 149, das noch enger ist als das zu Ps 148, die Ausführungen zu Ps 149,7–9a.

Menschen zu enden. Im Unterschied zum ersten Teil stehen hier die angesprochenen Gruppen im Vordergrund. Es wirkt geradezu so, als ob die so oft formulierte Lobaufforderung an die himmlischen Wesen vom Himmel her auf die Erde abstrahlt, so dass im Blick auf die irdische Sphäre der Lobaufruf an sich nicht mehr so oft wiederholt werden muss. Hier geht es stärker um die Integration der vielfältigen Bestandteile der Erde in den kosmischen Lobpreis. Auch in V. 7–12 bedient sich der Psalmist verschiedener Texte (vgl. Gen 1 sowie Ps 2; 33; 96–98; 103; 104) und bezieht die dortigen Zusammenstellungen von genannten Wesen und Elementen in seine Reihung ein. Gleichwohl gibt es keinen vergleichbaren Text, der in ähnlich schlichter Form so viele verschiedene Lobakteure miteinander verbindet und anspricht wie Ps 148.

V. 13 „Erhabenheit Gottes über Himmel und Erde"

Auch der zweite Teil von Ps 148 wird in V. 13a mit einer jussivischen Lobaufforderung beschlossen, der eine Begründung für das Lob folgt: „Loben sollen sie den Namen JHWHs, denn erhaben ist sein Name allein." Das erste Kolon entspricht dem in V. 5a. Noch klarer als in V. 5 ist der Rückbezug in V. 13 auf alle zuvor genannten Elemente festzustellen. Denn dass sich die Jussiv-Form nur auf die letztgenannten „Alten und Jungen" zurückbeziehen würde, erscheint als unwahrscheinlich. Vielmehr sind alle in V. 7–12 angesprochenen Wesen der Erde in V. 13 gemeint:[177] die Menschen in ihren verschiedenen Funktionen und Gruppen, aber auch Tiere, Landschaft und Naturerscheinungen. Sie alle sollen den Namen JHWHs loben, weil er erhaben ist und damit weiterhin diese herausgehobene Stellung des göttlichen Namens deutlich wird.

Der Ausdruck שׁם („Name") erscheint oft als Wechselbegriff für JHWH selbst, ohne dass dabei große Bedeutungsunterschiede zwischen beiden Begriffen zu erkennen sind (vgl. z. B. Ps 145,1–2.21).[178] „Trotz des Wechsels zwischen Jahwe und dem Namen handelt es sich im Grund nur um den einen Lobpreis Gottes selbst."[179]

---

177 DELITZSCH, Psalmen, 827, geht sogar davon aus, dass alle von V. 1 an genannten Wesen damit gemeint sind und begründet dies mit der zurückblickenden Zusammenfassung „Erde und Himmel" in V. 13b.
178 Vgl. dazu insgesamt GRETHER, Name, 35–43. Es lässt sich zeigen, „daß der schem als Wechselbegriff für Jahwe fast ausschließlich bei solchen Verben als Objekt steht, welche verschiedene Weisen bezeichnen, in denen der Mensch die Verehrung bzw. Verunehrung und Verachtung Gottes zum Ausdruck bringt. Hauptsächlich ist es die Sprache des Kultus, zwar nicht die des Opferkultus, sondern vor allem, wenn auch nicht ausschließlich, die des sich in einem Reden vollziehenden Kultus, in der sich der schem-Begriff in dieser Verwendung findet." (a.a.O., 38 f). Vgl. aber Ps 149,3.
179 GRETHER, Name, 40.

Diese Gleichsetzung ist grundsätzlich auch für Ps 148 anzunehmen, wenn in V. 1 und 7 der Lobaufruf mit הלל und יהוה und in V. 5 und 13 die Wiederaufnahme der Aufforderung mit הלל und שם יהוה gebildet wird. Und doch könnte die Verwendung von שם יהוה bzw. שמו in V. 5.13 eine Bedeutung haben. Denn bei aller Parallelsetzung von יהוה und שם יהוה zeigt sich ein Unterschied, der gerade für die Konzeption von Ps 148 aufschlussreich ist und den Grether folgendermaßen beschreibt: „Bezeichnet der schem jahwe die dem Menschen zugewandte Seite Jahwes, so ist damit Jahwe selbst als unnahbar angesehen."[180] In V. 5 und 13 werden je zwei Aussagen miteinander verbunden: Die erste (V. 5a und 13aα) bezieht sich auf die Lobenden: Sie sollen loben (vgl. V. 1.7), und zwar die ihnen zugewandte Seite JHWHs, die sein Name repräsentiert (V. 5.13). In seinem Namen ist JHWH seiner Schöpfung nahe und darin kann JHWH erkannt werden, darum soll sein Name gelobt werden. Die zweite Aussage (V. 5b und 13aβ) bezieht sich auf Gott. Seine Schöpfermacht, die sich durch sein Wort vollzieht, und die Erhabenheit seines Namens weisen die Distanz zwischen JHWH und seiner Schöpfung aus. Er ist der ganz andere, sein Name ist „so hoch, daß kein Name an Ihn auch nur von ferne heranreicht."[181] Im Gegenüber und in Distanz zu seiner Schöpfung aus Himmel und Erde soll der in seinem Namen zugleich gegenwärtige und nahe Gott von eben dieser Schöpfung, von Himmel und Erde her, gelobt werden. Die allgemeine Lobaufforderung in V. 1.7 wird durch die je spezifischere Aussage zum Lob des Namens in V. 5.13 konkretisiert. Somit dient der Hymnus dazu diese Doppelperspektive der Nähe und Ferne Gottes zu zeigen, indem er von seiner Ferne singt, zugleich seinen Namen lobt und im Lobpreis dem unnahbaren JHWH nahe kommt.

Diese Betonung der Distanzierung JHWHs von seiner Welt, die ohne ihn nicht denkbar ist, passt zum Gedanken der „Nicht-Lokalisation" JHWHs, der oben bereits angesprochen wurde.[182] „Seine Hoheit ist über Himmel und Erde." V. 13b verdeutlicht noch einmal: JHWH „ist" nicht im Himmel oder gar auf der Erde, sondern sogar sein hoheitlicher Name ist jenseits von Erde und Himmel. V. 13b fasst den ganzen Psalm zusammen und blickt dabei zuerst auf den irdischen, dann auf den himmlischen Teil zurück.[183] Die Reihenfolge der Nennung von „Erde und Himmel" ist höchst ungewöhnlich und findet sich in dieser Form nur noch in Gen 2,4b (vgl.

---

180 GRETHER, Name, 41; vgl. auch KRAUS, Psalmen, 1144, sowie KAISER, Gott II, 67: „So wie der Name einen Menschen in dem sich in seinem Handeln kundgegeben Wesen vertritt, repräsentiert der Name Jahwes sein Offenbarsein in seinem Wirken an Israel und in der Welt."
181 DELITZSCH, Psalmen, 827.
182 Vgl. dazu oben Kap. II.4.4.1.
183 Den Abschlusscharakter von V. 13b hat schon die LXX so verstanden, vgl. oben Anm. 18.

aber unten Ps 8,2).[184] Eine literarische Abhängigkeit von Gen 1–2 ist aufgrund der vielen Bezüge darum wahrscheinlich. Die Abfolge von Erde und Himmel in Ps 148 könnte darüber hinaus auch dem Aufbau des Psalms selbst geschuldet sein, der in umgekehrter Reihenfolge rekapituliert wird. Zugleich ist eine Steigerung mit V. 13b ausgedrückt: Jhwhs Hoheit geht nicht nur über die Erde hinaus, sondern sogar auch über den von ihm selbst geschaffenen Himmel.[185] Damit setzt Ps 148 ein dezidiert anderes Verständnis von Himmel voraus als z. B. in Ps 103.[186] Himmel und Erde werden in Ps 148 als „Geschöpfe" Gottes gleichgesetzt, wie auch die beiden parallelen Abschnitte betonen, während Jhwh als Schöpfer von beiden distanziert ist.

Eine ähnliche Weltkonzeption ist in Ps 8 zu greifen. Auch dort wird der Himmel mit unter die Werke Gottes gezählt (Ps 8,4). Besonders steht aber Ps 8,2 in Verbindung zu Ps 148,13: „Jhwh, unser Herr, wie herrlich ist dein Name auf der ganzen Erde (שמך בכל־הארץ), der du deine Hoheit gelegt hast über die Himmel (אשר תנה הודך על־השמים)." Auch hier wird ein Parallelismus mit Erde und Himmel formuliert. Dazu kommt die Zusammenstellung von שם („Name") und הוד („Hoheit"), die sich nicht noch einmal im alttestamentlichen Textbestand findet, und deren Parallelordnung sowohl in Ps 8,2 („dein Name ... deine Hoheit") als auch in Ps 148,13 („sein Name ... seine Hoheit") durch die Suffigierung unterstützt wird.[187] Während Ps 8 diese Aussage als Eröffnung seines Psalms verwendet (vgl. die Wiederholung von V. 2a in V. 10 als Rahmen), steht sie in Ps 148 als rekapitulierender Schluss und wird damit zum Zielpunkt des ganzen Psalms. In Ps 148 gehört V. 13 in seiner Gänze zum Grundpsalm, wie oben bereits gezeigt wurde.[188] Demgegenüber gibt es gute Gründe Ps 8,2b als spätere Ergänzung innerhalb von Ps 8 anzunehmen, die dem Herrlichkeitserweis auf der Erde auch die Hoheitsgabe im Himmel zur Seite stellt.[189] Darum ist zunächst einmal die Verwandtschaft beider

---

184 Gen 2,4b: „An dem Tag machte der Gott Jhwh Erde und Himmel (ביום עשות יהוה אלהים ארץ ושמים)." Vgl. zum Bezug zu Gen 2,4b u. a. Gunkel, Psalmen, 619; Hillers, Study, 328; Ballhorn, Telos, 315 f Anm. 825; Zenger, Psalm 148, 850.

185 Vgl. für einen ähnlichen Gebrauch von על („über") Ps 57,6.12 (= Ps 108,5): „Erhebe dich über den Himmel (רומה על־השמים), Gott, über die ganze Erde deine Herrlichkeit (על כל־הארץ כבודך)." Vgl. Ps 113,4. Ohne על, aber mit הוד auch Hab 3,3b. Ähnlich beschreibt auch Sir 43,28–33 die Unerforschlichkeit und Größe Gottes, die über seine Werke geht.

186 Vgl. dazu oben die Ausführungen zu V. 1–4.

187 Möglicherweise zeigt Ps 8 eine stärkere Unterscheidung zwischen „Name" und „Hoheit" Gottes, indem der Name der Erde und die Hoheit dem Himmel zugeordnet sind. In Ps 148 sind dagegen „Name" und „Hoheit" jenseits von Erde und Himmel.

188 Vgl. dazu oben Kap. II.4.3.2.

189 Für eine sekundäre Ergänzung spricht außerdem noch der ungewöhnliche Anschluss mit אשר in Ps 8,2. Eher würde man eine parallele Satzstruktur in V. 2a und b erwarten. Im ab-

Formulierungen in Ps 148,13 und 8,2 festzustellen, für die Bestimmung der Abhängigkeit ergeben sich mehrere Möglichkeiten. Möglich wäre, dass die Einfügung von Ps 8,2b durch Ps 148,13b motiviert wurde. Oder aber Ps 8,2b ist nicht von Ps 148,13b abhängig, sondern die Formulierung hat ihre Inspiration innerhalb des Psalms selbst (vgl. z. B. V. 4) und / oder durch andere Texte erhalten. So könnte man vermuten, dass dem Ergänzer von Ps 8,2b das Doppelgefüge von Erde und Himmel gefehlt hat und er dieses aus anderen Texten wie z. B. Ps 57,6; 113,4 und Hab 3,3 kennt und entsprechend ergänzt hat. Außerdem bereitet so Ps 8,2b auf die Nennung des Himmels in V. 4 vor. Wenn aber Ps 8,2b bereits eingefügt war, als Ps 148 entstanden ist, wäre wiederum eine Abhängigkeit auf Seiten von Ps 148 denkbar. Gegen eine direkte Abhängigkeit für Ps 8,2b von Ps 148,13 könnte zudem sprechen, dass in Ps 8,2 Erde und Himmel auf zwei Kola aufgeteilt sind, indem der Name der Erde (V. 2a) und die Hoheit dem Himmel (V. 2b) zugeordnet werden, während in Ps 148 die Hoheit (und damit auch der Name) jenseits sowohl der Erde als auch des Himmels sind. Damit hätte der eng zusammenstehende Merismus aus Ps 148,13b ein ganz eigenes Kolon in Ps 8,2b hervorgerufen. Da diese Formulierung in zwei Kola aber in den anderen oben genannten Texten direkt belegt ist, legt sich eine Inspiration durch diese Texte näher als durch Ps 148. Insgesamt ist die zusammenfassende und gekürzte Aufnahme von Ps 8,2 als ganzem in Ps 148,13b wahrscheinlicher als die umgekehrte Abhängigkeit.[190]

Die Erhabenheit des göttlichen Namens ist zudem bei Jesaja formuliert. In Jes 2, einem Text, der den menschlichen Hochmut im Gegenüber zur göttlichen Hoheit zum Thema hat (vgl. Jes 2,6 – 22), finden sich ganz ähnliche Aussagen.[191] Auch Jes 2 markiert die Distanz zwischen Mensch und Gott und führt den Aspekt aus, dass JHWH *allein* (לבדו) hoch erhoben ist. Weder Menschen noch andere Götter sind hoch zu achten. Während in Jes 2,11.17 die Aussage über JHWH getroffen wird, ist dasselbe in hymnischem Kontext in Jes 12,4 mit seinem Namen formuliert.[192] Wie in Ps 148,13 dient auch in Jes 12 die Erhabenheit des Namens zur Begründung des Lobens. Da die Formulierungen in Ps 148,13aβ und Jes 12,4b so ähnlich sind, und es keine weiteren Belegstellen gibt, ist eine Abhängigkeit seitens Ps 148 von Jes 12

---

schließenden Rahmenvers 10 fehlt der entsprechende Teil aus V. 2b, während V. 2a wortwörtlich aufgenommen ist. Vgl. dazu SPIECKERMANN, Heilsgegenwart, 229 f, sowie ausführlich SCHNIE-RINGER, Psalm 8, 58 – 67.

190 So auch ZENGER, Morgenröte, 48.

191 Jes 2,11.17: „... und erhoben wird sein JHWH für sich allein an diesem Tag (ונשגב יהוה לבדו ביום ההוא)".

192 Jes 12,4: „Und ihr werdet an diesem Tage sprechen: Preist JHWH, ruft seinen Namen, verkündet unter den Völkern seine Taten, erzählt, denn sein Name ist hoch erhaben (כי־נשגב שמו)!"

und / oder Jes 2 (sowie Ps 8,2) denkbar.[193] Allerdings hat der Text in Jes 12 sonst keine schöpfungstheologische, sondern eher eine soteriologische Ausrichtung. Gleichwohl stimmen in Jes 12 zwar nicht die Völker selbst in den Lobpreis mit ein, aber diese werden zum Publikum des Lobpreises und zu Adressaten der Verkündigung. Damit hat auch in Jes 12 der Lobgesang über den erhabenden Namen universalen und weltumfassenden Charakter (vgl. בכל־הארץ in Jes 12,5) wie es Ps 148 noch weiter auf die Spitze treibt, wenn dort alle Wesen und Elemente des Himmels und der Erde den Namen Jhwhs loben sollen.[194]

Schließlich ist noch auf mögliche Bezüge zu Ps 96 und 104 zu verweisen. Denn der Begriff הוד („Hoheit") gehört in die Gruppe von königlichen Attributen, mit denen Gottes königliche Erscheinung und sein Königtum überhaupt beschrieben und charakterisiert wird (vgl. Ps 96,6 und 104,1 sowie auch Ps 145,5).[195] Durch das Substantiv הוד kann darum auch für Ps 148 eine Anspielung auf Jhwh als König angenommen werden, die bereits durch die Nähe zu den Jhwh-König-Psalmen insgesamt vorbereitet wurde.[196] Somit benennen die beiden Begründungssätze für das Loben in V. 5 und 13 zwei wesentliche Eigenschaften Jhwhs: Er ist der Schöpfer und er ist der erhabende König über Erde und Himmel.[197] Dieses Wirken und

---

193 Mathys, Dichter, 192f, denkt die Abhängigkeit eher umgekehrt, weil er insgesamt eine Aufnahme von „jesajanischen" Psalmenstellen in Jes 12 annimmt. Allerdings sprechen die Belege für das Verb שׂגב in Bezug auf Gott eher für jesajanischen Ursprung (Jes 2,11.17; 12,4; 33,5; vgl. noch Hi 36,22) und nicht für Psalmensprache, da es sich nur in Ps 148,13 findet. Darum liegt eine jesajanische Prägung der Wendung von Jhwhs Erhabenheit näher, die dann in Ps 148,13 aufgenommen wurde.

194 Auch in Neh 9,5 (vgl. oben schon den Bezug von Neh 9,6 zu V. 1–4) findet sich ein Aufruf, den herrlichen Namen Gottes zu preisen (ויברכו שם כבודך), der hier als erhaben über allen Preis und Ruhm verstanden wird (ומרומם על־כל־ברכה ותהלה). Trotz aller Erhabenheit und gerade wegen dieser Erhabenheit ist Jhwh zu loben, auch wenn letztlich der Lobpreis der Schöpfung ihn nur unzureichend erreicht. Dieser Gedanke findet sich auch in den Sabbatopferliedern (4Q403 1 i 28), vgl. dazu insgesamt Reymond, Poetry. „God's creations never succeed in sufficiently praising or blessing him, though these same actions represent the acme of their existence." (a.a.O., 373). Vgl. außerdem Sir 43,30–32.

195 Ps 96 als Jhwh-König-Psalm besingt die gottkönigliche Erscheinung Jhwhs, vgl. Ps 96,6: „Hoheit und Pracht (הוד־הדר) sind vor seinem Angesicht, Stärke und Herrlichkeit in seinem Heiligtum." Ähnlich Ps 104,1: „Preise, meine Seele, Jhwh! Jhwh, mein Gott, du bist sehr groß, mit Hoheit und Pracht (הוד־הדר) bist du bekleidet." Auch der Psalm zum Königtum Gottes schlechthin, Ps 145, verwendet הוד, vgl. Ps 145,5a: „Vom Glanz der Herrlichkeit deiner Hoheit (הדר כבוד הודך) sollen sie reden." Vgl. zu den gottköniglichen Attributen auch die Ausführungen zu Ps 149,5 und in Kap. II.5.1 zur Herrlichkeit Gottes.

196 Vgl. dazu in Kap. II.4.4.1.

197 Vgl. auch Kraus, Psalmen, 1144. Diese beiden wichtigen Charakteristika treten in Ps 149,2 wieder auf, wenn das Volk Gottes zum Lobgesang über seinen Schöpfer und seinen König aufgerufen wird, vgl. zu weiteren Ausführungen dort zu Ps 149,2.

Walten JHWHs wird zugleich eng mit seinem Namen verbunden, denn in „seinem Namen hat Jahwe sich selbst als Schöpfer und König des Alls bekanntgemacht".[198] Diese Verbindung von Name und Königtum Gottes findet sich außerdem zentral in Ps 145, so dass dadurch ein Rückbezug von Ps 148,13 auf Ps 145 zu erkennen ist.[199]

Durch Aufnahme von theologischen Aussagen und Formulierung aus anderen Psalmen (vgl. bes. Ps 8; 96; 104) und aus Jesaja (Jes 2; 12) formuliert der Psalmist mit V. 13 den Abschluss des zweiten Teils und zugleich auch des ganzen Psalms. So wie insbesondere die himmlischen Wesen an ihre Geschöpflichkeit erinnert werden (V. 5b), wird der irdischen Sphäre vor Augen gehalten, dass es nichts auf Erden gibt, was den gleichen hohen Stellenwert haben kann wie JHWHs Name allein (V. 13aβ). V. 13b bietet dann die finale Betonung JHWHs als dem Herrn der Welt: Denn seine Hoheit, sein Ruhm steht über allem, was er im Himmel und auf Erden geschaffen hat. Um diesem herrschaftlichen Gott zu entsprechen und JHWH als alleinigen Gott anzuerkennen, soll der ganze Kosmos vor Lob erklingen.

V. 14 „Das Horn Israels und das Lob der Frommen"

Nach der Aussage über die alle Welt überragende Hoheit JHWHs kommt der Psalm in seinem nunmehr letzten Vers auf das Volk Israel zu sprechen und dessen hervorgehobenen Status als Gottesvolk: „Und er hat erhöht das Horn für sein Volk. Ein Loblied für alle seine Frommen, für die Söhne Israels, das Volk seiner Nähe." (V. 14). Der Vers besteht aus zwei Aussagen: Zunächst wird durch die Metapher der Erhöhung des Horns (קרן וירם) die Stärkung, Rettung und Ehrung des Volkes Gottes durch JHWH ausgedrückt.[200] Im zweiten Teil wird das Gottesvolk durch Parallelbegriffe („alle seine Frommen", „Söhne Israels", „Volk seiner Nähe") näher charakterisiert und ihm zudem ein Loblied (תהלה) zugesprochen. Besonders V. 14aβ.b wirkt dabei durch den aufzählenden Stil, die unvollständig erscheinende Syntax und vor allem durch den kategorisierenden Begriff תהלה[201] wie eine Psalmenunterschrift, die Ps

---

198 KRAUS, Psalmen, 1144.
199 Die Nähe von Ps 148 zu Ps 145 wurde bereits verschiedentlich angedeutet. Vgl. zu der Verbindung von Name und Königtum Gottes auch KRATZ, Gnade, bes. 269 – 274.
200 Die Metapher vom erhöhten Horn kommt in 1Sam 2,1.10, sonst in den Psalmen (achtmal) und noch in Klgl 2,17 und 1Chr 25,5 vor. Nur in 1Sam 2,10 und Ps 92,11 ist JHWH derjenige, der das Horn für die Seinen erhöht, also in vergleichbarer Bedeutung wie in Ps 148,14. Zur Deutung des Horns vgl. DIETRICH, 1Sam 1 – 12, 82 f: „Die der Tierwelt entnommene Metapher vom ‚erhöhten Horn', steht für das freie, stolze, durchaus auch drohende Erheben des Hauptes. Es dürfte dabei speziell der Wildstier vor Augen stehen, der wegen seiner Kraft und Vitalität in den religiösen Symbolsystemen des Orients oft als Sinnbild göttlicher Macht fungiert." Ähnlich bei ZENGER, Psalm 148, 850 f.
201 Vgl. dazu die Ausführungen zu Ps 147,1.

148 als eine solche תהלה der Frommen bestimmen will. Diese inhaltliche Zweiteilung des Verses spiegelt sich auch in den verschiedenen literarkritischen Deutungen von V. 14 wieder, wenn nur Teilstücke aus V. 14 ausgeschieden werden oder wenn V. 14aα mit 13b zu einem Bikolon zusammengefasst wird. Wie oben bereits erwähnt, spricht aber einiges dafür den ganzen Vers 14 als sekundär anzunehmen.[202] Demnach ist nun noch einmal vor allem nach den inhaltlichen Spannungen zwischen V. 14 und den vorangehenden Versen zu fragen sowie zu klären, wenn der Vers denn nicht originär ist, was er zu der Deutung von Ps 148 insgesamt beiträgt und welche Motive diese Ergänzung hervorgerufen haben könnten, sowohl im Blick auf Ps 148 als auch im Blick auf die Nachbarpsalmen.

Die Hauptdifferenz zwischen Ps 148,1–13 und V. 14 besteht in der nationalen Perspektive, die den Vers prägt und die durch die mehrfachen Bezeichnungen für das Gottesvolk (חסידים, בני ישׂראל, עם־קרבו) ausgedrückt wird. Während der Psalm zuvor den ganzen Kosmos im Blick hat, geht es jetzt nur noch um Israel und sein individuelles Gottesverhältnis. Spieckermann verweist zu Recht darauf, dass, wenn der Grundfassung der nationale Aspekt wichtig gewesen wäre, in der Ständeaufzählung (V. 11f) der geeignete Ort dafür gewesen wäre, um Israel unter den Völkern hervorzuheben. Dass das Volk Gottes dort aber nicht genannt wird, zeigt, dass der Grundpsalm allein auf die universale Ausrichtung des Lobes aus ist und Israel selbstverständlich in die Gemeinsamt der lobenden Völker integriert, ohne dies weiter thematisieren zu müssen.[203] Durch die nachgetragene Israel-Perspektive wird der charakteristische Zug des Psalms darum geradezu gestört, da das Besondere sich gerade im Fehlen der nationalen Dimension und in der universal-kosmologischen Perspektive darstellt.

Auch dass das Loblied nach V. 14 nur für die Frommen (חסידים) bestimmt ist, passt nicht zum Vorherigen, wo es sonst um das Lob der ganzen Welt geht ohne jegliche Einschränkung. Auf Seiten der Lobenden gilt allein deren Geschöpflichkeit und damit Abhängigkeit vom Schöpfer (vgl. V. 5) als Voraussetzung zum Lob. Auf Seiten des zu Lobenden steht die unanfechtbare und unvergleichliche Erhabenheit Jhwhs selbst, dem nur mit Lob begegnet werden kann (vgl. V. 13). Demgegenüber erscheint die frömmigkeitstheologische Einschränkung, die einen exklusiven Lobpreis nur für die חסידים vorsieht, unpassend.[204]

Schließlich ist auch der an sich schon singuläre Ausdruck „Volk seiner Nähe" (עם־קרבו)[205] besonders im Gegenüber der weiten Dimensionen des Psalms be-

---

202 Vgl. zu den verschiedenen literarkritischen Vorschlägen oben Kap. II.4.3.2, bes. Anm. 38.
203 Vgl. Spieckermann, Heilsgegenwart, 57f, sowie auch Leuenberger, Konzeptionen, 352.
204 Ähnlich auch Spieckermann, Heilsgegenwart, 58.
205 Es gibt dafür keine direkten Parallelen (vgl. Ps 65,5; 69,19), aber das Lexem קרב könnte evtl. auf eine kultische Konnotation hindeuten wie sie beispielsweise in Lev 10,3 begegnet: „Und Mose

merkenswert.[206] In V. 13 wird die Distanz JHWHs gegenüber Himmel und Erde
gerühmt, um seine Größe und Macht als Schöpfer und König zu betonen. In V. 14
wird demgegenüber Israel als das Volk hervorgehoben, dass Gott und dem Gott
nahe ist, so dass JHWH zum exklusiven Gott Israels wird.

Auch wenn diese soeben genannten Aspekte in V. 14 für sich und im Kontext
der Psalmen gar nicht weiter auffällig sind, zeigt sich ihre ganz andere Akzen-
tuierung im Zusammenklang mit dem Grundpsalm umso mehr. Die Annahme
eines sekundären Nachtrags ist darum unvermeidlich. Es bleibt die Frage nach
dem Warum und Woher dieser Aussagen.

Mögliche Gründe und Motive für die Ergänzung lassen sich in zwei Bereichen
finden: Zum einen im Psalm selbst, zum anderen im Kontext des kleinen Hallels,
insbesondere im Blick auf Ps 149. Dem Ergänzer könnte gerade diese universale
Perspektive von Ps 148 zu offen gewesen sein, so dass er eine Psalmenunterschrift
mit deutlicher Nationalisierung nachtrug.[207] Somit wird Israel und sein Lobpreis
zum Vorbild für den Kosmos. Zwar wird der Kosmos zum Loben aufgerufen, aber
Israel trägt als das fromme und Gott-nahe Volk die Hauptlast für den Vollzug und
die Verbreitung des Lobpreises.[208] Demnach könnte das „Horn" mit dem „Lobpreis" gleichgesetzt werden, „den Israel singen soll – in der Gestalt des Psalters."[209] Eher ist aber mit der „Erhöhung des Horns" die exklusive Zuwendung
JHWHs zu seinem Volk ausgedrückt, welche sich sowohl in geschichtlichen Ret-
tungserfahrungen widerspiegelt[210] (vgl. auch den Gedanken der Erhöhung Israels

---

sagte zu Aaron: Dies ist es, was JHWH geredet hat: Bei denen, die mir nahen, will ich geheiligt, und
vor dem ganzen Volk will ich verherrlicht werden." Aber dies würde die Auffälligkeit der Wendung
nur weiter unterstützen, da Ps 148 sonst keinerlei Bezug zu klassischem tempel- oder kulttheo-
logischem Gedankengut hat.

206 Vgl. SEYBOLD, Psalmen, 543.

207 So auch z. B. RUPPERT, Aufforderung, 278, auch wenn er V. 14a mit V. 13b zusammen als
Abschluss des Psalms annimmt.

208 Vgl. DEISSLER, Psalmen, 568: „Die Jahwegemeinde steht in diesem Psalm gleichsam im
Mittelpunkt des Alls und ruft alle Geschöpfe zum Einstimmen in ihren Lobpreis Jahwes auf."
BALLHORN, Telos, 319, betont den ideellen Charakter des Lobaufrufs an Kosmos, Himmel und
Sterne, die nicht wirklich loben können. Ebenso kann von den Völkern und Königen „dieser Aufruf
[...] – derzeit – nicht wirklich gehört und befolgt werden". Vgl. dazu auch unten Kap. II.4.4.4. sowie
auch BRÜNING, Psalm 148, 11; RUPPERT, Aufforderung, 296.

209 ZENGER, Mund, 147, vgl. a.a.O., 147 Anm. 20 sowie 154; zu verschiedenen Deutungs- und
Übersetzungsmöglichkeiten auch BRÜNING, Psalm 148, 4 – 6. LANGE, Endgestalt, 118, deutet das
Horn als Hinweis auf die Offenbarung der Tora. Auch ZENGER, Mund, 154, zieht eine ähnliche
Linie vom Horn über Lobpreis und Psalter hin zur Tora.

210 BALLHORN, Telos, 315 f, sieht darum in V. 14 den „eigentlichen Höhepunkt" des Psalms, „der
dann endlich nach dem vorherigen vermeintlichen Abschluß den Blick auf die göttlichen Heil-

zur Herrschaft über die Völker[211]) als auch in dem exklusiven Erwähltsein zu eben diesem Volk der Nähe JHWHs.[212] Die Deutung des Horns bleibt vage und unkonkret.[213] Als zentrale Aussageabsicht von V. 14 kann mit Brüning festgehalten werden, „daß Gott seinem Volk die Macht zum Lobpreis gegeben hat; in dem Lobpreis der Frommen soll das Lob des ganzen Universums zu Wort kommen."[214] Israel wird somit „zum Hermeneuten und Sprecher des kosmischen Lobpreises, zu dem Ps 148,1–13 aufruft."[215]

Diese nationalisierende Deutung Israels als Anstifter zum Lobpreis durch V. 14 im Blick auf V. 1–13 wird unterstützt, wenn man sich die Bezüge zu den Nachbarpsalmen, insbesondere zu Ps 149 ansieht.[216] Denn viele der Begriffe, die in V. 14 verwendet werden, erscheinen in Ps 149 wieder.[217] Vermutlich liegt die Abhängigkeit aber eher umgekehrt auf Seiten von V. 14. Der Begriff „Loblied" (תהלה) spielt auf Ps 149,1 an, und die „Frommen" (חסידים) prägen durch die dreimalige Nennung Ps 149 insgesamt (vgl. Ps 149,1.5.9). Zudem könnten die „Söhne Israels" (בני ישראל) eine Zusammenschau von „Israel" und „Söhne Zions" aus Ps 149,2 darstellen.[218] Somit sind die Wortverbindungen von Ps 148,14 zu Ps 149 weitaus intensiver als zum eigenen Psalmkorpus Ps 148,1–13. Darum ist die Annahme wahrscheinlich, dass ein Redaktor oder der Verfasser von Ps 149 selbst V. 14 verfasst hat und so den Übergang zu Ps 149 gestaltet hat.[219]

Dazu legt sich aus inhaltlichen Gründen eine Ergänzung von Ps 148 im Blick auf Ps 149 nahe, denn der universale Lobpreis in Ps 148, der auch die (fremden)

---

staten an Israel richtet." DEISSLER, Psalmen, 568, denkt bei der Erhöhung des Horns an die „Wiederaufrichtung des Jahwevolkes nach dem Exil" und an die „endzeitliche Erhöhung Israels".

211 Vgl. zum Horn als Metapher für Kraft und Macht oben Anm. 200.

212 Vgl. dazu auch BALLHORN, Telos, 318 f, der zudem eine königlich-messianische Anspielung durch die Verbindung mit 1Sam 2 annimmt.

213 So u. a. KRAUS, Psalmen, 1144. Auch ZENGER, Psalm 148, 846, urteilt über den ganzen Vers: „Einerseits setzt V 14 als Schluss-Koda einen deutlichen thematischen Akzent, andererseits bleibt dieser vom Psalmduktus her und in seiner eigenen Semantik reichlich unbestimmt." V. 14 ist ein „Rätsel" (ebd.). Vgl. auch ZENGER, Mund, 147.

214 BRÜNING, Psalm 148, 6, vgl. auch a.a.O., 11.

215 ZENGER, Mund, 147.

216 Vgl. zum Folgenden auch die Ausführungen bei Ps 149,9b.

217 Vgl. dazu MACKENZIE, Ps 148,14bc, 222, der annimmt, dass Ps 148,14aβ.b ursprünglich der Titel für Ps 149 gewesen sei. Vgl. zu der These von MacKenzie die Diskussion bei Ps 149 in Kap. II.5.4.2 Anm. 301.

218 Vgl. dazu auch LEUENBERGER, Konzeptionen, 352 mit Anm. 300. Der Ausdruck בני ישראל ist sonst sehr häufig, allerdings kommt er im Psalter außer in Ps 148,14 nur noch in Ps 103,7 vor, dort ebenfalls mit Präposition ל.

219 Vgl. u. a. FÜGLISTER, Lied, 81 Anm. 1; LEUENBERGER, Konzeptionen, 351.353; ZENGER, Psalm 148, 840.846.851 f; DERS., Psalmenexegese, 33 f.

Könige der Erde und alle Völker (לאמים) mit einbezieht, steht im Kontrast zum Gericht an den Königen und Völkern (לאמים) in Ps 149,7–9. Indem durch Ps 148,14 der kosmische Lobpreis (תהלה) nachträglich auf Israel eingeschränkt wird, die dann die wahren Lobpreisenden für Jhwh darstellen wie es auch das Anliegen von Ps 149 ist, erscheint der Bruch zu Ps 149 nicht mehr so stark. Zugleich bereitet die Wendung תהלה לכל־חסידיו Ps 149,1 vor, der den Lobgesang (תהלה) der Frommen in der Versammlung darstellt. Umgekehrt wird in V. 14 im Zusammenhang mit Ps 149,1 der kosmische Lobpreis in eben dieser exklusiven Versammlung lokalisiert, dem Ort, an dem zunächst stellvertretend für den Kosmos das Lob erklingt, bevor es sich von dort aus in kommender Zeit in der ganzen Welt ausbreiten kann.[220] Durch diese Lesart, die sich durch V. 14 und Ps 149 ergibt, wird noch einmal deutlich, wie groß der Unterschied in der Konzeption von Ps 148,1–13 und V. 14 ist. Ebenso ist anzunehmen, dass das Anliegen neben der Ergänzung des Grundpsalms vor allem in der Entschärfung und Harmonisierung bei der Zusammenstellung von Ps 148,1–13 und 149 zu suchen ist.

Auch zu den vorangehen Psalmen zeigen sich Verbindungen zu V. 14. Denn sowohl Ps 146 als auch Ps 147 sind durch eine Israel-Perspektive geprägt, die in den jeweils letzten Versen formuliert wird (vgl. Ps 146,10; 147,19–20). Zudem kann in der Erhöhung des Horns eine Anspielung auf die Restitution Jerusalems gesehen werden, wie es Ps 147 thematisiert. Dort erhält Israel ebenfalls eine von den anderen Völkern abgrenzende Sonderrolle (Ps 147,19–20), die ja auch Ps 148,14 im Gegenüber zum Kosmos betont. Neben diesen Bezügen zwischen V. 14 und den anderen Psalmen des kleinen Hallels gibt es zahlreiche Beziehungen wie Wortaufnahmen und thematische Verbindungen zwischen dem Grundpsalm V. 1–13 und vor allem Ps 146 und 147,[221] so dass davon ausgegangen werden kann, dass schon Ps 148,1–13 in Kenntnis des Kontextes und für diesen verfasst wurde.[222] V. 14 kam dann zusammen mit Ps 149 oder danach hinzu, auf jeden Fall in dessen

---

220 Ballhorn, Telos, 319.320 f, nimmt eine starke eschatologische Ausrichtung von Ps 148 an, die er ausgehend von den für ihn originären Versen 6 und 14 für den ganzen Psalm feststellt: „Indem Israel mit dem Psalm schon jetzt den Schöpfer lobt, nimmt es proleptisch das eschatologische Lob der gesamten Menschenwelt und der ganzen Schöpfung vorweg. Israel hat jetzt schon die Erkenntnis Gottes, die im Eschaton dem ganzen Kosmos zuteil werden wird." (Zitat 320). Diese eschatologische Deutung lässt sich aber nicht am Text direkt zeigen und ist darum mit geringer Wahrscheinlichkeit ursprünglich intendiert.

221 Vgl. zu gemeinsamen Lexemen bzw. Wortaufnahmen sowie thematischen Verbindungen zwischen Ps 148 und 146 bzw. 147: V. 1.5.7 mit Ps 146,6a (Himmel und Erde sind von Jhwh samt ihrer Fülle geschaffen); V. 6 mit Ps 146,6b (Bewahrung bis in Ewigkeit, לעולם, vgl. auch Ps 146,10); V. 1.7.9 mit Ps 147,8 (שמים; ארץ; הרים); V. 3 mit Ps 147,4 (כוכבים); V. 8a mit Ps 147,16 (seltenes Wort: שלג); V. 8b mit Ps 147,18 (רוח) und (דבר); V. 10 mit Ps 147,9 (בהמה).

222 Vgl. dazu die Ausführungen in Kap. III.1.

Kenntnis. Denn Ps 149 stellt einen starken Gegenpart zum universalen Lobpreis in Ps 148 dar, der durch den Nachtrag in V. 14 zeitgleich oder nachträglich abgemildert wurde.

4.4.4 Hymnus als kosmisches Geschehen

Ps 148 ruft zum kosmischen Lobpreis auf. Dabei erhält der Psalm, ohne es sprachlich zu explizieren, den Charakter einer Vision oder auch Wunschvorstellung. Dieser Eindruck wird auch durch den Modus der Aufforderung, die den Psalm bestimmt, hervorgerufen. Der zehnmalige Aufruf zum Lob macht deutlich: Das Lob steht noch aus, es befindet sich noch im Anfang, es ist noch nicht vollzogener Lobpreis. Zugleich wird aber damit gerechnet, dass der kosmische Lobpreis, so wie er gefordert ist, auch möglich ist. Er soll zur Wirklichkeit werden. Von den Himmeln und von der Erde her sollen alle Elemente und Wesen JHWH loben: Alle Engel und Sonne, Mond und Sterne, Wetter, Berge und alle Tiere und Völker und vieles mehr. Die Lobaufforderung ist umfassend und unbegrenzt, die genannten Elemente sind nur Platzhalter um auszudrücken, dass es im Himmel und auf Erde keine Ausnahme von der Aufgabe zum Lobpreis gibt.

Mit dieser allumfassenden Aufforderung wird sowohl ein bestimmtes Weltbild als auch ein Gottesbild transportiert. Dadurch, dass die ganze Schöpfung zum Lob aufgerufen wird und ihr diese Möglichkeit auch zugetraut wird, wird der Kreatur eine eigene und vom Menschen unabhängige Würde zugestanden. Von den Schöpfungswerken wird angenommen, dass sie in einer eigenen Gottesbeziehung stehen, die sich im Gotteslob Ausdruck verschaffen kann.[223] Weil alles Geschöpf Gottes ist, ist auch alles zum Lobe Gottes befähigt. Damit ist eine nicht immer selbstverständliche Würdigung und Wertschätzung der nicht-menschlichen Schöpfung verbunden.

Der Psalm geht so weit, dass er das Lob den eigentlich unbelebten Elementen wie Wasser, Bergen und Feuer zugesteht. Die unbelebten Elemente werden dabei metaphorisch personifiziert. Sie sind mit allen anderen Wesen aufgerufen, JHWH für seine Schöpfung und deren ewige Erhaltung und Versorgung zu preisen. So wird die Bestimmung der Kreatur deutlich: Indem sie Gott preisen, spiegeln sie die göttliche Kraft wider, die sie als göttliche Geschöpfe erhalten haben. Sie werden zu Zeugen der göttlichen Schöpfung und zu Zeugen der Selbstoffenbarung Gottes in ihnen und dem ganzen Kosmos.[224]

---

223 Vgl. KEEL / SCHROER, Schöpfung, 167.
224 Vgl. dazu insgesamt ALLEN, Psalms, 393.

Der Psalmist ordnet alle Geschöpfe auf der gleichen Stufe ein – allein ihr Geschaffensein von Gott ist ausschlaggebend. Damit ist das Gottesbild angesprochen, das der Psalm entwirft. JHWH wird als der unvergleichliche Schöpfer aller Schöpfung vorgestellt (V. 5), der untrennbar und ewiglich mit seiner Welt verbunden ist, wie auch der nachgetragene V. 6 betont. Gott ist eben nicht Teil der Welt, sondern ihr enthoben (V. 13). Nähe und Ferne Gottes werden in diesem Psalm eng miteinander verbunden und aufeinander bezogen, ohne das eine oder andere abzuwerten.[225] Die Welt kann nur in der Spannung von Ferne und Nähe Gottes existieren, immer im Bezogensein auf ihn. JHWH ist der alleinige Schöpfer und Herr dieser von ihm abhängigen Welt, die mit Ps 148 zum Lobpreis aufgerufen ist.[226]

Während der Psalm so einerseits noch als vor dem eigentlichen Vollzug des Lobpreises stehend zu verorten ist, ist er anderseits „immer schon" Lobpreis im Vollzug. In der langen Aufzählung der zum Lobpreisaufgerufenen werden zugleich schon die Werke Gottes gepriesen. In der Reihung stellt sich die Vielfältigkeit und Vollkommenheit der Schöpfung dar, die für sich schon Grund genug zum Lob ist. Ähnlich sprudelt der Beter von Ps 104 geradezu über vor Lob, wenn er die Schöpfung Gottes bedenkt: „Wie zahlreich sind deine Werke, JHWH! Sie alle hast du mit Weisheit gemacht, die Erde ist voll von deinen Gütern." (Ps 104,24).

Ps 148 vertritt, wie auch schon in den vorangehenden Psalmen 146 und 147 gesehen, die Auffassung, dass Loben die allein angemessene und allein mögliche Haltung vor Gott ist. Diese Haltung ist im Grundpsalm von Ps 148 nicht nur exklusiv vorgesehen für die Gottesfürchtigen und Frommen (vgl. Ps 146 und 147), sondern wird ausgeweitet und übertragen auf alle Geschöpfe, unabhängig davon, ob von ihnen verbaler Lobpreis überhaupt zu erwarten ist oder nicht. Der Hymnus wird zur Aufgabe und Verpflichtung des ganzen Kosmos, da allein darin die Antwort und mögliche Entsprechung des wortgewirkten Geschaffenseins durch Gott besteht.[227]

Mit der Aufforderung zum Lob, die den ganzen Kosmos einbindet, wird auch die Bezwingung des Chaos und die nicht mehr vorhandene Bedrohung durch andere Völker vorausgesetzt. Durch die Eingliederung von gefährlichen Theophanieerscheinungen und Unwettern, von ungebändigten Urfluten und gegnerischen Völkern in den Lobpreis verlieren all diese ihre Bedrohung.[228] Der kosmische Lobpreis bringt die Schaffung einer gewissen Welt-Harmonie mit sich, die ermöglicht wird durch die dem Lobpreis vorausgesetzten Königsherrschaft Got-

---

225 Vgl. dazu oben die Ausführungen zu V. 13.
226 Vgl. dazu auch KRATZ, Gottesräume, 424.
227 Vgl. dazu oben die Ausführungen zu V. 5.
228 Vgl. auch ZENGER, Atem, 578 f.

tes.[229] Weil JHWH der Herr und König aller Welt ist, können auch die Urfluten und Fremdvölker eingebunden werden in den Lobpreis, der letztlich nichts anderes als die Anerkennung seiner Herrschaft ist.

Damit kommt Ps 148 zu einer anderen Heilsvision als beispielsweise Jes 65, wo der Prophet die Schaffung eines neuen Himmels und einer neuen Erde verheißt.[230] Sowohl Jes 65,17–25 als auch Ps 148 rezipieren Gen 1, aber jeweils mit unterschiedlicher Schlussfolgerung.[231] Während in Jes 65 die Wende zum Heil für Jerusalem und die Frommen durch die Vernichtung der ersten Schöpfung und die Neuschöpfung von Himmel und Erde erreicht wird,[232] ist in Ps 148 das Ziel der Lobpreis der *bestehenden* Schöpfung. Indem Himmel und Erde und alles was dazugehört ihrer Geschöpflichkeit entsprechend sich JHWH im Lobpreis zuwenden, ist das Ziel und die Bestimmung der (ersten) Schöpfung erreicht. Ähnlich formuliert auch Ruppert: „Das gegliederte Lob des himmlischen wie des irdischen Kosmos entspricht als solches der Vollkommenheit des göttlichen Schöpfungswerkes."[233] Damit schafft Ps 148 ein „nachkultisches" Verständnis von Kult.[234] Denn der an den Tempel gebundene Kult wird ausgeweitet und auf die ganze Schöpfung übertragen. Himmel und Erde werden durch den korrespondieren Lobgesang zum Raum der Verehrung Gottes wie es in der Jerusalemer Tempeltheologie sonst der Tempel ist. In Ps 148 finden sich keine klassischen Kultbezüge und -symbole. Aber es wäre überlegenswert, ob durch den kosmisches Lobgesang nicht ein Kult neuer Art, ein Kult nach dem (Tempel-)Kult geschaffen wird, dessen Ziel und Auftrag nach wie vor die immerwährende Verehrung JHWHs ist. Dies wird auch durch die Referenztexte von Ps 148 unterstützt, vor allem durch die JHWH-König-Psalmen, und durch die Verwandtschaft mit den Sabbatopferliedern aus Qumran, die den himmlischen Kultus als Vorbild des irdischen Kultus verstehen,[235] sowie durch die liturgisch anmutende Form der ständig gleichen Lobaufforderung in Ps 148, die den Charakter einer Litanei nachahmt.

Wer lobt, der lobt JHWH als den Gott und Herrn der Welt, so setzt es insbesondere Ps 148,13 voraus. Dass zu Zeiten des Psalmisten die Welt-Harmonie nicht Wirklichkeit ist, sondern noch aussteht, scheint ihn nicht davon abzuhalten, diese Vision voller Überzeugung, bekräftigt durch die wiederholten Lobaufrufe, zu

---

229 Vgl. zur Königsherrschaft als Thema im Hintergrund des Psalms verschiedentlich oben.

230 Jes 65,17: „Denn siehe, ich schaffe einen neuen Himmel und eine neue Erde. Und des Früheren wird man nicht mehr gedenken und es wird nicht mehr in den Sinn kommen."

231 Vgl. zu Jes 65,16b–25 und seinen Spendertexten STECK, Himmel.

232 Vgl. STECK, Himmel, 359–363.

233 RUPPERT, Aufforderung, 280.

234 Vgl. dazu die Ausführungen in Kap. III.3.

235 Vgl. dazu oben die Ausführungen zu V. 1–4 sowie SCHWEMER, Gott, 65.

vertreten. Bei aller momentanen Unvollkommenheit ist der Hymnus ganz auf die Gegenwart konzentriert.[236] So hat die Forderung eines universalen Lobaufrufs bereits Auswirkung auf die Gegenwart. Durch den Hymnus, der aller Welt aufgetragen ist, wird der Blick auf die Welt und auf Gott gestaltet. Dabei wird das Loben als die höchste und eigentlichste Aufgabe allen Seins gepriesen – ob schon vollzogen oder nicht. Der Anspruch ist formuliert und wird dadurch schon Wirklichkeit. Gleichwohl hat sich der Verfasser von V. 14 wohl etwas mehr Realitätssinn bewahrt, als der ursprüngliche Psalm formulieren wollte: Denn er versteht Israel als Initiator des kosmischen Lobpreises, das jetzt schon mit seinen Psalmen den Herrn des Kosmos, der zugleich sein Gott ist, loben kann und soll.

4.5 Zusammenfassung: Die Konzeption von Psalm 148

In Ps 148 werden Himmel und Erde und deren Wesen und Elemente in einzigartiger Weise zum Loben Gottes aufgerufen. Dafür formuliert der Psalmist einen Text, der sprachlich durchkomponiert ist und dessen Struktur die zweigeteilte Sicht des Kosmos, bestehend aus den Räumen Himmel und Erde, widerspiegelt. Wie schon andere Texte (z. B. Jes 44; 49; Ps 19; 69; 96 – 98; 103), die als Vorlage und Inspiration für Ps 148 gedient haben mögen, versteht auch Ps 148 Himmel und Erde als personifizierte Subjekte, die zum Handeln aufgerufen werden. Als schriftgelehrter Psalm, der durch die formale Durchgestaltung und die umfangreiche Rezeption anderer alttestamentlicher Text geprägt ist, führt Ps 148 sein theologisches Profil zugleich über die rezipierten Texte hinaus: So werden Himmel und Erde nicht nur als Adressaten angesprochen, sondern sie sollen vielmehr zum Klangraum des Lobes werden. In ihnen und von ihnen her soll der Hymnus für Jhwh erklingen. Damit wird die Himmels- und Erdenvorstellung weit möglichst geöffnet und umfasst so wirklich „alle Welt". Die ganze Schöpfung soll widerhallen vor Lob. Dafür wird vor allem Gen 1 mit den verschiedenen Schöpfungselementen rezipiert (sowie Ps 33 und 104). Wie in Gen 1 läuft auch in Ps 148 die Reihung auf die Menschen zu. Zugleich werden aber unbelebte und belebte Wesen einander gleichgestellt und ohne Unterschied in den Lobpreis integriert. Der Hymnus wird somit zum Mittel der Vergemeinschaftung des ganzen Kosmos. Ps 148 setzt dabei auch die Eingliederung von Mächten voraus, die sonst als gefährlich und schöpfungsvernichtend gelten: Chaos und Ungeheuer und sogar Fremdvölker werden unter dem gemeinsamen Gotteslob gezähmt und befriedet, sie sind Lobende unter vielen (anders z. B. in Ps 2; 146 und 147, die zugleich in Beziehung zu Ps

---

236 Vgl. die Ausführungen zu Ps 147.

148 stehen). Für Ps 148 werden im Loben alle Unterschiede nivelliert (ähnlich auch in Ps 67; 102; 138). Eine exklusive Rolle im Vollzug des Lobpreises für das Volk Israel kommt erst durch den später ergänzten V. 14 hinzu (in Verbindung mit Ps 149), während der Grundpsalm V. 1–5.7–13 noch vollkommen die universale Perspektive auch im Gegenüber zu den vorangehenden Psalmen 146 und 147 vertritt. Ps 148 versteht das Loben Gottes als Vereinigung des ganzen Kosmos unter der Herrschaft Gottes (vgl. auch Ps 103,19 – 22). Dies wird an dem im Psalm immer wieder hintergründig aufscheinenden Thema des Königtums Gottes deutlich. JHWH als König und Schöpfer der Welt soll gelobt werden, weil alles von ihm her seinen Ursprung hat (vgl. V. 5). Dabei legt der Psalm besonderes Gewicht auf die Unterscheidung von Schöpfer und Schöpfung, die gleichwohl aufeinander bezogen bleiben. JHWH ist jenseits des Kosmos (vgl. V. 13), und der ganze Kosmos bewegt sich lobend auf ihn zu, bis schließlich und endlich die ganze Welt zu einem großen Halleluja wird.

5. Hymnus und Herrlichkeit: Psalm 149

5.1 Hinführung

„Singt Jhwh ein neues Lied!" (Ps 149,1a). Ps 149 ist ein Loblied der Frommen auf den Schöpfer und König Israels. Zugleich ruft der Psalm die in Herrlichkeit Lobenden zu Rache und Züchtigung an den Völkern und deren Königen auf. Damit ist Ps 149 der für die moderne Exegese wohl am schwierigsten zu interpretierende Psalm innerhalb des kleinen Hallels. Schon Gunkel nannte diesen Psalm einen „scheinbar leicht zu deutenden, in Wirklichkeit aber noch niemals völlig verstandenen Psalm".[1] Füglister beschreibt ihn als „eine schrille Dissonanz, eine Antiklimax im ansonst so harmonischen Reigen der den Psalter als letzte Kleinsammlung abschließenden Hallelpsalmen (Ps 146 – 150)".[2]

Aber was ist das Sperrige oder auch Besondere an Ps 149? Ps 149 konfrontiert mit dem Thema der Rache innerhalb eines Hymnus (V. 7 – 9). Dazu kommt die parallele Nennung von Lobpreis und Schwertern (V. 6). Im Zusammenklang mit den anderen Psalmen, insbesondere mit Ps 148 und seinem universal-kosmischen Lobgesang, erscheint Ps 149 als unpassend und irritierend durch den ganz anderen – weil gewaltvollen – Umgang mit den Völkern. Der Aufruf zum Singen des neuen Liedes (V. 1), das hier dem König Jhwh und Schöpfer Israels gilt (V. 2 – 3), verbindet Ps 149 mit anderen Texten und Psalmen. Neben der mehrfachen Nennung der Frommen erweisen sich die Gottesattribute Herrlichkeit und Ehre als bedeutend für die Aussage des Psalms (V. 4 – 5). Wie sind diese scheinbar so ganz unterschiedlichen Themen und Aspekte in einem Text miteinander verbunden? Ist der Psalm wirklich so unverständlich oder kommt es vielleicht gerade auf die Zusammenschau dieser verschiedenen Themen an und nicht auf ihre Differenzierung in einzelne, unverständliche Bestandteile?

Wenn die Annahme berechtigt ist, auch Ps 149 als einen späten *schriftgelehrten Hymnus* im Korpus des kleinen Hallels zu verstehen, dann müssen sich die drei in den anderen Psalmen beobachteten Tendenzen hier ebenfalls finden lassen:[3] Inwieweit lässt sich eine besondere formale Durchgestaltung des Textes erkennen? Wie nimmt der Psalm andere Psalmen und Texte im Sinne einer innerbiblischen Schriftrezeption auf, verändert sie und fügt sie zu einer eigenen Komposition zusammen? Was tragen schließlich die formale Gestaltung und die

---

1 Gunkel, Psalm 149, 49.
2 Füglister, Lied, 81.
3 Vgl. zu den drei Perspektiven des schriftgelehrten Hymnus Kap. I.

Schriftbezüge zu einer theologischen Reflexion des Phänomens Hymnus bei und wie lässt sich daraufhin das theologische Profil des Psalms beschreiben?

Die Schriftrezeption hat entscheidende Funktion für das Verständnis dieses Psalms. Damit ist die theologische Zuspitzung des Psalms verbunden, die m. E. in der Vorstellung einer Übertragung und Anteilgabe der göttlichen Herrlichkeit an den Frommen liegt, die sich im Hymnus selbst vollzieht. Wie sich dies im Text realisiert und welche theologischen Implikationen damit verbunden sind, ist bei der Untersuchung von Ps 149 auszuführen. Die Gottesattribute Ehre und Herrlichkeit Gottes haben in Ps 149 eine zentrale Bedeutung, wie sie auch andere alttestamentliche Texte prägen (vgl. bes. Jes 6; Ps 29; 93 sowie Ps 8; 21), die im Hintergrund von Ps 149 stehen dürften. Um die für das Verständnis des Psalms wichtige Konzeption der Herrlichkeit Gottes deutlich zu machen, geht der Auslegung des Psalms eine kurze Einführung voraus: An einigen ausgewählten Texten des Alten Testaments wird das Gottesattribut כבוד ("Herrlichkeit") vorgestellt. Von dort ausgehend kann dann der Gedanke einer Übertragung der göttlichen Herrlichkeit auf die Lobenden, wie Ps 149 es darstellt, im Blick auf Gemeinsamkeiten und Unterschiede zu anderen Texten ausgeführt werden. Dabei ist zu zeigen, wie sich in Ps 149 beides miteinander verbindet: Hymnus und Herrlichkeit.

Ein weiterer Schwerpunkt der Schriftrezeption von Ps 149 findet sich in der Aufforderung "Singt Jнwн ein neues Lied!", die den Psalm mit den Jнwн-König-Psalmen (insbesondere Ps 96 und 98) und Jes 42 verbindet. Ps 149 greift auch auf die direkt vorangehenden Psalmen, vor allem auf Ps 146 und 147 zurück, und nimmt deren Themen auf und führt sie weiter. Außerdem liest sich Ps 149 wie eine *relecture* von Ps 2, und es lassen sich weitere Bezüge zu Jesaja (bes. Jes 42; 44; 45; 60 – 62) sowie Berührungen mit Ex 15; Joel 2; Nah 3 und Dan 7 zeigen. Darüber hinaus ist für manche Formulierungen und Gedanken eine Nähe zu Texten aus Qumran zu sehen, die ebenfalls hilfreich für das Verständnis von Ps 149 sind.

Wie in den Kapiteln zu den anderen Hallel-Psalmen, orientiert sich auch dieses zu Ps 149 an den Perspektiven, die den Hymnus als theologisches Phänomen in den Psalmen des kleinen Hallels beschreiben: Somit wird nach der Übersetzung (Kap. II.5.2) die sprachliche und formale Gestaltung des hymnischen Textes untersucht (Kap. II.5.3). Auf dieser Grundlage kann dann das theologische Profil des Psalms und seine Konzeption unter besonderer Berücksichtigung der vielfältigen Schriftbezüge, die der Psalm aufweist, dargestellt werden (Kap. II.5.4).

Die Herrlichkeit Gottes im Alten Testament

Im Alten Testament wird die Erscheinung Gottes mit Attributen beschrieben, die eine Sphäre der Herrlichkeit und des Glanzes schaffen. Jнwн ist von Majestät und Ehre umgeben, sein Wesen ist Macht und Hoheit. Durch bedeutungsschwere

Begriffe wird Gottes Sein und Tun beschrieben. Der in Herrlichkeit waltende Gott erscheint so zwar fassbar, aber zugleich auch unnahbar in seinem herrlichen Schreckensglanz. Der herausragende Begriff für das alttestamentliche Herrlich-keitsverständnis ist כבוד („Herrlichkeit", „Ehre"). Dazu gehören weitere Sub-stantive wie הדר („Ehre", „Pracht"), הוד („Majestät") und auch כח („Macht", Kraft"). Die Differenzierung bei der Übersetzung erscheint geradezu unmöglich, denn mit dieser Vielzahl an Wörtern wird nur „das eigentlich Unsagbare um-kreist".[4]

Zur thematischen Verortung von Ps 149, insbesondere in Blick auf seine Schriftrezeption, soll im Folgenden anhand einiger Texte das Phänomen der Herrlichkeit im Alten Testament vorgestellt werden. Dabei sind diejenigen Aspekte ausgewählt, die für Ps 149 besonders relevant sind. Zur Vereinfachung der Dar-stellung wurde der Schwerpunkt auf den Terminus כבוד gelegt, der neben הדר (V. 9) in Ps 149 an zentraler Stelle, nämlich genau in der Mitte des Psalms, in V. 5 vor-kommt.[5]

Ein wichtiger Text für die Vorstellung der göttlichen Herrlichkeit ist Jes 6. Der Prophet Jesaja sieht und hört in einer überwältigenden Vision die Seraphen das Trishagion rufen: „Heilig, heilig, heilig ist JHWH Zebaoth. Die Fülle der ganzen Erde ist seine Herrlichkeit (מלא כל־הארץ כבודו)." (Jes 6,3). Die Welt wird zum Ort der Gottesherrlichkeit. In der Welt wird JHWH erfahr- und erlebbar,[6] hier abgebildet im Tempel als dem Ort der Gottesbegegnung.[7] Gleichzeitig erscheint die Szene, die mit den Motiven der Jerusalemer Tempeltheologie gestaltet ist, bereits gebrochen: Denn bei ihrer Huldigung JHWHs müssen sich die Seraphen verhüllen, sie können Gott in seinem Glanz nicht schauen, selbst der ganze Tempel gerät ins Wanken. Auch der Prophet beschreibt dieses Geschehen nicht als erhebendes Erlebnis: „Weh mir..." (Jes 6,5). Die Erfahrung der Herrlichkeit und Heiligkeit Gottes ist für ihn nicht aufbauend und erfreulich, vielmehr wird er sich durch die Gottesschau seiner eigenen Schuld bewusst.

Mit Jes 6 ist festzustellen, dass die Herrlichkeit wesenhaft zu JHWH hinzu gehört. Sie beschreibt sein unnahbares Wesen und verhindert geradezu die

---

4 SPIECKERMANN, Heilsgegenwart, 220; zum Bedeutungsspektrum von כבוד vgl. auch HARTEN-STEIN, Unzugänglichkeit, 81; WEINFELD, Art. כבוד. Vgl. zum Begriff כבוד auch die Studie von WAGNER, Herrlichkeit.

5 Vgl. dazu unten die Ausführungen zu V. 5.

6 Vgl. dazu insgesamt SPIECKERMANN, Erde, 65 f. Vgl. auch WEINFELD, Art. כבוד, 34: „kābôd als die ‚den Menschen erkennbare Seite des Wirkens Jahwes, in dem er selbst in seiner Macht offenbar wird' [...,] repräsentiert die göttliche Majestät im weiten Sinne."

7 Vgl. auch die priesterschriftliche Konzeption von כבוד, die in Ex 40,34 f ihren Höhepunkt findet, wenn die Herrlichkeit Gottes Einzug in das Heiligtum am Sinai hält.

menschliche Annäherung. Zugleich ist der Glanz der Herrlichkeit das, was von Gott ausgeht und dem Menschen nahe kommt, ihm zugute kommt: die göttliche Nähe selbst.[8] In dieser Nähe ist aber auch die richtende Auswirkung der Herrlichkeitserscheinung mitzudenken:[9] Der herrliche Gott erscheint als Richter der Welt und setzt seine Herrschaft durch, auch gegenüber den Völkern und Gottlosen (vgl. Ps 97). Dies wird in Ps 149,7–9 durch die Rache-Thematik aufgenommen.

Die Herrlichkeit Gottes kann auch wie Kleidung beschrieben werden.[10] So preisen die JHWH-König-Psalmen den herrlich gekleideten Gottkönig. Im Hintergrund dieser bildlichen Bekleidung steht der Brauch der Überkleidung von Gottheiten im Rahmen von kultischen Feiern mit bestimmten Gegenständen und Gewändern.[11] Auf diese altorientalische Vorstellung eines bekleideten Gottkönigs spielt beispielsweise Ps 93,1 an: „JHWH ist König, mit Hoheit gekleidet, gekleidet ist JHWH, mit Macht hat er sich umgürtet." Ähnlich ist auch der Beginn von Ps 104 formuliert.[12] Die Herrlichkeit ist demnach ganz eng mit dem Königsein JHWHs verbunden. Dies wird auch in Ps 145 deutlich, wo die glanzvolle Herrlichkeit und Pracht Inhalt des Lobes für JHWH ist und sich in seiner Königsherrschaft manifestiert (vgl. bes. Ps 145,5.12). Auch in Ps 148,13 wird durch den Begriff „Hoheit" (הוד) auf die königliche Herrschaft Gottes verwiesen. An diese beiden Textstellen kann Ps 149 mit seiner Herrlichkeitsvorstellung anknüpfen, wenn er sowohl vom König (מלך, V. 2) als auch von כבוד und הדר spricht.

JHWH hat Herrlichkeit und ihm wird fortwährend diese Herrlichkeit durch die Lobenden entgegengebracht, dies ist die eigentliche Aufgabe der Lobpreisenden.[13] So ergibt sich ein Wechselspiel zwischen Beschreibung, Empfang und Gabe der göttlichen Herrlichkeit, was auch in Ps 149,5 durch die mehrdeutige Formulierung בכבוד („in Herrlichkeit") aufgenommen wird.[14] Ps 29 beschreibt ebenfalls diese Herrlichkeitssphäre (vgl. bes. Ps 29,1–2.3.9). Indem Gott seine Herrlichkeit schenkt, sie als seine Mächtigkeit und Nähe in die Welt entlässt, nimmt er die Welt

---

8 Vgl. die Bitte Moses um das Sehen der Herrlichkeit Gottes, deren Erscheinung, bei der Mose geschützt werden muss, und den danach folgenden Abglanz der göttlichen Herrlichkeit auf dem Gesicht Moses aufgrund der Gottesbegegnung (Ex 33,18–23; 34,5–10.29–35).

9 Vgl. HARTENSTEIN, Unzugänglichkeit, 96.

10 Vgl. dazu HARTENSTEIN, Unzugänglichkeit, 66–78.

11 Vgl. ZAPFF, Jesaja 56–66, 395.

12 Ps 104,1–2: „Preise meine Seele, JHWH! JHWH, mein Gott, du bist sehr groß, mit Majestät und Pracht (הוד והדר) bist du bekleidet. [Du], der in Licht sich hüllt wie in ein Gewand, der die Himmel ausspannt gleich einer Zeltdecke."

13 Vgl. die Aufforderung in Ps 145,5.12 von der Herrlichkeit Gottes zu reden (דבר) und sie kundwerden zu lassen (ידע, hif.).

14 Vgl. dazu unten die Ausführungen zu V. 5.

zugleich in Besitz (vgl. Ps 24,1).[15] Dies wird besonders dann deutlich, wenn Ehre
und Herrlichkeit dem König oder dem Menschen allgemein zuteil werden: Ps 8,6
beschreibt die Krönung des Menschen mit Herrlichkeit und Pracht (כבוד והדר) und
schildert so die Anteilgabe Gottes an sich selbst, die er dem Menschen zubilligt
und ihn damit allererst zum Menschen werden lässt.[16] Der Mensch wird in den
Wirkbereich Gottes hineingestellt. Die enge Verbundenheit zwischen Herrlichkeit-
Schenkendem und Herrlichkeit-Empfangenden ist auch in Ps 21 deutlich, wo der
Empfang der Herrlichkeit mit der Hoffnung des Königs auf Gott begründet wird (Ps
21,8). Die Gottesbeziehung ist hier die Voraussetzung auf Seiten des Menschen für
den Herrlichkeitsempfang. Zugleich wird das Darbringen der Ehre gegenüber Gott
zum Bekenntnis.[17] Somit lässt sich aber eben kein chronologisches Nacheinander
von Empfang und Gabe darstellen, sondern es sind die zwei Seiten der einen
Herrlichkeit, die immer Gottes ist und die er zugleich gnädig verleiht – um sie
selbst wiederzuerhalten.[18] Mit dem Verleihen der Herrlichkeit (und dem möglichen Entzug) bindet JHWH den Menschen an sich, der sich ihm im Lobpreis zuwendet (vgl. Ps 104,27–31).[19] In Ps 57 fordert der Beter sich selbst (d. h. wörtlich
„meine Herrlichkeit") zum Lob für JHWH auf (Ps 57,8–10), um die Herrlichkeit
Gottes über alle Welt herbeizurufen (Ps 57,12). Die Herrlichkeit wird zur Befähigung
des Menschen zum Lobpreis.[20] Somit steht der Begriff כבוד zuallererst für Gott
selbst, aber gleich danach beschreibt er die Verbindung zwischen Gott und
Mensch als dynamischen Austausch und Kommunikationsgeschehen von כבוד.
Zwischen Gott und Mensch „passiert" Herrlichkeit, und es wird eine herrlich-
glanzvolle Sphäre geschaffen, bei der aber der Schreckensglanz der göttlichen
Herrlichkeit vorhanden bleibt (vgl. Jes 6). JHWH gibt als der vom Menschen un-
terschiedene souveräne Gott Anteil an sich selbst ohne sich selbst dabei zu berauben.[21] Auch in Ps 149 lässt sich diese göttliche Herrlichkeitssphäre erkennen,
die sich zwischen Gott und Lobenden aufspannt. Der Lobpreis der Frommen
geschieht „in Herrlichkeit" (Ps 149,5). Welche Voraussetzungen und Konsequenzen
solcher Lobpreis hat, ist neben anderem im Folgenden auszuführen.

---

15 Vgl. dazu SPIECKERMANN, Erde, 67: „Der der Welt seine Herrlichkeit schenkende Gott doku-
mentiert mit seinem Geschenk sein bleibendes Eigentumsrecht: am Geschenk selbst und an den
Beschenkten."
16 Vgl. SPIECKERMANN, Lob, 16.
17 Vgl. WEINFELD, Art. כבוד, 27.
18 Vgl. dazu SPIECKERMANN, Erde, 69: „Weder die einen noch die anderen wüssten das Lob der
Herrlichkeit Jahwes anzustimmen, wenn sie nicht alle selbst zu seinen Herrlichkeitsbegabten
gehörten." Vgl. auch DERS., Heilsgegenwart, 221.
19 Vgl. SPIECKERMANN, Heilsgegenwart, 224f.
20 Vgl. zu Ps 57 auch SPIECKERMANN, Erde, 79f.
21 Vgl. SPIECKERMANN, Heilsgegenwart, 225.

5.2 Text und Übersetzung von Psalm 149

1 Halleluja!	1 הַלְלוּ יָהּ
Singt JHWH ein neues Lied!	שִׁירוּ לַיהוָה שִׁיר חָדָשׁ
Sein Lobgesang [sei] in der Versammlung der Frommen.[22]	תְּהִלָּתוֹ בִּקְהַל חֲסִידִים׃
2 Freuen soll sich Israel über seinen Schöpfer[23],	2 יִשְׂמַח יִשְׂרָאֵל בְּעֹשָׂיו
die Söhne Zions sollen jauchzen über ihren König.	בְּנֵי־צִיּוֹן יָגִילוּ בְמַלְכָּם׃
3 Loben sollen sie seinen Namen mit Tanz,	3 יְהַלְלוּ שְׁמוֹ בְמָחוֹל
zur[24] Pauke und Zither sollen sie ihm lobsingen.	בְּתֹף וְכִנּוֹר יְזַמְּרוּ־לוֹ׃
4 Denn Wohlgefallen hat JHWH an seinem Volk,	4 כִּי־רוֹצֶה יְהוָה בְּעַמּוֹ
er verherrlicht[25] die Demütigen mit Rettung.	יְפָאֵר עֲנָוִים בִּישׁוּעָה׃
5 Frohlocken sollen die Frommen in Herrlichkeit,[26]	5 יַעְלְזוּ חֲסִידִים בְּכָבוֹד
sie sollen jubeln auf ihren Lagern,[27]	יְרַנְּנוּ עַל־מִשְׁכְּבוֹתָם׃
6 Loblieder Gottes [seien] in ihrer Kehle,	6 רוֹמְמוֹת אֵל בִּגְרוֹנָם
und ein Schwert von doppelter Schneide in ihrer Hand,	וְחֶרֶב פִּיפִיּוֹת בְּיָדָם׃
7 um zu vollziehen Rache an den Völkern,	7 לַעֲשׂוֹת נְקָמָה בַּגּוֹיִם
Züchtigung an den Völkerschaften[28],	תּוֹכֵחֹת בַּל־אֻמִּים׃

---

22 Eine andere Handschrift bietet קדושים („die Heiligen"), möglicherweise durch Ps 89,6 (בקהל קדושים) hineingekommen. Evtl. denkbar wäre auch eine Beeinflussung durch die Qumran-Variante, die V. 1 zwar nicht mehr erhalten hat, aber in V. 9 eine Ergänzung überliefert, die die חסידים als עם קודשו qualifiziert. Es kann spekuliert werden, ob auch in Qumran בקהל קדושים gestanden haben könnte und sich so eine Rahmung in V. 1.9 ergibt. Vgl. zu der Ergänzung unten die Ausführungen zu V. 9b. Die obige Übersetzung (zwei parallel geordnete Hauptsätze) entspricht auch der Interpretation der LXX (vgl. ZENGER, Psalm 149, 870), die in Ps 149 allerdings nicht die Überschrift durch Αγγαιου καὶ Ζαχαριου ergänzt wie in Ps 145 – 148 LXX.
23 Die pluralisch erscheinende Form עשיו ist auffällig. BHS verweist auf den Singular in LXX und im syrischen Text, wobei es sich vermutlich um eine Glättung handelt. GUNKEL, Psalmen, 621; KRAUS, Psalmen, 1145, vermuten einen „Hoheitsplural". ZENGER, Psalm 149, 855, denkt an eine „archaisierende Form".
24 Vgl. dazu BARTH, Art. זמר, und die Ausführungen zu Ps 147 in Kap. II.3.2 Anm. 35.
25 פאר findet sich nur hier im Psalter (Hapaxlegomenon), häufig aber in DtJes, wenn es um die Verherrlichung Gottes geht, vgl. dazu unten die Ausführungen zu V. 4.
26 בכבוד hat sowohl kausale als auch modale Bedeutung, vgl. ZENGER, Psalm 149, 855.866.
27 BHS schlägt משפחותם („ihren Familien") vor. Allerdings gibt es keinen Grund zur Textveränderung, vgl. auch FÜGLISTER, Lied, 101; LOHFINK, Lobgesänge, 123; ZENGER, Psalm 149, 855f, und unten die Ausführungen zu V. 5.
28 Die ungewöhnliche Konstruktion בל־אמים, die zudem im Kontext etwas sperrig erscheint, findet sich außerdem noch in Ps 44,15; 57,10; 108,4. Mit BARBIERO / PAVAN, Ps 44, kann angenommen werden, dass es sich bei בל־אמים um ein semantisches, midraschartiges Wortspiel durch die Masoreten handelt; sie schlagen die alternative Lesart vor: „‚unter den Völkern' könnte auch als ‚(unter) den Nicht-Völkern' verstanden werden" (a.a.O., 605), wobei dann eigentlich בבל־אמים zu erwarten wäre. Es wäre demnach denkbar, dass der ursprüngliche Text בלאמים gelautet hat und ein Substantiv (לאמים mit Präposition ב) gegenüber der masoretischen Lesart von zwei Wörtern (אמים mit Verneinung בל) dargestellt hat, die möglicherweise durch Dtn 32,21 be-

8 um zu binden ihre Könige mit Fesseln,	8 לֶאְסֹר מַלְכֵיהֶם בְּזִקִּים
und ihre Hochgeehrten mit Fußeisen,	וְנִכְבְּדֵיהֶם בְּכַבְלֵי בַרְזֶל׃
9 um zu vollziehen an ihnen das aufgeschriebene Recht.	9 לַעֲשֹׂות בָּהֶם מִשְׁפָּט כָּתוּב
Ehre ist das für alle seine Frommen.[29]	הָדָר הוּא לְכָל־חֲסִידָיו
Halleluja!	הַלְלוּ־יָהּ׃

5.3 Psalm 149 als hymnischer Text und seine literarische Gestalt

Ps 149 ist ein hymnischer Lobpsalm wie schon die Eröffnung mit dem Aufruf zum Singen eines neuen Liedes erkennen lässt. In Ps 149 begegnet wieder das Phänomen, dass der Psalm zum Lobpreis für Jhwh aufruft und selbst schon Vollzug dieses Lobpreises ist. Der Psalm weist dabei Elemente auf, die an den Typus „imperativer Hymnus" erinnern.[30] Gleichzeitig bietet Ps 149 aber Formulierungen wie die drei Infinitive, die über die hymnische Form hinausgehen. Insgesamt weist der Psalm keine großen literarkritischen Schwierigkeiten auf.[31] Dafür finden sich in diesem sprachlich durchkomponierten Text einige Aussagen, die nicht ohne weiteres sicher zu deuten sind und die in der Forschung entsprechende Diskussionen angestoßen haben. Die besondere Komposition des vorletzten Psalms des Psalters ist zunächst im Blick auf die sprachlich-formale Gestaltung (Kap. II.5.3.1) und inhaltliche Struktur hin zu untersuchen (Kap. II.5.3.2), bevor dann im nächsten Kapitel das hymnisch-theologische Profil näher betrachtet wird (Kap. II.5.4).

5.3.1 „Singt Jhwh ein neues Lied!" – Zu Sprache und Form

Im Folgenden sind die sprachlichen und formalen Merkmale des Psalms wie das syntaktische Gefüge, sich wiederholende Begriffe und verbindende Wortfelder zu analysieren, die dem Psalm seine sprachliche Gestalt geben. Wie die anderen

---

einflusst ist. Da die erste Lesart auch vom Codex Aleppo (sowie von 11Q5) unterstützt, außerdem in Ps 148,11 verwendet wird und insgesamt wahrscheinlich die ursprünglichere Form darstellt, wird בַל־אֻמִּים hier als לְאֻמִּים + בְּ („an / unter den Völkerschaften") interpretiert. LORETZ, Psalmen, 406f; GUNKEL, Psalmen, 621, ändern dagegen zu בְּכָל־אֻמִּים („an allen Völkerschaften", vgl. Ps 96,3).

29 Als einzige Variante im erhaltenen Textbestand, der nur V. 7 – 9 umfasst, findet sich in 11Q5 ein Zusatz zu V. 9. V. 9b lautet in 11Q5: „Ehre ist das für alle seine Frommen, für die Söhne Israels, dem Volk seiner Heiligkeit. Halleluja." Vgl. dazu unten die Ausführungen zu V. 9b.

30 Vgl. dazu Kap. II.5.3.2 mit Anm. 47.

31 Vgl. auch FÜGLISTER, Lied, 83.

Psalmen des kleinen Hallels ist auch Ps 149 durch Halleluja gerahmt.[32] Das Korpus wird mit einem Imperativ eröffnet, der zum Lobpreis aufruft: „Singt JHWH ein neues Lied". Die Wendung שׁירו ליהוה שׁיר חדשׁ in V. 1a, die auch in anderen Texten vorkommt,[33] wird im zweiten Kolon durch einen Nominalsatz konkretisiert: Der Lobgesang soll in der Versammlung der Frommen erklingen.

Die imperativische Aufforderung zum Lob wird in vier Jussiv-Formen fortgeführt (V. 2–3: ישׂמח / יגילו / יהללו / יזמרו) und noch einmal in V. 5 aufgenommen (hier als direkte Verbindung von חסידים und Jussiven), sodass die ersten drei Verse eine breite Entfaltung des Lobens darstellen. Das Wortfeld „Loben" dominiert den Psalm mit folgenden Verben: שׁיר („singen", V. 1); שׂמח („freuen", V. 2); גיל („jauchzen", V. 2); הלל („loben", V. 3); זמר („lobsingen", V. 3); עלז („frohlocken", V. 5); רנן („jubeln", V. 5). Außerdem kommen allein drei Bezeichnungen für „Loblied" vor: שׁיר und תהלה (V. 1) sowie רוממות (V. 6). Eine ähnlich große Vielfalt an Loblexemen findet sich auch in Ps 145 und 147.[34] Ps 149 kann darum als großer Lobaufruf bezeichnet werden, der die ganze Fülle des Lobens und Preisens für JHWH aufzeigt und reflektiert.[35]

Die Adressaten, die der Psalmist zum Lob auffordert, sind dabei vor allem die חסידים („die Frommen"), die im Psalm dreimal genannt werden (V. 1.5.9). Nicht nur diese Häufung der Bezeichnung ist auffällig, sondern auch die Form an sich: Nur hier im Alten Testament findet sich die Pluralform ohne Suffix (in V. 1.5: חסידים; in V. 9 suffigiert: חסידיו).[36] Der Bezeichnung חסידים werden weitere Benennungen der JHWH-Lobenden zur Seite gestellt. Dass die verschiedenen Gruppen dabei (mindestens auf der Textebene) synonym zu verstehen sind, zeigt die parallele syntaktische Zuordnung. So wird der Lobgesang der Frommen als freudiger Lobpreis Israels bzw. der Söhne Zions weitergeführt (V. 2). Die Gleichsetzung von „Israel" als Volksbezeichnung und den חסידים als Bezeichnung spezifischer Frömmigkeit wird in V. 4 wieder aufgegriffen, indem hier „sein Volk" (עמו) und „die Demütigen"

---

32 Vgl. zur Halleluja-Rahmung den Exkurs in Kap. III.1.

33 Die formelartige Wendung findet sich außerdem in Ps 33,3; 96,1; 98,1 sowie in Jes 42,10, was auf Abhängigkeit schließen lässt, vgl. dazu unten die Ausführungen zu V. 1.

34 In Ps 145: תהלה („Loblied", V. 1.21); רום („erheben", V. 1); ברך („loben", V. 1.2.10.21); הלל („loben", V. 2.3); שׁבח („preisen", V. 4); נגד („erzählen", V. 4); דבר („reden", V. 5.11.21); שׂיח („nachsinnen", „reden", V. 5); אמר („reden", V. 6.11); ספר („erzählen", V. 6); נבע („verkündigen", V. 7); רנן („jubeln", V. 7); ידה („preisen", V. 10), ידע („kundwerden", V. 12). Und in Ps 147: זמר („lobsingen", V. 1.7); תהלה („Loblied", V. 1); ענה („singen", V. 7); שׁבח („preisen", V. 12); הלל („loben", V. 12). Vgl. die jeweiligen Kapitel zu Ps 145 und 147.

35 Eine Reflexion über ein bestimmtes Tun kann durch eine Häufung von ähnlichen Verben angezeigt werden, so STOLZ, Psalmen, 33. Demnach bezeugen die hier genannten Psalmen eine hohe Reflexion über das Loben.

36 Vgl. dazu unten Anm. 92.

(עָנִים) einander zugeordnet werden. Insbesondere die Bezeichnung עָנִים ist aufgrund der ähnlichen theologischen Bedeutung eng mit den חֲסִידִים verbunden und nimmt außerdem eine vergleichbare, strukturell bedeutende Position wie die חֲסִידִים ein.[37] Somit ist eine mit verschiedenen Namen bezeichnete lobpreisende Gruppe im Blick, die als fromm und demütig verstanden wird, und die das (idealisierte und theologisierte) Volk Israel repräsentiert.[38]

Wie schon in den vorangehenden Psalmen des kleinen Hallels ruft auch der Sprecher von Ps 149 mehrmals zum Lob auf. Er spricht dabei Jhwh nicht direkt an, sondern ein Kollektiv, das hier von vornherein näher als „Versammlung der Frommen" (V. 1) bestimmt wird. Von Jhwh, dem das Lob gilt, wird durchgehend in der 3. Pers. Sg. gesprochen.[39] Er erhält die Titel „Schöpfer" und „König" (V. 2). Beide Ausdrücke sind mit Suffixen versehen (עֹשָׂיו / מַלְכָּם), die das schöpferische und königliche Handeln Jhwhs ganz eng auf Israel beziehen. Der Gottesname kommt neben V. 1 noch einmal in V. 4 vor, wieder in Verbindung mit einem suffigierten Substantiv (עַמּוֹ, „sein Volk"). Diese betonte Zuordnung von Jhwh und Volk wird in dem letzten Wort des Psalms (vor dem Schluss-Halleluja) noch einmal aufgenommen, wenn von „allen seinen Frommen" (לְכָל־חֲסִידָיו, V. 9) die Rede ist.

Der Psalm verwendet viele Suffixe, die die Beziehung zwischen den Personen (-gruppen) beschreiben, die aber zugleich auch syntaktisch verknüpfende Bedeutungen haben: Die Pluralsuffixe in V. 5b – 6 (מִשְׁכְּבוֹתָם, „ihre Lager"; גְּרוֹנָם, „ihre Kehle"; יָדָם, „ihre Hand"), die sich alle auf die Frommen in V. 5a zurückbeziehen, stellen einen Zusammenhang her, der eine Trennung zwischen V. 5 und 6 unmöglich macht, wie aber gelegentlich vorgeschlagen wurde.[40] Auch V. 7 und 8 sind durch Suffixe miteinander verbunden, indem „ihre Könige" (מַלְכֵיהֶם) und „ihre Hochgeehrten" (נִכְבְּדֵיהֶם) den Völkern und Völkerschaften zugeordnet werden. In V. 9a nimmt die Präposition בָּהֶם („an ihnen") einen ähnlichen Rückbezug auf die vorangehenden Verse vor, wobei nicht eindeutig ist, ob damit nur die Obrigkeiten gemeint oder auch die ganzen Völker eingeschlossen sind.[41]

Neben den zahlreichen Suffixen, die sprachlich auffällig sind, ist auch die sehr häufige Verwendung der Präposition בְּ anzumerken: In fast jedem Kolon des Psalms kommt sie vor, insgesamt 15 mal.[42] Auch wenn die Präposition zuweilen

---

37 Dazu unten in Kap. II.5.3.2.
38 Vgl. dazu unten bes. Anm. 101.
39 Zur Redesituation vor und über Gott vgl. die Ausführungen zu Ps 146.
40 Vgl. dazu unten Kap. II.5.3.2.
41 Vgl. dazu die Ausführungen zu V. 7 – 9a.
42 Vgl. V. 1b.2a.b.3a.b.4a.b.5a.6a.b.7a.b.8a.b.9a. Zudem findet sich eine auffällige Anordnung der Präposition בְּ, wobei V. 5 einen Neueinsatz markiert und somit die hier vorgeschlagene Gliederung (vgl. Kap. II.5.3.2) unterstützt: 1/2/2/2/ 1/2/2/2/ 1, vgl. ALLEN, Psalms, 398.

unterschiedlich übersetzt wird, stellt sie im Hebräischen einen Gleichklang und eine Gleichförmigkeit dar, die in dieser Fülle sonst nicht zu beobachten ist. Viele der Substantive beginnen mit ב und vornehmlich stehen diese im hinteren Kolonabschnitt (nur V. 3b beginnt mit בתף).

Syntaktisch bemerkenswert innerhalb dieses Hymnus sind außerdem die drei Infinitivsätze in V. 7–9a, die von V. 5–6 abhängig sind.[43] Die ersten beiden Finalsätze sind parallel aufgebaut und beschreiben ein Rachehandeln (לעשות נקמה) an den fremden Völkern bzw. die Fesselung (לאסר) ihrer politischen Häupter. Die Objekte des Handelns werden in synonymen Paaren genannt: „Völker" (בגוים) und „Völkerschaften" (בלאמים); „Könige" (מלכיהם) und „Herrliche" (נכבדיהם), d. h. die Hochgeehrten der Führungselite. Dabei sind V. 7 und 8 durch die Stellung der Objekte außerdem chiastisch einander zugeordnet (V. 7: indir. Obj. – dir. Obj. / V. 8: dir. Obj. – indir. Obj.). Im zweiten Kolon von V. 7 und 8 fehlt jeweils das Verb, sodass der Infinitiv in Kopfstellung jeweils den ganzen Vers bestimmt. Der dritte, eingliedrige Finalsatz (V. 9a) ist Steigerung und Zusammenfassung des Benannten zugleich: Das Verb der ersten Infinitivkonstruktion (לעשות) wird wieder aufgenommen, nun aber mit einer abstrakten Größe, dem aufgeschriebenen Recht bzw. Gesetz (משפט כתוב) verbunden. In V. 9b beendet ein Nominalsatz den Psalm.

Auch wenn V. 7–9 aufgrund der formalen Gestaltung und des ungewöhnlich gewaltvollen Inhalts fast wie ein Fremdkörper innerhalb des Psalms wirkt, so sind diese Verse durch Wortwiederaufnahmen in das Gesamtgefüge des Psalms gut eingebunden: Während die Söhne Zions ihren Gott-König (במלכם) bejubeln (V. 2),[44] werden die Könige der (fremden) Völker (מלכיהם) gefesselt (V. 8). Ebenso steht der Herrlichkeit (כבוד), mit und in der die Frommen JHWH loben (V. 5), die Fesselung der „Herrlichen" (נכב־יהם) der Völker gegenüber (V. 8).[45] Auch die Wurzel עשה kommt mehrmals vor: In V. 2 wird JHWH als Schöpfer Israels (עשיו) bezeichnet und in den finalen Infinitivsätzen (V. 7.9) wird das Rachehandeln und der Vollzug des Gerichts an den Völkern durch Israel ebenfalls mit עשה formuliert. Während in V. 4 das Wohlgefallen JHWHs an seinem Volk (עמו) besungen wird, formuliert V. 7 den Rachevollzug an den fremden Völkern (גוים; לאמים). Diese Verknüpfungen weisen den Abschnitt V. 7–9 als integrativen Bestandteil des Psalms aus, zumal auch syntaktisch die Infinitive von V. 5–6 abhängig sind. Gleichwohl liegt bei ihnen

---

43 Zum Zusammenhang von V. 5–6 und 7–9 vgl. schon GUNKEL, Psalm 149, 53.

44 Der „König" ist hier parallel zu „Schöpfer" als Titel JHWHs zu verstehen und meint keinen irdischen König, vgl. dazu auch MILLARD, Komposition, 145 Anm. 403. Vgl. zu dieser Thematik auch die Ausführungen zu Ps 146 in Kap. II.2.

45 Ähnlich so auch DAHOOD, Psalms, 357. Auch die LXX verdeutlicht die etymologische Verbindung der Begriffe durch die Übersetzung mit ἐν δόξῃ (V. 5); τοὺς ἐνδόξους (V. 8) und δόξα αὕτη ἐστὶν (V. 9), vgl. auch ZENGER, Psalm 149, 870.

eine besondere Schwierigkeit in Blick auf die Deutung der Aussagen. Bevor darauf aber näher eingegangen wird (vgl. Kap. II.5.4), ist zunächst die strukturelle Komposition des Psalms darzustellen.

5.3.2 Der Lobgesang der Frommen – Zu Gedankengang und Gliederung

Für Ps 149 legt sich eine Zweiteilung in V. 1–4 und 5–9 aufgrund der mehrfachen Lobaufforderung in V. 1–3 und 5 nahe.[46] Der Psalm beginnt mit dem Aufruf JHWH ein neues Lied zu singen (V. 1). Die Aufforderung zum Lobpreis wird in den beiden folgenden Versen durch Jussiv-Formen fortgeführt und nimmt im Verhältnis dieses kurzen Psalms recht viel Raum ein (V. 1–3). Diese ausführliche Lobaufforderung fügt sich gut in das Ensemble der Psalmen des kleinen Hallels ein. Auch wenn der Aufruf zuweilen sprachlich anders umgesetzt wird (vgl. Ps 148.150), ist er prägendes Element all dieser Psalmen.

Nach der mehrmaligen Aufforderung zum Lob folgt in V. 4 die durch כי markierte Begründung und der eigentliche Inhalt des Lobes: JHWH als Schöpfer und König Israels wendet sich seinem Volk mit Wohlgefallen zu und bringt dieses dadurch zum Ausdruck, dass er sein Volk mit Heil umgibt. Parallel zum Moduswechsel (Aufforderung, V. 1–3; Begründung, V. 4), wechselt auch das Subjekt: Während zuvor JHWH Adressat des Lobens bzw. Objekt der Freude Israels war, ist er in V. 4 Subjekt. Der Gottesname rahmt zudem diesen ersten Abschnitt des Psalms (V. 1.4): Die Aufforderung an die Frommen Israels zum Singen für JHWH in V. 1–3 findet in V. 4 ihre Begründung im Handeln JHWHs für sein Volk. Demnach entspricht V. 1–4 dem Aufbau des „imperativischen Hymnus", wie ihn Crüsemann beschrieben hat.[47] Insgesamt stellt so der erste Teil eine semantische Einheit dar.

V. 5 markiert durch die Jussiv-Form, die eine erneute Lobaufforderung darstellt, einen Neueinsatz.[48] Die in V. 1 schon indirekt als lobpreisende Gemeinschaft in die Aufforderung eingebundenen „Frommen" (חסידים) werden nun direkt zum „Frohlocken" (עלז) aufgerufen und stehen im zweiten Abschnitt im Vordergrund. Dabei bilden V. 5 und 6 eine syntaktisch-inhaltliche Einheit, da die pluralischen Suffixe in V. 5b.6 auf חסידים in V. 6a zurückzubeziehen sind und andernfalls ohne

---

46 Zu der Zweiteilung anhand der Lobaufforderungen vgl. auch GUNKEL, Psalm 149, 49–53, auch mit Verweis auf ähnliche Merkmale in den vorangehenden Psalmen 147 und 148; ZENGER, Psalm 149, 858 f, schließt sich Gunkel an.
47 Vgl. CRÜSEMANN, Studien, 19–82, bes. 31 f. Vgl. zur Kritik an der Gattung „imperativischer Hymnus" SPIECKERMANN, Heilsgegenwart, 51 f Anm. 4, sowie auch Kap. I.2.1.
48 So auch schon GUNKEL, Psalm 149, 52.

Bezugswort wären. Dies sowie die erneute Lobaufforderung in V. 5 sprechen dafür, den Einschnitt nach V. 4 anzunehmen und nicht erst nach V. 5.[49] Außerdem erhält auch dieser Teil, wie schon der erste Abschnitt, eine semantische Rahmung:[50] Die „Frommen" rahmen diesen Teil, indem sie in V. 5 und V. 9 genannt werden, ergänzt durch die korrespondierenden Substantive כבוד und הדר: In Herrlichkeit sollen die חסידים loben (V. 5) und das Loben selbst wird ihnen zur Ehre (V. 9). Auch der erste Abschnitt erhält eine vergleichbare Rahmung durch die Gruppenbezeichnung חסידים in V. 1 und durch den entsprechenden Begriff ענוים („die Demütigen") in V. 4. Somit lässt sich an der Positionierung von „JHWH" und חסידים (bzw. ענוים) die Konzeption des Psalms in seinen zwei Teilen erkennen: Zunächst geht es um das Lob der Frommen für JHWH in Form von Aufruf und Begründung (V. 1–4) und dann um die Konsequenzen, nämlich Herrlichkeit und Ehre für die Frommen als den JHWH-Lobenden (V. 5–9).

Im zweiten Teil des Psalms (V. 5–9) fehlt der typische כי-Satz nach der Lobaufforderung. Stattdessen folgen – eher ungewöhnlich für einen Hymnus (vgl. aber Ps 145,12)[51] – drei finale Infinitive in V. 7–9a, die die Abzweckung bzw. Zielbestimmung des Lobpreises benennen. Sie sind von dem Hauptsatz in V. 5f syntaktisch abhängig und führen damit die Lobaufforderung weiter. In ihrer Funktion innerhalb des Psalms sind sie dem Begründungssatz in V. 4 gleichzustellen.[52] Auf syntaktischer Ebene ist das ganze Gefüge von V. 5–9a als ein Satz zu lesen, dessen Subjekt die Frommen aus V. 5a sind.[53] Durch das rückbezügliche הוא wird dieses Geschehen in einem Nominalsatz abschließend begründet und gedeutet (V. 9b): Das ganze Lob- und Rachegeschehen wird als Ehre für alle seine (JHWHs) Frommen bestimmt (הדר הוא לכל־חסידיו).[54]

---

49 Wie es z. B. PRINSLOO, Psalm 149, 399.405f; DELITZSCH, Psalmen, 828–830, befürworten, vgl. dazu unten Anm. 55.

50 Ähnlich auch ZENGER, Provokation, 186.

51 Vgl. CRÜSEMANN, Studien, bes. 79f Anm. 3. Auch GERSTENBERGER, Psalms, 454f, betont die außergewöhnliche Form von V. 7–9: „In poetry, especially of the liturgical kind, use of infinitives is rare, and of clusters of infinitives almost unthinkable. [...] Thus there is an overextended string of phrases and lexemes attached to that solitary subject in front of the passage [חסידים, V. 5] – an unusual way of singing praises or making poetry." Vgl. GUNKEL, Psalm 149, 53, der die imperative Form der Aufforderung als „späteren Stil" bezeichnet.

52 Vgl. dazu auch GUNKEL, Psalm 149, 53.

53 Vgl. GUNKEL, Psalmen, 621; GERSTENBERGER, Psalms, 454. So stellt es auch ZENGER, Psalm 149, 854, in der abgedruckten Übersetzung durch die Zeichensetzung dar ohne weiter darauf einzugehen.

54 LOHFINK, Lobgesänge, 121, versteht V. 9b als hymnische Begründung; ebenso ZENGER, Provokation, 186. DERS., Psalm 149, 855.857.869, bezieht הוא auf JHWH selbst und übersetzt: „Glanz ist er allen seinen Getreuen." Problematisch ist aber das fehlende Bezugswort, denn JHWH wurde im ganzen zweiten Abschnitt gar nicht genannt. Darum ist ein neutrischer Rückverweis auf das

Somit ruft der Psalm in zwei Durchgängen (V. 1–4.5–9) zum Lob Gottes auf.[55] Die beiden Abschnitte des Textes sind zwar von unterschiedlicher Länge, haben aber einen vergleichbaren Aufbau: Zu Beginn steht jeweils eine Aufforderung zum Lob (V. 1–3.5–6). Dann folgt eine Angabe der Motivation zum Loben durch eine kausale Begründung (V. 4) bzw. eine finale Bestimmung (V. 7–9).[56] In beiden Abschnitten sind jeweils Begründung und Zielangabe syntaktisch und inhaltlich ganz eng an die vorangehende Aufforderung angeschlossen. Ebenso ist in beiden Teilen ein fast identisches Schema zu erkennen, das dieselben Fragen zum Vorgang des Lobens beantwortet: *Wer* lobt und *wo?* (V. 1.5); *Wie* geschieht das Lob? (V. 3.6); *Warum* loben? (V. 4.9b). Darüber hinaus antwortet der erste Teil darauf, *wen* das Lob als Adressaten hat (V. 2) und der zweite Teil thematisiert stärker *wozu* das Lob dienen soll (V. 7–9a). Dieses Gefüge und die damit besondere Funktion des

---

geschilderte Lob- und Strafgeschehen passender. Dabei ist der ganze Lobvollzug als Übertragungsgeschehen der göttlich-königlichen Ehre zu verstehen, wie wiederum ZENGER, Psalm 149, 869, auch seine Interpretation versteht, vgl. dazu unten die Ausführungen zu V. 9b.

55 Eine solche Zweiteilung nehmen auch GUNKEL, Psalm 149, 52; CRÜSEMANN, Studien, 79 Anm. 3; KRAUS, Psalmen, 1145; LOHFINK, Lobgesänge, 121; SEYBOLD, Psalmen, 545; FÜGLISTER, Lied, 83; ALLEN, Psalms, 398; ZENGER, Provokation, 185; DERS., Psalm 149, 858 f; LEUENBERGER, Konzeptionen, 353 mit Anm. 306, an. DELITZSCH, Psalmen, 828–830, teilt in V. 1–5 und 6–9 (ohne nähere Begründung). CERESKO, Psalm 149, 185, versteht dagegen V. 5 als einen „Schaltvers" („pivot verse"), der weder zu V. 1–4 noch zu V. 6–9 richtig dazugehören würde. Allerdings ist dagegen der deutlich markierte Neuansatz in V. 5 und der gleichzeitig grammatisch notwendige Zusammenhang von V. 5 und 6, der über die Suffixe entsteht, anzuführen. Ähnlich geht PRINSLOO, Psalm 149, 399.405 f, vor, der in V. 1–5 und 7–9 teilt. Dabei fungiert V. 6 als „hinging vers or nexus". Die Begründung für diese Gliederung liegt darin, dass das erste Kolon von V. 6 sich auf den ersten Teil des Psalms zurück bezieht, während das zweite V. 7–9 antizipiert. Auch wenn dies eine passende Beobachtung auf inhaltlicher Ebene ist, können doch die Infinitiv-Verse 7–9 keine unabhängige Einheit darstellen, ebenso wie V. 6 notwendigerweise V. 5 als Anbindung braucht, vgl. unten die Ausführungen zu V. 6. Eine Dreiteilung nimmt dagegen z. B. LORETZ, Psalm 149, 360, an. Er orientiert sich allein an den „Regeln der Strophik", indem er nur die Bikola in Form des *parallelismus membrorum* zählt und jegliche sprachlich-stilistischen oder inhaltlichen Gliederungsmerkmale außen vorlässt. Er kommt so zu einer dreistrophigen Struktur (V. 1–3.4–6.7–9a), wobei in V. 9b nicht das ursprüngliche Ende des Psalms zu finden sei, sondern der Psalm vermutlich noch länger war, so Loretz. Im Ganzen überzeugt diese Gliederung auch deswegen nicht, da Loretz's Ausgangspunkt die drei Infinitive sind, deren Dreierstruktur seiner Meinung nach allerdings gar nicht vollständig erhalten ist (vgl. a.a.O., 359 f). Ähnlich teilt auch WEBER, Psalmen III, 205, Ps 149 in drei Abschnitte, die sich für ihn konzentrisch um V. 4–6 gruppieren. Er schließt sich Ceresko an und bestimmt V. 4–6 als „Drehscheibe", die Elemente aus beiden Rahmenteilen enthält, vgl. WEBER, Psalmen II, 382. Der Neueinsatz in V. 5 wird dabei vollkommen übergangen wie auch die Abhängigkeit der V. 7–9 von 5–6. GERSTENBERGER, Psalms, 455 f, lehnt dagegen jede Stropheneinteilung des Psalms ab, sondern sieht in V. 5–9 eher eine „religious instruction", der eine Lobaufforderung vorangeht.

56 Vgl. dazu auch ZENGER, Psalm 149, 858.

Hymnus ist in den weiteren Ausführungen zu bedenken. Zunächst ist die Gliederung für Ps 149 noch einmal im Überblick dargestellt:

Rahmung: Halleluja

I: Lobpreis für JHWH: Singt ein neues Lied!

    1 – 3   Aufforderung zum Loben שירו + Jussive   JHWH   חסידים

            Lobgesang in der Versammlung der Frommen *(wer? + wo?)*

            Lob für JHWH, Schöpfer und König Israels *(wen?)*

            Loben mit Tanz und Musik *(wie?)*

    4   Begründung des Lobens: כי   JHWH   [ענוים]

            Wohlgefallen am Volk und Heil für die Demütigen *(warum?)*

II: Herrlichkeit und Ehre für die Frommen

    5 – 6   Aufforderung zum Loben: יעלזו   כבוד   חסידים

            Lob der Frommen in Herrlichkeit / auf Lagern *(wer? + wo?)*

            Loblieder und Schwerter *(wie?)*

    7 – 9a Ziel des Lobens: לעשׂוה

            Entmachtung der Mächtigen *(wozu?)*

    9b   Begründung des Lobens / Zusammenfassung: הוא   הדר   חסידיו

            Ehre für alle seine Frommen *(warum?)*

Rahmung: Halleluja

5.4 Psalm 149 als schriftgelehrter Hymnus und sein theologisches Profil

Nach der sprachlichen Analyse ist nun das schriftgelehrte und theologische Profil von Ps 149 darzustellen. Dies geschieht im Blick auf Semantik und Herkunft der einzelnen Aussagen und anhand der Schriftbezüge und Textrezeptionen, die sich für Ps 149 annehmen lassen. Die Bedeutung der Schriftrezeption lässt sich schon an der Eröffnung des Psalms „Singt JHWH ein neues Lied!" (V. 1a) erkennen, da diese geprägte Formel den Psalm mit anderen Texten verbindet, die ebenfalls zum Singen des neuen Liedes aufrufen. Auf diese Aufforderung ist darum ein Schwerpunkt in der Interpretation zu legen. Des Weiteren ist der besondere Umgang mit göttlichen Attributen wie Herrlichkeit und Ehre in Ps 149 auffällig und grundlegend für die gesamte Aussageintention (vgl. V. 4.5.9b), wie oben in der Einleitung bereits angedeutet wurde. Schließlich ist die Verbindung von Lobgesang und Schwertern (V. 6) sowie die Aufforderung zur Rache an den Völkern (V. 7– 9a) zu betrachten und mit Hilfe der genauen Textbetrachtung und unter Einbeziehung der schriftgelehrten Gesamtkonzeption des Psalms zu deuten. Für die Darstellung wird jeweils zunächst die Aussage des Verses bzw. der Versgruppe für sich betrachtet, um sie dann im Horizont anderer Texte zu interpretieren, zu denen eine motivische und / oder sprachliche Verbindung besteht und für die meist auch eine literarische Abhängigkeit anzunehmen ist.

5.4.1 Lobpreis für Jhwh: Singt ein neues Lied! (V. 1–4)

Für den Abschnitt V. 1–4 lassen sich für jedes Kolon Bezüge zu anderen Texten des Alten Testaments sowie enge Verknüpfungen in Form von Thema- und Wortaufnahmen zu den anderen Psalmen des kleinen Hallels feststellen. Als wichtige Bezugstexte für V. 1–4 sind vor allem Ps 96 und 98 sowie Ps 33 und die Hallel-Psalmen (bes. Ps 145; 146; 147) zu nennen. Sodann gibt es Bezüge zu Jes 42 und insgesamt Anzeichen für deuterojesajanischen Sprachgebrauch (vgl. bes. Jes 44; 61) sowie Verbindungen zu Joel 2 und Ex 15.

V. 1 „Das ‚neue Lied‘ in der Versammlung der Frommen"

Der Psalm beginnt mit dem Aufruf: „Singt Jhwh ein neues Lied!" (V. 1a). Die Aufforderungen werden bis einschließlich V. 3 fortgeführt, wobei die Eröffnung eine Sonderposition einnimmt: Nur hier wird die Imperativ-Form verwendet, während alle anderen Aufforderungen im Psalm als Jussiv formuliert sind (vgl. V. 2–3.5). Dem Imperativ folgt ein Nominalsatz, der den Ort des Lobpreises benennt: „Sein Lobgesang [sei] in der Versammlung der Frommen." (V. 1b). V. 1 wirkt wie eine Überschrift über den ganzen Psalm, die das Folgende als שיר חדש („neues Lied") und תהלה („Loblied")[57] der gemeinschaftlichen Zusammenkunft der Frommen (חסידים) definiert. Die abweichende Formulierung mit Imperativ sowie die an eine Überschrift erinnernde Eröffnung kann darauf zurückgeführt werden, dass das erste Kolon eine geprägte Form ist: So findet sich in Ps 96,1; 98,1 und Jes 42,10 jeweils der identische Ausdruck: שירו ליהוה שיר חדש; in Ps 33,3 eine leicht abgewandelte Formulierung: שירו־לו שיר חדש (Pronomen statt Gottesnamen).[58] Im Folgenden ist zu zeigen, dass Ps 149 diese Texte kennt und unterschiedliche Aspekte des neuen Liedes, wie sie dort vorkommen, aufgreift und diese in einer eigenen Konzeption des neuen Liedes der Frommen zusammen führt. Für die Untersuchung von V. 1 ergeben sich demnach zwei Elemente: Das eine Element ist die Formel zum Singen des neuen Liedes und deren Verwendung in den anderen Texten, die im Anschluss an die Darstellung des neuen Liedes in Jes 42 und Ps 96 / 98 mit Ps 149 verglichen wird.

---

57 Zur Bezeichnung תהלה mit kategorisierender Funktion vgl. die Ausführungen zu Ps 147,1.
58 Der Ausdruck שיר חדש („neues Lied") kommt darüber hinaus noch in Ps 40,4 (parallel zu תהלה); 144,9 sowie in Jdt 16,13; PsSal 3,1 vor.

Das andere Element sind die Frommen als Sänger des neuen Liedes. Für die Kombination von „neues Lied" und „Frömmigkeit" bietet Ps 33 als einer der vier Belegtexte der Formel eine Vorlage für Ps 149 und wird darum im Rahmen des zweiten Aspektes insbesondere im Blick auf die frömmigkeitstheologische Perspektive betrachtet.

Zunächst geht es um die Formel und ihren Kontext in Jes 42 sowie in Ps 96 und 98. Die Wendung „Singt JHWH ein neues Lied!" hat ihren Ursprung vermutlich in Jes 42,10,[59] da sich im Zweiten Jesajabuch eine ganze Konzeption des „Neuen" nachweisen lässt.[60] Insbesondere der Aufruf zum neuen Lied drückt die Stimmung des Neubeginns und Neuaufbruchs aus (vgl. auch bes. Jes 40). Dabei wird nicht immer ausgeführt, was oder wie das Neue sein wird.[61] Die Erwartung ist aber, dass es in jedem Fall anders und vor allem besser sein wird als die gegenwärtige Situation (vgl. z. B. Jes 65,17: „neuer Himmel und neue Erde"). Bei aller Kontinuität im Handeln JHWHs kündigt sich im Neuen eine radikale Wende an.[62] So lässt Gott

---

59 Die Abhängigkeiten zwischen Ps 96 und 98 und Jesaja (bes. Jes 42; 52) sind umstritten. Zur Schwierigkeit der vielschichtigen (und ggf. auch wechselseitigen) Beziehungen zwischen den Psalmen und Jesaja vgl. JEREMIAS, Königtum, 134, der für Ps 96 und besonders für Ps 98 aufgrund der vielen Bezüge und Umdeutungen in den Psalmen die Abhängigkeit von DtJes aufzeigt (vgl. a.a.O., bes. 126 – 128.131.133 f, vgl. auch KRATZ, Reste, 49 f mit Anm. 48.) Zur Konzeption und Einbindung des „Neuen" in die Grundschrift von Deuterojesaja vgl. KRATZ, Kyros, 70 – 72.148 f. Auch BALLHORN, Telos, 323, sieht Jes 42,10 und insgesamt die jesajanische Theologie als Grundlage für das neue Lied; ebenso FÜGLISTER, Lied, 83 f; HARTENSTEIN, Unzugänglichkeit, 84 f. BERGES, Jesaja, 240 f, sieht die Abhängigkeit dagegen auf Seiten Jesajas, da wichtige theologische Aussagen in den Psalmen fehlen würden, was aber m. E. auch der unterschiedlichen Intention von Prophetentext und Hymnus geschuldet sein kann. Auch MATHEUS, Lied, 48 f, tendiert eher zu einer Abhängigkeit DtJes von den Psalmen. Unentschieden in Bezug auf die Abhängigkeit bleiben WEBER, Lied, 42 Anm. 15; MARBÖCK, Gott, 208 f; ZENGER, Liebe, 356. Dagegen kommt z. B. PATTERSON, Song, bes. 430 – 432, zu dem Schluss kommt, dass Ps 33 der Prototyp dieser Psalmengruppe des neuen Liedes sei. Auch wenn diese Beziehungen zwischen Ps 96+98 und Jes 42,10 letztlich nicht ganz geklärt werden können, so lässt sich mit großer Sicherheit eine Zusammengehörigkeit der Texte, die diese Formel vom neuen Lied verwenden, zeigen sowie – für diesen Kontext entscheidend – dass Ps 149 diese Texte seinerseits allesamt voraussetzt.
60 Die Wurzel חדש („neu") findet sich in Jes 41,15; 42,9.10; 43,19; 48,6; 62,2; 65,17.22; oftmals im Gegenüber zum „Früheren" (ראשון), vgl. dazu MATHEUS, Lied, 133 – 142; MARBÖCK, Gott; sowie auch KRATZ, Kyros, 68 – 71.115 – 117.
61 Vgl. dazu auch MATHEUS, Lied, 137.
62 Vgl. MARBÖCK, Gott, 207; BERGES, Jesaja 40 – 48, 239. WEBER, Lied, 40, betont dagegen stärker eine Kontinuität zwischen alten und neuem Wirken Gottes. Der qualitative Unterschied zwischen Altem und Neuen wird allerdings z. B. in Jes 43,18 – 21 besonders deutlich: Die Absage der Erinnerung an das Vergangene mündet in die Anweisung zum Lobpreis (תהלה) ein, der die rechte Antwort auf das göttliche Neu-Schaffen ist.

in Jes 42 „das qualitativ Neue, bislang noch nicht Dagewesene"[63] ankündigen, indem aber auch hier auf das Geschehene und darum Erkennbare verwiesen wird: „Das Frühere, siehe, es ist eingetroffen, und Neues verkündige ich. Bevor es aufsprosst, lasse ich es euch hören." (Jes 42,9). Auf diese Ankündigung folgt der Ruf: „Singt JHWH ein neues Lied, sein Lobpreis (תהלה) [komme] vom Ende der Erde." (Jes 42,10). Das Vertrauen in diese Ankündigung liegt in den bereits geschehenen Taten JHWHs begründet (vgl. auch Ps 96,3; 98,1–3).[64] Somit stellt das neue Lied die „glaubende Antwort auf die Verheißung des Neuen"[65] dar. Die Welt und Israel als Teil davon erfüllen so ihre Aufgabe, Gott zu loben und seine Wirklichkeit anzuerkennen und zu verkündigen (vgl. Jes 43,21).[66] Demgegenüber wird in den anderen Texten (Ps 33; 96; 98; 149) das Neue nicht weiter ausgeführt. Möglicherweise wird durch die zitierte Formel auf die jesajanische Konzeption verwiesen, ohne dass sie in Jesaja schon den Status einer Formel erreicht haben muss.

In Ps 96 und 98 wird die Formel vom neuen Lied wie in Ps 149 ähnlich einer Überschrift als Psalmeröffnung verwendet (Ps 96,1; 98,1).[67] Die Aufforderungen zum Lob nehmen insgesamt in den beiden JHWH-Königs-Psalmen viel Raum ein (Ps 96,1–3.7–13aα; 98,1aα.4–9aα), worauf durch כי eingeleitete Lobbegründungen folgen (Ps 96,4–6.13aβ; 98,1aβ–3.9aβ). Der Aussagegehalt der verwandten Psalmen 96 und 98[68] lässt sich folgendermaßen zusammenfassen: Dem König JHWH, der allein Gott und Schöpfer der Welt ist (Ps 96,5.10), gebührt aller Lobpreis aufgrund seiner großen Taten und seiner Hilfe für sein Volk (Ps 96,2–3; 98,1–3). Die ganze Welt kann seine Größe sehen und muss sie auch anerkennen (Ps 96,7; 98,2–3), spätestens, wenn er zum Weltgericht kommt (Ps 96,10.13; 98,9). Die JHWH-König-Konzeption wird hier in einen universalen Geltungsbereich gehoben und zugleich mit einer eschatologischen Perspektive versehen, was sich vor allem in der Erwartung des gerechten Gerichts JHWHs an den Völkern manifestiert.[69]

Zum neuen Lied gehört auch der göttliche Herrlichkeitsglanz wie es die Attribute כבוד („Herrlichkeit"); הוד־והדר („Pracht und Ehre"); עז ותפארת („Stärke und

63 FÜGLISTER, Lied, 83.
64 Vgl. auch MARBÖCK, Gott, 207.
65 MARBÖCK, Gott, 208; vgl. auch MATHEUS, Lied, 136: „Dem neuen Handeln Gottes entspricht der Gesang des neuen Liedes."
66 Vgl. MARBÖCK, Gott, 209.
67 Vgl. HOSSFELD, Psalm 96, 668.
68 Die Verwandtschaft beider Psalmen wurde schon mehrfach gezeigt, vgl. z.B. JEREMIAS, Königtum, 121–136; KRATZ, Reste, 47–50.
69 Vgl. zu JHWHs Königtum die Hinführung zu Ps 145, Kap. II.1.1.

Herrlichkeit") in Ps 96,6 – 9 beschreiben.[70] In Ps 96 und auch in Jes 42,10 – 12 (vgl. כבוד in Jes 42,8.12) sind diese Herrlichkeitsphänomene ganz auf Gott hin ausgerichtet. Seine Macht und Herrlichkeit wird gerühmt, ihm wird Ehre und Macht dargebracht.

Aufgrund von Jes 42 und Ps 96 und 98 lässt sich das neue Lied wie folgt beschreiben: Es ist universal und erklingt in der ganzen Welt, dargebracht durch die Schöpfung. Und es demonstriert die Machtfülle Jhwhs als Schöpfer und König der Welt, auch und gerade im Gegenüber seiner Feinde und in der Ankündigung des Gerichts an aller Welt, insbesondere an den Völkern.[71] Die Aufforderung zum Singen eines neuen Liedes kann so verstanden werden, dass auf einen anderen, noch zu formulierenden Hymnus verwiesen wird. Aber gleichzeitig ist die Aufforderung und die folgende Beschreibung des neuen Liedes in Form und Inhalt schon selbst Hymnus und Lobpreis. Eher ist darum die einleitende Aufforderung als Überschrift zu verstehen und die dargebotenen Hymnen repräsentieren selbst das zu singende neue Lied.[72] Die mehrfachen Aufforderungen, die das neue Lied kennzeichnen, weisen darauf hin, dass das Wirken Gottes unaufhörlich neu besungen werden soll und muss. Das neue Lied ist aufgrund der veränderten Situation immer wieder neu – auch wenn es zum Inhalt das Alte, schon immer dagewesene Wirken Gottes hat. In Erinnerung an das Alte und in Erwartung des Neuen wird so das neue Lied angestimmt.[73]

Diese Konzeption des neuen Liedes bildet die Vorlage für Ps 149, der wiederum ein *neues* neues Lied darstellt, indem es verändert und transformiert wird. Alle diese Texte, die zum neuen Lied aufrufen (Ps 96; 98; Jes 42; vgl. Ps 33), verfügen über ähnliche Merkmale.[74] Der Verfasser von Ps 149 orientiert sich bewusst an diesen Texten und stellt die charakteristische Lobaufforderung wie ein Motto an den Anfang des Psalms.[75] Wie stellen sich demnach die Gemeinsamkeiten und Unterschiede zwischen Ps 149 und den anderen Texten zum neuen Lied dar?

Mit Jes 42,10 hat Ps 149,1 die formale Satzstruktur gemeinsam. Denn wie in Jes 42,10 folgt auch in Ps 149,1 auf den Imperativ ein Nominalsatz, der den Raum des neuen Liedes beschreibt und mit תהלתו ("sein Lobgesang") formuliert ist.[76] Dies

---

70 Vgl. zu Wortverbindungen zwischen Ps 96; 98 und Ps 149 die Anm. 78 unten.

71 Ähnlich bestimmt auch Zenger, Psalm 149, 862, das neue Lied.

72 Vgl. dazu insgesamt auch Seybold, Poetik, 270f.

73 Als exemplarisches „altes Lied" wird auf das Schilfmeerlied in Ex 15 verwiesen, vgl. unten die Ausführungen zu V. 2 – 3, bes. Anm. 128.

74 Vgl. dazu oben und auch Patterson, Song, 430f.

75 Vgl. auch Patterson, Song, 426.

76 Jes 42,10: „Singt Jhwh ein neues Lied (שירו ליהוה שיר חדש), sein Lobpreis [komme] vom Ende der Erde (תהלתו מקצה הארץ)." Die Fortführung der Wendung שירו ליהוה שיר חדש mit תהלתו ist nur an

spricht sehr für eine Kenntnis der Jesajaformulierung bei dem Psalmisten.[77] Aber während in Jes 42,10 die ganze Erde der Resonanzkörper des Lobpreises ist, grenzt Ps 149 das neue Lied auf die Versammlung der Frommen ein, denn darin liegt das Anliegen des Psalms und dessen Auslegungsinteresse im Blick auf die anderen rezipierten Texte.

Betrachtet man den ganzen ersten Abschnitt von Ps 149 (V. 1–4), lässt sich dessen Struktur in Ps 96 und 98 wiederfinden: Auf die Eröffnungsaufforderung zum Singen des neuen Liedes folgen weitere Lobaufforderungen und schließlich die Lobbegründung mit כי. Dazu kommen thematische Verbindungen sowie zahlreiche wörtliche Übereinstimmungen zwischen den beiden JHWH-König-Psalmen und Ps 149.[78] So wird auch in Ps 149 JHWH als König benannt. Aber während in Ps 96 und 98 das universale Königtum JHWHs proklamiert und gefeiert wird, fehlt in Ps 149 diese eindeutige universale Perspektive.[79] Es ist der König vom Zion, der hier gelobt und bejubelt wird. In Ps 96 und 98 wird die ganze Erde samt Himmel und Meer, Bergen und Bäumen als *pars pro toto* für die Schöpfung zum Jubelgesang für JHWH aufgerufen.[80] In Ps 149 sind es dagegen „nur" das frohlockende Volk Israel bzw. die Söhne Zions (vgl. z. B. Ps 149,2 mit Ps 96,11) als die Frommen.

Neben dem Königtum Gottes ist das Thema Schöpfung zentral in Ps 96 und 98, das in Ps 149 durch den Titel „Schöpfer Israels" (V. 2) repräsentiert wird.[81] Im Blick auf Ps 96 und 98 lesen sich diese Begriffe „König" und „Schöpfer" in Ps 149,2 geradezu wie eine Zusammenfassung des schöpferischen Handelns JHWHs und

---

diesen beiden Stellen zu finden (vgl. aber ähnlich Ps 40,4). תהלה kommt allein in Jes 42 dreimal vor: in V. 8.10.12.

77 Jes 42,7 wird außerdem in Ps 146 rezipiert, vgl. die Ausführungen zu Ps 146,7b – 8a.

78 Vgl. V. 1 mit Ps 96,1; 98,1 (שיר ליהוה שיר חדש); V. 2 mit Ps 96,11 (שמח und גיל); V. 3 mit Ps 96,4 (הלל) und mit Ps 98,4.5 (זמר) sowie mit Ps 98,5 (כנור); V. 4 mit Ps 96,6 (פאר / תפארת) und mit Ps 96,2; 98,2.3 (ישועה); V. 5 mit Ps 96,12 (עלז) und mit Ps 96,3.7.8 (כבוד) sowie mit Ps 96,12; 98,4.8 (רנן); V. 7 mit Ps 96,3.10; 98,2 (גוים); V. 9 mit Ps 96,6.9 (הדר / הדרה). Darüber hinaus benennen alle drei Psalmen JHWH als König (מלך: Ps 96,10; 98,6; 149,2) und thematisieren das Richten der Welt bzw. der Völker (Ps 96,10.13; 98,9; 149,7 – 9). Vgl. zu den Verbindungen von Ps 96; 98 und 149 auch u. a. FÜGLISTER, Lied, 83 mit Anm. 5; BALLHORN, Telos, 324.

79 Der Kontrast wird besonders deutlich, wenn man neben Ps 149 die Bestimmung von KRAUS, Psalmen, 835 f, für שיר חדש in Ps 96 hält: „שיר חדש ist das durch die Raum-Zeit-Kategorie hindurchstoßende, allumfassende ‚eschatologische Lied' [...], es ist das Lied, in das nun im weitausgespannten, universalen Aspekt ‚alle Lande' einstimmen sollen. Den Weltschöpfer und Weltrichter muß sein ganzer Herrschafts- und Eigentumsbereich preisen."

80 Vgl. auch HARTENSTEIN, Unzugänglichkeit, 85: „In additiver Reihenfolge wird hier [in Ps 96 und 98, F.N.] also eine möglichst große Vielfalt der belebten Schöpfung bis an die ‚Enden der Erde' (Jes 42,10) zum Lobe Gottes aufgefordert."

81 Vgl. dazu unten die Ausführungen zu V. 2.

seiner Herrschaft über die Schöpfung, die ihn im Lobpreis huldigt. Ps 149 greift diese als komprimierte Titel auf, führt sie aber nicht weiter aus. Vielmehr entledigt er sie ihrer universal-kosmischen Perspektive und grenzt sie auf Israel / Zion ein (vgl. die suffigierten Formen עשׂיו und מלכם).

Das universal ausgerichtete neue Lied wird in Ps 149 als Lobgesang im begrenzten und geschützten Raum der Versammlung der Frommen beschrieben (V. 1). Damit verortet der Psalmist das Loblied JHWHs in seiner Keimzelle, der Gemeinde, von wo es seinen Anfang und Ausgang nehmen kann. Im Gegensatz zur Öffnung zum weltweiten Loben (vgl. Ps 148) wird hier der Lobpreis auf die Kerngruppe konzentriert und das universale Lob ist zunächst ausgeblendet. Ps 149 hat nicht die große Weltbühne vor Augen,[82] zumindest noch nicht in V. 1–4.[83] Es geht demgegenüber vielmehr um die Wenigen und Ausgewählten, um diejenigen, die den wahren Lobpreis JHWH darbringen können – und das sind aus der Sicht von Ps 149 allein die Frommen JHWHs (vgl. auch Ps 145,10–12).[84] Die göttliche Herrlichkeits- und Machtfülle, die in Ps 96 und 98 und auch in Jes 42 gerühmt wird, geht in Ps 149 auf die Lobpreisenden über (V. 4.9) bzw. sie werden in die כבוד-Sphäre miteinbezogen (V. 5). Die Herrlichkeitssphäre wird in Ps 149 transformiert und durch den Hymnus übertragbar auf die Frommen.[85]

In dem neuen Lied für JHWH wird auch das göttliche Gerichtshandeln mitbedacht. Ps 96 und 98 blicken auf das Kommen JHWHs als Richter der Welt und der Völker hin und beenden mit diesem (eschatologischen) Ausblick ihren Aufruf zum Lob (Ps 96,13; 98,9). Auch in Jes 42 wird das Wirken JHWHs als gerechtes und zugleich richtendes Handeln vor allem an seinem eigenen Volk geschildert (vgl. V. 18–25; V. 13: Vernichtung der Feinde). Während aber in diesen Texten und auch sonst im Alten Testament in der Regel JHWH selbst das Gericht vollzieht, wird in Ps 149 das Richteramt auf die lobsingende Gemeinschaft übertragen (V. 7–9). Auch die Völker kommen erst bei den Auswirkungen des neuen Liedes in den Blick (vgl. V. 7–9). Diese für das besondere Konzept von Ps 149 wichtigen Aspekte sind in der folgenden Untersuchung weiter auszuführen, seien hier aber schon genannt, um die Verwandtschaft der verschiedenen Texte, die das neue Lied beschreiben, deutlich zu machen.

---

82 Anders ZENGER, Psalm 149, 863.
83 Die universale Perspektive kommt erst mit der Rache an den Völkern in den Blick (V. 7–9). Damit ist die universale Perspektive in Ps 149 ganz anders gefüllt als in Ps 148 und der dortigen Vorstellung vom kosmischen Lobpreis. Vgl. zum Vergleich von Ps 148 und 149 auch unten die Ausführungen zu V. 7–9a und V. 9b.
84 Ähnlich auch LOHFINK, Lobgesänge, 122.
85 Vgl. dazu die Ausführungen zu V. 5.

Es ist nun auf den zweiten Aspekt von V. 1 einzugehen: das neue Lied als ein spezielles Lied der Frommen. Dazu ist zunächst die Beziehung von Ps 149 zu Ps 33 zu bedenken. Die Zuspitzung auf die Frommen ist in Ps 149 mit der Verkleinerung der Reichweite des Lobes zu vergleichen, wie sie in Ps 33 vorgenommen wird. Denn in Ps 33,1 sind es die Gerechten (צדיקים) und Aufrichtigen (ישרים), die das neue Lied (Ps 33,3) bzw. den Lobgesang (vgl. Ps 33,1: תהלה) anstimmen. Insgesamt ist Ps 33 von einer frömmigkeitstheologischen Perspektive geprägt (vgl. Ps 33,18.22), die auf das Bekenntnis einer Wir-Gruppe zuläuft.[86] Die abgewandelte Form der Wendung (שירו־לו שיר חדש) sowie die kontextuelle Einbindung in weitere Aufforderungen, sodass die Formel nicht mehr am Psalmenanfang steht (Ps 33,1–3), sprechen ebenfalls für eine sekundäre Verwendung der Formel gegenüber Jes 42 und Ps 96 / 98.[87]

Auch wenn Ps 33 als Vorlage vermutlich nicht der einzige Grund für die Rede von den Begnadeten, den Frommen (חסידים), in Ps 149 ist, ergeben sich signifikante Verbindungen zwischen beiden Psalmen gerade im Blick auf die Rede von der Gnade (חסד), ohne dass das Substantiv in Ps 149 vorkommt. Ps 33 beschreibt das Wirken Gottes in der Welt als gnadenvolles Erschaffen des Menschen und als machtvolles Walten in der Schöpfung einschließlich der Kontrolle der Feindmächte (Chaoswasser, Völker und Könige). Die alles umfassende Gnade Gottes ist dabei einerseits Ausgangspunkt des göttlichen Handelns (V. 5) und andererseits Zielpunkt der menschlichen Hoffnung (V. 18.22). Die Lobenden werden insbesondere durch ihre JHWH-Furcht charakterisiert, die sich im Warten auf die Gnade Gottes äußert (vgl. auch Ps 147,11). Ps 33 bildet so eine exemplarische Beschreibung der Frommen (ohne freilich den Begriff selbst zu nennen), denn was zeichnet den Frommen anderes aus, als die Ausrichtung auf JHWH im Form von Furcht und Erwartung seiner Gnade?[88] Demnach könnte der Terminus der Frommen, wie Ps 149 ihn zentral verwendet, als eine Art Zusammenfassung fungieren, ähnlich wie schon die beiden Titel „König" und „Schöpfer" im Blick auf Ps 96 / 98 nahelegten, und auf diese Charakterisierung der Frommen in Ps 33 verweisen. Aufgrund dieser Beziehungen, die vor allem in der theologischen Konzentration auf die Frommen respektive die Gerechten und Demütigen (vgl. Ps 149,4) besteht, ist es wahrscheinlich, dass Ps 149 Ps 33 als Vorlage und Inspirationstext verwendet hat.[89] Dies wird dadurch unterstützt, dass Ps 33 auch für Ps 146 und 147 als wichtiger

---

86 Vgl. zu Ps 33 die Ausführungen zu Ps 147, bes. Anm. 106. 107, sowie u. a. WITTE, Lied.
87 Vgl. auch ZENGER, Liebe, 356; anders PATTERSON, Song, bes. 430–432. Vgl. oben Anm. 59.
88 Vgl. dazu im Folgenden.
89 Für weitere Bezüge zwischen Ps 149 und 33 vgl. V. 1 mit Ps 33,1 (תהלה); V. 3 mit Ps 33,2 (כנור +‏ ‏זמרו־לו[י]); V. 5 mit Ps 33,1 (רנן).

Rezeptionstext nachgewiesen wurde.[90] Eine Verbindung entsteht zudem durch die Bezeichnung תהלה, die in Ps 149 ebenfalls am Anfang steht wie schon in Ps 33,1; 145,1 und 147,1.[91]

Im Kontext des kleinen Hallels nimmt die Konzentration auf die Frommen in Ps 149 eine herausragende Position ein. Denn bei allen universalen Tendenzen, die sich im kleinen Hallel beobachten lassen – insbesondere im direkt vorangehenden Ps 148 – schränkt Ps 149 ein und nimmt eine Kleingruppen-Perspektive war. Damit schließt der Psalm zugleich an die Konzeption von Ps 147 und auch von Ps 145 und 146 an. Darum ist die angesprochene Gruppe der Frommen als den auserwählten Sängern des neuen Liedes noch etwas genauer anzusehen.

Die Bezeichnung חסידים spielt im Psalm schon durch ihre hervorgehobene Stellung am Anfang (V. 1), in der Mitte (V. 5) und am Ende (V. 9) eine besondere Rolle. Zudem findet sich nur hier im Alten Testament die Pluralform ohne Suffix.[92] Das Adjektiv חסיד ist von חסד („Liebe", „Güte", „Gnade") abgeleitet und bezeichnet jemanden, der חסד hat oder übt.[93] Das Adjektiv wird dabei vor allem auf Menschen und ihr frommes Verhalten gegenüber Gott bezogen.[94] Der Begriff beinhaltet eine Doppelperspektive: Zum einen bezeichnet das Wort חסד die gnädige Zuwendung Gottes zu seinem Volk in Geschichte und Gegenwart durch Rettung und Bewahrung. JHWH erweist Israel in seinem Handeln sein חסד. Insofern können diejenigen, die diese Gnade Gottes erfahren, als solche „Begnadeten" im passiven Sinne verstanden werden. Zum anderen wird bei חסיד / חסידים aber meist die andere, aktive Perspektive im Sinne eines frommen Verhaltens des Menschen betont, das in Treue und Demut ganz auf Gott ausgerichtet ist. Beide Aspekte sind wichtig und beschreiben den Charakter von חסד als „Bündnisbegriff"[95] (vgl. z. B. Ps 18,26). Er ist Ausdruck der intensiven Gottesbeziehung aufgrund von gegenseitiger Treue zwischen Gott und Mensch.[96] Die Frommen werden von Gott be-

---

90 Vgl. dazu die Ausführungen zu Ps 146 und 147 in Kap. II.2 bzw. II.3.

91 Vgl. zu Funktion und Bedeutung von תהלה die Ausführungen bei Ps 147,1.

92 Sonst gibt es nur Formen im Singular (חסיד) oder mit Suffix (הסידיו / חסידיך / חסידי), um die Zuordnung zu JHWH anzuzeigen. Für die Psalmen sind folgende Belege zu nennen: חסידי („meine Frommen"): Ps 50,5; חסידיך („deine Frommen"): Ps 52,11; 79,2; 89,20; 132,9; 145,10; חסידיו („seine Frommen", vgl. V. 9): Ps 30,5; 31,24; 37,28; 85,9; 97,10; 116,15; 132,16; 148,14.

93 Vgl. RINGGREN, Art. חסיד, 84. Das Adjektiv חסיד kommt im Alten Testament insgesamt 32 mal vor, davon 25 mal im Psalter. „חסיד ist ein ausgesprochenes Psalmenwort", so FÜGLISTER, Lied, 88; vgl. DERS., Verwendung, 382.

94 Vgl. STOEBE, Art. חסד, 619. Nur zweimal wird חסיד von Gott selbst gesagt (Ps 145,17; Jer 3,12), vgl. RINGGREN, Art. חסיד, 85.

95 Vgl. KOCH, Wort, 274 f, der חסד mit „Bundestreue" übersetzt.

96 Vgl. z. B. Ps 52,10–11; 85,9–14; 86,2; 97,10–12. Den Frommen stehen die Gottlosen (רשעים) gegenüber, die diese Treue gerade nicht haben (vgl. Ps 37,28; 97,10; 1Sam 2,9). Darüber hinaus

wahrt und sollen ihn loben.[97] Sie preisen Gott für sein Handeln, das in der Vergangenheit liegt und zugleich für die Zukunft erwartet wird. Darin drückt sich die Frömmigkeit in Form von Gottvertrauen und Gottesfurcht aus (vgl. Ps 33,18.20 – 22; 145,18 – 20; 146,5; 147,11). Indem der Mensch alles von Gott erwartet, erweist er sich als fromm und steht zugleich schon im Gnadenhandeln Gottes. Die Existenz des Frommen, des auf die Gnade Gottes Ausgerichteten, ist bestimmt durch die „dialektische Spannung zwischen lobenswerter Wirklichkeit der Gottesnähe und ihrer hoffnungsvoll erwarteten Verwirklichung".[98] Somit befindet sich der Fromme immer im Loben und Leben auf Hoffnung hin.[99]

Eine ähnliche Frömmigkeits-Konzeption lässt sich auch für die Psalmen des kleinen Hallels insgesamt annehmen, da sich besonders viele Belege des Lexems חסד in diesen Hymnen finden (Ps 145,8.10.17; 147,11; 148,14; 149,1.5.9).[100] Ps 149 steht am Ende dieser thematischen Linie. Darum folgt nun ein kurzer Durchgang durch diese Texte im Blick auf חסד und חסידים um deren Gebrauch von חסידים dem in Ps 149 gegenüber zu halten.[101]

---

werden die חסידים in Ps 37,28 – 29; 97,10 – 11 parallel zu צדיקים / צדיק genannt; in Ps 85,9 – 10 gemeinsam mit den JHWH-Fürchtigen; חסיד und ענו kommen innerhalb eines Psalms neben Ps 149,4 – 5 nur noch in Ps 37,11.28 vor. Insgesamt bleibt die Häufung des Begriffs in Ps 149 (und damit insgesamt im Hallel und am Ende des Psalters) nach wie vor sehr auffällig. Vgl. oben auch Anm. 92.

97 Vgl. z. B. Ps 12; 16; 30; 31; 32; 37; 86; 145. Eine direkte Aufforderung zum Lob gerichtet an die Frommen findet sich in Ps 30,5; 132,9.16; 145,10; 148,13 – 14; 149,1.5. Vgl. auch das große Lied von der Gnade JHWHs: Ps 136. Zu Ps 136 vgl. auch Kap. II.2 und II.3 zu Ps 146 bzw. 147.

98 SPIECKERMANN, Erde, 74.

99 Vgl. SPIECKERMANN, Erde, 73 f. Vgl. auch die Erwartung „JHWH kommt" in Ps 96,13; 98,9.

100 In Ps 146 kommt die Wurzel חסיד nicht direkt vor, gleichwohl passt aber die Konzeption des Psalms in die hier dargestellte Linie, vgl. dazu die Ausführungen zu Ps 146.

101 Durch die Verwendung des Begriffs חסידים in Ps 149 und den anderen hier genannten Psalmen lässt sich auf keine historische Partei der חסידים zurückschließen. Im Ps 149 findet sich die (Selbst-)Bezeichnung der Lobenden als חסידים. Diese sind aber nicht notwendigerweise mit einer irgendwie gearteten Gruppe der „Hasidäer" als Vorläufer der Makkabäer und gar der Essener zu identifizieren, so überlegt aber z. B. HENGEL, Judentum, 322 f; ähnlich LEUENBERGER, Schwert, 642. In den Psalmen des kleinen Hallels werden viele sog. „Gruppenbezeichnungen" parallel nebeneinander verwendet (in Ps 149 חסידים und ענוים parallel zu ישראל; בני־ציון; עם, vgl. bes. noch צדיקים in Ps 146,8). Durch die parallele Verwendung der Termini und die dadurch entstehende Unschärfe ist aber gleichzeitig der Bezug auf eine konkrete und bestimmte Gruppe der Hasidäer unwahrscheinlich. Die Bezeichnungen fungieren vielmehr als theologische Beschreibungen, die zwar das Selbstverständnis der jeweiligen Sprecher bezeichnen können, aber diese nicht auf eine bestimmte Gruppe festlegen. Die Ausdrücke sind vielmehr als situativ abhängige Bezeichnungen zu verstehen, die fließend und wandelbar sind und die eine bestimmte Frömmigkeitshaltung kennzeichnen, aber (noch) keine politisch-religiösen Parteinamen darstellen. Ähnlich FÜGLISTER, Lied, 85 f.89; LORETZ, Psalm 149, 362 f; BALLHORN, Telos, 335; SEDLMEIER, Jerusalem, 232 f. Hier

Der erste Beleg, Ps 145,8, ist ein Zitat der sog. Gnadenformel und verweist damit auf die Gnade Gottes, die sich exemplarisch im Exodusgeschehen sowie in der Offenbarung JHWHs am Sinai erwiesen hat.[102] Die geschichtliche Dimension des gnadenvollen Handelns JHWHs wird damit betont.[103] In Ps 145,10b werden die Frommen zum Loben aufgerufen – als auffällige Einschränkung gegenüber der zuvor formulierten Aufforderung an „alle Werke" (V. 10a).[104] In Ps 145 begegnen die Frommen als hervorgehobene Gruppe (vgl. dazu V. 18–20), deren besondere Aufgabe der Lobpreis ist. Sie sollen die königliche Herrlichkeit Gottes der Welt ausrichten und nehmen einen besonderen Verkündigungsauftrag wahr. In Ps 149 ist demgegenüber die „Welt", repräsentiert durch die Völker, nicht mehr Adressat der Lobverkündigung, sondern Objekt des göttlichen Gerichts.[105]

---

spiegelt sich ein Ringen um das Verständnis und die Bestimmung des wahren Israel wider, das als ein höchst heterogenes Phänomen wahrzunehmen ist. Es geht dabei letztlich um „Israel gegen Israel", vgl. Plöger, Theokratie, 136.138. Verschiedene, nicht fassbare Gruppierungen suchen nach einer (theologischen) Definition von Israel. Dabei geht es immer um Abgrenzungstendenzen und die Frage, wer unter welchen Umständen zum wahren Israel dazu gehört, vgl. dazu auch die Ausführungen zu Ps 146. Gleichwohl bereitet diese Suche nach Identität und Selbstverortung die späteren Gruppierungen vor. Die Texte konstituieren so bereits Gruppenzuschreibungen, auch wenn diese zu diesem Zeitpunkt noch nicht historisch zu greifen sind. Es sind demnach theologische Strömungen, aber noch keine klar abgrenzbaren Parteien, die aber die spätere Separation vorbereiten (vgl. zur allmählichen Parteibildung z. B. Berlejung, Geschichte, 181–186; Kratz, Israel, 54–56). Gegen eine feste Gruppenbezeichnung von חסידים zu diesem Zeitpunkt spricht auch der Befund in Qumran, wo חסידים nicht als Selbstbezeichnung nachzuweisen ist, vgl. Schlenke, Art. חסד, 1025. Es ist allerdings eine wichtige Ausnahme zu nennen: 11Q5. In der Psalmenrolle wird in den apokryphen Stücken übermäßig häufig von den חסידים gesprochen, vgl. 11Q5 18:10 (Ps 154:3–19), dazu Anm. 112; 11Q5 19:7 (Plea for Deliverance); 11Q5 22:3.6 (Apostrophe to Zion), vgl. dazu die Ausführungen zu V. 5. Demnach scheint das theologische Konzept der חסידים als gottesfürchtige und lobende Gemeinschaft für die Verfasserschaft von 11Q5 eine besondere Rolle gespielt zu haben, vgl. dazu auch Dahmen, Rezeption, 225, und zur Konzeption von 11Q5 Kap. III.2.3. Auch in 4Q521 werden die Frommen zentral benannt, vgl. zu diesem Text unten Anm. 200.

102 Ps 145,8: „Gütig (חַנּוּן) und barmherzig (וְרַחוּם) ist JHWH, lang zum Zorn und groß an Gnade (חֶסֶד)." Vgl. zum Folgenden die Ausführungen zu Ps 145,8–9.

103 Vgl. auch Ps 145,17: „Gerecht (צַדִּיק) ist JHWH in allen seinen Wegen. Und gnädig (חָסִיד) in allen seinen Werken." Dies ist eine der zwei Stellen im Alten Testament (vgl. noch Jer 3,12), an denen JHWH als חסיד, parallel zu צדיק („gerecht"), bezeichnet wird. In Jer 3,12 ist ebenfalls eine Nähe zur Gnadenformel (Ps 145,8) erkennbar.

104 Ps 145,10: „Es preisen dich, JHWH, alle deine Werke. Und deine Frommen (חֲסִידֶיךָ) sollen dich loben."

105 Vgl. dazu unten die Ausführungen zu V. 7–9a und auch Ballhorn, Telos, 324.

In Ps 147,11 ist die Gnade Gottes Inbegriff alles Guten, das JHWH tut.[106] Die Erwartung der göttlichen Gnade wird mit JHWH-Furcht gleichgesetzt und ist die angemessene Haltung vor Gott (vgl. Ps 33). Der Mensch kann JHWH nichts Gutes entgegenbringen, vor allem nicht, um dadurch חסד zu erhalten. Wohl aber kann der Mensch die Haltung eines „mit Gnade bedachten", eines Frommen, also eines חסיד einnehmen, indem er alles, was zum Leben nötig ist, von Gott her erwartet und JHWH als Herrn des Lebens fürchtet.[107]

In dem Nachtrags-Vers Ps 148,14 erscheint ebenfalls die Kollektivbezeichnung חסידיו.[108] Durch das Suffix wird die Zugehörigkeit zu JHWH und der Beziehungscharakter des Begriffs unterstrichen: Die Israeliten sind fromm in Bezug auf JHWH, weil sie zu ihm gehören und von ihm her das Leben erhalten.[109] JHWH erweist Israel seine Gnade und Zuwendung (in Ps 148,14 durch die „Erhöhung des Horns") und dies gibt seinem Volk Grund zum Loben.[110]

Nach dem Durchgang wird deutlich, dass im Blick auf die vorangehenden Psalmen die Präsenz der Bezeichnung „die Frommen" in Ps 149 nochmals gesteigert wird, indem sie dreimal und je an prägnanten Stellen vorkommt. Mit der Bezeichnung ist das enge Verhältnis dieser so Benannten zu JHWH betont: Zum einen durch die zwei Formen (davon einmal mit Suffix), die mit spezifisch göttlichen Attributen kombiniert werden: כבוד und הדר (V. 5.9), und zum anderen durch die Aussage in V. 1b: Denn JHWHs Lobgesang (תהלה)[111] ist in der Versammlung der Frommen zu finden. Mit קהל ist die zum Lob versammelte Gemeinschaft (Israels) gemeint. Fast immer ist in den Psalmen in der Nähe von קהל auch vom Loben die Rede.[112] Auch תהלה findet sich noch einmal im Kontext von קהל, in Ps 22,26. Nimmt man nun die beiden Kola von V. 1 zusammen, dann wird deutlich: Hier wird in den einzelnen Aussagen gar nichts Neues gesagt. Es ist

---

106 Ps 147,11: „Wohlgefallen (רוצה) hat JHWH an denen, die ihn fürchten (את־יראיו), an denen, die auf seine Gnade (חסד) harren."

107 Vgl. dazu die Auslegung zu Ps 147,10 – 11.

108 Zum Verhältnis von Ps 149 und 148,14 vgl. unten die Ausführungen zu V. 9b.

109 Auch in Ps 148 werden die Begriffe (חסידיו; בני ישראל; עם־קרבו) synonym nebeneinander verwendet, so dass sich kein Rückschluss auf eine irgendwie gestaltete „Asidim-Partei" nahelegt, vgl. dazu oben Anm. 101. Ähnlich auch LANGE, Endgestalt, 110, zum qumranischen Zusatz in Ps 149,9 (11Q5). Vgl. dazu insgesamt auch unten die Ausführungen zu V. 9b.

110 Vgl. dazu die Ausführungen bei Ps 148,14.

111 Auch der Begriff תהלה ist zentral und entsprechend häufig im kleinen Hallel: vgl. Ps 145,1.21; 147,1; 148,14, vgl. dazu die Ausführungen bei Ps 147,1.

112 Vgl. Ps 22,23.26; 35,18; 89,6 (קהל קדשים); 107,32; außerdem noch Neh 5,13. Ähnlich auch BALLHORN, Telos, 335. Darüber hinaus kommt קהל חסידים in Ps 154 vor, der Bestandteil von 11Q5 ist: „Aus den Türen Gerechter erschallt ihre Stimme, und aus der Versammlung Frommer (ומקהל חסידים) ihr Gesang (זמרתה)." (11Q5 18:10).

geradezu paradox: Der Psalm beginnt mit einer altbekannten Formel, und dass die Gemeinschaft zum Lobsingen zusammenkommt, ist ebenfalls selbstverständlich. Doch die Zusammenstellung ist dabei das Entscheidende: Das neue Lied soll nun das Lied der frommen Lobgemeinschaft sein.[113] Diejenigen, die immer schon lobten, sollen ein *neues* Lied singen. Was ist nun das Neue an dem neuen Lied von Ps 149? Gegenüber den anderen neuen Liedern erklingt dieses nicht vor und von aller Welt, sondern, es sind die Frommen, die es anstimmen sollen. Diese Einschränkung ist notwendig, weil im Lobsingen der Frommen etwas geschieht, das nicht der ganzen Welt zusteht: Die Übertragung der göttlichen Herrlichkeit und die Einbeziehung in das Gerichtshandeln Gottes kommt nur den חסידים zu – das ist das Neue an Ps 149.

V. 2–3 „Tanz und Musik für JHWH, den Schöpfer und König"

Nach der Eröffnung des Psalms führen V. 2–3 die Aufforderung zum Lob fort und benennen die Lobenden und den zu Lobenden näher sowie die Art und Weise des Lobens: „Freuen soll sich Israel über seinen Schöpfer, die Söhne Zions sollen jauchzen über ihren König. Loben sollen sie seinen Namen mit Tanz, zur Pauke und Zither sollen sie ihm lobsingen." (V. 2–3). Mit der weiteren Bestimmung des Lobpreises wird durch die suffigierten Titel (עשׂיו und מלכם, V. 2) besonderer Wert auf die zweifache Beziehung zwischen JHWH und seinem Volk gelegt: JHWH ist Israels „Macher" und sein Herrscher.[114] Damit ist auch eine zeitliche Dimension angesprochen: JHWH hat von Anfang an Israel in seinem Werden begleitet[115] und tut dies nach wie vor als königlicher Gott. Das Thema der Schöpfung wird in Ps 149 allein durch die Bezeichnung „Schöpfer" (עשׂיו)[116] angesprochen. Somit konkretisiert sich für Ps 149 die Schöpfermacht Gottes grundlegend im Schaffen Israels. Das schöpfungstheologische Verb עשׂה („machen", „vollziehen") wird erneut für den Vollzug der Rache und der Durchsetzung des Gerichts in V. 7a und 9a verwendet, so dass auch in der Entmachtung der Völker die Schöpfungsmacht JHWHs deutlich wird.[117]

---

113 Die direkte Zusammenstellung von קהל und שׁיר findet sich nur noch in 2Chr 29,28; שׁיר חדשׁ und קהל kommt nur noch im Gesamtkontext von Ps 40 vor (V. 4.10.11).
114 Vgl. auch ZENGER, Psalm 149, 862.
115 Vgl. deuterojesajanischen Sprachgebrauch, z. B.: Jes 44,2; 44,24; 54,5.
116 Der Titel עשׂיו im Pl. für JHWH kommt neben Hi 35,10 nur noch in Jes 54,5 vor. Vgl. zum Schöpferwirken JHWHs (mit עשׂה) außerdem Ps 95,6; 100,3; Jes 44,2. Vgl. auch CERESKO. Psalm 149, 183, sowie FÜGLISTER, Lied, 84, der auf die zentrale Verwendung von „Schöpfer" und „König" in Deuterojesaja hinweist, vgl. vor allem Jes 43,15 (allerdings mit בורא anstatt עׂשה).
117 Vgl. dazu unten die Ausführungen zu V. 7–9a.

Auch für V. 2–3 zeigen sich wieder einige intertextuelle Bezüge, die eine Rezeption durch Ps 149 wahrscheinlich machen. Im Weiteren sind darum die Verbindungen zu den übrigen Psalmen des kleinen Hallels sowie zu Joel 2, wiederum zu Ps 96 und 98 und zu Ex 15 näher zu betrachten.

Mit den beiden Titeln „König" und „Schöpfer" nimmt Ps 149 Themen aus den direkt vorangehenden Psalmen auf:[118] Der Königstitel beschreibt JHWH als fürsorglichen Gott, der seinem Volk Nahrung, Gerechtigkeit und Schutz zusichert und sie am Leben erhält. Während in Ps 145 das Thema Königtum Gottes dominiert, dient in Ps 146 die Schöpfermacht Gottes als Garantie für seine zuverlässige Hilfe. Wie auch in Ps 149,2 ordnet Ps 146,10 das Königsein dem Zion zu: von hier aus herrscht JHWH souverän bis in Ewigkeit.[119] In Ps 147 nimmt das Thema Schöpfung großen Raum ein, indem es im Wechsel mit Gottes Handeln in der Geschichte Grundelement des Psalm ist. Das Königtum wird dort nicht explizit genannt, zu vergleichen ist aber die Nennung Zions in V. 12, die wiederum in Beziehung zu Ps 146,10 steht. In Ps 148 wird schließlich die ganze Schöpfung zum Lob Gottes aufgerufen und anerkennt so die Abhängigkeit von Gott. Auch hier wird JHWH vor allem als Schöpfer verstanden (vgl. Ps 148,5), dem der ganze Kosmos Ehre entgegenbringt. Somit steht Ps 149 in einer thematischen Linie mit Ps 145 und den anderen Psalmen des kleinen Hallels und setzt doch eigene Akzente im Blick auf Königtum und Schöpfung, indem die Beziehung zu Israel / Zion durch die Suffixe betont wird, was in den anderen Psalmen in dieser Deutlichkeit noch nicht der Fall war. Der universale König und Schöpfergott (vgl. v. a. Ps 148) steht in ganz enger Beziehung zu Israel, denn explizit an Israel erweist er sich als König und Schöpfer.[120]

Ps 149,2–3 weist auch literarische Beziehungen zu Joel 2 auf, einem großen Aufruf zu Buße und Umkehr mit anschließender Zusage der Gnade gegenüber dem bekehrten Volk Israel. Weil Israel verschont wurde und JHWH ihnen gnädig ist, sollen die Söhne Zions (בני ציון) sich freuen (שמח) und jubeln (גיל) (Joel 2,23, vgl. Ps 149,2). Sie werden kurz danach in Joel 2,26 zum Loben (הלל) des Namens (שם) Gottes aufgefordert (vgl. Ps 149,3).[121] Es ist möglich, dass die lexikalischen Überein-

---

118 Vgl. zum Folgenden die Ausführungen zu den entsprechenden Psalmen.

119 Für die Formulierung des königlichen JHWH auf dem Zion gibt es sonst nur noch wenige Belege: Jes 24,23; 52,7; Jer 8,19; Mi 4,7; Sach 9,9 und Ps 48,3.

120 Die enge Beziehung, die sich in den suffigierten Titeln „König" und „Schöpfer" Israels verdeutlicht, drückt sich auch in der Anteilgabe der Herrlichkeit aus (vgl. V. 5). Mit der Gabe der Herrlichkeit bestimmt JHWH die Beschenkten zugleich auch zu seinem Eigentum, vgl. SPIECKERMANN, Erde, 67 f, und auch oben Kap. II.5.1.

121 Vgl. zum Lob des Namens außerdem noch Ps 69,31; 105,3 (= 1Chr 16,10); 113,1.3; 135,1; 145,2; 148,5.13; 1Chr 29,13. Unter den wenigen Bezügen fallen wiederum Texte aus dem Kontext

stimmungen nur zufällig sind. Aber es gibt keine weiteren Stellen, die so große Ähnlichkeiten aufweisen.[122] Darum wäre es denkbar, dass Ps 149 indirekt den Aufruf zur Umkehr aufnimmt (vgl. bes. Joel 2,12–13) und in seinem Psalm genau dieses bekehrte Volk – die Frommen – vor Augen hat, das den Jubelgesang für Jhwh anstimmen soll. Dafür gibt es zwar keine sicheren Anzeichen, aber ein weiteres Indiz für diese Deutung könnte sein, dass in Joel 2 besonders die Gnade Gottes genannt wird (vgl. bes. Joel 2,13b),[123] deren Empfänger und Träger die Frommen (חסידים) sind.

V. 2–3 führen außerdem die Rezeption von Ps 96 und 98 aus V. 1 fort.[124] Wie oben schon ausgeführt, sind die Themen Schöpfung und Königtum Gottes zentral in diesen beiden Psalmen (vgl. bes. Ps 96,5.10; 98,6). Ps 149 nimmt sie komprimiert durch die Titel „Schöpfer" und „König" auf.[125] Der Lobpreis Jhwhs als König steht in Verbindung mit der Bändigung des Chaos als Äußerung der Schöpfermacht Gottes: Der Gottkönig Jhwh kämpft gegen die Urfluten.[126] Dies bringt insbesondere das Schilfmeerlied (Ex 15) zum Ausdruck, wenn es nach dem Kampf gegen Wasser und Feinde mit dem Bekenntnis endet: „Jhwh ist / sei König für immer und ewig (יהוה ימלך לעולם ועד)." (Ex 15,18). Ex 15 steht bei Ps 146 und 147 als Referenztext im Hintergrund[127] und auch zu Ps 149 ergeben sich Bezüge. Somit ist es möglich, eine Verbindung des neuen Liedes aus Ps 149 (und auch Ps 96 und 98) zu Ex 15 als dem sog. alten oder früheren Lied zu ziehen: Das neue Lied soll in Reminiszenz an das große exemplarische Rettungshandeln Jhwhs am Schilfmeer neu gesungen werden.[128] Die

---

von Ps 149 besonders auf: Ps 145 und 148 (vgl. jeweils dort) sowie auch Ps 135, der wichtiger Referenztext für Ps 147 ist, vgl. die Ausführungen zu Ps 147, bes. Anm. 93.

122 Neben Joel 2,23 ist בני ציון nur noch in Klgl 4,2 belegt. Vgl. auch Füglister, Lied, 86.

123 Joel 2,13: „Und zerreißt euer Herz und nicht eure Kleider und kehrt um zu Jhwh, eurem Gott! Denn er ist gnädig und barmherzig, langsam zum Zorn und groß an Gnade, und lässt sich das Unheil gereuen." Vgl. hierzu auch die Ausführungen zu Ps 145,8–9.

124 Vgl. zu den Bezügen zwischen Ps 149 und 96 / 98 oben Anm. 78.

125 Vgl. dazu oben auch die Ausführungen zu V. 1.

126 So in Ps 29 und 93 zu finden, vgl. dazu und zu den Bezügen der Jhwh-König-Psalmen zu altorientalischen Mythen Kratz, Mythos; Ders., Reste. Aber auch in Ps 96 und 98 ist das gebändigte Chaos im Bild des Wasser zu finden, wenn in Ps 96,11; 98,7–8 die Wasser mit in den kosmischen Lobpreis einstimmen sollen wie in Ps 148,7; vgl. die Ausführungen zu Ps 148.7. Vgl. auch die Hinführung zu Ps 147 (Kap. II.3.1) und die Ausführungen zu Ps 147,13–14.

127 Vgl. dazu die entsprechenden Ausführungen zu Ps 146 und 147.

128 Vgl. zum neuen Lied oben die Ausführungen zu V. 1. Den Bezug des neuen Liedes zu Ex 15 hat z. B. schon Patterson, Song, bes. 428–432, gezeigt. Ausgehend von dem Lied über die Hilfe Gottes in Ex 15,21 wird ein neues Lied zum Lob Gottes formuliert. Dies ist auch die These von Weber, Lied, der aber Patterson nicht rezipiert: Ex 15 ist „als ,Urlied' und poetisches Erstzeugnis der fundierenden Rettungserfahrung und Konstituierung Israels als inhaltliche wie literarische Orientierungsgröße der ,neuen Lieder' anzunehmen. [...] Das alte Lied wird (im Verbund mit

bereits erwiesene Rettungs- und Schöpfermacht JHWHs soll zur Grundlage neuer Hoffnung und Zuversicht werden.[129]

Neben dem Königstitel weisen außerdem auch Art und Weise des Lobgesangs Bezüge zwischen Ps 149 und Ex 15 sowie Ps 98 auf: So begleitet auch Miriam ihr Loblied (שירו ליהוה) mit Pauke (תף) und Tanz (מחלה) (Ex 15,20 – 21, vgl. Ps 149,3). Die Verbindung von זמר („lobsingen") und כנור („Zither") in Ps 149,3b kommt sonst nicht oft vor, bezeichnenderweise aber wieder in den Psalmen, die bereits als Referenztexte benannt worden sind: in Ps 33,2; 98,5; 147,7 (darüber hinaus nur noch in Ps 71,22). Ps 98,4 – 6 ruft zu einem durch Musik begleiteten Lobpreis auf, wie es ganz ähnlich in Ps 149,3 geschieht.[130] Auch hier ist die in Ps 149 präsentierte Formulierung kürzer und knapper als in Ps 98. Ps 149 lässt den Aufruf an alle Welt, in Gestalt von Meer und Erdkreis, Strömen und Bergen weg (Ps 98,4.7 – 8), sondern spricht nur Israel bzw. die Söhne Zions als Lobpreisende an (V. 2). Auch Ps 150,3 – 4 nennt dieselben Musikinstrumente (תף und כנור)[131] und das Tanzen (מחול) zur Begleitung des Lobgesangs für JHWH wie Ps 149,3. Somit wird durch die Bezugstexte, vor allem wieder Ps 96 und 98 sowie Joel 2 und Ex 15 (und auch Ps 150), deutlich: Das neue Lied, dessen Thema der schöpferische und königliche Gott JHWH ist, findet unter Musikbegleitung und Tanzen statt.[132]

V. 4 „Heilvoller Schmuck für die Demütigen"

„Denn Wohlgefallen hat JHWH an seinem Volk, er verherrlicht die Demütigen mit Heil." (V. 4). Mit dieser Begründung des mehrmaligen Lobaufrufs (V. 1 – 3) endet der erste Abschnitt von Ps 149. Demnach ist der Grund für den Lobpreis JHWHs nicht

---

anderen Überlieferungen) adaptiert sowie transformiert und dient dazu, in neuen Worten und Gesängen zu veränderten Zeiten das bleibende Wirken des *Deus praesens* in Geschichte und Schöpfung aus- bzw. anzusagen" (a.a.O., 44 f, Hervorhebung original). Als Argument für die Beziehung des neuen Liedes zu Ex 15 werden die intertextuellen Bezüge von Ps 96; 98 sowie Ps 33 zu Ex 15 herangezogen. CERESKO, Psalm 149, 181 – 184, sieht insgesamt enge Bezüge von Ps 149,1 – 4 zur Exodus-Thematik. Gegen diese Engführung auf das Thema Exodus (und für V. 5.6 – 9 auf das Thema Landnahme, a.a.O., 188 – 190) sprechen aber die dargestellten Bezüge zu anderen Texten, vgl. auch LEUENBERGER, Konzeptionen, 354 Anm. 308.

129 Ähnlich wird auch in Jes 43,16 – 21 argumentiert. Vgl. oben die Ausführungen zu V. 1.

130 Ps 98,4 – 6: „Ruft (רוע) zu JHWH, alle Welt! Seid fröhlich (פצח) und jauchzt (רנן) und lobsingt (זמר)! Lobsingt (זמר) für JHWH zur Zither (בכנור), mit der Zither (בכנור) und der Stimme des Gesangs! Mit Trompeten und dem Schall des Horns ruft (רוע) vor dem König JHWH!"

131 Die Kombination תף („Pauke") und כנור („Zither") findet sich innerhalb eines Psalmenverses nur noch in Ps 81,3, der wiederum ein wichtiger Referenztext für Ps 147 darstellt. Vgl. sonst noch vor allem Davids Tanz vor der Lade: 2Sam 6,5; 1Chr 13,8.

132 Vgl. auch ZENGER, Psalm 149, 864.

seine Größe (z. B. Ps 96,4) oder seine Wundertaten (z. B. Ps 98,1), wie es sonst oft formuliert wird, sondern die Annahme und Zuwendung zum Volk Gottes, die sich in der heilvollen Verherrlichung der Demütigen konkretisiert. Diese ungewöhnliche Begründung, die gegenüber der langen Lobeinführung relativ knapp wirkt, ist bemerkenswert. Wie ist nun diese Verherrlichung oder Schmückung mit Heil als Ausdruck des Wohlgefallens Jhwhs zu verstehen?

Das erste Kolon von V. 4 ist recht allgemein gehalten: Das Wohlgefallen Gottes an seinem Volk wird auf den ersten Blick nicht weiter begründet, sondern nur festgestellt. Der Begriff „Wohlgefallen" (רצה, V. 4a) stammt aus dem kultischen Kontext und bezeichnet die wohlgefällige Annahme des Opfers durch Gott.[133] Wenn nun dieses Wohlgefallen ganz pauschal dem Volk zukommt, dann könnte die Begründung auch wie eine Bestätigung des vollzogenen Lobes gelesen werden, das in den vorangehenden Versen ausführlich thematisiert wurde.[134] Jhwh hat demnach Gefallen an seinem *lobpreisenden* Volk, wie es in den vorangehenden Versen gefordert wird.[135] Wie sonst das Opfer von Gott angenommen wird, so ist der Lobpreis der Frommen in ihrer Versammlung Grund zum göttlichen Wohlgefallen.[136] Diese Deutung von V. 4a erhält Zuspruch durch die Verbindung zu Ps 147,11, wo das Wohlgefallen Jhwhs den Jhwh-Fürchtigen und auf seine Gnade Harrenden gilt. Das Vertrauen auf Jhwh drückt sich im Loben aus, wie auch Ps 146 ausführt. V. 4 kann demnach als Bestätigung dieser frommen Haltung der Lobenden (vgl. auch V. 5) verstanden werden, sodass mit dem Volk (עם) in V. 4a zugleich die „Versammlung der Frommen" (V. 1) gemeint ist, die das wahre Volk repräsentiert,[137] und deren zentrale Aufgabe der Lobpreis Gottes ist. Somit fasst V. 4a durch die Nennung von בעמו („an seinem Volk") das Vorherige, das Loben des Volkes Israels als den Frommen, zusammen und blickt zugleich auf den zweiten Teil voraus (vgl. bes. V. 5.9b). Unter Rückbezug auf Ps 147 erhält das Kolon den Aussagehorizont: Jhwhs Wohlgefallen gilt dem frommen und lobpreisenden

---

133 Vgl. zum Begriff רצה auch Ps 147,10 – 11 und die Ausführungen dazu. Das Wohlgefallen Gottes als Lobbegründung kommt so nicht noch einmal im Psalter vor, vgl. aber die Begründung der Rettung (ישע) in Ps 44,4.

134 Die Partikel כי beinhaltet auch die bestätigende Bedeutung mit „ja, fürwahr, gewiss" als deiktische Partikel, so übersetzt auch Ballhorn, Telos, 333. Vgl. zu כי auch die Ausführungen zu Ps 147,1.

135 Vgl. dazu auch die Bitte um wohlgefällige Annahme der „Gabe des Mundes" in Ps 119,108.

136 Vgl. Ps 51,16 – 19. Sehr ähnlich auch 1QS IX,5: „Das Hebopfer der Lippen nach dem Gesetz ist wie wohltuender Geruch der Gerechtigkeit und vollkommener Wandel wie ein freiwilliges Opfer des Wohlgefallens." Vgl. zum Thema Opfer auch die Ausführungen zu Ps 147,7.

137 Zu Ps 149,4 und zu den synonym gebrauchten Bezeichnungen vgl. auch Sedlmeier, Jerusalem, 232 f, und vor allem oben Anm. 101.

Volk.[138] Bezeichnenderweise wird diese doppelte Bedeutung des Wohlgefallens als Begründung und Folge des Lobens mit dem einzigen Partizip in Ps 149 und mit dem einzigen wirklich hymnischen Satz des Psalms formuliert. Zugleich ist רוצה auch das letzte Partizip im ganzen Psalter, wodurch es besonderes Gewicht erhält.[139] Zum Ende des Psalmenbuches wird die Essenz aus allen Hymnen gezogen: JHWH hat Wohlgefallen an seinem Volk, darum ist er zu loben und zu preisen und umgekehrt gilt diesem Volk, welches Gott die Ehre im Lobpreis gibt, dessen ganzes Wohlwollen und Gefallen.

Dieses Volk des Wohlgefallens sind die Demütigen (ענוים, V. 4b) wie der *parallelismus membrorum* deutlich macht. Die ענוים bleiben in Ps 149,4 ohne direkte Oppositionsgruppe, während sie in Ps 147,6 den רשעים („Gottlosen") gegenübergestellt werden, über die in Ps 145,20; 146,9 und 147,6 zudem die Vernichtung durch JHWH ausgesprochen wird. In Ps 149 findet sich allerdings das Gegenüber von „Volk" (V. 4) als dem Gottesvolk und den anderen „Völkern" (V. 7).

Von den „Demütigen" wird in V. 4b gesagt, dass JHWH sie „schmückt". Das Verb פאר bezeichnet den Vorgang des Schmückens, Zierens oder auch den Schmuck selbst (vgl. die Substantive תפארה / תפארת).[140] Im Psalter findet sich פאר nur in Ps 149, so dass hier eine weitere Inspiration durch Jesaja angenommen werden kann.[141] Denn für den Zweiten Jesaja lässt sich eine Häufung der Belege für das Lexem פאר feststellen, insbesondere im Kontext von Lobliedern und Heilszusagen.[142] פאר wird vor allem dort verwendet, „wo es um das heilvolle Handeln JHWHs an seinem Volk geht und JHWHs Ehre bzw. seine Herrlichkeit angesichts dieses Handelns zum Ausdruck gebracht werden soll, auch letztlich da, wo der Ruhm Israels bzw. Zions"[143] gemeint ist. פאר (pi.) beschreibt zum einen die durch JHWH bewirkte Verherrlichung und Neuschmückung Zions (Jes 55,5; 60,9; vgl. Jes 52,1) oder auch des Tempels (Jes 60,7.13; vgl. Esr 7,27).[144] Zum anderen bezeichnet

---

138 Vgl. hierzu auch Ps 147,1 sowie die Nähe zu Ps 33,1–3 und die Frage, was guten und schönen Lobgesang ausmacht, vgl. dazu die Ausführungen zu Ps 147,1.

139 Vgl. dazu auch BALLHORN, Telos, 333.

140 Vgl. HAUSMANN, Art. פאר, 494–499. Das Substantiv פְּאֵר bezeichnet den Kopfschmuck als Teil der Kleidung und die ehrenhafte Erscheinung, die sich durch den Schmuck ergibt, vgl. Ex 39,28; Jes 3,20; 61,3.10; Ez 24,17.23; 44,18.

141 Vgl. auch DEISSLER, Psalmen, 570, der die Beziehung zu Jes 55,5 und 60,14 (über das Stichwort „verherrlichen") betont. ZENGER, Psalm 149, 864, sieht in V. 4 die semantische und konzeptuelle Aufnahme der beiden ersten Gottesknechtslieder (Jes 42,1–9; 49,1–12). Anders DAHOOD, Psalms, 357, der hier keine eindeutige Abhängigkeit des Psalms von Jesaja sieht.

142 Vgl. Jes 44,23; 49,3; 55,5; 60,9.13.21; 61,3.10. Vgl. auch BALLHORN, Telos, 333.

143 HAUSMANN, Art. פאר, 497.

144 Ps 149 steht in mehrfacher Beziehung zu Jes 60, was eine Rezeption noch wahrscheinlicher macht, vgl. unten die Ausführungen zu V. 5.

פאר (hitp.) die Selbstverherrlichung Jhwhs, die sich in der Erlösung Israels auswirkt und die Grund zum Lob ist: „Jubelt, ihr Himmel, denn Jhwh hat es getan!
Jauchzt, ihr Tiefen der Erde! Brecht in Jubel aus, ihr Berge, du Wald und all ihr
Bäume darin! Denn Jhwh hat Jakob erlöst, und an Israel verherrlicht er sich." (Jes
44,23). Wie in Ps 149 steht der Lobpreis ganz eng in Verbindung mit der göttlichen
Verherrlichung: In Jes 44 mit Jhwh als Objekt und in Ps 149 mit Jhwh als Subjekt,
der die Verherrlichung an den Demütigen vollzieht.

Der Schmuck, den Ps 149 beschreibt, wird durch das Substantiv ישועה („Rettung", „Heil") näher bestimmt. ישועה beschreibt das rettende Eingreifen Gottes als
erfahrbares Heil und als seine Hilfe, die Notleidenden zuteil wird.[145] Das Subjekt
von ישע ist in den Psalmen in den meisten Fällen Gott (vgl. z. B. Ps 145,19), es sei
denn, dass die „Nichtigkeit menschlicher Hilfe" (Ps 146,3) oder die „Unzulänglichkeit militärischer Macht" (Ps 33,16 – 17; vgl. 147,10) beschrieben werden soll.[146]
Demnach gibt es wahre Hilfe und Rettung nur von Jhwh. Ps 149 knüpft an die in
den vorangegangenen Hallel-Psalmen zentrale Frage nach dem „richtigen" Vertrauen an, thematisiert aber nicht mehr die Alternative die Rettung bei Menschen
zu suchen. Vielmehr wird das Geschehen von Rettung und Heil durch Gott festgestellt und als Verherrlichung beschrieben.

Die Verbindung von פאר („schmücken", „verherrlichen") und ישועה („Rettung", „Heil") ist in dieser Zusammenstellung singulär im Alten Testament. Aber
eine sehr ähnliche Vorstellung unter Verwendung derselben Wurzeln (ישע und
פאר) findet sich in Jes 61. Wie in Ps 149 ist auch in Jes 61,10 das Loben Jhwhs mit
dem Bild einer heilvollen und prächtigen Bekleidung ausgedrückt: „Freuen, ja
freuen will ich mich über Jhwh! Jubeln (גיל) soll meine Seele über meinen Gott!
Denn er hat mich bekleidet mit Kleidern des Heils (בגדי־ישע), den Mantel der
Gerechtigkeit mir umgetan, wie der Bräutigam sich mit priesterlichem Kopfschmuck (פאר) und wie die Braut sich mit ihrem Geschmeide schmückt." (Jes
61,10). Die Bekleidungsmetapher hat eine doppelte Bedeutung: Zum einen schafft
sie als ein wichtiger Teil der Außenwahrnehmung für die Person, die sie trägt, eine
neue Wirklichkeit in ihrem Umfeld. Zum anderen schützt die Kleidung die Person
und ihre Identität vor Übergriffen.[147]

---

145 Vgl. für ישועה z. B. Ex 14,13; 15,2; 1Sam 2,1; Jes 12,2 – 3; 25,9; 33,2.6; 49,6.8; 52,7.10 u. ö.;
Ps 14,7; 42,6,12; 53,7; 69,30; 88,2; 106,4; 118,14 – 15.21 u. ö.
146 Vgl. dazu Sawyer, Art. ישע, 1055.
147 Vgl. dazu Zapff, Jesaja 56 – 66, 395.

Wenn den Demütigen in Ps 149 die Verherrlichung mit Rettung zugesagt wird,[148] dann klingt dies am Ende des Psalters auch wie eine Antwort auf die Hilfe-Rufe, beginnend in Ps 3: „Steh auf, JHWH! Rette mich, mein Gott!" (Ps 3,8), die sich durch den ganzen Psalter ziehen.[149] Die Hilfsbedürftigen, hier demütig genannt, werden nicht nur gerettet, sondern sie werden mit dem göttlichen Heil verherrlicht (vgl. auch 1Sam 2,8 – 9). Denen, die zuvor nichts hatten, haben mit dem göttlichen Heil nun alles empfangen. Diejenigen, die sich ganz und voller Demut JHWH anvertraut haben (vgl. die Hilfe-Rufe in anderen Psalmen), werden erhöht und erhalten eine Auszeichnung, die weithin sichtbar ist. So rühmen es auch die bereits als Vorlage für Ps 149 festgestellten Psalmen 96 und 98: „Singt JHWH (שירו ליהוה), preist seinen Namen, verkündet von Tag zu Tag sein Heil (ישועו)!" (Ps 96,2). „Kundgetan hat JHWH sein Heil (ישועו), vor den Augen der Völker offenbart seine Gerechtigkeit. Er hat seiner Gnade und seiner Treue für das Haus Israel gedacht. Alle Enden der Erde haben das Heil (ישועת) unseres Gottes gesehen." (Ps 98,2 – 3).

In Ps 149 ist dagegen nicht die universale Perspektive des Heils auf der Weltbühne von Interesse wie in Ps 96 und 98,[150] sondern die persönlich-individuelle Zueignung für die Demütigen. Während bei Jesaja das Lexem פאר vor allem die Verherrlichung Zions als Gottesstadt bezeichnet,[151] wird in Ps 149 dies Geschehen auf die Demütigen bezogen. Diese sind mit den Frommen gleichzusetzen und mit ihnen sind diejenigen gemeint, die zu JHWH gehören und auf ihn allein vertrauen. Dieses Bekenntnis der Angewiesenheit auf Gott äußert sich vor allem im Lobpreis.[152] Die Verherrlichung mit Rettung ist die Konsequenz und Folge des Lobens JHWHs. Zugleich ist die Schmückung durch Gott immer schon im Werden und Geschehen präsent und damit bereits Gegenstand und Inhalt des Lobpreises (vgl. auch Jes 61,10). Im hymnischen Preisen fällt Vergangenes, Gegenwärtiges und noch Ausstehendes zusammen.[153] Grund und Folge, Ausgangspunkt und Ziel des Lobens gehen ineinander über, so dass der Hymnus als alles Verbindendes gesehen werden kann: Im Hymnus geschieht die Schmückung der Demütigen, denn sie singen von JHWHs Verherrlichung und erwarten sie zugleich noch. Im Loben stehen die Lobenden in so enger Beziehung zu Gott, dass sie Anteil an seinem Heil

---

148 Vgl. zur Verbindung von עני / ענו und ישע / ישועה darüber hinaus noch Ps 12,6; 18,28; 34,7; 69,30; 72,4 sowie Ps 76,10: „Als Gott aufstand zum Gericht, um zu retten alle Demütigen auf Erden." Zu ענוים vgl. auch die Ausführungen zu Ps 147,2.6.

149 Die gebräuchlichste Form von ישע im Psalter ist die des Imperativs, oft mit dem Suffix der 1. Pers. Sg., vgl. Ps 3,8; 6,5, 7,2; 22,22; 96,2; 109,26; 119,94.146 u. a., dazu auch SAWYER, Art. ישע, 1055.

150 Vgl. dazu oben die Ausführungen zu V. 1.

151 Vgl. zu פאר und כבוד bei Jesaja unten die Ausführungen zu V. 5.

152 Vgl. dazu auch SPIECKERMANN, Heilsgegenwart, 44.

153 Vgl. dazu auch das Kap. II.3.4.4.

und Schmuck erhalten. Dieser Vorgang der Schmückung und Verherrlichung wie er in V. 4 noch im Werden beschrieben wird, ist in den beiden anderen, ganz ähnlichen Aussagen über die göttliche Herrlichkeit und Ehre bereits vorausgesetzt (V. 5.9b).

Somit knüpft der erste Abschnitt von Ps 149 an die Konzeption des neuen Liedes an wie sie in Ps 96; 98 und Jesaja zu finden ist, und stellt zugleich sein eigenes Konzept dessen vor, in dem die Betonung auf den Frommen und Demütigen liegt. Die in Ps 33 und 145 – 148 angelegte frömmigkeits-theologische Thematik setzt sich in Ps 149 mit Fokussierung auf die חסידים fort, die diesen neuen Lobpreis anstimmen.

5.4.2 Herrlichkeit und Ehre für die Frommen (V. 5 – 9)

Der zweite Teil des Psalms (V. 5 – 9) formuliert neben der Herrlichkeitsverleihung weitere zum Teil schwierig zu deutende Aussagen. So folgt in V. 5b eine Lokalisierung des Lobpreises: „auf ihren Lagern" (על־משכבותם). Für V. 6 ist zu untersuchen, inwieweit hier „Instrumente" des Lobpreises („Loblieder Gottes") und des Rachegeschehens („Schwerter") miteinander zusammengebracht, möglicherweise sogar gleichgesetzt werden (können). Diese im Psalter einmalige Verbindung von Schwert und Lobgesang hat in der Auslegungsgeschichte des Psalms große Probleme bereitet.[154] Die Verse 5 – 6 stehen durch die Suffixe, die sich in jedem Kolon auf die Frommen in V. 5a zurückbeziehen, in enger Verbindung. Verschiedene Aussagen werden miteinander verknüpft: Der Lobpreis soll „in Herrlichkeit" und zugleich „auf dem Bett" erfolgen (V. 5) – beide Bestimmungen beschreiben recht unterschiedliche Umstände. Außerdem haben die Lobenden, nimmt man den Text wörtlich, in ihrem herrlichen Bettgesang sowohl Loblieder als auch Schwerter bei sich. Damit wird deutlich, dass ein wörtliches bzw. reales Verständnis nicht direkt intendiert sein kann. Aber welche Intention liegt dann dem Aufruf zum Lob mit Loblieder und Schwertern zugrunde? Auch die Verse 7 – 9, die eine Handlungsabsicht für die Lobenden formulieren, nämlich Rache an den Völkern zu üben, haben verschiedene Deutungen in der Exegese hervorgerufen.

Im Folgenden ist nun der Abschnitt V. 5 – 9 in semantischer und textrezipierender Hinsicht zu bedenken wie es das Anliegen dieser Untersuchung ist. Dabei ist besonders der für Ps 149 wichtige Begriff כבוד sowie die Schärfe des Rachegedankens gegenüber anderen Texten zu berücksichtigen. Für V. 5 – 6 finden sich

---

154 Dazu z. B. ZENGER, Psalm 149, 856.867; BOOIJ, Psalm 149,5, 105 – 107.

keine engen Bezugstexte, da die Formulierungen zu eigen sind. Es bestehen aber Beziehungen auf der Motivebene, die das Verständnis dieser Verse ermöglichen und unten ausgeführt werden sollen. Zu den anderen Versen lassen sich Bezüge zu den vorangehenden Hallel-Psalmen aufzeigen, die die Konzeptionen weiterführen und wichtige Themen aufnehmen. Für diesen zweiten Abschnitt des Psalms sind darüber hinaus Verbindungen zu Deuterojesaja (vgl. bes. Jes 45; 60 – 62) sowie zu Ez 25 und besonders zu Ps 2 zu entdecken. Außerdem stehen einige Texte aus Qumran mit Ps 149 in Verbindung, wo nicht zwangsläufig eine literarische Abhängigkeit angenommen werden muss, die inhaltlichen Verbindungen aber doch bemerkenswert sind. Um die Aussagen in Ps 149 zu verstehen, sind die Texte darum hilfreich und werden an den entsprechenden Stellen zum Vergleich herangezogen.

V. 5 „Loben in Herrlichkeit und auf den Lagern"

Der zweite Teil des Psalms (V. 5 – 9) ist durch zwei zentrale Begriffe der göttlichen Herrlichkeitserscheinung gerahmt: כבוד („Herrlichkeit", V. 5) und הדר („Ehre", V. 9). Damit knüpft der Psalmist an V. 4 ein, der von der Schmückung der Demütigen mit Heil (ישועה) und dem Vorgang der Verherrlichung spricht. V. 5a und 9b beschreiben nun gar nicht mehr das Geschehen der Verleihung (wie V. 4 und z. B. auch Ps 8,6), sondern stellen schlicht fest, dass die Frommen Herrlichkeit (כבוד) und Ehre (הדר) bereits haben. Beide göttlich-königlichen Insignien sind beim lobenden Volk, repräsentiert durch die Frommen, vorhanden, und bilden so das enge Verhältnis zwischen JHWH und Israel ab.

V. 5 lautet demnach: „Frohlocken sollen die Frommen in Herrlichkeit, sie sollen jubeln auf ihren Lagern." Anders als in V. 1– 3 werden die Frommen direkt zum Loben aufgerufen. Mit zwei Jussiv-Formen (יעלזו; ירננו) wendet sich der Sprecher an die Frommen (חסידים) und bestimmt ihren Jubelgesang als „in Herrlichkeit" (בכבוד) geschehend. Im Unterschied zu den anderen Versen von Ps 149 finden sich für die Formulierungen von V. 5 kaum Parallelen im Alten Testament.[155] Gleichwohl ist hier der für die Konzeption des Psalms wichtige Begriff כבוד genannt, der wiederum von zentraler Bedeutung im Alten Testament ist. כבוד steht nicht nur rein rechnerisch in der Mitte von Ps 149 – vorher sind es 32 Wörter, ab כבוד ebenfalls 32 – sondern die gottkönigliche Herrlichkeitssphäre, die noch durch den verwandten Begriff הדר („Ehre", V. 9) beschrieben sowie durch פאר

---

155 עלז mit חסיד kommt nur hier vor, wie auch die Verbindung von חסיד und כבוד. Die Verben עלז („frohlocken") und רנן („jubeln") finden sich aber noch in dem im Zusammenhang mit Ps 149 schon oft angesprochenen Ps 96 (dort V. 12) sowie in Zef 3,14.

(„schmücken"; „verherrlichen", V. 4) und ישועה ("Heil, V. 4) unterstützt wird,[156] nimmt auch eine zentrale inhaltliche Position im Psalms wahr.[157]

In V. 5b, dem zweiten Kolon der Lobaufforderung wird der Ort des Jubelns mit „auf ihren Lagern" (על-משכבותם)[158] bestimmt. Das Wort משכב bezeichnet das Nacht-, Ruhe- oder Krankenlager.[159] In diesem Zusammenhang kann es auch der Ort der intensiven Gottesbegegnung sein, sei es in Klage und Bitte oder auch als Erscheinung Gottes in Traum und Vision.[160] משכב ist in jedem Fall ein Ort der Ruhe, des Innehaltens und der Besinnung.[161]

Ähnlich wurde schon die Erinnerung an die Tora „Tag und Nacht" in Dtn 6 und Ps 1 gefordert (vgl. שכב in Dtn 6,7).[162] In Ps 1,2 (vgl. Jos 1,8) finden sich keine wörtliche Übereinstimmung mit Ps 149,5, aber der Gedanke des immerwährenden Studiums und Betens steht sehr zentral zu Anfang des Psalters und wird am Ende wiederaufgenommen und auf das Loben konzentriert.[163] Der Psalmist von Ps 146 nimmt sich vor „mein Leben lang" JHWH zu loben (Ps 146,1–2) und ähnlich spricht Ps 145 vom ewigen Lobpreis (vgl. V. 1–2.21). Somit kann in Ps 149,5b aufgrund dieser voranstehenden Texte angenommen werden, dass hier eine ähnliche, alle Zeiten umfassende Aussage im Blick auf das Loben getroffen ist. Ps 149 fordert, dass auch im Bett der Jubel der Frommen für Gott erklingen soll. Selbst im Ruhen und Schlafen wird der Fromme noch vom Lob erfasst, so dass er Tag und Nacht mit JHWH durch den Lobpreis verbunden ist. Das Loben erfasst den ganzen Menschen – allezeit, auch in seinem Alltag und sogar im Bett bei Nacht.[164] Während aller-dings Ps 1 vor allem den einzelnen Gerechten vor Augen hat, geht Ps 149 vom Kollektiv der Frommen aus.

---

156 Im Zweiten Jesaja werden Begriffe wie כבוד und ישועה in engem Zusammenhang und nahezu synonym gebraucht (z. B. Jes 62,1–2), vgl. dazu WEINFELD, Art. כבוד, 37.

157 Vgl. dazu unten sowie oben die Hinführung, Kap. II.5.1.

158 Die Präposition על („auf", „über") fällt auf, weil sonst im Psalm die Präposition ב vorherrscht, vgl. dazu oben Kap. II.5.3.1. משכב steht allerdings häufig mit על, vgl. 2Sam 4,11; 11,2; 13,5; Jes 57,2; Hos 7,14; Mi 2,1; Ps 4,5; 36,5; Hi 33,15.19; Hld 3,1; Dan 2,28.29; 4,2.7.10; 7,1.

159 Vgl. z. B. 2Sam 11,2.13; Ps 41,4; Hi 7,13; Hld 3,1.

160 Vgl. Dan 2,28–29; 4,2.7.10; 7,1.

161 Ähnlich auch BOOIJ, Psalm 149,5, 107; DAHOOD, Psalms, 357.

162 Dtn 6,6–7: „Und diese Worte, die ich dir heute gebiete, sollen in deinem Herzen sein. Und du sollst sie deinen Kindern einschärfen, und du sollst davon reden, wenn du in deinem Hause sitzt und wenn du auf dem Weg gehst, wenn du dich hinlegst (ובשכבך) und wenn du aufstehst." Ps 1,2: „(Er) hat Lust an der Tora JHWHs und sinnt über seiner Tora Tag und Nacht."

163 Ähnlich auch ZENGER, Psalm 149, 867.

164 Diese Deutung liegt vermutlich näher als die privaten Ruhelager als Gegenstück zu der (öffentlichen) Versammlung der Frommen in V. 1, wie PRINSLOO, Psalm 149, 403, vorgeschlagen hat. Er deutet den Ausdruck על-משכבותם als „in private" gegenüber der „assembly" – „in public". Dazu auch ZENGER, Psalm 149, 855.867.

Dieser Gedanke des ständigen Lobpreises ist zudem in der Gemeinderegel von Qumran ausgeführt: „Wenn ich liege und wenn ich aufstehe und wenn ich auf dem Bett (משכב) liege, will ich jubeln (ורנן!) für ihn. Und ich will ihn preisen mit dem Hebopfer (תרומת), das von meinen Lippen kommt..." (1QS X,14). Auffällig ist die Verwendung der gleichen Lexeme im Qumrantext wie in Ps 149,5 – 6. Dies muss keine literarische Abhängigkeit voraussetzen, ist aber doch bemerkenswert, auch, da 1QS und die späten Psalmen in etwa der gleichen Zeit entstanden sind.[165]

Im Zusammenhang mit einer eschatologischen Deutung des ganzen Psalms wird משכב auch als „Grab" interpretiert, wie Füglister ausführlich dargelegt hat.[166] Aber sowohl er selbst als auch Ballhorn, der sich Füglisters Vorschlag anschließt,[167] müssen zugeben, dass sich die Bedeutung von משכב als Totenbett nicht aus dem Alten Testament selbst ergibt, sondern nur mit Umwegen über Ps 1,5 und auch Ps 2 – wenn man denn diese Aussagen dort in Bezug auf das eschatologische Gericht versteht – und über die allgemein späte Ansetzung des Psalms annehmen lässt.[168] Damit steht aber das Postulat einer in Ps 149 angezeigten Auferstehungshoffnung doch zu sehr auf tönernen Füßen, so dass die allgemein belegte Bedeutung von משכב als Bettlager dieser vielleicht interessanten, aber nicht verifizierbaren Überlegung vorzuziehen ist.[169] Darum ist das Lager als Bild für den immerwährenden Lobpreis zu verstehen.

Im Jubeln auf dem Lager werden die lobenden Frommen zugerüstet für den Kampf. Dies geschieht nun aber nicht in dem Sinne, dass sich die Krieger im real verstandenen Kriegslager[170] durch den Lobgesang auf die Schlacht einstimmen

---

165 Die Psalmensammlung im Umfang des masoretischen Psalter ist zeitlich früher anzusetzen als die Psalmenrolle 11Q5 in Qumran, vgl. dazu Kap. III.2. Die Abfassung von 1QS ist für die zweite Hälfte des 2. Jh. anzunehmen, vgl. STEGEMANN, Essener, 152 f; KNIBB, Art. Rule, 796; bzw. lag spätestens 100 Jh. v. Chr. in der Endgestalt vor, vgl. XERAVITS / PORZIG, Einführung, 144. Für Ps 149 ist ebenfalls eine Entstehung um 200 v. Chr. anzunehmen, vgl. dazu unten Anm. 235.245 sowie zur Datierung der Hallel-Psalmen Kap. III.3.
166 Vgl. FÜGLISTER, Lied, 101 – 104.
167 Vgl. BALLHORN, Telos, 329 f; auch LOHFINK, Lobgesänge, 123, sympathisiert mit der Gräber-Deutung; ebenso LORETZ, Psalm 149, 364 – 366.
168 FÜGLISTER, Lied, 102 f.
169 Kritisch der „Gräber-Lesart" gegenüber steht auch BOOIJ, Psalm 149,5, 106. Darüber hinaus gibt es noch weitere Deutungen und Vorschläge zur Textänderung (vgl. z. B. GUNKEL, Psalm 149, 54: על־עמרכותם, „nach ihren Kriegsscharen"). Einen Überblick geben ZENGER, Psalm 149, 855 f, sowie BOOIJ, Psalm 149,5, 105 f, der zu dem Fazit kommt: „None of these interpretations is satisfying. The psalm does not speak of a victory or victory processions. No old or sick people are mentioned. Worshippers ‚camping' in the sanctuary or sleeping there on their matrasses are unknown in the Old Testament." (a.a.O., 106).
170 Im Alten Testament findet sich kein Beleg für משכב, der sicher auf die Verwendung „Kriegslager" hindeutet, am ehesten könnte Ri 21,12 herangezogen werden. In der Regel ist mit

oder auch nach einer Schlacht den Siegesgesang anfangen.[171] Sondern mit der Übertragung der göttlichen Herrlichkeit durch den Hymnus erhalten die Lobenden weiterführende Aufgaben. Der Lobgesang erhält eine Zielbestimmung, die sich nach Ps 149 im Entmachtungsgeschehen der Völker und ihrer Könige vollzieht. Daraufhin rüsten sich die Lobenden nun mit dem Jubelgesang zu, den sie immerwährend singen. Zentrale Bedeutung erhalten in diesem Zusammenhang die Begriffe כבוד („Herrlichkeit", V. 5) und הדר („Ehre", V. 9), die im Blick auf das Loben und den damit verbundenen Übertragungsvorgang im Folgenden genauer angesehen werden.

Israel als Lobgemeinschaft wird in die göttlich-königliche Sphäre miteinbezogen, indem dem Volk Attribute (ישועה; כבוד; הדר) zugesprochen werden, die traditionell Gott eigen sind.[172] Die Königsinsignien הדר und כבוד bezeichnen die überwältigende Erscheinung des Gottkönigs und umschreiben seine Machtsphäre

---

משכב das Lager zum Ausruhen und Schlafen gemeint (vgl. oben im Text), nicht zur Sammlung vor dem Kriege, vgl. dazu auch Anm. 171.

171 Der Psalm wurde aufgrund seiner kriegerischen Termini (insb. V. 6 – 9) als kultisches Kriegsbzw. Siegeslied gedeutet und mit vermeintlich historischen Gegebenheiten verknüpft. Dabei werden die Schwerter in V. 6 als reale Waffen verstanden, die dann vor oder nach dem Sieg die Heeresmacht demonstrieren. So z. B. GUNKEL, Psalm 149, 54; DERS., Psalmen, 620: „Wir haben uns also ein Siegesfest zu denken, das von dem heimkehrenden Heere in vollem Waffenschmuck begangen wird: die Singenden und Tanzenden tragen dabei die furchtbaren Kampfschwerter in der Hand." Aufgrund von V. 9 mit dem Hinweis auf ein „geschriebenes" Gericht, das seiner Meinung nach nur ein „verheißenes" bedeuten kann, kommt Gunkel zu dem Schluss: „Der Psalm ist also für das Siegesfest der Zukunft gedichtet, was nicht ausschließt, daß er schon in der Gegenwart als ein ‚geistliches' Spiel' aufgeführt worden sein mag" (ebd.). Zur Kritik an der These Gunkels ausführlich ZENGER, Provokation, 182 f.187. Auch wurde der „Sitz im Leben" von Ps 149 bei dem sog. Thronbesteigungsfest JHWHs verortet. So z. B. SCHMIDT, Psalmen, 257, der in dem Psalm die wehrhaften Männer in einer Gottesprozession am Thronbesteigungsfest JHWHs den Tempelberg hinaufziehen sieht. Für ihn ist der Text „durch seine schauerliche Wildheit" als „uralt" zu bezeichnen. Auch sind es „keine Wunschbilder", die hier beschrieben werden, sondern realer „Vorgang". WEISER, Psalmen, 581, denkt an einen gottesdienstlichen Hymnus zur Königsfeier JHWHs, einem (vorexilischen) Kultfest, bei dem auch der Bundesheerbann anwesend ist. Ihm folgt DAHOOD, Psalms, 357.

172 Zu JHWHs ישועה vgl. z. B. Gen 49,18; Ex 14,13; 1Sam 2,1; Jes 12,2; 52,10; Ps 20,6; 21,2; 96,2; 98,2; 119,166.174; zu JHWHs כבוד vgl. z. B. Ex 16,7.10; 24,16; Dtn 5,24; Jes 6,3; 40,5; 42,8; 60,1 – 2; Ez 3,12; 10,18; Ps 24,8.10; 104,31; 138,5; 145,5.11 – 12; 2Chr 7,1 – 3; vgl. zur Herrlichkeit Gottes auch die Studie von WAGNER, Herrlichkeit, der allerdings kein einziges Mal auf כבוד in Ps 145,5.11.12 und 149,5 zu sprechen kommt und diese nicht einmal in der Übersicht (a.a.O., 13) angibt. Zu JHWHs הדר vgl. z. B. Jes 2,10.19.21; 35,2; Ez 16,14; Ps 29,4; 90,16; 96,6; 104,1; 145,5.12. Vgl. hierzu insgesamt SPIECKERMANN, Heilgegenwart, 220 – 225, der betont, dass die Herrlichkeitsprädikationen ursprünglich (theologisch und traditionsgeschichtlich) zur Sphäre JHWHs gehören, und Gott den irdischen König an seiner Herrlichkeit teilhaben lässt, und dass nicht umgekehrt, die Attribute sekundär auf JHWH übertragen worden seien (a.a.O., 214).

im Sinne von Glanz, Hoheit, Ehre und Herrlichkeit.[173] JHWH trägt königliche Ehre und Herrlichkeit gleichsam wie Kleider, seine Gegenwart ist voller Heil. Damit ist wieder der bereits mehrmals rezipierte Ps 96 angesprochen, der diese Herrlichkeitssphäre JHWHs mit denselben Lexemen beschreibt, wie sie auch Ps 149 verwendet.[174] Für Ps 145 ist die überwältigende Herrlichkeit und Pracht JHWHs Grund und Inhalt der Verkündigung an alle Welt.[175] Somit liegt solch eine Herrlichkeitskonzeption Ps 149 in seinen direkten Vorlagetexten (bes. Ps 96 und 145) zur Rezeption und Weiterführung bereit (vgl. auch noch Ps 104,1).

Neben diesen Texten ist noch ein weiterer Aspekt im Hintergrund von Ps 149 anzunehmen: Denn an dieser überwältigen Aura Gottes, die durch Attribute wie Herrlichkeit und Ehre beschrieben wird, erhält von Zeit zu Zeit auch der irdische König Anteil, der als Stellvertreter Gottes auf Erden eingesetzt ist. So preist z. B. Ps 21,6 die göttlich verliehene Herrlichkeit des Königs: „Groß ist seine Herrlichkeit (כבוד) durch deine Hilfe (ישועה); Majestät (הוד) und Pracht (הדר) legtest du [JHWH] auf ihn [den König]."[176] Die Verwendung derselben Lexeme wie in Ps 149 macht eine Rezeption von Ps 21 in Ps 149 gut möglich. Gemäß Ps 21 lässt JHWH den König an seiner Herrlichkeit teilhaben, indem er ihn durch eine doppelte Bewegung besonders auszeichnet: Aus der Sphäre Gottes senken sich die göttlichen Auszeichnungen auf ihn herab. Gleichzeitig wird der König aufgrund dieser Schmückung mit den göttlichen Attributen erhöht und aus dem Volk herausgehoben, nicht zuletzt um als Repräsentant Gottes für dessen Königreich zu streiten.[177] Trotz aller Einbeziehung des Königs in die göttliche Sphäre, wird der König in Israel aber nicht als Gott verstanden. Er ist nur „König von Gott her; die Nähe zu Gott ist der Ermöglichungsgrund des königlichen Handelns".[178]

Ps 8 übertrifft diese Aussagen über den König noch, indem dort davon die Rede ist, dass der Mensch schlechthin mit Herrlichkeit (כבוד) und Pracht (הדר) gekrönt wird. Ihm fehlt nur wenig, um selbst Gott zu sein.[179] Die Verherrlichung

---

173 Vgl. dazu oben die Hinführung, Kap. II.5.1.
174 Ps 96,2 – 3.6: „Singt JHWH, preist seinen Namen, verkündet von Tag zu Tag sein Heil (ישועתו)! Erzählt unter den Heiden seine Herrlichkeit (כבודו), unter allen Völkern seine Wundertaten! [...] Majestät und Pracht (הוד־והדר) sind vor ihm, Stärke und Glanz (תפארת) in seinem Heiligtum."
175 Ps 145,5.12: „Von der Pracht der Herrlichkeit deiner Majestät (הדר כבוד הודך) sollen sie reden, und deine Wundertaten will ich bedenken. [...] Dass kundwerde den Menschenkindern seine Machttaten und die herrliche Pracht seines Königreiches (כבוד הדר מלכותו)."
176 Vgl. auch Ps 18,51: „Er [JHWH] macht groß das Heil (ישועות) seines Königs und Gnade erweist er seinem Gesalbten, David, und seinen Nachkommen auf ewig." Sowie auch Ps 45.
177 Vgl. SPIECKERMANN, Heilsgegenwart, 214.218 f.
178 SAUR, Königspsalmen, 103.
179 Ps 8,6: „Denn du hast ihn [den Menschen] wenig geringer gemacht als Gott, mit Herrlichkeit (כבוד) und Pracht (הדר) krönst (עטר) du ihn." Vgl. auch mit ähnlicher Aussage 1Sam 2,8: Hier sind

des Menschen wahrt dabei die Distanz zwischen Gott und Mensch, der Mensch wird nicht göttlich. Aber es ist die königliche Erhöhung des Menschen. Er wird in seiner Schwachheit – was ist der Mensch angesichts der Größe Gottes? – zu Gott empor gehoben. „Es ist der schlechthin bedürftige Mensch, den Jahwe angesichts der Weite und Erhabenheit des Kosmos in die Fülle seiner Herrlichkeit holt. Ja, es ist gerade der glanzlose, unscheinbare Mensch, der sich Jahwe wegen seiner mangelnden Selbstherrlichkeit zum Herrlichkeitsempfang empfiehlt.“[180] Diesen Gedanken nimmt Ps 149 auf,[181] wenn hier diejenigen des Herrlichkeitsempfangs mit dem Inbegriff aller fehlenden Selbstherrlichkeit beschrieben werden: demütig (עֲנָוִים, V. 4). Denn nur bei den Demütigen und Frommen ist sichergestellt, dass es nicht zur Verherrlichung des *Menschen selbst* kommt, sondern dass „ganz und gar Jahwe die Ehre gegeben wird“.[182] Die göttliche Verherrlichung des Menschen hat nur ein Ziel: das verherrlichende Lob Gottes und seiner unbegreiflichen Herrlichkeit (vgl. den Lobausruf in Ps 8,2.10 und Ps 145,5.12). Gleichzeitig zeugt dieses Selbstverständnis sich gegenüber Gott als vollkommen demütig zu präsentieren aber von einem besonderen Selbstbewusstsein der Verfasser. Die Betonung der eigenen Niedrigkeit führt zugleich zur persönlichen Aufwertung der Sprecher und grenzt gegenüber anderen, aus Sicht der Verfasser nicht entsprechend frommen und demütigen Menschen ab.

Mit der Einholung in die göttliche Herrlichkeitssphäre werden Israel die damit verbundenen Aufgaben übertragen, so denkt es Ps 149 weiter. Auch in Ps 8 erhält der verherrlichte Mensch einen Auftrag: den zur Herrschaft über die Schöpfung (Ps 8,7–9; vgl. Gen 1). In Ps 149 zielt die göttliche Herrlichkeit auf die Durchsetzung der Königsherrschaft Gottes ab (V. 7–9). Mit dem Erscheinen des göttlichen הָדָר, Jhwhs Pracht und Herrlichkeit, ist das schreckenshafte Gerichtshandeln Gottes verbunden, wie es z. B. Jes 2 dramatisch schildert (vgl. Jes 6; Ps 96; Hi 40,10–13).[183] Darum ist das Gerichtshandeln in Ps 149,5–9 wohl nicht zufällig durch die beiden bedeutungsschweren Gottesattribute כָּבוֹד und הָדָר (V. 5 und 9) eingeschlossen, das

---

es die Armen und Geringen, die erhöht und auf den Thron der Herrlichkeit (כִּסֵּא כָבוֹד) gesetzt werden.

180 Spieckermann, Heilsgegenwart, 234.
181 Die Übertragung göttlicher Herrlichkeit auf den Menschen ist dabei kein singulärer Gedanke im Psalter, vgl. etwa Ps 3,4; 62,8; 84,12; dazu auch Ballhorn, Telos, 325 mit Anm. 859.
182 Spieckermann, Heilsgegenwart, 234. Wie in Ps 8,6 ist auch in Ps 149,4 Jhwh das handelnde Subjekt der Verherrlichung, vgl. noch Ps 103,4; dazu auch Spieckermann, Heilsgegenwart, 234 mit Anm. 25.
183 Vgl. z. B. Jes 2,10 f: „Geh in die Felsen und verbirg dich in der Erde vor dem Schrecken des Herrn und vor seiner herrlichen Majestät! Denn alle hoffärtigen Augen werden erniedrigt werden, und die stolze Männer sind, werden sich beugen müssen; der Herr aber wird allein hoch sein an jenem Tage.“ Vgl. dazu auch Warmuth, הדר, 359 f; Wagner, Herrlichkeit, 141–144 (zu Jes 6).

dann zusammen mit der göttlichen Pracht auf die Frommen übertragen wird. Israel übernimmt mit der Herrlichkeitssphäre auch das Gerichtshandeln, das eigentlich Gott allein vorbehalten ist (vgl. Ps 94,1–2).[184] In einer Zeit, in der das Königtum Israels längst nicht mehr vorhanden war, nimmt Israel die Aufgaben Davids wahr und wird zum Herrscher über die Völker (vgl. Jes 45,14; 55,4–5).[185] Ähnlich wird Israel in Ps 149 zum messianischen Macht- und Würdenträger, der auch zur Durchführung des Gerichts bevollmächtigt und beauftragt ist – und zwar weil es Gott lobt.

Das Singen des Hymnus wird zur Qualifikation für das quasi-Königsamt inklusive Herrlichkeitsattributen und exekutiven Richteramt. כבוד und die verwandten Begriffe beschreiben „ein komplexes Phänomen, das für das Wesen Gottes, ja für Gott selbst steht, das er, ohne sich selbst zu berauben, aus sich entläßt, Götter und Menschen dadurch konstituierend, und das die Beschenkten im Gotteslob ‚zurückgegeben‘, ohne ihrerseits das lebenspendende Geschenk zu verlieren."[186] Mit dieser כבוד-Bestimmung von Spieckermann ist zugleich auch die Sphäre der göttlichen Herrlichkeit umschrieben: Diese ist als Raum, als ein Ereignisbereich zu beschreiben, der konstituiert wird durch das Ineinandergreifen von Geben und Nehmen des nur unzulänglich beschreibbaren Gutes, für das das Alte Testament den Begriff כבוד gewählt hat.[187] Es ist die innige und überhaupt erst lebenspendende Atmosphäre zwischen Mensch und Gott, die im Lobpreis ihren allerersten Ort hat. Im Loben kommt beides zusammen: Der Mensch äußert sich über die sich ausbreitende Herrlichkeit Gottes und zugleich erhält er diese. Die Herrlichkeit ist Voraussetzung und Ermöglichung des Lobpreises, denn dadurch ist es dem Menschen überhaupt möglich und gestattet im Loben vor JHWH zu treten. Zugleich ist sie Gegenstand des Lobens in doppelter Hinsicht: Im Erzählen der Ehre Gottes wird dem Lobenden Ehre zuteil, und dadurch wird sie Gott „gegeben" (vgl. z. B. Ps 19; 29; 66; 96; 97; 145).

Dies alles ist in der schlichten Formulierung von Ps 149 zu lesen, wenn es heißt, dass die Frommen בכבוד („in Herrlichkeit") frohlocken sollen.[188] Sie be-

---

184 Der Gedanke, dass die völkerweite Richterfunktion vom Volk ausgeübt werden soll, ist im Psalter durchaus singulär, vgl. dazu FÜGLISTER, Lied, 90, sowie die Ausführungen zu V. 7–9a.

185 Vgl. dazu FÜGLISTER, Lied, 97 f. Auch in der schlussendlichen Abfolge der Psalmen liest es sich so, dass in Ps 145 David sein Königtum vollständig an Gott abgetreten hat und zugleich das Volk (bzw. „alles Fleisch") zum Lob an seiner Stelle aufruft, vgl. die Ausführungen zu Ps 145.

186 SPIECKERMANN, Heilsgegenwart, 172; vgl. a.a.O., 221.225.

187 Vgl. dazu oben die Hinführung, Kap. II.5.1.

188 Zwei weitere Belege für כבוד mit ב finden sich im Psalter: In Ps 102,17 ist von der Herrlichkeit Gottes die Rede, mit der er über dem wiederaufgebauten Zion erscheinen wird, vgl. z. B. Jes 60,2. Für Ps 112,9 kommt die Ehre des Frommen aus seiner Gottesfurcht und Barmherzigkeit. Ps 149 hat diese beiden Aspekte der göttlichen Herrlichkeit, zum einen als machtvolle Erscheinung, die

finden sich in dieser Sphäre der Herrlichkeit wie die Präposition ב ausdrückt: *in* und *mit* der göttlichen Herrlichkeit, darin stehend und diese sowohl empfangend als auch gebend, loben sie den einen Gott der Herrlichkeit.[189] Weil JHWH König ist (vgl. V. 2) und ihm selbst כבוד und הדר zueigen sind, gibt er seinem Volk Anteil an seiner Königsherrschaft, indem er sie in königlicher Herrlichkeit loben lässt.[190] Die Königsherrschaft JHWHs ermöglicht die Herrlichkeits-Ausbreitung (vgl. Ps 145,10 – 13).[191] Dadurch werden die Lobenden auch in das Gerichtsgeschehen einbezogen (V. 7 – 9). Die auf Erden Lobenden werden so zu Botschaftern und sogar zur Exekutive der göttlichen Königsherrschaft. Damit erscheint der ganze Psalm 149 als ein JHWH-König-Psalm, der die anderen JHWH-König-Psalmen rezipiert[192] und im Blick auf das Hymnus-Geschehen weiterführt.

Ps 149 steht darüber hinaus auch in einer Traditionslinie mit den späten Jesaja-Texten. In Jes 60 – 62 wird die Herrlichkeit mit der Gottesstadt Zion und dem Volk zusammengebracht. Im Eröffnungstext Jes 60 geht es zentral um die göttliche Herrlichkeit, die über dem Zion aufleuchtet und weithin für alle Völker zum Zeichen des Heils wird.[193] Jes 62,1– 3 beschreibt die zukünftige Herrlichkeit Zions,

---

das Gotteslob auslöst, zum anderen die frömmigkeitsbedingte Herrlichkeit des Gerechten, die gleichwohl von Gott verliehen ist, zusammengefasst ohne in direktem literarischen Bezug zu diesen Psalmen stehen zu müssen.

189 ZENGER, Gott, 55, betont vor allem die den Lobenden gegebene Herrlichkeit, wenn er interpretiert: „Die Aufforderung in V. 5a ‚Es sollen jubeln die Getreuen in Herrlichkeit‘ kann sowohl kausal (wegen der ihnen gegebenen Herrlichkeit) als auch modal (im Zustand der ihnen gegebenen Herrlichkeit) verstanden werden."

190 Ein ganz ähnlicher Zusammenhang wird in 4Q301 3 formuliert. Es kommt zur wechselseitigen Ehrung von Gott und Volk durch die Beteiligung des Volkes an der Herrschaft Gottes; vgl. dazu LANGE, Endgestalt, 128 f: „Gott wird geehrt und wird sich ehren, indem und weil er sein Volk schlußendlich zur Herrschaft einsetzen wird."

191 Vgl. außerdem Ps 96,3; Jes 42,12. Die Vorstellung der Ausbreitung der Herrlichkeit findet sich auch im Trishagion (Jes 6,3). Dazu SPIECKERMANN, Erde, 65 f: „Jahwe Zebaoth ist nach dem Zeugnis von Jes 6,3 ganz in der Welt da, ist Gott in Welt und macht Welt zum Ort der Gottesherrschaft, welche für Gott selbst steht." (Zitat 66). Vgl. auch die apokalyptische Vorstellung in Jes 24,21 – 23: Gottes Königsherrschaft umfasst hier ebenfalls die Herrlichkeitserscheinung über Zion / Jerusalem und außerdem die Gefangennahme der Könige der Völker (vgl. Ps 149,8! sowie die Verbindung zu Jes 60.62, vgl. dazu unten).

192 Vgl. die Aufnahme von Ps 96 und 98, dazu oben die Ausführungen zu V. 1. Bei Ps 149 steht vermutlich auch das כבוד-Verständnis aus Ps 93 und 29 im Hintergrund; zu כבוד in Ps 29 und 93 vgl. z. B. SPIECKERMANN, Heilsgegenwart, 221.

193 Jes 60,1– 3: „Steh auf, werde licht! Denn dein Licht ist gekommen, und die Herrlichkeit JHWHs (כבוד יהוה) ist über dir aufgegangen. Denn siehe, Finsternis bedeckt die Erde und Dunkel die Völkerschaften (לאמים); aber über dir strahlt JHWH auf, und seine Herrlichkeit (כבוד) erscheint über dir. Und es ziehen Völker (גוים) zu deinem Licht hin und Könige (מלכים) zum Lichtglanz deines Aufgangs." Vgl. dazu auch WAGNER, Herrlichkeit, 234: „Die Anwesenheit JHWHs und seines *kābōd*

die voller Gerechtigkeit und Heil (ישועה) leuchten und vor den Völkern und ihren Königen aufscheinen wird.[194] Neben der Verwendung von כבוד verbindet Ps 149 und Jes 60–62 auch das Lexem פאר wie oben bereits ausgeführt wurde (vgl. Ps 149,4 bes. mit Jes 60),[195] so dass durch die mehrfachen Bezüge eine Rezeption der späten Jesajatexte durch Ps 149 wahrscheinlich ist. Auffällig ist neben den göttlichen Attributen, die auf die Stadt appliziert werden, dass die königlich-göttliche Herrlichkeit wie in Ps 149 auch Auswirkung auf die anderen Völker und deren Könige hat. Der Lichtglanz des Zion ist so stark, dass er Völker und Könige anlockt und in seinen Bann zieht (Jes 60,3). Dabei ist auch die (gewalttätige) Herrschaft über die anderen Völker und deren Könige eingeschlossen (vgl. Jes 60,10–12.14), wie es wiederum ähnlich in Ps 149,7–9 zu finden ist.[196]

Zion selbst mit seinem Herrlichkeitsglanz soll zum Schmuck Gottes werden (Jes 62,3). Was hier noch zukünftig ist, nimmt Ps 149 schon als Gegenwart wahr. Wieder liegt hier eine Einholung der prophetischen Heilsweissagung in die gegenwärtige Situation des Beters vor, wie schon in Ps 146 und 147 beobachtet wurde. Durch die hymnische Vergegenwärtigung wird die eschatologische Ankündigung auf die Lobpreisenden apostrophiert, als präsent und im Vollzug geschildert.[197] Im Hymnus-Geschehen wird die göttliche Herrlichkeit übertragen: Die heilvolle Ankündigung, die bei Jesaja der Gottesstadt und seinem Volk gilt, wird nun auf die

---

werden zum sichtbaren Zeichen der Königsherrschaft JHWHs auf dem Zion. Sie wird in der prachtvollen Ausstattung von Tempel und Stadt sichtbar werden. Der *kābôd* JHWHs bezeichnet in diesem Text wiederum den königlichen ,Glanz', der beim Auftreten Gottes zu sehen ist. Er wird die über dem Land liegende Finsternis verdrängen. Die Erhellung der Finsternis durch das Erstrahlen des göttlichen Glanzes wird als Bild für das Ende der Leidenszeit Jerusalems verwendet."

194 Jes 62,1–3: „Um Zions willen will ich nicht schweigen, und um Jerusalems willen will ich nicht ruhen, bis seine Gerechtigkeit hervorbricht wie Lichtglanz und sein Heil (ישועתה) wie eine Fackel brennt. Und die Völker (גוים) werden deine Gerechtigkeit sehen und alle Könige (כל־מלכים) deine Herrlichkeit (כבודך). Und du wirst mit einem neuen Namen genannt werden, den der Mund JHWHs bestimmen wird. Und du wirst eine prachtvolle Krone (עטרת תפארת) sein in der Hand JHWHs und ein königliches Diadem in der Hand deines Gottes."

195 Vgl. dazu oben die Ausführungen zu V. 4, bes. Anm. 141.142.

196 Es sind dieselben Begriffe in Ps 149,7–8 und Jes 60; 62: גוים („Völker"); לאמים („Völkerschaften"); מלכים („Könige"); dazu noch unten die Ausführungen zu V. 7–9a.

197 Anders FÜGLISTER, Lied, 85, der aufgrund dieser Aufnahme jesajanischer Heilsaussichten für Zion auch Ps 149 als eschatologischen Text bestimmt. Der Moduswechsel zwischen prophetischer Ankündigung und hymnischem Lobpreis hat für ihn demnach keine Bedeutung. Auch wenn mit Sicherheit für den Psalmisten der Idealzustand gleichwohl noch nicht erreicht ist, präsentiert sich sein eigenes Erleben anders als dem der prophetischen Schau. Im hymnischen Loben wird die heilvolle Herrlichkeit für ihn schon Realität – und zwar in anderer Qualität als es für den prophetischen Verfasser gewesen sein mag, vgl. dazu vor allem die Ausführungen bei Ps 147.

Lobpreisenden selbst bezogen. Sie erhalten Schmuck und Herrlichkeit, der Hymnus selbst wird zur Ehre für die Frommen (Ps 149,9).

Die Herrlichkeit der Frommen beruht auf ihrer Beziehung zu Gott, die im Loben JHWHs konkrete Gestalt gewinnt.[198] Eine ähnliche Vorstellung findet sich auch bei Jesus Sirach, wo die JHWH-Furcht direkt als Schmuck (פאר) bezeichnet wird (Sir 9,16; 10,22), und in Prov 15,33, wo die Demut der Ehre vorangeht.[199] Es kommt demnach nicht von ungefähr, dass Ps 149 ein Lied der Frommen ist und das gerade diese lobenden Frommen und Demütigen mit der Herrlichkeit Gottes bedacht werden. Die gottgemäße Frömmigkeit, die göttliche Ehre und das Loben des Gebers und Empfänger dieser Herrlichkeit bilden einen engen Zusammenhang, der vermutlich besonders um das 2. Jh. theologisch wichtig wurde (vgl. auch den Text 4Q521 aus Qumran).[200] So lässt sich in den Zusatztexten zur großen Psalmenrolle 11Q5 (11QPsᵃ) Ähnliches beobachten.[201] In der Apostrophe to Zion (11Q5 22,1–15) wird die Erneuerung Zions erwartet und herbeigesungen und steht ebenfalls in Verbindung mit Jes 60–66.[202] In diesem Text sind die Frommen der Schmuck Zions, die das Heil erwarten. Dabei stehen sie bereits in der Herrlichkeit Gottes, denn der Text endet mit בכבודך: „Es freue sich meine Seele in deiner Herrlichkeit" (Z. 15). Die Krönung der Frommen findet sich sodann in dem Text, der

---

198 Vgl. auch Ps 73,23–28: Der Beter hält sich in Treue zu Gott, wird von Gott angenommen und verherrlicht, verkündet die Taten Gottes. Zudem wird das Gegenbild zu den חסידים geschildert: Die sich von Gott abkehren und ihm die Treue brechen, werden umgebracht. Vgl. mit Ps 149,4.(5.)9 auch die in den Hodajot ähnliche Frömmigkeitskonzeption des von Gott gerecht gemachten und verherrlichten Menschen: „Nur durch deine Güte wird ein Mann gerecht und durch dein reiches Erbarmen [...]. Mit deiner Ehre verherrlichst du ihn (בהדרך תפארנו)." (1QH XIII,17)
199 Prov 15,33: „Die Furcht JHWHs ist Weisung zur Weisheit (יראת יהוה מוסר חכמה), und vor der Ehre geht Demut (ולפני כבוד ענוה)."
200 Ähnliche Gedanken beschreibt ein in Qumran gefundener Text (4Q521). Die Kopie 4Q521 ist von 100–80, der Text selbst vermutlich schon aus dem 2. Jh., vgl. DAHMEN, Rezeption, 225 Anm. 540. Der Text rezipiert vor allem Ps 146, aber auch zu Ps 149 ergeben sich inhaltliche Verbindungen: So befinden sich die Frommen und die auf Gott Harrenden (יחל, vgl. Ps 147,11) in Erwartung der Verherrlichung (יכבד) durch Gott, die Demütigen u. a. sind besondere Zielgruppe der Hilfe Gottes. „4 Findet ihr nicht darin den Herrn, alle, die da hoffen (המיחלים) in ihrem Herzen, 5 dass der Herr sich um Fromme kümmert (חסידים יבקר) und Gerechte (צדיקים) mit Namen ruft, 6 über Demütigen (ענוים) Sein Geist schwebt und Er Getreue neu stärkt durch Seine Kraft, 7 dass Er Fromme (חסידים) ehrt (יכבד) auf einem Thron ewiger Herrschaft (כסא מלכות עד), 8 Gebundene löst, blinde (Augen) öffnet, G[ebeugte] aufrichtet?" Die Übersetzung folgt MAIER, Texte II, 684; vgl. außerdem BERGMEIER, Beobachtungen, sowie die Ausführungen in Kap. II.2.4.3 Anm. 199.
201 Vgl. dazu auch oben Anm. 101.
202 11Q5 22,3.6: „Generation um Generation wird in dir [Zion] wohnen und Generation Frommer (ודורות חסידים) sind dein Schmuck (תפארתך), die sich sehnen nach dem Tag deiner Rettung (ישעך) und frohlocken in der Fülle deiner Ehre (כבודך). [...] Die Gnaden deiner Propheten wird du erinnern und mit den Taten deiner Frommen (ובמעשי חסידיך) dich schmücken (תתפארי)."

Plea for Deliverance (11Q5 19) genannt wird: „Gepriesen sei JHWH, der Gerechtigkeit wirkt, der seine Frommen krönt (מעטר חסידיו, vgl. Ps 8,6) [mit] Gnade und
Erbarmen (חסד ורחמים)."

In Ps 149 werden diese breit rezipierten Vorstellungen von göttlicher Herrlichkeit und der Verleihung der königlichen Herrlichkeit an König und Mensch
vorausgesetzt und transformiert. Die göttlichen Attribute ישועה („Heil", V. 4), כבוד
(„Herrlichkeit", V. 5) und הדר („Ehre", V. 9) werden dabei exklusiv den Lobenden
zugesprochen. Dieses Selbstverständnis als von Gott „Verherrlichte" zeugt von
einem hohen Selbstbewusstsein der Psalmisten. Das damit ein, wenn nicht *das*
zentrale Thema des Psalms angesprochen ist, zeigt auch die Qumran-Variante von
Ps 149, wo am Ende vor dem Halleluja eine Ergänzung eingefügt wurde, die die
Übertragung eines weiteren Gottesattributs auf die Lobenden formuliert. Denn Ps
149 endet in 11Q5 mit „Ehre ist das für alle seine Frommen, für die Söhne Israels,
dem Volk seiner Heiligkeit (לבני ישראל עם קודשו). Halleluja".[203] Somit wird auch קדש
(„Heiligkeit") als wichtiger Gottesbegriff auf das Gottesvolk appliziert und Israel
als ganz zu JHWH gehörend qualifiziert.[204]

V. 6 „Loblieder und Schwerter"

Die Lobaufforderung aus V. 5 wird in V. 6 mit einem Nominalsatz fortgeführt, der
durch die suffigierten Substantive syntaktisch eng an V. 5 und das dortige Bezugswort חסידים angebunden ist: „Loblieder Gottes [seien] in ihrer Kehle und ein
Schwert von doppelter Schneide in ihrer Hand." Der Nominalsatz in V. 6a verortet
die Loblieder Gottes in der Kehle der Lobenden (בגרונם mit Rückbezug auf V. 5). Die
Kehle (גרון) ist der Ort der Erzeugung der Worte und des Sprechens (vgl. Jes 58,1; Ps
69,4; 115,7).[205] Vom Inneren des Menschen soll der Lobgesang kommen, nicht nur
äußerlich auf den Lippen liegen. Die Lippen sind das Tor des Mundes, das gute
und schlechte Rede nach außen bringt.[206] Möglicherweise sind hier mit Absicht
die Begriffe für Lippen (שפה) oder Mund (פה)[207] vermieden worden,[208] um zu
betonen, dass schon bei der Entstehung und Formung der Laute und Worte diese

---

203 Vgl. dazu unten die Ausführungen zu V. 9b.
204 So auch BALLHORN, Telos, 336. Vgl. zur Nähe von Herrlichkeit und Heiligkeit auch
SPIECKERMANN, Erde, 63 – 65; FELDMEIER / SPIECKERMANN, Gott, 18 – 21.
205 גרון ist in Ps 5,10; 69,4; 115,7; Jes 3,16; 58,1; Jer 2,25; Ez 16,11 belegt.
206 Vgl. zur bösen Rede z. B. Ps 12,3.4; 22,8; 34,14; vgl. auch Jes 6,5.7; zur guten Rede, meist Lob
z. B. Ps 17,1; 51,17; 71,23; 119,171; 141,3; Zef 3,9; Mal 2,6.7.
207 Vgl. allerdings פיפיות („doppelmäulig") in V. 6b, das eine verdoppelte Pluralform von פה
darstellt.
208 LEUENBERGER, Schwert, 636, übersetzt גרון ungenau mit „Mund".

schon Lobpreis für Gott sein sollen. Wie der ganze Mensch immerwährend, also in Blick auf die zeitliche Perspektive, Gott loben soll (vgl. V. 5 sowie Ps 146), soll er es auch in leiblicher Hinsicht tun: sein ganzes Sprechen soll Loben sein.

Wörtlich sind mit רוממות „Erhebungen" gemeint, die Gott lobend rühmen und preisen.[209] Möglicherweise besteht eine Verbindung zu den Sabbatopferliedern aus Qumran, die das Lexem רום häufig und in einer breiten Bedeutungsspanne verwenden. Auch die substantivierte Form רומם kommt sechsmal vor.[210] Auch wenn keine eindeutige Beziehung zwischen dem Sammelbegriff רוממות in Ps 149 und den Sabbatopferliedern[211] festgestellt werden kann, spricht wiederum die singuläre Verwendung im Alten Testament einerseits und die häufige Verwendung in den Sabbatopferliedern andererseits für eine zumindest zeitliche Nähe Ps 149 zur (vor-)qumranischen Literatur.

Der zweite Teil von V. 6 ist parallel zum ersten Kolon formuliert.[212] Bei aller Ungewöhnlichkeit von V. 6 im Blick auf Wortwahl und Bedeutung bildet dieser Vers eine besondere Homogenität in seiner sprachlichen Formulierung: Beide Kola sind in der Syntax parallel als Nominalsätze gestaltet und auch die Wortstellung ist gleich. Ein in der Bedeutung eines Werkzeuges (רוממות bzw. חרב) fungierendes Substantiv wird mit einer Ortsangabe (je ein Köperteil: גרון bzw. יד) verbunden, welche wiederum mit der Präposition ב konstruiert und durch das Plural-Suffix auf die חסידים zurückgeführt wird. Dazu kommt die zweimalige Verwendung einer femininen Pluralform (פיפיות bzw. רוממות), die einen Intensiv-Plural mit verdoppelten Konsonanten darstellt.[213]

---

209 Der ungewöhnliche Begriff רוממות kommt im Alten Testament nur hier vor und stammt von der Wurzel רום polel ab mit der Grundbedeutung „erheben" bzw. im übertragenen Sinne „preisen, loben" (vgl. noch רומם in Ps 66,17), so dass dann „Loblieder" zu übersetzen ist, deren Adressat Gott (אל) ist. Da רום auch in Ps 148,14 vorkommt, sieht BALLHORN, Telos, 326, hier eine Verbindung. Allerdings liegt in Ps 148 eine ganz andere Form und Bedeutung von רום vor: וירם קרן לעמו („und er erhöht das Horn seines Volkes"); so kann diese Stelle nicht als direkte Herleitung für רוממות in Ps 149 herangezogen werden. ZENGER, Psalm 149, 867, sieht in der Nennung „Els" eine Anspielung (zusammen mit V. 7: נקמה) auf Ps 94,1, dem „El der Rache": אל־נקמות יהוה אל נקמות הופיע. Näher liegt allerdings der Beleg von אל in Ps 146,5 (und Ps 150,1).
210 Vgl. dazu DAHMEN u. a., Art. רום, 431 f. Vgl. zum Lexem רום in den Sabbatopferliedern auch REYMOND, Poetry, 371 f.
211 Einen Überblick über die Sabbatopferlieder gibt NEWSOM, Art. Songs.
212 Die besonders auffallende parallele Struktur wurde schon von vielen beschrieben, vgl. z.B. PRINSLOO, Psalm 149, 405; BERMAN, Sword, 294.
213 Vgl. dazu insb. BERMAN, Sword, 294. Darüber hinaus ergeben sich noch weitere, eher verborgene, damit aber nicht weniger interessante Verbindungen zwischen V. 6a und V. 6b: Zur Herkunft von פיפיות von פה, an dessen Stelle in V. 6a גרון steht, vgl. oben Anm. 207. Umgekehrt wird das Verb רום sonst sehr oft mit יד verbunden (vgl. z.B. Ex 14,8; Jes 49,22; Mi 5,8; Ps 89,14), DAHMEN u. a., Art. רום, 427 f, sprechen sogar von einer Redewendung „mit erhobener Hand".

Wie schon in V. 6a verwendet auch V. 6b einen seltenen Ausdruck: Die Bestimmung des Schwertes als פיפיות findet sich nur hier. Wörtlich bedeutet es „doppelmäulig" (vgl. פה) oder auch „zweischneidig" und wird in Jes 41,15 in metaphorischem Zusammenhang verwendet, indem Israel als „Dreschschlitten mit Doppelschneiden" bezeichnet wird.[214] Das Wort חרב ist dagegen der weit verbreitete Ausdruck für Schwert und kann verschiedene Ausführungen dieser Waffe meinen.[215]

Mit V. 6 ist die schwierige Frage nach dem Verhältnis von Lobpreis und Schwert gestellt, die in der Auslegungsgeschichte zu Ps 149 auf vielerlei Weise gedeutet wurde. Viele Erklärungsversuche konzentrieren sich dabei auf die Konjunktion ו, die die beiden Versteile von V. 6 miteinander verbindet. Eine Möglichkeit besteht darin, das ו als *waw adaequationis* zu interpretieren, und damit das Schwert als Vergleichsgröße zu den Lobliedern zu deuten. Lohfink hat sich diesem Vorschlag, der von Tournay eingebracht wurde,[216] angeschlossen und übersetzt entsprechend: „Lobeserhebungen auf Gott auf ihrem Munde – und das ist dann wie ein zweischneidiges Schwert in ihrer Hand."[217] Dabei geht es nicht um das Schwert als (reale) Kriegswaffe, sondern es wird metaphorisch entschärft.[218] Die Lobgesänge werden „als Waffe" zur Durchsetzung des Heils im Rahmen des eschatologischen Gerichts verstanden, so Lohfinks Deutung.[219]

Dabei beschreibt diese Geste vor allem Kampfbereitschaft und Macht, kann aber auch eine Geste des Lobens sein, vgl. Gen 14,22. Somit könnte die Ungewöhnlichkeit der Formulierungen auch in ihrer indirekten Bezogenheit aufeinander begründet sein. In jedem Fall sind die Bezüge bemerkenswert und verdeutlichen den Zusammenhang von V. 6a und b.

214 Jes 41,15: „Siehe, ich habe dich [Israel] zu einem scharfen, neuen Dreschschlitten gemacht, mit Doppelschneiden versehen (למורג חרוץ חדש בעל פיפיות): du wirst Berge dreschen und zermalmen und Hügel wie Spreu machen." Die parallele Form פיות in Ableitung von פה findet sich darüber hinaus noch in Ri 3,16 (Ehuds zweischneidiger Dolch) und in Prov 5,4 (die „fremde Frau" ist „scharf wie ein zweischneidiges Schwert"), vgl. dazu auch FÜGLISTER, Lied, 91 Anm. 20; sowie zum metaphorischen Gebrauch und dem Zusammenhang zwischen Schwert und Mund insgesamt BERMAN, Sword.

215 Vgl. dazu z.B. KAISER, Art. חרב, 167, der für das Schwert die Funktionen eines Schlachtmessers, einer Kriegswaffe und eines Richtschwertes (oftmals im Zusammenhang göttlicher Strafe) nennt. Vgl. dazu auch EVANS, Art. חרב.

216 Vgl. TOURNAY, psaume 149.

217 LOHFINK, Lobgesänge, 124.

218 Vgl. auch SAUTERMEISTER, Diskussion, 68.

219 Vgl. LOHFINK, Lobgesänge, 125: „Die Durchsetzung des Heils [...] geschieht nach Ps 149 in Wirklichkeit am Ende der Geschichte durch den Hymnengesang der frommen Gemeinde. Die wahre Waffe wäre das betende Wort. [...] Die Gemeinde der Hasidim, die die Gemeinde der Armen ist, löst gerade durch das aus ihr erklingende Gotteslob den Sieg Gottes über die Mächte des Bösen aus."

Auch Zenger nimmt den Vorschlag Tournays in modifizierter Weise auf und spricht von einem *waw explikativum*, einem „„und' der Erläuterung".[220] „Mit der Metapher V 6b wird dem Lobpreis Israels die Wirkmächtigkeit zugesprochen, die Durchsetzung der Rechtsordnung JHWHs auszulösen. [...] Die ‚Psalmen' werden hier zum Schwert gegen das Unrecht und zu Instrumenten der Durchsetzung der Königsherrschaft JHWHs."[221] Das Schwert wird somit aber zur reinen Metapher uminterpretiert, ohne dass eindeutige sprachliche und inhaltliche Kennzeichen eines Vergleichs vorhanden wären, wie es beispielsweise in den Zusammenhängen der Fall ist, wo das Schwert zweifelsfrei als Metapher verwendet wird (vgl. Ps 59,8; 64,4).

Darum ist diese von Lohfink, Zenger und anderen vertretende Interpretation von V. 6 in sprachlicher und inhaltlicher Perspektive auch nicht unwidersprochen geblieben. Vor allem Vanoni hat sowohl gegen die Deutung eines *waw adaequationis* als auch gegen die eines *waw explikativums* gute, vor allem sprachwissenschaftliche Argumente angeführt.[222] Eine Anweisung zum Vergleich geht nach den Ausführungen von Vanoni nicht von der Konjunktion ו aus, „sondern von Andeutungen aus dem Kontext."[223] Aber gerade in Ps 149 „fehlt der für die Vergleichssätze typische Aussagekontext mit Höranweisung zum erwägenden Nachdenken; vielmehr liegt in V. 6 eine Handlungsaufforderung vor, ob er nun als doppelter injunktiver Nominalsatz oder – wofür mehr spricht – als zweipoliger Circumstant zu V. 5 verstanden wird."[224] Ebenso ist ein *waw explikativum* keine Möglichkeit für die Deutung von V. 6, da ein solches *waw explikativum* Wörter bzw. Wortgruppen miteinander verbindet und nicht ganze Sätze. Außerdem wäre die

---

220 ZENGER, Gott, 53, übersetzt darum: „Ruhmgesang Gottes sei in ihrer Kehle – (und) das sei ihr doppelschneidiges Schwert in der Hand". Zenger hält an dieser Deutung eines *waw explikativum* auch trotz späterer Kritik fest, vgl. ZENGER, Provokation, 188 Anm. 18, und noch später zwar etwas zurückhaltender, aber der Sache nach identisch DERS., Psalm 149, 856.867.
221 ZENGER, Psalm 149, 367; vgl. schon DERS., Provokation, 188: „Die Rühmungen Gottes sind ihr ‚Schwert', mit dem sie das Böse und die Bösen bekämpfen." So auch SEYBOLD, Psalmen, 545: Der Lobpreis der Doxologie ist die eigentliche „„Waffe' der Frommen und Armen, welche die göttliche Rache und das göttliche Strafgericht (eigentlich: ‚Zurechtweisungen') an den Völkern bewirken kann. Denn dann bleibt es das Werk Gottes, der Strafvollzug nach dem geschriebenen Strafurteil."
222 Vgl. VANONI, Bedeutung, bes. 563 – 568. Vgl. zur Kritik an Tournay auch ROOSE, Teilhabe, 125 Anm. 2.
223 VANONI, Bedeutung, 565.
224 VANONI, Bedeutung, 565 f.

Formulierung im explizierenden Sinne für den Psalmisten problemlos unter Weglassung des ו möglich gewesen.[225]

Darum ist zu klären, wie V. 6 auch ohne die Annahme eines ו des Vergleichs oder eines ו der Erläuterung interpretiert und verstanden werden kann. Möglicherweise liegt die Lösung des Problems gar nicht in dem satzverknüpfenden ו, sondern in der Aussage und Intention des Verses selbst und damit des ganzen Psalms. Das ו ist eine einfache Konjunktion, die die beiden Nominalsätze als gleichwertig miteinander verbindet. In den Vordergrund der Interpretation sollten dagegen stärker die inhaltlich aussagekräftigen Begriffe wie die Substantive gerückt und anhand derer die Frage nach dem Verhältnis von Lobliedern und Schwertern beantwortet werden.

Im Kontext von Ps 149 ist es denkbar, dass das Schwert ebenfalls als eine Art Herrlichkeitsattribut zu verstehen ist wie schon zuvor כבוד und הדר zusammen mit ישועה. Denn wie diese herrlichen Phänomene, die die königlich-herrschaftliche Gestalt Gottes bzw. des Königs beschreiben und hier in Ps 149 den Lobenden zugeordnet sind, ist bei den Lobenden ebenfalls das Schwert vorhanden. Mit dem Lobpreis haben sie das Schwert bei sich – wie sie zuvor in V. 5 mit dem Loben die Herrlichkeit haben. Das Schwert steht für Macht und Herrschaft, für Strafe und Gericht. Es ist damit auch ein Symbol und ein Machtinsignium, ähnlich wie die dem König verliehene Herrlichkeit und Pracht: Das Schwert (חרב) wird wie bzw. als Majestät und Pracht (הודך והדרך) dem König angelegt (Ps 45,4).[226] Der von Gott gesegnete König wird in seine Machterscheinung regelrecht eingekleidet und dazu

---

225 Aber das ו ist textlich gut gesichert und kann darum nicht ignoriert werden, vgl. VANONI, Bedeutung, 567 f. Ohne ו wäre V. 6 als *ein* Nominalsatz anstatt zweier nebeneinander gestellter Sätze zu verstehen: „Die Ruhmeserhebungen auf Gott in ihrer Kehle sind / seien (wie) ein zweischneidiges Schwert in ihrer Hand", so Vanoni (ebd.). SAUTERMEISTER, Diskussion, hat sich ebenfalls in Aufnahme von Vanonis These kritisch mit den verschiedenen Möglichkeiten der Interpretation von Ps 149,6 auseinandergesetzt, vgl. insb. den umfassenden forschungsgeschichtlichen Überblick a.a.O., 64 – 69. Der entschärfende Ertrag der metaphorischen Deutung ist demnach: „Die Hasidim hielten folglich realiter keine Waffe in ihrer Hand" (a.a.O., 69). Nach einer ausführlichen Suche nach den Kriterien für ein *waw adaequationis* kommt Sautermeister ebenfalls zu dem Ergebnis, dass in Ps 149,6 kein vergleichendes ו vorliege: „Die Deutung des sechsten Verses als Komparativgefüge und die vermeintlich implizierte Interpretation der Lobgesänge, die so effektiv wie ein zweischneidiges Schwert sein sollte, können folglich verworfen werden." (a.a.O., 76). Insgesamt ist die Annahme der (semantischen) „Bedeutung ‚wie' der Konjunktion *waw* und somit das Phänomen eines *waw adaequationis* überhaupt" zu bestreiten, vgl. a.a.O., 79 f. Leider bietet Sautermeister keinen Vorschlag, wie der schwierige Vers 6 in Ps 149 dann zu verstehen wäre, sondern endet mit dem unbefriedigenden Fazit: „V. 6 des vorletzten kanonischen Psalms und somit Ps 149 insgesamt bleibt vorerst eine crux interpretum." (a.a.O., 80).
226 Ps 45,4: „Gürte dein Schwert (חרבך) um die Hüfte, [du] Held, deine Majestät und deine Ehre (הודך והדרך)."

gehört neben Pracht auch das Schwert (vgl. Ps 21,4.6).[227] Damit wird aber das Schwert zum äußeren konkreten Symbol der majestätischen Herrschaft und Gewaltausübung (vgl. Ps 45,5–6). Der König ist Richter und Kriegsherr zugleich, veranschaulicht durch das Schwert. Die Funktion des (kriegerischen) Königs (vgl. Ps 21) wird somit in Ps 149 auf die Frommen übertragen.

Somit legt sich diese symbolische Deutung des Schwertes in der Zusammenschau mit den Herrlichkeitsattributen nahe und bietet eine Möglichkeit zum Verständnis von V. 6, ohne aber den brutalen Aspekt des Schwertes zu verschweigen. Indem die Lobenden das Schwert in der Hand halten, wird dem in V. 7–9 Folgenden vorweggegriffen. Denn neben dem Kriegsschwert ist חרב auch das Richtschwert, das insbesondere von Gott beim Gericht eingesetzt wird (vgl. Jes 66; Ez 11).[228] Daran ist auch in Ps 149 zu denken, wenn in V. 7–9 das Ergreifen des Schwertes mit dem Ziel des „Recht-Übens" (לעשׂות משׁפט, V. 9a) fortgeführt wird. Dass das Schwert in Ps 149 dabei aber vor allem als Symbol der Macht und Herrschaft zu verstehen ist, wird auch dadurch unterstützt, dass für das konkrete Bezwingen und dem Handeln an den Völkern andere Instrumente genannt werden: Die Könige und Hochgeehrten werden mit eisernen Fesseln gebunden – und nicht unbedingt mit dem Schwert umgebracht.[229]

Demnach legt sich für Ps 149 ein symbolischer Gebrauch für Schwert in Parallele zu den gott-königlichen Attributen Pracht und Herrlichkeit, die die frommen Lobenden empfangen, nahe. Mit dieser Deutung wird weder das Schwert metaphorisch entschärft und als reiner Ausdruck der Wirksamkeit der Lobgesänge weginterpretiert,[230] noch zum brutalen Schwertkampf, begleitet von Lobgesängen, aufgerufen.[231] Vielmehr wird die Schwertgewalt ernst genommen und gleichzeitig im Kontext des Lobpreises gedeutet. Im Loben erhalten die Frommen *Gottes* Herr-

---

227 In Ps 21 ist die Krone das äußere, konkrete Zeichen: Ps 21,4.6: „Denn du [JHWH] kamst ihm [den König] entgegen mit Segnungen an Gutem (ברכות טוב), du setztest auf sein Haupt eine Krone aus Gold (עטרת פז). Groß ist seine Herrlichkeit (כבוד) durch deine Hilfe (ישׁועה), Majestät (הוד) und Pracht (הדר) legtest du auf ihn."

228 Vgl. KAISER, Art. חרב, 171. Das Schwert als Hilfsmittel beim göttlichen Gericht (משׁפט / שׁפט) findet sich in direktem Zusammenhang in Dtn 32,41; Jes 2,4; 34,5. 66,16; Jer 25,31; Ez 11,10; 14,21; Mi 4,3. Vgl. insbesondere Jes 66,16.18; Ez 11,8.10, wo Gott das Schwert einsetzt um seiner Herrlichkeit Ausdruck zu verleihen. Somit wird auch hier im symbolischen Gebrauch das Schwert zum Machtinsignium Gottes, mit dem er seine Richt- und Strafgewalt ausübt. Vgl. dazu unten außerdem 1QM XI,3–6 (XV.3) sowie 1Hen 90,19; 91,12, vgl. BERNER, Jahre, 144. Auch hier ist die Vorstellung zu greifen, dass Menschen, beauftragt von Gott, das Gericht Gottes mit dem Schwert ausführen.

229 Vgl. dazu unten die Ausführungen zu V. 7–9.

230 Vgl. die oben beschriebenen Ansätze von Lohfink und Zenger.

231 So z. B. GUNKEL, Psalmen, 620, vgl. dazu oben Anm. 171.

lichkeit und *Gottes* Schwert. Darauf weist der in V. 7–9 folgende Auftrag zum Ausführen des Gerichts an den Völkern. Gottes Schwert kann in diesem Zusammenhang aber nicht als das gemeine Kriegsschwert verstanden werden. Ebenso wenig geht es um die persönliche Rache des einzelnen Menschen.[232] Die durchaus schwierige Aussage von Ps 149,6, ohne das diese gleich als *crux interpretum* bezeichnet werden muss,[233] ist: Mit dem Lobpreis bekommen die Frommen auch die (symbolische) Schwert-, d. h. die Richtgewalt in ihre Hand – von JHWH beauftragt und beaufsichtigt. Die Loblieder in der Kehle füllen das Innere der Frommen aus, das Schwert in der Hand ist als Aufforderung zur äußerlichen Tätigkeit in der Macht Gottes zu verstehen.[234] Bei aller symbolischen Deutung des Schwertes, wie es auf der literarischen Ebene des Textes sich nahe legt, ist zu bedenken, dass sich in diesen Formulierungen vermutlich auch die Wirklichkeit der Verfasser widerspiegelt. Der Kampf mit dem Schwert schien eine durchaus realistische Möglichkeit gewesen zu sein. Auch wenn der Psalm nicht selbst zum direkten Kampf aufruft, so zeigt er eine gewisse Sympathie mit möglichen aufständischen und gewaltbereiten Bewegungen innerhalb der damaligen Gesellschaft.[235]

Ein wichtiges Indiz für diese Deutung ist die schon als ungewöhnlich identifizierte Formulierung in V. 6a, die dann in V. 6b fortgeführt wird. Eine direkte Aufforderung zum Kampfgesang bzw. Kampf mit Gesangsbegleitung hätte auch schlichter ausgedrückt werden können.[236] Die Formulierung in V. 6, die gekennzeichnet ist von seltenen Wörtern und Wortformen bei gleichzeitiger vollkommener Homogenität und Parallelität, unterstützt diese Deutung und weist auf die besondere Stellung des Verse im Psalmgefüge hin. Darauf hat auch schon Prinsloo aufmerksam gemacht, indem er V. 6 als „nexus" oder „link" zwischen dem ersten Teil des Psalms, der vor allem das Loben thematisiert, und dem zweiten Teil, in

---

232 Vgl. dazu unten die Ausführungen zu V. 7–9.

233 Vgl. SAUTERMEISTER, Diskussion, 80.

234 Dagegen noch einmal ZENGER, Gott, 58: „Dieses Gericht ist und bleibt aber nach unserem Psalm Werk Gottes allein. Was den ‚Armen' in diesem Geschehen zukommt, ist der Lobpreis ihres Gottes: *das* ist ihr Schwert (V. 6)! Die ‚Armen' sollen und können mit ihrem Lobpreis bezeugen, das JHWHs Gnade und Heil bereits in ihnen und für sie wirksam ist." Vgl. ebenfalls ZENGER, Psalm 149, 865 f.

235 Ps 149 ist noch in die vormakkabäische Zeit zu datieren, vgl. Anm. 165.245, aber schon vor dem Makkabäischen Aufstand ab 168 v. Chr. gab es zunehmend Unruhen und eine konfliktreiche Stimmung in Jerusalem, vgl. dazu u. a. HAAG, Zeitalter, bes. 49–62; FREVEL, Grundriss, 834–845; KRATZ, Israel, 50–55.

236 Auch wenn man sich vermutlich im altisraelitischen Umfeld durch Kriegslieder begleitete Schlachten vorzustellen hat, so finden sich doch vergleichsweise wenig Stellen im Alten Testament, die diese Szenerie direkt beschreiben, vgl. etwa die Komposition in Ex 14–15 sowie die stilisierte Darstellung in 2Chr 20,21 f, die mit einem Psalmzitat (Ps 106) verknüpft ist.

dem es verstärkt um die Entmachtung der Völker und ihrer Könige als Gerichtsgeschehen geht, gedeutet hat.[237] Auch wenn Prinsloos Gliederung des Psalms in V. 1b – 5 und 7– 9a mit V. 6 als Schaniervers nicht geteilt werden kann,[238] so sind doch seine Beobachtungen zu V. 6 als *inhaltlichem* Bindevers zwischen den beiden Aspekten von Lobpreis und Rachegeschehen zutreffend: es sind die zwei Seiten der einen Medaille, nämlich die der Herrlichkeitsverleihung durch JHWH.[239]

Wieder ist hier ein Blick in die Qumranliteratur lohnend: Auch in der Kriegsrolle aus Qumran wird Lobpreis und Kampf miteinander verbunden (vgl. bes. 1QM XIV,4 – 1QM XV,4).[240] Bemerkenswert ist bei der Beschreibung des eschatologischen Endkampfes zwischen den Söhnen des Lichts und denen der Finsternis, dass es, wie in Ps 149, die Schwachen und Verzagten, Demütigen und Frommen (Z. 5 – 7), sind, die das Gericht an den Völkern im Auftrage Gottes vollziehen (vgl. auch Dan 7).[241] Gerade nicht die typischen Kämpfer übernehmen am Ende der Zeiten den Dienst in der Schlacht, sondern diejenigen, die sich vorher als kampfunfähig erwiesen haben. Allem voran steht dabei die Aufforderung zum Lobpreis (Z. 4). Beides, Loben und Kämpfen, ist dabei *ein* zweifaches, sich ergänzendes Handeln (höchstwahrscheinlich) derselben Personen: Der stumme Mund wird zum Jubeln über die Machttaten Gottes gebracht und den schlaffen Händen wird das Kämpfen gelehrt (Z. 6). Auch das Schwert wird in diesem Kontext als zusammenfassendes Symbol für das Gericht verwendet (vgl. 1QM VI,3 – 6; XVI,1).[242] In der Zusammenschau mit der Kriegsrolle kann in

---

237 Vgl. PRINSLOO, Psalm 149, 399.405 f. Er spricht sich ebenfalls gegen die Lesart eines *waw adaequationis* in V. 6 aus (a.a.O., 405).

238 Vgl. dazu oben Kap. II.5.3.2, bes. Anm. 55.

239 Vgl. PRINSLOO, Psalm 149, 406: „The parallel structure of 6 and its hinging function emphasise that the praise for Yahweh and the punishment of the nations are actually two sides of the same coin. These two elements do not clash but, rather, complement each other."

240 Die sog. Kriegsrolle (1QM) beinhaltet verschiedene Textformen wie Kriegsschilderungen gemischt mit liturgischen Texten und Hymnen sowie priesterliche Unterweisungen, vgl. zu 1QM XERAVITS / PORZIG, Einführung, 276 – 281. Die in Qumran erhaltene Fassung ist ab 170 v.Chr. (STEGEMANN, Essener, 145) bzw. eher später im Laufe des 2.–1. Jh. v.Chr. (XERAVITS / PORZIG, Einführung, 280) entstanden. Es ist wahrscheinlich, dass einige Teile und Textabschnitte älteren Datums sind. Vgl. auch LOHSE, Texte, 177 f; DAVIES, Art. War, bes. 966 f.

241 Vgl. 1QM XIV,7: „Und durch die, die vollkommenen Wandels sind, werden alle Völker des Frevels vernichtet (בתמימי דרך יתמו כול גויי רשעה)". Vgl. auch 1QM XVI,1 (Anm. 242). Auch in Dan 7,26 f wird dem ganzen „Volk der Heiligen des Höchsten" (לעם קדישי עליונין) die Weltherrschaft von Gott übertragen und die feindlichen Machthaber im Gericht vernichtet.

242 1QM XVI,1: „Der Gott Israels ruft ein Schwert über alle Völker (ואל ישראל קרא חרב על כול הגואים), und durch die Heiligen seines Volkes vollzieht er Macht (ובקדושי עמו יעשה גבורה)." Vgl. dazu auch EVANS, Art. חרב, 1063 f.

Ps 149[243] die kriegerische Macht nicht metaphorisch als Bild für die Mächtigkeit des Lobpreises gedeutet werden. Das kriegerische Handeln, wie real es auch immer verstanden werden kann und muss, bildet für sich eine Größe und ist das ergänzende Element zum Lobpreis Gottes. Eine weitere wichtige Vorstellung ist in beiden Texten zu finden: Wie in Ps 149, sind es auch in dem Text aus Qumran die Frommen und Gott-Zugehörigen, die mit dem Lobpreis und gleichzeitig mit der Ausführung der Durchsetzung der Herrschaft Gottes in Form von Gericht und Rache an den Völkern beauftragt werden. Schon in Ps 146 und 147 wurde die menschlich-militärische Macht abgewertet und ihr das alleinige Gottvertrauen gegenübergestellt.[244] Ps 149 führt diese Aussagen weiter, wenn hier wiederum die Demütigen, d. h. die eigentlich Machtlosen, die wahrhaft Mächtigen sind – und zwar bemächtigt durch Gott.

Von einer Beteiligung am göttlichen Gericht der Gerechten, die wiederum durch die Übergabe des Schwertes symbolisiert wird, ist auch in der sog. Zehnwochenapokalypse (in 1Hen 91–93)[245] zu lesen: „Danach wird ein achtes Siebent der Gerechtigkeit erstehen: In ihm wird ein Schwert gegeben allen Gerechten, um gerechtes Gericht an allen Frevlern zu vollziehen, und sie werden in ihre Hände gegeben."[246] (1Hen 91,12). Noch drastischer ist das Bild in der Tiervision im äthiopischen Henochbuch, wo die Schafe als Gerichts-Vollziehende beschrieben werden: „Und ich schaute, bis den Schafen ein großes Schwert gegeben wurde, und die Schafe zogen gegen alle wilden Tiere aus, dass sie sie töteten, und alle wilden Tiere und Vögel des Himmels flohen vor ihrem Angesicht." (1Hen 90,19).[247] Beide Texte bezeugen die Beteiligung der Gerechten bzw. sogar der Schafe, die allgemein als schwach, gewaltfrei und harmlos gelten, am Gerichts Gottes. Sie erhalten wie schon in Ps 149 die Demütigen und Frommen die exekutive Macht durch das Schwert. Es ist eine auserwählte und besonders durch ihre Defensivkraft

---

243 Auch wenn Ps 149 höchstwahrscheinlich älter als 1QM ist, zeigen sich doch ähnliche Vorstellungen.

244 Vgl. die entsprechenden Ausführungen zu Ps 146 und 147 sowie unten zu V. 7–9a.

245 Zu Überlieferung, Text und forschungsgeschichtlichen Fragen zur Zehnwochenapokalypse vgl. z. B. BERNER, Jahre, 103–168. Vieles spricht für eine vormakkabäische Entstehungszeit, vgl. a.a.O., 118–125. Diese frühe Datierung spricht dann auch für eine entsprechend vormakkabäische Datierung von Ps 149, vgl. Anm. 165.235. Auf die zumindest thematische Verbindung von Zehnwochenapokalypse und Ps 149 weisen auch BALLHORN, Telos, 327–329; LEUENBERGER, Schwert, hin.

246 Übersetzung BERNER, Jahre, 131.

247 Übersetzung von Uhlig, zitiert bei BERNER, Jahre, 174. Zu Text und Analyse der Tiervision, vgl. a.a.O., 169–226. Die Tiervision ist vermutlich im Laufe des 2. Jh. v.Chr. redaktionell in die Henochüberlieferung eingebunden worden und ist demnach etwa zur Makkabäer-Zeit entstanden, vgl. a.a.O., 180f.

hervorgehobene Gruppe, die im göttlichen Gericht den Mächtigen und Gewaltigen gegenübertritt (vgl. auch Dan 7,27). Immer legitimiert durch die besondere Nähe zu Gott, der als der König und Herr der Welt seine Macht geben kann, wem er will.[248] Somit wird der in den Texten beschriebene Kampf zur Durchsetzung der Gottesherrschaft, der als göttlicher Auftrag legitimiert wird, zur indirekten Selbstermächtigung der Schwachen und Benachteiligten.

Darum ist nun noch einmal die Grundthese zu V. 6 zu bekräftigen und damit auch Ballhorn zuzustimmen, der vor dem Hintergrund der zumindest thematisch (nicht zwingend direkt literarisch) verwandten erwähnten eschatologischen Texte zu dem Fazit kommt: Da das Schlusshallel insgesamt als spät anzusehen ist, gleichsam aus dem Psalter herauswächst, und in theologischer Nähe zu frühjüdischen (und auch frühchristlichen) Texten aus dem 2. und 1. Jh. v. Chr. steht, muss „die innerhalb des Alten Testaments eher ungewöhnliche Vorstellung, daß die Frommen am Ende der Tage mit der Durchführung des göttlichen Gerichtes betraut werden, für das Schlußhallel nicht von der Hand gewiesen werden".[249]

V. 7–9a „Entmachtung der Mächtigen"

„Um zu vollziehen Rache an den Völkern, Züchtigung an den Völkerschaften, um zu binden ihre Könige mit Fesseln und ihre Hochgeehrten mit Fußeisen, um zu vollziehen an ihnen das aufgeschriebene Recht." (V. 7–9a). Bereits mehrmals wurde in den obigen Ausführungen auf dieses Gerichtsgeschehen hingewiesen, das durch das Symbol Schwert in V. 6 antizipiert wird. Begründet werden die vorhergehenden Verweise nicht nur durch inhaltliche Bezüge, sondern vor allem durch die syntaktische Struktur: Die Verse 7–9 stehen nicht für sich, sondern befinden sich in Abhängigkeit von V. 5–6. Das Gerichtshandeln nimmt seinen Ausgang bei den in Herrlichkeit lobpreisenden Frommen. Die drei finalen Infinitive schließen direkt an die Ausführungen an und bestimmen das Ziel des

---

248 Vgl. zu den Gemeinsamkeiten auch LEUENBERGER, Schwert. 639 f. Er übersieht dabei BALLHORN, Telos, 327–329, der die Bezüge bereits nennt. Warum für Leuenberger aus diesen Beziehungen zu der Henochüberlieferung notwendig geschlossen werden muss, dass Ps 149 nachträglich in das Schlusshallel eingefügt sei, bleibt offen, ebenso wie die Gruppierung der „promakkabäischen Hasidim" als Verfasser von Ps 149, vgl. LEUENBERGER, Schwert, 641 f. Zurückhaltender gegenüber den Verbindungen zu den Henoch- und Qumran-Texten verhält sich ZENGER, Psalm 149, 865 f.

249 BALLHORN, Telos, 329. Ballhorn nennt darüber hinaus noch weitere Texte, bei denen das Volk Israel bzw. die auserwählte Gemeinde am Endgericht beteiligt werden wird: SapSal 3,8; Jub 24,29; 1Hen 38,5; 1QpHab 5,3; 1Kor 6,2–3; Mt 19,28; Lk 22,28–30. Darüber hinaus vgl. noch Dan 7(–8): „Volk der Heiligen des Höchsten" als Machthaber im Endgericht (Dan 7,27).

Lobpreises.[250] So wird deutlich, dass es für Ps 149 den Gerichtsvollzug (עשׂה נקמה, „Rache vollziehen"; אסר, „binden"; עשׂה משׁפט „Recht vollziehen") nur vom Lobpreis (עלז, „frohlocken"; רנן, „jubeln") her geben kann. Ausgangspunkt und Zielbestimmung, Voraussetzung und Konsequenz bedingen sich einander und stehen zueinander in einem Abhängigkeitsverhältnis.

Was vorher schon durch das Schwert in V. 6 angedeutet wurde, wird nun bekräftigt und ausgeführt: Die Aufforderung zum Lobpreis schlägt um in einen Aufruf zu Rache, Züchtigung und Gericht, das sogar von den Lobenden selbst vollzogen werden soll. Adressaten dieses Geschehens sind zunächst umfassend die Fremdvölker und dann spezieller ihre Könige und Mächtigen. Dabei wirkt das anempfohlene Handeln geradezu bizarr: Die fromme und demütige Lobgemeinde wird von JHWH beauftragt, die Mächtigen der Welt und aller Völker festzusetzen, um sie all ihrer Macht zu berauben und ihnen stattdessen Fesseln zu verpassen. Dass es gerade die Demütigen sind, die zu dieser Entmachtung beauftragt werden, ist wichtig für das ganze Verständnis des Psalms. Wie ist nun dieser Auftrag zu verstehen? Dazu sind die einzelnen Aussagen zu betrachten und deren motivische Hintergründe und wichtigen Bezugstexte wie vor allem Ps 2 und die anderen Psalmen des kleinen Hallels, aber auch Verbindungen zu prophetischer Literatur (Ez 25; Nah 3; Jes 45) zur weiteren Interpretation heranzuziehen.

In V. 7 wird das Ziel des Lobens mit Rache und Züchtigung an Völkern und Völkerschaften angegeben. Das Gericht (vgl. V. 9), das an den Völkern vollzogen werden soll, ist dabei nicht als persönlicher Racheakt im heutigen Verständnis gedacht, so dass der deutsche Ausdruck „Rache" für נקמה eigentlich etwas irreführend ist. Der hebräische Begriff נקמה kommt ursprünglich aus der Rechtssprache und meint dort keine „negativ affektgeladene subjektive Emotion"[251], vielmehr ist derjenige, der Rache übt, im Recht. Rache im alttestamentlichen Sinn ist Bestandteil des ordentlichen Gerichtsverfahrens und aufgrund des Vergehens dessen, dem die Rache gilt, legitim. Durch den Rachevollzug wird die ursprüngliche Ordnung und Gerechtigkeit, das alte rechtmäßige Verhältnis wiederhergestellt.[252] Insgesamt werden die rechtlichen und damit rechtmäßigen Aspekte des Geschehens durch die Begriffe נקמה („Rache"); תוכחה („Züchtigung", „Strafe") und משׁפט („Recht", „Gericht") semantisch betont.[253]

---

250 Vgl. zur syntaktischen Analyse von V. 7–9 oben Kap. II.5.3.1.
251 FÜGLISTER, Lied, 100; vgl. auch SAUER, Art. נקם, 107 f; ZENGER, Psalm 149, 868. Ähnlich auch PRINSLOO, Psalm 149, 406: „Therefore, this is not an arbitrary personal revenge, but just punishment by Yahweh."
252 Vgl. SAUER, Art. נקם, 108; BALLHORN, Telos, 325.
253 Vgl. ZENGER, Psalm 149, 868.

Die Wortverbindung עשׂה נקמה („Rache vollziehen") kommt nur noch zwei weitere Male im Alten Testament vor. Dabei ist besonders Ez 25,17 interessant (vgl. noch Ri 11,36), da dort ebenfalls der andere Begriff aus Ps 149,7 תוכחה bzw. תוכחת („Züchtigung"), parallel zu נקמה verwendet wird: „Und ich werde an ihnen große Rache (נקמות גדלות) mit Züchtigungen des Zorns (בתוכחות חמה) üben (ועשׂיתי). Und sie werden erkennen, dass ich Jhwh bin, wenn ich meine Rache (נקמתי) über sie bringe." (Ez 25,17).[254] In Ez 25 zielt das Rachehandeln Jhwhs[255] auf die Gotteserkenntnis ab, es geht um den Machterweis und die (An-)Erkenntnis Jhwhs als Gott.[256] Während in Ez 25 die Absicht der Rache auf den ersten Blick klar formuliert wird, entsteht zugleich der Widerspruch zwischen völliger Vernichtung der feindlichen Völker (vgl. z. B. Ez 25,16) und gleichzeitigem Erkenntnisgewinn: Denn sie – die Fremdvölker – sollen erkennen (Ez 25,17).

Auch in Ps 149 bleibt es ähnlich offen: Meint das Rache- und Strafhandeln totale Vernichtung der Völker oder lässt die Erwähnung der Fesselung (nur) der Könige und Hochgeehrten der Völker den Schluss zu, dass allein die Obrigkeit zur Rechenschaft gezogen wird und außerdem am Leben bleibt? Eine konkrete Zielsetzung der Rache wie in Ez 25 ist in Ps 149 nicht zu erkennen. Aber der Parallelbegriff zu נקמה („Rache"), תוכחת („Züchtigung"), lässt eine gewisse Breite der Deutung zu, auch in Richtung einer erzieherischen Maßnahme. Das Substantiv תוכחה[257] leitet sich von יכח ab, das im forensischen Gebrauch „richten", „Recht sprechen" bedeutet (oft zusammen mit שׁפט).[258] Das Lexem kommt aber auch im

---

254 Vgl. auch den Kontext: Ez 25,11: „An Moab werde ich Strafgerichte üben (אעשׂה שׁפטים); und sie werden erkennen, dass ich Jhwh bin." Ez 25,14: „Und ich werde meine Rache (נקמתי) an Edom in die Hand meines Volkes Israel legen, und sie werden an Edom handeln nach meinem Zorn und nach meinem Grimm. Und sie werden meine Rache (נקמתי) erkennen, spricht der Herr, Jhwh." Auch bei diesem Gerichtshandeln wird das Schwert genannt (vgl. Ez 25,13).
255 In der Regel ist es Jhwh selbst, der Rache an den Feinden übt. vgl. z. B. Ps 94 und auch Jer 46,10, wo außerdem חרב vorkommt. Auch in dem späten Moselied (Dtn 32) ist von der Rache Jhwhs die Rede (Dtn 32,35), die er mit dem Schwert vollziehen wird (Dtn 32,40 – 42, vgl. bes. die Parallele von חרב und משׁפט in V. 41, in Verbindung mit יד) und die aber auf Vernichtung ausgerichtet ist (vgl. bes. Dtn 32,42 f). Die Völker werden gleichwohl zum Lobpreis Israels (!) aufgerufen (רנן, vgl. Ps 149,5), weil an Israel Gottes Macht und Stärke zu erkennen ist (Dtn 32,43).
256 In Ez 25 kehrt die Formel וידעו כי־אני יהוה („sie sollen erkennen, dass ich Jhwh bin") geradezu kehrversartig mit Variation in V. 5.7.11.14.17 wieder, oft verbunden mit der suffigierten Form „meine Rache" (נקמתי).
257 Die Form תוכחה kommt neben Ps 149,7 nur noch in 2Kön 19,3 = Jes 37,3; Hos 5,9 vor.
258 Zu שׁפט und יכח sowie außerdem חרב („Schwert") vgl. etwa Jes 2 und die Vision einer friedlichen Völkerwallfahrt zum Zion: „Und er wird richten (שׁפט) zwischen den Völkern und Recht sprechen (יכח) für viele Völker. Dann werden sie ihre Schwerter (חרבותם) zu Pflugscharen umschmieden und ihre Speere zu Winzermessern. [...]" (Jes 2,4). Nach dem notwendigen Gericht Jhwhs hat die Gewalt ein Ende, indem alle Völker in die Herrschaft Jhwhs eingegliedert werden.

weisheitlich-pädagogischen Sprachgebrauch vor. So findet sich die Parallelform
תוכחת besonders häufig in den Proverbien (parallel zu מוסר) und meint dort,
entsprechend des pädagogischen Umfeldes, „Zurechtweisung", „Zucht" oder
„Warnung".[259] Ob hier in Ps 149 eher eine pädagogisch-ermahnende statt einer
gerichtlich-strafenden Bedeutung vorliegt, ist kaum endgültig zu entscheiden.[260]
Möglicherweise wurde auch gerade diese etwas offene, doppelte Ausrichtung des
Rache- und Züchtigungsgeschehens durch den Psalmisten gewählt, so dass weder
die endgültige Vernichtung wirklich vollzogen werden muss, noch dass das durch
JHWH in Auftrag gegebene Gericht seine Schärfe verliert.[261]

Die Substantive „Rache" und „Züchtigung" sind demnach in V. 7 äquivalent
zueinander zu deuten, unterstützt durch den synonymen Gebrauch der beiden
Begriffe für Völker (גוים und לאמים)[262]. Entsprechendes gilt für V. 8 und die dort
beschriebene Fesselung (בזקים und בכבלי ברזל) der Könige bzw. Herrlichen. Vieles
spricht dafür, diese Gleichsetzung auch für das Verhältnis von V. 7–9a untereinander anzunehmen. Die drei Infinitive stehen parallel (und sind beispielsweise
nicht durch ו miteinander verbunden), so dass das eine Handeln zugleich das
andere ist. Der Vollzug der Rache (עשׂה נקמה) konkretisiert sich in der Fesselung
(אסר) und dies ist zugleich der Vollzug des Rechts (עשׂה משׁפט, Aufnahme von עשׂה
aus V. 7). Ballhorn nennt dieses Verhältnis von V. 7–8 eine „doppelte Konkretion"[263]: Zunächst wird die Handlung selbst, die Rache als Fesselung spezifiziert
und sodann die Adressaten des Geschehens, die Könige und Mächtigen stellvertretend für ihre Völker benannt.[264] V. 9a stellt dann eine Zusammenfassung desselben Tuns als Inkraftsetzung und Durchführung des festgesetzten Rechtes bzw.
Gerichtes dar.

Kein Volk kann sich der Macht Zions und seiner Weisung entziehen. Auch über den Begriff הדר
(„Ehre") bestehen Verbindungen zwischen Jes 2 und Ps 149, vgl. dazu oben Anm. 172.
259 Vgl. MAYER, Art. יכח, 627; LIEDKE, Art. יכח, 731 f.
260 Unentschieden auch FÜGLISTER, Lied, 100. ZENGER, Psalm 149, 868, tendiert eher in
Richtung eines weisheitlich-pädagogischen Sprachgebrauchs für Ps 149: „נקמה (V 7a) bedeutet
nicht irrationale Rache, sondern den Vollzug der gerechten Strafe für begangenes Unrecht
(‚Vergeltung'), nicht mit dem Ziel der Vernichtung, sondern wie V 7b ausdrücklich festhält, der
Zurechtweisung bzw. Veränderung (תוכחות ‚Züchtigungen': Begriff aus der Erziehung)." Bei allem
Vorbehalt ist hier darum ebenfalls die Übersetzung „Züchtigung" gewählt.
261 Vgl. ähnlich BALLHORN, Telos, 338 f, und auch FÜGLISTER, Lied, 99: „Dem ‚Gericht', das die
‚Frommen' zu vollstrecken haben, eignet zweifellos ein aggressiv-punitiver Zug."
262 Vgl. zu der masoretischen Form בל־אמים oben Anm. 28.
263 Vgl. BALLHORN, Telos, 339.
264 ZENGER, Psalm 149, 856 f, schließt sich LOHFINK, Lobgesänge, 125, an und ordnet den
zweiten Infinitiv dem ersten unter mit der Deutung, dass die bisherigen Herrschaftsstrukturen
beseitigt werden, indem die Könige und Fürsten abgesetzt werden, aber kein Blutbad am gesamten
Volk vollzogen wird. Er übersetzt folglich: „unter den Völkern". Ähnlich FÜGLISTER, Lied, 95.

Es geht bei dem Tun der Frommen im Auftrage Gottes um das Ende der weltlichen Herrschaft. Ziel des ganzen Handelns ist die Entmachtung der Mächtigen, die Machtverhältnisse werden zu Gunsten Jhwhs und seiner Frommen verschoben. Die Frage nach dem Verhältnis von weltlich-menschlicher und göttlicher Macht findet sich bereits in den anderen Psalmen des kleinen Hallels. Ps 145 gibt, stilisiert als letzter Davidpsalm, die Königsmacht an Jhwh ab und besingt das herrliche Königtum Gottes, das sich in alle Welt ausbreiten soll (vgl. bes. Ps 145,11–13). Ps 146 fragt danach, auf welche Macht der hilfsbedürftige Mensch denn vertrauen kann: auf weltliche Fürsten oder auf die Hilfe und Rettung des Gottes Jakobs, dem Schöpfer der Welt und König vom Zion (vgl. bes. Ps 146,3–6.10). Auch Ps 147 verweist auf die Machtfrage, wenn die menschliche Kraft und Stärke in Gottes Sinne abgelehnt wird. Stattdessen wird die Jhwh-Furcht und das Warten auf ihn gepriesen und die entsprechend Jhwh-Fürchtigen und Wartenden erfahren Gottes Wohlwollen (vgl. bes. Ps 147,10–11; רוצה auch in Ps 149,4!). Immer wird dabei die göttliche Macht in den Vordergrund gestellt und von aller menschlich-weltlichen Macht abgegrenzt. Menschliche Stärke ist nicht vergleichbar mit Gottes Größe und Herrschaft, sie wird konsequent degradiert und als enttäuschend abgewiesen. In Ps 148 sind die Könige und Richter der Erde sowie alle Völker der göttlichen Macht unterworfen, da sie in das Lobgeschehen für Jhwh eingegliedert werden (vgl. bes. Ps 148,11, hier ebenfalls לאמים).[265]

Ps 149 treibt dieses Oppositionsverhältnis der Mächte am Ende des Psalters auch sprachlich noch einmal auf die Spitze: Während das Volk Gottes (עמו) Wohlgefallen erlangt und sogar mit Heil geschmückt wird (V. 4), erfahren die Völker und Völkerschaften (גיום / לאמים) Rache und Züchtigung (V. 7). Die Könige (מלכיהם) der Völker werden gefesselt (V. 8), dem gegenüber jauchzen die Söhne Zions ihrem König (מלכם) zu (V. 2); verstärkt wird dieser Kontrast noch durch das zweimalige Suffix der 3. Pers. Pl. am Lexem מלך. Besonders pointiert, fast ironisch, wird der Machtwechsel schließlich durch das Wortspiel mit כבוד ausgedrückt: Die Fesselung der „Hochgeehrten" der Völker (נכבדיהם) wird durch diejenigen vollzogen, die von Gott allererst mit Herrlichkeit (כבוד) ausgestattet werden: die Demütigen und Frommen, die von sich selbst aus gar keine Macht beanspruchen.[266] Die Fesselung ist Erniedrigung und Demonstration der Gefangenschaft, Zeichen der Be-Mächtigung anderer über die Gebundenen. Ein weiterer Gegensatz ergibt sich in der Zusammenschau mit Ps 146, jeweils mit dem gleichen Lexem: Während dort die Gefangenen („Gebundene", אסורים, Ps 146,7) durch Jhwh befreit werden,

---

265 Vgl. zu allen Stellen jeweils die Ausführungen in den entsprechenden Kapiteln II.1–4.
266 Vgl. auch Prinsloo, Psalm 149, 407, sowie Zenger, Psalm 149, 870: „Die bei den Völkern ‚Verherrlichten' gelten nichts: die wahre ‚Herrlichkeit' gebührt den Getreuen Jhwhs."

werden hier Könige in seinem Auftrag mit Fesseln gebunden (אסר, Ps 149,8). Die zuvor bei den Völkern in Ehre und Ansehen gestandenen Herrscher werden nun durch diejenigen, deren Ruhm und Macht allein von Gott her kommt, entehrt. Drastischer kann die Durchsetzung der Königsherrschaft Gottes wohl kaum formuliert werden. So ist als letzte kontrastreiche Entsprechung der Freudentanz Israels zu nennen (V. 3) gegenüber den gefesselten Königen (V. 8), was dann schon fast wie eine Karikatur erscheint. Das Königreich Gottes kommt durch den Lobgesang in machtvolle Bewegung, während die weltliche Macht und ihre Repräsentanten gebannt und gefesselt werden (vgl. auch Jes 24,21–23) und damit bewegungsunfähig und völlig passiv sind.

Dieses Motiv der Fesselung der „Hochgeehrten" (נכבדים) ist sehr ähnlich bei der Beschreibung der Eroberung Thebens und der Exilierung der Oberschicht in Nah 3 zu finden:[267] „Und über ihre Hochgeehrten (נכבדיה) warf man das Los, und all seine Großen wurden mit Fesseln (בזקים) gebunden." (Nah 3,10b). Nah 3 ist auch die einzige weitere Stelle im Alten Testament, wo zumindest im weiteren Kontext sowohl Schwerter als auch Fesseln vorkommen.[268] Allerdings ist es etwas schwierig daraus eine direkte Abhängigkeit des Psalm von Nah 3 zu schließen, wenn auch die Nähe signifikant ist.[269]

Inhaltlich nahe liegt außerdem eine weitere Stelle, in der das Wort זק („Fessel") vorkommt: Jes 45 (sonst nur noch Hi 36,8[270]). Die Nachbarvölker Israels

---

267 Vgl. noch Jes 23,8; dazu FÜGLISTER, Lied, 96 f.

268 Vgl. Neh 3,3.10.15. Aufgrund der Unstimmigkeit zwischen „Schwert" und „Fesseln", die aber nur dann besteht, wenn beide „Waffen" auf gleicher Bedeutungsebene liegen und als reale Waffen verstanden werden, wird gelegentlich auch eine literarkritische Lösung vorgeschlagen. So z. B. von SEYBOLD, Psalmen, 545 f, der V. 8 als nachträglich deutende *relecture* sieht und eine abgemilderte Symbolhandlung darstellt. Allerdings hätte dann im Grundtext (ohne V. 8) zweimal hintereinander das Verb עשה als Infinitiv gestanden, was eher ungewöhnlich wäre.

269 In Nah 3 werden altorientalische und biblische Allgemeinplätze genannt, die keine spezifische und einmalige historische Situation beschreiben, sondern sie reflektieren die Erinnerung an verschiedene Fremdmächte und die Erfahrung mit ihnen. Somit haben die Formulierungen „etwas Zeitloses an sich" (vgl. KRATZ, Pescher, 134 f). Diese Offenheit der Formulierung spiegelt sich auch in den textinternen Fortschreibungen sowie in dem Pescher zum Buch Nahum, 4QpNah (4Q169), wider (vgl. KRATZ, Pescher). Dabei können dann Ninive und seine Hochgeehrten sowohl auf Assur gedeutet als auch als Chiffrierung für innerisraelitische Auseinandersetzungen zwischen Efraim und Manasse angenommen werden (vgl. a.a.O., 134 f.144 f).

270 Hi 36,8–10: „Und wenn sie [die Gerechten] gebunden sind mit Fesseln (אסארים בזקים), gefangen mit Stricken des Elends, dann zeigt er ihnen ihr Tun und ihre Vergehen, dass sie sich überheblich gebärdeten, und er öffnet ihr Ohr zur Züchtigung (מוסר) und sagt, dass sie umkehren sollen vom Unrecht." Hier dient die Fesselung (wohlgemerkt aber der Gerechten!) als Hilfe zur Einsicht über das getane Unrecht. Die Fesselung ist eine Art Erziehungsmaßnahme, denn gerade

werden in Fesseln herbeigeführt, um vor Israel zu bekennen: „Nur bei dir gibt es einen Gott und sonst gibt es keinen." (Jes 45,14). Die Fesselung der Könige hat in Jes 45 folglich nicht deren Vernichtung zum Ziel, aber deren Unterwerfung unter Israel und das Bekenntnis zum einzigen Gott Jhwh. Die Macht Israels ist auf Jhwh zurückzuführen, darin ist er erkennbar und als der eigentliche Herr der Welt spürbar (vgl. Jes 45,14.18.21–22). Zu einem universalen Lobpreis Gottes durch die Völker wird aber in Jes 45 noch nicht explizit aufgerufen.[271] In eine ähnliche Richtung wie Ps 149 geht auch die Heils- und Herrlichkeitsverheißung für Zion in Jes 60, die ebenfalls den Völkerzug zum Zion beschreibt und bei Weigerung der Unterwerfung unter Zion den Völkern und Königreichen die Vernichtung angesagt wird (Jes 60,12).[272] Auch wenn in Ps 149 die Aufforderung zur Huldigung Zions durch die Völker fehlt, ist die Korrespondenz zwischen göttlich verliehener Herrlichkeit der Gottesstadt bzw. seiner frommen Bewohner und den entehrten und entmachteten Völkern in Jes 45 und besonders in Jes 60 und Ps 149 sehr ähnlich.[273]

Universaler Lobpreis der Völker findet sich dagegen klar formuliert in Ps 47 und den Jhwh-König-Psalmen 96 und 98, deren Bezüge zu Ps 149 oben schon thematisiert wurden:[274] Ohne Angabe darüber, dass die Unterwerfung der Völker friedlich abzulaufen habe, ist hier das erklärte Ziel der Lobpreis für den Weltkönig Jhwh, auch von Seiten der entmachteten Könige (vgl. Ps 96,7–9; 98,4–6 sowie Ps 148,11). Demgegenüber wird in Ps 47 die gewaltige und unterwerfende Macht Gottes stärker betont (Ps 47,3–4). Jhwh ist König der ganzen Welt und hat auch die Völker und ihre Fürsten als das Volk Abrahams versammelt (Ps 47,10). Unterwerfung und Einbindung der Völker in das Gottesvolk sind demnach nicht zu trennen, das Ziel ist der universale Lobpreis des Gottes Jhwh (Ps 47,1).

Die Unterwerfung der Völker unter die Macht Israels in Ps 149 ist somit nicht das Ungewöhnliche, wohl aber, dass diese Unterwerfung die explizite Folge des

---

der Gefesselte erscheint empfänglich dafür zu sein, sein Unrecht einzusehen und den Weg der Umkehr zu erkennen. Vgl. dazu oben die Diskussion um die „Züchtigung".

271 So aber Füglister, Lied, 97, vielleicht etwas vorschnell; ebenso Zenger, Psalm 149, 868f. Vgl. auch Berges, Jesaja 40–48, 421f, der von einem „ersten Bekenntnis" der Einzigkeit Gottes durch die Völker spricht.

272 Vgl. dazu auch oben die Ausführungen zu V. 5, bes. Anm. 196.

273 Hierzu findet sich wiederum eine Parallele in den Bildreden des Henoch (1Hen 38,4–5): „Und von nun an werden die, die die Erde besitzen, nicht mehr mächtig und nicht mehr erhaben sein, und sie vermögen nicht das Angesicht der Heiligen zu sehen, denn das Licht des Herrn der Geister ist erschienen auf dem Angesicht der Heiligen, Gerechten und Auserwählten. Und die Könige und Mächtigen werden in dieser Zeit zugrunde gehen, und sie werden in die Hand der Gerechten und Heiligen gegeben werden." Vgl. noch 1Hen 48,8–10; 1Hen 62f.

274 Vgl. dazu oben, bes. die Ausführungen zu V. 1.

Lobpreises ist. Der Hymnus ist das Movens und die Kraft der Unterwerfung weltlicher Macht. Aber nicht (nur) als Lobgesang, der *wie* Schwerter ist, sondern in der Korrespondenz von beidem: Diejenigen, die JHWH das Lob singen, werden auch an seiner Herrschaft beteiligt und treten damit gegenüber aller anderen Herrschaft als von Gott Bemächtige auf. Aus dem Loben kommt die Macht, aber: weil beide Ausgangspunkt und Ziel in JHWH haben. Ihm allein gebührt die Herrlichkeit und die Macht, und darum kann auch die Rache an den Völkern vollzogen werden, und darum können deren Könige und Hochgeehrte in Fesseln gelegt werden.

Diese Perspektive von Ps 149 als vorletztem Psalm des Psalters findet sich bereits am Anfang des Psalters: in Ps 2, zu dem Ps 149 enge Bezüge aufweist.[275] In Ps 2 ist die Festsetzung der Fremdvölker erfolgt und die besiegten und gefesselten (!) Könige planen nun den Aufstand (Ps 2,1–3). Dieser ist aber aufgrund der universalen Herrschaft JHWHs von vornherein aussichtslos (Ps 2,4–5.8). Der von Gott eingesetzte König auf dem Zion ist sein irdischer Repräsentant (Ps 2,6–7) und zu seiner Befugnis gehört auch die richterliche Vollmacht. Das erwähnte Zerschlagen der Völker mit einem Eisenstab wie Töpfergeschirr (Ps 2,9) erinnert an ägyptische Königsrituale, in denen dies eine symbolhafte Handlung zur Demonstration der weltweiten (Richter-)Macht ist.[276] Bevor aber der Richter sein Urteil vollzieht, mahnt er die aufständischen Könige zur Einsicht und zur JHWH-Furcht (Ps 2,10–11) und tritt damit als weiser Lehrer auf.[277] Nur durch die Anerkennung der Weltherrschaft JHWHs (nicht des irdischen Königs auf dem Zion!) ist ein Entkommen des verzehrenden Zornes Gottes möglich (Ps 2,11–12).[278]

In Ps 2 wie in Ps 149 stehen sich die Fremdvölker und deren Könige dem Volk auf dem Zion mit JHWH, dem königlichen Weltherrscher, als gegnerische Parteien

---

275 Bereits für Ps 148 wurden Bezüge zu Ps 2 aufgezeigt (vgl. die Ausführungen bes. zu Ps 148,7–12), aber die Gesamtinklusion von Ps 2 mit 149 ist insgesamt stärker zu werten als die von Ps 2 mit 148, vgl. dazu auch LEUENBERGER, Konzeptionen, 351 Anm. 298; 354 f mit Anm. 310.

276 Vgl. KRAUS, Psalmen, 154.

277 Ps 2 weist viele weisheitliche Elemente auf, die sich wiederum auch im kleinen Hallel finden, vgl. zum Beispiel die Wegmetapher in V. 12 (zu דרך und אבד vgl. auch Ps 1,6 und 146,4.9) sowie die Seligpreisung am Ende (V. 12b; vgl. Ps 1,1 und 146,5). Außerdem kommt die JHWH-Furcht (Ps 2,11) auch in Ps 145,19 und 147,11 vor und das Lexem שכל ist häufig in Proverbien (vgl. z. B. Prov 1,3; 13,15), vgl. außerdem Ps 111,10; 119,99.

278 Ps 2,10–12 stellt vermutlich eine redaktionelle Hinzufügung mit Nähe zur weisheitlichen Tradition dar (vgl. oben Anm. 277), deren Hintergrund im Bezug auf Ps 1, das weisheitliche Gegenüber von Gerechtem und Frevler und die Zionswallfahrt (z. B. Jes 2; 60, vgl. bes. 60,12!) zu suchen ist, so auch BALLHORN, Telos, 338 Anm. 899; ZENGER, Psalm 2, 51.54.

gegenüber.[279] In Ps 2 scheint dabei die Unterwerfung der Völker bereits vollzogen zu sein, während Ps 149 noch auf sie hinblickt. Aber es gibt keinen Zweifel an dem Erfolg der Macht über die Völker, denn die Größe JHWHs wird jeweils schon gefeiert und besungen (Ps 2,4.11; 149,2–3).[280] Das Mittel der Unterwerfung ist ebenfalls dasselbe: Die Könige und Herrscher sind bzw. sollen gefesselt werden (Ps 2,3; 149,8).[281] Sowenig wie in Ps 2 die Völker eine Chance auf Durchsetzung ihrer Revolte haben, sowenig fraglich ist der Erfolg des Rachezugs in Ps 149, um das von Gott festgelegte Recht durchzusetzen.

Ebenfalls gemeinsam ist beiden Psalmen die Übertragung der königlichen und damit auch der richterlichen Gewalt auf irdische Repräsentanten Gottes. Während aber in Ps 2 der göttlich legitimierte König (der Gesalbte JHWHs, V. 2) diese Macht erhält und den Richtern der Erde als Richter mit göttlicher Autorität entgegentritt (Ps 2,9–10), so wird in Ps 149, wie oben schon gezeigt, die richterliche Befugnis auf das ganze Volk Israel übertragen. Die Frommen übernehmen die Aufgabe des Königs. Die Existenz eines davidischen Königs wird nicht erwähnt, die Sohnschaft Gottes (Ps 2,7–8) wird entsprechend auf ganz Israel, die „Söhne Zions"[282], übertragen (Ps 149,2).[283] Ps 149 kann demnach als national ausgerichtete *relecture* von Ps 2 gelesen werden, in deren Konzeption auf den *einen* irdischen König ganz verzichtet werden kann bzw. werden muss, weil das Königtum in Israel

---

279 Vgl. גוים in Ps 2,1.8 und 149,7; מלך / מלכים in Ps 2,2.6.10 und 149,2.8; „Zion" in Ps 2,6 und 149,2, allerdings ist es hier der Gottkönig, dem die „Söhne Zions" zujubeln. Das Motiv der Sohnschaft findet sich wiederum in Ps 2,7 mit Bezug auf den eingesetzten König. Vgl. zum Vergleich von Ps 2 und 149 auch FÜGLISTER, Lied, 98–100; BALLHORN, Telos, 336 f; LEUENBERGER, Konzeptionen, 355 Anm. 310; ROOSE, Teilhabe, 123 f.

280 In beiden Psalmen wird גיל verwendet: Die Söhne Zions sollen jauchzen (Ps 149,2), ebenso auch die fremden Könige (Ps 2,11). Diese Übereinstimmung der Verwendung desselben Verbs ist auffällig, da es ein „Spezialterminus für die jubelnde Freude bei der Anerkennung der Königsherrschaft JHWHs" ist (BALLHORN, Telos, 337), vgl. z.B. Ps 2,11; 96,10–13; 97,1.8–9; Sach 9,9 sowie im Kontext des irdischen Königs Ps 21,2 und 45,16.

281 Auch das Material für die Bezwingung der Völker ist jeweils ähnlich: Neben der Art (Bänder und Fesseln in Ps 2,3: מוסרה und עבת; Ps 149,8: זק und כבל) wird dasselbe Material verwendet: In Ps 2,9 sollen die Völker mit dem Eisenstab (בשבט ברזל) zerbrochen werden, in Ps 149,8 werden ihnen eiserne Fesseln (כבל בדזל) angelegt (vgl. zur Verbindung von כבל und בדזל nur noch Ps 105,18).

282 Der Zion ist der Ort, wo sich die Gottessohnschaft als Beziehung zu JHWH manifestiert: Auf dem Zion hat JHWH seinen Sohn als König inthronisiert (Ps 2,6–7) und Israel als Gemeinschaft der „Söhne Zions" feiert seinen Gottkönig dort (Ps 149,2). Im kleinen Hallel wird besonders Zion / Jerusalem zum Ort der Gottesbeziehung und der Gottesbegegnung, der Tempel z.B. kommt nicht vor, vgl. „Zion" in Ps 146,10; 147,12; „Jerusalem" in Ps 147,2.

283 Dazu BALLHORN, Telos, 337: „An keiner Stelle ist mehr von einer göttlich bevorzugten menschlichen Gestalt, einem ,Gesalbten', die Rede. Vielmehr herrscht in Ps 149 für das ganze Volk Gottunmittelbarkeit, und das Mandat des ,Gesalbten' wird auf das ganze Volk übertragen."

längst Vergangenheit ist. Beide Psalmen setzen sich aber intensiv mit der Macht der Völker und ihrer Bezwingung auseinander. In Ps 2 zielt alles, obwohl die Zerschlagung der Völker vorkommt (V. 9), letztlich auf die vernünftige Einsicht der Könige,[284] die gleichwohl im Besitz des Königs vom Zion sind (V. 8). Ps 149 nimmt den weisheitlich-pädagogischen Duktus von Ps 2 auf und gestaltet eine *relecture*.[285] Diese Neufassung stellt aber eine (aggressive) Weiterführung von Ps 2 dar, für die eine solche Aussicht auf Besserung anstelle der Vernichtung keine Möglichkeit mehr zu sein scheint, wenn die Frommen mit dem Gerichtsgeschehen in Form von Rache und Züchtigung beauftragt werden.

Ähnlich gestaltet sich auch das Verhältnis zu Ps 148 im Blick auf die Völker-Frage.[286] Während dort die Völker bereits in das Lobgeschehen eingebunden sind (Ps 148,11), könnte Ps 149 so gelesen werden, dass der Psalm dies in gleicher Weise fortführt und nur noch einmal die Unterwerfung der Völker nachträgt und damit erklärt, wie es zu diesem universalen Lobpreis kommen konnte.[287] Wahrscheinlicher ist aber die Herstellung eines absichtlichen Kontrastes zum harmonischen Weltgesang, wie ihn Ps 148 herbeiruft, mit dem Ziel, die Völker ein für alle Mal aus dem Heilsbereich Gottes auszuschließen. Dafür spricht der nachgetragene Vers 14 in Ps 148, der den Übergang von Ps 148 zu 149 entschärft.

Zusammenfassend ist festzustellen, dass auch Ps 149 als ein schriftgelehrter Text zu verstehen ist, der sich an ausgewählten Psalmen und der Prophetie Jesajas orientiert, diese Texte verarbeitet und mit ihnen geradezu spielt, sie rezipiert und neu interpretiert wie für die anderen Psalmen des kleinen Hallels ebenfalls gezeigt werden kann. Bei aller interpretatorischen Schwierigkeit des Verses an sich lässt sich dies auch dem letzten Vers von Ps 149 entnehmen, wo es heißt, dass dies alles geschieht, „um an ihnen das aufgeschriebene Gericht zu tun." (V. 9a). Durch die Anteilgabe des göttlichen Glanzes übernehmen die Frommen selbst göttliche Eigenschaften: Nicht zufällig wird gleich zweimal für den Vollzug der Rache und der Durchsetzung des Rechtes das Verb עשׂה („machen", „vollziehen") verwendet, das zuvor das Gottesattribut Schöpfer (eigentlich „Macher", V. 2) ausdrückt. Israel führt das Schöpfungswerk JHWH weiter, indem es, bemächtig durch JHWH, die

284 Vgl. allerdings die Möglichkeit der redaktionellen Hinzufügung von Ps 2,10–12, dazu oben Anm. 278.
285 Vgl. dazu u. a. auch BALLHORN, Telos, 336 f.344.
286 Vgl. zum Verhältnis von Ps 148 und 149 auch unten die Ausführungen zu V. 9b.
287 Vgl. FÜGLISTER, Lied, 94, der keinen Gegensatz zwischen Ps 148 und 149 sieht, sondern die beiden Texte im Sinne von Frage (Wie kann es zum universalen Lobpreis kommen?) und Antwort (Durch die Unterwerfung der Völker und ihrer Könige und der Anerkennung JHWHs.) miteinander verbindet. Ps 149 ist demnach Ps 148 „nach- und untergeordnet" (ebd.).

fremden Völker entmachtet, ihrer eigenen menschlichen Herrlichkeit beraubt und ihre Könige in Fesseln legt. Es ist das „aufgeschriebene Recht" (משפט כתוב, V. 9a), das vollzogen werden soll. Dies wurde von JHWH festgelegt und wird als sein (in den Schriften niedergelegter) Wille interpretiert.[288] Somit zeichnet sich der Psalm durch diesen Verweis selbst als ein schriftgelehrter Psalm aus. Er verweist auf eine Größe außerhalb seiner selbst.[289] Der Begriff משפט כתוב ist dabei schwierig zu deuten. Möglicherweise ist an Prophetentexte (vgl. die vielen Bezüge zu Jesaja) und andere Psalmen zu denken, die als Bezugstexte aufgenommen werden. Oder das „aufgeschriebene Recht" ist auf konkrete, uns heute unbekannte Texte und Satzungen zu beziehen. Denkbar ist hier auch eine Tora-Anspielung unter Vermeidung des eindeutigen Begriffs תורה wie schon in Ps 147,19–20,[290] da die Lexeme משפט („Recht") und כתב („schreiben") vor allem da zu finden sind, wo es um das Aufschreiben des Gesetzes bzw. der Tora geht.[291] Zenger befürwortet eine allgemeinere Bedeutung anzunehmen, die ausdrückt: „das Recht durchzusetzen, wie es von JHWH festgelegt ist".[292] Ballhorn betont in diesem Zusammenhang, dass es eher unwichtig ist, worauf der Ausdruck משפט כתוב zu beziehen ist, eindeutig ist dagegen, „daß die Frommen hier auf eine Vorschrift verpflichtet sind, die außerhalb ihres Beliebens steht."[293] Es geht eben nicht um die persönliche Rache, sondern um die Durchsetzung des göttlichen Plans als einer gerechten Weltordnung mit JHWH als ewigem Herrn.[294]

---

288 Ähnlich FÜGLISTER, Lied, 90 f. Möglicherweise besteht über משפט auch eine Verbindung zu Ps 147,19–20: משפטים.

289 Vgl. dazu unten Kap. II.5.4.3.

290 Vgl. dazu die Ausführungen zu Ps 147,19–20.

291 Die Verbindung von משעט und כתב findet sich nicht noch einmal in den Psalmen, vgl. aber 1Sam 10,25; 1Kön 2,3; 2Kön 17,37; Esr 3,4. Vgl. dazu auch BALLHORN, Telos, 330 f.

292 ZENGER, Psalm 149, 869. Interessant ist in diesem Zusammenhang eine Formulierung in der Kriegsrolle (1QM), die auf denselben Zusammenhang von Gericht, Lobpreis und etwas „Geschriebenen" (gerade diese Buchstaben sind leider rekonstruiert) hinweist: „Und er [der Hauptpriester] liest vor ihren Ohren das Gebet (תפלת) für den Zeitpunkt des Krie[ges, wie es geschrieben steht im B]uch der Ordnung (ככתוב בספר סלך) seiner Zeit mit allen Wortes ihres Lobpreisens (הודותם)." (1QM XV,5). Was mit diesem Buch (in Z. 6: „Buch des Krieges") genau gemeint ist, wird nicht gesagt, evtl. bezieht es sich auf andere Abschnitte der Kriegsrolle, die den endzeitlichen Kampf beschreiben, vgl. zu 1QM oben Anm. 240.

293 BALLHORN, Telos, 330.

294 Vgl. dazu BALLHORN, Telos, 330 f.

V. 9b „Ehre für alle seine Frommen"

Der Psalm endet mit einer zusammenfassenden Bestimmung all dessen, was zuvor gesagt wurde: „Ehre ist das für alle seine Frommen." (V. 9b). Das הוא muss sich dabei auf das Geschehen von Lobgesang und Herrlichkeitsübertragung beziehen, die zusammen zur Beauftragung mit dem Gericht führen, da es z. B. für den Rückbezug auf JHWH keinen Anhalt gibt.[295] Mit dem Begriff „Ehre" (הדר) weist V. 9 auf den Anfang des Abschnitts (כבוד, V. 5a) sowie auf das Ende des ersten Teils (פאר / ישועה, V. 4b) zurück. Damit wird betont, dass das ganze zwischenzeitlich beschriebene Gerichtshandeln eingebunden ist in den Ehr- und Herrlichkeitsglanz JHWHs. In Gottes הדר-Erscheinung muss der richtende Aspekt mitgedacht werden (vgl. auch Ps 96,6 – 9) und nur von daher erhalten die Frommen den Auftrag und die Befähigung. Somit kann dies Geschehen an den Völkern ihnen selbst zur Ehre werden, weil sie Anteil an der Ehre Gottes und an der Durchsetzung dieser haben.[296]

Die Wendung „alle seine Frommen" (לכל־חסידיו), mit der die Frommen JHWHs gemeint sind, auch wenn hierfür das Bezugswort fehlt, findet sich so nur noch an zwei weiteren Stellen im Alten Testament: in Ps 31 und im direkt vorangehenden Ps 148.[297] Ps 31,24 – 25 beschreibt das Wesen des Frommen: dieser liebt JHWH und harrt auf ihn.[298] Am Ende von Ps 148 wird in V. 14 der Psalm als Loblied (תהלה) „für alle seine Frommen" bestimmt sowie eine nähere Beschreibung der Frommen als „Söhne Israels" (בני ישראל) und „Volk seiner Nähe" (עם־קרבו) gegeben.[299] V. 14, der wie eine Psalmenunterschrift erscheint, ist als sekundärer Nachtrag zu Ps 148 zu werten, der den universalen Lobpreis der ganzen Schöpfung auf Israel und damit auf die Frommen eingrenzt. Vermutlich wurde dieser Vers am Ende von Ps 148 im Blick auf Ps 149 angefügt, durch einen Redaktor oder durch den Verfasser von Ps 149 selbst.[300] Durch den Begriff „Loblied" (תהלה) wird zudem auf Ps 149,1 angespielt. So klingen Anfang und Ende von Ps 149 in Ps 148,14 bereits an. Die „Söhne Israels" könnten eine Zusammenschau von „Israel" und „Söhne Zions" aus Ps

---

295 So z. B. aber ZENGER, Psalm 149, 855.857.869, vgl. dazu oben Anm. 54.

296 Zu Ehre und Herrlichkeit Gottes und zu deren Verleihung an die Lobenden vgl. oben Kap. II.5.1 sowie oben die Ausführungen zu V. 5.

297 Vgl. auch die Ausführungen zu V. 1 und bes. Anm. 92.

298 Ps 31,24 – 25: „Liebet JHWH, alle seine Frommen (אהבו את־יהוה כל־חסידיו)! Die Treuen behütet JHWH, doch er vergilt reichlich dem, der hochmütig handelt. Seid stark, und euer Herz fasse Mut, alle, die ihr auf JHWH harrt (יחל)!" Ähnlich haben es schon Ps 145,20 und 147,11 formuliert (vgl. auch Ps 33), vgl. die Ausführungen dort sowie zu Ps 146,8b – 9.

299 Ps 148,14: „Und er hat erhöht das Horn für sein Volk (וירם קרן לעמו), ein Loblied für alle seine Frommen (תהלה לכל־חסידיו), für die Söhne Israels, dem Volk seiner Nähe (בני ישראל עם־קרבו). Halleluja." Vgl. zum Ganzen die Ausführungen zu Ps 148,14.

300 So auch FÜGLISTER, Lied, 81 Anm. 1.

149,2 darstellen. Somit sind die Wortverbindungen von Ps 148,14 zu Ps 149 weitaus intensiver als zum eigenen Psalmkorpus Ps 148,1–13.[301]

Auch inhaltliche Gründe sprechen für die Erweiterung von Ps 148 in Blick auf Ps 149. Denn wie oben bereits angedeutet, stellt sich das Verhältnis von Ps 148 und 149 unharmonisch dar. Während Ps 148 zum universalen Lobpreis von Himmel und Erde aufruft und dabei auch die (fremden) Könige der Erde und alle Völker (לאמים) miteinbezieht, sind in Ps 149 die Könige und Völker (בל־אמים) Adressaten des Gerichts. Indem durch Ps 148,14 der Lobpreis (תהלה) nachträglich auf Israel eingeschränkt wird als den wahren Lobpreisenden für Jhwh, erscheint der Bruch zu Ps 149 nicht mehr so stark. Die Frommen werden somit zum Anstifter, Verkünder und Träger des irgendwann einmal weltweit erklingenden Lobpreises.[302] Zudem wird Ps 149,1 vorbereitet, da bereits mit Ps 148 ein Text vorliegt, der den Lobgesang (תהלה) der Frommen (Ps 148,14) in der Versammlung darstellt. So erscheint Ps 148,14 als Entschärfung und Harmonisierung für die Zusammenstellung von Ps 148 und 149.

Die Verbindung zwischen Ps 148 und 149 aufzuzeigen war offensichtlich auch für die Komponisten der Psalmenrolle aus Qumran (11Q5) ein Anliegen, sie wird gegenüber dem masoretischen Text noch verstärkt. In 11Q5 findet sich eine Ergänzung in Ps 149,9 ganz im Sinne von Ps 148,14 – obwohl in 11Q5 diese beiden Psalmen weit auseinander stehen.[303] In der qumranischen Version lautet V. 9b: „Ehre ist das für alle seine Frommen (הדר הוא לכול חסידיו), für die Söhne Israels, dem Volk seiner Heiligkeit (לבני ישראל עם קודשו). Halleluja (הללו יה)." Die Ergänzung

---

301 Vgl. dazu auch MacKenzie, Ps 148,14bc, 222. MacKenzie nimmt an, dass Ps 148,14aβ.b ursprünglich der Titel für Ps 149 gewesen sei, der im 3. Jh. noch vor der LXX-Übersetzung durch die spätere Halleluja-Rahmung von Ps 149 abgetrennt und Ps 148 zugeschlagen wurde, vgl. a.a.O., bes. 222f. Auch wenn es inhaltlich stimmig wäre (siehe oben im Text), spricht doch die Textüberlieferung dagegen, da es keinen Textzeugen für diese These gibt. Auch in Sir 51,12 ist der ganze Vers 14 aus Ps 148 inklusive Halleluja zitiert. 11Q5 bietet leider weder das Ende von Ps 148 noch den Anfang von Ps 149. Außerdem hat kein anderer Psalm im kleinen Hallel eine solche Überschrift und auch der Begriff תהלה kommt nur noch einmal in einer Überschrift vor: in Ps 145,1, vgl. dort die Ausführungen. So ist die Überlegung von MacKenzie, der eine Abfassung von Ps 149 und dem ganzen Hallel spätestens im 3. Jh. annimmt, ein interessantes Gedankenspiel, das aber zu wenig evidente Argumente für sich hat, zugleich eine komplizierte Textgenese voraussetzt (vgl. a.a.O., 223 Anm. 2) und daher eher als unwahrscheinlich anzusehen ist. Zur Kritik an MacKenzie vgl. auch Hillers, Study, 328; Spieckermann, Heilsgegenwart, 57 Anm. 17.
302 Vgl. dazu Zenger, Mund, 147, sowie die Ausführungen zu Ps 148,14.
303 In 11Q5 folgt Ps 148 auf Ps 146 und danach folgen die Wallfahrtspsalmen. Sehr viel weiter hinten findet sich dann die Abfolge Ps 143–149–150 – Hymn to the Creator als vorläufiger Abschluss der Rolle, vgl. zur Komposition von 11Q5 Kap. III.2.

entspricht bis auf das letzte Wort (קודשו)[304] dem entsprechenden Teil aus Ps 148,14.[305] 11Q5 war es demnach wichtig, die Näherbestimmung der Frommen, wie sie Ps 148,14 bietet, zu übernehmen und auf eigene Weise umzusetzen. Während die „Söhne Israels" eine verbreitete Formulierung ist, die gleichwohl im Kontext der Frommen zentral ist, da sie die Frommen als die wahren Söhne Israels bestimmt,[306] ist der Ausdruck „Volk seiner Heiligkeit" bzw. „sein heiliges Volk" ungewöhnlicher.[307] Möglicherweise könnte hiermit aber ein Link zu Ps 150 intendiert sein (oder sich aber um einen Abschreibefehler handeln), wo es in V. 1a heißt: „Lobet Gott in seinem Heiligtum (הללו אל בקודשו)",[308] sowie zum Anfang der Hymn to the Creator (גדול וקדוש יהוה קדוש קדושים לדור ודור).[309] Denkbar ist zudem auch eine Verwendung einer spezifisch qumranischen Bezeichnung, wie Dahmen nahelegt. Denn die Benennung „heiliges Volk" oder dergleichen für die Krieger des Lichts bzw. als Selbstbezeichnung findet sich auch häufig in der Kriegsrolle, die oben bereits mehrfach als inhaltlich verwandter Text erwähnt wurde.[310]

Am Ende der Ausführungen zu V. 9b und seinen intertextuellen Beziehungen, die sich insbesondere als Rezeptionsvorgänge erwiesen haben, kann kurz auf den ganzen zweiten Abschnitt von Ps 149 zurückgeblickt werden: V. 5–9 führt die Konsequenzen und Folgen des Lobpreises aus. Zum einen für die Lobenden selbst, die an Herrlichkeit und Ehre Gottes Anteil erhalten für und durch den Lobpreis

---

304 Allerdings besteht eine semantische Nähe zwischen קודש („Heiligkeit") und קרב („Nähe"), vgl. z. B. Num 10,3. Die Nähe Gottes ist seine Heiligkeit, nur wer geheiligt ist, kann sich Gott nahen bzw. Gottes Heiligkeit verbietet sich ihm zu nähern, vgl. z. B. Ex 3,5; Jes 65,5; Ez 42,13. Vgl. auch HARTENSTEIN, Unzugänglichkeit, 79 f mit Anm. 201. Wenn 11Q5 קודש wählt, dann wird nach DAHMEN, Rezeption, 226, die kultische Komponente stärker betont. Naheliegender ist aber vermutlich ein Bezug zum himmlischen Lobgesang der Engel, wie er beispielsweise in den Sabbatopferliedern beschrieben wird (vgl. z. B. 4Q400 Frg. 2), vgl. dazu u. a. REYMOND, Poetry. Zu Heiligkeit und Herrlichkeit vgl. auch oben die Ausführungen zu V. 5, bes. Anm. 204.
305 Durch die Ergänzung in V. 9 wird הדר mit תהלה (vgl. den Anfang in Ps 148,14) gleichgesetzt. Das beschriebene Rachegeschehen bzw. der ganze Psalm 149 wird in der 11Q5-Version so als Loblied der Frommen (vgl. Ps 149,1) und damit als Ehrerbietung *für* JHWH verstanden. In der masoretischen Version liegt dagegen der Schwerpunkt auf der Ehre der Frommen, die ihnen durch die Beteiligung an der Durchsetzung der Macht Gottes zuteil wird (vgl. oben).
306 Vgl. dazu die Ausführungen zu V. 1, bes. Anm. 101, sowie auch DAHMEN, Rezeption, 225 f.
307 Vgl. aber auch 4Q301 3,8: „Er wird geehrt [...]bw und weil er es am Ende zur Herrschaft einsetzen wird, [und] Gott wird sich durch sein heiliges Volk ehren (נכבד אל בעם קודשו[ו]), und er wird verherrlicht (ונהדר)." Vgl. zur Übersetzung LANGE, Endgestalt, 128 f; DERS., Physiognomie. Vgl. außerdem Dan 7,27, dazu Anm. 241.249.312.
308 So der Textbestand in 11Q5.
309 Dies vermutet auch schon LEUENBERGER, Aufbau, 191 Anm. 129.
310 Vgl. z. B. 1QM X,10; XIV,12; XVI,1. Dazu DAHMEN, Rezeption, 226. Zu 1QM vgl. oben Anm. 240–242.

und zum anderen für die Völker bzw. ihrer weltlichen Machthaber. Die Lobenden erhalten mit der Anteilnahme an der göttlichen Sphäre auch die göttliche Gerichtsbarkeit und Durchsetzung des Rechtes Gottes verliehen. Es geht um nichts weniger als um den Machtwechsel: die weltlichen Machthaber müssen zugunsten von Gottes Herrschaft entmachtet werden – und zwar durch die Machtlosen, die Demütigen und Frommen, die JHWH in seinen Dienst nimmt. Mit dieser Konzeption steht Ps 149 in auffälliger Nähe zu qumranischen Texten, insbesondere zu der Kriegsrolle.

Das Geschehen des Hymnus ist somit zentral und charakteristisch für Ps 149 und verfolgt einen Zweck außer seiner selbst. Dieser liegt in der Entmachtung der Mächtigen, die aber nur explizit durch den Lobgesang der Frommen herbeigeführt werden kann. Dieses Geschehen setzt die Anteilhabe an der Herrlichkeit Gottes voraus und führt gleichzeitig zur „Ehre aller seiner Frommen" (V. 9b). Das ist das radikal Neue in Ps 149 und deswegen ist dieser Psalm ein „neues Lied", das in der „Versammlung der Frommen" (V. 1) gesungen und vollzogen werden soll.

5.4.3 Hymnus in der Herrlichkeit JHWHs: Loben und Herrschen

Ps 149 setzt die Konzeption des Königtums Gottes voraus, wie sie vor allem in den sog. JHWH-König-Psalmen (Ps 29; 47; 93; 95 – 99) beschrieben wird. JHWHs Weltkönigtum ist universal zu verstehen. Als himmlischer Herrscher ist die ganze Schöpfung ihm untertan, samt allen Völkern und ihren Herrschern. Diese Konzeption des Gott-Königtums, das in altorientalischen Mythen seine Wurzeln hat, ist in der Jerusalemer Kulttradition zu verorten und hat sich von dort aus theologisch weiterentwickelt.[311]

Eine Form der Weiterentwicklung findet sich in Ps 149, indem das Volk Israel nicht nur von der Herrschaft Gottes profitiert in Form von Bewahrung und Versorgung der Menschen z. B. mit Nahrung (vgl. Ps 145 – 147). Vielmehr wird das Volk Israel aktiv an der Durchsetzung und Ausführung der Königsherrschaft beteiligt. Konkret zeigt sich der Unterschied zwischen Ps 149 und anderen Vorstellungen darin, dass hier nicht das Gericht allein von JHWH ausgeführt wird (wie in den JHWH-König-Psalmen) oder dass das Volk erst nach dem vollzogenen Gericht, das die Vernichtung der unbeugsamen Völker beinhaltet, die königliche Herrschaft erhält (wie z. B. im Danielbuch[312]). Sondern das Volk wird in Ps 149 zum Teilhaber

---

311 Vgl. dazu auch die Hinführung zu Ps 145, Kap. II.1.1.
312 In Dan 7 (vgl. bes. V. 26 f) wird nach der Entmachtung des letzten Königs die Herrschaft dem „Volk der Heiligen des Höchsten" gegeben, vgl. oben Anm. 249.

am Gerichtsvollzug und zwar mittels des Lobpreises. Entscheidend ist dabei das Gefälle, das der Psalm aufzeigt: Am Anfang steht die Aufforderung zum Lobpreis, darauf folgt die Übertragung der göttlichen Herrlichkeit und damit der Macht – aber nicht der Eigen-Macht, sondern solcher Macht, die immer die göttliche bleibt. Dies ermöglicht schließlich den Vollzug des Gerichts. Der Hymnus bildet dabei die Basis, er ist das alles Entscheidende. Die Lobenden bleiben die Demütigen. Nur in Demut und Frömmigkeit kann die Aufgabe zur Mitwirkung bei der Durchsetzung der Gottesmacht empfangen werden, so der Anspruch des Psalms, auch wenn der kämpferische Aspekt so nicht weniger ernst zu nehmen ist.

Bei der Deutung von Ps 149 ist sein schriftgelehrter Charakter zu beachten, wie er schon in V. 1 deutlich wird (vgl. das „neue Lied") und sich durch den weiteren Psalm mit der Rezeption anderer Texte hindurchzieht. Dieses Vorgehen ist bei der Interpretation des Psalms insgesamt und besonders bei der Frage nach seiner „Gewalttätigkeit" zu berücksichtigen, die in V. 7–9 und den Ausführungen zu Rache und Gericht an den Völkern aufgeworfen wird. Der Psalm ist daher als schriftgelehrter und theologisch reflektierender Text zu verstehen und nicht als Sieges- oder Kampflied, dass seinen Sitz im Leben ursprünglich draußen auf dem Schlachtfeld gehabt hat.[313] Es mögen hier Motive aufgenommen sein, die in diese Richtung weisen können, aber seiner Gestalt nach war dieser Psalm immer schon literarisch und für den Psalterkontext verfasst. Der Psalm kann als „die Frucht der Reflexion eines eschatologisch ausgerichteten ‚Schriftgelehrten'" beschrieben werden, wie Füglister es tut.[314] Zugleich scheint aber die militärische (Selbst-)Ermächtigung, legitimiert als Gottes Auftrag, aber zumindest eine mögliche Option der Wirklichkeitserfahrung des Schreibers gewesen zu sein, die ihm begegnete und die ihn, neben anderem, zur Abfassung motivierte. An Ps 149 ist gut zu erkennen, wie auch schon an den anderen Psalmen des kleinen Hallels (bes. Ps 146 und 147), dass Psalmtexte, wie Loretz feststellt, „nicht absolute sprachliche Neuschöpfungen sein" müssen, sondern sie sind „zumeist auch schon selbst Produkte von Textauslegung".[315] Mithilfe anderer Texte wird weitergedacht, aktualisiert und konkretisiert, aber auch theologisiert im Blick auf das Phänomen Hymnus. Insofern „ist der Psalm von seiner Struktur her

---

313 Vgl. dazu oben Anm. 171.

314 Füglister, Lied, 105. Darum ist auch spätestens nach der Betrachtung dieses Psalms „der gängigen Vorstellung vom Psalter als dem offiziellen Gesangbuch des zweiten Tempels [...] wohl endgültig der Abschied zu geben." (ebd.), vgl. dazu auch die Ausführungen zu Ps 146.

315 Loretz, Psalm 149, 369. „Wir sehen uns folglich bei Ps 149 nicht einem Produkt einer individuellen und einmaligen dichterischen Schöpferkraft im Sinne H. Gunkels, sondern einem textuell gesteuerten Prozeß gegenüber." (ebd.). Die Psalmen als Dichtungen einer bestimmten Zeit sind „in erster Linie als Ergebnisse einer Auseinandersetzung mit bereits vorhandener Literatur und deren produktive Vermehrung zu verstehen." (a.a.O., 374).

eine Theologie des Gotteslobs und nicht [in erster Linie, F.N.] eine Legitimation des Krieges oder der Vernichtung der Völker durch das Schwert Israels."[316] Die Frage, worauf der Psalm antworten will, ist: Was leistet der Hymnus? Und die theologische Antwort, die er gibt, lautet: In und mit dem hymnischen Lobpreis erhalten die demütigen Frommen die Herrlichkeit Gottes und damit Anteil an JHWHs Macht und Herrschaft, die sie dazu befähigt an der Durchsetzung der göttlichen Herrschaft mitzuwirken. Dabei bleibt die kämpferische Umsetzung der Herrschaft Gottes zunächst noch literarische Fiktion – auch weil die endgültige Machtergreifung Gottes in der Welt noch Gegenstand der Hoffnung und der Erwartung ist. Das ist in Ps 149 nicht anders als in seinen Bezugstexten (vgl. Jes 24; 60 – 62 und Ps 47; 96; 98). Aber das Loblied kann und muss schon hier und jetzt gesungen werden[317] und führt den Beter zugleich in eine Zwischenzeit: „Das Gotteslob läßt sich schon jetzt beginnen und einleiten, das Gericht an den Völkern jedoch [noch] nicht!"[318]

Anders als beispielsweise in Ps 147 dient die Rezeption der prophetischen Ankündigung in Ps 149 nicht der hymnischen Aktualisierung in der Gegenwart,[319] sondern sie dient der Instrumentalisierung des Hymnus. Oder anders: Das Anliegen des Psalms liegt in der Zielbestimmung des Lobens – und das ist die Beteiligung der Lobenden an der Durchsetzung der göttlichen Herrschaft. So erhält in Ps 149 der Hymnus eine Funktion, die sonst nicht in dieser Form zu beobachten ist. Der Hymnus weist damit über sich selbst hinaus, weil er mehr will als nur gesungen werden. Zugleich bleibt er gesungenes Lob, das nur vorausblicken kann, auf das, was kommen mag. Ps 149 beschreibt das Geschehen zwischen Himmel und Erde, das durch den Lobgesang der Frommen möglich wird. Sie treten in Verbindung zu Gott, die bringen ihm Ehre und Herrlichkeit und erhalten zugleich selbst göttliche Herrlichkeit, die das Richten auf Erden mit einschließt.

---

316 Zenger, Provokation, 188.
317 Gleichwohl begnügt sich der Psalm nicht mit dem Loben allein. Die kämpferische Unterwerfung kann nicht einfach im Loben aufgelöst werden, wie Zenger, Provokation, 186, meint, wenn er betont „daß es in diesem Psalm um *ein und dasselbe Geschehen* geht: um den Lobpreis Jhwhs durch die Gemeinde der חסידים – und daß sich *darin und dadurch* ihre Rettung und die Wiederherstellung der von Jhwh gesetzten Weltordnung für das Zusammenleben der Völker vollziehen." [Hervorhebungen original]. Vielmehr bleibt der Anspruch der Durchsetzung des Rechtes Gottes unter Beteiligung der Frommen bestehen. Nach Ps 149 werden die jetzt schon lobenden Frommen Anteil an der Konkretisierung der Herrschaft Gottes haben. Vgl. oben bes. zu V. 7 – 9a.
318 Ballhorn, Telos, 341.
319 Vgl. insbesondere Kap. II.3.4.4.

5.5 Zusammenfassung: Die Konzeption von Psalm 149

In Anknüpfung an die anderen „neuen Lieder" stellt Ps 149 ein *neues* neues Lied dar, das nicht vor und von aller Welt erklingt, sondern exklusiver Gesang der Frommen ist – ganz im Unterschied zu Ps 148. Der erste Teil ist durch Lobaufforderungen geprägt (V. 1–4), im zweiten Teil geht es um die Auswirkungen des Lobpreises (V. 5–9). Die Versammlung der Frommen ist der Ort (V. 1), wo der Lobpreis für Jhwh, den Schöpfer Israels und den König Zions erklingen soll (V. 2). Der Lobpreis geschieht nicht allein um Gottes Willen, sondern beinhaltet eine konkrete Absicht: das Gericht an den Völkern (V. 7–9). Wie passt beides zusammen, Lobpreis und Gerichtshandeln? Die fromme Gemeinschaft Israels wird zum Lobgesang aufgerufen. In dem Lobgeschehen geben die Lobenden Gott die Ehre und treten so in die Gemeinschaft mit Jhwh ein, was durch die Anteilgabe an der göttlichen Herrlichkeit verdeutlicht wird. Die zugesprochenen Attribute כבוד und הדר (V. 5.9) werden dem Menschen zuteil, indem Gott etwas von sich schenkt und dabei zugleich die Beschenkten in Anspruch nimmt. Der Anspruch besteht für Ps 149 in der Befähigung der Frommen zum Vollzug der Rache an den Völkern und ihren Machthabern (V. 7–9). Die Frommen werden, indem sie in Herrlichkeit loben (V. 5) an der Durchsetzung der Herrschaft Gottes beteiligt, ohne das dies zu einer eigenmächtigen, menschlichen Racheaktion werden würde. Es sind gerade diejenigen, die in Demut und Machtlosigkeit mit Gottes Hilfe zur Entmachtung der Mächtigen beauftragt werden (vgl. V. 4), symbolisiert durch die Schwertmacht (V. 6). In dieser Umkehrung der Machtverhältnisse wird Gottes Herrschaft sichtbar. Der Hymnus fungiert dabei als Voraussetzung für diese ungewöhnliche Machtanteilgabe und ist zugleich der Raum, in dem jetzt schon die Herrlichkeit und Herrschaft Jhwhs als König und Schöpfer gelobt und erwartet wird.

Wie die anderen Psalmen des kleinen Hallels erweist sich auch Ps 149 als *schriftgelehrter Hymnus*. In Rezeption anderer Texte formuliert der Psalmist seine eigene Komposition eines neuen Liedes. Dabei sind vor allem Bezüge zu Ps 2; 33, 96 und 98 sowie zu den anderen Hallel-Psalmen zu erkennen. Außerdem stehen Jesajatexte (vgl. Jes 42; 44; 45; 60 – 62) und weitere Texte wie Ex 15; Dtn 6; Ps 1; 8 und 21; Joel 2; Nah 3; Dan 7 sowie einige Texte aus Qumran in Beziehung zu Ps 149. Auch die sprachliche Gestaltung ist für die Konzeption wichtig und zugleich außergewöhnlich (vgl. z. B. die Infinitiv-Sätze in V. 7–9 und die Positionierung von חסידים und כבוד). Somit stellt sich der Psalm als theologischer Reflexionstext über das Loben dar, der den Hymnus mit einer Abzweckung versieht, die über das eigentliche Hymnusgeschehen hinausweist. Gleichwohl geschieht dies auf literarischer Ebene und bleibt bei aller Ausweitung auf die Herrschaftsdurchsetzung Gottes dem Kontext des Lobpreises verhaftet. Im Rückgriff auf die Schrift formuliert Ps 149 das neue Lied, das von Gottes Herrlichkeit, seinem Lobpreis und seiner Macht singt und dieses so im Hymnus Wirklichkeit werden lässt, ihm und den Frommen zur Ehre.

6. Gott loben: Psalm 150

6.1 Hinführung

Mit Ps 150 kommt die masoretische Psalmensammlung zu ihrem Ende. Dabei hört sich der letzte Psalm des Psalters so gar nicht nach Ende und Abschluss an. Die durchgehende Aufforderung zum Lob betont vielmehr die Offenheit und Unabgeschlossenheit des Gotteslobs. Auf unvergleichliche Art und Weise stellt Ps 150 einen Psalm dar, der allein auf das Loben Gottes ausgerichtet ist. Am Ende des Psalters tritt die eigentliche Zielbestimmung der Psalmen, das reine Gotteslob, noch einmal in prägnanter Form hervor. Alles andere wie konkrete Gründe für das Loben oder auch die Frage, wer denn loben soll und darf, gerät in den Hintergrund, wenn der Psalm mit dem Ausruf „Alles, was Atem hat, lobe Jʜ!" (Ps 150,6) endet.

Ps 150 ist formal ganz anders gestaltet als die übrigen Psalmen des kleinen Hallels – eine gewisse Nähe zeigt sich nur zu Ps 148 – und steht doch in ganz enger Beziehung zu den vorangehenden Texten. Ps 150 lässt sich wie auch die anderen Psalmen des kleinen Hallels als *schriftgelehrter Hymnus* bezeichnen, der von der vorgegebenen Schrifttradition lebt und sie rezipiert. Dabei werden Ps 145 – 149 besonders berücksichtigt. Ps 150 weist darüber hinaus auch evidente Beziehungen zu Ps 19; 33; 81 und den Jʜwʜ-König-Psalmen (bes. Ps 97 und 98) auf, außerdem zu Gen 1 – 2, der Exodustradition und der Chronik. Bemerkenswert ist, dass auch bei Ps 150 Psalmen und Texte im Hintergrund stehen, die bereits für die anderen Hallel-Psalmen wichtig waren, sodass sich allein schon über die Bezugstexte eine Verbindung innerhalb der Psalmen des kleinen Hallels ergibt.

Am Ende des Psalters zeigt sich so noch einmal die besondere Verbindung eines hymnischen Textes mit Schriftauslegung und Schriftrezeption. Demnach sind auch an Ps 150 die drei Merkmale eines schriftgelehrten Hymnus zu erkennen:[1] Die formale Durchgestaltung des Psalms fällt auf den ersten Blick auf und weist den Psalm als literarisches Kunstwerk aus. Sodann zeigt sich die theologische Konzeption und Reflexion des Themas Hymnus an der Profilierung und Zuspitzung des ganzen Psalms (und damit des Psalters) auf das Loben Gottes. Und schließlich realisiert sich die Schriftrezeption in der Aufnahme von anderen Texten durch Wortaufnahmen und thematische Anspielungen in Ps 150. Zenger beschreibt den Psalm treffend als einen Text, der „dem Psalter im Rückblick eine *Gesamtdeutung* [verleiht], indem er als Abschlusspsalm die vorangehenden Ein-

---

1 Vgl. zu den drei Perspektiven des Hymnus Kap. I.

zelpsalmen zu einer Polyphonie des Lobpreises für und auf JHWH, den König Israels und der Welt, macht."[2]

Wie nun in formaler und inhaltlicher Hinsicht und in theologischer und schriftgelehrter Profilierung dieser Abschluss des Psalters gestaltet ist, wird in den folgenden Abschnitten dargestellt. Dabei ist bei aller Integration in das Schlusshallel Ps 150 auch als Einzelkomposition wahrzunehmen. Mit den Unterkapiteln zur formalen und sprachlichen Gestalt des Psalms und seiner Gliederung ist zu beginnen (Kap. II.6.3.1 und II.6.3.2). Im Anschluss daran wird das theologische Profil des schriftgelehrten Hymnus unter Rückbezug auf innerbiblische Textverbindungen dargestellt und interpretiert (Kap. II.6.4).

Wie bereits angedeutet, ist das Gotteslob das alles bestimmende Thema in Ps 150, das durch die in jedem Kolon präsente Aufforderungsform von הלל in Bezug auf Gott realisiert wird. Zur Kontextualisierung von Ps 150 und seiner charakteristischen Konzeption wird der Untersuchung darum eine kurze Einführung zum Thema „Gott loben" vorangestellt, die sich am Lexem הלל orientiert.

Gott loben in den Psalmen des Alten Testaments

Der ganze Psalter will und soll Gotteslob sein. Aber in seinem letzten Psalm wird diese thematische Ausrichtung in besonderer Art und Weise noch einmal hervorgehoben. Erkennbar ist diese Zuspitzung durch die Zunahme der Verwendung von הלל („loben") in den letzten Psalmen, wobei הלל immer in Bezug auf Gott bzw. JHWH gebraucht wird. Demgegenüber werden andere Verben und weiteres Lobvokabular (z. B. ברך; ימר; ידה) zunehmend verdrängt, so dass am Ende – in Ps 150 – nur noch dieses eine Verb das Loben Gottes beschreibt. הלל wird so zum Leitwort des ganzen Psalms.[3] Aufgrund dieser Entwicklung lohnt sich ein kurzer Blick auf die Verwendung von הלל im Psalter sowie in der Chronik, wozu sich ebenfalls Verbindungen zu Ps 150 aufzeigen lassen.[4] Mit diesem Überblick kann auf die

---

2 ZENGER, Psalm 150, 875 [Hervorhebung original].

3 Vgl. SCHWEIZER, Form, 43, mit Verweis auf BUBER, Verdeutschung, 15: „Unter Leitwort ist ein Wort oder ein Wortstamm zu verstehen, der sich innerhalb eines Textes, einer Textfolge, eines Textzusammenhangs sinnreich wiederholt: wer diesen Wiederholungen folgt, dem erschließt oder verdeutlicht sich ein Sinn des Textes oder wird auch nur eindringlicher offenbar."

4 Da הלל in den anderen Schriften des Alten Testaments nur am Rande belegt ist, können diese für den hier vorliegenden Zusammenhang außen vor bleiben. Außerdem konzentriert sich der Überblick auf den Gebrauch von הלל in Bezug auf Gott bzw. JHWH, so dass die Belege, wo הלל nicht im direkten Sinne des Gotteslobs verwendet wird, die Bedeutung von „(sich) rühmen" annimmt und / oder in einem eher profanen Kontext gebraucht wird ebenso vernachlässigt werden können. Vgl. zu הלל insgesamt RINGGREN, Art. הלל; WESTERMANN, Art. הלל.

Frage vorbereitet werden, worauf Ps 150 aufbaut und anknüpft, wenn dieser Text das Gotteslob zum zentralen Thema erhebt.

Im Vergleich zu den ersten vier Büchern des Psalters tritt das Verb הלל im fünften Psalmenbuch (Ps 107–150) in weitaus höherem Maße auf: Es finden sich in den ersten vier Büchern insgesamt 18 Belege von הלל in direkter Aussage des Gotteslobes sowie viermal in Form des Halleluja-Rufs.[5] Demgegenüber stehen 39 Belege von הלל und 18 Halleluja-Belege im fünften Buch.[6] Davon findet sich innerhalb des fünften Buches wiederum ein Großteil in den Psalmen des kleinen Hallels (zusammen mit Ps 145 ergeben sich hier 27 Belege und 10 Halleluja).[7] Dieser statistische Befund belegt somit den Eindruck einer Zuspitzung und Konzentration auf das Verb הלל am Ende des Psalters.

Welche Aussagen werden nun im Zusammenhang mit הלל gemacht? Dazu sind einige Belege, insbesondere die innerhalb des kleinen Hallels vorzustellen. Da in Ps 150 allein הלל das Loben beschreibt, konzentrieren sich die folgenden Ausführungen auf die Belege von הלל in den anderen Psalmen, auch wenn sich dort noch andere Aussagen zum Thema Gotteslob finden.[8] Für das Folgende und für Weiteres darüber hinaus sei darum auf die jeweiligen Kapitel zu den einzelnen Hallel-Psalmen verwiesen.

Zu beginnen ist mit Ps 69 als einem der wenigen für das Hallel wichtigen Belege von הלל aus dem vorderen Teil des Psalters.[9] In Ps 69 findet sich eine breite Verwendung von הלל: Während in V. 31 eine einzelne Person sich selbst zum Lobe des Namens Gottes auffordert, ergeht in V. 35 der Lobaufruf an Himmel und Erde, d. h. an den ganzen Kosmos.[10] Diese Spannweite des Gebrauchs von הלל bildet sich auch im kleinen Hallel ab und ist im Folgenden nachzuzeichnen.

---

5 Vgl. הלל in Ps 18,4; 22,23.24.27; 35,18; 44,9; 48,2; 56,5; 56,11(2x); 63,6; 69,31.35; 74,21; 84,5; 96,4; 102,19; 105,3 sowie Halleluja in Ps 104,35; 105,45; 106,1.48.

6 Vgl. הלל außerhalb des kleinen Hallels in Ps 107,32; 109,30; 113,1(2x).3; 115,17; 117,1; 119,164.175; 135,1(2x).3 sowie Halleluja in Ps 111,1; 112,1; 113,1.9; 115,18; 116,19; 117,2; 135,1.

7 Vgl. הלל in Ps 145,2.3; 146,1.2; 147,12; 148,1(2x).2(2x).3(2x).4.5.7.13; 149,3; 150,1(2x). 2(2x).3(2x).4(2x).5(2x).6 sowie Halleluja in Ps 146,1.10; 147,1.20; 148,1.14; 149,1.9; 150,1.6. Die Belege in Form des Halleluja werden extra ausgewiesen, da sie eine gewissen Formelhaftigkeit aufweisen und nicht mit den sonstigen הלל-Belegen direkt parallelisiert werden. Gleichwohl stehen Halleluja-Rahmung und הלל-Verwendung im Psalmkorpus in engster Verbindung, vor allem im kleinen Hallel. Zur Halleluja-Rahmung vgl. den Exkurs in Kap. III.1.

8 Besonders in Ps 145 und 149 findet sich beispielsweise ein breites Lobvokabular.

9 Vgl. dazu die Ausführungen in Kap. II.4.4.1 und zu Ps 148,7–12.

10 Ps 69,31.35: „Ich will loben (אהללה) den Namen Gottes mit einem Lied und ich will ihn erheben mit Dank. [...] Loben (יהללוהו) sollen ihn Himmel und Erde, die Meere und alles, was darin wimmelt."

In Ps 145,2 und 146,1–2 wird הלל ebenfalls als Selbstaufforderung zum Lob verwendet. Die Verdrängung anderer Lobverben zeigt sich somit beispielhaft in Ps 146,1. Denn die Wendung הללי נפשי את־יהוה („Lobe, meine Seele, JHWH") stellt ein Zitat aus Ps 103,1 / 104,1 dar, wo allerdings der Selbstaufruf mit ברך gebildet wird. Ps 146,1 formuliert demnach bewusst um. Außerdem wird in Ps 145 und 146 der Aspekt des lebensbestimmenden Lobens ausgedrückt. Der Beter will sein ganzes Leben dem Vollzug von הלל für JHWH widmen wie die Begriffe לעולם ועד („immer und ewig", Ps 145,2) und בחיי („mit meinem Leben", Ps 146,2) zeigen. Ps 145,3 begründet das Lob Gottes mit dessen unvorstellbarer Größe und verweist dabei auf zwei Psalmstellen, die ebenfalls הלל verwenden: Ps 48,3 und 96,4. Der Aspekt der Größe Gottes wird außerdem von Ps 150,2 aufgenommen, wie unten auszuführen ist.

Nachdem in Ps 145 und 146 das Subjekt von הלל Einzelpersonen darstellen, spricht in Ps 147,12 der Psalmist Jerusalem und Zion kollektivierend als personifizierte Akteure des Lobpreises an. Damit findet sich hier im Kontext des kleinen Hallels eine erste Ausweitung der Lobakteure auf eine Gruppe (vgl. die Pluralformen von ענה und ימר in Ps 147,7 und אלהינו in Ps 147,1). Dies steigert Ps 148 in besonderem Maße, wenn in diesem Psalm auf umfassende Weise alle Elemente und Wesen von Himmel und Erde zum Lobpreis aufgerufen werden. Hier findet sich demnach die andere Ausprägung des הלל-Vollzugs wie er bereits in Ps 69 angedeutet ist: Der ganze Kosmos wird kollektiv in das Loben Gottes eingebunden und das Loben ihm zur Aufgabe gestellt. הלל ist damit nicht mehr nur Sache des individuellen Menschen (vgl. Ps 145 und 146), sondern in der universalen Gemeinschaft aller Wesen und Werke Gottes soll JHWH als Schöpfer und Herr der Welt gelobt werden.

Mit Ps 149,3 kommt ein weiterer Aspekt des Lobens hinzu. Hier werden nicht primär die Subjekte des Lobens oder dessen Inhalte (vgl. Ps 145,3) genannt, sondern hier finden sich Aussagen darüber wie das Lob geschehen soll, nämlich mit Tanz (und Instrumenten). Damit liefert Ps 149 einen direkten Vorlagetext für Ps 150, worauf zurückzukommen ist.

Es zeigt sich nach diesem Durchgang, dass die Verse im kleinen Hallel, in denen הלל verwendet wird, Aussagen in drei Perspektiven formulieren: Erstens wird etwas über das Subjekt des Lobens gesagt und damit der anthropologische bzw. schöpfungstheologische Aspekt bedient. Denn das Gotteslob ist ein Handeln, das den Menschen und sogar den ganzen Kosmos in seiner Lebendigkeit und Lebensdauer umfasst und noch darüber hinausgeht (vgl. לעולם ועד). Der Lobvollzug ist zutiefst mit dem Lebensvollzug verbunden. Wie dieser Aspekt auch in Ps

150 zentral ist, wird insbesondere anhand von V. 6 ausgeführt.[11] Zweitens wird das Objekt des Lobens bestimmt: Es ist Jʜᴡʜ in seiner Größe, der gelobt werden soll. Damit wird der theologische Aspekt des Gotteslobs angesprochen. Darunter sind dann in den weiteren Ausführungen der oben genannten Psalmen Gottes Schöpfermacht und seine Königsherrschaft zu verstehen. Auch dies spielt in Ps 150, besonders in V. 1–2 eine zentrale Rolle. Drittens ist als großer Bereich die Frage nach Art und Weise des Lobens zu nennen (vgl. Ps 149,3). Während dies in den Psalmen geringeren Raum einnimmt, finden sich in der Chronik umso mehr Ausführungen darüber, wie das Loben konkret gestaltet wird bzw. werden soll. Die Belege von הלל sind dort oftmals mit konkreten „Berufsbezeichnungen" wie Priestern und Leviten verbunden sowie mit Aufzählungen von Instrumenten.[12] In gewisser Weise findet sich hier ein Abbild, eher ein chronistisch gefärbtes Ideal-bild der institutionalisierten Kultmusik des zweiten Tempels. Inwieweit Ps 150, insbesondere in V. 3–5, mit diesem in Verbindung steht, ist ebenfalls zu fragen und in der folgenden Darstellung auszuführen.

Nach diesem Überblick anhand des Lobverbums הלל sind damit schon wichtige Aussagen und Themen von Ps 150 angesprochen worden, die sich alle unter dem großen Oberthema des Gotteslobes subsumieren lassen. Ps 150 knüpft an diese vorgegebenen Aussagen im Zusammenhang mit הלל an und setzt dabei ganz eigene Akzente. Bemerkenswert ist in jedem Fall, dass dieser Psalm mit nur diesem einen Verb auskommt und daran sein ganzes anthropologisches und theologisches Konzept des Gotteslobes in hymnischer Gestalt orientieren kann.

---

11 Vgl. dazu die Ausführungen unten in Kap. II.6.4.3 und II.6.4.4.
12 Vgl. u. a. 1Chr 16,4; 23,5.30; 2Chr 5,13; 7,6; 8,14; 20,19.21; 30,21. Wᴇsᴛᴇʀᴍᴀɴɴ, Art. הלל, 499, beschreibt den Unterschied im Gebrauch zwischen den Psalmen und der Chronik dahin-gehend, dass in der Chronik „an fast allen Stellen vom Gotteslob etwas berichtet oder ausgesagt wird, während in den Psalmen das Wort nur gebraucht wird, um das Gotteslob in Bewegung zu bringen (im imperativischen Lobruf), um es anzukündigen (Voluntativ), um es auszudrücken, daß es geschehen soll (Jussiv), während berichtende oder aussagende Formen fast ganz fehlen."

6.2 Text und Übersetzung von Psalm 150

1 Halleluja![13]
Lobet Gott[14] in (Ansehung)[15] seiner Heiligkeit![16]
Lobet ihn in (Ansehung) der Feste seiner Macht!
2 Lobet ihn in (Ansehung) seiner Machttaten![17]
Lobet ihn gemäß der Fülle seiner Größe![18]

3 Lobet ihn mit (Begleitung vom) Blasen des Schofar![19]
Lobet ihn mit (Begleitung von) Harfe und Zither!
4 Lobet ihn mit (Begleitung von) Pauke und Tanz!
Lobet ihn mit (Begleitung von) Seiteninstrumenten und Flöte![20]
5 Lobet ihn mit (Begleitung von) Zimbel-Klang!
Lobet ihn mit (Begleitung von) Zimbel-Lärm!

6 Alles, was Atem hat,[21] lobe JH![22]
Halleluja!

1 הַלְלוּ יָהּ
הַלְלוּ־אֵל בְּקָדְשׁוֹ
הַלְלוּהוּ בִּרְקִיעַ עֻזּוֹ׃
2 הַלְלוּהוּ בִגְבוּרֹתָיו
הַלְלוּהוּ כְּרֹב גֻּדְלוֹ׃

3 הַלְלוּהוּ בְּתֵקַע שׁוֹפָר
הַלְלוּהוּ בְּנֵבֶל וְכִנּוֹר׃
4 הַלְלוּהוּ בְתֹף וּמָחוֹל
הַלְלוּהוּ בְּמִנִּים וְעוּגָב׃
5 הַלְלוּהוּ בְצִלְצְלֵי־שָׁמַע
הַלְלוּהוּ בְּצִלְצְלֵי תְרוּעָה׃

6 כֹּל הַנְּשָׁמָה תְּהַלֵּל יָהּ
הַלְלוּ־יָהּ׃

---

13 Wie schon in Ps 149 LXX wird auch in Ps 150 LXX keine ausführliche Überschrift wie in Ps 145 – 148 LXX ergänzt. In 11Q5 fehlt das Halleluja zu Beginn wie es auch sicher negativ bezeugt ist für Ps 148. Die Anfänge von Ps 146; 147 und 149 sind nicht erhalten, so dass über diese keine eindeutige Aussage gemacht werden kann, vgl. zum Hallel in 11Q5 Kap. III.2.
14 Der syrische Text und Hieronymus ändern die Gottesbezeichnung אל in Angleichung an V. 6 in den יה entsprechenden Begriff um. Allerdings wird אל ursprünglich sein. Vgl. KRAUS, Psalmen, 1148; STRAUSS, Psalm 150, 9.
15 Zu den Übersetzungen der Präposition ב in den verschiedenen Fällen vgl. unten Kap. II.6.3.1.
16 LXX liest hier für בקדשׁ eine Pluralform (ἐν τοῖς ἁγίοις αὐτοῦ), so dass (neben „in seinem Heiligtum") auch die interpretierende Bedeutung „unter seinen Heiligen" möglich wäre, vgl. ZENGER, Psalm 150, 885. Möglicherweise ist diese LXX-Lesart durch Varianten von Ps 149,2 beeinflusst, wo statt חסידים („die Frommen") קדושׁים („die Heiligen") steht, vgl. dazu in Kap. II.5 zu Psalm 149 Anm. 22.
17 Die Pluralform גבורת ist ungewöhnlich und wird vom syrischen Text in Sing. geändert. DA-HOOD, Psalms, 358, befürwortet eine phönizische feminin-Form im Sing., um eine Parallele von V. 2a und 2b zu erreichen: „his might" / „his greatness".
18 Die Präposition כ ist auffällig, während sonst ב im Psalm vorherrschend ist. Einige Handschriften sowie die syrische Übersetzung lesen darum auch angleichend ברב, ebenso z. B. BRIGGS / BRIGGS, Psalms, 544f. Die Formulierung כרב findet sich sonst noch in Jes 63,7; Ps 51,3; 69,17; 106,45; Klgl 3,32; Neh 13,22 (Hos 10,1); ברב ist dagegen viel häufiger (ca. 40 mal).
19 LXX liest hier ἐν ἤχῳ σάλπιγγος („Klang der Trompete").
20 Zu den seltenen Instrumenten מנים und עוגב vgl. unten die Ausführungen bei V. 3 – 5.
21 11Q5 liest hier הנשמות, was leicht durch einen Abschreibefehler passiert sein kann. Allerdings könnte der fem. Pl. auch eine Spätform sein wie in Jes 57,16, so DAHMEN, Rezeption, 227.
22 Wörtlich „alles Atmende" oder „aller Atem", vgl. ZENGER, Psalm 150, 872.

6.3 Psalm 150 als hymnischer Text und seine literarische Gestalt

Für Ps 150 gilt im Vergleich mit den anderen Psalmen des kleinen Hallels die Charakterisierung, dass der Psalm ein einziger Lobaufruf ist, wohl am meisten. Durchgehend wird zum Lob aufgefordert, sodass durch die immer gleiche Formulierung auch ein rhythmisch, fast musikalischer Gleichklang entsteht. Seybold kann sogar sagen: „Der mit der Musik befaßte Text ist selbst musikalisch gestaltet.“[23] Diese Musikalität des Psalms ist in diesem Kapitel anhand der sprachlich-formalen Gestaltung (Kap. II.6.3.1) und durch die Beschreibung von Gedankengang und Gliederung (Kap. II.6.3.2) nachzuzeichnen. Dabei wird die spezifische hymnische Struktur von Ps 150 deutlich, die dann im nachfolgenden Kapitel, das sich mit dem theologischen Profil des Psalms befasst (Kap. II.6.4), weiter untersucht wird.

6.3.1 „Lobet ihn!“ – Zu Sprache und Form

Zunächst sind die sprachlichen und formalen Gestaltungsmerkmale von Ps 150 zu analysieren, die dem Psalm seine spezifische Textgestalt geben. Dabei fällt zuallererst das den ganzen Psalm prägende Lexem הלל („loben“) auf. Ps 150 ist wie die anderen Psalmen des kleinen Hallels durch Halleluja gerahmt.[24] Sodann findet sich in jedem Kolon eine auffordernde Form von הלל (insgesamt elfmal im Psalmkorpus), was noch eine Steigerung zu dem mit Ps 150 strukturell eng verwandten Ps 148 bedeutet, wo הלל ebenfalls zentral ist, aber nicht in jedem Vers vorkommt (dort insgesamt zehnmal הלל). In Ps 150 stellt zudem הלל die einzige Verbalform da: alles, was geschieht, ist Loben. Und zwar Gotteslob. Denn immer ist die הלל-Aufforderung (Imperativ bzw. Jussiv in V. 6) mit Gott (אל / JH) bzw. einem auf ihn verweisenden Personalsuffix (הו-) verbunden.[25] Damit ist das entschei-

---

23 SEYBOLD, Psalmen, 547.
24 Vgl. zur Halleluja-Rahmung den Exkurs in Kap. III.1.
25 In der Auslegung des Psalms wurde immer wieder darauf verwiesen, dass die zehn Imperative הללו (genauer: einmal הללו־אל, dem dann neunmal הללוהו folgt), eine Anspielungen auf andere Zehnzahlen darstellen: auf die zehn Schöpfungsworte Gottes und die Zehn Gebote, auf die nun zehnmal mit Lob geantwortet wird, vgl. dazu und zu weiterer Zahlensymbolik in Ps 150 DEISSLER, Psalmen, 572; MATHYS, Psalm CL, 331–333; ZENGER, Gott, 61; DERS., Psalm 150, 875. Eine ähnliche Zahlensymbolik wurde auch für Ps 148 angenommen, vgl. dort bei Ps 148, bes. Anm. 30. Allerdings finden sich in Ps 150 eigentlich elf Lobaufforderungen (inkl. der Jussiv-Form in V. 6) bzw. mit dem Halleluja-Ruf insgesamt dreizehn. Darum ist gegenüber den Zahleninterpretationen eher etwas Zurückhaltung geboten, vgl. dazu auch BALLHORN, Telos, 345.

dende Thema des Psalms, das sich bereits aus der formalen Gestaltung ergibt, zu benennen: Der Aufruf zum Lob Gottes (הללו־אל bzw. הללוהו oder auch „Hallelu-JAH!") durchzieht den ganzen Psalm und in diese litaneiartig wiederholte Aufforderung muss sich alles andere einfügen.

Neben der Halleluja-Rahmung ist der Psalm außerdem durch eine Gottesbezeichnung in Kombination mit הלל eingefasst: Der Psalm beginnt mit הללי־אל („lobet Gott", V. 1) und endet mit der Entsprechung תהלל יה („lobe JH", V. 6) und betont somit noch einmal das zentrale Anliegen des Psalms. Das „Gottes-Lob" hat somit, abgesehen vom rahmenden Halleluja, was ja nichts anderes heißt, das erste und letzte Wort des Psalms. Auch da „Gott" als Objekt des Lobpreises die einzige und mit Namen benannte Person ist, tritt es formal und inhaltlich hervor. Wer den Lobpreis ausführen soll, bleibt dagegen zunächst offen.[26] Erst in V. 6 wird mit כל הנשמה („alles, was Atem hat") ein recht umfassender Ausdruck für die Lobenden verwendet. Auch der Sprecher des Lobaufrufs bleibt verborgen, spricht nicht in der 1. Pers. Sg. (wie in Ps 145; 146) und identifiziert sich auch nicht durch Suffixe mit der Gruppe der Lobenden (wie in Ps 147), sondern tritt ganz zugunsten des Lobes Gottes zurück, wie es ähnlich auch in Ps 148 und 149 der Fall ist. Dieses Verschwinden des Sprechers ist somit als zunehmende Tendenz in der Leserichtung der letzten Psalmen zu beobachten. Wie die anderen Psalmen des kleinen Hallels ist auch Ps 150 ein reiner Aufforderungspsalm. Er richtet sich damit nicht in erster Linie an Gott, sondern an andere zum Lob aufzurufende Personen. Da gleichzeitig aber die Aufrufe Aussagen über Gott sind, ist der Psalm in pragmatischer Sicht zugleich Lob für Gott.[27] Der Aufruf zum Lob stellt damit schon den Vollzug des Lobes dar.

Die Gestalt des Psalms zeichnet sich weiterhin durch wiederkehrende Elemente aus. Es findet sich in jedem Kolon der identische Satzbau – nur V. 6 ist als Zusammenfassung und Höhepunkt des Psalms anders gestaltet. Die syntaktische Grundstruktur des Psalms lässt sich wie folgt beschreiben: Nach dem הלל-Imperativ mit nachstehendem אל bzw. Personalsuffix folgt jeweils eine durch Präposition (neunmal ב, einmal כ in V. 2b) angeschlossene adverbiale Bestimmung, die durch ein oder zwei Substantive den Aufruf zum Gotteslob ergänzt.

Die im Psalm auffällige Präposition ב[28] wird nicht einheitlich, sondern in verschiedenen Bedeutungen und Funktionen verwendet:[29] Im Allgemeinen wird

---

26 Vgl. SCHWEIZER, Form, 40: „Absolut, so, daß jedes mögliche Subjekt eingetragen werden könnte, stehen die Imperative da."
27 Vgl. dazu auch BALLHORN, Telos, 345; SEIDEL, Musik, 166.
28 Die Präposition ב ist auch in Ps 149 besonders häufig, vgl. die Ausführungen in Kap. II.5.3.1.
29 Auf den Unterschied in der Bedeutung verweisen z. B. auch SEIDEL, Ps. 150, 89; BALLHORN, Telos, 346.

aufgrund der Präposition ב / כ V. 1 als doppelte Ortsangabe verstanden, V. 2 als Angabe des Grundes für das Lob und V. 3–5 dann als Beschreibung der Art und Weise des Lobpreises mithilfe der vielen Musikinstrumente.[30] Relativ sicher ist der Gebrauch von ב in V. 3–5. So fungiert es dort als *bet instrumenti* bzw. eher noch als *bet comitantiae* zur Umschreibung der Musikbegleitung des Lobes durch die zahlreichen Instrumente („mit" im Sinne von „unter Begleitung von").[31] Die Musikinstrumente dienen demnach zur Beschreibung des Umstandes, unter dem das Lob stattfindet. So stellt auch Ballhorn als Begründung für die Annahme eines *bet comitantiae* fest: „Das Gotteslob findet nicht durch die Instrumente statt, sondern diese begleiten nur das Lob."[32] Die Betonung der Musik*begleitung* hängt unter anderem eng mit dem Verb הלל zusammen, worauf unten in der inhaltlichen Auslegung weiter einzugehen ist.[33]

Schwieriger ist die Deutung von ב bzw. כ in V. 1–2. Die oftmals unhinterfragte Annahme einer Ortsbestimmung in V. 1 wird durch den singulären Ausdruck ברקיע עזו bei genauer Betrachtung erheblich erschwert. Die Problematik soll hier zunächst nur in formaler Hinsicht angedeutet und dann im Blick auf Semantik und Auslegung des ganzen Verses bzw. der Verseinheit von V. 1–2 unten wieder aufgenommen werden.[34] Gewöhnlich wird die Bestimmung eines Ortes von בקדש („in seinem Heiligtum") auf ברקיע („in seiner machtvollen Feste") übertragen.[35] Allerdings findet sich im Alten Testament רקיע nie im Rahmen einer konkreten Ortsbestimmung.[36] Auch von der Semantik ist es höchst unwahrscheinlich רקיע als Lokalität im Sinne eines eindeutig bestimmbaren Ortes oder gar Gebäudes (wenn auch himmlisch) zu verstehen. Es bezeichnet vielmehr eine Fläche und weiten Raum: die Himmelsfeste (Gen 1). Darum kann es in Blick auf רקיע kein „in" geben. Außerdem nimmt es im Sinne einer Lokalität keine Parallelität zu בקדש („im Heiligtum")[37] ein. רקיע könnte nur die Basis für das himmlische Heiligtum, auf dem es aufruht (vgl. Ez 1,26), bilden, nicht das Heiligtum selbst.

Nach dieser Negativbestimmung ist nun positiv zu fragen, was die Bedeutung von רקיע in Verbindung mit ב sein kann. Die Wendung ברקיע עזו wird hier im Sinne

---

30 Vgl. z.B. ZENGER, Psalm 150, 873.876, sowie unten Anm. 53.54 zu möglichen Gliederungen des Psalms, wo sich diese „klassische" Interpretation von ב widerspiegelt.

31 Vgl. BALLHORN, Telos, 346f.351.353, unter Aufnahme der Kategorien von JENNI, Präposition Beth, 95.130f.

32 BALLHORN, Telos, 346.

33 Vgl. die Ausführungen unten zu V. 3–5.

34 Vgl. die Ausführungen unten zu V. 1–2.

35 Vgl. z.B. MATHYS, Psalm CL, 337f; BALLHORN, Telos, 347f.

36 Die einzige Ausnahme stellt רקיע mit ב in Gen 1,14.15.17 dar, dort aber im Sinne von „*an* der Feste des Himmels".

37 Zur Alternative von קדש als „Heiligtum" oder „Heiligkeit" vgl. die Ausführungen zu V. 1–2.

von „in Ansehung seiner starken Feste" verstanden.[38] Diese Deutung von ב ist dann dementsprechend auch auf die weiteren Formulierungen von V. 1–2 zu übertragen (vgl. „in Ansehung seiner Heiligkeit") und wird durch die Präposition כ am Ende der ersten Reihe mit der Konnotation von „gemäß" und „aufgrund" unterstützt. Somit wäre anzunehmen, dass כ die vorangehenden ב-Präpositionen gewissermaßen auslegt[39] und ב in die Nähe von כ in der kausalen Bedeutung von „ob", „nach", „entsprechend" oder, wie hier präferiert, „in Ansehung von" rückt.[40] Somit geben sowohl V. 2 als auch V. 1 Beweggründe für das Lob Gottes an: Aufgrund oder angesichts der Heiligkeit Gottes und seiner starken Himmelsfeste (V. 1) sowie der göttlichen Machttaten und seiner unfassbaren Größe (V. 2) kommt der Beter zum Lob Gottes. Demnach formulieren die ersten beiden Verse im weitesten Sinne Gottesaussagen,[41] die dann durch Aussagen, die stärker auf den Lobvorgang fokussiert sind, fortgeführt werden.

Nach den Ausführungen zu V. 1 und seinen Besonderheiten ist nun auf die weitere sprachliche Gestaltung des Psalms zurückzukommen. Der Eindruck eines Perspektivwechsels, der durch die unterschiedliche Konnotation von ב hervorgerufen wird, entsteht zugleich durch die unterschiedlichen Nominalkategorien in V. 1–2 gegenüber V. 3–5: Die ersten beiden Verse nennen die Beweggründe für das Lob Gottes, die mit Raumbeschreibungen und Abstraktnomen ausgedrückt werden (גדל; רב; גבורות; עז; רקיע; קדש). In V. 3–5 folgen dann Konkreta in Gestalt von Musikinstrumenten und Aktionsnomen (תקע; שופר; נבל; כנור; תף; מחול; מנים; עוגב; תרועה; שמע; צלצלים), die das Lob begleiten und bereichern sollen.[42]

Vers 1 und 2 sind dabei syntaktisch identisch aufgebaut: Nach dem Imperativ folgt im jeweils ersten Versteil die weitere Bestimmung durch ein Abstraktum, eingeleitet mit ב und mit Suffix der 3. Pers. Sing. versehen (V. 1a: בקדשו / V. 2a בגבורתיו), im zweiten Teil schließt sich jeweils eine constructus-Verbindung an, wiederum mit Präposition und Suffix (V. 1b: ברקיע עזו / V. 2b: כרב גדלו).[43] Somit enden alle vier Kola von V. 1–2 mit dem Suffix der 3. Pers. Sing., wodurch auch eine

---

38 Zur weiteren semantischen und theologischen Auslegung von ברקיע עזו vgl. unten zu V. 1–2.

39 Vgl. dazu auch BALLHORN, Telos, 347.

40 Diese Möglichkeit der Nähe von ב und כ nennt auch JENNI, Präposition Beth, 350f, und nimmt sie für Ps 150,2 an (a.a.O. 356). Wie oben erwähnt, spricht viel dafür, diesen Vorgang im Zusammenhang von רקיע auch auf V. 1 zu übertragen.

41 Vgl. dazu unten die Ausführungen zu V. 1–2.

42 Vgl. dazu SCHWEIZER, Form, 41: „Daher vermitteln – vom Wortbestand der Nominalphrasen her – V. 1–2 einen statischen, global-orientierten Eindruck, V. 3–5 dagegen sind anschaulich / plastisch / dynamisch / bewegt. Damit sind für das durchgängige inhaltliche Element, die Aufforderung zum Lobpreis, zwei verschiedene Orientierungen gegeben."

43 Diese Parallelisierung im Aufbau unterstützt den inhaltlichen Zusammenhang von V. 1–2, so auch ALLEN, Psalms, 402.

lautmalerische Verbindung innerhalb der ersten beiden Verse entsteht. Die Suffixe stellen einen Rückbezug auf Gott her (אל, V. 1a), was wiederum für die Annahme von Gottesaussagen in V. 1–2 spricht. Im weiteren Verlauf des Psalms finden sich dann keine Suffixe mehr. Auffällig ist in V. 2b die Verwendung der Präposition כ, die zwar grundsätzlich auch ein einfacher Schreibfehler sein könnte,[44] die aber eher einen bewussten Akzent setzen soll, indem sie rückwirkend die Semantik von V. 1–2 beeinflusst, wie oben ausgeführt. So markiert sie am Ende des zweiten Verses formal und inhaltlich eine Zäsur,[45] bevor die weiteren Verse bis einschließlich V. 5 wieder ב verwenden, nun aber mit anderer Bedeutung.

Die Reihe der Musikbegleitung beginnt in V. 3a mit nur einem Musikinstrument (Schofar), in den folgenden Kola werden die Instrumente paarweise genannt (Harfe / Zither; Pauke / Tanz; Seiten / Flöte) und schließlich in V. 5 die Zimbeln doppelt. Somit erhalten Schofar und Zimbeln eine Sonderstellung.[46]

V. 6 hebt sich von den vorangehenden Versen deutlich ab: Hier ist nicht nur die Syntax verändert, sondern es fehlt auch die zuvor den Psalm beherrschende adverbiale, durch Präposition eingeleitete Bestimmung des Lobpreises, sowie die Imperativ-Form הללוהו. Das einzige Mal leitet nicht das Verb den Satz ein, sondern ist als Jussiv nachgestellt. In Verbindung mit der Kurzform JH bildet תהלל יה somit den Schlusspunkt des ganzen Psalms. Zuvor wird, ebenfalls im Unterschied zu den vorher unbestimmten Lobaufforderungen nun ein Adressat und damit ein Subjekt des Lobes genannt: Mit dem umfassenden Kollektivbegriff כל הנשמה wird „aller Atem" zum Lobe JHWHs aufgefordert. So fällt der letzte Vers, der auch nur aus einem Kolon besteht, im Unterschied zu den vorangehenden Bikola formal aus der gleichförmigen Reihe von Ps 150,1–5 heraus[47] und stellt damit auch inhaltlich einen bedeutenden Aspekt innerhalb des Psalms dar, worauf in den weiteren Ausführungen einzugehen ist.

Ps 150 stellt sich also schon aufgrund seiner formalen und sprachlichen Eigenschaften als Größe *sui generis* dar. Zwar gibt es viele Berührungen mit Ps 148, aber abgesehen von der präsenten הלל-Aufforderung setzen beide Psalmen unterschiedliche Schwerpunkte.[48] Ps 150 ist ein Text, der ausnahmslos auf die Aufforderung zum Gotteslob ausgerichtet ist und durchgehend in diesem Sprachmodus bleibt, stärker noch als Ps 148. Dabei wird bis auf V. 6 der immer gleiche hymnische Satzbau verwendet bei gleichzeitiger Varianz in den inhaltlichen Aussagen (vgl. V. 1–2 gegenüber V. 3–5). Durch die Verwendung des immer selben Verbs הלל kon-

---

44 Vgl. dazu auch oben Anm. 18 zu textkritischen Angleichungsvorschlägen.
45 So auch u. a. ZENGER, Gott, 62.
46 Vgl. u. a. SEIDEL, Ps. 150, 89, sowie unten zu V. 3 – 5.
47 Vgl. dazu u. a. auch SCHWEIZER, Form, 41.
48 Vgl. zu Gemeinsamkeiten / Unterschieden von Ps 148 und 150 immer wieder im Folgenden.

zentriert sich der Psalm ganz auf die Aufforderung und zugleich damit aber auch auf den Vollzug des Lobens. „Der Aufruf wird selbst zum Lob."[49] Es geht um nicht anderes: „Der Lobpreis wird völlig autonom dargestellt, er dient keinem anderen Anliegen [als Gott zu loben, vgl. הללוהו, F.N.]. Er ist zweckfrei und ist anscheinend aus sich heraus zur Genüge begründet."[50] Darin ist Ps 150 als theologisch-reflektierter Hymnus zu bezeichnen.[51]

6.3.2 Warum und wie Gott loben? – Zu Gedankengang und Gliederung

Durch den immer gleichen Satzbau, ausgenommen ist nur der Schlussvers, wird der Zusammenhang des gesamten Textes betont.[52] Darum ist in Blick auf den Psalm, der mit nur sechs Versen außerdem zu den kürzeren Psalmen zählt, auch keine Einteilung in mehrere Abschnitte oder gar Strophen vorzunehmen.[53] Trotzdem sind aufgrund der oben bereits beschriebenen sprachlichen Merkmale und der Wahl der Wortfelder (Gott zugeordnete Attribute; Musikinstrumente) mehrere Aspekte des großen Themas „Gottes Lob" zu erkennen, die sich auf V. 1–2 und 3–5 sowie den abschließenden V. 6 verteilen.

Somit lassen sich drei Perspektiven erkennen, die der Psalm in Blick auf das Loben Gottes beleuchtet und die sich als Antworten auf die Fragen „*Warum* kommt es zum Lob?", „*Wie* soll das Lob gestaltet sein?" und „*Wer* soll dieses Lob durchführen?" lesen lassen.[54] Der erste Aspekt wird in V. 1–2 formuliert: Die

---

49 BALLHORN, Telos, 191. Oder wie SEIDEL, Musik, 166, formuliert: „Die Imperative haben ihre ursprüngliche Funktion verloren und sind selbst zum Lob geworden."

50 SCHWEIZER, Form, 44.

51 Vgl. dazu auch unten die Ausführungen in Kap. II.6.4. Vgl. zur Frage der „Gattung" von Ps 150 auch ZENGER, Psalm 150, 874 f; SEIDEL, Ps. 150, 90–92.

52 Ps 150 bietet keine literarkritischen Probleme, so dass die literarische Einheitlichkeit von Ps 150 als Konsens gelten kann. Die Überlegung, V. 3–5 aufgrund der Aufzählung der Instrumente, die in den übrigen Versen nicht vorkommt evtl. als späteren Nachtrag zu werten, findet keine Überzeugung, vgl. SEIDEL, Ps. 150, 90. Auch anhand der unterschiedlichen Gottesnamen in V. 1 und 6 (El und JH) lässt sich keine plausible Schichtung aufbauen.

53 So auch LEUENBERGER, Konzeptionen, 358 Anm. 320; ALLEN, Psalms, 402. Drei Strophen nimmt z. B. DUHM, Psalmen, 484 f, an: V. 1–2; 3–4; 5–6; zwei Strophen BRIGGS / BRIGGS, Psalms, 544 f: V. 1–3; 4–6.

54 Die Strukturierung in drei Abschnitte (V. 1–2; 3–5; 6) ist weit verbreitet, meist aber mit etwas anderer inhaltlicher Bestimmung verbunden, vgl. ZENGER, Psalm 150, 876; SCHWEIZER, Form, 41; GERSTENBERGER, Psalms, 458; ALLEN, Psalms, 402. Gliederungen des Psalms orientieren sich für gewöhnlich an folgendem Frage-Katalog: V. 1–2: wo und warum?; V. 3–5: wie?; V. 6: wer?, vgl. LEUENBERGER, Konzeptionen, 358; ALLEN, Psalms, 403 f, GUNKEL, Psalmen, 622. Ähnlich nimmt auch MATHYS, Psalm CL, 339, drei Teile an, die drei Fragen (wo?; weshalb?; wie?) und zugleich drei

Betrachtung der heiligen Erscheinung Gottes in seiner himmlischen Sphäre wird zum Beweggrund des Lobes. Ebenso die überwältigende Macht, die sich im Himmelsfirmament manifestiert. Dies sind „Wirkungen" auf den Beter, der daraufhin das Lob anstimmt. Auch die Machttaten Gottes in Zeit und Raum und die sich in diesem allen widerspiegelnde Größe Gottes drängt zum Lob. In V. 3–5 wird der zweite Aspekt aufgegriffen: Wie soll das Lob für JHWH in seiner überwältigenden Erscheinung und in seinem machtvollen Wirken vollzogen werden? Ps 150 zählt daraufhin eine beachtliche Anzahl an Musikinstrumenten auf, die in dieser Form singulär im Alten Testament ist. Das Lob soll geschehen unter Zuhilfenahme verschiedenster Instrumente und des Tanzes. Erst am Ende kommt der Psalm in V. 6 zum dritten Aspekt, wer mit diesem Lobpreis beauftragt wird und gibt eine recht generelle Antwort: alles, was atmet, oder auch: alles, was lebt, soll JHWH loben.

Mit dieser so gestalteten Beschreibung des Lobes wählt Ps 150 eine eher ungewöhnliche Reihenfolge, vergleicht man ihn mit anderen Psalmen des Hallels.[55] Denn Ps 148 beginnt mit der Frage nach dem Ort des Lobpreises (Ps 148,1.7), fährt dann mit der ausführlichen Aufzählung der Akteure fort (Ps 148,1–4.7–12) und gibt erst am Schluss Gründe für das Lob an (Ps 148,5.6.13.14). Im Vergleich mit Ps 149 wird das umgekehrte Vorgehen in Ps 150 noch deutlicher: Wie Ps 148 folgt auch Ps 149 in zwei Durchgängen fast dem gleichen Schema, was die Beschreibung des Lobes betrifft: Zunächst stellt Ps 149 fest, wer lobt und wo dies passiert (Ps 149,1.5), dann wer Objekt des Lobpreises ist (Ps 149,2) und wie der Lobpreis vollzogen werden soll (Ps 149,3.6). Die Frage nach dem warum und wozu wird erst am Ende des Psalms (Ps 149,4.7–9a.9b) beantwortet.

Damit ist Ps 150 nicht nur in seiner sprachlichen Gestaltung ein Unikat, sondern auch in Gedankengang und Gliederung, indem er entgegen der allgemeinen Erwartung mit der Lobmotivation bzw. Lobbegründung beginnt und dafür die Adressaten des gesamten Lobaufrufs erst am Ende nennt und damit als Ziel- und Höhepunkt des Psalms versteht. Auf diese Weise wird deutlich: Nicht konkrete Ereignisse der göttlichen Wirkmacht will der Psalmist in den Vordergrund stellen, sondern indem er seinen Psalm auf die zusammenfassende Lobaufforderung in V. 6 hin zulaufen lässt, die ganz umfassend alles Atmende zum Lob aufruft, und indem er dann auch noch entgegen der bisherigen Struktur den Satzbau zugunsten des Lobaufrufs als dem letzten Wort verändert, wird hervorgehoben, dass es allein und einzig darum geht, dass das Lob JHWHs vollzogen

---

Antworten liefern, wobei nicht überzeugend ist, dass die „,Wo'- und ‚Wie'-Fragen [...] zugleich Antwort auf die ‚Wer'-Frage" geben.
55 Vgl. zum Folgenden die Gliederung von Ps 148 (Kap. II.4.3.2) bzw. 149 (Kap. II.5.3.2).

wird: תהלל יה! Ps 150 endet mit einem offenen Schluss: Das Lob ist hier noch nicht zu Ende, vielmehr soll es über den Psalm hinaus weiter klingen. Entsprechend den Ausführungen lässt sich die Gliederung[56] von Ps 150 im Überblick wie folgt darstellen:

Rahmung: Halleluja
Beweggründe des Lobpreises *(warum?)*
  1 In Ansehung seiner Heiligkeit / der Feste seiner Macht   הללו־אל
  2 In Ansehung seiner Machttaten / der Fülle seiner Größe   הללוהו

Gestaltung des Lobpreises *(wie?)*
  3 Mit Begleitung vom Blasen des Schofar / Harfe und Zither   הללוהו
  4 Mit Begleitung von Pauke und Tanz / Seiteninstrumenten und Flöte   הללוהו
  5 Mit Begleitung von Zimbel-Klang / Zimbel-Jubel   הללוהו

Akteure des Lobpreises *(wer?)*
  6 Alles, was Atem hat, lobe JH   תהלל יה
Rahmung: Halleluja

6.4 Psalm 150 als schriftgelehrter Hymnus und sein theologisches Profil

Nach Darstellung der formalen Merkmale und der Gliederung von Ps 150 ist im folgenden Kapitel der Psalm als schriftgelehrter Hymnus vorzustellen. Wie die anderen Psalmen des kleinen Hallels lassen sich auch Aussage und Konzeption von Ps 150 mit Hilfe möglicher Bezugstexte deuten und interpretieren. Dies ist für Ps 150 besonders deshalb hilfreich, weil die Semantik einzelner Begriffe eine Offenheit in der Deutung bereithält, die sich aber durch den Kontext und die Kotexte konkretisieren lässt. Darum sind für die Erhebung des theologischen Profils von Ps 150 sowohl die Semantik als auch die innerbiblischen Bezüge der einzelnen Aussagen nachzuzeichnen. Der Aufbau des Kapitels orientiert sich an der oben dargestellten Struktur des Psalms, die den Psalm in die Abschnitte V. 1–2; 3–5 und 6 einteilt.

---

56 Zu ähnlichen und weiteren Gliederungsvorschlägen vgl. oben Anm. 53.54.

6.4.1 Heiligkeit und Himmelsfeste, Machttaten und Größe Gottes (V. 1–2)

V. 1 und 2 bilden neben ihrer syntaktischen Parallelität[57] auch eine inhaltliche Einheit. Eine wichtige Verbindung entsteht durch die Präposition ב, die hier die Bedeutung „in Ansehung von" trägt und in V. 2b durch das כ in diese Richtung hin rückblickend interpretiert wird. Damit formulieren V. 1–2 vier Aussagen über Beweggründe, die den Beter zum Lobe Gottes treiben. Gleichzeitig gibt der Psalmist diese Motivation in Form der Aufforderung an eine unbekannte Gruppe weiter, indem jedes Kolon mit הללו־אל („lobet Gott")[58] bzw. ab V. 1b mit הללוהו („lobet ihn") eröffnet wird. Diese Deutung der ersten vier Kola als Angabe von Lobmotivationen, die durch die verwendeten Substantive und deren Semantik und theologischen Gehalt unterstützt und nicht als konkrete Ortsangaben (vgl. bes. V. 1) verstanden werden, ist nun darzustellen. Dazu werden die einzelnen Aussagen genauer betrachtet und in einen innerbiblischen Kontext gestellt, um die besondere Intention dieser Formulierungen für Ps 150 herauszustellen.

Der Psalm beginnt nach dem Halleluja mit der Aufforderung: „Lobet Gott in Ansehung seiner Heiligkeit!" (V. 1a). קדש kann sowohl die Heiligkeit insgesamt bezeichnen als auch das Heiligtum als konkreten Ort der Heiligkeit Gottes.[59] Viel spricht aber dafür, V. 1a nicht als konkrete Ortsbestimmung zu verstehen, weder bezogen auf Gott, der in seinem Heiligtum weilt, noch auf die Lobenden, die im (himmlischen oder irdischen) Heiligtum das Lob vollziehen sollen.[60] Sondern V. 1a und die folgenden Teilverse sind vielmehr als Gottesaussagen zu verstehen, wie z. B. auch Seybold feststellt: „Thema der Variation ist darum אל, ER [sic!, gemeint

---

57 Vgl. zu der formalen Gestaltung von V. 1–2 oben die Ausführungen in Kap. II.6.3.1.

58 Die Gottesbezeichnung אל verweist innerhalb des kleinen Hallels auf Ps 146,5 und 149,6. Außerdem kommt אל auch in dem für Ps 150,1 so wichtigen Bezugsvers Ps 19,2 vor, vgl. dazu unten. ZENGER, Psalm 150, 877, überlegt, ob durch אל auch auf die Universalität Gottes angespielt werden soll (vgl. z. B. Ps 90,2; 94,1; 95,2).

59 Vgl. z. B. Ps 63,3: „So schaue ich im Heiligtum (בקדש) nach dir, um zu sehen deine Macht (עֹז) und deine Herrlichkeit."

60 Die hier präferierte Deutung von V. 1 wird auch von BRIGGS / BRIGGS, Psalms, 544, geteilt. Oftmals wird קדש aber auf das Heiligtum Gottes gedeutet, vorzugsweise auf das irdische. So bilde dann der zweite Versteil die andere Hälfte des Merismus und bezeichne das himmlische Heiligtum, so z. B. GUNKEL, Psalmen, 622; NÖTSCHER, Psalmen, 312; WEISER, Psalmen, 582; DEISSLER, Psalmen, 572 f; ALLEN, Psalms, 403; LEUENBERGER, Konzeptionen, 358; ZENGER, Atem, 568; DERS., Psalm 150, 876 f. Dagegen nehmen DELITZSCH, Psalmen, 831; DAHOOD, Psalms, 359 f; SEYBOLD, Psalmen, 547; MATHYS, Psalm CL, 337 f; BALLHORN, Telos, 348; ZENGER, Mund, 150, an, dass V. 1 eher nur auf das himmlische Heiligtum zu beziehen sei. SCHMIDT, Psalmen, 258, und tendenziell auch SEIDEL, Ps. 150, 89, gehen davon aus, dass nur der irdische Tempel gemeint sei. An der vielfältigen Auslegung in der Exegese zeigt sich auch die Schwierigkeit bzw. Offenheit der Formulierung von V. 1.

ist wohl EL, F.N.], in seinen verschiedenen Erscheinungsformen, nicht der wechselnde Ort oder die wechselnden Personen des Lobpreises."[61] Es geht um Gott in seinen „Heiligkeitserweisen" (vgl. auch Ez 38,23).[62] JHWH ist zu loben, weil er heilig ist und „angesichts seiner Heiligkeit" (בקדשו).

Um die Heiligkeit in Ps 150,1 besser einordnen zu können, lohnt ein Blick zu anderen Texten des Alten Testaments, die in V. 1 mitklingen könnten. So findet sich das Lob der Heiligkeit Gottes auch in Jes 6, wenn die Seraphen in der Tempelvision des Jesaja die Heiligkeit JHWHs ausrufen: „Heilig, heilig, heilig ist JHWH Zebaoth, die ganze Erde ist voll von seiner Herrlichkeit." (Jes 6,3). Von dem in himmlischen Höhen thronenden Gott (vgl. Jes 6,1) strahlt aufgrund seiner Heiligkeit ein Abglanz dieser heiligen Herrlichkeit auf die Erde herab und versetzt diese in einen gött-lichen Heiligkeits- und Herrlichkeitsglanz.[63] Der Beter von Ps 150 ist wie der Prophet Jesaja und die Seraphen ergriffen von der göttlichen Heiligkeit, er steht dieser Heiligkeit gegenüber und dies bringt ihn zum Loben. Während aber in Jes 6 die Heiligkeit als Lobpreisung Gott zugesungen und zugesprochen wird, ist sie in Ps 150 zum Bestandteil der Gottesaussage geworden: Gottes Wesen ist Heiligkeit.

Diese Form der „Lobmotivation" findet sich auch in anderen Psalmen, die angesichts der Heiligkeit Gottes zum Lobpreis aufrufen, zum Beispiel in Ps 97: „Freut Euch, ihr Gerechten, an JHWH, und preist das Gedenken seiner Heiligkeit." (Ps 97,12; vgl. Ps 30,5). Ähnlich auch in Ps 99,9, wo die Heiligkeit Gottes zum Motiv der Anbetung wird. Damit verbunden ist auch das Lob des heiligen Namens Gottes (vgl. Ps 29,2; 103,1; 106,47), denn der Name Gottes steht für sein Wesen und seine Werke, die letztlich auch Garanten seiner Heiligkeit sind. Besonders deutlich wird dies, wenn am Ende von Ps 145 der Beter in seiner Aufforderung noch einmal die gelobten Werke und die Königsherrschaft Gottes zusammenfasst mit: „Und loben soll alles Fleisch seinen heiligen Namen immer und ewig." (Ps 145,21b).

Auch eine Ergänzung von Ps 149 in der Psalmenrolle von Qumran (11Q5) könnte für die Deutung von קדש als „Heiligkeit" in Ps 150,1 sprechen. Dort wird in Aufnahme von Ps 148,14 ein Vers ergänzt, der statt עם קרבו („Volk seiner Nähe")

---

61 SEYBOLD, Psalmen, 547. Ähnlich auch ZENGER, Mund, 150, der betont, dass die Ortsangaben in V. 1 keine Aussagen über die lobende Festgemeinde seien, sondern Aussagen über den Ort Gottes: Es geht darum „wo JEWH ist, der da gelobt werden soll, und *warum* er gelobt werden soll. [...] Nicht *wer* den Lobpreis vollziehen soll, wird hier gesagt, sondern *wem* er gilt: Dem in seinem Heiligtum = Königsresidenz über dem Himmelsfirmament als Weltkönig herrschenden JHWH" [Hervorhebung original]. Vgl. auch ZENGER, Gott, 64. Im Kommentar nimmt Zenger diese Betonung einer Bestimmung des Ortes Gottes in V. 1 wieder zurück und spricht vom Ort, „an dem der Lobpreis JHWHs erklingen soll", vgl. ZENGER, Psalm 150, 876.
62 Vgl. dazu die Ausführungen unten zu V. 2.
63 Auch für Ps 149 lassen sich Verbindungen mit Jes 6 aufzeigen, vgl. dazu die Ausführungen bei Ps 149, bes. Kap. II.5.1.

auffälligerweise עם קודשו („Volk seiner Heiligkeit") liest.[64] Es ist gut möglich, dass diese Variante in Blick auf Ps 150 entstanden ist, der auch in 11Q5 auf Ps 149 folgt, sowie in Vorwegnahme des nach Ps 150 folgenden Textes „Hymn to the Creator", der ebenfalls in seinem ersten Vers mehrmals von der Heiligkeit Gottes spricht: „Groß und heilig (גדול וקדוש) ist JHWH, allerheiligst von Geschlecht zu Geschlecht (קדש קדשים לדור ודור)." (11Q5 26,9).[65] So wurde vermutlich auch in Qumran Ps 150,1 als Aussage über Gottes Heiligkeit gelesen und verstanden, wie der dortige Kontext es unterstreicht. Es ist denkbar, dass 11Q5 die ursprüngliche Intention von Ps 150,1 noch stärker durch die Kotexte hervorheben und betonen wollte.

Wenn Ps 150 mit diesem recht umfassenden und zugleich auch etwas unspezifischen Aufruf zum Lobe Gottes in seiner Heiligkeit beginnt, klingt mit: JHWH erweist sich als der Heilige.[66] Sein Wesen und Wirken ist heilig und nicht notwendiger Weise auf den Ort des Heiligtums begrenzt wie die oben genannten Textstellen es zeigen. Gegen die enggeführte Annahme einer Ortsangabe spricht zudem der direkte Kontext des kleinen Hallels: Denn der Tempel als kultischer Ort spielt in den anderen Psalmen des kleinen Hallels keine Rolle (mehr). Auch sie vertreten ein vor allem vom Kultort losgelöstes Lob.[67] In diesen späten Texten kommt eine Chiffrierung der kultischen Orte hinzu (vgl. „Jerusalem" in Ps 147).[68] Es geht nicht mehr primär um den konkreten Tempel als Kultort auf dem Zion.[69] Dies ist auch an der Wahl des Begriffs קדש zu erkennen, der für beide Deutungen offen ist: „Heiligkeit" und „Heiligtum". Wäre notwendigerweise das Heiligtum als Lokalität gemeint gewesen, hätte der Psalmist gewiss einen eindeutigeren Begriff wie מקדש oder היכל nehmen können. Somit muss die Offenheit als bewusst einge-

---

64 In der qumranischen Version (11Q5) lautet demnach Ps 149,9b: „Ehre ist das für alle seine Frommen, für die Söhne Israels, dem Volk seiner Heiligkeit (לבני ישראל עם קודשו). Halleluja." Vgl. zu der Variante die Ausführungen zu Ps 149,9b.

65 Im Text „Hymn to the Creator" wird ebenfalls auf die Schöpfertätigkeit und machtvolle Erscheinung Gottes verwiesen, was hier die Engel (!) sehen und darauf hin in Jubel ausbrechen (אזראו כול מלאכיו וירננו).

66 Vgl. zum Gottestitel „der Heilige Israels" z. B. KRATZ, Israel im Jesajabuch, 160–165, bes. 161.

67 In Ps 146 steht die persönliche Frömmigkeit im Vordergrund, in Ps 148 der universale Lobpreis von Himmel und Erde, in Ps 149 geht es um den Hymnus in der Versammlung der Frommen. Vgl. zur jeweils den Tempelkult ausweitenden und überschreitenden Konzeption die Ausführungen bei den einzelnen Psalmen sowie Kap. III.

68 Ähnlich auch BALLHORN, Telos, 349: Es „sind dies theologische Orte", damit „ist nicht primär die irdische Topographie selbst gemeint." Vgl. dazu auch KRATZ, Gottesräume, 423.

69 Damit wird die Vorstellung (und Praxis) von Lobpreis im Tempel – im irdischen wie im himmlischen – nicht ausgeschlossen. Vgl. zu konzeptionellen und theologiegeschichtlichen Entwicklung des Tempels als Wohnort Gottes KRATZ, Gottesräume, 425–431.

setztes Mittel angenommen werden, die sich auch in anderen Begriffen des Psalms wiederfindet.[70]

Bei allem Fehlen einer eindeutigen Ortsbestimmung in Ps 150 trägt der Begriff קדש die Konnotation eines Bereichs, einer „heiligen Sphäre" mit sich (auch, da der Beter nicht schlicht zum Lob des heiligen Namens aufruft wie Ps 145,21; 149,3). Die Heiligkeit Gottes breitet sich gleichwie einer Machtsphäre aus ohne auf einen festen Ort festgelegt zu sein.[71] Der Gedanke an eine heilige Sphäre, damit verbunden das Verständnis von קדש als „Raumbegriff", wird vor allem durch V. 1b unterstützt: „Lobet ihn in Ansehung der Feste seiner Macht!" Mit רקיע ist die Himmelsfeste, das Himmelszelt, bezeichnet, ein Begriff, der sich vor allem in dem priesterschriftlichen Schöpfungsbericht (Gen 1) findet.[72] Der Ausdruck רקיע עזו ist wie die Verbindung von רקיע mit עז überhaupt singulär. Das Substantiv עז steht adjektivisch zu רקיע, es qualifiziert רקיע weiter und beschreibt dessen Eigenart als mächtig und stark: Es ist der von JHWH in seiner Stärke hergestellte רקיע. Damit weist der Begriff עז schon voraus auf die in V. 2 genannten Gottesattribute גבורתיו („seine Machttaten") und רב גדלו („Fülle seiner Größe").[73] Die Nähe von עז und גברה wird beispielsweise in Ps 21,4 deutlich.[74]

Nach der Betrachtung des Zusammenhangs von V. 1a und 1b ist festzuhalten, dass V. 1b die „Heiligkeit" auf den himmlischen Bereich engführt, indem רקיע als Bezeichnung der Himmelsfeste durch die Form des Parallelismus der Heiligkeit zur Seite gestellt wird.[75] Damit wird ein durchaus verbreiteter Gedanke formuliert:

---

70 Vgl. dazu unten.

71 Von der himmlischen Herrlichkeit findet sich ein Abglanz im irdischen Tempel und zugleich ist der Tempel als heilig-göttlicher Ort auf Erden durchsichtig auf die heilig-himmlische Sphäre. Vgl. dazu RUDNIG, Zion, 271: „Im Tempel, auf dem Gottesberg, begegnen sich Himmel und Erde; hier ist die Grenze zwischen Immanenz und Transzendenz aufgehoben (vgl. etwa Jes 6,5)." So auch schon METZGER, Wohnstatt, 144 f.149.

72 Vgl. Gen 1,6.7.8.14.15.17.20. Dazu GÖRG, Art. רקיע, 671: „Bei P [...] meint *rāqîaʿ* demnach eine festgefügte stabile Größe, die sich oberhalb der Erde befindet und die Lebenswelt gegen den Einbruch der chaotischen Wasser sichert. *rāqîaʿ* trägt die Konnotation des ‚Kompakten, Festgefügten'".

73 Vgl. dazu ähnlich STRAUSS, Psalm 150, 11: „עז qualifiziert dabei als nomen rectum solche Festigkeit weit über den rein räumlichen Eindruck hinaus in Richtung der vielfältigen *Erweise* der Stärke *Jahwes*" [Hervorhebungen original].

74 Ps 21,4: „Erhebe dich, JHWH, in deiner Kraft (בעזך)! Wir wollen singen und spielen deiner Macht (גבורתך)."

75 רקיע ist eng mit dem Himmel verbunden: So wird in Gen 1 רקיע mit שמים („Himmel") identifiziert (Gen 1,8). Außerdem wird der feststehende Ausdruck רקיע השמים verwendet, vgl. Gen 1,14.15.17.20. Ebenso wird in Ps 19,2 רקיע mit שמים parallelisiert. Auch Dan 12,3 deutet auf den Himmel hin, wenn von כזהר הרקיע („wie der Glanz der Feste") im Zusammenhang mit den Sternen die Rede ist. In Ez 1 ist רקיע dagegen nicht direkt der Himmel, sondern „Tragobjekt und Thron-

Die Heiligkeit Gottes findet sich insbesondere im Himmel, oder besser: der Himmel ist Raum der Heiligkeit Gottes (Ps 20,7).[76] Der Himmel als Wohnstätte Gottes ist die schlechthin heilige Sphäre (Jes 63,15; Ps 11,4; 102,20; 2Chr 30,27) und von dort aus wirkt Gott auch auf die Erde (Dtn 26,15).[77] Damit ist aber nicht das himmlische Heiligtum als konkreter Ort gleichzusetzen, denn רקיע beschreibt keine definierte und begrenzte Lokalität, es gibt kein „in" der רקיע.[78]

Die Verwendung des Begriffs רקיע als Begründung und Inhalt des Lobes Gottes weist eine noch größere Nähe zu Ps 19 als zu Gen 1 auf. In Ansehung der Himmelsfeste in ihrer und damit der göttlichen Stärke kommt der Beter zum Loben. Ganz ähnlich formuliert es auch Ps 19,2: „Die Himmel erzählen die Herrlichkeit Gottes (כבוד-אל), und vom Werk seiner Hände kündet das Himmelsgewölbe (רקיע)." Himmel und רקיע selbst werden zu Boten der Herrlichkeit Gottes (vgl. אל in Ps 19,2 und 150,1), d.h. daran ist die Herrlichkeit – und auch Heiligkeit Gottes zu erkennen. Ps 150 kann somit als Weiterführung des himmlischen Lobgesangs über die Herrlichkeit Gottes und seiner wunderbaren Schöpfung verstanden werden wie ihn Ps 19 beschreibt. Noch stärker drängt sich diese Deutung auf, betrachtet man Ps 148, der nicht umsonst als „Zwillingspsalm" zu Ps 150 gesehen wird:[79] Ps 148 ruft ganz explizit zum Lobgesang auf, der vom Himmel her samt allen dazugehörenden Wesen und Elementen erklingen soll (Ps 148,1–6).[80] Im Rückblick auf Ps 19 und 148 sieht der Beter von Ps 150 einen in seinem ganzen Schöpfungsglanz singenden und Gottes Größe verkündenden Himmel vor sich. Auf das Erzählen und den Lobpreis der Himmel (und Erde), angesichts der Heiligkeitserweise und himmlischen Herrlichkeit sowie seiner irdischen Geschichtstaten

---

grundlage" als Teil des göttlichen Thronwagens (vgl. Ez 1,22.23.25.26 sowie 10,23), vgl. GÖRG, Art. רקיע, 672.

76 Auch in den Sabbatopferliedern aus Qumran kommt das himmlische Firmament (רקיע) vor, dort als Ort der lobenden Engel (vgl. auch die Hodayot-Fragmente 19,3 und 20,3), dazu SCHWEMER, Gott, bes. 64.76.115. Zur Nähe von Ps 148 und den Sabbatopferliedern, vgl. die Ausführungen bei Ps 148. Zur Verwendung des Begriffs רקיע in den Sabbatopferliedern, stellt LÖHR, Thronversammlung, 190, fest: „Bereits im ersten Sabbatlied [...] befinden wir uns im himmlischen Heiligtum. Der Himmel ist der Ort des Heiligtums; Himmel und Heiligtum werden ununterscheidbar. Beleg für diese (absichtliche ?) Begriffsunschärfe ist der Gebrauch von רקיע in den Sabbatopferliedern, bald als Ausdruck für Himmel, bald als Bezeichnung eines Teiles der Tempelarchitektur, bald als terminus technicus für die Kristallfeste über den Keruben."

77 Vgl. zur Wohnstatt Gottes im Himmel ausführlich METZGER, Wohnstatt; HARTENSTEIN, Wolkendunkel, sowie DERS., Unzugänglichkeit, bes. 56–62.224–228.

78 Vgl. dazu schon oben in Kap. II.6.3.1.

79 Vgl. z.B. MATHYS, Psalm CL, 339–343.

80 Vgl. auch die Bezüge von Ps 148 zu Ps 19, dazu die Ausführungen bei Ps 148 (Kap. II.4.4.1).

(vgl. zu V. 2 unten) antwortet nun der Beter von Ps 150 seinerseits wiederum mit dem Lob in der Vielfalt, wie es die Verse 3–5 beschreiben.

In dieser Hinsicht besteht die inhaltliche Verbindung von Ps 150 zu Ps 148 neben allen formalen Übereinstimmungen.[81] Weniger wahrscheinlich erscheint somit die Deutung, dass V. 1 zunächst den irdischen und dann den himmlischen Lobgesang im Sinn hat oder gar die jeweils dort anwesenden Menschen bzw. Engel zum Lobpreis aufruft.[82] Anstatt die Lobakteure (nur) zu nennen wie in Ps 148, werden in Ps 150,1–2 inhaltliche Beweggründe für das Loben genannt, die in Ps 148 gegenüber der Aufzählung der Lobsubjekte eher im Hintergrund stehen (vgl. Ps 148,5.6.13.14). Und: Ps 150 redet gar nicht explizit von Himmel und Erde wie Ps 148. Vielmehr bleibt der Aufrufende von Ps 150 ganz der irdischen Sphäre verhaftet, wofür auch die große Anzahl der Instrumente spricht, die für himmlische Wesen alttestamentlich nicht belegt sind, sowie die Aufforderung in V. 6 an die כל הנשמה.[83] Aber sein Blick geht in den Himmel, wo ein himmlischer Lobgesang stattfindet (vgl. Ps 19 und 148). In V. 2 wird dann ergänzend zur himmlischen Sphäre das göttliche Handeln auf Erden in Schöpfung und Geschichte mit in den Lobaufruf hineingenommen. Somit findet sich die Perspektive von Himmel und Erde wie sie in Ps 148 auf einzigartige Weise ausgeführt wird auch in Ps 150 – aber mit entscheidenden Unterschieden und zugleich als Reflexion auf den universalen Aufruf zum Lob an den ganzen Kosmos, der wiederum selbst Anlass zum Lobgesang gibt.[84] Ps 150 reflektiert damit die überwältigende Erscheinung Gottes im Himmel wie auf Erden und führt dies in einen Hymnus über, der angesichts dieser Heiligkeit und Machtsphäre anzustimmen ist. Himmel und Erde und die damit

---

81 Ps 148 und 150 sind durch den beide Psalmen prägenden und mehrfach wiederholten Aufruf הללוהו („lobet ihn") verbunden, der jeweils auf den im ersten Kolon genannten Gottesnamen (Ps 148,1: JHWH; Ps 150,1: אל) zurückverweist. Die weitere inhaltliche Ausgestaltung des „הללוהו"-Psalms ist aber in beiden Texten recht unterschiedlich ausgeführt, vgl. dazu die Ausführungen oben im Text. LEUENBERGER, Konzeptionen, 358 f, sieht aufgrund der großen Nähe von Ps 148 und 150 seine These bestätigt, dass Ps 149 später zwischen diese Psalmen eingefügt wurde, vgl. zu redaktionellen Fragen und zur Konzeption des ganzen Hallels Kap. III.
82 Auch die Reihenfolge, dass zuerst die Erde und dann der Himmel aufgerufen werden sollen, ist ungewöhnlich und entspricht auch gerade nicht Ps 148, wo der Himmel und seine Wesen den ersten Teil ausmachen, und erst im zweiten die Erde folgt. Auch Ps 19 legt den Schwerpunkt auf den Himmel. Ebenso spricht die Deutung, dass der irdische Tempel samt seinem Lobgesang ein Abglanz des himmlischen wäre, eher für eine erste Nennung des Himmels, von wo dann die Aufforderung an die Erde weitergegeben wird, vgl. dazu auch die Ausführungen bei Ps 148.
83 Vgl. dazu BRIGGS / BRIGGS, Psalms, 544: „There is no reference in the Ps. to heavenly being or things, but to *all that have breath* on the earth. This iconsistency makes the reference to place in v.1 improbable." [Hervorhebung original].
84 Darum kann auch für Ps 150 nicht die gleiche universal-kosmische Ausdehnung, die auch alle leblosen Elemente umfasst, wie in Ps 148 angenommen werden, vgl. dazu unten zu V. 6.

zusammenhängenden Phänomene erhalten so durch den Glauben an den Schöpfergott eine religiöse Deutung und werden damit zur theologischen Aussage, die im Hymnus ihren Ausdruck findet, der selbst wiederum die eigene Wirklichkeitswahrnehmung und die Deutung von Vergangenheit, Gegenwart und Zukunft prägt.[85]

Große Ähnlichkeiten zu dieser Art der theologischen Reflexion von Ps 150 finden sich bei Ben Sira und seinem Loblied auf die Schöpfung in Sir 43: Es beginnt ebenfalls mit einem Blick in den Himmel: „Eine Schönheit in der Höhe ist die Himmelsfeste (רקיע) in ihrer Klarheit und die Stärke des Himmels sieht man in seiner herrlichen Gestalt." (Sir 43,1).[86] Ben Sira führt dann die Großartigkeit der Schöpfung an den verschiedenen Himmelsphänomenen und der Gestalt der Erde mit Landschaft und Tieren aus.[87] Auch er kommt wie der Psalmbeter zu dem Schluss, dass darauf nur mit dem Lob Gottes zu antworten ist, auch wenn dieses gegenüber der göttlich wohlgeordneten Schöpfung niemals ausreichen wird, so der Weisheitslehrer (vgl. Sir 43,28–33).

Nach der himmlischen Machtentfaltung fällt der Blick des Beters in V. 2 nun auf die irdische Machterfahrung Gottes. Auch darauf antwortet er mit dem Aufruf zum Lobpreis: „Lobet ihn in Ansehung seiner Machttaten! Lobet ihn gemäß der Fülle seiner Größe!" Das Substantiv גבורה („Macht"; „Stärke") im Plural ist eher selten und bezeichnet die Machttaten Gottes, die den Menschen zugute kommen (vgl. Dtn 3,24; Jes 63,15[88] und Ps 106,2). Im Blick auf Ps 150 und seinen Nahkontext sind besonders die mehrmaligen Belege von גבורה in Ps 145 interessant. Die Machttaten Gottes werden dort im direkten Zusammenhang mit seiner Königsherrschaft gesehen: Als König erweist sich Jhwh mächtig und dies soll allen Menschen kund werden (Ps 145,12, dort ebenfalls als suffigierte Form גבורתיו, vgl. noch Ps 145,4.11). Die Taten Jhwhs dienen als Objekt der Verkündigung Gottes und als Inhalt des Lobes vor aller Welt. In Ps 150,2a führen ebendiese Machttaten Jhwhs zum Lob, denn in seinen heilvollen und rettenden Taten erweist sich Jhwh als mächtig. Auch wenn in Ps 150 keine expliziten Begriffe zum Thema Königtum

---

85 Vgl. dazu Kratz, Gottesräume, 425. Zur Funktion des Hymnus als Deutung von Vergangenheit, Gegenwart und Zukunft vgl. die Ausführungen bei Ps 147, bes. Kap. II.3.3.4.

86 Die Übersetzung folgt Sauer, Sirach, 294. Vgl. bes. auch Sir 43,8–9.11–12, wo die beeindruckende Schönheit des Himmels weiter ausgeführt wird: noch einmal רקיע in V. 8 und תואר שמים והדר כוכב („die Schönheit des Himmels und der Glanz der Sterne") in V. 9; in V. 12 die Verbindung von „Himmelskreis" (Sauer) und כבוד sowie גבורה (vgl. Ps 150,2).

87 Zu Sir 43 finden sich auch Bezüge bei Ps 148 sowie Ps 147, vgl. die Ausführungen dort.

88 Jes 63,15: „Blicke vom Himmel herab (משמים) und sieh von der Wohnstätte deiner Heiligkeit (מזבל קדשך) und deiner Majestät! Wo sind dein Eifer und deine Machttaten (וגבורתך)? Die Regung deines Innern und deine Erbarmungen halten sich zurück mir gegenüber." Vgl. zu Dtn 3 und Ps 106 unten.

Gottes vorkommen, kann anhand der Verbindung mit Ps 145, dem einzigartigen Lobpreis des Königtum Gottes, durch die Aufnahme des Begriffs גבורה eine Anspielung auf das Königsein Jhwhs angenommen werden.[89]

V. 2b schließlich fügt mit der singulären Wendung כרב גדלו die überwältigende Größe Gottes, die sich sowohl im himmlischen Machtbereich Gottes wie auch in den irdisch zu erfahrenden Geschichts- und Schöpfungswerken Gottes widerspiegelt und damit die Heiligkeit Gottes erfahren lässt, als Grund des Lobens hinzu (vgl. auch Ez 38,23[90]). Auch das Lexem גדול („groß") wird oftmals im Kontext von Jhwh-Königs-Aussagen verwendet,[91] so z. B. in Ps 95,3[92] und auch in Ps 145, der bereits bei V. 2a im Hintergrund steht: „Groß ist Jhwh und sehr zu preisen. Und seine Größe ist unerforschlich." (Ps 145,3). Hier wird die Größe Gottes als direktes Argument für das Loben (הלל!) angeführt und gleich in zwei Versteilen ausgeführt.[93] In ähnlicher Form nimmt Ps 147,5[94] die Aussage auf und verwendet auch רב wie Ps 150,2, nun aber in Verbindung mit כח, einem anderen Substantiv, das die Kraft und Stärke Jhwhs beschreibt. Ps 150 kann demnach mit dem Gedanken der Größe Gottes auf Psalmen innerhalb des Hallels zurückgreifen und verbindet mit der Anspielung auf Ps 145 und 147 zwei wichtige Bereiche: Ps 145 steht für das Königtum Gottes und Ps 147 für das Handelns Jhwhs in Schöpfung und Geschichte.[95] Dadurch wird die zusammenfassende und rekapitulierende Funktion der abstrakten Formulierung כרב גדלו („Fülle seiner Größe") deutlich und die Wendung durch die Kontextverbindung inhaltlich konkreter.[96]

---

89 So auch Zenger, Psalm 150, 877.884.

90 Ez 38,23: „Und ich werde mich groß (והתגדלתי) und heilig erweisen (והתקדשתי) und werde mich kundtun vor den Augen vieler Nationen. Und sie werden erkennen, dass ich Jhwh bin."

91 Vgl. auch Zenger, Psalm 150, 877.

92 Ps 95,3: „Denn ein großer Gott ist Jhwh (כי אל גדול יהוה) und ein großer König über alle Götter (ומלך גדול על־כל־אלהים)." Vgl. außerdem innerhalb der Jhwh-König-Psalmen noch Ps 47,3; 96,4; 99,2 sowie noch Ps 104,1 und 1Chr 29,11.

93 Damit zitiert Ps 145,3 im ersten Versteil Ps 96,4 (vgl. auch noch Ps 48,2) und übernimmt aber nicht die Verhältnisbestimmung Jhwhs gegenüber den Göttern (vgl. auch Ps 95,3), sondern versteht die Größe Gottes grundsätzlich als unvergleichlich (wie dann auch wiederum Ps 147,5). Vgl. dazu die entsprechenden Ausführungen zu Ps 145,3 und Ps 147,5. Ps 145 verwendet גדל sogar noch ein drittes Mal: im Zitat der Sinai-Formel, V. 3 (וגדל־חסד).

94 Ps 147,5: „Groß ist unser Herr und reich an Kraft (גדול אדונינו ורב־כח), seine Weisheit ist unermesslich."

95 Vgl. die Ausführungen zu den beiden Psalmen in den jeweiligen Kapiteln.

96 So etwa auch Hartenstein, Harfe, 119: „Gegenstand des Lobes ist nach V. 2 die *Königsherrschaft Jhwhs* unter den zwei Gesichtspunkten seiner ordnungsschaffenden ‚Heldentaten' und seiner den Chaosmächten überlegenen ‚Größe' [...]. In der offenen Formulierung können sowohl das in der Geschichte erfahrene Heilshandeln Gottes wie auch sein Schöpfungshandeln untergebracht werden." [Hervorhebung original].

Neben den Bezügen zu den nahestehenden Psalmen weist Ps 150,2 auch
wörtliche Verbindungen zu Dtn 3,24 auf,[97] der einzigen weiteren Stelle, wo die
Lexeme גדל und גבורות zusammen und in derselben Form wie in Ps 150 vorkommen
(vgl. ähnlich noch 1Chr 29,11[98]). In Dtn 3 geht es um das Exodusgeschehen (und die
bevorstehende Landnahme), in dem Gott seine Macht exemplarisch in der Geschichte an Israel erwiesen hat. Ganz ähnlich ist in Ps 106 der Begriff גבורה (Ps
106,2.8) mit dem Befreiungshandeln Gottes verbunden (vgl. bes. Ps 106, 2–12).
Auch hier führen die Erweise göttlicher Macht zum Lobpreis (Ps 106,12.47).[99] Der
Rückbezug von Ps 150 auf Texte wie Ps 145 und 147, auf Dtn 3 und Ps 106 macht
somit deutlich: „Das Gotteslob des Psalms bezieht sich nicht allgemein und abgehoben auf ein abstraktes Wesen Gottes, sondern auf sein Für-Sein für Israel, auf
seine Geschichtstaten an seinem Volk."[100] Diese Einschätzung wird nochmals
bekräftigt, zieht man Ps 77 heran, der zu beiden ersten Versen von Ps 150 wörtliche
und inhaltliche Bezüge aufweist: „Gott, in Heiligkeit (בקדש) ist dein Weg. Wer ist
ein so großer Gott wie unser Gott? (מי־אל גדול כאלהים) Du bist der Gott, der Wunder
(פלא) tut, du hast kundgetan unter den Völkern deine Stärke (עזך)." (Ps 77,14–15).
Auch hier folgen dann Exodus-Motive, die die Wunder Gottes illustrieren.

Auch wenn V. 1–2 mit recht abstrakten Begriffen gestaltet ist,[101] sind mit den
Aussagen doch ganz konkrete Machterweise Gottes verbunden, die das Loben
begründen und hervorrufen und damit zugleich den Inhalt des Lobes darstellen.[102] Somit können diese beiden Verse als „Kurzfassung biblischer Aussagen
über JHWH"[103] bezeichnet werden, dessen Konzeption sich so beschreiben lässt: V.
1a eröffnet mit der „Heiligkeit" die Reihe. Die göttliche Heiligkeit ist in der
himmlischen Sphäre zu verorten (V. 1b, vgl. Ps 19 und Sir 43), aber erweist sich auch

---

97 Dtn 3,24: „Herr, JHWH, du hast begonnen, deinen Knecht deine Größe (את־גדלך) und deine
starke Hand sehen zu lassen. Denn wer ist ein Gott im Himmel (אל בשמים) und auf Erden, der etwas
tun könnte wie deine Werke und wie deine Machttaten (וכגבורתך)?"
98 1Chr 29,11: „Dein, JHWH, ist die Größe und die Macht (הגדלה והגבורה) und die Herrlichkeit und
der Glanz und die Majestät; denn alles im Himmel und auf Erden [ist dein]. Dein, JHWH, ist das
Königtum (הממלכה), und du bist über alles erhaben als Haupt." Vgl. noch Jer 10,6.
99 Vgl. dazu GUNKEL, Psalmen, 622: „Jahves ‚gewaltige Taten', auch sonst der eigentliche Inhalt
des Lobliedes [...], entflammen die Herzen der Menschen zum Jubel über Gott und müssen besungen werden, ‚nach der Fülle seiner Größe', Jahves würdig!"
100 BALLHORN, Telos, 350.
101 Abstraktnomina sind in Texten aus hellenistischer Zeit häufiger zu beobachten, so auch bei
Ben Sira und in Texten aus Qumran (vgl. z. B. die Sabbatopferlieder), vgl. SCHWEMER, Gott, 78;
HENGEL, Judentum, 396.
102 So in Ps 145 und 146, vgl. die Ausführungen bei Ps 145 und 146.
103 ZENGER, Mund, 150.

in den Machttaten Gottes auf Erden, in Schöpfung und Geschichte (V. 2a),[104] wie durch die Bezüge auf Ps 145 und 147 zu erkennen ist (vgl. auch Dtn 26,15[105]). V. 2b stellt dann mit der kollektivierenden Formulierung כרב גדלו die Zusammenfassung dieser ersten vier Kola dar. Der resümierende Eindruck wird auch durch die gegenüber den ersten drei Kola leicht abgesetzte Formulierung mit der Präposition כ unterstützt. Dabei klingt durch die in V. 1–2 gewählten Begriffe und die rezipierten Texte (vgl. bes. Ps 145) die königliche Macht Gottes an, ohne dass das Lexem מלך oder verwandte Ausdrücke direkt verwendet werden müssen. In V. 1–2 lässt sich somit bereits das schriftgelehrte Profil des Hymnus fassen: Ps 150 greift in seinen ersten beiden Versen auf Texte des Alten Testamentes, insbesondere auf Ps 19 und direkt im Hallel voranstehende Psalmen zurück, so dass sich von daher die Deutung von V. 1–2 erschließt: Der Lobaufruf ergeht aufgrund von JHWHs Heiligkeit, die sich in Schöpfung und Geschichte als Königsmacht entfaltet.

6.4.2 Vom Schofar bis zu den Zimbeln (V. 3–5)

Mit V. 3–5 wird die Lobaufforderung aus V. 1–2 im gleichen Stil fortgeführt. Doch statt der in V. 1–2 genannten inhaltlichen Gründe und Motive für das Loben, wird nun die Art und Weise des Lobens mit Musikinstrumenten mit der הלל-Aufforderung kombiniert. „Lobet ihn mit dem Blasen des Schofar! Lobet ihn mit Harfe und Zither! Lobet ihn mit Pauke und Tanz! Lobet ihn mit Seiteninstrumenten und Flöte! Lobet ihn mit Zimbel-Klang! Lobet ihn mit Zimbel-Lärm!" (V. 3–5). Überwiegend in Paaren werden verschiedene Instrumente, die größtenteils auch in anderen Texten des Alten Testamentes erwähnt werden, aufgezählt. Allerdings findet sich eine so umfangreiche Liste diverser Instrumente nicht noch einmal. Wozu dienen diese parallelen Aufrufe zum Lob unter Zuhilfenahme von Instrumenten, wer ist mit den Aufforderungen gemeint und welches Anliegen könnte hinter dieser langen Aufreihung besonders im Verhältnis zum insgesamt recht kurzen Psalm liegen? Nach einer kurzen Skizze der bisherigen Deutungen von V. 3–5 werden für die Klärung dieser Fragen, wie es dem Anliegen der gesamten Untersuchung entspricht, vor allem die intertextuellen Bezüge herangezogen, die sich ebenfalls für V. 3–5 aufzeigen lassen. Die Schriftrezeption trägt auch hier zum

---

104 Vgl. u. a. KRAUS, Psalmen, 1150; auch HARTENSTEIN, Harfe, 119.
105 Dtn 26,15: „Blicke herab von deiner heiligen Wohnung vom Himmel (ממעון קדשך מן־השמים), und segne dein Volk Israel und das Land, das du uns gegeben, wie du geschworen hast unseren Vätern, ein Land, das überfließt von Milch und Honig!"

Verständnis dieser in ihrer Länge und Homogenität singulären Reihung bei, wie die folgenden Ausführungen zeigen.

Mehrere Ausleger sehen in der Aufzählung der Musikinstrumente eine Anspielung auf oder gar eine Abbildung der kultischen Tempelmusik.[106] So geht z. B. Gunkel[107] davon aus, dass eine gewisse Ständeordnung des Kultpersonals am Tempel durch die Instrumentenreihenfolge abgebildet wird. Das Horn wird dabei den Priestern zugeordnet (wie sonst die Posaune), Harfe und Zither den Leviten und schließlich werden „diejenigen Instrumente, die alle Teilnehmer der Feier zum festlichen Reigen spielen" genannt.[108] Nach Gunkel wird dadurch ein Bild der realen Vorgänge und Abläufe des Kults und seiner Musik gezeichnet: „Man darf sich vorstellen, daß die jedesmal Gemeinten bei den Worten des Liedes mit ihrer Musik einfallen oder besonders laut spielen."[109] Oftmals wird mit der Darstellung von gottesdienstlichen Abläufen die Annahme verbunden, dass Ps 150 ein liturgisches Stück ist, das dem Gebrauch der Tempel- bzw. Gottesdienstmusik entstammt.[110]

Seidel hat zwar keine direkte Gebrauchsliteratur in Ps 150 gesehen,[111] gleichwohl nimmt er enge Bezüge zur Tempeltheologie an, indem er in der Struktur des Psalms und in der Abfolge der Instrumente ein Abbild der Tempelarchitektur wiederfindet. Ähnlich wie bei Gunkel und Duhm zu lesen ist, geht Seidel von einer Ständeordnung in der Tempelmusik aus. Somit wandert der Beter zusammen mit den über die Instrumente angesprochenen Personengruppen vom Allerheiligsten des Tempels über das Tempelgelände hinaus bis zum Ende der Welt.[112] Seidel vertritt damit die Vorstellung, dass der „Psalmist [...] seine Zuhörer (Leser) in konzentrischen Kreisen vom Zentrum der Welt, dem Heiligtum, bis an

---

106 Vgl. u. a. DUHM, Psalmen, 485; SCHMIDT, Psalmen, 258; CRÜSEMANN, Studien, 79; SEYBOLD, Psalmen, 548.
107 Vgl. zum Folgenden GUNKEL, Psalmen, 622.
108 GUNKEL, Psalmen, 622, verweist auf eine ähnliche Dreiteilung des Chores wie er sie in Ps 115,9 ff; 118,2 ff und 135,19 f findet. Allerdings werden in den dortigen Zusammenhängen keine Instrumente genannt, sondern verschiedene Gruppen Israels (Haus Israel, Haus Aaron, Haus Levi, Gottesfürchtige) zum Lob aufgerufen.
109 GUNKEL, Psalmen, 622; vgl. dazu auch DUHM, Psalmen, 484 f.
110 Nach GUNKEL, Psalmen, 622, ist der Psalm „ursprünglich [...] zur Aufführung bestimmt". So auch DAHOOD, Psalms, 359: „this one seems to have been intended originally for liturgical use", sowie SEYBOLD, Psalmen, 548; GERSTENBERGER, Psalms, 460.
111 Vgl. SEIDEL, Ps. 150, 91.98.
112 Vgl. SEIDEL, Ps. 150, 97: Das „Zentrum des heiligen Geschehens" wird durch das von den Priestern gespielte Horn symbolisiert. Es folgen die Kultmusiker (Leviten) mit Harfe und Zither im Vorhof der Priester. Im Vorhof der Laien sind die „Frauen mit Handpauken, Volksmusiker mit Saiteninstrumenten und Zimbelspieler" zu verorten. „Dann weitet sich in v.6 der Blick auf die ganze belebte Welt, auf alles, was Atem besitzt und loben kann."

ihren Rand"[113] führt.[114] Mathys schließt sich weitestgehend Seidel an und sieht in der Zusammenstellung von Ps 150 ein „imaginäres und ideales Orchester [...], das zwar bei jenem [dem Tempelorchester, F.N.] anknüpft, es aber erweitert."[115]

Gegenüber diesen Deutungen von Ps 150 in Blick auf Tempel und Tempelmusik zeigt die Aufstellung in Ps 150 aber wichtige Merkmale, die dieser Auslegungsmöglichkeit widersprechen. So ist einerseits der Schofar (V. 3) nicht im Kontext von Tempel und Kult belegt, wird aber hier in Ps 150 an hervorgehobener Stelle genannt.[116] Andererseits fehlen die für den Tempelkult wichtigen Posaunen (חצצרות),[117] so dass Ballhorn zu dem Schluss kommt: „Wollte man in Ps 150 ein Tempelorchester abbilden, wäre die Erwähnung der Posaunen unerläßlich gewesen. Daß dies nicht geschieht, kann nur so gewertet werden, daß Ps 150 gerade nicht auf eine Abbildung der Tempelmusik hinzielt."[118] Auch die kultisch völlig unbeschränkte Einbeziehung von „aller Atem" (V. 6) in den Lobpreis passt nicht zur Tempelkonzeption.[119]

Um dem Anliegen der Verse und damit auch des ganzen Psalms näher zu kommen – wenn denn Ps 150 keine direkte Spiegelung der kultischen Musik am Tempel von Jerusalem darstellt oder gar darstellen kann[120] – sind die Verse samt ihren Musikinstrumenten nun näher zu betrachten sowie deren Belege in anderen Texten zu Rate zu ziehen.[121]

Die Reihe der Instrumente beginnt in V. 3a mit der Lobbegleitung durch das Blasen des Schofar (בתקע שׁופר). Der Schofar hat eine Sonderstellung innerhalb der Aufzählung inne, da er im Unterschied zu den folgenden paarweise genannten Musikinstrumenten ein ganzes Kolon für sich allein hat und außerdem mit dem

---

113 Seidel, Ps. 150, 98.

114 Die Vorstellung nehmen auch Hartenstein, Harfe, 119, und Zenger, Psalm 150, 878, auf.

115 Mathys, Psalm CL, 331, vgl. 333–337.

116 Vgl. zur Verwendung des Schofar unten.

117 Vgl. z. B. Num 10,10; 2Kön 12,14; Ps 98,6; Esra 3,10; Neh 12,35.41; 1Chr 13,8; 15,24.28; 16,6.42; 2Chr 5,12.13; 7,5; 20,28; 23,13; 29,26–28. An vielen dieser Stellen sind im Kontext andere Instrumente, die auch in Ps 150 vorkommen, ebenfalls genannt, vgl. dazu unten. Ein Grund mehr, warum es verwundert, dass in Ps 150 die Posaunen fehlen. Vgl. dazu auch Ballhorn, Telos, 351.

118 Ballhorn, Telos, 351.

119 Vgl. dazu die Ausführungen unten zu V. 6.

120 Vgl. dazu auch Gressmann, Musik, der seine Darstellung über „Musik und Musikinstrumente im Alten Testament" durch die Feststellungen rahmt: „Über die Musik der Hebräer erfahren wir aus dem Alten Testament leider nur sehr wenig. [...] Über die Instrumente erfahren wir aus dem Alten Testament noch weniger als über die Musik". (a.a.O., 1.20).

121 Es gibt diverse Studien zu Musik und Instrumenten im Alten Testament bzw. in Altisrael / Palästina, vgl. z. B. Gressmann, Musik; Seidel, Musik, Braun, Musikkultur; Skulj, Instruments; Hartenstein, Harfe.

Verbalsubstantiv (תקע, „stoßen", „blasen") ergänzt wird. Der Schofar wird so formal von den anderen Musikinstrumenten abgehoben, was durch einen inhaltlichen Unterschied ergänzt wird: Mit dem Schofar werden keine Melodiefolgen gespielt, sondern Signale gegeben.[122] Er klingt also gar nicht mit den anderen Musikinstrumenten zusammen, geschweige denn ist er Teil eines Orchesters.[123] Das Blasen des Horns als Aufmerksamkeitssignal kommt vor allem im Zusammenhang mit Krieg oder Kriegsgefahr oder auch bei Königseinsetzungen vor[124] und nur am Rande im kultisch-gottesdienstlichen Kontext.[125] Die wohl bekannteste Verwendung des Schofar findet sich bei der Eroberung Jerichos in Jos 6.[126] „Der *schofar* erscheint dabei in erster Linie als *Lärminstrument.*"[127]

Im Psalter kommt der Schofar außer in Ps 150,3 noch an drei weiteren Stellen vor: in Ps 47,6; 81,4 und 98,6. Aufgrund dieser nur wenigen Belegstellen im Psalter ist ein Bezug zu ihnen von Ps 150 kaum auszuschließen, zumal die Nähe auch noch durch weitere Verbindungen erhärtet wird. Zunächst ist auf die JHWH-König-Psalmen Ps 47 und 98 einzugehen und etwas später auf Ps 81. Ps 47 schildert den Lobgesang der Völker für JHWH, dem König über die ganze Erde. Der Schofar dient dabei nicht direkt als Lobinstrument, sondern begleitet das Kommen des Königgottes (Ps 47,6).[128] In Ps 98 findet sich dagegen der seltene Fall, dass der Schofar in die Reihe der Instrumente eingegliedert ist und damit auch als Lobinstrument verstanden wird (Ps 98,4–6).[129] Das Lob der Natur (von Meer und Bergen, Ps 98,7–8)

---

122 SEIDEL, Ps. 150, 94, vermutet, dass deshalb der Schofar nicht in der Reihe mit anderen Instrumenten genannt wird und nicht die einfachere Formulierung הללוהו mit בשופר gewählt wurde.

123 Vgl. dazu u. a. BALLHORN, Telos, 350; ZENGER, Psalm 150, 878, sowie auch MATHYS, Psalm CL, 333.

124 Vgl. für שופר im Kontext von Krieg oder Königseinsetzungen Ri 3,27; 6,34; mehrmals in Ri 7; 1Sam 13,3; 2Sam 2,28; 18,16; 20,1.22; 1Kön 1,34.39; 2Kön 9,13; Neh 4,12.14; Jes 18,3; Jer 4,5; 6,1; 51,27; Ez 33,3.6; Hos 5,8; Joel 2,1.15; Am 3,6; Hi 39,24–25. In Sach 9,14 bläst JHWH selbst ins Horn und kämpft für sein Volk. Vgl. dazu auch HARTENSTEIN, Harfe, 119–121; ZENGER, Psalm 150, 878.

125 Vgl. etwa in 1Chr 15,28 bei der Ladeprozession und in 2Chr 15,14 bei Erneuerung des Bundesschlusses. Allerdings sieht HARTENSTEIN, Harfe, bes. 121, durchaus eine kultische Verwendung des Schofar.

126 Vgl. Jos 6,4–6.8–9.13.16.20.

127 HARTENSTEIN, Harfe, 120 [Hervorhebung original]. Der Klang des Schofar erinnert dabei an meteorologische und kosmische Erscheinungen wie z. B. Donner und Gewitter und wird darum auch in die Nähe von Theophanien gerückt, vgl. z. B. Ex 19,16.

128 Ps 47,6: „Hinaufgestiegen ist Gott unter Lärm (בתרועה, vgl. Ps 150,5b!), JHWH beim Ruf des Schofar (בקול שופר)." Vgl. das Lobvokabular in anderen Versen von Ps 47 (V. 2.7.8).

129 Ps 98,4–6: „Jubelt (הריעו) JHWH zu, alle Welt! Seid fröhlich und jauchzt und lobsingt! Lobsingt JHWH zur Zither (בכנור), mit der Zither (בכנור) und der Stimme des Gesangs! Mit Trompeten

erklingt zusammen mit instrumentalen Lobpreis (Ps 98,5 – 6) und Gesang (Ps 98,4) für den König und Schöpfer JHWH.[130] Diese breite, allumfassende und universale Vorstellung von Lobpreis deutet zum einen auf eine Entgrenzung des kultischen Lobpreises (in späterer Zeit) hin und weist zum anderen durch die Topoi König und Schöpfer eine große Nähe zu Ps 148 und 150 auf (vgl. auch Ps 149,3).[131]

Betrachtet man die Textstellen, in denen der Schofar genannt ist, wird zweierlei deutlich: Zum einen spielt der Signalruf mit dem Schofar bei wichtigen kriegerischen und politischen Ereignissen in der Geschichte Israels eine bedeutende Rolle.[132] Zum anderen verkündet er nicht nur den neuen irdischen König (vgl. u. a. Salomos Königskrönung in 1Kön 1), sondern auch die Königsherrschaft Gottes wie in Ps 47 und 98 deutlich wird.[133] Damit sind zwei zentrale Attribute Gottes benannt, die bereits in Ps 150,1 – 2 zentral waren: Es geht um das Lob des Königsgottes JHWH, dessen Königtum mit dem Schall des Schofar verkündigt wird und der zugleich der Herr der Geschichte ist, wie durch das Blasen des Horns zur Erinnerung an wichtige und zentrale Ereignisse in der Geschichte Israels angezeigt wird. Das Schofarblasen signalisiert: Das Lob gilt demjenigen, der Kraft seiner Königsherrschaft die Geschicke Israels bisher gelenkt hat und auch in Zukunft begleiten wird. Dies wird durch den Bezug auf die beiden Psalmen JHWH-König-Psalmen 47 und 98 deutlich (vgl. Ps 47,3 מלך גדול mit Ps 150,2b).

Ps 81, der in den obigen Ausführungen zunächst beiseite gelassen wurde, stellt darüber hinaus auch einen wichtigen Referenztext für Ps 150 dar, der außerdem schon für Ps 147 bedeutend war, und sich in die bisherige Deutung von Ps 150 gut einfügt. Auch in Ps 81 wird zum Blasen mit dem Schofar aufgerufen und zwar anlässlich eines Festes (Ps 81,4). Hier werden weitere Instrumente genannt, die ebenfalls in Ps 150 vorkommen (Pauke, Zither und Harfe), und es wird zum Lobpreis Gottes aufgefordert (Ps 81,2 – 3).[134] Ähnlich wie in Ps 47 kommt der Schofar im Kontext von Lob vor, allerdings wird auch hier sein Blasen nicht direkt

---

und dem Schall des Horns (שופר) jubelt (הריעו) vor dem König JHWH!" [Die auch in Ps 150 vorkommenden Lexeme sind hebräisch wiedergegeben.]

130 Dazu HARTENSTEIN, Harfe, 122: „„Die Welt' ist aufgefordert [...] in einem theologisch qualifizierten Sinn ‚Klang' zu werden, um Gott zu entsprechen." [im Original kursiv].

131 Ps 98 erwies sich bereits als wichtiger Referenztext für Ps 148 und 149, vgl. die jeweiligen Ausführungen dort.

132 Vgl. BALLHORN, Telos, 350, der dem „Stoß in das Horn eine hohe emotive Bedeutung" zumisst, „denn die Anlässe, zu denen er erfolgt, sind immer Ausnahmesituationen".

133 Vgl. auch Jes 27,13, wo der Schofar die zukünftige Anbetung Gottes auf dem Zion ankündigt.

134 Ps 81,2 – 4: „Jubelt Gott zu, unserer Stärke (עוזנו)! Jauchzt (הריעו) dem Gott Jakobs! Hebt an den Gesang, und nehmt das Tamburin (תף), die liebliche Zither (כנור) samt der Harfe (נבל)! Blast (תקעו) am Neumond in den Schofar (שופר), am Vollmond zum Tag unseres Festes!" [Die auch in Ps 150 vorkommenden Lexeme sind hebräisch wiedergegeben.]

mit Lobvokabular verbunden. Ps 81 erinnert an die Befreiungstat Gottes und den Auszug aus Ägypten. Dabei wird der Psalm zur Klage JHWHs über sein abtrünnig und hörunwillig gewordenes Volk. Das Einstimmen in den Lobpreis soll zum Zeichen der erneuten Zuwendung Israels zu seinem Gott werden – in Ps 81 bleibt es aber zunächst im Sprachmodus der Aufforderung. Durch die Bezüge von Ps 147 auf Ps 81 konnte Ps 147 als eine Antwort und vor allem Durchführung dieses Lobpreises interpretiert werden.[135] In Ps 147 ist das Gottesverhältnis wiederhergestellt. Dieser Antwortcharakter scheint auch in Ps 150 vorzuliegen: V. 1–2 rekurrieren auf die Machttaten Gottes, insbesondere auf das Exodusgeschehen, und verweisen zugleich auf Ps 147 und mit Ps 145 außerdem auf das Königtum Gottes.[136] V. 3 ff setzen diese Erinnerung nun um, indem Instrumente genannt werden, die in solchen Texten erwähnt werden, die direkt von Machttaten Gottes berichten, bzw. in Texten, die ebenfalls JHWH als machtvollen Gott loben oder zum Loben aufrufen wie z. B. Ps 81. Während Ps 81 aber diesen Lobpreis noch erwartet, kann Ps 150, auch im Rückgriff auf Ps 147, das Gotteslob als möglich und gegenwärtig fordern und so bereits vollziehen.

Die weiteren in Ps 150 genannten Instrumente finden sich oftmals in Gruppen zusammengefasst oder zumindest in ähnlichen Paaren auch in anderen Texten des Alten Testaments, allerdings nicht in dieser Fülle wie in Ps 150. Besonders hervorstechend ist dabei 2Sam 6,5: Denn nur hier kommt dasselbe Wort für Zimbeln (צלצלים) vor wie in V. 5 und außerdem stimmen vier der Instrumente aus Ps 150 (צלצלים; תף; כנור; נבל) mit den in 2Sam 6,5 genannten überein.[137] Somit spielt Ps 150 auf die von David angeführte Ladeprozession an, bei der die Lade durch zahlreiche Instrumente und Tanzen (שׂחק) begleitet nach Jerusalem gebracht werden soll.[138] Auffällig ist in Ps 150, dass die Zimbeln als letzte in der Auflistung zweimal genannt werden (V. 5). Vermutlich werden durch שמע und תרועה zwei verschiedene Spielweisen (leise und laut) ausgedrückt,[139] so dass das Wort תרועה

---

135 Vgl. dazu die Ausführungen zu Ps 147,13–14.

136 Vgl. dazu die Ausführungen oben zu V. 1–2.

137 2Sam 6,5: „Und David und das ganze Haus Israel tanzten vor JHWH mit allerlei [Instrumenten aus] Wacholderhölzern, mit Zithern (ובכנרות) und mit Harfen (ובנבלים) und mit Tamburinen (ובתפים) und mit Rasseln (ובמנענעים) und mit Zimbeln (ובצלצלים)." Im Unterschied zu 2Sam 6,5 verwendet Ps 150,4 statt שׂחק („tanzen") das Substantiv מחול („Tanz"), und die Rasseln fehlen.

138 In der Parallelstelle 1Chr 13,8 werden fast dieselben Instrumente genannt. Statt der in Ps 150,5 und 2Sam 6,5 gebrauchten Bezeichnung für die Zimbeln (צלצלים), verwendet die Chronik hier und an allen anderen Stellen מצלתים, vgl. dazu auch Anm. 155. MATHYS, Psalm CL, 336, nimmt für Ps 150 ebenfalls eine Abhängigkeit von 2Sam 6,5 an.

139 Vgl. ZENGER, Psalm 150, 881. SEIDEL, Musik, 167, denkt an zwei Einsatzmöglichkeiten des Zimbelspiels: „Zum rhythmischen, klingenden Spiel und zur Mitwirkung bei dem heiligen Kultlärm, der Teruah." MATHYS, Psalm CL, 336 f, möchte außerdem eine „theologische Deutung" für V.

(„Lärm"; „Jubel") als lautstarker Abschluss der Lobaufforderungen zu verstehen ist. Oftmals steht תרועה auch in Verbindung mit dem Schofarblasen, wie auch in dem oben bereits angesprochen Ps 47 (vgl. Ps 47,6).[140] Das zugrundeliegende Verb רוע findet sich außerdem in den bereits angesprochenen Psalmen 81 und 98, die ebenfalls den Schofar erwähnen (vgl. Ps 81,2.4 und 98,4.6). So entsteht eine Rahmung durch die beiden Randkola (V. 3a und 5b), die den ganzen Abschnitt der Musikinstrumente umfassen.[141] Die Verse 3a und 5 treten außerdem durch ihre fehlende Paarbildung mit anderen Instrumenten in der Reihung hervor.[142]

Neben 2Sam 6,5 sowie Ps 47 und 98 sind außerdem Ps 33 und 149 als wichtige Bezugstexte für die Instrumentenreihe zu nennen. In Ps 149,3b – 4a werden drei der das Lob begleitenden Elemente genannt, nämlich Tanz (מחול), Pauke (תף) und Zither (כנור).[143] Die direkte Kombination von Pauke und Tanz in V. 4a findet sich außer in Ps 149 nur noch in Jer 31,4.[144] Somit liegt eine Aufnahme dieses Verses oder zumindest eine Inspiration durch Ps 149 als direkt vorangehenden Psalm für Ps 150 sehr nahe. Das Lob, begleitet von Tanz, Pauke und Zither, ist in Ps 149 außerdem an Gott, den Schöpfer und König Israels gerichtet, was ebenso für Ps 150 aufgrund von V. 1 – 2 anzunehmen ist. Es dürfte also kein Zufall sein, wenn Ps 150 genau diese Kombination rezipiert und (übrigens in genau umgekehrter Abfolge als in Ps 149) in seinem Psalm wiedergibt.[145] Zudem werden „Tanz und Pauke" auch in Ex 15,20 als Begleitmittel des Freudentanzes der Miriam genannt, allerdings wird dort das mit מחול verwandte Substantiv מחלה („Tanz") mit תפים („Pauken") kombiniert. Damit steht aber auch das Exodusgeschehen im Hintergrund von V. 4a, welches durch den Bezug auf diesen ganz zentralen Text Ex 15 angedeutet wird.[146]

---

5 ergänzt wissen, die einen Wechsel vom Hören (שמע) hin zum lauten Lärm (תרועה) annimmt. Allerdings setzte bereits in V. 3 das Blasen des Schofar mit kräftiger Lautstärke ein, so dass ein Zurücknehmen der Lautstärke nicht unbedingt naheliegt, liest man die Abfolge der Instrumente in gegebener Reihenfolge. Eher wahrscheinlich erscheint die Steigerung in der Lautstärke sowie eine literarisch gewollte Rahmung von V. 5 mit V. 3a, vgl. dazu oben im Text.

140 Vgl. außerdem noch Lev 25,9; Jos 6,5.20; 2Sam 6,15; Jer 4,19; Am 2,2; Zef 1,16; Hi 39,25; 1Chr 15,28; 2Chr 15,14.

141 Vgl. dazu auch ZENGER, Psalm 150, 883.

142 Vgl. dazu schon oben in Kap. II.6.3.1.

143 Ps 149,3: „Loben sollen sie seinen Namen mit Tanz (יהללו שמו במחול), zur Pauke und Zither sollen sie ihm lobsingen (בתף וכנור יזמרו־לו)."

144 Das seltene Substantiv מחול bezeichnet sonst den Freudentanz nach einer Zeit der Trauer, vgl. Jer 31,4.13; Ps 30,12 oder auch den „Trauertanz" in Klgl 5,15.

145 Vermutlich hatte die sonst sehr oft bezeugte Kombination von „Harfe und Zither" für den Psalmisten Vorrang (vgl. unten), so dass er in Ps 150 „Pauke und Tanz" zusammenstellt.

146 Ex 15 wird außerdem auch in Ps 146; 147 und 149 rezipiert, vgl. die entsprechenden Ausführungen in den jeweiligen Kapiteln.

Das häufig belegte Paar der Seiteninstrumente „Harfe und Zither" (נבל וכנור)[147] in V. 3b kommt unter anderem in Ps 33,2 vor,[148] kombiniert mit dem Begriff תרועה („Jubel", Ps 150,5) in Ps 33,3b (vgl. Ps 81,2–3).[149] Ps 33 ist darum interessant, weil er ebenso zu allen (!) anderen Hallel-Psalmen Verbindungen aufweist.[150] Zudem sind die Themen Schöpfung und Jhwh als mächtiger Herr der Geschichte in Ps 33 zentral.[151] Auch Ps 33 sieht den Himmel als das Werk Jhwhs (Ps 33,6) an, der in Ps 150,1 zum Loben bewegt.[152] In Verbindung mit Ps 149 fällt außerdem der Aufruf zum Singen eines neuen Liedes (Ps 33,3a; 149,1a) auf, der in Ps 150 zwar nicht zitiert wird, wohl aber die ihn in Ps 33 umstehenden Kola (Ps 33,2.3b), so dass sich in gewisser Weise auch Ps 150 in die Aufforderung ein „neues Lied" anzustimmen eingliedert.[153] Das „neue Lied" im Sinne von Ps 150 ist der von so gut wie allen denkbaren Instrumenten begleitete Lobgesang für den König Jhwh.

„Harfe und Zither" finden sich auch in Neh 12,27 im Rahmen der Mauerein-weihung, worauf bereits Ps 147,7 verweist.[154] Als dritte Instrumentengruppe wer-den dort die Zimbeln genannt, allerdings mit dem in der chronistischen Literatur verwendeten Ausdruck מצלתים.[155] Ps 150 steht somit im Horizont der besonders in der Chronik erwähnten Verwendung von (kultischer) Musik, aber zugleich weist seine Zusammenstellung der Instrumente entscheidende Unterschiede auf.[156] Dies

---

147 Zur weiteren Bestimmung der Seiteninstrumente vgl. z. B. Zenger, Psalm 150, 879 f.

148 Die Kombination „Harfe und Zither" findet sich besonders oft im Psalter, vgl. Ps 33,2; 57,9 (= 108,3); 71,22; 81,3; 92,4 sowie in der Chronik, vgl. dazu Anm. unten 155. Darüber hinaus noch in 1Sam 10,5; 2Sam 6,5; 1Kön 10,12; Neh 12,27; Jes 5,12.

149 Ps 33,2–3: „Lobt Jhwh mit der Leier (בכנור), zur zehnsaitigen Harfe (בנבל עשׂור) singt ihm. Singt ihm ein neues Lied, spielt schön mit Jubel (בתרועה)." Vgl. Ps 81,2–3: רוע; תף; כנור; נבל.

150 Vgl. die jeweiligen Psalmenkapitel.

151 Vgl. zu Ps 33 insgesamt die Ausführungen bei Ps 147.

152 Auch lässt sich ein Bezug zwischen der in Ps 33,16–17 abgelehnten menschlich-militäri-schen Macht (גבור) und der in Ps 150,2 allein Jhwh zugeschriebenen Macht(-taten) (גברות) sehen.

153 Vgl. dazu auch Hartenstein, Harfe, 122, der darauf hinweist, dass fast alle Psalmen, die zum „neuen Lied" aufrufen auch vom „Einsatz ganzer Instrumentengruppen in denkbar weiter kosmischer Perspektive" sprechen, vgl. Ps 33; 98; 144; 149.

154 Vgl. die Ausführungen zu Ps 147,7.

155 Die Dreiergruppe von Zimbeln (מצלתים), Harfe (נבל) und Zither (כנור) scheint eine feste Einheit zu bilden und kommt oft in der Chronik vor: vgl. 1Chr 13,8; 15,16.28; 16,5; 25,1.6; 2Chr 5,12; 29,25; nur Harfe und Zither außerdem noch in 2Chr 9,11; 20,28.

156 Seidel, Ps. 150, 98 f, möchte aus den Unterschieden zur Chronik eine Datierung von Ps 150 vor 400–350 v.Chr. ableiten, so dass Ps 150 älter ist als das chronistische Geschichtswerk. Vgl. auch Ders., Musik, 167, wo Seidel eine entsprechende Datierung von Ps 150 zwischen 500–400 v.Chr. annimmt. Gegen diese Frühdatierung sprechen allerdings die Textbezüge, die durchaus eine Rezeption der Chronik-Texte sowie weiterer später Texte (Neh 12; Ps 33) nahelegen (s. oben im Text), und der Charakter des kleinen Hallels insgesamt. Auch die Nähe zu qumranischen Texten spricht gegen eine so frühe Abfassungszeit. Eher ist eine Entstehung von Ps 150 und den anderen

ist auch daran zu erkennen, dass zwar die oft bezeugte Zusammenstellung von „Harfe und Zither" aufgenommen wird, aber die eigentlich dazugehörenden Zimbeln (מצלתים) weglassen und an anderer Stelle mit anderem Begriff genannt werden (vgl. V. 5), um auf 2Sam 6,5 anzuspielen.

Eine weitere Auffälligkeit von Ps 150 stellt V. 4b dar, denn im Gegensatz zu den sonst häufig belegten Instrumenten, finden sich עוגב und מנים in der Zusammenstellung nur hier und sind insgesamt selten belegt,[157] was auch ihre Übersetzung erschwert. Vermutlich ist mit dem Begriff מן eine Art Seiteninstrument bezeichnet und mit עוגב eine Flötenart.[158]

Der Blick auf die rezipierten oder zumindest durch die Nennung derselben Instrumente verwandten Texte zeigt: V. 3–5 führen auf anderer Ebene aus, was bereits V. 1–2 fordern: Das Lob des Königs, Schöpfers und Herrn der Geschichte – JHWH – soll zum Klingen gebracht werden. Damit entsteht nicht nur zwischen V. 1–2 und V. 3–5 innerhalb von Ps 150 ein enges Geflecht, sondern auch zwischen Ps 150 und seinen Bezugstexten, deren Verknüpfung durch die Nennung derselben Instrumente entsteht, die aber zugleich theologisch-thematische Verbindungen aufweist. Im Überblick lassen sich demnach anhand der Bezugstexte folgende thematische Schwerpunkte erkennen, die durch die Aufnahme in Ps 150 anklingen: Das Lob JHWHs als König wird vor allem durch Ps 149,2–3 als direkt vorangehendem Psalm präsent, wenn Ps 150 ebenfalls Tanz (מחול), Pauke (תף) und Zither (כנור) nennt. Sodann durch die JHWH-König-Psalmen Ps 47 und 98 und die Verbindung über den Schofar, der das Königtum ausruft. JHWH als Schöpfer ist in Ps 33 und wiederum in Ps 149,2 im Blickpunkt. Auch Ps 98 steht durch den Aufruf zum neuen Lied und seine schöpfungstheologische Thematik (Lobpreis von Meer und Erdkreis, Ps 98,7–8) in Verbindung mit diesen beiden Psalmen. Die Anknüpfung an Ps 147 betont ebenfalls den schöpfungstheologischen Aspekt. In Ps 147 geht es zugleich um JHWH als Herrn der Geschichte, wie die Verbindungen außerdem zu Ex 15 und Ps 81 sowie zu Neh 12 deutlich machen, wenn die Exodusthematik und auch das wichtige Ereignis der Mauereinweihung in Jerusalem anklingen. Zudem erinnert der Schofar an die Eroberung Jerichos und an weitere Ereignisse in der Geschichte Israels. Schließlich wird mit 2Sam 6,5, der Stelle mit den meisten Instrumentenübereinstimmungen, auf die gesamte Lade-Tradition

---

Hallelpsalmen, die zweifelsohne vorausgesetzt werden, ungefähr für 250–200 v.Chr. anzunehmen, vgl. dazu auch Kap. III.3.

157 Vgl. nur מן noch in Ps 45,9 und Sir 39,15 (dort zusammen mit נבל); nur עוגב noch in Gen 4,21 (mit כנור); Hi 21,12 (mit תף und כנור) und Hi 30,31 (mit כנור) sowie עוגב und כנור in Ps 151 (11Q5 28,4).
158 Vgl. dazu SEIDEL, Ps. 150, 95; MATHYS, Psalm CL, 335f; ZENGER, Psalm 150, 880.

und damit auf David als vorbildlichem Sänger und Psalmbeter angespielt.[159] So wird bei aller zunächst festzustellenden Offenheit in den Formulierungen von Ps 150 mit dem zweiten Blick auf den Text und auf die Bezugstexte deutlich: Der Psalm vermeidet zwar die konkrete Nennung von bestimmten Ereignissen, stellt aber eine Anspielung auf „eine Vielzahl von Situationen aus der Geschichte Israels" dar, die über „die Aufzählung der Instrumente assoziativ einbezogen" werden.[160] Damit setzen V. 3–5 fort, was in V. 1–2 begann: Zum Lob des einzigartigen Gottes wird aufgefordert. Indem verschiedenste Instrumente in die Begleitung dieses Lobpreises einbezogen werden, wird deutlich, warum gelobt werden soll: Angesichts von Schöpfung und Geschichte wird dem Beter die übergroße und mächtige Königsherrschaft JHWHs erkennbar. Somit erscheint Ps 150 als Reaktion und Antwort auf Gottes Heilstaten. Mithilfe der Instrumente erinnert man sich vergangener Ereignisse und zugleich bestimmen diese die Gegenwart und Zukunft. Darin wird auch der hymnische Charakter von Ps 150 deutlich: Die Vergegenwärtigung der Größe JHWHs im Lobpreis entfaltet ihre Macht in der Gegenwart.[161]

Das Besondere von Ps 150 ist, dass hier nun das in den letzten Psalmen bereits präsente – hymnische – Verb הלל mit einer Vielzahl von Instrumenten kombiniert wird. Der rote Faden des Psalms ist der הלל-Aufruf, es geht um nichts anderes als um das Lob Gottes (הללוהו). Es tritt dabei aber die Frage auf, ob es sich um allein instrumentales Lob oder auch um sprachlich artikuliertes Loben handelt. Allein in Ps 149,3 wird הלל direkt mit Instrumenten kombiniert, so dass Ps 150 (zusammen mit Ps 149) einen Sonderfall darstellt.[162] Aber auch die anderen Verben, die sonst mit Instrumenten verwendet werden, deuten darauf hin, dass es sich um vokalisiertes Lob handelt, so z. B. in Ps 147,7 (זמר)[163] oder auch in Ps 33,2–3 (ידה; שיר). Die Präposition ב, die in Ps 150 den Gebrauch jeden Instruments anzeigt, bezeichnet das Mittel und den Umstand unter dem das Lob stattfinden soll (ebenso in Ps 147,7 und 149,3).[164] Auch für Ps 147 und 149 ist davon auszugehen, dass mit den Instrumenten sprachliches und gesungenes Lob zusammenklingt. Die Musikinstrumente gelten darum als „Hilfsinstrumente" zum Lob, dies verstanden als

---

159 Vgl. zu David als Psalmsänger die Ausführungen bei Ps 145.
160 BALLHORN, Telos, 352.
161 Vgl. dazu auch die Ausführungen bei Ps 147.
162 Im weiteren Kontext findet sich die Verbindung von הלל und Instrumenten z. B. noch in Esra 3,10 f; 2Chr 5,12 f; 7,6.
163 Vgl. die Ausführungen bei Ps 147,7 bes. Anm. 35.
164 Vgl. dazu schon oben in Kap. II.6.3.1.

Erinnerungsgeschehen und als Vergegenwärtigung.[165] Sie begleiten den Lobpreis und „verschönern" ihn (vgl. Ps 33,3 und in der Zusammenschau V. 1 und 7 von Ps 147). Die Instrumente sind dabei entscheidend für das Lobgeschehen, da sie über ihren Geschichtsbezug eine andere Ebene ansprechen, die möglicherweise durch ein direktes sprachliches Benennen nicht erreicht werden kann.[166] Das Lob wird am Ende des Psalters nicht „sprachlos" wie Mathys annimmt.[167] Sondern der Vollzug von הלל erhält vielmehr durch die Instrumente eine große Bereicherung und Aussagekraft, die Musik ersetzt aber nicht das artikulierte Lob.[168] Auch nur so lässt sich V. 6 mit den ihm vorangehenden Versen verbinden,[169] wie im nächsten Kapitel (II.6.4.3) auszuführen ist. Gleichwohl scheint es nicht wichtig zu sein, was genau mit welchen Worten formuliert wird, solange es dem Loben Gottes dient (vgl. die kollektivierenden Begriffe in V. 1–2).

Am Ende der Untersuchung von V. 3–5 ist zusammenfassend festzustellen, dass auch für diese Verse die Bezugstexte sehr aufschlussreich sind. Ps 150 stellt nicht einfach wahllos Instrumente zusammen, sondern rezipiert damit bemerkenswerterweise einige alttestamentliche Texte, die bereits für die anderen Hallel-Psalmen wichtig waren. Zudem handelt es sich vornehmlich um Texte, die sich auch mit V. 1–2 gut in Einklang bringen lassen. Damit ist nun aber auch noch einmal zu bekräftigen, was oben bereits angedeutet wurde: Der Psalm stellt keine Abbildung einer realen Musik-Liturgie dar,[170] vielmehr steht dahinter Schriftgelehrsamkeit, die zu dieser literarisch-theologischen Auflistung der Instrumente geführt hat. Diese Feststellung wird auch dadurch unterstützt, was Seidel ein

---

165 Das Anliegen, im Loben zu erinnern und zu vergegenwärtigen, lässt sich nicht nur an einzelnen Psalmen ablesen, sondern ist auch für die gesamte Psalterkomposition anzunehmen, vgl. dazu KRATZ, Tora, bes. 298–305.
166 Es ist ein Unterschied ob nur „Jericho" gesagt wird oder ob die Assoziation über den (literarisch vorgestellten) Klang des Schofar erreicht wird.
167 Vgl. MATHYS, Psalm CL, 343 f: „Das Lob Gottes wird in Ps. cl, am Schluß des Psalters, sprachlos – weil letztlich kein menschliches Wort Gott gerecht werden kann, aber es ertönt laut, sehr laut und wohl auch universal". Vgl. auch CRÜSEMANN, Studien, 79: „Der Charakter der Aufrufe selbst läßt also für eine verbale Durchführung keinen Platz mehr."
168 So auch BALLHORN, Telos, 353; ALLEN, Psalms, 403.
169 Vgl. auch ALLEN, Psalms, 402.
170 So auch ZENGER, Atem, 267; DERS., Psalm 150, 874; STRAUSS, Psalm 150, 13. Ähnlich auch BALLHORN, Telos, 353, der allerdings eine starke eschatologische Ausrichtung des Psalms annimmt, die aber so im Text nicht zu erkennen ist: „Es geht nicht um das Gotteslob während einer kultischen Begehung im Tempel zu Jerusalem, sondern um das endzeitliche Gotteslob in der neuen Welt, das erklingt, wenn die Königsherrschaft gefeiert wird. Insofern handelt es sich um kein ‚Tempelorchester', sondern um eine ideelle Versammlung aller möglichen Instrumente der Geschichte Israels, die zum eschatologischen Lob zusammengerufen werden."

„offenes Handlungsgeschehen" nennt,[171] denn es werden eben keine konkreten Personen oder Personengruppen genannt, die ihre jeweiligen Instrumente spielen sollen, sondern der Lobaufruf wird abstrakt formuliert. Es sind nicht die Instrumente des Tempels, die hier aufgezählt werden, sondern die Liste geht über das Tempelgeschehen hinaus. Damit sprengt die Instrumentenreihe den Tempelbezug, ähnlich wie es bereits für den Begriff קדש („Heiligkeit") in V. 1 gesehen wurde. Es handelt sich demnach um ein „situationsabstraktes Kommunikationsgeschehen", wie es sich „primär in literarischen Texten" findet.[172] Die litaneiartig wiederholten הלל-Aufforderungen sind eben „keine realen Aufforderungen an Tempelmusiker, sondern Ausdrucksmittel eines Psalmenautors"[173], der mit seiner Komposition vor allem den Horizont der alttestamentlichen Schriftzeugnisse rezipiert. Damit wird auch der letzte Psalm des Psalters zu einem schriftgelehrten Hymnus: Es ist ein fulminanter Lobaufruf, der sich aber ganz der Schrifttradition verpflichtet weiß, ohne dabei ein eigenes theologisches Profil vermissen zu lassen.

6.4.3 „Alles, was Atem hat, lobe Jн!" (V. 6)

In V. 6 münden die vielen Anweisungen zum Lob, die angesichts der Heiligkeit und Größe Gottes formuliert (V. 1–2) und unter konkreten Bestimmungen zur musikalischen Begleitung weitergeführt wurden (V. 3–5), in die alles zusammenfassende Aufforderung: „Alles, was Atem hat, lobe Jн". Das ist der letzte Aufruf des Psalms und damit auch zugleich der letzte Satz des Psalters, bevor noch das abschließende Halleluja folgt. Nachdem in den vorangehenden Versen bereits ausgeführt wurde, *warum* Jнwн und *wie* Jнwн gelobt werden soll, kommt der Psalmist nun schlussendlich zu der Frage, *wer* denn loben soll. Nur hier ist ein Adressat der Aufforderungen und damit ein Subjekt des Lobpreises genannt. Durch die Formulierung „aller Atem" (כל הנשמה) wird eine große Anzahl an Lobenden „als eine einzige Größe gesehen; ihr gemeinsames Tun macht sie zu einem einzigen großen Subjekt."[174] Zugleich ist die Bezeichnung „aller Atem" recht allgemein. Sie weist eine Offenheit auf, wie sie an mehreren zumindest auf den ersten Blick mehrdeutigen Begriffen im Psalm zu sehen ist, und die offensichtlich zum Konzept des Psalms gehört.[175]

---

171 Vgl. SEIDEL, Ps. 150, 91.
172 SEIDEL, Ps. 150, 91.
173 SEIDEL, Ps. 150, 91.
174 ZENGER, Gott, 63.
175 So auch MATHYS, Psalm CL, 339. Vgl. dazu bereits oben.

Wer ist nun mit כל הנשמה gemeint? Sind damit alle Lebewesen angesprochen, also Menschen und Tiere, weil sie alle Atem haben, oder ist der Ausdruck speziell auf Menschen einzuschränken? Die Bedeutung von נשמה umfasst „Atem, Wind, Lebenshauch, -odem, lebendes Wesen".[176] Der Blick auf die Belegstellen von נשמה zeigt, dass zwar vorwiegend Menschen נשמה haben, dass aber damit auch Tiere und so insgesamt alle Lebewesen charakterisiert werden können. Prominent ist die Stelle in Gen 2,7[177], die sich auch als Bezugstext für Ps 150,6 nahelegt, wo der Mensch durch die göttliche Gabe von נשמת חיים zum lebendigen Wesen wird. Von den Tieren wird eine vergleichbare „Atemgabe" nicht berichtet. נשמה ist eng mit der Lebendigkeit des Menschen verbunden[178] und steht oft mit dem Begriff רוח parallel, der ebenfalls in der Bedeutung als Lebensatem verwendet wird (vgl. Ps 104,29). Koch deutet darum נשמה so: „Insofern handelt es sich zeitlebens um eine göttliche Qualität, welche der Mensch bei sich trägt und die er eines Tages wieder zurückgeben muss."[179] Die Überlegung, auch Tiere mit נשמה begabt zu sehen, entsteht vor allem durch Gen 7, wo die Vernichtung von allem, was Lebensatem hatte (כל אשר נשמת־רוח חיים), und damit sind hier explizit Tiere und Menschen gemeint, durch die Sintflut geschildert wird (vgl. Gen 7,21–23). Sodann sind die Textstellen zu nennen, an denen zum Vollzug des Bannes „an allem Lebendigen" aufgerufen wird, worunter durchaus auch Tiere gezählt werden können.[180] Der Begriff an sich ist darum zunächst nicht ganz eindeutig, wenn es auch näher liegen mag, נשמה vor allem auf Menschen und dann auch anthropologisch auf den Unterschied zwischen Tier und Mensch zu beziehen.[181] Koch kommt nach der ausführlichen Sichtung der Belege von נשמה zu dem für ihn eindeutigen Ergebnis: „נְשָׁמָה bedeutet denjenigen Odem, den der Mensch – oder auch Gott – zur Sprache benötigt, der erst zur Sprachlichkeit befähigt" und macht daran den Unterschied von Mensch und Tier fest.[182]

---

176 LAMBERTY-ZIELINSKI, Art. נשמה, 669.
177 Gen 2,7: „Da bildete JHWH, Gott, den Menschen, aus Staub vom Erdboden und hauchte in seine Nase Atem des Lebens (נשמת חיים) und es wurde der Mensch eine lebende Seele."
178 Vgl. Gen 2,7; Dtn 20,16; 1Kön 17,17; Hi 33,4; Jes 42,5; 57,16; Dan 10,17.
179 KOCH, Sprache, 242.
180 Vgl. Dtn 20,16; Jos 10,40; 11,11.14; 1Kön 15,29. KOCH, Sprache, 242, zweifelt die Ausweitung auf Tiere an. Dagegen haben STRAWN / LEMON, Breath, eine engagierte Studie vorgelegt, die zeigen will, dass נשמה durchaus auch den Tieren zugeordnet werden kann und in Ps 150 auch vom „tierischen Lobpreis" ausgegangen werden muss. Zu Gegenargumenten vgl. die folgenden Ausführungen oben im Text.
181 Auch BALLHORN, Telos, 355, geht davon aus, dass „mit נשמה immer der Mensch gemeint" ist.
182 KOCH, Sprache, 245. Und weiter: „Sprachlichkeit" ist das, „was den Menschen vor anderen Lebewesen auszeichnet und ihn in einer gewissen Weise gottverbunden bleiben läßt."

Nach dieser allgemeinen Betrachtung von נשמה ist nun zu fragen, wie der Ausdruck in Ps 150,6 zu deuten ist. Auch wenn die Formulierung singulär ist,[183] legt sich Gen 2,7 als Bezugstext nahe (vgl. schon den Bezug von V. 1 zu Gen 1), wo נשמה auf die von Gott mit Atem begabten Menschen bezogen wird. Aber diese Deutung der Wendung ist durch den Kontext des Psalms zu erhärten und sodann mit Formulierungen der anderen Hallel-Psalmen zu vergleichen. Zunächst zum Psalm selbst: V. 6 kann nur als Zusammenfassung der vorangehenden Verse verstanden werden. Da zuvor noch kein Subjekt des Lobpreises benannt ist, ist ein Subjektwechsel syntaktisch und inhaltlich nur schwer vorstellbar.[184] Darum müssen mit כל הנשמה diejenigen gemeint sein, die bereits zuvor schon zehnmal zum Lob für Gott aufgerufen worden sind.[185] Es sind diejenigen, die in der Vorstellung des Textes angesichts der himmlischen Pracht und der Wundertaten Gottes zu den Instrumenten greifen und Jhwh loben.[186] Zudem wird auch in V. 6 die Aufforderung wie in allen Versen zuvor mit הלל gebildet, das in der Regel ein verbales Lob bezeichnet (anders in Ps 148).[187] Diesem entspricht auch die Deutung Kochs, wenn er נשמה so eng mit der Sprache und Sprachfähigkeit des Menschen verbindet. Es wäre darum vom Duktus des ganzen Psalms her überraschend, wenn nun im letzten Vers auch nicht-menschliche Wesen mit diesem doch recht anspruchsvollen Lobvollzug beauftragt werden, der über die Schriftbezüge und „Geschichtsanklänge" durch die Instrumente theologisch aufgeladen ist.[188] An-

---

183 Zu beachten ist, dass in Ps 150,6 נשמה der st. abs. mit Artikel verwendet wird und nicht eine constructus-Verbindung wie es sonst häufig der Fall ist, vgl. z. B. Gen 2,7; 7,22. Es wird deutlich, dass Ps 150 an einer schlichten Formulierung ohne weitere Bestimmung gelegen ist. Die identische Formulierung (כל הנשמה) findet sich nur noch einmal in Jos 10,40, dort im Gebot zur Bannvollstreckung. Eine direkte Abhängigkeit von Jos 10,40 ist aber nicht anzunehmen. Im Kontext von Lobpreis findet sich נשמה nicht noch einmal, auch die einzige weitere Belegstelle im Psalter (Ps 18,16) weist keinerlei Verbindung zu Ps 150 auf. Somit zeigt sich eine gewisse Singularität der Verwendung von נשמה in Ps 150.

184 So auch BALLHORN, Telos, 355.

185 Anders SEIDEL, Ps. 150, 97 f. 99 f, der in V. 1–5 „die Gottesdienstgemeinde innerhalb des gottesdienstlichen Raumes" angesprochen sieht und in V. 6 dann einen weiteren Horizont, der alle Lebewesen, Mensch und Tier, umfasst. Auch VAN DER PLOEG, Psalmen, 509, geht von Tieren und Menschen aus, ebenso auch DEISSLER, Psalmen, 573; KRAUS, Psalmen, 1150 („alle Kreatur").

186 Auch die „Erinnerung" mittels der Instrumente ist in gewisser Weise verbalisiertes Lob, indem es auf sprachlich zu erfassende Ereignisse verweist, und nicht einfach nur „sprachlos" gewordene Musik ist.

187 Vgl. dazu oben am Ende der Ausführungen zu V. 3–5 sowie auch BALLHORN, Telos, 355: „Es wird in einem Zug zu vokalem und instrumentalen Gotteslob aufgerufen; dieses Lob kann nur von Menschen vollzogen werden."

188 Wenn KOCH, Sprache, 242, insgesamt auch eine etwas andere Deutung von Ps 150 annimmt, so bringt seine Aussage die Diskrepanz doch treffend auf den Punkt: „Und wenn Ps 150,6 nach

ders liegt der Fall in Ps 148, da dort von vornherein nicht nur nicht-menschliche Wesen, sondern sogar unbelebte Elemente in den kosmischen Lobpreis einstimmen sollen. Dort wird der Vollzug von הלל auch als Möglichkeit von Tieren gesehen.[189] Hier zeigt sich somit ein weiterer wichtiger Unterschied zwischen den beiden „Zwillingspsalmen".[190] Darum kann auch nicht bei der Wendung „aller Atem" einfach auf Ps 148 zurückverwiesen werden, weil dort alle Lebewesen aufgezählt seien, die Ps 150 mit dem kollektivierenden Ausdruck aufnimmt. Eher scheint Ps 150 die überaus weite Perspektive von Ps 148 wieder einzugrenzen, zumindest können beispielsweise Sterne und Berge nicht mit dem Kollektiv כל הנשמה gemeint sein, die Ps 148 durchaus in das Lob mit einschließt.

Die Formulierung כל הנשמה steht aber noch in weiterer, aufschlussreicher Beziehung zu den anderen Psalmen des kleinen Hallels: Der direkt vorangehende Psalm schließt mit der Bezeichnung כל־חסידיו („alle seine Frommen", Ps 149,9b) ab, ebenso wie im nachgetragenen Vers Ps 148,14 zu finden. Diese Wendung nimmt Ps 150 trotz aller syntaktischen Ähnlichkeit gerade nicht auf, vielmehr scheint er sich von dieser frömmigkeitstheologischen Bezeichnung abzugrenzen und dessen Engführung auf die Lobenden wieder aufzubrechen, wenn er von „allem, was Atem hat" spricht. Der Lobauftrag geht über die fromme Gemeinde hinaus. Auch das belegt weiterhin die Sprengung vermeintlicher Tempel- oder Gemeindetheologie in Ps 150. Es ist eben nicht die am Tempel oder sonst irgendwo versammelte Gemeinschaft JHWHs, die hier im Blick ist, sondern die Perspektive geht viel weiter über jede kultisch-fromme Kategorisierung und Bedingung hinaus.

Von einer weiteren kollektiven Bezeichnung grenzt sich Ps 150 ab: Ps 145 endet mit dem Aufruf zum Lobpreis an „alles Fleisch" (כל־בשר, Ps 145,21). Da auch dieser Ausdruck nicht in Ps 150 aufgenommen wurde, obwohl er aufgrund der vielen Bezugnahmen auf Ps 145 bekannt gewesen sein muss, ist signifikant für Ps 150. Mit כל־בשר klingt viel stärker die leibliche und geschöpfliche Seite des Menschen an, kann auch auf Tiere hin ausgeweitet werden (vgl. Gen 7,21[191]; wenn auch in Ps 145 wohl nur Menschen gemeint sind) und trägt zudem die Konnotation der Ver-

---

einem Aufruf an die Instrumente, die im Heiligtum erklingen sollen, am Ende כָּל־נְשָׁמָה zum Jubel aufgefordert wird, so bezieht sich das doch wohl auf die Kultgemeinde [...] – und nicht auf die Ziegen und Ochsen drunten in Jerusalem." Auch ZENGER, Psalm 150, 883, geht davon aus, dass „hier nicht alle Lebewesen, sondern *die Menschen* als Lebewesen" gemeint sind [Hervorhebung original]. Ebenso DELITZSCH, Psalmen, 831.

189 Vgl. die Ausführungen bei Ps 148.

190 Vgl. dazu schon oben, bes. die Ausführungen zu V. 1 – 2.

191 In Gen 7,21 – 22 stehen die Wendungen כל־בשר („alles Fleisch") und בל אשר נשמת־רוח חיים („alles, was den Hauch von Atem des Lebens hat") parallel. Zu Gen 7 vgl. oben.

gänglichkeit mit sich.[192] Im Vergleich mit כל־בשׂר legt sich die stärker anthropologische Deutung von כל הנשמה nahe als Bezeichnung derer, die den gottgegebenen Lebensatem haben (vgl. Gen 2,7!), der auf Sprachlichkeit hindeuten
könnte.[193] So ist insgesamt in Ps 150,6 die JHWH-Beziehung der Lobenden durch
נשמה noch stärker betont.[194] Von einer dritten כל-Verbindung nimmt Ps 150 Abstand: von כל־גוי („alle Völker") in Ps 147,20, wodurch die Völker von der Gabe des
Gesetzes ausgeschlossen werden. Demgegenüber schränkt Ps 150 mit seiner
Wendung den Lobpreis nicht auf das Gottesvolk ein, wie Ps 147 durch das Gesetz,
sondern weitet die Lobbefähigung aus und schließt darum auch die Völker po-
tenziell mit ein.

Es ist bezeichnend, dass in den letzten Ausführungen immer Schlussverse im
Blickpunkt standen. Alle Psalmen des kleinen Hallels zeichnen sich offensichtlich
durch die Tendenz aus, jeweils im letzten Vers ihren Skopus zu formulieren.[195]
Diesen Versen eignen eine zusammenfassende und, bedingt durch die häufige
Verwendung von כל, eine kollektivierende (und zugleich abgrenzende) Perspektive
an, die aber jedes Mal ganz unterschiedliche Kollektiva bezeichnet. Während Ps
145,21 „alles Fleisch" zum Lob aufruft, wird dem Zion in Ps 146,10 das ewige
Königtum Gottes zugerufen (nur hier fehlt das כל). Ps 147,19–20 grenzt die Gesetzesgabe bzw. die Tora auf Israel ein und schließt die Völker dabei aus. Ps 149,9
versteht den Lobpreis als Ehre für alle Frommen JHWHs, ähnlich wie auch Ps
148,14. Ps 150,6 schließlich fasst die vorangegangenen Lobaufrufe seines Psalms
und die darüber hinaus in der Aufforderung an „alles, was Atem" hat zusammen.
Somit unterstützt der Vergleich mit den anderen Psalmen des kleinen Hallels, wo
die abschließenden Formulierungen mit כל ebenfalls Menschengruppen bezeichnen, die Deutung von כל הנשמה auf vornehmlich menschliche Lobende, wie
es sich bereits im Blick auf den Zusammenhang von Ps 150 nahegelegt hat und
durch die Nähe zu Gen 2,7 unterstützt wird.

---

192 Für כל־בשׂר („alles Fleisch") mit Bezug auf die Tierwelt, vgl. z.B. Gen 6,19; 7,16.21; Ps
136,25; Dan 4,9. Dazu auch BALLHORN, Telos, 355, sowie die Ausführungen zu Ps 145,21.Vgl. zu
בשׂר insgesamt die Ausführungen bei WOLFF, Anthropologie, 49–56.
193 Die beiden Ausdrücke בשׂר („Fleisch") und נשמה („Odem") können auch direkt aufeinander
bezogen werden, so in einem Text aus Qumran (Plea for Deliverance), 11Q5, 19,3–4: כי בידכה נפש
כול חי נשמת כול בשר אתה נתתה („Denn in deiner Hand ist die Seele allen Lebens, den Odem allen
Fleisches hast du gegeben."). Damit wird die umfassendere Bedeutung von בשׂר deutlich, während
נשמה stärker auf „Atem" als von Gott gegebenes Lebensmerkmal hindeutet und auf die lebensnotwendige Verbindung mit JHWH verweist (vgl. auch hier den Bezug auf Gen 2,7). Vgl. dazu auch
WOLFF, Anthropologie, 96–101, bes. 97.
194 So auch LEUENBERGER, Konzeptionen, 359 Anm. 328; vgl. ZENGER, Atem, 571.
195 Dies hat auch schon BALLHORN, Telos, 355, gesehen, vgl. dazu außerdem Kap. III.1.

V. 6 stellt in Ps 150 den Zielpunkt der ganzen Komposition dar.[196] Der Vers hebt sich nicht nur formal durch die veränderte Syntax vom Rest des Psalms ab (vgl. die Jussiv-Form, das fehlende Objekt mit ב sowie die umgestellte Wortfolge),[197] sondern auch inhaltlich durch die Angabe des Lobakteurs und die konkludierende Funktion des ganzen Verses. Durch die abweichende Wortfolge in V. 6 steht nicht mehr die Aufforderung am Anfang des Kolons, sondern an seinem Ende. Der ganze Psalm läuft nach dem ohnehin prägenden Lobaufruf noch einmal pointiert auf die letzte Aufforderung zu: תהלל יה ("lobet Jн").[198] Nach Angaben zu Gründen, Motiven und Inhalten sowie zur Gestaltung des Lobpreises in V. 1– 5 wird nun noch einmal mit Nachdruck gesagt: Das, worum es geht, ist das Gotteslob! Der Aufruf תהלל יה ist das, was nachklingt, was weiter klingt, auch wenn der Psalm eigentlich schon vorbei ist. Dieser Aufruf wird zudem im abschließenden Halleluja-Ruf noch einmal aufgenommen. Somit ist auch für Ps 150 wie bereits für Ps 148 die Möglichkeit sehr wahrscheinlich, dass die Halleluja-Rahmung bereits von Anfang an vorhanden war und nicht dem Psalm sekundär zugewachsen ist. Auch die sowohl im Halleluja als auch am Ende von V. 6 verwendete Kurzform des Gottesnamens יה spricht für eine enge Verknüpfung. Außerdem ist das Psalmkorpus durch das 11malige הלל so stark mit der הללו־יה-Rahmung verbunden, dass eine spätere Hinzufügung kaum relevant gewesen wäre.[199] Eher denkbar ist darum die Ausgestaltung des bereits vorhandenen Hallelujas (vermutlich von Ps 147 her kommend[200]) durch die Komposition eines הלל-Psalms als Abschlussstück des Psalters.[201]

Was sagt nun das letzte einzelne Kolon von Ps 150 aus? In Parallelisierung und bei gleichzeitiger Abgrenzung von den anderen Hallel-Psalmen und deren verwandten Wendungen nimmt כל הנשמה eine Zwischenposition ein: Weder wird mit Ps 150 der ganze Kosmos angesprochen, noch nur die Frommen oder Israel in

---

196 Darauf wurde schon oft verweisen, u. a. von ZENGER, Gott, 62 f; SCHWEIZER, Form, 43.

197 Vgl. dazu die Ausführungen oben in Kap. II.6.3.1.

198 Auch in den beiden vorangehenden Psalmen werden Jussivformen zur Weiterführung der Lobaufrufe im Imperativ verwendet: Besonders eng ist die Parallele zu Ps 148, wo sich ebenfalls ein Wechsel von Imperativ- zu Jussiv-Aufforderung in den abschließenden Versen 5 und 13 findet (Jussiv dort ebenfalls von הלל). In Ps 149 wird nach der formelhaften Eröffnung in V. 1 „Singt Jнwн ein neues Lied" durchgehend der Jussiv bei den Verben des Lobens (einmal auch הלל in V. 3) verwendet, die das „neue Lied" weiter charakterisieren.

199 Anders BALLHORN, Telos, 345, der in der Eröffnung des Psalms mit הללו־אל in V. 1 geradezu „eine ‚Gegenformulierung' zur Phrase Halleluja" sieht.

200 Vgl. die Ausführungen zu Ps 147, wo die Halleluja-Eröffnung ebenfalls notwendig zum Psalmkorpus hinzugehört.

201 Vgl. insgesamt zur Halleluja-Rahmung den Exkurs in Kap. III.1.

Abgrenzung zu den Völkern. Dabei bleibt nicht auszuschließen, dass der Psalm bewusst am Ende nach dem Aufruf zum Lob des Schöpfers möglicherweise alle Geschöpfe zum Loben aufruft: Menschen und Tiere. Der Begriff נשמה selbst ist offen gehalten, auch wenn die Kotexte und die anderen Hallel-Psalmen für einen Bezug von נשמה auf Menschen sprechen. Wie schon die Instrumentenaufzählung die klassische Anordnung der Tempelmusik hinter sich lässt und darüber hinaus führt, wie schon der Ort Gottes nicht nur auf das himmlische Heiligtum zu beschränken ist, gilt die Lobaufforderung eben nicht nur den ausgebildeten Musikern, sondern allen Menschen, da sie ihr Leben dem Schöpfergott verdanken und am Leben erhalten werden durch die königliche Macht JHWHs. Dies wird durch den Bezug auf Gen 2,7 verdeutlicht. Ps 150,6 spannt außerdem den Bogen zu V. 1 zurück: Während in V. 1 רקיע auf Gen 1 verweist, steht נשמה aus V. 6 mit Gen 2 in Verbindung. Darüber hinaus finden sich beide Lexeme auch in Jes 42,5[202]. Im Blick auf Anthropologie und Theologie steht somit Gen 1–2 im Hintergrund von Ps 150. Alle Menschen sollen das Lob vollziehen, indem sie „Ja sagen zu Gottes Gegenwart und Mächtigkeit, nicht um etwas zu erhalten, sondern aus Stauen, Freude und Bewunderung."[203]

Das Anliegen des Psalms, das Gotteslob zum Vollzug zu bringen, wird durch die Zuspitzung des ganzen Psalms auf die letzten beiden Worte hin untermalt: תהלל יה. Dies ist zugleich eine korrespondierende Aufnahme des Beginns in V. 1 הללו־אל („lobet Gott"). In den Versen dazwischen wird ausgeführt, wer dieser als JH oder El bezeichnete Gott ist: Es ist der Schöpfer und König der Welt und der Herr der Geschichte Israels. Dabei bedient sich der Psalmist immer wieder mehrdeutiger Begriffe, die auch schon darauf hin deuten mögen, dass das Ende des Psalms und des ganzen Psalters „offen" ist.[204] Darum weitet sich der Psalm an seinem Ende und am Ende des Psalters zu dem offenen Schluss hin: „Alles, was Atem hat, lobe JH!"

6.4.4 Entgrenzung des Hymnus

Im Rahmen des kleinen Hallels und des Psalters insgesamt stellt Ps 150 eine eigene Konzeption des Hymnus dar. Wie auch die anderen Hallel-Psalmen greift er dabei auf vorhandenes Material und andere Texte zurück. Im Blick auf die theologisierte

---

202 Jes 42,5: „So spricht Gott, JHWH, der die Himmel schuf und sie ausspannte, der ausbreitete (רקע) die Erde und was auf ihr aufsprosst, der dem Volk auf ihr den Atem (נשמה) gab und den Lebensgeist (ורוח) denen, die auf ihr gehen."
203 ZENGER, Gott, 64.
204 So auch u. a. ZENGER, Atem, 468.

Denkform des Hymnus wird eine Grenzüberschreitung, eine Entgrenzung des Hymnus sichtbar. Diese ist bereits zu Teilen in den anderen Psalmen des kleinen Hallels ebenfalls zu sehen, hier im letzten Psalm ist sie aber in besonderer Weise zu greifen. Die Entgrenzung findet auf mehreren Ebenen statt und betrifft sowohl die formale Gestaltung wie die inhaltliche Konzeption des Psalms. Bei seiner Überschreitung entwirft der Psalm dabei eigene, neue Grenzen. Wie und woran ist ein solches Phänomen der Entgrenzung des Hymnus in Ps 150 konkret zu sehen?

In Anknüpfung an die ausgeführten Beobachtungen ist die Entgrenzung des Hymnus in mehrfacher Hinsicht festzustellen: Schon die formale Gestaltung des Psalms ist einzigartig: Der Psalm bleibt nach klassischen formkritischen Merkmalen bei der Aufforderung stehen. Auch verwundert der Aufbau, wenn die Lobakteure erst ganz am Ende genannt werden.[205] Damit wird die gewöhnliche Struktur eines Hymnus gesprengt. Wenn solch freie Gestaltung mit Gattungselementen auch bereits in anderen Psalmen des kleinen Hallels beobachtet werden können,[206] zeigt insbesondere die Konzentration auf das eine Verb הלל und das Fehlen jedweder eindeutig benannter Lobinhalte neben der Lobaufforderung eine weitere Steigerung der Entgrenzung des Hymnus. Im Unterschied zu Ps 150 enthält Ps 146 z. B. die lange Reihe der fürsorglichen Taten Jhwhs an den Bedürftigen. Und in Ps 148, der selbst eigentlich eine große Lobaufforderung darstellt, finden sich Lobbegründungen, die als solche sprachlich angezeigt sind (Ps 148,5.13). Während Ps 147 ausführlich Gottes Handeln in Schöpfung und Geschichte bedenkt, nennt Ps 149 wenigstens in V. 2 die Gottestitel „Schöpfer" und „König".[207] Ps 150 bleibt formal ganz bei der Lobaufforderung – wobei die inhaltlichen Perspektiven des Lobes, die er unter anderem gerade aus den vorangehenden Psalmen gewinnt, mitgedacht werden.

Ps 150 bietet auch in semantisch-inhaltlicher Perspektive Spuren der Entgrenzung des Hymnus. Nach Ps 150 ist der Tempel gerade nicht mehr selbstverständlicher Ort des Lobpreises, wie gezeigt wurde. Der Hymnus wird in kultisch-institutioneller Hinsicht ausgeweitet. Auch die Lobakteure, die in Ps 150 angesprochen werden, sind alles andere als sicher zu bestimmen: Wer ist unter dem Sammelbegriff „aller Atem" vorzustellen? Was für ein Lobpreis soll das sein, der von allem, was atmet, vollzogen wird? Demgegenüber scheint die Art und Weise des Lobens zumindest klar benannt, denn der Lobpreis soll mit einer Fülle an musikalischer Begleitung geschehen. Gleichwohl lässt sich aus dem Psalm heraus kein Abbild der Tempelmusik rekonstruieren.[208]

---

205 Vgl. oben Kap. II.6.3.1 und II.6.3.2.
206 Vgl. die entsprechenden Ausführungen zu den anderen Psalmen des kleinen Hallels.
207 Vgl. zu Bezügen von Ps 150 zu anderen Psalmen des Hallels die Ausführungen oben.
208 Vgl. dazu oben zu V. 3 – 5.

Durch die Entgrenzung und Grenzüberwindung vorgegebener Vorstellungen entwirft Ps 150 ein eigenes hymnisch-theologisches Profil. Zunächst ist deutlich, dass der Psalm eine literarische Konzeption des Hymnus darstellt. Denn gerade auf literarischer Ebene wird die Grenzüberschreitung auf den verschiedenen Ebenen besonders gut erkennbar: die Überschreitung von formalen und gattungskritischen, von kultischen und theologischen Vorgaben und Konzeptionen.[209]

Der Psalmist von Ps 150 nimmt viele Aspekte und Themen aus den vorangehenden Psalmen auf, er bündelt dabei die Hallel-Psalmen und schafft zugleich etwas Neues. So rezipiert er die Vorstellung der himmlischen Heiligkeit und Herrlichkeit Gottes, die zum Lobpreis auffordert (V. 1 mit Verbindungen zu Ps 19; 97; 148 und zu Gen 1). Er verweist auf Jhwhs Machttaten in Schöpfung und Geschichte (V. 2 mit Verbindungen zu Ps 145; 147 und der Exodustradition). Es werden Musikinstrumente genannt, die zu wichtigen Ereignissen in der Geschichte Israels erklungen sind und die wieder neu zu spielen sind (V. 3–5 mit Verbindungen zu Ps 149 und zu Ps 33; 47; 81; 98; u. a. zu Jos 6; Neh 12 und der Chronik). Durch die Rezeption und Einbeziehung dieser Texte erweist sich Ps 150 als schriftgelehrter Hymnus, er lebt aus der Schrifttradition. Und doch geht er gleichzeitig über sie hinaus: Während beispielsweise in den anderen Hallel-Psalmen noch konkrete Gruppen benannt werden, die den Lobpreis ausführen sollen oder die zumindest namentlich genannt werden, Israel und Jakob, Zion und Jerusalem, Fromme und Gerechte, verschwindet in Ps 150 alles Partikulare, es gibt keinen Eigennamen mehr[210] – bis auf den Namen Gottes (aber auch den nur in der besonderen Kurzform Jh).

Bei aller Überwindung von formalen und konzeptionellen Grenzen ist Ps 150 ganz konservativ mithilfe der ihm vorausgehenden Texten komponiert. In seiner Komposition folgt der Psalmist darüber hinaus eigenen strengen Vorgaben: Dies ist zum einen an der formalen Gleichgestaltung der einzelnen Kola zu erkennen. Zum anderen wird es an der durchgehenden Konzentration auf den Lobaufruf und der damit einhergehenden Reduktion auf das eine Thema, nämlich Gott zu loben, deutlich.[211] Bei aller Entgrenzung der hymnischen Gestalt bleibt das eine zentrale Thema, das jeder Hymnus trägt, bestehen und erhält dadurch noch eine spezifische, in solcher Dichte einzigartige Zuspitzung: Denn der Psalm ist auf unver-

---

209 Vgl. auch SEIDEL, Musik, 166: „Der Text ist ein sehr kunstvolles literarisches Erzeugnis und bestätigt das freie Spiel mit Gattungselementen, das die Psalmen dieser kleinen Sammlung auszeichnet."

210 Vgl. dazu MATHYS, Psalm CL, 343.

211 Vgl. auch SCHWEIZER, Form, 44: „Durch nichts wird von der Aufforderung zum Lobpreis abgelenkt."

gleichliche Weise auf das Gotteslob ausgerichtet.[212] Demgegenüber muss alles andere zurücktreten: Der Ort des Lobpreises ist nicht (mehr) wichtig, ebenso wenig werden konkrete Ereignisse genannt (sondern nur durch Stichwörter angedeutet). Gleichwohl klingen durch die Musikinstrumente viele wichtige Erfahrungen der Gottesmacht in der Geschichte Israels an. Schließlich wird mit dem umfassenden Ausdruck „aller Atem" eine unbestimmbare Anzahl an Lobakteuren aufgerufen. Hinter diesen „Unkonkretheiten" ist keine Konzeptlosigkeit in der Komposition zu vermuten, sondern das spezifisch theologische Profil des Psalms: Weil eben alles andere geradezu nebensächlich geworden ist, zumindest nicht mehr konkret benannt wird, tritt das Eigentliche hervor: Am Ende des Psalters geht es nur noch um das Loben Gottes an sich.

Dabei weist sich insbesondere V. 6 als Ziel- und Höhepunkt des Psalms aus: Hier kommt noch einmal zusammen, was der Psalm in offenen und mehrdeutigen Formulierung bereits angedeutet hat: Lob dem, der der Schöpfer und König der Welt ist, dem, von dem alle ihren Atem, ihr Leben haben. Wenn eine so starke Betonung auf den von Gott gegebenen Atem (נשמה) gelegt wird, dann bedeutet es, dass der Lebensvollzug zum Lobvollzug wird. Auch gibt es „keine Grenzen mehr zwischen Lobenden und Nichtlobenden, alle stimmen ein."[213] Jeder Atemzug ist Lobpreis. Denn im Atmen, in ihrem Lebendigsein zeugt die Kreatur von ihrem Schöpfer (vgl. den Bezug zu Gen 2,7!).

Mit diesem Schlussvers des Hallels weist Ps 150,6 bemerkenswerterweise auf den Anfang des kleinen Hallels zurück, auf Ps 146,1–2: „Halleluja! Lobe, meine Seele, Jhwh! Ich will loben Jhwh mit meinem Leben, ich will lobsingen meinem Gott solange ich bin." Der Beter von Psalm 146 stellt sein ganzes Leben in den Dienst des Lobens.[214] Ps 150,6 könnte darum in Entsprechung zu Ps 146,1–2 so gelesen werden, dass nun alles Leben zum Lobe Gottes wird.[215] Mit diesem weiten Lobbegriff, der keine Kategorien wie Kosmos oder Frömmigkeit bedient, sondern das ganze Leben umfasst, endet der Psalm und der masoretische Psalter. Damit ist

---

212 Vgl. auch SEIDEL, Musik, 166: „Der Psalm 150 ist ein in sich geschlossener und durchstrukturierter Text, dessen Kommunikationsziel die Verkündigung des Lobes Jahwes ist, nicht die Aufforderung zu kultischem Handeln." Sowie SCHWEIZER, Form, 42: „Der Psalm ist weder lokal noch zeitlich auf irgendeinen Punkt hin festgelegt, begrenzt. Situationsangabe, Beschreibung fehlen. Auch Handlungsschilderung fehlt. Der Psalm ist eine einzige Rede, eine Aufforderung, die ohne Gegenrede, ohne Einschränkung bleibt. Die Imperative kommen mit voller Kraft zur Geltung."

213 BALLHORN, Telos, 354.

214 Vgl. dazu die Ausführungen bei Ps 146.

215 So auch ZENGER, Atem, 565: V. 6 „definiert den Menschen geradezu als das Wesen, das durch den bloßen Vollzug seines Lebens ein implizites Lob Gottes ist und das im expliziten Gotteslob (der Psalmen) die Erfüllung seines Lebens verwirklicht."

das Lob Gottes als Aufgabe an das ganze Leben gestellt. Nicht nur als Selbst-aufforderung wie in Ps 146, sondern vielmehr als feststehende, unhinterfragbare Lebensaufgabe. Das Loben ist damit zur „eigentümlichste[n] Form des Existie-rens" und „zum elementarsten ‚Merkmal der Lebendigkeit' schlechthin" gewor-den.²¹⁶ Somit ist auch hier eine Entgrenzung des Hymnus festzustellen. Am Ende des Psalters soll nach Ps 150 ein Hymnus vollzogen werden, der weder an Ort noch an Zeit, nicht an Art oder Form, auch nicht an Personen gebunden ist, sondern alles in allem wird, weil alles, was lebt und atmet, zum Lobe Gottes dient und klingt.

6.5 Zusammenfassung: Die Konzeption von Psalm 150

Die Ausführungen zu Ps 150 haben gezeigt, dass auch Ps 150 als ein *schriftgelehrter Hymnus* beschrieben werden kann. Schon die anderen Psalmen des kleinen Hallels haben eine Reflexion des Hymnus als theologische Denkform geboten. Ps 150 führt das Thema Gotteslob noch einmal auf eigene Weise und in konzentrierter Form weiter, so dass sich daran das spezifisch hymnisch-theologische Profil von Ps 150 erkennen lässt: Anhand des Leitwortes הלל wird im letzten Psalm alles auf das Loben Gottes ausgerichtet. Dieses Loben soll aber nicht im luftleeren Raum geschehen, sondern aufgrund des herrlich-königlichen Wirkens Jhwhs in Schöpfung und Geschichte, das mit Hilfe von Schriftbezügen erinnert wird.

Nach der einleitenden Aufforderung הללו־אל („lobet Gott"), führt jede weitere Aufforderung auf diese enge Verbindung zwischen Lobendem und Gott zurück: Das Loben richtet auf Gott aus und umgekehrt ist Gott derjenige, der gelobt werden will und muss, dem nach Ps 150 gar nicht anders als im Loben begegnet werden kann. Und nichts anderes als Loben geschieht in und mit dem Psalm. Der Psalmist formuliert im letzten Vers die Konsequenz, wenn er allem Atmenden, d.h. allen Menschen (oder auch allem Lebenden), das Loben als Lebensaufgabe anträgt. Loben und Leben ist gar nicht mehr zu trennen, so dass hier die Angewiesenheit des Geschöpfs auf seinen Schöpfer deutlich wird.

Diese Zuspitzung auf das Gotteslob lässt sich anhand der drei Merkmale des schriftgelehrten Hymnus feststellen: Die formale Gestaltung durch den vorherr-schenden Imperativ dient der Aufforderung zum Lob in besonderer Weise. Das Loben Gottes als Aufgabe allen Lebens wird theologisch reflektiert. Alles andere wird diesem Lob beigeordnet und untergeordnet. Für seine Gotteslob-Konzeption greift der Psalmist auf viele Texte des Alten Testaments zurück. Besonders die

216 So VON RAD, Theologie I, 381.

direkt vorangehenden Psalmen (Ps 145–149) werden rezipiert, aber auch Ps 19; 33; 81 und die JHWH-König-Psalmen (bes. Ps 97 und 98) werden angespielt. Außerdem finden sich Bezüge zu Gen 1–2, zur Exodustradition und zu weiteren Geschichtsereignissen sowie zu den Chronikbüchern. Ohne dass sie explizit ausformuliert werden, klingen durch vielerlei Stichwortverbindungen die großen Themen von Schöpfung und Bewahrung an, die sich im Handeln Gottes in der Geschichte und insbesondere an Israel konkretisieren. JHWH in seiner königlichen Macht und Heiligkeit ist der Empfänger des polyphonen Lobpreises. In Ansehung dieser Heiligkeit und seiner Machterweise (V. 1–2) soll unter vielfältiger Musikbegleitung (V. 3–5), die an die Geschichte Israels erinnert, das Loblied angestimmt werden. Im Vollzug des Lobes treten aber genau diese Bestimmungen der Inhalte und Gründe sowie die konkrete Art und Weise des Lobens in den Hintergrund, denn es zählt am Ende nur: „Lobe JH!" (תהלל יה) – Halleluja!

III. Das kleine Hallel als Komposition

1. Die Psalmen 145 und 146 – 150 als Abschlusstexte des Psalters

Nach der ausführlichen Analyse der ausgewählten Psalmen, insbesondere im Blick auf ihren hymnischen Charakter und ihre ausgeprägte Schriftrezeption, ist festzustellen: Diese Psalmen stehen in ganz engem Kontakt zum gesamten Psalter. Sie sind ohne ihn nicht verständlich und vor allem nicht ohne ihn entstanden. Daraus kann gefolgert werden, dass Ps 145 und die Psalmen des kleinen Hallels für den ihnen vorliegenden Psalter verfasst worden sind.[1] Es liegt nahe, diese Psalmen als Abschlusstexte des Psalters zu verstehen. Inwieweit sie diese Funktion übernehmen, ist im Folgenden zu zeigen. Meist werden solche für den Psalterkontext verfassten Psalmen redaktionell genannt. Allerdings klingt dabei – zumeist in der älteren Forschung – eine gewisse Abwertung mit.[2] In der ausführlichen Untersuchung der Texte wurde aber deutlich, dass diese Psalmen kompositionelle und theologische Kunstwerke sind, geschaffen von schriftkundigen Theologen, von den „Frommen" jener Zeit.

Wie kann man sich nun die Entstehung dieser Gruppe von Psalmen vorstellen? Auf welche Art und Weise sind diese einzelnen Kunstwerke zu der vorliegenden Halleluja-Gruppe zusammengewachsen? Welche Funktion hat dabei Ps 145?

Der Blick in die bisherige Forschung zum kleinen Hallel zeigt, dass in der Frage nach Entstehung und Redaktionsgeschichte des kleinen Hallels noch keine einheitliche Position gefunden wurde.[3] Das gleiche gilt für die Beschreibung der Struktur im 4. und 5. Psalmenbuch insgesamt.[4] Zenger geht beispielsweise davon aus, dass das kleine Hallel das Werk der Psalterschlussredaktion ist, die um die vorgegebenen Abschnitte Ps 147,12 – 20 und Ps 148,1 – 13 die Komposition gebildet und somit Ps 146; 149 und 150 ganz sowie Ps 147,1 – 11 und den Schlussvers Ps 148,14 in Blick auf Ps 149 verfasst hat.[5] Auch die Halleluja-Rahmungen im letzten

---

1 In dieser Richtung z. B. schon KRATZ, Gnade, 276.
2 In der älteren Forschung wurde zwischen ursprünglichem Autor und späterem Redaktor unterschieden, deren Abgrenzung sogar zum Ziel erklärt wurde, vgl. SCHMID, Schriftauslegung, 8 f; DERS., Arbeit, 51 f. Vgl. zum Phänomen der Redaktion im Alten Testament insgesamt KRATZ, Art. Redaktionsgeschichte.
3 Vgl. dazu auch die forschungsgeschichtlichen Voraussetzung in Kap. I.
4 Vgl. dazu z. B. den Forschungsüberblick zum 4. und 5. Psalmbuch bei LEUENBERGER, Konzeptionen, 269 – 276; JAIN, Psalmen, 224 – 237, sowie auch DAHMEN, Beobachtungen, bes. 5 – 10.
5 Vgl. zum Ganzen ZENGER, Komposition, 808 f. In ZENGER, Fleisch, 16 Anm. 43, beschreibt Zenger folgende Entstehung: „Ps 148,14 ist eine von der Redaktion geschaffene Verkettung mit Ps

Psalterdrittel wurden seiner Ansicht nach von dieser Schlussredaktion geschaffen und verbinden das kleine Hallel mit den anderen Halleluja-Psalmen. Zenger nennt die Komposition „eine fünfteilige Halleluja-Kantate",[6] die konzentrisch aufgebaut sei mit Ps 148 als dem Lobgesang auf den Schöpfergott in der Mitte.[7]

Leuenberger sieht dagegen den Grundbestand der redaktionellen Komposition in Ps 146; 147[8]; 148,1–13; 150 und entsprechend Ps 148,14aα–bα und 149 als nachkompositionelle Einschreibungen, die den Zusammenhang von Ps 148,1–13 und 150 unterbrechen.[9] Ähnliches hat bereits Kratz angenommen, wenn er von einem „letzten Anhang Ps 145.146–150 (zunächst noch ohne 149)" ausgeht.[10]

Das kleine Hallel wird demnach meist als einheitliche (redaktionelle) Komposition gesehen, die, auch wenn einzelne Ergänzungen angenommen werden, doch größtenteils auf *einer* entstehungsgeschichtlichen Ebene liegt.[11] Der Zusammenhang dieser Psalmen ist auch gar nicht von der Hand zu weisen und wird auch im Rahmen dieser Arbeit zum Beispiel durch das in allen fünf bzw. sechs Texten beobachtete Phänomen des *schriftgelehrten Hymnus* bestätigt. Gleichwohl ist aber zu fragen, ob dieser Zusammenhang ursprünglich ist, das heißt, ob diese Psalmen am Ende des Psalters von vornherein *als Gruppe* an die Psalmensammlung angeschlossen worden sind oder ob von Fortschreibungstendenzen und so von einer gestuften Entstehung auszugehen ist, wie sie für den Psalter insgesamt angenommen wird.[12]

---

149 (vgl. 149,1b). Ps 146 und Ps 150 sind erst für das Finale geschaffen. Ps 147 und Ps 149 sind gezielt an ihren Ort gesetzt". Vgl. auch DERS., Psalmenexegese, 64, mit der These „dass die Halleluja-Rufe das redaktionelle Werk jener Hand sind, die das Schlusshallel Ps 146–150 als Abschluss des Psalters geschaffen (,Halleluja-Redaktion') und den Psalter zum *Sefer Tehillim* gemacht haben." [Hervorhebung original].

6 ZENGER, Komposition, 807.

7 Vgl. ZENGER, Provokation, 192 f; DERS., Fleisch, 18 f.

8 Ein noch älterer Grundbestand, um den die Komposition geschaffen wurde, findet sich nach LEUENBERGER, Konzeptionen, 374, in Ps 147,12–20b, vgl. dazu auch die Diskussion in Kap. II.3.

9 Vgl. dazu LEUENBERGER, Konzeptionen, 362 f.

10 KRATZ, Tora, 309.

11 Vgl. zur These der Einheit des kleinen Hallels den Überblick bei ZENGER, Fleisch, 15 f; MILLARD, Komposition, 144 f. Ähnlich schon REINDL, Bearbeitungen, 337 f, der von einer zusammengestellten Gruppe vorgegebener Psalmen ausgeht, die durch das redaktionelle Halleluja verbunden sind. Den Zusammenhang der Gruppe macht auch LEUENBERGER, Konzeptionen, 360–364, stark. Vgl. zur Komposition des Hallels auch RISSE, Gott, 217–224. Risse deutet an, dass das kleine Hallel nicht aus einem Guss ist und eher über einen längeren Zeitraum hinweg durch mehrere Redaktoren gebildet wurde, vgl. a.a.O., 241.

12 Vgl. z. B. LEUENBERGER, Konzeptionen, 270: Buch V wird sich „ähnlich wie IV insgesamt als Fortschreibung erweisen".

Im Folgenden wird nun in knapper Form ein eigener Vorschlag zur Komposition des kleinen Hallels und seiner Entstehung vorgestellt, der die obigen Einzelexegesen der Psalmen zur Grundlage hat. Dabei soll vor allem die Möglichkeit einer Fortschreibung innerhalb des kleinen Hallels überprüft werden.

Drei wesentliche Beobachtungen legen die Annahme einer Entwicklung im Sinne einer Fortschreibung nahe: Erstens ist die *Homogenität der Gruppe* in Frage zu stellen. Auf der einen Seite sind die Psalmen in Form und theologischem Profil zu unterschiedlich, als dass sie alle von einer Hand stammen können – das zeigen auch die redaktionsgeschichtlichen Erklärungsmodelle unter anderem von Zenger und Leuenberger. Auf der anderen Seite sind sie aber zu ähnlich und weisen zu viele Gemeinsamkeiten auf, als dass sie nur als vorgegebene Texte zusammengestellt worden wären.[13] Gemeinsame Themen, der hymnische Charakter sowie die ausgeprägte Rezeption ein und derselben Texte lassen die Verwandtschaft der Psalmen untereinander erkennen. Die gewisse Eigenständigkeit der Texte bei gleichzeitiger großer Nähe könnte ein Hinweis auf Fortschreibung sein.

Zweitens, und mit der ersten Beobachtung eng verwandt, ist festzustellen, dass die Psalmen selbst einander voraussetzen und rezipieren, und zwar jeweils ihre vorangehenden Psalmen, wie in den obigen Analysen deutlich wurde. In der jetzigen Abfolge lassen sich *Fortführungen*, aber auch Auslassungen von Themen und Motiven bestimmen, die auf eine Abhängigkeit schließen lassen, da sie ein Gefälle in nur eine Richtung aufweisen.[14] Umgekehrt gibt es keine Bezüge zu den je nachfolgenden Psalmen. Würde es sich bei dem kleinen Hallel aber um eine homogene Gruppe handeln, die in einem Zug an das Ende des Psalters gestellt wurde, so wären Bezüge zwischen den Psalmen nach vorne *und* nach hinten zu erwarten.

Schließlich sind drittens bei allen Psalmen gute *Abschlussqualitäten* festzustellen. Die Psalmen eignen sich als Abschlusstexte für den Psalter, was sowohl an formalen wie auch an inhaltlichen Elementen (vgl. etwa die jeweiligen Schlussverse der Psalmen) zu erkennen ist. Auch die zahlreichen Schriftbezüge auf andere, d. h. vorgegebene Psalmen bestätigen diesen Eindruck: Denn die Rezeption und Anspielungen vorangehender Psalmen haben zugleich die Funktion, diese

---

13 Anders z. B. LANGE, Endgestalt, 110 f: „Die einzelnen Psalmen dürften, zumindest was das Kleine Hallel betrifft, von den Kompilatoren der Endgestalt des protomasoretischen Psalters nur gesammelt und kaum in ihrer Textgestalt verändert worden sein." Vgl. auch REINDL, Bearbeitungen, 337.

14 Zenger betont dass jeweils die letzten Zeilen eines Psalms auf den jeweils folgenden Psalm verweisen, wo das entsprechende Thema weitergeführt wird, vgl. u. a. ZENGER, Fleisch, 16 f. In Folge dieser Untersuchung müssen aber die Bezugnahmen zwischen den Hallel-Psalmen erweitert werden und bleiben somit nicht auf das jeweilige Ende des Psalms begrenzt.

Psalmen zu erinnern und sie zusammenzufassen, wie es Abschlusstexten oft eigen ist. Gleichwohl ist bei der Frage nach möglichen Abschlüssen des Psalters festzuhalten, dass keiner der Psalmen den Abschluss des Psalters auf der Metaebene benennt. So fehlt beispielsweise jeglicher Schlusskolophon wie es in Ps 72,20 belegt ist. Die Psalmen des Hallels sind somit in erster Linie Schlusspsalmen, weil sie am Ende des Psalters stehen. Grundsätzlich wäre eine weitere Ergänzung von Texten möglich (vgl. LXX) und / oder eine Umstellung der Texte (vgl. 11Q5).[15]

Im Folgenden sind nun anhand der drei oben genannten Aspekte die Psalmen 145 – 150 als mögliche Schluss- und Fortschreibungstexte des Psalters zu überprüfen.[16]

Ps 145 ist gut als Abschluss der letzten Gruppe von Davidpsalmen, aber auch des fünften Psalmenbuches und des ganzen Psalters denkbar.[17] Der Text hebt sich als Akrostichon formal und inhaltlich von den vorangehenden Psalmen ab und stellt selbst vermutlich schon eine Fortschreibung der älteren Davidpsalmen Ps 138 – 144 dar.[18] Er wäre dann durch die davidisierende Überschrift an die Sammlung angeschlossen worden. Der sorgfältig komponierte Psalm ruft zum umfassenden Lobpreis des Königtum Jhwhs auf, wobei der eindeutig als Abschluss gestaltete V. 21 zugleich ein offener Schluss ist: Denn das Lob soll auch über das Ende des Psalms – und des Psalters – hinaus weiter klingen und „alles Fleisch" mit in den Lobpreis hineinziehen. Auch wenn es wichtige Unterschiede zwischen den vier Doxologien des Psalters und Ps 145 gibt und Ps 145 nicht einfach als Doxologie des fünften Psalmenbuches verstanden werden kann,[19] so weist

---

15 Vgl. dazu insgesamt Ballhorn, Telos, 357 f.

16 Vgl. zu den einzelnen Psalmen jeweils die formale und inhaltliche Analyse in den entsprechenden Kapiteln. Auf einzelne Verweise wird im Folgenden weitestgehend verzichtet.

17 Vgl. dazu auch Miller, End, sowie Dahmen, Beobachtungen, 7: „Ps 145 [ist] ohne Zweifel ein multi-funktionaler und multi-perspektivischer Psalm". Auch Kratz, Sch^{e}ma, 633, erwägt die Möglichkeit eines ursprünglichen Abschluss des Psalters mit Ps 145. Ebenso wäre auch Ps 144 als früherer Abschluss denkbar und Ps 145 dann nicht als Abschlusstext, sondern als direkte Überleitung zum kleinen Hallel zu verstehen. Insgesamt finden sich seiner Meinung nach im vierten und fünften Psalmbuch mehrere Zäsuren, die frühere Abschlüsse des Psalters erkennen lassen, vgl. am a.a.O., 630 – 633.

18 So auch Kratz, Tora, 308 Anm. 77.

19 Anders Zenger, Psalter, 29 – 31. Vgl. auch die Ausführungen zu Ps 145 in Kap. II.1. Spätere doxologische Zusätze am Ende der masoretischen Textversion von Ps 145 zeigen das Bemühen um eine zu den Doxologien äquivalente Zäsur. Durch den hymnisch-doxologischen Schluss, der sich aus Ps 115,18 speist, wird so zum einen der Schluss des fünften Psalmenbuches gestaltet und zum anderen von Ps 145 noch stärker zu den folgenden Hallel-Psalmen übergeleitet, vgl. zu den Zusätzen Kap. II.1 Anm. 32. Auch für Ballhorn, Telos, 358.360, ist zwischen den Doxologien und dem Schluss des Psalters zu differenzieren, auch wenn er feststellt: „Pragmatisch muß das

besonders die formelartige Wendung לְעוֹלָם וָעֶד („immer und ewig") am Anfang und Ende des Psalms eine finale Funktion auf.[20] Ebenso die akrostichische Struktur, die den Anspruch der Vollständigkeit abbildet, sowie die häufige Verwendung des Wortes כל verdeutlichen die konkludierende Intention des Psalms.

Somit stellt Ps 145 formal, aber auch inhaltlich einen Höhepunkt am Ende der Psalmensammlung dar: Der ganze Psalter mündet in den universalen Lobpreis des Königtums Gottes. Ps 145 integriert Erfahrungen der Geschichte Israels wie z. B. die Exodustradition,[21] nimmt gegenwärtige Rettungserlebnisse durch die Nennung der Zuwendung Jʜwʜs zu den Hilfsbedürftigen auf und öffnet den Horizont für die andauernde und ewige Herrschaft Gottes als gnädigem König über alle Lebewesen. Der Begriff der מַלְכוּת Jʜwʜs wird so zum Inbegriff der Größe und Gnade Gottes: Alles Lobenswerte lässt sich nach Ps 145 in diesem Terminus der Königsherrschaft Gottes zusammenfassen. Darum ist ein früherer Abschluss einer Psalmensammlung mit Ps 145 als wohl *dem* Programmtext zum Königtum Gottes gut möglich.

Auch die Referenztexte von Ps 145 können einen Anhaltspunkt für seine wichtige psalterstrukturierende Funktion und seine damit verbundenen Abschlussqualitäten bieten: Denn Ps 145 verweist in hohem Maße auf die Psalmen am Ende des vierten Buches (Ps 103 – 106) sowie auf den ersten Psalm des fünften Buches, Ps 107, zurück.[22]

Auch wenn Ps 145 demnach ein denkbarer Schluss einer früheren Psalmensammlung gewesen sein könnte, ist er doch nicht der Schlusspsalm des Psalters geblieben. Der Lobpreis, den Ps 145 fordert, wird mit *Ps 146* in Form eines Hymnus fortgeführt, vermutlich durch den offenen Schluss in Ps 145,21 motiviert. Auch wenn Zenger keine stufenweise Fortschreibung innerhalb des kleinen Hallels annimmt, so kommt er doch zu der passenden Feststellung: „Das Finale des Psalters wächst kompositionell aus Ps 145 heraus."[23] Und den Anfang dieses „Herauswachsens" macht nun Ps 146.

Auch Ps 146 ist sorgfältig komponiert, aber ganz anders als das Akrostichon Ps 145 gestaltet. Ps 146 ist ein hymnischer Aufruf zum Vertrauen auf den einen hilfsbereiten und helfenden Schöpfergott Jʜwʜ. Im Psalm sind didaktischer

---

Schlußhallel eine solche Doxologie ersetzen." [Zitat 358]. Zu Ps 145 und den Doxologien vgl. auch Kʀᴀᴛᴢ, Tora.

20 Vgl. auch Mɪʟʟᴇʀ, End, 106 f.
21 Vgl. dazu z. B. bes. das Zitat der Gnadenformel in Ps 145,8.
22 Diese intensiven Rückbezüge von Ps 145 auf Ps 103 – 107 finden sich so in keinem der Hallel-Psalmen nach ihm, auch wenn es zum Teil sehr wichtige Bezüge zu einzelnen Psalmen von Ps 103 – 107 durchaus gibt.
23 Zᴇɴɢᴇʀ, Fleisch, 14.

Lehrtext und hymnischer Lobpreis miteinander verschränkt, beide ergänzen einander: die unterweisenden Stücke (V. 3 – 4, vgl. auch V. 5) dienen den explizit hymnischen Teilen (V. 6 – 9.10, vgl. V. 1 – 2) und umgekehrt. Das Anliegen des Psalms besteht demnach in dem Aufruf zu neuem und erneuertem Gottvertrauen zu Gott, den Ps 145 in seinem ewigen Königtum preist. Ps 146 kommt gegenüber Ps 145 mit weniger Lobvokabular aus. Allein die Verben הלל und זמר (V. 1 – 2) reichen aus,[24] um den Psalm als Lobpsalm zu kennzeichnen. Es entsteht geradezu der Eindruck, dass der umfängliche Lobaufruf aus Ps 145 noch nachklingt und darum nicht wiederholt werden muss.[25]

Das Lob der königlichen Macht aus Ps 145 wird in Ps 146 durch die Warnung und die anschließende Seligpreisung desjenigen, der allein JHWH zur Hilfe hat (Ps 146,5), ergänzt. Dabei ändert sich auch der Sprachmodus. In Ps 145 erscheinen alle Aussagen als hymnisches Lob eines Einzelnen, der aber die ganze Welt in seinen Lobpreis einstimmen lässt. In Ps 146 dagegen wird der Einzelne direkt angesprochen und in der Frage des rechten oder falschen Vertrauens unterwiesen. Nicht mehr der gesamte Kosmos ist Objekt des Königtums Gottes, sondern das Individuum, das seine Hilfe bei JHWH sucht, wird zum Empfänger und Nutznießer göttlicher Macht, wie es besonders die Seligpreisung des Einzelnen in V. 5 zeigt und dann in V. 6b – 9a ausgeführt wird. Die Seligpreisung liest sich wie eine Zusammenfassung von Ps 145,18 – 20, wo die individuelle Frömmigkeit bereits thematisiert wird, die Ps 146 ausführt und noch stärker in den Vordergrund stellt: Die JHWH-Anrufenden, die JHWH-Fürchtigen und die JHWH-Liebenden sind die Empfänger der Nähe und Hilfe Gottes (Ps 145,18 – 20). Während aber Ps 145,20a von der Bewahrung derjenigen spricht, die JHWH lieben, formuliert Ps 146,8b die seltene Aussage „JHWH liebt die Gerechten" und betrachtet damit die Aussage aus Ps 145 aus der Perspektive Gottes (vgl. auch Ps 145,17: „JHWH ist gerecht"). Ps 146 komprimiert die Aussagen aus Ps 145 in die für ihn charakteristische dreigliedrige Form einer JHWH-Lobpreisung: Dies ist besonders gut an נתן להם לרעבים („der Brot gibt den Hungrigen", V. 7aβ, vgl. Ps 145,15) und יהוה זקף כפופים („JHWH hilft auf den Gebeugten", V. 8aβ, vgl. Ps 145,14b) zu erkennen.

Auch den oftmals weisheitlich verorteten Gegensatz von JHWH-Anhängern und Gottlosen (V. 9b), den Ps 145,20b vorgibt und der dann immer wieder im kleinen Hallel aufgegriffen wird, nimmt Ps 146 auf. Diese Opposition steht wie schon in Ps 145 auch in Ps 146 am Ende der lobenden Reihung und somit an prägnanter Position. Ps 146 verstärkt zudem auch den Bezug zu Ps 1, der in Ps 145 so stark noch nicht zu erkennen war. Ps 145 und 146 sind aber bereits durch die Bezüge auf die weisheitlichen Psalmen 34 und 37 miteinander verbunden. Weitere gemeinsame Referenztexte von Ps 145 und 146 sind Ps 103; 104; 107 und Dtn 10.

Ps 146 bietet aber nicht nur auffällige Anknüpfungen an Ps 145, sondern fügt auch eigene Aspekte hinzu oder lässt Elemente aus Ps 145 aus. Neben der schon benannten unterweisenden Redeform, die in den Hymnus eingegliedert wird, fällt vor allem der prophetische Anklang in Ps 146 auf. Zum einen wird prophetische Redeweise aufgenommen (vgl. die Nähe von V. 3 zu Jer 7; 9; Mi 7), zum anderen sind insbesondere in V. 7–8 Bezüge zu Jesaja zu erkennen. Mit der Jesaja-Rezeption setzt Ps 146 neue Maßstäbe, die in den folgenden Hallel-Psalmen aufgenommen werden und besonders in Ps 147 und 149 wiederzufinden sind. Die Psalmen des kleinen Hallels rezipieren demnach nicht nur andere Psalmen (ab Ps 146 wird z. B. auch Ps 33 intensiv rezipiert), sondern beginnend mit Ps 146 wird auch die pro-phetische Tradition, vor allem Jesaja, im hohen Maße zum Rezeptionsgut. Dabei findet ein Wechsel der Zeitperspektive statt, der sich vor allem mit dem Wechsel der Textgattung, von der prophetischen Ankündigung hin zum Hymnus, erklären lässt, und mit dem zugleich theologische Konzeptionen verbunden sind: Die Prophetentexte blicken auf das Zukünftige, wollen damit Hoffnung und Vertrauen wecken und sind oft eschatologisch ausgerichtet. Der Lobpsalm betrachtet und preist die Gegenwart und will damit Hoffnung und Vertrauen für die Gegenwart erreichen, die aber zugleich in die Zukunft ausstrahlen.[26]

In Blick auf Ps 145 fügt Ps 146 den prophetischen Aspekt hinzu. Die königliche Fürsorge Gottes stellt sich als Vergegenwärtigung prophetischer Heilsweissa-gungen dar. Während Ps 145 das universale Königtum Gottes proklamiert und preist, verweist Ps 146 auf die Realität menschlicher Herrscher und dem ihnen entgegengebrachten Vertrauen. Die Frage nach dem Verhalten gegenüber weltli-chen Machthabern ist auch ein prophetisches Thema (vgl. Ps 147 sowie z. B. Jes 7; 30–31). Dass in Ps 146 mit Aussagen in hymnischer Form für das Vertrauen in Gott argumentiert und geworben wird, erinnert an Deuterojesaja und die dortige Ver-wendung der hymnischen Stücke, die die Macht Gottes bezeugen. Nimmt man nun beide Psalmen zusammen, erscheint Ps 146 als ergänzendes Gegenstück zu Ps 145: Die Warnung vor den menschlichen Machthabern entspricht dem Lobpreis der ewigen Macht JHWHs (vgl. bes. Ps 145,4.11.12). Die Gegenüberstellung von menschlicher und göttlicher Macht und Hilfe wird durch das gemeinsame Lexem ישע („retten") zusätzlich betont, das Ps 146 in V. 3 im Blick auf die menschlichen Machthaber verneint: לו תשועה („keine Rettung"). Im Gegensatz dazu hört JHWH

---

26 Vgl. dazu die Ausführungen in Kap. II.3.

den Hilferuf derer, die ihn fürchten, und rettet sie (ויושיעם, Ps 145,19). Die weisheitlich-prophetische Lehre in Ps 146 wird somit auch mit anthropologischen Aussagen verbunden (vgl. bes. Ps 146,3 – 4).

In seinem letzten Vers kommt Ps 146 dann explizit auf das Königtum Gottes zu sprechen und verweist so noch einmal auf Ps 145. Alle zuvor aufgezählten und gerühmten Taten Gottes werden in der Akklamation Jhwhs als König vom Zion zusammengefasst. Gleichzeitig wird mit V. 10 die weite universale Perspektive, die Ps 145 ausbreitet, wieder eingeschränkt, wenn Jhwh als Gott und König für Zion bestimmt wird. Gerade diese Akklamation, die durch ihre lose Anbindung an das Hauptstück des Psalms wie eine Unterschrift wirkt, stellt einen passenden Abschluss dar. Jhwh wird als König an den Zion gebunden, dessen Herrschaft ewig ist und von Generation zu Generation reicht. So kann dieser Abschlussvers als Zusammenfassung für Ps 145 und 146 zugleich gesehen werden.

Unter dem Motto des ewigen Königtums aus Ps 145 fügt Ps 146 die eigenen Themen wie die Frage nach der weltlich-menschlichen Obrigkeit, der Vergänglichkeit des Menschen und das rechte Vertrauen des Gottesfürchtigen auf Gott ein. Ps 146 liest sich darum als weisheitlich-prophetische Weiterführung von Ps 145 mit Blick auf das fromme Individuum, auf das die ewige Herrschaft Gottes angewendet und das in der lobenden Gemeinschaft vom Zion lokalisiert wird.

Nachdem Ps 146 bereits die Zions-Perspektive eingenommen hat, wird diese in *Ps 147* noch weiter verstärkt. Ps 147 nimmt in seiner Reflexion über das Loben Jhwhs insbesondere die neue Heilszeit Jerusalems in den Blick und lobt Jhwh als den Gott, der in Schöpfung und Geschichte gleichermaßen eingreift. Die gnädige Zuwendung Jhwhs konkretisiert sich für den Psalmisten von Ps 147 in der Restitution Jerusalems als neuem Lebensort für die Demütigen (V. 2 – 6.12 – 14) sowie in der Wortoffenbarung an Jakob-Israel (V. 15 – 20). Die Bezüge zur prophetischen Tradition, die bereits in Ps 146 angelegt sind, werden in Ps 147 noch verstärkt (vgl. u. a. die Bezüge zu Jes 40; 55; 61). Was in der Prophetie noch Zukunftsperspektive ist, erscheint im Hymnus bereits als Gegenwart und ist Gegenstand des Lobes von Ps 147. Damit wird der in Ps 146,10 genannte „königliche Gott vom Zion" in seiner Fürsorge für Zion-Jerusalem näher charakterisiert.

Die in Ps 145 und 146 bereits an hervorgehobener Schlussstellung positionierte Oppositionsaussage von Gerechten und Gottlosen wird ebenfalls von Ps 147 aufgenommen und mutiert hier geradezu zum Gliederungsprinzip. Denn alle drei Abschnitte von Ps 147 laufen auf eine Oppositionsaussage zu: Den Empfängern der Gnade und Fürsorge Gottes werden diejenigen gegenübergestellt, die davon ausgeschlossen sind. Die Frage nach der Identität der frommen Beter und das Bemühen sich von anderen abzugrenzen wird mit Ps 147 demnach weitergeführt und auf dreifache Weise bestimmt: Die Demütigen und Gottesfürchtigen, bezeichnet auch als das Volk Jakob-Israel (V. 6.11.19), werden von den Gottlosen und

Eigenmächtigen, parallelisiert mit den rechtlosen Völkern, distanziert (V. 6.10.20). Damit wird auch die Seligpreisung aus Ps 146,5 weitergeführt, denn demjenigen, der Jhwh vertraut, gilt die göttliche Hilfe und Gnade, wie es dann auch Ps 147 ausführt. Entsprechend bringt derjenige Jhwh guten und angenehmen Lobpreis entgegen (Ps 147,1). Schließlich führt Ps 147 auch die Abwertung des Vertrauens in menschliche Macht und Kraft und die damit einhergehende Distanzierung von aller weltlichen Herrschaft und Obrigkeit aus Ps 146 fort, um damit Gottes Macht, Hilfe und Zuwendung umso positiver darzustellen (vgl. Ps 147,10 – 11 mit Ps 146,3 – 5). Mit den vorangehenden Psalmen hat Ps 147 zudem viele Bezugstexte gemeinsam, vor allem Ps 1 und 33, 104 und 107 sowie Ex 15.

Dagegen ist das Thema des Wortes Gottes gegenüber Ps 146 neu. Neben den Ausführungen zur Restitution Jerusalems könnte die Wort-Gottes-Theologie, wie sie in Ps 147,15 – 20 ausgeführt ist, Motiv für die Fortführung der Abschlusspsalmen mit Ps 147 gewesen sein. Die Vorlage für die Verbindung von Schöpfung und Geschichte mit dem Wortgeschehen Jhwhs findet der Psalmist von Ps 147 im prophetischen Gedankengut, insbesondere bei Jesaja. Somit ist in der Konzeption der hymnischen Vergegenwärtigung prophetischer Heilsaussagen sowie in den damit verbundenen Themen Zion-Jerusalem im Horizont von göttlich durchwirkter Schöpfung und Geschichte und der Wortoffenbarung Gottes mit Verweis auf die Tora (vgl. hier auch Ps 145) die inhaltliche Weiterführung von Ps 146 zu sehen.

Mit Ps 147 ist somit ein weiterer Abschluss des Psalters erreicht, der einerseits eine Fortführung von Ps 145 und 146 bietet, andererseits entscheidend neue Aspekte durch die Gottes-Wort-Thematik und die starke Fokussierung auf Zion-Jerusalem als dem Ort des neuen Heils einbringt. Zwar endet der Psalm mit V. 19 – 20 und dem negativen Urteil über die gesetzlosen Völker etwas abrupt. Zugleich wird durch diese Abgrenzung Israels von den Völkern ein Hauptanliegen des Psalms formuliert, das sich ebenso in der Konzentration des Heils auf Zion und dem Heilshandeln Gottes an seinem Volk in Schöpfung und Geschichte durch das göttliche Wort zeigt und das im Hallel zuvor so noch nicht formuliert war.

Während in Ps 147 Geschichte und Schöpfung eng miteinander verschränkt sind, liegt in *Ps 148* der Schwerpunkt auf der Schöpfung. In langer Reihe werden alle Geschöpfe des Himmels und der Erde, belebte und unbelebte Elemente des Kosmos zum Lobgesang Jhwhs aufgerufen. In den Ausführungen zu Ps 148 wurde gezeigt, dass V. 6 und V. 14 spätere Nachtragungen sind, die der Anpassung an den Kontext dienen. Der ursprüngliche Psalm endete darum mit V. 13 und kam entsprechend ohne Israel-Perspektive aus. Wie schon die jeweils letzten Verse von Ps 145 und 146 stellt Ps 148,13 einen zusammenfassenden Schlussakkord dar, der sich gut als Abschlussvers zunächst des Psalms, aber auch des ganzen Psalters denken lässt. Aufgrund der vielen Aufnahmen und Bezüge von Ps 148,1 – 13 auf Ps 146 – 147 ist davon auszugehen,[27] dass auch dieser Psalm in Kenntnis der vorangehenden Psalmen und für diesen Kontext verfasst wurde und damit eine Fortschreibung von Ps 146 – 147 darstellt.

Ps 147 und 148 verbinden trotz der ganz unterschiedlichen Konzeption und Komposition viele Aspekte. So weisen beide Texte Bezüge zu Ps 119 und Hi 38 sowie zu Ps 104 auf. Auch die Verschränkung von schöpfungstheologischen und worttheologischen Aussagen findet sich in beiden Psalmen.[28] Ps 147 ist ganz auf das Heilsgeschehen in und für Israel konzentriert, dabei gilt die Schöpfermacht Gottes als Garant für das erneute Eingreifen Gottes. In Ps 148 wird die Schöpfung in allen seinen Bestandteilen zum Lobpreis aufgerufen und damit zur Antwort auf das Heilshandeln Gottes in Schöpfung und Geschichte aufgefordert. Mit dieser universalen Perspektive stellt Ps 148,1 – 13 allerdings einen Sonderfall im Gesamtklang des kleinen Hallels dar. Ebenso unterscheidet sich die Wahrnehmung der Völker, die in Ps 148 in den Lobgesang integriert werden, von den Nachbarpsalmen, in denen die Abgrenzung von den Völkern betont wird. Es ist darum gut möglich, dass diese kosmisch-universale Perspektive des Grundpsalms von Ps 148 Motiv und Intention für seine Abfassung gewesen war. Gerade im Gegenüber zu Ps 146 und 147, die eine enggeführte Zions-Thematik aufweisen, war dem Fortschreiber die universale und schöpfungstheologische Ausrichtung ein grundlegendes Anliegen. Gleichwohl wurde dann durch die Fortsetzung mit Ps 149 und dem Übergangsvers Ps 148,14 dieser umfassende Lobaufruf an alle Welt wieder auf Israel beschränkt und dessen besondere Rolle im Weltgeschehen und in Blick auf die Lobpreisung Jhwhs erneut betont, indem der Lobpreis explizit den Frommen des Volkes zugeschrieben wird. Ps 148 ist vollkommen durch das Verb הלל („loben") bestimmt und erscheint so geradezu als ausführliche Ausführung des Halleluja-(Auf-)Rufs, wie er in Ps 147,1 gefordert wird. Der Verfasser interpretiert Ps 148 als einen solchen schönen und angenehmen Lobgesang für Jhwh: alle seine Schöpfung singt ihm das Lob. Aufgrund der Vorlage von Ps 147 und der Dominanz von הלל im Psalmkorpus gehört die Halleluja-Rahmung in Ps 148 sehr wahrscheinlich zum Ursprungspsalm.

Nach Ps 148 mit seiner weiten universalen Perspektive liest sich *Ps 149* wie ein Gegenentwurf, wenn nun wiederum betont wird, dass das Lob Jhwhs in der Versammlung der Frommen erklingt (Ps 149,1). Die Völker und Herrscher sind nicht mehr Bestandteil der großen, weltweiten Lobgemeinschaft, sondern werden kraft des Lobgesanges und der damit gestifteten Gemeinschaft zwischen Lobge-

---

27 Vgl. die Ausführungen zu Ps 148 in Kap. II.4, bes. Anm. 221.
28 Vgl. dazu vor allem den Nachtrag Ps 148,6, der eine Angleichung an den Kontext, insbesondere in Blick auf Ps 147 darstellt und so das worttheologische Element in Ps 148 noch verstärkt, vgl. dazu die Ausführungen zu Ps 148,6 in Kap. II.4.4.2.

benden und Lobempfänger gezüchtigt und entmachtet (Ps 149,6 – 9). Um diesen harten Übergang von Ps 148 zu 149 zu entschärfen wurde V. 14 als Übergang in Ps 148 eingefügt, der zugleich eine große Nähe zu Ps 149 aufweist.

Auch strukturell und formal stellt sich Ps 149 ganz anders als Ps 148 dar und weist in seiner Form eher Ähnlichkeiten mit Ps 145 – 147 auf. So findet sich eine ähnlich große Vielfalt an Loblexemen wie in Ps 149 auch in Ps 145 und 147. Während Ps 148 mit nur einem Loblexem auskommt (הלל), dafür aber eine unzählige Anzahl von Lobenden aufführt, so variiert Ps 149 wiederum die Umschreibung des Lobvollzugs selbst, konzentriert sich aber zugleich auf eine sehr enggefasste Gruppe, wenn die Frommen Israels zum Lobpreis aufgerufen werden. Aufgrund der Nähe von Ps 145 – 147.149 könnte darum auch überlegt werden, ob Ps 148 diesen möglicherweise ursprünglichen Zusammenhang aufgebrochen hat. Im Folgenden wird sich aber zeigen, dass sich Ps 149 in besonderer Weise als Psalm erweist, der in Abhängigkeit von den ihm vorangehenden Psalmen verfasst ist – auch und gerade in Abhängigkeit von Ps 148. Dies ist beispielsweise an den beiden Titeln „Schöpfer Israels" und „König vom Zion" zu erkennen. Ps 149 nimmt die beiden Themen Königtum und Schöpfung aus den anderen Hallel-Psalmen auf und fasst sie in den beiden Bezeichnungen für Jhwh zusammen.[29] Zugleich setzt Ps 149 eigene Akzente gegenüber Ps 145 und den anderen Psalmen, indem die Beziehung Gottes zu Israel / Zion durch die Suffixe betont wird, was zuvor noch nicht in dieser Form geschehen ist. Ps 149 führt so die vorangehenden Psalmen, insbesondere Ps 148, weiter, indem Ps 149,2 die Nähe des universalen Königs und Schöpfergottes betont: Denn explizit an Israel erweist er sich als König und Schöpfer (vgl. die Suffixe). Wie schon für Ps 148, so lässt sich für Ps 149 und aufgrund dessen Verbindung von König und Schöpfer eine noch stärkere Rezeption der Jhwh-Königs-Psalmen aufzeigen.[30] Zudem stehen beide Psalmen, Ps 148 und 149, in enger Beziehung durch den gemeinsamen Bezug auf Ps 2, zu dem sich Ps 149 wie eine national ausgerichtete *relecture* verhält, die aber nun ohne irdischen König auskommt und allein Jhwh als König bekennt. Gegenüber Ps 148 sind die Jesaja-Bezüge in Ps 149 wieder intensiver, ähnlich wie schon bei Ps 146 und 147. Und wie alle anderen Psalmen steht auch Ps 149 in großer Nähe zu Ps 33 wie schon die Eröffnung „Singt dem Herrn ein neues Lied" (Ps 149,1) deutlich macht.[31]

In Ps 149 wird zudem das Lexem ישע aufgegriffen, das in Ps 146 und 147 die Unzulänglichkeit menschlicher Hilfe beschreibt (vgl. Ps 146,3; 147,10). Ps 149

---

29 Vgl. dazu die Ausführungen zu Ps 149,2 in Kap. II.5.
30 Vgl. die Ausführungen in Kap. II.4 und II.5.
31 Für die Auswertung der Bezüge und weitere Bezugstexte vgl. die Ausführungen in Kap. II.5.

knüpft damit an die Frage nach echter Rettung und rechtem Vertrauen an, lässt aber die Alternative auf Menschen zu vertrauen außen vor und stellt vielmehr die Rettung durch Gott schlicht fest. Rettung und Heil wird in Ps 149 zur Verherrlichung der Lobenden (Ps 149,4). Die Gegenüberstellung von menschlich-militärischer Macht und dem alleinigen Gottvertrauen aus Ps 146 und 147 führt Ps 149 auch in der Hinsicht weiter, dass die Demütigen, die eigentlich Machtlosen, als die wahrhaft Mächtigen verstanden werden – sie sind bemächtigt durch Gott.

Damit ist die Intention von Ps 149 insgesamt angesprochen: Das hymnische Loben erhält in Ps 149 eine Abzweckung, die ihr Ziel nicht nur im reinen Verherrlichen Gottes hat, sondern deren Absicht in der Vernichtung weltlicher Mächte durch göttlich bemächtige Machtlose liegt. Denn allein die Demütigen und Frommen eignen sich zur Verherrlichung Gottes, weil bei ihnen nicht die Gefahr der selbstherrlichen Verherrlichung des Menschen besteht. Das Gotteslob ist Ziel, Inhalt und Mittel, die Herrlichkeit und Macht Gottes zu verbreiten und durchzusetzen. Dazu gehört auch die Vernichtung aller anderen Mächte und Mächtigen. Wenn Ps 149 zum Rachevollzug an den Völkern aufruft, dann weist der Psalm damit über sich selbst hinaus, weil ein Geschehen außerhalb des Lobes angesprochen ist. Gleichwohl ist der Vollzug des Hymnus die Voraussetzung für dieses Geschehen, bei dem die lobenden Frommen in den göttlichen Dienst genommen werden.

Somit treibt Ps 149 die Machtfrage aus den vorangehenden Psalmen im Zusammenhang und in Reflexion des hymnischen Geschehens noch eine entscheidende Stufe weiter: Macht hat allein Gott, und Macht haben die von ihm Bemächtigten, die Frommen. Auch mit dem Begriff der חסידים nimmt Ps 149 die anderen Psalmen des Hallels auf und fügt zugleich eine Steigerung in der Verwendung des Begriffs an: Dreimal kommt der Begriff חסידים vor, je an prägnanter Stelle: am Anfang, in der Mitte und am Ende des Psalms.[32] Neben חסידים finden sich auch die Begriffe „Wohlgefallen" (חפץ / רצה / רצון) und „die Demütigen" (ענוים) bereits mehrfach in den anderen Psalmen, so dass Ps 149,4 darauf zurückgreifen kann.[33]

Ps 149 stellt sich nach den zusammengefassten Beobachtungen in besonderem Maße als Fortschreibung der Psalmen 145.146 – 148 dar und greift deren Themen und Motive auf, nicht ohne aber selbst einen eigenen Schwerpunkt im theologischen Profil zu setzen.[34] Die Wiedereingrenzung auf Israel bzw. auf die

---

32 Vgl. zum Begriff חסידים und dessen Verwendung in Ps 145 – 149 die Ausführungen zu Ps 149,1.

33 Vgl. dazu die Ausführungen zu den entsprechenden Stellen und zu Ps 149,4.

34 Vgl. dazu auch FÜGLISTER, Lied, 94, der Ps 149 als Antwort auf Ps 148 mit der Frage versteht, wie es dazu kommen kann, das Könige und Fürsten der Völker den Gott Israel loben.

Frommen nach dem universalen Horizont in Ps 148 steht hier im Blickpunkt. Dabei wird noch einmal das zentrale Thema des kleinen Hallels verstärkt: Das Lob Gottes soll erklingen. Neu ist dabei die Instrumentalisierung des Hymnus und die damit verbundene Abzweckung. Der Psalm geht in der Reflexion über den Hymnus noch einen Schritt weiter, wenn er über das Lobgeschehen hinausweist und die Beteiligung der Lobenden an der Durchsetzung der göttlichen Herrschaft mittels des Hymnus erwartet. Ps 149 macht auf besondere Weise deutlich: Es geht allein um JHWH und um seine Ehre! Diese Ehre geht dann auf die Lobenden über, die für Ps 149 in erster Linie die Frommen sind. Ps 149 liest sich darum als Weiterführung von Ps 148, zugleich auch als Korrektiv gegenüber den universalen Lobaufforderungen. Wo schon die ganze Schöpfung lobt, wird nun noch einmal den Frommen der Lobpreis zur Aufgabe gemacht (vgl. Ps 148,1–13 vs. Ps 148,14 + 149). Gerade das eigenständige Profil von Ps 149 unterstützt die Überlegung, dass das kleine Hallel eben keine einheitliche Psalmenkomposition darstellt, sondern dass zum einen das Hallel einen Wachstumsprozess hinter sich hat und dass zum anderen vermutlich auch mehrere Hände hier am Werke waren, um den Abschluss des Psalters (immer wieder neu) zu gestalten.

Es wird auch diskutiert, ob Ps 149 in den ursprünglichen Zusammenhang von Ps 148 und 150 nachträglich eingefügt worden sein könnte.[35] Aber dagegen spricht, dass Ps 149 eine große Nähe zu Ps 148 hat, durch Gemeinsamkeiten und durch bewusste Abgrenzung gestaltet ist, während Ps 150 mit Ps 148 bis auf die Gleichgestaltung durch den wiederholten Lobaufruf mit הלל viel weniger gemeinsam hat.[36] Zudem stellt sich die Frage, warum Ps 149 einen so vermeintlich engen Zusammenhang von Ps 148 und 150 nachträglich durchbrechen sollte? Insgesamt legt sich darum eher die Fortschreibung des Endes mit Ps 149 in direkter Folge auf Ps 148 nahe. Ps 149 könnte einen eigenen ursprünglichen Abschluss gebildet haben, besonders V. 9b eignet sich als konkludierender Schlussvers des Psalms und auch einer größeren Gruppe, sogar des Psalters insgesamt. Denkbar wäre aber auch die gemeinsame Anfügung von Ps 149 und 150 als weitere Fortführung der Abschlusstexte am Ende des Psalters, so dass mit Ps 150 eine Nachahmung des ursprünglichen Schlusses mit Ps 148 bzw. eine Wiederaufnahme von Ps 148 vorliegt und Ps 149–150 ein doppeltes Schlusswort bilden.[37] Dazu ist

---

35 Davon gehen z. B. Steck, Abschluss, 161; Kratz, Gnade, 276; Leuenberger, Konzeptionen, 355–359; Ders., Schwert, 641f, aus.

36 Dies muss auch Leuenberger, Konzeptionen, 359, zugestehen. Zu Ps 150 im Folgenden.

37 Vgl. Füglister, Verwendung, 362 (ähnlich auch Ders., Lied, 104), der einen früheren Abschluss mit Ps 147–148 und Ps 149–150 als weitere Fortschreibung annimmt. Dafür könnte auch die Komposition der Psalmenrolle 11Q5 sprechen, vgl. unten Kap. III.2.3.

am Ende der Gesamtbetrachtung des kleinen Hallels schließlich noch Ps 150 zu betrachten.

In der Analyse von *Ps 150* hat sich gezeigt, dass trotz der formal differenten Gestaltung der Psalm in enger Beziehung zu den vorangehenden Psalmen steht. Neben Ps 145 – 149 rezipiert Ps 150 auch Ps 19; 33; 81 und die JHWH-König-Psalmen (bes. Ps 97 und 98), die bereits für die anderen Hallel-Psalmen wichtig waren, so dass sich allein schon über diese Bezugstexte eine Verbindung innerhalb der Psalmen des kleinen Hallels ergibt.

Ein Beispiel für die Aufnahme von Motiven aus den vorangehenden Psalmen ist das Thema der Größe Gottes, das sich auch in Ps 145 und 147 findet. Der abstrakte Ausdruck כרב גדלו („Fülle seiner Größe", Ps 150,2) ist im Horizont des kleinen Hallels auf das Königtum Gottes (Ps 145) und das Handeln JHWHs in Schöpfung und Geschichte (Ps 147) bezogen.[38] So wird durch den Kontext die zusammenfassende und rekapitulierende Funktion der Formulierung כרב גדלו verständlich und inhaltlich konkreter.

Des Weiteren rezipiert Ps 150,1 die Vorstellung der himmlischen Heiligkeit und Herrlichkeit Gottes, die zum Lobpreis auffordert (vgl. Ps 148 sowie Ps 19; 97; Gen 1). Mit Ps 149 verbindet Ps 150 unter anderem die Nennung von Musikinstrumenten (V. 3 – 5), die mit wichtigen Ereignissen aus der Geschichte Israels assoziiert werden (vgl. Ps 149,3 sowie u. a. Ps 33; 47; 81; 98).

Während aber nach Ps 148 der ganze Kosmos und damit auch Tiere und unbelebte Elemente in das Lob Gottes einstimmen sollen, grenzt Ps 150 die weite Perspektive von Ps 148 wieder ein. Zumindest können beispielsweise Sterne und Berge nicht mit dem Kollektiv כל הנשמה („alles, was Atem hat", Ps 150,6) gemeint sein, die Ps 148 durchaus in das Lob mit einschließt. Insgesamt stellt die Formulierung כל הנשמה zugleich Nähe und Abgrenzung gegenüber den anderen Hallelpsalmen dar. Während Ps 149 mit כל-חסידיו („alle seine Frommen", Ps 149,9b) schließt, nimmt Ps 150 gerade diese Wendung nicht auf, sondern grenzt sich von der frömmigkeitstheologischen Bezeichnung ab. Für Ps 150 geht der Lobauftrag über die fromme Gemeinde hinaus.[39] Ps 150 ist geprägt durch offene Formulierungen. Während in den anderen Hallel-Psalmen noch konkrete Gruppen aufgerufen werden, die den Lobpreis ausführen sollen: Israel und Jakob, Zion und Jerusalem, Fromme und Gerechte, so verschwindet in Ps 150 alles Partikulare, es gibt keinen Eigennamen mehr – nur noch den Namen Gottes (aber auch den nur in der besonderen Kurzform JH). Insbesondere der Schlussvers des Psalms öffnet den Horizont weit, wenn nun „alles, was Atem hat" den Lobpreis Gottes ausführen soll.

---

38 Vgl. dazu die Ausführungen zu Ps 150,1 – 2 in Kap. II.6.4.1.
39 Vgl. dazu die Ausführungen zu Ps 150,6 in Kap. II.6.4.3.

Bemerkenswerterweise weist Ps 150 damit aber zugleich auf den Anfang des kleinen Hallels zurück, auf Ps 146,1–2, und stellt dadurch eine Rahmung um das kleine Hallel her. Ps 150,6 könnte darum in Entsprechung zu Ps 146,1–2 so gelesen werden, dass nun alles Leben zum Lobe Gottes wird.[40] Mit diesem weiten Lobbegriff, der keine Kategorien wie Kosmos oder Frömmigkeit mehr bedient, sondern das ganze Leben umfasst, endet der Psalm und der masoretische Psalter.

Ps 150 erweist sich in vielerlei Weise als Zusammenfassung des kleinen Hallels, setzt darum notwendigerweise die vorangehenden Psalmen direkt voraus und ist für diesen Kontext verfasst. Der Psalm blickt zurück auf die Sammlung der Psalmen, indem er einige davon und insbesondere die letzten Psalmen direkt und indirekt zitiert. Zugleich endet er mit dem offenen Aufruf, dass alles, was Atem hat, JHWH loben solle – auch über den Rahmen des Psalms und des Psalters hinaus.[41]

Mit Ps 150 endet der masoretische Psalter. Dabei fällt es aber schwer, Ps 150 oder auch das ganze kleine Hallel als echtes Äquivalent zu den vorangehenden vier Doxologien zu sehen. In Blick auf ihre Abschlussqualitäten und ihre Funktion lassen sich die Psalmen in gewisser Weise mit den Doxologien der ersten vier Psalmenbücher vergleichen. Gleichwohl unterscheiden sie sich aber so evident in Form, Inhalt und Umfang – nachgetragener Vers versus vollständiger Psalm – so dass die Psalmen des kleinen Hallels auf anderer (redaktioneller) Ebene als die Doxologien liegen müssen.[42]

Nach diesem Gang durch Ps 145 und die Psalmen des kleinen Hallels wird folgende Entstehungsgeschichte dieser sechs Psalmen vorgeschlagen: Aufgrund der Individualität jedes einzelnen Psalms in Blick auf Form und Struktur, aufgrund der thematischen Fortführungen, die sich in jedem Psalm beobachten lassen und aufgrund ihrer starken Abschlussqualitäten kann ein gestuftes Wachstum am Ende des Psalters angenommen werden. Nicht nur an vorangehenden Psalmen, insbesondere im 4. und 5. Psalmenbuch,[43] lassen sich frühere Abschlüsse des Psalters erkennen, auch für diese hier untersuchten Psalmen legt sich diese An-

---

40 Vgl. ausführlicher dazu Kap. II.6.4.4.

41 Immer wieder wird auch die Rahmung des Psalters durch Ps 1 und 150 betont. Allerdings ist auffällig, das sich in Ps 145–149 jeweils Bezüge zu Ps 1 feststellen lassen, diese aber gerade in Ps 150 fehlen (vgl. auch MILLARD, Komposition, 236 Anm. 299). Aufgrund der Bezüge der anderen Psalmen zu Ps 1 ist aber dieser Psalm als Eröffnung des Psalters für die Abfassung von Ps 150 bereits vorauszusetzen. Der Verfasser von Ps 150 hatte aber offensichtlich – im Unterschied zu den vorangehenden Psalmen – kein erhöhtes Interesse daran auf Ps 1 zurückzuweisen, wohl aber auf Ps 146,1–2, wie oben erwähnt wurde und in Kap. II.6.4.4 weiter ausgeführt ist.

42 Vgl. zur Beziehung zu den Doxologien vor allem die Ausführungen in Kap. II.1.4.1 sowie auch z. B. KRATZ, Tora, bes. 297 f.

43 Vgl. dazu u. a. KRATZ, Tora, bes. 307 – 309.

nahme nahe. So ist ein ehemaliger Abschluss der Psalmensammlung nach allen Hallelpsalmen sowie nach Ps 145 denkbar. Dabei lässt sich insbesondere eine Fortschreibung von Psalm zu Psalm erkennen, deren Intention in der Fortführung, Verstärkung und Umdeutung gewisser Themen aus dem direkt vorangehenden Psalm liegt. Auch diese Beobachtung spricht neben den anderen, zum großen Teil gemeinsamen Bezugspsalmen für eine ausgeprägte Form von schriftgelehrten Psalmen: Es sind Psalmen, die in Kenntnis und Rezeption anderer Psalmen formuliert sind, und es sind Psalmen, die kaum im Kontext von Liturgie entstanden sind, sondern von vornherein als literarische Texte ihre Funktion ausüben sollten und von da aus dann zur Liturgie wurden.[44]

Auch ist zu bemerken, dass die sechs Psalmen wichtige Schlussverse aufweisen:[45] Jeweils im letzten Vers ist ihr Skopus formuliert, auf diesen läuft der Psalm zu und mit dem Psalm in seiner Funktion als (zwischenzeitlicher) Schlusspsalm dann auch der ganze Psalter. Jeder Psalm steuert damit einen zentralen Aspekt dem Psalterende bei: Das universale Lob für „alles Fleisch" (Ps 145), das ewige Königtum im Rückgriff auf Ps 145 und vor allem im Blick auf den Einzelnen (Ps 146), die Differenz zwischen Gottesvolk und Völkern, gekennzeichnet durch die Toragabe (Ps 147), Lob der Hoheit Gottes über alle Schöpfung (Ps 148,13), den Lobpreis als Ehre für alle Frommen (Ps 149, vgl. Ps 148,14) und schließlich die Lobaufforderung an „alles, was Atem" hat (Ps 150). Es dominiert dabei das Thema Hymnus in unterschiedlicher Ausgestaltung.[46] Zudem werden diese Psalmen zusammengehalten durch den Halleluja-Ruf, der ihnen ihren Rahmen und ihren Namen gegeben hat: es sind Hallel-Psalmen. Damit führen diese sechs Psalmen, einzeln und als Gruppe, das Anliegen den Psalters noch einmal dem Beter und Leser dieser Psalmensammlung vor Augen: Alles, worauf es ankommt, ist das Loben Gottes in seiner Herrlichkeit und aufgrund seiner Herrlichkeit. Mit dem letzten Halleluja-Ruf klingt der Psalter aus und zugleich klingt er weiter und trägt das Lob Gottes durch alle Zeiten und Räume.

Exkurs: Die Halleluja-Rahmung und die Komposition des Psalters

Die prägnante Halleluja-Rahmung wurde in den einzelnen Psalmen-Kapiteln bisher nur gestreift, so dass es sich an dieser Stelle anbietet, auf sie noch einmal gesondert und im Blick auf das kleine Hallel und seine Entstehung und Komposition zu sprechen zu kommen. Das Verb הלל („loben") kommt im kleinen Hallel

---

44 Vgl. für Ps 145 z.B. KRATZ, Sch[e]ma, 634 – 638; so auch MILLARD, Komposition, 34 f; zur Liturgie im jüdischen Gottesdienst insgesamt ELBOGEN, Gottesdienst.
45 Vgl. dazu auch Kap. II.6.4.3.
46 Vgl. zum hymnischen Ende des Psalters auch besonders unten Kap. III.3.

nicht nur gehäuft durch die Halleluja-Rahmung vor, sondern es ist auch in den einzelnen Textkorpora vorherrschend.⁴⁷ הלל gewinnt zum Ende des Psalters hin die „Vormachtstellung" und wird zum alles bestimmenden Lexem.⁴⁸ Darum ist grundsätzlich zu fragen, inwieweit die Halleluja-Rahmung später hinzugekommen ist (bzw. sein kann) oder ob sie nicht stärker zu den Psalmen hinzugehört als gemeinhin angenommen.⁴⁹

Im folgenden Exkurs zur Halleluja-Rahmung ist demnach der Befund zu erheben, in welchen Psalmen eine enge Beziehung zwischen Halleluja-Ruf und Textkorpus besteht und in welchen eher eine lose Verbindung auszumachen ist. Zudem ist die Beziehung der Hallel-Psalmen zu anderen Halleluja-Psalmen nachzufragen. Somit kann dann aufgrund dieser Indizien eine Entstehungsgeschichte zur Halleluja-Rahmung im kleinen Hallel vorgeschlagen werden, die zugleich eng mit der Entstehung des Schlusshallels insgesamt verbunden ist.

In den Ausführungen zu Ps 147 wurde bereits erläutert, dass der Halleluja-Ruf in Ps 147,1 notwendigerweise zum Psalmkorpus dazugehört und dort keine (sekundäre) Rahmung darstellen kann. Der Psalm beginnt mit einem Lobaufruf in Gestalt des Halleluja, worauf eine Begründung folgt, die das Singen für Jʜwʜ als gut und angenehm bestimmt. Es wäre denkbar, dass das Halleluja so mit der ursprünglich als gewöhnlich verstandenen Aufforderung „lobet Jʜ" über Ps 147,1 in die Psalmen des kleinen Hallel hineingekommen ist und Ps 147,1 darum den Ursprungsort des die ganze Gruppe prägenden Halleluja bildet.⁵⁰ Entsprechend könnte die Halleluja-Rahmung in Ps 146 auch erst mit der Ergänzung von Ps 147 hinzugekommen sein. Gleichwohl fügt sich der Halleluja-Ruf gut in Ps 146 ein, da auch in der Lobaufforderung in V. 1–2 das Verb הלל bereits zweimal vorkommt. Eher ist darum mit Ballhorn davon auszugehen, dass Ps 146 „klar erkennbar auf die Hallelujastruktur hin gedichtet" ist.⁵¹ Auch der Austausch von ברך bzw. שיר durch הלל in Ps 146,1–2 als Zitate aus Ps 103,1.2.22 und 104,1.33.35 spricht für eine von vornherein auf הלל ausgerichtete Komposition.⁵²

Auch für Ps 148 ist anzunehmen, dass das Halleluja von Anfang an Bestandteil des Psalms war, denn der ganze Psalm stellt sich als Ausführung des Halleluja-Rufs dar. Gleiches gilt für Ps 150.

47 Vgl. zu הלל insgesamt Kap. II.6.1.
48 Vgl. z. B. auch Ballhorn, Telos, 304.
49 So geht beispielsweise Reindl, Bearbeitungen, 337, von einer durchweg redaktionellen Halleluja-Rahmung aus; ebenso auch Zenger, Komposition, 808f; Ders., Psalmenexegese, 61–64, dazu unten Anm. 63.
50 So auch schon Sedlmeier, Jerusalem, 29.
51 Ballhorn, Telos, 304, vgl. auch Kratz, Tora, 308f.
52 Vgl. die Ausführungen zu Ps 146,1–2 in Kap. II.2.4.1.

Allein für Ps 149 sind geringere Bezüge zwischen Halleluja und Psalmkorpus festzustellen: Neben der Rahmung kommt הלל nur einmal in V. 3 vor. Der als Lobpsalm gestaltete Ps 149 ist vor allem durch den Aufruf „Singt JHWH ein neues Lied" geprägt. Auch wenn für Ps 149 am ehesten eine sekundäre Halleluja-Rahmung denkbar wäre, fügt sich das Halleluja gut ein und ist – wenn die anderen Psalmen von vornherein als Halleluja-Psalmen komponiert sind – letztlich auch mit großer Wahrscheinlichkeit in dem für den Kontext und in Kenntnis der vorangehenden Psalmen verfassten Ps 149 ursprünglich.

Eine ursprüngliche Halleluja-Rahmung wird auch durch die Bezugstexte der Hallel-Psalmen gestützt. Denn wie in den Analysekapiteln gezeigt wurde, stellen insbesondere andere Halleluja-Psalmen wichtige Referenztexte für die Psalmen des kleinen Hallels dar, vor allem Ps 104 – 106 und 135 – 136. So setzt Ps 146 wahrscheinlich die für Ps 104 sicher als sekundär anzunehmende Halleluja-Rahmung bereits voraus.[53] Ähnlich stellt sich der Bezug von Ps 147 zu 135 dar.

Neben der Halleluja-Rahmung einzelner Psalmen setzt das kleine Hallel entsprechend auch die psalterstrukturierende Funktion des Halleluja voraus, wie sie im 4. und 5. Buch des Psalters beobachtet werden kann. Dabei fungiert das Halleluja als Über- und / oder Unterschrift jeweils als Abschluss einer Untereinheit, an deren Anfang ein Todapsalm steht. Somit lässt sich ab Ps 100 eine wiederkehrende Struktur erkennen, die der Abfolge Toda – David[54] – Halleluja entspricht.[55] Der Aufbau des 4. und 5. Psalmbuches lässt sich folgendermaßen veranschaulichen:

90.91 – 92	תפלה למשה	Mose (Ps 90)
93.95 – 99	יהוה מלך	JHWH-Königs-Psalmen
100[56]	מזמור לתודה	Toda[57]
101 – 103[58]	לדוד (מזמור)	David
104 – 106	הללויה / הודו ליהוה	Halleluja / Toda

---

53 Vgl. zu Ps 103/104 Kap. II.2.4.1, bes. Anm. 80.82.
54 Der Mittelteil enthält zum Teil neben Davidpsalmen noch weitere Psalmen.
55 Vgl. zu dieser Aufbaulesung grundlegend WILSON, Editing, sowie in Aufnahme von Wilsons Beobachtungen KRATZ, Tora, 298; DERS., Psalm 145, 234; DERS., Sch°ma, 630 – 632; sowie auch ZENGER, Psalmen, bes. 436.
56 Ps 2 – 100 stellt eine frühere Psalterkomposition dar, vgl. z.B. HOSSFELD, Psalm 94, 657; KRATZ, Sch°ma, 630. Ähnlich SPIECKERMANN, Hymnen im Psalter, 143, der eine frühere hymnische Koda in Ps 90 – 100 als Abschluss der Sammlung Ps 1 – 100* annimmt.
57 Die Todapsalmen bildeten ursprünglich den Abschluss, bevor das Halleluja als neuer Abschluss eingeschoben wurde und so die Todaformel an den Anfang verdrängt hat, vgl. dazu KRATZ, Sch°ma, 632; DERS., Tora, 295 – 298.
58 Ps 102 hat die Überschrift: תפלה לעני („Gebet eines Armen").

107[59]	הודו ליהוה	Toda
108 – 110	לדוד	David
111 – 117	הללו יה	Halleluja (Ägyptisches Hallel)[60]
118	הודו ליהוה	Toda
119	אשר־	Tora (Akrostichon)
120 – 134	שיר המעלות (לדוד)	Wallfahrt (David)[61]
135	הללו יה	Halleluja
136	הודו ליהוה	Toda (+ Refrain: כי לעולם חסדו)[62]
137		Exil → Klage
138 – 145	לדוד	David (Ps 145 Königtum Gottes)
146 – 150	הללו יה	Halleluja (Schlusshallel)

Ist nun davon auszugehen, dass u. a. Ps 104 – 106 als zwischenzeitliche Schluss-komposition des 4. Buches inklusive Halleluja-Rahmung Ps 146 und den anderen Hallel-Psalmen bereits vorgegeben ist, liegt es nahe, dass auch die Psalmen des kleinen Hallels als Halleluja-Psalmen und damit zugleich als (gestufte) Ab-schlusspsalmen komponiert sind. Die Psalmen des kleinen Hallels stellen insofern noch eine Steigerung gegenüber den vorangehenden Halleluja-Gruppen dar, in-dem das Lobelement הלל als prägendes Element auch der Psalmen selbst noch stärker betont wird. Somit werden unter dem הלל-Vorzeichen neue Halleluja-Ab-schlusspsalmen in Aufnahme der vorangehenden geschaffen.[63] Zu überlegen ist außerdem, ob das am Ende des Psalters kumulierte Halleluja eine ähnliche

---

59 Vgl. hierzu KRATZ, Sch^ema, 630: Die Doxologie in Ps 106,48 hat nachträglich die Gruppe Ps 105 – 107 getrennt. Es gibt viele enge Bezüge zwischen Ps 106 und 107, dazu auch ZENGER, Psalm 107, 145 f.

60 Ps 111 + 112 sind Akrosticha und beginnen jeweils mit הללו יה. Ps 113 hat eine Halleluja-Rahmung, in Ps 114 steht kein Halleluja, Ps 115 – 117 haben הללו יה jeweils am Ende.

61 Die Überschriften in Ps 112; 124; 131; 133 sind noch um לדוד ergänzt; vgl. Ps 127 לשלמה.

62 Außerdem stellt Ps 136 einen ehemaligen redaktionellen Abschluss des Psalters dar, vgl. KRATZ, Sch^ema, 631 f. Zur psalterstrukturierenden Funktion von Ps 135 und 136 vgl. auch KLEIN, Geschichte, 307 – 356: „Die eigentliche redaktionelle Funktion von Psalm 135 in Bezug auf seinen Psalterkontext liegt vielmehr in der *Schaffung eines neuen Halleluja-Abschlusses*, der den Toda-Dank von Ps 136 mit dem Halleluja-Lobpreis in 135 überschreibt." (Zitat a.a.O., 349, Hervor-hebung original).

63 Diese Annahme einer sukzessiven Entstehung der Halleluja-Struktur spricht neben anderem gegen die These einer einheitlichen „Halleluja-Redaktion", die für alle Halleluja-Rahmungen verantwortlich sein soll, wie beispielsweise von ZENGER, Psalmen, 447; DERS., Komposition, 808 f; DERS., Psalmenexegese, 61 – 64 (vgl. oben Anm. 5), vertreten wird. Außerdem weist das kleine Hallel auch nicht zu allen Halleluja-Psalmen Bezüge auf (wie aber ZENGER, Komposition, 809, meint), so gibt es zu Ps 112 – 113 und 115 – 117 keine starken Bezüge.

pragmatische Funktion wahrnimmt wie das Amen der Doxologien am Ende der vier ersten Psalmenbücher. Nur stellt das Halleluja keinen Abschluss im Sinne eines Endes dar zu dem das „Ja und Amen" erwartet wird, sondern indem der Halleluja-Ruf zugleich immer auch Aufforderung ist, klingt das Lob weiter und über den Psalter hinaus. Das Halleluja ist somit auf Zukunft aus.[64]

Für den Halleluja-Ruf selbst ist vermutlich kein liturgischer Ursprung anzunehmen, sondern er könnte am Ende des vierten Psalmbuches, wie Klein überzeugend vorschlägt, „als literarisches Gliederungselement aus dem Lobaufruf in 102,19 entstanden" sein.[65] Denn Ps 104 – 106 erscheinen „als Einlösung des Lobaufrufes aus Ps 102,19 durch das in Schöpfung und Geschichte ins Leben gerufene Gottesvolk."[66] So könnte der Impuls zu einer Ausführung der Lobaufforderung sich zunächst in der sekundären Rahmung um Ps 104 – 106 widerspiegeln. Aber auch für Ps 147 ist eine große Nähe zu Ps 102 anzunehmen. Wie bereits mehrfach beschrieben, gehört in Ps 147 der Hallel-Aufruf zu Beginn zum Psalmkorpus hinzu – ähnlich wie in Ps 102,19 trägt der Halleluja-Ruf eine gewöhnliche Satzfunktion. Auch thematisch berühren sich der Kontext von Ps 102,19 und Ps 147 sehr eng: Der Beter von Ps 102 klagt über das zerstörte Jerusalem und hofft zugleich auf die gnädige Zuwendung Gottes zum Zion, die sich in seinem Wiederaufbau zeigen wird.[67] Im Anschluss an die Neuschaffung des Zions gilt dem dort versammelten Volk der Lobpreis als Verheißung: „und das Volk, das er schafft (ועם נברא), wird Jhwh loben (יהלל־יה)" (Ps 102,19b). Ps 147 löst damit (wie bereits Ps 104 – 106 in direkter Folge von Ps 102) den Lobaufruf ein, und mehr noch: Der Psalm greift auch inhaltlich Ps 102 auf und thematisiert die Restauration Zion/Jerusalems. Für Ps 147 ist dabei die Hoffnung von Ps 102 schon erfüllt. Dann kann Ps 147 dezidiert als das Loblied des „neugeschaffenen Volkes"[68] betrachtet werden, das das Gotteslob, das Halleluja, anstimmt.[69]

---

64 Vgl. dazu insgesamt BALLHORN, Telos, 358. Vgl. zum offenen Ende des Psalters auch besonders die Ausführungen zu Ps 150 in Kap. II.6 sowie oben.

65 KLEIN, Geschichte, 303 mit Verweis auf LEUENBERGER, Konzeptionen, 207. Ps 102,19 ist auf der literarischen Endtextebene der erste Beleg für die Kombination הלל mit der Kurzform יה als nichtgeprägte Form (vgl. außerdem nur noch Ps 115,17). Aufgrund der Einbettung in den Satzkontext ist von einem Ursprung des Halleluja-Rufs auf inhaltlicher Ebene und in literarischer Form auszugehen. Vgl. auch BALLHORN, Pragmatik, 246: „Das Halleluja wird zu einem literarischen Phänomen."

66 KLEIN, Geschichte, 303.

67 Vgl. zu Ps 102 insgesamt KLEIN, Geschichte, 272 – 276.

68 Insbesondere in dem Terminus נברא עם spiegelt sich die Verbindung von Schöpfung und Geschichte wider wie sie Ps 147 prägt.

69 Vgl. zum Ganzen auch die Ausführungen zu Ps 147,2.6 in Kap. II.3.4.1.

Für die Halleluja-Rahmung der Psalmen des Schlusshallels ist demnach festzustellen, dass mindestens für Ps 147 ein ursprünglicher Hallelujabeginn anzunehmen ist. Außerdem sind die Psalmen 146.148.150 so stark durch das הללו geprägt, dass hier ebenso ein ursprünglicher Halleluja-Rahmen wahrscheinlich ist. Nichtsdestotrotz können, auch wenn in der Endgestalt alle fünf Psalmen durch die Rahmung ein wichtiges gemeinsames Element aufweisen, die Psalmen nacheinander jeweils als Halleluja-Abschlusstexte in Analogie zu den vorangehenden Halleluja-Schlüssen im 4. und 5. Buch an den Psalter angewachsen sein.

Ein anderer Befund stellt sich für die Septuaginta dar: Dort erscheint das Halleluja nicht mehr als Teil des Psalmenkorpus, sondern wird als Gattungskennzeichnung und Psalmenüberschrift verstanden und damit einhergehend als Psalmenunterschrift getilgt. Außerdem ergänzt LXX die Überschrift durch Αγγαιου καὶ Ζαχαριου zwischen Halleluja und Psalmtext und verstärkt so die Wahrnehmung des Hallelujas als Überschrift (vgl. Ps 145 – 148 LXX).[70] Allein in Ps 150 bliebt das Halleluja am Ende stehen und bildet einen „offenen Schluß".[71] Umgekehrt geht die Psalmenrolle 11Q5 vor, wie im Vorgriff auf die unten folgende Analyse festzustellen ist: Denn für 11Q5 ergibt sich der Eindruck einer Vermeidung eines Hallelujas am Anfang.

Bei dem Blick auf 11Q5 und LXX fällt der im Gegensatz zu MT andere Umgang mit der Halleluja-Rahmung auf: Während der Psalmentext als solcher zumeist bewahrt bleibt (vgl. aber die unten aufgeführten Abweichungen in 11Q5), bestehen bei der Halleluja-Rahmung größere Freiheiten, sei es durch Ergänzungen mit weiteren Überschriftelementen (LXX) oder durch Auslassungen am Ende (LXX) oder Anfang (11Q5). Die Halleluja-Rahmung wird demnach durchgehend als sekundäres Element wahrgenommen. Somit handelt es sich bei MT, LXX und 11Q5 um drei verschiedene Kompositionen oder auch Interpretationen[72] des protomasoretischen Schlusshallels, deren Individualität unter anderem an der Neugestaltung der Halleluja-Rahmung festzumachen ist.[73]

---

70 Vgl. dazu ausführlicher z. B. BALLHORN, Telos, 300 – 302; ZENGER, Komposition, 809.
71 Vgl. dazu auch BALLHORN, Telos, 300 f.
72 Vgl. dazu im Folgenden vor allem die Beschreibung von 11Q5.
73 Ähnlich auch BALLHORN, Telos, 303.

2. Die Psalmen 145 und 146–150 in Qumran

2.1 Psalmen in Qumran

Seit der Entdeckung der Qumrantexte hat sich für die Arbeit an den alttestamentlichen Texten und so auch für die Psalmenforschung ein neues Feld eröffnet. Die Psalmen sind in Qumran die beliebtesten Texte gewesen, zumindest stellen sie diejenige Textgruppe dar, die am meisten abgeschrieben und zitiert wurde. Die Psalmenüberlieferung in Qumran ergibt so auch für die alttestamentliche Psalmenforschung neue Erkenntnisse über Entstehung und Kanonisierung des masoretischen Psalters insgesamt sowie über die Überlieferung, Rezeption und Transformierung von Einzelpsalmen.[74] Dies gilt auch für die Psalmen des kleinen Hallels.

Insgesamt wurden in Qumran ca. 40 Handschriften gefunden, die Psalmentexte bezeugen.[75] Darunter findet sich eine sehr gut erhaltene Psalmenrolle (11Q5 oder 11QPs^a). Bei einigen anderen Handschriften sind noch Kompositionen aus mehreren Psalmen zu erkennen (15–25 Kolumnen, vgl. 4Q83–87), die allermeisten sind aber nur sehr fragmentarisch erhalten, so dass nur ein Psalm oder ganz wenige (Teil-)Stücke noch zu lesen sind. Paläographisch wird die älteste Psalmenhandschrift in die Mitte des 2. Jh. v. Chr. datiert, die jüngsten in die Zeit zwischen 50 und 68 n. Chr. Die Psalmenrolle 11Q5 ist etwa 30–50 n. Chr. entstanden.[76] Wichtig ist folgende Beobachtung: „Auch wenn sehr viele aus dem masoretischen Text und der Septuaginta bekannte Psalmen in den Psalmenhandschriften aus der Wüste Juda belegt sind, gibt es weder eine Handschrift, die den gesamten überlieferten Psalter bezeugt noch eine, die eins der fünf Psalmenbücher vollständig erhält."[77] Das heißt, auch wenn viele Psalmen als Texte recht gut bezeugt sind, so fehlt gleichzeitig die masoretische Psalmensammlung als Komposition in Qumran, sei es, dass sie noch nicht konzipiert war, sei es, dass sie unbekannt war oder mit Absicht nicht rezipiert wurde. In jedem Fall ist dieser Befund auch interessant für die Psalmen des kleinen Hallels, die ebenfalls als Einzeltexte bezeugt sind, aber nicht als Komposition aus fünf Psalmen.

---

74 Vgl. zur neueren Psalmenforschung in Qumran u. a. FLINT, Psalms Scrolls; FABRY, Psalter; DAHMEN, Rezeption; DERS., Psalter-Versionen; DERS., Psalmentext; LEUENBERGER, Aufbau; JAIN, Psalmen. Vgl. zur Bedeutung der Qumran-Texte für das Alte Testament insgesamt KRATZ, Testament.

75 Vgl. JAIN, Psalmen, 3–12.

76 Vgl. dazu insgesamt JAIN, Psalmen, 7.159; sowie auch FABRY, Psalter, 143.

77 JAIN, Psalmen, 8.

Eva Jain hat kürzlich eine ausführliche Untersuchung der Psalmenüberlieferung aus Qumran vorgelegt.[78] Auf ihre Analyse der Textüberlieferung stützt sich
die folgende Darstellung und Interpretation der Belege für das kleine Hallel in
Qumran. Im Mittelpunkt steht dabei die umfangreiche Psalmenrolle 11Q5, die auch
alle sechs hier behandelten Psalmen beinhaltet.[79] Diese Psalmenrolle weist gegenüber der späteren masoretischen Psalmensammlung, die in ihrer kanonisch
gewordenen Reihenfolge bereits in vorqumranischer Zeit festlag, zum Teil er-
hebliche Abweichungen sowohl in der Überlieferung der Einzelpsalmen als auch
vor allem in der Anordnung der Psalmen auf. Es setzt sich heute immer mehr die
Annahme durch, dass die Qumranversion der Psalmen (11Q5) gegenüber der
masoretischen Textgestalt durchgehend sekundär und von dieser abhängig ist.[80]

Für 11Q5 ist ein Bestand von 34 Kolumnen erhalten,[81] die insgesamt 49
Kompositionen bieten: 40 Psalmen aus dem späteren masoretischen Psalter bzw.
der Septuaginta (Ps 151 ist dabei geteilt) und acht apokryphe Dichtungen. Aus dem
masoretischen Psalter sind nur Psalmen aus dem 4. und 5. Psalmbuch bezeugt und
zwar Ps 93; 101–105; 109; 118–150 sowie Ps 151 der LXX. Dazu kommen die
apokryphen Texte, die in den Psalmenbestand eingefügt sind: Ps 154+155; Sir 51;
2Sam 23 als bereits bekannte Texte sowie die bisher unbekannten Texte Plea for
Deliverance, Apostrophe to Zion, Hymn to the Creator und Davids Compositions.[82]
Besonders auffällig ist, dass die aus dem masoretischen Psalter bekannte Abfolge
der Psalmen durch Umstellung bzw. durch die Kombination mit den apokryphen
Stücken abgeändert wurde.[83] Nur die Gruppe der Wallfahrtspsalmen ist größtenteils erhalten geblieben.[84] Das bedeutet dann, dass auch die Psalmen des
kleinen Hallels nicht als Gruppe erscheinen, sondern als Einzeltexte über die

---

78 Die Arbeit von Eva Jain ist unter dem Titel erschienen: „Psalmen oder Psalter? Materielle
Rekonstruktion und inhaltliche Untersuchung der Psalmenhandschriften aus der Wüste Juda"
(2014).

79 Die Belege der Hallel-Psalmen in den anderen Handschriften sind für die hier vorgelegte
Untersuchung wenig relevant.

80 Vgl. z. B. DAHMEN, Psalmentext, 121 f; DERS., Rezeption, 267.313.315 et passim; LEUEN-
BERGER, Konzeptionen, 10–16; DERS., Aufbau, 170; KRATZ, Psalm 145, 236.

81 Die Platzierung der Fragmente A–C.D ist nicht sicher, Fragment E kann direkt vor die Rolle
gesetzt werden, Fragment F ist nicht eindeutig zu identifizieren. Zur materiellen Beschreibung der
Handschrift vgl. JAIN, Psalmen, bes. 161–168.174–177.

82 Einige der apokryphen Stücke weisen auch besondere Beziehungen zu den Psalmen des
kleinen Hallels auf, vgl. dazu die entsprechenden Stellen in Kap. II.1–6.

83 Übrigens finden sich in dem erhaltenen Material auch keine Psalmen doppelt überliefert, was
prinzipiell ja denkbar gewesen wäre.

84 Vgl. zum Aufbau von 11Q5 unten die Übersicht.

Psalmensammlung verteilt sind.[85] Diese Tatsache macht 11Q5 besonders interessant für die Untersuchung des kleinen Hallels. Denn wie unten zu zeigen sein wird, stehen die Psalmen 145 – 150 nicht nur einzeln und in neuer Kombination mit anderen Psalmen, sondern zudem auch noch an markanten Stellen in der Psalmenrolle. Bevor aber auf die Gesamtstruktur der Psalmenrolle und die Funktion der Hallel-Psalmen eingegangen wird, sind zuvor der Textbestand und etwaige Textänderungen der Psalmen 145.146 – 150 darzustellen. Darum folgt nun zuerst die Erhebung von Text und Ort der Psalmen (Kap. III.2.2) und dann eine Gesamtinterpretation der Komposition von 11Q5 (Kap. III.2.3).

2.2 Text und Ort von Psalm 145 – 150 in der Psalmenrolle 11Q5

Im Folgenden sind Text und Ort für Ps 145 und 146 – 150 in der Psalmenrolle 11Q5 darzustellen. Markante Befunde der Qumran-Version wurden bereits an den entsprechenden Stellen in den Einzelanalysen der Psalmen besprochen und werden hier im Zusammenhang der Analyse der Psalmen in 11Q5 noch einmal genannt und nur soweit notwendig ausgeführt.[86] Zudem wird der Kontext benannt, in den der meist nur unvollständig erhaltene Psalm in 11Q5 gestellt ist.[87] Um der Komposition von 11Q5 gerecht zu werden, werden die Psalmen in der dort vorzufindenden Reihenfolge behandelt. Auf die Einzelbetrachtung folgt dann im nächsten Kapitel eine Interpretation des Befundes der Position der Hallel-Psalmen sowie eine Strukturanalyse von 11Q5 insgesamt (Kap. III.2.3).

Psalm 147 in 11Q5

Als erster der sechs hier untersuchten Psalmen kommt Ps 147 in der Komposition von 11Q5 vor. Von dem Psalm, den das Fragment E II – III bezeugt und das vor das zusammenhängende Rollenkorpus einzuordnen ist,[88] sind nur wenige Wörter vom

---

85 Für BALLHORN, Telos, 302, sind „die Psalmen des Schlußhallel darin geradezu bunt über die Rolle verstreut".

86 Insgesamt sei für die folgenden Ausführungen auf die textkritischen Anmerkungen zu den Übersetzungen der Psalmen verwiesen.

87 Für das Folgende sei vor allem auf die grundlegenden Untersuchungen, Rekonstruktion und Darstellung der Psalmenhandschriften von DAHMEN, Rezeption, und JAIN, Psalmen, verwiesen sowie auf die Textedition von Sanders in DJD IV (SANDERS, Psalms Scroll). Die Kolumnenzählung folgt Sanders (DJD VI), vgl. auch JAIN, Psalmen, 161 Anm. 368. DAHMEN, Rezeption, folgt einer abweichenden Kolumnenzählung, die auf seiner eigenen Textrekonstruktion aufbaut.

88 Vgl. JAIN, Psalmen, 161; DAHMEN, Rezeption, 69 f.117 – 120. DAHMEN, Rezeption, 119, ordnet auch noch Fragment F in den Kontext von Ps 147 ein, allerdings ist nach JAIN, Psalmen, 161

Anfang und vom Ende erhalten. Ps 147 ist von seinem Ort zwischen Ps 146 und 148 in MT herausgelöst und in einen neuen Zusammenhang gestellt, so dass der Psalm nun gerahmt durch Ps 104 und Ps 105 vor Ps 146 und 148 zu stehen kommt.

Der von Ps 147 erhaltene Textbestand ist sehr gering und umfasst etwa 10 Wörter für die Verse 1–2 und 18–20. Möglicherweise hat 11Q5 das Halleluja zu Beginn des Psalms getilgt,[89] es ist in jedem Fall nicht erhalten geblieben. Daneben ist nur noch eine kleine Variante für V. 20 von Interesse, wo 11Q5 הודיעם statt ידעום wie MT liest und damit JHWH als Subjekt von V. 20 versteht. Diese Lesart ist aber vermutlich eine Harmonisierung mit V. 20a und ist darum nicht zu hoch zu bewerten.[90]

Psalm 146 und 148 in 11Q5

Von Ps 146 ist nur das Ende überliefert (Kol. 2,1–5), dafür aber mit einer Ergänzung, die zwischen V. 9 und 10 eingefügt wurde.[91] Ps 146 ist in einer Gruppe von Psalmen verortet, die die Abfolge Ps 118–104–147–105–146–148 aufweist.

יתום ואלמנה יעודד ודרך [	ייראו[
מיהוה כול הארץ ממנ[ו יגורו כול יושבי תבל]	
בהודעו לכול מעשיו ברא [	
גבורותיו ימלוך יהוה [	
הללויה	ודור

Waise und Witwe richtet er wieder auf, aber den Weg [der Gottloser krümmt er. Es
JHWH alle Welt, vor [ihm scheuen sich alle Bewohner des Erdkreises].   fürchte]
In seinem Kundtun allen seinen Werken hat er geschaffen [...]
seine Machttaten. König sei JHWH [bis in Ewigkeit, dein Gott, (o) Zion, von Generation]
zu Generation.   Halleluja!

Die Erweiterung lässt sich im ersten Teil (Z. 2) mit Ps 33,8 rekonstruieren, für den zweiten Teil (Z. 3) ist möglicherweise an eine Formulierung zu denken, die sich an Ps 145,9/10.12 anlehnt.[92] Die Eintragung würde so die Intention des Psalms un-

---

Anm. 366, der Text von Fragment F nicht eindeutig zu identifizieren und bleibt in diesem Kontext darum unbeachtet.

89 Vgl. DAHMEN, Rezeption. 118 f, sowie unten zu Ps 150.

90 Dem Verfasser von Ps 147 (MT) scheint die Unterscheidung von Gottesgesetz und überhaupt keinem Gesetz wichtig gewesen zu sein, darum fehlt in V. 20 das Suffix. Der Subjektwechsel in V. 20b zwar ist auffällig, aber beizubehalten. Darum gebührt MT der Vorrang in textkritischer Hinsicht. Vgl. dazu auch in Kap. II.3 Anm. 42 sowie DAHMEN, Rezeption, 120, der aber in dieser Variante (wie auch an anderen Stellen) eine stark qumran-spezifische Tendenz ausmacht.

91 Vgl. dazu auch die Ausführungen in Kap. II.2 Anm. 37.

92 Vgl. SANDERS, Psalms Scroll, 23; DAHMEN, Rezeption, 127 f.

terstreichen, indem sie am Ende des Psalms noch einmal bekräftigt, was in V. 5–6a als Gegenstück zu V. 3–4 postuliert und dann in V. 6b–9 hymnisch ausgeführt wurde, nämlich dass allein JHWH die Furcht von aller Welt gebührt. Im Anschluss wird dann die Gottesfurcht vermutlich schöpfungstheologisch begründet, was ebenfalls einen Rückbezug auf V. 3–4 bedeuten würde, wo bereits Gen 1 im Hintergrund steht. Der Abgrenzung von menschlichen Herrschern ist die Hinwendung zum Schöpfer als Gottesfurcht gegenübergestellt (vgl. auch Ps 146,6a). Somit fügt sich die Erweiterung gut in das Aussagegefüge von Ps 146 ein und ergänzt aber die göttliche Erkenntnis (בהודעו), die im masoretischen Psalter dann in Ps 147,5 (תבונה) thematisiert wird.[93]

Zugleich unterstützt die Ergänzung in der qumranischen Version von Ps 146 die Beobachtung, die auch dieser Untersuchung zugrunde liegt: Die Psalmen des kleinen Hallels sind in hohem Maße Rezeptionspsalmen, die andere Psalmen benutzen, um eine eigene theologische Aussage zu formulieren. Für Ps 146 lässt sich ein intensiver Bezug auf Ps 33 und 145 feststellen, der offenbar auch für die Ergänzung fruchtbar gemacht wurde. Darüberhinaus weist die anzunehmende, verstärkte schöpfungstheologische Perspektive in Z. 3 auf den auf Ps 146 folgenden Psalm hin, auf Ps 148. Des Weiteren ist auffällig, dass Ps 118 ganz in der Nähe von Ps 146 steht – am erhaltenen Anfang der mit Ps 146 / 148 beschlossenen Teilgruppe –, der ebenfalls ein wichtiger Referenztext für Ps 146 ist.[94]

Von Ps 148 sind die Verse 1–12 in Teilen erhalten (Kol. 2,6–16), die direkt auf Ps 146,9.X.10 folgen. Insgesamt sind bis auf das fehlende Halleluja am Anfang (Z. 6)[95] keine großen Textveränderung oder Ergänzungen festzustellen, so dass an dieser Stelle auf die Anmerkungen zum Text in Kap. II.4 verwiesen werden kann. Zu bemerken ist aber die Position von Ps 148 im direkten Anschluss an Ps 146, deren Verbindung durch den schöpfungstheologischen Aspekt in der Ergänzung von Ps 146 noch verstärkt wurde.[96]

Psalm 145 in 11Q5

Ps 145 nimmt eine Sonderstellung in der Psalmenrolle 11Q5 insgesamt und auch im Überlieferungsvergleich von 11Q5 und MT ein. Für Ps 145 sind die Verse 1–7 und 13–21 in Kol. 16–17 belegt und weisen viele zum Teil gravierende Unterschiede

---

93 Außerdem findet sich die Thematik der göttlichen Erkenntnis in Ps 154,5–7 (11Q5 XVIII, 3–5) und in „Hymn to the Creator" (11Q5 XXVI, 13–14), vgl. die Ausführungen zu Ps 147,5.
94 Vgl. dazu die Ausführungen zu Ps 146,4–5 in Kap. II.2.
95 Vgl. zum fehlenden Halleluja als wiederkehrendes Phänomen in 11Q5 unten die Ausführungen zu Ps 150.
96 So auch LEUENBERGER, Aufbau, 183 mit Anm. 84; 201.

gegenüber der masoretischen Fassung von Ps 145 auf, wovon die wichtigsten im Folgenden vorgestellt werden.[97]

Der Psalm wurde in 11Q5 aus dem Zusammenhang der Davidpsalmen 138 – 145 herausgelöst und folgt hier auf Ps 136 (+ Catena). Mit dieser Umstellung hängt vermutlich auch die auffälligste Veränderung von Ps 145 zusammen: So wie in Ps 136 (MT) nach jedem Vers die Wendung כי לעולם חסדו („denn ewig ist seine Gnade") steht, so ist Ps 145 (11Q5) nach jedem Vers um ברוך יהוה וברוך שמו לעולם ועד („Gepriesen sei JHWH und gepriesen sei sein Name immer und ewig.") als eine Art Refrain erweitert. Dadurch wurde Ps 145 in seiner qumranischen Version strukturell an Ps 136 angeglichen und bildet nun mit ihm einen „Zwillingspsalm".[98]

Durch die aus Teilstücken des Psalms zusammengestellte Lobformel[99] zwischen den Versen erhält Ps 145 eine litaneiartige Form bzw. fungiert als Wechselgesang. Der Refrain, der in einem gewissen Kontrast zum Psalmentext steht, da er von JHWH in dritter Person spricht und keine direkte Gottesanrede erhält, durchbricht die akrostichische Form. Auch wenn der Refrain dadurch als Fremdkörper im Psalm erscheint, führt er unmittelbar aus, wozu der Psalm auffordert: Schon innerhalb des Psalms selbst wird das Lob Gottes ausgesprochen und direkt vollzogen.[100] Dieser „liturgische Anstrich", den der Psalm durch diese Transformation erhält, ist nicht zu übersehen.[101] In der Zusammenstellung von Ps 136 und 145 wirkt es so, dass Ps 136 zunächst Inhalt und Grund des Lobens angibt. Es ist Aufforderung, Begründung und Hinführung zum Lob des einen gnädigen Gottes, so dass Ps 145 dann den direkten Lob*vollzug* darstellt.

Der liturgische Charakter wird durch eine weitere Änderung in der Qumran-Version verstärkt: Anstelle der Überschrift תהלה לדוד („ein Lobgesang Davids") in der masoretischen Version setzt 11Q5 in V. 1 die kultisch konnotierte Gattungsangabe תפלה לדויד („ein Gebet Davids")[102] und zerstört damit auch die Inklusion

---

97 Vgl. zum Folgenden auch die textkritischen Anmerkungen in Kap. II.1.2.

98 Vgl. DAHMEN, Psalmentext, 118; DERS., Rezeption, 196.

99 Vor allem die Rahmenstücke des Psalms werden Pate gestanden haben. Außerdem fällt die Nähe zu den Doxologien der Psalmen auf, vgl. DAHMEN, Rezeption, 196. Zu Ps 145 und den Doxologien vgl. die Ausführungen zu Ps 145,1 – 2 in Kap. II.1.

100 Der Refrain erreicht (zum Teil in leicht abgewandelter Form) im späteren Judentum eine enorme Wirkungsgeschichte, wie etwa die Formeln, die bei Textlesungen und bei Gebeten gesprochen werden, zeigen, vgl. z. B. zur ähnlichen Eulogie im Kaddisch, ELBOGEN, Gottesdienst, 93; KRATZ, Psalm 145, 229, sowie auch DERS., Sch°ma, bes. 634 – 638. Rezeptionsgeschichtlich wichtig ist auch die Verbindung mit dem Vaterunser, vgl. dazu insgesamt KRATZ, Gnade.

101 Vgl. KRATZ, Sch°ma, 633; DERS., Psalm 145, 236.

102 Vgl. auch JAIN, Psalmen, 270 Anm. 221; DAHMEN, Rezeption, 196 f. Das zusätzliche Tetragramm in V. 1 beruht auf einem Schreibfehler und ist in der Handschrift mit Tilgungspunkten versehen, so Dahmen (a.a.O., 197).

von V. 1 mit 21. Dadurch erscheint Ps 145 stärker als Gebet, und zwar als Gebet im praktizierten, liturgischen Sinne.

In den Versen 2–6 finden sich kleinere Unterschiede, die entweder auf Schreibfehler (V. 2–3)[103] oder auf eine stilistische Durchgestaltung (V. 4–6) zurückzuführen sind. Besonders V. 5 ist dabei aber bemerkenswert:

אשיחה	נפלאותיך	ודברי	הדר כבוד הודך	MT
ונפלאותיכה אשיח		ידברו	הדר כבוד הודכה	11Q5

Während mit MT V. 5 als ein Satz zu lesen ist, bietet 11Q5 zwei Sätze, die dem Psalmkontext besser entsprechen: So führt V. 5a syntaktisch V. 4 weiter, in V. 5b spricht der Beter wieder von sich (par. zu V. 6). Ein Schreibfehler, bei dem י und ו vertauscht wurde, wäre darum hier wahrscheinlich. Insgesamt hat die qumranische Version von V. 5 etwas mehr Wahrscheinlichkeit für sich und wird darum auch als ursprüngliche Lesart angenommen.[104]

Nach V. 13 bietet 11Q5 die in MT fehlende נ-Zeile: נאמן אלוהים בדבריו וחסיד בכול מעשיו ("Treu ist Gott in seinen Worten. Und gütig in allen seinen Werken."). Die Entscheidung, ob diese Zeile originär in den Psalm gehörte oder nicht, ist kaum endgültig zu treffen. Wie in den Ausführungen zu Ps 145 (vgl. Kap. II.1.3.1) diskutiert wurde, spricht aber wohl etwas mehr für ein unvollständiges Akrostichon, wie es MT überliefert. Auch im Sinne der *lectio difficilior* ist das Fehlen der Zeile in der ursprünglichen Fassung wahrscheinlicher. Es wäre möglich, dass zunächst die נ-Zeile hinzugefügt worden ist – diese ergänzte Version lag dann auch der griechischen Übersetzung zugrunde –, bevor dann die strenge akrostichische Form des Psalms durch den Refrain aufgespalten wurde. Die umgekehrte Abfolge ist wenig wahrscheinlich.

In V. 18 liegt vermutlich ein Schreibfehler vor, der auf eine Verwechslung mit dem Refrain (קרוב / ברוך) zurückzuführen ist (*aberratio oculi*):

יקראהו באמת	לכל־קראיו לכל אשר	יהוה	קרוב	MT
ובריך שמו לעולם ועד יקראוהו באמונה		יהוה	קרוב	11Q5

---

103 Für V. 2 ist sehr wahrscheinlich ein Schreibfehler anzunehmen, da der Text so inhaltlich und syntaktisch keinen Sinn ergibt, vgl. DAHMEN, Rezeption, 197. In V. 3 liegt für DAHMEN, Rezeption, 197, eine Tilgung des ו und damit eine bewusste, sekundäre Änderung in 11Q5 vor, die die Versteile a und b stärker voneinander trennt. Möglich wäre aber auch einfach ein Schreibfehler, der keine weiteren Intentionen erkennen lässt. Darum sollte das ו nicht zu wichtig genommen werden – auch, weil 11Q5 die poetischere Form bietet. Es könnte darum auch gut eine sekundäre Änderung im MT vorliegen, mit dem Ziel einer klareren Formulierung.
104 Vgl. Kap. II.1 Anm. 20.

Die Verwendung von באמונה anstelle von באמת könnte auf eine Harmonisierung mit V. 13ⁿ zurückzuführen sein.[105]

In V. 20 liest 11Q5 את כל יראיו („alle, die ihn fürchten", vgl. V. 19) statt את־כל־אהביו („alle, die ihn lieben"). Möglicherweise kann die Veränderung als kultisch motiviert gelten: Derjenige, der Jhwh fürchtet, ist kultfähig. In Qumran ist der Gedanke „Gott zu lieben" ungebräuchlich und könnte darum hier entsprechend abgeändert worden sein. Alternativ könnte auch eine Harmonisierung mit V. 19 vorliegen.[106] Wichtig ist in jedem Fall, dass durch die Tilgung von אהב die deutliche Anspielung auf das Schᵉma Israel (Dtn 6), die im MT zu erkennen ist, wegfällt.

Schließlich fehlt in der Qumran-Version das Ende (לעולם ועד) von Ps 145,21, wie es im masoretische Text bezeugt ist,[107] und es folgt direkt der Refrain:

–	–	לעולם ועד	שם קדשו	ויברך כל־בשר	MT
ברוך ... לעולם °[עד] זואת לזכרון		–	ויברך כול בשר את שם קודשו		11Q5

Den folgenden Refrain als Grund für das Fehlen der Ewigkeits-Formel anzunehmen überzeugt nicht, da in V. 1–2 trotz Refraineinfügung der masoretische Text inklusive לעולם ועד übernommen wird.[108] Im Anschluss an Ps 145 folgen die Worte זואת לזכרון, die sich aber nicht eindeutig als zu Ps 145 zugehörig oder als Beginn eines neuen Textes deuten lassen. Eventuell ist in Parallele zu Ps 136 auch für Ps 145 eine Art Catena oder Kolophon anzunehmen. Denn es folgt ein Leerraum von 5–6 Zeilen vor dem Beginn von Ps 154, was ebenfalls für ein Anhängsel an Ps 145 sprechen würde.[109] Auch könnte der Zusatz, der qumranischen Ursprungs ist, in den kultischen Kontext eingeordnet werden (vgl. die Variante in V. 1 und den Refrain). „Der mit זואת לזכרון anhebende Text kann sowohl eine Art sammlungsabschließender Kolophon im Kontext einer durch Verschriftung gekennzeichneten Erinnerungskultur sein als auch im unbestreitbaren Gebetskontext der Ps 136 + 145 ein diesen aufgreifender und erläuternder Zusatz."[110] Auffällig ist außerdem, dass in den letzten vier Zeilen, beginnend mit V. 20, der Gottesname jeweils untereinander steht: nach jeweils einem Wort mit vier Buchstaben folgt das Tetragramm. Auch setzt der Refrain nach V. 20 und 21 jeweils am Zeilenanfang ein (Z.

---

105 Vgl. dazu Kap. II.1 Anm. 30.

106 Vgl. dazu FUHS, Art. ר־א; DAHMEN, Rezeption, 200 f; KRATZ, Psalm 145, 235, sowie vor allem Kap. II.1 Anm. 31.

107 Auch die masoretische Textüberlieferung ist am Ende von Ps 145 nicht eindeutig, vgl. BHS sowie SEYBOLD, Psalmen, 533; DAHMEN, Rezeption, 201, sowie Anm. 32 in Kap. II.1.

108 Vgl. DAHMEN, Rezeption, 201 f.

109 Vgl. dazu DAHMEN, Rezeption, 202; JAIN, Psalmen, 165 Anm. 389.

110 DAHMEN, Rezeption, 203.

15.17). In Z. 15 ist die Zeile nicht vollgeschrieben, sondern V. 21 als Abschlussvers beginnt (außer der Reihe) mit einer neuen Zeile (Z. 16)! Vielleicht wurde darum auch לעולם ועד in V. 21 (Z. 16) ausgelassen, damit in Z. 17 der Refrain zu Beginn stehen kann (in Z. 16 hätte לעולם ועד nicht mehr gepasst). Somit wurde V. 21 durchaus als Rahmen- und Schlussvers wahrgenommen, auch wenn die תהלת-Rahmung aufgegeben wurde (vgl. V. 1: תפלה לדויד).

Zusammenfassend lässt sich feststellen, dass Ps 145 in Qumran in einer stark veränderten Version tradiert wird und Charakterzüge erhält, die ihn als Text für die Verwendung im liturgischen Kontext erscheinen lassen.[111] Durch die Varianten in der Qumranversion wird der Gebetscharakter des Psalms stärker betont, was durch die Zusammenstellung mit der Litanei Ps 136 und die Einfügung durch den Refrain noch gesteigert wird.[112] Damit geht einher, dass der Psalm vor allem durch den Refrain „seine strukturellen Funktionen der MT-Komposition in allen Hinsichten verloren [hat], insbesondere seinen auf das Schluss-Hallel Ps 146 – 150 hin offenen Schluss (V. 21) zugunsten der geschlossenen Gestaltung des Einzelpsalms."[113] Darüber hinaus finden sich im Vergleich mit der übrigen Psalmenrolle auffällig viele Schreibfehler im Text von Ps 145.[114] Einige der (beabsichtigten) Unterschiede mögen sich auf qumranspezifische Eigenarten zurückführen lassen,[115] denkbar ist aber auch eine allgemeine Harmonisierung des Textes und Angleichung an den Kontext.[116] Charakteristisch für die Qumran-Version von Ps 145 ist aber in erster Linie der Refrain sowie die veränderte Stellung des Psalms in der Psalmenabfolge und die damit einhergehende Loslösung von den Psalmen des kleinen Hallels und aus der Gruppe des letzten Davidpsalters.

Psalm 149 und 150 in 11Q5

Auch die letzten beiden Psalmen des masoretischen Psalters sind in 11Q5 enthalten (Kol. 26). Ps 149 und 150 stehen zusammen zwar relativ weit hinten in der Sammlung, aber nicht mehr in Schlussposition wie im masoretischen Psalter. Nach ihnen folgen noch sieben weitere, zum Teil apokryphe Texte.[117]

---

111 Diese liturgischen Züge müssen nun aber nicht bedeuten, dass Ps 145 selbst oder gar die ganze Psalmenrolle 11Q5 für liturgische Zwecke komponiert sind. Möglich wäre auch schlicht die Nachempfindung des liturgischen Stils, denn es bleibt in erster Linie „a literary phenomenon", vgl. KRATZ, Psalm 145, 236, sowie unten zur Komposition von 11Q5 in Kap. III.2.3.
112 Vgl. DAHMEN, Rezeption, 203.
113 DAHMEN, Rezeption, 295.
114 Vgl. DAHMEN, Rezeption, 203; KRATZ, Psalm 145, 235.
115 Dafür spricht sich zumeist DAHMEN, Rezeption, 196 – 203, aus.
116 So u. a. KRATZ, Psalm 145, 235.
117 Vgl. zum Aufbau von 11Q5 unten Kap. III.2.3.

Von Ps 149 ist das Ende (V. 7–9) in Kol. 26,1–3 erhalten, das aber vor dem abschließenden Halleluja ergänzt wurde. Auf Ps 149 folgt der vollständig erhaltene Ps 150, woran sich dann der Text Hymn to the Creator anschließt. Auch wenn von Ps 149 nicht viel erhalten ist, so ist doch die qumranische Ergänzung in V. 9b (Z. 3) sehr interessant.

הללו־יה	–	הדר הוא לכל־חסידיו	MT
הללו יה	לבני ישראל עם קודשו	הדר הוא לכול חסידיו	11Q5

Mit diesem Zusatz wird die Gruppe der Frommen (חסידים) näher bestimmt als die „Söhne Israels, das Volk seiner Heiligkeit". Diese Ergänzung ist nun nicht nur inhaltlich interessant, indem damit ein weiteres Gottesattribut, die Heiligkeit, dem Volk zugesprochen wird, sondern auch im Blick auf die Komposition von 11Q5. Denn der Zusatz entspricht bis auf das letzte Wort (קודשו) dem zweiten Teil des (masoretischen) Schlussverses von Ps 148,[118] der aber leider in 11Q5 nicht bezeugt ist. In jedem Fall wird so aber der Bezug von Ps 149 auf 148, der bereits im masoretischen Text stark ist,[119] noch intensiviert – obwohl diese beiden Psalmen in 11Q5 sehr weit auseinander stehen.[120] Für die Redaktoren von 11Q5 war es demnach ein besonderes Anliegen, die Verbindung von Ps 148 und 149 aufzuzeigen.[121] Welche Funktion dieser Rückbezug für die Komposition insgesamt hat, wird im folgenden Kapitel noch einmal zu bedenken sein.

Neben der Nähe zu Ps 148 weist der Zusatz auch eine Brücke zu Ps 150,1 auf: Nämlich durch das letzte Wort (קודשו), das gerade nicht mit Ps 148,14b übereinstimmt. Es könnte hier eine bewusst gestaltete Überleitung oder ein Schreibfehler durch die Verwechslung von עם קרבו mit עם קודשו vorliegen. Das Thema Heiligkeit führt in jedem Fall auch noch weiter zum Anfang der Hymn, die auf Ps 150 folgt.[122]

Ps 150

1 הללו אל בקודשו הללוהו ברקיע עוזו

Lobet Gott in seiner Heiligkeit. Lobet ihn in der Feste seiner Macht.

---

118 Ps 148,14: „Und er hat erhöht das Horn für sein Volk (וירם קרן לעמו). Ein Loblied für alle seine Frommen (תהלה לכל־חסידיו), für die Söhne Israels, das Volk seiner Nähe (לבני ישראל עם־קרבו). Halleluja! (הללו־יה)". Dieser letzte Vers von Ps 148 ist sekundär an den Psalm angefügt, vgl. dazu die Ausführungen in Kap. II.4.

119 Vgl. die Ausführungen zu Ps 148 und 149 in Kap. II.4 bzw. II.5.

120 Vgl. zur Komposition von 11Q5 unten Kap. III.2.3.

121 Möglich wäre es natürlich auch, dass die Redaktoren von 11Q5 diese und andere die Psalmen verknüpfende Ergänzungen in der ihnen vorliegenden Textform bereits vorgefunden haben.

122 Vgl. dazu die Ausführungen in Kap. II.5 zu Ps 149,9b sowie in Kap. II.6 zu Ps 150,1–2.

Hymn to the Creator

1 ‏גדול וקדוש קדוש קדושים לדור ודור
Groß und heilig ist Jhwh, allerheiligst von Geschlecht zu Geschlecht.

Ps 150 ist in 11Q5 vollständig belegt (Kol. 26). Auffällig ist beim Textbestand im Grunde nur das fehlende Halleluja am Anfang.[123] In 11Q5 begegnet die Tilgung des Halleluja zu Beginn eines Psalms mehrmals: neben Ps 150,1 noch in Ps 148,1; 135,1[124]. Möglicherweise steht dahinter ein System, welches ein Halleluja als Einleitung oder Überschrift vermeidet, sodass auch für die Psalmen, deren Anfang nicht erhalten ist, ein fehlendes Halleluja angenommen werden könnte (Ps 146,1; 147,1; 149,1).[125] Dem widerspricht aber der Befund, dass sowohl in dem sonst überschriftlosen Ps 93 als auch in dem apokryphen Ps 151 A in 11Q5 ein Halleluja als Überschrift eingefügt wurde. Es kann also aus dem überlieferten Textbestand nicht endgültig geklärt werden, warum und an welchen Stellen wirklich ein Halleluja stand, sondern es muss mit den erhaltenen Halleluja-Belegen gearbeitet werden, die für Ps 104; 146; 135; 149; 150 am Ende und für Ps 93 und 151 A am Anfang festgestellt werden können. In jedem Fall ist kein Beleg für eine solche Halleluja-Rahmung erhalten, die die Hallel-Psalmen im masoretischen Psalter charakterisiert, und wahrscheinlich hat es auch keine gegeben.

2.3 Psalm 145, das kleine Hallel und die Komposition von 11Q5

Nachdem die Psalmen des kleinen Hallels und Ps 145 in Blick auf den Textbestand und die Varianten gegenüber dem masoretischen Text betrachtet worden sind, ist nun nach dem Aufbau der gesamte Psalmenrolle 11Q5 zu fragen und die Position der hier fokussierten Psalmen zu analysieren. Dabei ist auch die Gesamtkomposition von 11Q5 zu betrachten.

Der Rollenanfang von 11Q5 lässt sich nicht mehr rekonstruieren,[126] darum ist auch insgesamt von einem nicht klar bestimmbaren Text für 11Q5 im Sinne eines geschlossenen Systems auszugehen.[127] Es handelt sich bei 11Q5 demnach um

---

123 Darüber hinaus gibt es noch eine kleine Variante in V. 6, die aber keine semantische Bedeutung hat, vgl. Kap. II.6 Anm. 21.
124 In Ps 135,1 ist der Text verändert, so dass das Halleluja am Ende von V. 1 steht.
125 Vgl. Dahmen, Rezeption, 118 f.129 f.227.
126 Auch wenn in der Vergangenheit solche Versuche unternommen worden sind (vgl. z.B. Dahmen, Rezeption, 30 – 38, der Ps 101 als Rollenbeginn annimmt), so stellt Jain, Psalmen, 158 – 177.282, überzeugend dar, dass der Rollenbeginn unbekannt bleiben muss.
127 Vgl. Jain, Psalmen, 177.

einen unvollständigen Gegenstand, über den nur soweit etwas ausgesagt werden kann, wie er vorhanden ist. Diese Voraussetzung ist bei der Interpretation der Komposition von 11Q5 immer im Blick zu behalten, da somit vor allem der Anfang mit möglichen Leseanweisungen nicht berücksichtigt werden kann. Das Ende der Psalmenrolle ist dagegen klar bezeugt.

11Q5 bietet zwar eine von MT abhängige, gleichzeitig aber eigenständige Komposition. Es ist nun zu fragen, inwiefern eine Struktur in dieser von MT abweichenden Anordnung der Psalmen zu erkennen ist. Für den masoretischen Psalter sind insbesondere für seine beiden letzten Teile, das vierte und fünfte Psalmbuch, Gliederungsstrukturen anhand der Formeln „Todah" und „Halleluja" zu erkennen.[128] Lassen sich für 11Q5 ähnliche Merkmale wahrnehmen, die etwas über die Komposition und Anordnung aussagen?

Zunächst ist festzustellen, dass die Todah-Psalmen für 11Q5 keine strukturierende Funktion mehr ausüben, und auch das Halleluja erscheint nicht so regelmäßig wie es in der masoretischen Komposition der Fall ist. Die masoretischen Strukturmerkmale wurden demnach nicht in gleicher Form übernommen. Gegenüber diesem negativen Befund lässt sich aber durchaus etwas über die Struktur der Psalmenrolle aussagen: Denn im Blick auf die Anordnung der Psalmen fällt auf, dass die Psalmen 145 und 146–150 an markanten Stellen in der Komposition vorkommen und möglicherweise eine Einteilung in mehrere Abschnitte erkennen lassen.[129] Es wurde bereits festgestellt, dass die Gruppe des kleinen Hallels in 11Q5 dekomponiert ist und dass deren Psalmen über die ganze Komposition verteilt sind. Auffälligerweise bieten bereits vorliegende Strukturvorschläge für 11Q5 ebenfalls Einschnitte bei den Hallel-Psalmen[130] – ohne besonders an diesen Psalmen interessiert zu sein, wie es bei dieser Untersuchung der Fall ist. Wenn sich also im Folgenden die Darstellung des Aufbaus von 11Q5 an den Hallel-Psalmen orientiert, dann ist das nicht dem besonderen Interesse dieser Untersuchung geschuldet (auch wenn es freilich sehr gut dazu passt), sondern deckt sich in

---

128 Vgl. dazu oben den Exkurs zur Halleluja-Rahmung.

129 So auch JAIN, Psalmen, 256f: „Die funktionale und inhaltliche Bedeutung der Psalmengruppe für den masoretischen Text und ihre entstehungsgeschichtliche Einordnung auf der einen Seite sowie ihre Dekomposition in 11Q5 auf der anderen Seite lassen die Vermutung aufkommen, dass die Anordnung von Ps (145.)146–150 in 11Q5 Bestandteil eines strukturellen Gerüsts der Handschrift sein könnte."

130 Vgl. z. B. DAHMEN, Rezeption, 276–278, der drei Teile annimmt, die jeweils mit Halleluja-Paaren enden: Ps 101–146/148; 120–135/136; 145–149/150/Hymn. Der Rahmen ist davidisch geprägt (vgl. 2Sam 23 / DavComp) und Ps 140–151 versteht er als sekundären Anhang. Sehr ähnlich strukturiert auch LEUENBERGER, Aufbau, 187, der ebenfalls drei Großabschnitte annimmt: Ps 101–148; 120–145 + Catena; 154–149. Eine Diskussion weiterer Strukturvorschläge bietet JAIN, Psalmen, 242–251.310f; vgl. auch unten Anm. 132.

weiten Teilen mit der Analyse anderer. Gleichwohl soll die bisher nicht beant-
wortete Frage gestellt werden, warum nun gerade diese Hallel-Psalmen so offensichtlich geeignete Strukturpsalmen sind und was dies für die ganze Komposition von 11Q5 austrägt.

Nimmt man also die Hallel-Psalmen 146/148 und 149/150 sowie Ps 145 und
außerdem noch Ps 93 als einzigen JHWH-Königs-Psalm hinzu, dann zeigt sich eine
Struktur von 11Q5, die ganz wesentlich durch vier Einschnitte charakterisiert ist,
die bemerkenswerterweise jeweils durch einen Hymnus markiert sind.[131] Diese
viergeteilte Aufbaulesung ist im Folgenden strukturell und inhaltlich vorzustellen.[132]

Wie bereits erwähnt wurde, ist über den Beginn der Komposition keine sichere
Aussage zu treffen. Darum werden die Psalmen 101–103 und 109, wie sie durch die
Fragmente A–C und D bezeugt sind, außen vor gelassen. Der zu interpretierende
Bestand beginnt daher mit Ps 118 auf Fragment E.[133]

Der *erste* Abschnitt umfasst die Psalmenabfolge Ps 118 – 104 – 147 – 105 – 146 –
148 (mit offenem Anfang). Diese neu zusammengestellte Kombination von Psalmen thematisiert JHWHs Heilstaten in Schöpfung und Geschichte und mündet in
den universalen Hymnus Ps 148. Wahrscheinlich ist diese hymnische Teilkom-
position durch ein Schluss-Halleluja nach jedem Psalm charakterisiert. Das
Halleluja ist für diese Gruppe in Ps 104,35 und 146,10 belegt, für Ps 105,45; 147,20
und 148,14 ist es vom Textbestand nicht erhalten, wäre aber zu rekonstruieren.
Auffällig ist, dass die bereits in der Analyse von Ps 147 durch zahlreiche Textbezüge hergestellte Beziehung von Ps 147 zu Ps 104 hier in 11Q5 durch die Zusammenstellung der Psalmen auch kompositorisch umgesetzt wurde. Ebenso lassen
sich sowohl Bezüge von Ps 146 und 148 zu Ps 104 aufzeigen als auch von Ps 148 zu
105. Demnach sahen auch die Komponisten dieser Psalmenabfolge eine große
Nähe zwischen diesen Psalmen. Ps 118 ist außerdem ein wichtiger Referenztext für
Ps 146.[134] Die Nähe zwischen Ps 146 und 148 wurde durch den Zusatz in Ps 146,9

---

131 So auch Kratz, Psalm 145, 240. Anders dagegen Leuenberger, Aufbau, 181, der „keine
konsequent durchgeführte und keine einheitliche Gliederungsstruktur" erkennt, auch wenn er im
weiteren Verlauf seiner Untersuchung eine Dreiteilung vorführt, vgl. a.a.O., 187.193 f, sowie oben
Anm. 130.
132 Vgl. zum Folgenden auch die Strukturvorschläge von Kratz, Psalm 145, 234 – 243 und Jain,
Psalmen, 255 – 257.314. Jain nimmt allerdings mit guten Gründen fünf Teile für 11Q5 parallel zu
MT an, indem sie den verlorenen Anfang als ersten Hauptteil zählt, vgl. a.a.O., 284.314. Der
Abschluss der Rolle beginnt bei ihr bereits mit Hymn to the Creator, vgl. a.a.O., 258 – 264.277.
133 Vgl. dazu auch oben Anm. 81.
134 Vgl. zu den Referenztexten die entsprechenden Ausführungen in Kap. II.2 – 4.

noch verstärkt,[135] sodass beide Psalmen nun geradezu als Doppelpsalm den hymnischen Abschluss des ersten Abschnitts bilden.

Die *zweite* Einheit besteht aus Ps 121–132–119–135–136–145. Beginnend mit den Wallfahrtspsalmen führt dieser Abschnitt über den großen Torapsalm (Ps 119) hinüber zum Lobpreis (Ps 135–136), der im universalen Hymnus über das Königtum Gottes endet (Ps 145).[136] Bemerkenswert ist hier die Umstellung von Wallfahrtspsalm und Torapsalm gegenüber der masoretischen Anordnung. Denn dort schließt sich nach dem Lob- und Dankspalm 118 der Torapsalm 119 an, bevor die Wallfahrtspalmen (Ps 120–134) folgen, die mit Ps 134 im Jerusalemer Tempel enden. In 11Q5 steht Ps 119 dagegen erst nach den Wallfahrtspsalmen, die nicht mit Ps 134 im Tempel enden, sondern mit dem messianischen Psalm 132 abbrechen und damit die Absicht einer Wallfahrt nach Jerusalem zwar bekräftigen,[137] aber diese nicht durchführen können bzw. wollen. Darum bleibt als Ziel, sozusagen als Übergangsziel, nur das Studium der Tora (Ps 119),[138] das zum Lobpreis führt und mit Ps 135–136 und 145 Jhwh als Herrn der Geschichte und ewigen König preist. Der um den Refrain erweiterte Psalm 145 markiert den zweiten, hymnischen Einschnitt, welcher unterstützt wird durch die anzunehmende Catena, die aber nicht mehr zu rekonstruieren ist.[139]

Der *dritte* Abschnitt mit der Abfolge Ps 154 – Plea for Deliverance – Ps 139 – 137–138 – Sir 51 – Apostrophe to Zion – Ps 93 thematisiert die Weisheit als Quelle der (Gottes-)Erkenntnis, sinnt über den Menschen nach (Ps 139) und orientiert sich an Zion / Jerusalem, um wie der Abschnitt davor, mit dem Königtum Gottes (Ps 93) zu schließen. Auch hier ist wieder die Veränderung der Reihenfolge bemerkenswert: Dem großen Klagepsalm 137[140] ist das Lied über die Erkenntnis des Menschen als Gottes Geschöpf vorangestellt (Ps 139), dann erst folgt der Dankpsalm 138. Gleichzeitig wird durch die Rahmung das im ganzen Abschnitt gegenwärtige Thema Zion / Jerusalem auch in Ps 137 betont. In diesem Teil kreisen verschiedene Texte um die Frage der weisheitlichen Erkenntnis von Welt und Mensch, die dann

---

135 Vgl. oben zu Ps 146 und 148.

136 Nicht überzeugt die Trennung von Ps 136 und 145, die DAHMEN, Rezeption, 295, (gleichwohl mit Zögern) vornimmt und entsprechend mit Ps 145 einen neuen Abschnitt beginnt, vgl. oben Anm. 130.

137 Vgl. MILLARD, Komposition, 220.

138 Der Tempelbezug wird somit durch den Torabezug ersetzt, vgl. DAHMEN, Rezeption, 291 f, sowie auch a.a.O. 270; DERS., Psalmentext, 117; KRATZ, Psalm 145, 240.

139 Vgl. dazu oben die Ausführungen zu Ps 145.

140 Gerade in qumranischer Perspektive ist Ps 137 und mit ihm die Aussage „Vergesse ich dich Jerusalem, so verdorre meine Rechte." (Ps 137,5) und die ermahnende Erinnerung an Zion / Jerusalem bedeutend. Es ist Lobpreis Gottes, aber in Erinnerung und in Blick auf Zion / Jerusalem – aber gerade nicht in Jerusalem, sondern aus (schmerzhafter) Distanz.

aber rückgebunden wird auf Zion als den (symbolischen) Ort der eigentlichen Gotteserkenntnis und den Ort der Herrschaft JHWHs. Auch wenn Ps 93 kein Psalm des kleinen Hallels ist, stellt er einen passenden Zwischenabschluss dar: Er ist gekennzeichnet durch die zusätzliche Halleluja-Überschrift und ist der einzige (erhaltene) JHWH-König-Psalm in 11Q5. Außerdem fällt der Psalm auf, da bis auf den Anfang der erhaltenen Rolle nur Psalmen aus dem 5. Psalmbuch (Ps 107–150) zusammengestellt sind – und Ps 93 so aus einem ganz anderen Psalterabschnitt stammt als die Psalmen in seinem Umfeld in 11Q5. Somit spricht vieles für eine absichtliche Wahl dieses Psalms als Zäsurpsalm, der durch seinen (nicht erhaltenen) letzten Vers zudem eine Anspielung auf Zion bietet, die wiederum gut zu dem gesamten dritten Abschnitt passt. Darum ist auch mit Ps 93, parallel zu Ps 146/148, 145 und 149/150 eine hymnische Markierung eines Unterabschnitts anzunehmen.

Der *vierte* und letzte Hauptteil von 11Q5 umfasst die Textfolge Ps 141–133–144–155–142–143–149–150 – Hymn. Hier sind vor allem Bitt- und Klagegebete Einzelner zusammengestellt, die in einen Text zur Versammlung der Frommen als Lobgemeinschaft (Ps 149) überführt werden und mit dem hymnischen Doppelschluss von Ps 149/150 und Hymn to the Creator schließen. Die drei Schlusstexte sind durch mehrere Stichworte miteinander verbunden und betonen die Heiligkeit und Herrlichkeit Gottes, der sich als Schöpfer unverbrüchlich der Welt verschrieben hat.

Nach diesen hymnischen Stücken folgen dann die Texte David's last Words und David's Composition, die entweder einen stark auf David konzentrierten Abschluss der Psalmensammlung darstellen oder selbst schon möglicherweise spätere Nachträge zu dieser Sammlung sind. In jedem Fall führen sie zur Davidisierung der Psalmenkomposition und inszenieren David als den idealen Beter.[141] Einen zweiten Abschluss stellen dann die Psalmen Ps 140 – 134 – Ps 151 A – B

---

141 Dahmen und Leuenberger nehmen insgesamt eine starke Davidisierung für 11Q5 an, die aber m. E. nicht überzeugen kann, vgl. auch KRATZ, Psalm 145, 239 f; JAIN, Psalmen, 257.258 – 264, sowie unten Anm. 150. Dabei vernachlässigen sie die Betonung des Hymnus für Gott und das damit verbundene Thema des Königtum Gottes, das ebenfalls in 11Q5 sehr präsent ist. DAHMEN, Rezeption, 278 f.301.316 – 318, versteht demnach 11Q5 als das „Manuale des davidischen Messias, mit dem dieser seine Herrschaft antreten und auch ausüben wird" (a.a.O., 310). Für ihn ist David *„der entscheidende Träger und Inhalt* der Komposition" ist (a.a.O., 317, Hervorhebung original). „Der davidische Messias strebt also keine politische Macht an, seine Programmatik erweist sich als unbegrenztes Gotteslob unter der Gottesherrschaft" (a.a.O., 301). Das „Gotteslob als Herrschafts- und Handlungsprinzip; daran mitwirkend und herbeibetend ist die Qumrangemeinschaft schon jetzt beteiligt" (a.a.O., 310 f, vgl. auch 318). Es bleibt dabei aber offen, wie der Zusammenhang von Gotteslob als Herrschaftsprogramm, messianisch-eschatologischer David und die Qumrangemeinschaft als Gebetsgemeinschaft in der Komposition von 11Q5 zu greifen ist.

dar. Hier wird das in masoretischer Folge letzte Wallfahrtslied nachgetragen, das bei der obigen Gruppe der Wallfahrtspsalmen unberücksichtigt geblieben ist, und wird durch zwei Davids-Psalmen gerahmt. Diese letzten Texte entsprechen nicht den in einen Hymnus mündenden Abschnitten 1–4 und fallen durch ihre starke davidische Ausrichtung auf. Möglicherweise stellen sie darum sekundäre Nachträge dar[142] oder aber sie haben ihre Entsprechungen in dem verloren gegangenen Anfang der Rolle. Die Komposition von 11Q5 lässt sich im Überblick so darstellen:

Unbekannter Beginn der Psalmensammlung

Frg. A – C	*Frg. D*
Ps 101	Ps 109
Ps 102	
Ps 103	

Frg. E / Kol. 1–28

I:	Heilstaten Jhwhs in Schöpfung und Geschichte			→ Hymnus (Schöpfung)
	...			
	Ps 118	Toda		
	Ps 104	Halleluja		
	Ps 147	(rek. Halleluja)		
	Ps 105	(rek. Halleluja) / Toda		
	Ps 146	Halleluja		*Königtum Gottes*
	Ps 148	(rek. Halleluja)	חסידים	*Schöpfung*
II:	Wallfahrt – Tora – Lobpreis – Königtum Jhwhs			→ Hymnus (Königtum)
	(Ps 120 rek.)			
	Ps 121–132			
	Ps 119			
	Ps 135	Halleluja		
	Ps 136 (+ Catena: Verse aus Ps 118)	Toda		
	Ps 145 (+ Refrain und Catena)		חסידים	*Königtum Gottes*
III:	Weisheit – Zion/Jerusalem – Königtum Jhwhs			→ Hymnus (Königtum)
	Ps 154		קהל חסידים	
	Plea for Deliverance		חסידים	

LEUENBERGER, Aufbau, 177, grenzt sich insofern von Dahmen ab, als er die Davidisierung auf den historisierten David bezieht, der „eine ideale (und insofern dann durchaus endzeitliche) Rechtsordnung" besingt. Dieser historisierte David wird für ihn dann als Verfasser und Inhalt des Qumran-Psalters zur „Vorbilds- und Identifikationsfigur für die qumranischen Psalmenbeter" (a.a.O. 180, vgl. 176).
142 So z. B. auch MILLARD, Komposition, 224; LANGE, Endgestalt, 108; DAHMEN, Rezeption, 311; LEUENBERGER, Aufbau, 192 f; KRATZ, Psalm 145, 238 f mit Anm. 27.

Ps 139			
Ps 137			
Ps 138			
Sirach 51,13 – 30			
Apostrophe to Zion		חסידים	
Ps 93	Halleluja (Ü)		*Königtum Gottes*

IV: Bitt-/Klage-Gebete Einzelner – Versammlung der Frommen   → Hymnus (Schöpfung)

Ps 141			
Ps 133			
Ps 144			
Ps 155		חסידים	
Ps 142			
Ps 143			
Ps 149	Halleluja	קהל חסידים	*Königtum Gottes*
Ps 150	Halleluja		
Hymn to the Creator			*Schöpfung*

Abschluss / Anhang
    David's last Words (= 2Sam 23,1 – 7)
    David's Compositions

Sek. Nachträge?
    Ps 140   (חסידים)
    Ps 134 (Wallfahrt)
    Ps 151 A (David) Halleluja (Ü)
    Ps 151B

Die Übersicht zeigt, dass die Komposition von 11Q5 in ihren vier Teilen Korrespondenzen aufweist. So entsprechen sich die beiden äußeren Teile (I und IV) in ihren Abschlusstexten, die vor allem JHWH als Schöpfer preisen. Nicht zufällig stehen die formal ähnlichen, durch den immer wiederkehrenden Lobaufruf „lobet JHWH" (הללוהו) geprägten, Psalmen 148 und 150 an dieser Stelle, jeweils in Kombination mit ihren Nachbarpsalmen, die JHWH als König und Schöpfer preisen. Außerdem ist in 11Q5 die Verbindung von Ps 148 und 149 durch die Ergänzung in Ps 149,9 mit Teilen aus Ps 148,14 sehr verstärkt. Umgekehrt betonen die mittleren Abschlusstexte, Ps 145 und 93, vor allem das Königtum Gottes, gleichwohl beinhalten sie ebenso wichtige schöpfungstheologische Aussagen. Somit kann anhand der hier aufgezeigten Struktur von 11Q5 das zentrale Thema – und damit möglicherweise auch das Anliegen für die Umstrukturierung der masoretischen Komposition – festgestellt werden: der Lobpreis JHWHs als dem Schöpfer und König der Welt. Mit der durch die Psalmen des kleinen Hallels sowie Ps 93 und 145 doxologischen Struktur wird die Ausrichtung auf das Königtum JHWHs gegenüber

dem masoretischen Psalter noch gesteigert.[143] Darin eingebunden werden Aspekte
wie Frömmigkeit / Tora, Weisheit, Zion / Jerusalem, Klage und Dank des Einzelnen
innerhalb der Gemeinschaft. Aber der hymnische Lobpreis der Schöpfung und
über die Schöpfung, der JHWH als ewigen König gebührt, zieht sich wie ein roter
Faden durch die Komposition. Möglicherweise ist damit auch die Funktion von Ps
145 als zentralem Psalm in der ungefähren Mitte der Komposition verbunden:[144]
Wie in Ps 145, dem Inbegriff des universalen Lobpreises des Königtum Gottes,
durch den Refrain der Lobpreis schon direkt vollzogen wird und liturgisch in-
szeniert wird, so mündet jeder Abschnitt in einen Hymnus ein, bevor dann wieder
andere Themen zur Sprache kommen. Wie Ps 145 als Einzeltext ist die ganze
Komposition durch die hymnische Unterbrechung geprägt und gestaltet. Die
Hymnen in 11Q5 übernehmen so eine vergleichbare Funktion wie die Doxologien
im masoretischen Psalter.[145]

Neben der hymnischen Struktur fallen außerdem die häufigen Belege für
חסידים („die Frommen") auf, die auch besonders in den apokryphen Stücken zu
finden sind[146] und bevorzugt in den Texten am Ende einer Untereinheit vorkommen. Es sind also die Frommen, die den Lobpreis anstimmen sollen, und es ist
der Ort der frommen Versammlung, an dem der Hymnus erklingt. In qumranischer
Perspektive ist an die exklusive Gemeinschaft zu denken (in Qumran יחד), die
(losgelöst vom Jerusalemer Tempel) JHWH als den Schöpfer und Herrn der Welt
feiert.

Am Ende dieser Untesuchung der qumranischen Psalmenrolle 11Q5 ist
festzustellen, dass die Hallel-Psalmen aus der masoretischen Komposition (außer
Ps 147) zusammen mit Ps 93 und 145 als strukturgebende Texte benutzt werden
und an markanten Positionen innerhalb der Komposition eingesetzt sind. Was sagt
das wiederum über die Psalmen selbst? Zum einen wurde ihr Charakter als Abschlusstexte wahrgenommen, wenn sie in 11Q5 als Abschlusstexte der Unterabschnitte verwendet werden. Demnach könnte in Qumran ein Bewusstsein dafür
vorhanden gewesen sein, dass diese Psalmen möglicherweise ursprüngliche
Abschlüsse gebildet haben (könnten). In jedem Fall hinderte aber die Verbindung
des Hallels zu einer Gruppe nicht daran, das kleine Hallel zu dekomponieren und

---

143 Mit JAIN, Psalmen, 281, gegen Dahmen und Leuenberger.
144 Vgl. zur hervorgehobenen Position von Ps 145 in 11Q5 auch KRATZ, Sch^{e}ma, 633; JAIN,
Psalmen, 269.
145 Vgl. auch JAIN, Psalmen, 280. Die hymnische Grundstruktur der Psalmenkomposition nimmt
auch DAHMEN, Rezeption, 309, wahr, kommt aber zu einer anderen Strukturbestimmung, vgl.
oben Anm. 130.
146 Vgl. oben die Übersicht und zu den Frommen vgl. die Ausführungen zu Ps 149,1 in Kap. II.5,
bes. Anm. 101.

neu zu verteilen. Bei der Verteilung der Psalmen fällt aber zugleich auf, dass durch die qumranischen Zusätze die Beziehung und Zusammengehörigkeit der Psalmen betont wird (vgl. Ps 146,9 mit Ps 145 und 148 sowie 149,9 mit 148). Zum anderen wurde die hymnische Qualität der Texte erkannt und für die Komposition von 11Q5 fruchtbar gemacht. Der hymnische Zielpunkt, wie es das kleine Hallel für MT darstellt, wurde so mit der Gesamtkomposition der Psalmensammlung von 11Q5 verwoben: der Hymnus folgt nicht am Ende, sondern immer wieder zwischendurch. Der Hymnus trägt gleichsam jedes andere Beten und Sprechen zu Gott. Dies wird auch durch die hymnische Konzentration im ersten Abschnitt, Ps 118 – 148, deutlich, die dem Folgenden vorangestellt ist. Der Blick auf 11Q5 führt demnach zu dem Fazit, dass die Psalmen 145 und 146 – 150 als herausgehobene Texte wahrgenommen und für die Struktur dienlich waren – in ihrer Funktion als Abschlusstexte und als Hymnen. Zudem wurden die intertextuellen Beziehungen der Psalmen sowohl durch die Zusammenstellung mit ihren Referenztexten betont (vgl. besonders den ersten Abschnitt und die Kombination von Ps 104 und 105 mit Ps 146 – 148) als auch durch Zusätze, die zum Teil aus den Referenztexten der entsprechenden Psalmen stammen (vgl. Ps 146,9 ergänzt mit Teilen aus Ps 33 und 145 sowie den Rekurs von Ps 149 auf 148).

Die Psalmenrolle 11Q5 stellt also eine Interpretation der protomasoretischen Komposition dar, indem die Psalmen neu arrangiert wurden. 11Q5 setzt den protomasoretischen Psalter in seiner Endgestalt voraus und nimmt insbesondere die hymnische Schlusskomposition mit Ps 145 und dem kleinen Hallel als Ausgangspunkt und Strukturhilfe für eine eigene Komposition.[147] Der hermeneutische Schlüssel ist darum nicht nur im Abschluss der Komposition zu sehen,[148] sondern in der durch und durch hymnisch geprägten Struktur: Alles Beten ist vom Lobpreis umfasst. Dabei steht vermutlich auch ein liturgisches Verständnis im Hintergrund: Auf literarischer Ebene, denn auch 11Q5 ist in erster Hinsicht eine literarische Produktion, wird eine Liturgie geschaffen, die im Durchgang durch die Psalmenrolle den Beter immer wieder in den Lobpreis, in das hymnische Preisen

---

147 Insgesamt ist so darum davon auszugehen, dass die Psalmenkomposition aus Qumran konzeptionell und theologisch gar nicht so weit von der masoretischen Fassung entfernt ist, wie gelegentlich postuliert wird. So findet sich beispielsweise das Thema des Königtum Gottes, wie es für den masoretischen Psalter immer wieder als zentral angegeben wird, ebenso stark in 11Q5. Auch die Gestaltung des Psalters als „davidische Tora" und die Betonung von Weisheit, Tora und Gebet, die mit einer Abkehr vom Tempelkult einhergeht, ist durch MT vorgegeben und findet sich ebenso in 11Q5, vgl. die obige Darstellung sowie dazu KRATZ, Psalm 145, 240; anders LEUENBERGER, Aufbau. Und schließlich sprechen die Aufnahme der für MT wichtigen Schlusspsalmen Ps 145 und 146 – 150 ebenfalls für eine große Nähe der beiden Psalterkompositionen, auch wenn die Anordnung umgestellt ist.

148 Vgl. JAIN, Psalmen, 277.

Gottes und seines Königtums bringt. Wie Ps 145 selbst, durchbrochen vom Refrain, den Lobpreis in den Vollzug bringt, so gilt es auch für die ganze Komposition. Dabei ist es möglich, dass einige Psalmen im liturgischen Vollzug zur Verwendung kamen. Das Hauptinteresse lag jedoch in einer literarischen Komposition, die eine bestimmte Liturgie verkörpert.[149] So wird die Psalmenrolle 11Q5 zu einem Lehrbuch, das in die Theologie des Hymnus einführen möchte, gleichsam als Gebetslehre. Und in einem zweiten Schritt kann dann diese Psalmenkomposition auch zum Vollzug gebracht werden und damit zum Gebetbuch der Frommen werden.[150] Psalmen in Qumran hat man immer vom Hymnus herkommend und auf den Hymnus hingelend gebetet, so stellt es zumindest die Psalmenrolle 11Q5 in seinem hymnisch-theologischen Entwurf dar.[151]

---

149 Vgl. KRATZ, Psalm 145, 236.242.

150 Für JAIN, Psalmen, 280, steht 11Q5 vor allem für eine Erneuerung der Kultpraxis. Die „Auseinandersetzung [darüber] geschieht nicht theoretisch, sondern im Vollzug." 11Q5 ist demnach ein „Lehr- *und* Gebetbuch" zur „Installation, Rechtfertigung und Reflexion der neuen Kultpraxis" sowie zur „Ein- und Ausübung der neuen kultischen und liturgischen Praxis". LEU-ENBERGER, Aufbau, 198, sieht die vorrangige Pragmatik von 11Q5 ebenfalls in einem Gebrauchstext: Für ihn hat „der davidische 11QPsᵃ-Psalter als eschatologisches Lese- und Meditationsbuch des qumranischen יחד fungiert, der hier in David sein maßgebliches Vorbild für die gemeinschaftliche Lebens- und Rechtsordnung findet." Für DAHMEN, Rezeption, 268f, wurde in 11Q5 „die Pragmatik der proto-masoretischen Form des Psalters als Buch aufgegeben." Er versteht 11Q5 als „Manuale des davidischen Messias" (a.a.O., 310, vgl. auch oben Anm. 141).

151 Vieles spricht dafür, dass die Psalmenrolle 11Q5 in der Gemeinschaft von Qumran selbst entstanden ist, nicht vor Mitte des 2. Jh. v. Chr., vgl. dazu JAIN, Psalmen, 281.

3. Der Hymnus als theologisches Phänomen am Ende des Psalters

Als Abschluss der Betrachtung des kleinen Hallels als Komposition soll noch einmal das Phänomen des Hymnus in den Blick kommen. Dafür wird der hymnisch-theologische Entwurf, wie ihn die sechs untersuchten Psalmen präsentieren, zusammenfassend dargestellt. Damit stellt das Kapitel zugleich den theologischen Ertrag der Untersuchung dar. Zu fragen ist dabei auch, welche Bedeutung diese hymnische Konzeption für den Psalter insgesamt und für seine Pragmatik hat.

Ein erstes wichtiges Element des Hymnus stellt die anthropologische und im engeren Sinne theologische Perspektive der Texte dar. Dies ist nichts anderes als die Frage nach Subjekt und Objekt des Lobpreises und damit nach Mensch und Gott. Der Beter versteht sich als von Gott abhängiges Geschöpf und damit als ein immer auf Gott bezogenes Wesen. Es ist „mein" oder „unserer" Gott, der gelobt werden soll (Ps 145,1; 146,1; 147,1). Aufgerufen zum Lob sind die Schöpfungswerke Gottes (Ps 145), Israel soll seinem Schöpfer singen (vgl. Ps 149,2). Dabei ist das Lobsubjekt in den verschiedenen Psalmen der Einzelne oder eine Gruppe (vgl. die Frommen in der Versammlung, Ps 149). Es ist der Mensch, der lobt, oder auch die ganze Schöpfung (vgl. Ps 148). Durch diese in den Hallel-Psalmen präsente schöpfungstheologische Ausrichtung wird zugleich das Lobobjekt bestimmt: Der Gott Jhwh wird als Schöpfer gelobt (Ps 146,6; 147,8; 148,5; 149,2; vgl. auch Ps 145). Jhwh ist zugleich der König Zions und der Welt (Ps 145,1.11–13; 146,10; 149,2) und der Herr der Geschichte (vgl. bes. Ps 145 und 147). Lobender und zu Lobender sind insbesondere durch die göttliche Herrlichkeitssphäre miteinander verbunden. Indem der Beter Gott im Loben Herrlichkeit entgegenbringt, nimmt Gott den Lobpreisenden zugleich in Herrlichkeit an, erweist seine Herrlichkeit an ihm und gibt ihm Anteil an seiner Herrlichkeit (vgl. Ps 149). Im Hymnus kommt es somit zu einer außergewöhnlichen Begegnung zwischen abhängigem, niedrigem und machtlosem Geschöpf und herrlichem und machtvollem Gott, der sich dem Menschen barmherzig und gnädig zuwendet (vgl. bes. Ps 145). Der hymnische Lobpreis beschreibt und besingt diese Begegnung und bringt sie zugleich zum Vollzug. Der Hymnus ist damit eine sich aktuell ereignende Gottesbegegnung des Lobenden.

Mit den anthropologischen und theologischen Bestimmungen ist sogleich ein weiterer Aspekt des hymnischen Lobpreises verbunden: Indem der Hymnus etwas über Gott, Mensch und Welt aussagt, erhebt er dabei einen universal gültigen Anspruch dieser Aussagen. Denn wenn der Hymnus vom Schöpfer und von der Schöpfung spricht, dann gilt das ausnahmslos für jedes Geschöpf in seiner Abhängigkeit vom Schöpfer – unabhängig davon, ob es Gott lobt oder nicht. Der universal gültige Anspruch des Hymnus wird außerdem darin deutlich, dass die Taten Gottes, die gepriesen werden, durch alle Zeiten hindurch, an allen Orten ihre Gültigkeit haben.[152] Es ist das ewig gültige, rettende und bewahrende Handeln Gottes, das der Hymnus zum Ausdruck bringt. Wenn der Einzelne in seiner Situation in den Blick kommt, wird zugleich dessen Rettung abstrahiert und verallgemeinert. Unter anderem wird dieser Aspekt durch das häufige Wort כל in Ps 145 verdeutlicht. Schließlich entspricht dem universal gültigen Handeln Gottes zugleich der Anspruch des universal erwarteten Lobpreises aller Schöpfung: „alles Fleisch", „alles, was atmet" (Ps 145,21; 150,6) soll in den Hymnus zum Lobe Gottes einstimmen.

Dem Hymnus kommt zudem eine identitätsstiftende Funktion zu. Denn auch wenn der Anspruch des Hymnus universal und auf alle Menschen bezogen ist, so stellt der Hymnus zugleich die Frage: Wer lobt denn Gott? Wer gehört zum Kreis der Lobenden und hat dabei schon Anteil an der Herrlichkeit Gottes? In den untersuchten Psalmen ist diese Auseinandersetzung direkt zu greifen. Mit dem Lobaufruf klingt zugleich Abgrenzung und auch Ausgrenzung mit. Denn noch gehören eben nicht alle zu der Lobgemeinschaft dazu. So formulieren die Psalmen eine klare Trennung zwischen den Frommen und den Gottlosen, zwischen den Gottvertrauenden und den Eigenmächtigen, zwischen denen, die die Liebe Gottes erfahren und denen, die von Gott ins Verderben geführt werden (Ps 145,20; 146,9; 147,6.10 – 11). Damit geht auch die Unterscheidung zwischen Gottesvolk und anderen Völkern einher (vgl. Ps 147,20; 149), auch wenn zugleich in Ps 148 die Vereinigung von Volk und Völkern durch den Lobpreis formuliert werden kann. Die Hymnen des kleinen Hallels benennen sehr genau, wer den Lobpreis anstimmt und wer in die Gemeinschaft der Lobenden gehört und wer nicht. Es sind die Frommen Gottes (Ps 148,14; 149,1.5.9), diejenigen, die sich ganz und in allen Lebensbezügen auf Gott ausrichten (Ps 145,18 – 20; 146,8; 147,11). Nur der Fromme lobt und nur derjenige, der lobt, ist fromm.[153]

Die Identitätsfrage zeigt somit einen weiteren Aspekt des schriftgelehrten Hymnus auf, wie er in den letzten sechs Psalmen begegnet: Er zeichnet sich durch frömmigkeitstheologische Aussagen aus, wie soeben dargestellt wurde. Die Psalmen 145 und 146 – 150 formulieren ihre Gott- und Weltsicht aus der Perspektive des Frommen. Der Fromme ist der gottesfürchtige Mensch, der alles von Gott her

---

152 Vgl. WESTERMANN, Lob, 26.

153 Vgl. dazu SPIECKERMANN, Hymnen, 98, der im Anschluss an von Rad (zitiert in Kap. II.2 Anm. 77) zu der These kommt, „daß es außerhalb des Gotteslobes keine Gottesbeziehung für den Menschen gibt". Vgl. auch KRATZ, Gnade, 275.

erwartet und sein Leben auf Gott hin gestaltet.[154] Er orientiert sich an der Schrift, die Offenbarung Gottes in der Schrift ist für ihn Orientierungspunkt. Dies wird unter anderem durch die zumeist impliziten Anspielungen auf die Tora in den untersuchten Psalmen deutlich: So wird beispielsweise in Ps 145,18–20 der Gerechte im Lichte des Schema aus Dtn 6 charakterisiert. In Ps 147 wird ebenfalls nicht die Tora direkt benannt, aber sie klingt sowohl in den Ausführungen zum Wort Gottes als auch in der Abgrenzungsformulierung in V. 19–20 mit, in der die Rechtsordnungen und Gesetze zum Unterscheidungskriterium zwischen Israel und den Völkern werden. Was die Texte mehr oder weniger direkt thematisieren, ist – wie gezeigt wurde – auch als ihre grundsätzliche Ausrichtung zu begreifen: Die Psalmen leben aus der Schrift. Der hohe Intertextualitätsgrad der Hallel-Psalmen setzt ein intensives Schriftstudium der Verfasser *und* der Adressatenschaft voraus. Das schlägt sich in den Psalmen nieder: In diesem Sinne sind sie *schriftgelehrte Psalmen*. Dabei dient die Schrift als Beleg und Legitimation der Aussagen: Im Rückgriff auf das bereits zuvor Gesagte und Formulierte erhält das Neue Gewicht und Rechtmäßigkeit.[155]

Mit der schrifttheologischen Ausrichtung ist noch ein Weiteres verbunden: In dem das Gesagte – und zumeist Vergangene – neu gesagt wird, wird es vergegenwärtigt. Der Hymnus greift auf die Vergangenheit zurück, auf die Wundertaten Gottes, auf die Zeugnisse seines rettenden Handelns und aktualisiert und vergegenwärtigt damit das Geschehen. Dies ist besonders gut in Ps 147 durch die Rezeption der Prophetentexte im Blick auf die Restitution Jerusalems zu sehen, bildet sich aber auch in den anderen Psalmen ab. Der Hymnus ist ganz und gar auf die Gegenwart ausgerichtet: *Jetzt* wird gelobt, *jetzt* wird die Güte Gottes gerühmt. Im Rückgriff auf die Schrift und durch die Transformation der prophetischen Ankündigung in die Form des Hymnus erhält die Verheißung Gegenwartscharakter – auch wenn das nur im hymnischen Geschehen der Fall ist. Der Hymnus bedenkt die Jetzt-Zeit, aber strahlt von dort aus in die Vergangenheit und in die Zukunft, weil alles im Lichte des immerwährenden Lobes Gottes gedeutet wird. Für den Lobenden ist damit die gnädige Zuwendung Gottes, von der er singt, schon jetzt Realität. Im Hymnus kommt es zur Verschränkung der Zeitperspektiven. Die Zeit wird zu Gottes Zeit, die gegenwärtige Situation des Beters zu Gottes Gegenwart.[156] Somit ist der Hymnus zutiefst ver-gegenwärtigendes Geschehen und macht die Größe Gottes und die Faktizität der gött-

---

154 Vgl. die Ausführungen in Kap. II.5.4.1.
155 Ein solches auf tradierten Texttraditionen beruhendes Verfahren zur Neuschaffen von Texten ist „typisch für einen Text aus der Spätzeit der Schriftproduktion, der sich auf einen bereits zugrundeliegenden Textbestand berufen kann", so BALLHORN, Telos, 306; vgl. auch MATHYS, Dichter, 269, sowie zum Phänomen „Schriftauslegung" die Ausführungen in Kap. I.
156 Vgl. dazu ausführlich die Ausführungen in Kap. II.3.4.4.

lichen Rettung bewusst – unabhängig von der persönlichen Situation des Beters. So kann der Aufruf zum Lob jetzt und allezeit Gültigkeit gewinnen.

Nach dieser zusammenfassenden Betrachtung verschiedener theologischer Aussagen, die der schriftgelehrte Hymnus und insbesondere die sechs untersuchten Psalmen transportieren, ist nun noch einmal zu fragen: Was bedeutet es für die Pragmatik des Psalters insgesamt, wenn solche formal durchgestalteten, theologisch hoch reflektierten und schriftgelehrten Psalmen den Psalter abschließen? Denn es ist offensichtlich, dass zum Ende des Psalters das hymnische Material stetig zunimmt. Das ist auch an den Halleluja-Psalmen zu erkennen, die ab Ps 104 den Psalter prägen.[157] Dies deutet insgesamt auf eine „hymnische Formation des gesamten Psalters".[158]

Der Psalter ist nicht das Gebetsbuch des zweiten Tempels, worin die für den Kultbetrieb benötigten Psalmen und Gebete gesammelt worden sind – dies wird in der Exegese immer mehr zur allgemeinen Überzeugung.[159] Für die meisten der Psalmen lässt sich der kultische Gebrauch und Zweck nicht bestimmen. Für viele Psalmen ist vielmehr davon auszugehen, dass bei ihnen nie eine Art kultischer Sitz im Leben im Hintergrund stand. Schon Gunkel hat in seiner Gattungsanalyse der Psalmen neben den Hauptgattungen Hymnus, Klagelied der Gemeinde und Klage- und Danklied des Einzelnen,[160] eine Anzahl von „geistigen Liedern" und die Möglichkeit einer Stilmischung angenommen.[161]

---

157 Vgl. dazu oben die Ausführungen im Exkurs zur Halleluja-Rahmung.
158 SPIECKERMANN, Hymnen im Psalter, 143.
159 Vgl. z. B. KRATZ, Tora, 311: „Der Psalter als ganzer war zweifellos nicht (mehr) für liturgische Zwecke am zweiten Tempel bestimmt und wurde auch erst spät in den Ritus der Synagoge integriert." Vgl. auch FÜGLISTER, Verwendung, 329–338, sowie MAIER, Verwendung, 84: „Ein ‚Gesangbuch' war der Psalter jedoch gewiß nie". Vielmehr ist festzustellen, „daß die Psalmen in erster Linie als biblische Texte unter anderen, nicht als Liedeinheiten, gewertet wurden." (ebd.). Noch KRAUS, Psalmen, 13, ging davon aus: „Im nachexilischen Tempel von Jerusalem [...] wird das ältere Lied- und Gebetsgut Israels sich aufs neue der Kultgemeinde imponiert haben. Die Bezeichnungen תהלים und תפלות [...] deuten an, daß die gesammelten Psalmen im gottesdienstlichen Gesang und im individuellen Gebet eine hervorragende Rolle spielten. Man könnte den Psalter darum das ‚Lieder- und Gebetbuch der nachexilischen Gemeinde' nennen." REINDL, Bearbeitung, 340 f, nimmt eine Zwischenposition ein, indem er davon ausgeht, dass der „ursprüngliche Sitz im Leben verblaßt (nicht: verschwindet!)" und nur ein neuer hinzukommt: „Die Psalmen sind und bleiben Gebetsformulare; aber sie dienen nun auch der Unterweisung und Belehrung und erhalten damit eine Funktion, die eigentlich weisheitlichen Literaturformen zukam." Reindl geht davon aus, dass der Psalter auch im Gottesdienst verwendet wurde, auch wenn es dafür kein ausdrückliches Zeugnis gibt, vgl. a.a.O., Anm. 26. Zu Reindls Position vgl. auch FÜGLISTER, Verwendung, 356 Anm. 85.
160 Vgl. GUNKEL / BEGRICH, Einleitung, 27.
161 GUNKEL / BEGRICH, Einleitung, 18–19.28.

Davon ausgehend hat Fritz Stolz in seiner Studie „Psalmen im nachkultischen Raum" (1983) deutlich gemacht, dass die Mischung von Gattungen sehr unwahrscheinlich ist. Mit der Annahme einer „Mischung" verlässt man im Grunde das System und stellt damit die Gattungszuordnung überhaupt in Frage. Stolz begründet seine Ablehnung von Mischungen mit einer einfachen Beobachtung: „Die kultischen Vorgänge können nicht miteinander ‚gemischt' werden, die Situation des Klagenden und der Kultvorgang, der ihm gilt, ist grundsätzlich anders geartet als die Situation des Geretteten."[162] Es gibt (zu) viele Psalmen, die sich nicht mehr eindeutig einer Gattung zuordnen lassen.[163] Vielmehr nimmt Stolz an, dass der Psalter vor allem nachkultisch geprägt ist. Im Sinne einer theologischen Reflexion und Transformation des Kultes: „‚Nachkultisch' bedeutet die Verarbeitung der Erfahrung, daß die Wirklichkeitsdarstellung des Kults sich nicht halten läßt – und diese Erfahrung ist gegeben, seit es Kult gibt."[164] Damit wird die Spiritualisierung und die „Vergeistlichung" des Kultes und der Psalmen beschrieben.[165] Dass es dieses Phänomen gibt, lässt sich schon an der bei Gunkel zu findenden Gattung „geistliche Lieder" erkennen.[166]

Wenn nun heutzutage eine kultische Verortung der (meisten) Psalmen und des Psalters im Allgemeinen nicht mehr angenommen werden kann, wie ist dann der „Sitz im Leben" dieser Sammlung zu beschreiben, worin liegt dann die Pragmatik, die Abzweckung des Psalters insgesamt?[167]

Die obigen Ausführungen haben es bereits gezeigt: Die Psalmentexte stehen nicht nur für sich selbst, sie dienen nicht allein einem (kultischen) Vorgang oder dessen Begleitung wie beispielsweise ein Klage- oder Dankritual. Die untersuchten Psalmen transportieren eine Lehre (überaus deutlich in Ps 146), sie beinhalten theologisch reflektierte Aussagen, die über mögliche kultisch-liturgische Kontexte hinausgehen. Die Psalmen werden zu einer Botschaft, sie sind die

---

162 STOLZ, Psalmen, 23 f.
163 Dazu STOLZ, Psalmen, 22, sowie a.a.O., 12: „‚Gattung' bedeutet also Zugehörigkeit eines Textes zu einem bestimmten Handlungsablauf, und die Frage nach dem ‚Sitz im Leben' einer Gattung zielt ebenfalls auf diesen handlungsmäßigen Kontext des Redens." Vgl. dazu GUNKEL / BEGRICH, Einleitung, 10 – 11.16.22. Zur Kritik an der Gattungskritik vgl. Kap. I.2.
164 STOLZ, Psalmen, 19.
165 Vgl. dazu auch FÜGLISTER, Verwendung, 354 – 357; insgesamt zu „Spiritualisierung" schon grundlegend HERMISSON, Sprache.
166 So schon GUNKEL, Psalmen (1911), 46: „Ein Lied, gesungen aus frommen Herzen, ist besser als das Opfer eines Tieres! Hier sehen wir also, wie sich die Religion vergeistigt und wie damit zugleich die alte kultische Gattung umgebogen wird. *An die Stelle des alten Kultusliedes tritt das ‚geistliche' Lied.*" [Hervorhebung original].
167 Vgl. zu Pragmatik und Abzweckung des Psalters die reichhaltige Literatur, u. a. FÜGLISTER, Verwendung; REINDL, Bearbeitung; KRATZ, Tora; ZENGER, Psalter; BALLHORN, Pragmatik.

Botschaft. Wie sind nun diese lehrhaften Ausprägungen einzelner Psalmen und mitunter des ganzen Psalters zu erklären?

Die Psalmen werden zur Anrede an den Menschen, auch wenn sie immer Rede zu und vor Gott bleiben. Stolz hat diesen Transformationsvorgang mit zwei Stichworten umschrieben: Vergewisserung und Unterweisung.[168] Die oben untersuchten Psalmen verkörpern diese Anliegen. Sie dienen der Vergewisserung in einer Zeit, wo der Kult und auch die allgemeine Religiosität nicht mehr das halten, was sie versprechen. Die Hymnen fungieren höchst identitätsstärkend. Indem die Psalmen sich auf Gottesfurcht und Gottvertrauen, auf die Abgrenzung von den Gottlosen, die diesem Ideal des Frommen nicht folgen, konzentrieren, werden sie zur Unterweisung.[169] Die aus eigener Sicht wahrhaft Frommen finden sich in diesen Texten wieder. Vermutlich stammen diese Psalmen auch aus deren Umkreis, ohne dass man diese Kleingruppen genauer fassen könnte. Es ist von einem heterogenen Gemenge unterschiedlicher frömmigkeitstheologischer Ausprägungen auszugehen. So werden sich verschiedene Gruppierungen in der Zeit dieser späteren Psalmen (etwa ab dem 3. Jh. v. Chr.) jeweils als das wahre Israel verstanden haben. Der Hymnus als Zielpunkt des Psalters fügt sich gut ein in das „Tora-Konzept" des Psalters, das einer „mehr gegenwartsbezogenen, individualisierten und lebenspraktischen Frömmigkeit"[170] entspringt, wie es am Übergang vom 3. bis zum 2. Jh. v. Chr. zu beobachten ist. Die Endgestalt des Psalters kann damit für das beginnende 2. Jh. angenommen werden und wird, wie oben gezeigt, in Qumran vorausgesetzt.[171] Damit ergibt sich eine Abfassung der Psalmen 145 – 150 ebenfalls grob um 200 v. Chr.

Eine solche fromme Splittergruppe, wie sie ähnlich für die späten Psalmen anzunehmen ist, lässt sich in den Texten von Qumran konkreter fassen. Hier passiert eine vergleichbare Transformation des Kultes.[172] Weil sich die Juden, die hinter den Qumrantexten standen, von Jerusalem und dem für sie frevelhaften dortigen Kultbetrieb abgewandt hatten, kreierten sie ihre eigene kultische Praxis, die wesentlich auf literarischen Zeugnissen beruhte. Wahrscheinlich gab es auch in Qumran kultisch-liturgische Feiern. Aber soweit es in den Texten zu erkennen

---

168 Vgl. Stolz, Psalmen, 27 – 29.

169 Vgl. hierzu auch Füglister, Verwendung, bes. 356 – 360. Zum Psalter als Lehrbuch vgl. u. a. Ballhorn, Pragmatik, 250 – 253.

170 Kratz, Tora, 310; vgl. auch Steck, Abschluss, 157 – 161.

171 Eine Datierung des protomasoretischen Psalters ins 2. Jh. ist inzwischen weitestgehend Konsens, vgl. etwa Lange, Endgestalt, 108; Leuenberger, Konzeptionen, 260; Dahmen, Beobachtungen, 2 – 5; Jain, Psalmen, 237 – 241, bes. 240.

172 Vgl. dazu auch oben die Ausführungen in Kap. III.2, bes. Anm. 150. Es ist demnach wahrscheinlich, dass diese Neuformierung des Kultes in Qumran seine Vorbereitung in der theologischen Komposition des protomasoretischen Psalters hat.

ist, bilden die Texte selbst schon einen Kult und eine Liturgie, wie es sich insbesondere an den Hodayot und den Sabbatopferliedern zeigen lässt.

Das Nachkultische, das Stolz beschreibt, ist sicherlich die richtige Richtung, um dieses Phänomen zu beschreiben. Aber zugleich ist festzuhalten, dass nicht einfach alles Kultische verschwindet, was der Ausdruck „nachkultisch" suggerieren könnte.[173] Vielmehr wird der Kult durch Schaffung eines neuen Kultes transformiert. Die Krise des Kultes überwindet sich selbst, indem ein Kult innerhalb literarischer Texte geschafften wird, allen voran durch den doxologisch gestalteten Psalter.[174] Ein wesentliches Element war dabei die Ausrichtung auf die schriftliche Tradition und die damit einhergehende Tora-Frömmigkeit, wie sie ähnlich auch in Qumran zu finden ist und vor allem in den letzten sechs Psalmen des Psalters. Der Kult wird verschriftlicht und mit Hilfe der Schrifttradition reflektiert und spiritualisiert. Dabei geht es um Fragen, wie die Beziehung zu Gott gelingen kann. Wie greift JHWH in das Leben des Einzelnen und der Gemeinschaft ein? Wie ist überhaupt das Gott-Welt-Mensch-Verhältnis zu denken und zu leben – und zwar neben realem Tieropfer und Tempelkult? Bei diesem Fragenkomplex übernimmt der Hymnus als theologische Denkform eine wichtige Funktion, denn im Hymnus fließt dies alles zusammen und findet zugleich seinen Ausdruck, wie diese Studie zeigt.

Der Hymnus wird zur Weiterführung des Kultes, weil in ihm die zentralen Fragen nach der gelingenden Gottesbeziehung gestellt und beantwortet werden. Der Hymnus als Denkform wird dabei selbst zum Kult und zugleich zum Kultersatz. Denn er bietet die Möglichkeit zur Identifikation, zur Gemeinschaft und zur lebensdienlichen Orientierung. Die Beter werden vereinigt unter dem Vorzeichen des Hymnus, wie der programmatische Beginn von Ps 149 deutlich macht: „Singt JHWH ein neues Lied, sein Lobgesang sei in der Versammlung der Frommen." (Ps 149,1). Der Hymnus hat somit eine kollektivierende Funktion, er umfasst immer einen weiteren Horizont als den, den der einzelne Beter erfassen kann. Der hymnische Beter steht in der Gemeinschaft der Lobpreisenden, was auch durch die

---

173 So nimmt STOLZ, Psalmen, 21, einen sehr engen Kultbegriff an, wobei zugleich gilt: „Das Nachkultische löst das Kultische nicht einfach ab, sondern beide Größen bestehen nebeneinander." Vgl. dazu auch VAN OORSCHOT, Psalmen, 72 [mit Bezug auf STOLZ, Psalmen, 7]: „Trotz vereinzelter Kritik am Kultbegriff von Stolz erweist sich der auf die Funktions- und Zielbestimmung eingeengte Begriff des Kultus als einer ‚lebensschaffende(n), ordnungssetzende(n) und sinnstiftende(n) Kraft' als durchaus leistungsfähig."

174 Die Doxologien im Psalter sind literarisch gewachsen, zugleich tragen sie aber einen liturgisch-kultischen Aspekt in den Psalter ein. Vgl. dazu auch KRATZ, Tora, bes. 292 f sowie 311: Der Psalter ist „mit den Doxologien selbst als eine Liturgie gestaltet, bei der der Leser nicht nur auf Tora und Kult verwiesen wird, sondern das Lesen des Psalters als solches zum torakonformen liturgischen Vorgang wird."

häufige kollektive Aufforderung zum Lob gekennzeichnet ist. Dabei ist es unerheblich, ob die Gemeinschaft real oder „nur" literarisch-fiktiv hergestellt wird. Oben wurde gezeigt, dass der Hymnus immer universal gedacht wird, und dies ist auf seinen Inhalt wie auf seinen Vollzug zu beziehen. Im Hymnus sind die Beter durch das gemeinsame Gott-Mensch-Welt-Verständnis miteinander verbunden, das sich aus der Schrift generiert. Der Psalter kann somit als „Entfaltung der Tora"[175] verstanden werden. Darüber hinaus wird der Psalter selbst als Schrift wahrgenommen: Er soll studiert werden *wie* die Tora (vgl. Ps 1!).[176] So ist „der Psalter selbst der primäre ‚Sitz im Leben' der Psalmen"[177] und er ist von vornherein als literarisches Produkt und damit als Literatur angelegt.

Die Denkform „Hymnus" ist eine theologische Antwort auf die Infragestellung des Kultes. Dabei geht es um die (individuelle) Gottesbeziehung, die der hymnischen Lebenshaltung des Frommen entspricht, losgelöst vom realen kultischen Ritus. Immerwährendes Lob bei vollkommener Ausrichtung auf Gott ist das Credo des Hymnus. Der Hymnus ist nicht mehr notwendig Teil des kultischen Rituals. Der Hymnen-Beter klagt und bittet nicht mehr. Seine Klagen und Bitten werden in die Form des Hymnus überführt. Er kann nur noch loben, alles ist zusammengefasst im Lob. So formulieren besonders Ps 145 und 146 an ihrem Anfang den im Grunde unmöglich erscheinenden Anspruch an sich selbst, Gott immer und ewig zu loben. Und auch der weise Lehrer wie ihn Sirach beschreibt, kommt am Ende zu der Einsicht: „Sagten wir noch mal so viel, wir kämen an kein Ende; darum sei der Rede Schluss: Er [Gott] ist alles! Wir können ihn nur loben, aber nie erfassen, ist er doch größer als alle seine Werke." (Sir 43,27–28).[178]

Dieses Anliegen des Hymnus verdichtet sich in den letzten Psalmen des Psalters. Von seinem Ende her gesehen erscheint der Psalter als Gebetslehre und Anleitung zum Loben. Der Psalter ist eine Einübung in das hymnische Beten, indem er schlussendlich alles Reden zu Gott auf das Loben zuführt. Durch Rezipieren und Interpretieren der Schrift kommt der Psalter zu seinem Ende. Ein Ende, das in der bleibenden Aufforderung zum Lobpreis ausklingt und zugleich weiterklingt: Halleluja!

---

175 KRATZ, Tora, 305.
176 Diese Würdigung der Psalmen als „autoritative Schrifttexte" zeigt sich auch in der großen Anzahl an Psalmenzitaten in den neutestamentlichen Schriften. Neben hauptsächlich Jesaja wird auch der Psalter als auf Christus vorausweisende Schrift interpretiert und in der Argumentation als Beleg herangezogen. Vgl. dazu z. B. FÜGLISTER, Verwendung, 350.
177 BALLHORN, Pragmatik, 245.
178 Vgl. hierzu auch 1Kor 15,27–28: „... damit Gott sei alles in allem."

IV. Ergebnis

Schriftgelehrte Hymnen

Die vorliegende Untersuchung zeigt, dass die Psalmen 145 und 146–150 als schriftgelehrte Hymnen bezeichnet werden können. Im Blick auf das Phänomen der Schriftauslegung lassen sich einige der Hallel-Psalmen als direkte Antworten auf vorangehende Psalmen lesen. So bezieht sich beispielsweise Ps 147 in vielfältiger Weise auf Ps 81 zurück (angezeigt durch Stichwortaufnahmen): Auf die Klage Gottes über die Untreue Israels und auf seinen Wunsch nach einem hörenden Volk aus Ps 81 reagiert Ps 147 mit dem Lob über die erneute Zuwendung Gottes und seiner Versorgung des Volkes mit „fettem Weizen" (Ps 147,14). Was in Ps 81 nur als vorsichtige Hoffnung auf eine wiederhergestellte intakte Gottesbeziehung formuliert werden kann, wird in Ps 147 als Realität und Erfüllung dieser Hoffnung gepriesen. Ähnlich lassen sich die beiden Psalmen 148 und 149 als *relecture* von Ps 2 verstehen. Hier wird insbesondere das Verhältnis zu den Völkern thematisiert: Während in Ps 2 die Völker und ihre Könige noch gegen Gott und seinen König auf dem Zion ankämpfen, werden sie in Ps 148 in den Lobpreis integriert. In Ps 149 sind die Völker und ihre Herrscher dagegen zu Adressaten der Rache und Machtdurchsetzung Gottes unter Beteiligung der Lobenden geworden und werden auf diese Weise entmachtet. Ps 148 und 149 beziehen sich so jeweils auf Ps 2 zurück und zugleich bietet Ps 149 eine Weiterführung von Ps 148.

Es ist bemerkenswert, dass sich unter den für die sechs Psalmen festgestellten Referenztexte einige Psalmen finden, die besonders häufig und von mehreren Psalmen rezipiert werden. So bestehen erstens signifikante Beziehungen aller fünf Hallel-Psalmen zu Ps 33. Zweitens werden die JHWH-König-Psalmen, bes. Ps 96–98, mehrfach und intensiv ausgelegt und spiegeln sich insgesamt in der Thematik des Königtums Gottes wider, die in Ps 145–150 ebenfalls sehr präsent ist. Drittens besteht eine enge Verbindung zu den Psalmen 102–107. Dieser zuletzt genannte Rückbezug ist aus drei Gründen auffällig. Zum einen aus kompositorischen Gründen: Nicht zufällig greift der Schluss des fünften Psalmenbuches auf den Übergang vom vierten zum fünften Psalmenbuch zurück. Zum anderen findet sich unter diesen Psalmen der Ursprung des Halleluja-Rufes und der Halleluja-Rahmung. Schließlich zeigen sich viele thematische Verbindungen zwischen den beiden Psalmenabschnitten, Ps 102–107 und Ps 145–150, die sich gleichfalls durch direkte Aufnahmen in den Hallel-Psalmen erklären lassen.

An diesen aus der Untersuchung herausgegriffenen Beispielen wird der Vorgang der innerbiblischen Schriftauslegung der analysierten Psalmen deutlich: Die Psalmen 145–150 nehmen Bezug auf andere, über den ganzen Psalter verteilte Psalmen sowie auf weitere Texte des Alten Testamentes (v. a. Jes, aber auch z. B. Dtn) und zitieren diese direkt oder indirekt, formulieren um, deuten und interpretieren deren Aussagen. Auch finden sich innerhalb von Ps 145–150 vielfältige Bezugnahmen. So lässt sich für jeden der sechs Psalmen nachweisen, dass er seinen direkt vorangehenden Psalm voraussetzt und diesen fortschreibt. Oftmals nimmt er auch dessen Bezugstext(e) auf und führt so die im vorangehenden Psalm begonnene Schriftauslegung ebenfalls weiter.

In Blick auf das Phänomen des schriftgelehrten Hymnus sind drei Aspekte festzuhalten: So ist erstens die Vergegenwärtigung und Aktualisierung der gnädigen Zuwendung Gottes mit Hilfe der innerbiblischen Schriftauslegung Ziel des Hymnus. Indem die Geschichte Gottes mit den Menschen in den Hymnus transformiert wird, wird sie vergegenwärtigt. Zudem verdeutlicht die Aufnahme prophetischer Heilsweissagungen den Vorgang der Aktualisierung: Aus der Ankündigung des (eschatologischen) Heils wird im Loben präsentes und erlebbares Heil. Zweitens ist der universal gültige Anspruch des Hymnus kennzeichnend: Alles, was hymnisch gesagt wird, hat Bedeutung für die gesamte Welt. Der Hymnus kann nicht partiell formuliert werden, sein Inhalt hat Zeit und Ort übergreifende und überschreitende Bedeutung. So gilt beispielsweise die Aussage, dass Gott die Hungrigen speist, jetzt und allezeit, hier und überall. Der dritte Aspekt besteht im Beziehungsgeschehen: Indem im Hymnus die Gott-Mensch-Welt-Relation bedacht wird, wird sie zugleich hergestellt. Der Beter erkennt sich im hymnischen Loben als ein auf Gott bezogenes Wesen. Alles Reden zu Gott – Klage und Dank, Bitte und Verzweiflung – fasst er im Loben zusammen. Das Loben greift über die individuelle Situation hinaus, ohne aber das Leid des Einzelnen aus dem Blick zu verlieren. Der fromme, ganz auf Gott ausgerichtete Mensch bedarf dann nur noch des Lobens. In diesen drei genannten Aspekten setzt wiederum jeweils die Schriftauslegung an, indem die Schrift Grundlage jeder Äußerung ist. Denn auch in den rezipierten Texten geht es um das Verhältnis Gott-Mensch-Welt, das nun in hymnische Rede gefasst ist. Der universale Anspruch leitet sich ebenfalls aus der Schrift ab, denn gerade mit der Tradition im Hintergrund kann der Hymnus mit solch umfassendem Anspruch formuliert werden. Auf diese Weise hat die Schriftrezeption die Funktion der Legitimation des Gesagten. In dem Sinne: Wer es nicht glaubt, der lese nach. Ebenso wie Jesus Sirach es formuliert, bleibt dem Psalmisten nach seiner Schriftlektüre nicht anders übrig, als zum Lob für JHWH aufzurufen – auf Grundlage der Darstellung von Größe und Güte des Herrn der Schöpfung und Geschichte. So bilden die letzten Psalmen eine Zusammenführung des ganzen Psalters und auch einer breiten Masse anderer alttestamentlicher Texte.

Damit ist das theologische Phänomen des schriftgelehrten Hymnus beschrieben. In der vorliegenden Untersuchung wurde der Hymnus in drei Perspektiven charakterisiert, die zugleich die Grundlage für die Analyse und Interpretation der sechs Psalmen bildeten. Der erster Aspekt besteht darin, dass der hymnische Psalm in Wort und Struktur formal durchgestaltet ist, worin sich auch der theologische Anspruch des Hymnus widerspiegelt. Dazu gehört die dominante Verwendung von הלל, die Form des Akrostichons in Ps 145, die hymnische Verkürzung in Ps 146 sowie die Integration eigentlich fremder Elemente wie Lehraussagen in Ps 146 und Infinitive in Ps 149. In zweiter Perspektive ist der Hymnus durch eine hohe theologische Reflexion gekennzeichnet, die beispielsweise auch das Loben an sich thematisiert (vgl. bes. Ps 147,1; 149,1; 150). Die dritte Perspektive des Hymnus als theologischem Phänomen stellt die hohe Dichte an innerbiblischer Auslegung dar, wie oben bereits rekapituliert wurde, die das besondere theologische Profil des Hymnus prägt.

Aufgrund der beobachteten Fortschreibungstendenz in der Psalmenabfolge 145 – 150, die sich an Wiederaufnahmen von Stichworten und an Weiterführungen von Themen festmachen lässt, ist von einer sukzessiven Entstehung dieser Psalmengruppe auszugehen. Dies widerspricht zugleich der Annahme einer von vornherein homogen komponierten Halleluja-Gruppe. Damit ist auch die These verbunden, dass mit Ps 145 und den Psalmen des kleinen Hallels ehemalige Abschlusstexte des Psalters vorliegen. Durch die Rezeption anderer Psalmen kommt so am Ende des Psalters sein gesamter Horizont in den Blick. Auch aus diesem Grund ist anzunehmen, dass die Psalmen 145.146 – 150 auf der Endtextebene vermutlich als letzte Texte dem Psalter zugefügt worden sind, der insgesamt als literarisches Produkt zu verstehen ist.

So gesehen sind die letzten sechs Psalmen als besondere Schlusstexte mit ausgefeiltem theologischen Profil zu würdigen, wie es die vorliegende Studie tut. Die Bedeutung dieser sechs Psalmen wird durch ihre Verwendung als strukturierende Texte in der qumranischen Psalmensammlung der Handschrift 11Q5 unterstützt. Dort ist das kleine Hallel dekomponiert und zusammen mit Ps 145 über die gesamte Komposition verteilt. Auch wenn 11Q5 mit Sicherheit später als die protomasoretische Psalmenkomposition anzusetzen ist, so wird doch die Intention der Hallel-Psalmen in ihrer Abschlussfunktion erkennbar. Zumindest lag es schon für die Kompositoren von 11Q5 nahe, diese Psalmen sowohl als Einzeltexte als auch als Abschlusstexte wahrzunehmen und sie jeweils an das Ende eines Unterabschnittes zu positionieren. Schließlich betont die Rezeption in Qumran auch die hymnische Qualität der Psalmen. Während in 11Q5 die Hymnen als strukturelle Marker verwendet werden und so der ganzen Komposition eine hymnische Struktur verliehen, gilt dies auch schon für die protomasoretische Anordnung: Dort läuft alles auf den Hymnus zu, wie er in Ps 145 und 146 – 150 in Gestalt, Theologie und Intention als theologisches Phänomen zu fassen ist. Der Psalter erhält von seinem Ende her eine hymnische Interpretation, die im ewigen Halleluja aus- und weiterklingt.

Literaturverzeichnis

Die Abkürzungen der biblischen Bücher orientieren sich an den Loccumer Richtlinien. Ausnahmen: Das Buch Hiob (Ijob) wird mit Hi, das Buch Proverbien (Sprüche) mit Prov abgekürzt. In den Fußnoten wird die Literatur in Form von Kurztiteln zitiert. Dafür wird der Verfassername und nach Möglichkeit das erste Substantiv des Titels verwendet. Die bei der Zitation von Literatur verwendeten Abkürzungen folgen in der Regel SCHWERTNER, S. M., Internationales Abkürzungsverzeichnis für Theologie und Grenzgebiete, Berlin / Boston ³2014.
Darüber hinaus bzw. davon abweichend wurden folgende Abkürzungen verwendet:

ATM   Altes Testament und Moderne
BE   Biblische Enzyklopädie
BVB   Beiträge zum Verstehen der Bibel
ThWQ   Theologisches Wörterbuch zu den Qumrantexten
TOBITH   Topoi biblischer Theologie

ALBANI, M., Der eine Gott und die himmlischen Heerscharen. Zur Begründung des Monotheismus bei Deuterojesaja im Horizont der Astralisierung des Gottesverständnisses im Alten Orient Leipzig (ABIG 1), 2000.

ALLEN, L. C., Psalms 101–50. Revised (WBC 21), Nashville 2002.

ANDERSON, A. A., Psalms, in: CARSON, D. A. / WILLIAMSON, H. G. M. (Hg.), It is Written: Scripture Citing Scripture. Essays in Honour of B. Lindars, Cambridge u. a. 1988, 56–66.

BALLHORN, E., Zur Pragmatik des Psalters als eschatologisches Lehrbuch und Identitätsbuch Israels, in: GERHARDS, A. / DOEKER, A. / EBENBAUER, P. (Hg.), Identität durch Gebet. Zur gemeinschaftsbildenden Funktion institutionalisierten Betens in Judentum und Christentum, Paderborn u. a. 2003, 241–259.

——, Zum Telos des Psalters. Der Textzusammenhang des Vierten und Fünften Psalmenbuches (Ps 90–150) (BBB 138), Berlin / Wien 2004.

BARBIERO, G. / PAVAN, M., Ps 44,15; 57,10; 108,4; 149,7: בלאמים or בל־אמים?, ZAW 124 (2012), 598–605.

BARTELMUS, R., šāmajim – Himmel. Semantische und traditionsgeschichtliche Aspekte, in: JANOWSKI, B. / EGO, B. (Hg.), Das biblische Weltbild und seine altorientalischen Kontexte (FAT 32), Tübingen 2001, 87–124.

BARTH, C., Art. זמר, ThWAT 2 (1977), 603–612.

BARTH, H., Die Jesaja-Worte in der Josiazeit. Israel und Assur als Thema einer produktiven Neuinterpretation der Jesajaüberlieferung (WMANT 48), Neukirchen-Vluyn 1977.

BASSY, K.-H., Von Herder zu de Wette. Ein Beitrag zur Geschichte der Psalmenforschung (Diss.), Marburg 2008.

BECKER, J., Gottesfurcht im Alten Testament (Analecta Biblica 25), Rom 1965.

BECKER, U., Exegese des Alten Testaments. Ein Methoden und Arbeitsbuch, Tübingen ²2008.

BERGES, U., Jesaja 40–48 (HThKAT), Freiburg im Breisgau u. a. 2008.

BERGMEIER, R., Beobachtungen zu 4Q521f 2, II, 1–13, ZDMG 145 (1995), 38–48.

BERLEJUNG, A., Geschichte und Religionsgeschichte des antiken Israel, in: GERTZ, J. C. (Hg.), Grundinformation Altes Testament. Eine Einführung in Literatur, Religion und Geschichte des Alten Testaments, Göttingen ⁴2010.

BERLIN, A., The Rhetoric of Psalm 145, in: KORT, A. / MORSCHAUSER, S. (Hg.), Biblical and Related Studies. FS S. Iwry, Winona Lake, Indiana 1985, 17 – 22.

BERMAN, J., The ‚Sword of Mouths‘ (Jud. III 16; Ps. CXLIX 6; Prov. V 4): A Metaphor and its Ancient Near Eastern Context, VT 52 (2002), 291 – 303.

BERNER, C., Jahre, Jahrwochen und Jubiläen. Heptadische Geschichtskonzeptionen im Antiken Judentum (BZAW 363), Berlin / New York 2006.

BEYSE, K.-M., Art. נאץ, ThWAT 5 (1986), 117 – 119.

BLAU, J., NĀWĀ THᵢLLĀ (Ps CXLVII 1): Lobpreisen, VT 4 (1954), 410 – 411.

BLUMENTHAL, D., Psalm 145: A Liturgical Reading, in: MAGNESS, J. / GITIN, S. (Hg.), Hesed Ve-Emet. FS E.S. Frerichs (BJSt 320), Atlanta, Georgia 1998, 13 – 35.

BOOIJ, T., Psalm 149,5: „They shout with joy on their couches“, Bib. 89 (2008), 104 – 108.

——, Psalm cxlv: David's Song of Praise, VT 58 (2008), 633 – 637.

BRAUN, J., Die Musikkultur Altisraels / Palästinas. Studien zu archäologischen, schriftlichen und vergleichenden Quellen (OBO 164), Freiburg (Schweiz) / Göttingen 1999.

BRIGGS, C. A. / BRIGGS, E. G., A Critical and Exegetical Commentary on the Book of Psalms, Vol. 2 (ICC), Edinburgh 1907.

BRODERSEN, A., Die Bedeutung der Schöpfungsaussagen für die Theologie von Psalm 147 (BThSt 134), Neukirchen-Vluyn 2013.

BRÜNING, C., Psalm 148 und das Psalmenbeten, MThZ 47 (1996), 1 – 12.

BRUNNER, H., „Was aus dem Munde Gottes geht“, in: DERS., Das hörende Herz. Kleine Schriften zur Religions- und Geistesgeschichte Ägyptens (OBO 80), Freiburg (Schweiz) / Göttingen 1988, 391 – 392 (= VT 8 [1958], 428 – 429).

BUBER, M., Zu einer neuen Verdeutschung der Schrift. Beilage zu Bd. 1: Die fünf Bücher der Weisung, Heidelberg ¹¹1987.

BUYSCH, C., Der letzte Davidpsalter. Interpretation, Komposition und Funktion der Psalmengruppe Ps 138 – 145 (SBB 63), Stuttgart 2009.

CAMPONOVO, O., Königtum, Königsherrschaft und Reich Gottes in den frühjüdischen Schriften (OBO 58), Freiburg (Schweiz) / Göttingen 1984.

CARR, D. M., Writing on the Tablet of the Heart. Origins of Scripture and Literature, Oxford 2005.

——, Mündlich-schriftliche Bildung und die Ursprünge antiker Literaturen, in: UTZSCHNEIDER, H. / BLUM, E. (Hg.), Lesarten der Bibel. Untersuchungen zu einer Theorie der Exegese des Alten Testaments, Stuttgart 2006, 183 – 198.

CERESKO, A. R., Psalm 149: Poetry, Themes (Exodus and Conquest), and Social Function, Bib. 67 (1986), 177 – 194.

CLEMENTS, R. E., Art. כוכב, ThWAT 4 (1984), 79 – 91.

CONRAD, J., Art. מנה, ThWAT 4 (1984), 976 – 980.

——, Art. נדב, ThWAT 5 (1986), 237 – 245.

CRÜSEMANN, F., Studien zur Formgeschichte von Hymnus und Danklied in Israel (WMANT 32), Neukirchen-Vluyn 1969.

DAHMEN, U., Psalmentext und Psalmensammlung. Eine Auseinandersetzung mit P.W. Flint, in: DERS. u. a. (Hg.), Die Textfunde vom Toten Meer und der Text der Hebräischen Bibel, Neukirchen-Vluyn 2000, 109 – 126.

——, Psalmen- und Psalter-Rezeption im Frühjudentum. Rekonstruktion, Textbestand, Struktur und Pragmatik der Psalmenrolle 11QPsᵃ aus Qumran (StTDJ 49), Leiden / Boston 2003.

——, Die Psalter-Versionen aus den Qumranfunden. Ein Gespräch mit P.W. Flint, in: FREY, J. / STEGEMANN, H. (Hg.), Qumran kontrovers. Beiträge zu den Textfunden vom Toten Meer (Einblicke 6), Paderborn 2003, 127–146.

——, „Gepriesen sei der Herr, der Gott Israels, vom Anfang bis ans Ende der Zeiten" (Ps 106,48). Beobachtungen zur Entstehungsgeschichte des Psalters im vierten und fünften Psalmenbuch, BZ 49 (2005), 1–25.

DAHMEN, U. u. a., Art. רום, ThWAT 7 (1993), 425–434.

DAHOOD, M., Psalms III. 101–150. Introduction, Translation, and Notes (AncB 17), Garden City 1970.

DAVIES, P. R., Art. War of the Sons of Light against the Sons of Darkness, in: SCHIFFMAN, L. H. / VANDERKAM, J. C. (Hg.), EncDSS 1–2, Oxford 2000, 965–968.

DECLAISSE-WALFORD, N. L., Psalm 145: All Flesh Will Bless God's Holy Name, CBQ 74 (2012), 55–66.

DEISSLER, A., Psalm 119 (118) und seine Theologie. Ein Beitrag zur Erforschung der anthologischen Stilgattung im Alten Testament (MThS 11), München 1955.

——, Der anthologische Charakter des Psalms 33 (32), in: Mélanges Bibliques. Rédigés en l'honneur de André Robert (Travaux de l'institut catholique de Paris 4), Paris 1955, 225–233.

——, Die Psalmen, Düsseldorf [5]1986.

——, Was wird am Ende der Tage geschehen? Biblische Visionen der Zukunft, Freiburg im Breisgau 1991.

DELCOR, M. / JENNI, E., Art. שלח, THAT 2 (1979), 909–916.

DELITZSCH, F., Die Psalmen, Nachdruck der 5. überarbeiteten Auflage Leipzig 1894, Gießen / Basel 1984.

DIETRICH, W., Samuel 1Sam 1–12 (BK 8/1), Neukirchen-Vluyn 2011.

DUHM, B., Die Psalmen (KHC 14), Tübingen [2]1922.

DÜRR, L., Die Wertung des göttlichen Wortes im Alten Testament und im antiken Orient. Zugleich ein Beitrag zur Vorgeschichte des neutestamentlichen Logosbegriffs (MVÄG 42,2), Leipzig 1938.

EDENBURG, C., Intertextuality, Literary Competence and the Question of Readership: Some Preliminary Observations, JSOT 35 (2010), 131–148.

ELBOGEN, I., Der jüdische Gottesdienst in seiner geschichtlichen Entwicklung, Frankfurt [3]1931 (Nachdruck Darmstadt 1995).

ELLIGER, K., Deuterojesaja. Teilband 1. Jesaja 40,1–45,7 (BK 11/1), Neukirchen-Vluyn 1978.

EVANS, C. A., Art. חרב, ThWQ 1 (2011), 1061–1065.

FABRY, H.-J., Der Psalter in Qumran, in: ZENGER, E. (Hg.), Der Psalter in Judentum und Christentum. FS N. Lohfink (HBS 18), Freiburg u. a. 1998, 137–163.

——, Die Armenfrömmigkeit in den qumranischen Weisheitstexten, in: CLINES, D. J. A. u. a. (Hg.), Weisheit in Israel. Beiträge des Symposiums „Das Alte Testament und die Kultur der Moderne" anlässlich des 100. Geburtstages Gerhard von Rads (1901–1971) Heidelberg, 18.–21. Oktober 2001 (ATM 12), Münster u. a. 2003, 145–165.

FELDMEIER, R. / SPIECKERMANN, H., Der Gott der Lebendigen. Eine biblische Gotteslehre (TOBITH 1), Tübingen 2011.

FISCHER, G., Jeremia (HThKAT), Freiburg im Breisgau u. a. 2005.

FISHBANE, M. A., Biblical Interpretation in Ancient Israel, Oxford 1985.

FLINT, P. W., The Dead Sea Psalms Scrolls and the Book of Psalms (StTDJ 17), Leiden u. a. 1997.

FREVEL, C., Grundriss der Geschichte Israels, in: ZENGER, E. u.a. / FREVEL, C. (Hg.), Einleitung in das Alte Testament, Stuttgart ⁸2012, 701–870.

FÜGLISTER, N., Ein garstig Lied – Ps 149, in: HAAG, E. / HOSSFELD, F.-L. (Hg.), Freude an der Weisung des Herrn. Beiträge zur Theologie der Psalmen. FS H. Groß (SBS 13), Stuttgart ²1987, 81–105.

—, Die Verwendung und das Verständnis der Psalmen und des Psalters um die Zeitenwende, in: SCHREINER, J. (Hg.), Beiträge zur Psalmenforschung. Psalm 2 und 22 (FzB 60), Würzburg 1988, 319–384.

FUHS, H. F., Art. ירא, ThWAT 3 (1982), 869–803.

FURLEY, W. D., Art. Hymnos. I. Der griechisches Hymnos, DNP 5 (1998), 788–791.

GÄRTNER, J., Die Geschichtspsalmen. Eine Studie zu den Psalmen 78, 105, 106, 135 und 136 als hermeneutische Schlüsseltexte im Psalter (FAT 84), Tübingen 2012.

GERLEMAN, G., Art. דבר, THAT 1 (1978), 433–443.

—, Art. חפץ, THAT 1 (1978), 623–626.

—, Art. רצה, THAT 2 (1979), 810–813.

—, Art. שלם, THAT 2 (1979), 919–935.

GERSTENBERGER, E. S., Psalms Part 2 and Lamentations (FOTL 15), Grand Rapids / Cambridge 2001.

GESENIUS, W., Hebräische Grammatik. Völlig umgearbeitet von E. Kautzsch, Nachdruck der 28. Auflage, in: GESENIUS, W. / KAUTZSCH, E. / BERGSTRÄSSER, G., Hebräische Grammatik, Hildesheim u.a. 1995.

GILLINGHAM, S., The Zion Tradition and the Editing of the Hebrew Psalter, in: DAY, J. (Hg.), Temple and Worship in Biblical Israel. Proceedings of the Oxford Old Testament Seminar (LHB 422), London / New York 2005, 308–341.

—, The Levitical Singers and the Editing of the Hebrew Psalter, in: ZENGER, E. (Hg.), The Composition of the Book of Psalms (BEThL 238), Leuven u.a. 2010, 91–123.

GÖRG, M., Art. רקיע, ThWAT 7 (1993), 668–675.

GRESSMANN, H., Musik und Musikinstrumente im Alten Testament. Eine religionsgeschichtliche Studie (RVV 2/1), Gießen 1903.

GRETHER, O., Name und Wort Gottes im Alten Testament (BZAW 64), Gießen 1934.

GUNKEL, H., Psalm 149, in: ADLER, C. / EMBER, A. (Hg.), Oriental Studies. Published in Commemoration of the Fortieth Anniversary (1883–1923) of Paul Haupt as Director of the Oriental Seminary of the Johns-Hopkins-University, Erstausgabe 1926, Nachdruck Leipzig 1975, 47–57.

—, Die Psalmen (1911), in: NEUMANN, P. H. A., Zur neueren Psalmenforschung, (WdF 192), Darmstadt 1976, 19–54.

—, Die Psalmen, Göttingen ⁶1986.

GUNKEL, H. / BEGRICH, J., Einleitung in die Psalmen. Die Gattungen der religiösen Lyrik Israels, Göttingen ⁴1933.

HAAG, E., Das hellenistische Zeitalter. Israel und die Bibel im 4. bis 1. Jahrhundert v.Chr. (BE 9), Stuttgart 2009.

HARDMEIER, C., Die Weisheit der Tora (Dtn 4,5–8). Respekt und Loyalität gegenüber JHWH allein und die Befolgung seiner Gebote – ein performatives Lehren und Lernen, in: DERS. u.a. (Hg.), Freiheit und Recht, FS F. Crüsemann, Gütersloh 2003, 224–254.

HARTENSTEIN, F., Die Unzugänglichkeit Gottes im Heiligtum. Jesaja 6 und der Wohnort JHWHs in der Jerusalemer Kulttradition (WMANT 75), Neukirchen-Vluyn 1997.

——, Wolkendunkel und Himmelsfeste. Zur Genese und Kosmologie der Vorstellung des himmlischen Heiligtums JHWHs, in: JANOWSKI, B. / EGO, B. (Hg.), Das biblische Weltbild und seine altorientalischen Kontexte (FAT 32), Tübingen 2001, 125–179.

——, „Wach auf, Harfe und Leier, ich will wecken das Morgenrot" (Psalm 57,9) – Musikinstrumente als Medien des Gotteskontakts im Alten Orient und im Alten Testament, in: GEIGER, M. / KESSLER, R. (Hg.), Musik, Tanz und Gott. Tonspuren durch das Alte Testament (SBS 207), Stuttgart 2007, 101–127.

HAUSMANN, J., Art. פאר, ThWAT 6 (1989), 494–499.

HENGEL, M., Judentum und Hellenismus. Studien zu ihrer Begegnung unter besonderer Berücksichtigung Palästinas bis zur Mitte des 2. Jh.s v. Chr. (WUNT 10), Tübingen ³1988.

——, „Schriftauslegung" und „Schriftwerdung" in der Zeit des Zweiten Tempels, in: DERS., Judaica, Hellenistica et Christiana. Kleine Schriften 2 (WUNT 109), Tübingen 1999, 1–71 (= DERS. / LÖHR, H. (Hg.), Schriftauslegung im antiken Judentum und im Urchristentum [WUNT 73], Tübingen 1994, 1–71).

HENTSCHKE, R., Satzung und Setzender. Ein Beitrag zur israelitischen Rechtsterminologie (BWANT 83), Stuttgart 1963.

HERMISSON, H.-J., Sprache und Ritus im altisraelitischen Kult. Zur „Spiritualisierung" der Kultbegriffe im Alten Testament (WMANT 19), Neukirchen-Vluyn 1965.

HILLERS, D. R., A Study of Psalm 148, CBQ 40 (1978), 323–334.

HOSSFELD, F.-L., Psalm 94, in: HOSSFELD, F.-L. / ZENGER, E., Psalmen 51–100 (HThKAT), Freiburg im Breisgau u. a. 2000, 650–658.

——, Psalm 96, in: HOSSFELD, F.-L. / ZENGER, E., Psalmen 51–100 (HThKAT), Freiburg im Breisgau u. a. 2000, 665–672.

——, Schöpfungsfrömmigkeit in Ps 104 und bei Jesus Sirach, in: FISCHER, I. u. a. (Hg.), Auf den Spuren der schriftgelehrten Weisen. FS J. Marböck (BZAW 331), Berlin / New York 2003, 129–138.

——, Psalm 103, in: HOSSFELD, F.-L. / ZENGER, E., Psalmen 101–150 (HThKAT), Freiburg im Breisgau u. a. 2008, 52–64.

——, Psalm 104, in: HOSSFELD, F.-L. / ZENGER, E., Psalmen 101–150 (HThKAT), Freiburg im Breisgau u. a. 2008, 67–92.

——, Psalm 145, in: HOSSFELD, F.-L. / ZENGER, E., Psalmen 101–150 (HThKAT), Freiburg im Breisgau u. a. 2008, 789–807.

HOSSFELD, F.-L. / ZENGER, E., „Von seinem Thronsitz schaut er nieder auf alle Bewohner der Erde" (Ps 33,14). Redaktionsgeschichte und Kompositionskritik der Psalmengruppe 25–34, in: KOTTSIEPER, I. u. a. (Hg.), Wer ist wie du, Herr, unter den Göttern? Studien zur Theologie und Religionsgeschichte Israels. FS O. Kaiser, Göttingen 1994, 375–388.

——, Neue und alte Wege der Psalmenexegese. Antworten auf die Fragen von M. Millard und R. Rendtorff, BiblInt 4 (1996), 332–343.

——, Psalmenauslegung im Psalter, in: KRATZ, R. G. u. a. (Hg.), Schriftauslegung in der Schrift. FS O. H. Steck (BZAW 300), Berlin / New York 2000, 237–257.

HOUTMAN, C., Der Himmel im Alten Testament. Israels Weltbild und Weltanschauung (OTS 30), Leiden u. a. 1993.

JAIN, E., Psalmen oder Psalter? Materielle Rekonstruktion und inhaltliche Untersuchung der Psalmenhandschriften aus der Wüste Juda (StTDJ 109), Leiden / Boston 2014.

JANOWSKI, B., Das Königtum Gottes in den Psalmen. Bemerkungen zu einem neuen Gesamtentwurf, in: DERS., Beiträge zur Theologie des Alten Testaments I: Gottes Gegenwart in Israel, Neukirchen-Vluyn ²2004, 148–213 (= ZThK 86 [1989], 389–454).

—, Konfliktgespräche mit Gott. Eine Anthropologie der Psalmen, Neukirchen-Vluyn [2]2006.

JENNI, E., Art. אהב, THAT 1 (1978), 60–73.

—, Die hebräischen Präpositionen. Band 1: Die Präposition Beth, Stuttgart u.a. 1992.

JEPSEN, A., Art. אמן, ThWAT 1 (1973), 313–348.

JEREMIAS, J., Theophanie. Die Geschichte einer alttestamentlichen Gattung (WMANT 10), Neukirchen-Vluyn [2]1977.

—, Das Königtum Gottes in den Psalmen. Israels Begegnung mit dem kanaanäischen Mythos in den Jahwe-König-Psalmen (FRLANT 141), Göttingen 1987.

KAISER, O., Art. חרב, ThWAT 3 (1982), 164–176.

—, Der Gott des Alten Testaments. Wesen und Wirken. Theologie des AT II, Göttingen 1998.

KÄPPEL, L., Art. Hymnus I., RGG[4] 3 (2000), 1974–1975.

KARASSZON, D., Bemerkungen zum Psalm 146, in: SCHUNK K.-D. / AUGUSTIN, M. (Hg.), Goldene Äpfel in silbernen Schalen. Collected Communications to the XIIIth Congress of the International Organization for the Study of the Old Testament, Leuven 1989 (BEAT 20), Frankfurt am Main u.a. 1992, 123–127.

KEEL, O. / SCHROER, S., Schöpfung. Biblische Theologien im Kontext altorientalischer Religionen, Göttingen / Freiburg (Schweiz) [2]2008.

KESSLER, R., Micha (HThKAT), Freiburg im Breisgau u.a. 2000.

KIMELMAN, R., Ashre: Psalm 145 and the Liturgy, Proceedings of the Rabbinical Assembly 54 (1993), 97–128.

—, Psalm 145. Theme, Structure, and Impact, JBL 113/1 (1994), 37–58.

KITTEL, R., Die Psalmen (KAT 13), Leipzig [5/6]1929.

KLATT, W., Hermann Gunkel. Zu seiner Theologie der Religionsgeschichte und zur Entstehung der formgeschichtlichen Methode (FRLANT 100), Göttingen 1969.

KLEIN, A., Schriftauslegung im Ezechielbuch. Redaktionsgeschichtliche Untersuchungen zu Ez 34–39 (BZAW 391), Berlin u.a. 2008.

—, From the „Fight Spirit" to the „Spirit of Truth": Observations on Psalm 51 and 1QS, in: DIMANT, D. / KRATZ, R. G. (Hg.), The Dynamics of Language and Exegesis at Qumran (FAT II/35), Tübingen 2009, 171–191.

—, Geschichte und Gebet. Die Rezeption der biblischen Geschichte in den Psalmen des Alten Testaments (FAT 94), Tübingen 2014.

KNAUF, E. A., Die Umwelt des Alten Testaments (NSK.AT 29), Stuttgart 1994.

—, Hymnische Exegese. Der Psalter als Theologie des Alten Testaments, in: DERS., Data and Debates. Essays in the History and Culture of Israel and Ist Neighbors in Antiquity (= Daten und Debatten. Aufsätze zur Kulturgeschichte des antiken Israel und seiner Nachbarn) (AOAT 407), Münster 2013, 475–497.

KNIBB, M. A., Art. Rule of the Congregation, in: SCHIFFMAN, L. H. / VANDERKAM, J. C. (Hg.), EncDSS 1–2, Oxford 2000, 793–797.

KOCH, K., Wort und Einheit des Schöpfergottes in Memphis und Jerusalem. Zur Einzigartigkeit Israels, ZThK 62 (1965), 251–293.

—, Was ist Formgeschichte? Methoden der Bibelexegese, Neukirchen-Vluyn [4]1981.

—, Der Güter Gefährlichstes, die Sprache, dem Menschen gegeben… Überlegungen zu Gen 2,7, in: DERS., Spuren des hebräischen Denkens. Beiträge zur alttestamentlichen Theologie. Gesammelte Aufsätze Band 1, Neukirchen-Vluyn 1991, 238–247 (= BN 48 [1989], 50–60).

——, Das Reich der Heiligen und des Menschensohn. Ein Kapitel politischer Theologie, in: DERS., Die Reiche der Welt und der kommende Menschensohn. Studien zum Danielbuch. Gesammelte Aufsätze Band 2, Neukirchen-Vluyn 1995, 140–172.

——, Der Psalter und seine Redaktionsgeschichte, in: SEYBOLD, K. / ZENGER, E. (Hg.), Neue Wege der Psalmenforschung. FS für Walter Beyerlin (HBS 1), Freiburg u. a. 1995, 243–277.

KÖCKERT, M., Literargeschichtliche und religionsgeschichtliche Beobachtungen zu Ps 104, in: KRATZ, R. G. u. a. (Hg.), Schriftauslegung in der Schrift. FS O. H. Steck (BZAW 300), Berlin / New York 2000, 259–279.

KÖRTING, C., Zion in den Psalmen (FAT 48), Tübingen 2006.

KOTTSIEPER, I., Die alttestamentliche Weisheit im Licht aramäischer Weisheitstraditionen, in: JANOWSKI, B. (Hg.), Weisheit außerhalb der kanonischen Weisheitsschriften (VWGTh 10), Gütersloh 1996, 128–162.

KRATZ, R. G., Kyros im Deuterojesaja-Buch. Redaktionsgeschichtliche Untersuchungen zu Entstehung und Theologie von Jes 40–55 (FAT 1), Tübingen, 1991.

——, Translatio imperii. Untersuchungen zu den aramäischen Danielerzählungen und ihrem theologiegeschichtlichen Umfeld (WMANT 63), Neukirchen-Vluyn 1991.

——, Art. Redaktionsgeschichte / Redaktionskritik I. Altes Testament, TRE 28 (1997), 367–378.

——, Die Komposition der erzählenden Bücher des Alten Testaments. Grundwissen der Bibelkritik, Göttingen, 2000.

——, Der Mythos vom Königtum Gottes in Kanaan und Israel, ZThK 100 (2003), 147–162.

——, Das Schᵉmaʿ des Psalters. Die Botschaft vom Reich Gottes nach Psalm 145, in: WITTE, M. (Hg.), Gott und Mensch im Dialog, FS O. Kaiser (BZAW 345/II), Berlin 2004, 623–638.

——, Reste hebräischen Heidentums am Beispiel der Psalmen, NAWG.PH 2 (2004), 27–65.

——, Statthalter, Hohepriester und Schreiber im perserzeitlichen Juda, in: DERS., Das Judentum im Zeitalter des Zweiten Tempels (FAT 42), Tübingen 2004, 93–119.

——, Innerbiblische Exegese und Redaktionsgeschichte im Licht empirischer Evidenz, in: DERS., Das Judentum im Zeitalter des Zweiten Tempels (FAT 42), Tübingen 2004, 126–156 (= OEMING, M. u. a. [Hg.], Das Alte Testament und die Moderne. Beiträge des Symposiums „Das Alte Testament und die Kultur der Moderne" anlässlich des 100. Geburtstags von Gerhard von Rad [1901–1971], Heidelberg, 18.–21. Oktober 2001 [ATM 8], Münster 2004, 37–69).

——, Reich Gottes und Gesetz im Danielbuch und im werdenden Judentum, in: DERS., Das Judentum im Zeitalter des Zweiten Tempels (FAT 42), Tübingen 2004, 187–226 (= WOUDE, A. S. VAN DER (Hg.), The Book of Daniel in the Light of New Findings [BEThL 106], Leiden 1993, 435–479).

——, Die Gnade des täglichen Brots. Späte Psalmen auf dem Weg zum Vaterunser, in: DERS., Das Judentum im Zeitalter des Zweiten Tempels (FAT 42), Tübingen 2004, 245–279 (= ZThK 89 [1992], 1–40).

——, Die Tora Davids. Psalm 1 und die doxologische Fünfteilung des Psalters, in: DERS., Das Judentum im Zeitalter des Zweiten Tempels (FAT 42), Tübingen 2004, 280–311 (= ZThK 93 [1996], 1–34).

——, Das Judentum im Zeitalter des Zweiten Tempels (FAT 42), Tübingen 2004.

——, Gottesräume. Ein Beitrag zur Frage des biblischen Weltbildes, ZThK 102 (2005), 419–434.

——, Ezra – Priest and Scribe, in: PERDUE, L. (Hg.), Scribes, Sages, and Seers. The Sage in the Eastern Mediterranean World (FRLANT 219), 2008, 163–188.

——, Der Pescher Nahum und seine biblische Vorlage, in: DERS., Prophetenstudien. Kleine Schriften II (FAT 74), Tübingen 2011, 99–145.

——, Israel im Jesajabuch, in: DERS., Prophetenstudien. Kleine Schriften II (FAT 74), Tübingen 2011, 160–176 (= LUX, R. / WASCHKE, E.-J. [Hg.], Die unwiderstehliche Wahrheit. Studien zur alttestamentlichen Prophetie. FS A. Meinhold [ABIG 23], Leipzig 2006, 85–103).

——, Der Anfang des Zweiten Jesaja in Jes 40,1f und seine literarischen Horizonte, in: DERS., Prophetenstudien. Kleine Schriften II (FAT 74), Tübingen 2011, 198–215 (= ZAW 105 [1993], 400–419).

——, Tritojesaja, in: DERS., Prophetenstudien. Kleine Schriften II (FAT 74), Tübingen 2011, 233–242.

——, „Blessed be the Lord ard Blessed be his Name Forever": Psalm 145 in the Hebrew Bible and in the Psalms Scroll 11Q5, in: PENNER, J. u. a. (Hg.), Prayer and Poetry in the Dead Sea Scrolls and Related Literature: Essays in Honor of Eileen Schuller on the Occasion of Her 65th Birthday, (StTDJ 98), Leiden / Boston 2012, 229–243.

——, Das Alte Testament und die Texte vom Toten Meer, ZAW 125 (2013), 198–213.

——, Historisches und biblisches Israel. Drei Überblicke zum Alten Testament, Tübingen 2013.

KRATZ, R. G. / SPIECKERMANN, H., Art. Schöpfer / Schöpfung II. Altes Testament, TRE 30 (1999), 258–283.

KRAUS, H.-J., Psalmen (BK 15/1–2), Neukirchen-Vluyn ⁵1978.

——, Theologie der Psalmen (BK 15/3), Neukirchen-Vluyn 1979.

——, Geschichte der historisch-kritischen Erforschung des Alten Testaments, Neukirchen-Vluyn ³1982.

KRONHOLM, T., Art. נעם, ThWAT 5 (1986), 500–506.

KRÜGER, A., Himmel – Erde – Unterwelt. Kosmologische Entwürfe in der poetischen Literatur Israels, in: JANOWSKI, B. / EGO, B. (Hg.), Das biblische Weltbild und seine altorientalischen Kontexte (FAT 32), Tübingen 2001, 65–83.

——, Das Lob des Schöpfers. Studien zu Sprache, Motivik und Theologie von Psalm 104 (WMANT 124), Neukirchen-Vluyn 2010.

KSELMAN, J. S., Psalm 146 in Its Context, CBQ 50 (1988), 587–599.

LABAHN, A., Wort Gottes und Schuld Israels. Untersuchungen zu Motiven deuteronomistischer Theologie im Deuterojesajabuch mit einem Ausblick auf das Verhältnis von Jes 40–55 zum Deuteronomismus (BWANT 143), Stuttgart u. a. 1999.

LAMBERTY-ZIELINSKI, H., Art. נשמה, ThWAT 5 (1986), 669–673.

LANGE, A., Physiognomie oder Gotteslob? 4Q301 3, DSD 4 (1997), 282–296.

——, Die Endgestalt des protomasoretischen Psalters und die Toraweisheit. Zur Bedeutung der nichtessenischen Weisheitstexte aus Qumran für die Auslegung des protomasoretischen Psalters, in: ZENGER, E. (Hg.), Der Psalter in Judentum und Christentum. FS N. Lohfink (HBS 18), Freiburg im Breisgau u. a. 1998, 101–136.

LEUENBERGER, M., Konzeptionen des Königtums Gottes im Psalter. Untersuchungen zu Komposition und Redaktion der theokratischen Bücher IV–V im Psalter (AThANT 83), Zürich 2004.

——, Aufbau und Pragmatik des 11QPSᵃ-Psalters, RdQ 22/2 (2005), 165–209.

——, Segen und Segenstheologien im alten Israel. Untersuchungen zu ihren religions- und theologiegeschichtlichen Konstellationen und Transformationen (AThANT 90), Zürich 2008.

——, „… und ein zweischneidiges Schwert in ihrer Hand" (Ps 149,6). Beobachtungen zur theologiegeschichtlichen Verortung von Ps 149, in: ZENGER, E. (Hg.), The Composition of the Book of Psalms (BEThL 238), Leuven u. a. 2010, 635–642.

LEVIN, C., Die Verheißung des neuen Bundes in ihrem theologiegeschichtlichen Zusammenhang ausgelegt (FRLANT 137), Göttingen 1985.

——, Das Gebetbuch der Gerechten. Literargeschichtliche Beobachtungen am Psalter, ZThK 90 (1993), 355–381.

——, Fortschreibungen. Gesammelte Studien zum Alten Testament (BZAW 316), Berlin / New York 2003.

——, Die Entstehung der Büchereinteilung des Psalters, VT 54 (2004), 83–90.

——, Das Alte Testament, München ⁴2010.

——, Das Wort Jahwes an Jeremia. Zur ältesten Redaktion der jeremianischen Sammlung, in: DERS., Verheißung und Rechtfertigung. Gesammelte Studien zum Alten Testament II (BZAW 431), Berlin / Boston 2013, 216–241 (= ZThK 101 [2004], 257–280).

LEVINSON, B. M., Der kreative Kanon. Innerbiblische Schriftauslegung und religionsgeschichtlicher Wandel im alten Israel, Tübingen 2012.

LIEBREICH, L. J., Psalms 34 and 145 in the Light of Their Key Words, HUCA 27 (1956), 181–192.

LIEDKE, G., Art. יכח, THAT 1 (1971), 730–732.

LIESS, K., Der Weg des Lebens. Psalm 16 und das Lebens- und Todesverständnis der Individualpsalmen (FAT II/5), Tübingen 2004.

LINDARS, B., The Structure of Psalm cxlv, VT 39 (1989), 23–30.

LOHFINK, N., „Ich bin Jahwe, dein Arzt" (Ex 15,26). Gott, Gesellschaft und menschliche Gesundheit in einer nachexilischen Pentateuchbearbeitung (Ex 15,25b.26), in: DERS., Studien zum Pentateuch (SBAB 4), Stuttgart 1988, 91–155 (= DERS. [Hg.], „Ich will euer Gott werden". Beispiele biblischen Redens von Gott [SBS 100], Stuttgart 1981, 11–73).

——, Lobgesänge der Armen. Studien zum Magnifikat, den Hodajot von Qumran und einigen späten Psalmen (SBS 143), Stuttgart 1990.

LÖHR, H., Thronversammlung und preisender Tempel. Beobachtungen am himmlischen Heiligtum im Hebräerbrief und in den Sabbatopferliedern aus Qumran, in: HENGEL, M. / SCHWEMER, A. M. (Hg.), Königsherrschaft Gottes und himmlischer Kult im Judentum, Urchristentum und in der hellenistischen Welt (WUNT 55), Tübingen 1991, 185–205.

LOHSE, E., Die Texte aus Qumran. Hebräisch und Deutsch. Mit masoretischer Punktation. Übersetzung, Einführung und Anmerkungen, Darmstadt ⁴1986.

LORETZ, O., Die Psalmen Teil II. Beitrag der Ugarit-Texte zum Verständnis von Kolometrie und Textologie der Psalmen. Psalm 90–150 (AOAT 207/2), Neukirchen-Vluyn 1979.

——, Psalm 1. Poetologische und theologische Vorurteile in der Psalmenauslegung, in: DERS., Psalmstudien. Kolometrie, Strophik und Theologie ausgewählter Psalmen (BZAW 309), Berlin / New York 2002, 11–29.

——, Psalm 149. H. Gunkels Historismus – „kanonische" Auslegung des Psalters, in: DERS., Psalmstudien. Kolometrie, Strophik und Theologie ausgewählter Psalmen (BZAW 309), Berlin / New York 2002, 351–380.

LUTHER, M., Der kleine Katechismus, in: BSLK, Nachdruck Göttingen 1998, 499–542.

——, Der große Katechismus, in: BSLK, Nachdruck Göttingen 1998, 543–733.

LUTZMANN, H., Art. דבר I.2, ThWAT 2 (1977), 98–101.

MACKENZIE, R. A. F., Ps 148,14bc: Conclusion or Titel?, Bib. 51 (1970), 221–224.

MAIER, C. M., Daughter Zion, Mother Zion. Gender, Space, and the Sacred in Ancient Israel, Minneapolis 2008.

MAIER, J., Zur Verwendung der Psalmen in der synagogalen Liturgie (Wochentag und Sabbat), in: BECKER, H. / KASZYNSKI, R., Liturgie und Dichtung. Ein interdisziplinäres Kompendium I. Historische Präsentation, St. Ottilien 1983, 55–90.

——, Die Qumran-Essener: Die Texte vom Toten Meer. Band II: Die Texte der Höhle 4, München 1995.

MALCHOW, B. V., God or King in Psalm 146, BiTod 89 (1977), 1166–1170.

MARBÖCK, J., Der Gott des Neuen und das neue Lied. Eine Skizze, in: REITERER, F. V. (Hg.), Ein Gott, eine Offenbarung. Beiträge zur biblischen Exegese, Theologie und Spiritualität. FS N. Füglister, Würzburg 1991, 205–221.

——, Sir 38,24–39,11: Der schriftgelehrte Weise. Ein Beitrag zu Gestalt und Werk Ben Siras, in: DERS., Gottes Weisheit unter uns. Zur Theologie des Buches Sirach (HBS 6), Freiburg im Breisgau u. a. 1995, 25–51.

——, Sir 15,9 f – Ansätze zu einer Theologie des Gotteslobes bei Jesus Sirach, in: DERS., Gottes Weisheit unter uns. Zur Theologie des Buches Sirach (HBS 6), Freiburg im Breisgau u. a. 1995, 167–175 (= SEYBOLD, I. [Hg.], Meqor Hajjim. FS G. Molin, Graz 1983, 267–276).

MARTIN-ACHARD, R., Art. גור, THAT 1 (1978), 409–412.

MARTTILA, M., Collective Reinterpretation in the Psalms. A Study of the Reduction History of the Psalter (FAT II/13), Tübingen 2006.

MATHEUS, F., Singt dem Herrn ein neues Lied. Die Hymnen Deuterojesajas (SBS 141), Stuttgart 1990.

MATHYS, H.-P., Dichter und Beter, Theologen aus spätalttestamentlicher Zeit (OBO 132), Freiburg (Schweiz) / Göttingen 1994.

——, Psalm CL, VT 50 (2000), 329–344.

MAYER, G., Art. יכח, ThWAT 3 (1982), 620–628.

METZGER, M., Himmlische und irdische Wohnstatt Jahwes, UF 2 (1970), 139–158.

MICHEL, D., Studien zu den sogenannten Thronbesteigungspsalmen, VT 6 (1956), 40–68.

MILLARD, M., Die Komposition des Psalters. Ein formgeschichtlicher Ansatz (FAT 9), Tübingen, 1994.

——, Von der Psalmenexegese zur Psalterexegese. Anmerkungen zum Neuansatz von Frank-Lothar Hossfeld und Erich Zenger, BiblInt 4 (1996), 311–327.

——, Zum Problem des elohistischen Psalters. Überlegungen zum Gebrauch von יהוה und אלהים im Psalter, in: ZENGER, E. (Hg.), Der Psalter in Judentum und Christentum. FS N. Lohfink (HBS 18), Freiburg u. a. 1998, 75–100.

MILLER, P. D., The End of the Psalter: A Response to Erich Zenger, JSOT 80 (1998), 103–110.

MOSIS, R., Die Mauern Jerusalems. Beobachtungen zu Psalm 51,20 f., in: HAUSMANN J. / ZOBEL, H.-J. (Hg.), Alttestamentlicher Glaube und Biblische Theologie. FS H. D. Preuß, Stuttgart u. a. 1992, 201–215.

MÜLLER, R., Jahwe als Wettergott. Studien zur althebräischen Kultlyrik anhand ausgewählter Psalmen (BZAW 387), Berlin 2008.

NEWSOM, C. A., Songs of the Sabbath Sacrifice: A Critical Edition (HSS 27), Atlanta Ga. 1985

——, Art. Songs of the Sabbath Sacrifice, in: SCHIFFMAN, L. H. / VANDERKAM, J. C. (Hg.), EncDSS 1–2, Oxford 2000, 887–889.

NOMMIK, U., Die Gerechtigkeitsbearbeitungen in den Psalmen. Eine Hypothese von Christoph Levin formgeschichtlich und kolometrisch überprüft, UF 31 (1999), 443–535.

NÖTSCHER, F., Psalmen (EB 4), Würzburg 1959.

OESTERLEY, W. O. E., The Psalms. Translated with text-critical and exegetical notes, repr. London 1962.

OORSCHOT, J. VAN, Von Babel zum Zion. Eine literarkritische und redaktionsgeschichtliche Untersuchung (BZAW 206), Berlin 1993.

——, Nachkultische Psalmen und spätbiblische Rollendichtung, ZAW 106 (1994), 69–86.

OTTOSON, M., Art. גבול, ThWAT 1 (1973), 896–901.

PATTERSON, R. D., Singing the New Song: An Examination of Psalms 33, 96, 98, and 149, BS 164 (2007), 416–434.

PEARL, C., The Theology of Psalm 145 Part I / Part II, JBQ 20 (1991), 3–9.73–78.

PERDUE, L. P. (Hg.), Scribes, Sages, and Seers. The Sage in the Eastern Mediterranean World (FRLANT 219), Göttingen 2008.

PERLITT, L., Die Propheten Nahum, Habakuk, Zephanja. Übersetzt und erklärt von Lothar Perlitt (ATD 25/1), Göttingen 2004.

PLOEG, J. P. M. VAN DER, Psalmen Deel II, Psalm 76 T/M 150, Roermond 1974.

PLÖGER, O., Theokratie und Eschatologie (WMANT 2), Neukirchen ²1962.

PRINSLOO, W. S., Structure and cohesion of Psalm 148, OTEs 5 (1992), 46–63.

——, Psalm 149: Praise Yahweh with Tambourine and Two-edged Sword, ZAW 109 (1997), 395–407.

RAD, G. VON, Das theologische Problem des alttestamentlichen Schöpfungsglaubens, in: DERS., Gesammelte Studien zum Alten Testament (TB 8), München 1958, 136–147 (= VOLZ, P. u. a. [Hg.], Werden und Wesen des Alten Testaments. Vorträge, gehalten auf der internationalen Tagung Alttestamentlicher Forscher zu Göttingen vom 4.–10. September 1935 [BZAW 66], Berlin 1936, 138–147).

——, Hiob 38 und die altägyptische Weisheit, in: DERS., Gesammelte Studien zum Alten Testament (TB 8), München 1958, 262–271 (= NOTH, M. / WINSTON, T. [Hg.], Wisdom in Israel and in the Ancient Near East. FS H. H. Rowley [VT.S 3], Leiden 1955, 293–301).

——, Aspekte alttestamentlichen Weltverständnisses, EvTh 24 (1964), 57–73.

——, Theologie des Alten Testaments. Band I: Die Theologie der geschichtlichen Überlieferung Israels, München ⁶1969.

——, Theologie des Alten Testaments. Band II: Die Theologie der prophetischen Überlieferung Israels, München ⁵1968.

——, Das Geheimnis des alttestamentlichen Israel, in: DERS., Gottes Wirken in Israel. Vorträge zum Alten Testament, Neukirchen-Vluyn 1974, 91–107.

RADEBACH-HUONKER, C., Opferterminologie im Psalter, (FAT II/44), Tübingen 2010.

RAVASI, G., Il Libro dei Salmi III (101–150). Commento e Attualizzazione, Bologna 1985.

REINDL, J., Weisheitliche Bearbeitung von Psalmen. Ein Beitrag zum Verständnis der Sammlung des Psalters, in: EMERTON, J. A. (Hg.), Congress Volume Vienna 1980 (VT.S 32), Leiden 1981, 333–356.

——, Gotteslob als „Weisheitslehre". Zur Auslegung von Psalm 146, in: DERS., Dein Wort beachten. Alttestamentliche Aufsätze, Leipzig 1981, 116–135.

RENDTORFF, R., Die theologische Stellung des Schöpfungsglaubens bei Deuterojesaja, in: DERS., Gesammelte Studien zum Alten Testament (TB 57), München 1975, 209–219 (= ZThk 51 [1954], 3–13).

——, Anfragen an Frank-Lothar Hossfeld und Erich Zenger aufgrund der Lektüre des Beitrags von Matthias Millard, BibInt 4 (1996), 329–331.

REVENTLOW, H. GRAF, Epochen der Bibelauslegung. Band IV: Von der Aufklärung bis zum 20. Jahrhundert, München 2001.

REYMOND, E. D., Poetry of the Heavenly Other: Angelic Praise in the Songs of the Sabbath Sacrifice, in: HARLOW, D. C. u. a. (Hg.), The „Other" in Second Temple Judaism. Essays in Honor of John J. Collins, Grand Rapids, Michigan / Cambridge (UK) 2011.

RIEDE, P., „Die Himmel erzählen die Ehre Gottes". Schöpfung als „Rede der Kreatur an die Kreatur" und an den Kreator in biblischer Sicht, in: DERS., Schöpfung und Lebenswelt.

Studien zur Theologie und Anthropologie des Alten Testaments (MThS 106), Leipzig 2009
(= Quat. 72 [2008] 101–111).

RINGGREN, H., Art. הלל, ThWAT 2 (1977), 433–441.

——, Art. חסיד, ThWAT 3 (1982), 83–87.

——, Art. חקק, ThWAT 3 (1982), 149–157.

RISSE, S., „Gut ist es, unserem Gott zu singen". Untersuchungen zu Psalm 147, seiner
Einbindung in das Schluß-Hallel und seinem Verständnis in der jüdischen und
christlichen Tradition (MThA 37), Altenberge 1995.

——, „Wir sind die jungen Raben!" Zur Auslegungsgeschichte von Ps. 147,9b, BibInt 7 (1999),
368–388.

ROOSE, H., Teilhabe an JHWHS Macht. Endzeitliche Hoffnungen in der Zeit des Zweiten Tempels
(BVB 7), Münster 2004.

RUDNIG, T. A., „Ist denn Jahwe nicht auf dem Zion?" (Jer 8,19). Gottes Gegenwart im Heiligtum,
ZThK 104 (2007), 267–286.

RUDOLPH, W., Micha, Nahum, Habakuk, Zephanja (KAT 13/3), Gütersloh 1975.

RUPPERT, L., Der leidende Gerechte. Eine motivgeschichtliche Untersuchung zum Alten
Testament und zwischentestamentlichen Judentum (FzB 5), Würzburg 1972.

——, Aufforderung an die Schöpfung zum Lob Gottes. Zur Literar-, Form-, und Traditionskritik
von Psalm 148, in: HAAG, E. / HOSSFELD, F.-L. (Hg.), Freude an der Weisung des Herrn.
Beiträge zur Theologie der Psalmen. FS H. Groß (SBS 13), Stuttgart ²1987, 275–296.

SALS, U., השמים: der oder die Himmel?, in: SCHIFFNER, K. u.a. (Hg.), Fragen wider die
Antworten. FS J. Ebach, Gütersloh 2010, 40–52.

SANDERS, J. A., The Psalms Scroll of Qumran Cave 11 (11QPsᵃ) (DJD IV), Oxford 1965.

SAUER, G., Art. נקם, THAT 2 (1979), 106–109.

——, Weisheit und Tora in cumranischer Zeit, in: JANOWSKI, B. (Hg.), Weisheit außerhalb der
kanonischen Weisheitsschriften (VWGTh 10), Gütersloh 1996, 107–127.

——, Jesus Sirach / Ben Sira (ATD Apokryphen 1), Göttingen 2000.

SAUR, M., Die Königspsalmen. Studien zur Entstehung und Theologie (BZAW 340), Berlin / New
York 2004.

SAUTERMEISTER, J., Psalm 149,6 und die Diskussion um das sogenannte waw adaequationis,
BN 101 (2000), 64–80.

SAWYER, J. F., Art. ישע, ThWAT 3 (1977), 1035–1059.

SCHELLENBERG, A., Hilfe für Witwen und Waisen. Ein gemein-altorientalisches Motiv in
wechselnden alttestamentlichen Diskussionszusammenhängen, ZAW 124 (2012),
180–200.

SCHLENKE, B., Art. חסד, ThWQ 1 (2011), 1025–1033.

SCHMID, H. H., šalôm „Frieden" im Alten Orient und im Alten Testament (SBS 51), Stuttgart
1971.

——, Art. אמר, THAT 1 (1978), 211–216.

SCHMID, K., Innerbiblische Schriftauslegung. Aspekte der Forschungsgeschichte, in: DERS.,
Schriftgelehrte Traditionsliteratur. Fallstudien zur innerbiblischen Schriftauslegung im
Alten Testament (FAT 77), Tübingen 2011, 5–34 (= KRATZ, R. G. u.a. [Hg.],
Schriftauslegung in der Schrift. FS O. H. Steck [BZAW 300)], Berlin / New York 2000,
1–22).

——, Schriftgelehrte Arbeit an der Schrift. Historische Überlegungen zum Vorgang
innerbiblischer Exegese, in: DERS., Schriftgelehrte Traditionsliteratur. Fallstudien zur
innerbiblischen Schriftauslegung im Alten Testament (FAT 77), Tübingen 2011, 35–60.

——, Ausgelegte Schrift als Schrift. Innerbiblische Schriftauslegung und die Frage nach der theologischen Qualität biblischer Texte, in: DERS., Schriftgelehrte Traditionsliteratur. Fallstudien zur innerbiblischen Schriftauslegung im Alten Testament (FAT 77), Tübingen 2011, 269–284 (= ANSELM, R. u. a. [Hg.], Die Kunst des Auslegens. Zur Hermeneutik des Christentums in der Kultur der Gegenwart, Frankfurt a.M. u. a. 1999, 115–129).

——, Schriftgelehrte Traditionsliteratur. Fallstudien zur innerbiblischen Schriftauslegung im Alten Testament (FAT 77), Tübingen 2011.

SCHMIDT, H., Die Psalmen (HAT I/15), Tübingen 1934.

SCHMIDT, K. L., Art. βασιλεία, ThWNT 1 (1933), 579–592.

SCHMIDT, W. H., Königtum Gottes in Ugarit und Israel. Zur Herkunft der Königsprädikation Jahwes (BZAW 80), Berlin ²1966.

——, Art. ברא, THAT 1 (1978), 336–339.

SCHNIERINGER, H., Psalm 8. Text – Gestalt – Bedeutung (ÄAT 59), Wiesbaden 2004.

SCHOORS, A., I am God, your saviour. A form-critical study of the main genres in Is. XL–LV (VT.S 24), Leiden 1973.

SCHOTTROFF, W., „Gedenken" im Alten Orient und im Alten Testament. Die Wurzel zākar im semitischen Sprachkreis (WMANT 15), Neukirchen-Vluyn 1964.

SCHWEIZER, H., Form und Inhalt. Ein Versuch, gegenwärtige methodische Differenzen durchsichtiger und damit überwindbar zu machen. Dargestellt anhand von Ps 150, BN 3 (1977), 35–47.

SCHWEMER, A. M., Gott als König und seine Königsherrschaft in den Sabbatliedern aus Qumran, in: HENGEL, M. / SCHWEMER, A. M. (Hg.), Königsherrschaft Gottes und himmlischer Kult im Judentum, Urchristentum und in der hellenistischen Welt (WUNT 55), Tübingen 1991, 45–118.

SEDLMEIER, F., Jerusalem – Jahwes Bau. Untersuchungen zu Komposition und Theologie von Psalm 147 (FzB 79), Würzburg 1996.

SEIDEL, H., Ps. 150 und die Gottesdienstmusik in Altisrael, NedThT 35 (1981), 89–100.

——, Musik in Altisrael. Untersuchungen zur Musikgeschichte und Musikpraxis Altisraels anhand biblischer und außerbiblischer Texte (BEAT 12), Frankfurt am Main 1989.

SEILER, S., Intertextualität, in: UTZSCHNEIDER, H. / BLUM, E. (Hg.), Lesarten der Bibel. Untersuchungen zu einer Theorie der Exegese des Alten Testaments, Stuttgart 2006, 275–293.

——, Text-Beziehungen. Zur intertextuellen Interpretation alttestamentlicher Texte am Beispiel ausgewählter Psalmen (BWANT 202), Stuttgart 2013.

SEYBOLD, K., Der aaronitische Segen. Studien zu Numeri 6,22–27, Neukirchen-Vluyn 1977.

——, Art. מלך II, ThWAT 4 (1984), 933–956.

——, Die Psalmen (HAT 1/15), Tübingen 1996.

——, Das Hymnusfragment 11QPsª XXVI 9–15. Auslegung und Einordnung, in: DERS., Studien zur Psalmenauslegung, Stuttgart 1998, 199–207.

——, Poetik der Psalmen (Poetologische Studien zum Alten Testament 1), Stuttgart 2003.

SKULJ, E., Musical Instruments in Psalm 150, in: KRASOVEC, J. (Hg.), The Interpretation of the Bible. The International Symposium in Slovenia (JSOTS 289), Ljubljana / Sheffield 1998, 1117–1130.

SMEND, R., Wilhelm Martin Leberecht de Wettes Arbeit am Alten und am Neuen Testament, Basel 1958.

——, Deutsche Alttestamentler in drei Jahrhunderten, Göttingen 1989.

SPIECKERMANN, H., Heilsgegenwart. Eine Theologie der Psalmen (FRLANT 148), Göttingen 1989.

——, „Barmherzig und gnädig ist der Herr…", ZAW 102 (1990), 1–18.

——, Alttestamentliche „Hymnen", in: Burkert, W. / Stolz, F., Hymnen der Alten Welt im Kulturvergleich (OBO 131), Freiburg (Schweiz) / Göttingen 1994, 97–108.

——, Psalmen und Psalter. Suchbewegungen des Forschens und Betens, in: García Martínez, F. / Noort, E. (Hg.), Perspectives in the Study of the Old Testament and Early Judaism. A Symposium in Honour of Adam S. van der Woude on the Occasion of his 70th Birthday (VT.S 73), Leiden 1998, 137–153.

——, „Die ganze Erde ist seiner Herrlichkeit voll". Pantheismus im Alten Testament?, in: Ders., Gottes Liebe zu Israel. Studien zur Theologie des Alten Testaments (FAT 33), Tübingen 2001, 62–83 (= ZThK 87 [1990], 415–436).

——, Die Stimme des Fremden im Alten Testament, in: Ders., Gottes Liebe zu Israel. Studien zur Theologie des Alten Testaments (FAT 33), Tübingen 2001, 84–99 (= PTh 83 [1994], 52–67).

——, Hymnen im Psalter. Ihre Funktion und ihre Verfasser, in: Zenger, E. (Hg.), Ritual und Poesie. Formen und Orte religiöser Dichtung im Alten Orient, im Judentum und im Christentum (HBS 36), 2003, 137–161.

——, Schöpfung, Gerechtigkeit und Heil als Horizont alttestamentlicher Theologie, ZThK 100 (2003), 399–419.

——, Gott und das Ganze. Schöpfung vor und bei Jesus Sirach, in: Gundlach, T. / Markschies, C. (Hg.), Von der Anmut des Anstandes. Das Buch Jesus Sirach. FS H. Barth, Leipzig 2005, 137–147.

——, Lob Gottes aus dem Staube. Psalm 103 und die Theologie des Psalters (Bursfelder Universitätsreden 21), 2005.

——, Lebenskunst und Gotteslob in Israel. Anregungen aus Psalter und Weisheit für die Theologie (FAT 91), Tübingen 2014.

Steck, O. H., Friedensvorstellungen im alten Jerusalem. Psalmen, Jesaja, Deuterojesaja (ThSt 111), Zürich 1972.

——, Der Wein unter den Schöpfungsgaben. Überlegungen zu Psalm 104, in: Ders., Wahrnehmungen Gottes im Alten Testament. Gesammelte Studien (TB 70), München 1982, 240–261 (= TThZ 87 [1978], 173–191).

——, Bereitete Heimkehr. Jesaja 35 als redaktionelle Brücke zwischen dem 1. u. dem 2. Jesaja (SBS 121), Stuttgart 1985.

——, Zu Eigenart und Herkunft von Ps 102, ZAW 102 (1990), 357–372.

——, Der Abschluß der Prophetie im Alten Testament. Ein Versuch zur Frage der Vorgeschichte des Kanons (BThSt 17), Neukirchen-Vluyn 1991.

——, Beobachtungen zu den Zion-Texten in Jesaja 51–54. Ein redaktionsgeschichtlicher Versuch, in: Ders., Gottesknecht und Zion. Gesammelte Aufsätze zu Deuterojesaja (FAT 4), Tübingen 1992, 96–125 (= BN 46 [1989], 58–90).

——, Zion als Gelände und Gestalt. Überlegungen zur Wahrnehmung Jerusalems als Stadt und Frau im Alten Testament, in: Ders., Gottesknecht und Zion. Gesammelte Aufsätze zu Deuterojesaja (FAT 4), Tübingen 1992, 126–145 (= ZThK 86 [1989], 261–281).

——, Die Prophetenbücher und ihr theologisches Zeugnis. Wege der Nachfrage und Fährten zur Antwort, Tübingen 1996.

——, Der neue Himmel und die neue Erde. Beobachtungen zur Rezeption von Gen 1–3 in Jes 65,16B–25, in: Ruiten, J. van / Vervenne, M. (Hg.), Studies in the Book of Isaiah. FS W. A. M. Beuken (BEThL 132), Leuven 1997, 349–365.

STEGEMANN, H., Die Essener, Qumran, Johannes der Täufer und Jesus, Freiburg im Breisgau u. a. 1993.

STEINS, G., Die Bücher Esra und Nehemia, in: ZENGER, E. u. a. / FREVEL, C. (Hg.), Einleitung in das Alte Testament, Stuttgart ⁸2012, 332–349.

STENDEBACH, F. J., Art. ענה, ThWAT 6 (1989), 233–247.

——, Art. שלום, ThWAT 8 (1995), 12–46.

STOEBE, H. J., Art. חסד, THAT 1 (1978), 600–621.

STOLZ, F., Art. ציון, THAT 2 (1979), 543–551.

——, Psalmen im nachkultischen Raum (ThSt 129), Zürich 1983.

STRAUSS, H., Psalm 150. Leben heißt Jahwe loben, in: DERS., Gott preisen heißt vor ihm leben. Exegetische Studien zum Verständnis von acht ausgewählten Psalmen Israels (BThSt 12), Neukirchen-Vluyn 1988, 9–14.

——, Hiob. Teilband 2 19,1–42,17 (BK 16/2), Neukirchen-Vluyn 2000.

STRAWN, B. A. / LEMON, J. M., ‚Everything That Has Breath‘: Animal Praise in Psalm 150:6 in the Light of Ancient Near Eastern Iconography, in: BICKEL, S. u.a. (Hg.), Bilder als Quellen – Images as Sources: Studies on Ancient Near Eastern Artefacts and the Bible Inspired by the Work of Othmar Keel (OBO S2), Freiburg (Schweiz) / Göttingen 2007, 451–485.

SÜSSENBACH, C., Der elohistische Psalter. Untersuchungen zu Komposition und Theologie von Ps 42–83 (FAT II/7), Tübingen 2005.

TILLMANN, N., „Das Wasser bis zum Hals!" Gestalt, Geschichte und Theologie des 69. Psalms (MThA 20), Altenberge 1993.

TOORN, K. VAN DER, Scribal Culture and the Making of the Hebrew Bible, Cambridge MA / London 2007.

TOURNAY, R. J., Le Psaume 149 et la „vengeance" des Pauvres de YHWH, RB 92 (1985), 349–358.

TSEVAT, M., Art. ירושלם, ThWAT 3 (1982), 930–939.

VANONI, G., Zur Bedeutung der althebräischen Konjunktur $w\dot{=}$. Am Beispiel von Psalm 149,6, in: GROSS, W. u. a. (Hg.), Text, Methode und Grammatik. FS W. Richter, St. Ottilien 1991, 561–576.

VEIJOLA, T., Das fünfte Buch Mose. Kapitel 1,1–16,17 = Deuteronomium (ATD 8/1), Göttingen 2004.

VETTER, D., Art. הוד, THAT 1 (1971), 472–474.

VOSBERG, L., Studien zum Reden vom Schöpfer in den Psalmen (BEvTh 69), München 1975.

WAGNER, A., Der Lobaufruf im israelitischen Hymnus als indirekter Sprechakt, in: DERS. (Hg.), Studien zur hebräischen Grammatik (OBO 156), Freiburg (Schweiz) / Göttingen 1997, 143–154.

WAGNER, S., Art. אמר, ThWAT 1 (1973), 353–373.

WAGNER, T., Gottes Herrlichkeit. Bedeutung und Verwendung des Begriffs kābôd im Alten Testament (VT.S 151), Leiden / Boston 2012.

WARMUTH, G., Art. הדר, ThWAT 2 (1977), 357–363.

WATSON, W. G. E., Reversed Rootplay in Ps 145, Bib 62 (1981), 101–102.

WEBER, B., Werkbuch Psalmen II. Die Psalmen 73–150, Stuttgart 2003.

——, „Ein neues Lied", BN 142 (2009), 39–46.

——, Werkbuch Psalmen III. Theologie und Spiritualität des Psalters und seiner Psalmen, Stuttgart 2010.

WEINFELD, M., Art. כבוד, ThWAT 4 (1984), 23–40.

WEISER, A., Die Psalmen (ATD 14/15), Göttingen ⁷1966.

WELKER, M., Die Gottesfurcht als Grundlage der Lebensorientierung bei Jesus Sirach. Wie sich die Weisheit an den Grenzen des Erfahrungswissens bewährt, in: GUNDLACH, T. / MARKSCHIES, C. (Hg.), Von der Anmut des Anstandes. Das Buch Jesus Sirach. FS H. Barth, Leipzig 2005, 154–162.

WELLHAUSEN, J., Prolegomena zur Geschichte Israels, Berlin [6]1905 (und weitere Nachdrucke).

WESTERMANN, C., Art. כבוד, THAT 1 (1971), 794–812.

——, Art. הלל, THAT 1 (1978), 493–502.

——, Art. אדם, THAT 1 (1978), 41–57.

——, Art. נגד, THAT 2 (1979), 31–37.

——, Das Buch Jesaja. Kapitel 40–66. Übersetzt und erklärt von Claus Westermann (ATD 19), Göttingen [4]1981.

——, Lob und Klage in den Psalmen, Göttingen [6]1983.

WETTE, W. M. L. DE, Commentar über die Psalmen nebst beigefügter Uebersetzung, Heidelberg, [5]1856.

WILDBERGER, H., Jesaja 28–39. Das Buch, der Prophet und seine Botschaft (BK 10/3), Neukirchen-Vluyn 1982.

WILLI, T., Juda – Jehud – Israel. Zum Selbstverständnis des Judentums in persischer Zeit (FAT 12), Tübingen 1995.

——, Tora – Israels Lebensprinzip nach dem Zeugnis des späteren Alten Testamentes, in: DERS., Israel und die Völker. Studien zur Literatur und Geschichte Israels in der Perserzeit (SBA 55), Stuttgart 2012, 35–47 (= WEIPPERT, M. / TIMM, S. [Hg.], Meilenstein. FS H. Donner (ÄAT 30), Wiesbaden 1995, 339–348).

WILSON, G. H., The Editing of the Hebrew Psalter (SBLDS 76), Chico 1985.

WITTE, M., Das neue Lied – Beobachtungen zum Zeitverständnis von Psalm 33, ZAW 114 (2002), 522–541.

WOLFF, H. W., Dodekapropheton 3. Obadja und Jona (BK 14/3), Neukirchen-Vluyn 1977

——, Anthropologie des Alten Testaments, München [2]1974.

XERAVITS, G. G. / PORZIG, P., Einführung in die Qumranliteratur. Die Handschriften vom Toten Meer, Berlin / Boston 2015.

ZAPFF, B. M., Jesaja 56–66 (NEB.AT 37), Würzburg 2006.

ZENGER, E., Herrschaft Gottes / Reich Gottes II, TRE 15 (1986), 176–189.

——, Psalm 2, in: HOSSFELD, F.-L. / ZENGER, E., Die Psalmen I. Psalm 1–50 (NEB.AT 29), Würzburg 1993, 49–54.

——, Psalm 16, in: HOSSFELD, F.-L. / ZENGER, E., Psalmen I. Psalm 1–50 (NEB.AT 29), Würzburg 1993, 108–113.

——, Psalm 33, in: HOSSFELD, F.-L. / ZENGER, E., Psalmen I. Psalm 1–50 (NEB.AT 29), Würzburg 1993, 205–210.

——, Psalm 34, in: HOSSFELD, F.-L. / ZENGER, E., Psalmen I. Psalm 1–50 (NEB.AT 29), Würzburg 1993, 210–214.

——, Psalm 37, in: HOSSFELD, F.-L. / ZENGER, E., Psalmen I. Psalm 1–50 (NEB.AT 29), Würzburg 1993, 229–239.

——, Zion als Mutter der Völker in Psalm 87, in: LOHFINK, N. / ZENGER, E., Der Gott Israels und die Völker (SBS 154), Stuttgart 1994, 117–150.

——, Komposition und Theologie des 5. Psalmenbuches 107–145, BN 82 (1996), 97–116.

——, „Daß alles Fleisch den Namen seiner Heiligung segne" (Ps 145,21). Die Komposition Ps 145–150 als Anstoß zu einer christlich-jüdischen Psalmenhermeneutik, BZ 41 (1997), 1–27.

———, Die Provokation des 149. Psalms. Von der Unverzichtbarkeit der kanonischen Psalmenauslegung, in: KESSLER, R. u. a. (Hg.), „Ihr Völker alle, klatscht in die Hände!" FS E. S. Gerstenberger (Exegese in unserer Zeit 3), Münster 1997, 181–194.

———, Der Psalter als Buch. Beobachtungen zu seiner Entstehung, Komposition und Funktion, in: DERS. (Hg.), Der Psalter in Judentum und Christentum. FS N. Lohfink (HBS 18), Freiburg u. a. 1998, 1–57.

———, Psalmenforschung nach Hermann Gunkel und Sigmund Mowinkel, in: LEMAIRE, A. / SÆBØ, M. (Hg.), Congress Volume Oslo 1998 (VT.S 80), Leiden u. a. 2000, 399–435.

———, Psalm 62, in: HOSSFELD, F.-L. / ZENGER, E., Psalmen 51–100 (HThKAT), Freiburg im Breisgau u. a. 2000, 177–188.

———, Psalm 69, in: HOSSFELD, F.-L. / ZENGER, E., Psalmen 51–100 (HThKAT), Freiburg im Breisgau u. a. 2000, 259–281.

———, Psalm 86, in: HOSSFELD, F.-L. / ZENGER, E., Psalmen 51–100 (HThKAT), Freiburg im Breisgau u. a. 2000, 534–548.

———, „Durch den Mund eines Weisen werde das Loblied gesprochen" (Sir 15,10). Weisheitstheologie im Finale des Psalters Ps 146–150, in: FISCHER, I. (Hg.), Auf den Spuren des schriftgelehrten Weisen. FS J. Marböck (BZAW 331), Berlin 2003, 139–155.

———, Mit meinem Gott überspringe ich Mauern. Psalmenauslegungen 1, Freiburg im Breisgau u. a. 2003.

———, Ich will die Morgenröte wecken. Psalmenauslegungen 2, Freiburg im Breisgau u. a. 2003.

———, Dein Angesicht suche ich. Psalmenauslegungen 3, Freiburg im Breisgau u. a. 2003.

———, Torafrömmigkeit. Beobachtungen zum poetischen und theologischen Profil von Psalm 119, in: HARDMEIER, C. u. a. (Hg.), Freiheit und Recht, FS F. Crüsemann, Gütersloh 2003, 380–396.

———, Exkurs: Akrostichie im Psalter, in: HOSSFELD, F.-L. / ZENGER, E., Psalmen 101–150 (HThKAT), Freiburg im Breisgau u. a. 2008, 216–218.

———, Exkurs: Die Komposition des sog. Kleinen Hallels bzw. Schluss-Hallels Ps 146–150, in: HOSSFELD, F.-L. / ZENGER, E., Psalmen 101–150 (HThKAT), Freiburg im Breisgau u. a. 2008, 807–810.

———, „Aller Atem lobe JHWH!" Anthropologische Perspektiven im Hallel Ps 146–150, in: BAUKS, M. (Hg.), Was ist der Mensch, dass du seiner gedenkst? (Psalm 8,5). Aspekte einer theologischen Anthropologie. FS B. Janowski, Neukirchen-Vluyn 2008, 565–579.

———, Psalm 107, in: HOSSFELD, F.-L. / ZENGER, E., Psalmen 101–150 (HThKAT), Freiburg im Breisgau u. a. 2008, 139–161.

———, Psalm 111, in: HOSSFELD, F.-L. / ZENGER, E., Psalmen 101–150 (HThKAT), Freiburg im Breisgau u. a. 2008, 218–231.

———, Psalm 118, in: HOSSFELD, F.-L. / ZENGER, E., Psalmen 101–150 (HThKAT), Freiburg im Breisgau u. a. 2008, 309–336.

———, Psalm 121, in: HOSSFELD, F.-L. / ZENGER, E., Psalmen 101–150 (HThKAT), Freiburg im Breisgau u. a. 2008, 427–449.

———, Psalm 133, in: HOSSFELD, F.-L. / ZENGER, E., Psalmen 101–150 (HThKAT), Freiburg im Breisgau u. a. 2008, 631–649.

———, Psalm 135, in: HOSSFELD, F.-L. / ZENGER, E., Psalmen 101–150 (HThKAT), Freiburg im Breisgau u. a. 2008, 659–672.

———, Psalm 146, in: HOSSFELD, F.-L. / ZENGER, E., Psalmen 101–150 (HThKAT), Freiburg im Breisgau u. a. 2008, 811–823.

——, Psalm 147, in: HOSSFELD. F.-L. / ZENGER, E., Psalmen 101–150 (HThKAT), Freiburg im Breisgau u. a. 2008, 824–837.

——, Psalm 148, in: HOSSFELD, F.-L. / ZENGER, E., Psalmen 101–150 (HThKAT), Freiburg im Breisgau u. a. 2008, 838–853.

——, Psalm 149, in: HOSSFELD, F.-L. / ZENGER, E., Psalmen 101–150 (HThKAT), Freiburg im Breisgau u. a. 2008, 854–871.

——, Psalm 150, in: HOSSFELD, F.-L. / ZENGER, E., Psalmen 101–150 (HThKAT), Freiburg im Breisgau u. a. 2008, 871–885.

——, „Es sei deine Liebe, JHWH, über uns!" Beobachtungen zu Aufbau und Theologie von Psalm 33, in: ACHENBACH, R. / ARNETH, M. (Hg.), „Gerechtigkeit und Recht zu üben" (Gen 18,19). Studien zur altorientalischen und biblischen Rechtsgeschichte, zur Religionsgeschichte Israels und zur Religionssoziologie. FS E. Otto, Wiesbaden 2009, 350–361.

——, Psalmenexegese *und* Psalterexegese. Eine Forschungsskizze, in: DERS. (Hg.), The Composition of the Book of Psalms (BEThL 238), Leuven u. a. 2010, 17–65.

——, Eigenart und Bedeutung der Weisheit Israels. Bearbeitet von C. Frevel, in: DERS. u. a. / FREVEL, C. (Hg.), Einleitung in das Alte Testament, [8]2012 Stuttgart, 405–413.

——, Das Buch der Psalmen. Bearbeitet von F.-L. Hossfeld, in: DERS. u. a. / FREVEL, C. (Hg.), Einleitung in das Alte Testament, [8]2012 Stuttgart, 428–452.

ZENGER, E. (Hg.), The Composition of the Book of Psalms (BEThL 238), Leuven u. a. 2010.

ZIEBA, Z., The Poetic Devices in Psalm 148, PJBiR 8 (2009), 5–15.

ZIEGLER, K., Art. Hymnos, KP 2 (1967), 1268–1270.

ZOBEL, H.-J., Art. יעקׄ(ו)ב, ThWAT 3 (1982), 752–777.

Stellenregister (in Auswahl)

Altes Testament

Jeremia
3,12   331 A
5,22   281
7   115 f, 119 f, 125, 129, 435
7,4   111, 119
9   116, 120, 125, 129, 435
9,3   111, 119 f
10,12–13   201 A, 208 A
17,5–8   126 A, 129
21,2   62
22,3   134
23,29   232
31,4   409
31,35   275 A
46,10   363 A

Ezechiel
1   397 fA
1,26   388
11   357
18   134
25   342, 362 f
25,17   363
38,23   395, 401

Hosea
6,1   197

Joel
2   278 A, 309, 322, 334–336, 378
2,13   64, 65 A, 335
2,23   334
2,26   278 A, 334

Jona
4,2   64, 65 A

Micha
4,7   151 A
7   116, 120, 129, 435
7,5   111, 119–121
7,7   120 f

Nahum
1,6   232
3   309, 362, 366, 378
3,10   366

Zefanja
1   193 A
2–3   193 f

Sacharja
9,9   151 A

Psalmen
1   18, 83, 97, 100, 111, 147 f, 154, 156, 177,
     190 A, 192, 217, 235, 240 f, 250, 292,
     343, 368 A, 378, 435, 437, 443 A, 477
1,1–2   18, 99, 240, 343
1,5   344
1,6   101 A, 123 A, 142, 147, 171 A
2   284, 292 f, 306, 309, 342, 344, 362,
     368–370, 378, 439, 481
2,1   292
2,10   292
3   340
5,3   51
8   14, 158 f, 162, 251, 284, 295–298, 309,
     346 f, 378
8,2   295–297, 347
8,4   275, 295
8,6   312, 342, 347 A, 352
9–10   183 A
10,16   150 A
14   235, 237
14,7   237
16   181 A, 197
16,4   194, 197
18,51   346 A
19   158, 231, 268, 306, 348, 380, 398 f,
     402 f, 422, 425, 442
19,2–5   270
19,2   239 A, 254, 277 A, 394 A, 397 A, 398
19,8–10   106 A, 240
19,15   186 A, 226
20,7   398
21   59, 309, 312, 346, 357, 378
21,4   357, 397
21,6   58, 346, 357
22,26   332
22,27   227
24,1   312
29   31 f, 272–274, 280, 288, 309, 311,
     335 A, 348, 349 A, 375

Neues Testament

Apokryphen und Pseudepigraphen

Qumran